2021

LE GUIDE DES MEILLEURS VINS DE FRANCE

LA REVUE DU VIN DE FRANCE

Olivier Poussier
Meilleur sommelier du monde 2000

Pierre Citerne

Caroline Furstoss

Roberto Petronio

Jean-Emmanuel Simond

Alexis Goujard

Christian Martray

Olivier Poels

Pierre Vila Palleja

Karine Valentin

LA SPÉCIFICITÉ DU GOÛT FRANÇAIS

Malgré les vicissitudes sanitaires qui nous ont tous affectés depuis le début de l'année, vous tenez entre vos mains l'édition 2021 du guide des meilleurs vins de France.

S'il existe, avec autant de vins dégustés, autant de découvertes enthousiasmantes que dans les éditions précédentes, c'est grâce aux producteurs. Du grand cru médocain au plus petit artisan, homme orchestre accroché à son coteau, le vigneron a su réagir aux contraintes logistiques. Et c'est grâce à lui que nous, dégustateurs, avons pu cette année goûter, évaluer et distinguer les meilleurs vins de France. Car les vignerons savent, contrairement aux pouvoirs publics, que si le vin n'est plus un aliment, il est bien davantage qu'un luxe, qu'un loisir, qu'une option culturelle. Ils savent que le vin est le reflet d'une société humaine, le miroir liquide dans lequel se mire l'identité commune. S'il n'est pas de première nécessité physiologique, il est, plus que jamais, de première nécessité morale !

« Nous avons besoin du vin parce qu'il fertilise la plus précieuse de nos zones d'ombres, la générosité. Le vin, produit social avant tout, vit de la solidarité. »
Raymond Dumay,
La mort du vin

Faire œuvre de critique, tel est notre rôle, au service d'un public qui mérite mieux qu'un vortex consumériste de publi-reportages. À nous de nous démener pour faire entendre la spécificité du goût français, il existe encore ! Œuvrons ensemble pour l'indépendance de la critique, pour qu'elle conserve sa capacité à hiérarchiser, à évaluer dans une perspective historique et esthétique des vins qui sont autant de jalons précieux de notre civilisation.

Pierre Citerne

www.larvf.com
La Revue du vin de France
@LaRVF_mag
larvf_mag

SOMMAIRE

RÉDACTION
Les auteurs : Olivier Poussier, Pierre Citerne, Olivier Poels, Caroline Furstoss, Alexis Goujard, Christian Martray, Roberto Petronio, Jean-Emmanuel Simond, Karine Valentin, Pierre Vila Palleja

Coordination : Karine Valentin
Conseiller éditorial : Pierre Citerne

Chef d'édition : Raphaël Czarny
Premier secrétaire de rédaction : Frédéric Peylet
Assistant éditorial : Théo Baillet, avec Charlotte Rodier
Organisation des dégustations : Anthéa Martinenghi
Couverture et maquette : Gilles Grman, avec Valérie Haupert
Portrait des dégustateurs : Thierry Legay et Régis Grman
Cartographie : Romuald Belzacq – Légendes Cartographie
Mise en page : Didier Naulevade – NRS

DIRECTION ET ÉDITION
Directeur général délégué Groupe Marie-Claire : Amalric Poncet
Éditeur délégué : Thomas Herson
Directeur de la rédaction : Denis Saverot
Rédacteur en chef : Jérôme Baudouin

FABRICATION
Directeur de la fabrication : Benoît Carlier
Cheffe de fabrication adjointe : Catherine Bricout avec Emmanuel Dezert
Impression et façonnage : NIIAG

DIFFUSION
Responsable marketing-diffusion-abonnement : Ingrid Cambour
Diffusion : Interforum Editis et NAP Investissement

INTERNET ET DIGITAL
Cheffe de projet fonctionnel : Cécile Berthelon
Développeur analyse de données : Ludovic Sallet

PUBLICITÉ
Directeurs de clientèle : Raffaello Torricelli, Florian Muller
et Sophie Steinloff
Cheffe de publicité : Aurélia Chauvin
Coordination technique : Marie-Hélène Dargouge

Le Guide des meilleurs vins de France est édité
par la Société d'information et de créations (SIC) :
RCS Nanterre, 302 114 509 – SARL au capital de 3 822 000 euros –
10, boulevard des Frères-Voisin – 92130 Issy-les-Moulineaux
Tél. : 01 41 46 88 88

ISBN : 979-10-323-0526-3
N° éditeur : 38369
Imprimé en Italie
Dépôt légal : 4e trimestre 2020

Président du Groupe Marie-Claire et directeur de la publication : Arnaud de Contades

ENGAGEMENT ET INDÉPENDANCE

NOTRE MÉTHODE

Notre objectif : présenter à nos lecteurs le palmarès le plus exhaustif possible de l'élite de la viticulture française. Tous les vins notés et commentés dans ce guide ont été dégustés par les auteurs (portraits pages 12 et 13) entre les mois de mars et de juin 2020, dans les locaux de La Revue du vin de France. Les vins nous ont été fournis par les producteurs. Toutefois, certains domaines n'ayant pas souhaité nous adresser d'échantillons, les auteurs ont intégré dans ce guide des notes de vins dégustés par eux-mêmes dans d'autres circonstances, lors de dégustations privées ou de visites dans le vignoble pour La Revue du vin de France.

LA NOTATION DES DOMAINES

Tous les domaines de ce guide sont classés de 0 à 3 étoiles.
Ce classement tient compte du potentiel de terroir, de la faculté qu'a le vigneron à l'exploiter et de l'homogénéité de sa production sur les derniers millésimes.
Ces critères sont valables pour toutes les régions. Une étoile a donc la même valeur en Alsace, dans la Loire ou à Bordeaux.
Nous rappelons que ce guide est un palmarès. À ce titre, tous les domaines cités dans ces pages, même sans étoile, représentent à nos yeux l'excellence de la production française.

LA NOTATION DES VINS

Tous les vins sont désormais notés sur une échelle de 100 points. Cette notation établit une hiérarchie au sein d'une appellation et d'un même millésime. Il faut en effet comprendre qu'il n'est pas cohérent de comparer un sylvaner sec d'Alsace 2015 et un liquoreux de Bordeaux 2008. Seuls les vins ayant obtenu une note supérieure ou égale à 84/100 figurent dans ce guide.

LES PRIX

Dans la mesure du possible, nous publions les prix que nous ont fournis les domaines. Il s'agit de prix TTC départ domaine.
Aux vignerons ne vendant pas de vin en direct, nous avons toutefois demandé de fournir un prix indicatif constaté chez les cavistes ou sur les sites internet de ventes de vins.
Pour les grands crus de Bordeaux, nous publions des prix généralement constatés auprès du négoce spécialisé.
Tous les prix mentionnés sont évidemment susceptibles de varier en fonction des circuits de distribution.

COMMENT LIRE CE GUIDE ?

LES DOMAINES ÉTOILÉS

★★★
Ils représentent l'excellence du vignoble français. Les meilleurs terroirs exploités par les plus grands vignerons. Déguster leur vin est toujours un moment magique.

★★
Ces très grands domaines, souvent dotés de terroirs fabuleux, sont des incontournables qui, par leur régularité et l'excellence de leur production, se doivent de figurer dans la cave des amateurs.

★
Stars en devenir ou vignerons de qualité à la production de bon niveau, vous ne serez pas déçus en dégustant les vins de ces domaines.

LE BARÈME DE NOTATION

99 à 100 : vin exceptionnel
96 à 98 : grand vin
92 à 95 : très bon vin
88 à 91 : bon vin
84 à 87 : vin correct

LES SIGNES ET ABRÉVIATIONS

vin rouge
vin rosé
vin blanc
♣ labellisé bio
☾ labellisé biodynamique

VDN : vin doux naturel
VT : vendanges tardives
SGN : sélection des grains nobles
IGP : indication géographique protégée
VDF : vin de France

LES TARIFS

10 € : le prix TTC départ propriété de ce vin est égal à 10 €, sauf mention (c).
(c) : prix TTC relevés auprès de cavistes.
N.C. : prix non communiqué.
Les circuits de distribution étant très nombreux (domaine, caviste, restaurant, enchères, vente en ligne, etc.), les prix mentionnés le sont à titre indicatif. La plupart du temps, il s'agit de prix de vente TTC en direct au domaine pour les particuliers. Ils peuvent donc être plus élevés chez les cavistes ou auprès des distributeurs.

NOUVEAUTÉ : LA NOTATION SUR 100

UN BARÈME DEVENU UNIVERSEL

Depuis le lancement du guide en 1996, les vins ont successivement été notés de zéro à cinq verres (1996-2001) puis de 12/20 à 20/20 (2002-2020). L'édition 2021 que vous tenez entre les mains adopte un nouveau barème, avec des vins notés sur 100 (entre 84/100, note minimale et 100/100, note maximale). Le barème de notation sur 100 est en effet devenu la référence au niveau mondial. Les notes sur 100 attribuées par nos experts deviennent plus aisément compréhensibles et comparables au-delà de nos frontières. Pour le lecteur, la conversion s'effectue très simplement, selon l'échelle ci-dessous.

GRILLE DE CONVERSION

NOTE SUR 20	NOTE SUR 100
12	84
12,5	85
13	86
13,5	87
14	88
14,5	89
15	90
15,5	91
16	92
16,5	93
17	94
17,5	95
18	96
18,5	97
19	98
19,5	99
100	100

COMMENT LIRE

1 ★★★↗

2 **LE CHÂTEAU DE MA MÈRE**

3 Cette belle propriété provençale, édifiée sous le Second Empire par un bourgeois de Marseille au pied du Garlaban, produit des mourvèdres et surtout des rolles qui chantent dans le verre tels une compagnie de bartavelles ! Le fameux écrivain phocéen Marcel Pagnol ne s'y est pas trompé. Tombé sous le charme du lieu et de ses vins lors de vacances en famille, il a racheté le domaine et ses 30 ha en 1932, recruté une équipe de professionnels réputés (Orane Demazis à la direction et l'œnologue Lili des Bellons comme chef de cave) et entrepris de révolutionner les vinifications. Les vins, certifiés bio, sont élevés en fût de cade, dans une petite grotte lovée sous le Taoumé, gite favori des hiboux grands-ducs. Nous attribuons cette année au domaine une troisième étoile bien méritée.

4 **Les vins :** grâce à l'accent mis sur le travail parcellaire, à l'usage de levures indigènes et à des élevages au cordeau, les vins de la propriété livrent une interprétation somptueuse de ce terroir calcaire brûlé par le soleil. La cuvée Aubagne, le lieu-dit le plus important en hectares, est un rouge plein et puissant, qui fera merveille sur des côtelettes au feu de bois. Plus fin, longiligne et tendu, le blanc Fanny sera prêt dans cinq ans : mariez-le à une belle brochette de grives chassées à la glue. Escaoupràs est à boire sur son fruit gorgé de soleil, avec un pâté de lièvre. Précatori vieillira encore trois ans.

5	VDF Aubagne 2017	De 32 à 40 € (c)	93
	VDF Fanny 2016	45 €	94
	VDF Escaouprès 2017	25 €	91

6 **Le coup de ♥**

	VDF Précatori 2016	65 €	98

7 **Rouge :** 25 hectares.
Mourvèdre 50 %, Grenache noir 50 %
Blanc : 3 hectares.
Rolle 70 %, Grenache blanc 30 %

8 **Production moyenne :** 110 000 bt/an

9 **LE CHÂTEAU DE MA MÈRE** ♣

10 56, traverse de la Buzine, 13011 Marseille
• marcel.lhermitte@marius.fr •

11 Vente et visites : au domaine sur rendez-vous.
De 16h à 19h.

12 **Propriétaire :** Marcel Pagnol
Directrice : Orane Demazis
Maître de chai : Jules Muraire
Œnologue : Lili des Bellons

NOTRE CHARTE

UN COMMENTAIRE

1. **Classement 2019.**
Les domaines sont classés en quatre familles : sans étoile, avec une étoile, deux étoiles ou trois étoiles. La flèche ascendante signifie le gain d'une étoile.

2. **Le nom du producteur ou de la propriété.**
Il peut s'agir d'un domaine, d'une cave coopérative ou d'une maison de négoce produisant un ou plusieurs vins différents chaque année.

3. **Notre commentaire sur le domaine, la maison de négoce ou la cave coopérative.**
Nous présentons le domaine, son histoire, ses propriétaires, le style et le caractère de la production et nous donnons notre avis.

4. **Les vins sélectionnés et commentés.**
Les vins présentés ici sont les meilleurs vins disponibles soit à la propriété, soit dans le commerce. Pour certains crus majeurs, nous présentons des millésimes antérieurs, que l'amateur peut posséder dans sa cave. Prix en euros et notes sur 100. Nous avons limité à huit le nombre de cuvées notées par domaine ; nos abonnés retrouveront sur larvf.com les gammes complètes de vins notées et commentées.

5. **La couleur du vin, la cuvée, le prix et notre notation.**
Le prix : prix indicatif à la propriété communiqué par le producteur, sauf mention (c) qui indique des prix moyens relevés auprès de cavistes. S'il n'est pas communiqué (« N.C. »), c'est que le vin n'est plus disponible, ou que son prix n'est pas encore fixé.
La disponibilité : si le prix est suivi de la mention « épuisé », ce vin n'est plus disponible chez le producteur. On peut le trouver dans le commerce de détail.

6. **Le coup de cœur de l'année.**
Ce coup de cœur attribué à un vin représente pour nous la plus belle illustration du savoir-faire de chaque vigneron.

7. **La surface et l'encépagement de son vignoble.**
Nous donnons le nombre d'hectares en production et les variétés de cépages plantées pour les vins rouges et les vins blancs.

8. **Le nombre total de bouteilles produites.**
Il s'agit d'une moyenne annuelle correspondant à tous les vins produits par le domaine.

9. **Domaine bio ou en biodynamie.**
Ce logo indique si le domaine pratique une viticulture propre. Le trèfle ♣ identifie les domaines certifiés bio ; la lune ☾ identifie les domaines certifiés en biodynamie.

10. **L'adresse du producteur, son téléphone, son mail et/ou son site internet.**

11. **Les horaires de visite.**
Attention : il est toujours préférable de prendre rendez-vous au préalable avec le producteur. Lorsque celui-ci ne peut pas recevoir de visiteurs, nous l'indiquons.

12. **Le nom du propriétaire ou du responsable avec qui vous pouvez entrer en contact.**
Il peut s'agir du propriétaire, du directeur d'exploitation ou du responsable de la production, selon les domaines.

LES AUTEURS

OLIVIER POUSSIER

Vallée du Rhône nord et sud

Millésime 1964. Meilleur sommelier du monde, sacré à Montréal en 2000. Dégustateur universel par excellence. Parisien, formé à La Tour d'Argent puis en Angleterre, il a consacré sa vie à explorer la diversité viticole de la planète. Capable de s'enthousiasmer pour un fief vendéen, un bordeaux classé ou un assyrtiko du Péloponnèse, il se distingue par sa discipline et son intégrité.

OLIVIER POELS

Médoc - Graves - Champagne (maisons)

Millésime 1971. Né à Bruxelles, il a découvert enfant les caves bourguignonnes, sur la route des vacances vers la Méditerranée, son père n'omettant jamais de s'arrêter entre Nuits-Saint-Georges et Beaune. Amoureux de la Côte-d'Or, il a aussi le goût des grands bordeaux, des vins de Champagne et d'Alsace. Fine fourchette, Olivier anime des chroniques sur Europe 1 et LCI.

PIERRE CITERNE

Pomerol - Jura - Savoie

Millésime 1973. Tous les dégustateurs qui l'ont affronté lors de concours de dégustation à l'aveugle savent à quel point cet universitaire, spécialiste des peintures rupestres préhistoriques, possède un palais affûté. Établi au pied des Pyrénées, ce passionné de littérature consacre l'essentiel de sa vie à déguster, voyager et découvrir ce monde du vin qui le fascine.

JEAN-EMMANUEL SIMOND

Alsace - Chablis - Côte de Nuits - Corse

Millésime 1971. Fils et petit-fils de montagnards à Chamonix, diplômé de Sciences Po Paris où il enseigne, Jean-Emmanuel s'est très tôt passionné pour les grands vins français, mais aussi d'ailleurs. Gueule d'acteur et palais subtil, il a créé sa société d'importation de vins fins et sillonne les vignobles de l'Alsace, de la Bourgogne, de la Corse sans oublier la vaste Italie.

Chaque année en juin, La RVF sélectionne des vins gourmands et accessibles.

ALEXIS GOUJARD

Champagne (vignerons) - Provence - Loire

Millésime 1987. Né à Rouen, Alexis se passionne pour le vin dès ses 18 ans. Titulaire d'un master en commerce international du vin décroché à Avignon, il intègre La Revue du vin de France en 2010. Suivant de près la révolution bio, allergique aux vins surboisés et aux vinifications trop techniques, il poursuit sa mise en avant des expressions les plus naturelles du vin.

DU GUIDE VERT

ROBERTO PETRONIO

Sauternes - Côte de Beaune

Millésime 1963. Un tempérament volcanique. Issu d'une famille d'origine sicilienne, élevé dans le sud de Paris, passionné de musique et de photographie, il a la fougue de Mario Cavaradossi, le peintre amant de Tosca. Les vins, il les aborde guidé par son instinct et sa passion, toujours épris de liberté. Ses jugements sans concession sont recherchés par les propriétaires.

CAROLINE FURSTOSS

Languedoc - Roussillon

Millésime 1982. Née à Colmar, Caroline a grandi dans le village de Mittelwihr, au milieu des vignes. L'odeur des raisins fraîchement coupés, des premiers jus qui fermentent a bercé sa jeunesse. Devenue sommelière, elle a enchaîné les postes prestigieux en restauration : Auberge de l'Ill, Hameau Albert Ier, Méridien Dubaï, Apicius, Shangri-La ou encore Jean-François Piège.

CHRISTIAN MARTRAY

Côte chalonnaise - Mâconnais

Millésime 1968. Élevé en Beaujolais, il a conquis dans les caves l'affectueux surnom de « petit tonneau ». Sommelier à 19 ans, Christian franchit la Saône et débute à Vonnas, chez Georges Blanc, puis s'envole vers Orlando (Floride), chez Paul Bocuse. Après la Suisse et dix ans au Hameau Albert Ier à Chamonix, il traque aujourd'hui les bonnes affaires pour le site ventealapropriété.com.

KARINE VALENTIN

Bordeaux - Saint-Émilion - Sud-Ouest

Millésime 1963. Une vigneronne journaliste, le profil est rare. Élevée au sein d'une famille de producteurs de Cogolin, Karine rêve d'une autre vie : Paris ! Ses débuts dans la banque l'ennuient : elle renoue avec le vignoble en rejoignant Cuisine et Vins de France puis La Revue du vin de France, pour lesquels elle déniche des vins à l'écart des codes de la mondialisation.

PIERRE VILA PALLEJA

Beaujolais

Millésime 1987. Sommelier et restaurateur, il a fait du restaurant de ses parents, Le Petit Sommelier, face à la gare Montparnasse, l'une des adresses du vin à Paris. Ambitieux et méthodique, passé par le Ritz, le Crillon et Lasserre, Pierre a une solide connaissance des vins étrangers. Il aime aussi la Bourgogne, le Beaujolais, le Rhône et les bordeaux qui sortent des sentiers battus.

Chaque rentrée de septembre, priorité aux foires aux vins.

100 CAVISTES À SUIVRE DE PRÈS

Toute l'année, La RVF explore la carte de France des cavistes. Nos coups de cœur à suivre en 2021.

AIN

LE CAVEAU
2, chemin du Journans, 01170 Cessy. 04 50 41 59 66
1 600 étiquettes. Des vins français, italiens et suisses, souvent bio et biodynamiques.

AISNE

LA FONTAINE DES SENS
27, rue Carnot, 02400 Château-Thierry. 03 23 69 82 40
300 étiquettes. Un penchant pour les vins bio, biodynamiques. Épicerie fine.

ALLIER

QUI L'EUT CRU ?
13, place du Maréchal-Foch, 03500 Saint-Pourçain-sur-Sioule. 06 63 35 84 50
300 étiquettes. Le temple des vins de Saint-Pourçain.

ALPES-MARITIMES

LA PART DES ANGES
17, rue Gubernatis, 06000 Nice.
04 93 62 69 80
400 étiquettes. La Cave de l'année 2020 de La RVF initie aux vins "nature" depuis 1998.

FLACONS DIVINS
6, rue du Docteur-Rostan, 06600 Antibes.
04 97 04 70 40
450 étiquettes. 90 références en dégustation permanente.

ARIÈGE

GRANDES HALLES SAINT-VOLUSIEN
12, rue du 19-Mars-1962, 09000 Foix. 05 34 09 85 23
1200 étiquettes. Les vins d'Ariège, du Languedoc et du Sud-Ouest sont mis en avant.

AUBE

AUX CRIEURS DE VINS
4-6, place Jean-Jaurès, 10000 Troyes. 03 25 40 01 01
500 étiquettes. Bistrot-cave aux assiettes délicieuses.

AUDE

LES VINS SUR LE FRUIT
3, place Lamourguier, 11000 Narbonne. 04 68 27 55 78
300 étiquettes. Les vins locaux en bonne place ; du bio, du biodynamique, du "nature".

AVEYRON

LA CAVE DE SERGIO
11, rue du Faubourg, 12210 Laguiole. 05 65 44 98 70.
500 étiquettes. Sélection signée Sergio Calderon, figure de la sommellerie hexagonale.

BAS-RHIN

VINO STRADA
1, rue du Temple-Neuf, 67000 Strasbourg. 03 88 22 31 00
3500 étiquettes. Très beau catalogue Savoie et Jura.

BOUCHES-DU-RHÔNE

PLUS BELLE LA VIGNE
36, cours Julien, 13006 Marseille.
04 91 63 11 91
450 étiquettes. 100 % vin "nature", 130 magnums et la crème des eaux-de-vies.

CALVADOS

FEUILLE DE VIGNE
24, rue du Dauphin, 14600 Honfleur. 02 31 98 78 96
800 étiquettes. Vins biodynamiques, spiritueux, coin épicerie et un bar à vin.

CANTAL

MAISON DESPRAT
10, avenue Jean-Baptiste-Veyre, 15000 Aurillac. 04 71 48 58 44
1 200 étiquettes. Une mine de cuvées de toutes les régions,

P. Dorin

Le Caveau, à Cessy : les vins de France, d'Italie et de Suisse à l'honneur.

D.R.

Sabine Robert et Laurent Bonfiglio : un couple magique à Marseille.

des vins étrangers et une centaine de spiritueux.

CHARENTE

LA CAVE DES ROCHERS

ZE Recoux, Chemin de la Cave, 16800 Recoux. 05 45 92 13 08
1 200 étiquettes. Bio et biodynamie sont en majesté. 150 spiritueux en rayon.

CHARENTE-MARITIME

LA CALE

1, rue de Courbiac, 17100 Saintes. 05 46 90 69 03
350 références. 1 000 spiritueux, dont les cognacs de la maison Grosperrin, propriétaire de la cave.

AUX TOURS DES VINS

13, rue du Pas-du-Minage, 17000 La Rochelle. 05 46 28 64 68
650 étiquettes. Des crus de toute la France et une sélection de grands vins de Porto.

CHER

BONJOUR MARCEL

11, place des Quatre-Piliers, 18000 Bourges. 02 48 16 67 32
80 étiquettes. 50 % de références ligériennes : à emporter ou boire sur place.

CORRÈZE

LA MAISON DU VIN

7, rue du docteur-Massénat, 19100 Brives-la-Gaillarde. 05 55 24 49 16
2 000 étiquettes. On y milite pour Bordeaux, le Sud-Ouest, le Languedoc et la Loire.

CORSE DU SUD

LE CHEMIN DES VIGNOBLES

16, avenue Noël-Franchini, 20090 Ajaccio. 04 95 51 46 61
4 000 étiquettes. Choix bluffant de vins insulaires et de partout (400 champagnes).

CÔTE-D'OR

L'ATHÉNAEUM

5, rue de l'Hôtel-Dieu, 21200 Beaune. 03 80 25 08 30
500 étiquettes. L'une des plus belles librairies de France sur le vin.

LE GOÛT DU VIN

37, rue d'Auxonne, 21000 Dijon. 03 80 67 36 95
1 500 étiquettes. Localisation oblige, la Bourgogne est à l'honneur.

CAVES CARRIÈRE

12, rue de Skopje, 21000 Dijon. 03 45 81 20 20
3000 étiquettes. L'ex-footballeur va droit au but dans sa cave. Une bonne adresse.

CÔTE-D'ARMOR

LA CAVE SAINT-GRÉGOIRE

80, rue de Brest, 22100 Dinan. 02 96 39 67 44
400 étiquettes. De la petite cuvée aux grands crus, il y a de quoi faire plaisir à tout le monde !

DORDOGNE

LA CAVE D'EYMET

23, place Gambetta, 24500 Eymet. 06 22 56 19 80
300 étiquettes. Mitch O'Sullivan partage sa passion des vins bio et biodynamiques.

DOUBS

AU BON ÉCHANSON

66, rue de la République, 25300 Pontarlier. 03 81 46 52 93
1350 étiquettes. Des cuvées de toutes les régions, et 45 références d'absinthe.

DRÔME

LE VIN EST UNE FÊTE

22, place Frédéric-Autiero, 26110 Nyons. 04 75 26 43 23
300 étiquettes. 80 % de la sélection appartient à la famille bio-biodynamie-"nature".

EURE

CAVAVIN VERNON

2, rue Sainte-Geneviève, 27200 Vernon. 02 32 21 50 16
350 étiquettes. Une sélection de 200 spiritueux distingue ce lieu.

EURE-ET-LOIRE

LA CAVE DU MARCHÉ

13, rue des Changes, 28000 Chartres. 02 37 21 43 10
1 500 étiquettes. Large sélection de grands vins et de séduisants vieux millésimes.

ESSONNE

CAVE D'O

1, place du Colombier, 91490 Milly-la-Forêt. 01 64 98 71 71
1 200 références. Une sélection de vins à la fois riche et éclectique (de 5 à 3 000 euros).

FINISTÈRE

SOIF DE VINS

49, rue Louis-Pasteur, 29200 Brest. 02 98 48 19 87
400 étiquettes. Ici on boit "nature" et on initie à la dégustation

D.R.

Bonjour Marcel, à Bourges : l'adresse incontournable de David Bernardin.

1JOUR1VIN.com
RETROUVEZ
UN GRAND CHOIX DE
Vins &
Champagnes
RECOMMANDÉS PAR
LA REVUE DU VIN DE FRANCE
DÉCOUVREZ NOTRE NOUVEAU SITE
www.1jour1vin.com
UNE SÉLECTION D'EXPERTS !
EN DIRECT DES DOMAINES !
VINS AU MEILLEUR PRIX !
L'ABUS D'ALCOOL EST DANGEREUX POUR LA SANTÉ, À CONSOMMER AVEC MODÉRATION

D.R.

Soif de Vins à Brest : pas de cale sèche chez Gaëtan Segalen.

GARD

LES PLAISIRS DE LA TABLE
1, rue Racine,
30000 Nîmes.
04 66 36 26 06
1200 références. L'institution. Une sélection passionnante.

GERS

BAR DU MARCHÉ
2, boulevard du Général-Ballon,
32800 Eauze.
06 75 24 57 65
40 étiquettes. Une cave à vins et à manger magique.

GIRONDE

AUTRES CHÂTEAUX
29, cours Portal,
33000 Bordeaux.
05 57 30 92 24
1 000 références. Vins d'artisans bio et biodynamiques.

LA CAVE D'ULYSSE
2, rue de la Trémoille,
33460 Margaux.
05 57 88 79 94
500 références. Homérique ! Les grands crus bordelais sont à l'honneur.

HAUT-RHIN

AU MONDE DU VIN
23, avenue de Bâle, 68300 Saint-Louis. 03 89 69 22 22
3500 étiquettes. Bio et biodynamie, mais sans dogmatisme. 100 rhums et 150 whiskies.

HAUTE-CORSE

L'EMPREINTE
4, avenue Maréchal-Sébastiani, 20200 Bastia. 04 95 65 31 13
2 000 étiquettes. L'une des meilleures caves de l'île.

HAUTE-GARONNE

QUE DU BONHEUR
62, avenue des Pyrénées,
31240 L'Union.
06 70 24 10 95
550 étiquettes. Le meilleur de la tendance "nature" est ici.

HAUTE-LOIRE

CAVES MOLIÈRE
19, avenue Georges-Clémenceau,
43200 Yssingeaux.
04 71 65 71 45
650 étiquettes. Depuis trois générations, le must à Yssingeaux. Whiskies et rhums rares.

HAUTE-SAVOIE

LES PASSIONNÉS DU VIN
99, route des Rutys,
74370 Annecy. 04 50 57 30 65
2 000 étiquettes. Une sélection ultra-soignée de vins d'auteurs.

HAUTE-VIENNE

VINOTHÈQUE DE CARNOT
54, rue de Belfort,
87100 Limoges.
05 57 77 02 20
2400 étiquettes. Toutes les régions sont représentées, complétées de 400 spiritueux.

HAUTES-ALPES

CAVE DE LA TONNELLE
6, rue du Colonel-Bonnet,
05200 Embrun. 04 92 43 26 31
400 étiquettes. Une préférence pour la Provence, le Rhône, le Languedoc. 150 spiritueux.

HAUTS-DE-SEINE

LE CHEMIN DES VIGNES
113 bis, avenue de Verdun,
92130 Issy-les-Moulineaux.
01 46 38 90 51
650 étiquettes. Un bistrot-cave en surplomb d'une parcelle de vignes en terrasse. Unique !

HÉRAULT

LE GRAIN DE RAISIN
19, rue Jules-Ferry,
34170 Castelnau-le-Lez.
04 67 79 59 50
600 étiquettes. Des vins au minimum en bio ou en biodynamie. Épicerie fine.

LE CHAMEAU IVRE
15, place Jean-Jaurès,
34500 Béziers.
04 67 80 20 20
3500 étiquettes. Le caviste de l'année 2016 de La RVF connaît chaque recoin du Languedoc.

ILLE-ET-VILLAINE

HISTOIRES DE VINS
47, rue Vasselot,
35000 Rennes.
02 99 79 18 19
700 étiquettes. Une excellente cave avec un sérieux tropisme pour le "nature".

CÔTÉ VIGNOBLE
22, place Toullier,
35120 Dol-de-Bretagne.
02 99 48 19 72
700 étiquettes. 300 spiritueux, vins bio, épicerie fine et crémerie, bières artisanales.

INDRE

CAVES RAFFAULT
12, rue de la Poste,
36000 Châteauroux.
02 54 27 18 75.
800 étiquettes. Une dégustation par mois sur réservation. 450 spiritueux.

D.R.

Au Monde du Vin, à Saint-Louis : Fabrice Renner a réponse à tout !

SPIEGELAU
THE CLASS OF GLASS
RAVINET D'ARC
Tél.: 01 47 38 37 46
info@ravinetdarc.fr
www.ravinetdarc.fr
Retrouvez-nous sur
www.spiegelau.fr
Agent exclusif de
Spiegelau en France.
Highline de Spiegelau:
"Les qualités de l'Authentis alliées à
la légèreté du soufflé bouche!"
LA REVUE DU
vin
DE FRANCE

D.R.

À Tours, une adresse : chez Jacky Serres à L'Hédoniste

INDRE-ET-LOIRE

L'HÉDONISTE
16, rue Lavoisier, 37000 Tours.
02 47 05 20 40
150 étiquettes. Une bonne cuisine arrosée de cuvées bio-biodynamie-"nature".

ISÈRE

L'ÉCHANSON
1, rue Lakanal, 38000 Grenoble.
04 76 85 05 17
1800 étiquettes. Outre les vins, 450 whiskies, des bas-armagnacs et de vieux rhums.

JURA

EPICUREA
5, place des Déportés, 39800 Poligny.
03 84 37 16 05
150 références. Inégalable qualité des fromages et vins du Jura.

LANDES

CAVE ARDONEO
768, avenue du Président-Kennedy, 40280 Saint-Pierre-du-Mont. 05 58 75 56 03
600 étiquettes. Belle sélection de vins bio et biodynamiques.

LOIR-ET-CHER

PALAIS GOURMETS
4, place de la Paix, 41200 Romorantin. 02 54 76 82 34
700 étiquettes. La Loire en haut de l'affiche. 200 spiritueux.

LOIRE

LES VINS DE SYLVAIN
52, avenue de Paris, 42300 Roanne. 04 77 78 00 15
600 étiquettes. Cave moderne dans le cœur de Roanne.

LOIRET

L'ANGE VINS CAVE
2, rue des Trois-Maries, 45000 Orléans. 02 38 54 47 42
450 étiquettes. La Loire à l'honneur, mais aussi 90 références de vins du monde.

LOIRE-ATLANTIQUE

LA NOUVELLE CAVE
17, quai de la Fosse, 44000 Nantes. 02 53 78 46 94
300 étiquettes. Le Top of the Pop ligérien s'y est donné rendez-vous

LOT

PLAISIRS DU VIN
548, avenue Anatole-de-Monzie, 46000 Cahors.
05 65 21 75 12
1000 références. Un choix ultra-solide et complet de cuvées de toutes les régions.

MAINE-ET-LOIRE

LE GOÛT DES VINS
10, rue Botanique, 49100 Angers.
06 98 15 17 02
500 étiquettes. Plein de vins à moins de 10 euros ; whiskies français et bons gins.

MANCHE

AU PLAISIR DU PALAIS
31, rue Lecampion, 50000 Granville.
02 33 51 81 69.
350 étiquettes. Toutes les régions à saisir à pleines mains !

MARNE

LES CAVES DU FORUM
10, rue Courmeaux, 51000 Reims.
03 26 19 15 15
3 000 étiquettes. Cave de l'année 2017 de La RVF. La crème des vignerons locaux.

AU 36...
36, rue Dom-Pérignon, 51160 Hautvillers.
03 26 51 58 37
300 références. N'y manquez pas les spécialités culinaires champenoises !

MAYENNE

CAVISTES DES BOZÉES
225, route de Tours, 53000 Laval.
02 43 56 27 26
700 étiquettes. Conseils pointus sur l'accord mets et vins.

MEURTHE-ET-MOSELLE

LES DOMAINES NANCY
2, rue Claude-Charles, 54000 Nancy.
03 83 30 53 39
850 étiquettes. Toutes les régions sont représentées. 350 whiskies du monde entier.

MORBIHAN

L'AMPÉLOGRAPHE
4, rue Louis-Blériot, Zone de Toul Garros, 56400 Auray. 02 97 56 52 35
1000 références. Une sélection bio à 95 % mais aussi "nature".

MOSELLE

LA VIGNE D'ADAM
105, rue des Trois-Épis, 57050 Plappeville.
03 87 30 36 68
300 étiquettes. Le vignoble français par les chemins de traverse.

D.R.

Annaïg Velly et Gregory Jehanno : le vin version pop à Nantes,.

De véritables écrins pour les vins
Des caves compactes parfaitement intégrées dans la cuisine
Des lignes épurées avec ouverture tactile motorisée
Un respect total des critères de conservation pour obtenir le meilleur de vos vins
Une expérience de plus de 40 ans dans la conservation du vin
Qualité, Design et Innovation
Fresh MAG
LIEBHERR

D.R.

Manon : l'accueil nature chez In vino la cave à boire, à Compiègne.

NIÈVRE

UNE NOTE DE VIN
60, rue de Nièvre,
58000 Nevers.
03 86 37 79 90
100 étiquettes. Bonne charcuterie et large gamme.

NORD

CAVE DU PARVIS SAINT-MAURICE
98, rue Pierre-Mauroy,
59000 Lille.
03 20 13 76 68.
950 étiquettes. La cave garde en réserve de vieux millésimes.

OISE

IN VINO LA CAVE À BOIRE
1, place de l'Ancien-Hôpital,
60200 Compiègne.
03 44 40 60 75
400 étiquettes. priorité aux vins bio, biodynamie et "nature".

ORNE

VINS & TRADITIONS
7, rue de la Halle-aux-Toiles,
61000 Alençon. 02 33 32 15 07
600 références. Nombreux spiritueux, superbes calvados.

PARIS

CAVES LEGRAND FILLES ET FILS
1, rue de la Banque, 75002 Paris.
01 42 60 07 12
3 000 étiquettes. L'une des plus vieilles caves de Paris organise de nombreuses dégustions.

CAVES BOSSETTI
34, rue des Archives,
75004 Paris. 01 48 04 07 77
800 étiquettes. Beaucoup de bourgognes au générique, et de très belles chartreuses.

CAVE BARRECA
21, rue du Val-de-Grâce,
75005 Paris. 01 44 27 02 32
500 étiquettes. La maison conjugue au pluriel son amour pour ses deux pays, la France et l'Italie.

CAVE VINTAGE & CIE
199, rue du Faubourg Saint-Honoré, 75008 Paris.
01 40 70 98 43
900 étiquettes. Belle sélection éclectique sur 150 mètres carrés. Vieux millésimes et eaux-de-vie de référence. 400 spiritueux en sus.

LA CAVE DE LA GRANDE ÉPICERIE
38, rue de Sèvres,
75007 Paris.
01 44 39 81 00
2 400 étiquettes. L'une des caves les plus complètes de France.

LA NEW CAVE
33, boulevard Malesherbes,
75008 Paris.
01 49 24 97 02
1000 étiquettes. beaucoup de nouveaux talents. Spécialiste des terroirs de Champagne.

LE VERRE VOLÉ
67, rue de Lancry, 75010 Paris.
01 48 03 17 34.
400 étiquettes. Toutes régions. Du vin naturel, à accompagner de la cuisine du jour.

CHAI SOPHIE COTTÉ SUD
22, rue de Cotte, 75012 Paris.
01 43 47 30 26
350 étiquettes. Une majorité de languedocs et roussillons.

CAVE BALTHAZAR
16, rue Jules-Guesde,
75014 Paris. 01 43 22 24 45
1000 étiquettes. Inscrivez-vous au club d'achats de vins !

LA VIGNE AU VERRE
12, rue Saint-Ferdinand,
75017 Paris. 01 45 72 39 48.
550 étiquettes. Vins français de petits artisans, pour la plupart en biodynamie.

PUY-DE-DÔME

LES CAVES TISSANDIER
10, boulevard Desaix,
63000 Clermond-Ferrand.
04 73 35 39 97
3000 étiquettes. Cave riche, sélection magnifique.

PYRÉNÉES-ATLANTIQUES

CHÉRI BIBI
50, rue d'Espagne,
64200 Biarritz.
05 59 41 24 75
120 étiquettes. Cuisine de marché et vins "nature".

PYRÉNÉES-ORIENTALES

VINS D'AUTEURS
6, place du Général-Leclerc,
66190 Collioure.
04 68 55 45 22
200 étiquettes. Sélection pointue de vins du Roussillon.

RHÔNE

DE L'OR EN CÔTE RÔTIE
98, boulevard des Allées,
69420 Ampuis.
04 74 56 72 29
500 étiquettes. De beaux classiques en vallée du Rhône et des pépites d'autres régions.

Studio Papi Aime Mamie

Fanny et François Lemarié : le vin gai au Chéri Bibi, à Biarritz.

DropStop the original ®
SERVIR LE VIN SANS EN PERDRE UNE GOUTTE
merci
partage
ensemble
www.dropstop.fr
orcel & romieu
wine accessories

D.R.

Daniel Cardoso tient la Clef des Vins à Albi.

LE PROMENOIR DES VINS
113, rue d'Anse.
69400 Villefranche-sur-Saône.
04 74 69 03 12
700 étiquettes. Sélection éclectique. Cours d'initiation à l'œnologie.

SAÔNE-ET-LOIRE

AU PLAISIR DIT VIN
19, rue Mercière,
71250 Cluny.
03 85 59 16 29
500 étiquettes. Classiques bourguignons et pépites bio.

SARTHE

LE BAR À VIN
3, rue du Cornet,
72000 Le Mans.
02 43 23 37 31
240 étiquettes. Cuisine rassembleuse, jolis vins.

SAVOIE

LES 400 CRUS
11, place de l'Hôtel-de-Ville,
73000 Chambéry.
04 79 85 61 65
400 étiquettes. Allergiques aux vins bio ou nature, s'abstenir ; les autres, foncez !

SEINE-ET-MARNE

CAVE ARNOLD
4, rue des Sablons,
77300 Fontainebleau.
01 64 22 26 87
1500 étiquettes. Bourgogne et 300 références de spiritueux.

SEINE-MARITIME

LA CAVE DE BACCHUS
41, rue Armand-Carrel,
76000 Rouen. 09 50 70 59 98
800 étiquettes. Cette cave partage son goût pour les vins en bio, biodynamie ou "nature".

SEINE-SAINT-DENIS

DIX-SEPT SUR VIN
1, rue du Marché, 93160 Noisy-le-Grand. 01 43 04 65 82
550 étiquettes. Cave tenue par Benoît Caranobe, médaillé de bronze en gym aux J.O. de Pékin.

LA P'TITE CAVE
76, allée de Montfermeil, 93340 Le Raincy. 09 83 79 93 48
400 étiquettes. Choix unique de grands noms dans le 93.

TARN

LA CLEF DES VINS
9 ter, place Lapèrouse,
81000 Albi. 05 63 76 83 51
1 200 étiquettes. Sud-Ouest, Languedoc, Rhône... Une curiosité tous azimuts !

VAL-DE-MARNE

VIGNES ET SAVEURS
26, av. du Gal-Gallieni, 94340 Joinville-Le-Pont. 06 35 43 37 16
500 étiquettes. Belle gamme de vins corses. Spiritueux pointus

VAL-D'OISE

AUX CAVES D'ENGHIEN
30, bd d'Ormesson. 95880 Enghien-les-Bains. 01 34 17 59 18
700 étiquettes. Languedoc, Rhône, Loire, Bourgogne, Bordeaux sont en bonne place.

VAR

LES QUILLES
6, place d'Armes,
83000 Toulon. 04 94 24 23 53
250 étiquettes. Une cave sous influence bio-biodynamie-"nature", rhums jamaïcains.

VAUCLUSE

L'ENCLAVE VINOTHÈQUE
Quartier Saint-Urbain, 84600 Valréas. 04 90 35 17 96
2000 étiquettes. Vaste choix de 400 magnums. Le paradis pour les fans de vins du Rhône.

VENDÉE

LE CHAI DES COPAINS
46, av. de la Plage, 85160 Saint-Jean-de-Monts. 06 16 48 43 30
300 étiquettes. Bio et "nature" dans un choix personnel.

YVELINES

LE CARAFON
20, rue du Maréchal-Foch,
78110 Le Vésinet. 01 39 76 20 50
400 étiquettes. Offre pointue, épicerie fine, spiritueux... On se régale !

LA CAVE DE MAREIL
17, place du Vieux Pressoir,
78124 Mareil-sur-Mauldre.
01 30 90 66 88
250 étiquettes. Languedoc, Rhône, Loire, et de nombreuses quilles à moins de 10 €.

CAVE DE L'ÉPICERIE DE LONGUEIL
28, avenue de Longueil, 78600 Maisons-Laffitte. 01 39 62 00 50
1500 étiquettes. Institution fondée en 1880, gamme éclectique.

YONNE

LES AGAPES
13, rue de Preuilly,
89000 Auxerre. 03 86 52 15 22
1200 étiquettes. Étonnants coffrets-cadeaux, et une sélection actualisée.

D.R.

Les Quilles, à Toulon : le royaume de Stéphane Andreani

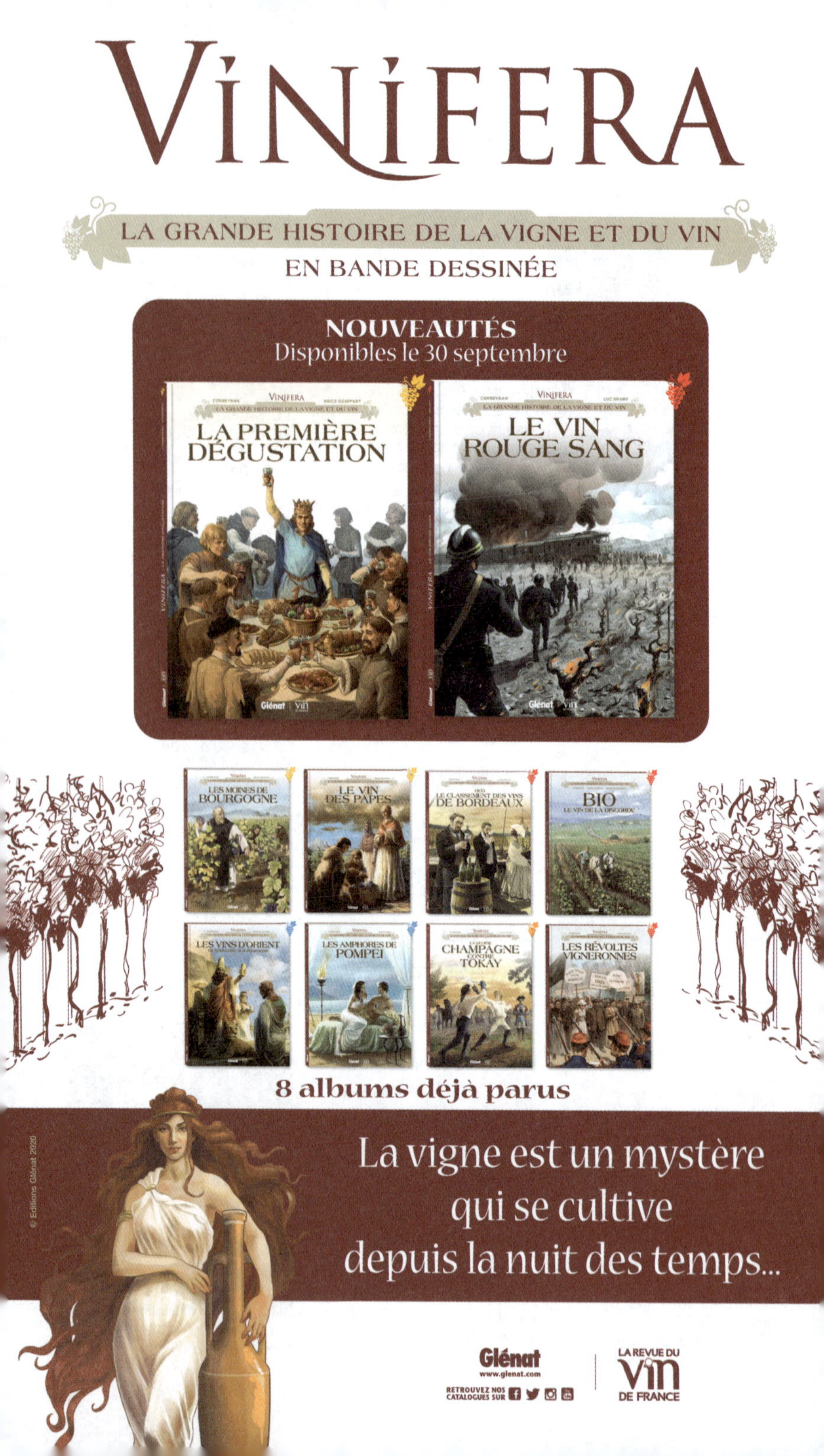

VINIFERA
LA GRANDE HISTOIRE DE LA VIGNE ET DU VIN
EN BANDE DESSINÉE
NOUVEAUTÉS
Disponibles le 30 septembre
LA PREMIÈRE DÉGUSTATION
LE VIN ROUGE SANG
LES MOINES DE BOURGOGNE
LE VIN DES PAPES
LE CLASSEMENT DES VINS DE BORDEAUX
BIO
LE VIN DE LA DISCORDE
LES VINS D'ORIENT
LES AMPHORES DE POMPEI
CHAMPAGNE CONTRE TOKAY
LES RÉVOLTES VIGNERONNES
8 albums déjà parus
La vigne est un mystère
qui se cultive
depuis la nuit des temps...
© Editions Glénat 2020
Glénat
www.glenat.com
RETROUVEZ NOS CATALOGUES SUR
LA REVUE DU VIN DE FRANCE

VENTE EN LIGNE : NOS MEILLEURS SITES

En janvier 2020, La RVF a publié un palmarès des sites les plus performants pour l'achat de vieux millésimes. Le voici :

IDEALWINE

La variété des crus proposés, telle cette collection exceptionnelle de VDN remontant jusqu'en 1874, affolera les passionnés. Toutes les bouteilles sont photographiées, expertisées et décrites avec soin. La possibilité d'acheter aux enchères ouvre la porte aux bonnes affaires. En cas de problème sur la bouteille, une remise sur le prochain achat est proposé au client.

MILLÉSIMA

2 000 crus de plus de dix ans, des grands bordeaux et des champagnes de grande maisons en quantité. La traçabilité est impeccable, mais l'obligation d'acheter les vins par caisse (sauf les plus prestigieux) fait vite monter la facture. Bouteille intégralement remboursée en cas de problème.

SODIVIN

Avec 2000 références de dix ans d'âge et 92 % des bouteilles affichant plus de vingt ans, Sodivin revendique d'être "le" site spécialisé dans la vente de très vieux millésimes. Aux deux tiers bordelais, Sodivin fourmille de cuvées de prestige : Yquem 1929, Mouton-Rotschild 1945, Pétrus 1982...

VINS GRANDS CRUS

Les bordeaux occupent ici une place de choix : 70 % de l'offre sur 3 850 étiquettes âgées de plus de dix ans. Neuf bouteilles sur dix ont été achetées auprès de particuliers. Le site est agréable, la livraison rapide.

MILLÉSIMES

La traçabilité impeccable des vins, garantie par l'expert Aubert Bogé, fait la force de ce site qui propose plus de 1 000 références, souvent prestigieuses et surtout bordelaises, à prix attractifs. Les vins sont livrés rapidement, mais la procédure en cas de problème avec la bouteille mériterait d'être optimisée.

LA CAVE DU MARCHÉ

Cette cave de Chartres propose de nombreux vins de Bourgogne. Et pas n'importe lesquels ! Leroy, Méo-Camuzet, Groffier sont au catalogue. On peut ici s'offrir des vieux flacons à prix attractifs (120 crus à moins de 50 euros).

LAVINIA

Davantage tourné vers les jeunes talents, Lavinia reste solide sur les vieux millésimes : 900 références de plus de dix ans, une belle diversité (dont 20 % de vins étrangers). Les vins sont tous achetés en direct dans les propriétés. Le site pourrait toutefois se montrer plus facile d'accès.

LA CAVE DU CHÂTEAU

À portée de tire-bouchon du Clarence, cette cave située au rez-de-chaussé de l'hôtel Dillon, à Paris, se prolonge par un site de vente en ligne. Sélection 100 % française, assez classique. Bonne diversité des régions avec une majorité de bordeaux.

BELGIUM WINE WATCHERS

Ce site propose 1 900 références de vieux millésimes, une large palette de vins français et étrangers, de grands noms (Léoville Las Cases 1947...) et des crus beaucoup plus surprenants.

VINS ET MILLÉSIMES

Plus de 3 500 étiquettes sont en stock chez ce spécialiste des grands vins à maturité, avec plus de 2 500 millésimes antérieurs à 2009. La moitié de son catalogue vient directement des domaines viticoles. L'autre moitié provient d'achats de caves. Bonne ergonomie : on peut recherche de vieux millésimes dès la page d'accueil, c'est pratique !

ET AUSSI :

Voici les autres sites souvent distingués lors de nos enquêtes.

Lespassionnesduvin
Sélection soignée : 2 000 références le plus souvent dans l'esprit de La RVF. Nombreux vins d'auteurs (50 % en bio). Prix attractifs. Livraison en France et dans 26 pays européens.

1 Jour 1 Vin
Site de vente privée simple d'utilisation, coloré et agréable. 2 000 références de toutes les régions. Nombreux vins bio, biodynamiques et nature. Classiques à prix doux (prix moyen d'une bouteille : 14 euros) et étiquettes plus confidentielles. Livraisons dans onze pays européens, site traduit en anglais.

Chais d'Œuvre
Club en ligne, créé par Manuel Peyrondet. Moyennant cotisation, le client reçoit chaque mois une sélection de vins signés par les meilleurs talents du vignoble. Ventes privées.

WineAndCo
5 000 références au catalogue, prix moyen du flacon : 20 euros. Vente en direct et en primeur, vente privée et foires aux vins.

Vinatis
Ce spécialiste des vins à petits prix compte 3 000 références. Très fort sur les vins de milieu de gamme (prix moyen d'une bouteille : 10 euros). Spiritueux et bières.

Vente à la Propriété
10 000 références sélectionnées avec soin par deux sommeliers bien connus de nos lecteurs, Olivier Poussier et Christian Martray. Le site mise sur un éclectisme éclairé, avec des vins à prix doux : prix moyen d'un flacon : 15 euros.

CDiscount
6 000 références annoncées, prix moyen de 10 euros. Fioles de 2 cl disponibles pour les clients qui souhaitent déguster avant d'acheter.

Chateaunet et Chateauprimeur
Les deux sites du négociant Duclot. Deux références pour les achats en primeur et les grands crus bordelais.

La Route des Blancs
Vins blancs et champagnes uniquement. Ventes privées.

Vente-Privée
Offre plétorique mais insuffisamment hiérarchisée.

Le Petit Ballon
Deux bouteilles de vin chaque mois, fiche de dégustation et conseils.

SamediVin
Chaque samedi, des vins de qualité en vente privée.

Cavissima
Ce site propose d'acheter des vins, mais aussi de gérer sa cave à distance.

La Cave d'Ulysse
La version online de la Cave d'Ulysse se spécialise dans la vente en ligne de vieux millésimes.

Lagrandecave
Créé par les négociants bordelais Borie Manoux. Une sélection 100 % Bordeaux, un large choix de grands crus et une provenance directe propriété. Une valeur sûre.

Grandsbourgognes
Catalogue riche et éclectique. Sélection de haut vol en Bourgogne, nombreuses références et millésimes. Les autres régions sont aussi représentées, à tous les prix.

Vins fins de la Crau
Site à l'ancienne : commande par téléphone ou e-mail, pas de paiement en ligne… Mais la sélection de Liz et Mike Berry est brillante : 615 étiquettes, livraison express, remboursement si problème.

D. R.

Jean-Charles Gassin vous attend à La Cave du Marché, à Chartres.

Les coups de cœur de nos dégustateurs

Dans chaque région, nos dégustateurs ont élu leur vigneron “coup de cœur”, à suivre de près cette année. Ils ont aussi sélectionné pour vous huit cuvées dans une large gamme de prix, huit vins qu’ils ont particulièrement aimés et dont ils recommandent l’achat.

J.-C. Gutner

Sébastien, Jean-Louis et Fabienne Mann

Domaine Jean-Louis et Fabienne Mann, à Eguisheim

La nouvelle génération du Pfersigberg

Voilà dix ans que Sébastien Mann est revenu au domaine familial, situé dans le pittoresque village d'Eguisheim. Il en a pris les rênes à la suite de ses parents, Jean-Louis et Fabienne. Ces derniers, qui avaient commencé à embouteiller et à commercialiser leur production dès 1998, s'étaient déjà engagés avec conviction dans la culture biologique (certifiée en 2008) lorsque Sébastien, second fils d'une fratrie de trois garçons, a souhaité reprendre les 12 hectares de vignes, répartis sur cinquante parcelles, parmi lesquels les grands crus Eichberg et Pfersigberg. Fort d'un BTS viti-œno et d'expériences en Australie, en Autriche ainsi que qu'en Côte-Rôtie et en Champagne, chez Vouette & Sorbée, le jeune homme s'essaie rapidement à l'usage de préparats en biodynamie pour renforcer vitalité et résistance des plantes. Son expérience champenoise lui permet d'approfondir le travail des bulles sans dosage, en élevant une partie des vins en barriques. Dix années de travail ont permis à Sébastien d'affiner la qualité des vins, lesquels offrent désormais une intégrité de fruit et une précision enviables dans la lecture des terroirs : ceci permet au domaine d'intégrer le cercle restreint des Alsaciens doublement étoilés. **Jean-Emmanuel Simond**

Deux flacons de grande garde

DOMAINE ZIND-HUMBRECHT,
Riesling Grand Cru Rangen de Thann Clos Saint Urbain 2018
Très réservé, le riesling du Rangen reste pour l'instant assez compact, marqué par le sceau du terroir, riche d'une formidable puissance contenue. 100 €

DOMAINE BOTT-GEYL,
Pinot Gris Grand Cru Sonnenglanz 2016
Essence de fruit mûr, le pinot gris Sonnenglanz se montre éclatant, voluptueux, mais sa finale très aiguisée laisse apercevoir son grand potentiel de garde. 27 €

Deux vins de moyenne garde

DOMAINE BARMÈS-BUECHER,
Pinot Noir Vieilles Vignes 2018
Issu de vignes âgées de 50 ans plantées sur le Hengst, ce rouge s'affirme avec une grande concentration tout en restant aérien. Une référence de pinot noir alsacien. 31 €

DOMAINE JEAN-LOUIS ET FABIENNE MANN,
Riesling Grand Cru Pfersigberg 2018
Profil vigoureux et juteux dans le riesling Pfersigberg, un blanc frais et élégant, d'une belle intensité. 30,90 €

Deux vins à boire sur le fruit

DOMAINE JOSMEYER, *Vin de France Chante Pinot*
Original pétillant naturel sans soufre ajouté, Chante Pinot est une vraie friandise, avec sa bulle fine et joyeuse et son caractère parfaitement sec. 15 €

DOMAINE HENRY FUCHS,
Pinot Noir Rouge comme Renard 2018
Issu du Kirchberg, ce pinot velouté et droit se présente très harmonieux, bâti sur des tanins sapides et fins. Un must ! 24 €

Deux cuvées originales

DOMAINE VINCENT STOEFFLER, *Alsace Le Beurot Rosé 2018*
Ce pinot gris de macération a tout d'un rouge léger : fraîcheur acidulée, saveurs de cerises et de poivre, ensemble digeste et finale revigorante. 12,20 €

DOMAINE PIERRE FRICK, *Gewurztraminer Grand Cru Eichberg Macération Pur Vin 2018*
Le gewurztraminer Eichberg en macération est superbe : amers délicats, matière moelleuse mais sèche, qui embaume le safran, le kumquat et le caramel salé. 23 €

D. R.

Thibault Liger-Belair

Domaine Th. Liger-Belair, à Chénas

Un Bourguignon au sommet du Beaujolais

Sous la carrure imposante de Thibault Liger-Belair se cache une réelle sensibilité, indissociable de la finesse authentique de ses vins. L'amour qu'il porte au Beaujolais depuis ses études dans la région s'est traduit, en 2008, par l'achat de parcelles de vignes. Le célèbre vigneron, originaire de Nuits-Saint-Georges a adapté aux gamays plantés sur les granites de Moulin-à-Vent les préceptes bourguignons. Avec patience et méticulosité, il a délimité ses lieux-dits, à la manière des climats bourguignons, afin d'en exprimer le maximum de nuances. Une meilleure compréhension de ses terroirs, mais aussi les bienfaits de la biodynamie, initiée dès 2009, font naître des vins à la fois libres et précis. Ce travail au service des multiples expressions du gamay est sublimé par des élevages ambitieux. Clairvoyant et humble, Thibault Liger-Belair prend la mesure du potentiel de ses terroirs : *« au fil des années, je prends conscience que certaines de mes parcelles en Beaujolais sont bien meilleures que d'autres, pourtant très prestigieuses, de Bourgogne. Je me dois donc de les magnifier. »* La progression des vins, la sensibilité du vigneron et sa volonté de partager ses connaissance prédisent un bel avenir à ce domaine désormais doublement étoilé. **Pierre Vila Palleja**

BEAUJOLAIS

8 FLACONS À ACHETER EN PRIORITÉ

Deux flacons de grande garde

DOMAINE DES BACHELARDS,
Fleurie Le Clos 2016
Après quelques millésimes seulement, ce fleurie devient une référence du Beaujolais. Un vin d'une grande suavité, aux tanins parfaitement millimétrés. Il grandira pendant au moins 25 ans. 120 €

CHÂTEAU THIVIN, *Côte de Brouilly Godefroy 2018*
Cette micro-parcelle de 70 ares, plantée de vignes souvent centenaires, fait jaillir un gamay lumineux, d'une haute définition et d'une superbe salinité. 19,20 €

Deux vins de moyenne garde

DOMINIQUE PIRON, *Morgon Côte du Py 2018*
Une côte-du-py à savourer dans les quinze prochaines années pour profiter de son grain de tanins fin. Équilibré par une fine tension iodée, il offre une finale longue et appétante. 18 €

CHÂTEAU DE LA CHAIZE,
Côte de Brouilly Brûlhier 2017
Exposé au Sud et planté de vignes quinquagénaires, ce gamay s'affirme avec une puissance diffuse, bien étirée par un tanin précis et une finale douce. 26 €

Deux vins à boire sur le fruit

DOMAINE DE LA PIROLETTE, *Saint-Amour 2018*
Derrière une fine réduction, ce gamay construit sur une matière dense et riche reste salivant. L'ensemble est structuré par des tanins précis. 15 €

DOMAINE LABRUYÈRE,
Moulin-à-Vent Cœur de Terroirs 2018
Une belle entrée en matière pour découvrir Moulin-à-Vent en 2018. Il exprime la richesse du millésime et la fougue typique de son cru. À ouvrir dès 2022. 14,40 €

Deux cuvées originales

DOMAINE CHERMETTE, *Vin de France En Fay 2019*
Une empreinte rhodanienne signe le nez de ce viognier du Beaujolais. Tout en générosité de fruit, souligné par une fine amertume. 11 €

DOMAINE DES TERRES DORÉES,
Beaujolais Chardonnay Classic 2018
Sous ses airs timides se cache un chardonnay pur et cristallin. Le nez épouse la roche, avec une sensation de pierres chaudes. Un blanc pur à la finale un peu ferme. 11,50 €

D. R.

Marine Treppoz et Vincent Montigaud

Château de Sales, à Libourne

Le plus discret des grands pomerols

À l'écart du *mundillo* spéculatif du plateau pomerolais, le château de Sales est pourtant le plus vaste domaine viticole de l'appellation. Depuis 1464, sa superficie n'a varié que de trois hectares, perdus pendant la Révolution. Avec 47 hectares de vignes et 150 000 bouteilles produites par an, une utilisation de la barrique neuve longtemps plafonnée à 5 %, le Château de Sales est un peu l'anti-vin de garage... En 2017, un tandem prend le relais de Bruno de Lambert, trente-cinq millésimes à son actif : Marine Treppoz, comme présidente de la société familiale d'exploitation et Vincent Montigaud, comme directeur général. Avoir un demi-millénaire d'histoire derrière soi est à la fois un poids, une singularité et une chance. On n'appréhende pas un terroir de la même façon lorsque sa famille l'exploite depuis cinq cents ans... Comme la culture, le lien au sol est héréditaire, il se construit au fil des générations. C'est ce qu'a choisi d'ignorer l'État français avec sa fiscalité successorale confiscatoire, qui fait qu'entre Saint-Émilion et Pomerol, les propriétés familiales apparaissent aujourd'hui comme vestigiales. Puisse le Château de Sales conserver son esprit, son parc, son vin raffiné, accessible, pendant cinq cents autres années ! **Pierre Citerne**

BORDEAUX

8 FLACONS À ACHETER EN PRIORITÉ

Deux flacons de grande garde

VIEUX CHÂTEAU CERTAN, *Pomerol 2018*
2018 en primeur s'affichait incontestablement dans le trio de tête de Pomerol. Goûté juste après la mise, il confirme sa stature héroïque. Un vin majestueux, comparable au grand 2016. 294 €

CHÂTEAU PICHON BARON, *Pauillac 2018*
La très grande maturité de son fruit, son degré alcoolique élevé et sa masse tannique en font un "monstre" pour les décennies à venir. À oublier longuement en cave. 164 €

Deux vins de moyenne garde

CHÂTEAU HAUT-MARBUZET, *Haut-Médoc 2016*
Toujours d'une magnifique concentration veloutée. Voici un grand millésime, très racé, typique de son cru, qui témoigne de la grande forme d'Haut-Marbuzet. 39 €

CHÂTEAU HAUT-BAILLY,
Pessac-Léognan La Parde de Haut-Bailly 2017
Ne vous privez pas du plaisir de déguster ce 2017, un vin droit et précis. Plus facile à aborder que son grand frère, avec un indéniable air de famille. 30 €

Deux vins à boire sur le fruit

CHÂTEAU MAZEYRES, *Pomerol Le Seuil de Mazeyres 2017*
Plus riche en cabernet franc, avec 4 % de petit verdot, ce second vin se montre tout en légèreté et d'un charme immédiat. 20 €

CHÂTEAU L'ISLE FORT, *Bordeaux Supérieur 2016*
Le cassis, mêlé au sureau, au cacao et aux épices animent un vin totalement fondu dans un ensemble aromatique vivant et moderne. 9,60 €

Deux cuvées originales

CHÂTEAU TIRE-PÉ, *Vin de France L'Échappée 2017*
Castets et mancin des paluds sont élevés en jarres. Un vin aussi fringant qu'original, au jus disponible, à peine rustique, mais tellement à part dans ses terminaisons florales. 24 €

DOMAINE DE L'ALLIANCE,
Bordeaux Indigène 2019
Ce pur sémillon est fort prometteur. Puissant, racé, dense, avec un fruit plein, il préserve une belle énergie qu'il déploie jusqu'en fin de bouche avec de jolis amers. 25 €

Nathalie et Jean-Claude Theulot

Domaine Theulot-Juillot, à Mercurey

Ce mercurey ne cesse de grimper

À Mercurey, Nathalie et Jean-Claude Theulot ont posé, millésime après millésime, avec discrétion et assurance, les bases solides d'un domaine d'une grande régularité. Leurs vins se profilent en modèles de la Côte chalonnaise, ce que notre dégustation des 2018 confirme : chaque cuvée, depuis les deux mercureys-villages jusqu'au premier cru, le monopole La Cailloute, bénéficie des mêmes attentions. Chaque vin exprime son terroir avec un équilibre juste, une belle qualité de fruit, une alliance parfaite entre fraîcheur et densité ; les élevages précis s'adaptent à chaque millésime. Le couple travaille en symbiose depuis ses débuts, en 1987. Les rôles sont bien distribués : Nathalie gère la logistique des vendanges et la partie administrative, Jean-Claude, méticuleux et éternel insatisfait, veille aux grains, à la vigne comme à la cave, jusqu'aux mises en bouteille. 2018 a bénéficié de toutes les attentions : les niveaux de maturité et les volumes vendangés étant élevés, le choix de cuvaisons longues s'est avéré judicieux. Deux grands millésimes suivront, avec des profils bien différents et un très faible volume. Saluons aussi les prix raisonnables de ce domaine qui mérite amplement sa deuxième étoile, décrochée cette année ! **Christian Martray**

BOURGOGNE

8 FLACONS À ACHETER EN PRIORITÉ

Deux flacons de grande garde

DOMAINE COCHE-DURY, *Meursault Premier Cru Perrières 2017*
Finement boisé, ce Perrières du dessus est tout en puissance, concentré, et malgré son fruit charnu, il reste d'un bloc en bouche pour le moment. Il aura besoin d'une très longue garde pour se révéler avec sérénité. N. C.

DOMAINE JEAN GRIVOT, *Echezeaux Grand Cru 2018*
Fruits noirs très mûrs, une touche de graphite, de cuir et de cachou : très expressif, il déroule, pour l'instant, une allonge musclée mais reste équilibré, précis et adroit. Il ira loin. 204 €

Deux vins de moyenne garde

DOMAINE CHANDON DE BRIAILLES,
Savigny-lès-Beaune Premier Cru Les Lavières 2018
Son parfum floral signe une élégance distinguée. Tout en épure, il fait vibrer le fruit avec une grâce et une énergie somptueuses. Exemplaire. 54 €

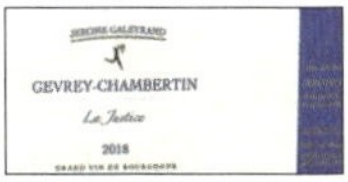

DOMAINE JÉRÔME GALEYRAND,
Gevrey-Chambertin La Justice 2018
Vin vinifié sans ajout de soufre. Le nez est ravissant, avec une fraîcheur et une pureté de fruit admirable, il s'exprime dans des saveurs infusées qui transcrivent la sève terrienne du cru. 55 €

Deux vins à boire sur le fruit

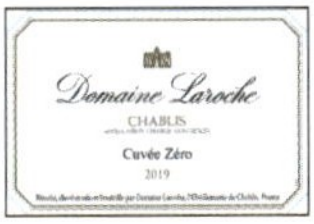

DOMAINE LAROCHE, *Chablis Cuvée Zéro 2019*
Un fruit mûr et tendre s'exprime dans ce chablis 2019. Revendiqué sans soufre ni intrants, il se montre gourmand et sincère. Un chardonnay comme on en rencontre rarement. 22 €

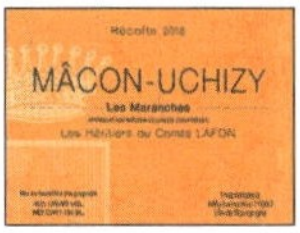

DOMAINE HÉRITIERS DU COMTE LAFON,
Mâcon-Uchizy Les Maranches 2018
Toujours très mûr, floral, avec une légère réduction des lies à l'ouverture. Élevé en foudre, il offre un galbe assez souple et suave, à la fine acidité, très salivant. 19 €

Deux cuvées originales

DOMAINE JOSEPH COLIN, *Saint-Aubin Premier Cru En Rémilly 2018*
Les épices et une note de badiane s'imposent dès l'ouverture. Étonnamment ample, grâce à la vinification sans soufre, il exprime la vraie nature solaire de ce climat. 44 €

A. ET O. DE MOOR, *Vin de France Sans Bruit 2018*
Cette année, la richesse des sauvignons n'a pas permis aux levures d'aller au bout des sucres : il en résulte un étonnant moelleux, acidulé et exotique. Passionnant ! 25 €

Frédéric Zeimett et Hervé Jestin

Champagne Leclerc-Briant, à Épernay

La belle endormie s'est réveillée

La progression est fulgurante ! En moins d'une décennie, la maison Leclerc-Briant, fondée en 1872, à l'époque à Cumières, a retrouvé tout son lustre. Une résurrection spectaculaire que l'on doit à un couple d'Américains, Mark Nunelli et Denise Dupré, qui l'ont acquise en 2012, à son habile chef de cave, Hervé Jestin, et à son dynamique directeur général, Frédéric Zeimett. Ce dernier, passé chez Moët & Chandon, Pommery et M.Chapoutier, se lance alors dans un travail titanesque, qui consiste à repositionner totalement une marque dont les bouteilles sont bradées à la grande distribution. Son coup de force ? Avoir su tirer profit d'une force inexploitée par la maison depuis les années 1950, la biodynamie, dont elle était pionnière. L'équipe de Leclerc-Briant a ainsi reconstitué un vignoble, signé des contrats d'approvisionnement en raisin et travaillé la marque, tout en soignant les vins, et elle voit désormais son travail récompensé par une clientèle de plus en plus nombreuse. Quant au chef de cave, Hervé Jestin, il peut pousser encore plus loin ses expérimentations en terme de vinification, d'élevage ou même de vieillissement des vins. Plus que jamais, Leclerc-Briant est une maison dans le coup, dans son temps et dans le vent ! **Olivier Poels**

CHAMPAGNE

8 FLACONS À ACHETER EN PRIORITÉ

Deux flacons de grande garde

PASCAL DOQUET CHAMPAGNE,
Extra-Brut Grand Cru Le Mesnil-sur-Oger Cœur de Terroir 2008

Le cœur de terroir du Mesnil combine la force austère du terroir à celle du millésime. Une grande envergure crayeuse. 80 €

GOSSET, *Brut Grand Millésime 2012*

Rien ne presse pour déguster le Grand Millésime 2012, encore tendu et retenu, mais d'un fond et d'un potentiel énorme. 57 €

Deux vins de moyenne garde

HURÉ FRÈRES CHAMPAGNE,
Extra-Brut 4 Eléments Chardonnay 2015

Ce 2015 s'ouvre aujourd'hui avec une gourmandise immédiate. La droiture du chardonnay est habillée par une belle réduction grillée, façon blanc de Bourgogne. 70 €

RUINART, *Brut 2009*

Dégusté en magnum, le 2009 demeure assez flamboyant, riche en bouche, mais sans lourdeur. La finale est dotée d'un bel éclat. Un millésime digne de ce nom ! 157 €

Deux vins à boire sur le fruit

CHARLES-HEIDSIECK, *Brut Blanc de Blancs*

Une réussite pour cette cuvée récente : la crémosité typique de la maison s'y conjugue au dynamisme du chardonnay. Un régal à l'apéritif. 60 €

GATINOIS CHAMPAGNE, *Brut Rosé Grand Cru*

Quel plaisir de déguster un rosé à la structure d'une telle tenue ! Plaisir encore, ce délicieux parfum de pinot noir, identitaire de ce grand cru de la vallée de la Marne. 27 €

Deux cuvées originales

DUVAL-LEROY, *Brut Précieuses Parcelles Petit Meslier 2007*

Cet original petit meslier poursuit son évolution en conservant un côté tonique. D'une belle allonge sapide, il est prêt à boire. 95 €

PIERRE GERBAIS, *Extra-Brut Blanc de Blancs L'Originale*

Ce pinot blanc, très mûr en 2015, évoque avec originalité l'expression d'un beau chenin de Loire. D'une très belle chair vineuse, propre à son cépage. 55 €

Étienne et Paul-Antoine Suzzoni

Clos Columbu, à Lumio

Les gardiens des cépages endémiques

L'arrivée de Paul-Antoine Suzzoni, 27 ans, sur le vaste domaine familial (64 hectares de vignes, entourées de champs et de prairies) situé au-dessus de la baie de Calvi, apporte à ce dernier un souffle nouveau. Formé à l'étranger, le jeune homme bénéficie de la pleine confiance de son père, Étienne, garantie d'une transition en douceur. Le travail en bio, initié dès 2010, s'approfondit avec la conversion en biodynamie (certification Demeter) et la construction d'une impressionnante cave enterrée pour pouvoir travailler par gravité. Paul-Antoine s'attache à valoriser les cépages autochtones corses comme, en rouge, les niellucciu, sciaccarellu, minustellu, muresconu, carcaghjolu neru, ou encore aleaticu ; en blanc, il s'appuie sur les vermentinu, riminese, genovese, cualtacciu, brustianu, cudiverta, biancu gentile... Les cuvées Storia di Signore et Storia di Gio témoignent de la nette montée en puissance des vins. Et la polyculture n'est pas un vain souhait, car chevaux, vaches, ainsi qu'une grande diversité végétale sont déjà présents sur la propriété. Assurément, le travail de Paul-Antoine au Clos Culombu est emblématique de la formidable dynamique que connaît actuellement le vignoble de l'Île-de-Beauté.

Jean-Emmanuel Simond

CORSE

8 FLACONS À ACHETER EN PRIORITÉ

Deux flacons de grande garde

CLOS SIGNADORE, *Patrimonio 2016*
Un vin de Corse ambitieux et complexe, parfaitement structuré, qui saura vieillir avec grâce et finesse. Quelle fraîcheur ! 50 €

DOMAINE DE TORRACCIA,
Corse Porto-Vecchio Oriu 2015
Sous une bouche terrienne aux tanins serrés et à la fraîcheur réglissée, ce 2015 à la matière généreuse, un brin sèche, est taillé pour la garde. 20 €

Deux vins de moyenne garde

CLOS CANERECCIA,
Vin de France Amphore Carcaghjolu Neru 2017
Civilisé, le carcaghjolu neru n'en est pas moins fougueux : son envergure pulpeuse et ses tanins cacaotés canalisent son énergie. À carafer ou à attendre cinq ans. 40 €

DOMAINE COMTE ABBATUCCI,
Vin de France Général de la Révolution 2017
Assemblage de vermentino et de cépages endémiques, au nez de menthe et de végétal. Cet admirable blanc ferme exhibe sa puissance structurée par de grands amers. 70 €

Deux vins à boire sur le fruit

DOMAINE ANTOINE-MARIE ARENA,
Vin de France San Giovanni 2019
Un rouge à l'assemblage original de carcaghjolu neru et de morescone, qui livre une matière soyeuse, issue d'une vinification infusée. Une fraîcheur admirable. 15 €

CANTINA DI TORRA, *Vin de France Zinzinu 2019*
Sympathique nouveauté que cette bouteille d'un litre, qui ne titre que 10,4°. Sobre, sapide, net, ce blanc juteux et léger se boira bien frais à la régalade avec une oursinade. 15 €

Deux cuvées originales

CLOS COLOMBU, *Vin de France Storia di Signore 2018*
Un blanc (vermentino, brustianu, cualtacciu, biancu gentile, cudiverta, riminese et genovese), sur la réserve mais doté d'une persistance digeste et complexe. 19 €

CASTELLU DI BARICCI,
Vin de France Réserve Perpétuelle
Inspiré de la méthode de la solera, ce vin assemble 2015, 2016 et 2017. Une grande myriade de saveurs de grenade et de bois de santal, une matière d'envergure aux tanins poudrés. 29 €

Nathalie et Emmanuel Grand

Domaine Grand, à Passenans

Leurs côtes-du-jura nous enthousiasment

On ne cesse de le répéter, le Jura se réinvente. Aiguillonné par la vague bio, par la vague nature, de l'Arbois au Sud Revermont les questionnements fusent ! Ils sont souvent portés par des vignerons venus de l'extérieur, mais aussi parfois issus de l'intérieur, du coeur paysan le plus enraciné dans le vignoble. C'est le cas d'Emmanuel et Nathalie Grand, même si ces deux techniciens du vin ont exercé leur art dans de nombreux vignobles hors de leur cher Jura : lui est héritier d'un domaine majeur des Côtes du Jura, elle est fille de vignerons de Montigny-lès-Arsures, près d'Arbois. Leurs idées sont claires : la surface du domaine a été nettement réduite, la viticulture réorientée vers le bio. On sent dans leur démarche beaucoup de rigueur, de pragmatisme, mais aussi une grande soif de comprendre, d'expérimenter, d'aller plus loin. Autant que leur géniteurs, les vins traduisent cette exigence et cet enthousiasme. La gamme aborde toutes les spécialités jurassiennes. Les rouges, et particulièrement le trousseau, sont d'indéniables points forts. Les blancs ouillés montent en puissance. Les blancs sous voile sont très au point, dans une veine "rationalisée" (fûts nettoyés et vins ensemencés) qui n'exclut ni la finesse ni la perception du terroir.
Pierre Citerne

Deux flacons de grande garde

DOMAINE ANDRÉ ET MIREILLE TISSOT,
Arbois Vin Jaune 2011
Brillante intuition du vigneron, le vin jaune 2011 élevé 99 mois (en cave chaude) transcende la générosité du millésime pour atteindre une concentration magistrale. Inoubliable. 82 €

DOMAINE BERTHET-BONDET, *Château-Chalon 2012*
Le château-chalon demeure un vin exceptionnel, voué à une très longue carrière, déjà très délicat, finement texturé, à la fois salin et biscuité, aussi long qu'élégant. 37,40 €

Deux vins de moyenne garde

DOMAINE GANEVAT, *Côtes du Jura Trousseau Plein Sud 2019*
Le trousseau parvient à égaler le pinot dans son inoubliable séduction florale ; plus vigoureux, plus séveux, il porte à son paroxysme l'association intime du suave et de l'aérien. 50 €

DOMAINE JEAN MACLE, *Côtes du Jura 2015*
Toujours aussi brillant, le côtes-du-jura 2015 offre un profil racé et aérien, préfigurant le château-chalon à travers sa vibrante saveur fumée. 19 €

Deux vins à boire sur le fruit

CELLIER DES TIERCELINES,
Arbois Friandise 2018
L'assemblage Friandise (poulsard, trousseau, pinot), suave et parfumé, en est vraiment une ! 11,50 €

LULU VIGNERON, *Côtes du Jura Chardonnay bb1 2017*
Chardonnay complété par 20 % de savagnin, il s'exprime dans un registre très fin et naturel, entre pointes oxydatives et éclat avec une finale évoquant le cerneau de noix fraîche. 19 €

Deux cuvées originales

DOMAINE DU PÉLICAN,
Arbois Savagnin Macération Pelliculaire 2018
L'explosif savagnin macéré détonne ! Très parfumé, abricoté et racinaire, sensuel, il offre pourtant un corps ciselé, alerte, dont les tanins sont entraînés par l'élan acide. 36 €

DOMAINE LABET, *Vin de France La Reine 2018*
Issu des jeunes vignes provenant de la vieille sélection massale du domaine, ce gamay est une merveille de finesse, qui développe des notes profondes et une trame gracieuse. 40 €

Rémy Pedreno

Roc d'Anglade, à Langlade

Un Gardois parmi les ténors du Languedoc

Depuis 1999 et son premier millésime dans la commune gardoise de Langlade, Rémy Pedreno reste fidèle à ses ambitions du début avec des vins peu colorés, sapides et au potentiel de vieillissement unique. L'amateur qui détient encore des bouteilles du Roc d'Anglade 2000 rouge se régalera de son bouquet de rose et de sa bouche ciselée et précise. Une merveille ! D'un magnifique éclat frais, le blanc, lui aussi, contribue grandement au succès de ce domaine. Ici, les chardonnays, grenaches gris et carignans blancs accompagnent, depuis le millésime 2009, l'historique et original chenin, planté en 1985 par un vigneron du village. Une pièce unique dans ce vignoble du Gard ! Élevé avec brio en foudre, il s'est hissé parmi les plus emblématiques du Languedoc. Depuis 2008, le domaine de 8 hectares est replanté avec des pieds de sélections massales, et toute l'attention est portée sur le travail de la vigne, qui repose sur un sous-sol de sable, d'argile et de limons ; l'exposition au nord de la majorité de ses parcelles permet de contenir la chaleur qui sévit dans la région de Langlade. Une valeur sûre de la région qui s'impose, comme une évidence, pour rejoindre cette année la famille des domaines doublement étoilés de notre guide. **Caroline Furstoss**

Deux flacons de grande garde

ERMITAGE DU PIC SAINT-LOUP,
Pic Saint Loup Guilhem Gaucelm 2017
Les très vieilles vignes de syrah et de grenache sont unies ce 2017 taillé pour la garde. Structuré, compact mais déjà fort salivant ! 40 €

DOMAINE JEAN-BAPTISTE SÉNAT,
Minervois Le Bois des Merveilles 2017
Structuré et équilibré entre onctuosité et intensité, ce minervois a tous les éléments pour traverser le temps sereinement. 25 €

Deux vins de moyenne garde

MAS CHAMPART,
Saint-Chinian Causse du Bousquet 2017
Un rouge de demi-puissance, épicé et sanguin, qui a su conserver une fraîcheur franche en finale. 15 €

DOMAINE DE CÉBÈNE,
Faugères Felgaria 2017
Sous ses notes de fraises, de rose, et de tabac blanc se dévoile un vin d'une superbe intensité raffinée. L'archétype du rouge moderne du Languedoc. 35 €

Deux vins à boire sur le fruit

DOMAINE DU PAS DE L'ESCALETTE,
Languedoc Les Petits Pas 2019
Le grenache entraîne le carignan et la syrah pour exposer un jus à la fois gouleyant et vivifiant de fraîcheur. 13 €

DOMAINE DE MOUSCAILLO,
IGP Haute Vallée de l'Aude Pinot Noir 2018
Voici l'une des rares pinots noirs sudistes réussis. En altitude, il puise de la fraîcheur et une belle longueur fruitée. 17 €

Deux cuvées originales

CLOS DU GRAVILLAS,
Vin de France À Fleur de Peau 2018
Des notes sensuelles de fleur d'oranger et de moka animent ce muscat de macération. Une approche facile et parfumée des vins oranges. 19 €

DOMAINE NAVARRE, *Vin de France Vin d'Œillades 2019*
L'œillade prend des allures de son cousin le cinsault : souple, extrêmement juteux et délicatement épicé. Un régal dans la jeunesse. 11 €

J. Baudouin

Bruno Ciofi, Mark et Martial Angeli,

La Ferme de la Sansonnière, à Thouarcé

Le premier domaine d'Anjou triplement étoilé

En débarquant en Anjou, Mark Angeli a ouvert une nouvelle ère pour la viticulture angevine. Il y a trente-et-un-an, ce Marseillais, maçon en Provence, arrivait dans la petite commune de Thouarcé sans le sou, ni connaissance du métier de vigneron. Mais déjà avec l'intuition qu'il faut produire le plus sainement possible. Si la viticulture biologique est une évidence, la biodynamie constitue un prolongement naturel. Au fil des années, les vins s'affinent. Mais le vigneron idéaliste ne se reconnaît pas dans les vins d'Anjou. En 2002, c'est la goutte d'eau : son vin se fait retoquer de l'appellation Anjou. Les années qui suivent, il reclasse ses cuvées en Vin de Table (devenu Vin de France) et entraîne dans son sillage quelques dizaines de vignerons. Grâce à son travail, sa sensibilité et sa vision, le trio formé par Mark Angeli, son fils, Martial et leur associé Bruno Ciofi cisèle des chenins d'une sérénité profonde, que nous rencontrons rarement. Et qui pose une question d'avenir pour les grands vins de France : un domaine qui ne respecte pas tous les codes d'une appellation d'origine historique peut-il nous offrir l'expression la plus émouvante de son terroir ? C'est ce que nous estimons en décernant la troisième étoile au domaine. Une première en Anjou.

Alexis Goujard

VALLÉE DE LA LOIRE

8 FLACONS À ACHETER EN PRIORITÉ

Deux flacons de grande garde

DOMAINE DU BEL AIR, *Bourgueil Clos Nouveau 2016*
L'apothéose du cabernet franc ligérien : d'une intensité absolue, son cœur de bouche extrêmement raffiné promet de dompter la fougue crayeuse dans le temps. 48 €

DOMAINE DU CLOS NAUDIN,
Vouvray Moelleux Réserve 2018
L'élan à la fois solaire et ciselé de ce magnifique moelleux vouvrillon nous enchante. D'un équilibre ligérien radieux dans ce millésime généreusement ensoleillé. 47 €

Deux vins de moyenne garde

DOMAINE BERNARD BAUDRY, *Chinon Le Clos Guillot 2018*
Sa floralité et sa note de framboise mûre nous donnent un frisson enivrant. La matière soyeuse, d'une richesse vibrante, portée par une sensation calcaire haletante. Ne soyez pas pressés. 19,50 €

DOMAINE CLAUDE RIFFAULT,
Sancerre Monoparcelle 469 2018
Issu d'un élevage sous bois sophistiqué, ce sauvignon sancerrois se dévoile avec une allonge fine et une sensation calcaire longue en bouche. Tout en précision. 29 €

Deux vins à boire sur le fruit

ARNAUD LAMBERT, *Saumur Clos Mazurique 2019*
Archétype du cabernet franc saumurois infusé, sans manquer de chair, il développe une bouche juvénile délicieusement fruitée. 11 €

DOMAINE PATRICE COLIN,
Coteaux du Vendômois Gris Bodin 2019
Délicieux rosé de pineau d'aunis à la fois stimulant et apaisant. Sa franchise d'arômes en fait un vin parfaitement digeste. 9 €

Deux cuvées originales

DOMAINE PATRICK BAUDOUIN, *Vin de France La Grolle 2018*
Il est rare qu'un grolleau se montre aussi savoureux et fin. Sa délicatesse de texture et sa floralité si enivrante évoquent un beau cinsault de Méditerranée. 13 €

DOMAINE LE ROCHER DES VIOLETTES,
Touraine Côt Vieilles Vignes 2018
Sombre comme de l'encre, sa réduction à l'ouverture s'estompera en carafe et permettra de profiter de ses nuances florales et de son jus saillant. 15 €

Laurent Charvin

Domaine Charvin , à Orange

Ses côtes-du-rhône sont éblouissants

Une rencontre avec Laurent Charvin et une balade dans ses vignes suffisent à comprendre ce que ce vigneron a dans les tripes. Son domaine situé à Orange compte 21 hectares, plantés pour l'essentiel au nord-ouest de Châteauneuf-du-Pape. Dans le millésime 2018 généreusement arrosé et sérieusement attaqué par le mildiou, où de nombreux vins de l'appellation manquent de matière, les cuvées de Laurent Charvin affichent des concentrations supérieures et une qualité de fruit indéniable. Son travail titanesque a permis de contrer le mildiou ; l'ensoleillement estival, et la pluie tombée au bon moment (en août) pour accompagner la maturation des raisins, ont donné des vins étirés en finesse, sans excès de puissance. Le "simple" côtes-du-rhône rouge est un vin juteux qui livre l'expression florale si séduisante du grenache. Dans la même veine, le châteauneuf-du-pape s'affirme avec plus d'étoffe, tout en gardant ce caractère pulpeux. L'élevage en cuve béton permet incontestablement de conserver cette fraîcheur particulière. Du côté des blancs, le bourboulenc et la clairette signent un côtes-du-rhône 2019 épuré et cristallin. Plus déroutant, tout aussi délicieux, le châteauneuf-du-pape affiche une dimension minérale et racinaire. **Olivier Poussier**

Deux flacons de grande garde

DOMAINE MARC SORREL, *Hermitage Le Gréal 2018*
Bien plus pulpeux que le "simple" hermitage, Le Gréal dégage une trame pure, magnifique par son élevage discret. Construit sur des tanins séveux garants de son potentiel de garde. Env. 200 €

DOMAINE FRANCK BALTHAZAR,
Cornas Cuvée Casimir 2018
Un syrah d'excellente maturité oscillant entre fruits noirs et épices, avec une pointe de myrtille et de violette. Un cornas ample, sans aucune austérité. 40 €

Deux vins de moyenne garde

DOMAINE LES BRUYÈRES, *Crozes- Hermitage Les Beaumonts 2019*
Une très belle expression printanière de la syrah au fruit juteux, expressif et flatteur. Un corps en demi-puissance et une trame veloutée fine, sans surjouer. 13,50 €

VIGNOBLES ANDRÉ BRUNEL,
Châteauneuf-du-Pape Les Cailloux 2017
Un châteauneuf évoluant davantage dans la finesse que l'opulence. L'étoffe aromatique lui donne de superbes airs bourguignons. 32 €

Deux vins à boire sur le fruit

DOMAINE DU VIEUX TÉLÉGRAPHE,
IGP Vaucluse Le Pigeoulet des Brunier 2018
Un fruit gourmand rappelant les fraises au sucre et les fruits rouges. Une matière extraite en douceur, très digeste. 11 €

DOMAINE GOUR DE CHAULÉ,
Gigondas La Numéro 8 2018
Pleinement marqué par la cerise griotte, ce gigondas évolue dans un esprit très bourguignon. Une belle définition, délicate et veloutée, enchanteresse ! 35 €

Deux cuvées originales

CLOS DE L'ORATOIRE SAINT MARTIN,
Cairanne Réserve de Seigneurs 2019
Les fins amers ainsi qu'une touche de gaz carbonique apportent relief et persistance à ce beau blanc de Cairanne. 13,50 €

ÉRIC TEXIER, *Côtes du Rhône Roussette*
Vieilles Vignes 2016
La légère macération évoque les notes oxydatives d'un fino andalou tout en exprimant des notes fraîches de fruits blancs. Le vin est bien tenu par une trame tannique douce. €

Philippe Gard

Coume del Mas,
à Banyuls-sur-Mer

À Banyuls, il tire le meilleur du grenache et du carignan

Ayant grandi en Auvergne, Philippe Gard est revenu sur les terres de ses aïeux, à Banyuls, pour devenir vigneron avec sa femme Nathalie. Avec vingt-deux millésimes au compteur, il fait aujourd'hui partie des locomotives de l'appellation. Il sait surtout tirer le meilleur de ce confidentiel hameau de Cosprons, sur les hauteurs de Port-Vendres. La façon de faire le vin et la vision sont restées identiques depuis le début de leur projet : tout repose sur un travail parcellaire minutieux pour capter les nuances des raisins (grenache, syrah, mourvèdre, carignans noir, gris et blanc) plantés sur ces terroirs balayés par la tramontane. D'ailleurs, ce vigneron de conviction se déclare *« aussi fier de son 2001 que de son 2019 »*. Passionné par les micro-terroirs niché sur les coteaux et terrasses de Banyuls, il a su s'adapter au climat maritime méditerranéen pour ne pas subir les chaleurs et sécheresses extrêmes. Son association avec Andy Cook (Mas Christine) lui permet aujourd'hui de mutualiser la commercialisation et la distribution de ses vins. Il peut ainsi se consacrer à la culture de son vignoble de 13 hectares. Les authentiques amoureux des vins de Méditerranée ne peuvent plus ignorer cette adresse de la Côte Vermeille. **Caroline Furstoss**

ROUSSILLON
8 FLACONS À ACHETER EN PRIORITÉ

Deux flacons de grande garde

CLOS DU ROUGE GORGE
IGP Côtes Catalanes Col du Loup 2018

Voici un rouge singulier, où se mêlent des notes élégantes. Encore compact, il se déliera avec grâce. Un grand vin poétique. 50 €

DOMAINE VAQUER
Côtes du Roussillon Villages Exception 2017

Avec sa trame bien construite, ce 2017 gravite autour des épices avec des tanins encore compacts qui devraient s'envelopper avec le temps. 15 €

Deux vins de moyenne garde

DOMAINE DE LA RECTORIE
Collioure rouge Barlande 2018

Une sensation d'essence de vétiver se dégage de ce rouge rafraîchissant. Les notes de framboise soulignent un profil gracile. 30 €

DOMAINE DU TRAGINER
Collioure Vieilli foudre 2018

Précis et élégant, ce rouge 2018 séduit par son éclat de notes de fruits noirs et de réglisse, son grain de tanins fins et sa finale fruitée. 20 €

Deux vins à boire sur le fruit

DOMAINE DANJOU BANESSY
IGP Côtes Catalanes Roboul 2018

Assemblage de mourvèdre et grenache, construit en finesse. Infusé, plus floral que fruité, il offre une sensation aérienne en finale. 19 €

DOMAINE VIAL MAGNÈRES
Collioure Le Petit Couscouril 2019

Fin et équilibré, voici un rosé du secteur de Collioure sans complication au très bon rapport qualité-prix ! 9,50 €

Deux cuvées originales

LE SOULA
Vin de France La Macération du Soula N°19

La macération (intitulée n°19) assemble cinq millésimes. Le résultat est fin, avec des notes de poivre blanc et de romarin, une bouche parfaitement digeste. 26 €

OISEAU REBELLE
Vin de France VVNT 2018

VVNT (vivant) est une illustration de décoction de plantes, à la texture enveloppante, alliant minéralité, salinité et fins amers. 66 €

Sophie et Philippe Moquet

Château Crémade, au Tholonet

Ce domaine historique retrouve son lustre

Le château Crémade est à l'origine de la création de Palette, la plus petite appellation (48 hectares) de Provence, dont le nom vient du hameau qui sépare Crémade de son voisin, le château Simone. Et pourtant, Simone est bien plus réputé que Crémade. Il est donc grand temps de renouer les liens avec cette propriété revenue sur le devant de la scène grâce à Sophie et Philippe Moquet. Elle, œnologue issue de "l'agro" de Montpellier, fait le vin ; lui le vend. D'emblée, les vins, particulièrement le blanc et le rosé, offrent des goûts et un relief rocailleux en bouche presque oubliés dans la région. La manière de vinifier et d'élever, tranquillement, en cuves tronconiques puis en barriques, contribue à préserver la sincérité des saveurs. Mais le secret le plus subtil réside dans la large palette de cépages utilisés. Le couple cultive la tradition provençale où la multitude des variétés, parfois complantées, faisait la richesse des vins. Grenache, mourvèdre, cinsault, clairette, durif, brun-fourcat, manosquin, terret gris, picardan, pascal blanc, petit brun, panse muscade... Vingt-cinq variétés de pieds âgés de 50 à 60 ans sont cultivés précieusement en gobelet au pied de la majestueuse Montagne Sainte-Victoire. Ce domaine mérite toute votre attention ! **Alexis Goujard**

PROVENCE

8 FLACONS À ACHETER EN PRIORITÉ

Deux flacons de grande garde

CHÂTEAU SIMONE, *Palette 2017*
Un grand blanc de garde issu de vieilles vignes exposées au nord. Sa sève profondément calcaire élance une matière dense. Paré pour plus de vingt ans en cave. 33 €

CHÂTEAU PRADEAUX, *Bandol 2015*
Un 2015 au caractère automnal très marqué. Le muscle puissant du millésime lui donne une densité hors du commun. Un grand vin loin des canons œnologiques actuels. 28,50 €

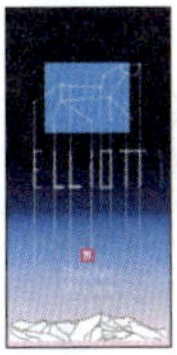

Deux vins de moyenne garde

DOMAINE MILAN, *VDF Elliott 2017*
Assemblage des plus vieilles vignes de grenache et de syrah au pied des Alpilles. Superbe concentration vivifiée par un relief sanguin de saveurs méditerranéennes. 28 €

DOMAINE RAY-JANE, *Bandol 2014*
En demi-corps par rapport aux 2015 et 2016, ce 2014, sous la sensation musclée des tanins dévoile plus de fraîcheur. Destiné à une évolution en finesse automnale. 18,50 €

Deux vins à boire sur le fruit

CHÂTEAU REVELETTE, *VDF Pur Grenache 2019*
Une infusion délicieuse de grenache se dégage de ce 2019, à boire dans l'année. On aimerait davantage de vins de ce type en Provence. 18 €

DOMAINE HAUVETTE,
Les Baux-de-Provence Le Roucas 2018
Un rouge des Alpilles à dominante de grenache, extrait en douceur, qui affirme ses saveurs de garrigues. Glissant avec énergie. 24 €

Deux cuvées originales

DOMAINE DE LA RÉALTIÈRE, *VDF Cante Gau 2018*
Dominé par le rare carignan blanc, voici une cuvée cristalline, ponctuée par une amertume brillante. L'un des blancs les plus identitaires de Provence. 18 €

DOMAINE DE SULAUZE, *La Chapelle Laïque Rouge 2018*
Un cinsault de Camargue irrésistiblement poivré avec des saveurs de fraises cuites et de réglisse qui ne sont pas sans rappeler les vins rhodaniens d'Emmanuel Reynaud. Un OVNI provençal. 25 €

Maxime Dancoine

L'Aitonnement et Des Vins d'Envie, à Pontcharra

Un pari magnifiquement déraisonnable

Lillois d'origine, œnologue formé à Beaune et à Changins, en Suisse, Maxime Dancoine est arrivé en Savoie en 2010. Après un premier poste à la chambre d'agriculture et un passage par le domaine Louis Magnin, il exerce au laboratoire Œno Conseil, qui travaille avec la majorité des domaines de la région. Ayant acquis à grande vitesse une connaissance approfondie de la diversité viticole savoyarde, il reprend à partir de 2016 les vignes plantées à Aiton, au débouché de la Maurienne, par Marie-Dominique et Bernard Bachellier, pionniers du renouveau du vignoble de la rive gauche de l'Isère. Son talent de vinificateur s'exprime également au sein de la structure de négoce Des Vins d'Envie, créée en 2018 avec Guillaume Lavie, autre jeune vigneron idéaliste, basé à Pontcharra, dans le Bugey. Il faut découvrir ces cuvées conjuguant haut niveau de plaisir et sens aigu du lieu ! Émotion et prospective… L'Aitonnement est un pari, qui s'inscrit dans la lignée magnifiquement déraisonnable initiée il y a vingt ans avec le domaine des Ardoisières, à Cevins, ou par Jean-Yves Péron, à Conflans. Faire renaître une histoire paysanne séculaire, faire vivre le riche patrimoine des cépages alpins : quel plus noble sillon un vigneron peut-il tracer ?

Pierre Citerne

Deux flacons de grande garde

LES FILS DE CHARLES TROSSET

Vin de Savoie Arbin Mondeuse Confidentiel 2018

Drue, gazeuse, accrocheuse malgré sa suavité, la matière de cette cuvée demande du temps pour révéler sa pleine expression de mondeuse. 22 €

DOMAINE LA COMBE DES GRAND'VIGNES

Vin de Savoie Chignin-Bergeron Les Salins 2017

Parmi les bergerons, fer de lance du domaine, la cuvée issue de la sublime vigne des Salins a en un an considérablement gagné en tension et en profondeur d'expression. 22,70 €

Deux vins de moyenne garde

DOMAINE GENOUX – CHÂTEAU DE MÉRANDE

Vin de Savoie Arbin Mondeuse Latitude N45 2017

Grand coup de cœur pour la cuvée Latitude N45 2017, pour ses arômes complexes et racés, pour le contraste de son élégance "froide", ligneuse (bien que la cuvée soit égrappée) avec une matière profondément fruitée, dense, persuasive, d'un délié et d'une longueur remarquables. 27 €

DOMAINE J.-P. ET J.-F. QUÉNARD

Roussette de Savoie Anne-Sophie 2017

Exotique et piquant en diable, voici peut-être l'un des vins les plus surprenants cette année. 16 €

Deux vins à boire sur le fruit

L'AITONNEMENT, *Vin de France Croire au Yéti 2019*

Croire au Yéti (gamay, mondeuse et pinot noir, terroir de Fréterive), peu alcoolisé mais très parfumé, proche de l'idéal du vin de soif, est un rouge réjouissant. 10 €

DOMAINE DU CELLIER DES CRAY

Vin de Savoie La Cuvée des Gueux 2018

Jacquère complétée par un peu d'altesse : un vin intense, joyeux, croquant, porté par une vivacité souveraine. 16 €

Deux cuvées originales

DOMAINE SAINT-GERMAIN

Vin de Savoie Mondeuse Blanche Les Epeires 2019

Nous découvrons avec beaucoup d'intérêt cette mondeuse blanche, originale, aux notes d'herbes et de racines, structurée et merveilleusement tranchante. 16,50

DOMAINE BELLUARD

Vin de Savoie 100 % Pur Jus 2018

100 % Pur-Jus est une grande et belle réussite, un blanc de macération certes corpulent mais qui reste souverainement aérien, rayonnant de saveur et d'un équilibre parfait. 20 €

Maya Sallée, Nicolas Fernandez

Domaine de la Calmette, à Trespoux

Cahors : ces deux-là sont de futurs grands

« L'*espace bleu entre les nuages* », n'est pas seulement une vision sortie de l'esprit fort bien fait de Maya Sallée, mais le nom d'une parcelle incroyable qui s'étend tout en longueur, bordée de forêts qui crève le firmament. Et celui du dernier opus de Maya Sallée et Nicolas Fernandez, un vin tout juste sorti, après trois ans d'élevage, de leur petite cave de Trespoux, où les malbecs de leurs huit parcelles vieillissent paisiblement. C'est en 2015 que le couple rencontre le malbec et en tombe amoureux. Maya et Nicolas appartiennent à cette génération de vignerons ambitieux qui cumulent diplômes d'ingénieur agro et d'œnologue, Montpellier pour elle et Toulouse (Purpan) pour lui. Employés un temps chez d'autres, ils s'installent à Cahors, dont la terre se trouve à portée de leur bourse, et reprennent à un coopérateur quelques arpents sur les kimméridgiens en bordure de plateau. Les sols du domaine, toujours travaillés, ont été aisément convertis en bio, puis en biodynamie (certification Demeter obtenue en 2020). L'approche moderne des vinification et des méthode de vieillissement rendent au malbec une distinction particulière, saluée cette année par la première étoile dans notre guide. **Karine Valentin**

Deux flacons de grande garde

DOMAINE COSSE-MAISONNEUVE

Cahors La Marguerite 2018

Un malbec d'une grande fluidité, à la profondeur racée. Ses tanins sylés l'emmènent vers une finale sans fin. Immense potentiel. 60 €

CHÂTEAU TIRECUL LA GRAVIÈRE

Monbazillac Cuvée Madame SGN 2015

Un volume dense et profond donne des ailes à ce liquoreux aux subtiles notes de fruits rôtis. Une finale crémeuse sublime. L'une des références nationales. 85 €

Deux vins de moyenne garde

DOMAINE ARRETXEA

Irouléguy Grès 2018

La complexité s'impose sur de savoureuses essences de fruit, de camomille et de noisette. Un blanc revigorant à la finale claquante. 28,50 €

DOMAINE PLAISANCE-PENAVAYRE,

Fronton Alabets 2018

Encore plus concentré que ses partenaires, ce rouge pose un nez ardent sur une vigueur tonique, gansée d'un petit tanin tonique et fruité. 12,50 €

Deux vins à boire sur le fruit

CLOS LARROUYAT, *Jurançon Sec Météore 2019*

L'influence de la parcelle crée la dynamique du vin. Ce blanc s'installe sur un crissement de fruit frais, de citronnade, et sur la finesse d'un fruit bien défini. 16 €

DOMAINE JULIEN AUROUX

Bergerac Cîmes dans la Brumes 2018

Pur jus de cabernet-sauvignon à la floralité intense. La bouche très franche pose un tanin tonique qui donne de l'énergie à l'ensemble. 18 €

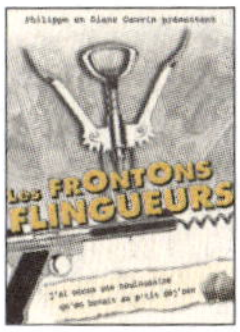

Deux cuvées originales

LA COLOMBIÈRE, *Fronton Les Frontons Flingueurs 2019*

Avec ses beaux arômes floraux, cette pure essence de négrette s'impose par sa fraîcheur vibrante. 11 €

DOMAINE PLAGEOLES, *Gaillac Mauzac nature*

Une méthode ancestrale de mauzac (rose et blanc) à la sensation croquante du raisin frais. Le grain finot du fruit révèle une mousse juteuse et une amertume délicate à la pointe de zeste. 15,70 €

ILS ENTRENT DANS LE GUIDE CETTE ANNÉE

Félicitations aux nouveaux lauréats !
Tous ces domaines ont particulièrement bien travaillé ces dernières années et sont ici récompensés.

LES DOMAINES QUI PROGRESSENT CETTE ANNÉE

La régularité et la qualité de la production de ces domaines leur permettent de gagner une étoile supplémentaire.

LES ★★★

Bourgogne, **Domaine Chandon de Briailles**
Corse, **Clos Canarelli**
Loire, **La Ferme de la Sansonnière**
Rhône Sud, **Clos des Papes**

LES ★★

Alsace, **Domaine Jean-Louis et Fabienne Mann**
Beaujolais, **Domaine Jules Desjourneys**
Beaujolais, **Domaine Th. Liger-Belair**
Bordeaux, **Château Gazin**
Bordeaux, **Château Les Carmes-Haut-Brion**
Bordeaux, **Château Talbot**
Bordeaux, **Clos Puy Arnaud**
Bourgogne, **Domaine Arnoux-Lachaux**
Bourgogne, **Domaine des Croix**
Bourgogne, **Domaine Guillemot-Michel**
Bourgogne, **Domaine Hubert Lamy**
Bourgogne, **Domaine Hubert Lignier**
Bourgogne, **Domaine Theulot Juillot**
Bourgogne, **Maison Jane Eyre**
Bourgogne, **Maison Vincent Girardin**
Champagne, **Leclerc Briant**
Corse, **Cantina Di Torra - Nicolas Mariotti Bindi**
Corse, **Domaine de Vaccelli**
Jura, **Domaine des Marnes Blanches**
Languedoc, **Roc d'Anglade**
Savoie, **Domaine du Cellier des Cray**

LES ★

Alsace, **Domaine Pierre Frick**
Alsace, **Domaine Rolly-Gassmann**
Bordeaux, **Château de Myrat**
Bordeaux, **Château Fonplégade**
Bordeaux, **Château L'Isle Fort**
Bordeaux, **Château Le Prieuré**
Bordeaux, **Château Pédesclaux**
Bordeaux, **Château Tire Pé**
Bourgogne, **Domaine Jérôme Galeyrand**
Bourgogne, **La Chablisienne**
Bourgogne, **Le Domaine d'Henri**
Bourgogne, **Maison Frédéric Magnien - Domaine Michel Magnien**
Champagne, **Frédéric Savart**
Champagne, **Pierre Paillard**
Champagne, **R. Pouillon et Fils**
Languedoc, **Mas Bruguière**
Provence, **Domaine Les Terres Promises**
Provence, **Domaine Richeaume**
Rhône Sud, **Domaine du Gour de Chaulé**
Roussillon, **Coume Del Mas**
Savoie, **Domaine des Côtes Rousses**
Sud-Ouest, **Bordaxuria**
Sud-Ouest, **Château Haut-Monplaisir**
Sud-Ouest, **Château Lamartine**
Sud-Ouest, **Domaine Castéra**
Sud-Ouest, **Domaine La Calmette**
Sud-Ouest, **Domaine Plaisance Penavayre**
Sud-Ouest, **Lestignac**
Loire, **Domaine Aurélien Revillot**
Loire, **Domaine Ogereau**
Loire, **Domaine Sébastien Brunet**
Loire, **Les Vins de la Madone**

★★★

DOMAINES 3 ÉTOILES

L'Olympe des vins français

ALSACE

BEAUJOLAIS

BORDEAUX

BOURGOGNE

CHAMPAGNE

★★

DOMAINES 2 ÉTOILES

Les grands domaines de référence

ALSACE

BEAUJOLAIS

BORDEAUX

BOURGOGNE

CHAMPAGNE

CORSE

JURA

LANGUEDOC

PROVENCE

RHÔNE NORD

RHÔNE SUD

ROUSSILLON

SAVOIE

SUD-OUEST

VALLÉE DE LA LOIRE ET CENTRE

★

DOMAINES 1 ÉTOILE

Allez-y les yeux fermés

ALSACE

BEAUJOLAIS

BORDEAUX

BOURGOGNE

CHAMPAGNE

CORSE

JURA

TABLEAU D'HONNEUR 2021 - LES DOMAINES 1 ETOILE

LANGUEDOC

PROVENCE

RHÔNE NORD

RHÔNE SUD

ROUSSILLON

SAVOIE

SUD-OUEST

VALLÉE DE LA LOIRE ET CENTRE

L'Alsace et ses vins

Par Jean-Emmanuel Simond,
en charge des vins d'Alsace au sein
du comité de dégustation de La Revue du vin de France

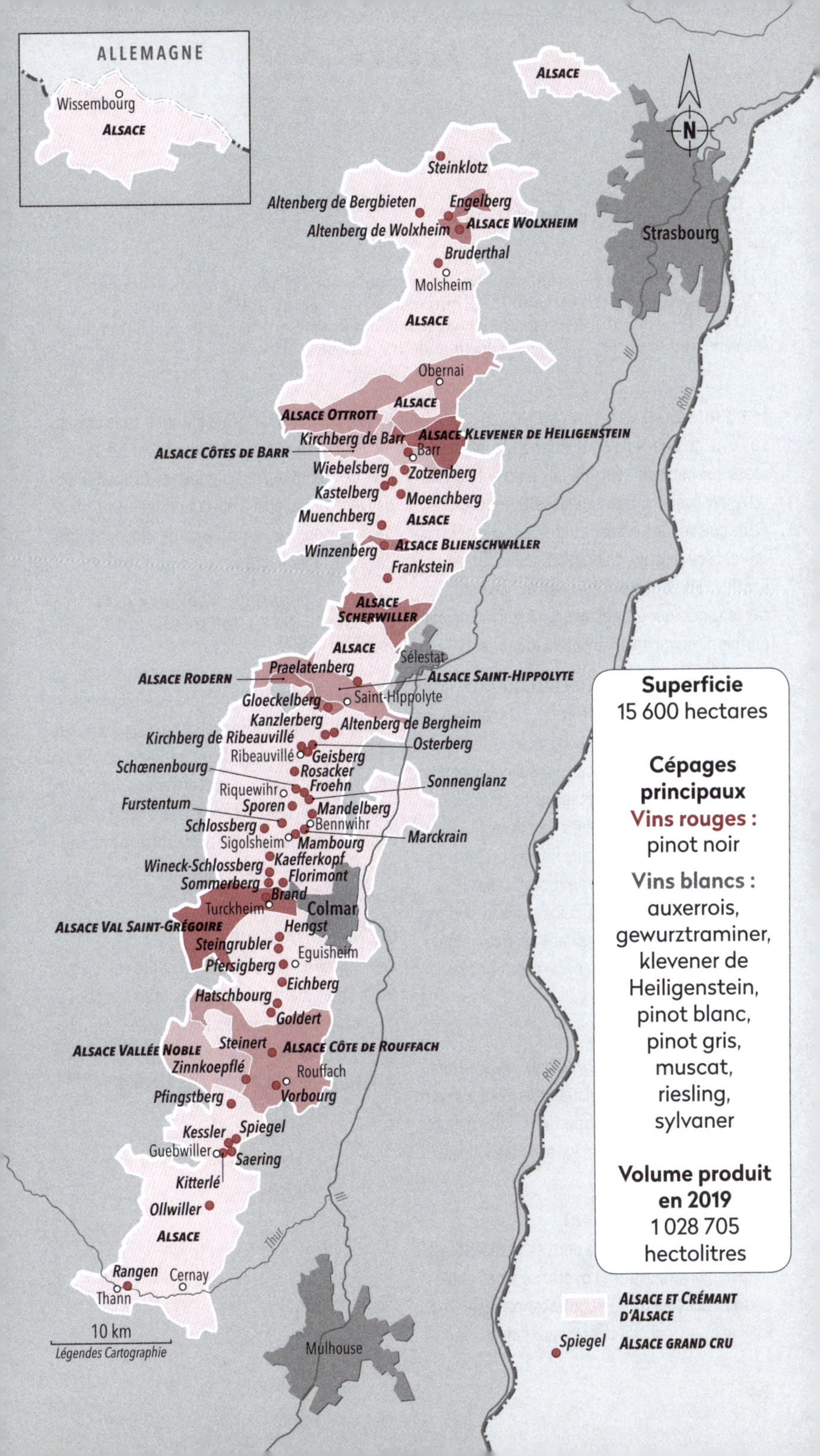
ALLEMAGNE
Wissembourg
ALSACE
ALSACE
Strasbourg
Steinklotz
Altenberg de Bergbieten
Engelberg
Altenberg de Wolxheim
ALSACE WOLXHEIM
Bruderthal
Molsheim
ALSACE
Obernai
ALSACE
ALSACE OTTROTT
ALSACE KLEVENER DE HEILIGENSTEIN
Kirchberg de Barr
Barr
ALSACE CÔTES DE BARR
Wiebelsberg
Zotzenberg
Kastelberg
Moenchberg
Muenchberg
ALSACE
Winzenberg
ALSACE BLIENSCHWILLER
Frankstein
ALSACE SCHERWILLER
ALSACE
Sélestat
Praelatenberg
ALSACE RODERN
ALSACE SAINT-HIPPOLYTE
Saint-Hippolyte
Gloeckelberg
Kanzlerberg
Altenberg de Bergheim
Kirchberg de Ribeauvillé
Osterberg
Ribeauvillé
Geisberg
Rosacker
Schœnenbourg
Froehn
Sonnenglanz
Riquewihr
Furstentum
Sporen
Mandelberg
Schlossberg
Bennwihr
Sigolsheim
Mambourg
Marckrain
Wineck-Schlossberg
Kaefferkopf
Sommerberg
Florimont
Brand
Turckheim
Colmar
ALSACE VAL SAINT-GRÉGOIRE
Hengst
Steingrubler
Eguisheim
Pfersigberg
Eichberg
Hatschbourg
Goldert
ALSACE VALLÉE NOBLE
Steinert
ALSACE CÔTE DE ROUFFACH
Zinnkoepflé
Rouffach
Pfingstberg
Vorbourg
Kessler
Spiegel
Guebwiller
Saering
Kitterlé
Ollwiller
ALSACE
Rangen
Cernay
Thann
Ill
Rhin
Rhin
Ill
Thur
Mulhouse
N
10 km
Légendes Cartographie
Superficie
15 600 hectares
Cépages principaux
Vins rouges :
pinot noir
Vins blancs :
auxerrois, gewurztraminer, klevener de Heiligenstein, pinot blanc, pinot gris, muscat, riesling, sylvaner
Volume produit en 2019
1 028 705 hectolitres
ALSACE ET CRÉMANT D'ALSACE
Spiegel ALSACE GRAND CRU

LES APPELLATIONS

Si l'Alsace met surtout en avant ses cépages, le vignoble compte trois types d'appellations : l'AOC Alsace, l'AOC Alsace Grand Cru, qui compte 51 terroirs identifiés, et le crémant d'Alsace. Il existe enfin deux mentions complémentaires, pour les vins moelleux et liquoreux, les Vendanges tardives (VT) et les Sélections de grains nobles (SGN).

LES CRUS DU BAS-RHIN (AU NORD)

Les vins du Bas-Rhin sont, par nature, plus discrets que ceux du Haut-Rhin. Ils peuvent parfois atteindre des sommets de finesse (terroir d'Andlau) ou de puissance (terroir de Barr). Les sylvaners en retirent souvent une distinction inconnue ailleurs. Les rieslings se plaisent sur ces microclimats plus froids, tandis que les gewurztraminers manquent parfois de panache mais évitent la lourdeur.

LES CRUS DU HAUT-RHIN (AU SUD)

Le nord du département, de Bergheim à Kaysersberg, donne les vins d'Alsace les plus équilibrés et les plus séduisants. Les rieslings sont fins et racés, les pinots gris et les gewurztraminers plus élégants que puissants. Le microclimat de Colmar favorise la pourriture noble et l'opulence des textures, ce qui convient particulièrement aux gewurztraminers et aux pinots gris. Le sud est souvent trop chaud pour les rieslings, à l'exception des terroirs gréseux de Guebwiller ou des célèbres laves du Rangen, à Thann.

AOC ALSACE

Cette appellation peut être ou non suivie du nom de l'un des cépages autorisés. Dans ce cas, le vin est vinifié exclusivement à partir des raisins de ce cépage. Les vins d'assemblage sont aussi classés dans cette appellation.

AOC ALSACE GRAND CRU

Cinquante-et-un terroirs peuvent prétendre à l'appellation Grand Cru. Et quatre cépages nobles peuvent accéder à ce niveau de terroir : le riesling, le muscat, le pinot gris et le gewurztraminer. Le sylvaner peut également être autorisé, mais uniquement sur le terroir de Zotzenberg. De plus, les terroirs de l'Altenberg de Bergheim et du Kaefferkopf peuvent revendiquer l'appellation Grand Cru, même s'ils sont issus d'un assemblage de cépages nobles définis et réglementés.

ALSACE VENDANGES TARDIVES (VT) ET ALSACE SÉLECTION DE GRAINS NOBLES (SGN)

Ces appellations se placent au sommet en matière de qualité, grâce à un contrôle strict du raisin et du vin, soumis à une dégustation obligatoire. Les VT sont élaborées à partir de raisins riches en sucre naturel et conservent en général un peu de sucre résiduel. Les SGN, comme leur nom l'indique, relèvent d'un tri sélectif de raisins atteints de pourriture noble ; ils rivalisent avec les plus grands vins liquoreux du monde.

CRÉMANT D'ALSACE

Ces vins effervescents sont élaborés selon des techniques identiques à celles utilisées pour le champagne. Une appellation en constante progression et qui représente aujourd'hui près de 30 % de la production totale des vins d'Alsace.

LES CÉPAGES

L'Alsace est le seul vignoble français à mettre en avant ses cépages avec les appellations. Dix variétés de raisin sont autorisées dans l'élaboration des vins, dont un rouge.

LE RIESLING

Cépage roi d'Alsace, le riesling occupe 20 % de la production du vignoble. Il se révèle sous de multiples facettes. Le plus souvent, les vins sont nerveux et tendus, possèdent une grande fraîcheur et jouissent d'une capacité exceptionnelle à exprimer les nuances de leur terroir. Toutefois, le niveau reste très inégal, la largesse des rendements et la sous-maturité des raisins pénalisent la typicité et la grandeur de ce cépage.

LE PINOT BLANC

Représentant 25 % de la production du vignoble, il est très utilisé pour l'élaboration du crémant. Il offre une palette aromatique proche de celle du chardonnay, une bouche plus ronde et moins nerveuse que le sylvaner. Il est souvent assemblé avec l'auxerrois, mais l'étiquette ne renseigne pas sur leurs pourcentages respectifs. Les deux cépages sont de la même famille, mais l'auxerrois donne des vins plus riches et plus suaves.

LE GEWURZTRAMINER

Représentant 12 % de la production globale du vignoble, le gewurztraminer donne des vins originaux, parmi les plus parfumés d'Alsace (des plus communs aux plus raffinés). Le cépage se transfigure sous l'effet de la pourriture noble et peut donner un nectar comparable aux grands sauternes.

LE PINOT GRIS

D'origine bourguignonne, ce cépage aux grains roses est capable d'enrichir sa saveur grâce à la surmaturité ou à la pourriture noble. Il représente 17 % de la production du vignoble alsacien. Si le pinot gris est ramassé à faible maturité, il donne des vins insignifiants, mais en vendanges tardives ou en sélection de grains nobles, il peut atteindre des sommets de qualité et une longévité inimaginable.

LE PINOT NOIR

Les vins rouges alsaciens sont exclusivement issus de ce cépage qui représente 12 % de la production du vignoble. C'est avec lui que les vignerons alsaciens ont réalisé les progrès les plus notables.

LE SYLVANER

Franc, délicat, léger, le sylvaner donne des vins frais. Représentant 8 % de la production du vignoble, fréquemment banalisé, il apparaît souvent mince et dilué à cause des hauts rendements. Privilégiez les cuvées de vieilles vignes des meilleurs vignerons.

LE MUSCAT D'ALSACE ET L'OTTONEL

Occupant 2,3 % de la surface du vignoble, ce sont en fait deux muscats qui sont implantés et autorisés en Alsace : la variété à petits grains, dit muscat d'Alsace, et l'ottonel, présent en Europe centrale, qui livre des vins plus moelleux. Résultat, des cuvées aromatiques en sec, parfaites pour l'apéritif.

L'AUXERROIS

Quelques vignerons le vinifient séparément. L'auxerrois donne un vin plus ample et plus gras que le pinot blanc, avec une texture et un équilibre entre l'alcool, l'acidité et le sucre qui le rapprochent d'un pinot gris.

LE KLEVENER DE HEILIGENSTEIN

C'est un savagnin rose présent sur le village de Heiligenstein et dans ses alentours, sur environ 80 hectares.

AU CŒUR DU VIGNOBLE SUR LA ROUTE DES VINS

CHAMBRES D'HÔTES

LE GOURMET

Ce gîte bénéficie d'une vue exceptionnelle sur la Forêt-Noire. Entourée d'un jardin et des vignes du grand cru Froehn, la maison dispose de trois belles chambres aménagées avec goût.

4, route d'Ostheim, 68340 Zellenberg
Tél. : 06 07 39 59 06
www.vinsbecker.com

GÎTES LES BAINS

Dans l'ancien bâtiment des bains municipaux de Riquewihr, trois ravissants appartements accueillent les visiteurs. On y profite de l'architecture préservée du XVIIe siècle de la maison et d'une décoration raffinée. À partir de 60 € la nuit.

6, rue de la Première-Armée, 68340 Riquewihr
Tél. : 03 89 47 98 30
www.gites-les-bains-riquewihr.com

CAVISTES

ŒNOSPHÈRE

Ce bar à vins dispense aussi des cours d'œnologie : 30 € pour deux heures de cours, six vins dégustés à l'aveugle et des grignotages.

33, rue de Zurich, 67000 Strasbourg
Tél. : 03 88 36 10 87
www.oenosphere.com

CAVE DES GRANDS CRUS

Jean-Philippe Venck explique le vin. Ses cours prennent la forme de dégustation de six à huit vins, avec de petits plats en accords mets-vins. Compter 35 à 40 €.

Place de l'Hôtel de Ville, 68500 Guebwiller
Tél. : 03 89 76 59 31
www.cavedesgrandscrus.fr

RESTAURANTS

AU VIEUX PORCHE

C'est dans un ancien domaine viticole du XVIIIe siècle, à deux pas du centre historique d'Eguisheim, qu'Eddy Fischer et Betty Zinck accueillent les gourmets. La carte varie selon les saisons et les arrivages du marché. Une jolie terrasse fleurie ouvre dès les premiers beaux jours. Menus à partir de 28 €. Il est également possible de louer un chalet au cœur du Parc naturel des Vosges, avec une vue imprenable sur la vallée de Munster.

16, rue des Trois-Châteaux, 68420 Eguisheim
Tél. : 03 89 24 01 90
www.auvieuxporche.fr

LE BOUC BLEU

Romain Hertrich, en cuisine, et Romain Lambert, en sommellerie, ont insufflé un vent de fraîcheur à cette institution située le long de la route des vins. Des vignerons locaux, tel Jean-Christophe Bott, se prêtent au jeu des accords mets et vins lors de soirées spéciales. Comptez de 16 à 54 €.

2, rue du 5-Décembre, 68980 Beblenheim
Tél. : 03 89 47 88 21
www.aubergeleboucbleu.com

LE BISTRO DES SAVEURS

Au menu de Thierry Schwartz, chevalier du Mérite agricole, une cuisine naturelle au feu de cheminée, appuyée sur des produits de première classe, et une cave comptant 1 025 références de vins naturels. Pain et fermentations sur place. Menus à 45 (déjeuner), 75, 95 ou 120 €.

35, rue de Sélestat, 67210 Obernai
Tél. : 03 88 49 90 41
www.bistro-saveurs.fr

NOTRE COUP DE ♥

L'ALCHÉMILLE

Le chef consciencieux Jérôme Jaegle livre une cuisine contemporaine à partir des douceurs de son propre jardin maraîcher et des producteurs locaux engagés. Expérience revigorante. De 32 à 98 €.

53, route de Lapoutroie, 68240 Kaysersberg
Tél. : 03 89 27 66 41
www.lalchemille.fr

ŒNOTOURISME

VÉLO'VIGNES

Un vélo électrique fourni avec un GPS chargé de cinq circuits (de 23 à 36 km) permet d'aller de terroirs en domaines, entre Pfaffenheim, Rouffach, Westhalten et Soultzmatt, accompagné d'un audio-guide (trilingue). Des dégustations sont prévues à plusieurs endroits, et à la fin de la promenade, dans les caves du domaine Rieflé. Comptez 45 € la journée.

Tél. : 03 89 78 52 21
www.riefle.com

LA BIODYNAMIE POUR LES NULS

Quelle différence entre bio et biodynamie ? À quoi sert un préparat à base de bouse de corne ? Francine et Clément Klur, qui se sont engagés dans cette voie en 1999, vous initient aux arcanes de la biodynamie, appliquée sur le domaine depuis plus de quinze ans. Comptez 140 € par personne (dîner et nuitée).

105, rue des Trois-Épis, 68230 Katzenthal.
Tél. : 03 89 80 94 29
www.klur.net

★★★

DOMAINE ALBERT BOXLER

Jean Boxler, juché sur les hauteurs de Niedermorschwihr, confirme avec les derniers millésimes sa réputation de producteur très exigeant. Il donne toute sa noblesse au grand cru Sommerberg, cirque granitique dont le coteau très pentu rend le travail particulièrement difficile. La maison en possède 4 hectares, et 1,9 hectare dans le grand cru Brand. Différentes cuvées issues de plusieurs parcelles sont proposées ; toutes atteignent désormais un niveau exceptionnel.

Les vins : de haut niveau en 2018, à commencer par le pinot blanc, issu du Brand, éclatant et plein de tonus. En riesling, la cuvée Brand K trône au sommet de la gamme : un vin de grande élégance et envergure, dont la matière juteuse et étoffée rayonne, avec une finale lancinante et sapide. Le Sommerberg 2018, épicé et ample, présente une trame nerveuse et des saveurs de fruits frais, qui se livrent beaucoup de franchise. D se fait élancé et vif, au profil très digeste, un peu généreux, tandis qu'E est plus charnu et immédiatement gourmand, lumineux et ferme, prolongé de fins amers salins et très persistant. Avec ses notes de fruits secs et ses sucres discrets, le pinot gris W se montre pénétrant, tendu, presque épuré car il est débarrassé de tout gras. Avec son nez de pommes au four, sa version VT est remarquable, la brilliance et l'éclat de ses saveurs en font un moelleux particulièrement frais et tonique, à l'équilibre très juste. Enfin, le pinot noir est très réussi, associant chair et fraîcheur épicée : sa douceur de texture, son intégrité de fruit le distinguent.

Pinot Blanc B 2018 — 22 € — 92

Pinot Gris Grand Cru Sommerberg W VT 2017 — 45 € — 95

Pinot Gris Grand Cru Sommerberg W 2018 — 50 € — 94

Riesling Grand Cru Brand K 2018 — Épuisé - 50 € — 98

Riesling Grand Cru Sommerberg 2018 — 45 € — 94

Riesling Grand Cru Sommerberg D 2018 — Épuisé - 50 € — 95

Pinot Noir S (Sommerberg) 2018 — 40 € — 93

Le coup de ♥

Riesling Grand Cru Sommerberg E 2018 — Épuisé - 50 € — 96

Rouge : 1 hectare. Pinot noir 100 %
Blanc : 18 hectares. Riesling 38 %, Pinot blanc 20 %, Pinot gris 17 %, Gewurztraminer 15 %, Sylvaner 5 %, Muscat à petits grains blancs 5 %
Production moyenne : 60 000 bt/an

DOMAINE ALBERT BOXLER
78, rue des Trois-Épis,
68230 Niedermorschwihr
03 89 27 11 32 • domaine@albertboxler.fr •
Vente et visites : au domaine sur rendez-vous.
Propriétaire : Jean-Marc et Jean Boxler

★★★

DOMAINE MARCEL DEISS

Mathieu Deiss succède à son père Jean-Michel à la tête de ce vénérable domaine de Bergheim. La complantation est toujours le fil conducteur, jusque sur les grands crus. Même si le procédé est ancestral dans la région, il reste très peu suivi et divise fortement les vignerons. Les Deiss avancent toujours plus loin dans cette démarche et livrent des vins convaincants, complexes, dotés d'une intensité de saveur merveilleuse et d'un équilibre incroyable. Mathieu a aussi créé le Vignoble du Rêveur à partir des vignes maternelles, situées à Bennwihr (il y produit notamment des vins oranges de haute volée). Les vins sont hors-norme pour la région, ce qui est un peu déroutant pour le consommateur, mais le résultat est magnifique. Quelques années de recul permettent d'analyser la précision des définitions de terroir et la capacité de ces vins à gérer leur propre équilibre. À découvrir au domaine : l'expérience inédite de la dégustation géo-sensorielle, qui permet de comprendre la relation unissant les caractéristiques du vin et le terroir qui l'a vu naître.

Les vins : déguster la gamme du domaine est un voyage fascinant, qui offre une lecture renouvelée des terroirs alsaciens. Deux nouveaux vins, deux nouvelles (magnifiques) étiquettes cette année au domaine : caressant, vibrant, Riquewihr livre une expression salivante et onctueuse, avec une profondeur de texture prolongé de nobles amers. Avec son nez de fleurs séchées, Ribeauvillé présente une matière dense, serrée, tendue et très persistante, avec une fine mâche sapide en finale. Parmi les parcellaires, notre préférence va au Grasberg, vin exquis à l'équilibre de demi-sec, au caractère doux et apaisé, dont les saveurs fraîches et aiguisées d'agrumes résonnent longtemps avec une intensité particulière. Très intense dans ses arômes d'épices et de fruits confits, Schoffweg se montre plus froid et cérébral, doté d'une matière presque tannique dans la fermeté virile de sa finale. Magnifique trilogie des grands crus : complexité accrue, grand volume épicé et frais dans le Mambourg, vin très concentré mais raffiné à l'allonge épurée. Admirable fraîcheur dans la chair suave de l'Altenberg, dont la race et l'envergure exceptionnelles permettent une intégration idéale des sucres. Brillant, lumineux, Schoenenbourg déploie une myriade de saveurs intenses et millimétrées, avec une note de poivre rose, lancinant dans sa sève et tout en harmonie. Enfin, le rouge Gruenspiel, finement épicé, est doté de tanins fermes et se présente un peu sec et austère. 48h d'aération et il est transfiguré, épanoui dans un fruit sobre d'une grande finesse.

- Alsace Grand Cru Altenberg de Bergheim 2017 — 60 € — 96
- Alsace Grand Cru Mambourg 2017 — 70 € — 96
- Alsace Grand Cru Schoenenbourg 2017 — 67 € — 97
- Alsace Grasberg (Bergheim) 2016 — 37 € — 95
- Alsace Ribeauvillé 2017 — 19 € — 93
- Alsace Riquewihr 2017 — 19 € — 93
- Alsace Schoffweg 2016 — 37 € — 94
- Alsace Gruenspiel 2016 — 36 € — 94

Rouge : 8 hectares. Pinot noir 95 %, Pinot gris 5 %

Blanc : 24 hectares. Riesling 32 %, Pinot gris 25 %, Gewurztraminer 20 %, Pinot blanc 18 %, Muscat à petits grains blancs 5 %

Production moyenne : 150 000 bt/an

DOMAINE MARCEL DEISS ☾

15, route du Vin, 68750 Bergheim
03 89 73 63 37 • www.marceldeiss.fr •
Visites : sans rendez-vous.
Propriétaire : Jean-Michel et Mathieu Deiss

★★★

DOMAINE ALBERT MANN

Le domaine, né de l'union des familles Mann et Barthelmé, deux grandes lignées de vignerons depuis le XVIIe siècle, livre depuis déjà quelques années des vins de très haute volée, emblème de ce que l'Alsace peut produire de plus grand. Maurice, biodynamiste inspiré et sourcier à ses heures, a su apporter de la pureté dans les vins, grâce à un travail méticuleux à la vigne. Jacky a quant à lui un sens de la vinification très pointu pour les blancs comme pour les rouges. L'équilibre des vins, leur côté digeste et leur profondeur en font des modèles pour tous les amateurs. Leurs quatre rouges sont au sommet de la production alsacienne et parmi les plus beaux de France. Ce succès en fait désormais des vins rares.

Les vins : les pinots noirs sont de haute volée. La trame calcaire effilée des Saintes Claires imprime une tension vigoureuse et des saveurs fumées du meilleur effet. Plus d'envergure et de profondeur dans Grand P, dont le grain de tanin assez fin mais ferme est resté un rien rigide et demande encore à s'intégrer pleinement. Grand H est à notre sens le plus abouti, élancé et velouté dans sa matière juteuse, pourvu de tanins très fins et réglissés qui épousent ses saveurs sanguines. Expressif, très charnu, le riesling du Furstentum séduit par son volume digeste et son intensité salivante, porté par une belle allonge fraîche parsemée de fins amers. Sur le même terroir, le pinot gris prend une élégance naturelle et s'affirme par sa trame ferme, énergique, avec d'un grand souffle épicé et persistant. Le grand cru Steingrubler épure le caractère varietal du gewurztraminer, laissant une bouche svelte et tonique dont les légers sucres adoucissent la force. Plus profond, caressant et nuancé sur le Furstentum, le gewurztraminer s'y épanouit magnifiquement en un festival de saveurs d'agrumes et d'épices, doté d'une fraîcheur enthousiasmante. Parmi les moelleux et liquoreux, retenons le riesling L'Épicentre, vin lumineux qui ne titre que 9 % d'alcool et évoque les grands auslese allemands, avec ses saveurs très pures de sucre d'orge et sa finesse raffinée.

- Gewurztraminer Grand Cru Steingrubler 2018 — 35 € — 94
- Pinot Gris Grand Cru Furstentum 2018 — 35 € — 95
- Riesling Grand Cru Furstentum 2018 — 50 € — 95

Riesling Grand Cru Schlossberg L'Épicentre 2018 — 70 € — 96

Pinot Noir Grand H 2018 — 55 € — 95

Pinot Noir Grand P 2018 — 55 € — 94

Pinot Noir Les Saintes Claires 2017 — Épuisé - 60 € — 94

Le coup de ♥

Gewurztraminer Grand Cru Furstentum Vieilles Vignes 2018 — 35 € — 96

Rouge : 2,5 hectares. Pinot noir 100 %
Blanc : 20,5 hectares. Riesling 35 %, Pinot gris 20 %, Gewurztraminer 19 %, Pinot blanc 12 %, Auxerrois (Lorrain/Alsacien) 11 %, Muscat à petits grains blancs 3 %
Production moyenne : 120 000 bt/an

DOMAINE ALBERT MANN
13, rue du Château, 68920 Wettolsheim
03 89 80 62 00 • www.albertmann.com •
Vente et visites : au domaine sur rendez-vous.
Propriétaire : Maurice et Jacky Barthelmé
Maître de chai : Jacky Barthelmé

★★★

DOMAINE OSTERTAG

2018 a signé un tournant au domaine avec la prise en mains d'Arthur, le fils d'André Ostertag. D'une sensibilité aussi aiguisée que son père pour les blancs, il a apporté sa touche dès 2016 sur quelques cuvées et a notamment fait progresser les rouges. Il impulse un nouvel élan, avec une équipe renouvelée qui va se mettre en place petit à petit. La famille exploite de belles parcelles dans les terroirs de Zellberg et du Fronholz, sur le grand cru Muenchberg, sans oublier le Clos Mathis, sur le Hagel, à Ribeauvillé. Tout amateur d'Alsace se doit de connaître ce domaine, dont les vins magiques procurent beaucoup de plaisir. La tenue dans le temps de l'ensemble des cuvées est indéniable, mais l'accessibilité du fruit reste immédiate pour la gamme Jardins, par exemple. Le résultat, sans doute, d'un travail de la vigne en biodynamie depuis vingt ans, complété par une vinification toujours précise et pure. Un nouveau blanc arrive au domaine avec le millésime 2018, une sélection de sylvaner rouge.

Les vins : infusé, doté d'un fruit délicat et tendre, le pinot noir Fronholz est une réussite majeure, assurément l'un des meilleurs rouges alsaciens. Les Jardins s'affranchit du cadre habituel d'un riesling d'entrée de gamme, avec des notes de pêches et d'orange sanguine et un caractère précoce et mûr. Beaucoup de délicatesse, de fins amers et des saveurs d'agrumes dans Le Berceau, un riesling nuancé et tonique à la très belle finale épicée et rayonnante. Profil sphérique et saveurs de mandarine dans le très sensuel Heissenberg, à la chair ample et précise déjà voluptueuse. Le raffinement du riesling Fronholz n'a d'égal que son intensité : de fines touches d'acacia et de lilas viennent parsemer une matière lancinante, dont la pureté se prolonge de petits amers harmonieux. Vin captivant, débordant d'énergie, Muenchberg possède un cachet singulier et des saveurs remarquablement nuancées, précises, très tendues en finale. Chair délicate qui évoque les fruits blancs dans le pinot gris Zellberg, auquel une finale épicée apporte un supplément de relief. Matière assez robuste, un peu tannique, peu aromatique à ce stade pour le sylvaner, vigoureux et persistant.

Pinot Gris Zellberg 2018 — 37 € — 94

Riesling Grand Cru Muenchberg 2018 — 50 € — 97

Riesling Heissenberg 2018 — 36 € — 94

Riesling Le Berceau 2018 — 30 € — 93

Riesling Les Jardins 2018 — 18 € — 92

Sylvaner Vieilles Vignes 2018 — 17 € — 92

Pinot Noir Fronholz 2018 — 45 € — 94

Le coup de ♥

Riesling Fronholz 2018 — 32 € — 96

Rouge : 2 hectares. Pinot noir 100 %

Blanc : 13 hectares. Riesling 52 %, Pinot gris 16 %, Sylvaner 14 %, Gewurztraminer 11 %, Pinot blanc 5 %, Muscat à petits grains blancs 2 %

Production moyenne : 85 000 bt/an

DOMAINE OSTERTAG

87, rue Finkwiller, 67680 Epfig

03 88 85 51 34 • www.domaine-ostertag.fr •
Vente et visites : au domaine sur rendez-vous.

Propriétaire : Famille Ostertag

Directeur : Arthur Ostertag

★★★

DOMAINE WEINBACH

Le Clos des Capucins fait partie de ces endroits magiques, insaisissables et hors du temps. Il est rare de trouver un lieu avec tant d'énergie et d'histoire, produisant des vins d'une telle pureté. Épaulée par ses deux fils, Eddy et Théo, Catherine Faller est à la tête du domaine, déployant une énergie rare pour conserver la qualité des vins au plus haut et garder un accueil chaleureux au domaine. Son fils Théo porte beaucoup d'attention à la vigne, conduite en biodynamie depuis 2005 sur l'ensemble du domaine, alors que Ghislain Berthiot, présent depuis quelques années, est en charge de la vinification. Eddy vient épauler sa mère sur la partie commerciale. On peut déguster ici une des plus belles expressions du grand cru Schlossberg, sur différents niveaux de maturité. Sa limpidité et sa précision nous bluffent, s'approchant souvent de la perfection. Le gewurztraminer trouve ses terroirs de prédilection aux alentours. Le domaine vient de racheter 6 hectares de vignes, dont 1 hectare en grand cru Furstentum.

Les vins : le pinot Altenbourg est nuancé et juteux, avec des tanins fins et réglissés en finale, et le cachet d'un élevage très soigné. Grande élégance et justesse de saveurs dans le pinot gris Sainte-Catherine, sapide, croquant, délicatement épicé. Les deux gewurztraminers sont somptueux, caressants et raffinés dans leurs textures et leurs arômes : le Furstentum, avec son nez de fleurs d'oranger et sa fine chair moelleuse, est enthousiasmant. Parmi les rieslings, Théo allie vigueur et douceur de chair, mais Colette va plus loin avec ses superbes arômes de thym, de bergamote et de verveine, et une fraîcheur saline qui roule sur la langue. Magnifique subtilité aromatique dans le Schlossberg, vin limpide et cohérent qui se démarque par sa persistance et son harmonie de saveurs. Le Schlossberg Sainte-Catherine est un vin sans aspérités, plus sec que d'habitude, d'une envergure et d'une profondeur phénoménales, à la finale vibrante : laissez-le vieillir ou aérez-le longuement pour profiter de toute sa complexité. Enfin, la SGN se fait lumineuse, en apesanteur : une irrésistible gourmandise.

- Gewurztraminer Grand Cru Furstentum 2018 — Épuisé - 45 € — 96
- Gewurztraminer Laurence 2018 — 25 € — 95
- Pinot Gris SGN 2018 — 130 € — 97
- Pinot Gris Sainte-Catherine 2018 — 32 € — 94
- Riesling Cuvée Colette 2018 — 33 € — 94
- Riesling Cuvée Théo 2018 — Épuisé - 21 € — 92
- Riesling Grand Cru Schlossberg 2018 — 45 € — 95
- Pinot Noir Altenbourg 2018 — 55 € — 93

Le coup de ♥

- Riesling Grand Cru Schlossberg Sainte-Catherine 2018 — Épuisé - 65 € — 98

Rouge : 2,29 hectares. Pinot noir 100 %
Blanc : 34,7 hectares. Pinot gris 20 %, Riesling 20 %, Gewurztraminer 20 %, Auxerrois (Lorrain/Alsacien) 16 %, Muscat ottonel 14 %, Muscat d'Alsace 6 %, Pinot blanc 4 %
Production moyenne : 145 000 bt/an

DOMAINE WEINBACH
Clos des Capucins, 25, route du Vin, 68240 Kaysersberg
03 89 47 13 21 • www.domaineweinbach.com • Vente et visites : au domaine sur rendez-vous.
Propriétaire : Famille Faller
Directeur : Catherine Faller
Maître de chai : Ghislain Berthiot

★★★

DOMAINE ZIND HUMBRECHT

Infatigable ambassadeur de ses vins et de la région, Olivier Humbrecht, premier Français titulaire du Master of Wine, a compris depuis longtemps l'importance du travail à la vigne. Il a fêté en 2019 le vingtième anniversaire de conversion du domaine à la biodynamie, et il est par ailleurs président du label Biodyvin. Ce type de culture lui a permis de s'affranchir du botrytis et de réduire les degrés d'alcool. Les vins sont de style sec, et les grands foudres les patinent à plusieurs mètres sous terre. Comme tous les grands vins d'Alsace, ils prennent leur dimension après quelques années ou décennies de garde. Le Clos Windsbuhl est un incontournable et le Rangen de Thann s'impose avec le temps.

Les vins : nez très racé de menthe poivrée et de fleur d'oranger dans le muscat du Goldert, dont la matière saline et sapide roule sur la langue et diffuse un éclat frais et tonique. Grand niveau des rieslings cette année, à commencer par l'énergique Clos Häuserer, pur et vibrant, aux saveurs de thé matcha et de brugnon, doté d'une vigoureuse allonge. Plus introverti dans sa jeunesse, le riesling du Clos Windsbuhl possède plus de fermeté et de profondeur. Incisif et pénétrant, il redouble d'intensité en finale, il faut l'attendre cinq à sept ans. Profil plus solaire et large pour le Brand, dans lequel l'empreinte minérale se fait prépondérante, et dont la noble austérité s'exprime en une amertume épicée. Très réservé, le riesling du Rangen reste pour l'instant assez compact, marqué par le sceau du terroir, riche d'une formidable puissance contenue. Sur ce même terroir, le pinot gris est remarquable, très intense et fumé, suprêmement équilibré avec sa trame fuselée et sa persistance revigorante. Épicé, voluptueux, le gewurztraminer du Hengst offre beaucoup de douceur, des sucres très digestes et une finale interminable : un grand vin qu'on laissera sagement vieillir !

- Gewurztraminer Grand Cru Hengst 2018 — 69 € — 96
- Muscat Grand Cru Goldert 2018 — 42 € — 94
- Pinot Gris Grand Cru Rangen de Thann Clos Saint-Urbain 2018 — 100 € — 98
- Riesling Clos Windsbuhl 2018 — 69 € — 96
- Riesling Grand Cru Brand 2018 — 79 € — 96
- Riesling Grand Cru Rangen de Thann Clos Saint-Urbain 2018 — 100 € — 96

Le coup de ♥

- Riesling Clos Haüserer 2018 — 49,50 € — 95

Rouge : 0,3 hectare. Pinot noir 100 %
Blanc : 39,7 hectares. Riesling 33 %, Pinot gris 28 %, Gewurztraminer 28 %, Pinot blanc 3 %, Auxerrois (Lorrain/Alsacien) 3 %, Muscat à petits grains blancs 3 %, Chardonnay 2 %
Production moyenne : 180 000 bt/an

DOMAINE ZIND HUMBRECHT ☾

4, route de Colmar, 68230 Turckheim
03 89 27 02 05 • www.zind-humbrecht.fr •
Vente et visites : au domaine sur rendez-vous.
Propriétaire : Olivier Humbrecht

★★

DOMAINE BARMÈS-BUECHER

Maxime Barmès, épaulé au domaine par sa mère Geneviève et sa sœur Sophie, confirme et poursuit le travail mis en place depuis près de trente ans pour maintenir la qualité des vins au plus haut niveau. Un travail rigoureux à la vigne, en biodynamie, et un bon suivi en cave font de ce domaine l'un des plus sérieux de la région. Les derniers millésimes sont exemplaires : les vins ont gagné en précision et les grands crus relèvent du cercle restreint des grands vins, avec une tenue exceptionnelle à l'air, capables de se bonifier sur plusieurs jours.

Les vins : la pureté de saveurs et l'éclat du fruit rayonnent dans le sylvaner ; ses petits amers salivants et son intensité distinguent ce vin harmonieux. Vin cristallin, le riesling Clos Sand impressionne par sa réserve, sa vigueur lumineuse et sa persistance épurée. Finement fumé, encore très immature, le riesling Hengst domine ses pairs par son envergure et sa profondeur. Un grand vin consistant, intègre et inspiré. Superbe trio de gewurztraminers : discret, velouté dans sa texture, Pfersigberg est juteux et séducteur, jusque dans sa finale poivrée. Beaucoup de finesse et d'équilibre dans le Steingrubler, à la finale saline, qu'on attendra quelques années pour que ses sucres s'harmonisent. Hengst est le plus raffiné et possède cette formidable envergure épicée imprimée par le terroir. Les deux pinots noirs sont admirables : Réserve immédiatement gourmand, et surtout Vieilles Vignes ; issu de vignes âgées de 50 ans plantées sur le Hengst, ce vin se présente tout en naturel d'expression et intensité de saveurs. Très persistant, concentré mais aérien, il a parfaitement intégré son élevage : une référence majeure du pinot noir alsacien. Enfin, nouveauté au domaine, le pinot blanc Sand regorge de saveurs de fruits jaunes et déborde d'énergie. Sa droiture, son intensité et son élégance expriment sans fard le terroir granitique de ce magnifique clos.

- Gewurztraminer Grand Cru Hengst 2018 — 26 € — 94
- Gewurztraminer Grand Cru Pfersigberg 2018 — 25 € — 92
- Gewurztraminer Grand Cru Steingrubler 2018 — 24 € — 93
- Riesling Clos Sand 2018 — 22 € — 92
- Riesling Grand Cru Hengst 2018 — 26 € — 94
- Sylvaner Rosenberg 2018 — 15 € — 93
- Pinot Noir Réserve 2018 — 19 € — 92
- Pinot Noir Vieilles Vignes 2018 — 31 € — 94

Le coup de ♥

- Alsace Sand 2018 — 20 € — 93

Rouge : 1 hectare. Pinot noir 100 %
Blanc : 17 hectares. Riesling 32 %, Gewurztraminer 20 %, Pinot gris 18 %, Pinot

blanc 11 %, Auxerrois (Lorrain/Alsacien) 10 %, Sylvaner 3 %, Muscat à petits grains blancs 3 %, Chardonnay 3 %
Production moyenne : 120 000 bt/an

DOMAINE BARMÈS-BUECHER

30, rue Sainte-Gertrude, 68920 Wettolsheim
03 89 80 62 92 • www.barmes-buecher.com
• Vente et visites : au domaine sur rendez-vous.
Propriétaire : Geneviève, Sophie et Maxime Barmès
Œnologue : Maxime Barmès

★★

DOMAINE ÉMILE BEYER

Valérie et Christian Beyer continuent à faire briller le domaine familial en produisant une excellente gamme de vins, précis et digestes comme nous les aimons. Ils œuvrent pour la reconnaissance des appellations communales et premier cru. Il faudra encore quelques années de patience avant de goûter le riesling Clos Lucas Beyer, planté plein sud dans le cœur du Pfersigberg. Ce domaine en pleine forme, avec en prime un caveau refait à neuf pour l'accueil des visiteurs, se convertit à la biodynamie sur l'ensemble du domaine et offre une gamme impressionnante de régularité.

Les vins : la cerise et le noyau sont à l'honneur dans le pinot noir Eguisheim, servi par un élevage millimétré et des tanins soyeux. Matière juteuse et gourmande dans le très beau pinot gris Eguisheim, doté d'une grande finesse et délicatesse de saveurs, dans un style parfaitement sec. Matière pulpeuse et franche dans le très beau riesling Saint-Jacques, tout en intensité de saveurs jusque dans sa finale ciselée. Serein, assez majestueux, le riesling Eichberg possède une remarquable vigueur et précision de saveurs, empli d'une fraîcheur lancinante qui infuse jusqu'en finale avec des saveurs de fruits confits. Pfersigberg n'est pas en reste, avec des notes de foin et de céréales, un profil charnu mais tendu, qui s'épanouit en de superbes saveurs de fruits jaunes. Quelle fraîcheur et raffinement dans les sucres du gewurztraminer Pfersigberg, à l'élégance radieuse ! Une interprétation magistrale du cépage et du terroir, à la persistance hors du commun.

Pinot Gris Eguisheim 2017	14,60 €	93
Riesling Grand Cru Eichberg 2017	31 €	95
Riesling Grand Cru Pfersigberg 2017	31 €	95
Riesling Saint-Jacques 2017	22,50 €	93
Pinot Noir Eguisheim 2017	14,60 €	93

Le coup de ♥

Gewurztraminer Grand Cru Pfersigberg 2017	31 €	94

Rouge : 2,29 hectares. Pinot noir 100 %
Blanc : 14,7 hectares. Riesling 35 %, Pinot gris 21 %, Gewurztraminer 20 %, Pinot blanc 17 %, Sylvaner 4 %, Muscat à petits grains blancs 3 %
Production moyenne : 120 000 bt/an

DOMAINE ÉMILE BEYER ♣

7, place du Château Saint-Léon, 68420 Eguisheim
03 89 41 40 45 • www.emile-beyer.fr •
Visites : sur rendez-vous uniquement aux professionnels.
Propriétaire : Christian et Valérie Beyer

★★

DOMAINE BOTT-GEYL

Le perfectionniste Jean-Christophe Bott fait partie des grands vignerons alsaciens. Il s'investit dans un travail rigoureux au chai comme à la vigne, cultivée en biodynamie. Alors qu'il ne comptait que 4 hectares à sa création en 1953, le domaine en possède aujourd'hui 15, répartis sur sept communes. Les vins produits sont amples et suaves, leur grande richesse est très bien maîtrisée : même les vins les plus doux ne souffrent d'aucune lourdeur. Ils possèdent à la fois puissance et allonge de bouche, deux qualités qui conduisent à la plénitude. Pour couronner le tout, le domaine propose à la vente des millésimes affinés.

Les vins : les vins présentés sont tous de très haut niveau. Raffiné, salivant, le pinot noir se montre élancé et juste. L'Absolu est un crémant de haute volée, idéalement gourmand, digeste et aérien. Mandelberg est un riesling "sec-tendre" au profil joyeux, qui évoque le sucre d'orge et la mandarine. Rayonnant et racé, le riesling Schlossberg est dynamique, débordant de vie, sa finale regorgeant de petits amers frais. Saveurs finement rôties de raisins bien ensoleillés dans l'admirable riesling Schoenenbourg, dont le caractère étoffé et revigorant crée l'émotion. La pureté et l'intensité du riesling Sporen sont saisissantes : voilà un vin rutilant, à l'énergie électrique, dont le souffle sapide vous emportera loin. Le pinot gris Sonnenglanz se montre éclatant et voluptueux, et se classe parmi les meilleurs vins de ce cépage dégustés cette année. Enfin, la VT est une superbe friandise, aux notes de miel de sapin, dont l'acidité équilibre à merveille l'opulence des sucres.

- Crémant d'Alsace Extra-Brut Absolu 21 € 92
- Gewurztraminer Grand Cru Sonnenglanz VT 2015 27 € 94
- Pinot Gris Grand Cru Sonnenglanz 2016 27 € 94
- Riesling Grand Cru Mandelberg 2016 34 € 92
- Riesling Grand Cru Schlossberg 2016 34 € 93
- Riesling Grand Cru Schoenenbourg 2016 34 € 96
- Pinot Noir Galets Oligocène 2016 28 € 93

Le coup de ♥

- Riesling Grand Cru Sporen 2016 51 € 96

Rouge : 0,7 hectare. Pinot noir 100 %
Blanc : 14,3 hectares. Riesling 32 %, Gewurztraminer 23 %, Pinot gris 20 %, Pinot blanc 20 %, Muscat à petits grains blancs 5 %
Production moyenne : 90 000 bt/an

DOMAINE BOTT-GEYL

1, rue du Petit-Château, 68980 Beblenheim
03 89 47 90 04 • www.bott-geyl.com •
Vente et visites : au domaine sur rendez-vous.
Propriétaire : Jean-Christophe Bott

★★

DOMAINE DU CLOS SAINT-LANDELIN-VÉRONIQUE ET THOMAS MURÉ

Ce domaine comprend le Clos Saint-Landelin, monopole de 12 hectares situé à l'extrémité sud du grand cru Vorbourg, dont il est le fleuron. Il est aujourd'hui dirigé par Véronique et son frère Thomas Muré, les enfants de René. La culture du vignoble et la maîtrise des vinifications sont exemplaires depuis longtemps, et la nouvelle génération ne s'encombre plus de sucres résiduels. Le domaine s'est recentré sur la production des vins issus de ses propres vignobles, abandonnant progressivement l'activité de négoce lancée il y a plus de trente ans. Les vignes sont certifiées en biodynamie. Nous avouons quelques interrogations quant au niveau des blancs secs, dont nous attendons plus à ce niveau.

Les vins : l'originale syrah (plantée à Rouffach), vinifiée pour moitié en grappe entière, est un vin soyeux avec des notes de suie et de cerise noire, mais qui s'assèche assez vite à l'aération. Dense mais ouvragé, juteux et profond, le pinot noir est doté d'une excellente fraîcheur : il est déjà délicieux, mais aussi bâti pour la garde. En blanc, les sylvaner et muscat Steinstuck manquent un peu d'éclat et sont assez rigides ; nous ne les avons pas retenus. Vraie friandise avec son équilibre de vendange tardive, la cuvée Oscar se fait charmeuse mais les sucres gomment l'expression du cépage. Notes de camomille et d'hydrocarbures dans le Clos Saint-Landelin 2017, vin compact et assez solaire, qui se livre peu et dont la finale reste stricte. Supplément de carrure et de profondeur pour le Zinnkoepflé, à la fermeté presque tannique et très riche en extrait sec. Il faut l'attendre, mais nous avons le sentiment que ce vin pourrait aller plus loin. Les SGN sont remarquables : le riesling offre un équilibre presque mosellan avec 9,5° d'alcool ; la pureté du botrytis et l'intensité de la finale subjugueront les amateurs réfractaires aux grands liquoreux.

- Riesling Clos Saint Landelin 2017 31,50 € 92
- Riesling Clos Saint-Landelin SGN 2016 73 € 96
- Riesling Grand Cru Zinnkoepflé 2017 43,10 € 93
- Sylvaner Clos Saint Landelin Cuvée Oscar 2017 21 € 90
- Pinot Noir Clos Saint Landelin 2017 49,90 € 93
- VDF Syrah 2018 35,70 € 90

Rouge : 4 hectares. Pinot noir 100 %
Blanc : 21 hectares. Riesling 36 %, Gewurztraminer 32 %, Pinot gris 20 %, Sylvaner 5 %, Chardonnay 3 %, Muscat d'Alsace 2 %, Muscat ottonel 2 %
Production moyenne : 95 000 bt/an

DOMAINE DU CLOS SAINT-LANDELIN-VÉRONIQUE ET THOMAS MURÉ

Route du Vin, 68250 Rouffach
03 89 78 58 00 • www.mure.com •
Visites : sans rendez-vous.
Propriétaire : Véronique et Thomas Muré

★★

DOMAINE DIRLER-CADÉ

Jean Dirler et son épouse Ludivine maîtrisent mieux que jamais ce domaine fondé en 1871, transmis de père en fils depuis cinq générations et désormais en biodynamie. Les densités ont progressé, les maturités également. On y produit une belle série de grands vins blancs secs, dans la lignée de ceux réalisés par Jean-Pierre Dirler. Cette maison sûre offre de surcroît un accueil remarquable, et de nombreux vins sont disponibles dans des millésimes plus anciens.

Les vins : finesse aromatique, matière fumée et sensuelle dans le bien sec pinot gris Schimberg, aérien et harmonieux. En grand cru, le riesling Kitterlé se distingue par son nez de pierre ponce, sa bouche ouvragée et complexe, à la puissance contenue et à la finale carrée, qui témoigne de la race de ce grand terroir. Le riesling Kessler HW exhibe des notes de pomme et d'aubépine. Saline, légèrement enrobée, la bouche reprend du tonus et se fait très persistante. Finement exotique au nez, le riesling Saering déborde d'énergie, offre une mâche gourmande et de l'extrait sec : sa densité et sa profondeur nous enthousiasment. Fraîcheur et douceur de texture se conjuguent dans le gewurztraminer Spiegel, avec des sucres appétents et un raffinement inné : un vin très convaincant.

- Gewurztraminer Grand Cru Spiegel 2018 — 29 € — 93
- Pinot Gris Schimberg 2018 — 19,20 € — 92
- Riesling Grand Cru Kessler Heisse Wanne 2018 — 37,50 € — 93
- Riesling Grand Cru Kitterlé 2018 — 28,80 € — 94

Le coup de ❤

- Riesling Grand Cru Saering 2018 — 32,30 € — 95

Rouge : 1,8 hectare. Pinot noir 100 %
Blanc : 15,2 hectares. Riesling 31 %, Gewurztraminer 24 %, Pinot gris 17 %, Auxerrois (Lorrain/Alsacien) 9 %, Sylvaner 7 %, Muscat ottonel 4 %, Pinot blanc 4 %, Muscat d'Alsace 3 %, Chasselas 1 %
Production moyenne : 90 000 bt/an

DOMAINE DIRLER-CADÉ ☾
13, rue d'Issenheim, 68500 Bergholtz
03 89 76 91 00 • www.dirler-cade.com •
Visites : sans rendez-vous.
Propriétaire : Jean et Ludivine Dirler

★★

JOSMEYER

C'est aujourd'hui la cinquième génération qui tient les rênes de ce domaine fondé en 1854 : Céline à la direction, et Isabelle aux vinifications. Ce duo efficace continue à porter la qualité des vins, certifiés en biodynamie, vers l'excellence. L'art est omniprésent dans la famille, avec des poèmes et des dessins des deux sœurs, tantôt sur les étiquettes ou sur les foudres... Il faut ouvrir grand les yeux pour ne rien rater lors de la visite de ce domaine modèle ! Le style des vins, tourné vers l'élégance, nous séduit. Le grand cru Hengst s'exprime ici au sommet. Le pinot blanc et l'auxerrois signent des cuvées emblématiques de la maison. Cette gamme de vins de haute volée enchantera les amateurs de vins nuancés, droits et secs.

Les vins : souple et mûr, le pinot blanc 2019 se présente avec un fruit tout en fraîcheur et tendresse. Original pétillant naturel sans soufre, Chante Pinot est une vraie friandise, avec sa bulle fine et joyeuse, son caractère parfaitement sec. Excellent niveau des rieslings : retenons le Kottabe, intègre et gourmand, à la savoureuse matière charnue et digeste, et Les Pierrets, au caractère limpide et tranchant, très salivant et précis. En grand cru, Hengst s'illustre en riesling, épicé et retenu, auquel une fine amertume noble apporte relief et vivacité, comme en pinot gris ; celui-ci impressionne par sa tension, son élégance et sa pureté aromatique. Le riesling Brand est somptueux : déjà délicieux, on prédit un grand vieillissement à ce vin de grande envergure qui associe à merveille générosité du millésime et vigoureuse tension saline.

- Pinot Blanc Mise du Printemps 2019 — de 11,90 à 13 € (c) — 89
- Pinot Gris Grand Cru Hengst 2018 — de 36,50 à 40 € (c) — 94
- Riesling Grand Cru Hengst 2018 — de 39,50 à 42 € (c) — 94
- Riesling Le Kottabe 2018 — de 17,40 à 19 € (c) — 96
- Riesling Les Pierrets 2018 — de 25,60 à 27 € (c) — 93

VDF Chante Pinot 2019 de 13,50 à 15 € (c) 90

Le coup de ♥

Riesling Grand Cru Brand 2018 de 39,50 à 43 € (c) 95

Rouge : 0,5 hectare. Pinot noir 100 %
Blanc : 24,2 hectares. Riesling 28 %, Pinot blanc 24 %, Pinot gris 21 %, Gewurztraminer 19 %, Sylvaner 5 %, Muscat d'Alsace 3 %
Production moyenne : 160 000 bt/an

JOSMEYER
76, rue Clemenceau, 68920 Wintzenheim
03 89 27 91 90 • www.josmeyer.com • Vente et visites : au domaine sur rendez-vous.
Propriétaire : Famille Meyer
Directeur : Céline Meyer
Œnologue : Isabelle Meyer

★★

DOMAINE ANDRÉ KIENTZLER

Ce domaine s'impose depuis de nombreuses années comme une des références alsaciennes, notamment sur le grand cru Geisberg (qui ne compte que quatre propriétaires). Arrivé en 2000, Thierry Kientzler poursuit le travail de son père, épaulé par Éric, son frère cadet. La ligne de conduite n'a pas bougé, les vins sont de style sec, racé, et parfois marqués par l'austérité typique du secteur de Ribeauvillé ; il ne faut pas être impatient avec ces blancs, qui vieillissent bien. Le travail à la vigne est admirable et le domaine pourrait être certifié en bio, si les petites parcelles du Geisberg en terrasses n'étaient pas si difficiles à manœuvrer. Après quelques millésimes un peu lisses, la gamme est revenue au meilleur niveau avec des vins ciselés, d'une grande précision. Un vin rouge va bientôt compléter la liste grâce à un surgreffage de pinot noir sur des parcelles idéalement exposées.

Les vins : finement fumé, le pinot gris Kirchberg se montre ramassé et introverti ; il requiert de la patience. En riesling, la cuvée Ribeauvillé offre des arômes millimétrés et une bouche incisive sans rien d'austère : un vin sans concession, dont le caractère va à l'essentiel. Matière un peu plus charnue dans le Muhlforst, à la carrure franche, prolongé par un imparable éclat minéral. En grand cru, Osterberg est tout en nerf et en muscle ; il impressionne par son étoffe ferme, l'éclat vibrant de son fruit pur, et les saveurs nobles de zeste d'agrumes en finale. Doté d'une noble austérité, le pénétrant riesling Geisberg ne se livrera que dans quelques années, mais la persistance épurée de ses saveurs et l'intensité de sa finale déjà explosive nous enchantent, avec un élan floral très racé. Kirchberg se montre plus froid et distant au nez, mais sa bouche livre une trame inflexible, telle une lame d'acier au tranchant subtil : sans fard, ce vin transmet sa beauté naturelle.

Pinot Gris Grand Cru Kirchberg 2018 31 € 92

Riesling Grand Cru Geisberg 2018 35 € 95

Riesling Grand Cru Kirchberg 2018 31 € 94

Riesling Grand Cru Osterberg 2018 26 € 94

Riesling Muhlforst 2018 19,50 € 92

Riesling Ribeauvillé 2018 16 € 92

Blanc : 14 hectares. Riesling 30 %, Gewurztraminer 24 %, Pinot gris 14 %, Pinot blanc 10 %, Auxerrois (Lorrain/Alsacien) 9 %, Muscat à petits grains blancs 5 %, Chasselas 4 %, Sylvaner 4 %
Production moyenne : 80 000 bt/an

DOMAINE ANDRÉ KIENTZLER
50, route de Bergheim, 68150 Ribeauvillé
03 89 73 67 10 • www.vinskientzler.com • Vente et visites : au domaine sur rendez-vous.
Propriétaire : Thierry Kientzler

★★

DOMAINE KIRRENBOURG

Après le rachat de la maison Martin Schaetzel, Marc Rinaldi a installé son chai à Kientzheim, et jouit d'une vue imprenable sur son terroir de prédilection : le Schlossberg. Comme l'intégralité des vins proviennent de terroirs en grand cru, notamment du lieu-dit Kirrenbourg, c'est tout naturellement que le domaine a été rebaptisé. En un peu plus de cinq ans, il a connu une ascension hors-norme, avec pour maîtres d'œuvre Ludovic Merieau, le maître de chai, et le talentueux Samuel Tottoli. 2017 a signé un tournant avec une montée en puissance de la qualité des vins, tant les rieslings que les rouges. Il reste encore quelques cuvées à caler, comme le pinot gris, pour rejoindre l'élite.

Les vins : au simple pinot noir Roche Granitique (non noté), nous préférons Terroir B, issu du Brand, qui développe des notes fumées et une trame dense, en sève et en fraîcheur, prolongé par un marqueur noble apporté par la vendange entière, avec un soupçon d'alcool en finale. Assemblage de parcelles granitiques du Brand et du Schlossberg, le riesling Roche Granitique se montre profond et charnu, tout en justesse de saveurs. En grand cru, si le riesling Brand 2018 doit encore trouver ses marques (non noté), le Schlossberg est excellent, parsemé de fines touches d'agrumes qui emplissent la bouche en une pléiade de petits amers, au profil fuselé et très persistant. La cuvée K (issue du lieu-dit Kirrenbourg au sein du Schlossberg) se fait plus pénétrante et profonde : on s'approche encore plus de l'expression granitique de la roche, avec ce grain salivant qui laisse la bouche si parfumée. Le gewurztraminer Roche Granitique est intense, avec un équilibre de demi-sec. Le muscat en VT s'illustre par la pureté et la fraîcheur préservée de ses saveurs délicates. Très harmonieuse, la trie botrytisée du pinot gris Schlossberg SGN offre une richesse extravagante, et navigue entre notes de caramel salé, de gelée de coing et de compote de mirabelles.

- Gewurztraminer Roche Granitique 2018 — 18,30 € — 93
- Muscat VT 2018 — 38,60 € — 95
- Pinot Gris Grand Cru Schlossberg SGN 2018 — 42,50 € — 96
- Riesling Grand Cru Schlossberg 2018 — 40,50 € — 94
- Riesling Grand Cru Schlossberg K 2018 — 40,50 € — 95
- Riesling Roche Granitique 2018 — 16,80 € — 92
- Pinot Noir Terroir B 2018 — 34,80 € — 92

Rouge : 2,2 hectares. Pinot noir 100 %
Blanc : 8,1 hectares. Riesling 57 %, Gewurztraminer 21 %, Pinot gris 11 %, Muscat d'Alsace 6 %, Sylvaner 5 %
Production moyenne : 45 000 bt/an

DOMAINE KIRRENBOURG

15 C, route du Vin, Ban de Kientzheim, 68240 Kaysersberg
03 89 47 11 39 • www.domainekirrenbourg.fr
• Vente et visites : au domaine sur rendez-vous.
Propriétaire : Famille Rinaldi
Directeur : Samuel Tottoli
Maître de chai : Ludovic Merieau

★★

DOMAINE LOEW

Depuis quelques années, ce domaine nous séduit par la régularité de sa production et le très bon niveau des vins. Étienne Loew a su trouver la clé pour pleinement entrer dans les nuances des sols autour de Westhoffen et défend ce vignoble un rien isolé comme un garde surveille son rempart ! Sa patte est sûre, sa réflexion ouverte et ses vins se distinguent par leur élégance, leur style spontané et naturel. Dans cette gamme toujours plus homogène au fil des ans, quelques cuvées sans soufre se démarquent et le pinot noir est très fiable.

Les vins : un rouge racé, délicat, très juste dans ses saveurs et la fraîcheur de son fruit tendre, déjà fort approchable grâce à ses tanins pointillistes. La cuvée Pinots 2016 assemble pinot blanc, gris et auxerrois dans un profil printanier, tout en douceur de texture et qualités salivantes, avec des saveurs de fruits frais et de beaux amers. Parmi les rieslings, Osterberg est énergique mais un peu solaire, alangui et généreux. Plus élégant et aérien, le Suessenberg est doté de saveurs de noisette et de poire, et d'une allonge désaltérante. Notre préférence va au Bruderbach Clos des Frères : sa trame énergique lui confère un caractère lumineux et précis, avec une finale aiguisée. En pinot gris, nous retenons Bruderbach Le Menhir qui se montre bien sec, avec beaucoup de douceur de texture. Joli gewurztraminer Osterberg, assez délicat, anisé et fumé, qui précède l'Altenberg de Bergbieten, harmonieux et pur, dont l'équilibre demi-sec apporte des nuances de saveurs raffinées.

- Alsace Pinots 2016 — 12,50 € — 92
- Gewurztraminer Grand Cru Altenberg de Bergbieten 2017 — 26,50 € — 94
- Gewurztraminer Ostenberg 2017 — 15,60 € — 92
- Pinot Gris Bruderbach Le Menhir 2017 — 15,20 € — 91
- Riesling Bruderbach Clos des Frères 2017 — 14,80 € — 93
- Riesling Ostenberg 2018 — 14,80 € — 91
- Riesling Suessenberg 2018 — 14,80 € — 92

Pinot Noir Westhoffen 2018 14,80 € 91

Rouge : 1 hectare. Pinot noir 100 %
Blanc : 12,5 hectares. Pinot gris 30 %, Gewurztraminer 28 %, Riesling 28 %, Muscat à petits grains blancs 7 %, Sylvaner 7 %
Production moyenne : 50 000 bt/an

DOMAINE LOEW
28, rue Birris, 67310 Westhoffen
03 88 50 59 19 • www.domaineloew.fr •
Vente et visites : au domaine sur rendez-vous.
Propriétaire : Caroline et Étienne Loew

★★ ↗

DOMAINE JEAN-LOUIS ET FABIENNE MANN

Arrivé il y a tout juste dix ans au domaine familial, Sébastien Mann lui a donné une nouvelle impulsion. Sa patte est aujourd'hui perceptible dans les vins. Ses expériences chez Vouette et Sorbée lui ont permis de créer des bulles en brut nature, dont une partie est élevée en barriques. Un travail minutieux est mené sur ces cinquante parcelles cultivées en biodynamie : les deux grands crus Eichberg et Pfersigberg s'expriment très bien. Signalons la belle progression des vins rouges, plus structurés et très prometteurs, ainsi qu'un choix payant de pinots gris secs sur certaines parcelles en blanc. Une nouvelle structure d'accueil voit le jour en 2019 pour le plus grand plaisir des visiteurs. Les vins se montrent tous précis et intègres, permettant au domaine de gagner cette année une deuxième étoile.

Les vins : bulle raffinée dans le très sapide crémant. Assez parfumé avec des notes d'agrumes et de poivre vert, le riesling Altengarten offre de la sève et une matière dense, ponctuée par une finale très tonique. Profil vigoureux et juteux dans le riesling Pfersigberg 2018, vin frais et élégant, d'une belle intensité. Davantage marqué par les fruits jaunes, légèrement plus solaire et enrobé, le 2017 se montre assez généreux. Bel équilibre et allonge juteuse dans le très beau pinot gris Rosenberg, porté par une trame vibrante et droite, et parfaitement sec. Fondue et digeste, sa version VT 2010 est une exquise friandise. Beaucoup de fraîcheur et de finesse dans le subtil pinot noir Chemin de Pierre, vin très soigné aux tanins moelleux et au fruit intègre, auquel nous pardonnons une acidité volatile un peu élevée.

Crémant d'Alsace Brut Nature 2016 17 € 91
Pinot Gris Rosenberg 2018 17,70 € 92
Pinot Gris Rosenberg VT 2010 30,50 € 93
Riesling Altengarten 2017 Épuisé - 17,70 € 92
Riesling Grand Cru Pfersigberg 2017 30,90 € 92
Riesling Grand Cru Pfersigberg 2018 30,90 € 92

Le coup de ♥
Pinot Noir Chemin de Pierres 2018 36,60 € 92

Rouge : 0,8 hectare. Pinot noir 100 %
Blanc : 12 hectares. Gewurztraminer 28 %, Riesling 27 %, Auxerrois (Lorrain/Alsacien) 18 %, Pinot gris 11 %, Sylvaner 6 %, Muscat à petits grains blancs 5 %, Chardonnay 3 %, Pinot blanc 2 %
Production moyenne : 65 000 bt/an

DOMAINE JEAN-LOUIS ET FABIENNE MANN
11, rue du Traminer, 68420 Eguisheim
03 89 24 26 47 • www.vins-mann.com •
Vente et visites : au domaine sur rendez-vous.
Propriétaire : Sébastien Mann

★★

DOMAINE MEYER-FONNÉ

En quelques années, Félix Meyer s'est forgé une solide réputation en Alsace. Ce n'est pas un hasard : la viticulture est de qualité, avec des rendements très surveillés, et les vinifications s'effectuent sur lies fines dans de grands foudres. Arrivé au domaine familial en 1992, Félix révèle avec talent les terroirs granitiques de Katzenthal. Ne négligez pas chez lui le gewurztraminer, qui n'accuse aucune lourdeur et acquiert une pureté cristalline, séduisant même les détracteurs de ce cépage trop souvent pommadé. Sur l'Altenbourg, son pinot noir progresse d'année en année.

Les vins : le pinot noir Altenbourg, à la matière moelleuse et juteuse, offre des saveurs précises. Le boisé demande à se fondre un peu. Les rieslings sont convaincants. Grande pureté de saveurs dans le Pfoeller, à la noble austérité, doté d'une grande allonge salivante. Raffinement de texture dans le Wineck-Schlossberg, dont la profondeur de saveurs se double en finale de petits amers citronnés : un vin nuancé, tout en élégance naturelle. Plus généreux, le Kaefferkopf évoque la pomme au four. Sa carrure ferme et sa richesse en extrait sec en font un vin imposant et plein. Tout en générosité caressante, Schoenenbourg est somptueux : grand vin harmonieux, aussi large que profond et persistant, il livre une vibration singulière. Parmi les pinots gris, nous retenons le Kaefferkopf : vin sensuel et caressant, énergique et sec, il emplit langoureusement la bouche et impose une finale éclatante et nette. La VT est magnifique : la pureté et l'intensité du botrytis, la fraîcheur du fruit aux saveurs de mandarine se conjuguent en une irrésistible gourmandise.

- Gewurztraminer Grand Cru Sporen VT 2017 — 23 € — 95
- Pinot Gris Grand Cru Kaefferkopf 2018 — 19,80 € — 93
- Riesling Grand Cru Kaefferkopf 2018 — 29 € — 93
- Riesling Grand Cru Schoenenbourg 2018 — 29 € — 95
- Riesling Grand Cru Wineck-Schlossberg 2018 — 22 € — 94
- Riesling Pfoeller 2018 — 20,50 € — 92
- Pinot Noir Altenbourg 2018 — 25 € — 92

Rouge : 1,7 hectare. Pinot noir 100 %
Blanc : 16,8 hectares. Riesling 29 %, Pinot blanc 29 %, Pinot gris 20 %, Gewurztraminer 19 %, Muscat à petits grains blancs 3 %
Production moyenne : 110 000 bt/an

DOMAINE MEYER-FONNÉ
24, Grand-Rue, 68230 Katzenthal
03 89 27 16 50 • www.meyer-fonne.com •
Visites : sans rendez-vous.
Propriétaire : Félix et François Meyer

★★

DOMAINE SCHOFFIT

Le domaine Schoffit est installé à l'intérieur de Colmar, ce qui est inhabituel, mais s'explique par l'importance du vignoble de la Harth dans l'histoire de la ville. Entre l'extension urbaine et le maintien de la forêt, la Harth a perdu de son importance viticole. Très intelligemment, le domaine s'est déployé au sud dès 1986, sur le célèbre grand cru Rangen, d'où il tire aujourd'hui l'essentiel de ses grands vins. Il se partage entre trois terroirs relativement distants : les cailloutis de la plaine de la Harth, près de Colmar, le granite du grand cru Sommerberg et le sol volcanique du Rangen, à Thann. Bernard Schoffit s'est vu confier la vinification par la ville de Thann de son clos, une parcelle replantée dans le haut du grand cru Rangen.

Les vins : précis, juteux et fin, le pinot noir Vendange Entière se présente équilibré et plein de fraîcheur. Nous sommes sous le charme du chasselas, vin délicat et frais idéalement désaltérant. Nez de pierre ponce, bouche limpide, fruit lumineux et pur dans le très beau riesling Sommerberg. Vigoureux, dense, le riesling du Rangen est tout en puissance contenue, doté d'une formidable allonge saline qui témoigne de la race du terroir. Celui-ci offre avec le pinot gris des notes fumées et torréfiées au nez. Il a préservé une fraîcheur lancinante, offre tout l'éclat de son fruit finement exotique et épicé en finale. Magnifique équilibre dans le gewurztraminer VT, dont les sucres friands se fondent dans une trame tonique et persistante.

- Chasselas Vieilles Vignes 2018 — 9 € — 90
- Gewurztraminer Grand Cru Rangen de Thann Clos Saint-Théobald VT 2018 — 42 € — 95
- Pinot Gris Grand Cru Rangen Clos Saint-Théobald 2018 — 32 € — 94
- Riesling Grand Cru Rangen Clos Saint-Théobald 2018 — 35 € — 94
- Riesling Grand Cru Sommerberg 2018 — 26 € — 94
- Pinot Noir Vieilles Vignes Vendange Entière 2018 — 21 € — 92

Rouge : 0,9 hectare. Pinot noir 100 %
Blanc : 16,1 hectares. Pinot gris 27 %, Riesling 27 %, Gewurztraminer 22 %, Auxerrois (Lorrain/Alsacien) 6 %, Chasselas 6 %, Pinot blanc 6 %, Muscat à petits grains blancs 5 %, Sylvaner 1 %
Production moyenne : 80 000 bt/an

DOMAINE SCHOFFIT ♣
68, Nonnenholzweg, 68000 Colmar
03 89 24 41 14 • domaine.schoffit@free.fr •
Vente et visites : au domaine sur rendez-vous.
Propriétaire : Famille Schoffit

★★

TRIMBACH

Maison incontournable qui s'élève fièrement dans la belle cité des ménétriers, Trimbach fait le bonheur des amateurs avec ses cuvées mythiques Frédéric-Émile et Clos Sainte-Hune. Au gré des millésimes, Pierre Trimbach vinifie le riesling dans la verticalité, toujours de style sec. De l'oncle Hubert jusqu'à la fille Anne, la famille a œuvré depuis plus de trente ans au développement du domaine, avec aujourd'hui près de 60 hectares en propriété et une centaine en achat de raisins. Certains grands crus sont revendiqués depuis 2009 et directement alloués en petites quantités par Jean Trimbach aux plus belles tables du monde. La maison contribue indéniablement à la valorisation des vins d'Alsace avec des cuvées emblématiques au niveau international, tout en produisant des vins d'entrée de gamme de qualité constante. La gamme des pinots noirs a encore une marge de progression.

Les vins : le rouge reste simple, un peu sec et manquant de fraîcheur. Nous retenons le riesling Sélection de Vieilles Vignes, porté par une tension rigoureuse, doté d'une belle austérité et de touches fumées. Floral, très pur, le riesling Geisberg propose une interprétation de haute volée du terroir, avec un caractère charnu prolongé par une finale vibrante. Générosité épanouie dans le Frédéric-Emile 2012, assez riche mais prolongé d'une belle allonge saline : un grand classique de la maison, au vieillissement assuré. Complexité aromatique et matière intense, très ferme et tout en tension, dans le Clos Sainte-Hune 2014, vin réservé et sûr de lui, qui prendra tout son temps pour se révéler. Sa majestueuse allonge mentholée est riche de promesses !

Riesling Clos Sainte-Hune 2014	195 €	96
Riesling Frédéric-Emile 2012	48,20 €	92
Riesling Grand Cru Geisberg 2014	49,90 €	93
Riesling Sélection de Vieilles Vignes 2018	24 €	91
Pinot Noir Réserve Cuve 7 2018	21,30 €	89

Rouge : 9 hectares. Pinot noir 100 %
Achat de raisins.
Blanc : 144 hectares. Riesling 43 %, Gewurztraminer 20 %, Pinot blanc 19 %, Pinot gris 16 %, Muscat d'Alsace 1 %, Sylvaner 1 %
Achat de raisins.
Production moyenne : 1 100 000 bt/an

TRIMBACH
15, route de Bergheim, 68150 Ribeauvillé
03 89 73 60 30 • www.trimbach.fr •
Visites : sans rendez-vous.
Propriétaire : Famille Trimbach
Directeur : Pierre et Jean Trimbach
Maître de chai : Pierre Trimbach

★★

DOMAINE VALENTIN ZUSSLIN

Le travail de Jean-Paul et Marie Zusslin, qui poursuivent la tradition viticole familiale née en 1691, est exemplaire depuis déjà quelques années. Installés à Orschwihr, sur un très joli vignoble, ils forment un duo passionné, charismatique et soucieux du travail bien accompli. Et multiplient les projets : conception d'une nouvelle bouteille, mise en place de dizaines de ruches et nichoirs dans les parcelles... Chacun a son rôle : Marie à la commercialisation, Jean-Paul dans les vignes et à la cave. Une viticulture en biodynamie depuis 1997, une vinification soignée et un élevage précis résument le travail de ce domaine de référence, où l'esprit parcellaire est omniprésent, même dans les crémants. L'excellence de la gamme peut laisser présager une progression dans notre classement !

Les vins : fraîcheur perlante et profil désaltérant dans le léger et pur chasselas, qui renaît en 2018 au domaine après avoir été abandonné. Vin vivifiant au profil bien sec, le sylvaner se montre particulièrement soigné, salivant et persistant. Nez de pistache et de pâte d'amande, matière saline et intense dans le complexe riesling Pfingstberg, encore introverti, doté d'un admirable extrait sec et d'une note de yuzu en finale : un vin majestueux, qui va plus loin en 2016 que dans le plus solaire 2015 (non noté). Les Kammerlas associe riesling, sylvaner, muscat et gewurztraminer complantés dans une vigne de 1938 : nez de badiane et de citron confit, bouche sapide, très étoffée et profonde dans ce vin qui impressionne par sa concentration, tout en restant aérien et élancé. Exceptionnelle série de pinots noirs, avec le délicat Orphys, infusé et évanescent, et un Bollenberg juteux, franc et nerveux. Deux nouveaux rouges voient le jour en 2016 sur le Bollenberg : Luft, en exposition ouest, se présente plus froid et austère, avec une trame serrée et des tanins plus en relief apportés par l'élevage. On le carafera ou on le laissera vieillir. Neuberg est issu de la partie est ; tout en soyeux de texture, il met admirablement en valeur son fruit intègre.

- Chasselas Wolfhag 2018 — de 16 à 17,50 € (c) — 91
- Riesling Grand Cru Pfingstberg 2016 — de 50 à 51,50 € (c) — 96
- Sylvaner Bollenberg 2016 — de 22 à 23,50 € (c) — 92
- Pinot Noir Bollenberg 2018 — de 28,50 à 30 € (c) — 93
- Pinot Noir Bollenberg Luft 2016 — de 77,50 à 79 € (c) — 94
- Pinot Noir Bollenberg Neuberg 2016 — de 67,50 à 69 € (c) — 95
- Pinot Noir Ophrys 2017 — de 24,50 à 26 € (c) — 92

Le coup de ♥

- Alsace Kammerlas 2017 — de 61,50 à 63 € (c) — 95

Rouge : 3 hectares. Pinot noir 100 %
Blanc : 13 hectares. Riesling 37 %, Gewurztraminer 24 %, Auxerrois (Lorrain/Alsacien) 20 %, Sylvaner 10 %, Muscat à petits grains blancs 6 %, Chasselas 2 %, Chardonnay 1 %
Production moyenne : 80 000 bt/an

DOMAINE VALENTIN ZUSSLIN

57, Grand-Rue, 68500 Orschwihr
03 89 76 82 84 • www.zusslin.com • Vente et visites : au domaine sur rendez-vous.
Propriétaire : Famille Zusslin
Directeur : Marie Zusslin et Jean-Paul Zusslin

★

DOMAINE AGAPÉ

Ce domaine de 10 hectares, créé par Vincent Sipp en 2007, est désormais très régulier et doté de terroirs prestigieux : Schoenenbourg, Rosacker et Osterberg. Nous aimons le style et le profil de ses vins épurés, précis et gourmands. La gamme se répartit en trois grandes familles : les Expression, des vins qui unissent le fruit et la gourmandise, à boire dès leur prime jeunesse ; les grands crus, qui offrent une bonne lecture du terroir et s'inscrivent aujourd'hui parmi les grandes réussites du secteur de Riquewihr ; Hélios, pour les vendanges de belle maturité et les tries plus confites.

Les vins : déception avec le pinot noir, au boisé sec et lactique : nous ne l'avons pas retenu. Expressif, le pinot gris est bien sec, avec des saveurs franches et une texture charnue et tendre. Fruit juteux aux saveurs de noyau dans le riesling Expression, vin sec et gourmand. Niveau élevé dans les grands crus : il faut laisser quelques années au gewurztraminer Schoenenbourg pour digérer ses sucres, mais sa carrure impressionnante prolongée de beaux amers en finale, laisse présager un bel épanouissement. Saveurs de citron confit dans le flamboyant riesling Schoenenbourg, vin étoffé et salivant en finale. Le riesling Rosacker offre plus de puissance contenue. Très intense et percutant, c'est un vin racé d'une grande persistance. Banane plantin et ananas victoria s'entrelacent dans le gewurztraminer Hélios VT aux sucres toniques, grâce à une acidité très habilement préservée : le vin capable de réconcilier ceux qui seraient fâchés avec les moelleux !

- Gewurztraminer Grand Cru Schoenenbourg 2018 — de 21 à 27 € (c) — 93
- Pinot Gris Expression 2018 — de 12 à 14 € (c) — 91
- Riesling Expression 2018 — de 11 à 13 € (c) — 91
- Riesling Grand Cru Rosacker 2018 — de 25 à 35 € (c) — 94
- Riesling Grand Cru Schoenenbourg 2018 — de 21 à 26 € (c) — 93

Le coup de ♥

- Gewurztraminer Hélios VT 2017 — de 35 à 45 € (c) — 94

Rouge : 1,11 hectare. Pinot noir 100 %

Blanc : 9,03 hectares. Gewurztraminer 34 %, Pinot gris 33 %, Riesling 33 %

Production moyenne : 65 000 bt/an

DOMAINE AGAPÉ

10, rue des Tuileries, 68340 Riquewihr

03 89 47 94 23 • www.alsace-agape.fr • Vente et visites : au domaine sur rendez-vous.

Propriétaire : Vincent Sipp

★

DOMAINE JEAN-MARC BERNHARD

Trois générations se sont succédé dans ce domaine fondé en 1802 : le grand-père Germain Bernhard, le père Jean-Marc et le fils Frédéric. Après des études à Dijon et quelques séjours dans le Bordelais et en Afrique du Sud, Frédéric a fait monter d'un cran le niveau des vins, qui étaient déjà de bonne facture. Ils se caractérisent par leur fraîcheur et leur digestibilité, reflétant avec justesse les terroirs et le climat. Les tarifs sont doux et l'ensemble des vins est certifié en agriculture biologique depuis le millésime 2016.

Les vins : la gamme est riche en grands crus. En riesling, si le Schlossberg nous a un peu déçu (non noté), le caractère fin et granitique du Wineck-Schlossberg est bien affirmé ; c'est un vin élancé au grain salivant. Le Kaefferkopf et le Mambourg donnent de très beaux gewurztraminer, le premier ample et chaleureux, le second plus raffiné, avec des saveurs subtiles relevées de zeste d'agrumes. Les pinots gris ne sont pas en reste : Kaefferkopf avec son envergure épicée et ses saveurs de sésame, et surtout le Furstentum : plus strict mais doté d'une superbe matière policée, il s'avère impressionnant de fraîcheur et de persistance. À ne pas rater !

Gewurztraminer Grand Cru Kaefferkopf 2017	15 €	91
Gewurztraminer Grand Cru Mambourg 2016	15 €	93
Pinot Gris Grand Cru Kaefferkopf 2017	15 €	92
Riesling Grand Cru Wineck-Schlossberg 2018	16 €	92

Le coup de ♥

Pinot Gris Grand Cru Furstentum 2016	15 €	93

Rouge : 1 hectare. Pinot noir 100 %
Blanc : 10,5 hectares. Riesling 39 %, Gewurztraminer 22 %, Pinot gris 17 %, Auxerrois (Lorrain/Alsacien) 11 %, Muscat d'Alsace 4 %, Muscat ottonel 4 %, Sylvaner 3 %
Production moyenne : 65 000 bt/an

DOMAINE JEAN-MARC BERNHARD ♣
21, Grand-Rue, 68230 Katzenthal
03 89 27 05 34 • www.jeanmarcbernhard.fr
• Vente et visites : au domaine sur rendez-vous.

Propriétaire : Famille Bernhard
Directeur : Anne-Caroline et Frédéric Bernhard

★

DOMAINE PAUL BLANCK

Avec leur approche très originale de la vinification, Bernard et Marcel Blanck s'étaient déjà fait remarquer. La nouvelle génération, composée du volubile Philippe au service commercial et du discret Frédéric à la vinification, s'est installée en 1985. La surface du domaine dépasse aujourd'hui 35 hectares, dont 30 % sont représentés par cinq grands crus. Le vignoble est cultivé manuellement, sans désherbant ni pesticide, ni engrais chimique. Toujours habilement vinifiés, les vins de la maison expriment un style soigné, un peu clinique mais tendu et précis.

Les vins : belle série de rieslings ! Le Rosenbourg présente une jolie envergure, avec de fins amers acidulés et une trame assez ferme. Schlossberg se fait plus salin et tranchant, avec un bel éclat, mais une expression aromatique moins complexe que celle du Furstentum, profond et raffiné, avec une chair ample et tonique aux notes d'écorce d'agrumes. Ce grand cru est également à l'honneur en gewurztraminer : le cumin s'ajoute ici à la rose et au litchi dans l'expression d'un caractère complexe et affirmé. Très intégrés, les sucres discrets réclament une cuisine épicée en accord. Le gewurztraminer Altenbourg offre finesse et douceur de texture, avec de bons amers et une allonge assez désaltérante.

Gewurztraminer Altenbourg 2016	18 €	91
Gewurztraminer Grand Cru Furstentum Vieilles Vignes 2012	23 €	92
Riesling Grand Cru Furstentum 2017	24 €	93
Riesling Grand Cru Schlossberg 2016	24 €	92
Riesling Rosenbourg 2017	15 €	90

Rouge : 3 hectares. Pinot noir 100 %
Blanc : 23 hectares. Riesling 41 %, Gewurztraminer 38 %, Pinot gris 9 %, Pinot blanc 6 %, Auxerrois (Lorrain/Alsacien) 4 %, Muscat d'Alsace 2 %
Production moyenne : 140 000 bt/an

DOMAINE PAUL BLANCK
32, Grand-Rue, Kientzheim
68240 Kaysersberg

03 89 78 23 56 • www.blanck.com • Visites : sur rendez-vous uniquement aux professionnels.
Propriétaire : Frédéric et Philippe Blanck

★

DOMAINE LÉON BOESCH

Fervents défenseurs de la biodynamie depuis plus de dix ans, Matthieu et son épouse Marie représentent la onzième génération du domaine Léon Boesch, au cœur de la Vallée Noble. Ici, le grand cru Zinnkoepflé est maintenant voué au gewurztraminer, de manière à le hisser comme une référence dans un style sec et charpenté. Le domaine travaille en agriculture biodynamique depuis 2000, et la cave inaugurée à Westhalten en 2010 est un modèle bioclimatique. Les vins possèdent de la profondeur et expriment au mieux les terroirs du secteur.

Les vins : bon riesling Luss, frais et fin, de belle envergure. Plus serré, le riesling Breitenberg se distingue par son profil juteux, sobre et élancé : un vin étoffé, complet et très salin, à la persistance impressionnante. En pinot gris, notre préférence va au Clos Zwingel, vin sec à la matière moelleuse, qui se distingue par son allonge épicée et nerveuse. Encore sur la réserve, le gewurztraminer Zinnkoepflé se présente assez incisif : vendangé tôt, il a gardé des notes herbacées et n'évite pas un peu de chaleur en finale. Sa version VT est plus aboutie : sucres savoureux, éclat épicé, justesse et précision des saveurs. Notes de pivoine et de cerise dans le très joli pinot noir Luss, vin très soigné aux tanins finement réglissés, qui conjugue maturité de fruit et fraîcheur.

Gewurztraminer Grand Cru Zinnkoepflé 2018	27,60 €	90
Gewurztraminer Grand Cru Zinnkoepflé VT 2018	37,80 €	93
Pinot Gris Clos Zwingel 2018	17,80 €	92
Riesling Breitenberg 2018	18,50 €	93
Riesling Luss 2018	17 €	92
Pinot Noir Luss 2018	25,90 €	91

Rouge : 1,5 hectare. Pinot noir 100 %
Blanc : 13 hectares. Riesling 23 %, Gewurztraminer 22 %, Pinot gris 22 %, Pinot blanc 20 %, Sylvaner 10 %, Muscat à petits grains blancs 3 %
Production moyenne : 90 000 bt/an

DOMAINE LÉON BOESCH

6, rue Saint-Blaise, 68250 Westhalten

03 89 47 01 83 • www.domaine-boesch.fr • Vente et visites : au domaine sur rendez-vous.

Propriétaire : Gérard, Colette, Marie et Matthieu Boesch

Maître de chai : Marie et Matthieu Boesch

★

AGATHE BURSIN

Agathe Bursin compte une quinzaine de millésimes dans ce domaine familial. Depuis le début, elle n'a cessé de progresser par petites touches, toujours au service de ses terroirs qui s'étendent autour de Westhalten. Le style des vins s'affine pour arriver aujourd'hui à des rieslings secs et des expressions de sols justes. Plus du tiers de l'exploitation est situé sur le grand cru Zinnkoepflé. Un travail parcellaire méticuleux y est effectué. À la vigne ou à la cave, elle maîtrise parfaitement son sujet et ses vins. Les derniers millésimes montrent qu'elle sait s'adapter aux différents profils et aux caprices de la nature ! La certification bio en cours concrétisera le travail rigoureux à la vigne.

Les vins : nous préférons le pinot noir Luzteltal au Strangenberg ; le premier est plus fin, structuré et nerveux, tout en fraîcheur et franchise de fruit. Droiture et pureté sont au rendez-vous avec le riesling Bollenberg, à l'expression limpide. Le riesling Zinnkoepflé déploie toute son envergure, avec beaucoup d'intensité et d'allonge dans ses saveurs d'agrumes confits et sa finale saline : un vin taillé pour la garde. Notons sa très digeste version VT, aux sucres délicats et salivants, relevée de juteux amers en finale. En SGN, le gewurztraminer Zinnkoepflé se fait onctueux, gourmand et frais, avec de revigorantes saveurs de gingembre et de poire confite.

Riesling Bollenberg 2018	14 €	92
Riesling Grand Cru Zinnkoepflé 2018	23 €	93
Riesling Grand Cru Zinnkoepflé VT 2018	33 €	94

Pinot Noir Lutzeltal 2018 23 € 92

Le coup de ♥

Gewurztraminer Grand Cru Zinnkoepflé SGN 2018 45 € 94

Rouge : 0,8 hectare. Pinot noir 100 %
Blanc : 5,2 hectares. Riesling 30 %, Pinot gris 21 %, Gewurztraminer 21 %, Pinot blanc 8 %, Divers blanc 8 %, Muscat à petits grains blancs 6 %, Sylvaner 6 %
Production moyenne : 35 000 bt/an

AGATHE BURSIN
11, rue de Soultzmatt, 68250 Westhalten
03 89 47 04 15 • agathe.bursin@wanadoo.fr
• Vente et visites : au domaine sur rendez-vous.
Propriétaire : Agathe Bursin

★ ↗

DOMAINE PIERRE FRICK

Figurant parmi les pionniers des vins "nature" en France, le domaine est en bio depuis 1970. Aidé de son épouse Chantal et de son fils Thomas, Pierre Frick vinifie une grande partie de ses cuvées sans soufre. Sa pratique de la macération fait la signature de la maison. Ce style convient particulièrement au grand cru Vorbourg, un sol dominé par les marnes, le calcaire et le grès. Depuis 2002, tous les vins sont mis en bouteille en capsule inox. La régularité de la gamme, l'intensité de saveurs des vins et leur tenue à l'air plusieurs jours après ouverture méritent l'obtention de la première étoile cette année.

Les vins : bien mûr et juteux, le pinot noir Rot Murlé est délicat, très digeste, d'excellente facture et désarmant de naturel. Fleur d'oranger au nez du muscat Steinert, un vin caressant et suave, scintillant, d'une superbe précision. Avec sa robe orange foncé et ses saveurs d'agrumes, le riesling Vorbourg a dompté son caractère solaire et présente beaucoup d'intensité et de caractère, parsemé de petits amers frais. Le gewurztraminer Eichberg en macération est superbe : amers délicats, matière moelleuse mais sèche, qui embaume le safran, le kumquat et le caramel salé.

Muscat Grand Cru Steinert 2017 21 € 93
Riesling Grand Cru Vorbourg 2017 21 € 93
Pinot Noir Rot Murlé 2018 18,50 € 91

Le coup de ♥

Gewurztraminer Grand Cru Eichberg 2018 23 € 93

Rouge : 2 hectares. Pinot noir 100 %
Blanc : 10 hectares. Gewurztraminer 27 %, Riesling 25 %, Auxerrois (Lorrain/Alsacien) 14 %, Pinot gris 13 %, Sylvaner 12 %, Muscat à petits grains blancs 5 %, Chasselas 4 %
Production moyenne : 65 000 bt/an

DOMAINE PIERRE FRICK ☾
5, rue de Baer, 68250 Pfaffenheim
03 89 49 62 99 • www.pierrefrick.com •
Vente et visites : au domaine sur rendez-vous.
Propriétaire : Chantal, Jean-Pierre et Thomas Frick

★

HENRY FUCHS

Paul Fuchs gère d'une main de maître ce domaine familial depuis une dizaine d'années. Il est depuis peu épaulé par sa sœur Julie pour la commercialisation. Il profite d'un beau patrimoine de vieilles vignes dans le réputé secteur de Ribeauvillé. Puriste et consciencieux, il produit des vins précis, dans un style sec, et nous pouvons témoigner d'une belle progression depuis son arrivée au domaine. La certification Ecocert, obtenue en 2011, est le résultat d'un travail des sols rigoureux, sans trop d'interventions en cave. Le pinot noir est fort bien maîtrisé et peut produire de très grands vins selon les millésimes. Très homogène, toute la gamme des vins blancs est juste, avec des vins appétents qui relatent parfaitement les différents terroirs du secteur.

Les vins : issu du Kirchberg, le pinot noir Rouge comme Renard, velouté et droit, se présente très harmonieux, bâti sur des tanins sapides et fins. Une référence ! Élan floral et fraîcheur savoureuse dans le sylvaner, qui se distingue par sa pureté et sa finesse. Petite cuvée issue d'un terroir de gneiss, le riesling Hagel présente un supplément de fraîcheur et de finesse, doté de petits amers en finale. Tiercé gagnant pour les vins issus du grand cru Kirchberg : le riesling est énergique et dense, mais sa trame reste ciselée et vibrante, et il offre un grand potentiel de garde. Notes de noyau et de fumée dans le très nerveux pinot gris : un vin complet, profond et harmonieux. Transfiguré par le terroir, le floral gewurztraminer a dompté ses sucres mais méritera assurément de vieillir pour gagner en finesse.

- Gewurztraminer Grand Cru Kirchberg de Ribeauvillé 2018 — 22 € — 92
- Pinot Gris Grand Cru Kirchberg de Ribeauvillé 2018 — 22 € — 92
- Riesling Grand Cru Kirchberg de Ribeauvillé 2018 — 24 € — 93
- Riesling Hagel 2018 — 18,50 € — 91
- Sylvaner Vieilles Vignes 2018 — 9,50 € — 90

Le coup de ♥

- Pinot Noir Rouge comme Renard 2018 — 24 € — 93

Rouge : 1 hectare. Pinot noir 100 %
Blanc : 10 hectares. Riesling 30 %, Gewurztraminer 22 %, Pinot gris 22 %, Auxerrois (Lorrain/Alsacien) 15 %, Sylvaner 6 %, Muscat à petits grains blancs 3 %, Pinot blanc 2 %
Production moyenne : 50 000 bt/an

HENRY FUCHS ♣

8, rue du 3-Décembre, 68150 Ribeauvillé
03 89 73 61 70 • www.henryfuchs.fr • Vente et visites : au domaine sur rendez-vous.
Propriétaire : Famille Fuchs
Directeur : Paul Fuchs

★

DOMAINE PAUL GINGLINGER

Avec plus de 400 ans d'histoire, ce domaine est une des belles références de la région. C'est aujourd'hui Michel Ginglinger qui, après une expérience internationale, en tient les rênes avec rigueur et conviction. Curieux et perfectionniste, il amène peu à peu sa touche. Depuis son arrivée en 2000, il approfondit avec intelligence le travail parcellaire : il faut donc être attentif aux informations sur la contre-étiquette...

Les vins : sec et intense, doté d'un fruit croquant et vif, le pinot gris Les Prélats est très convaincant. Avec son profil aiguisé et nerveux, le riesling Drei Exa (en référence aux trois châteaux qui surplombent Eguisheim) est proche de la roche calcaire. Grandes dimensions épicées et minérales dans le riesling Pfersigberg du lieu-dit Ortel ; sa trame séveuse et sa densité plaident pour quelques années de garde. Le gewurztraminer Pfersigberg est superbe : nez de rose et de bergamote, matière exubérante, moelleuse et enrobée, élancée par le terroir ; dynamique, éclatant, ce vin ira loin.

- Gewurztraminer Grand Cru Pfersigberg 2018 — 21 € — 93
- Pinot Gris Les Prélats 2018 — 12 € — 91
- Riesling Drei Exa 2018 — 13 € — 91
- Riesling Grand Cru Pfersigberg Ortel Vieilles Vignes 2018 — 21 € — 92

Rouge : 1 hectare. Pinot noir 100 %
Blanc : 11 hectares. Riesling 26 %, Gewurztraminer 23 %, Pinot blanc 18 %, Pinot gris 16 %, Chardonnay 13 %, Muscat à petits grains blancs 2 %, Sylvaner 2 %
Production moyenne : 80 000 bt/an

DOMAINE PAUL GINGLINGER ♣

8, place Charles-de-Gaulle, 68420 Eguisheim
03 89 41 44 25 • www.paul-ginglinger.fr • Visites : sans rendez-vous.
Propriétaire : Michel Ginglinger

★

DOMAINE RÉMY GRESSER

Rémy Gresser, vigneron emblématique, dirige son vignoble sur la commune d'Andlau depuis plusieurs décennies. Travaillées avec des pratiques biodynamiques depuis 2000, les vignes sont certifiées bio depuis 2010. Le domaine recherche avant tout à produire des vins de type sec et la variation des trois grands crus d'Andlau est un "must have". Des sols sablonneux aux schistes, Rémy traduit au mieux ses terroirs et ne se contente pas du riesling ; c'est d'ailleurs le seul à proposer du pinot gris sur le grand cru Wiebelsberg. En plus des millésimes prêts à boire, en vente à des prix abordables, le domaine propose aussi d'excellents moelleux et liquoreux. L'ensemble des vins se montre frais et salin, d'une grande franchise.

Les vins : le terroir calcaire du Brandhof s'adapte très bien au pinot gris, ici quasiment sec, qui prend une touche fumée et gagne en allonge, dans une version assez épurée. Belle complexité dans le gewurztraminer Moenchberg, vin épicé et salivant qui évoque la coriandre et l'amande, dans un équilibre proche d'un demi-sec : il devrait vieillir à merveille. Beaucoup de précision et d'intensité dans le riesling Andlau, ciselé, salin et nerveux, à la fraîcheur digeste. Belle matière caressante et souple dans le riesling Wiebelsberg, porté par une acidité juteuse qui évoque la pomme Granny, prolongée de saveurs pointillistes en finale.

- Gewurztraminer Grand Cru Moenchberg 2018 — 23 € — 92
- Pinot Gris Brandhof 2018 — 9,80 € — 91
- Riesling Andlau 2016 — 9,80 € — 91

Le coup de ♥

- Riesling Grand Cru Wiebelsberg 2014 — 21 € — 92

Rouge : 0,63 hectare. Pinot noir 100 %
Blanc : 9,54 hectares. Riesling 43 %, Gewurztraminer 22 %, Pinot gris 11 %, Pinot blanc 9 %, Auxerrois (Lorrain/Alsacien) 9 %, Sylvaner 3 %, Muscat d'Alsace 3 %
Production moyenne : 60 000 bt/an

DOMAINE RÉMY GRESSER ♣
2, rue de l'École, 67140 Andlau
03 88 08 95 88 • www.gresser.fr •
Visites : sans rendez-vous.
Propriétaire : Rémy Gresser

NOUVEAU DOMAINE

★

DOMAINE MARC KREYDENWEISS

Antoine, le fils de Marc Kreydenweiss, est aux commandes depuis 2007 de ce domaine situé à Andlau, parmi les pionniers de la biodynamie en Alsace. La variété des terroirs en propriété et leur interprétation subtile a toujours été ici un point fort, renforcé par les changements mis en place par Antoine (pressurage plus lent et élevages prolongés sur lies). Les risques pris en vinifiant nombre de cuvées sans soufre (ou avec des niveaux minimes) ont pu entraîner par le passé quelques oxydations prématurées. Le niveau d'exigence est revenu au plus haut et les derniers vins que nous avons dégusté valident la pertinence des choix à l'oeuvre : le domaine retrouve sa place dans notre guide, et pourra grimper dans la hiérarchie si les vins confirment à l'avenir la qualité enthousiasmante des 2018, qui nous ont sincèrement laissé pantois.

Les vins : rayonnant, empreint d'une fraîcheur éclatante, le pinot blanc Kritt offre un nez printanier de fleurs blanches et une bouche fraîche, aiguisée et friande. La Fontaine aux Enfants est un lieu-dit qui surplombe le Kastelberg, planté de pinot blanc et auxerrois : nuancée, cristalline, la bouche se montre très intense, salivante et poudrée. Assemblage de riesling et de pinot gris complanté sur schiste, le Clos du Val d'Eléon affiche un caractère cristallin, assez mosellan. Tranchante, acidulée, sa bouche déborde d'agrumes et possède beaucoup de cachet. Profil original pour le pinot gris Moenchberg, dont une petite partie est vinifiée en macération, apportant fermeté et tension, avec des amers ciselés en finale et un caractère très sec et finement fumé. Le riesling Clos Rebberg possède des saveurs de fruits jaunes et une chair juteuse, à laquelle l'empreinte minérale des schistes confère une austérité noble. Le riesling Wiebelsberg déploie une chair pointilliste et suave, dotée de très fins amers en finale : un vin parfaitement harmonieux. Le riesling Kastelberg impressionne par sa race et ses saveurs limpides de caillou et de pierre à fusil : sa trame inflexible s'infléchit en finale et, en brillant de mille feux, vous plonge au cœur de la roche schisteuse. Un grand vin tellurique à l'énergie communicative.

- Alsace Clos du Val d'Eléon 2018 — 20,50 € — 93
- Alsace La Fontaine aux Enfants 2018 — 20,50 € — 92
- Pinot Blanc Kritt 2018 — 13 € — 91
- Pinot Gris Grand Cru Moenchberg 2018 — 30,50 € — 93
- Riesling Clos Rebberg 2018 — 24,50 € — 92
- Riesling Grand Cru Wiebelsberg 2018 — 30,50 € — 94

Le coup de ♥

- Riesling Grand Cru Kastelberg 2018 — 45 € — 96

Rouge : 0,5 hectare. Pinot noir 100 %
Blanc : 12 hectares. Riesling 50 %, Pinot blanc 25 %, Gewurztraminer 15 %, Pinot gris 10 %
Production moyenne : 100 000 bt/an

DOMAINE MARC KREYDENWEISS ☾
12, rue Deharbe, 67140 Andlau
03 88 08 95 83 • www.kreydenweiss.com •
Vente et visites : au domaine sur rendez-vous.
Propriétaire : Antoine Kreydenweiss

★

DOMAINE PAUL KUBLER

Philippe Kubler propose depuis quelques millésimes une gamme cohérente qui retransmet au mieux l'aspect grillé et torréfié des vins de Soulzmatt. Il gère avec efficacité son vignoble, dont quelques parcelles en grand cru Zinnkoepflé, incluant un excellent Sylvaner, la cuvée Z La Petite Tête au Soleil. La gamme K, dont les raisins proviennent de lieux-dits, regorge de belles affaires. Le style des rieslings et des pinots est ici résolument sec.

Les vins : La Petite Tête au Soleil détonne par son nez aux notes fumées, sa franchise de saveurs et les amers nobles de sa finale : c'est une très belle bouteille. Belle envergure et complexité dans les saveurs citronnées du Breitenberg, un riesling sec et vigoureux, à l'allonge énergique. Beaucoup de présence et d'harmonie dans le gewurztraminer VT, rendu très digeste par ses saveurs de sucre d'orge et sa persistance épicée. Avec ses arômes de cendre froide et de prunelle, le pinot noir s'affiche mûr et gourmand, bien construit et capable de quelques années de garde.

- Alsace Z La Petite Tête au Soleil 2018 — 20 € — 92
- Gewurztraminer Grand Cru Zinnkoepflé VT 2018 — 20 € — 93
- Riesling Breitenberg 2018 — 20 € — 92
- Pinot Noir Weingarten 2018 — 20 € — 92

Rouge : 0,5 hectare. Pinot noir 100 %
Blanc : 9 hectares. Riesling 28 %, Gewurztraminer 28 %, Pinot gris 22 %, Pinot blanc 8 %, Auxerrois (Lorrain/Alsacien) 7 %, Sylvaner 5 %, Muscat à petits grains blancs 2 %
Production moyenne : 60 000 bt/an

DOMAINE PAUL KUBLER
103, rue de la Vallée, 68570 Soultzmatt
03 89 47 00 75 • www.paulkubler.com •
Vente et visites : au domaine sur rendez-vous.
Propriétaire : Philippe Kubler

★

KUENTZ-BAS

Perché dans le village d'Husseren-les-Châteaux, Kuentz-Bas, nom historique dans le vignoble, retrouve ses lettres de noblesse depuis le rachat en 2004 par Jean-Baptiste Adam. Le label Trois Châteaux regroupe la production de vins en biodynamie, le domaine comptant également une partie en négoce. S'ajoutent depuis peu quelques crus notables du secteur de Ribeauvillé. Récompense d'un travail méticuleux et précis depuis plusieurs millésimes, les vins se montrent réguliers et sérieux dès les entrées de gamme et sont d'un très beau niveau quels que soient les terroirs.

Les vins : clarté de saveurs dans l'auxerrois, un vin pur, sapide et tranchant. Profil ample et généreux dans le sylvaner, issu de vieilles vignes du grand cru Eichberg : sa matière suave possède une envergure rare pour ce cépage, avec une finale persistante. Le gras et le volume apporté par le terroir argilo-calcaire distinguent le riesling Eichberg. Dense et puissant, il demande à vieillir pour dompter son caractère solaire. Belles expressions du grand cru Pfersigberg : un riesling 2017 au nez de fleurs séchées et de pierre ponce, au grain salivant, à l'allonge épurée et intense, ainsi qu'un gewurztraminer complexe, dont la matière contenue transfigure très habilement le caractère variétal du cépage, avec des sucres intégrés et une finale tonique.

- Auxerrois Trois Châteaux 2018 — 11 € — 91
- Gewurztraminer Grand Cru Pfersigberg Trois Châteaux 2016 — 24 € — 92
- Riesling Grand Cru Eichberg Trois Châteaux 2018 — 24 € — 92
- Riesling Grand Cru Pfersigberg Trois Châteaux 2017 — 24 € — 92
- Sylvaner Trois Châteaux "E" 2018 — 14 € — 92

Rouge : 0,8 hectare. Pinot meunier 50 %, Pinot noir 50 %
Achat de raisins.
Blanc : 9,2 hectares. Auxerrois (Lorrain/Alsacien) 20 %, Muscat à petits grains blancs 20 %, Pinot gris 20 %, Riesling 20 %, Sylvaner 20 %
Achat de raisins.
Production moyenne : 140 000 bt/an

KUENTZ-BAS ☾
14, route des Vins,
68420 Husseren-les-Châteaux
03 89 49 30 24 • www.kuentz-bas.fr •
Visites : sans rendez-vous.
Propriétaire : Jean-Baptiste Adam
Directeur : Olivier Raffin

Propriétaire : Jérôme Mader

★

DOMAINE JEAN-LUC MADER

Au cœur du charmant village d'Hunawihr, Jérome Mader monte discrètement en puissance. Sa rigueur et sa volonté de produire des vins précis payent avec une gamme très attachante, éloignée de toute technicité, surtout composée de rieslings exemplaires, issus de terroirs différents, ce qui ne rend pas la dégustation monotype. Son vignoble entretenu en bio s'est légèrement agrandi au cours des derniers millésimes. Il reste le pinot gris sur le grand cru Schlossberg à caler pour que le domaine aille encore plus loin.

Les vins : structure assez ferme et chair ample, dotée de sève, dans le pinot noir Muhlforst, capable de bien évoluer. Les vins blancs sont bouchés en capsules à vis : grande fraîcheur et éclat de fruit mûr dans le très recommandable pinot blanc. En pinot gris, la minéralité du Schlossberg prend presque le pas sur l'expression du cépage : voilà un vin sec et nerveux, de bon volume, mais qui peut progresser en intensité et précision de saveurs. Récolté moelleux, le gewurztraminer Rosacker emplit la bouche avec fraîcheur et allonge, laissant les sucres jouer les figurants. La race viendra avec l'âge. Les rieslings ne sont pas en reste : plein d'énergie, le riesling Haguenau offre plus de profondeur et de persistance saline. Effilé, scintillant, le riesling Rosacker est bâti pour la garde : nous admirons sa pureté et son élégance.

Gewurztraminer Grand Cru Rosacker 2018	20 €	92
Pinot Blanc 2018	8,50 €	90
Pinot Gris Grand Cru Schlossberg 2018	Épuisé - 23 €	91
Riesling Grand Cru Rosacker 2018	Épuisé - 26 €	94
Riesling Haguenau 2018	15,50 €	92
Pinot Noir Muhlforst 2018	Épuisé - 15,50 €	91

Rouge : 0,75 hectare. Pinot noir 100 %
Blanc : 10,5 hectares. Riesling 31 %, Pinot gris 27 %, Pinot blanc 19 %, Gewurztraminer 15 %, Muscat à petits grains blancs 5 %, Chardonnay 3 %
Production moyenne : 55 000 bt/an

DOMAINE JEAN-LUC MADER ♣
13, Grand-Rue, 68150 Hunawihr
03 89 73 80 32 • www.vins-mader.com •
Vente et visites : au domaine sur rendez-vous.

★

MÉLANIE PFISTER

Arrivée à la tête du domaine en 2008, après des études d'ingénieur agronome et d'œnologie, Mélanie représente la huitième génération de la famille Pfister. Située à quelques kilomètres de Strasbourg, cette maison offre une gamme d'un très bon niveau, avec beaucoup de pureté, et donne l'occasion de découvrir l'Engelberg, ce grand cru signifiant "le coteau des anges". Cette jeune femme dynamique est aussi à l'initiative des Divines d'Alsace, association régionale réunissant les femmes du vin. Le domaine confirme depuis 2015 sa régularité et la montée en puissance de la qualité de ses vins.

Les vins : beaucoup de finesse dans le pinot noir Rahn, un vin délicat et juteux tout en gourmandise de fruit, qui se boit à la régalade. Mel est un assemblage de quatre cépages : riesling, pinot gris, gewuztraminer et muscat. Aromatique, ce vin possède du volume, du relief et de l'allonge, et se montre très cohérent. Avec les note beurrées de l'élevage, le pinot gris Silb offre plus d'ampleur et de complexité, mais on l'attendra quelques années pour qu'il s'harmonise. Le riesling Berg est très calibré, empreint d'une excellente fraîcheur, doté d'un bel extrait sec qui le rend tonique.

Alsace Mel 2018	15,50 €	90
Pinot Gris Silb 2017	19,50 €	91
Riesling Berg 2018	14,50 €	91
Pinot Noir Rahn 2017	22 €	92

Rouge : 1 hectare. Pinot noir 100 %
Blanc : 9 hectares. Riesling 30 %, Gewurztraminer 20 %, Pinot gris 19 %, Pinot blanc 17 %, Auxerrois (Lorrain/Alsacien) 7 %, Chardonnay 4 %, Muscat d'Alsace 3 %
Production moyenne : 60 000 bt/an

MÉLANIE PFISTER ♣
53, rue Principale, 67310 Dahlenheim
03 88 50 66 32 • www.melaniepfister.fr •
Vente et visites : au domaine sur rendez-vous.
Propriétaire : Mélanie Pfister

★ ↗

DOMAINE ROLLY-GASSMANN

Pierre Gassmann signe des vins d'une rare intensité. Il ne bénéficie d'aucune certification mais a recours à la biodynamie la plupart du temps et prépare lui-même les plantes pour le traitement. Le village de Rorschwihr ne compte pas de grands crus, mais le domaine propose une diversité de lieux-dits à faire perdre la tête, dont une micro-parcelle de gewurztraminer sur l'Altenberg de Bergheim depuis 2011. Un million de bouteilles est immobilisé au domaine, permettant une offre large et précieuse de vieux millésimes. Une nouvelle cave en biothermie, creusée à flan de coteau sur 28 mètres de profondeur, permet aux visiteurs de profiter d'une vue imprenable sur le vignoble et le Haut-Kœnigsbourg. La maturité est toujours largement atteinte et le sucre résiduel souvent balancé par l'acidité présente dans les sols marno-calcaires de la région. Il faut s'armer de patience pour comprendre ces vins riches et profonds, dans le meilleur style classique, qui permet cette année au domaine de gagner une étoile.

Les vins : la gamme présentée passionne par sa profondeur et sa diversité. Accents fumés, matière ferme et mûre qui a conservé du peps dans le vigoureux pinot noir 2009 : dommage que le boisé marque encore la finale. Matière dense, encore de belle fraîcheur pour l'auxerrois 2003 atteint de botrytis, qui présente un très bel équilibre. Nez de fleurs séchées dans le profond et moelleux riesling Pflaenzerreben, soutenu par une acidité mûre et salivante. VT et SGN sont somptueux : subtilement épicé, porté par une acidité sapide, le gewurztraminer 2008 est arrivé à maturité. Entre l'encaustique, la truffe blanche et le kumquat, le bouquet du pinot gris 1996 est captivant : il a mangé la plus grande partie de ses sucres, et sa fraîcheur le rend irrésistible aujourd'hui. Grand niveau de pureté et d'harmonie dans le remarquable riesling Silberberg SGN, qui atteint le niveau des meilleurs liquoreux français ou beerenauslese allemands.

- Auxerrois de Rorschwihr 2003 — de 14 à 25 € (c) — 92
- Gewurztraminer Oberer Weingarten de Rorschwihr VT 2008 — de 30 à 40 € (c) — 93
- Pinot Gris Rotleibel de Rorschwihr VT 1996 — de 30 à 60 € (c) — 95
- Riesling Pflaenzerreben de Rorschwihr 2012 — de 23 à 35 € (c) — 92
- Pinot Noir Roschwihr Réserve 2009 — de 45 à 60 € (c) — 91

Le coup de ♥

- Riesling Silberberg de Rorschwihr SGN 2015 — de 100 à 150 € (c) — 96

Rouge : 3,27 hectares. Pinot noir 100 %
Blanc : 51,39 hectares. Gewurztraminer 27 %, Auxerrois (Lorrain/Alsacien) 26 %, Riesling 18 %, Pinot gris 17 %, Sylvaner 8 %, Muscat à petits grains blancs 4 %
Production moyenne : 200 000 bt/an

DOMAINE ROLLY-GASSMANN
15, Grand-Rue, 68590 Rorschwihr
03 89 73 63 28 • rollygassmann@wanadoo.fr
• Vente et visites : au domaine sur rendez-vous.
Propriétaire : Pierre Gassmann

★

DOMAINES SCHLUMBERGER

Séverine et Thomas Schlumberger incarnent la nouvelle génération de ce très ancien domaine, dont la moitié du vignoble est plantée en grands crus sur le Kitterlé, le Kessler, le Saering et le Spiegel. Adhérent à la charte Tyflo depuis 2003, le domaine pratique une viticulture respectueuse de l'environnement ; une trentaine d'hectares sont même cultivés en bio et biodynamie. Après deux décennies vouées au travail du vignoble, les propriétaires ont décidé d'investir dans un nouvel espace d'accueil, qui rappelle avec élégance les matériaux liés au vin.

Les vins : le niveau d'ensemble est solide, en particulier sur les gewurztraminers, mais certains vins restent un peu neutres. Jolie sélection parcellaire de pinot gris pour le Schimberg, dont les accents fumés et la trame sèche s'accompagnent d'une très belle finesse et allonge. Subtilité et matière ciselée dans le raffiné pinot gris Spiegel, bien mis en valeur dans un équilibre de demi-sec. Parfumé, précis et élancé, le riesling Kitterlé promet beaucoup mais reste encore sur la réserve. En gewurztraminer, grandes dimensions et profondeur de saveurs dans l'excellent Kessler, doté de grands amers structurants, promis à un bel avenir. Distinction et réserve dans le Kitterlé, qui n'a pas l'exubérance du Kessler mais séduit par une chair plus nuancée et une trame épicée en finale.

- Gewurztraminer Grand Cru Kessler 2016 — 28,90 € — 92

Gewurztraminer Grand Cru Kitterlé 2016	32,95 €	93
Pinot Gris Grand Cru Spiegel 2017	24 €	92
Pinot Gris Schimberg 2016	24,30 €	92
Riesling Grand Cru Kitterlé 2017	28,70 €	91

Rouge : 8,72 hectares. Pinot noir 100 %
Blanc : 115 hectares. Gewurztraminer 34 %, Pinot gris 33 %, Riesling 33 %
Production moyenne : 650 000 bt/an

DOMAINES SCHLUMBERGER
3, rue des Cours-Populaires,
68500 Guebwiller
03 89 74 27 00 •
www.domaines-schlumberger.com • Vente et visites : au domaine sur rendez-vous.
Propriétaire : Famille Schlumberger
Directeur : Thomas Schlumberger et Stéphane Chaise
Maître de chai : Alain Freyburger

★

SCHŒNHEITZ

Seul vignoble alsacien classé en zone de montagne, le Val Saint Grégoire regroupe plusieurs communes de la vallée de Munster. Le domaine Schœnheitz est l'unique metteur en bouteille à Wihr-au-Val. Henri Schoenheitz, dont le père, qui s'appellait également Henri, a aidé à la replantation du vignoble après la guerre, est aujourd'hui propriétaire de parcelles exposées sud/sud-est, dont un point culminant pour l'appellation Alsace à 550 mètres. Son fils Adrien est à la tête du domaine et, diplôme d'œnologie en poche, il s'essaie à vinifier quelques cuvées en barrique bourguignonne. Un peu à l'écart de la Route des vins d'Alsace, ces coteaux escarpés, qui réussissent merveilleusement aux cépages alsaciens depuis le Moyen Âge, méritent le détour. La première étoile a été décernée l'an dernier.

Les vins : signalons un beau trio de pinot noir, avec Saint Grégoire délié, précoce et moelleux, Herrenreben plus profond et dense, de belle envergure avec des tanins plus fermes, et Linsenberg, dont les notes fumées et le grain aiguisé restituent la tension du terroir. L'élevage de cette rareté (seulement 600 bouteilles) issue d'une parcelle granitique très raide demande à se fondre. Le riesling Herrenreben séduit par ses saveurs d'agrumes et sa douceur de texture : un vin réservé et complexe. L'empreinte granitique marquée du riesling Holder s'accompagne de quelques sucres résiduels épars, qui renforcent encore son volume et sa richesse de saveurs. Belle fraîcheur aromatique au nez du pinot gris Herrenreben, dont les sucres gourmands évoquent ceux d'une poire passe-crassane. Généreux en saveurs, il n'en reste pas moins très élégant.

Pinot Gris Herrenreben 2018	16 €	91
Riesling Herrenreben 2018	14 €	92
Riesling Holder 2018	16 €	92
Pinot Noir Herrenreben 2018	21 €	92
Pinot Noir Linsenberg 2018	32 €	93
Pinot Noir Saint Gregoire 2018	17 €	90

Rouge : 2 hectares. Pinot noir 100 %
Blanc : 14 hectares. Riesling 36 %, Gewurztraminer 25 %, Pinot blanc 17 %, Pinot gris 17 %, Muscat ottonel 2 %, Muscat à petits grains blancs 2 %, Sylvaner 1 %
Production moyenne : 85 000 bt/an

SCHŒNHEITZ
1, rue de Walbach, 68230 Wihr-au-Val
03 89 71 03 96 • www.vins-schoenheitz.fr • Vente et visites : au domaine sur rendez-vous.
Propriétaire : Adrien, Dominique et Henri Schœnheitz

★

DOMAINE JEAN SIPP

Jean-Guillaume Sipp est à la tête du domaine depuis 2013. Sous son impulsion, le travail des sols est encore plus poussé qu'auparavant et les vins ont gagné en précision. La famille possède un large choix de terroirs, situés sur cinq communes, avec les trois grands crus Kirchberg, Osterberg et Altenberg de Bergheim comme fleurons. De très belles cuvées parcellaires sont apparues en 2014, notamment le Grossberg et le Haguenau. Celles-ci offrent un bon compromis entre les cuvées génériques et les grands crus. La gamme présentée est de qualité, les rieslings étant le point fort du domaine, mais certains vins pêchent par des sucres un peu lourds.

Les vins : dans un style assez moderne, avec un boisé structurant, le pinot noir Osmose a préservé de la fraîcheur et de l'allonge. L'aération lui fait du bien et libère le fruit. Jolie complexité dans le riesling Grossberg, aux notes d'épices et de fleurs jaunes, à la finale nerveuse, dont la matière charnue et enrobée manque un petit peu de tonus. Beaucoup de finesse et de fraîcheur dans le riesling Kirchberg de Ribeauvillé, qui possède une salinité délicate et un supplément d'allonge : un vin juste et nuancé. Fumé, extraverti, le pinot gris Trottacker offre la richesse d'une vendange tardive : ses saveurs de pomme au four se donnent avec gourmandise.

- Pinot Gris Trottacker 2017 — 16 € — 90
- Riesling Grand Cru Kirchberg Ribeauvillé 2017 — 23 € — 92
- Riesling Grossberg 2018 — 16 € — 91
- Pinot Noir Osmose 2017 — 33 € — 91

Rouge : 2,68 hectares. Pinot noir 100 %
Blanc : 20,78 hectares. Gewurztraminer 25 %, Pinot gris 25 %, Riesling 25 %, Pinot blanc 13 %, Auxerrois (Lorrain/Alsacien) 12 %
Production moyenne : 100 000 bt/an

DOMAINE JEAN SIPP
60, rue de la Fraternité, 68150 Ribeauvillé
03 89 73 60 02 • www.jean-sipp.com •
Visites : sans rendez-vous.
Propriétaire : Jean-Guillaume Sipp

★

DOMAINE VINCENT STOEFFLER

Vincent Stoeffler fait partie de cette poignée de vignerons résistants à Barr, coincés entre les maisons de négoce et les caves coopératives. Aux vignes familiales de cette zone prestigieuse du Bas-Rhin, s'ajoute un vignoble en coteaux dans le Haut-Rhin, autour de Ribeauvillé. Aujourd'hui, le vignoble est cultivé avec soin, certifié en bio avec beaucoup de préceptes biodynamiques et quelques cuvées sans soufre. La gamme a gagné en homogénéité et le domaine signe de très beaux 2018. Les prix sont particulièrement doux.

Les vins : bon crémant frais, délié et brioché. Le rosé est un pinot gris vinifié en macération qui a tout d'un rouge léger : fraîcheur acidulée, saveurs de cerises et de poivre, ensemble digeste et finale revigorante. On en redemande ! Fleurs séchées et safran au nez du riesling Kronenburg, très gourmand dans ses saveurs de fruits jaunes et son caractère salivant. Notes d'agrumes au nez du riesling Kirchberg de Barr, vin solaire et bien mûr à l'allonge saline dont la matière un peu enrobée s'épurera au vieillissement : à attendre. Le pinot gris Salzhof dévoile des arômes de noyau, de pêche jaune et une touche fumée : un vin sec et nerveux, inspiré, d'excellent niveau. Enfin, le pinot noir Salzhof est un vrai régal, tout en fraîcheur, trame élancée aux tanins poudrés et franchise de fruit.

- Crémant d'Alsace Extra-Brut Nature 2016 — 13,40 € — 90
- Pinot Gris Salzhof 2018 — 12 € — 91
- Riesling Grand Cru Kirchberg de Barr 2018 — 17 € — 92
- Riesling Kronenburg 2017 — 11 € — 92
- Alsace Pinot Gris Le Beurot 2018 — 12,20 € — 91

Le coup de ♥
- Pinot Noir Salzhof 2018 — 14 € — 92

Rouge : 2,5 hectares. Pinot noir 100 %
Blanc : 14 hectares. Riesling 24 %, Gewurztraminer 22 %, Pinot gris 18 %, Pinot blanc 14 %, Sylvaner 8 %, Muscat à petits grains blancs 6 %, Chardonnay 5 %, Klevner 3 %
Production moyenne : 120 000 bt/an

DOMAINE VINCENT STOEFFLER ♣
1, rue des Lièvres, 67140 Barr
03 88 08 52 50 • www.vins-stoeffler.com •
Visites : sans rendez-vous.
Propriétaire : Vincent Stoeffler

★

DOMAINE TRAPET

Épouse du célèbre vigneron bourguignon Jean-Louis Trapet, Andrée n'a jamais voulu renoncer à ses origines alsaciennes. Aussi a-t-elle choisi, depuis 2002, de reprendre les vignes familiales et de développer ce domaine, situé à Riquewihr. Leurs deux fils, Pierre et Louis, sont aussi très impliqués sur ces coteaux aux inclinaisons bien différentes de la Côte-d'Or... Culture en biodynamie, vinifications soignées, les vins possèdent ici du cachet. La gamme montre la légitimité de la hiérarchisation par commune et de la mise en avant des terroirs. Un domaine en progression constante.

Les vins : ils ont besoin d'aération pour s'exprimer. La cuvée d'assemblage A Minima est gourmande et tire une partie de sa fraîcheur de la présence d'un peu de gaz carbonique. Le riesling Beblenheim exprime le citron confit et la mandarine : avec ses petits amers salivants en finale, il possède un vrai cachet. Plus tendu et acide, le riesling Riquewihr possède plus d'envergure mais peine un peu à se livrer. Notes de foin et de fenouil au nez du riesling Schlossberg, vin généreux et finement truffé qui déroule des saveurs nobles de fruits jaunes et une grande persistance. Envergure moelleuse et caressante dans le Schoenenbourg, qui prend à l'aération une dimension florale et s'appuie sur quelques sucres d'une magnifique délicatesse. Matière finement épicée, sucres digestes et profil très énergique dans le gewurztraminer Sporen, dont nous aimons l'équilibre savoureux. Gewurztraminer vinifié en macération, Ambre est une interprétation assez libre, doté de bons tanins, dont l'aromatique un peu virevoltante se cale après une aération prolongée sur des saveurs de cédrat et de safran, avec des sucres masqués par les amers. Nous n'avons pas noté les deux vins issus du Sonnenglanz, pinot gris et gewurztraminer, qui ne se présentaient pas au mieux.

Alsace A Minima 2018	13 €	90
Gewurztraminer Ambre 2018	25 €	92
Gewurztraminer Grand Cru Sporen 2017	30 €	92
Riesling Beblenheim 2017	15 €	91
Riesling Grand Cru Schlossberg 2017	60 €	93
Riesling Grand Cru Schoenenbourg 2017	60 €	94
Riesling Riquewihr 2017	15 €	90

Rouge : 1 hectare.

Blanc : 14 hectares. Riesling 48 %, Gewurztraminer 36 %, Sylvaner 8 %, Pinot gris 6 %, Muscat à petits grains blancs 2 %

Production moyenne : 40 000 bt/an

DOMAINE TRAPET

14, rue des Prés 68340 Riquewihr

03 80 34 30 40 • www.trapet.fr • Vente et visites : au domaine sur rendez-vous.

Propriétaire : Famille Trapet

★

DOMAINE ZINCK

En une décennie, Philippe Zinck a trouvé son chemin et son rythme. Les vignes sont concentrées autour d'Eguisheim et sur le grand cru Goldert non loin de là, en agriculture biologique depuis 2011 (certification attendue pour 2021). Son activité de négoce s'éteint petit à petit, et le vigneron se concentre sur ses 90 parcelles : un terrain de jeu qu'il maîtrise avec une petite équipe jeune et dynamique. Le style s'est affiné pour laisser place à des vins purs et francs, vinifiés en inox.

Les vins : au pinot noir Terroir (non retenu car son boisé est insistant), nous préférons le pinot noir d'entrée de gamme, croquant et frais, prêt à boire sur l'éclat de son fruit. Parmi les blancs, les rieslings sont les plus réussis : en témoigne la cuvée Terroir, vin juteux, précis et ample, dont le profil précoce et la finale citronnée feront mouche dès à présent. Le riesling Goldert présente de la finesse dans ses notes florales, et une puissance gourmande très maîtrisée. Tonalités plus épicées et bel éclat de fruit dans le Pfersigberg, aux saveurs vibrantes et limpides. Plus concentré et sphérique, avec d'une finale pointue et saline, Eichberg est doté de beaux amers nobles.

Riesling Grand Cru Eichberg 2017	24 €	92
Riesling Grand Cru Goldert 2018	24 €	91
Riesling Grand Cru Pfersigberg 2018	24 €	92
Riesling Terroir 2018	16 €	90
Pinot Noir 2018	13 €	91

Rouge : 2 hectares. Pinot noir 100 %
Blanc : 16 hectares. Gewurztraminer 31 %, Riesling 27 %, Pinot blanc 18 %, Pinot gris 15 %, Muscat à petits grains blancs 3 %, Chardonnay 3 %, Sylvaner 3 %
Production moyenne : 1 200 000 bt/an

DOMAINE ZINCK

18, rue des Trois-Châteaux, 68420 Eguisheim
03 89 41 19 11 • www.zinck.fr • Visites : sans rendez-vous.
Propriétaire : Philippe Zinck

JEAN-BAPTISTE ADAM

La famille Adam combine une activité de négoce et une production issue de ses propres vignobles. Depuis plusieurs années, Jean-Baptiste affine son travail parcellaire, accompagné de sa fille Laure et du mari de celle-ci, Emmanuel Bogen, chef de culture. La famille est engagée dans la voie de la biodynamie, certifiée Demeter pour une partie de la gamme, et tend à ajouter le moins de soufre possible dans la bouteille, tout en gardant de la netteté et de l'éclat dans les vins.

Les vins : la gamme est solide, avec des crémants et des rouges de bonne facture, qui respectent bien le fruit, mais que nous n'avons pas retenu par manque de place. Le riesling Letzenberg se montre gourmand et frais, ample et salivant. Le grand cru Kaefferkopf propose de belles interprétations, en gewurztraminer avec un vin frais aux arômes de menthe poivrée et aux sucres subtils, qui s'harmonisera dans trois à cinq ans, et en riesling, avec un vin solide, précis et nuancé qui s'enrichit de nuances salines.

- Gewurztraminer Grand Cru Kaefferkopf Vieilles Vignes 2017 — 20 € — 91
- Riesling Grand Cru Kaefferkopf Vieilles Vignes 2017 — 19,50 € — 92
- Riesling Letzenberg 2017 — 15 € — 90

Rouge : 3 hectares. Pinot noir 100 %
Blanc : 18 hectares. Riesling 33 %, Pinot blanc 22 %, Pinot gris 17 %, Gewurztraminer 17 %, Muscat ottonel 8 %, Sylvaner 3 %
Production moyenne : 180 000 bt/an

JEAN-BAPTISTE ADAM ☾
5, rue de l'Aigle, 68770 Ammerschwihr
03 89 78 23 21 • www.jb-adam.com •
Visites : sans rendez-vous.
Propriétaire : Jean-Baptiste Adam

DOMAINE LAURENT BARTH

Installé depuis 2004 à Bennwihr, où il a repris le petit domaine familial, Laurent Barth conduit en bio son vignoble principalement installé sur des coteaux. Certaines cuvées, telle que l'assemblage de pinots, peuvent être vinifiées avec peu ou pas de soufre. Nous avons retiré l'étoile dans notre édition précédente.

Les vins : le domaine ne nous ayant pas fait parvenir ses vins cette année, nous sommes amenés à reconduire les notes de notre édition précédente.

- Gewurztraminer Grand Cru Marckrain 2017 — 22 € — 91
- Pinot Gris 2017 — 13 € — 89

Rouge : 0,45 hectare.
Blanc : 3,5 hectares.
Production moyenne : 20 000 bt/an

DOMAINE LAURENT BARTH ♣
3, rue du Maréchal-de-Lattre,
68630 Bennwihr
03 89 47 96 06 • laurent.barth@wanadoo.fr
• Vente et visites : au domaine sur rendez-vous.
Propriétaire : Laurent Barth

DOMAINE JEAN-PHILIPPE ET JEAN-FRANÇOIS BECKER

Depuis vingt ans, ce domaine est géré par la tribu Becker, avec Jean-Philippe à la vinification, Jean-François à la viticulture et Martine à la commercialisation. Ce trio de choc a emmené le vignoble sur la voie de la viticulture biologique (label AB) dès 1999 et l'usage du soufre est limité, avec des vins qui restent nets. Les étiquettes bordées de rouge sont des vins issus d'achat de (beaux) raisins, tandis que les étiquettes or et noir illustrent les vignes en propriété.

Les vins : nous confirmons notre avis très favorable pour le pinot noir F de Zellenberg Nature, un vin sincère, parfumé, sapide et croquant. Structuré par ses beaux amers aux saveurs d'agrumes, le riesling Kronenburg a parfaitement intégré la générosité du millésime. Le gewurztraminer Schoenenbourg est très réussi, floral et exotique, doté de sucres digestes dominés en finale par de jolies saveurs poivrées. Les plus beaux vins viennent du terroir du grand cru Froehn : fraîcheur saline et relief énergique dans le riesling, très convaincant dans son intégrité de saveurs ; expression solaire et fumée dans le pinot gris, dont la matière dense reste profilée et les sucres bien intégrés.

- Gewurztraminer Grand Cru Schoenenbourg 2018 — 18 € — 91
- Pinot Gris Grand Cru Froehn 2018 — 20 € — 91
- Riesling Grand Cru Froehn 2018 — 17,30 € — 92
- Riesling Kronenbourg 2018 — 13,70 € — 91

Pinot Noir F de Zellenberg Nature 2018 — 18,90 € — 90

Rouge : 2,6 hectares. Pinot noir 100 %
Achat de raisins.
Blanc : 15,2 hectares. Riesling 32 %, Gewurztraminer 27 %, Pinot gris 20 %, Auxerrois (Lorrain/Alsacien) 13 %, Muscat à petits grains blancs 5 %, Chardonnay 2 %, Sylvaner 1 %
Achat de raisins.
Production moyenne : 150 000 bt/an

DOMAINE JEAN-PHILIPPE ET JEAN-FRANÇOIS BECKER ♣

4, route d'Ostheim, 68340 Zellenberg
03 89 47 90 16 • www.vinsbecker.com •
Vente et visites : au domaine sur rendez-vous.
Propriétaire : Famille Becker
Directeur : Martine Becker
Œnologue : Jean-Philippe Becker

NOUVEAU DOMAINE

DOMAINE ÉMILE BOECKEL

Installé à Mittelbergheim, ce domaine familial depuis 400 ans est aujourd'hui géré par Jean-Daniel et Thomas Boeckel. Les vignes sont certifiés bio, et le domaine complète sa production par des achats de raisin. Une large batterie de vieux foudres est employee pour l'élevage des lieux-dits et grands crus. Fierté du domaine, les vignes âgées situées sur le Zotzenberg, le seul grand cru autorisé, depuis 2005, pour le sylvaner, qui y donne un vin plein de caractère et de longévité.

Les vins : précis, bien maîtrisés, les vins de la gamme Midelberg sont très recommandables, surtout en sylvaner et en riesling. Caractère assez solaire mais énergique dans le Clos Eugénie, un riesling digeste et ample qui se montre très abouti. Notes de cire fraîche, intensité aromatique et allonge salivante font du riesling Wiebelsberg une belle réussite. Notes de sureau et de fleurs séchées dans le riesling Zotzenberg, dont les fins amers cheminent le long d'une trame salivante aux accents aériens et salins. Grande complexité de saveurs dans le sylvaner Zotzenberg, vin charnu et poivré, désaltérant à souhait, dont la richesse est parfaitement contenue, qui rappelle un peu les meilleurs grüner veltliner autrichiens. Issu d'une parcelle au sein du Zotzenberg, le pinot noir Terres Rouges a bien intégré ses 18 mois d'élevage, dont subsiste une trace vanillée ; sa fraîcheur mentholée, son éclat de fruit et sa persistance accrocheuse le distinguent. Il vieillira sans difficultés.

Riesling Clos Eugénie 2017 — 19,25 € — 91
Riesling Grand Cru Wiebelsberg 2017 — 18 € — 91
Riesling Grand Cru Zotzenberg 2016 — 22 € — 92
Riesling Midelberg 2018 — 9,35 € — 90
Sylvaner Midelberg 2018 — 8 € — 90
Pinot Noir Les Terres Rouges 2017 — 36 € — 91

Le coup de ♥
Sylvaner Grand Cru Zotzenberg 2017 — 18 € — 93

Rouge : 3 hectares.
Blanc : 21 hectares.
Production moyenne : 250 000 bt/an

DOMAINE ÉMILE BOECKEL

2, rue de la Montagne, 67140 Mittelbergheim
03 88 08 91 02 • www.boeckel-alsace.com/ •
Vente et visites : au domaine sur rendez-vous.
Propriétaire : Famille Boeckel
Directeur : Thomas Boeckel

JEAN-CLAUDE BUECHER

Depuis la création du domaine par Jean-Claude et Sylviane Buecher dans les années 1980, le crémant est à l'honneur dans ce domaine, le seul d'Alsace à ne proposer que des bulles. Rejoignant le domaine en 2005, Franck, le fils des propriétaires, amorce le virage vers l'agriculture biologique, et agrandit l'espace de stockage pour assurer un élevage sur lattes entre 24 et 36 mois. Les vins sont toujours dosés en extra-brut, les levures indigènes de rigueur. La plupart des vignes sont situées sur les coteaux marno-calcaires de Wettolsheim, mais aussi sur le granite de Walbach, dans la vallée de Munster.

Les vins : délicatesse et précision de saveurs distinguent le rosé Murmure, à la fine bulle crémeuse et aux notes de fruits des bois. Empreinte est un chardonnay énergique et accrocheur, qui séduit par sa franchise, sa rigueur et son allonge. Pur pinot blanc, la Petite Sauvage est dense, élancé et tendu, doté d'une fraîcheur apaisante. Pinot noir issu de sols calcaires, Sang Froid est une très belle réussite : un vin séveux, à la chair moelleuse, portée par une bulle friande et lancinante.

- Crémant d'Alsace Empreinte 2015 17 € 92
- Crémant d'Alsace La Petite Sauvage 2015 35 € 91
- Crémant d'Alsace Sang Froid 2016 36 € 93
- Crémant d'Alsace Murmure 2016 14 € 92

Rouge : 2,7 hectares. Pinot noir 100 %
Blanc : 7,3 hectares. Auxerrois (Lorrain/Alsacien) 56 %, Gewurztraminer 14 %, Pinot blanc 13 %, Chardonnay 8 %, Riesling 4 %, Pinot gris 3 %, Muscat d'Alsace 2 %
Production moyenne : 45 000 bt/an

JEAN-CLAUDE BUECHER ♣

31, rue des Vignes, 68920 Wettolsheim
03 89 80 14 01 • www.cremant-buecher.fr •
Vente et visites : au domaine sur rendez-vous.
Propriétaire : Jean-Claude Buecher
Directeur : Franck Buecher

CHRISTIAN ET VÉRONIQUE HEBINGER

Denis Hebinger est une locomotive pour les vignerons de sa génération. Sa curiosité et son esprit vif l'amènent à des essais de vins sans soufre et de macération. Dotée de moyens performants, la maison est certifiée par Demeter depuis 2011. Partisan des appellations communales pour Eguisheim et du classement de certains terroirs en premier cru d'Alsace, ce domaine très prometteur est appelé à progresser encore. Les lieux-dits et grands crus sont à carafer au moins une heure avant dégustation.

Les vins : profilé et vigoureux, le pinot gris grand cru Pfersigberg 2017 doit impérativement vieillir (non noté). Issu du grand cru Hengst, le pinot noir présente beaucoup de douceur et d'éclat de fruit, avec un équilibre très juste et des tanins patinés et frais. Les rieslings nous séduisent, à commencer par le pur et carré Frohenberg. Tonalité épicée et savoureux amers dans l'excellent Hengst, infusé de zeste de mandarine, marqué par la grande personnalité du terroir. Vinifié sans soufre, le salin et sobre Sommerberg devrait vite trouver ses marques et adoucir la vigueur de ses amers : nous sommes sensibles à la franchise de ses saveurs. Enfin, le vin de macération Au-Dessus des Nuages se distingue par ses notes de coriandre et de cumin. Précise, élancée, la bouche est à l'unisson : un vin très abouti, nuancé et juste.

- Riesling Frohnenberg Vieilles Vignes 2018 de 14 à 16 € (c) 91
- Riesling Grand Cru Hengst 2017 de 18 à 20 € (c) 92
- Riesling Grand Cru Sommerberg Pensées Sauvages 2018 25 € 92
- Pinot Noir Wintzenheim S45-164 2016 de 20 à 22 € (c) 91

Le coup de ♥

- Alsace Vin de Macération Au-Dessus des Nuages 2018 18 € 92

Rouge : 1,5 hectare. Pinot noir 100 %
Blanc : 9,7 hectares. Gewurztraminer 27 %, Riesling 21 %, Pinot gris 20 %, Auxerrois (Lorrain/Alsacien) 17 %, Pinot blanc 6 %, Sylvaner 5 %, Muscat à petits grains blancs 3 %, Chasselas 1 %
Production moyenne : 55 000 bt/an

CHRISTIAN ET VÉRONIQUE HEBINGER ☾

14, Grand-Rue, 68420 Eguisheim
03 89 41 19 90 • www.vins-hebinger.fr •
Visites : sur rendez-vous uniquement aux professionnels.
Propriétaire : Christian et Véronique Hebinger

FAMILLE HUGEL

Grande maison de négoce, dont l'activité viticole débute en 1639, Hugel est devenu une marque importante, présente dans le monde entier. On trouve d'un côté les cuvées d'entrée de gamme, tel que le Gentil, représentant la plus grande partie de la production mais dont la qualité s'avère moyenne. Et de l'autre côté, les terroirs de Riquewihr, Sporen et Schoenenbourg qui n'ont pas de secrets pour Marc Hugel. Le temps fait la force de ces vins de coteaux, qui peuvent se montrer peu expressifs dans leur jeunesse. Nous apprécions les vins de la gamme Grossi Laüe, commercialisés après quelques années de vieillissement. Moelleux et liquoreux offrent de belles émotions et restent un point fort de la maison.

Les vins : fraîcheur aromatique et tonus sont au rendez-vous dans le pinot gris Estate, dont les saveurs finement acidulées se déploient avec équilibre. Issu du Schoenenbourg, le riesling Grossi Laüe a gardé de la fraîcheur et présente une matière assez dense, avec du relief et des petits amers. Le gewurztraminer Grossi Laüe provient du Sporen, offre du gras et de la complexité, et un équilibre judicieux avec une présence saline en finale qui apporte du tonus. La VT (non noté) et surtout la SGN sont opulentes et complexes, débordant de saveurs exotiques.

- Gewurztraminer Grossi Laüe 2012 — 38 € — 92
- Gewurztraminer SGN 2012 — 75 € — 95
- Pinot Gris Estate 2016 — 22,90 € — 91
- Riesling Grossi Laüe 2012 — 42 € — 91

Rouge : 1,5 hectare. Pinot noir 100 %
Achat de raisins.
Blanc : 28 hectares. Riesling 40 %, Gewurztraminer 36 %, Pinot gris 14 %, Muscat ottonel 10 %
Achat de raisins.
Production moyenne : 850 000 bt/an

FAMILLE HUGEL
3, rue de la Première-Armée, 68340 Riquewihr
03 89 47 92 15 • www.hugel.com • Vente et visites : au domaine sur rendez-vous.
Propriétaire : Famille Hugel
Directeur : Marc Hugel

VIGNOBLE KLUR

Après avoir quitté la coopération en 1999 pour se lancer dans l'aventure de la biodynamie, Clément Klur avait développé son vignoble pour atteindre environ 8 hectares de vignes. En 2017, un deuxième virage a été initié. Il a conservé seulement 1,5 hectare : de belles parcelles du Hinterburg pour le pinot noir et des vignes sur les coteaux de Katzenthal, principalement le grand cru Wineck-Schlossberg. Elisa, la fille de Clément, est arrivée en 2019 au domaine. Ici, on prend le temps de faire le vin, en menant un travail de puriste à la vigne comme en cave, sans ajout de soufre. Les cuvées montrent de l'éclat, de la pureté. Cette nouvelle voie originale et prometteuse nous réjouit.

Les vins : le rouge provient d'une vigne âgée de trois ans sur le coteau argilo-calcaire du Hinterburg. Ce vin très velouté se montre aussi concentré, avec des tanins abondants mais fins. Digeste, précis et salin, le riesling Appel d'R manque un peu de complexité mais se montre appétant. O Grand R a besoin d'aération, mais dévoile vite sa trame svelte et un grain de texture assez limpide. Le vin de macération Or dans l'Air assemble muscat et gewurztraminer, détonne par sa sève et ses tanins encore un peu amers en finale : il faudra l'attendre un peu.

- Riesling Appel D'R 2018 — de 20 à 21 € (c) — 90
- Riesling Grand Cru Wineck-Schlossberg O Grand R 2018 — de 24 à 25 € (c) — 92
- VDF Il y a de l'Or... dans l'Air 2018 — de 23 à 24 € (c) — 89

Le coup de ♥

- Pinot Noir Tack & Glou 2018 — 72 € — 91

Rouge : 0,6 hectare. Pinot noir 100 %
Blanc : 1,2 hectare. Riesling 71 %, Gewurztraminer 21 %, Muscat d'Alsace 8 %
Production moyenne : 8 000 bt/an

VIGNOBLE KLUR ☾
105, rue des Trois-Épis, 68230 Katzenthal
03 89 80 94 29 • www.klur.net • Vente et visites : au domaine sur rendez-vous.
Propriétaire : Elisa Klur
Maître de chai : Clément Klur

DOMAINE DU MANOIR

À cheval entre les communes de Turckheim et d'Ingersheim, se trouve un trésor bien gardé par la famille Thomann : le Clos du Letzenberg. Cet ensemble de 7 hectares, tout à fait unique dans la région, embrasse à l'horizontale le mouvement élégant de la colline, qui commence à l'est et finit au sud, sur des sols d'argiles et surtout de calcaire. Les cépages nobles sont plantés sur de minuscules terrasses, qui offrent une vue vertigineuse et abrupte, et ne permettent pas de labours partout. C'est la seule contrainte qui empêche la certification en bio pour Jean, en charge du domaine depuis 2003, et son frère cadet Nicolas. On produit ici de beaux vins, toujours dans un style sec pour le riesling ; l'élevage en barrique va bien au pinot noir et au pinot gris.

Les vins : pur pinot auxerrois, le crémant sonne juste, avec des bulles fines et une excellente fraîcheur. Digeste, nuancé, le riesling Clos du Letzenberg est de haut niveau avec son allonge caressante aux saveurs de menthe et de citronnelle. Un peu fumé, finement kirsché, le pinot noir est bien réussi. Les gewurztraminers et pinots gris ne nous ont pas convaincus.

- Crémant d'Alsace 8,50 € 90
- Riesling Clos du Letzenberg 2018 10 € 92
- Pinot Noir Clos du Letzenberg 2018 9 € 89

Rouge : 0,8 hectare. Pinot noir 100 %
Blanc : 9,7 hectares. Gewurztraminer 35 %, Riesling 30 %, Pinot gris 30 %, Muscat d'Alsace 5 %
Production moyenne : 25 000 bt/an

DOMAINE DU MANOIR
56, rue de la Promenade, 68040 Ingersheim
03 89 27 23 69 • www.domainedumanoir.fr • Vente et visites : au domaine sur rendez-vous.
Propriétaire : Marina Thomann
Maître de chai : Jean Thomann

DOMAINE FRÉDÉRIC MOCHEL

Depuis 2001, Guillaume Mochel perpétue avec passion la tradition familiale à Traenheim. Cette belle région aux portes de Strasbourg offre des terroirs profonds et riches. La moitié des parcelles se situe à Traenheim et l'autre à Bergbieten, fameux pour son grand cru Altenberg. Rares sont les metteurs en bouteille sur la commune, en raison de la présence d'une grande cave coopérative.

Les vins : d'esprit très champenois, le crémant offre une matière généreuse, même si son dosage pourrait être diminué. Les rieslings sont réussis : le 2019 s'annonce délicieux, vif et gourmand dans ses saveurs d'agrumes. Belle complexité aromatique dans la cuvée Henriette, entre la pierre ponce et l'écorce d'agrumes. Avec ses notes de gingembre et de nectarine, le gewurztraminer est enjôleur, mais reste droit et harmonieux, avec des sucres digestes.

- Crémant d'Alsace Brut 11 € 89
- Gewurztraminer Grand Cru Altenberg de Bergbieten 2017 17,30 € 91
- Riesling 2019 9,20 € 90
- Riesling Grand Cru Altenberg de Bergbieten Cuvée Henriette 2018 17,30 € 92

Rouge : 0,8 hectare. Pinot noir 100 %
Blanc : 9 hectares. Riesling 35 %, Gewurztraminer 25 %, Chardonnay 10 %, Muscat ottonel 10 %, Pinot blanc 10 %, Pinot gris 10 %
Production moyenne : 70 000 bt/an

DOMAINE FRÉDÉRIC MOCHEL
56, rue Principale 67310 Traenheim
03 88 50 38 67 • www.mochel.alsace • Vente et visites : au domaine sur rendez-vous.
Propriétaire : Guillaume Mochel

CAVE DE RIBEAUVILLÉ

La plus ancienne cave coopérative de l'Hexagone a fêté ses 125 ans en 2020. Elle offre l'une des plus grandes diversités de terroirs que l'on puisse trouver dans la région. Propriétaire de dix grands crus et de huit lieux-dits, la maison s'appuie sur une charte de qualité sérieuse, avec des rendements revus à la baisse par rapport au décret. C'est aussi la seule cave coopérative d'Alsace où la totalité des raisins est vendangée à la main, sur 225 hectares !

Les vins : parmi la vaste gamme, notre préférence va aux rieslings. Haguenau se montre assagi, séducteur et nuancé dans ses notes de fleurs et d'agrumes. Volume épanoui, matière charnue et précise dans le très réussi lieu-dit Silberberg, au goût de pierre à fusil en finale. Nez d'amandes, matière caressante, acidité mûre et profil savoureux dans l'Altenberg, encore très immature. Dimension plus épicée et tonique dans le gewurztraminer Altenberg, qui s'épurera au vieillissement. Le plus beau vin est le Clos du Zahnacker, complantation de riesling, pinot gris et gewurztraminer : un nez de safran, d'épices et de fruits jaunes, un profil bien sec et vigoureux caractérisent ce vin au fort caractère, qui a dompté son énergie solaire.

- Alsace Clos du Zahnacker 2014 30,20 € 92
- Gewurztraminer Grand Cru Altenberg de Bergheim 2017 22,20 € 90
- Riesling Grand Cru Altenberg de Bergheim 2018 20,70 € 91
- Riesling Haguenau 2017 10,40 € 91
- Riesling Lieu-dit Silberberg de Rorschwihr Cuvée des 125 ans 2017 16,20 € 91

Rouge : 22 hectares. Pinot noir 100 %
Blanc : 213 hectares. Riesling 26 %, Pinot blanc 23 %, Gewurztraminer 18 %, Pinot gris 18 %, Sylvaner 7 %, Chardonnay 4 %, Muscat à petits grains blancs 4 %
Production moyenne : 2 000 000 bt/an

CAVE DE RIBEAUVILLÉ
2, route de Colmar, 68150 Ribeauvillé
03 89 73 61 80 • www.vins-ribeauville.com •
Vente et visites : au domaine sur rendez-vous.
Propriétaire : Cave de Ribeauvillé
Directeur : Yves Baltenweck
Maître de chai : Yves Ortlieb
Œnologue : Evelyne Bleger-Cognacq

DOMAINE RIEFLÉ-LANDMANN

Chez les Rieflé, c'est une histoire de famille : le premier vigneron de la lignée apparaît dès 1830. Aujourd'hui, Thomas s'occupe de la vigne, Paul assure la commercialisation et Jean-Claude, le père, vinifie. Mais c'est leur dialogue quotidien qui fait avancer le domaine. Le millésime 2011, marqué par le rachat du célèbre domaine Seppi Landmann, coïncide avec le début d'une vinification à la recherche de plus de pureté : davantage de gras et de texture, mais sans les sucres, et un élevage un peu plus long sur lies fines. Sobres et raffinés, les vins devraient bientôt permettre au domaine de décrocher une étoile.

Les vins : au pinot noir l'Étoffe, dont le boisé reste prégnant, nous préférons le Strangenberg, qui possède plus d'étoffe et de mâche, avec une jolie allonge épicée et un élevage mieux intégré. Carrure et vivacité s'allient habilement dans le crémant, peu dosé et sapide. Belle expression de fleurs blanches et d'agrumes dans le riesling Bihl, élancé et digeste, à la précision de saveurs digne d'éloges. Il devance le Zinnkoepflé, plus compact et sur la réserve. Le grand cru Steinert est à l'honneur : vin profond à la texture fine mais serrée, le riesling séduit par son envergure raffinée et sa touche de cannelle en finale. Très belle expression aromatique dans le pinot gris, vin salin et juteux au profil épuré : un vin lumineux et sobre.

Crémant d'Alsace Brut Alpha	28 €	91
Pinot Gris Grand Cru Steinert 2018	21 €	93
Riesling Bihl 2018	17 €	92
Riesling Grand Cru Steinert 2018	21 €	93
Riesling Grand Cru Zinnkoepflé 2018	21 €	91
Pinot Noir Strangenberg 2018	26 €	91

Rouge : 2 hectares. Pinot noir 100 %
Blanc : 21 hectares. Riesling 22 %, Auxerrois (Lorrain/Alsacien) 19 %, Gewurztraminer 19 %, Pinot gris 16 %, Pinot blanc 13 %, Sylvaner 5 %, Muscat ottonel 2 %, Chardonnay 2 %, Muscat d'Alsace 2 %
Production moyenne : 160 000 bt/an

DOMAINE RIEFLÉ-LANDMANN ♣
7, rue du Drotfeld, 68250 Pfaffenheim
03 89 78 52 21 • www.riefle.com •
Visites : sans rendez-vous.
Propriétaire : Jean-Claude Rieflé
Directeur : Paul et Thomas Rieflé

DOMAINE ÉRIC ROMINGER

Désormais seule à bord de ce domaine créé avec son mari, Claudine Rominger Sutter continue avec sa force naturelle un travail en biodynamie dans la vigne, et précise son travail en cave. Le vignoble d'une douzaine d'hectares s'articule autour de Westhalten avec des lieux-dits expressifs en riesling et pinot noir et de belles réussites sur le grand cru Zinnkoepflé.

Les vins : assemblage d'auxerrois et de pinot gris, Lutzelberg évoque le coing et la truffe ; épanoui, tendre, il doit être bu sans trop tarder. En riesling, Schwarzberg déploie d'appétentes saveurs d'agrumes. Un vin nerveux, nuancé de fins amers. Complexe, épicé et dense, Zinnkoepflé est remarquable, tout en intensité de saveurs et relief en finale. Caractère franc et croquant dans le gewurztraminer l'Exception, dont la sève énergique domine les sucres épars. Ozmose est compose de quatre cépages complantés : un moelleux fort agréable, doté d'une vraie finesse de texture, de sucres légers et d'une finale mentholée et désaltérante.

Alsace Lutzelberg 2005	15 €	90
Alsace Ozmose 2017	22 €	91
Gewurztraminer L'Exception 2018	12 €	90
Riesling Grand Cru Zinnkoepflé 2018	17 €	92
Riesling Schwarzberg 2018	12 €	90

Rouge : 1 hectare. Pinot noir 100 %
Blanc : 10 hectares. Gewurztraminer 27 %, Riesling 27 %, Pinot blanc 20 %, Sylvaner 13 %, Pinot gris 7 %, Muscat à petits grains blancs 6 %
Production moyenne : 60 000 bt/an

DOMAINE ÉRIC ROMINGER ☾
16, rue Saint-Blaise, 68250 Westhalten
03 89 47 68 60 • www.domainerominger.fr/
• Visites : sans rendez-vous.
Propriétaire : Famille Rominger
Directeur : Claudine Rominger Sutter

DOMAINE MAURICE SCHOECH

Les premiers Schoech sont arrivés d'Autriche en 1650. Ils ont été charpentiers, tonneliers puis courtiers, jusqu'à Maurice, qui a bâti sa cave au cœur du village d'Ammerschwihr en 1973. Une lignée d'artisans qui se prolonge avec deux fils, Jean-Léon, arrivé en 1989, et Sébastien, revenu six ans ans plus tard. Les parcelles du domaine sont idéalement placées en coteaux, la gamme comprend une belle variété de grands crus et de lieux-dits, toujours dans un style sec et certifié bio depuis 2014. Les entrées de gamme représentent de belles affaires et Schoech s'impose comme l'un des meilleurs producteurs sur le Kaefferkopf.

Les vins : bien vif, désaltérant et précis, le crémant se montre sincère et convaincant. Ferme et aiguisé, le riesling Sonnenberg est équilibré et juteux, porté par une allonge saline. Complantation de pinot gris, riesling et gewurztraminer sur le grand cru Rangen de Thann, le savoureux et ample Harmonie R possède beaucoup de caractère. Avec son opulence contenue et sa fraîcheur épicée, il sera à l'aise à table. Le Kaefferkopf livre plusieurs belles interprétations : Contemplation, assemblage de gewurztraminer et de riesling, est un demi-sec à la bouche large restée tonique grâce à des saveurs d'écorce d'agrumes et de fruits exotiques assez frais. Avec sa matière large et sa générosité naturelle, le riesling est solaire mais il se tendra au vieillissement et a conservé une belle droiture de sève. Enfin, le gewurztraminer Furstentum SGN est complexe, tout en douceur de texture et allonge caressante de ses sucres abondants mais digestes.

Alsace Grand Cru Kaefferkopf Contemplation 2018	18 €	91
Alsace Harmonie R 2017	32 €	92
Crémant d'Alsace Extra-Brut Bulles de Granite 2017	12 €	90
Gewurztraminer Grand Cru Furstentum SGN 2017	39 €	93
Riesling Grand Cru Kaefferkopf 2018	21 €	92
Riesling Sonnenberg 2018	14 €	92

Rouge : 1 hectare. Pinot noir 100 %
Blanc : 17 hectares. Gewurztraminer 30 %, Pinot gris 22 %, Riesling 22 %, Auxerrois (Lorrain/Alsacien) 10 %, Pinot blanc 8 %, Muscat à petits grains blancs 5 %, Sylvaner 3 %
Production moyenne : 90 000 bt/an

DOMAINE MAURICE SCHOECH ♣
4, route de Kientzheim,
68770 Ammerschwihr
03 89 78 25 78 • www.domaineschoech.com
• Visites : sans rendez-vous.
Propriétaire : Jean-Léon et Sébastien Schoech

DOMAINE ÉTIENNE SIMONIS

Étienne Simonis a signé en 2016 son vingtième millésime à la tête de ce domaine familial. C'est sous son impulsion qu'arriva, en 2008, la certification Demeter. Les vins sont dotés d'une belle maturité de fruit, volume et puissance n'étant pas en reste. Depuis quelques millésimes, Étienne Simonis a donc trouvé sa vitesse de croisière, et les vins ont gagné en pureté, mais les entrées de gamme restent encore un peu trop disparates.

Les vins : en riesling, le Clos des Chats, parcellaire de gneiss en altitude, allie fraîcheur et trame vigoureuse pour donner un vin de caractère. Le Kaefferkopf, conjuguant profondeur et tension, est destiné à quelques années de garde. Belle expression de fruits mûrs dans le pinot gris Clos des Chats, un vin sec et nuancé au fruit croquant et aux notes acidulées. Proche d'une vendange tardive, le gewurztraminer Kaefferkopf offre des saveurs de vanille et de rhum. Sa générosité peine un peu à compenser son manque de complexité. Plus nuancé, doté d'une fraîcheur accrue, le gewurztraminer Marckrain se montre élancé et persistant, avec des sucres très intégrés.

Gewurztraminer Grand Cru Kaefferkopf 2018	16,30 €	90
Gewurztraminer Grand Cru Marckrain 2018	17,80 €	92
Pinot Gris Clos Des Chats 2018	15,60 €	91
Riesling Clos des Chats 2018	14 €	91
Riesling Grand Cru Kaefferkopf 2018	16 €	92

Rouge : 1,05 hectare. Pinot noir 100 %
Blanc : 6,18 hectares. Gewurztraminer 31 %, Pinot gris 19 %, Riesling 17 %, Auxerrois (Lorrain/Alsacien) 10 %, Pinot blanc 10 %, Sylvaner 5 %, Chasselas 4 %, Muscat à petits grains blancs 4 %
Production moyenne : 40 000 bt/an

DOMAINE ÉTIENNE SIMONIS ☾
2, rue des Moulins, 68770 Ammerschwihr
03 89 47 30 79 • www.vins-simonis.fr •
Visites : sans rendez-vous.

Propriétaire : Étienne Simonis

LOUIS SIPP

Passionné par ses terroirs, Étienne Sipp exploite en bio un vaste vignoble dont deux jolis grands crus : le Kirchberg de Ribeauvillé et l'Osterberg, vinifiés dans un esprit de garde, toujours épurés. Le travail parcellaire mené depuis quelques années est très appréciable. Nous avons une préférence pour les blancs du domaine, où le riesling est roi. Le patrimoine de ce vignoble pourrait permettre d'aller encore plus loin, et certains vins déçoivent : à regret, nous retirons l'étoile cette année.

Les vins : quelques vins n'ont pas été retenus : robuste, le pinot noir Réserve Personnelle 2018 est trop extrait. Le pinot gris Trottacker est simple et semble fatigué. En riesling, Osterberg 2017 est droit et nerveux, porté par une fine tension saline, plus convaincant que le 2018. Le Kirchberg de Ribeauvillé 2018 séduit par sa droiture, sa fraîcheur et ses notes de quinine : il est supérieur au 2017, plus simple et confit. Les gewurztraminers sont réussis : gourmandise et fraîcheur sont au rendez-vous dans le fringant Rotenberg, dont l'équilibre demi-sec n'offre aucune lourdeur. Saveurs exotiques mais fraîches et nuancées dans la SGN, un modèle du genre au profil harmonieux.

- Gewurztraminer Rotenberg 2018 — 16,50 € — 91
- Gewurztraminer SGN 2018 — 52 € — 92
- Riesling Grand Cru Kirchberg de Ribeauvillé 2017 — 25 € — 90
- Riesling Grand Cru Kirchberg de Ribeauvillé 2018 — 25 € — 92
- Riesling Grand Cru Osterberg 2017 — 25 € — 91

Rouge : 3 hectares. Pinot noir 100 %
Achat de raisins.
Blanc : 33 hectares. Riesling 30 %, Gewurztraminer 25 %, Pinot gris 16 %, Pinot blanc 12 %, Auxerrois (Lorrain/Alsacien) 9 %, Sylvaner 4 %, Muscat à petits grains blancs 2 %, Chardonnay 1 %, Chasselas 1 %
Achat de raisins.
Production moyenne : 200 000 bt/an

LOUIS SIPP ♣
5, Grand-Rue, 68150 Ribeauvillé
03 89 73 60 01 • www.sipp.com • Vente et visites : au domaine sur rendez-vous.
Propriétaire : Famille Sipp
Directeur : Étienne Sipp

DOMAINE WACH

Le domaine des Marronniers devient le domaine Wach : le jeune vigneron Pierre Wach représente la nouvelle génération à la tête du domaine familial depuis 2015. Il a tout d'abord enclenché les changements à la vigne, avec une certification bio en cours, puis en cave, lançant des essais de pinot noir sans soufre et sans déviance ! Un nouvel élan est donné, mais quelques petits réglages sont nécessaires en cave pour préserver toute la précision et fraîcheur des saveurs.

Les vins : le sylvaner prend des notes florales et raconte la densité des vieilles vignes, mais son amertume est un peu prononcée. Le muscat est parfumé, un peu joufflu avec ses sucres, mais finit sec et désaltérant. Discrètes saveurs d'acacia et de bonbon anglais dans le pinot gris, vin assez tonique et persistant. En riesling, le Kastelberg est réussi : un profil précis et accessible, mais la densité de texture en finale indique la capacité de garde. La VT associe délicatesse aromatique, saveurs finement confites et trame énergique : très digestes, les sucres sont parfaitement intégrés.

- Muscat Andlau 2018 — 9,50 € — 90
- Pinot Gris Duttenberg 2017 — 9 € — 90
- Riesling Grand Cru Kastelberg 2016 — 22 € — 91
- Riesling Grand Cru Kastelberg VT 2017 — 35 € — 93
- Sylvaner Duttenberg 2018 — 8 € — 89

Rouge : 0,7 hectare. Pinot noir 100 %
Blanc : 7,2 hectares. Riesling 35 %, Sylvaner 19 %, Gewurztraminer 18 %, Pinot gris 10 %, Pinot blanc 8 %, Chardonnay 6 %, Muscat d'Alsace 2 %, Muscat ottonel 2 %
Production moyenne : 45 000 bt/an

DOMAINE WACH
5, rue de la Commanderie, 67140 Andlau
06 70 85 48 51 • www.guy-wach.fr • Vente et visites : au domaine sur rendez-vous.
Propriétaire : Pierre Wach

Le Beaujolais et ses vins

Par Pierre Vila Palleja,
en charge des vins du Beaujolais au sein
du comité de dégustation de La Revue du vin de France

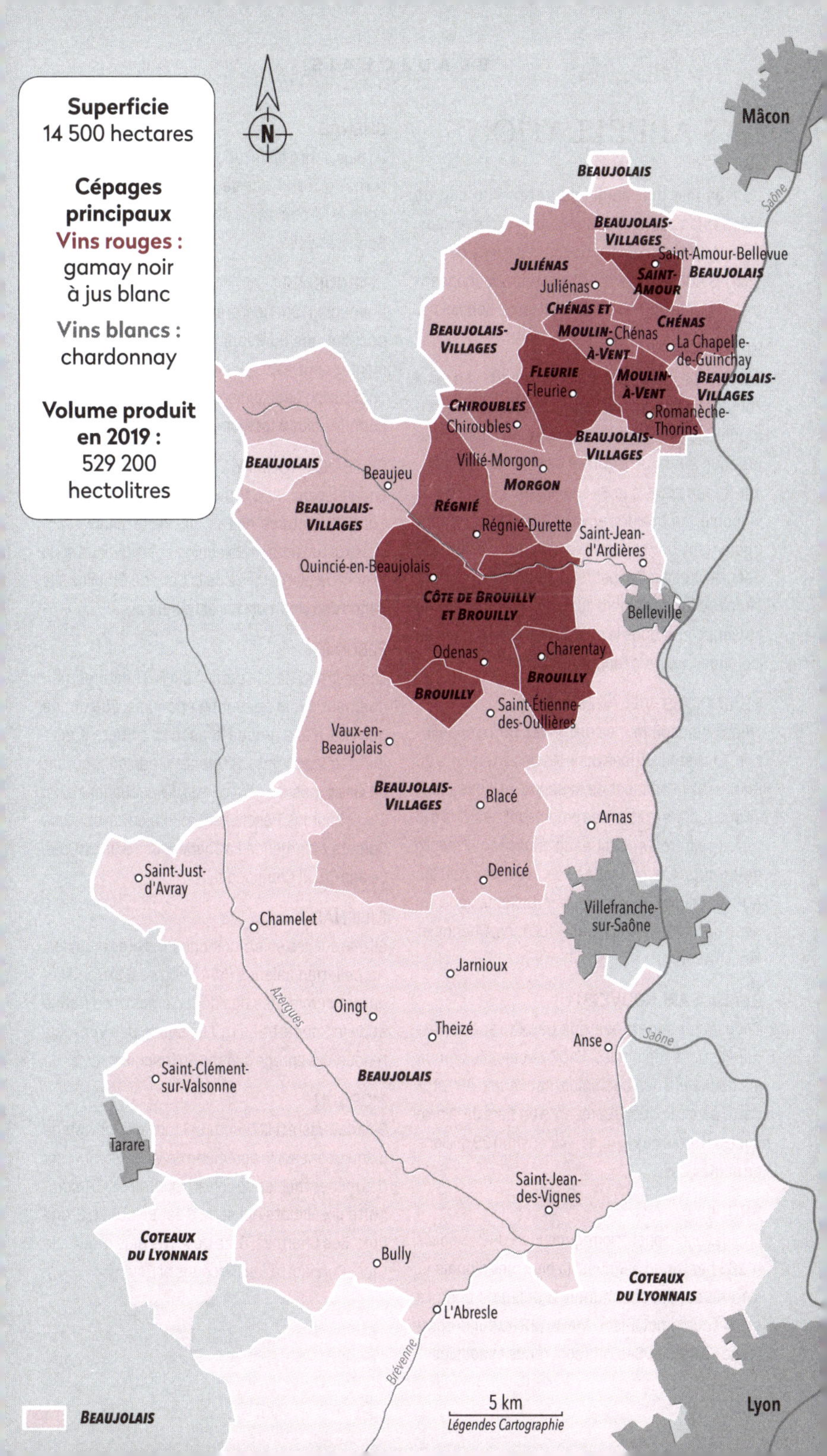

Superficie
14 500 hectares
Cépages principaux
Vins rouges :
gamay noir à jus blanc
Vins blancs :
chardonnay
Volume produit en 2019 :
529 200 hectolitres
N
Mâcon
Saône
BEAUJOLAIS
BEAUJOLAIS-VILLAGES
Saint-Amour-Bellevue
JULIÉNAS
SAINT-AMOUR
BEAUJOLAIS
Juliénas
CHÉNAS ET MOULIN-À-VENT
CHÉNAS
Chénas
La Chapelle-de-Guinchay
BEAUJOLAIS-VILLAGES
FLEURIE
Fleurie
MOULIN-À-VENT
BEAUJOLAIS-VILLAGES
CHIROUBLES
Chiroubles
Romanèche-Thorins
BEAUJOLAIS-VILLAGES
BEAUJOLAIS
Beaujeu
Villié-Morgon
MORGON
BEAUJOLAIS-VILLAGES
RÉGNIÉ
Régnié-Durette
Saint-Jean-d'Ardières
Quincié-en-Beaujolais
CÔTE DE BROUILLY ET BROUILLY
Belleville
Odenas
Charentay
BROUILLY
BROUILLY
Saint-Étienne-des-Oullières
Vaux-en-Beaujolais
BEAUJOLAIS-VILLAGES
Blacé
Arnas
Saint-Just-d'Avray
Denicé
Villefranche-sur-Saône
Chamelet
Jarnioux
Azergues
Oingt
Theizé
Anse
Saône
Saint-Clément-sur-Valsonne
BEAUJOLAIS
Tarare
Saint-Jean-des-Vignes
COTEAUX DU LYONNAIS
Bully
COTEAUX DU LYONNAIS
L'Abresle
Brévenne
5 km
Légendes Cartographie
Lyon
BEAUJOLAIS

LES APPELLATIONS

Le vignoble du Beaujolais s'étend du sud de Mâcon jusqu'au nord de Lyon, sur 14 500 hectares. Si les AOC régionales sont plutôt situées dans le sud, les AOC communales (les crus) sont concentrées dans la partie septentrionale du Beaujolais.

BEAUJOLAIS

Cette appellation régionale est répartie en deux zones géographiques distinctes : la partie principale, dans le sud du vignoble, et une bande presque continue s'étirant depuis Villefranche-sur-Saône jusqu'à la Saône-et-Loire, au nord du vignoble. Par ailleurs, environ 200 hectares sont également consacrés à la production de l'AOC Beaujolais blanc. Ces parcelles de chardonnay sont situées à l'extrême nord du vignoble, aux limites du Mâconnais, et dans le sud, autour des villages de Liergues, Le Bois-d'Oingt et Bully.

BEAUJOLAIS-VILLAGES

Trente-huit communes ont droit à cette appellation. Elles sont situées dans les départements du Rhône (31 villages) et de la Saône-et-Loire (sept villages), dans trois zones produisant des vins à la typicité différente : la zone sud, adossée aux monts de la Haute-Azergue, la zone centrale, jouxtant les AOC Brouilly et Régnié, et une troisième zone, au nord, autour des AOC Fleurie, Juliénas, Chénas et Moulin-à-Vent.

BEAUJOLAIS NOUVEAU

Celle-ci se superpose aux deux précédentes appellations régionales. L'AOC Beaujolais produit les deux tiers des beaujolais nouveaux. Au total, cette dénomination représente un tiers de la production totale du vignoble, soit environ 28 millions de bouteilles.

BROUILLY

La plus vaste appellation communale du Beaujolais (1 263 hectares) est aussi la plus méridionale et s'étend sur six communes. Brouilly ne compte qu'un seul climat, Pisse-Vieille (22 ha sur la commune de Cercié). Ses vins sont ronds et souples.

CHÉNAS

La plus petite appellation du Beaujolais (227 hectares) s'étend sur deux communes, Chénas, dans le Rhône, et La Chapelle-de-Guinchay, en Saône-et-Loire.

CHIROUBLES

Chiroubles (314 hectares) est la plus élevée des appellations du Beaujolais. Ses parcelles sont plantées entre 250 et 450 mètres d'altitude. Cette appellation beaujolaise produit des vins qui sont parmi les plus expressifs de la région.

CÔTE DE BROUILLY

Encerclée par l'AOC Brouilly, cette petite appellation (323 hectares) doit sa spécificité aux métadorites, roche d'origine volcanique, plus connue sous le nom de pierre bleue de la Côte de Brouilly. Elle donne des vins musclés et fougueux.

FLEURIE

L'appellation Fleurie s'étend sur 810 hectares, uniquement sur la commune éponyme. Elle donne des vins d'une grande finesse et compte également treize climats différents produisant autant de vins typés. Du nord au sud, se succèdent ainsi Les Labourons, Poncié, Les Moriers, La Roilette, Les Garants, Montgenas, La Chapelle des Bois, La Côte, Le Bon Cru et Champagne.

JULIÉNAS

Située sur des sols granitiques, maigres et arides, l'appellation Juliénas (554 hectares) s'étend sur quatre communes des départements du Rhône et de la Saône-et-Loire. Elle donne des vins plus tendus, davantage axés sur la fraîcheur.

MORGON

Bien que vaste (1 127 hectares), l'appellation s'étend uniquement sur la commune de Villié-Morgon, sur des roches friables de schiste pyriteux. L'AOC comporte six climats qui sont, d'est en ouest, Grand Cras, Les Charmes, Côte de Py (le plus réputé de tous), Corcelette, Les Micouds et Douby.

MOULIN-À-VENT

Cette appellation tire son nom du moulin du XVe siècle qui la domine. Moulin-à-Vent s'étend sur deux villages, Romanèche-Thorins et Chénas, et couvre 642 hectares. Ses vins complexes et puissants vieillissent avec majesté.

RÉGNIÉ

Il a fallu dix ans aux vignerons de Régnié pour faire reconnaître les spécificités de leur cru. Ils ont été entendus puisque, depuis 1988, Régnié est le dernier-né des crus du Beaujolais (428 hectares). Il s'étend principalement sur le village de Régnié-Durette.

SAINT-AMOUR

Cette petite appellation (304 hectares) est située à l'extrême nord du vignoble, sur la commune éponyme, et donne des vins délicats et fruités. Elle compte également douze climats dont certains s'accordent à merveille avec le nom de l'AOC : À La Folie ou En Paradis.

COTEAUX BOURGUIGNONS

Créée en 2011, cette appellation s'étend sur la Bourgogne et le Beaujolais. Elle permet de produire des rouges ou des rosés élaborés à partir de pinot noir ou de gamay, vinifiés seuls ou assemblés, et des blancs issus de chardonnay.

LES CÉPAGES

LE GAMAY NOIR

Le gamay a trouvé sa terre d'élection sur les sols argilo-calcaires et granitiques du Beaujolais, où 70 % de la production mondiale se concentre. Jusqu'à l'invasion du phylloxéra, à la fin du XIXe siècle, il était l'un des cépages les plus répandus dans le vignoble hexagonal et couvrait plus de 160 000 hectares, soit un dixième de la surface totale plantée de vignes en France. On le retrouve d'ailleurs encore dans le Val de Loire et dans le sud de la Bourgogne (Mâconnais). Sur les sols variés du Beaujolais, le gamay excelle à retranscrire l'identité des terroirs. C'est un cépage précoce, qui donne des vins peu colorés, mais très aromatiques. Dans le Beaujolais, il couvre 99 % du vignoble. Il exprime ses arômes de fruits rouges dans les beaujolais primeurs, mais se complexifie sur les grands terroirs communaux de la région et vieillit admirablement.

LE CHARDONNAY

Le chardonnay est également présent dans le nord du Beaujolais, mais de façon marginale. Il occupe à peine 269 hectares de vigne sur les 14500 que compte la région. Il est dédié à la confidentielle production de beaujolais blanc et de beaujolais-villages blanc. Les vins sont aromatiques, en particulier dans la zone des Terres Dorées, mais n'atteignent ni la finesse, ni la noblesse, des plus grands bourgognes blancs.

NOS BONNES ADRESSES

CHAMBRES D'HÔTES

L'O DES VIGNES
Rue du Bourg, 71960 Fuissé
Tél. : 03 85 38 33 40
www.lodesvignes.fr

AUBERGE DU PARADIS
Le Plâtre Durand, 71570 Saint-Amour-Bellevue. Tél. : 03 85 37 10 26
www.aubergeduparadis.fr

DOMAINE DU CLOS DES GARANDS
Clos des Garands, 69820 Fleurie
Tél. : 04 74 69 80 01
www.closdesgarands.fr

CAVISTE

LE PROMENOIR DES VINS
113, rue d'Anse,
69400 Villefranche-sur-Saône
Tél. : 04 74 69 03 12
www.lepromenoirdesvins.com

RESTAURANTS

AUBERGE DE CLOCHEMERLE
173, rue Gabriel-Chevallier,
69460 Vaux-en-Beaujolais
Tél. : 04 74 03 20 16
www.aubergedeclochemerle.fr

LA FERME DU POULET
180, rue Georges-Mangin,
69400 Villefranche-sur-Saône
Tél. : 04 74 62 19 07
www.lafermedupoulet.com

ŒNOTOURISME

PARC THÉMATIQUE LE HAMEAU DUBOEUF
796, route de la Gare,
71570 Romanèche-Thorins
Tél. : 03 85 35 22 22
www.hameauduvin.com

★★★

DOMAINE LOUIS CLAUDE DESVIGNES

« Bon sang ne saurait mentir », dit l'adage. C'est le cas des enfants de Louis Claude Desvignes, Claude-Emmanuelle et Louis-Benoît. Cette huitième génération incarne l'esprit « vigneron-paysan » qui se soucie de tous les détails. Ils ne sont pas en bio certifié et alors ? Il élèvent leur vins sans fût, pourquoi pas ? La seule étiquette qu'ils revendiquent est d'être du Beaujolais. Beaucoup de travail aux vignes (labour, tri sévère...), peu d'intervention en cave, des élevages parcellaires longs en cuve béton donnent des vins francs, sans fard, bons à tous les âges. Des parangons de gamay. Pour la pure représentation du cru Morgon, cette famille vigneronne a obtenu la troisième étoile l'an passé.

Les vins : La Voûte Saint-Vincent est une magnifique entrée en matière, qui interpelle par ses différents niveaux de lecture. Riche d'un assemblage de parcelles judicieux, le nez revêt une forte empreinte minérale, complétée par des notes intenses de fruits noirs et une touche d'encens. Les vieilles vignes exposées à l'est de Montpelain restituent l'empreinte géologique du lieu plutôt que le fruit, et délivrent une sensation d'élégance, mais aussi de sérieux. Dictée par son sol, la bouche est une longue infusion de roche. Les plus patients bénéficieront d'une bouteille de grande classe, tout comme Py, mont infranchissable aujourd'hui. Javernières arrive à combiner une impression schisteuse et un fruit délicieux. Les arômes de coulis de framboise, de fougère et de terre humide s'entremêlent. Le toucher en bouche est remarquable, suave, caressant, avec un jeu sur les tanins à la fois sophistiqué et simple. Impénitents offre une envergure superbe. La bouche est un muscle en contraction, d'une densité folle grâce à l'âge canonique des vignes. Le tanin, serré et précis, cercle méticuleusement ce vin d'une longueur sans faille.

- Morgon Côte du Py 2018 — Épuisé - 22 € — 96
- Morgon Côte du Py Javernières Les Impénitents 2018 — Épuisé - 36 € — 98
- Morgon La Voûte Saint-Vincent 2018 — 13 € — 92
- Morgon Montpelain 2018 — Épuisé - 15 € — 94

Le coup de ♥

- Morgon Javernières 2018 — 20 € — 97

Rouge : 11 hectares. Gamay noir à jus blanc 100 %
Achat de raisins.
Production moyenne : 50 000 bt/an

DOMAINE LOUIS CLAUDE DESVIGNES
135, rue de la Voûte, 69910 Villié-Morgon
04 74 04 23 35 •
www.louis-claude-desvignes.com • Vente et visites : au domaine sur rendez-vous.
De 9h30 à 12h et de 14h à 17h. Fermé le dimanche.
Propriétaire : Claude-Emmanuelle et Louis-Benoît Desvignes

★★

DOMAINE DANIEL BOULAND

Ce vigneron discret est installé dans le hameau de Corcelette, siège de l'un des meilleurs terroirs du cru Morgon. Il enchante les œnophiles par une gamme de crus aux robes intenses et aux fruités imparables de velouté, qui conservent la fraîcheur et la typicité des sols. L'ensemble crée ce que l'on nomme "la digestibilité" : cette caractéristique qui transperce d'autres appellations quand le vin est servi à l'aveugle. Nous n'hésitons pas à dire que vous trouverez ici l'une des meilleurs rapports qualité-prix en vin rouge du Guide Vert. Une réservation est plus que conseillée.

Les vins : le fruit bleu lumineux domine le nez du sérieux chiroubles, complété par des notes de réglisse et de menthe poivrée. La bouche charnue est enveloppée par des tanins précis et musclés. Pré Jourdan est joufflu, construit sur un fruit noir juteux, des tanins saillants et une longueur sapide et réglissée. La corbeille de fruits noirs et bleus dominent l'élégant Corcelette Sable. Avec Corcelette Cailloux, on plonge dans la roche : le nez, plus granitique que fruité, rappelle la pluie d'été. La bouche fait percevoir le granite affleurant. Delys affiche un fruit sérieux, un tanin saillant, beaucoup d'élan et de sapidité. Le côte-de-brouilly explose de fruits noirs, d'agrume, de pierre chaude et de menthe poivrée. La bouche est noble et sapide.

- Chiroubles Chatenay 2019 — 10 € — 93

- Morgon Corcelette Vieilles Vignes Cailloux 2019 N.C. 95
- Morgon Corcelette Vieilles Vignes Sable 2019 N.C. 94
- Morgon Delys Vieilles Vignes 2019 11 € 95
- Morgon Pré Jourdan 2019 10 € 93

Le coup de ♥

- Côte de Brouilly Mélanie 2019 10 € 96

Rouge : 9 hectares. Gamay noir à jus blanc 100 %
Production moyenne : 70 000 bt/an

DOMAINE DANIEL BOULAND
1139, route de Corcelette,
69910 Villié-Morgon
04 74 69 14 71 • bouland.daniel@free.fr •
Vente et visites : au domaine sur rendez-vous.
Propriétaire : Daniel Bouland

★★

DOMAINE JEAN-MARC BURGAUD

Depuis la création de son domaine en 1989 Jean-Marc Burgaud est devenu une valeur sûre de notre guide. De son apprentissage bourguignon, il a retenu le travail en cuvées parcellaires, un élevage parfois allongé à deux hivers, ou encore l'égrappage adapté en fonction de l'année et du vin. Sa vinification apporte toujours un regard de velours au gamay, fixé par un élevage en fût (très peu de neuf) ajusté en fonction de chaque climat (la majorité se situant sur différents terroirs de Morgon). Il produit aussi du régnié et du beaujolais-villages sur les sols granitiques de Lantignié.

Les vins : le beaujolais, de belle longueur, est construit sur un fruit de qualité, offre finesse et chair soignée. Côte du Py séduit par la combinaison de la maturité juteuse de la cerise et l'impact granitique rafraîchissant. Une belle garde à venir. Le nez réservé et minéral de Grand Cras donne une impression de puissance diffuse, d'élégance. La bouche, longue, accusant une pointe végétale, est tramée par une intense salinité. Javernières, sélection du Côte du Py étonne par son élégance et sa maturité haute. Le nez est posé, élégant, avec une pointe d'agrume. La bouche est froide, austère, au boisé fin intégré. James nous plonge dans la cerise noire et la framboise au nez. On sent la noblesse du fruit, une trame minérale évidente. La densité et la qualité des tanins mettent ce vin dans la catégorie des grandes bouteilles de garde, avec une finale salivante et saline qui contribue à la sapidité de l'ensemble, équilibre la matière, sur laquelle l'élevage ne prend jamais le dessus.

- Beaujolais-Villages Les Vignes de Lantignié 2019 10 € 91
- Morgon Côte du Py 2018 17 € 95
- Morgon Côte du Py James 2017 24 € 96
- Morgon Grands Cras 2018 14 € 93
- Régnié Vallières 2018 12 € 90

Le coup de ♥

- Morgon Côte du Py Javernières 2017 20 € 94

Rouge : 17 hectares. Gamay noir à jus blanc 100 %
Blanc : 0,8 hectare. Chardonnay 100 %
Production moyenne : 100 000 bt/an

DOMAINE JEAN-MARC BURGAUD
1060, route du Cru, 69910 Villié-Morgon
04 74 69 16 10 •
www.jean-marc-burgaud.com • Vente et visites : au domaine sur rendez-vous.
Propriétaire : Jean-Marc Burgaud

★★

DOMAINES CHERMETTE

Le slogan du domaine, "l'art de faire le vin au plus près du raisin", reflète parfaitement la gamme de l'artisan-vigneron qu'est Pierre-Marie Chermette, aujourd'hui rejoint par Jean-Étienne, un de ses fils. L'homme a commencé son métier sur les 10 hectares de ses parents, dans le sud du Beaujolais, avant d'acquérir 20 hectares dans les crus Fleurie et Moulin-à-Vent, puis à Brouilly en 2008. Les vins tournent autour d'un noyau de fruit patiné qui charme tout en respectant l'identité des terroirs. Signe de qualité, les vins vieillissent avec grâce même dans les millésimes difficiles.

Les vins : une dimension crayeuse et iodée signe le nez du blanc, lui confèrent beaucoup d'allant à l'équilibre. En bouche, on retrouve la générosité du millésime. Jolie expression du cépage rhodanien avec le viognier, à la bouche généreuse, soulignée par une fine amertume. Le fleurie nous fait effleurer le granite avec un nez qui rappelle la pierre chaude, la guigne et le sureau. La bouche est serrée, dotée de tanins précis et effilés. Belle longueur saline. Nez réservé, avec un fruit à noyau qui se dévoile timidement, dans Cœur de Vendange. La bouche est fine, légère, avec des tanins poudrés, une finale modeste. L'élégance du saint-amour saute au nez avec la burlat et le bois précieux. Le toucher infusé souligne une belle qualité de tanins. Décoction de roche, avec une sensation de pierre prédominante, le brouilly Pierreux porte bien son nom, mais aura besoin de temps pour s'épanouir. Le nez du Garants est dominé par la fraise des bois et les fleurs bleues. Désaltérante malgré son muscle, la bouche est dynamique, avec des tanins poudrés, et une sucrosité fine qui le rend très approchable. Le nez de Trois Roches diffuse à la volée des parfums de pot-pourri, de fruits noirs et d'épices douces. Le toucher délicat est magnifié par des tanin précis et fleuris.

Beaujolais 2019	10 €	91
VDF En Fay Viognier 2019	11 €	91
Beaujolais Cœur de Vendanges 2019	11 €	90
Brouilly Pierreux 2019	13 €	92
Fleurie Les Deux Granites 2019	15 €	94
Fleurie Les Garants 2019	14 €	95
Saint-Amour Les Champs Grillés 2019	14 €	94

Le coup de ♥

Moulin-à-Vent Les Trois Roches 2019	14 €	96

Rouge : 46,6 hectares. Gamay noir à jus blanc 100 %
Achat de raisins.
Blanc : 6,6 hectares. Chardonnay 100 %
Achat de raisins.
Production moyenne : 400 000 bt/an

DOMAINES CHERMETTE

775, route du Vissoux, 69620 Saint-Vérand
04 74 71 79 42 • www.chermette.fr • Vente et visites : au domaine sur rendez-vous.
Propriétaire : Pierre-Marie Chermette
Directeur : Martine Chermette
Maître de chai : Jean-Étienne Chermette
Œnologue : Pierre-Marie et Jean-Étienne Chermette

★★

GEORGES DESCOMBES

Les beaujolais dit "nature" ont plusieurs maîtres. Georges Descombes est l'un d'eux. Son histoire commence en 1988 avec la reprise du domaine familial. Tout en gardant sa philosophie et son style peu interventionniste, le vigneron a fait évoluer les vins vers davantage de pureté et de franchise, chacun exprimant la dimension des crus et des terroirs : une véritable leçon. La capacité de garde est bluffante et l'on prédit de beaux jours au domaine.

Les vins : le blanc séduit par son approche lumineuse et pure. L'élevage judicieux, entre fût de 400 l et cuve, souligne une matière élégante (pomme et amande fraîche, nougat). Le régnié, très évolutif, joue avec le dégustateur, auquel il propose de surfer entre fruits rouges compotés, vinaigre balsamique et fleurs séchées. La bouche est sapide, élégante, enveloppante, vivifiée par une tension fraîche et minérale ; un rouge désaltérant comme un blanc. La réduction appuyée au nez du fleurie interpelle et couvre d'autres nuances, mais la bouche rassure par son équilibre, son élan, son toucher caressant : il a besoin de temps, mais il promet ! Le brouilly doit encore se poser, comme en témoigne son nez changeant, mais a lui aussi un très joli fond. Mystérieux de prime abord, le morgon doit dissiper quelques effluves "nature" pour s'exprimer avec nuances et profondeur sur des notes de pierres humides, de guigne, de violette, de rose et d'épices douces. Le toucher et la longueur sont remarquables.

Beaujolais 2018	14 €	89
Brouilly Vieilles Vignes 2018	16 €	93
Fleurie Vieilles Vignes 2018	16 €	93
Morgon Vieilles Vignes 2018	16,50 €	96
Régnié Vieilles Vignes 2018	16,50 €	94

Rouge : Gamay noir à jus blanc 100 %
Achat de raisins.
Blanc : Chardonnay 100 %
Achat de raisins.

GEORGES DESCOMBES

131, impasse du Puits-Vermonts, 69910 Villié-Morgon
04 74 69 16 67 • descombesgeorges@orange.fr • Vente et visites : au domaine sur rendez-vous.
Propriétaire : Georges et Ghislaine Descombes
Œnologue : Laboratoire Le Morgon

★★ ↗

DOMAINE JULES DESJOURNEYS

Installé depuis le millésime 2007, Fabien Duperray a, dès ses débuts, mis le travail du sol en avant : pas de chimie, que de l'huile de coude ! Ce travail a un prix, plus élevé que la moyenne, mais en harmonie avec le plaisir apporté. En association avec Christophe Thibert, vigneron à Fuissé, il produit désormais une gamme restreinte, mais épurée, de mâconnais, en reprenant les principes de travail appliqués aux beaujolais. Le style des vins est millimétré, défendant une esthétique très définie, un peu austère de prime abord, mais d'une grande pureté. Les élevages tournés désormais vers la cuve, complétés par un soin méticuleux à la vigne et à la cave, ont fait progresser l'ensemble de la gamme, conduisant naturellement le domaine à la deuxième étoile, accordée cette année.

Les vins : le nez du morgon rappelle la pierre chaude, la cerise, et la fraise écrasée. La puissance diffuse s'exprime avec un velouté délicieux, mais il demande un peu de temps pour se fondre. Le nez du chénas est plus renfermé ; la bouche est longue, et brille par une finale vive, très effilée. La bouche du moulin-à-vent est un peu renfermée, le nez couvert par une fine réduction, mais on devine des tanins poudrés et une salinité sous-jacente. Parmi les blancs, le pouilly-vinzelles oscille entre le chaud et le froid, du nez (pierre chaude contre agrumes frais) à la bouche (au volume généreux, et à la finale fraîche, entre aneth et menthe poivrée). La maturité typique du pouilly-fuissé se traduit par des notes d'agrume, d'ananas victoria et de poivre blanc. Le début de bouche timoré laisse place à une puissance diffuse tirée du calcaire affleurant. Le style épuré souligne une matière délicate, lumineuse, et zestée. Sa version Vignes de la Côte séduit par l'alliance de fruits du verger, de zeste, de craie, et de noisette fraîche. La bouche est vibrante, friande, avec une acidité d'agrumes qui dicte l'équilibre. Un vin de grande garde qui séduit par ses contours fins et subtils.

Pouilly-Fuissé 2017	40 €	94
Pouilly-Fuissé Vignes de la Côte 2017	50 €	96
Pouilly-Vinzelles 2017	36 €	95
Chénas Le Jugement Dernier 2017	36 €	94
Fleurie Sacré Graal 2017	60 €	96
Morgon 2017	36 €	93
Moulin-à-Vent Le Styx 2017	50 €	94

Rouge : 5 hectares. Gamay noir à jus blanc 100 %
Achat de raisins.
Blanc : 10 hectares. Chardonnay 100 %
Achat de raisins.
Production moyenne : 65 000 bt/an

DOMAINE JULES DESJOURNEYS ♣
75, rue Jean-Thorin, 71570 La Chapelle-de-Guinchay
03 85 33 85 88 • www.julesdesjourneys.fr/ •
Visites : sur rendez-vous uniquement aux professionnels.
Propriétaire : Fabien Duperray

★★

CHÂTEAU DES JACQUES

Depuis son acquisition en 1996 par la maison beaunoise Louis Jadot, la signature domaine est totalement acquise et "Les Jacques" rayonne comme un modèle de beaujolais de garde, tout en continuant de s'appuyer sur des méthodes bourguignonnes. Passée l'époque Guillaume de Castelnau (directeur de 2000 à 2014), Pierre-Henri Gagey a redonné les clefs en 2016 à Cyril Chirouze, ingénieur agronome et œnologue, qui y avait vinifié entre 2007 et 2013. Les cuvées parcellaires demandent un minimum de cinq ans de garde pour exprimer pleinement l'identité de leur sol. On sent que la transition vers le bio et la construction de la nouvelle cuverie ont permis de passer un nouveau cap dans la définition des crus. Nous suivrons de près cette progression.

Les vins : l'ampleur et la maturité maîtrisée du fleurie interpellent, avec un nez de cerise rôtie et de fève tonka. La générosité du millésime lui confère une texture crémeuse, une grande amplitude équilibrée par une fraîcheur acidulée. Laissez-lui deux ans pour se fondre et se révéler pleinement comme le rapport prix-plaisir incroyable qu'il peut représenter. Côte du Py promet avec sa matière énergique et séveuse, sa fraîcheur minérale, sa densité, ses tanins enveloppants. Comme son élevage est encore marqué, il faut le mettre en cave. La série des moulin-à-vent est impressionnante : dix ans de garde attendent le 2018, vingt ans La Roche, quand les tanins, ronds et patinés, confèrent une accessibilité renversante au Clos des Thorins ; le Clos du Grand Carquelin présente une bouche aérienne. Le premier millésime de la parcelle confidentielle du Moulin, (vignes plantées dans les années 1940), s'impose dès le nez comme un grand vin par sa classe et sa subtilité. Les bouteilles, dégustées sur deux jours, montrent une très belle tenue à l'air.

Fleurie 2018	16,80 €	92
Morgon Côte du Py 2018	25,60 €	93
Moulin-à-Vent 2018	16,80 €	92
Moulin-à-Vent Clos de Rochegrès 2018	25,60 €	94
Moulin-à-Vent Clos des Thorins 2018	25,60 €	95
Moulin-à-Vent Clos du Grand Carquelin 2018	25,60 €	96
Moulin-à-Vent La Roche 2018	25,60 €	94

Le coup de ♥

Moulin-à-Vent Le Moulin 2018	N.C.	97

Rouge : 76 hectares. Gamay noir à jus blanc 99 %, Syrah 1 %
Blanc : 9 hectares. Chardonnay 100 %
Production moyenne : 300 000 bt/an

CHÂTEAU DES JACQUES
Les Jacques, 71570 Romanèche-Thorins
03 85 35 51 64 • www.chateau-des-jacques.fr
• Vente et visites : au domaine sur rendez-vous.
De 8h30 à 17h30.
Propriétaire : Famille Kopf
Directeur : Cyril Chirouze
Maître de chai : Alexandre Pipilis

★★

DOMAINE PAUL JANIN ET FILS

La localisation et l'âge des vignes ne font pas tout. Encore faut-il avoir le bon sens paysan et la finesse d'analyse d'un Éric Janin pour faire naître de grands gamays, concentrés et frais. Depuis sa première vendange en 1983, l'homme a conservé une vinification qui met en valeur des climats majoritairement situés sur le cru Moulin-à-Vent. Certaines vignes, comme Les Greneriers, ont connu les deux guerres mondiales. Éric Janin a créé en 2017 une activité de négoce avec des vignerons partenaires. Chénas, Brouilly et Beaujolais-Villages complètent ainsi sa gamme. Nous émettons une réserve sur l'utilisation du microbullage, qui produit des vins ronds sans élevage, mais ne démontrant pas une bonne capacité de résistance à l'air après un carafage.

Les vins : Argiles est un blanc assez simple (poire fraîche, noisette, beurre), à la bouche légère. Piémonts est plus du niveau d'un cru. Le nez évoque différentes maturités de fruit à noyau, entre le pulpeux, le cuit et le frais, alors que la bouche trouve un équilibre judicieux entre largeur et délicatesse. Le brouilly est très terrien et présente une bouche légère, cerclée par des tanins saillants. Saprolite est éclatant et athlétique dès le nez, quand la bouche trouve le rare compromis entre densité et équilibre. Héritage est un vin de longue garde ; Vignes du Tremblay est un vin à deux vitesses : un nez réservé, offrant une sensation de maturité grillée, une bouche légère au regard du cru.

Beaujolais-Villages Argiles 2018	13 €	87
Beaujolais-Villages Piémonts 2018	11 €	91
Brouilly Terroir d'Odenas 2018	14 €	88
Moulin-à-Vent Héritage 2018	24 €	93
Moulin-à-Vent Les Vignes du Tremblay 2018	17 €	90
Moulin-à-Vent Saprolite 2018	21 €	92

Rouge : 7,85 hectares. Gamay noir à jus blanc 100 %
Blanc : 0,6 hectare. Chardonnay 100 %
Production moyenne : 30 000 bt/an

DOMAINE PAUL JANIN ET FILS
651, rue de la Chanillière,
71570 Romanèche-Thorins
03 85 35 52 80 • www.domaine-paul-janin.fr
• Vente et visites : au domaine sur rendez-vous.
Propriétaire : Éric Janin

★★ ↗

DOMAINE TH. LIGER-BELAIR

Par amour du gamay et aussi pour explorer de nouveaux horizons viticoles, Thibault Liger-Belair a acquis depuis 2009 quelques parcelles idéalement placées en Moulin-à-Vent, auxquelles il applique les mêmes méthodes qu'à ses grands crus de la Côte de Nuits (biodynamie, labour...). Adepte de l'égrappage et de l'élevage en pièce bourguignonne, il produit une gamme de moulin-à-vent parcellaires qui peuvent être appréciés dans leur jeunesse ou attendus pour davantage de complexité. Une récente dégustation verticale a montré la progression de la gamme. Nous sommes conquis par le respect du fruit, et la maîtrise de l'élevage dont fait preuve le vigneron, qui porte haut les couleurs du Beaujolais avec son style et son savoir-faire. La cohérence, la profondeur, la sapidité et le potentiel de garde de la gamme conduisent le domaine à la deuxième étoile.

Les vins : Vieilles Vignes assemble six parcelles plantées entre 1910 et 1955 à mi-coteaux. Le nez séduit par sa maturité fraîche, la bouche par sa sapidité et sa densité, la précision de ses tanins ; belle finale végétale et un peu poivrée, aux accents rhodaniens. Les Perelles (vigne plantée à 14 000 pieds/ha dans les années 1930) séduit par son intensité et sa précision. On plonge dans la roche et les fruits noirs frais, tandis que la bouche alterne la maturité d'un vin né sur une exposition sud et une fraîcheur énergique, suggestive d'agrumes. Les tanins, fins et poudrés, rappellent l'origine sableuse du cru, et rendent l'ensemble évanescent. Fidèle à lui-même, Champ de Cour, exposé sud, est aristocratique : un nez noble, très nuancé, une bouche confortable et veloutée, une belle finale ronde. La Roche est un vin majuscule : les vignes plantées en 1920 et 1945 à côté du Moulin, en hauteur, donc bien ventilées, donnent historiquement des vins puissants et denses. Le nez est fougueux, pris entre un fruit de grande qualité et une énergie minérale. La finale évoque la pierre et les petits fruits bleus.

Moulin-à-Vent Champ de Cour 2018	25 €	94
Moulin-à-Vent Les Pérelles 2018	22 €	94
Moulin-à-Vent Les Vieilles Vignes 2018	22 €	93

Le coup de ♥

Moulin-à-Vent La Roche 2018	25 €	95

Rouge : 12 hectares. Gamay noir à jus blanc 100 %
Production moyenne : 30 000 bt/an

DOMAINE TH. LIGER-BELAIR ♣

32, rue Thurot, 21700 Nuits-Saint-Georges
03 80 61 51 16 • www.thibaultligerbelair.com
• Vente et visites : au domaine sur rendez-vous.
Propriétaire : Thibault Liger-Belair

★★

DOMAINE DES TERRES DORÉES

Depuis le pays lumineux des Pierres Dorées, Jean-Paul Brun, un des précurseurs du renouveau du Beaujolais, fait rayonner sa région, du primeur jusqu'aux crus réputés qu'il a acquis patiemment, grâce à son travail du côté des beaujolais du sud. Ici, l'identité des terroirs est aussi forte que la digestibilité de cuvées dans lesquelles on retrouve la patte de velours du vinificateur. Preuve que l'on peut faire des cuvées importantes en volume et de haute qualité. En blanc comme en rouge (et aussi en effervescent), le plaisir de l'amateur est très souvent au rendez-vous, comme la régularité, l'interprétation personnelle et savoureuse des terroirs. La deuxième étoile, acquise l'an dernier, est pleinement confirmée par cette dégustation.

Les vins : cohérence, maîtrise, pas d'interventionnisme... Quel niveau ! Bonne garde en prévision pour le pur et cristallin Classic, dont le nez épouse la roche. Le nez de l'Ancien évoque le Rhône (fruits noirs juteux, grenadine et épices douces), mais la bouche nous ramène en Beaujolais avec sa fraîcheur saline et granitique, qui tempère la rondeur de l'enveloppe. Une boule de fruit, parfaite pour un plaisir immédiat, qui peut aussi attendre quatre à cinq ans. Deux ans de garde vous permettront de profiter pleinement du côte-de-brouilly, au fruit renfermé à ce stade. Même conseil pour le fleurie, pour La Rochelle, Javernières et pour le saint-amour : ce dernier est musclé pour le cru, avec de la chair et de la fougue, une belle finale sur les épices douces.

Beaujolais Chardonnay Classic 2018 (blanc)	11,50 €	89
Beaujolais L'Ancien 2018	11,50 €	90
Côte de Brouilly 2018	13,50 €	90
Fleurie 2018	16,50 €	90
Morgon Côte du Py Javernières 2018	18,50 €	96
Moulin-à-Vent La Rochelle 2018	24 €	95
Saint-Amour 2018	17 €	92

Rouge : 39 hectares. Gamay noir à jus blanc 95 %, Pinot noir 5 %
Achat de raisins.
Blanc : 9 hectares. Chardonnay 90 %, Roussanne 10 %
Achat de raisins.
Production moyenne : 300 000 bt/an

DOMAINE DES TERRES DORÉES
565, route d'Alix,
69380 Charnay-en-Beaujolais
04 78 47 93 45 • contact@terresdorees.fr •
Vente et visites : au domaine sur rendez-vous.
Propriétaire : Jean-Paul Brun

★★

CHÂTEAU THIVIN

Derrière une étiquette au charme suranné, c'est toute une famille qui incarne le vignoble de la Côte de Brouilly et un Beaujolais traditionnel. Claude Geoffray a transmis en 2007 les rênes de la vinification à son fils Claude-Édouard, secondé par son épouse, Sonja, œnologue tout comme lui. Par petites touches, le domaine est resté au sommet avec un plus grand travail du sol (replantantion à 1,80 m, vignes palissées, taille en cordon) et des élevages allongés. Les cuvées sont devenues identitaires. L'accueil au caveau, dans un cadre à la fois rustique et romanesque, est un des meilleurs de la région. Nous sommes séduits par la constance de la gamme, l'émotion qu'elle procure.

Les vins : déjà abordable, Reverdon nous plonge dans un monde de fruits rouges lumineux, de pivoine, de violette et de pierre chaude. La bouche combine la finesse de l'extraction et le muscle du cru. Sept Vignes est toujours une bonne entrée en matière pour découvrir le cru, d'autant que la maturité de ce 2018 le rend plus accessible dans sa jeunesse grâce à une douceur supplémentaire. La bouche est typée, avec une matière musclée, un grain de tanin serré. Brulhié porte bien son nom : difficile à lire de prime abord, le nez dévoile timidement des notes de griotte, d'airelle et de forêt-noire. Chapelle est dominé par une sensation intense de minéralité, rappelant le caractère extrême de la parcelle. Un grand vin de garde et d'initiés. Godefroy, issu de vignes souvent centenaires, est parfaitement défini : un nez d'une classe folle (de petites touches de fruits à noyaux, de poivre de Timut, de mine de crayon et d'orange sanguine) et une bouche où monte en puissance la salinité, en font un grand vin. Ambitieux Zaccharie, cuvée de vieilles vignes où perce timidement un fruit de grande qualité : attendez-le trois ou quatre ans.

Brouilly Reverdon 2018	12,50 €	92
Côte de Brouilly Godefroy 2018	19,20 €	96
Côte de Brouilly La Chapelle 2018	19,20 €	95
Côte de Brouilly Les 7 Vignes 2018	13,80 €	93
Côte de Brouilly Les Griottes de Brulhié 2018	17,20 €	93
Côte de Brouilly Zaccharie 2018	30,20 €	97

Rouge : 25 hectares. Gamay noir à jus blanc 100 %
Blanc : 2 hectares. Chardonnay 100 %
Production moyenne : 140 000 bt/an

CHÂTEAU THIVIN
630, route du Mont Brouilly, 69460 Odenas
04 74 03 47 53 • www.chateau-thivin.com •
Vente et visites : au domaine sur rendez-vous.
Du lundi au samedi de 9h à 12h et de 14h à 18h.
Propriétaire : Claude Geoffray

★

CHÂTEAU DES BACHELARDS – COMTESSE DE VAZEILLES

Diplômée d'œnologie, Alexandra de Vazeilles a acquis cette jolie propriété en 2014. Elle a fait ses armes dans des domaines prestigieux en Bourgogne et dans le Bordelais. L'ensemble du vignoble, âgé de 60 à plus de 100 ans, est certifié en biodynamie depuis 2015. Elle recherche la densité dans les vins, tout en gardant une vraie finesse. Les vinifications, qui s'adaptent au millésime, le permettent.

Les vins : Le Clos offre le meilleur de Fleurie. Entre raffinement et puissance, il exhale entre autres le santal, le pot-pourri et la cerise. Sa bouche caressante offre de grandes qualités gastronomiques. Le moulin-à-vent a besoin d'air pour se dévoiler. Une grande carrière en cave l'attend. Les vieilles vignes du saint-amour livrent une concentration aérienne étonnante et savoureuse. Belle finale sur le zan et le sureau. Petite Fleur est dans un entre-deux, avec une note végétale et racinaire. Laissez-lui quelques années en cave pour mieux se dévoiler.

Fleurie Le Clos 2016	120 €	95
IGP Comtés Rhodaniens Petite Fleur 2017	20 €	89

Moulin-à-Vent 2017 30 € 92
Saint-Amour 2017 30 € 92

Rouge : 13 hectares. Gamay noir à jus blanc 100 %
Blanc : 1 hectare. Chardonnay 100 %
Production moyenne : 36 500 bt/an

CHÂTEAU DES BACHELARDS - COMTESSE DE VAZEILLES

69820 Fleurie
09 81 49 47 00 • www.bachelards.com •
Vente et visites : au domaine sur rendez-vous.
De 10h à 18h.
Propriétaire : Alexandra de Vazeilles
Œnologue : Stéphane Derenoncourt et Simon Blanchard

NOUVEAU DOMAINE

★

DOMAINE GUY BRETON

Le bien nommé « P'tit Max » fait partie de cette génération de vignerons "nature" qui ont su garder un style défini, sans tomber dans les déviances extrêmes. Encouragé par Marcel Lapierre, il s'installe en 1988, avec l'envie de produire des vins respectueux des crus, dans un style plus léger et légèrement infusé. Une proposition pure, friande, et typé du vin du Beaujolais, qui a su rester régulière au travers des années et grandement attiré notre attention : le domaine fait son entrée cette année dans notre guide avec une étoile.

Les vins : belle puissance diffuse pour le régnié, facile et friand, dont le nez séduit par des notes de fruits rouges acidulés. Ses tanins sont poudrés et bien rangés. Le nez du chiroubles est marqué par une réduction, la bouche encore serrée par des tanins accrocheurs, mais sa finale fraîche et vivifiante promet une belle carrière en cave. Issu du terroir des Charmes, l'austérité sage du morgon se ressent dans des nuances de fruits bleus, de fleurs de montagne, de graphite. C'est la qualité des tanins qui séduit, avec une montée progressive des arômes. Bonne garde à prévoir. P'tit Max, vigne plantée en 1888, s'impose par sa classe et son intensité. Le nez embaume l'encens, le papier d'Arménie et la tombée de fruits noirs. La bouche est juteuse, et finit en apothéose sur une longue finale. Fidèle à l'esprit du cru, le côte-de-brouilly est signé par une puissance diffuse et une empreinte minérale. L'airelle, la cerise burlat, et le pot pourri dominent le nez. La bouche est juteuse, sapide, délicieusement infusée.

Chiroubles Léa 2018 17 € 91
Côte de Brouilly 2018 17 € 93
Morgon P'tit Max 2018 20 € 95
Morgon Vieilles Vignes 2018 17 € 93
Régnié 2019 15 € 92

Rouge : 4,5 hectares. Gamay noir à jus blanc 100 %
Achat de raisins.

DOMAINE GUY BRETON

252, rue Pasteur, 69910 Villié-Morgon
06 16 24 76 70 • ptitmax@sfr.fr • Vente et visites : au domaine sur rendez-vous.
Le matin sur rendez-vous.
Propriétaire : Guy Breton

NOUVEAU DOMAINE

★

DOMAINE CHAMONARD

Jean-Claude Chanudet, alias Le Chat, fait partie de la première génération de producteurs de vins "nature", avec Foillard, Descombes et Lapierre. Chez lui, la maîtrise se combine à l'authenticité. Après une première carrière dans l'embouteillage, ce fils de vigneron reprend dès 1989 le domaine de son beau-père. Il veut valoriser les vieilles vignes avec son bon sens paysan, une sensibilité vinificatrice libre et précise, de longues macérations et des élevages en vieux fûts. Le style est éclatant, précis, et donne aux vins une capacité de garde insoupçonnée. Le domaine, que sa fille Jeanne, vétérinaire de formation, se destine à reprendre, regorge de vieux millésimes à la vente.

Les vins : le fleurie joue la carte de la richesse et de la maturité, avec une bouche dense, ronde, enveloppante. Buvez-le un peu frais. Madone prend de la hauteur et donne l'impression au nez de goûter le granite affleurant. La bouche est enveloppante, gracieuse, munie de tanins patinés. Profitez-en d'ici deux ans, et sur vingt ans. Un brin sauvage, le nez du morgon s'avère fougueux. Sa bouche est riche, avec un fruit rond bien balancé par des tanins présents et fins.

Fleurie Droit de Veto 2018	16 €	90
Morgon 2018	14,50 €	93

Le coup de ♥

Fleurie Madone 2018	15,50 €	93

Rouge : 5,5 hectares. Gamay noir à jus blanc 100 %
Production moyenne : 35 000 bt/an

DOMAINE CHAMONARD
585, chemin de la Grenouille, Le Clos de Lys, Corcelette, 69910 Villié-Morgon
04 74 69 13 97 •
domainechamonard@gmail.com • Vente et visites : au domaine sur rendez-vous.
Propriétaire : Geneviève, Jeanne et Jean-Claude Chanudet
Directeur : Geneviève Chanudet
Maître de chai : Jean-Claude Chanudet
Œnologue : Jeanne Chanudet

★

FAMILLE CHASSELAY

Les Chasselay habitent sur la parcelle des Éparcieux, dans le village doré de Châtillon-d'Azergues, depuis 1418. À la tête du domaine depuis 2008, un binôme complémentaire : Claire et son frère Fabien. Leur père Jean-Gilles, figure du Beaujolais, leur a transmis ses valeurs de travail et de partage. Le domaine, certifié bio depuis 2006, travaille ses terroirs tout en respectant la biodiversité. À la cave, pas de levures, pas de sulfites (mais un peu à la mise en bouteille). L'égrappage est adapté au millésime et à chaque vin. On note en 2018 un petit manque de cohérence dans la gamme, avec des vins bien définis et d'autres qui manquent de profondeur.

Les vins : un pétillant naturel désaltérant à souhait, dont le fruit croquant suggère le muscat, l'agrume et la poire. Terroir de Châtillon séduit par l'alliance entre maturité et fraîcheur élégante. Beaujolais Is Not Dead joue la carte de la spontanéité et de la simplicité, mais son fruit bien ouvert se montre un peu caricatural. Une bouche légère, démonstrative, caractérise Quatre Saisons, dont l'acidité est vivifiée par un peu de gaz carbonique. Platière trouve en bouche le difficile équilibre entre chair et fluidité ; un fruit de qualité pour ce beau flacon. Il interpelle par son intensité minérale, très marquée par la pierre froide. L'aération prolongée confère une belle amplitude à la bouche, aux tanins poudrés, à la salinité pointue. Des touches florales confèrent une grande classe à Chardignon. La texture est dense et les tanins très raffinés, qui étirent le vin, le rendent structuré et élégant.

Beaujolais Terroir De Châtillon 2019	11 €	90
VDF Pet' Nat 2019	11 €	87
Beaujolais Is Not Dead 2019	9 €	87
Beaujolais La Platière 2018	11 €	91
Beaujolais Quatre Saisons 2018	7 €	87
Côte De Brouilly Chardignon 2018	17 €	94
Fleurie III 2018	17 €	92

Rouge : 14,5 hectares. Gamay noir à jus blanc 90 %, Pinot noir 10 %
Blanc : 2,5 hectares. Chardonnay 100 %
Production moyenne : 100 000 bt/an

FAMILLE CHASSELAY ♣
127, chemin de la Roche, 69380 Châtillon d'Azergues
06 83 88 55 45 •
www.domaine-chasselay.com • Vente et visites : au domaine sur rendez-vous.
Propriétaire : Famille Chasselay

★

DOMAINE CHIGNARD

Depuis sa reprise du domaine familial en 2007, Cédric Chignard fait partie des "vignerons héritiers" qui font évoluer leur domaine par des ajustements de qualité. Des macérations beaujolaises, il a conservé le modèle paternel et se montre plus précis en vinification tout en poursuivant le travail des sols sur un vignoble âgé de plus de soixante ans en moyenne. Principalement issu du secteur des Moriers, au nord de l'appellation, les vins livrent des parfums très floraux qu'accompagne un grain de tanin fin. Les vins vieillissent avec noblesse en suivant la marque du millésime. C'est la signature Chignard.

Les vins : le beaujolais-villages a sagement évolué ; il présente encore des notes de fruits rouges frais et de poivre, mais évoque aussi, et déjà, champignons et feuilles séchées. Beauvernay offre la densité typique de Juliénas, combinée à la fraîcheur acidulée du millésime. Les notes prononcées d'airelle et de framboise emportent le nez, avec une touche de terre humide. La Cuvée des Dix Coupées n'a pas encore digéré son bois. Attendez-la. Le Cochonnier est un vin de noble origine, travaillé avec délicatesse. Les notes de mine de crayon, de pierre chaude, de merise et de mirabelle sont en retenue au nez. La bouche est massive, avec une matière ample, décuplée par un élevage riche, mais qui sonne très juste.

Beaujolais-Villages 2016	12,30 €	89
Fleurie Le Cochonnier 2015	24 €	94
Fleurie Les Dix Coupées 2016	24 €	92
Juliénas Beauvernay 2017	15,30 €	90

Rouge : 10 hectares. Gamay noir à jus blanc 100 %
Production moyenne : 45 000 bt/an

DOMAINE CHIGNARD
Le Point du Jour, 69820 Fleurie
04 74 04 11 87 •
domaine.chignard@wanadoo.fr • Vente et visites : au domaine sur rendez-vous.
Propriétaire : Cédric Chignard

NOUVEAU DOMAINE

★

DOMAINE JEAN FOILLARD

Jean Foillard fait partie des noms incontournables du paysage beaujolais. Une suite de mésaventures avaient conduit à sa sortie du Guide Vert : il était normal de l'y rétablir. Connu pour son style "nature", Jean a fait ses armes dans le domaine familial dès 1981. D'une main ferme, il a conservé un style libre, mais sans déviance, dont découlent des vins très réguliers, et très profonds. Viticulture bio, vinification sans soufre, vendange entière et élevage en fût ne sont pas les seules clés du succès, bien sûr. Car pour produire ces vins "libres" mais précis, le suivi minutieux au microscope est l'un des paramètres fondamentaux. Jean Foillard transmet doucement le témoin à son fils, Alex. Après avoir voyagé dans le monde, et repris quelques hectares de vignes en son nom propre, celui-ci reprend pas à pas les rênes avec la volonté de poursuivre l'œuvre paternelle, tout en insufflant sa propre sensibilité. On sent une progression notable dans les derniers millésimes dégustés, qui amène à envisager une deuxième étoile.

Les vins : Eponym est une cuvée sérieuse, à l'élégante floralité, combinant précision et liberté du fruit. Corcelette est né sous le signe de l'élégance : la cerise et la griotte composent le nez. La bouche est posée, avec un beau liant équilibré, et une finale granitique. Issu uniquement du cru Champagne, le fleurie offre un nez ouvert suggèrant les fruits à noyau, avec une touche de végétal noble. La bouche serrée et le tanin allongé appellent à une belle garde. On est séduit par la profondeur du Côte du Py, qui donne l'impression de respirer les pierre chaudes et les volcans. La bouche est serrée, avec des tanins étirés. La magnifique finale de ce vin de grande garde évoque les agrumes et les fruits bleus.

Morgon 2018	15 €	92
Morgon Corcelette 2018	N.C.	93
Morgon Côte du Py 2018	25 €	95
Morgon Eponym 2018	N.C.	94

Le coup de ♥

Fleurie 2018	N.C.	94

Rouge : 22 hectares. Gamay noir à jus blanc 100 %
Production moyenne : 64 000 bt/an

DOMAINE JEAN FOILLARD ♣
Le Clachet, 69910 Villié-Morgon
04 74 04 24 97 • jean.foillard@orange.com •
Vente et visites : au domaine sur rendez-vous.
Propriétaire : Jean Foillard

★

DOMAINE MEE GODARD

Œnologue de formation mais sans histoire vigneronne, Mee réalise son rêve en reprenant seule en février 2013 les parcelles d'un vigneron sans suite. Son domaine de poche est composé de très vieilles vignes dans les meilleurs terroirs de Morgon (Corcelette, Grand Cras, Côte du Py). Une cuvée de moulin-à-vent est venue enrichir la gamme en 2016. Avec ses vins libres, mais bien définis, Mee Godard monte en puissance !

Les vins : récolté à Quincié, le beaujolais au fruit rond et à la fringante trame acidulée est une belle entrée en matière. Grand Cras est d'un haut raffinement (papier d'Arménie, kirsch). La bouche termine sur une magnifique finale saline. Côte du Py, à son image montagneuse, est musclé, généreux. Sa densité et son tanin ciselé en font un grand vin de garde. Au Michelon est une belle bouteille en devenir. Le nez est juste, très subtil. La bouche reste en retenue, mais sa finale saline et ses tanins plaident en sa faveur. L'amplitude et la sève au nez du grand morgon Passerelle 577 sont singulières. La bouche est lumineuse, avec une fraîcheur désaltérante, quand les tanins et les amers minéraux contribuent à la sapidité du flacon.

- Beaujolais-Villages 2019 10 € 89
- Morgon Côte du Py 2019 22 € 92
- Morgon Grand Cras 2019 21 € 94
- Moulin-à-Vent Au Michelon 2019 23 € 92

Le coup de ♥

- Morgon Passerelle 577 2019 32 € 95

Rouge : 6,5 hectares. Gamay noir à jus blanc 100 %
Achat de raisins.
Production moyenne : 28 000 bt/an

DOMAINE MEE GODARD
921, route de Morgon, 69910 Villié-Morgon
06 66 47 00 64 • www.meegodard.com •
Vente et visites : au domaine sur rendez-vous.
Propriétaire : Mee Godard
Maître de chai : Mee Godard

★

DOMAINE DE LA GRAND'COUR

Un léger accent du cru, la main enveloppante et le regard joyeux Jean-Louis Dutraive incarne une génération qui a appris, puis transmis. Sa sensibilité attachante lui permet d'accoucher de cuvées d'exception où la finesse du fruit le dispute à l'élégance des terroirs solaires de Fleurie. Adepte des levures indigènes, des longues macérations, des élevages sous bois mais aussi de bio et d'un usage minimal, voire inexistant, de soufre, ses vins sont des modèles de pureté de jus. S'ils peuvent, une fois carafés, être bus jeunes, c'est après cinq ans qu'ils dispensent la noblesse de leur terroir. La production étant limitée, il faut réserver.

Les vins : Chapelle des Bois est né sous le signe de la légèreté ; son élevage partiel en cuve a permis au vin de conserver une belle pureté, son toucher friand évoque un pinot fin. Le nez du Clos de la Grand Cour surprend par ses notes balsamiques, sa touche de fruits macérés. La bouche est déliée, les tanins imperceptibles. Belle finale énergique. La grandeur du cru Champagne s'impose dès le nez, et se poursuit en bouche avec une matière raffinée, aux tanins poudrés et intégrés, une finale saline. Le Clos s'impose par la pureté du fruit, et son énergie. Les notes d'agrume, de fruits à noyau et de pot-pourri caractérisent le nez. La bouche est juteuse, élégante, et enjouée.

- Fleurie Clos de la Grand Cour 2019 N.C. 93
- Fleurie La Chapelle des Bois 2019 N.C. 92
- Fleurie Terroir Champagne 2019 N.C. 94
- Fleurie Vieilles Vignes Le Clos 2018 N.C. 96

Rouge : 11,5 hectares. Gamay noir à jus blanc 100 %
Production moyenne : 30 000 bt/an

DOMAINE DE LA GRAND'COUR ♣
La Grand Cour, 69820 Fleurie •
www.domainedelagrandcour.fr • Pas de visites.
Propriétaire : Jean-Louis Dutraive

★

DOMAINE LABRUYÈRE

La famille Labruyère détient ce château depuis 1850. Également propriétaire du domaine Jacques Prieur à Meursault et du château Rouget à Pomerol, Jean-Pierre Labruyère en a confié en 2008 les clefs à son fils Édouard. La cuverie a été modernisée, le domaine agrandi. En 2000, le Clos du Moulin-à-Vent est venu s'ajouter au parcellaire. Les clefs de la cave sont confiées à Nadine Gublin et celle des vignes à Michel Rovere. La vinification dite "bourguignonne" (égrappage puis élevage en fût) donne des vins aux tanins pleins mais suaves, qui vieillissent en beauté.

Les vins : on sent une progression dans la gamme, avec des boisés mieux intégrés. Cœur de Terroirs est ainsi une belle entrée en matière, affichant la richesse du millésime et la typicité du cru. Fougueuses, les notes de fruits bleus et de graphite ressortent. Il sera prêt d'ici deux ans. Encore sur la retenue, Champ de Cour affiche une noblesse et une qualité de fruit remarquables. Le tanin, poudré et finement accrocheur, apporte un charme piémontais à l'ensemble, suggérant les agrumes. Buvez-le sur dix ans. L'élevage signe le nez du Carquelin. La bouche est dense, musclée, ceinturée par un bois encore présent. Mais la finale de graphite, rappelant la menthe poivrée, garantit une bonne garde.

- Moulin-à-Vent Champ de Cour 2018 19,70 € 93
- Moulin-à-Vent Cœur de Terroirs 2018 14,40 € 91
- Moulin-à-Vent Le Carquelin 2018 23,20 € 92
- Moulin-à-Vent Le Clos du Moulin Monopole 2018 38,80 € 94

Rouge : 14 hectares. Gamay noir à jus blanc 100 %
Production moyenne : 58 400 bt/an

DOMAINE LABRUYÈRE
310, rue des Thorins,
71570 Romanèche-Thorins
03 85 20 38 13 • www.famille-labruyere.com
• Vente et visites : au domaine sur rendez-vous.
De 8h30 à 12h et de 14h à 17h.
Propriétaire : Famille Labruyère
Directeur : Édouard Labruyère
Maître de chai : Michel Rovere
Œnologue : Nadine Gublin

★

MARCEL LAPIERRE

Depuis que Marcel Lapierre est décédé, sa femme Marie, son fils Mathieu et sa fille Camille pérennisent l'esprit des vins "nature" dont il fut l'un des pionniers. La force des Lapierre réside dans leur très beau parcellaire cultivé en bio depuis 1981. Pour faire face à la demande, le domaine achète également du raisin. Le vin est élevé sans soufre en moyenne neuf mois, en fûts de trois à treize ans, ainsi que dans de vénérables foudres. Le morgon Pur Raisin doit être conservé en dessous de 14 °C. Le Sans Cave a connu un léger sulfitage pour permettre d'être bu sans attendre.

Les vins : Dans un style "nature" net, la matière déliée de ce 2019 le rend déjà plaisant à boire, toujours dans le style appétent et délicat du domaine. Mais son dessin minéral, ses tanins poudrés et sa longueur acidulée promettent aussi une belle garde.

- Morgon 2019 19 € 93

Rouge : 16,5 hectares. Gamay noir à jus blanc 100 %
Achat de raisins.
Production moyenne : 150 000 bt/an

MARCEL LAPIERRE ♣
Les Chênes, BP4, 69910 Villié-Morgon
04 74 04 23 89 • www.marcel-lapierre.com
• Vente et visites : au domaine sur rendez-vous.
Propriétaire : Mathieu et Camille Lapierre

★

DOMAINE LAURENT MARTRAY

Installé en 1987, Laurent Martray peut aujourd'hui être fier du chemin parcouru. Sa formation bourguignonne a affiné des bases apprises auprès de son père qui avait un métayage sur le château de la Chaize. Ses 10 hectares sont répartis en Brouilly et Côte de Brouilly. Davantage de travail du sol devrait conduire à des cuvées d'une plus forte authenticité. Partiellement égrappés, suivant les cuvées, les raisins connaissent un élevage allongé en fût de chêne français, jamais neuf. Les vins en sortent pleins, structurés. Les brouillys sont des vins "de côte", destinés à la cave. La disparition de la cuvée Combiaty correspond à l'arrêt du métayage au château de la Chaize, ce qui permet au vigneron de se concentrer sur 5 hectares très bien situés.

Les vins : Corentin joue la carte de la finesse, avec la violette en tête. Patiné, offrant des tanins ronds, il est déjà accessible. La Folie porte bien son nom avec son côté fougueux. L'extraction douce lui confère une vraie gourmandise, mais attendez deux ans pour qu'il se fonde complètement. Les Feuillées oscille entre finesse et puissance. La bouche est délicieusement veloutée. Les tanins encore un peu présents seront de bons gardiens pour le vieillissement. Loïs, magnifié par de vieilles vignes centenaires, est un vin délicieux. La qualité du fruit, l'empreinte minérale et l'allonge assurent sa carrière en cave.

- Brouilly Corentin 2018 18 € 92
- Brouilly La Folie 2016 16 € 93
- Côte de Brouilly Les Feuillées 2018 16 € 94
- Côte de Brouilly Loïs 2018 25 € 95

Rouge : 5 hectares. Gamay noir à jus blanc 100 %
Production moyenne : 30 000 bt/an

DOMAINE LAURENT MARTRAY
Combiaty, 69460 Odenas
06 14 42 04 74 •
www.domainelaurentmartray.com • Vente et visites : au domaine sur rendez-vous.
Propriétaire : Laurent Martray

★

CHÂTEAU DU MOULIN-À-VENT

Depuis son acquisition par la famille Parinet en 2009, ce vaste domaine s'est doté de moyens humains importants afin de rajeunir les ailes du Moulin-à-Vent, comme le Château des Jacques à son époque. Dans un style de gamay moderne, avec des élevages sous bois longs et bien gérés, les nombreuses cuvées parcellaires expriment la complexité et la diversité des sols. Avec 2016 apparaissent les premières vignes blanches (4,5 hectares) du domaine en appellation Mâcon et Pouilly-Fuissé sous le nom de Roc des Boutires. Les 2017 témoignent d'une belle progression dans la maîtrise des boisés, avec une extraction plus douce, et une meilleure précision dans la définition des terroirs. Le château du Moulin-à-Vent compte désormais parmi les domaines majeurs du Beaujolais.

Les vins : le moulin-à-vent 2017 est dans un style évanescent et subtil. Avec des airs de pinot noir sudiste, le nez distille des notes de cerise noire, de goyave, de nectarine et de feuilles de tomates. Sa belle finale fraîche trouve le juste équilibre entre maturité et tension. Couvent des Thorins nous plonge dans une corbeille de fruits noirs pulpeux à souhait, et y ajoute une fine végétalité rafraîchissante. Les tanins délicats rendent le vin déjà très abordable. Fin et élégant, Champ de Cour incarne l'élégance du cru. La bouche offre un toucher extraordinairement fin, dans lequel des tanins imperceptibles se jouent d'une trame minérale. Certains seront perturbés par cette personnalité réservée, qui séduira les amateurs de vins raffinés.

Moulin-à-Vent 2015	19,60 €	92
Moulin-à-Vent 2016	19,60 €	91
Moulin-à-Vent 2017	17,80 €	93
Moulin-à-Vent Couvent des Thorins 2018	14,20 €	90

Le coup de ♥

Moulin-à-Vent Champ de Cour 2017	Épuisé - 29 €	95

Rouge : 33 hectares. Gamay noir à jus blanc 100 %
Production moyenne : 100 000 bt/an

CHÂTEAU DU MOULIN-À-VENT
4, rue des Thorins,
71570 Romanèche-Thorins
03 85 35 50 68 •
www.chateaudumoulinavent.com • Vente et visites : au domaine sur rendez-vous.
Propriétaire : Édouard et Jean-Jacques Parinet
Directeur : Édouard Parinet
Maître de chai : Brice Laffond

★

DOMAINE DOMINIQUE PIRON

Depuis son association avec Julien Revillon, le bouillonnant Dominique Piron a axé son activité sur la commercialisation et sur la politique locale, devenant en 2017 le nouveau président de l'interprofession de Beaujolais. Le duo a recruté un jeune chef de culture en la personne de Thibaud Lemaître, ce qui devenait nécessaire pour veiller sur un domaine qui représente 90 hectares et peut encore grandir. La cave est tenue par un jeune œnologue, Pierre Meunier. Ces efforts ont permis d'améliorer la qualité des raisins et la sélection parcellaire engagée commence à porter ses fruits. On est séduit par la régularité de la gamme, et ses pierres angulaires : spontanéité du fruit, friandise, et définition précise de chaque cru.

Les vins : Quartz a besoin de temps pour s'ouvrir. Sa bouche, de demi-corps, trouve le juste équilibre entre facilité et profondeur minérale. La petite finale mordante appelle une viande blanche. Le fruit du régnié est attirant dès le nez. Sa maturité fraîche (parcelle exposée au sud) le rend gourmand à souhait, et sa finale douce, rappelant la pulpe de framboise, rend ce vin très abordable. Grand Cras s'exprime avec réserve et sérieux dans sa jeunesse, à l'image de son cru : la garde est assurée. Côte du Py est une très belle réussite et coche avec brio les cases spontanéité du fruit, justesse de la vinification, typicité du cru. Cela se traduit par des notes de coulis de fraise, de noyau et de génoise au chocolat. La bouche est gourmande avec son alcool rond et sucrant, équilibré par une fine tension iodée, et un grain de tanin très fin. On peut le déboucher d'ici à 2035. Nouvelle cuvée issue d'une parcelle historique du domaine sur la Côte du Py, Aux Pierres se distingue par une haute maturité. Il a besoin de s'affiner en cave pour fondre son élevage aromatisant et se révéler pleinement.

Chénas Quartz Domaine Piron-Lameloise 2018	16 €	90
Morgon Aux Pierres 2017	35 €	93
Morgon Côte du Py 2018	18 €	94
Morgon Grand Cras 2018	14 €	92

Le coup de ♥

Régnié Croix Penet 2018	14 €	91

Rouge : 73 hectares. Gamay noir à jus blanc 100 %
Achat de raisins.
Blanc : 3 hectares. Chardonnay 100 %
Achat de raisins.
Production moyenne : 600 000 bt/an

DOMAINE DOMINIQUE PIRON
1216, route du Cru, 69910 Villié-Morgon
04 74 69 10 20 • www.domaines-piron.fr •
Vente et visites : au domaine sur rendez-vous.
Du lundi au vendredi de 9h à 18h. Samedi sur rendez-vous.
Propriétaire : Dominique Piron et Julien Revillon

★

CHÂTEAU DE PONCIÉ

La rangée d'arbre centenaires posée sur la ligne de crête n'est pas seulement une carte postale du Beaujolais : elle matérialise le château et fixe la limite avec Moulin-à-Vent, qui s'y situait à une époque. La pente des coteaux peut atteindre 60 % et 410 mètres comme sur la parcelle des Hauts du Py. Les 49 hectares du plus vaste domaine de Fleurie ont été repris par la famille Henriot qui, depuis le millésime 2009, se donne les moyens du renouveau. Joseph Bouchard est en charge des vignes ; Frédéric Weber, en charge de la partie technique de la maison Bouchard, à Beaune, suit les vins.

Les vins : le domaine ne nous ayant pas fait parvenir ses vins cette année, nous sommes amenés à reconduire les notes de notre édition précédente.

Fleurie La Salomine 2017	11,40 €	90
Fleurie Le Pré Roi 2017	8,80 €	92
Fleurie Les Moriers 2017	22,50 €	90

Rouge : Gamay noir à jus blanc 100 %
Production moyenne : 90 000 bt/an

CHÂTEAU DE PONCIÉ
69820 Fleurie
04 37 55 34 75 • www.chateaudeponcie.fr •
Pas de visites.
Propriétaire : Maisons et Domaines Henriot
Directeur : Thomas Seiter
Maître de chai : Joseph Bouchard

★

JULIEN SUNIER

Bourguignon de naissance, Julien Sunier crée son domaine dans le Beaujolais en 2008, après un long périple à parcourir les vignobles dans le monde entier, puis des passages au domaine Roumier, à Chambolle-Musigny, et chez Albert Mann, en Alsace. Trois appellations sont élaborées ici. Le chai se situe à 750 mètres d'altitude sur les hauteurs d'Avenas. Toutes les vignes sont travaillées manuellement, même dans le secteur pentu et difficile de Niagara (Fleurie). Suivant les principes de Jules Chauvet, les vins sont peu extraits et brillent par leur sapidité et leur fraîcheur. La méthode : raisins entiers en semi-macération carbonique, élevage en fût bourguignon sans bois neuf.

Les vins : on se régale avec les 2018. Le régnié, très typé, s'offre une envolée florale. Il nous délecte de son toucher délicat et sapide, et sa longueur appelle rapidement la deuxième bouteille. Le fleurie est un peu plus fermé ; il témoigne d'une approche plus terrienne. La bouche, séveuse, offre des tanins encore un peu accrocheurs, mais récompensera les plus patients. Morgon est un vin sérieux, au profil minéral évident. Il faut attendre pour qu'il se révèle.

Fleurie 2018	17 €	94
Morgon 2018	17 €	95
Régnié 2018	14 €	93

Rouge : 8,5 hectares. Gamay noir à jus blanc 100 %
Production moyenne : 60 000 bt/an

JULIEN SUNIER ♣
Les Noisetiers, 69430 Avenas
04 74 69 91 74 • www.julien-sunier.com •
Vente et visites : au domaine sur rendez-vous.
Propriétaire : Julien Sunier

NOUVEAU DOMAINE

CHÂTEAU BELLEVUE (MORGON)

Propriété de la maison Jean Loron depuis 2009, Bellevue, autrefois nommé Château des Lumières et possédé par Louis Jadot, est un trésor bien caché dans le paysage de Morgon. Riche de 18 hectares de vignes idéalement situées, ce domaine niché dans un château du XIXe siècle est chapeauté depuis 2017 par Tristan Larsen. La viticulture est bio, sans certification. Les macérations sont volontairement longues, les raisins vendangés en partie entiers en fonction des crus ; la vinification en cuve et les extractions douces permettent de mieux faire ressortir les nuances des lieux-dits. Les cuvées parcellaires, de garde, sont élevées en fût. On prédit un bel avenir à cette propriété aux mains d'un homme aussi passionné et attentionné.

Les vins : belle cohérence de gamme en 2018. Le domaine n'est pas tombé dans le piège de la maturité poussée. Les Charmes ouvrent la gamme avec brio, mêlant délicatesse et profondeur granitique. Grand Cras offre une maturité appuyée, sans excès, tenue par un gaz carbonique approprié. Corcelle est timoré et profond, présente des notes d'herbes séchées et de fruits à noyau. Une belle garde est à prévoir. Le moulin-à-vent est engoncé dans un bois ambitieux mais adapté à sa matière riche et à son impact minéral ; attendez-le au moins quatre ans.

Morgon Corcelette Le Clos 2018	20 €	93
Morgon Grand Cras 2018	15 €	92
Morgon Les Charmes 2018	13 €	92
Moulin-à-Vent La Roche Vieilles Vignes 2018	20 €	92

Rouge : 14 hectares. Gamay noir à jus blanc 100 %
Blanc : 1 hectare. Chardonnay 100 %
Production moyenne : 25 000 bt/an

CHÂTEAU BELLEVUE (MORGON)
Bellevue, 69910 Villié-Morgon
04 74 66 98 88 • www.chateau-bellevue.fr •
Vente et visites : au domaine sur rendez-vous.
De 10h à 12h30 et de 14 à 18h.
Propriétaire : Maison Jean Loron
Directeur : Philippe Bardet
Maître de chai : Tristan Larsen

DOMAINE LES CAPRÉOLES

Cédric Lecareux fait partie de ces néo-vignerons qui font bouger le Beaujolais. Directeur technique d'un grand négociant languedocien durant six récoltes, il s'installe à Régnié avec son épouse Catherine, ingénieure agronome comme lui, sur un domaine à l'abandon. Dès leur arrivée, en 2014, ils s'engagent dans une certification biologique, confirmée en 2017. Adeptes de la maxime « La règle, c'est qu'il n'y en a pas », ils adaptent l'égrappage et l'élevage suivant chaque millésime. Marqués par un fond riche, des tanins juteux, une véritable volonté de respecter le fruit, les vins donnent à Régnié son véritable rang de cru et proposent une autre interprétation du Beaujolais, inspirée d'années d'expériences chez Gérard Bertrand.

Les vins : la spontanéité et l'éclat du fruit guident Amourgandise. La bouche fluide est dynamisée par une fraîcheur sous-jacente judicieuse. Diaclase exhale la cerise à l'eau-de-vie, le chocolat noir et le vieux vinaigre balsamique, une sensation prolongée en bouche par une matière épaisse, demeurant digeste grâce à une belle énergie minérale. La Croix restitue la noblesse du lieu. Le nez distille des arômes complexes de fraise des bois, de tourbe, de bois blond, d'orange sanguine et de pierre chaude. La bouche est superbe, dictée par une empreinte minérale intense. Il faudra revoir Alio Pacto, bien fermé pour l'instant, dans deux ans.

Beaujolais-Villages Alio Pacto 2018	25 €	91
Beaujolais-Villages L'Amourgandise 2019	10,50 €	88
Régnié Diaclase 2017	13,70 €	92
Régnié Sous la Croix 2018	21,50 €	94

Rouge : 7 hectares. Gamay noir à jus blanc 100 %
Blanc : 1 hectare.
Production moyenne : 30 000 bt/an

DOMAINE LES CAPRÉOLES ♣
108, impasse du Muguet, Lieu-dit La Plaigne, 69430 Régnié-Durette
04 74 65 57 83 • www.capreoles.com •
Vente et visites : au domaine sur rendez-vous.
Propriétaire : Cédric et Catherine Lecareux

MANOIR DU CARRA

La famille Sambardier est installée depuis 1850 au cœur des Pierres Dorées. Depuis leur bastion, une grande bâtisse évoquant une ferme vigneronne toscane, deux frères, Frédéric et Damien, veillent sur le vignoble. Lutte raisonnée, égrappage et élevage en fût ou en cuve adapté suivant chaque parcelle, tout concorde vers la qualité. Bien que large, la gamme est cohérente et d'une qualité très régulière.

Les vins : le Non-Filtré offre un nez ouvert et facile, mais se montre fluide. Timide Vers le Mont, ensemble fin souligné d'une empreinte minérale, dont les tanins, élégants et finement accrocheurs, garantissent une bonne garde. Avec Les Bottières, l'identité sérieuse et musclée du cru se ressent dès le nez (fruits noirs, touche chocolatée, viande séchée). Les Burdelines se veut assez léger : il rappelle le coulis de fruit, l'airelle, et les quatre épices. La bouche est guidée par une minéralité fraîche, associée à un toucher croquant.

Beaujolais-Villages Non filtré 2018	8 €	88
Fleurie Vers le Mont 2018	15 €	89
Juliénas Les Bottières 2018	11,50 €	90
Moulin-à-Vent Les Burdelines 2018	14 €	90

Rouge : 32 hectares. Gamay noir à jus blanc 100 %
Blanc : 6 hectares. Chardonnay 100 %
Production moyenne : 220 000 bt/an

MANOIR DU CARRA
Le Carra, 69640 Denicé
04 74 67 38 24 • www.manoir-du-carra.com
• Vente et visites : au domaine sur rendez-vous.
Propriétaire : Damien et Jean-Frédéric Sambardier

NOUVEAU DOMAINE

CHÂTEAU DE LA CHAIZE

En rachetant ce domaine en 2017, Christophe Gruy a décidé de réveiller une belle endormie. Propriété historique de Brouilly, auparavant cultivée par des métayers, La Chaize profite d'un propriétaire qui en a désormais pris la mesure : de grands investissements ont été entrepris sur les plans viticole (programme de replantation et transition vers le bio), technique (les installations de vinification font l'objet d'un chantier pharaonique) et humains (Pierre-Jean Villa en conseil, le vigneron Boris Gruy, neveu de Christophe, nommé directeur) pour hisser les 150 hectares du château à leur meilleur niveau. Couronnant le tout, le nouveau propriétaire projette une production "zéro déchet". La gamme s'inscrit dans un style gourmand et spontané pour les "petites" cuvées, sérieux, profond et maîtrisé pour les parcellaires ; sa cohérence permet au domaine de renouer avec notre guide. Le Beaujolais a besoin de ce type de projets ambitieux, que nous suivrons avec attention au cours des prochains millésimes.

Les vins : le pouilly-fuissé représente la facette fraîche de cette appellation, que l'on rencontre souvent mûre. Les Deux Amis offre un fruit spontané et la typicité du cru. Combiliaty s'affirme comme un lieu-dit de grande classe, mais demande du temps pour révéler sa bouche austère, dotée d'une touche rhodanienne. La Chaize a besoin de deux ou trois ans pour se fondre. Issu de vieilles vignes de 1950 historiquement bien travaillées, Brûlhier est sur la marche du dessus : des notes de fruits à noyau bien mûrs s'entremêlent à la fleur de montagne et à la feuille de tomate. La bouche est majestueuse, grâce à une puissance diffuse, des tanins précis et étirés, une longue finale douce. Une garde d'au moins dix ans l'attend.

Pouilly-Fuissé 2018	26 €	88
Brouilly Combiliaty 2017	22 €	91
Brouilly La Chaize 2017	23 €	91
Brouilly Les Deux Amis 2017	N.C.	89
Côte de Brouilly Brûlhier 2017	26 €	93

Rouge : 150 hectares. Gamay noir à jus blanc 100 %
Achat de raisins.
Blanc : Chardonnay 100 %
Achat de raisins.
Production moyenne : 300 000 bt/an

CHÂTEAU DE LA CHAIZE
La Chaize, 69460 Odenas
04 74 03 41 05 •
www.chateaudelachaize.com • Pas de visites.
Propriétaire : Famille Gruy
Directeur : Boris Gruy
Maître de chai : Chloé Tisseur

CLOS DE MEZ

S'il y avait un panneau au Clos de Mez on pourrait y lire "Marie-Élodie Zighera vigneronne-artisane" ! Son vignoble (certifié bio en 2019) se divise en deux crus dont Fleurie est le centre. Pasionaria de la vendange entière, elle n'a pas acheté de raisin malgré les grêles récentes qui ont touché ses fleuries. Depuis son premier millésime, en 2006, elle a évolué vers des cuvées toujours structurées, mais laissant davantage de place à la digestibilité. Un hiver en fût, un en masse et un en bouteille, voilà pourquoi ses millésimes semblent anciens au milieu de la course au vin facile.

Les vins : Mademoiselle M combine spontanéité du fruit, facilité de dégustation et typicité du cru. La tombée de fruits noirs, la végétalité noble de la rafle, les épices douces et la nuance florale séduisent. Château Gaillard distille de manière nuancée des arômes de pot-pourri, de papier d'Arménie, de cerise au sirop, de bois fin. L'étoffe du cru s'impose en bouche, avec volume et rondeur.

Fleurie Mademoiselle M 2018	14 €	89
Morgon Château Gaillard 2017	22 €	92

Rouge : 5,3 hectares. Gamay noir à jus blanc 100 %
Production moyenne : 20 000 bt/an

CLOS DE MEZ
467, route des Raclets, 69820 Fleurie
06 03 35 71 89 • www.closdemez.com •
Vente et visites : au domaine sur rendez-vous.
Propriétaire : Marie-Élodie Zighera-Confuron

CLOS DE LA ROILETTE

Le Clos de la Roilette est aux mains de la famille Coudert depuis 1967, Alain ayant signé sa première vendange en 1982. Composé de 14 hectares, le domaine s'est agrandi en 2005, avec la reprise d'une parcelle de Brouilly, située sur le village de Saint-Lager. À Fleurie, les vieilles vignes entourent la cave. Notons également 3 hectares dans le secteur de Champagne, situé au sud-ouest du village. Le style des vins est sans fioritures. Au programme, vinification classique en vendange entière et élevage en foudre de chêne usagé. La cuvée Les Griffes du Marquis subit un élevage de douze mois en barrique. Ces vins au joli potentiel de garde se montrent denses et charnus.

Les vins : le fleurie, fraîchement mis en bouteille, n'est pas encore en place. Sa haute maturité et sa bouche athlétique demanderont du temps pour se fondre. Cuvée Tardive combine minéralité et intensité du fruit. Son extrait sec et ses tanins poudrés le rendent majestueux. Marquis exprime timidement des notes de fleurs bleues, de fruits rouges, et de pierre chaudes. Il a besoin de deux ans pour se fondre.

Fleurie 2019	9,80 €	90
Fleurie Cuvée Tardive 2019	13 €	93
Fleurie Les Griffes du Marquis 2018	18 €	93

Rouge : 14 hectares. Gamay noir à jus blanc 100 %
Production moyenne : 60 000 bt/an

CLOS DE LA ROILETTE
358, route de La Roilette, 69820 Fleurie
04 74 69 84 37 •
clos-de-la-roilette@wanadoo.fr • Vente et visites : au domaine sur rendez-vous.
De 8h à 12h et de 14h à 18h.
Propriétaire : Alain Coudert

JULIEN DUPORT

Enfant, ce natif du Forez se voyait "pompier-vigneron". Aujourd'hui, il a réussi à éteindre la soif de gamay de nombre d'amateurs ! Julien Duport a repris en 2003 le vigneronnage qui est dans sa famille depuis 1916. Partisan du labour, même dans ses terroirs les plus pentus, comme sur le sol vertigineux de La Boucheratte, il ne fait rien à moitié. Il plante en haute densité, enherbe les rangs de vignes et passe les gamays qu'il replante en cordon de Royat double. Moitié en Brouilly et moitié en Côte de Brouilly, ses crus sont denses et dignes de vivre en cave. Les millésimes affinent son talent.

Les vins : Botheland est un chardonnay de style rhodanien, dont l'élevage marqué suggère la frangipane et le miel frais. La richesse en bouche est équilibrée par une fine acidité. La Folie est réduit à ce stade, mais la bouche ronde et gourmande rappelle la qualité du cru. Carafez-le. Lieu-dit Brouilly est le fruit d'une vendange entière judicieuse, qui lui confère floralité et fine élégance. Encore quelque peu marqué par son élevage, c'est une belle promesse. Empreintes séduit par sa fine austérité et son élevage approprié. Son muscle et sa finesse annoncent une belle garde.

Beaujolais-Villages Botheland 2018	12 €	88
Brouilly La Folie 2018	10 €	89
Côte de Brouilly Empreintes 2018	16 €	92
Côte de Brouilly Lieu-dit Brouilly 2018	10 €	91

Rouge : 7 hectares. Gamay noir à jus blanc 100 %
Blanc : 0,5 hectare. Chardonnay 100 %
Production moyenne : 25 000 bt/an

JULIEN DUPORT
56, route de la Chapelle, Brouilly, 69460 Odenas
04 74 03 44 13 • jul.duport@wanadoo.fr • Visites : sans rendez-vous.
Propriétaire : Julien Duport

DOMAINE DE FA

Tandis que nombre de vignerons du Rhône nord achètent au sud, Antoine et Maxime Graillot, viticulteurs reconnus sur Crozes-Hermitage, sont partis au nord. En 2013, ils reprennent 5 hectares de coteaux très caillouteux sur granite, dans les hauteurs de Saint-Amour qu'ils conduisent en biodynamie. En parallèle, ils font l'acquisition de 3 hectares au nord de Fleurie sur le lieu-dit Roche Guillon. Vinifiés en grappe entière et en cuve béton, les vins sont ensuite élevés en foudre de 20 et 30 hl. La gamme est dictée par un style "nature" maîtrisé, rendant les vins très accessibles, mais aussi parfois un peu trop "libres".

Les vins : En Besset propose un style volontairement "libre". Le nez, intense, suggère la violette, une pointe de ronce, le biscuit, la cerise rôtie, et la pomme. La bouche est facile, en demi-puissance, avec des tanins fins. Profitez-en jeune. La vendange entière et la courte macération donne un style "libre maîtrisé" au saint-amour, à l'attaque de bouche gourmande, aux tanins un peu aiguisés ; la finale désaltère grâce à un léger perlant.

Beaujolais En Besset 2018	Épuisé - 15 €	88
Fleurie Roche Guillon 2018	Épuisé - 24 €	91
Saint-Amour 2018	Épuisé - 25 €	89

Rouge : 8 hectares. Gamay noir à jus blanc 100 %
Production moyenne : 35 000 bt/an

DOMAINE DE FA
974, route de Vers, Faye, 71700 Boyer
04 75 84 67 52 •
contact@domainegraillot.com • Pas de visites.
Propriétaire : Antoine et Maxime Graillot

NOUVEAU DOMAINE

DOMAINE LAFARGE-VIAL

Riche d'expériences et de savoir, la famille Lafarge, du domaine éponyme de Volnay, a créé en 2014 cette propriété avec pour ambition de produire des vins à la maturité assumée et précise. Travaillé en biodynamie par Chantal et Frédéric dès sa création, le domaine acquiert pas à pas des parcelles dans les crus, donnant la part belle à Fleurie. Ceux-ci sont égrappés et élevés pendant près d'un an. Cet élevage ambitieux et précis donne des vins denses, qui séduisent par leur typicité et leur accessibilité.

Les vins : après un peu d'aération, le nez posé du chiroubles retranscrit avec gourmandise la fraise écrasée, le cerise pulpeuse, et le moka. La bouche est riche, rendue suave par la rondeur du millésime, mais domptée par une fraîcheur rappelant l'orange sanguine. La bouche du fleurie Joie du Palais est serrée par une fraîcheur acidulée. Une sensation un peu douce domine en finale. Le fleurie offre un nez typé, une sage austérité, et un équilibre saisissant en bouche entre maturité et dynamisme ; saluons son élevage judicieux. On sent une forte typicité dans Clos Vernay, dont le nez pur retranscrit la richesse du millésime ; les tanins sont encore serrés. Combinée à une légère réduction, l'austérité du cru se ressent dans le côte-de-brouilly, construit dans un style musclé.

Chiroubles 2018	N.C.	91
Côte de Brouilly 2018	N.C.	90
Fleurie 2018	N.C.	92
Fleurie Clos Vernay 2018	N.C.	92
Fleurie Joie du Palais 2018	N.C.	91

Rouge : 5,5 hectares. Gamay noir à jus blanc 100 %
Production moyenne : 25 000 bt/an

DOMAINE LAFARGE-VIAL
66, chemin de Propières, Bel-Air, 69820 Fleurie •
www.domainelafargevial.com • Visites : Pas de visites.

Propriétaire : Chantal et Frédéric Lafarge
Directeur : Eddie Lachaux

CHÂTEAU DE LAVERNETTE

Sur le mamelon rocheux de Chaintré, entre Beaujolais et Mâconnais, le château de Lavernette abrite une famille en or. En 1988, Bertrand de Boissieu retire de la coopération les vignes familiales. Son fils Xavier rentre en 2003 des États-Unis avec Kerrie, une œnologue qui deviendra sa femme et bras droit. Installé en 2007, il entame une double certification bio et biodynamique, validée en 2010. Dans un style concentré, moderne et sans fard, les gamays font montre d'élégance et de cette sève propre à la vinification en grappes entières. Les blancs vieillissent avec grâce.

Les vins : Maison du Villard concilie maturité et cristallinité, le sage en gardera quelques bouteilles en cave. Ambitieux dans son élevage, Jean-Jacques de Boissieu évoque un bourgogne du milieu des années 2000, une belle garde le domestiquera. Le Clos 2018 est une belle réussite : fruit sérieux, tanins de qualité, capacité de garde. De quoi bluffer vos amis avec une simple appellation régionale. Deux à trois ans d'attente seront nécessaires pour savourer la profondeur du saint-amour. Un peu provocateur, Le Clos Jadis est une superbe bouteille. Les vieilles vignes amènent une matière noble, un grand fond de vin, qui balance un élevage boisé encore un peu présent.

- Pouilly-Fuissé Jean-Jacques de Boissieu 2017 — 21,90 € — 90
- Pouilly-Fuissé Maison du Villard 2018 — de 19,30 à 23 € (c) — 90
- Beaujolais-Leynes Le Clos 2018 — de 12,50 à 15 € (c) — 91
- Beaujolais-Leynes Le Clos Jadis 2017 — de 17 à 20 € (c) — 92
- Saint-Amour Le Châtelet 2017 — de 21 à 25 € (c) — 90

Rouge : 7 hectares. Gamay noir à jus blanc 100 %
Blanc : 6 hectares. Chardonnay 100 %
Production moyenne : 60 000 bt/an

CHÂTEAU DE LAVERNETTE
70, chemin de la Vernette, 71570 Leynes
03 85 35 63 21 • www.lavernette.com •
Vente et visites : au domaine sur rendez-vous.
Propriétaire : Famille de Boissieu

NOUVEAU DOMAINE

DOMAINE DE LA MADONE

Cette propriété familiale, qui débuta la vente en bouteille dès la fin des années 1950, offre un style de vin saisissant dans le vignoble escarpé et impressionnant du Perréon. La viticulture y est héroïque ; les vins, sincères, purs, dessinés avec précision grâce aux élevages en cuve et à la vinification bourguignonne pratiqués depuis l'arrivée des trois frères Olivier, Frédéric et Bruno Bererd, et notamment grâce à l'égrappoir installé en 1996. La modestie des trois frères est inversement proportionnelle à la qualité des vins, et mise en lumière par des prix très intéressants. En pleine progression, ce domaine intègre notre guide cette année, et il faudra le suivre de près.

Les vins : le blanc séduit dès son nez très nuancé et subtil. La bouche est cristalline, épurée, avec une mâche qui appelle la table. La pureté du fruit (cerise fraîche et myrtille) du Perréon s'entremêle avec des fragrances minérales de pierre chaude. La bouche trouve le juste équilibre entre fraîcheur acidulée, grande qualité de tanins et maturité juste. L'élevage en béton permet de contrôler la puissance du millésime. Le Perréon bio est un rapport qualité-prix assez incroyable, au nez de grand vin. La bouche est confortable et généreuse, bien tenue par des tanins précis et veloutés.

- Beaujolais-Villages 2019 — 8,50 € — 91
- Beaujolais-Villages Le Perréon 2019 — 7,50 € — 91

Le coup de ♥

- Beaujolais-Villages Le Perréon Bio 2019 — 12 € — 92

Rouge : 26 hectares. Gamay noir à jus blanc 100 %
Blanc : 2,5 hectares. Chardonnay 100 %
Production moyenne : 160 000 bt/an

DOMAINE DE LA MADONE
118, boulevard Crozet-Mansard, 69640 Le Perréon
04 74 03 21 85 • bruno.bererd@orange.fr •
Vente et visites : au domaine sur rendez-vous.
Propriétaire : Famille Bererd
Directeur : Bruno Bererd

DOMAINE DE LA MADONE (FLEURIE)

Jean-Marc Desprès est un vigneron discret qui vous parle avec le regard... et avec ses vins ! Son fils Arnaud le rejoint en 2005 dans ce domaine qui s'étend tout autour de la colline de la Madone, en surplomb du village de Fleurie. Il reprend alors les vignes de son arrière-grand-père qu'il distribue sous l'étiquette Domaine Niagara, modifie la conduite de la vigne et plante de nouvelles parcelles dont du viognier sur granite. Pour la qualité de son accueil, la franchise des ses vins et la gourmandise de son auberge, La Madone est une étape heureuse en Beaujolais.

Les vins : bien qu'un brin caricatural, le viognier est de belle facture. Ses notes de violette et de fruits du verger le rendent très joyeux. La Madone laisse penseur. La végétalité en finale comprime l'ensemble. Niagara joue la carte de la spontanéité, avec un fruit plein, un alcool sucrant et une fine tension. Les Vieilles Vignes confèrent au fleurie une grande intensité minérale. La bouche est ample, dense et caressante. L'élevage en fût de Dame de la Pétoche illustre l'ambition du vigneron : la bouche, encore sur la défensive, n'arrive pas à se livrer pleinement. Issu d'une vigne plantée en 1889, on devine dans le fleurie éponyme la volonté de magnifier une matière noble. La longue macération a permis d'extraire avec justesse ce que la vigne ancestrale avait à offrir : un fruit noir lumineux, dense, et surtout une grande profondeur minérale. Son style évoquant un vieux Rioja pourra en séduire plus d'un.

- VDF Viognier 2019 — 15 € — 88
- Fleurie 2018 — 9,50 € — 88
- Fleurie Dame de La Pétoche 2015 — 14,50 € — 92
- Fleurie Domaine Niagara 2018 — 10 € — 89
- Fleurie Vieilles Vignes 2018 — 13 € — 92

Le coup de ♥

- Fleurie 1889 2015 — 27 € — 95

Rouge : 17 hectares. Gamay noir à jus blanc 100 %
Blanc : 0,5 hectare. Viognier 100 %
Production moyenne : 100 000 bt/an

DOMAINE DE LA MADONE (FLEURIE)
La Madone, 69820 Fleurie
04 74 69 81 51 •
www.domaine-de-la-madone.com • Vente et visites : au domaine sur rendez-vous.

Propriétaire : Jean-Marc Desprès
Maître de chai : Arnaud Desprès

DOMAINE DES NUGUES

Au carrefour des crus, la famille Gelin produit majoritairement des beaujolais et des beaujolais-villages. Quelques parcelles à Morgon (1 hectare) et Fleurie (6 hectares) complètent une gamme qui va du VDF à la crème de cassis maison. Les vins ressemblent à leur auteur, Gilles Gelin : riches en couleur avec un tanin fruité, ils se livrent dans le temps. Son blanc est un chardonnay métronome en Beaujolais-Villages, qu'il continue de planter sur des terres appropriées. Sa version en gamay montre l'excellence du terroir de Lancié quand il est travaillé avec des rendements ajustés.

Les vins : le beaujolais Sans Soufre explose de parfums d'eucalyptus, de menthe poivrée, de fruits rouges et de bonbon anglais. La bouche trouve le juste équilibre entre gourmandise du fruit et structure. Le muscle de Fleurie se ressent dès le nez par des notes de fruit noir bien mûr, de fougère, une légère touche grillée rappelant la suie. La bouche, d'attaque ample et ronde, s'affine en finale, avec des tanins fins et patinés. Les vieilles vignes donnent un moulin-à-vent éclatant ; un coulis de fruits noirs, une forte empreinte granitique, une sensation saline caractérisent ce vin à l'énergie lumineuse. Elle et Lui est un duo gagnant de syrah et gamay sur granite, où le fruit noir se mêle au poivre blanc, à la cire de bougie, complétés d'une touche lactée. Quintessence du Gamay évoque un vieux rioja. La bouche s'affine doucement : la matière, riche à la naissance, s'est patinée, pour donner un vin large mais fin, avec une belle allonge qui rappelle la framboise fraîche.

- Beaujolais-Villages Sans Soufre 2019 — 9,50 € — 89
- Fleurie 2018 — 14,50 € — 91
- Moulin-à-Vent 2018 — 15,50 € — 92
- VDF Elle et Lui 2017 — 14 € — 89

Le coup de ♥

- Beaujolais-Villages Quintessence du Gamay 2014 — 15,50 € — 93

Rouge : 31,52 hectares. Gamay noir à jus blanc 98 %, Syrah 2 %
Blanc : 3,68 hectares. Chardonnay 100 %
Production moyenne : 240 000 bt/an

DOMAINE DES NUGUES
Les Pasquiers, 40, rue de la Serve, 69220 Lancié
04 74 04 14 00 • www.domainedesnugues.com • Vente et visites : au domaine sur rendez-vous.
Propriétaire : Gilles Gelin

DOMAINE DE LA PIROLETTE

Ancienne cadre commerciale en tonnellerie, Virginie Barbet a racheté ce domaine en 2013 avec son mari Grégory et quelques amis investisseurs. Les vinifications se font égrappées ou en raisins entiers suivant les cuvées. Mais toujours avec un "chapeau grillé" accompagné de remontage et délestage pour une extraction en douceur. Elle élève ensuite en fût de chêne français et dans des œufs béton leurs différentes cuvées parcellaires qui comptent parmi les terroirs les plus identitaires du cru. Ils font aujourd'hui partie des rares domaines qui redonnent le rang de cru à Saint-Amour.

Les vins : nous saluons la grande maîtrise du saint-amour, au nez de fruits noirs, à l'élégance végétale, avec une fine réduction grillée. La belle finale saline rappelle une tombée de fruits rouges. L'élevage en œuf béton a probablement conféré une légère réduction à La Poulette, qui ne se livre pas. Le Carjot est légèrement marqué par une note de bois noble, laissant rapidement place à des arômes de fruits noirs intenses, de café froid et de génoise au chocolat. La bouche est très bien construite, entre un fruit rond et une trame tanique qui structure l'ensemble.

- Saint-Amour 2018 — 15 € — 89
- Saint-Amour La Poulette 2018 — 20 € — 89

Le coup de ♥
- Saint-Amour Le Carjot 2018 — 20 € — 90

Rouge : 15 hectares. Gamay noir à jus blanc 100 %
Production moyenne : 39 800 bt/an

DOMAINE DE LA PIROLETTE
La Pirolette, 71750 Saint-Amour-Bellevue
06 47 47 59 86 • www.domainedelapirolette.com • Vente et visites : au domaine sur rendez-vous.
Propriétaire : Grégory Barbet
Œnologue : Yoan Pitoiset

DOMAINE RICHARD ROTTIERS

Richard Rottiers fait partie de la génération qui a mis en valeur les climats du Beaujolais. Ingénieur spécialisé en agriculture et environnement, il se passionne pour la vie des sols. Après une expérience en Nouvelle-Zélande, cet enfant de Chablis pose ses valises à Romanèche-Thorins. Il vinifie en 2003 à Fleurie, puis se forme à la vigne et en cave durant trois ans au Château Thivin. En 2008, il reprend un domaine en fermage sur Moulin-à-Vent qu'il travaille en bio. Il a fait son entrée dans le guide l'an passé.

Les vins : Mortperay provoque une sensation de froideur, avec ses notes de suie et de sureau ; un élevage judicieux souligne sa fraîcheur et ses tanins poudrés, il faut le garder. Dernier Souffle exhale l'esprit Moulin-à-Vent. Plantés dans le secteur de la Teppe, les vieilles vignes livrent un vin au nez embaumant (fruit des bois, bois fin). La bouche est dense, directe, musclée, avec une finale longue et acidulée : belle garde en perspective. Le terroir de Champ de Cour donne des vins possédant classe et chair, comme le confirme ce 2018 au nez intense et élégant (cerise, fougère, myrte). La bouche est épaulée, très charnue, mais reste fraîche, avec une belle allonge salivante, ponctuée d'une touche végétale.

- Moulin-à-Vent Champ de Cour 2018 — 21 € — 92
- Moulin-à-Vent Dernier Souffle 2018 — 18 € — 91
- Moulin-à-Vent Mortperay 2018 — 13 € — 90

Rouge : 10 hectares. Gamay noir à jus blanc 100 %
Achat de raisins.
Production moyenne : 40 000 bt/an

DOMAINE RICHARD ROTTIERS ♣
La Sambinerie, 71570 Romanèche-Thorins
03 85 35 22 36 • www.domainerichardrottiers.com • Vente et visites : au domaine sur rendez-vous.
De 8h à 17h.
Propriétaire : Richard Rottiers

DOMAINE CHRISTOPHE SAVOYE

C'est au centre du village de Chiroubles, sur le balcon vert du Beaujolais, que Christophe, sixième génération, exploite 16,5 hectares dont 14 situés dans son cru. Vinifiant en (classique) semi-macération carbonique, il érafle dans les parcelles où les raisins ne sont pas à maturité. Il commercialise tout en bouteille et à un prix juste, celui auquel le chiroubles devrait être vendu. La gamme est construite autour d'une chair dense, de laquelle le fruit dégage ses épaules d'un tanin franc. Les vins sont à l'image de leur géniteur : ils vous parlent avec générosité jusqu'à leur sortie de cave. Nous saluons la régularité de cette gamme construite sur une élégante rusticité.

Les vins : Loïc, cuvée emblématique du domaine est une valeur sûre, spontanée et gourmande. Noémie, issu de Corcelette, mêle le chaud et le froid, enrichi par des notes de fruits cuits, rafraîchi par des notes de pierre affleurantes et de végétal noble. Séduisant. Cœur de Femme, issu de vignes centenaires plantées dans le secteur de Côte-Rôtie est d'un bloc : les notes de fruits rouges très murs se mêlent à celles boisées rappelant le cèdre, la boîte à cigare et la vanille. La bouche est massive, sans être dure, typique du millésime.

Chiroubles Coeur de Femme 2015	19 €	91
Chiroubles Cuvée Loïc 2019	11,50 €	88
Morgon Cuvée Noémie 2018	11,50 €	90

Rouge : 16,5 hectares. Gamay noir à jus blanc 100 %
Production moyenne : 55 000 bt/an

DOMAINE CHRISTOPHE SAVOYE
11, route de la Grosse Pierre, 69115 Chiroubles
04 74 69 11 24 • www.vins-chiroubles.com •
Visites : sans rendez-vous.
De 10h à 12h30 et de 14h à 18h30.
Propriétaire : Christophe Savoye

DOMAINE THILLARDON

Fils de coopérateur établi au sud du Beaujolais, Paul-Henri Thillardon a migré au nord, et s'est installé dès ses 22 ans, en 2008, à Chénas. Il rachète en 2012 le domaine de Chassignol. Son frère Charles le rejoint en 2014. Aujourd'hui, ils travaillent ensemble 12 hectares en culture biologique, dont une grande partie labourée à cheval. Ils ont évolué vers une macération carbonique à froid avec sulfitage au soutirage, mais pas à la mise. Rejoints en 2017 par leur petit frère Jean-Baptiste, puis par leur grande sœur Aude en 2018, ils incarnent le renouveau du Beaujolais.

Les vins : Les Vibrations est un vin de fruit qui témoigne d'une belle liberté de style exprimée par la cerise jubilée, la rose et le balsamique. La bouche est gourmande, tramée par une fraîcheur acidulée. Les Blemonts est un peu sauvage, avec des notes grillées, de cerise et de végétal frais. Après un carafage éliminant le gaz, on perçoit un fruit lumineux et très frais, dans Chassignol. La bouche est fraîche, élancée, aux tanins patinés ; la finale convoque la rose.

Chénas Chassignol 2018	26 €	91
Chénas Les Blemonts 2018	20 €	90
Chénas Les Vibrations 2018	19 €	90

Rouge : 11,3 hectares. Gamay noir à jus blanc 100 %
Blanc : 0,7 hectare. Chardonnay 100 %
Production moyenne : 40 000 bt/an

DOMAINE THILLARDON ♣
Les Brureaux, 69840 Chénas
09 52 17 41 02 • paul-henri.t@hotmail.fr •
Vente et visites : au domaine sur rendez-vous.
Propriétaire : Charles et Paul-Henri Thillardon

Bordeaux et ses vins

Par Pierre Citerne, Olivier Poels, Roberto Petronio
et Karine Valentin,
en charge des vins de Bordeaux au sein
du comité de dégustation de La Revue du vin de France

LES APPELLATIONS

Très vaste région viticole, Bordeaux peut être découpé en différents secteurs géographiques. Chacun d'entre eux propose des vins aux profils différents. Voici les principales zones de production.

L'ENTRE-DEUX-MERS

Cette zone est située dans ce vaste triangle très vallonné, entre la Dordogne et la Garonne. L'AOC Entre-deux-Mers produit des vins blancs secs, floraux et frais ; l'AOC Cadillac Côtes de Bordeaux, dont les vignes sont plantées sur les coteaux dominant la Garonne, depuis Bordeaux jusqu'à Cadillac, produit des vins rouges simples et fruités. Les appellations Cadillac, Loupiac et Sainte-Croix-du-Mont, situées face au Sauternais, sur la rive droite de la Garonne, livrent des vins liquoreux qui peuvent donner, dans les bonnes années, de très belles bouteilles à des prix doux. Enfin, l'AOC Bordeaux Haut-Benauge au cœur de l'Entre-deux-Mers produit des vins moelleux et quelques blancs secs et rouges.

LES CÔTES DE BORDEAUX

Cet ensemble regroupe cinq appellations situées sur les coteaux le long de la Dordogne et de l'estuaire de la Gironde. Blaye Côtes de Bordeaux, Côtes de Bourg et Castillon Côtes de Bordeaux sont les plus renommées grâce à leurs vins rouges pleins et gourmands. Les meilleurs vins de Castillon peuvent rivaliser avec les crus de Saint-Émilion. Francs Côtes de Bordeaux est un petit vignoble en progrès, où quelques domaines sont au-dessus du lot. Sainte-Foy Bordeaux se révèle petit à petit.

LE LIBOURNAIS

Les appellations situées autour de la ville de Libourne comptent, à l'ouest, Fronsac et Canon-Fronsac, dont les vins rouges charnus et profonds rappellent ceux de Pomerol au vieillissement. Les satellites de Saint-Émilion (Lussac Saint-Émilion, Montagne Saint-Émilion, Puisseguin Saint-Émilion, Saint-Georges Saint-Émilion) élaborent des vins d'un style comparable, mais moins fin que celui des crus de Saint-Émilion. Au nord de Pomerol, l'AOC Lalande de Pomerol progresse grâce à quelques producteurs dynamiques dont les vins sont très proches de bons pomerols. Les AOC Saint-Émilion et Saint-Émilion grand cru s'étendent sur 5 331 hectares au profil géographique contrasté : une partie méridionale située sur une plaine sablonneuse et une autre, plus intéressante, au nord, en côte et en plateau. À leur meilleur niveau, les vins de Saint-Émilion possèdent à la fois une structure bien définie et une chair étoffée et gourmande. Enfin, Pomerol, appellation très prestigieuse, et pourtant fort hétérogène, se situe au nord de Saint-Émilion. Mais une nouvelle dynamique amorcée par les plus prestigieux crus montre tout le potentiel de l'appellation. Les plus grands déploient un corps et un bouquet majestueux au vieillissement.

MÉDOC ET HAUT-MÉDOC

La presqu'île du Médoc compte deux vastes appellations régionales, l'AOC Médoc, située au nord de Saint-Estèphe, et l'AOC Haut-Médoc, qui se situe entre Blanquefort, à la périphérie de Bordeaux, et Saint-Estèphe. Leur qualité globale est inévitablement hétérogène. De très nombreux crus bourgeois de bon niveau s'illustrent.

LES COMMUNALES DU MÉDOC

Les appellations communales sont parmi les plus prestigieuses de Bordeaux. Les AOC Moulis

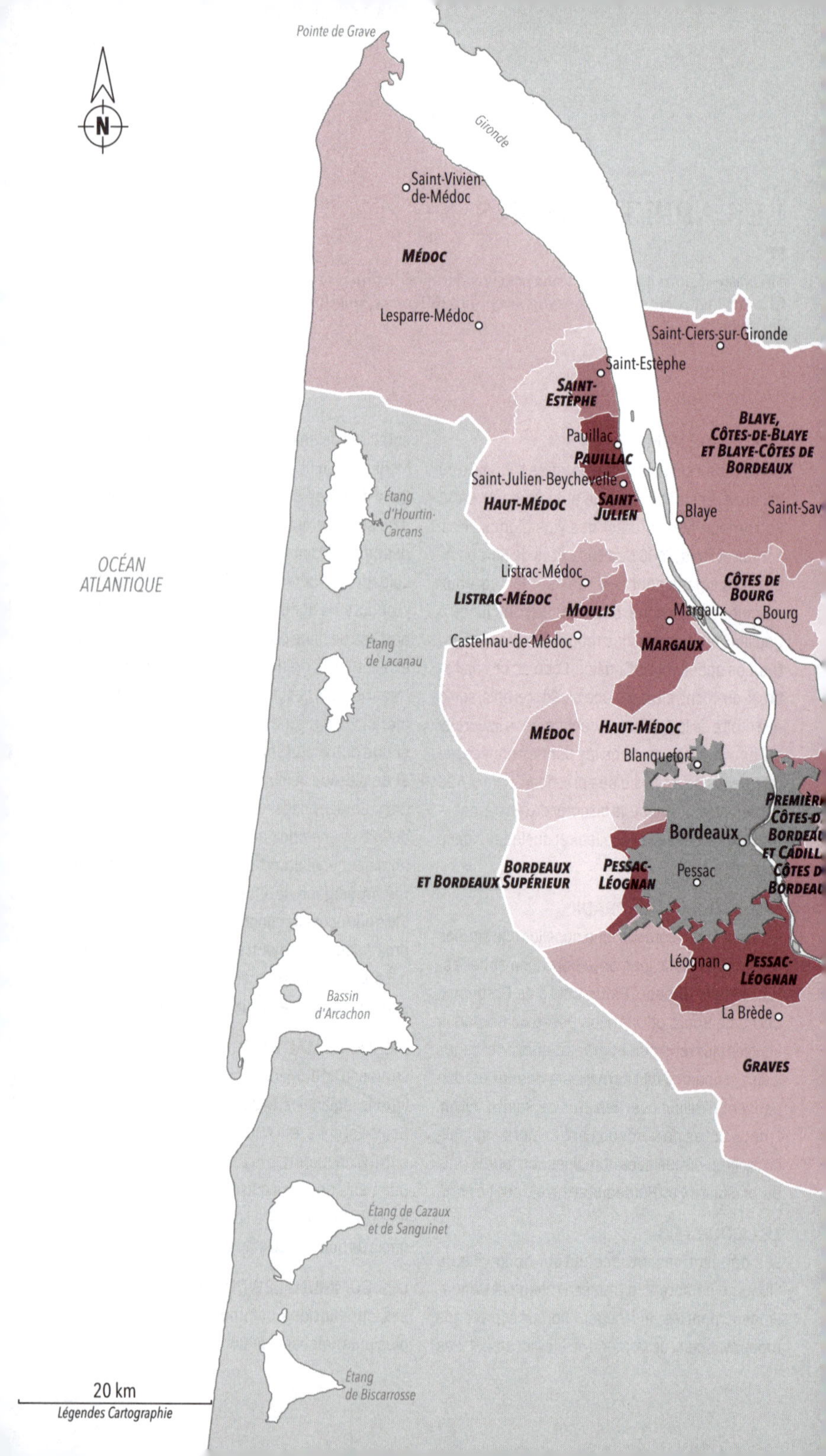
Pointe de Grave
Gironde
Saint-Vivien-de-Médoc
MÉDOC
Lesparre-Médoc
Saint-Ciers-sur-Gironde
Saint-Estèphe
SAINT-ESTÈPHE
BLAYE, CÔTES-DE-BLAYE ET BLAYE-CÔTES DE BORDEAUX
Pauillac
PAUILLAC
Saint-Julien-Beychevelle
HAUT-MÉDOC
SAINT-JULIEN
Blaye
Étang d'Hourtin-Carcans
OCÉAN ATLANTIQUE
Listrac-Médoc
CÔTES DE BOURG
LISTRAC-MÉDOC
MOULIS
Margaux
Bourg
Castelnau-de-Médoc
MARGAUX
Étang de Lacanau
MÉDOC
HAUT-MÉDOC
Blanquefort
Bordeaux
BORDEAUX ET BORDEAUX SUPÉRIEUR
PESSAC-LÉOGNAN
Pessac
Léognan
PESSAC-LÉOGNAN
La Brède
GRAVES
Bassin d'Arcachon
Étang de Cazaux et de Sanguinet
Étang de Biscarrosse
20 km
Légendes Cartographie

Superficie
105 000 hectares

Cépages principaux
Vins rouges :
cabernet franc, cabernet-sauvignon, carmenère, malbec, merlot, petit verdot

Vins blancs :
muscadelle, sauvignon, sémillon

Volume produit en 2019
4 900 000 hectolitres

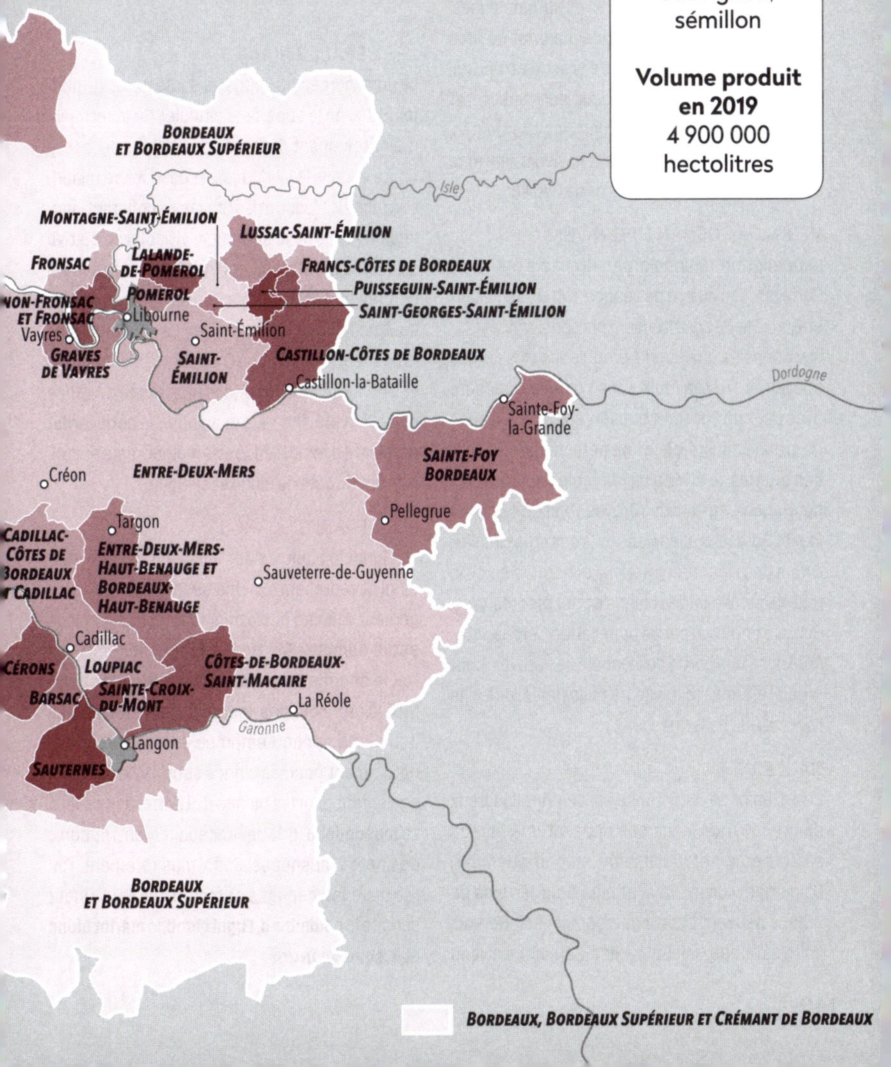

et Listrac, contiguës et situées un peu en retrait à l'intérieur des terres entre Margaux et Saint-Julien, produisent de bons vins, moins fins cependant que ceux des crus voisins. Du sud au nord, le long de l'estuaire de la Gironde, on découvre Margaux, réputée pour la finesse de ses vins dont les meilleurs ne manquent pas de corps ; Saint-Julien, aux cuvées structurées et harmonieuses, qui concentre une très grande majorité de crus classés ; Pauillac, ses vins de grande structure, racés et puissants, austères dans leur jeunesse ; et Saint-Estèphe, qui présente des vins charpentés, charnus et possédant, pour les meilleurs, une race similaire à celle de leurs voisins de Pauillac.

PESSAC-LÉOGNAN ET GRAVES

L'appellation régionale des Graves s'étend de Portets jusqu'au sud de Langon, à la limite du Lot-et-Garonne. Se caractérisant par son terroir de graviers appelés graves, elle produit des vins rouges équilibrés, fruités mais sans commune mesure avec ceux de Pessac-Léognan, et des vins blancs de grande qualité, pleins de personnalité. Malgré des progrès, le niveau d'ensemble demeure très hétérogène. Au nord des Graves, Pessac-Léognan jouxte Bordeaux et englobe tous ses crus classés, livrant des vins rouges sérieux et harmonieux, à la texture serrée, et des blancs en net progrès, gras, riches et frais. La petite appellation Cérons, intégrée dans une partie du vignoble des Graves, peut produire, dans les meilleurs millésimes, des vins liquoreux de belle finesse.

SAUTERNES

Cette région se caractérise par ses vins liquoreux de grande race issus des appellations Barsac et Sauternes et vieillissant magnifiquement. D'un style plus nerveux et plus frais, les vins de Barsac peuvent choisir de s'appeler soit Barsac, soit Sauternes, soit Sauternes-Barsac. Le niveau d'ensemble a très nettement progressé dans les années 1980, mais ces vins qui nécessitent des coûts et des soins de production énormes ne tolèrent pas la médiocrité.

LES CÉPAGES

LES CÉPAGES ROUGES

Le principal cépage rouge de Bordeaux est le **merlot** (66 % de la superficie viticole). On le retrouve majoritairement dans les appellations de la Rive droite et dans le Libournais, et de manière minoritaire dans le Médoc et les Graves. Le **cabernet-sauvignon** (23 % de la superficie viticole) se cultive principalement dans le Médoc et les Graves. Il confère toute leur distinction aux grands vins de Pauillac, Margaux et Saint-Julien. Le **cabernet franc** (9,5 % de la superficie) se concentre à Saint-Émilion et à Pomerol. Il est le cépage majoritaire d'Ausone et de Cheval Blanc. Plus marginaux, le **petit verdot** est planté dans le Médoc et le **malbec** reste encore présent du côté de Blaye et de Bourg.

LES CÉPAGES BLANCS

Le vignoble blanc de Bordeaux est devenu marginal et représente moins de 20 % de l'encépagement. Aujourd'hui, le principal cépage employé est le **sémillon** (47 % de l'encépagement), qui fait le charme des vins secs des Graves et surtout la grandeur des liquoreux de Sauternes. Le deuxième cépage employé est le **sauvignon**, notamment pour les blancs secs. On le retrouve également pour les blancs de l'Entre-deux-Mers. La **muscadelle** (5 % de l'encépagement) apporte des notes musquées. Enfin, plus rarement, l'on retrouve les cépages communs du Sud-Ouest comme le **colombard**, **l'ugni blanc**, le **merlot blanc** et le **sauvignon gris**.

LES CLASSEMENTS

Système hiérarchique traditionnel du vignoble bordelais, le premier classement officiel a été réalisé à l'occasion de l'Exposition universelle de Paris de 1855, à la demande de l'empereur Napoléon III. Ce classement consacre les crus du Médoc, en intégrant le château Haut-Brion, situé dans les Graves, et ceux du Sauternais. Il existe aussi le classement de Saint-Émilion créé en 1956 et révisable tous les dix ans, dont le dernier date de 2012. Enfin, le classement des vins de Graves a été créé en 1955 et révisé en 1959.

LE CLASSEMENT DU MÉDOC EN 1855

Premiers crus • Château Haut-Brion, Château Lafite Rothschild, Château Latour, Château Margaux, Château Mouton Rothschild.

Seconds crus • Château Brane-Cantenac, Château Cos d'Estournel, Château Ducru-Beaucaillou, Château Durfort-Vivens, Château Gruaud-Larose, Château Lascombes, Château Léoville-Barton, Château Léoville-Las-Cases, Château Léoville-Poyferré, Château Montrose, Château Pichon-Longueville Baron, Château Pichon-Longueville Comtesse de Lalande, Château Rauzan-Ségla, Château Rauzan Gassies.

Troisièmes crus • Château Boyd-Cantenac, Château Calon-Ségur, Château Cantenac-Brown, Château Desmirail, Château Ferrière, Château Giscours, Château d'Issan, Château Kirwan, Château La Lagune, Château Lagrange, Château Langoa Barton, Château Malescot Saint-Exupéry, Château Marquis d'Alesme-Becker, Château Palmer.

Quatrièmes crus • Château Beychevelle, Château Branaire, Château Duhart-Milon, Château Lafon-Rochet, Château La Tour Carnet, Château Marquis de Terme, Château Pouget, Château Prieuré-Lichine, Château Saint-Pierre, Château Talbot.

Cinquièmes crus • Château d'Armailhac, Château Batailley, Château Belgrave, Château Camensac, Château Cantemerle, Château Clerc Milon, Château Cos Labory, Château Croizet-Bages, Château Dauzac, Château Grand-Puy Ducasse, Château Grand-Puy-Lacoste, Château Haut-Bages Libéral, Château Haut-Batailley, Château Lynch-Bages, Château Lynch-Moussas, Château Pédesclaux, Château Pontet-Canet, Château du Tertre.

LE CLASSEMENT DU SAUTERNAIS EN 1855

Premier cru supérieur • Château d'Yquem.

Premiers crus • Château Climens, Château Clos Haut-Peyraguey, Château Coutet, Château Guiraud, Château Lafaurie-Peyraguey, Château Rabaud-Promis, Château de Rayne Vigneau, Château Rieussec, Château Sigalas Rabaud, Château Suduiraut, Château La Tour Blanche.

Seconds crus • Château d'Arche, Château Broustet, Château Caillou, Château Doisy-Daëne, Château Doisy-Dubroca, Château Doisy-Védrines, Château Filhot, Château Lamothe (Guignard), Château de Malle, Château Myrat, Château Nairac, Château Romer du Hayot.

LE CLASSEMENT DE SAINT-ÉMILION EN 2012

Premiers grands crus classés A • Château Angélus, Château Ausone, Château Cheval Blanc, Château Pavie.

Premiers grands crus classés B • Château Beauséjour (Duffau-Lagarosse), Château Beau-Séjour Bécot, Château Belair-Monange, Château Canon, Château Canon-la-Gaffelière, Château Figeac, Clos Fourtet, Château La Gaffelière, Château Larcis-Ducasse, Château La Mondotte, Château Pavie Macquin, Château Troplong-Mondot, Château Trottevieille, Château Valandraud.

Grands crus classés • Château L'Arrosée, Château Balestard-La-Tonnelle, Château Barde-Haut, Château Bellefont-Belcier, Château Bellevue, Château Berliquet, Château Cadet-Bon, Château Capdemourlin, Château Le Châtelet, Château Chauvin, Château Clos de Sarpe, Château La Clotte, Château La Commanderie, Château Corbin, Château Côte de Baleau, Château La Couspaude, Château Couvent des Jacobins, Château Dassault, Château Destieux, Château La Dominique, Château Faugères, Château Faurie de Souchard, Château De Ferrand, Château Fleur-Cardinale, Château La Fleur Morange, Château Fombrauge, Château Fonplégade, Château Fonroque, Château Franc-Mayne, Château Grand Corbin, Château Grand Corbin-Despagne, Château Grand-Mayne, Château Les Grandes Murailles, Château Grand-Pontet, Château Guadet, Château Haut-Sarpe, Clos des Jacobins, Château Jean Faure, Château Laniote, Château Larmande, Château Laroque, Château Laroze, Clos la Madeleine, Château La Marzelle, Château Monbousquet, Château Moulin du Cadet, Clos de L'Oratoire, Château Pavie-Decesse, Château Péby-Faugères, Château Petit-Faurie-de-Soutard, Château de Pressac, Château Le Prieuré, Château Quinault L'Enclos, Château Ripeau, Château Rochebelle, Château Saint-Georges-Côte-Pavie, Clos Saint-Martin, Château Sansonnet, Château La Serre, Château Soutard, Château Tertre-Daugay, Château La Tour-Figeac, Château Villemaurine, Château Yon-Figeac.

LE CLASSEMENT DES GRAVES EN 1959

En blanc: Château Bouscaut, Château Carbonnieux, Domaine de Chevalier, Château Couhins-Lurton, Château Laville Haut-Brion, Château Malartic-Lagravière, Château Olivier, Château La Tour-Martillac.

En rouge: Château Bouscaut, Château Carbonnieux, Domaine de Chevalier, Château Fieuzal, Château Haut-Brion, Château Haut-Bailly, Château Latour Haut-Brion, Château La Mission Haut-Brion, Château Malartic-Lagravière, Château Olivier, Château Pape Clément, Château Smith-Haut-Lafitte, Château La Tour-Martillac.

LES CRUS BOURGEOIS DU MÉDOC

Créé en 1932, le classement a été révisé en 2003. Contesté en justice en 2007, une nouvelle forme de classement, révisée chaque année et basée sur la dégustation en bouteille, a été mise en place depuis 2008. La plupart des crus bourgeois refusent de s'y soumettre, ce qui dévalorise cette classification annuelle.

EN GIRONDE, CAVES ET TABLES DE CHOIX

CHAMBRES D'HÔTES

LE LOGIS DE LA CADÈNE

Repris en 2013 par la famille de Boüard (château Angélus), les lieux abritent une table étoilée. L'hôtel a été entièrement rénové et agrandi pour un confort haut de gamme tout en gardant le charme des maisons du village (à partir de 207 € la nuit). Menus à partir de 39 €.

3, place du Marché-au-Bois,
33330 Saint-Émilion
Tél. : 05 57 24 71 40
www.logisdelacadene.fr

LA SAUTERNAISE

Didier Galhaud, infatigable ambassadeur du Sauternais dans le monde, et son épouse, ont transformé l'ancien office de dégustation du village en une charmante maison d'hôtes. Quatre chambres toutes équipées d'un élément de spa (hammam, sauna, balnéo, etc.), et une jolie terrasse. À partir de 120 € la nuit.

22, rue Principale, place de l'Église,
33210 Sauternes
Tél. : 06 78 00 64 18
www.chambres-sauternes.com

CHÂTEAU LE PAPE

Cette chartreuse du XVIIIe siècle, appartenant depuis 2012 à Robert G. Wilmers (propriétaire de Haut-Bailly depuis 1998), compte cinq chambres de 39 à 70 m², une piscine et même une vinothèque où l'on peut déguster tranquillement les vins du château. Comptez à partir de 220 € par nuit, le petit-déjeuner et la visite-dégustation de Haut-Bailly étant inclus.

25, chemin-le-Thil,
33850 Léognan
Tél. : 05 56 64 75 11
www.chateaulepape.com

CAVISTES

L'ESSENTIEL

Créé par Jean-Luc Thunevin, le propriétaire du château Valandraud, L'Essentiel est tout autant un caviste qu'un bar à vins. On peut y déguster les principaux grands crus classés de Bordeaux au verre, et y découvrir de nombreux vins rares, français comme étrangers.

6, rue Guadet, 33330 Saint-Émilion
Tél. : 05 57 24 39 76

LA CAVE D'ULYSSE

À Margaux, cette cave tout bonnement homérique propose une bonne partie des grands crus bordelais ainsi qu'une belle sélection de vins étrangers et d'autres régions de France. Mais le caviste se décline également en ligne, avec ses spécialités comme les grands formats, sans oublier les alcools et spiritueux, tout à fait recommandables.

2, rue de la Trémoille,
33460 Margaux
Tél. : 05 57 88 79 94
www.caveulysse.com

RESTAURANTS

L'UNIVERRE

La carte des vins regroupe plus de 1 300 références et s'impose comme l'une des meilleures de Bordeaux. On y mange généreusement, sur le pouce ou à table. La Cave de l'Univerre propose aussi un rayon d'épicerie fine.

40, rue Lecoq, 33000 Bordeaux
Tél. : 05 56 23 01 53
www.univerre-restaurant.com

L'AUBERGE DU PONT BERNET

Jean-Christophe Ollivier, élu meilleur sommelier de Suisse en 2011, propose 250 références de toute la France. En cuisine, Philippe Damas avance une cuisine de terroir (formule à partir de 10,50 € le midi en semaine) dans un excellent menu à 25 €. Ne manquez pas la superbe terrasse en bois, ni le parc bordé de sa rivière. À noter : l'auberge propose également dix-huit chambres très confortables.

1160, route de Soulac,
33290 Le Pian-Médoc
Tél. : 05 56 70 20 19
www.pont-bernet.fr

LE LION D'OR

Michaël Lemonnier revisite la cuisine du terroir qui a fait le succès de ce restaurant, dont le fameux lièvre à la royale. Menus à partir de 18 €.

11, route de Pauillac,
33460 Arcins-en-Médoc
Tél. : 05 56 58 96 79
www.leliondor-arcins.fr

NOTRE COUP DE ♥

ESCAPE GAME CHEZ RAYNE VIGNEAU

Le directeur du premier grand cru classé, Vincent Labergère, a imaginé avec Vincent Gallé, chargé du tourisme au château, une activité d'un nouveau genre à Sauternes : un "Sweet Escape". Sur le principe des "escape games" à succès, il s'agit ici de retrouver, dans le temps imparti, et grâce à des indices disséminés dans une pièce, des pierres semi-précieuses cachées par un ancien propriétaire de Rayne Vigneau. De 15 à 38 € par personne.

4, Le Vigneau, 33210 Bommes
Tél. : 05 56 76 64 05
www.raynevigneau.fr

BORDEAUX

★

CLOS DES LUNES

Ce domaine démontre la capacité des grands blancs secs dans le Sauternais. Une idée originale et singulière que nous devons à l'entreprenant Olivier Bernard et à sa famille, propriétaires du domaine de Chevalier à Léognan. Le constat est simple : Sauternes traverse une crise sans précédent, pourquoi ne pas produire, sur ce grand terroir de blanc, de grands vins secs plutôt que d'invendables liquoreux ? C'est chose faite depuis le millésime 2011. Trois cuvées de vins blancs secs sont donc aujourd'hui sur le marché, à dominante de sémillon. Lune Blanche (élevage uniquement en cuve inox et béton), Lune d'Argent (élevage en cuve et 25 % de barrique), et enfin Lune d'Or (vinification et élevage de dix-huit mois en barrique dont un tiers de neuves). Aujourd'hui, c'est Hugo Bernard, le fils d'Olivier, qui dirige cette toute jeune mais ambitieuse propriété. La régularité de ces vins est remarquable, et nous avons accordé une étoile au domaine dans notre édition précédente.

Les vins : le nez de Lune d'Argent 2018 n'est pas encore tout à fait en place. L'élevage intelligent en cuve, avec 25 % de bois, préfigure ce que doivent être les blancs de Bordeaux. Un an de plus en bouteille pour le 2017 et bingo ! La salinité remonte, les amers régressent, les agrumes s'emparent de la finale. 2016 reste musclé, comme à ses débuts, mais la classe du millésime domine une finale vibrante. Luxueusement boisé, Lune d'Or 2017 devra encore attendre.

- Bordeaux Lune d'Argent 2017 — 13 € — 91
- Bordeaux Lune d'Argent 2018 — 13 € — 90
- Bordeaux Lune d'Or 2016 — 45 € — 93
- Bordeaux Lune d'Or 2017 — 45 € — 88

Le coup de ♥

- Bordeaux Lune d'Argent 2016 — 13 € — 92

Blanc : 60 hectares. Sémillon 70 %, Sauvignon blanc 30 %
Production moyenne : 250 000 bt/an

CLOS DES LUNES
Lieu-dit Cap Lanne, 33210 Sauternes
05 56 64 16 16 • www.closdeslunes.com •
Visites : sur rendez-vous uniquement aux professionnels.

Propriétaire : Famille Bernard
Directeur : Olivier Bernard

★

CHÂTEAU FLEUR HAUT-GAUSSENS

À partir du vignoble familial de la rive droite situé à Vérac, près de Fronsac, Hervé Lhuillier a créé une vraie marque de bordeaux supérieur, dont les fondamentaux sont la profondeur, l'authenticité et un boisé soigné. De nouvelles vignes de sauvignons, malbecs et petits verdots, plantées sur des calcaires affleurants (les carrières se visitent), entreront bientôt en production, étendant les rangs de ce domaine qui se dirige vers la certification HVE3. Malgré le gel de 2017, qui a conduit à des pertes de 80 %, le vigneron investit dans la qualité pour donner encore plus de précision à sa gamme. Une nouvelle machine à tri densimétrique apporte encore plus de précision aux 2018.

Les vins : la concentration en fruit et la gourmandise très présentes dans le 2018 sont la signature du domaine. Encore dominé par son bois, le nez sent le lichen et le sous-bois. Le boisé ardent en bouche indique qu'il faudra un peu de temps au Grand Vin pour s'affiner ; il pourra tenir quinze ans. On reconnaît le style séduisant, complet et équilibré du vigneron en dégustant les monocépages : le nez du malbec est encore ferme, mais la bouche est déjà superbe ; bel ouvrage, le cabernet franc est encore très jeune.

- Bordeaux Supérieur 2018 — de 7,70 à 8,90 € (c) — 90
- Bordeaux Supérieur Cabernet Franc Bergeronnette 2018 — de 15 à 17 € (c) — 92
- Bordeaux Supérieur Grand Vin 2018 — 27 € — 90

Le coup de ♥

- Bordeaux Supérieur Malbec La Viminière 2018 — de 15 à 17 € (c) — 92

Rouge : 30 hectares. Merlot 85 %, Malbec (cot) 5 %, Cabernet-Sauvignon 5 %, Cabernet franc 5 %
Blanc : 2 hectares.
Production moyenne : 220 000 bt/an

CHÂTEAU FLEUR HAUT-GAUSSENS
11, Les Gaussens, 33240 Vérac
05 57 84 48 01 •
www.chateau-fleurhautgaussens.com •
Vente et visites : au domaine sur rendez-vous.

Propriétaire : Hervé Lhuillier
Œnologue : Vincent Dupuch

★ ↗

CHÂTEAU L'ISLE FORT

Cette propriété de 70 hectares était à l'abandon lorsque Sylvie Douce et François Jeantet l'ont rachetée en 2000. Fondateur du Salon du chocolat et du Grand Tasting, le couple évolue dans la sphère du goût. Lorsqu'il tombe sur l'Isle Fort, il entrevoit illico le potentiel de cette thébaïde, succession de prairies, de coteaux et de forêts. Le couple réintroduit des animaux, et deux lacs sont intégrés au paysage, à la fois pour favoriser la faune et la flore et pour rendre hommage au passé de pisciculture de la propriété. Stéphane Derenoncourt conseille depuis la première heure cette propriété, qui produit un bordeaux supérieur racé, vinifié en cuve béton et élevé intégralement en bois, qui réunit de nombreuses qualités : profondeur, envergure, équilibre, douceur, finesse... La première étoile est accordée cette année.

Les vins : ils ont toujours possédé cette élégance qui fait mentir les "bordeaux-bashers", prouvant qu'il suffit d'une maturité parfaitement équilibrée et d'un élevage pertinent pour prendre du plaisir avec un bordeaux ; ils montrent la voie de l'avenir à l'Entre-deux-Mers. Doté d'un nez moderne et vivant (cassis, sureau, épices...), le 2016 est dans cette lignée : bouche élégante, racée, avec des tanins profonds et crémeux et, dans la finale, des notes d'épices douces qui confèrent à l'ensemble une belle complexité.

Le coup de ♥

- Bordeaux Supérieur 2016 — Épuisé - 9,60 € — 93

Rouge : 8,2 hectares. Merlot 58 %, Cabernet franc 28 %, Cabernet-Sauvignon 14 %
Production moyenne : 25 000 bt/an

CHÂTEAU L'ISLE FORT
33, route de l'Entre-deux-Mers,
33360 Lignan-de-Bordeaux
06 23 30 37 50 • www.lislefort.com • Vente et visites : au domaine sur rendez-vous.
Propriétaire : Sylvie Douce et François Jeantet
Œnologue : Stéphane Derenoncourt

★

CHÂTEAU MOUTTE BLANC

À Macau, dans le sud du Médoc, Patrice de Bortoli vinifie trois appellations : Bordeaux supérieur, provenant des paluds, Haut-Médoc et Margaux. Les vins, élaborés avec un minimum de technologie, offrent une grande personnalité et beaucoup de singularité, comme en témoigne l'excellente cuvée Moisin, un pur petit verdot. Les élevages en bois sont fort bien mesurés, sans excès, et laissent une grande place à l'expression du raisin, tout en jouant leur rôle d'affineur de tanins. Une production qui vaut le détour pour ses superbes rapports prix-plaisir, à laquelle nous avons accordé la première étoile dans notre précédente édition.

Les vins : le gel en 2017, la grêle en 2018 se sont abattu successivement sur le vignoble. Les vieilles vignes, malgré leurs racines plongeantes, ont souffert... En conséquence, le bordeaux supérieur est assemblé avec 60 % de merlot, 25 % de petit verdot et 15 % de cabernet-sauvignon ; les cuvées Grand Amour et Moisin n'ont pu être produites. La finale éclatante du 2017 témoigne de l'âge des vignes avec une matière rigoureuse mais élégante, un fruit dense. Ces vieilles vignes se signalent également dans la bouche du 2018, juteuse et concentrée : le fruit rayonne parfaitement et les tanins sont presque fondants. Le haut-médoc est fuselé : sa dynamique complexe est remarquable, du début à la fin, et sa fraîcheur signe l'équilibre d'un vin sensuel et moderne.

- Bordeaux Supérieur 2017 — de 11 à 12 € (c) — 88
- Bordeaux Supérieur 2018 — de 11 à 12 € (c) — 91
- Haut-Médoc Cuvée Marguerite Dejean 2018 — de 14,30 à 16 € (c) — 93
- Margaux 2018 — de 24 à 30 € (c) — 92

Rouge : 5,5 hectares. Merlot 60 %, Petit Verdot 25 %, Cabernet-Sauvignon 15 %
Production moyenne : 28 000 bt/an

CHÂTEAU MOUTTE BLANC
6, impasse de la Libération, 33460 Macau
06 03 55 83 38 • www.moutte-blanc.fr • Vente et visites : au domaine sur rendez-vous.
Propriétaire : Patrice de Bortoli

★

CHÂTEAU LE PIN BEAUSOLEIL

Michel Halek, le propriétaire allemand du Pin Beausoleil, a réuni autour du romantique manoir du XIVe siècle, autrefois résidence ponctuelle des ducs d'Aquitaine, un vignoble de 7,5 hectares, parmi lesquels un plateau de 4,5 hectares aux sols argilo-calcaires et à l'aération remarquables. En deuxième année de conversion en agriculture biologique, le domaine, conseillé par l'équipe Derenoncourt, profite d'un sol frais où s'épanouissent des merlots et, plus récemment, des cabernets francs, dont la proportion augmente. La classe indéniable de ce terroir permet au château de profiter de raisins de qualité qu'une vinification soignée transforme en deux cuvées toujours valorisées par d'excellentes notes.

Les vins : peu de 2017 possèdent à la fois la présence, le fond, le fruit et la capacité de garde de Pin Beausoleil. Le Petit Soleil conserve le fruit radieux de ses débuts, et des tanins plus légers que ceux du grand vin, mais tout aussi vibrants.

- Bordeaux Supérieur Le Petit Soleil 2017 — 8 € — 89

Le coup de ♥

- Bordeaux Supérieur 2017 — 21 € — 92

Rouge : 7,5 hectares. Merlot 77 %, Cabernet franc 20 %, Cabernet-Sauvignon 3 %
Production moyenne : 40 000 bt/an

CHÂTEAU LE PIN BEAUSOLEIL
Le Pin, 33420 Saint-Vincent-de-Pertignas
05 57 84 02 56 • www.lepinbeausoleil.com •
Vente et visites : au domaine sur rendez-vous.
Propriétaire : Ingrid et Michael Hallek
Directeur : Igor Leclere

★ ↗

CHÂTEAU TIRE PÉ

Tout au bout des coteaux de Saint-Macaire, près de la Réole, le terroir de la petite propriété d'Hélène et David Barrault est une curiosité. Le sol garni de calcaire presque affleurant, sur lesquels sont plantés les très classiques merlot, malbec et cabernet franc, possède une identité remarquable. De surcroît, le couple a planté en 2012 des sélections massales de rares cépages, dénichés au plus profond de l'ampélographie girondine. Ce ne fut pas une mince affaire pour trouver les plants mais le résultat en bouteille est à la hauteur des espérances. Rien n'est ordinaire sur le domaine, pas plus cet encépagement que les modes d'élevage en demi-muid, cuve béton et jarre.

Les vins : deux cépages disparus, le castets et le mancin s'affichent aussi fringants qu'originaux dans L'Échappée, un peu rustique mais tellement original dans ses terminaisons florales, et déjà ouvert. La Nomade est un pineau d'aunis au nez de feuille de ronce, à la matière ardente et croquante. Les Malbecs ramène son épice superbe dans une finale serrée, dense, ambitieuse. Le fruit radieux du bordeaux est relevé d'une touche d'épice. Vins d'avenir ou vins de consommation immédiate (Tire Vin Vite, un sans soufre de compèt'), l'ensemble de la production vaut au domaine d'accéder à la première étoile.

- Bordeaux 2017 — 12 € — 94
- Bordeaux La Côte 2016 — 15 € — 94
- Bordeaux Les Malbecs 2017 — de 15 à 18 € (c) — 94
- Bordeaux Tire'Vin Vite 2018 — 10 € — 89
- VDF L'Échappée 2017 — 24 € — 90
- VDF La Nomade 2018 — 18 € — 92

Rouge : 12 hectares. Merlot 65 %, Malbec (cot) 25 %, Cabernet franc 10 %
Production moyenne : 50 000 bt/an

CHÂTEAU TIRE PÉ ♣
1, Puderan 33190 Gironde-sur-Dropt
05 56 71 10 09 • www.tirepe.blogspot.com •
Vente et visites : au domaine sur rendez-vous.
Propriétaire : David Barrault

AD VITAM ÆTERNAM

Né en 2005, ce micro-domaine vinifie une seule cuvée à partir d'une petite parcelle d'un peu moins de 2 hectares. C'est aux Billaux, village au cœur du vignoble du Fronsadais, que l'ancien propriétaire du château de la Rivière, Xavier Péneau, en association avec Xavier Buffo, cultive cette vigne de merlot (90 %) et de cabernet franc (10 %). Comme pour toute micro-cuvée, les rendements demeurent faibles, la recherche de maturité poussée, les extractions longues et les élevages se font en barrique (jusqu'à vingt mois pour certains millésimes).

Les vins : des épaules carrées pour le 2016 (90 % merlot) dont le bois commence doucement à s'effacer au nez, laissant la place à un bouquet complexe. La bouche est digne d'un magnifique vin de garde. Les tanins sablés du merlot se goûtent aussi dans un 2017 encore sous l'emprise de l'élevage ; le 2018 présente une structure très élégante, mais le nez n'est pas encore en place.

Bordeaux 2017	20 €	90
Bordeaux 2018	20 €	91

Le coup de ♥

Bordeaux 2016	20 €	93

Rouge : 1,9 hectare. Merlot 90 %, Cabernet franc 10 %
Production moyenne : 8 000 bt/an

AD VITAM ÆTERNAM

36, rue des Gauthiers, 33500 Les Billaux
05 57 74 66 36 • www.vin-advitam.fr •
Vente et visites : au domaine sur rendez-vous.
Propriétaire : Xavier Buffo et Xavier Péneau

CHÂTEAU DE BEL

Pour Olivier Cazenave, l'aventure a démarré en 2003, sur un petit vignoble de paluds des bords de la Dordogne, à Arveyres, avant de s'étendre sur une petite surface à Pomerol. En Bordeaux, les sols légers près de la rivière mettent en valeur la sensibilité de son style digeste, qui rend le fruit éclatant, précis et mélodieux. Gracieux, les rouges ont du fond et un rapport qualité-prix excellent. En VDF, le malbec gourmand offre une version au velouté inédit du raisin, et la muscadelle vinifiée en demi-muid met n'importe quel dégustateur au défi. Deux cuvées uniques, qui voisinent avec des étiquettes plus classiques : la gamme montre depuis longtemps que Bordeaux peut évoluer.

Les vins : Bel en Blanc, tiré d'une vieille vigne de muscadelle sur calcaire, fermenté pour partie en demi-muid de 500 et 600 l, expose des formes rebondies et un milieu de bouche profond ; il est doté de parfums d'écorces d'orange et d'abricot. Franc de Bel est sanguin au premier abord, puis se rétablit grâce à une fraîcheur particulière, pour finir sur un fruit sensible et clair. Plus sage, Le Capitaine est digeste et sensuel, éclatant et longiligne. Aucune question à se poser avec Échappée Bel, au fruit tout simplement fin.

Bordeaux Echappée Bel	de 7 à 8 € (c)	89
Bordeaux Supérieur La Capitane 2016	de 13 à 15 € (c)	92
VDF Franc de Bel	de 19 à 20 € (c)	90

Le coup de ♥

Bordeaux Bel en Blanc	de 19 à 22 € (c)	90

Rouge : 11 hectares. Merlot 94 %, Cabernet franc 6 %
Blanc : 3 hectares. Muscadelle 70 %, Sauvignon blanc 30 %
Production moyenne : 60 000 bt/an

CHÂTEAU DE BEL ☾

Malbatit, 33500 Arveyres
05 24 24 69 96 • www.chateaudebel.com •
Vente et visites : au domaine sur rendez-vous.
Propriétaire : Olivier Cazenave

CHÂTEAU BELLE-GARDE

Éric Duffau démontre que les cépages bordelais vendangés à bonne maturité, vinifiés avec soin et élevés sobrement donnent des cuvées irréprochables pour un niveau de prix excellent dans les trois couleurs. Les terroirs d'argile sur socles calcaires, situées essentiellement à Génissac et Moulon, rendent toutes leurs saveurs aux cuvées, mais un boisé un peu excessif peut masquer la spontanéité du fruit.

Les vins : il faut respecter le clacissisme des rouges. L'Excellence, avec son fruit radieux habillé d'un boisé savoureux, présente la vigueur indispensable à une garde moyenne. Le Fruit de Belle Garde, issu d'une longue macération préfermentaire à froid, tient sa promesse : pulpeux et juteux, ce rouge reste bien frais. Pour l'instant, le rouge sans bois laisse passer un fruit plus expressif que dans la Cuvée élevée en fût de chêne, dans laquelle trop de bois nuit au fruit. Le rosé prend de faux airs méditerranéens, profond en milieu de bouche, croquant sur les contours, ensoleillé. Le blanc, précis et ferme, concède éclat et énergie, offrant des notes de pamplemousse, de pêche blanche et de mangue. Fringant, pourvu d'une belle matière arrondie, il se montre un peu vif en finale.

Bordeaux 2019	5,75 €	87
Bordeaux 2019	5,65 €	88
Bordeaux 2018	5,70 €	89
Bordeaux Clairet 2019	5,65 €	87

Bordeaux Cuvée élevée en fût de chêne 2018 — 7,20 € — 87

Bordeaux Le Fruit de Belle-Garde 2018 — 5,65 € — 90

Rouge : 41 hectares. Merlot 80 %, Cabernet franc 10 %, Cabernet-Sauvignon 10 %
Blanc : 5 hectares. Sauvignon blanc 70 %, Sémillon 20 %, Sauvignon gris 10 %
Production moyenne : 250 000 bt/an

CHÂTEAU BELLE-GARDE
2692, route de Moulon, 33420 Génissac
05 57 24 49 12 •
www.vignoble-belle-garde.com •
Visites : sans rendez-vous.
Propriétaire : Éric Duffau
Œnologue : Denis Galabert

CHÂTEAU BOLAIRE

Dans les paluds de Macau, au lieu-dit Le Bout de l'Île, l'équipe du château Belle-Vue (Haut-Médoc) élabore un bordeaux supérieur de très belle facture. Sa spécificité tient à un apport non négligeable de petit verdot (60 % de l'assemblage), qui donne au vin un caractère épicé et mentholé tout à fait pertinent. De récolte tardive, vinifiés à basse température (extraction de couleur et d'expression fruitée) avec un élevage en barrique (bois neuf pour 30 %) parfois un peu trop dominant au détriment du fruit, les derniers millésimes, plus frais, séduisent par leur profil séducteur et leur grande longueur en bouche.

Les vins : gel et grêle avaient eu raison du 2017. Le 2018 présente des proportions avantageuses, un jus gras, mais le petit verdot lui confère de la tension. Le boisé doit encore se fondre.

Bordeaux Supérieur 2018 — de 11 à 16 € (c) — 90

Rouge : 7 hectares. Petit Verdot 60 %, Merlot 35 %, Cabernet-Sauvignon 5 %
Production moyenne : 12 000 bt/an

CHÂTEAU BOLAIRE
103, route de Pauillac, 33460 Macau
05 57 88 19 79 • www.chateau-belle-vue.com
• Vente et visites : au domaine sur rendez-vous.
Propriétaire : Héritiers Vincent Mulliez
Directeur : Yannick Reyrel
Maître de chai : Jérôme Pineau
Œnologue : Christophe Coupez

DOMAINE DE COURTEILLAC

Dominique Méneret était propriétaire de ce cru depuis 1997. Il l'a vendu à la société chinoise d'importation et de distribution de vins Daohe Wines & Spirits, basée à Guangzhou. Il en conserve la distribution, et demeure consultant pour la propriété. Durant vingt ans, il a su en faire une référence de l'appellation Bordeaux supérieur. Pourtant, malgré la modernisation de l'outil de travail et la restructuration du vignoble, les vins, qui ont joui longtemps d'une excellente réputation, s'empâtent un peu et ne prennent pas le chemin des bordeaux plus modernes, conservateurs d'un fruit pur. Même si c'est sur le temps que l'on juge Courteillac, le plaisir n'est plus tout à fait au rendez-vous. Nous lui enlevons l'étoile.

Les vins : le 2017 offre une jolie attaque, un milieu de bouche assez fondu et un peu sucré, avec des notes de café grillé. Dans ce millésime, la trace des calcaires du plateau de Ruch disparaît sous un volume qui manque de rebond.

Bordeaux Supérieur 2017 — de 9 à 13 € (c) — 89

Rouge : 27 hectares. Merlot 70 %, Cabernet-Sauvignon 20 %, Cabernet franc 10 %
Production moyenne : 150 000 bt/an

DOMAINE DE COURTEILLAC
2, lieu-dit Courteillac, 33350 Ruch
05 57 40 79 48 •
www.domainedecourteillac.com •
Visites : sur rendez-vous uniquement aux professionnels.
Propriétaire : Courteillac Vineyard Holding Company
Directeur : Emma-Xin Lebail
Maître de chai : Stéphane Dubes
Œnologue : Stéphane Derenoncourt

CHÂTEAU GRÉE LAROQUE

Arnaud et Patricia Benoit de Nyvenheim ont acquis le domaine Laroque en 1981, situé tout au nord du département de la Gironde, et baptisé Grée Laroque, du nom de jeune fille de Patricia. Cette petite propriété est répartie en trois parcelles, cultivées en bio (sans certification). Elle compte une part importante de vieilles vignes sur des argiles sableuses et calcaires, ainsi que des molasses du Fronsadais. Arnaud, ancien barman, élabore un vin d'une admirable définition, avec une constitution bluffante pour cette appellation et doté d'une véritable capacité de garde. Depuis 2011, la propriété élabore un second vin baptisé Le Second de Grée.

Les vins : le 2016 est plutôt charnel, avec un nez droit, ample, sanguin, des tanins vibrants et musclés, une finale un peu froide.

Bordeaux Supérieur 2016	18 €	91

Rouge : 1,6 hectare. Merlot 90 %, Cabernet franc 7 %, Cabernet-Sauvignon 3 %
Production moyenne : 10 000 bt/an

CHÂTEAU GRÉE LAROQUE
225, rue Laroque, 33910 Saint-Ciers-d'Abzac
06 87 23 21 14 • www.greelaroque.com •
Vente et visites : au domaine sur rendez-vous.
Propriétaire : Patricia et Arnaud Benoit de Nyvenheim
Directeur : Arnaud Benoit de Nyvenheim

CHÂTEAU JEAN FAUX

Après avoir développé pendant plus de vingt ans la tonnellerie Saury, Pascal Collotte est depuis 2007 installé à plein temps sur les coteaux de Saint-Radegonde où il a fait de Jean Faux un des bijoux de l'Entre-deux-Mers. La signature des terroirs est révélée par une agriculture en biodynamie, accompagnée par les conseils de Stéphane Derenoncourt. Privilégiant l'équilibre et les maturités justes, les vins, élevés dans les meilleurs conditions, conservent une fraîcheur particulière et donnent à goûter l'énergie du sol. Son blanc figure dans le groupe de tête des nouveaux blancs bordelais avec lesquels ils faut désormais compter : issu de sauvignons plantés sur des argiles à éboulis calcaires et vinifiés en barriques, il ouvre une nouvelle voie pour l'Entre-deux-Mers.

Les vins : le boisé infiniment délicat au nez du 2017 donne de l'éclat à un ensemble déjà amplement fruité. La bouche, fine et tendue, laisse le palais frais. La galante signature du cru respecte la matière du raisin et les palais des amateurs. Le blanc 2018 vibre d'une énergie singulière : le sauvignon se démarque par son côté croquant, salivant et citronné.

Bordeaux Supérieur 2017	21 €	92

Le coup de ♥

Bordeaux 2018	21 €	91

Rouge : 10 hectares. Merlot 80 %, Cabernet franc 20 %
Blanc : 2 hectares. Sauvignon blanc 85 %, Sémillon 15 %
Production moyenne : 72 000 bt/an

CHÂTEAU JEAN FAUX ☾
33350 Sainte-Radegonde
05 57 40 03 85 • www.chateaujeanfaux.com
• Vente et visites : au domaine sur rendez-vous.
Propriétaire : Pascal Collotte
Œnologue : Stéphane Derenoncourt

NOUVEAU DOMAINE

CHÂTEAU MARJOSSE

Pierre Lurton a plus d'un château à son actif : directeur d'Yquem et de Cheval blanc, il est surtout propriétaire d'une chartreuse construite par Victor Louis, l'architecte du Grand Théatre de Bordeaux, et de son vignoble attenant de 20 hectares, au cœur de l'Entre-deux-Mers, là où se dénichent les meilleurs coups du bordelais. Après le rachat de l'intégralité de la propriété à sa famille, Lurton insiste maintenant sur l'évolution de la production, qui depuis 2018 lâche un ris dans la voilure.

Les vins : depuis 2018, les vinifications pointues commencent dès la vendange : chaque cépage est cueilli à l'optimum de sa maturité. Le carré d'as des blancs bordelais construit ainsi un vin dont le nez s'expose en tension (agrumes frais, citron) savoureuse (pointe de pamplemoussse) puis roule en bouche sur un gras intense et franc, avec de jolis éclats calcaires dans la finale. En rouge, merlot, cabernets et malbec construisent l'harmonie du fruit, encadré par des tanins sérieux mais bienveillants.

Entre-deux-Mers 2019	9 €	90
Bordeaux 2019	9,50 €	90

Rouge : 30 hectares. Merlot 80 %, Cabernet franc 8 %, Cabernet-Sauvignon 8 %, Malbec (cot) 4 %
Blanc : 10 hectares. Sauvignon blanc 44 %, Sémillon 32 %, Sauvignon gris 20 %, Muscadelle 4 %
Production moyenne : 250 000 bt/an

CHÂTEAU MARJOSSE
La Moulinasse, 33420 Grézillac
05 57 55 57 80 • contact@marjosse.com •
Vente et visites : au domaine sur rendez-vous.

Propriétaire : Pierre Lurton
Directeur : Jean-Marc Domme
Maître de chai : Stéphane Guionie

CHÂTEAU PENIN

Classée HVE3, ce cru est une des belles références en Bordeaux et Bordeaux Supérieur. Pénin affine sa gamme, en se rapprochant des sols de calcaire et de graves, tout en conservant la finesse d'un fruit qui plaît au plus grand nombre. Sous l'étiquettes Natur', le domaine produit un rosé, un clairet et un rouge et fait quelque peu bouger les codes du bordeaux classique.

Les vins : curieuse gourmandise que le clairet de Penin, demi-rouge issu d'une courte macération qui exhale la mousse de framboise et offre une attaque souple et croquante, qui évoque le noyau de cerise. Sensuelle et juteuse, la gamme Natur' rafraîchit les codes du bordeaux. La Grande Sélection se révèle assez épatante par rapport aux autres étiquettes : on aime la complexité de ce vin encore ceinturé par des tanins granuleux, à garder huit ans. Le boisé un peu vert de la cuvée Les Cailloux, aux tanins massifs, s'adoucit avec une finale plus disponible et plaisante.

- Bordeaux Clairet 2019 — 7,05 € — 88
- Bordeaux Cabernet Franc 2018 — 8,05 € — 87
- Bordeaux Natur 2018 — 8,80 € — 88
- Bordeaux Supérieur Grande Sélection 2018 — 11 € — 90
- Bordeaux Supérieur Les Cailloux 2017 — 14,75 € — 89

Rouge : 42 hectares. Merlot 83 %, Cabernet franc 12 %, Cabernet-Sauvignon 5 %
Blanc : 3 hectares. Sauvignon blanc 60 %, Sauvignon gris 20 %, Sémillon 20 %
Production moyenne : 300 000 bt/an

CHÂTEAU PENIN
39, impasse Couponne, 33420 Génissac
05 57 24 46 98 • www.chateaupenin.com •
Visites : sans rendez-vous.
Propriétaire : Patrick Carteyron
Maître de chai : Yves Le Corre

CHÂTEAU LA RAME

Les deux propriétés dirigées par la famille Armand possèdent des expositions parfaitement opposées. La Rame jouit de coteaux superbe en pente raide face au sud : ces sols argilo-calcaires avec huîtres à fossiles sont un socle vertueux pour le sainte-croix-du-mont, qui gagne en complexité et en allure jusqu'à ressembler à un beau sauternes. A contrario, c'est sur des parcelles orientées au nord que la Caussade, première propriété de la famille, signe de jolis liquoreux et un rouge appétissant parfaitement construit. Les deux propriétés sont classées HVE3 depuis 2017.

Les vins : le cadillac rouge La Caussade ramène sa fraise et propose une matière complexe et resserrée, avec des tanins précis et élégants ; la fraîcheur arrive avec une finale courtoise. Épicé et flatteur, c'est un bordeaux galant dont la charpente est au service du fruit. Les liquoreux sont aussi à la fête : La Caussade 2019 est plus simple que La Rame, grand liquoreux original et ferme, au bois déjà fondu.

- Sainte-Croix-du-Mont 2018 — 17 € — 90
- Sainte-Croix-du-Mont Château La Caussade 2019 — 13 € — 89

Le coup de ♥

- Cadillac Côtes de Bordeaux Château La Caussade 2019 — 8 € — 90

Rouge : 25 hectares. Merlot 60 %, Cabernet-Sauvignon 40 %
Blanc : 25 hectares. Sémillon 80 %, Sauvignon blanc 20 %
Production moyenne : 200 000 bt/an

CHÂTEAU LA RAME
33410 Sainte-Croix-du-Mont
05 56 62 01 50 • www.chateaularame.com •
Visites : sans rendez-vous.
Propriétaire : Famille Armand
Directeur : Angélique Armand et Olivier Allo
Œnologue : Lucien Llorca

CHÂTEAU DE REIGNAC

Yves et Stéphanie Vatelot ont fêté cette année leurs trente ans à la tête de Reignac. Depuis le début, le couple a misé gros pour positionner leurs bordeaux supérieurs au meilleur niveau en suivant les conseils de Michel Roland. Avec l'arrivée du directeur Nicolas Lesaint en 2009, les modes de cultures ont évolué pour se rapprocher du bio sans encore y être tout à fait. Un travail qui commence à se lire dans les vins, adossés à une vinification et un élevage moins intrusifs, même si les extractions sont encore très poussées et les boisés un peu rugueux : il faudrait laisser au raisin plus de loisir d'expression.

Les vins : la salinité de l'assemblage sauvignon gris (80 %), sauvignon rose et sémillon signe l'évolution des élevages entre amphore et cuve béton. Malgré un milieu de bouche encore un peu lourd, le blanc 2018 offre de beaux amers tendres. Le profil séduisant du Grand Vin 2016 masque un peu l'extraction puissante ; l'étiquette-vedette du domaine convoque la mûre et le cassis et signe un équilibre plus naturel. Le bordeaux supérieur 2016 est habillé d'un boisé structurant et évoque le sous-bois ; il est bordé de tanins croquants et ciselés. Le millésime 2011 de Balthus, 100 % merlot vieilles vignes, est en vente : il reste surextrait et encore très boisé.

Bordeaux 2018 21 € 87
Bordeaux Supérieur 2016 9,50 € 90
Bordeaux Supérieur Balthus 2011 60 € 87
Bordeaux Supérieur Grand Vin de Reignac 2016 21,50 € 89

Rouge : 75 hectares. Merlot 75 %, Cabernet-Sauvignon 20 %, Cabernet franc 5 %
Blanc : 2 hectares. Sauvignon blanc 80 %, Sauvignon gris 10 %, Sémillon 10 %
Production moyenne : 380 000 bt/an

CHÂTEAU DE REIGNAC
38, chemin de Reignac, 33450 Saint-Loubès
05 56 20 41 05 • www.reignac.com •
Visites : sans rendez-vous.
Propriétaire : Yves Vatelot
Directeur : Nicolas Lesaint
Maître de chai : Olivier Prevot
Œnologue : Michel Rolland

CHÂTEAU REYNON

Cette propriété se situe sur les contreforts de la vallée de la Garonne, à Beguey, commune voisine de Cadillac. C'est ici que l'œnologue Denis Dubourdieu avait élaboré et défini le style de ses rouges, mais surtout de ses fameux blancs secs qui ont contribué à sa renommée dans le monde, et tout aussi largement participé à l'évolution des blancs bordelais. Son fils Jean-Jacques, épaulé par son frère Fabrice, dirige aujourd'hui Reynon, dont les vins proposent une version affinée du sauvignon de Gironde.

Les vins : le blanc 2019 fait partie de cette caste de sauvignons qui met de côté la relation variétale au raisin pour se figer sur le socle calcaire du terroir. Une maturité juste rend le vin vibrant, avec un fruit précis et des notes d'herbe fraîche, une matière tonique et saline. Le rouge propose une matière resserrée sur l'essentiel : un fruit pulpeux aux notes de cassis poivré, enveloppé par des tanins serrés et tactiles dont la fraîcheur emporte la dégustation. Une finesse agréable sur-le-champ mais qui peut s'autoriser quelques années de cave.

Bordeaux 2019 9,70 € 89

Le coup de ♥

Cadillac Côtes de Bordeaux 2017 13 € 92

Rouge : 20,5 hectares. Merlot 81 %, Petit Verdot 13 %, Cabernet-Sauvignon 6 %
Blanc : 12,8 hectares. Sauvignon blanc 87 %, Sémillon 13 %
Production moyenne : 50 000 bt/an

CHÂTEAU REYNON
15, Gravas, 33720 Barsac
05 56 62 96 51 • www.denisdubourdieu.fr •
Vente et visites : au domaine sur rendez-vous.
Propriétaire : Florence Dubourdieu
Directeur : Jean-Jacques Dubourdieu
Maître de chai : Ludovic Bernard
Œnologue : Fabrice Dubourdieu

BLAYAIS ET BOURGEAIS

★

CHÂTEAU BEL-AIR LA ROYÈRE

Repris en 1992 par sa famille, le domaine est dirigé par Corine Chevrier-Loriaud depuis 2011. Elle initie en 2016 la conversion bio pour valoriser ses sols d'argilo-calcaires, de marnes à huîtres et d'argiles vertes et bleues. Depuis le rachat, les rendements ont toujours été maîtrisés. La forte proportion de malbecs, rescapée d'une époque où les autres crus les arrachaient, donne une signature aux étiquettes, dont certaines appartiennent aujourd'hui à la nouvelle vague des bordeaux savoureux à découvrir. L'ensemble de la gamme, logé en bouteilles bourguignonnes, coiffe de panache le vignoble du Blayais.

Les vins : un Justin Malbec gourmand et virevoltant d'énergie et un Justin Merlot friand aux notes croquantes de cerise pour commencer, qui ont le tanin vif et le verbe enlevé, suivant la nouvelle tendance des vins du Bordelais taillant des croupières à d'autre régions. Ma Part des Anges, merlot élevé en fût de cognac, est ancré dans un ensemble soyeux, mais structuré par son élevage ; il possède un charme instantané et une finale au boisé parfaitement construit. Minéral et soyeux, le nez du grand vin, construit, profond et dense, distille des parfums d'âtre ; ses tanins mentholés installent ce rouge dans un style moderne, avec un jus mûr et frais. L'Esprit de Bel-Air La Royère garde des contours un peu fermes, mais offre des saveurs aussi intenses que le reste de la gamme.

Blaye 2018	25,50 €	93
Blaye Côtes de Bordeaux Justin Malbec 2019	9,50 €	89
Blaye Côtes de Bordeaux Justin Merlot 2019	9,50 €	88
Blaye Côtes de Bordeaux L'Esprit de Bel-Air La Royère 2016	15 €	90

Le coup de ♥

Blaye Côtes de Bordeaux Ma Part des Anges 2014	25,50 €	92

Rouge : 11 hectares. Merlot 65 %, Malbec (cot) 30 %, Cabernet-Sauvignon 5 %
Blanc : 1 hectare. Sauvignon blanc 100 %
Production moyenne : 60 000 bt/an

CHÂTEAU BEL-AIR LA ROYÈRE
1, Les Ricards, 33390 Cars
05 57 42 91 34 • www.bel-air-la-royere.com •
Vente et visites : au domaine sur rendez-vous.
Propriétaire : Corinne Chevrier-Loriaud
Œnologue : Éric Delacroix

★

CHÂTEAU FALFAS

Pionnier de la biodynamie dans la région (certifié en 1989), Falfas est l'une des valeurs sûres de l'appellation. Il élabore sur ses parcelles, remarquablement situées sur un socle de calcaire à astéries, des vins toujours très francs. L'addition du mode de culture et de vinification (levures indigènes) avec l'encépagement donne un caractère tout à fait singulier aux vins.

Les vins : l'énergie palpitante de la biodynamie, en place ici depuis plus de trente ans, donne du souffle au bouquet salin du 2017. Il présente d'abord des parfums minéraux de mine de crayon, puis le fruit apparaît, et rayonne au nez comme en bouche. La profondeur du 2016, son équilibre parfait, sa nature généreuse se lient en un corps svelte ; sa matière croquante, ses tanins poudrés et la droiture de sa matière forcent le respect. En 2015, Intégral présente un volume un peu extrait mais généreux : on retrouve le calcaire des sols dans la trame de bouche.

Côtes de Bourg 2017	18,50 €	91
Côtes de Bourg Intégral 2015	50 €	91

Le coup de ♥

Côtes de Bourg Le Chevalier 2016	32,50 €	92

Rouge : 20 hectares. Merlot 55 %, Cabernet-Sauvignon 30 %, Cabernet franc 10 %, Malbec (cot) 5 %
Production moyenne : 70 000 bt/an

CHÂTEAU FALFAS ☾
34, route de Coudart,
33710 Bayon-sur-Gironde
05 57 64 80 41 • www.chateaufalfas.com •
Vente et visites : au domaine sur rendez-vous.
Propriétaire : Véronique Cochran

★

CHÂTEAU FOUGAS

Acquis en 1976 par la famille Béchet, Fougas est situé sur une croupe bénéficiant d'une forte diversité de sols combinant sables, argiles (blanches et rouges), graves et molasses. Une dégustation verticale récente a permis d'affirmer la qualité du cru, l'influence de la biodynamie certifiée depuis 2008, et, par conséquent, la progression constante du château. Soulignons que les millésimes de haute maturité révèlent de la meilleure manière la qualité de ce terroir sous-valorisé mais de grand potentiel.

Les vins : un magnifique 2018. Le bois est encore présent, mais le fruit est très équilibré, énergique et tendu, avec des nuances d'épices douces, de paprika. On sent la présence particulière du terroir dans la finale. Vous pourrez attendre que celui-ci livre ses nuances tertiaires, ou le déboucher sur ce fruit sapide et vif. Forces de vie est très original, mais aussi très serré en 2017. Une note superbe de cassis dynamise le bouquet du 2018, dégusté en cours d'élevage, tenu par de chaleureuses notes de cacao, une fraîcheur vigoureuse en bouche et de succulents tanins.

- Côtes de Bourg Forces de Vie 2017 — 25 € — 91
- Côtes de Bourg Forces de Vie 2018 — 25 € — 94

Le coup de ♥

- Côtes de Bourg Maldoror 2018 — 15,90 € — 94

Rouge : 23 hectares. Merlot 75 %, Cabernet-Sauvignon 25 %
Production moyenne : 100 000 bt/an

CHÂTEAU FOUGAS ☾
33710 Lansac
05 57 68 42 15 • www.fougas.com • Vente et visites : au domaine sur rendez-vous.
Propriétaire : Jean-Yves Béchet
Œnologue : Thomas Duclos

★

CHÂTEAU LES JONQUEYRES

À cheval sur deux communes, Saint-Paul et Saint-Martin-Lacaussade, le domaine jouit de très vieilles vignes, de plus de 50 ans, plantées à haute densité sur des argiles sableuses (vins de petite garde) et sur des argiles bleues et grises (donnant des crus généreux, taillés pour vieillir plus longtemps). Largement dominant sur la propriété, le merlot donne ici de très beaux résultats. Trait dominant de la production ? Elle limite les rendements pour laisser le fruit et la générosité prendre toute la place.

Les vins : de jeunes vignes plantée à densité modérée composent L'If, au fruit juteux, croquant et mûr, avec une mâche ferme et des tanins simples. Issu de rendements sages, le 2017 propose un fruit maîtrisé ; l'expressivité du merlot laisse place à une évocation pointilleuse du terroir, qui se devine derrière un élevage bien tenu. Les fruits rouges s'installent au nez du 2016, sous couvert d'une note truffée. L'élégance de l'ensemble s'expose dans une finale bien pulpeuse. À l'Enfer met en valeur les malbecs d'autrefois aux tanins vigoureux et au fruit ambitieux ; le vin se fait large d'épaules en 2016 et vibre en 2015 du feu du millésime.

- Blaye Côtes de Bordeaux 2016 — 18,50 € — 91
- Blaye Côtes de Bordeaux If des Jonqueyres 2016 — 10 € — 89
- Blaye Côtes de Bordeaux À L'Enfer 2015 — 37 € — 90
- Blaye Côtes de Bordeaux À L'Enfer 2016 — 35 € — 90

Le coup de ♥

- Blaye Côtes de Bordeaux 2017 — 17 € — 92

Rouge : 10 hectares. Merlot 75 %, Cabernet-Sauvignon 18 %, Malbec (cot) 7 %
Blanc : 0,22 hectare. Viognier 45 %, Vermentino 45 %, Clairette 10 %
Production moyenne : 40 000 bt/an

CHÂTEAU LES JONQUEYRES ♣
7, Courgeau, 33390 Saint-Paul-de-Blaye
05 57 42 34 88 •
www.chateaulesjonqueyres.com • Vente et visites : au domaine sur rendez-vous.
Propriétaire : Pascal Montaut
Œnologue : Éric Delacroix

★

CHÂTEAU ROC DE CAMBES

Voici une propriété qui attise la curiosité des amateurs à la recherche d'un style bordelais singulier. Inspirée par François Mitjavile, du château Tertre Roteboeuf à Saint-Émilion, la production se compose du domaine de Cambes (en appellation Bordeaux, situé dans les paluds) et du Château Roc de Cambes, (en Côte-de-Bourg, sur les coteaux). Elle est tenue par sa fille, Nina Mitjavile, qui conserve le style familial. Celui-ci se définit par des raisins à haute maturité, élevés classiquement, avec notamment les meilleurs produits de la tonnellerie Radoux. Le résultat ? Des vins reconnaissables entre mille, aux nez intenses et très boisés dans la jeunesse, vieillissant avec charme, mais qui peuvent fatiguer certains palais à la recherche d'un flacon frais et désaltérant. Les "petits millésimes", avec des niveaux de maturité plus bas, ressortent souvent comme de vraies réussites, à l'image de 2007. Un style singulier, mais parfois clivant.

Les vins : le domaine de Cambes, dont les vignes, exposées plein sud et plantées sur une veine argilo-calcaire, viennent mourir sur les bords de la Gironde, a produit en 2017 un bordeaux (les paluds des bords de rivière ne sont pas classé en Côtes de Bourg) sanguin et juteux, légèrement mentholé, qui présente la structure épicée et un peu serrée du cabernet-sauvignon. Entre la rivière et la chaleur de la côte, les raisins ont mûri dans des conditions presque tropicales ; l'influence de l'eau apporte cet équilibre parfait entre la richesse et la sapidité, malgré une maturité très élevée. Une route sépare les vignes du domaine de Cambes de celles du château de Cambes, où le 2017 s'offre après un élevage en bois neuf sur une touche de graphite et de terre fraîche, avec une pointe truffée. Intensément frais, le vin est construit sur un fruit radieux et des tanins plus croquants que d'habitude. 2019, au jus un peu sanguin et floral, plus épicé, est une réussite parfaite du millésime.

Bordeaux 2017	N.C.	93

Le coup de ♥

Côtes de Bourg 2017	N.C.	96

Rouge : 10 hectares. Merlot 80 %, Cabernet-Sauvignon 15 %, Malbec (cot) 5 %
Production moyenne : 47 000 bt/an

CHÂTEAU ROC DE CAMBES
3, Roc, 33710 Bourg-sur-Gironde
05 57 74 42 11 • www.roc-de-cambes.com •
Vente et visites : au domaine sur rendez-vous.
Propriétaire : François Mitjavile
Directeur : Nina Mitjavile

CHÂTEAU BRÛLESÉCAILLE

Brûlesécaille jouit d'un vignoble bien situé dans l'appellation Côtes de Bourg, en surplomb de l'estuaire de la Gironde. On y produit avec régularité des vins plaisants et distingués, dotés d'une séduction immédiate grâce à un assemblage intéressant de merlot (majoritaire), de cabernet franc et de cabernet-sauvignon. La bonne exposition de ces deux derniers permet d'obtenir, sur ce terroir, une excellente maturité, ce qui explique le velouté de texture et le fondu des tanins des meilleurs millésimes du domaine. Autre propriété de la famille Rodet, La Gravière est situé à 3 kilomètres ; ses vins ne sont pas élevés en bois. Les prix sont très attractifs, profitez-en !

Les vins : une belle dynamique distingue le blanc 2019 aux notes d'agrumes, dont il faudra surveiller l'évolution ; dans la même couleur, le 2018 est habillé d'un boisé ravissant. Le colombard 2019 est nettement moins intéressant et n'a pas été noté. En rouge, le digeste 2019 vinifié sans soufre a pour lui un fruit jovial, péchu et mordant. Le 2018 évolue délicatement vers la truffe, mêlé d'une touche de cacao. Il est moins consistant que le 2016, grand vin de garde encore tendu par des tanins rugueux, mais doté d'une matière riche. Moins profond, La Gravière se distingue par une matière flatteuse.

Côtes de Bourg 2018	9 €	89
Côtes de Bourg 2019	9 €	90
Côtes de Bourg 2016	12 €	90
Côtes de Bourg Cuvée Sans Soufre Ajouté 2019	11 €	89

Le coup de ♥

Côtes de Bourg 2018	12 €	90

Rouge : 26,3 hectares. Merlot 59 %, Cabernet-Sauvignon 27 %, Cabernet franc 12 %, Malbec (cot) 2 %
Blanc : 2,35 hectares. Sauvignon blanc 75 %, Sauvignon gris 25 %
Production moyenne : 140 000 bt/an

CHÂTEAU BRÛLESÉCAILLE
29, route des Châteaux, 33710 Tauriac
05 57 68 40 31 • www.brulesecaille.com •
Vente et visites : au domaine sur rendez-vous.
Propriétaire : Famille Rodet
Directeur : Guillaume Rodet
Maître de chai : Guillaume et Jacques Rodet
Œnologue : Stéphane Beuret

LIBOURNAIS

★★

DOMAINE DE L'A

En 1999 naissait à Sainte-Colombe le domaine de l'A, fruit du désir émis par Stéphane Derenoncourt et sa femme Christine de produire un grand vin. Plus de vingt ans après, c'est une réussite à tous les niveaux. La mise en valeur des calcaires et des coteaux par le travail des sols et la conversion bio, en route depuis 2017, apporte la preuve que le couple ne s'arrête pas en chemin, même si ce dernier les a déjà menés au sommet ! Toujours dans l'optique d'une mise en valeur du terroir bordelais, un hectare de chardonnay vient d'être planté. L'élégance raffinée des millésimes successifs, favorisée par la recherche permanente d'un équilibre de maturité, révèle le soyeux des textures et la minéralité des rouges.

Les vins : le nez volubile du 2016 exprime un merlot bien mûr, intelligemment épicé de cabernet franc. La gourmandise du palais s'enrichit de tanins gracieux, d'une grande fraîcheur en finale. Installer autant de puissance dans un corps si délicat, et si séduisant, est une grande réussite : le vin rayonne pour quinze ans.

- Castillon Côtes de Bordeaux 2016 — 37 € — 94

Rouge : 10,5 hectares. Merlot 80 %, Cabernet franc 20 %
Blanc : 1 hectare. Chardonnay 100 %
Production moyenne : 40 000 bt/an

DOMAINE DE L'A
11, lieu-dit Fillol, 33350 Sainte-Colombe
05 57 24 92 43 • www.domainedela.com •
Vente et visites : au domaine sur rendez-vous.
Propriétaire : Christine et Stéphane Derenoncourt

★★ ↗

CLOS PUY ARNAUD

Depuis 2000, Thierry Valette est propriétaire de ce vignoble de Castillon. Réalisé avec soin, le vin s'est imposé dès le début comme l'un des crus les plus intéressants de l'appellation, dans un style profond et éminemment racé. Le vignoble, aujourd'hui cultivé en biodynamie, confirme tous les espoirs. Le grand vin, de facture classique, se démarque par sa droiture et sa densité : cette bouteille faite pour la table vieillit remarquablement bien dans les grandes années. Thierry Valette propose en plus du premier vin, trois excellentes cuvées, dont deux dites de soif (Bistrot et Pervenche) qui nous réconcilient avec les bordeaux de consommation rapide. Il faut noter la cohérence de la gamme et la volonté de faire à la fois des vins de plaisir immédiat et des crus de grande profondeur. La réussite en 2016 et 2017, deux millésimes totalement différents l'un de l'autre, ouvre la voie à l'octroi de la deuxième étoile.

Les vins : outre la vinification en biodynamie qui met en relief les qualités des différentes parcelles, c'est la luminosité du vignoble, orienté au levant, qui permet aux vignes de donner ce fruit pulpeux que l'on retrouve dans Le Rouge 100 % merlot, séveux et tendre vin de buvette, ou dans la Cuvée Pervenche 2017, alerte et souple, aux tanins caressants. Un jus admirablement orchestré autour d'un corps svelte et tonique pour les Ormeaux, aux tanins légèrement salés : le vin s'ouvre sur une tension saillante qui va durer dans le temps. On entre dans le bouquet du Clos Puy Arnaud 2016 comme dans un tunnel de sensations particulières : il faut s'arrêter sur la qualité des tanins profonds, sensibles, mûrs. Le toucher de bouche est très velouté, avec une ambiance épicée. La finale un peu janséniste laisse envisager à ce vin un avenir lointain.

- Castillon Côtes de Bordeaux Cuvée Les Ormeaux 2016 — 24 € — 93
- Castillon Côtes de Bordeaux Cuvée Pervenche 2017 — 18 € — 90
- VDF Le Rouge 2019 — 14 € — 88

Le coup de ♥

- Castillon Côtes de Bordeaux 2016 — 44 € — 94

Rouge : 14 hectares. Merlot 70 %, Cabernet franc 25 %, Cabernet-Sauvignon 5 %
Production moyenne : 65 000 bt/an

CLOS PUY ARNAUD ☾
7, Puy Arnaud 33350 Belvès-de-Castillon
05 57 47 90 33 • www.clospuyarnaud.com •
Vente et visites : au domaine sur rendez-vous.
Propriétaire : Thierry Valette
Maître de chai : Nicolas Legrand

★

CHÂTEAU D'AIGUILHE

Ce domaine connaît un succès unique en Côtes de Bordeaux, qui ne se dément pas au fil des millésimes. Au-delà du vignoble propre, des fermages sont adjoints et près de 100 hectares sont vinifiés sous le nom de Château d'Aiguilhe. Voici une des rares marques de la rive droite qui s'impose par des volumes conséquents et qui peut se prévaloir de concurrencer quelques crus du Médoc ou des Graves. On doit cette réussite au savoir-faire du duo autrefois constitué par Stephan von Neipperg et Stéphane Derenoncourt (également propriétaire du Domaine de L'A dans la même appellation), qui s'illustrait aussi à Château Canon-La-Gaffelière, au Clos de L'Oratoire et à La Mondotte à Saint-Émilion, les autres propriétés de la famille von Neipperg.

Les vins : une nature affranchie de toute lourdeur, des tanins vibrants, une bouche sensible, dense et fine pour ce 2017 qui bénéficie à la fois des superbes calcaires des collines de Castillon et des soins apportés par l'équipe de Canon-la-Gaffelière.

- Castillon Côtes de Bordeaux 2017 — 22 € — 92

Rouge : 85 hectares. Merlot 80 %, Cabernet franc 20 %
Blanc : 5 hectares.
Production moyenne : 500 000 bt/an

CHÂTEAU D'AIGUILHE

1, Aiguilhe Sud,
33350 Saint-Philippe-d'Aiguilhe
05 57 40 63 56 • www.neipperg.com • Vente et visites : au domaine sur rendez-vous.
Propriétaire : Comtes von Neipperg
Directeur : Stephan von Neipperg

★

VIGNOBLES PAUL BARRE

Paul Barre résonne comme l'un des noms les plus emblématiques de Bordeaux. Considéré par beaucoup comme le père de la biodynamie dans la région, il a apporté des lettres de noblesse à Fronsac et à Canon-Fronsac. Aujourd'hui repris par son fils Gabriel et sa femme Édith, la propriété entame une passation en douceur. Ils veulent s'inspirer intelligemment du passé, mais aussi imprimer leur esprit. Le style des vins s'axe sur la pureté du fruit, un brin libre parfois. Mais il faut noter l'énergie, la brillance et la capacité de garde de ces vins, grâce notamment à une viticulture sensible, une vinification délicate et aux élevages en vieux contenants. Les vins sont réguliers, éclatants de fruits, respectueux des terroirs et dotés d'un beau potentiel de garde.

Les vins : sur le plateau de Canon-Fronsac, La Fleur Cailleau 2014 manque un peu de profondeur et paraît austère. C'est le cas aussi du 2016, qui offre néanmoins plus de profondeur ; le bois, masqué par la masse du vin, est juste et bon, avec des notes de cassis juteuses, de poivre en finale et un fond incroyable, une dimension particulière presque saline. À Fronsac, saluons l'harmonie du bouquet de La Grave 2018, à ce stade bien disponible (réglisse, violette, mûre). Le vin propose une attaque assouplie grâce à une extraction parfaite : une belle expression du millésime.

- Canon-Fronsac Château La Fleur Cailleau 2014 — 26 € — 88
- Canon-Fronsac Château La Fleur Cailleau 2016 — 25 € — 93
- Fronsac Château La Grave 2018 — 15 € — 94

Rouge : 6,9 hectares. Merlot 63 %, Cabernet franc 35 %, Malbec (cot) 2 %
Production moyenne : 33 000 bt/an

VIGNOBLES PAUL BARRE ☾

13 bis, route de Libourne Lieu-dit La Vierge
33126 Fronsac
05 57 51 31 11 • www.vignoblespaulbarre.com
• Vente et visites : au domaine sur rendez-vous.
Propriétaire : Edith et Gabriel Barre
Maître de chai : Gabriel Barre
Œnologue : Claire Lepage

★

FAMILLE BERROUET

Le nom de Jean-Claude Berrouet résonne dans le monde viticole comme l'un des orfèvres de Bordeaux, grâce notamment à ses plus belles interprétations de Petrus. Avec le temps, il a acquis Vieux Château Saint-André, en 1979 et Château Samion, en 1982. Tout le savoir-faire acquis à Pomerol est complété par la sensibilité de son fils, Jean-François, qui reprit les deux domaines en 2002. Mais l'une des différences, hormis l'appellation, ce sont les vieilles vignes de merlot, âgés de 40 ans à Montagne et de 50 ans à Lalande. Outre leur appelllations, les deux crus se caractérisent par la qualité de leurs sols d'argiles, plus fins pour Samion, plus frais pour Vieux Château Saint-André. Les vinifications effectuées à l'abri de l'air visent à préserver la totalité d'un fruit vendangé à maturité, sans excès, qui connaît un élevage modéré de douze mois. En 2019, les Berrouet ont acquis deux nouveaux domaines : le château Bonneau, 6 hectares à Montagne-Saint-Émilion et le château Hyon La Fleur, 2,5 hectares à Saint-Christophe-des-Barde (Saint-Émilion).

Les vins : Samion a entièrement gelé en 2017. 2016 a gagné en complexité : les parfums se sont resserrés sur l'essentiel, des touches de graphite ressortent derrière une note complexe de fruit noir. Le boisé, d'une justesse parfaite, donne toute sa distinction à l'ensemble. En bouche le vin reste à sa place, avec des tanins caressants. Seules les meilleurs parcelles épargnées par le gel composent Vieux Château Saint-André 2017 dont le fruit radieux est préservé par une vinification et un élevage à l'abri de l'air, la signature Berrouet. Le 2016 exprime une élégance rare, fruit à la fois de la distinction de ses tanins et de la finesse de sa structure.

- Lalande-de-Pomerol Château Samion 2016 — 16 € — 92
- Montagne-Saint-Émilion Vieux Château Saint-André 2016 — 14 € — 91
- Montagne-Saint-Émilion Vieux Château Saint-André 2017 — N.C. — 94

Rouge : 16 hectares.
Production moyenne : 55 000 bt/an

FAMILLE BERROUET
2, route de Saint-Georges, 33570 Montagne
05 57 74 59 80 •
chateau.samion@wanadoo.fr • Vente et visites : au domaine sur rendez-vous.
Propriétaire : Jean-François et Olivier Berrouet
Directeur : Jean-François Berrouet
Œnologue : Jean-Claude Berrouet

★

CHÂTEAU CANON PÉCRESSE

Avant d'être directeur de Radio Classique et éditorialiste aux Échos, Jean-Francis Pécresse est vigneron. Ses aïeux, venus de Corrèze, avaient acquis un petit cru sur le plateau de Saint-Michel-de-Fronsac, dont il a toujours suivi de très près la progression. Conseillé par Hannah Fiegenschuh (pépinière Derenoncourt), le cru grimpe chaque année une marche et a entamé depuis trois ans la conversion au bio. Jadis outsider des grands fronsadais, Canon Pécresse se place à leurs côtés, avec une définition de plus en plus affirmée de son terroir de calcaires dégradés ; les vins allient charme, pureté et fraîcheur.

Les vins : le nez du 2016 reflète le millésime. Le fruit se fait légèrement mousseux, dominé par une note de cassis parfumé, la matière est ardente, et les tanins assurent au vin une évolution sur dix ans. Le soyeux 2017 ne tente pas de dépasser son millésime ; ses tanins toniques confèrent de la vigueur à la finale. Le 2018 est bâti sur une parfaite maîtrise des tanins, et donne à goûter une matière vibrante et un fruit épatant ; finale sur le cassis et les fleurs emmêlées. Le 2019 est lui aussi une belle réussite.

- Canon-Fronsac 2017 — Épuisé - 18 € — 90
- Canon-Fronsac 2018 — 18,60 € — 92
- Canon-Fronsac 2019 — 17,40 € — 94

Le coup de ♥

- Canon-Fronsac 2016 — Épuisé - 21 € — 92

Rouge : 4,1 hectares. Merlot 75 %, Cabernet franc 25 %
Production moyenne : 15 000 bt/an

CHÂTEAU CANON PÉCRESSE ♣
33126 Saint-Michel-de-Fronsac
05 57 24 98 67 •
www.chateau-canon-pecresse.fr • Vente et visites : au domaine sur rendez-vous.
Propriétaire : Famille Pécresse
Directeur : Jean-Francis Pécresse
Maître de chai : Alain Joubert
Œnologue : Stéphane Derenoncourt

★

CHÂTEAU DE CARLES

Le banquier Stéphane Droulers a créé la cuvée Haut-Carles en 1994 afin d'exprimer ce que les terroirs du château de Carles, propriété venant de son épouse, Constance (née Chastenet de Castaing), pouvaient produire de mieux. Vinifiée avec soin, habillée d'un boisé raffiné, cette cuvée a d'abord constitué l'archétype du bordeaux moderne, sans tomber dans la caricature. Avec le temps, on découvre l'expression très personnelle d'un terroir racé au vieillissement harmonieux. Le premier vin du château est plus souple, mais a l'avantage d'être accessible plus jeune.

Les vins : 2017, ventru et charmant, pulpeux et agile aromatiquement, signe par une bouche ardente une belle concentration, un ton en-dessous d'Haut-Carles, au fruit éclatant de franchise ; l'allonge de ce dernier donne du tonus à une finale tactile. Goûté en primeur, le 2019 s'annonçait vif, croquant et net.

Fronsac 2017 14 € 90

Le coup de ♥

Fronsac Haut-Carles 2017 30 € 92

Rouge : Merlot 90 %, Malbec (cot) 5 %, Cabernet franc 5 %
Production moyenne : 60 000 bt/an

CHÂTEAU DE CARLES
33141 Saillans
05 57 84 32 03 • www.hautcarles.com • Vente et visites : au domaine sur rendez-vous.
Propriétaire : Stéphane et Constance Droulers
Directeur : Yannick Reyrel
Maître de chai : Philippe Thomas
Œnologue : Hubert de Boüard Consulting

★

CHÂTEAU LES CHARMES-GODARD

Après avoir acquis Puygueraud, Nicolas Thienpont a souhaité mettre en lumière les Côtes de Francs et a racheté Les Charmes-Godard, pour valoriser les blancs de l'appellation, avec une base de sémillon, dès 1988. Ces vins offrent une belle capacité de garde. La gamme a été complétée en 2000 par La Prade, qui livre des vins élégants, puis par Alcée, en 2011, dont les cuvées délivrent une profondeur calcaire typique. Voici une propriété qui offre trois châteaux de haute identité, aux très bons rapports qualité-prix.

Les vins : le charme cristallin des sémillons ramassés par tries successives se dévoile dans le nez de poire et d'agrumes du 2018 ; la bouche énergique et vibrante de ce dernier est dotée d'une belle salinité en finale. Fruits complexes, cerises et baies noires pour le 2017, concentré, franc et puissant, bâti autour de tanins musclés, qui se montre épicé et boisé en finale. Au profil dense et courtois, La Prade 2017 associe des tanins superbement épicés à une jolie matière tendue : saluons la précision architecturale de l'un des meilleurs francs-côtes de bordeaux. Plutôt aérien, Alcée 2017 expose le profil des meilleurs terroirs de Castillon et se présente comme un 100 % merlot à l'ardente profondeur et aux tanins onduleux.

Francs Côtes de Bordeaux 2018 14 € 90

Castillon Côtes de Bordeaux Château Alcée 2017 20 € 93

Francs Côtes de Bordeaux 2017 8,50 € 90

Francs Côtes de Bordeaux Château La Prade 2017 13 € 93

Rouge : 22 hectares. Merlot 90 %, Cabernet franc 10 %
Blanc : 6,5 hectares. Sémillon 57 %, Sauvignon blanc 23 %, Sauvignon gris 20 %
Production moyenne : 110 000 bt/an

CHÂTEAU LES CHARMES-GODARD
33570 Saint-Cibard
05 57 56 07 47 • www.nicolas-thienpont.com • Vente et visites : au domaine sur rendez-vous.
Propriétaire : Nicolas et Cyrille Thienpont
Directeur : Grégoire Pernot du Breuil
Maître de chai : Gregory Bertet
Œnologue : Julien Lavenu (Derenoncourt Consultants)

★

CHÂTEAU LA FLEUR DE BOÜARD

Hubert de Bouärd rachète la propriété en 1998 avec ses enfants : il la porte au sommet de l'appellation avant de la laisser à sa fille Coralie. Après des études d'œnologie à Bordeaux, et onze ans passés aux côtés de son père à l'Angélus, elle dirige La Fleur de Bouärd depuis 2013, maintenant avec talent la propriété à un niveau qui n'a rien à envier aux voisins de Pomerol. En 2016, la famille rachète une nouvelle propriété de 30 hectares à Montagne Saint-Émilion, le château Clos de Bouärd. Les deux crus sont classés HVE3.

Les vins : déjà dégusté l'an dernier, le millésime 2016 affine sa belle dimension aromatique (notes de sous-bois, pointe de truffe et parfums de parchemin). Les tanins toujours frais et saillants tiennent vigoureusement une matière ardente et poudrée. Une grande bouteille se profile. Produit uniquement dans les grands millésimes, Le Plus de la Fleur de Bouärd offre un fruit insolent dans sa bouche crayeuse et dense, aux tanins poudrés ; ses 33 mois en barrique neuve sont passées comme un rien, le vin n'est ni filtré ni collé. Pourquoi se priver du montagne-saint-émilion ? Avec ses tanins de velours, il offre un plaisir immédiat, croquant, facile et digeste.

- Lalande-de-Pomerol 2016 — 40 € — 91
- Lalande-de-Pomerol Le Plus de La Fleur de Boüard 2016 — de 105 à 112 € (c) — 92
- Montagne-Saint-Émilion La Dame de Boüard 2016 — de 13 à 20 € (c) — 87

Rouge : 30 hectares. Merlot 85 %, Cabernet franc 12 %, Cabernet-Sauvignon 3 %
Production moyenne : 130 000 bt/an

CHÂTEAU LA FLEUR DE BOÜARD
12, Bertineau, 33500 Néac
05 57 25 25 13 • www.lafleurdebouard.com • Vente et visites : au domaine sur rendez-vous.
Propriétaire : Hubert de Boüard de Laforest
Directeur : Philippe Nunes
Maître de chai : Loureiro Joao

★

CHÂTEAU FONTENIL

Depuis la vente du château Le Bon Pasteur à Pomerol, Dany et Michel Rolland, le plus célèbre couple d'œnologues bordelais, s'investit encore plus dans leur petite propriété familiale de Fronsac. Acquis en 1986, et portant le nom de l'une des parcelles, le vignoble de Fontenil est tenu avec autant de soins qu'un cru majeur de la rive droite. En 2019 a été produit le premier blanc, issu d'un hectare planté de sauvignon, sémillon, muscadelle et chardonnay, et vinifié séparément en œuf, barrique et cuve inox.

Les vins : dans un style puissant et dense, le 2017, aux tanins complets et sérieux, s'exprime avec un parfait classicisme. Rassurante et confortablement bâtie sur des tanins puissants et énergiques, la finale distinguée impose un surcroît de délicatesse et de vibration : bien joué vu le millésime compliqué. Le volume du blanc 2019 est encourageant. Un vin assez profond, un peu ardent en milieu de bouche avant que la finale, plus pointue, effilée, au goût de calcaire mêlé d'une touche de gentiane, ne révèle la juste maturité des raisins.

- VDF 2019 — N.C. — 89
- Fronsac 2017 — 30 € — 91

Rouge : 9 hectares. Merlot 100 %
Production moyenne : 42 000 bt/an

CHÂTEAU FONTENIL
Cardeneau Nord, 33141 Saillans
05 57 51 52 43 • www.rollandcollection.com • Visites : sur rendez-vous uniquement aux professionnels.
Propriétaire : Michel et Dany Rolland
Œnologue : Michel Rolland

★

CHÂTEAU LE PUY

Détenue depuis 1610 par la famille Amoreau, cette propriété se distingue à la fois par son terroir, un des plus hauts en altitude de la région, ses modes de vinification singuliers, et surtout sa viticulture. Menée par de fervents défenseurs de la biodynamie, la production est souvent saluée par les amateurs de vin naturel. Les flacons se montrent précis, profonds et démontrent une grande capacité de garde, de la classique cuvée Émilien à la cuvée Barthélémy, sélection parcellaire. Il faut souligner que le style infusé peut dérouter les amateurs de bordeaux classiques. Cette année a marqué un tournant puisque la production du domaine est désormais étiquettée Vin de France. Une décision qui vient renforcer la démarche entreprise par les propriétaires et le directeur, Harold Langlais, lesquels se sentent prisonniers d'un cahier des charges de l'AOC trop restrictif eu égard à leurs ambitions, notamment vis-à-vis de l'impact du changement climatique sur leur production.

Les vins : le calcaire révélé par la biodynamie leur donne leur acidité naturelle, et ils sont promis à des évolutions exceptionnelles. Vinifiés par immersion du chapeau sans extraction violente et habitués jeune à l'air, Émilien et Barthélémy peuvent vieillir avec brio ; vinifiés à l'ancienne, ils sont étonnants de modernité. Barthélémy 2017, presque exotique, présente un parfum si complexe que chacun y trouve un arôme différent. Encore dans ses débuts, sa profondeur force le respect, sa fraîcheur et son potentiel de garde s'imposent, sans structure tannique. Émilien 2017 offre une verticalité exceptionnelle. Même jeune, le bouquet exhale fleurs et fruits. Rose-Marie, le clairet du domaine, est issu de saignée, vinifié en foudre avec de faibles doses de soufre.

VDF Barthélemy 2017 — 95 € — 93

VDF Émilien 2017 — 25 € — 92

Le coup de ♥

VDF Rose-Marie 2018 — 32 € — 91

Rouge : 50 hectares. Merlot 85 %, Cabernet-Sauvignon 7 %, Cabernet franc 6 %, Malbec (cot) 1 %, Carmenère 1 %
Production moyenne : 170 000 bt/an

CHÂTEAU LE PUY ☾

33570 Saint-Cibard
05 57 40 61 82 • www.chateau-le-puy.com • Pas de visites.
Propriétaire : Famille Amoreau

★

CHÂTEAU PUYGUERAUD

Surplombant la vallée de la Dordogne, ce domaine en polyculture fait partie des meilleures propriétés des Côtes de Bordeaux, repris par la famille Thienpont en 1946, puis dirigé aujourd'hui par Nicolas Thienpont et Cyrille, son fils. Une viticulture engagée y est appliquée. Bienheureux seront les amateurs patients : les blancs et les rouges vieillissent à merveille. George, cuvée confidentielle à majorité de cabernet franc, allie profondeur, générosité et fraîcheur.

Les vins : les fruits s'exposent sans fard dans le bouquet riche et plein du sixième millésime blanc de Puygueraud, qui évoque la poire croquante et le citron ; ce dernier se décline aussi dans une bouche où perce une pointe de craie mouillée. Lorsque les malbecs de Puygueraud mûrissent dans le bon sens du fruit, ils entrent pour moitié dans l'assemblage de la cuvée George, hommage au fondateur du domaine. La profondeur des parfums est admirable ; un ensemble sanguin qui flirte avec les épices et se tend dans une structure alerte aux tanins affûtés.

Francs Côtes de Bordeaux 2018 — 12 € — 89

Le coup de ♥

Francs Côtes De Bordeaux George 2016 — de 19 à 20 € (c) — 92

Rouge : 45 hectares. Merlot 80 %, Cabernet franc 15 %, Malbec (cot) 5 %
Blanc : 5 hectares. Sauvignon blanc 54 %, Sauvignon gris 46 %
Production moyenne : 200 000 bt/an

CHÂTEAU PUYGUERAUD

Lieu-dit Puygueraud, 33570 Saint-Cibard
05 57 56 07 47 • www.nicolas-thienpont.com • Vente et visites : au domaine sur rendez-vous.
Propriétaire : Héritiers George Thienpont
Directeur : Nicolas et Cyrille Thienpont
Maître de chai : Grégory Bertet
Œnologue : Stéphane Derenoncourt

★

CHÂTEAU LA ROUSSELLE

Depuis trois ans, ce micro-cru est la propriété de l'homme d'affaire Enzo Ide, déjà propriétaire de Lucia à Saint-Émilion. Le domaine est riche de vieilles vignes situées sur un terroir de coteaux calcaires formant un amphithéâtre qui domine la vallée de la Dordogne. Stéphane Derenoncourt conseille ce vin d'une variété et d'une finesse rares pour Fronsac. Les bouquets gagnent en complexité et prennent à la garde des arômes de truffe et de lard fumé. Le velouté des tanins est servi par des élevages judicieux. Les derniers millésimes ont atteint un niveau de qualité indiscutable et les prix restent stables ! Un très beau vin d'amateurs, digne de certains grands pomerols.

Les vins : le 2016 exprime une certaine distinction, une tension particulière ; presque végétal au premier nez, le bouquet évolue vers un fruit dense et compact, que l'on retrouve dans une bouche rassemblée au muscle saillant, nuancée de tanins poudrés et salins. Il peut vieillir dix ans.

Fronsac 2016 — 22,50 € — 90

Rouge : 3,3 hectares. Merlot 65 %, Cabernet franc 35 %
Production moyenne : 12 000 bt/an

CHÂTEAU LA ROUSSELLE

1, Rousselle, 33126 La Rivière
05 57 51 83 31 • lucia33@orange.fr • Vente et visites : au domaine sur rendez-vous.
Propriétaire : Enzo Ide
Directeur : Daniel Garrigue
Œnologue : Julien Lavenu (Derenoncourt Consultants)

★

CHÂTEAU LA VIEILLE CURE

Avec un vignoble d'un seul tenant, réparti entre plateau et côte, et un joli patrimoine de vieilles vignes, La Vieille Cure, propriété de Jérôme Pignard, a tout pour produire de beaux merlots. Ces derniers possèdent le caractère racé et gourmand du terroir, dans un style enrobé et frais. Le cru est conseillé par l'équipe de l'œnologue Michel Rolland.

Les vins : un nez puissant et légèrement poudré, mêlé d'une pointe de graphite et d'une touche de menthe, caractérise l'œcuménique La Vieille Cure, taillé pour la garde. Le second vin propose pour sa part un fruit clinquant, mais séduisant, un tanin frais et une finale insolente.

- Fronsac 2017 — 25 € — 94
- Fronsac La Sacristie de la Vieille Cure 2017 — 12,50 € — 91

Rouge : 19 hectares. Merlot 83 %, Cabernet franc 14 %, Cabernet-Sauvignon 3 %
Production moyenne : 100 000 bt/an

CHÂTEAU LA VIEILLE CURE
Coutreau, 33141 Saillans
05 57 84 32 05 • www.la-vieille-cure.com •
Vente et visites : au domaine sur rendez-vous.
Propriétaire : SCEA Château La Vieille Cure
Directeur : Jérôme Pignard
Maître de chai : Frédéric Labatut
Œnologue : Jean-Philippe Fort

★

CHÂTEAU VRAI CANON BOUCHÉ

Depuis que la Française REM l'avait rachetée à l'homme d'affaires hollandais Philip de Hasseth-Möllern, la propriété n'avait guère connu d'évolution. C'est chose fait cette année, avec la rénovation du cuvier gravitationnel, pour rendre encore plus performants les merlots du plateau de Canon-Fronsac, et un chai à barrique ayant fait peau neuve ; sans compter six chambres d'hôtes aménagées au-dessus de la cave. Depuis la salle de dégustation, on profite d'une vue à 180° sur le vignoble d'un seul tenant qui domine la Dordogne, installé sur des calcaires décomposés, affleurants par endroit, aux argiles légères à d'autres.

Les vins : doté d'un fruit irradiant, le 2017 devrait grandir en gardant sa fraîcheur particulière et en affinant la définition d'une matière pas encore tout à fait disponible mais sculpturale. Le millésime sort d'un élevage réfléchi avec justesse entre fût neuf et fût usagé (un et deux millésimes). Le second vin tient son rang sans faire d'ombre au grand vin : une caresse acidulée au nez, une matière précise et ciselée, plus coulante que puissante, et une finale joufflue pour le plaisir. C'est un des meilleurs rapport prix-plaisir du vignoble.

- Canon-Fronsac 2017 — 24 € — 93
- Canon-Fronsac Le Tertre de Canon 2017 — 12 € — 90

Rouge : 12 hectares. Merlot 70 %, Cabernet franc 30 %
Production moyenne : 50 000 bt/an

CHÂTEAU VRAI CANON BOUCHÉ
1, le Tertre de Canon, 33126 Fronsac
06 75 76 62 23 •
www.chateau-vrai-canon-bouche.com •
Vente et visites : au domaine sur rendez-vous.
Propriétaire : La Française REM
Directeur : Jean de Laitre
Maître de chai : Mathieu Hoguet
Œnologue : Stéphane Derenoncourt

DOMAINE DE L'AURAGE

Racheté en 2007 par Caroline et Louis Mitjavile, dit "Loulou", L'Aurage fait partie des valeurs sûres de l'appellation. Anciennement baptisé Château Cadet, ce vignoble de 22 hectares d'un seul tenant profite d'un sol argilo-calcaire de premier ordre. Le savoir-faire de la famille, que l'on retrouve à Bourg avec Roc de Cambes, et à Saint-Émilion avec Tertre Rotebœuf, y est facilement visible : haute maturité de vendange, élevage en fût neuf de chez Radoux, et une seule cuvée pour toute la propriété. Ces efforts donnent un vin typé, régulier, et offrant une grande capacité de garde. À l'image de ce qui se pratique dans les autres propriétés familiales Mitjavile, des millésimes à maturité sont à la vente.

Les vins : vendanger un raisin frais juste avant qu'il ne devienne surmûri, c'est le secret des vins du domaine, élevés longuement en bois neuf dans la tradition revendiquée par la famille Mitjavile. La race des tanins légèrement fumés du 2017 s'ajoute à une harmonie parfaite entre le fruit et la tension particulière des argilo-calcaires de Castillon. Le vin s'élargit pour aboutir à une finale investie de salinité. En 2019, les merlots, uniques raisins produits sur le mamelon calcaire de l'Aurage, exposent une tension rêvée et une chair riche en détails de fruit.

Castillon Côtes de Bordeaux 2017 N.C. 95

DOMAINE DE L'AURAGE
3, Cadet, 33350 Saint-Genès-de-Castillon
05 57 47 95 15 • www.aurage.com/ • Pas de visites.
Propriétaire : Caroline et Louis Mitjavile

DOMAINE SIMON BLANCHARD

L'œnologue Simon Blanchard, associé avec Stéphane Derenoncourt, s'est lancé seul en appellation Montagne-Saint-Émilion. Son ambition : faire des vins typés, loin de toute caricature. La production confidentielle de quelque 6 000 bouteilles met la barre très haut, avec des cuvées précises, juteuses, et à la capacité de garde superbe pour les sélections parcellaires. On prédit un bel avenir à ce domaine.

Les vins : le gel ayant eu raison d'une bonne partie de ce minuscule vignoble, seul le très jeune 2018 a été soumis à la dégustation. Ce dernier se montre encore sévère, et il a du chemin à parcourir pour lisser la matière puissante, et laisser vivre le fruit croquant qui perce à l'aération.

Montagne-Saint-Émilion Guitard 2018 N.C. 91

Rouge : 1,36 hectare. Merlot 67 %, Cabernet franc 33 %
Production moyenne : 6 000 bt/an

DOMAINE SIMON BLANCHARD
SCEA SB Vignobles 162, avenue Georges-Clémenceau, 33500 Libourne
06 89 10 69 63 •
www.domainesimonblanchard.com • Vente et visites : au domaine sur rendez-vous.
Propriétaire : Simon Blanchard

CHÂTEAU CLARISSE

Ancien directeur du grand hôtel parisien La Réserve, Didier Le Calvez est aussi un passionné de vins. Il a acquis cette petite propriété de Puisseguin-Saint-Émilion, où il élabore deux cuvées de très belle facture : une cuvée classique, dont on peut profiter dans sa jeunesse, et une cuvée Vieilles Vignes, plus profonde (extraction par pigeages, fermentation malolactique en barrique...) et présentant une marque de terroir qui s'impose en bouche, avec un bon potentiel de garde. La production gagne en précision et en éclat.

Les vins : un puisseguin-saint-émilion 2017 au grain fin, à la matière tenue, sobre, presque janséniste. Le vin reste à sa place et les acidités de la finale sont révélées par le socle tannique extra-fin. Dans sa version Vieilles Vignes et dans le même millésime, on touche du bout de la langue une énergie à peine dissimulée derrière un toucher souple et disponible. Le bois est là : fin, souple, net, il participe de l'équilibre du vin. Croquant et délicatement fumé, le castillon n'est pas tout à fait prêt : il pourra supporter une garde moyenne malgré un petit déficit de profondeur.

Castillon Côtes de Bordeaux 2017 13 € 89
Puisseguin-Saint-Émilion 2017 25 € 90
Puisseguin-Saint-Émilion Vieilles Vignes 2017 45 € 91

Rouge : 18 hectares. Merlot 80 %, Cabernet franc 20 %
Production moyenne : 50 000 bt/an

CHÂTEAU CLARISSE ♣
Lieu-dit Croix de Justice, Longues Reges, 33570 Puisseguin
05 57 74 76 49 • www.chateau-clarisse.com
• Vente et visites : au domaine sur rendez-vous.
Propriétaire : Olivia et Didier Le Calvez-Mathé
Directeur : Thomas Riant

CHÂTEAU DALEM

Cette propriété située sur les plus beaux terroirs du Fronsadais, entre les plateaux et bords de coteaux de Saillans, n'a rien à envier à ses voisins. Largement au niveau, les vins restent à des prix doux ; ils misent sur le fruit avec des élevages plus fins. C'est dans ce but qu'un nouveau cuvier a été construit, avec des cuves inox permettant de travailler avec davantage de précision les différentes parcelles.

Les vins : après un nez aiguisé, finement parfumé et légèrement fumé, l'amplitude de la bouche apporte une touche pulpeuse ; le velouté en bouche est assez inédit. Avec une finale un peu plus longue, le cru pourrait grimper.

Le coup de ♥

Fronsac 2017 25 € 91

Rouge : 40 hectares. Merlot 90 %, Cabernet franc 10 %
Production moyenne : 150 000 bt/an

CHÂTEAU DALEM
1, Dalem, 33141 Saillans
05 57 84 34 18 • www.chateaudalem.com •
Vente et visites : au domaine sur rendez-vous.
Propriétaire : Brigitte Rullier-Loussert
Directeur : Sacha Sokoloff
Œnologue : Christian Veyry

CHÂTEAU DE LA DAUPHINE

La propriété acquise par Philippe Labrune en 2013 s'est vu adjoindre un autre domaine : Haut Ballet, racheté en 2015 à Olivier Decelle, dont les vignes sur le plateau et les coteaux donnent les raisins de la cuvée Delphis ; le grand vin étant pour sa part issu des 11 hectares clos, face à la sublime bâtisse immaculée. Sous la coupe de Stéphanie Barousse, couteau suisse de l'exploitation devenue directrice, le cru favorise le travail des sols en biodynamie, sans revendiquer la labélisation, et développe une politique en faveur de la biodiversité.

Les vins : croquant généreux et fruit disponible pour Delphis, encore un peu trop boisé pour le moment. Les sols argilo-calcaires (argiles jaunes) sont l'âme de la Dauphine ; le grand vin est de plus en plus marqué par les sélections massales de cabernets francs, qui entrent à 15 % dans un 2018 encore fermé (ce qui est souvent le cas compte tenu de l'acidité du sol). Il tire son énergie d'un muscle saillant. Des élevages appropriés à chacune des parcelles en amphore, cuve ou bois, apportent une qualité supplémentaire au 2019.

Fronsac 2018 23 € 89
Fronsac 2019 16,80 € 94
Fronsac Delphis 2018 10,50 € 87

Rouge : 53 hectares. Merlot 90 %, Cabernet franc 10 %
Production moyenne : 200 000 bt/an

CHÂTEAU DE LA DAUPHINE
Rue Poitevine, 33126 Fronsac
05 57 74 06 61 •
www.chateau-dauphine.com • Vente et visites : au domaine sur rendez-vous.
Propriétaire : Famille Labrune
Directeur : Stéphanie Barousse
Maître de chai : Julien Schaus

DOMAINE DE GALOUCHEY

En 2002, sur un sol vierge de toute vigne de moins d'un hectare, trois copains, Jean Terrade, Gérard Pantanacce et Marco Pelletier (ancien chef du Taillevent et du Bristol) décident de planter tous les cépages rouges et blancs du Bordelais. Au fil des années, les vignes vieillissent, toujours sans engrais ni pesticides, et le profil du vin se dessine , vendangé à la main et vinifié par infusion, sans pigeage ni boisé à outrance : un pur jus de fruit, résultat d'une vinification juste et sans soufre. Ce Vin de Jardin, bordeaux différent, met la région sur une piste d'avenir.

Les vins : uniquement en magnum, le Vin de Jardin est d'abord très sérieux, avant de libérer à l'air un parfum de pot-pourri, d'épices douces et de paprika, et de se montrer encore plus volubile en bouche ; les fruits rouges, la fraise et les fleurs se disputent une finale aérienne.

VDF Vin de Jardin 2017 de 25 à 28 € (c) 92

Rouge : 0,94 hectare. Merlot 70 %, Cabernet-Sauvignon 12 %, Cabernet franc 10 %, Carmenère 4 %, Petit Verdot 4 %
Blanc : Muscadelle 25 %, Sauvignon gris 25 %, Sémillon 25 %, Sauvignon blanc 25 %
Production moyenne : 4 500 bt/an

DOMAINE DE GALOUCHEY
1, route de Galouchey, Lesparre, 33750 Beychac-et-Caillau
06 21 14 07 18 • www.vindejardin.com •
Vente et visites : au domaine sur rendez-vous.
Propriétaire : Gérard Pantanacce, Marco Pelletier, Jean et Claudia Terrade
Directeur : Marco Pelletier

CHÂTEAU HOSTENS-PICANT

Hostens-Picant s'impose comme l'un des meilleurs vins de Sainte-Foy. Il a bénéficié du travail patient et obstiné de Nadine et Yves Hostens-Picant, qui passent doucement le relais à leurs filles Valentine et Charlotte : la première prend de plus en plus de place, dans la cave aux côtés de son père, quand la seconde, Charlotte, s'occupe de la communication et de l'œnotourisme. Un nouveau maître de chai, Jimmy Velghe, est arrivé en mars. Les vins sont élaborés avec beaucoup d'ambition et bénéficient des conseils avertis de Stéphane Derenoncourt. À côté de la cuvée rouge classique, de juste extraction, la cuvée LVCVLLVS se dévoile, en rouge, ambitieuse et opulente. Elle vieillit harmonieusement avec, dans les derniers millésimes, une approche de l'élevage beaucoup plus discrète que lors de sa création au début des années 2000. Mais elle est souvent difficile à déguster dans la jeunesse. Le point fort du domaine est la fameuse Cuvée des Demoiselles (60 % sauvignon, 30 % sémillon, 10 % muscadelle), blanc d'une rare subtilité aromatique pour Bordeaux, séduisant par sa finesse de style.

Les vins : en blanc, Les Demoiselles est égal à lui-même, et se tient bien droit ; les calcaires et les silex lui donnent du rebond. Parmi les meilleurs blancs du Bordelais, les millésimes 2018, et surtout 2017, installent définitivement la réputation du cru. La grande cuvée Lucullus présente toujours un beau volume ; sa structure s'affine, en particulier dans les millésimes froids et classiques, comme 2016, que l'on préfère à 2015. Le rouge 2017 se distingue par l'expression d'une ample complexité, une matière poudrée à peine épicée, où une note de cassis révèle la profonde maturité du cabernet-sauvignon.

- Sainte-Foy Bordeaux Cuvée des Demoiselles 2017 — 23 € — 90
- Sainte-Foy Bordeaux Cuvée des Demoiselles 2018 — 24 € — 90
- Sainte-Foy Bordeaux 2017 — 24 € — 90
- Sainte-Foy Bordeaux Cuvée d'Exception LVCVLLVS 2016 — 35 € — 92

Rouge : 30 hectares. Merlot 70 %, Cabernet franc 30 %
Blanc : 10 hectares. Sauvignon blanc 65 %, Sémillon 30 %, Muscadelle 5 %
Production moyenne : 220 000 bt/an

CHÂTEAU HOSTENS-PICANT
Grangeneuve Nord, 33220 Les Lèves-et-Thoumeyragues
05 57 46 38 II •
www.chateauhostens-picant.fr • Vente et visites : au domaine sur rendez-vous.
Propriétaire : Yves et Nadine Hostens-Picant
Directeur : Yves Hostens-Picant
Maître de chai : Éric Fréchou
Œnologue : Simon Blanchard (Derenoncourt Consultants)

CHÂTEAU MARSAU

Cette propriété appartenait à Jean-Marie Chadronnier ; depuis 2012, son fils Mathieu, à la partie commerciale, et sa femme Anne-Laurence, en cave, s'en occupent. Elle se situait déjà dans le peloton de tête du Libournais en 2017, année où le couple rachète la propriété. En 2018, le couple lance la conversion en agriculture biologique mais perd malheureusement une partie de la récolte ; ce qui reste, issu des meilleures parcelles, est pour l'instant en élevage au château.

Les vins : Le merlot, unique cépage planté sur des sols d'argiles au point culminant de l'appellation, prodigue sa tempérance au trois différents millésimes qui se succèdent. La chaleur ample du 2015 apporte du volume au vin quand la fraîcheur des argiles ravive la matière. Les épaules carrées de son successeur, encore sous l'emprise du bois, affirment son profil sérieux. Le 2017 est le plus prêt à boire avec son croquant épicé. Ces vins présentent un bon potentiel de garde.

- Francs Côtes de Bordeaux 2015 — 18 € — 90
- Francs Côtes de Bordeaux 2016 — 18 € — 90
- Francs Côtes de Bordeaux 2017 — 18 € — 92

Rouge : 14 hectares. Merlot 100 %
Production moyenne : 60 000 bt/an

CHÂTEAU MARSAU
3, lieu-dit Bernarderie, 33570 Francs
05 57 40 67 23 • www.chateaumarsau.com • Vente et visites : au domaine sur rendez-vous.
Propriétaire : Anne-Laurence et Mathieu Chadronnier
Directeur : Anne-Laurence Chadronnier

NOUVEAU DOMAINE

VIGNOBLES JEAN-YVES MILLAIRE

Avec aujourd'hui presque 50 hectares de vignes cultivées en biodynamie, Jean-Yves Millaire fait mentir ceux qui imaginent encore que, parce que l'on est petit, on est forcément meilleur. Les extractions un peu forcées du début (« c'était la mode ») ont été remplacées par des infusions. Millaire parvient même à sortir un "primeur" à la beaujolaise, en décembre : le pur jus de fruit Loupiot, assemblage de cabernet franc et de merlot sans soufre, parfait pour la tréso... Ses élevages font aussi bouger les lignes : surtout des foudres, quelques amphores et des barriques pour coller au mieux aux différents profils de sols, qui sont capables de recevoir de vieux cépages oubliés : le vigneron cultive des projets de plantation en massales pour des goûts nouveaux. En attendant sa valeur se juge à ses canon-fronsac et fronsacs, et lui vaut aujourd'hui d'intégrer ce guide.

Les vins : Loupiot sent bon le fruit et la réglisse : il ne dépasse pas l'été, aussitôt vendu, aussitôt bu, c'est la règle : guettez le millésime 2020. La Rose Granier, fronsac construit sur la douceur d'un merlot à peine extrait, apparaît en équilibre sur un jus affuté. Le canon-fronsac du château Lamarche Canon témoigne des extractions parfaites de Millaire, avec la pointe de calcaire qui donne de l'éclat. Plus luxueuse, la cuvée Volcelest, habillée d'un voile de bois, pose les base d'un grand vin de garde. Le bordeaux Château Cavale est construit dans la même veine juteuse, avec moins de profondeur (non noté).

- Canon-Fronsac Château Lamarche-Canon 2017 — 16 € — 92
- Canon-Fronsac Volcelest 2016 — 29 € — 92
- Fronsac Château La Rose Garnier 2017 — 12,50 € — 91

Rouge : 42 hectares.
Blanc : 3,25 hectares.
Production moyenne : 80 000 bt/an

VIGNOBLES JEAN-YVES MILLAIRE

21, Gazau Lamarche, 33126 Fronsac
05 57 24 94 99 • www.vins-millaire.com • Vente et visites : au domaine sur rendez-vous.
Propriétaire : Jean-Yves et Christine Millaire
Directeur : Jean-Yves Millaire
Maître de chai : Jérémy Duresse
Œnologue : Marc Quertinier et Julien Bell

NOUVEAU DOMAINE

CHÂTEAU SIAURAC

Couvrant 46 hectares et autrefois dirigée par Paul Goldschmit, la plus grande propriété de l'appellation a été vendue en totalité au groupe Pinault, en 2017 en même temps que le saint-émilion grand cru Château le Prieuré. Pénélope Godefroy (passée par Latour) a pris la direction technique des propriétés de la rive droite du groupe Artémis Domaines, qui compte également le pomerol Vray Croix de Gay. Elle entame une conversion vers le bio qui, compte tenu de la taille du vignoble, devrait durer cinq ans. Le cru fait son retour dans notre guide cette année.

Les vins : la digestibilité s'exprime dans Plaisir de Siaurac, vin tendre aux notes de fruits noirs mûrs, de cédrat et de myrtille : la chair se fond dans le volume flatteur et élancé d'un merlot pimpant et rafraîchissant. Encore un peu sur la retenue, le 2016 se laisse désirer : c'est un merlot sanguin, ardent, aux tanins liés par une chaine d'épices et de fruit à noyau. Il grandira sans doute avec distinction.

- Lalande-de-Pomerol 2016 — 25 € — 90
- Lalande-de-Pomerol Plaisir 2018 — 15 € — 88

Rouge : 46,18 hectares. Merlot 45 %, Cabernet franc 35 %, Malbec (cot) 20 %
Production moyenne : 130 000 bt/an

CHÂTEAU SIAURAC

Siaurac, 33500 Néac
05 57 51 64 58 • www.siaurac.com • Vente et visites : au domaine sur rendez-vous.
Propriétaire : Artémis Domaines
Directeur : Frédéric Engerer
Maître de chai : Pénélope Godefroy
Œnologue : Jean-Claude Berrouet

POMEROL

★★★

CHÂTEAU LAFLEUR

Avec son épouse Julie, Baptiste Guinaudeau poursuit le travail de ses parents en conduisant avec passion et méticulosité cette toute petite propriété culte de Pomerol. Un heureux caprice de la nature a accumulé sur ce carré de vignes, lui-même découpé en quatre carrés, toutes les graves des alentours, ce qui permet au cabernet franc de mûrir comme nulle part ailleurs. Ce cépage entre judicieusement pour moitié dans l'encépagement, l'autre moitié étant réservée aux somptueux merlots qui bénéficient, comme sur l'ensemble du haut plateau de Certan, d'argiles profondes directement sous les graves. Lafleur vieillit à la perfection et affiche une cohérence stylistique sans faille ces dernières années. Hélas, ce vin demeure très difficile à trouver. Issu d'une sélection décidée dès la vigne, Les Pensées offre une personnalité singulière, plus proche d'une autre interprétation du génie des lieux que d'un second vin.

Les vins : d'année en année, l'exigence de la famille Guinaudeau vise à améliorer la qualité du cru, déjà au sommet de l'appellation en termes de cohérence stylistique et de perfection formelle. En primeur, 2018 et 2019 s'imposent comme les vins les plus formidablement purs de Pomerol, surpassant peut-être une trilogie 15-16-17 déjà sans équivalent Rive droite. L'investissement humain montre ici sa supériorité esthétique, et poétique, sur la surenchère technologique. Le 2016 est un vin très tramé, d'une insigne finesse cependant, avec une expression intense du cabernet qui forme la stature de l'assemblage et signe son éclat aromatique. L'amplitude du 2015 impressionne, la pureté de son parfum aussi, avec un fruit qui, au-delà des épices et du tabac frais, évoque une merveilleuse framboise chauffée. Les tanins sont abondants mais juteux à souhait, très harmonieux. La spécificité du millésime n'est pas éludée, une empreinte résolument solaire marque le vin de ce terroir graveleux précoce. Dense, opulent, parfumé, Pensées, parèdre argileux de Lafleur, montre dans ce même millésime 2015 une admirable plénitude. Un peu moins profonde que celle de Lafleur, peut-être moins minérale, mais aussi raffinée, l'expression aromatique s'oriente davantage vers la floralité. Le millésime 2018 des Pensées s'annonce comme le plus grand jamais produit.

- Pomerol 2015 — de 1 500 à 2 200 € (c) — 97
- Pomerol Pensées de Lafleur 2015 — de 125 à 155 € (c) — 95

Le coup de ♥

- Pomerol 2016 — de 1 200 à 1 500 € (c) — 99

Rouge : 4,5 hectares. Merlot 50 %, Cabernet franc 50 %
Production moyenne : 20 000 bt/an

CHÂTEAU LAFLEUR
Grand-Village, 33240 Mouillac
05 57 84 44 03 • Vente et visites : au domaine sur rendez-vous.
Propriétaire : Jacques et Sylvie Guinaudeau

★★★

PÉTRUS

Propriété de la famille Moueix (branche Jean-François), le vin le plus mythique du monde n'a pas fini de fasciner ceux qui ont la chance de le déguster. Issu à 100 % de merlot planté sur des sols d'argiles profondes, Pétrus bénéficie d'un terroir singulier pour Pomerol. Certes, tous les millésimes produits durant les années 1980 ou 1990 ne sont peut-être pas à la hauteur de l'attente qu'un tel cru peut susciter. Mais le vieillissement du vignoble et l'attention portée ces dernières années au vin ont permis de produire quelques bouteilles de légende, comme le seront, à n'en pas douter, les 2000, 2005, 2009 et 2010 et ...pratiquement tous les derniers millésimes. Olivier Berrouet, qui en assure la vinification, a parfaitement pris la mesure du terroir, et le nouveau cuvier, permettant d'affiner la précision de la vinification, constitue pour lui un outil de travail magnifique. Bénéficiant de sa propre structure de distribution, Pétrus est plus en forme que jamais !

Les vins : la sensibilité d'Olivier Berrouet dans l'extraction juste et suffisante de la structure fait merveille dans les derniers millésimes au profil riche et solaire. 2018 comme 2019 dominent avec majesté les débats stylistiques pomerolais. 2017 exploite brillamment les contraintes de l'année. 2016 impose comme une évidence la séduction et le velouté attendus d'un très grand pomerol. Il étonne par la pureté de son fruit et la rémanence des saveurs terriennes et pointues qui prolongent la finale. 2015 impressionne par l'onctuosité de sa chair et sa profondeur, avec une maturité de fruit exubérante mais saisie au plus juste, garante d'une évolution sereine sur le très long terme.

Pomerol 2015 de 4 000 à 4 500 € (c) 99

Le coup de ♥

Pomerol 2016 de 3 600 à 4 200 € (c) 99

Rouge : 11,3 hectares. Merlot 95 %, Cabernet franc 5 %
Production moyenne : 30 000 bt/an

PÉTRUS
3, route de Lussac, 33500 Pomerol
05 57 51 17 96 • ndebono@petrus.com • Pas de visites.
Propriétaire : Jean-François Moueix
Directeur : Olivier Berrouet

★★★

CHÂTEAU TROTANOY

Le cru, situé au cœur du plateau de Pomerol, bénéficie d'un terroir composé pour moitié de graves et pour l'autre d'argiles. Exploité par la famille Moueix (branche Christian), il livre un vin d'une profondeur immense, qui avec le temps dépasse parfois en raffinement Pétrus lui-même. Apte au très long vieillissement, toujours idéalement équilibré, sans jamais surjouer ni la maturité du fruit ni l'élevage, il est d'une régularité exemplaire. La troisième étoile accrédite son appartenance au cercle restreint des plus grands vins de Bordeaux et d'ailleurs.

Les vins : le 2016 est un vin de haute constitution, réservé, d'une grande fraîcheur, aux tanins imposants, qui mettra longtemps à se faire. Moins doté, 2017 se montre pourtant également très tannique. La richesse solaire du 2015 est parfaitement contenue ; la grande enveloppe tannique (la plus impressionnante parmi les ténors de Pomerol) demeure entièrement au service du fruit. Un immense Trotanoy qui durera au moins un demi-siècle. Le 2018 lui ressemble beaucoup ; peut-être est-il plus monumental encore. Très complet, souverain mais moins massif, moins imposant, 2019, est un grand Trotanoy, qui se déliera plus vite que son aîné.

Pomerol 2015 de 300 à 350 € (c) 97

Le coup de ♥

Pomerol 2016 de 240 à 260 € (c) 98

Rouge : 7,2 hectares. Merlot 100 %
Production moyenne : 20 000 bt/an

CHÂTEAU TROTANOY
54, quai du Priourat, BP 129, 33502 Libourne
05 57 51 78 96 • www.moueix.com • Pas de visites.
Propriétaire : SC du Château Trotanoy
Directeur : Christian Moueix
Maître de chai : Laurent Descos
Œnologue : Éric Murisasco

★★★

VIEUX CHÂTEAU CERTAN

Situé au cœur du plateau de Certan, sur des parcelles tantôt graveleuses, tantôt argileuses, Vieux Château Certan possède un exceptionnel patrimoine de vieilles vignes. Alors que l'assemblage est classiquement dominé par le merlot, ce sont les cabernets qui lui donnent un cachet unique, tout en le pénalisant parfois lors des dégustations en primeur, le vin n'ayant pas le charnu immédiat de quelques-uns de ses voisins. Il ne s'amaigrit cependant pas au cours de l'élevage et gagne même en définition après cinq ans. Il vieillit ensuite comme un grand médoc, en conservant une fabuleuse fraîcheur. Depuis 2011, Guillaume Thienpont, œnologue et ingénieur, a rejoint son père Alexandre pour gérer la propriété familiale. Le cru fait preuve d'une régularité exceptionnelle et les derniers millésimes lui ont permis d'obtenir une troisième étoile plus que méritée.

Les vins : Vieux Château Certan continue son impressionnante série de succès. 2018 en primeur s'affichait incontestablement dans le trio de tête de Pomerol. Goûté juste après la mise, il confirme sa stature héroïque, alliant insigne finesse et présence majestueuse. Vin de longue garde, il sera passionnant pour les générations futures de le comparer au grand 2016. Ce dernier confirme son ampleur et sa richesse hors-norme. La sucrosité, l'enveloppe opulente et crémeuse sont proches du 2015 ; le fruit manifeste une sève, une vigueur, une fraîcheur, un élan supérieurs.

- Pomerol 2015 | 320 € | 96
- Pomerol 2016 | de 320 à 350 € (c) | 99

Le coup de ♥

- Pomerol 2018 | 294 € | 98

Rouge : 14 hectares. Merlot 60 %, Cabernet franc 30 %, Cabernet-Sauvignon 10 %
Production moyenne : 55 000 bt/an

VIEUX CHÂTEAU CERTAN
1, route de Lussac, 33500 Pomerol
05 57 51 17 33 • www.vieuxchateaucertan.com • Vente et visites : au domaine sur rendez-vous.
Propriétaire : Famille Thienpont
Directeur : Alexandre Thienpont

★★★

CHÂTEAU L'ÉGLISE-CLINET

Esthète du vin et vigneron talentueux, Denis Durantou nous a quittés en mai dernier. Pomerol perd l'un de ses interprètes les plus singuliers, qui a porté, en quelques lustres, L'Église-Clinet au sommet de l'appellation. Le vignoble est idéalement implanté sur un terroir d'argiles et de graves argileuses, dont une partie a résisté au terrible gel de 1956, puis à ceux de 1985 et de 1987. L'âge moyen du vignoble dépasse ainsi les 40 ans. Vinifiés avec rigueur et justesse dans un esprit qui mêle classicisme et modernité, privilégiant l'élégance, les vins sont taillés pour la garde. L'Église-Clinet commence en effet à révéler tout son potentiel à partir de dix ou douze ans d'âge. Malheureusement, les quantités produites sont faibles et le vin atteint des prix très élevés en raison de son succès. Il est toujours possible de se consoler avec l'autre pomerol du domaine, La Petite Église, qui partage l'esprit de finesse et d'élégance de son grand frère.

Les vins : les millésimes récents brillent par la pureté de leur expression aromatique et la complexité de leurs saveurs, avec un tranchant presque acidulé qui, parmi les grands pomerols, n'appartient qu'à L'Église-Clinet. En primeur, 2019 et 2018 sont bien placés dans le peloton de tête de l'appellation. En bouteille, la puissance du 2016 est latente, rien n'est forcé : une richesse au potentiel énorme mais beaucoup d'élan et de fraîcheur. L'assise est remarquable. La floralité prend déjà place dans le verre, la violette perce derrière la compacité du fruit. Suave et délié, le profond 2015 s'appuie sur une structure très fine et allongée, malgré le souffle solaire du millésime. L'assemblage de La Petite Église comporte depuis 2018 un peu de cabernet franc, les deux derniers millésimes sont d'une séduction totale, voici une étiquette abordable à suivre de très près.

- Pomerol 2015 | N.C. | 96

Le coup de ♥

- Pomerol 2016 | N.C. | 98

Rouge : 5,5 hectares. Merlot 90 %, Cabernet franc 10 %
Production moyenne : 15 000 bt/an

CHÂTEAU L'ÉGLISE-CLINET
33500 Pomerol
05 57 25 96 59 • www.eglise-clinet.com • Vente et visites : au domaine sur rendez-vous.
Propriétaire : Famille Durantou

★★

CHÂTEAU CLINET

La famille Laborde, propriétaire du cru depuis 1999, produit un pomerol de grande plénitude, dense, coloré, toujours charmeur mais qui a su ces dernières années se faire plus élégant, collant ainsi davantage à l'air du temps après une période de "modernité" un peu outrancière. Il faut dire que le cru dispose d'un superbe terroir, au cœur du haut plateau de Pomerol, sur des sols argilo-graveleux qui confèrent au vin puissance et intensité. Autre atout, le château est doté d'un outil de vinification dernier cri.

Les vins : le style de Clinet s'est considérablement affiné dans les derniers millésimes. Droit, sincère et complet, 2016 possède un fruit intense, légèrement chocolaté, porté par une structure bien en place. Le 2015 témoigne aussi de cette évolution positive, avec un vin profond mais nuancé, aux tanins subtils et très étirés, soutenu par une veine de fraîcheur précieuse dans ce millésime. Avec son 2019, le plus riche en cabernet-sauvignon depuis les années 1970, Ronan Laborde semble être parvenu à une synthèse idéale de la richesse crémeuse pour laquelle Clinet était renommé – volupté tant appréciée outre-Atlantique – et de l'inflexion vers davantage de finesse et de fraîcheur amorcée en 2015. C'est un des vins du millésime à Pomerol.

- Pomerol 2015 | de 110 à 150 € (c) | 94

▬ Pomerol 2016 de 100 à 140 € (c) 95

Rouge : 9 hectares. Merlot 85 %, Cabernet-Sauvignon 10 %, Cabernet franc 5 %
Production moyenne : 40 000 bt/an

CHÂTEAU CLINET
33500 Pomerol
05 57 25 50 00 • www.chateauclinet.com •
Vente et visites : au domaine sur rendez-vous.
Propriétaire : Famille Laborde
Directeur : Ronan Laborde

★★
CHÂTEAU LA CONSEILLANTE

Propriété familiale en pleine forme depuis une quinzaine d'années, La Conseillante doit beaucoup à son ex-directeur technique, Jean-Michel Laporte, qui a quitté ses fonctions en 2015. Conseillé par l'œnologue Michel Rolland et comptant sur un outil de vinification à la hauteur des ambitions de ce très beau cru, La Conseillante fait partie des valeurs sûres de l'appellation. Dans un style qui privilégie une admirable finesse d'expression, certains des millésimes récents placent le château au sommet de la hiérarchie. Il faut dire qu'il peut compter sur un terroir de sables, de graves et d'argiles idéalement situé. Marielle Cazaux, la nouvelle directrice technique, a pris dès son premier millésime la pleine mesure du cru.

Les vins : 2018 semble marquer une rupture stylistique à La Conseillante. C'est un vin audacieux, doté d'une intense structure acide et tannique. Peu amène dans son enfance, retrouvera-t-il la grâce parfumée, si séduisante, qui singularise le cru ? L'expression du 2016 frappe par son amplitude et sa fraîcheur ; évoquant la poudre de riz, sa personnalité aromatique est déjà séduisante. Très complète, la matière manifeste une harmonie, une pureté, une distinction réservée tout à fait à part, rapprochant davantage La Conseillante de Cheval Blanc que de ses plus proches voisins pomerolais. Le 2015 offre lui aussi beaucoup de finesse et de suggestion : on est de plain-pied dans le style caractéristique du cru. Le toucher de bouche libère un fruit velouté et capiteux, jamais pesant dans sa structure mais dont la richesse en alcool domine un peu la finale.

▬ Pomerol 2015 de 210 à 250 € (c) 95

Le coup de ♥

▬ Pomerol 2016 de 260 à 300 € (c) 98

Rouge : 12 hectares. Merlot 80 %, Cabernet franc 20 %
Production moyenne : 48 000 bt/an

CHÂTEAU LA CONSEILLANTE
33500 Pomerol
05 57 51 15 32 • www.la-conseillante.com •
Vente et visites : au domaine sur rendez-vous.
Propriétaire : Héritiers Nicolas
Directeur : Marielle Cazaux

★★
CHÂTEAU L'ÉVANGILE

Idéalement situé entre Pétrus et Cheval Blanc, L'Évangile, qui appartient majoritairement à la société Domaines Barons de Rothschild (Lafite), a connu une profonde restructuration et une reprise en main du vignoble ces dernières années, avec, entre autres, l'acquisition de nouvelles parcelles. Les résultats de cet important travail, mené par Jean-Pascal Vazart et son équipe, sont perceptibles dans la qualité des vins et les derniers millésimes produits situent le cru au plus haut niveau de l'appellation. 2018, année si éprouvante du point de vue cultural, marque le passage du vignoble en conduite biologique.

Les vins : 2018 a finalement livré un vin de haute volée, rare et consolateur. Il s'exprime dans le style flamboyant associé à L'Évangile : une matière solaire, suggestive et gourmande (marmelade de fraise légèrement caramélisée, poivre fraîchement moulu...), dense, réglissée, veloutée et surtout animée par des tanins savoureux, extraits avec une judicieuse retenue. Il confirme juste après la mise toutes les qualités décelées en primeur. Très profond, épaulé, le 2016 dégage une énergie formidable. Moins baroque que son prédécesseur, avec un fruit plus frais mais tout aussi intense, il promet énormément. Théâtral, 2015 ne contourne pas l'opulence du millésime ! Voici un vin très texturé, extrêmement suave et savoureux, qui est allé chercher la plus complète maturité phénolique, enjôleur par la sucrosité de son fruit, presque décadent dans sa pointe confite mais bénéficiant d'une réelle tenue tannique et acide. Le second vin, Blason de l'Évangile, affiche en

2018 un profil velouté, opulent, civilisé, déjà très accessible, dans l'esprit suave et capiteux de son grand frère, avec une belle densité de chair mais évidemment moins de structure.

- Pomerol 2015 de 210 à 260 € (c) 96
- Pomerol 2016 de 280 à 320 € (c) 97
- Pomerol Blason de l'Evangile 2018 55 € 92

Le coup de ♥

- Pomerol 2018 280 € 97

Rouge : 19 hectares. Merlot 89 %, Cabernet franc 11 %
Production moyenne : 60 000 bt/an

CHÂTEAU L'ÉVANGILE
Pomerol 33500 Pomerol
05 57 55 45 55 • www.lafite.com • Vente et visites : au domaine sur rendez-vous.
Propriétaire : Famille de Rothschild
Directeur : Jean-Pascal Vazart

★★

CHÂTEAU LA FLEUR-PÉTRUS

Voisin de Pétrus et de Lafleur, comme le suggère son nom, La Fleur-Pétrus ne jouit pas du même prestige. Si le château a produit de très jolis vins, notamment dans les années 1970, il ne s'est pas toujours montré à la hauteur de son fantastique pedigree. Son terroir est désormais multiforme car composé de trois grandes parcelles aux caractéristiques pédologiques différentes. Une nouvelle impulsion a été donnée en 1995 quand le vignoble s'est agrandi par l'ajout d'une parcelle de 4 hectares de vieilles vignes provenant du château Le Gay, ce qui a renforcé la puissance du vin. Très adroitement vinifié par l'équipe de la maison Jean-Pierre Moueix, ce pomerol possède un style tout en finesse et en harmonie. Le vignoble a été restructuré récemment et les derniers millésimes apparaissent particulièrement brillants, avec davantage de profondeur. La deuxième étoile est aujourd'hui parfaitement justifiée.

Les vins : très prometteurs, plus complets et puissants que naguère, 2018 et 2019 se positionnent dans le sillage de Trotanoy. Déjà nuancé et très complet, 2017 apparaît comme le cru le plus réussi de l'écurie Moueix dans ce millésime. Son prédécesseur possède de grandes qualités d'intensité et de finesse ; comme nombre de 2016, il s'est considérablement resserré en bouteille et demandera du temps pour exprimer son potentiel. 2015 marque la première intégration dans l'assemblage d'une petite proportion de petit verdot. Sa matière offre une grande harmonie séductrice, un corps suave et savoureux tapissé d'un velours tannique finement tramé. Le charme aromatique précoce qui distinguait le cru persiste dans un registre épicé et floral, avec une touche d'eucalyptus qui en signe la très haute maturité.

- Pomerol 2015 de 320 à 360 € (c) 96
- Pomerol 2016 de 230 à 250 € (c) 94

Rouge : 18,7 hectares. Merlot 91 %, Cabernet franc 6 %, Petit Verdot 3 %
Production moyenne : 60 000 bt/an

CHÂTEAU LA FLEUR-PÉTRUS
54, quai du Priourat, BP 129,
33502 Libourne
05 57 51 78 96 • www.moueix.com • Pas de visites.
Propriétaire : SC du Château La Fleur-Pétrus
Directeur : Christian Moueix
Maître de chai : Laurent Descos
Œnologue : Eric Murisasco

★★ ↗

CHÂTEAU GAZIN

Gazin est le plus vaste des meilleurs crus de Pomerol, avec 26 hectares situés sur les terroirs argilo-graveleux du plateau. Nicolas de Bailliencourt y produit, avec régularité, un excellent vin à la trame classique, sans aucun effet de style, vieillissant admirablement. Les derniers millésimes nous paraissent particulièrement convaincants et Gazin s'impose comme une valeur sûre, un archétype du classicisme pomerolais, à des prix qui ont su rester raisonnables. Ce beau travail sur le fond et sur la forme, cette tension vers un idéal esthétique imperméable aux modes éphémères méritent la deuxième étoile que nous attribuons aujourd'hui.

Les vins : de belle densité, plein et parfumé, avec de séduisantes notes aromatiques évoquant subtilement les fleurs séchées et la confiture de lait, le 2017 constitue une éclatante réussite du millésime ; c'est un vin construit, très franc, alliant velouté et équilibre, tension et distinction, il ira loin. Gazin 2016 impressionne par sa profondeur et son envergure ; il s'est, depuis sa mise en bouteille, remarquablement ouvert et précisé au fil des mois. Il possède tous les caractères attendus d'un grand pomerol : l'expressivité d'un fruit épicé et floral, la douceur d'une chair presque crémeuse, un support tannique ample et frais.

Pomerol 2016 — de 85 à 100 € (c) — 95

Le coup de ♥

Pomerol 2017 — de 65 à 80 € (c) — 94

Rouge : 24 hectares. Merlot 90 %, Cabernet-Sauvignon 7 %, Cabernet franc 3 %
Production moyenne : 80 000 bt/an

CHÂTEAU GAZIN
1, chemin de Chantecaille, 33500 Pomerol
05 57 51 07 05 • www.gazin.com • Vente et visites : au domaine sur rendez-vous.
Propriétaire : Famille de Bailliencourt dit Courcol
Directeur : Mickaël Obert
Maître de chai : Rémy Beauché
Œnologue : Mickaël Obert et Thomas Duclos

★★

CHÂTEAU HOSANNA

La propriété est issue de la division de l'ancien château Certan Giraud, survenue en 1999. Rachetée par la famille Moueix, la moitié du vignoble a ainsi été rebaptisée Hosanna. Le cru associe un corps plein, une grande maturité de fruit et souvent un caractère plus torréfié que ses plus proches et très prestigieux voisins. Le temps lui permet ensuite de gagner en précision et en rectitude.

Les vins : goûté à plusieurs reprises pendant l'élevage, 2018, très intense, s'annonce comme la réussite la plus marquante du cru à ce jour. 2019 semble revenir à un profil plus léger, construit sur un fruité avenant et distingué. En bouteille, 2016 continue à gagner en profondeur et en précision ; richement constitué, il offre tout un panorama de nuances empyreumatiques, allant du cacao à la suie en passant par le graphite. 2015 confirme son profil et semble lui aussi monter en puissance : dense et onctueux, rôti, cohérent, bien pourvu en tanins, très structuré, il ira loin.

Pomerol 2015 — de 160 à 180 € (c) — 95

Pomerol 2016 — de 180 à 220 € (c) — 92

Rouge : 4,5 hectares. Merlot 70 %, Cabernet franc 30 %
Production moyenne : 18 600 bt/an

CHÂTEAU HOSANNA
54, quai du Priourat, BP 129, 33502 Libourne
05 57 51 78 96 • www.moueix.com • Pas de visites.
Propriétaire : Ets Jean-Pierre Moueix
Directeur : Christian Moueix
Maître de chai : Laurent Descos
Œnologue : Eric Murisasco

★★

CHÂTEAU NÉNIN

La famille Delon, propriétaire de l'illustre château Léoville Las Cases à Saint-Julien et du château Potensac en Médoc, a racheté ce grand domaine en 1997, mettant tout en œuvre pour renouer avec la plus haute qualité. Elle y a engagé d'importants travaux, une nouvelle étape ayant été franchie en 1999, avec l'agrandissement du vignoble suite au rachat de la moitié de l'ancien château Certan Giraud (l'autre moitié appartenant à la maison Jean-Pierre Moueix, sous le nom d'Hosanna). Les vins produits ici affichent un esprit classique ; ils se montrent souvent un peu sévères et stricts durant leur jeunesse, mais ils évoluent remarquablement. La qualité des vins ne cesse de progresser au prix d'une sélection radicale (généralement 30 à 40 % de la production seulement entrent dans le grand vin). Les derniers millésimes sont tous recommandables, plus accessibles dans leur jeunesse sans se départir pour autant de leur profondeur ni de leur classe. Les prix restant sages, il s'agit de très bonnes affaires pour les amateurs de vins purs et distingués.

Les vins : les sélections massales ligériennes de cabernet franc plantées entre 1998 et 2001 entrent désormais dans l'assemblage. En primeur, 2018 comme 2019 sont des vins profonds et stricts, au grain d'une grande finesse augurant une évolution sur le long terme. Ils auront besoin de temps pour s'épanouir. Le cabernet franc occupe une place historique dans l'assemblage du 2017 : 42 %. Droit et long, élancé, il fait montre d'une légère rigidité mais l'éclat de son fruit croquant est indéniable. Racé et original, le 2016 livre des arômes personnels de cerise noire, d'agrumes, de cardamome. La matière de ce vin, promis à une très belle carrière, s'appuie sur un flux tannique sans heurt. Nénin 2015 évolue sereinement, tout en conservant une certaine austérité ; les tanins longilignes et purs définissent un corps dynamique qui s'affranchit du caractère solaire du millésime. Le second vin, Fugue de Nénin, parfumé et beaucoup plus immédiat que son grand frère, est particulièrement réussi en 2018.

Pomerol 2015	70 €	94
Pomerol 2016	de 80 à 100 € (c)	96
Pomerol 2017	88 €	92
Pomerol Fugue de Nénin 2015	32 €	91

Rouge : 32 hectares. Merlot 82 %, Cabernet franc 18 %
Production moyenne : 120 000 bt/an

CHÂTEAU NÉNIN
66, route de Montagne, 33500 Pomerol
05 57 51 00 01 • www.domaines-delon.com •
Vente et visites : au domaine sur rendez-vous.
Propriétaire : Jean-Hubert Delon
Directeur : Pierre Graffeuille
Œnologue : Éric Boissenot

★

CHÂTEAU BEAUREGARD

Cette vaste et belle propriété a été vendue en 2013 par le groupe Banque Populaire-Caisse d'Épargne aux familles Moulin (Galeries Lafayette) et Cathiard (Smith Haut-Lafitte). Minoritaires, ces derniers en assurent néanmoins l'exploitation. Vincent Priou est toujours à la tête de ce cru qu'il maîtrise très bien, élaborant des vins de belle facture, dans un style moderne, suave et expansif, mais qui vieillissent avec bonheur. Un nouveau chai a été inauguré en 2015 et les millésimes suivants devraient bénéficier de cet outil pour gagner en profondeur et en précision.

Les vins : privilégiant la pureté et la sobriété, 2019 semble indiquer une inflexion vers un style plus "classique", moins démonstratif, un recentrage sur l'essentiel qui sied à ce très beau terroir. Nous maintenons l'étoile accordée au domaine dans l'espoir de voir cette tendance confirmée. Beauregard 2017 offre une matière pulpeuse et mûre, avec un boisé soigné mais très présent, qui alourdit le fruit, à tel point que nous préférons à ce stade le second vin, enlevé, joyeux et parfumé. L'enrobage épicé du bois est flatteur dans l'expressif et moelleux 2016 ; il encombre la perception du fruit et sèche un peu le tanin. La structure est ramassée, la chair intense, prenons donc le pari d'une évolution positive.

Pomerol 2016	78 €	91
Pomerol 2017	59 €	89
Pomerol Le Benjamin de Beauregard 2017	25 €	90

Rouge : 28,5 hectares. Merlot 70 %, Cabernet franc 30 %
Production moyenne : 120 000 bt/an

CHÂTEAU BEAUREGARD ♣
73, rue de Catusseau, 33500 Pomerol
05 57 51 13 36 •
www.chateau-beauregard.com • Vente et visites : au domaine sur rendez-vous.
Propriétaire : Familles Moulin et Cathiard
Directeur : Vincent Priou

★

CHÂTEAU LE BON PASTEUR

Cette propriété, qui appartenait à la famille Rolland, a été vendue en 2013 à un groupe d'investissement chinois de Hong Kong. Benoît Prévot en a pris la direction technique et les célèbres œnologues Michel et Dany Rolland continuent à suivre les vinifications de très près. C'est ici qu'ils ont développé depuis de nombreuses années les techniques et les recettes qui ont fait leur succès : vendange de raisins très mûrs, rendements limités, élevage luxueux et, désormais, la fameuse vinification intégrale avec fermentation alcoolique des raisins dans les barriques. Une approche permettant de tirer le meilleur parti de ce terroir de graves et d'argile, situé dans le secteur de Maillet, en dehors de la zone la plus réputée de l'appellation. Séduisant dans sa jeunesse, le vin vieillit également de façon admirable, développant de beaux arômes truffés après une dizaine d'années en cave. La création d'un second vin, à partir du millésime 2013, permet une plus grande rigueur encore dans la sélection.

Les vins : les tout derniers millésimes sont de très bon niveau. Ils dégagent dès leur prime jeunesse une aura d'harmonie et de séduction, malgré une dominante de bois toasté souvent prégnante. C'est le cas dans le 2019 en primeur et dans le 2018 en fin d'élevage. De très belle intensité, 2016 offre des arômes racés de cuir frais et de graphite ; distingué dans la saveur comme dans le grain tannique, ce vin séveux et démonstratif devrait bien évoluer. Puissant et onctueux, 2015 affiche un style résolument "moderne", libérant des arômes de fruits noirs très mûrs, dominés par un boisé fumé et graphite encore très marqué.

Pomerol 2015	de 95 à 110 € (c)	91
Pomerol 2016	110 €	94

Rouge : 6,6 hectares. Merlot 80 %, Cabernet franc 20 %
Production moyenne : 25 000 bt/an

CHÂTEAU LE BON PASTEUR
10, chemin de Maillet, 33500 Pomerol
05 57 24 52 58 • www.chateaulebonpasteur.com • Vente et visites : au domaine sur rendez-vous.
Propriétaire : Sutong Pan
Directeur : Benoit Prevot
Maître de chai : Brice Gaillot
Œnologue : Michel et Dany Rolland

★

CHÂTEAU CERTAN DE MAY

Fort bien située sur le plateau de Certan, cette belle propriété a tout en main pour produire des vins de haut niveau, d'autant que la famille Barreau ne manque pas d'ambition. Il manquait au cru encore un peu de constitution pour égaler les meilleurs ; les derniers millésimes comblent ce retard avec des expressions fruitées de grande fraîcheur et de grande classe, qui ont permis au château de décrocher une première étoile il y a trois ans. Grande dame de Pomerol, âme du domaine depuis les années 1960 lorsque, jeune veuve, elle avait dû en prendre la charge, Odette Barreau-Badar est décédée en juillet 2018.

Les vins : 2016 et peut-être plus encore 2017 marquent un tournant, avec des fruités plus denses et plus brillants, très purs. Parfumé, expressif, d'une fraîcheur remarquable, 2016 n'est ni le plus intense ni le plus structuré de son secteur, mais c'est certainement l'un des plus séducteurs. 2018, premier millésime vinifié dans le nouveau cuvier, avec un meilleur contrôle des températures, confirme cette pente ascendante. Si le vin campe sur sa réserve juste après la mise, sa texture conjugue opulence et finesse, laissant entrevoir une race digne de ses prestigieux voisins.

Pomerol 2015	de 90 à 120 € (c)	92
Pomerol 2016	de 140 à 170 € (c)	95
Pomerol 2018	N.C.	94

Rouge : 5 hectares. Merlot 70 %, Cabernet franc 25 %, Cabernet-Sauvignon 5 %
Production moyenne : 24 000 bt/an

CHÂTEAU CERTAN DE MAY
33500 Pomerol
05 57 51 41 53 • Vente et visites : au domaine sur rendez-vous.
Propriétaire : Famille Barreau-Badar

★

CLOS L'ÉGLISE

La famille Garcin-Cathiard a totalement métamorphosé le cru en une décennie, élaborant un vin au profil moderne et flatteur, avec une volonté évidente d'obtenir une maturité maximale des raisins, quitte à tomber parfois dans l'excès. Élaborés dans un style très démonstratif, certains millésimes des années 2000 ont pu manquer de délicatesse, mais le style change depuis 2012 et les vins présentent désormais davantage d'équilibre et d'harmonie.

Les vins : dans un style poussant toujours loin la maturité, le 2016 montre beaucoup de crémeux en attaque avec une belle densité de matière, un caractère très doux et finement sucré en finale. L'empreinte structurante du terroir argileux est cependant bien présente. 2015 conserve une appréciable fraîcheur, c'est pourtant un vin axé sur le velouté de la chair et la gourmandise des saveurs, exhibant notamment une flatteuse touche de violette confite.

Pomerol 2015	de 95 à 110 € (c)	91
Pomerol 2016	de 100 à 120 € (c)	93

Rouge : 5,9 hectares. Merlot 80 %, Cabernet franc 20 %
Production moyenne : 18 000 bt/an

CLOS L'ÉGLISE
1, Clinet, 33500 Pomerol
05 57 25 72 55 • www.closleglise.fr • Pas de visites.
Propriétaire : Sylviane Garcin-Cathiard
Directeur : Hélène Garcin-Levêque

★

CHÂTEAU DU DOMAINE DE L'ÉGLISE

Ce joli domaine, situé non loin de l'église de Pomerol, appartient à la famille Castéja. À ce titre, les vinifications sont conseillées, à l'instar des autres propriétés de la maison, par l'équipe mise en place par le regretté Denis Dubourdieu. Jamais très démonstratifs lors des dégustations primeurs, les vins possèdent néanmoins une belle race et vieillissent avec grâce, dans un esprit très classique.

Les vins : le domaine affiche une forme resplendissante. 2016 confirme la réussite du 2015, avec une magnifique fraîcheur framboisée et poivrée, des notes très distinguées de bois précieux et de graphite, un corps svelte, ferme et frais, en somme beaucoup de classe. 2017 offre une interprétation particulièrement sensible du millésime. Avec sa petite pointe chlorophyllienne bien intégrée à l'expression du fruit et son corps subtil, tout en finesse, il développe en bouteille une harmonie distinguée dont la séduction outrepasse nos prévisions.

Pomerol 2016 — 40 € — 95

Le coup de ♥

Pomerol 2017 — de 38 à 55 € (c) — 93

Rouge : 7 hectares. Merlot 95 %, Cabernet franc 5 %
Production moyenne : 30 000 bt/an

CHÂTEAU DU DOMAINE DE L'ÉGLISE
5, route de Saint-Jacques-de-Compostelle, 33500 Pomerol
05 56 00 00 70 • domaines@borie-manoux.fr
• Pas de visites.
Propriétaire : Philippe Castéja
Maître de chai : Christophe Dussutour

★

CHÂTEAU FEYTIT-CLINET

Pas de château spectaculaire ni de chai dernier cri ici. Pourtant, voilà une décennie que ce cru, auparavant quelconque, s'est hissé au niveau des belles références de l'appellation. Voisin de Clinet et de Latour à Pomerol, son terroir de graves sur argiles est joliment situé et Jérémy Chasseuil, qui en a pris les rênes en 2000, soigne avec talent les vinifications. Les vins combinent distinction et profondeur, sans côté tapageur, avec un grand respect du fruit et un bon potentiel de garde. La qualité des derniers millésimes est régulière et les prix restent accessibles.

Les vins : 2017 se présente comme une des très belles réussites du millésime, c'est un vin luxueux et policé, suave et volubile, qui sera vite accessible. 2016 est le premier millésime vinifié dans le nouveau cuvier, ce qui a permis d'affiner la sélection parcellaire et d'extraire sur de plus petits volumes. Les jeunes vignes ont été mises de côté en raison de l'été très chaud. Le vin confirme sa grande réussite, avec un caractère moelleux et surtout richement épicé. Le 2015 est un millésime complet, onctueux et racé. Légèrement plus chaleureux qu'à l'accoutumée, il possède une belle ampleur, dans un style très marqué par le merlot.

Pomerol 2015 — de 75 à 85 € (c) — 93

Pomerol 2016 — de 65 à 75 € (c) — 95

Rouge : 6,3 hectares. Merlot 90 %, Cabernet franc 10 %
Production moyenne : 30 000 bt/an

CHÂTEAU FEYTIT-CLINET
Chemin de Feytit, 33500 Pomerol
05 57 25 51 27 • jeremy.chasseuil@orange.fr
• Vente et visites : au domaine sur rendez-vous.
Propriétaire : Jérémy Chasseuil

★

CHÂTEAU GOMBAUDE GUILLOT

Très bien situé et doté d'un important patrimoine de vieilles vignes, voici un cru atypique, qui à première vue détonne dans l'ambiance feutrée pomerolaise, mais qui, surtout, montre des voies nouvelles du plus haut intérêt. Claire Laval, qui le conduit depuis 1983, y applique avec conviction une agriculture biologique prolongée par une approche très "naturelle" de la vinification. Son fils, Olivier Techer, vinifie depuis 2010, allant encore plus loin dans la voie initiée par ses parents, notamment en baissant radicalement les doses de soufre ajoutées aux vins (depuis 2014 autour de 25 mg à la mise seulement). Doté d'une grande franchise d'expression, ainsi que d'un profond sens du lieu, Gombaude Guillot vieillit en outre très bien, comme l'a prouvé une récente dégustation verticale. Les derniers millésimes du cru nous semblent particulièrement intéressants et justifient l'étoile accordée l'année dernière.

Les vins : 2017 est remarquablement réussi, d'une belle suavité, faisant montre d'une matière très bien dotée, veloutée, enjôleuse mais fraîche et savoureuse. La cuvée Pom n'Roll fait valoir dans la même veine libre et onctueuse un fruit encore plus immédiat, délicieux, moins dense mais d'une irrésistible gourmandise. L'expression aromatique du 2016 surprend par sa liberté, le fruit s'exprime sans entrave, ce qui ne l'empêche pas d'être riche de nuances. La matière enchante par son moelleux et son allonge fraîche, sa persistante saveur de griotte. Commençant à truffer, à la fois frais et intense, délié et généreux, 2012 est un modèle de charme pomerolais.

Pomerol 2015	69 €	94
Pomerol 2016	de 50 à 60 € (c)	94
Pomerol 2017	N.C.	93

Le coup de ♥

Pomerol Pom n'Roll 2017	36 €	92

Rouge : 7,6 hectares. Merlot 65 %, Cabernet franc 30 %, Malbec (cot) 5 %
Production moyenne : 40 000 bt/an

CHÂTEAU GOMBAUDE GUILLOT ☾

4, Les Grandes Vignes, 33500 Pomerol
05 57 51 17 40 •
www.chateau-gombaude-guillot.fr • Vente et visites : au domaine sur rendez-vous.
Propriétaire : Claire Laval et Olivier Techer
Directeur : Olivier Techer

★

CHÂTEAU LATOUR À POMEROL

Ce cru, exploité en fermage par les établissements Moueix, se situe au cœur du plateau de l'appellation. Les vignes sont implantées sur deux parcelles, l'une près de l'église de Pomerol, sur des sols de graviers, l'autre sur des sols plus légers. Les amateurs, qui ont eu la chance de déguster les millésimes légendaires du cru tels que 1961, 1959 et 1947, savent à quel point ce château est ponctuellement capable de produire des vins extraordinaires, égalant les meilleurs crus classés de Bordeaux. Souvent un peu difficile à juger dans sa jeunesse, le vin évolue généralement bien, gagnant en volume et en raffinement.

Les vins : dans la foulée d'un 2018 d'une densité tannique supérieure aux mensurations habituelles du cru, Latour à Pomerol a produit un 2019 de grande envergure et de grande distinction, un de ces millésimes capable de troubler l'officieuse hiérarchie des ténors du "Plateau". Très harmonieux, 2016 développe une matière pleine et juteuse, avec une parfaite expression du fruit, soutenue par des tanins justes. Parfumé, 2015 est un vin à la fois suave et délicat, qui allie la sucrosité d'une chair facile à saisir avec un grain fin et réactif.

Pomerol 2016	de 100 à 120 € (c)	93

Le coup de ♥

Pomerol 2015	de 80 à 100 € (c)	94

Rouge : 8 hectares. Merlot 100 %
Production moyenne : 30 000 bt/an

CHÂTEAU LATOUR À POMEROL

54, quai du Priourat, BP 129,
33502 Libourne
05 57 51 78 96 • www.moueix.com • Pas de visites.
Propriétaire : Foyer de charité de Châteauneuf-de-Galaure
Directeur : Christian Moueix
Maître de chai : Laurent Descos
Œnologue : Éric Murisasco

★

CHÂTEAU PETIT-VILLAGE

Propriété du groupe Axa, Petit-Village, qui a vu se succéder différentes équipes, n'a pas toujours été au niveau de ce que son terroir, très bien situé, peut laisser espérer. Les derniers millésimes montrent toutefois une évolution positive, avec des vins plus élégants, plus déliés, moins "médocains" dans leur style. Il nous semble cependant que le cru peut encore viser plus haut, sous la houlette de Diana Berrouet-Garcia, qui a pris ses fonctions de directrice technique en 2015.

Les vins : 2018 semble marquer un tournant, en primeur le vin ne s'est jamais montré aussi élégant et suave. Droit et tannique, 2017 affiche une réelle carrure, avec une expression fumée et terrienne qui contribue à définir un profil vigoureux. Avec son fruit serré, franc, vigoureux,

2016 possède une ampleur certaine et beaucoup d'allant, malgré une pointe d'austérité dans les tanins qui rigidifie quelque peu le port du vin.

Pomerol 2016	87,50 €	92
Pomerol 2017	80 €	90
Pomerol Le Jardin de Petit-Village 2017	42 €	88

Rouge : 10,5 hectares. Merlot 75 %, Cabernet franc 18 %, Cabernet-Sauvignon 7 %
Production moyenne : 30 000 bt/an

CHÂTEAU PETIT-VILLAGE
126, route de Catusseau, 33500 Pomerol
05 57 51 21 08 • www.petit-village.com •
Vente et visites : au domaine sur rendez-vous.
Propriétaire : AXA Millésimes
Directeur : Christian Seely
Maître de chai : Diana Berrouet-Garcia
Œnologue : Stéphane Derenoncourt

★

CHÂTEAU LA VIOLETTE

Cette petite propriété au terroir de rêve, en plein cœur du plateau de Pomerol, doit sa résurrection à la regrettée Catherine Péré-Vergé, également propriétaire des châteaux Le Gay et Montviel à Pomerol, femme de tempérament et amoureuse des grands vins. Elle en avait fait un véritable laboratoire de vinification, poussant très loin le souci de chaque détail : rendements très bas, égrainage des raisins à la main, vinification intégrale en barrique. Il en résulte un vin de haute couture, pur merlot, qui va chercher sa séduction langoureuse très loin dans la maturité, et dont la production s'avère malheureusement plus que confidentielle. L'aventure continue et La Violette n'a pas fini de charmer les amateurs chanceux qui pourront y accéder.

Les vins : ces vins offrent une expérience unique à Pomerol. Juste après la mise en bouteille le 2018 montre par rapport aux échantillons primeurs un profil considérablement affiné. Certes crémeux et capiteux, exotique et lacté, il charme les sens par sa caresse déliée, la finesse de son tanin subtil, sa saveur déjà volubile, aux inflexions de piment rôti et de bois précieux. Capiteux, très expressif lui aussi, le 2017 fait preuve d'une douceur lactée rare dans le millésime ; sa trame tannique, un peu ligneuse, offre cependant des gages de solidité. L'intensité satinée du 2016 se livre dans un fascinant chatoiement aromatique ponctué de notes poivrées presque rhodaniennes. Éblouissant à sa naissance, le 2015 pousse loin la séduction confite. La surmaturité est assumée et le vin semble évoluer rapidement... Le débat stylistique reste ouvert !

Pomerol 2016	de 280 à 310 € (c)	93
Pomerol 2017	de 260 à 280 € (c)	91

Le coup de ♥

Pomerol 2018	350 €	94

Rouge : 1,68 hectare. Merlot 100 %
Production moyenne : 5 100 bt/an

CHÂTEAU LA VIOLETTE
1, impasse de Bordes, 33500 Pomerol
03 20 64 49 66 •
www.vignoblespereverge.com • Vente et visites : au domaine sur rendez-vous.
Propriétaire : Famille Parent
Directeur : Henri Parent
Maître de chai : Florian Pesquier
Œnologue : Michel Rolland

CHÂTEAU BONALGUE

Jean-Baptiste Bourotte, qui tient les rênes de cette propriété située non loin de l'hippodrome de Libourne, y produit des vins francs, faciles d'accès, mais d'une belle ampleur. Ce sont des pomerols tels qu'on les imagine, veloutés, digestes et délicatement tramés. Ils s'avèrent délicieux après une petite dizaine d'années de cave, déployant alors de beaux arômes truffés.

Les vins : les derniers millésimes sont encourageants, le vin semble gagner en volume, tout en conservant une structure légère. Marqué par d'insistantes notes empyreumatiques de bois brûlé, 2018 se rattrape avec une matière à la fois svelte et tonique, bien dotée. 2017 est un poids moyen harmonieux, qui vaut par sa bouche mûre et fine. 2016 semble déjà ouvert ; charnu et savoureux, il garde une belle tonicité.

Pomerol 2016	50 €	91
Pomerol 2017	45 €	88
Pomerol 2018	N.C.	91

Rouge : 9,5 hectares. Merlot 90 %, Cabernet franc 10 %
Production moyenne : 35 000 bt/an

CHÂTEAU BONALGUE
62, quai du Priourat, BP 79, 33502 Libourne
05 57 51 62 17 • www.chateaubonalgue.com
• Vente et visites : au domaine sur rendez-vous.
Propriétaire : Famille Bourotte-Audy
Directeur : Jean-Baptiste Bourotte
Maître de chai : Mathias Lopez

CHÂTEAU BOURGNEUF

C'est désormais Frédérique Vayron (la fille de Dominique et Xavier) qui, après des études de philosophie, dirige cette propriété très attachante (anciennement baptisée Bourgneuf-Vayron), située non loin de Trotanoy. Sans bouleverser l'esprit qui règne ici depuis une trentaine d'années, et qui a permis d'élaborer de nombreux vins suaves et séduisants (somptueux 1985 !), elle apporte par petites touches sa patte, conférant aux vins un peu plus de profondeur. Un courageux programme de renouvellement du vignoble est entrepris depuis quelques années. Des prix sages et une régularité difficile à prendre en défaut font de Bourgneuf une des belles affaires de l'appellation, dans un style classique, très apte au vieillissement, réservé dans sa jeunesse, ce qui le pénalise parfois lors des dégustations précoces. Les derniers millésimes sont encourageants, le vin semble gagner en volume et profondeur, laissant augurer une reconquête rapide de l'étoile.

Les vins : 2018, et plus encore 2019 en primeur, se montrent très prometteurs. Réservé mais très équilibré et bien constitué, 2017 s'est harmonisé depuis les dégustations en primeur ; il affiche une carrure rare dans le millésime. Partageant ce profil intense mais fin, réservé dans son expression aromatique, 2016 évolue sereinement, c'est un vin tonique, racé, qui offre déjà un beau charnu mais mérite d'être attendu.

Pomerol 2016 — 52 € — 92

Le coup de ♥
Pomerol 2017 — 48 € — 91

Rouge : 9 hectares. Merlot 90 %, Cabernet franc 10 %
Production moyenne : 38 000 bt/an

CHÂTEAU BOURGNEUF
1, Chemin de Bourgneuf 33500 Pomerol
05 57 51 42 03 •
www.chateaubourgneuf.com • Vente et visites : au domaine sur rendez-vous.
Propriétaire : Famille Vayron
Directeur : Frédérique Vayron

CLOS DU CLOCHER

Voisin direct des châteaux Beauregard et Petit-Village, ce cru est dirigé par Jean-Baptiste Bourotte dont la famille est également propriétaire du château Bonalgue. Avec les conseils de Michel Rolland, le vin réalisé est très classique, bien constitué, structuré. Il a gagné en chair et en volume au cours des deux dernières décennies, affichant désormais une bonne régularité. Quelques années de garde sont nécessaires pour qu'il exprime toutes ses nuances.

Les vins : ce vignoble de plateau dominé par l'argile supporte bien les millésimes de grosse chaleur comme 2018 (qui se présentait magnifiquement en primeur) ou 2016. Ce dernier montre aujourd'hui une matière intense, expressive, avec des notes de camphre, d'épices douces, de cacao. La texture veloutée domine la prise de bouche ; le vin est néanmoins complet et affiche un réel potentiel. Lui aussi marqué par une personnalité aromatique épicée et camphrée, le 2017 affiche une concentration notable pour le millésime, avec une chair fournie et des tanins sollicités, légèrement amers ; il faudra lui laisser le temps de s'harmoniser. En bouteille, 2018 confirme ses qualités, avec une chair serrée, articulée, dynamique, particulièrement intense mais sans pesanteur ; comme les autres crus pomerolais de la famille Bourotte-Audy, le vin est marqué par la note moka d'un boisé empyreumatique.

Pomerol 2016 — 75 € — 93
Pomerol 2017 — 70 € — 89
Pomerol 2018 — 55,20 € — 93

Rouge : 5,9 hectares. Merlot 75 %, Cabernet franc 25 %
Production moyenne : 20 000 bt/an

CLOS DU CLOCHER
35, quai du Priourat, BP 79, 33502 Libourne
05 57 51 62 17 • www.closduclocher.com • Vente et visites : au domaine sur rendez-vous.
Propriétaire : Famille Bourotte-Audy
Directeur : Jean-Baptiste Bourotte
Maître de chai : Mathias Lopez

CHÂTEAU LA CLÉMENCE

Le cru appartient à Christian Dauriac, depuis 1996. Ce dernier l'exploite avec le talent et la méticulosité qu'il prodigue au château Destieux (Saint-Émilion), suivant les conseils de Michel Rolland. Issus d'un assemblage de six parcelles aux profils variés, les premiers millésimes significatifs du tournant du millénaire nous ont séduits par leur plénitude. Le style, mûr et séducteur, est très au point, et le vin vieillit avec bonheur, truffant admirablement (magnifique 1998).

Les vins : velouté, gras sans être large, paré de la séduction d'un enrobage boisé exotique et fin (santal et cannelle), 2015 est un pomerol capiteux qui fait valoir en bouche un velours aussi enjôleur que son chatoiement aromatique. Crémeux sans être submergé par l'élevage, 2016 reprend les mêmes ingrédients, dans l'harmonie et la suavité, avec une maturité poussée sans tomber dans l'excès. Il y a beaucoup de générosité, de panache dans le 2017, particulièrement corsé et solaire pour le millésime ; les contours sont nets et la saveur bien affirmée. L'élevage (100 % en barrique neuve) définit la personnalité du vin sans assécher sa chair.

Pomerol 2015	de 50 à 60 € (c)	91
Pomerol 2016	de 40 à 50 € (c)	92
Pomerol 2017	49 €	91

Rouge : 2,29 hectares. Merlot 85 %, Cabernet franc 15 %
Production moyenne : 6 000 bt/an

CHÂTEAU LA CLÉMENCE

Château Destieux, 33330 Saint-Hippolyte
05 57 24 77 44 • www.vignoblesdauriac.com
• Vente et visites : au domaine sur rendez-vous.
Propriétaire : Christian Dauriac
Directeur : Baptiste Munné
Œnologue : Michel Rolland

CHÂTEAU LE GAY

Héritière des Cristalleries d'Arques, Catherine Péré-Vergé, disparue en 2013, n'a pas ménagé ses efforts pour porter haut cette propriété. En quelques années et à force d'investissements, elle a réussi à faire du Château Le Gay l'une des marques reconnues de l'appellation. Les conseils de l'œnologue Michel Rolland, ainsi qu'une grande attention portée à la vigne, ont métamorphosé le cru, dont une partie est idéalement implantée non loin de Lafleur. Les vinifications sont réalisées intégralement en barrique et conduisent à des vins généreux et modernes, pour amateurs de pomerols charnus, plus en explosivité qu'en finesse. Ce cru est désormais dirigé par Henri Parent, le fils de Catherine Péré-Vergé. Les millésimes anciens, du temps de la propriété des sœurs Robin, qui possédaient également Lafleur, attestent de la grandeur du terroir.

Les vins : au lendemain de la mise en bouteille, 2018 offre un profil structuré et plein, non dénué de finesse malgré sa densité et la compacité de ses tanins réglissés ; moins marqué par la surmaturité crémeuse que Montviel ou La Violette, il devrait évoluer favorablement pendant de longues années. 2017 se montre serré, mince, dominé par un boisé vanillé très présent. Structuré et ferme, 2016 s'est replié sur sa densité tannique en bouteille, il lui faudra du temps pour émerger de sa gangue boisée.

Pomerol 2016	de 120 à 140 € (c)	92
Pomerol 2017	de 95 à 110 € (c)	88
Pomerol 2018	160 €	93

Rouge : 10,5 hectares. Merlot 80 %, Cabernet franc 20 %
Production moyenne : 20 000 bt/an

CHÂTEAU LE GAY

11, chemin Chantecaille, 33500 Pomerol
03 20 64 49 66 •
www.vignoblespereverge.com • Vente et visites : au domaine sur rendez-vous.
Propriétaire : Famille Parent
Directeur : Henri Parent
Maître de chai : Florian Pesquier
Œnologue : Michel Rolland

CHÂTEAU MAZEYRES

Situé à l'entrée nord de Libourne ce grand domaine est dirigé par Alain Moueix. Il y applique la même philosophie culturale qu'à Saint-Émilion au château Fonroque. Le vignoble a donc été certifié en bio en 2015, puis en biodynamie en 2018. Portés à l'élégance et à la mesure, les vins ont franchi un palier dans les derniers millésimes. Nous sommes sous le charme de ces vins mesurés, civilisés et naturels en même temps, d'une époustouflante finesse de saveur. Comme Fonroque en 2017, Mazeyres a été en juillet 2020 acquis par la famille Guillard.

Les vins : avec 2016 l'élevage en œuf béton de 7 hl fait son apparition. Parfumé, tendre, avenant, très savoureux, ce millésime développe une grande séduction dans son discours harmonieux, qui suggère et propose mais ne martèle pas. Un modèle d'élégance et de fraîcheur, à l'évolution admirable. Le 2017, frais et harmonieux, confirme au fil de son évolution en bouteille tout le bien que nous pensions de lui en primeur. Dans ce même millésime, le second vin tout en légèreté, Le Seuil de Mazeyres, plus riche en cabernet franc et comportant 4 % de petit verdot, se montre particulièrement charmeur et immédiat. Malgré la richesse solaire du millésime, Mazeyres 2018 s'inscrit parfaitement dans cette dynamique de fraîcheur et de prédilection pour le fruit ; il possède une énergie interne qui fait vibrer une trame "en dentelle".

- Pomerol 2016 — de 40 à 41 € (c) — 94
- Pomerol 2017 — de 39 à 41 € (c) — 91
- Pomerol Le Seuil de Mazeyres 2017 — de 19 à 21 € (c) — 90

Le coup de ❤

- Pomerol 2018 — 28 € — 93

Rouge : 25,57 hectares. Merlot 73 %, Cabernet franc 24 %, Petit Verdot 3 %
Production moyenne : 120 000 bt/an

CHÂTEAU MAZEYRES ☾

56, avenue Georges-Pompidou, 33500 Libourne
05 57 51 00 48 • www.chateaumazeyres.net • Vente et visites : au domaine sur rendez-vous.
Propriétaire : SC Château Mazeyres
Directeur : Alain Moueix
Maître de chai : Ludovic Guibert
Œnologue : Thomas Duclos

CHÂTEAU MONTVIEL

Situé sur deux terroirs distincts, l'un près de Clinet, sur des graves argileuses, l'autre sur des graves fines du secteur de Grand-Moulinet, Montviel a été racheté en 1985 par la dynamique Catherine Péré-Vergé. Cette dernière, disparue en 2013, l'avait remis en ordre via un programme d'investissements conséquent, incluant la réfection du cuvier. C'est son fils, Henri, qui veille désormais sur le cru. Le niveau atteint aujourd'hui est celui d'un bon pomerol, gourmand et d'approche facile.

Les vins : très chaleureux, de profil quasiment castelnovien, Montvieil 2018 jouit cependant d'une trame solide, avec davantage d'intensité structurelle que dans les millésimes précédents (et que dans l'échantillon primeur), support d'un riche panorama aromatique, mêlant le balsamique au terpénique. Le très abordable 2017 offre une saveur crémeuse et chocolatée se développant sur une matière ronde, de profondeur moyenne. Suaves, boisés, évoquant le pain grillé, les fruits noirs (mûre, cassis) et le chocolat, 2015 et 2016 s'inscrivent dans la même veine confortable et immédiate.

- Pomerol 2016 — 51 € — 90
- Pomerol 2017 — de 35 à 45 € (c) — 89
- Pomerol 2018 — 50 € — 91

Rouge : 10,5 hectares. Merlot 80 %, Cabernet franc 20 %
Production moyenne : 22 000 bt/an

CHÂTEAU MONTVIEL

1, rue du Grand-Moulinet 33500 Pomerol
03 20 64 49 66 • www.vignoblespereverge.com • Vente et visites : au domaine sur rendez-vous.
Propriétaire : Famille Parent
Directeur : Henri Parent
Maître de chai : Florian Pesquier
Œnologue : Michel Rolland

CHÂTEAU LA POINTE

Ce cru de vieille réputation, situé à l'entrée de Pomerol, a fortement progressé depuis son rachat par la société d'assurance Generali : reprise en main du vignoble, construction d'un nouveau chai. Sous l'impulsion de son directeur Éric Monneret, le vin se montre vraiment digne d'intérêt : il possède désormais le charme aromatique, la suavité, la chaleur et la persistance qu'on reconnaît à ses meilleurs voisins, ainsi qu'une finesse particulière qui, même en année chaude, le préserve de toute lourdeur. Une propriété à suivre de près !

Les vins : richement fruité, intense, "moderne" dans la plénitude et la gourmandise de sa chair, 2015 est une réussite. Une addition de terroirs permet d'élaborer un 2016 plus en relief, qui s'affirme par un style dense et fumé, mais avec un profil tannique qui parvient à demeurer élancé. Après un millésime 2017 amputé par le gel, 2018 et 2019 laissent en primeur augurer des vins d'une belle ampleur, dans un style dynamique.

Pomerol 2015	de 45 à 55 € (c)	91
Pomerol 2016	de 45 à 55 € (c)	93

Rouge : 25 hectares. Merlot 85 %, Cabernet franc 15 %
Production moyenne : 95 000 bt/an

CHÂTEAU LA POINTE

33500 Pomerol
05 57 51 02 11 •
contact@chateaulapointe.com • Vente et visites : au domaine sur rendez-vous.
Propriétaire : Assurance Generali
Directeur : Éric Monneret
Maître de chai : Émilie Faniest
Œnologue : Hubert de Boüard

CHÂTEAU LA ROSE FIGEAC

Nathalie Despagne est à la tête de cette petite propriété familiale d'ancienne réputation, située au sud-est de l'appellation Pomerol, à la limite avec Saint-Émilion. Enthousiaste et passionnée, elle conduit un vignoble de 4,28 hectares certifié en agriculture biologique. Le chai, moderne et bien équipé, permet d'effectuer des vinifications précises et rigoureuses. Les derniers millésimes apparaissent très réussis. Malgré un charme assez précoce, les vins sont élaborés dans un style classique, qui privilégie l'éclat du fruit et la délicatesse des tanins.

Les vins : délicieux, précoce, 2015 s'exprime avec un naturel très séduisant. Fin, nuancé, déjà complexe et chatoyant au nez, 2016 n'en demeure pas moins construit et intense en bouche, avec une belle finale ferme, sur la griotte. Premier millésime à être en partie élevé en fût de 500 l, il évolue très sereinement, conjuguant piquant et moelleux. Un peu renfrogné au sortir de la mise, 2018 n'en manifestait pas moins un allant juteux, une chair directe et saine, bien structurée.

Pomerol 2015	de 35 à 45 € (c)	92

Le coup de ♥

Pomerol 2016	40 €	94

Rouge : 4,28 hectares. Merlot 90 %, Cabernet franc 10 %
Production moyenne : 10 000 bt/an

CHÂTEAU LA ROSE FIGEAC ♣

54, chemin de Lamberte, Pomerol
33500 Libourne
05 57 25 04 92 • www.larosefigeac.com •
Vente et visites : au domaine sur rendez-vous.
Propriétaire : Nathalie Despagne
Maître de chai : Sébastien Xans
Œnologue : Mikaël Laizet

CHÂTEAU ROUGET

Voisin de L'Église-Clinet, Rouget a considérablement progressé depuis son rachat par la famille Labruyère. Édouard Labruyère, en charge du cru, ne ménage pas ses efforts pour porter la propriété vers les sommets de l'appellation. Le travail, à la vigne comme au chai, est très sérieux ; le vin possède une belle profondeur de saveur, une indéniable générosité. La politique tarifaire du château demeure raisonnable, ce qui fait de Rouget une belle affaire au sein de l'appellation, dans un style résolument moderne qui privilégie l'intensité du corps et la volupté d'un fruit flirtant de plus en plus avec la surmaturité. Cette dernière caractéristique nous semble dominer les derniers millésimes, au détriment de l'équilibre général des vins et de la finesse de leur expression. C'est pourquoi nous retirons aujourd'hui une étoile au domaine.

Les vins : le 2016 exprime un caractère très chocolaté, surmûri, couplé avec des tanins puissants. Démonstratif et opulent, le fruit semble manquer de fraîcheur et de sérénité. Très fourni, très sombre de robe, voluptueux, 2015 propose lui aussi une chair capiteuse, à la limite du manque de fraîcheur, solaire, veloutée, irriguée par des tanins puissants et gras. On retrouve ce style dans un 2018 avenant, en rondeur, dont le passage en bouche est jalonné de notes crémeuses, une volupté café/chocolat un peu redondante.

Pomerol 2015	de 45 à 55 € (c)	91
Pomerol 2016	de 55 à 65 € (c)	90

Rouge : 18 hectares. Merlot 85 %, Cabernet franc 15 %
Production moyenne : 80 000 bt/an

CHÂTEAU ROUGET

33500 Pomerol
05 57 51 05 85 • www.chateau-rouget.com •
Vente et visites : au domaine sur rendez-vous.

Propriétaire : Famille Labruyère
Directeur : Edouard Labruyère

CHÂTEAU SAINT-PIERRE (POMEROL)

Ce cru rare, issu de parcelles très bien placées sur le plateau de Pomerol, propose des vins dont la profondeur et la distinction sont évidentes. Bien constitués, ils ont besoin de temps, à l'image des excellents 2008 et 2009. Axel Pradel de Lavaux entend aller encore plus loin et repositionner le cru phare de l'écurie familiale (neuf propriétés sur la Rive droite) parmi l'élite pomerolaise ; il s'en donne depuis quelques années les moyens techniques. Nous invitons les amoureux de Pomerol à suivre de près l'évolution du Château Saint-Pierre !

Les vins : 2018 confirme en bouteille ses belles dispositions. C'est un vin concentré, très mûr, crémeux et épicé, opulent mais cependant centré et dynamique, plein de promesses. Corsé, intense et complet, 2017 manifeste une sève vigoureuse et devraient lui aussi très bien évoluer ; c'est une des belles réussites pomerolaises du millésime. Dense, très racé, avec un grain serré autour d'une trame tannique forte, 2016 apparaît comme un vin supérieurement construit mais sans exubérance, tendu vers l'avenir.

Pomerol 2016	70 €	95
Pomerol 2018	22,20 €	94

Le coup de ♥

Pomerol 2017	50 €	93

Rouge : 3 hectares. Merlot 100 %
Production moyenne : 6 000 bt/an

CHÂTEAU SAINT-PIERRE (POMEROL)
64, avenue du Général-de-Gaulle,
33500 Libourne
05 57 74 05 89 • www.pradel-de-lavaux.com
• Vente et visites : au domaine sur rendez-vous.
Propriétaire : Famille Pradel de Lavaux
Directeur : Axel Pradel de Lavaux
Maître de chai : Frédéric Perpère
Œnologue : Stéphane Derenoncourt

NOUVEAU DOMAINE

CHÂTEAU DE SALES

En lisière de la ville de Libourne, prolongé par la majestueuse perspective de son parc, le Château de Sales est entre les mains de la même famille depuis cinq siècles. Défiant les aléas de l'histoire et la fiscalité successorale, devenue confiscatoire pour nombre de familles vigneronnes, la plus vaste propriété viticole de l'appellation n'a jamais éprouvé le besoin d'entrer dans la surenchère, dans la course à la rotondité et à l'opulence. Avec son terroir spécifique de graves fines, le vin est resté fidèle à un style étiré, classique, délicat, peu marqué par la barrique, un style qui revient indéniablement dans l'air du temps et mérite toute l'attention des amateurs. Si le cap stylistique semble fermement maintenu, 2017 est un millésime de changement pour ce cru historique : nouvelle présidente de la société d'exploitation réunissant de nombreux cousins, Marine Treppoz, et nouveau directeur, le Libournais Vincent Montigaud.

Les vins : juste après la mise, le 2018 fait mieux que confirmer son potentiel, avec un vin à la fraîcheur tendue bienvenue, au toucher ferme et réactif, à la saveur finement camphrée et mentholée. Il sera vite très agréable mais durera longtemps. Le très svelte 2017 affirme sa droiture avec une indéniable élégance. Plus doté, le 2016 offre néanmoins le charme d'une trame en finesse, d'une expression mesurée dont on apprécie la qualité de fruit, qui reste vif, plus rouge que noir, souligné par une pointe mentholée. Velouté et fumé tout en restant agile, subtilement floral et lactique, le millésime 2010 (encore à la vente) évolue superbement et devrait égaler le magnifique 1990.

Pomerol 2016	36 €	92
Pomerol 2017	N.C.	89
Pomerol 2018	N.C.	93

Le coup de ♥

Pomerol 2010	40 €	93

Rouge : 47,61 hectares. Merlot 78 %, Cabernet-Sauvignon 13 %, Cabernet franc 9 %

CHÂTEAU DE SALES
11, chemin de Sales, 33500 Libourne
05 57 51 04 92 • www.chateau-de-sales.com
• Vente et visites : au domaine sur rendez-vous.

Propriétaire : SAS Château de Sales
Directeur : Vincent Montigaud
Maître de chai : Frédéric Laborde
Œnologue : Jean-Claude Berrouet

NOUVEAU DOMAINE

CHÂTEAU DE VALOIS

Construit pièce à pièce par les générations précédentes, le vignoble de la famille Leydet se situe à cheval sur Pomerol, avec le Château de Valois, et Saint-Émilion, avec le Château Leydet-Valentin - en tout un peu plus de 16 hectares. Frédéric Leydet a rejoint l'entreprise en 1996, à vingt-deux ans. Volontariste, viscéralement attaché à ce terroir qui l'a vu naître (la métairie de Rouilledinat, non loin du Château Figeac), il entend produire, avec son épouse Stéphanie, des vins tels qu'ils aiment les boire et les partager. Nous avons noté la belle régularité de cette production, certifiée en agriculture biologique depuis 2012, et le crescendo des derniers millésimes, des vins directs, très francs, sains, non apprêtés, qui évoluent vers l'harmonie et la gourmandise.

Les vins : confirmant l'impression très favorable laissée par la dégustation en primeur, les 2018 expriment en bouteille un fruit vivant autour d'une trame délicate, des arômes variés, originaux, tant pour la cuvée normale du Château de Valois (72 % merlot et 28 % cabernet franc) que pour la cuvée de vieilles vignes, L'Éclat de Valois (54 % merlot et 46 % cabernet franc), qui malgré son intensité supérieure, fait montre de qualités de délié et de finesse de premier plan. Ce tandem en 2016 atteint un niveau d'excellence comparable, avec une cuvée principale très juteuse, fraîche et équilibré, et un Éclat de Valois à la fois dense et vibratoire. Loin de s'être refermés, ces 2016 enchantent dès à présent par leur expressivité.

Pomerol 2016	30 €	92
Pomerol 2018	30 €	90
Pomerol L'Éclat de Valois 2016	50 €	94
Pomerol L'Éclat de Valois 2018	50 €	93

Rouge : 16,75 hectares. Merlot 75 %, Cabernet franc 25 %
Production moyenne : 45 000 bt/an

CHÂTEAU DE VALOIS ♣

12, chemin de Rouilledinat, 33500 Libourne
06 08 93 10 03 • frederic.leydet@wanadoo.fr
• Vente et visites : au domaine sur rendez-vous.
Propriétaire : EARL des Vignobles Leydet
Directeur : Frédéric Leydet
Œnologue : Julien Gobert

CHÂTEAU VRAY CROIX DE GAY

Acquis par la famille Guichard en 1949, le domaine, qui fut longtemps conduit par Aline Guichard et Paul Goldschmidt, a vu François Pinault entrer dans son capital en 2013. Il en est aujourd'hui l'unique propriétaire. Dirigé, comme Le Prieuré à Saint-Émilion, par Pénélope Godefroy, Vray Croix de Gay bénéficie des conseils de Jean-Claude Berrouet, l'ancien vinificateur de Pétrus, aujourd'hui retraité actif. Son excellent terroir se répartit sur trois petites parcelles, dont la plus grande se situe derrière Pétrus, à côté de Lafleur. Longtemps quelconques, et bien endeçà du potentiel du cru, les vins s'améliorent considérablement, pour atteindre aujourd'hui un bon niveau, dans un registre plus délicat que puissant. La certification bio est arrivée en 2018.

Les vins : en primeur, le 2019 exprime une gourmandise et une subtilité de fruit inédites, un vin à surveiller de près ! En bouteille, 2018 se montre un peu réticent mais affiche une matière cohérente, ample, veloutée, de belle fraîcheur dans le cadre de ce millésime massif. Le 2016 évolue dans un registre fin, sans forcer ses belles mensurations classiques. La maturité du raisin reste croquante, entre cassis et notes subtilement camphrées.

Pomerol 2016	96 €	93
Pomerol 2018	71 €	92

Rouge : 3,67 hectares. Merlot 85 %, Cabernet franc 15 %
Production moyenne : 9 700 bt/an

CHÂTEAU VRAY CROIX DE GAY ♣

Château Siaurac, 33500 Néac
05 57 51 64 58 • www.siaurac.com • Vente et visites : au domaine sur rendez-vous.
Propriétaire : Artémis Domaines
Directeur : Frédéric Engerer
Maître de chai : Pénélope Godefroy
Œnologue : Jean-Claude Berrouet

SAINT-ÉMILION

★★★

CHÂTEAU ANGÉLUS

Promus dans le quatuor des premiers grands crus classés A lors du dernier classement de Saint-Émilion en 2012, aucun château n'aura parcouru autant de chemin dans la hiérarchie bordelaise en si peu de temps. Une prodigieuse ascension accomplie en deux décennies, signée Hubert de Boüard, vinificateur moderniste, grand communiquant et consultant international, homme de poids dans les instances de la viticulture locale et nationale. 2013 a vu la rénovation complète et l'embellissement du chai désormais surmonté d'un spectaculaire carillon. Après avoir restructuré le parcellaire du cru familial, se donnant tous les atouts pour atteindre les sommets qualitatifs de l'appellation, Hubert de Boüard passe la main. Thierry Grenié-de Boüard a rejoint en 2017 Stéphanie de Boüard-Rivoal à la tête du château. La huitième génération prend le pouvoir, et fait sensiblement bouger les lignes. Angélus illustre le meilleur de la perfection formelle et sophistiquée des grands bordeaux d'aujourd'hui. Cette année voit l'achèvement de la construction d'un nouveau chai de haute technologie aux cuves tronconiques inversées suspendues au plafond. À 10 kilomètres de l'Angélus, le nouveau chai servira aux vinifications du Carillon et du N°3 (anciennement château Mazerat) second et troisième vins dotés de parcelles dédiées.

Les vins : les trois millésimes successifs 15,16 et 17 (2018 fraîchement embouteillé n'étant pas présentable) pointent l'atout principal d'Angélus, à savoir sa capacité de garde : à moins de dix ans, le vin n'est pas très disert. La confiture de mûre est galonnée d'une armada de tanins scintillants, ceux du bois sonnent l'équilibre de la maturité des raisins dans un 2015 dont l'approche solaire n'est pas si flagrante, tant l'alcool semble digéré par la masse. Séveux, sanguin, bien droit et vertical dans son millésime et dans son approche d'un boisé superbe de précision et de droiture, 2016, précieux et concret sur un tanin profond, déroule sa construction avec puissance. Le fruit marque un pas dans ce millésime tonique. Le 2017 est large d'épaule. La complexité du vin tient dans un assemblage construit dans la masse du raisin. Le Carillon 2016 qui intègre une part de raisin achetés dans le secteur de Figeac est une galanterie aimable en 2016, millésime carré.

Saint-Émilion Grand Cru 2015	425 €	96
Saint-Émilion Grand Cru 2016	450 €	95
Saint-Émilion Grand Cru 2017	N.C.	94
Saint-Émilion Grand Cru Carillon de l'Angélus 2016	115 €	90

Rouge : 49 hectares. Merlot 53 %, Cabernet franc 46 %, Petit Verdot 1 %
Production moyenne : 100 000 bt/an

CHÂTEAU ANGÉLUS
33330 Saint-Émilion
05 57 24 71 39 • www.angelus.com • Vente et visites : au domaine sur rendez-vous.
Propriétaire : Famille de Boüard de Laforest
Directeur : Stéphanie de Boüard-Rivoal
Œnologue : Hubert de Boüard de Laforest et Emmanuelle d'Aligny-Fulchi

★★★

CHÂTEAU AUSONE

Sur seulement 7 hectares idéalement situés à mi-coteaux, avec une rare collection de cabernet franc en sélection massale (qui entre au moins pour moitié dans l'assemblage final), Ausone produit un vin à la fois profond et ciselé, innervé par une grande fraîcheur et doté d'un velouté extraordinaire. Il ne révèle pleinement son potentiel qu'après une garde de dix à quinze ans et se montre alors capable, dans les grands millésimes, d'évoluer sur plusieurs décennies. Sous la conduite avisée et visionnaire de son propriétaire, Alain Vauthier, tous les millésimes depuis 1998 sont particulièrement réussis. Le légendaire 2005 atteint un niveau de perfection absolu. Hélas, presque introuvables, les vins du château atteignent des prix stratosphériques. Depuis 2005 et l'arrivée de Pauline Vauthier aux vinifications, le style d'Ausone, comme celui des autres propriétés saint-émilionnaises appartenant à la famille Vauthier, a doucement évolué vers davantage de croquant, de mise en avant de l'éclat du fruit.

Les vins : posé sur son promontoire, Ausone est un phare. Le château tient le haut du pavé saint-émilionnais et semble gouverner une bonne partie de la côte sud, qu'il toise de sa tour et de sa chapelle. Au bord des remparts sud de la cité des Jurats, ceinturées de pierres, les parcelles protégées du vent sont exposées à l'est et au sud-est, l'âge des vignes s'établit autour de 50 ans, et certaines autour de la Chapelle atteignent les 110 ans. Ces éléments concourent à l'équilibre quasi parfait atteint par le 2019. La part de cabernet franc dans l'assemblage du 2017 domine aussi dans la dégustation de ce vin balbutiant, élégamment dessiné, au fond sobrement extrait, porteur de la dynamique du millésime. 2018 appartient à la collection des grands Ausone, avec son jus sanguin. Un véritable champion qui chante la gloire des cabernets francs et des merlots. Valeureux second, la Chapelle d'Ausone se construit en 2018 sur un souffle fervent et une structure pure, moins profonde en 2017, mais d'une grande délicatesse.

- Saint-Émilion Grand Cru 2017 N.C. 96
- Saint-Émilion Grand Cru 2018 N.C. 98

Rouge : 7 hectares. Cabernet franc 55 %, Merlot 45 %
Production moyenne : 20 000 bt/an

CHÂTEAU AUSONE
33330 Saint-Émilion
05 57 24 24 57 • www.chateau-ausone.com • Pas de visites.
Propriétaire : Famille Vauthier
Directeur : Alain Vauthier

★★★

CHÂTEAU CHEVAL BLANC

Depuis son rachat par les hommes d'affaires Albert Frère et Bernard Arnault, la propriété a fait un retour fracassant au sein de l'élite saint-émilionnaise. Une nouvelle page s'écrit sur ce terroir sablo-graveleux exceptionnel en bordure de Pomerol, avec un vignoble qui s'appuie sur une proportion importante de cabernet franc, dont 8 hectares plantés en 1956, qui confère au grand vin une fraîcheur et une profondeur de saveurs uniques. Depuis 2011, les vinifications se déroulent dans le nouveau et aérien chai signé par l'architecte Christian de Portzamparc. Un vaisseau haut, vaste, lumineux, élémentaire, écologique. 55 cuves en ciment ivoire fabriquées sur mesure, corsetées et profilées. L'outil "beau et utile" dont rêvaient le capitaine-directeur Pierre Lurton et Pierre-Olivier Clouet, le directeur technique. Cet investissement, spectaculaire sans être ostentatoire, fait suite à une vigoureuse reprise en main de la viticulture depuis 2008. Avec sa confirmation au rang de premier grand cru classé A dans le classement 2012, l'assiette foncière s'est élargie. Pour la première fois 1,40 hectare venu de l'annexion du château Tour du Pin (butte d'argile dans le parfait prolongement de l'allée du château) entre dans le grand vin. Le reste de cette parcelle est désormais consacré au sauvignon et au sémillon ; 2014 est le premier millésime commercialisé du Petit Cheval blanc.

Les vins : les derniers millésimes de Cheval Blanc synthétisent le raffinement de la propriété. Reflétant l'identité des vieux cabernets francs, le 2015 rondement porté par un fruit radieux s'affiche avec netteté et jamais ne sombre dans la lourdeur. L'amplitude de 2016 se déploie en éventail, dans un registre d'une complexité dont on ne voit pas le bout – à moins de rester des heures au bord du verre. Les chauffes douces, mais profondes, des barriques affinent ses épaules carrées et la vieille vigne de cabernet franc assure sa fraîcheur. Il manque au 2017 les fameux cabernets francs ayant gelé : ce millésime atypique s'avère plus épicé, en raison de la part importante de cabernet-sauvignon. Il y a dans Le Petit Cheval 2018 blanc, un faux-air d'Y d'Yquem, le botrytis en moins.

- Saint-Émilion Grand Cru 2015 de 950 à 1 100 € (c) 97
- Saint-Émilion Grand Cru 2017 600 € 94

Le coup de ♥
- Saint-Émilion Grand Cru 2016 700 € 98

Rouge : 39 hectares. Cabernet franc 52 %, Merlot 43 %, Cabernet-Sauvignon 5 %
Production moyenne : 100 000 bt/an

CHÂTEAU CHEVAL BLANC
1, Cheval Blanc, 33330 Saint-Émilion
05 57 55 55 55 •
www.chateau-cheval-blanc.com/
• Visites : sur rendez-vous uniquement aux professionnels.
Propriétaire : Bernard Arnault et Famille Frère
Directeur : Pierre Lurton

★★★

CLOS FOURTET

Ce premier grand cru classé B, confirmé dans le classement 2012, est idéalement situé au bord de la cité, à quelques mètres de l'église collégiale de Saint-Émilion, ancré sur le fameux plateau calcaire à astéries. Acquis, en 2001, par la famille Cuvelier (ex-papeterie Guibert), Fourtet a retrouvé son rang et se présente aujourd'hui comme l'une des icônes de Saint-Émilion, combinant une texture profondément fruitée, des tanins à l'élégance suave et une singulière race aromatique. Avec un passage progressif du vignoble en biodynamie, le cru a arraché les cabernets francs mal implantés alors que de nouvelles sélections massales entrent en production, même si le merlot demeure ultra-majoritaire. Un travail de fond entrepris avec les conseils de l'équipe de Stéphane Derenoncourt. Un nouveau cuvier a été inauguré avec le millésime 2014. Il se décline en une batterie de petites cuves inox de 40 à 70 hectolitres. La famille Cuvelier, également propriétaire du château Poujeaux (Moulis) a acheté en mars 2013 deux belles propriétés saint-émilionnaises à la famille Reiffers : leur voisin Les Grandes Murailles (qui pourraient logiquement intégrer Clos Fourtet) et Côte de Baleau. Les derniers millésimes replacent avec autorité Clos Fourtet parmi les très grands terroirs du plateau, et donc logiquement au sommet de notre hiérarchie.

Les vins : le 2018 tout juste en bouteille n'a pu être redégusté mais le 2019, personnage profond, montrait son profil aérien dans un fruit gorgé de sève sur un tanin crayeux. En 2016, spécimen radieux, la tension profonde d'un merlot sanguin et juteux se construit sur la profondeur du plateau. La "boule de fruit batailleuse" des débuts devient coulis de fruit noir, épicé d'une touche de cannelle et d'une pointe de menthe signant un terroir mis en valeur par la biodynamie. La délicate trame du 2017, et une touche de menthe déliée au cœur d'un fruit ravageur, rendent la dégustation infiniment joyeuse.

- Saint-Émilion Grand Cru 2017 — N.C. — 97

Le coup de ♥

- Saint-Émilion Grand Cru 2016 — de 130 à 150 € (c) — 98

Rouge : 20 hectares. Merlot 85 %, Cabernet-Sauvignon 10 %, Cabernet franc 5 %
Production moyenne : 70 000 bt/an

CLOS FOURTET
1, Chatelet Sud, 33330 Saint-Émilion
05 57 24 70 90 • www.closfourtet.com •
Vente et visites : au domaine sur rendez-vous.
Propriétaire : Philippe Cuvelier
Directeur : Emmanuel de Saint-Salvy
Maître de chai : Nathan Canal Descudé
Œnologue : Stéphane Derenoncourt et Jean-Claude Berrouet

★★★

CHÂTEAU FIGEAC

À partir d'un encépagement atypique, avec une parité entre cabernet franc, cabernet-sauvignon et merlot, le style unique et personnel de Figeac représente la quintessence de l'élégance et du raffinement des vins du plateau occidental que Saint-Émilion partage avec Pomerol. Figeac possède un cachet bien à lui, souvent plus austère et compact que celui de ses voisins durant sa jeunesse. Des vins d'une race exceptionnelle, digestes et longs. Figeac brille dans les millésimes chauds (comme nous l'a encore récemment prouvé le 2003) et ne se dévoile totalement qu'après une garde de dix à quinze ans. La construction du nouveau chai (l'ancien datait de 1970) enfin achevé pour les vendanges 2020 permettra d'entrer plus encore dans le détail des parcelles, voir l'intra-parcellaire. Semi-enterré, plus fonctionnel, ce nouvel outil (construit sans qu'aucun arbre n'ait été arraché dans le parc, autre gloire du château), rafraîchit le lieu. Le château a depuis longtemps signalé l'ampleur de son classicisme "moderne", de sa droiture sans artifice, de son rang : celui des tout premiers.

Les vins : Figeac trône dans son identité si particulière, renforcée d'une histoire intimement liée à celle de Saint-Émilion. Élevé à 100 % dans le bois neuf, 2016 balbutie son fruit dont on imagine facilement l'intensité grandissante, les tanins ont la race des plus grandes réussites du millésime, la finale d'une longueur incroyable lance le cru vers un lointain avenir. Le cabernet-sauvignon fait plus que pointer ses épices en 2017, et offre toute la profondeur du raisin dans une texture tannique au raffinement bâti sur des rebonds épicés en finale, dessinant une structure élégante.

- Saint-Émilion Grand Cru 2016 — de 230 à 260 € (c) — 98
- Saint-Émilion Grand Cru 2017 — N.C. — 97

Rouge : 41 hectares. Cabernet-Sauvignon 35 %, Cabernet franc 35 %, Merlot 30 %
Production moyenne : 180 000 bt/an

CHÂTEAU FIGEAC
33330 Saint-Émilion
05 57 24 72 26 • www.chateau-figeac.com •
Vente et visites : au domaine sur rendez-vous.
Propriétaire : Famille Manoncourt
Directeur : Frédéric Faye

Maître de chai : Jean Aubino
Œnologue : Michel Rolland

★★★

CHÂTEAU TERTRE ROTEBŒUF

Les mauvais millésimes n'existent pas dans ce vignoble en amphithéâtre, terreau du saint-émilion anticonformiste produit par la famille Mitjavile. La viticulture n'y ressemble à aucune autre : nécessitant un travailleur par hectare, elle emprunte à toutes les méthodes. La conduite très basse des vignes permet grâce à la chaleur du sol une maturation longue du raisin, et la surface folière très développée favorise la photosynthèse. La maturité étant poussée très loin, jusqu'à l'extrême, avant que les raisins ne basculent dans le chaos, le cycle végétatif du cru n'est pas le même que celui des autres propriétés ! En 2019, ils ont ainsi tout vendangé le 5 octobre. À la cave, l'unicité prévaut : un vin, c'est tout ; un tonnelier, Radoux. Des cuves en béton, ni levure, ni réfrigération, du bois neuf, du collage s'il en faut (ce qui est rare, eu égard aux longs élevages), un léger cliquage de temps en temps, pourquoi pas. François Mitjavile et sa fille Nina (qui dirige également en solo Roc de Cambes, en Côtes de Bourg) n'appartiennent à aucune chapelle ; ils empruntent à toutes, pour produire une exception, que la troisième étoile est venue récompenser dans notre édition précédente.

Les vins : si l'on part du principe qu'un grand vin est bon jeune comme vieux, alors toute la production du domaine coche cette case. Un autre paradigme veut que l'on juge un grand vigneron dans les années difficiles. 2017 en fut une, mais les Mitjavile ont quand même eu le courage d'attendre le plus possible pour atteindre la maturité recherchée. Le vin semble serré et minéral, puis le crémeux prend le dessus. Après 18 mois d'élevage, les notes de graphite et de réglisse ressortent. Malgré une acidité élevée, le 2018 (millésime plus chaud) reste plus qu'aérien, avec une belle empreinte florale, une note de violette éphémère. Il est construit sur un fruit dense, noir et voluptueux, qui accompagne l'énergie d'un vin parfaitement élevé dans son bois neuf.

- Saint-Émilion Grand Cru 2017 — 225 € — 98
- Saint-Émilion Grand Cru 2018 — de 190 à 230 € (c) — 97

Rouge : 6 hectares. Merlot 85 %, Cabernet franc 15 %
Production moyenne : 27 000 bt/an

CHÂTEAU TERTRE ROTEBŒUF
1, lieu-dit Tertre,
33330 Saint-Laurent-des-Combes •
tertre.roteboeuf-roc.de.cambes@wanadoo.fr
• Vente et visites : au domaine sur rendez-vous.
Propriétaire : François et Émilie Mitjavile

★★

CHÂTEAU BEAU-SÉJOUR BÉCOT

Gérard et Dominique Bécot partis à la retraite, la troisième génération, incarnée par Juliette Bécot et son mari Julien Barthe, s'approprie les rênes du domaine situé sur le plateau calcaire. Les codes du domaine s'en trouvent légèrement bousculés, Thomas Duclos succède à Michel Roland en conseiller ; les vendanges se font au moyen de petites bennes vibrantes remplies au trois-quarts ; la cave s'équipe d'un échangeur-refroidisseur pour encuver une vendange qui sera ensuite infusée grâce à des donuts (sorte de bouée trouées qui enfoncent le chapeau de marc), suivant en cela la tendance actuelle. Beaucoup de petits détails qui permettent de magnifier l'extraordinaire potentiel de ce grand terroir : et les résultats sont probants ! Dégusté en primeur, le 2019 grimpait dans l'échelle de la précision avec une disponibilité de fruit jouissive, teintée de floralité et de salinité. Et défendant l'œnotourisme, le château s'ouvre même au public.

Les vins : le virage générationnel pris en douceur, les vins évoluent tranquillement. Le beau millésime 2018 remplit tous les objectifs de qualité. Un vin dont nous saluons la finesse, tendre et croquante, la jolie chair épicée et la finale charmante, encore dressée sur ses tanins verticaux. L'autre propriété familiale, située à Saint-Philippe d'Aiguilhe, sur le plateau castillonnais, produit sous le nom de Joanin Bécot, un côtes-de-castillon croquant, doté d'une pointe iodée au nez et construit sur une chair veloutée et sapide.

- Castillon Côtes de Bordeaux Joanin Bécot 2018 — N.C. — 92
- Saint-Émilion Grand Cru 2018 — N.C. — 94

Rouge : 19 hectares. Merlot 80 %, Cabernet franc 15 %, Cabernet-Sauvignon 5 %
Production moyenne : 85 000 bt/an

CHÂTEAU BEAU-SÉJOUR BÉCOT
33330 Saint-Émilion
05 57 74 46 87 • www.beausejour-becot.com • Vente et visites : au domaine sur rendez-vous.
Propriétaire : Famille Bécot
Directeur : Julien Barthe
Maître de chai : Juliette Bécot
Œnologue : Thomas Duclos

★★

CHÂTEAU BEAUSÉJOUR HÉRITIERS DUFFAU-LAGARROSSE

Beauséjour (HDL pour les initiés) appartient à la même famille depuis 1847. Les propriétaires, Vincent Duffau-Lagarrosse et Christophe Redaud, ont confié depuis le millésime 2009 sa gestion à Nicolas Thienpont et Stéphane Derenoncourt. Il ressort de la nouvelle gestion de ce grand terroir de côte un vin au profil plus ample et généreux, mais toujours très lié à l'expression terrienne du lieu. Considéré (à tort ?) comme étant à la traîne des premiers crus classés de Saint-Émilion, malgré des réussites éclatantes (tel le désormais légendaire 1990), le cru se remet donc en selle et signe depuis 2009 des millésimes non seulement d'une probante régularité mais aussi d'une indéniable brillance.

Les vins : amplitude d'un fruit très mûr et finale qui s'allonge pour le 2015. Le millésime 2016 semblait à l'évidence destiné au cru. Doté des mensurations idéales, précis et concentré, profond et dense, valeureux dans son tanin saillant et possédant la savoureuse tension des argiles exposées au sud, il coche toute les cases. 2019 apparaît plus sage et sérieux, dans un registre classique.

- Saint-Émilion Grand Cru 2015 — de 120 à 140 € (c) — 96
- Saint-Émilion Grand Cru 2016 — 130 € — 96

Rouge : 6,8 hectares. Merlot 74 %, Cabernet franc 26 %
Production moyenne : 25 000 bt/an

CHÂTEAU BEAUSÉJOUR HÉRITIERS DUFFAU-LAGARROSSE
33330 Saint-Émilion
05 57 24 71 61 • www.beausejourhdl.com • Pas de visites.
Propriétaire : Héritiers Duffau-Lagarrosse
Directeur : Nicolas Thienpont
Maître de chai : Benoît Larthoma
Œnologue : Stéphane Derenoncourt

★★

CHÂTEAU BELAIR-MONANGE

Belair a été rebaptisé Bélair-Monange en l'honneur de la grand-mère de Christian Moueix, l'entier propriétaire des lieux depuis 2008. Son fils Édouard a élu domicile dans ce premier grand cru classé B, confirmé en 2012. Le jeune directeur commercial de la Maison J.-P. Moueix a supervisé le colossal chantier de consolidation des caves troglodytiques, qui a duré trois ans. Ces travaux permettent l'accès au plateau devenu trop instable pour les engins mécaniques, et ainsi de terminer arrachages et replantations d'un vignoble finement analysé par l'équipe agronomique de chez Moueix, qui gère 25 hectares à Saint-Émilion et 75 hectares à Pomerol, hors Pétrus. La côte sud, et surtout sud-est (6,5 hectares), joue un rôle prédominant dans la relance du grand vin depuis 2009. Le vignoble du château Magdelaine fait désormais partie de Bélair-Monange. 12 hectares seulement sont en production, sur 25 potentiels. Déjà doublement étoilé, le cru dispose du potentiel pour viser le sommet absolu de la hiérarchie saint-émilionnaise. Le chai en forme de bloc monolithe, semi-enterré au milieu de la côte qui descend vers la voie ferrée, devrait être achevé pour l'été 2021, au moment du dépôt des dossier pour le futur classement de 2022.

Les vins : le fruit rouge, puis noir, intensifie la présence au nez du 2019 avec une belle vibration. Ce vin tendu d'une bonne minéralité crayeuse se dévoile avec une délicatesse assumée, une complexité certaine. Le raffinement du 2017 laisse la fraîcheur de la bouche compléter le tableau de cette belle réussite aux tanins superbes et poudrés, dont la finale s'envole en apostrophe.

Le coup de ♥
- Saint-Émilion Grand Cru 2017 — N.C. — 96

Rouge : 23,5 hectares. Merlot 90 %, Cabernet franc 10 %
Production moyenne : 48 000 bt/an

CHÂTEAU BELAIR-MONANGE
33330 Saint-Émilion
05 57 51 78 96 • www.moueix.com • Pas de

visites.
Propriétaire : SC du Château Belair-Monange
Directeur : Édouard Moueix
Maître de chai : Laurent Descos
Œnologue : Éric Murisasco

★★

CHÂTEAU CANON

Cette propriété historique de Saint-Émilion appartient à l'écurie Chanel, également propriétaire de Berliquet et de Rauzan-Ségla, à Margaux, et depuis peu d'une des plus intéressantes propriétés provençales, le domaine de l'Île, à Porquerolles. Sur le plateau mythique, les 24 hectares d'un seul tenant ont grossi avec le rachat du château Matras, dont les vignes composent le second vin (Croix Canon). Dès son rachat, en 1996, le vignoble a été renouvelé, avec une augmentation conséquente de la part de cabernet franc. Il a désormais atteint son âge de croisière pour produire l'un des parangons de la famille des premiers crus classés. Aux commandes du vaisseau comme de la flotte Chanel, Nicolas Audebert est épaulé par Stéphane Bonnasse.

Les vins : brillamment infusé et élevé sagement, afin de conserver le fruit aristocratique siglé Canon, le cru ne cesse de s'améliorer. Parmi les anciens millésimes, 2010, encore musclé, s'inscrit sur le soyeux d'un fruit un peu mat. 2014, plus précis et fin, pourra durer encore longtemps. 2016, à la dominante réglissée, mûre et complexe, expose un fruit tenu par l'austérité sublime des calcaires. 2017 est le millésime le plus précoce : assez sanguin, longiligne, il est différent. 2018 est puissant : on sent le fruit vibrer à l'intérieur de cette chair racée, enlevée, simplement superbe.

Saint-Émilion Grand Cru 2010	180 €	96
Saint-Émilion Grand Cru 2016	de 120 à 150 € (c)	96
Saint-Émilion Grand Cru 2017	de 100 à 140 € (c)	94
Saint-Émilion Grand Cru 2018	144 €	97
Saint-Émilion Grand Cru Croix Canon 2016	de 30 à 40 € (c)	92
Saint-Émilion Grand Cru Croix Canon 2017	de 30 à 40 € (c)	90
Saint-Émilion Grand Cru Croix Canon 2018	de 30 à 40 € (c)	92

Rouge : 34 hectares. Merlot 70 %, Cabernet franc 30 %
Production moyenne : 130 000 bt/an

CHÂTEAU CANON
BP 22, 33330 Saint-Émilion
05 57 55 23 45 • www.chateaucanon.com •
Visites : sur rendez-vous uniquement aux professionnels.
Propriétaire : Chanel
Directeur : Nicolas Audebert
Maître de chai : Stéphane Bonnasse

★★

CHÂTEAU CANON-LA-GAFFELIÈRE

Le profil du vin de Canon-la-Gaffelière a considérablement évolué en l'espace de trois décennies. Stephan von Neipperg prend en 1988 les rênes du château, propriété acquise par sa famille en 1971. Le vin a connu sous sa direction, et en collaboration avec Stéphane Derenoncourt, une véritable renaissance qualitative. Pas de miracle, tout a commencé par la baisse des rendements ! Les années 90 et 2000 ont produit des vins ronds et opulents, gourmands et expressifs, d'une rare plénitude. Les évolutions culturales et œnologiques accompagnent en profondeur le changement de style actuel, tourné vers davantage de fraîcheur et de finesse. Stephan von Neipperg a plus d'un tour dans son sac. Sa vista et sa réactivité lui permettent de coller aux évolutions du goût, tout en prévoyant le long terme. Promu au rang de premier grand cru classé, certifié bio en 2014 (un exemple qui a marqué les esprits !), le château poursuit un travail de fond à partir d'une collection de sélections massales de cabernet franc et de bons choix de porte-greffe, « dans le but de construire un vignoble pour les cinquante et soixante prochaines années ». Les sols chauds et précoces des pieds de coteau conviennent admirablement à ces cabernets francs, qui apportent finesse et distinction à la structure tannique du vin.

Les vins : à la densité admirable du 2017, s'ajoute au nez une floralité évoquant les beaux cabernets francs. Le fruit devient radieux en bouche, avec des tanins qui signent une maturité parfaite. Son capital fraîcheur n'est pas négligeable. Une grande profondeur marque le 2016, qui présente encore une pointe de tabac et de cacao en finale, des tanins frais. Le 2015 a parfaitement évolué, se montre profond, dense, très intense. Le 2019 révélait une grande fraîcheur qui, ajouté à un pH très bas, est un gage de longévité pour ce grand millésime.

- Saint-Émilion Grand Cru 2015 de 75 à 130 € (c) 92
- Saint-Émilion Grand Cru 2016 de 100 à 130 € (c) 93
- Saint-Émilion Grand Cru 2017 85 € 95

Rouge : 19,5 hectares. Merlot 50 %, Cabernet franc 40 %, Cabernet-Sauvignon 10 %
Production moyenne : 80 000 bt/an

CHÂTEAU CANON-LA-GAFFELIÈRE ♣
Vignobles Comtes von Neipperg, BP 34, 33330 Saint-Émilion
05 57 24 71 33 • www.neipperg.com • Vente et visites : au domaine sur rendez-vous.
Propriétaire : Comtes von Neipperg
Directeur : Stephan von Neipperg

★★

CLOS SAINT-MARTIN

Sophie Fourcade veille avec amour sur cet étonnant jardin de vignes, le plus petit des crus classés, dont elle reste l'actionnaire majoritaire après la vente des autres domaines familiaux à la famille Cuvelier en 2013. La situation est idéale, sur une petite croupe entre les deux Beauséjour. Depuis 2008, on pratique ici la fermentation en fût (et depuis 2016 en jarre de terre cuite), singularité qui permet au vin un chatoiement précoce mais n'entrave nullement son potentiel d'évolution, comme nous l'a démontré une récente dégustation verticale. Le terroir parle haut et fort. Hormis la taille très réduite du vignoble (2 hectares quand il sera entièrement replanté), on ne voit pas trop ce qui pourrait empêcher ce cru d'accéder au cénacle des Premiers.

Les vins : d'une grande finesse veinée de fruits rouges, au profil croquant et salin, assez fluide, le 2016 donne la mesure légère d'un fruit délié construit sur la souplesse et le raffinement du millésime. Le profil plus charnu, sensuel, presque sanguin mis en exergue par les calcaires du plateau, construit l'un des meilleurs spécimens du millésime 2017 sur un boisé juteux, une touche de graphite, celle de la jarre ou du terroir ? L'avenir le dira. En attendant, on adhère sans hésitation tant l'allure du millésime est fidèle à ce que l'on attend du grand plateau saint-émilionnais. Le fruit radieux et l'équilibre parfait du 2019 confirme l'estime que nous portons à ce domaine lilliputien.

- Saint-Émilion Grand Cru 2017 N.C. 97

Le coup de ♥
- Saint-Émilion Grand Cru 2016 de 65 à 80 € (c) 96

Rouge : 1,36 hectare. Merlot 70 %, Cabernet franc 20 %, Cabernet-Sauvignon 10 %
Production moyenne : 5 000 bt/an

CLOS SAINT-MARTIN ☾
BP 20017, 33330 Saint-Émilion
05 57 24 71 09 •
clossaintmartin.saintemilion@gmail.com •
Vente et visites : au domaine sur rendez-vous.
Propriétaire : Sophie Fourcade
Maître de chai : Benoit Turbet-Delof
Œnologue : Michel Rolland et Julien Viaud

★★

CHÂTEAU LA CLOTTE

C'était une adresse d'initiés, que l'on s'échangeait comme un mot de passe. 4 hectares de terrasses exposées plein sud, proches de la cité, merveilleusement étagées dans le vallon de Fongaban. Les projecteurs se font plus insistants depuis 2014, année du rachat par la famille Vauthier, propriétaire de l'illustre château Ausone, à la barbe de plusieurs autres gros investisseurs. Après des travaux structurels rondement menés, réfection des murettes du vignoble et nouveau chai, un projet œnotouristique est en gestation. La race du terroir, conjuguant puissance et définition, était déjà évidente dans les millésimes de la période Moulièrac (1990-2013) ; elle transparaît avec un éclat de plus en plus net à chaque millésime, Pauline Vauthier prenant la mesure de ce nouvel étalon.

Les vins : 2017 est le troisième millésime signé Pauline Vauthier. Il a fallu du doigté à la jeune femme pour extraire avec douceur ce millésime et l'élever luxueusement dans du bois neuf durant 18 mois. La profondeur éclatante du vin en fait l'une des plus belles réussites du millésime, vibrant d'un fruit racé, laissant éclater la dimension des plus beaux terroirs. La grande élégance du 2015 est à découvrir, alors que 2016 restera encore longtemps fermé. Le 2019 apparaissait comme une réussite lors des primeurs.

- Saint-Émilion Grand Cru 2017 N.C. 95

CHÂTEAU LA CLOTTE
33330 Saint-Émilion
05 57 24 66 85 •
chateau-la-clotte@wanadoo.fr • Visites : Pas de visites.
Propriétaire : Famille Vauthier
Directeur : Pauline Vauthier

★★

CHÂTEAU LA GAFFELIÈRE

Parallèlement à une profonde restructuration du vignoble, sous la férule de l'équipe Derenoncourt (arrachage et replantation de 5 hectares de cabernet franc sur les magnifiques coteaux calcaires au sud du village), Alexandre de Malet, désormais aux commandes, a largement investi dans la refonte technique du cuvier. Après les investissements dans les plantations depuis 2000 et un renouvellement du matériel de culture, l'outil de production de la Gaffelière est désormais au niveau de l'élite des premiers grands crus classés. À terme le grand vin sera issu des vignes du coteau à 80 % (sous Belair), laissant au second vin, Clos La Gaffelière, les bas de côte, généreux mais moins racés. Dans les années 70 et 80, La Gaffelière n'a pas toujours produit un vin digne de son rang. Le creux de la vague est désormais bien derrière nous et, juste retour des choses, la famille de Malet Roquefort vient de racheter le château Puy-Blanquet, 20 hectares (dont 19 en production) à Saint-Etienne-de-Lisse, sur une croupe argilo-calcaire dominant la Dordogne, qu'elle avait cédé dans les années 1960 à la famille Jacquet pour des raisons successorales. Défendant un style classique mais expressif, sans excès, construit sur la finesse de la deuxième partie de bouche, ce premier à la situation topographique exceptionnelle n'a pas fini de surprendre, d'autant qu'il pratique des prix encore compréhensibles. On est ici au cœur de ce qu'il y a de plus sensuel et singulier à Saint-Émilion !

Les vins : 2016 pose un nez confit d'une superbe élégance sur une chair plus soyeuse et profonde avec des tanins justes. Conséquence des piqûres de gel dans les bas du village en 2017, le millésime reprend l'histoire du cru et remonte sur les coteaux, avec 40 % de cabernet franc. Il donne le ton d'une matière ample qui fera date : le velours talentueux de La Gaffelière est en marche, le temps que le millésime se débarrasse des stigmates de son adolescence. Les cabernets en massales apportent une fraîcheur renforcée par les sols d'argiles bleues et par les coteaux calcaires de la côte Pavie dans l'éblouissant 2018. Le velours déjà présent, signature teintée de fraîcheur, marque la réussite du 2019.

Saint-Émilion Grand Cru 2016	de 80 à 100 € (c)	96
Saint-Émilion Grand Cru 2017	N.C.	95
Saint-Émilion Grand Cru 2018	N.C.	96

Rouge : 22 hectares. Merlot 80 %, Cabernet franc 20 %
Production moyenne : 70 000 bt/an

CHÂTEAU LA GAFFELIÈRE
BP 65, 33330 Saint-Émilion
05 57 24 72 15 •
www.chateau-la-gaffeliere.com • Vente et visites : au domaine sur rendez-vous.
Propriétaire : Alexandre de Malet Roquefort
Directeur : Damien Bielle
Maître de chai : Franck Darricau
Œnologue : Stephane Derenoncourt

★★

CHÂTEAU LARCIS-DUCASSE

Premier grand cru classé en 2012, cette magnifique propriété occupe l'extrémité de la fameuse côte Pavie, sur la commune de Saint-Laurent-des-Combes : une merveilleuse exposition plein sud et un vignoble planté en terrasses, effectivement dignes d'un premier grand cru. Depuis 1945, Hélène Gratiot, puis son fils Jacques-Olivier, ont préservé la typicité unique de ce terroir en produisant un vin de grande race, noblement truffé et d'une vigueur surprenante dans les petits millésimes. Les millésimes tardifs, comme l'éblouissant 2008, conviennent particulièrement au caractère original du cru. Depuis 2002, en confiant la gérance à Nicolas Thienpont et en faisant appel aux conseils de Stéphane Derenoncourt, Larcis-Ducasse est entré dans une nouvelle phase. Ce travail se précise encore dans les derniers millésimes, notamment en ce qui concerne les élevages, avec l'adoption de barriques de 500 l pour certains lots.

Les vins : coloré, rôti, le 2015 surprend par l'amplitude fraîche de sa matière, qui perd les stigmates du millésime solaire pour se préciser sur un ton plus acide. Le charme du 2016 commence à opérer : le vin entreprend son ascension vers le haut de sa courbe de vie. Le dynamique tanin de l'attaque se poudre, le vin présente une énergie longiligne. Le 2019, aux tanins souples mais vibrants, typés des argilo-calcaires de la côte, peaufine actuellement sa stature.

- Saint-Émilion Grand Cru 2015 de 75 à 120 € (c) 94
- Saint-Émilion Grand Cru 2016 85 € 95

Rouge : 11,3 hectares. Merlot 78 %, Cabernet franc 22 %
Production moyenne : 35 000 bt/an

CHÂTEAU LARCIS-DUCASSE
1, Grottes d'Arsis,
33330 Saint-Laurent-des-Combes
05 57 24 70 84 • www.larcis-ducasse.com • Visites : sur rendez-vous uniquement aux professionnels.
Propriétaire : Famille Gratiot-Attmane
Directeur : Nicolas Thienpont
Maître de chai : Clément Baudon
Œnologue : Stéphane Derenoncourt

★★

LA MONDOTTE

Même s'il est déjà fait mention de la parcelle de la Mondotte dans de nombreux ouvrages centenaires, ce petit morceau de terre, voisin de Troplong Mondot et des trois Pavie, n'a pas été jugé digne d'intégrer le cadastre de Canon-la-Gaffelière lors du classement de 2006. Malicieusement, Stephan von Neipperg en a donc profité pour créer un cru à part, et faire un joli pied de nez à la commission de classement. Commission qui, en 2012, n'a pu que reconnaître l'expression puissante, dense et équilibrée de ce cru et donc l'élire premier grand cru classé. Il faut dire que le vin, issu d'un vignoble ancien désormais cultivé en bio (plus de 65 ans, 75 % merlot, au rendement bas, 100 % fût neuf), s'est montré admirable dès les premiers millésimes (à partir de 1996). La signature de fraîcheur du terroir (le pH du vin est très bas) est impressionnante ; La Mondotte est capable d'affronter le temps sans sourciller.

Les vins : 2016 est une épure de Mondotte, un vin réservé, presque sur la défensive, corps serré, poigne argileuse mais au délié inhabituel en deuxième partie de bouche. L'acidité du millésime renforce la fraîcheur native du terroir. Unissant intense concentration, maturité très poussée et tension préservée, 2015 offre une vision pénétrante d'un millésime de grande générosité. La texture est d'un velouté admirable, mais il faudra attendre une dizaine d'années pour que l'harmonie aromatique se mette en place. L'explosion aromatique du 2017 n'est qu'une façade. Sa complexité "chicissime" distingue ce vin qui tire sa fraîcheur du sol. Grâce à l'exigence de Stephan von Neipperg, le merlot se plie à la domination d'un grand terroir, et ces superbes vins vieillissent en s'affinant. Les tanins glorieux du 2019 confirment l'exceptionnelle singularité du terroir de la Mondotte.

- Saint-Émilion Grand Cru 2015 de 200 à 300 € (c) 95
- Saint-Émilion Grand Cru 2016 300 € 94
- Saint-Émilion Grand Cru 2017 185 € 94

Rouge : 4,5 hectares. Merlot 75 %, Cabernet franc 25 %
Production moyenne : 20 000 bt/an

LA MONDOTTE ♣
Vignobles Comtes von Neipperg BP
34 33330 Saint-Émilion
05 57 24 71 33 • www.neipperg.com • Pas de visites.
Propriétaire : Comtes von Neipperg
Directeur : Stephan von Neipperg

★★

CHÂTEAU PAVIE

Acquis en 1997 par Gérard Perse, le cru vole depuis de succès en succès, en défendant un style résolument moderne de haute concentration. Rendements extrêmement bas, recherche d'une grande maturité des raisins, extraction poussée et élevage luxueux : tous les facteurs permettant l'amélioration théorique de la qualité des vins répondent présent. Et les investissements ne s'arrêtent jamais... L'impressionnante et massive extension des chais, de la cuverie et surtout la création d'une salle de réception lumineuse et versaillaise de 600 m2, inaugurée en juin 2013. La propriété ne cherche pas à élaborer des vins faciles, immédiats, mais à inscrire sa démarche dans la durée. Le terroir de la côte sud, un des tous premiers de Saint-Émilion, favorise la longévité des vins. Sans rien perdre de leur monumentalité, les derniers millésimes montrent cependant une légère inflexion dans le sens d'une plus grande flexibilité dans les premières années, avec davantage de naturel d'expression.

Les vins : à la faveur de la verticalité du millésime 2016, le style semble évoluer. Ce que confirme le 2017, plutôt détendu, présentant une matière moins extraite ; le vin devient plus vibrant et équilibré mais conserve encore cette rigueur péremptoire des tanins. 2018 affirme cette évolution vers une disponibilité plus immédiate, tout en puisant dans son terroir une grande aptitude au vieillissement. Le 2019 révélait une profondeur crémeuse, une finale plus épanouie. À partir de parcelles dédiées, le second vin, Arômes de Pavie, logé dans un flacon de même forme que le grand vin, est élevé pour moitié en barrique neuve et pour l'autre en barrique d'un vin. Si son fruit est distingué en 2017, il accuse encore un élevage un peu luxueux.

- Saint-Émilion Grand Cru 2017 — de 390 à 490 € (c) — 94
- Saint-Émilion Grand Cru 2018 — 395 € — 96
- Saint-Émilion Grand Cru Arômes de Pavie 2017 — de 15 à 105 € (c) — 91

Rouge : 37 hectares. Merlot 65 %, Cabernet franc 25 %, Cabernet-Sauvignon 10 %
Production moyenne : 88 000 bt/an

CHÂTEAU PAVIE
2, Pimpinelle, 33330 Saint-Émilion
05 57 55 43 43 • www.vignoblesperse.com •
Vente et visites : au domaine sur rendez-vous.
Propriétaire : Gérard Perse

★★

CHÂTEAU PAVIE DECESSE

Comme il l'a fait avec Pavie, Gérard Perse a métamorphosé Pavie Decesse, racheté en février 1997. Ici aussi, sur ce petit parcellaire de moins de 4 hectares, tout est mis en œuvre pour porter le cru au plus haut niveau. Il faut dire que le terroir le permet. Grâce à un outil de vinification moderne, le vin ne cesse de progresser. S'il ne possède pas tout à fait le raffinement de son frère, Pavie, il s'impose comme l'un des saint-émilion les plus complets qui soient, dans le style qu'aime Gérard Perse, à savoir concentré et taillé pour la garde, nécessaire pour que les tanins aigus s'arrondissent.

Les vins : si 2019 se présentait comme l'une des réussites de l'année, tout entier dans la densité habituelle du château avec en plus l'équilibre du millésime, 2017 n'est pas en reste : l'équilibre du vin tient sur la puissance, mais la race du terroir donne plus d'énergie au millésime. Atypique, au regard des autres crus du plateau, le millésime présente plus de finesse tout en conservant l'ardeur des vins de la côte sud.

- Saint-Émilion Grand Cru 2017 — N.C. — 95

Rouge : 3 hectares. Merlot 90 %, Cabernet franc 10 %
Production moyenne : 8 000 bt/an

CHÂTEAU PAVIE DECESSE
33330 Saint-Émilion
05 57 55 43 43 • www.vignoblesperse.com •
Pas de visites.
Propriétaire : Gérard Perse
Directeur : Laurent Lusseau

★★

CHÂTEAU PAVIE-MACQUIN

Une nouvelle salle d'accueil sobre, tout en verre, permet de déguster avec une vue imprenable sur le village de Saint-Émilion. Pavie-Macquin a conservé son rang de premier grand cru classé dans le classement de 2012. Une juste récompense qui vient saluer le travail remarquable réalisé au château par son gestionnaire, Nicolas Thienpont, et son conseiller Stéphane Derenoncourt. Ce duo a métamorphosé la propriété en s'inspirant largement de la biodynamie (non certifiée) depuis la fin des années 1990. Une série de vins fantastiques, combinant une magnifique intensité du fruit et une grande profondeur de bouche, est venue couronner ce travail de fond. Des vins qui se distinguent de leurs voisins Pavie et Pavie-Decesse par une matière à la fois plus en retenue et plus en souplesse, un jus profond mais toujours très vif. Valeur sûre bien connue des amateurs, Pavie-Macquin n'a commis aucune fausse note ces dernières années. Le style demeure fidèle au terroir, marqué à la fois par la puissance de la partie argileuse et la minéralité des calcaires affleurants. S'il reste un vin d'évolution lente, introspectif, exigeant, il se dirige insensiblement vers davantage d'épure.

Les vins : s'il apparaît plus froid que les autres, concentré et serré, le 2016 demeure extrêmement savoureux. Avec des notes d'épices, de rose poivrée et de violette, de cerise juteuse et de fraise mûr, le vin passe d'un registre à l'autre avec agilité, présente une matière presque salée et une finale où le fruit s'éternise en bouche. À la fois classique et moderne, savoureux et de garde, à l'instar du très grand 2019.

Le coup de ♥

Saint-Émilion Grand Cru 2016 — 100 € — 96

Rouge : 15 hectares. Merlot 84 %, Cabernet franc 14 %, Cabernet-Sauvignon 2 %
Production moyenne : 60 000 bt/an

CHÂTEAU PAVIE-MACQUIN

Peygenestau, 33330 Saint-Émilion
05 57 24 74 23 • www.pavie-macquin.com • Visites : sur rendez-vous uniquement aux professionnels.
Propriétaire : Famille Corre-Macquin
Directeur : Nicolas Thienpont
Maître de chai : Philippe Dauvey
Œnologue : Stéphane Derenoncourt

★★

CHÂTEAU TROTTE VIEILLE

Premier cru traditionnel de Saint-Émilion, Trotte Vieille occupe un superbe coteau un peu à l'écart de ses pairs, capable de donner des vins fins et racés, de grande longévité. Il possède un rare capital de très vieilles vignes de cabernet franc, avec lequel le château produit une micro-cuvée non commercialisée. Philippe Castéja a engagé une évidente reprise en main au début des années 2000, s'appuyant sur les conseils avisés du regretté Denis Dubourdieu. Le cru produit un vin de facture classique, s'exprimant avec une certaine austérité en primeur, qui ne joue pas l'opulence mais davantage la fraîcheur du grain et du fruit. Nous lui avons attribué sa deuxième étoile en 2015. Depuis l'intégration des vignes du château Bergat dans le second vin, celui-ci prend du galon. Sa délicatesse est révélée par un élevage sobre, qui se déroulera bientôt dans le nouveau chai enterré, dont les travaux prendront fin en 2021.

Les vins : approfondi par un élevage luxueux, parfaitement bien supporté par la matière du 2017, ce grand classique est construit sur une proportion importante de cabernet-sauvignon. Tout est en équilibre dans ce millésime aux tanins racés, à la distinction particulière et au volume relatif (celui de 2017) qui met en évidence le corps un peu austère du vin. Le second vin bascule sous la domination relative du merlot et pâtit d'un élevage moins chic : il offre de langoureux et savoureux parfums de fruits mûr, une bouche plus pimpante que puissante, aux tanins disponibles et courtois. En 2019, la fraîcheur du vin, malgré un degré élevé, reste plus que louable.

Saint-Émilion Grand Cru 2016 — 84 € — 92
Saint-Émilion Grand Cru 2017 — 110 € — 93
Saint-Émilion Grand Cru Dame de Trotte Vieille 2018 — 60 € — 89

Rouge : 12 hectares. Merlot 49 %, Cabernet franc 46 %, Cabernet-Sauvignon 5 %
Production moyenne : 30 000 bt/an

CHÂTEAU TROTTE VIEILLE

33330 Saint-Émilion
05 56 00 00 70 • domaines@borie-manoux.fr • Visites : sur rendez-vous uniquement aux professionnels.
Propriétaire : Philippe Castéja
Maître de chai : Christophe Dussutour

★★

CHÂTEAU VALANDRAUD

Consécration suprême en 2012 pour Murielle Andraud, la vigneronne, et Jean-Luc Thunevin, le négociant : Valandraud, leur création, le chef de file du mouvement des vins de garage, cru aussi encensé que honni depuis sa création au début des années 1990, accède au rang tant convoité de premier grand cru classé. Une formidable "success story", comme seul l'ascenseur social de la rive droite en offre à Bordeaux, pour ce domaine bâti à partir de 0,6 hectare dans le vallon de Fongaban. Sur le plateau, le tout nouveau chai fonctionnel aux cuves inox tronconiques inversées et cuves bois, se fond dans le paysage, dans une architecture qui emprunte à la Provence. Valandraud n'aurait pu s'imposer parmi les plus chers et les plus recherchés des saint-émilion sans le sens aigu du commerce de son propriétaire. Mais c'est le contenu de Valandraud qui fait surtout courir les amateurs. Un étonnant vin assemblé par Michel Rolland, méticuleusement sélectionné à partir de merlot très sucré, velouté, exotique (100 % fût neuf), sensuel à sa naissance, et qui évolue avec suavité sur d'intenses notes de moka. Le vignoble est l'un des mieux tenus du Libournais. Certaines parcelles spécifiques et les vignes plus jeunes produisent Virginie de Valandraud depuis 1997, vendu à un prix raisonnable.

Les vins : sans son bois neuf, Valandraud ne serait pas Valandraud. Plus qu'ailleurs, l'élevage fait partie intégrante du vin, il est le secret de sa profondeur soyeuse et de la sucrosité de ses tanins ; il explique sa tension particulière, l'enrichit, révèle sa fraîcheur. Après 18 mois d'élevage, 2017 présente un bouquet dense et puissant, où se mêlent des pointes d'olive noire et d'épices douces, d'encre et de parchemin, une belle minéralité et une touche de paprika. Les tanins crémeux accompagnent un fruit mûr, encore encadré par le bois. 2016, au nez sanguin encore marqué par l'élevage, possède une chair ardente, tenue par la perfection formelle du millésime. La blanc de Valandraud 2019 est lumineux ; saluons cette matière brillante, étoffée en milieu de bouche et affûtée en finale.

- Bordeaux 2019 — N.C. — 90
- Saint-Émilion Grand Cru 2016 — 195 € — 94
- Saint-Émilion Grand Cru 2017 — 195 € — 95

Rouge : 23 hectares. Merlot 80 %, Cabernet franc 15 %, Cabernet-Sauvignon 5 %
Blanc : 4 hectares. Sémillon 50 %, Sauvignon gris 25 %, Sauvignon blanc 25 %
Production moyenne : 70 000 bt/an

CHÂTEAU VALANDRAUD
BP 88, 33330 Saint-Émilion
05 57 55 09 13 • www.valandraud.com •
Visites : Pas de visites.
Propriétaire : Jean-Luc Thunevin
Maître de chai : Rémi Dalmasso
Œnologue : Jean-Philippe Fort

★

CHÂTEAU BELLEVUE

La beauté des lieux, avec un merveilleux parc en bordure de plateau qui s'intègre à la ceinture méditerranéenne de Saint-Émilion, et la race du vin, qui ne s'exprime que par à-coups, font de Bellevue un candidat naturel au rang de premier grand cru classé. Partagé entre les familles Pradel de Lavaux et de Boüard, il est conduit par l'équipe d'Angélus. Grand vin de côte, profondément calcaire, racé, tendu, il est malheureusement parfois pris dans une gangue boisée trop insistante. La surface viticole avoisine les 7 hectares ; la décision a été prise de produire ici un pur merlot. Peut-il faire de l'ombre à Angélus ? Certainement ! Il suffit de goûter le 2015 pour s'en persuader...

Les vins : un an de plus a élargi le potentiel de Bellevue, qui offre désormais une dimension aussi sèveuse que possible dans le janséniste 2016. Mais on aime ce corps tendu, raffiné et énergique, qui place le fruit noir au sommet d'une échelle effilée par un boisé juste. La bouche, plus délectable que le nez, encore sur la retenue, offre une perspective aristocratique des plus engageantes pour l'avenir de ce millésime et du cru en particulier. On aime la race exceptionnelle de ce merlot. Il reste encore un peu bousculé par la jeunesse et la froideur du millésime.

- Saint-Émilion Grand Cru 2016 — 60 € — 92

Rouge : 6,82 hectares. Merlot 100 %
Production moyenne : 20 000 bt/an

CHÂTEAU BELLEVUE
BP 90042, 33330 Saint-Émilion
05 57 24 71 39 • www.chateaubellevue.fr •
Vente et visites : au domaine sur rendez-vous.
Propriétaire : Familles Pradel de Lavaux et de Boüard de Laforest
Œnologue : Hubert de Boüard de Laforest et Emmanuelle d'Aligny-Fulchi

★

CHÂTEAU BERLIQUET

Sur le plateau de Magdelaine, entre Canon et Bélair-Monange, ce cru discret dispose d'un terroir de premier ordre. Peu connu du grand public, il l'est en revanche des initiés, qui connaissent leur géographie. Le rachat en 2017 par la famille Wertheimer, propriétaire de Canon, pourrait changer la donne. Canon va-t-il manger Berliquet comme il a mangé Curé-Bon et Matras ? Qui vivra verra. Finesse, détail aromatique, tension minérale : le potentiel du cru était déjà fort bien mis en valeur sous la gestion de Nicolas Thienpont ; les deux premiers millésimes de la nouvelle équipe s'avèrent plus que prometteurs.

Les vins : parmi les rescapés du gel, le 2017 est une réussite compte tenu de la difficulté du millésime. On aime sa fraîcheur et sa finesse, même si la matière manque d'ardeur. En 2018, saluons la justesse de la bouche aux notes de fruits rouges, et l'intensité générale du vin, dont la chair est gainée par des tanins frais. Cette vision moderne de l'appellation se confirme avec le 2019.

- Saint-Émilion Grand Cru 2017 — 45 € — 92
- Saint-Émilion Grand Cru 2018 — 50 € — 93

Rouge : 7,5 hectares. Merlot 75 %, Cabernet

franc 21 %, Cabernet-Sauvignon 4 %
Production moyenne : 25 000 bt/an

CHÂTEAU BERLIQUET
1, Berliquet, 33330 Saint-Émilion
05 57 55 23 45 •
contact@chateau-berliquet.com •
Visites : sur rendez-vous uniquement aux professionnels.
Propriétaire : Chanel
Directeur : Nicolas Audebert
Maître de chai : Stephane Bonnasse

★

CHÂTEAU DASSAULT

Marcel Dassault a porté son dévolu sur l'ancien château Couprie, dans les parties basses de la côte nord. Grâce au savoir-faire de Laurence Brun, qui était aux commandes depuis 1995 et vient de transmettre la direction du domaine à Romain Depons, Dassault est devenu un vin très régulier, de haute maturité, séducteur dans sa forme et dans ses parfums. Il tire le meilleur parti d'un terroir réputé froid qui, sur le papier, n'est pas le plus excitant de l'appellation... La notion de saint-émilion de plaisir est ici admirablement incarnée, même dans des millésimes difficiles comme 2013.

Les vins : L'amateur de saint-émilion y trouvera son compte. Le merlot dans toute son élégance, mais sans grand fantaisie, donne du relief au grand vin, pur classique du vignoble construit sur la vigueur des tanins de 2016, qui termine avec un fruit riche, suave et gourmand. Le D offre la générosité d'un merlot concentré, tout en conservant une belle fraîcheur.

- Saint-Émilion Grand Cru 2016 — 81 € — 93
- Saint-Émilion Grand Cru Le D de Dassault 2016 — 36 € — 89

Rouge : 24 hectares. Merlot 70 %, Cabernet franc 23 %, Cabernet-Sauvignon 7 %
Production moyenne : 60 000 bt/an

CHÂTEAU DASSAULT
Lieu-dit Couperie, 33330 Saint-Émilion
05 57 55 10 00 •
www.dassaultwineestates.com • Vente et visites : au domaine sur rendez-vous.
Propriétaire : Famille Dassault
Directeur : Romain Depons
Œnologue : Jean-Philippe Fort et Michel Rolland

★

CHÂTEAU FAUGÈRES

Vaste domaine de 37 hectares acquis par l'industriel suisse Silvio Denz en 2005, Faugères est devenu, par un geste architectural volontariste (le "chai-cathédrale" signé Mario Botta) autant que par la qualité de ses vins, un des fers de lance du renouveau de l'est de l'appellation. En plateau et en coteau exposé au sud, le vignoble est aussi soigneusement conduit que celui de Péby-Faugères. Contrairement à ce qui se passe entre Fombrauge et Magrez-Fombrauge, l'écart ne s'est pas creusé entre Faugères et Péby-Faugères, le premier manifestant même un surcroît d'articulation et de vibration dans les tout derniers millésimes, enthousiasmants par leur naturel et l'élégance de leur fruit.

Les vins : le vignoble en coteaux a été épargné par le gel ; sa géographie et sa configuration ont permis de tirer le meilleur parti de ce bon millésime dans lequel Faugères se situe parmi les meilleurs. Si ce 2017 reste sur le fruit, il présente une matière profonde, pas très riche mais d'un équilibre parfait. Nous saluons la remarquable tenue d'une finale qui insiste sur la fraîcheur.

- Saint-Émilion Grand Cru 2017 — 47 € — 93

Rouge : 37 hectares. Merlot 85 %, Cabernet franc 10 %, Cabernet-Sauvignon 5 %
Production moyenne : 70 000 bt/an

CHÂTEAU FAUGÈRES
33330 Saint-Étienne-de-Lisse
05 57 40 34 99 •
www.chateau-faugeres.com • Vente et visites : au domaine sur rendez-vous.
Propriétaire : Silvio Denz
Directeur : Vincent Cruege
Maître de chai : Daniel Romero
Œnologue : Michel Rolland

★ ↗

CHÂTEAU FONPLÉGADE

La famille Adams partage son temps entre les 9 hectares qu'elle cultive, depuis dix ans, en biodynamie dans la Napa Valley (ADAMVS), et le plateau de Saint-Émilion où elle a fait l'acquisition, en 2004, de Fonplégade. Denise Adams s'investit de plus en plus dans la propriété, se montrant soucieuse d'en faire un modèle de biodiversité : une ferme biodynamique (la certification a été accordée en 2019) permet au château de faire ses propres préparations. Depuis quelques millésimes, les vins témoignent d'une finesse et d'une fraîcheur nouvelles. La viticulture, respectueuse de l'environnement et des terroirs, y est pour beaucoup. Le vignoble est maintenant en place : nous octroyons la première étoile.

Les vins : le 2016 est à la hauteur de son terroir. Le fruit est radieux, comme dans les millésimes antérieurs, mais le vin reflète mieux la fraîcheur de son terroir argilo-calcaire. Frétillant comme un jeune premier, le second vin cherche la finesse. La matière est encore un peu juste, mais le terroir exceptionnel et l'excellence de la viticulture commencent à porter leur fruit. L'énergie savoureuse du 2018, à l'encontre de la puissance solaire du millésime, impose un profil d'un équilibre parfait et d'une droiture savoureuse. Le fruit alerte du 2019 annonçait en primeur que la progression continue !

- Saint-Émilion Grand Cru 2015 — de 50 à 65 € (c) — 92
- Saint-Émilion Grand Cru 2018 — 39 € — 93
- Saint-Émilion Grand Cru Fleur de Fonplégade 2016 — 43 € — 90

Le coup de ♥

- Saint-Émilion Grand Cru 2016 — 68 € — 93

Rouge : 18,5 hectares. Merlot 95 %, Cabernet franc 5 %
Production moyenne : 40 000 bt/an

CHÂTEAU FONPLÉGADE ♣

1, Fonplégade, 33330 Saint-Émilion
05 57 74 43 11 • www.fonplegade.com • Vente et visites : au domaine sur rendez-vous.
Propriétaire : Denise et Stephen Adams
Directeur : Denise Adams
Œnologue : Stéphane Derenoncourt et Corinne Comme

★

CHÂTEAU FONROQUE

Fonroque est le grand ouvrage d'Alain Moueix, aux commandes depuis 2001 et qui reste en place, malgré la vente de la propriété familiale en 2017 à l'assureur Hubert Guillard. C'est ici, sur les 17 hectares de plateau déclinant vers l'ouest, à l'écart de l'agitation touristique, qu'il a pu mettre en pratique ses convictions biodynamiques. La continuité de cette philosophie semble acquise. Fonroque livre un vin au profil cohérent, sans heurt, qui ne force pas sa nature ni ne sature le dégustateur... un vin qui ne tonitrue jamais, qui peut passer inaperçu lors de dégustations horizontales comparatives. Il n'en demeure pas moins indispensable, exemplaire dans les grands millésimes (inoubliable 2010) comme dans les petits (délicieux 2013 véritablement "bourguignon") !

Les vins : à l'extrémité ouest du plateau calcaire, le fruit joyeux et dynamique de Fonroque doit beaucoup à la biodynamie qui libère les saveurs et harmonise les équilibres. Elle apporte un profil séveux à un 2017 rescapé du gel, délicatement boisé avec une légère touche de vanille et une finale digeste proche de la gelée de myrtille. Quant au 2016, encore balbutiant dans la grandeur de ce millésime, il se construit peu à peu sur un équilibre soigné et une densité parfaite.

- Saint-Émilion Grand Cru 2016 — 46,50 € — 94
- Saint-Émilion Grand Cru 2017 — 42,50 € — 92

Rouge : 17 hectares. Merlot 87 %, Cabernet franc 13 %
Production moyenne : 57 000 bt/an

CHÂTEAU FONROQUE ☾

33330 Saint-Émilion
05 57 24 60 02 • www.chateaufonroque.net • Vente et visites : au domaine sur rendez-vous.
Propriétaire : Famille Guillard
Directeur : Alain Moueix

★

CHÂTEAU GRAND CORBIN-DESPAGNE

François Despagne, aux commandes depuis 1996, est à la fois un homme de science (donc de doute !) et de conviction. En résulte une alliance, logique finalement, entre conscience historique du terroir (les Despagne l'exploitent depuis sept générations), réalisme économique et choix exigeant de la viticulture biologique, labellisée en 2013. Le secteur des Corbin (si durement affecté par les gelées de 2017) est un village où l'on se serre les coudes ; il en est le meneur, et pas seulement parce qu'avec 29 hectares son vignoble est le plus grand, puisqu'il préside depuis 2019 l'association des grands crus classés de Saint-Émilion. Les vins, dotés d'une belle acidité, sont structurés, parfois carrés dans leur jeunesse. Un élevage rigoureux, mais sans abus, libère le fruit d'un raisin nickel, chaque parcelle étant traitée avec le respect due à son sol et à son raisin, et plantée sur un grand terroir qui, grâce à des argiles mirobolantes, dont une bonne part de bleues, souffre moins de la sécheresse.

Les vins : la qualité de son toucher subtil, de sa finale réglissée et épicée font la franchise et la grandeur de 2018. 2017 n'a pas résisté au gel, mais 2016 se confirme comme une grande réussite. Chantant la gloire des argiles, 2015 se goûte sur une matière réservée comme un athlète avant un marathon. Il y a moins de carrure mais autant de précision dans les seconds vins. La sensualité du 2018 mérite qu'on s'y penche, le 2016 est promis à une belle garde, et 2015 offre aujourd'hui un grand plaisir. Avec la profondeur et la sobriété qui caractérisent le cru dans sa jeunesse, 2019 exposait la parfaite maturité des merlots vendangés avant la pluie de septembre et des cabernets ramassés ensuite.

Saint-Émilion Grand cru 2015	40 €	93
Saint-Émilion Grand cru 2016	40 €	94
Saint-Émilion Grand cru 2018	32 €	94
Saint-Émilion Grand cru Petit Corbin-Despagne 2015	20 €	90
Saint-Émilion Grand cru Petit Corbin-Despagne 2016	21 €	91
Saint-Émilion Grand cru Petit Corbin-Despagne 2018	20 €	92

Rouge : 28,79 hectares. Merlot 75 %, Cabernet franc 24 %, Cabernet-Sauvignon 1 %
Production moyenne : 125 000 bt/an

CHÂTEAU GRAND CORBIN-DESPAGNE ♣

33330 Saint-Émilion
05 57 51 08 38 • www.grand-corbin-despagne.com • Vente et visites : au domaine sur rendez-vous.
Propriétaire : François Despagne
Maître de chai : Pascal Llorca

★

CHÂTEAU GRAND MAYNE

Dans la famille Nony depuis 1934, ce domaine historique a été le creuset depuis 1973 de la définition, avec l'aide de Michel Rolland, d'un vin d'une grande plénitude et d'une grande séduction, résolument "moderne" et en cela précurseur. Le terroir de pied de côte, varié sur les 17 hectares du parcellaire, possède du répondant : la capacité de garde est étonnante, même dans les petits millésimes, particulièrement réussis, comme l'étonnant 1997 ! L'exubérance des derniers millésimes, et les élevages boisés trop appliqués, ont failli avoir raison de l'étoile. Le 2017, plus raisonnablement fondu et équipé d'une matière savoureuse, lui permet de continuer à briller. Le style s'affine, en espérant que ce ne soit pas juste un effet de millésime.

Les vins : après avoir oublié le 2014, on se concentre sur un 2015 de style classique, musclé, qui témoigne d'un boisé qui s'affine. Ouvrez-le en attendant que le 2016 se libère de son austérité : athlétique, mais énergique, le vin possède le tonus et la fraîcheur pour résister à un bois très appuyé. Le 2017 pointe peut-être un changement de style, qui semblait se confirmer avec le 2019.

Saint-Émilion Grand Cru 2014	48 €	88
Saint-Émilion Grand Cru 2015	55 €	90
Saint-Émilion Grand Cru 2016	60 €	92
Saint-Émilion Grand Cru 2017	45 €	91

Rouge : 17 hectares. Merlot 80 %, Cabernet franc 17 %, Cabernet-Sauvignon 3 %
Production moyenne : 90 000 bt/an

CHÂTEAU GRAND MAYNE

33330 Saint-Émilion
05 57 74 42 50 • www.grand-mayne.com • Vente et visites : au domaine sur rendez-vous.
Propriétaire : Jean-Antoine et Damien Nony
Directeur : Jean-Antoine Nony

★

CHÂTEAU GRAND-PONTET

Terroir du plateau jouxtant les premiers crus Clos Fourtet et Beau Séjour-Bécot, Grand-Pontet a été repris par les familles Pourquet et Bécot en 1980. Un peu plus bas et un peu plus argileux que ses prestigieux voisins, le cru est capable de grandes choses dans les grands millésimes ; il pèche en revanche encore par irrégularité dans les petits. La vigueur minérale est toujours sous-jacente à l'intensité du fruit ; elle s'exprime avec distinction mais il faut quelques années pour que le vin s'assagisse. C'est un saint-émilion pour connaisseurs, pour les amoureux du plateau calcaire. Avec l'aide du directeur Pascal Lucin, la famille Pourquet-Bécot a signé avec 2015 et 2016 le plus beau doublé de l'histoire du cru, aboutissement de l'attention accrue portée aux détails, à la vigne comme au chai.

Les vins : nous avons dégusté deux grands millésimes, de ceux qui mettent parfaitement en lumière les terroirs plus argileux du cru. 2015 présente une personnalité classique : une note de truffe apparaît, des parfums de fruit mûr et de fleurs, un boisé délicat et tendre, l'harmonie naît de sa fraîcheur. 2016 est encore mieux : l'élevage marque le vin, construit pour durer, de ses notes toastées. Le grand terroir du plateau impose une sapidité presque saline. En primeur, 2019 insistait avec brio sur la dimension éclatante du cru.

- Saint-Émilion Grand Cru 2015 — 40 € — 91
- Saint-Émilion Grand Cru 2016 — 45 € — 92

Rouge : 14 hectares. Merlot 70 %, Cabernet franc 15 %, Cabernet-Sauvignon 15 %
Production moyenne : 50 000 bt/an

CHÂTEAU GRAND-PONTET
Lieu-dit Grand Pontet, 33330 Saint-Émilion
05 57 74 46 88 •
contact@chateaugrandpontet.com • Vente et visites : au domaine sur rendez-vous.
Propriétaire : Famille Pourquet-Bécot
Maître de chai : Pascal Lucin
Œnologue : Michel Rolland

★

CHÂTEAU GUADET

Si le vignoble de ce petit domaine (5,30 hectares divisés en quatre parcelles) est situé sur le plateau, juste derrière la ville, le château Guadet présente la particularité d'être vinifié intramuros. La famille Lignac, propriétaire depuis sept générations, commercialise directement, sans passer par le négoce. C'est peut-être ce qui explique le manque de notoriété du cru, outre sa petite taille. Le retour de Vincent Lignac en 2010 a certes fait évoluer le domaine, certifié biologique depuis 2013 et biodynamique depuis 2015 ; des millésimes plus anciens illustrent cependant déjà sa qualité et sa longévité. Le style peut se résumer ainsi : intensité du goût et dynamique du corps, profondément calcaires, sans gonflette ni subterfuge, des vins toujours sveltes, même dans des années de haute maturité comme 2009 et 2015, deux grandes réussites. Les derniers millésimes nous impressionnent par leur harmonie et leur vibration fraîche, ce qui a valu l'an dernier sa première étoile au cru.

Les vins : la belle harmonie des 2015 et 2016 perce aussi sous le chapeau d'un 2017 encore très jeune souffrant d'un léger déficit de matière, peut-être due au millésime qui serre sur une ceinture trop rutilante de tanins. Cependant, le fruit reste radieux avec un croquant parfait, élancé, et la rondeur délicieuse en milieu de bouche d'une chair qui se fait plus percutante. Tout le fond et le charnu du 2019 vient des calcaires du nord du plateau, dont une partie des raisins est vinifiée en amphore.

- Saint-Émilion Grand Cru 2017 — N.C. — 92

Rouge : 4,2 hectares. Merlot 75 %, Cabernet franc 25 %
Production moyenne : 20 000 bt/an

CHÂTEAU GUADET ☾
4, rue Guadet, 33330 Saint-Émilion
05 57 74 40 04 •
www.chateau-guadet-saintemilion.fr • Vente et visites : au domaine sur rendez-vous.
Propriétaire : Guy-Petrus et Vincent Lignac
Directeur : Vincent Lignac
Œnologue : Stéphane Derenoncourt

★

CHÂTEAU JEAN-FAURE

Jean-Faure a montré une nette montée en puissance dans les derniers millésimes et plus encore l'affirmation d'un style original. On le doit à la volonté farouche d'Olivier Decelle, propriétaire depuis 2004, à sa culture du vin qui dépasse largement le cadre bordelais. Il imprime des choix forts (primauté du cabernet franc, viticulture biologique, élevage en cuves béton...), dont certains le font parfois montrer du doigt par ses voisins. Situés entre Cheval Blanc, La Dominique et Ripeau, les 18 hectares de Jean-Faure livrent un vin au fruit beaucoup plus rouge que noir, axé sur la fraîcheur et la finesse des cabernets, l'élégance déliée de la forme. On sent le domaine capable d'aller plus loin encore dans l'affirmation de sa singularité ; il serait dommage que le cadre normatif des crus classés le bride dans cet élan.

Les vins : millésime après millésime, des pratiques culturales ajustées faisant leur œuvre, la dimension vibratoire des vins, construits sur une part de vignes plantées sur les petites graves de la pointe occidentale du vignoble, grandit. Parmi les millésimes à déboucher aujourd'hui, 2014 offre une dimension complexe sur une touche de réglisse, avec une pointe de graphite dans le déroulé d'un bouquet complexe sur un fruit noir. Sérieux dans son attaque mais complexe dans sa matière, l'intensité du vin s'expose sur une profondeur croquante, presque poivrée, et enrobée d'un tanin énergique. Le fruit rondement mûri et bien exploité du 2016 impose sa personnalité dans une matière extraite en douceur avec un tanin gainant, sablé, presque poudré et une belle détermination à œuvrer dans l'élégance. Un saint-émilion nouvelle vague réjouissant, qui joue dans la cour des grands.

Saint-Émilion Grand Cru 2014 45 € 94
Saint-Émilion Grand Cru 2016 59 € 95

Rouge : 18 hectares. Cabernet franc 65 %, Merlot 30 %, Malbec (cot) 5 %
Production moyenne : 60 000 bt/an

CHÂTEAU JEAN-FAURE ♣
33330 Saint-Émilion
05 57 51 34 86 • www.jeanfaure.com • Vente et visites : au domaine sur rendez-vous.
Propriétaire : Olivier Decelle
Directeur : Marie-Laure Latorre
Maître de chai : Louis Gadais

★

CHÂTEAU MOULIN SAINT-GEORGES

Les amateurs de bonnes affaires seraient bien inspirés de s'intéresser de près aux vins de cette propriété, dont le terroir fait face à celui d'Ausone. Pauline Vauthier, qui vinifie les deux crus, réalise à Moulin Saint-Georges un magnifique saint-émilion intense, racé, mais jamais lourd. La régularité qualitative est impressionnante depuis plus de deux décennies et les prix demeurent raisonnables. Le seul regret concerne les quantités disponibles...

Les vins : après le valeureux 2015 et le vaillant 2016, le millésime 2017 expose l'élégance du merlot de coteau (ici orienté à l'ouest) et la richesse d'un fruit qui se cache pour l'instant derrière une matière sérieuse, un peu sur la défensive, attendant son heure. La profonde densité des tanins mûris dix-huit mois en barriques neuves laisse entrevoir la belle distinction que le cru sait diffuser après dix ans de garde. Plus moelleux, marqué d'une touche saline, le 2019 apparaissait comme une réussite.

Saint-Émilion Grand Cru 2017 N.C. 92

Rouge : 7 hectares. Merlot 70 %, Cabernet franc 20 %, Cabernet-Sauvignon 10 %
Production moyenne : 30 000 bt/an

CHÂTEAU MOULIN SAINT-GEORGES
33330 Saint-Émilion
05 57 24 24 57 • www.chateau-ausone.com • Vente et visites : au domaine sur rendez-vous.
Propriétaire : Famille Vauthier
Directeur : Pauline Vauthier

★ ↗

CHÂTEAU LE PRIEURÉ

Depuis le départ en 2018 de Paul Goldschmidt, héritier des vignobles Baronne Guichard, Artemis, holding de François Pinault, demeure le seul propriétaire de ce cru qui s'articule autour du pittoresque vallon de Fongaban. Composé de plusieurs îlots de vignes, son vignoble assez jeune bénéficie de terroirs solaires, qui peuvent donner des vins capiteux, comme en 2015. Les derniers millésimes marquent une grande progression sous la houlette de Pénélope Godefroy, œnologue, agronome et biodynamiste convaincue. Le style est mesuré, harmonieux, sans brutalité extractive, laissant parler la générosité des terroirs. Autant de raisons pour lui accorder cette année une première étoile.

Les vins : le fruit spontané et éclatant du 2016 résulte d'une vinification à l'abri de l'oxygène. La finale est justement boisée, veloutée, avec une belle densité de tanins sablés. Le 2019 apparaissait bien serré, puissant, complexe, avec une amplitude parfaite : tout est en place pour une grande réussite.

Le coup de ♥
Saint-Émilion Grand Cru 2016 65 € 94

Rouge : 6,24 hectares. Merlot 80 %, Cabernet franc 20 %
Production moyenne : 15 460 bt/an

CHÂTEAU LE PRIEURÉ ♣
Chemin de Fongaban, 33330 Saint-Émilion
05 57 51 64 58 • www.siaurac.com • Vente et visites : au domaine sur rendez-vous.

Propriétaire : Artémis Domaines
Directeur : Frédéric Engerer
Maître de chai : Pénélope Godefroy
Œnologue : Jean-Claude Berrouet

★

CHÂTEAU QUINAULT L'ENCLOS

Au début, Pierre-Olivier Clouet, directeur technique de Cheval Blanc ne savait pas trop quoi faire de ce cru citadin de 18 hectares à l'entrée de Libourne, racheté par Bernard Arnaud et Albert Frère en 2018, dans la suite de Cheval Blanc. Mais l'équipe, menée par le chef de cave et Pierre Lurton, directeur du cru, est parvenue à trouver, sur ce terroir de graves sableuses, les clefs pour produire un vin nettement moins démonstratif que par le passé, devenant même subtil, dans la foulée de la distinction de Cheval.

Les vins : le travail du sol, pratiqué depuis le rachat en 2008, permet aux racines de plonger pour récupérer l'eau en profondeur et trouver la fraîcheur qui faisait défaut aux anciens millésimes. 2015, chaleureux entre tous, voit justement les contours du cru se dessiner sur une rondeur plus séduisante, une intensité moins ravageuse laissant place à une fraîcheur puisée dans une extraction douce et un élevage en foudre. Le soyeux et la bonne acidité du 2016, millésime qui fit du bien à la propriété, apportent encore plus de finesse. 2017 sauvé du gel par la chaleur de l'agglomération, plus velouté et volubile, est innervé par la fraîcheur du cabernet. Quant au 2019, il présentait le profil des grands millésimes bordelais : fruit mûr, tanins raffiné, potentiel...

- Saint-Émilion Grand Cru 2015 — de 36 à 46 € (c) — 93
- Saint-Émilion Grand Cru 2016 — 35 € — 92
- Saint-Émilion Grand Cru 2017 — 32 € — 92

Rouge : 19 hectares. Merlot 70 %, Cabernet franc 30 %
Production moyenne : 80 000 bt/an

CHÂTEAU QUINAULT L'ENCLOS
30, rue de Videlot, 33500 Libourne
05 57 55 55 55 •
www.chateau-quinault-lenclos.com • Pas de visites.
Propriétaire : Bernard Arnault et Famille Frère
Directeur : Pierre Lurton

★

CHÂTEAU ROCHEBELLE

Ce cru familial de dimensions fort modestes (3 hectares) est idéalement situé en bordure de plateau calcaire, au milieu de prestigieux voisins : Tertre Roteboeuf, Troplong-Mondot, La Mondotte... Un petit poucet au milieu des ogres ? Jusqu'à récemment le vin de la famille Faniest était avant tout destiné à une clientèle d'habitués. L'ambition est ici chose nouvelle, elle est la conséquence logique de l'engouement dont bénéficie le secteur ! On sent dans Rochebelle la vibration d'un terroir fort. La rudesse tannique qui pouvait desservir le cru est désormais assagie. Les grands millésimes de puissance sont ceux qui lui conviennent le mieux ; la matière, souveraine, particulièrement apte à la garde, encaisse un élevage parfois appuyé.

Les vins : le domaine nous a fait parvenir des millésime plus anciens ; le 2009, malgré son caractère classique, presque "old school", supporte l'élevage grâce à la puissance du millésime. En finale, le fruit se retrouve, délicatement croquant. Les calcaires du plateau signent cette superbe évolution malgré le bois encore dominant. Le 2012, année du classement, présente un nez un peu terrien, manque de chair mais se construit sur la dynamique d'un merlot aux tanins racés. Le 2005 parvient à digérer sa masse boisée ; le potentiel est énorme. Itou pour 2016, au fruit encore plus éclatant. 2017 et 2018 poursuivent l'évolution du cru vers des élevages mesurés, ce que confirmait, en primeur, 2019.

- Saint-Émilion Grand Cru 2009 — 47 € — 92
- Saint-Émilion Grand Cru 2012 — 40 € — 91

Rouge : 3 hectares. Merlot 85 %, Cabernet franc 15 %
Production moyenne : 18 000 bt/an

CHÂTEAU ROCHEBELLE
2, Le Bourg,
33330 Saint-Laurent-des-Combes
05 57 51 30 71 •
www.chateau-rochebelle.com • Visites : sans rendez-vous.
Propriétaire : Philippe et Émilie Faniest
Directeur : Philippe Faniest
Maître de chai : Patrice Moucheboeuf
Œnologue : Émilie Faniest

★

CHÂTEAU SOUTARD

Au nord-est de Saint-Émilion, l'ancienne propriété des Lignéris, rachetée par La Mondiale en 2006, est un phare pour s'orienter dans le vignoble. Depuis 2011 et l'ouverture d'une boutique, le cru est devenu un haut lieu de l'œnotourisme libournais. De même, le vin a lui aussi évolué vers davantage d'accessibilité tout en conservant cette profondeur de style indispensable à la garde, et une signature traditionnelle. Avec l'acquisition en 2017 de Petit Faurie de Soutard, propriété mitoyenne, le foncier est redevenu, à peu de choses près, ce qu'il était en 1850. Si Soutard présente toujours une structure puissante, les derniers millésimes se sont signalés par une plus grande profondeur de saveur.

Les vins : la profondeur chic des deux 2017 prouvent une grande maîtrise de la maturité du fruit, et de son extraction en finesse. Petit Soutard est constitué d'une partie du vignoble de Soutard et de la totalité des raisins du château Larmande, rescapés du gel. La densité du millésime établit le 2017 comme un Soutard de garde, à la matière profonde, au jus dense et lumineux. Un ton en-dessous, Petit Faurie reste encore un peu revêche, il faut laisser au vignoble le temps de reprendre sa place.

- Saint-Émilion Grand Cru 2017 — 70 € — 94
- Saint-Émilion Grand Cru Château Petit Faurie de Soutard 2017 — 43 € — 89
- Saint-Émilion Grand Cru Petit Soutard 2017 — 26 € — 91

Rouge : 30 hectares. Merlot 63 %, Cabernet franc 28 %, Cabernet-Sauvignon 7 %, Malbec (cot) 2 %

Production moyenne : 65 000 bt/an

CHÂTEAU SOUTARD

BP 4, 33330 Saint-Émilion

05 57 24 71 41 • www.chateau-soutard.com • Vente et visites : au domaine sur rendez-vous.

Propriétaire : AG2R La Mondiale

Directeur : Bertrand de Villaines

Maître de chai : Véronique Corporandy

Œnologue : Olivier Brunel

★

CHÂTEAU LA TOUR FIGEAC

Issu de la division en 1879 du château Figeac, ce cru s'est imposé comme un des plus fiables et séduisants du secteur. Très soignée, la viticulture mise en place par Otto Rettenmaier, dont la famille est propriétaire du château depuis 1994, se distingue par des pratiques s'inspirant de la biodynamie. Le domaine, qui sera certifié bio en 2021, affirme une volonté de privilégier le cabernet franc en sélections massales. Une vision stylistique claire, en phase avec le potentiel du terroir des "graves de Saint-Émilion", davantage prédestiné au charme qu'à la puissance. Les derniers millésimes offrent une séduction débridée, subtilement "pomerolaise", parfois langoureuse, en équilibre sur le fil de la surmaturité.

Les vins : la fraîcheur épaulée du 2016 est un atout de plus dans l'affirmation du style de la Tour Figeac. Le raffinement s'impose sur l'ensemble de la dégustation, finalisée par des tanins crémeux. Tout aussi alerte, mais un peu plus insolent, L'Esquisse dégage moins de profondeur mais séduit tout de suite. Le 2017 est un vin de beau volume, avec de la chair, des notes salines, de la richesse et de la finesse. 2019 possède la profondeur de son socle de graves saint-émilionnaises.

- Saint-Émilion Grand Cru 2017 — 64 € — 93
- Saint-Émilion Grand Cru L'Esquisse 2016 — 23 € — 89

Le coup de ♥

- Saint-Émilion Grand Cru 2016 — 56 € — 94

Rouge : 14,6 hectares. Merlot 65 %, Cabernet franc 35 %

Production moyenne : 50 000 bt/an

CHÂTEAU LA TOUR FIGEAC

1, lieu-dit, La Tour Figeac, 33330 Saint-Émilion

05 57 51 77 62 • www.latourfigeac.fr • Vente et visites : au domaine sur rendez-vous.

Propriétaire : Otto Rettenmaier

Directeur : Pierre Blois

Œnologue : Julien Lavenu

★

CHÂTEAU TROPLONG MONDOT

Au centre de la propriété, située sur le point culminant de Saint-Émilion, les molasses de l'Agenais parsemées de cailloux, complétées de grosses pierres à silex, marquent le caractère de ce cru racheté en 2017 par le réassureur Scor. La diversité des sols et des expositions autour de la butte de Mondot amènent complexité et masse au vin. Aymeric de Gironde, directeur du cru depuis son rachat, s'attache à parcelliser au maximum l'intégralité de la propriété afin de donner aux vins davantage de précision. Il les fait évoluer ainsi vers la finesse alors que c'est un style plutôt massif qui s'imposait jusqu'à peu. 2019, le troisième millésime depuis le rachat, confirme le désir d'évolution vers moins d'extraction. La puissance du terroir étant gratuite, il faut la retenir plutôt que de l'extraire, quitte à éliminer cette année tous les raisins des bouts de rang trop exposés ou ceux des rangs au soleil. Les travaux du nouveau chai permettront de poursuivre cette inflexion, et permettront peut-être au cru de recouvrer la deuxième étoile perdue.

Les vins : en primeur, 2019 semblait prouver que le château a pris le chemin d'une extraction plus contenue pour plus de finesse, mais il nous manque encore un peu de recul. Le 2018 s'est étoffé pendant l'élevage. La puissance du cru est là, qu'il faut mobiliser pour lui permettre de grandir en distinction. Encore marqué par la vigueur du sol, l'influence d'une nouvelle orientation pose en 2017 un fruit pur et une puissance qui roule encore un peu en bouche, mais le tanin vibrant s'avère pointu en finale. La vigueur et la froideur du millésime fait le plus grand bien au 2016, surtout dans une finale qui se resserre sur l'essentiel d'un tanin chic. Merlot et calcaire dans Mondot 2017, lumineux et énergique.

Saint-Émilion Grand Cru 2016	170 €	92
Saint-Émilion Grand Cru 2017	110 €	94
Saint-Émilion Grand Cru 2018	N.C.	94
Saint-Émilion Grand Cru Mondot 2016	38 €	89
Saint-Émilion Grand Cru Mondot 2017	N.C.	91

Rouge : 43 hectares. Merlot 85 %, Cabernet-Sauvignon 13 %, Cabernet franc 2 %
Production moyenne : 190 000 bt/an

CHÂTEAU TROPLONG MONDOT
1, lieu-dit Mondot, 33330 Saint-Émilion
05 57 55 32 05 • www.troplong-mondot.com
• Vente et visites : au domaine sur rendez-vous.
Propriétaire : Groupe Scor
Directeur : Aymeric de Gironde
Maître de chai : Rémy Monribot
Œnologue : Thomas Duclos

CHÂTEAU BARDE-HAUT

Dans un cadre déjà presque champêtre, ce beau vignoble de 17 hectares est situé un peu à l'écart, sur la commune de Saint-Christophe-des-Bardes. Depuis son achat en 2000 par Sylviane Garcin-Cathiard, le cru a beaucoup évolué. Également actifs à Pomerol et en Argentine, Hélène Garcin et son mari Patrick Lévêque élaborent des vins de belle intensité, richement dotés, qui demandent à se fondre, à intégrer un élevage parfois démonstratif. Il faudra encore sans doute quelques années pour comprendre la direction stylistique et l'originalité du terroir, même si le 2010 en donne aujourd'hui une image très séduisante dans son équilibre entre accroche et saveur.

Les vins : le domaine ne nous ayant pas fait parvenir ses vins cette année, nous sommes amenés à reconduire les notes de notre édition précédente.

Saint-Émilion Grand Cru 2015	de 40 à 50 € (c)	91
Saint-Émilion Grand Cru 2016	de 40 à 50 € (c)	90

Rouge : 17 hectares. Merlot 90 %, Cabernet franc 10 %
Production moyenne : 40 000 bt/an

CHÂTEAU BARDE-HAUT
33330 Saint-Christophe-des-Bardes
05 57 25 72 55 • www.vignoblesgarcin.com • Vente et visites : au domaine sur rendez-vous.
Propriétaire : Sylviane Garcin-Cathiard
Directeur : Hélène Garcin-Lévêque et Patrick Lévêque

CHÂTEAU BELLEFONT BELCIER

Chine puis Malte, puis Chine à nouveau (avec l'arrivée de Peter Kwok en 2018)... Depuis 2012, le pavillon flottant sur cette très belle propriété a plusieurs fois changé. Situation sublime, plein sud, dans le prolongement de la Côte Pavie, vignoble complet, comprenant sur 13 hectares plateau, côte et pied de côte : Bellefont Belcier possède d'immenses atouts pour faire briller un vin solaire, complexe et séducteur. Certains millésimes récents sont marqués par un boisé tenace. L'avenir dira si le cru trouve sa voie.

Les vins : la profonde concentration du 2016 n'est pas prête de s'assouplir, sa robe sombre est une invite à se concentrer sur le squelette rigide de ses débuts ; il s'élargit ensuite sur un tanin plus poudré au fil des ans, laissant au final le souvenir d'une belle personne généreuse bâtie sur un socle naturellement puissant. Richesse construite du 2017, suave, avec un parti pris savoureux, malgré une puissance et une concentration tannique dictées par un élevage soigné.

- Saint-Émilion Grand Cru 2016 — 54 € — 92
- Saint-Émilion Grand Cru 2017 — de 55 à 60 € (c) — 92

Rouge : 13,5 hectares. Merlot 72 %, Cabernet franc 17 %, Cabernet-Sauvignon 11 %
Production moyenne : 50 000 bt/an

CHÂTEAU BELLEFONT BELCIER

1, Cassevert,
33330 Saint-Christophe-des-Bardes
05 57 24 77 15 • www.vignoblesk.com •
Vente et visites : au domaine sur rendez-vous.
Propriétaire : Peter Kwok
Directeur : Jean-Christophe Meyrou
Maître de chai : Alexandre Leblois

CHÂTEAU LE CHÂTELET

Ce tout petit cru (3,18 hectares) du plateau historique possède plusieurs singularités. Tous ses voisins sont des premiers crus classés et la commercialisation se fait directement, sans passer par la place de Bordeaux. Issu de la famille Bécot, Julien Berjal, le jeune maître des lieux, se veut « jardinier » et affine d'année en année le profil de son vin. La vinification s'effectue désormais en barrique, et l'élevage en carrière souterraine. Le cru a entamé sa première année de conversion officielle à l'agriculture biologique. Si certains millésimes dans le passé ont pu paraître un peu durs et marqués par le bois neuf, les derniers annoncent un classicisme, une ampleur du corps et une ambition à la hauteur de la situation topographique. Le domaine a fait son entrée dans notre guide l'an passé.

Les vins : éclatant de spontanéité, le fruit du 2016 se détend et se fait presque moelleux sous l'enveloppe d'un boisé racé ; la matière mélodieuse, sans aucune aspérité, définit un style élégant et gourmand. La vendange entière apporte cette pulpe croquante et cette harmonie déjà perceptible. Parfaitement équilibré lors de sa dégustation en primeur, le 2019 laissait éclater un fruit profond, et présentait une dimension moderne et franche.

- Saint-Émilion Grand Cru 2016 — 62 € — 92

Rouge : 3,18 hectares. Merlot 80 %, Cabernet franc 20 %
Production moyenne : 15 000 bt/an

CHÂTEAU LE CHÂTELET

5, lieu-dit Le Chatelet, 33330 Saint-Émilion
06 72 91 09 29 •
www.chateau-le-chatelet.com • Vente et visites : au domaine sur rendez-vous.
Propriétaire : Julien Berjal

CLOS DE L'ORATOIRE

Situé sur un terroir assez sablonneux, entre Soutard, Balestard et Dassault, le Clos de l'Oratoire est indéniablement moins huppé que les deux autres crus saint-émilionnais de l'écurie Neipperg, Canon-la-Gaffelière et La Mondotte. Il bénéficie cependant lui aussi des efforts agronomiques entrepris par le fringant comte Stefan. Son terroir de 13 hectares s'avère pourtant plus difficile à convertir à l'agriculture biologique. Régulier, complet à défaut d'être complexe, le vin dans sa jeunesse impressionne par son intensité, par la rondeur confortable de son fruit, souvent noir, cassis, mûre et myrtille. Il peut surprendre au vieillissement, comme le remarquable 2008 .

Les vins : 2016 possède un fruit très franc, sphérique, une mâche tannique qui articule bien la finale. Un équilibre sur le fil du rasoir pour le 2017, dominé par une touche de cassis ; ses tanins d'une agilité surprenante rendent à la dégustation toute sa splendeur. Comme tous les jeunes millésime du Clos de l'Oratoire, la fringance du merlot domine pour l'heure, mais il possède un bel avenir. L'enveloppe tannique du 2019 était très séduisante en primeur, au-delà des touches mentholées en bouche.

- Saint-Émilion Grand Cru 2017 — 39 € — 92

Rouge : 13,07 hectares. Merlot 80 %, Cabernet franc 20 %
Production moyenne : 55 000 bt/an

CLOS DE L'ORATOIRE
Vignobles Comtes von Neipperg, BP 34, 33330 Saint-Émilion
05 57 24 71 33 • www.neipperg.com • Vente et visites : au domaine sur rendez-vous.
Propriétaire : Comtes von Neipperg
Directeur : Stephan von Neipperg

CLOS DES JACOBINS

Depuis son rachat par la famille Decoster en 2004, ce cru bien connu, qui a longtemps appartenu à la maison Cordier, a trouvé un nouveau lustre. Le vignoble de 8,5 hectares en pied de côte permet à l'enthousiasme de Magali et Thibaut Decoster de se concrétiser en un vin d'une grande régularité, avenant, possédant beaucoup de moelleux et une fraîcheur fruitée toujours au premier plan (la patte Hubert de Boüard, qui conseille le domaine ?). Les millésimes "intermédiaires" sont très réussis : goûtez le 2014, qui ne démérite aucunement face aux très complets 2015 et 2016. Des vins trop précoces, trop faciles ? Le vieillissement dira s'ils atteignent la distinction des plus grands. Également propriétaire du château La Commanderie, dans le secteur de Ripeau, la famille Decoster a fait l'acquisition en 2017 du château Candale, à l'est de Saint-Émilion, dont le restaurant sert désormais de vitrine à la production des trois propriétés.

Les vins : les extractions, peu poussées, laissent au terroir le loisir de livrer son dû. En 2016, il le fit dans la finesse et la décontraction du millésime. En 2017, malgré le gel, le millésime conserve la franchise et le charme du cru, un léger boisé fin au nez ; la structure au grain serré est délicate et pointée d'une touche de fleur sur un jus plus sanguin. Belle finesse du vin avec une finale un peu plongeante. 2018 juste mis en bouteille n'était pas présentable lors de note dégustation, le 2019, assez vertical, était doté d'une aromatique plutôt pimpante.

- Saint-Émilion Grand Cru 2017 — Épuisé - 25 € — 92

Rouge : 8,5 hectares. Merlot 80 %, Cabernet franc 18 %, Cabernet-Sauvignon 2 %
Production moyenne : 45 000 bt/an

CLOS DES JACOBINS
BP 67, 33330 Saint-Émilion
05 57 51 19 91 • www.mtdecoster.com • Vente et visites : au domaine sur rendez-vous.
Propriétaire : Bernard et Thibaut Decoster
Directeur : Thibaut Decoster
Maître de chai : Pascal Masset
Œnologue : Hubert de Boüard

CHÂTEAU CORBIN

Depuis vingt ans qu'elle est à Corbin, Anabelle Cruse-Bardinet replante à haute densité le vignoble familial de 13 hectares situé au cœur de l'ancienne Seigneurie Corbin, sur des sols de graves sableuses à structure légère et argiles bleues. Ce mode de conduite permet à la plupart des jeunes parcelles de composer le grand vin. Vivant sur la propriété avec ses enfants, elle soigne l'écosystème. Son cuvier, refait à neuf il y a trois ans, assemble dix-huit petites cuves béton pour vingt parcelles. Depuis, le cru, grand vin comme second, a gagné en précision jusqu'au punctum de 2019, grande démonstration de finesse et d'équilibre.

Les vins : le gel ayant eu raison du 2017, toutes les barriques ont été vendues. Le millésime suivant a donc été élevé pour moitié en cuve et pour l'autre en barrique neuve : il en ressort un fruit radieux, une structure plus profonde. La chaleur de l'année a favorisé la chair et la longueur. Le 2016 est le premier millésime issu du cuvier refait à neuf, et déjà le profil du vin se précise, plus affûté, mais aussi un peu sérieux : un premier de la classe, qu'on aimerait bien décoiffer. Classique, le 2015 reste savoureux avec ses notes de fruits noirs et la jolie vibration des argiles.

- Saint-Émilion Grand Cru 2015 — de 35 à 45 € (c) — 90
- Saint-Émilion Grand Cru 2016 — 45 € — 92
- Saint-Émilion Grand Cru 2018 — 37 € — 94

Rouge : 13 hectares. Merlot 83 %, Cabernet franc 17 %
Production moyenne : 50 000 bt/an

CHÂTEAU CORBIN
Corbin, 33330 Saint-Émilion
05 57 25 20 30 • www.chateau-corbin.com • Vente et visites : au domaine sur rendez-vous.
Propriétaire : Anabelle Cruse-Bardinet et Sébastien Bardinet

Directeur : Anabelle Cruse-Bardinet
Œnologue : Jean-Philippe Fort

CHÂTEAU CORBIN MICHOTTE

Dans les secteur des Corbin, un peu à l'écart de Saint-Émilion et si durement touché par le gel en avril 2017, l'homonymie a de quoi désorienter l'amateur, cinq châteaux se partageant le même vocable. Si le terroir sablonneux, proche de Pomerol, leur confère un air de famille, et s'ils se serrent souvent les coudes, chacun a sa personnalité. Celle de Corbin Michotte est bien trempée ! Contre vents et marées, mais sans aucun passéisme, on revendique ici une vision "traditionnelle" du vin de Bordeaux. La famille Boidron vit le vin comme une évidence. « Nous cherchons à faire des vins classiques, sans surextraction ni boisage excessif. Nous voulons faire des vins personnels, qui expriment le millésime et le terroir. » Cela peut paraître si simple, mille fois entendu... Sauf qu'ici le goût du vin correspond vraiment à la pétition de principe ! À la lumière de nos dégustations, nous ne comprenons pas le déclassement du château en 2012.

Les vins : le vin ne dépasse jamais le terroir graveleux bordé d'arbres de ce coin des Corbin, giron de la famille Boidron, il reste à sa place sur les bases solides du classicisme saint-emilionnais. 2019 en rajoute avec l'éclat d'un fruit mordant de fraîcheur, charmeur en diable croquant de sensualité, le fruit centré sur un tanin soyeux. Plus rond et charmeur que le millésime à la réputation verticale, le 2016 se dessine sur un fruit séveux, bien campé sur un tanin de velours. Le 2011 rend grâce à ce terroir à l'évolution rapide mais sapide, avec un jus rafraîchissant.

Saint-Émilion Grand Cru 2016 — de 40 à 48 € (c) — 93

Rouge : 7 hectares. Merlot 65 %, Cabernet franc 30 %, Cabernet-Sauvignon 5 %
Production moyenne : 40 000 bt/an

CHÂTEAU CORBIN MICHOTTE
33330 Saint-Émilion
05 57 51 64 88 • www.vin-boidron.info • Vente et visites : au domaine sur rendez-vous.
Propriétaire : Jean-Noël Boidron
Directeur : Emmanuel Boidron
Maître de chai : Hubert Boidron

CHÂTEAU LA COUSPAUDE

L'ancienneté et l'unité du cru sont évidentes. C'est un véritable clos de 7 hectares sur le plateau calcaire, aux portes de la cité, non loin de Trotte Vieille. Davantage qu'une empreinte de terroir, La Couspaude possède un style très reconnaissable, travaillé par la famille Aubert dans les années 1990 avec la complicité de Michel Rolland, et qui lui a valu la reconnaissance de la critique internationale : suavité de texture accentuée par un boisé fumé prégnant, des saveur d'épices douces et de moka, qui évoluent parfois vers une expression exotique, presque bourguignonne... au charme décadent indéniable.

Les vins : le 2016 se referme sur une gorgée de sève gainée de tanins qui, en évoluant, deviennent plus dociles. Le poivré puissant d'un élevage soutenu ne parvient pas à affadir la séduisante rondeur du vin ; son style classique offre beaucoup de promesses. Le château ne nous a malheureusement pas fait parvenir le 2017 qui confirmerait celles-ci.

Saint-Émilion Grand Cru 2016 — de 50 à 60 € (c) — 91

Rouge : 7 hectares. Merlot 75 %, Cabernet franc 20 %, Cabernet-Sauvignon 5 %
Production moyenne : 36 000 bt/an

CHÂTEAU LA COUSPAUDE
BP 40, 33330 Saint-Émilion
05 57 40 15 76 • www.aubert-vignobles.com • Vente et visites : au domaine sur rendez-vous.
Propriétaire : SCEA La Couspaude
Directeur : Johan Aubert
Maître de chai : Amaury Tricot
Œnologue : Denis Gallabert

CHÂTEAU CÔTE DE BALEAU

Cru discret mais de dimension non négligeable, Côte de Baleau est situé sur le plateau, entre zones argilo-calcaires et argilo-sablonneuse. D'une belle régularité, sans chercher à atteindre des sommets d'intensité, il développe assez rapidement un caractère typé, complet, expressif. Avec Les Grandes Murailles, le domaine a été vendu par la famille Reiffers à la famille Cuvelier (Clos Fourtet) en 2013. Cette dernière a depuis signé une belle brochette de millésime, profitant de la dynamique d'un cru pour la première fois classé en 2012. Cette marque bénéficie encore d'un rapport qualité-prix très favorable.

Les vins : seul millésime goûté cette année avec le primeur, le 2016 développe l'amplitude d'un bouquet aérien teinté d'olive noire, signe de la fraîcheur du terroir et d'une qualité de fruit évoquant la mûre. La rectitude des lignes du millésime donne à la trame de ce vin la finesse et la race d'un grand terroir. La bouche se termine dans la douceur et l'élégance, gainée d'un tanin noble. Le 2019 signale la finesse des graves du sol dans un fruit transparent et fluide.

Saint-Émilion Grand Cru 2016 27 € 96

Rouge : 14,9 hectares. Merlot 80 %, Cabernet franc 15 %, Cabernet-Sauvignon 5 %
Production moyenne : 60 000 bt/an

CHÂTEAU CÔTE DE BALEAU
33330 Saint-Émilion
05 57 24 71 09 • contact@cotedebaleau.com
• Pas de visites.
Propriétaire : Philippe et Matthieu Cuvelier
Directeur : Matthieu Cuvelier
Maître de chai : Benoît Turbet Delof
Œnologue : Michel Rolland et Julien Viaud

CHÂTEAU DESTIEUX

Ce cru excentré couvrant 8 hectares d'un seul tenant a non seulement réussi à intégrer le classement des grands crus en 2006, mais il a surtout proposé un style nouveau, hédoniste et enveloppant, qui a révolutionné les ambitions de la partie orientale de l'appellation. Tout ceci, œuvre de trois décennies, est a porter au crédit du docteur Dauriac, soutenu par l'indéfectible complicité de Michel Rolland. Il a changé ce vin réputé austère, issu d'un secteur (le plus haut de Saint-Émilion) froid et argileux, en un vin de grand charme, très mûr, ample et séducteur. Notons l'utilisation astucieuse du cabernet-sauvignon (17 % de l'encépagement), qui apporte de l'épice et de la fraîcheur. Un bémol : le boisé dominateur, y compris sur un millésime aussi bien constitué que 2016, commence à dénoter dans le panorama contemporain des meilleurs saint-émilion.

Les vins : la profondeur civilisée du 2016 fera date, mais il faudra l'attendre plusieurs années grâce à un 2017 en demi-teinte et plus charmeur dans sa jeunesse. Les cabernets, sauvignon et franc, produits sur le plateau à Saint-Hippolyte sont à part égale sur la propriété comme dans l'assemblage du vin. Les millésimes successifs affichent donc ce petit air austère, presque hautain, qui leur réussit plutôt bien à condition de conserver une certaine suavité. 2017 en est pourvu, plus sanguin qu'épicé, d'un volume gainé de tanins racés et musclés, il affine ses courbes séduisantes légèrement kirschées, avec une note presque tourbée dans une finale réglissée.

Saint-Émilion Grand Cru 2017 39 € 93

Rouge : 8 hectares. Merlot 66 %, Cabernet franc 17 %, Cabernet-Sauvignon 17 %
Production moyenne : 30 000 bt/an

CHÂTEAU DESTIEUX
1, Destieux, 33330 Saint-Hippolyte
05 57 24 77 44 • www.vignobles-dauriac.com
• Vente et visites : au domaine sur rendez-vous.
Propriétaire : Christian Dauriac
Maître de chai : Baptiste Munné
Œnologue : Michel Rolland

CHÂTEAU LA DOMINIQUE

Avec son bâtiment rouge repérable de loin, La Dominique a misé gros sur l'œnotourisme. Depuis la terrasse panoramique/restaurant au-dessus du chai on peut surveiller les voisins du plateau occidental proche de Pomerol. Le domaine (29 hectares de sols argilo-calcaires, argilo-sableux et de graves), qui appartient à l'entepreneur corrézien Clément Fayat, fait l'objet depuis 2006 d'un projet de restructuration. Sur les conseils de Julien Viaud (équipe Rolland), beaucoup d'évolutions sont en cours, comme la plantation de sélections massales, l'utilisation d'amphores et d'œufs en verre.

Les vins : le solaire 2015 demeure un peu massif, comme en témoigne son nez réservé, mais marque une évolution vers davantage d'harmonie. Il est fait pour durer. Frais, léger et fruité, le 2017 est tout en fruits noirs. Le gel a engendré un léger déficit de chair, malgré une part plus importante de cabernet franc. L'homogénéité du 2018 tient à sa structure plus équilibrée, à ses tanins soyeux et fondus, à sa finale saline ; il confirme le changement de style amorcé par le cru.

Saint-Émilion Grand Cru 2016 65 € 95

Saint-Émilion Grand Cru 2017 de 55 à 62 € (c) 90

Saint-Émilion Grand Cru 2018 56 € 92

Rouge : 29 hectares. Merlot 89 %, Cabernet franc 8 %, Cabernet-Sauvignon 3 %
Production moyenne : 60 000 bt/an

CHÂTEAU LA DOMINIQUE
33330 Saint-Émilion
05 57 51 31 36 •
www.chateau-ladominique.com • Vente et visites : au domaine sur rendez-vous.
Propriétaire : Famille Fayat
Directeur : Gwendeline Lucas
Maître de chai : Romain Sapet
Œnologue : Julien Viaud

NOUVEAU DOMAINE

CHÂTEAU FRANC MAYNE

Thomas Savare, dont la société familiale Oberthur fiduciaire est l'un des premiers imprimeurs de haute sécurité au monde, a repris le domaine pour le compte de la famille, confiant la direction à Martine Cazenave, que l'on croise aussi rive gauche au château Paloumey, et la direction technique à Sophie Mage (ex du château Grillet à Condrieu). En deux années, le changement est fulgurant. Profitant d'une tripotée de parcelles sur cinq unités de terroirs, la nouvelle équipe a lancé un programme de restructuration du vignoble désormais cultivé en bio, qui l'occupera une bonne partie de années à venir. Les cabernets francs ont été arrachés, ils seront replantés une fois les sols débarrassés des nématodes et parasites, ennemis de la vigne. Ainsi les prochains millésimes ne seront que merlot à la "bourguignonne" issu de sélections parcellaires relayées par un aménagement pointu en cave. Intime et raffiné, Franc Mayne unit l'art de recevoir à celui de la vinification d'un cru classé qui fera vite parler de lui.

Les vins : dernier millésime assemblant de merlots et cabernets, avant que ces derniers ne soient arrachés, 2018 a ensuite été élevé en foudre, barrique et jarre. Un peu construit sur le bois pour l'instant, il développe une chair séduisante, en harmonie avec l'élégance du sol de Franc Mayne. Le second vin, Ilex (à l'effigie du chêne surplombant l'entrée des galerie souterraines sous le plateau du vignoble) présente en 2019 le fruit voluptueux et savoureux d'un vin élevé en foudre. Ilex 2018, issu des merlots des bas de coteau, était au sortir des barriques un peu sec en finale, il faudra encore attendre pour profiter de son fruit vif et gaillard.

Saint-Émilion Grand Cru 2018 45 € 92
Saint-Émilion Grand Cru Ilex 2018 20 € 91

Rouge : 7 hectares. Merlot 90 %, Cabernet franc 10 %
Production moyenne : 35 000 bt/an

CHÂTEAU FRANC MAYNE
14, La Gomerie, RD 243,
33330 Saint-Émilion
05 57 24 62 61 •
www.chateaufrancmayne.com • Vente et visites : au domaine sur rendez-vous.
Propriétaire : Famille Savare
Directeur : Martine Cazeneuve
Maître de chai : Sophie Mage
Œnologue : Thomas Duclos

CHÂTEAU LES GRANDES MURAILLES

C'est un des symboles de Saint-Émilion : un pan de mur solitaire, vestige de l'église des Dominicains, au milieu des vignes d'un tout petit cru de 2 hectares clos de murs, en contrebas de Clos Fourtet. La famille Cuvelier, propriétaire du célèbre premier cru, l'a d'ailleurs racheté en 2012. Le vin conserve son identité particulière, forgée sous l'administration de la famille Reiffers. Malgré la qualité régulière des millésimes depuis dix ans, la rondeur flatteuse et l'élevage démonstratif de ce pur merlot, vinifié dans un exigu chai souterrain et élevé en bois neuf, ne laissent pas entrevoir toute la distinction que devrait exprimer le terroir. Les choses changent en 2018, premier millésime repris par l'équipe technique de Clos Fourtet et supervisé par ses consultants, Stéphane Derenoncourt et Jean-Claude Berrouet.

Les vins : le 2018, à peine en bouteille lors de notre déplacement, n'était pas présentable. Dégusté en primeur, le 2019 offrait une verticalité puisée au creux des calcaires dans la droite ligne du Clos Fourtet. 2016, fortement marqué par le bois, possède une matière veinée et robuste qui lui permet d'encaisser l'élevage. Encore trop balbutiant, il part pour une longue garde, mais une belle tension florale et réglissée lui donne déjà du caractère. Son opulence sertie d'un tanin très frais rend le 2017 plus avenant, avec des parfums de fruits rouges à noyau et un mordant épicé qui fait son charme : il faudra l'ouvrir avant son prédécesseur.

Saint-Émilion Grand Cru 2016 de 50 à 75 € (c) 91

Saint-Émilion Grand Cru 2017 N.C. 90

Rouge : 2 hectares. Merlot 100 %
Production moyenne : 7 200 bt/an

CHÂTEAU LES GRANDES MURAILLES
Château Côte de Baleau,
33330 Saint-Émilion
05 57 24 71 09 •
www.lesgrandesmurailles.com • Vente et visites : au domaine sur rendez-vous.
Propriétaire : Philippe Cuvelier
Directeur : Matthieu Cuvelier
Œnologue : Stéphane Derenoncourt et Jean-Claude Berrouet

CHÂTEAU LARMANDE

C'est par ce cru important de la côte nord que les assurances La Mondiale ont pris pied à Saint-Émilion en 1990. Depuis leur tableau de chasse s'est bien garni (Soutard, Cadet-Piola, Petit Faurie de Soutard...). Avec sensibilité et constance, Véronique Corporandy vinifie ce cru (comme Soutard) depuis plus de dix ans. Il s'agit d'un vin classique, modérément extrait mais structuré, comportant une part non négligeable de cabernet franc, souvent discret dans sa jeunesse mais qui évolue avec subtilité et distinction. Une valeur sûre s'il en est, un archétype, plus abordable jeune dans les derniers millésimes qu'il ne l'était naguère.

Les vins : le domaine ne nous ayant pas fait parvenir ses vins cette année, nous sommes amenés à reconduire les notes de notre édition précédente.

Saint-Émilion Grand Cru 2016 43 € 92

Le coup de ♥

Saint-Émilion Grand Cru 2015 de 25 à 30 € (c) 92

Rouge : 20 hectares. Merlot 77 %, Cabernet franc 19 %, Cabernet-Sauvignon 4 %
Production moyenne : 65 000 bt/an

CHÂTEAU LARMANDE
Lieu-dit Soutard 33330 Saint-Émilion
05 57 24 71 41 • www.chateau-soutard.com • Vente et visites : au domaine sur rendez-vous.
Propriétaire : AG2R La Mondiale
Directeur : Bertrand de Villaines
Maître de chai : Véronique Corporandy
Œnologue : Olivier Brunel

CHÂTEAU LAROQUE

Majestueux domaine dominant l'est saint-émilionnais, le cru de la famille Beaumartin produit un vin calcaire, élancé, plus proche dans l'esprit des terroirs historiques qui entourent la cité que de ses voisins immédiats. Le vaste vignoble en bordure de plateau, presque entièrement consacré au merlot, est minutieusement étudié et conduit, depuis 2015 par le brillant David Suire, par ailleurs bras droit de Nicolas Thienpont. Les derniers millésimes s'avèrent particulièrement réussis, dans un style à la fois plein et ciselé, très élégant, dynamique, avec 2016 en point d'orgue. Les millésimes antérieurs, vinifiés par Bruno Sainson, recèlent de belles surprises (magnifique 2000).

Les vins : le domaine ne nous ayant pas fait parvenir ses vins cette année, nous sommes amenés à reconduire les notes de notre édition précédente.

Le coup de ♥

Saint-Émilion Grand Cru 2015 35 € 92

Saint-Émilion Grand Cru 2016 40 € 94

Rouge : 61 hectares.
Production moyenne : 135 000 bt/an

CHÂTEAU LAROQUE
33330 Saint-Christophe-des-Bardes
05 57 24 77 28 • www.chateau-laroque.com • Vente et visites : au domaine sur rendez-vous.
Propriétaire : Famille Beaumartin
Directeur : David Suire

CHÂTEAU LAROZE

Toujours classé depuis 1955, le domaine fondé en 1882 par la famille de Guy Meslin, l'actuel propriétaire, est reconnu comme l'une des valeurs les plus sûres de Saint-Émilion. Il tire le meilleur parti de son terroir de pied de côte, en grande partie sableux. Si certains millésimes récents présentent un caractère univoque, gourmand mais manquant de nuance, les tout derniers marquent une progression. Pleins, avenants et subtils, ils s'exprimeront précocement dans le style aimable auquel le terroir est prédisposé.

Les vins : les mêmes millésimes que l'an dernier ont été goûtés, le château n'ayant pas produit de vin en 2017 à cause du gel. Cette année supplémentaire livre son verdict : le 2015, jugé un peu fade l'an dernier, n'a pas retrouvé le profil savoureux de ses débuts, il s'assèche encore plus dans une finale perdue au cœur d'un tanin revêche. Construit sur un profil plus amène et disposant d'un fruit délié, 2016 s'investit d'un nez de végétal racé (feuille de ronce) puis descend en profondeur avec un tanin plus séduisant. Il offre une structure riche, presque savoureuse tout en conservant le sérieux du millésime.

Saint-Émilion Grand Cru 2016 — 42 € — 92

Le coup de ♥

Saint-Émilion Grand Cru 2015 — 40 € — 92

Rouge : 27 hectares. Merlot 65 %, Cabernet franc 30 %, Cabernet-Sauvignon 5 %
Production moyenne : 120 000 bt/an

CHÂTEAU LAROZE
BP 61, 33330 Saint-Émilion
05 57 24 79 79 • www.laroze.com • Vente et visites : au domaine sur rendez-vous.
Propriétaire : Guy Meslin
Maître de chai : Olivier Lesur
Œnologue : Jean-Philippe Faure

CHÂTEAU LA MARZELLE

La Marzelle appartient à la famille Sioen, industriels belges, depuis 1998. Le terroir, se développant comme celui de ses prestigieux voisins dans l'ancien lit de l'Isle, a été finement analysé. Le vignoble est conduit selon les préceptes de l'agriculture biologique (la vendange 2020 sera certifiée bio), avec un intérêt pour la biodynamie. Les efforts consentis ont permis au cru de retrouver son classement en 2012. Le château se donne les moyens de ses ambitions. 2016 a marqué les esprits. Une réussite, saluée par la critique, qui pousse loin l'affirmation d'un style reconnaissable, contemporain, exaltant un fruit très pulpeux, généreux, charnu, sombre, très mûr mais réactif.

Les vins : il n'y aura guère de 2017 pour cause de gel. En attendant que 2018, très prometteur, achève son ascension en bouteille, le 2016, vineux mais respectable, affirme la modernité de son style dans une impression aromatique juteuse et énergique. La construction du fruit rouge puis noir, puis rouge, donne de la vaillance au bouquet avant de profiter d'une bouche pétrie de charme aux contours plus ciselés et aux tanins épicés du cabernet-sauvignon, lequel constitue 8 % de l'assemblage final.

Saint-Émilion Grand Cru 2016 — 74 € — 93

Rouge : 17 hectares. Merlot 80 %, Cabernet franc 15 %, Cabernet-Sauvignon 5 %
Production moyenne : 70 000 bt/an

CHÂTEAU LA MARZELLE
33330 Saint-Émilion
05 57 55 10 55 • www.lamarzelle.com • Vente et visites : au domaine sur rendez-vous.
Propriétaire : Famille Sioen
Maître de chai : Sébastien Desmoulin
Œnologue : Jean-Philippe Fort et Marc Quertinier

CHÂTEAU DE PRESSAC

Cette vaste propriété possède indéniablement beaucoup d'allure. Son vignoble se développe en terrasses sous un éperon que domine la silhouette du corps de logis néo-gothique. Souvenons-nous que pressac est le nom local du malbec, même s'il y en a peu ici car le cépage ne donne pas satisfaction à Jean-François Quenin, propriétaire depuis 1997. Pressac produit un vin coloré, intense, démonstratif, qui s'exprime plutôt dans l'assise de ses argiles que dans la nuance aromatique, mais qui montre davantage de raffinement dans les derniers millésimes, conséquence des importants investissements consentis à la vigne comme au chai.

Les vins : riche en fruit et en pulpe, 2015 est celui qu'il faut ouvrir sur la sève. Son successeur, plus vertical dans sa dimension fruitée, mérite encore d'attendre que le temps l'affine. 2017 reste un peu anguleux dans son dessin mais affiche le profil d'un vin appréciable, en attendant que les grands millésimes de garde s'affinent.

Saint-Émilion Grand Cru 2017 — 35 € — 91

Rouge : 36 hectares. Merlot 71 %, Cabernet franc 16 %, Cabernet-Sauvignon 9 %, Carmenère 2 %, Malbec (cot) 2 %
Production moyenne : 180 000 bt/an

CHÂTEAU DE PRESSAC
Lieu-dit Pressac,
33330 Saint-Étienne-de-Lisse

05 57 40 18 02 • www.chateaudepressac.com • Vente et visites : au domaine sur rendez-vous.
Propriétaire : Jean-François Quenin
Directeur : Yannick Reyrel
Maître de chai : Albane Redjaimia
Œnologue : Hubert de Boüard et Alain Raynaud

CHÂTEAU QUINTUS

Les châteaux Tertre Daugay et L'Arrosée ont été réunis dès 2011 sous l'entité Quintus, constituant, aux côtés d'Haut-Brion et de La Mission Haut-Brion, le troisième domaine de la société Clarence Dillon. Son président, le prince du Luxembourg, passionné de vin et de culture romaine (d'où le nom du cru) en a confié la direction à Jean-Philippe Delmas et à François Capdemourlin, nommé maître de chai. Depuis le sommet du tertre, la sculpture monumentale du dragon (protecteur de Saint-Émilion) qui a donné son nom au second vin domine les rangs de vignes, plantés sur les plateaux et les coteaux et exposés au sud-ouest et au nord.

Les vins : au classique 2014, élégant mais en demi-teinte, dominé par le bois, succède 2015, année de changement du côté de l'élevage : une chauffe plus fine et plus délicate, qui s'adapte mieux au vin, et une proportion de 55 % de fût neuf, qui modifie sensiblement son profil. Le boisé est fondu, le vin se révèle frais. Le 2016 expose plus de finesse et de grâce que le millésime ne le laissait présager. Marqué par un style cabernet franc, le 2017 reste frais, avec une touche minérale et épicée, une finale fraîche. La fermeté des tanins du 2018, au jus plus croquant et sphérique, signe une nouvelle étape dans la progression du cru vers davantage de précision et d'adéquation avec la variété de son terroir. Ce qui était confirmé, en primeur, par le svelte et détendu 2019.

Saint-Émilion Grand Cru 2014	80 €	90
Saint-Émilion Grand Cru 2015	de 150 à 170 € (c)	92
Saint-Émilion Grand Cru 2016	140 €	92
Saint-Émilion Grand Cru 2017	132 €	91
Saint-Émilion Grand Cru 2018	132 €	93

Rouge : 28 hectares. Merlot 72 %, Cabernet franc 25 %, Cabernet-Sauvignon 3 %
Production moyenne : 38 400 bt/an

CHÂTEAU QUINTUS
1, Larosé, 33330 Saint-Émilion
05 57 24 69 44 • www.chateau-quintus.com • Vente et visites : au domaine sur rendez-vous.
Propriétaire : Prince Robert de Luxembourg
Directeur : Jean-Philippe Delmas
Maître de chai : François Capdemourlin

NOUVEAU DOMAINE

CHÂTEAU SAINT-GEORGES CÔTE PAVIE

Cette petite propriété compte 5 hectares remarquablement situés sur la côte Pavie, coincée sous Pavie Macquin, qui dévalent d'un seul tenant le coteau exposé au sud/sud-ouest. En 1873, un marchand de bois corrézien créé le domaine à partir d'une autre parcelle d'un demi-hectares située sous Ausone, à l'entrée de Saint-Émilion. Ce clos, évincé du classement de 2012 est un pépite repérée par Philippe Masson, l'actuel propriétaire, héritier du fondateur et chef de service en pédiatrie qui, conseillé par Hannah Fiegenschuh de l'équipe Derenoncourt, a isolé la parcelle pour en faire une étiquette solo : Le Clos 1873. En attendant sa sortie, les derniers millésimes du domaine signent le renouveau du coteau, qui rend aux vins la profondeur de son exposition. La vinification, respectueuse des équilibres, compose une identité davantage tournée vers la finesse que la concentration.

Les vins : le nez séveux du 2017 signe une belle mise en place d'un terroir unique. En revanche, la structure n'est pas encore prête à livrer toute l'amplitude dont elle est capable. La physionomie du 2016 s'exprime en continu dans le nez carré, un peu froid, mais d'un équilibre irréprochable. La bouche est sérieuse, un peu cadenassée, prête à évoluer dès que ce sera le moment. Le 2015, au fruit très mûr et de belle densité, reste classique et offre des tanins mûrs.

Saint-Émilion Grand Cru 2015	59 €	90
Saint-Émilion Grand Cru 2016	65 €	90
Saint-Émilion Grand Cru 2017	N.C.	92
Saint-Émilion Grand Cru Le Clos 1873 2018	N.C.	93

Rouge : 5 hectares. Merlot 80 %, Cabernet franc 20 %
Production moyenne : 20 000 bt/an

CHÂTEAU SAINT-GEORGES CÔTE PAVIE
33330 Saint-Émilion • www.saint-georges-cote-pavie.com • Vente et visites : au domaine sur rendez-vous.
Propriétaire : Famille Masson
Directeur : Philippe Masson
Maître de chai : Aurélien Baylan
Œnologue : Stéphane Derenoncourt et Hannah Fiegenschuh

CHÂTEAU SANSONNET

On est en droit d'attendre beaucoup de ces 7 hectares d'un seul tenant magnifiquement situés au sommet du plateau, tout proche de Trotte Vieille. Propriétaire depuis 1999 et récemment très active dans les investissements fonciers à Saint-Émilion, la famille Lefévère a indéniablement conscience de ce potentiel. La distinction du calcaire mérite plus de doigté dans les vinifications. Nous avions mentionné une extraction un peu lourde des derniers millésime ; 2017, goûté en bouteille, ne nous a pas convaincu ; même constat pour le 2019 dégusté en primeur.

Les vins : la densité un peu lourde du 2017 est le produit d'une extraction massive d'un fruit carré, avec des notes de cacao et un boisé asséchant ; un fruit noir et séveux sauve toutefois le millésime en dépit des notes lactées de la finale. Le 2019, dont le tanin s'emballait en primeur, devra prendre le profil de son terroir.

Saint-Émilion Grand Cru 2017	de 38 à 40 € (c)	89

Rouge : 7 hectares. Merlot 85 %, Cabernet franc 8 %, Cabernet-Sauvignon 7 %
Production moyenne : 28 000 bt/an

CHÂTEAU SANSONNET
1, Sansonnet, 33330 Saint-Émilion
09 60 12 95 17 •
www.chateau-sansonnet.com • Vente et visites : au domaine sur rendez-vous.
Propriétaire : Marie Lefévère
Directeur : Jean Trias
Œnologue : Jean-Philippe Fort

CHÂTEAU LA SERRE

Le parcellaire de la famille d'Arfeuille est on ne peut mieux placé, 7 hectares exposés plein sud entre Villemaurine, La Clotte et Trotte Vieille ; depuis la salle de dégustation surplombante la vue sur le vallon de Fongaban est magnifique. Les propriétaires ont décidé de conserver contre vents et marées un profil délicat, mesuré dans l'extraction, avec des vins qui peuvent sembler minces au milieu de leurs pairs dans certains millésimes mais possèdent toujours distinction et allure. Nous nous félicitons que le château demeure fidèle à sa vision, tout en acceptant la modernité agronomique et oenologique. Le cuvier a été rénové et inauguré au printemps 2019.

Les vins : la signature un peu austère du 2014 marque par sa froideur en bouche, alors que le nez évoque le thé noir, le sous-bois. 2015 a la réputation d'être solaire ? Rien ne transparaît dans l'approche du vin, seule la finale un peu chaude parle de la rondeur d'un millésime qui a profité largement du soleil. Bien plus pointu et raffiné, le 2016 donne une impulsion radieuse à la trilogie. Sa construction sur un tanin mûr et classique est plus que louable dans un millésime austère ; ses très beaux merlots ont été justement élevés pour moitié seulement en bois neuf. La fraîcheur ainsi libérée de la finale rend le vin encore plus distingué.

Saint-Émilion Grand Cru 2014	de 30 à 50 € (c)	90
Saint-Émilion Grand Cru 2015	de 40 à 55 € (c)	92
Saint-Émilion Grand Cru 2016	de 50 à 60 € (c)	93

Rouge : 7 hectares. Merlot 80 %, Cabernet franc 20 %
Production moyenne : 35 000 bt/an

CHÂTEAU LA SERRE
33330 Saint-Émilion
05 57 24 71 38 • www.chateaulaserre.com • Vente et visites : au domaine sur rendez-vous.
Propriétaire : Luc d'Arfeuille
Directeur : Arnaud d'Arfeuille
Œnologue : Stéphane Toutoundji

CHÂTEAU VILLEMAURINE

Ce beau cru à l'est de la cité, dont le terroir de plateau, d'un seul tenant, jouxte les remparts et les fossés, avait une réputation de grande irrégularité. Le niveau a bien progressé depuis la reprise en main en 2007 par Justin Onclin, négociant belge également propriétaire dans le Médoc. Caractère distinctif du vin : la finesse veloutée de son grain tannique, qui s'intègre depuis quelques millésimes à un fruité de haute maturité, vendangé tard, parfois presque décadent, mais sans que cela n'entraîne de lourdeur.

Les vins : assez fluet, exhalant une note presque animale assez touchante, Les Angelots de Villemaurine séduit par son bouquet disponible et sa bouche vive et savoureuse. Des tanins un peu vert tendent la finale, c'est dommage. Classieux et juste, le 2016 rebondit sur un fruit élancé, façon sportif de haut niveau. Le nez s'expose sur des notes de mûres très avancées (presque un peu trop) ; en bouche, les tanins sont juteux, et l'on retrouve des notes de cacao et d'épices. Le 2019, dégusté en primeur, marquait des points, et confirmait une ascension à suivre de près.

- Saint-Émilion Grand Cru Les Angelots de Villemaurine 2016 — 29 € — 89

Le coup de ♥

- Saint-Émilion Grand Cru 2016 — 53 € — 92

Rouge : 7 hectares. Merlot 95 %, Cabernet franc 5 %
Production moyenne : 15 000 bt/an

CHÂTEAU VILLEMAURINE
Lieu-dit Villemaurine, 33330 Saint-Émilion
05 57 74 47 30 • www.villemaurine.com • Vente et visites : au domaine sur rendez-vous.
Propriétaire : Famille Onclin
Directeur : Cynthia Capelaere
Œnologue : Hubert de Bouard

MÉDOC

★★★

CHÂTEAU DUCRU-BEAUCAILLOU

Les amateurs de grands médocs classiques trouveront leur bonheur avec Ducru-Beaucaillou. Bruno Borie conduit ce superbe cru avec talent et détermination ; il l'a placé ces dernières années dans le peloton de tête des bordeaux. Jamais démonstratifs, ni surextraits ni très puissants, les vins brillent par leur distinction et le soyeux de leur matière. Il s'agit de grands médocs profonds, digestes et équilibrés. Attention toutefois, un Ducru-Beaucaillou ne se révélant pleinement qu'avec l'âge, il est toujours dommage de le déguster trop tôt ; sa grande fraîcheur en finale et le grain élégant de ses tanins signent l'exceptionnelle capacité du cœur de son terroir. Croix de Beaucaillou, ancien second vin du château, est désormais un cru à part entière, avec un parcellaire dédié.

Les vins : en attendant de déguster à nouveau le 2018, très massif et riche, presque atypique pour le cru, le 2017 nous régale par son charme et sa texture de velours. Il se révèle après plusieurs minutes et libère alors un fruité juteux et un soyeux de tanins irrésistible. Légende du cru, le 2016 doit lui être attendu patiemment. Croix de Beaucaillou 2017 est un charmeur-né qui exhale de délicieuses notes de fruits rouges. Il est déjà très abordable.

- Saint-Julien 2017 — de 160 à 170 € (c) — 96

Le coup de ♥

- Saint-Julien La Croix de Beaucaillou 2017 — N.C. — 92

Rouge : 55 hectares. Cabernet-Sauvignon 70 %, Merlot 25 %, Cabernet franc 5 %
Production moyenne : 215 000 bt/an

CHÂTEAU DUCRU-BEAUCAILLOU
33250 Saint-Julien-Beychevelle
05 56 73 16 73 • www.ducrubeaucaillou.com • Vente et visites : au domaine sur rendez-vous.
Propriétaire : Famille Borie
Directeur : Bruno Borie

★★★

CHÂTEAU LAFITE ROTHSCHILD

Magistral, Lafite s'impose comme le plus raffiné des vins du Médoc lorsqu'il déploie, après quelques années de vieillissement, ses arômes envoûtants de graphite et de mine de crayon. Le déguster revient à découvrir un toucher et une sève uniques. Vaste propriété de 178 hectares, dont 105 plantés de vignes, Lafite appartient à la famille Rothschild depuis 1868. Le château peut aussi se prévaloir de posséder l'un des plus riches patrimoines qui soit en matière de (très) vieux millésimes, ce qui permet de mesurer à quel point le domaine a fait preuve (à l'exception de quelques millésimes) d'une régularité vraiment exemplaire. Saskia, fille d'Éric de Rothschild a pris en 2018 la tête des propriétés du groupe, tandis qu'Éric Kholer supervise les vinifications depuis 2016. Si Lafite est au sommet, le second vin peut, lui, encore viser plus haut.

Les vins : s'appuyant sur un formidable cabernet-sauvignon qui représente l'âme du cru, Lafite a été à la fête dans les derniers millésimes. En effet, son terroir résiste bien aux étés chauds et le vin ne monte jamais trop haut en terme de maturité ou de degrés. Solide, bien enrobé, avec une bouche charnue, Carruades 2018 est bien étoffé. Quant à Lafite, il pourrait bien s'imposer comme le vin du même millésime, tant il brille par sa distinction, sa précision et sa droiture, avec des tanins d'un raffinement inouï !

- Pauillac 2018 — 700 € — 99
- Pauillac Les Carruades de Lafite 2018 — 320 € — 93

Rouge : 116 hectares. Cabernet-Sauvignon 70 %, Merlot 25 %, Cabernet franc 3 %, Petit Verdot 2 %
Production moyenne : 300 000 bt/an

CHÂTEAU LAFITE ROTHSCHILD
Le Pouyalet, 33250 Pauillac
05 56 73 18 18 • www.lafite.com • Vente et visites : au domaine sur rendez-vous.
Propriétaire : Famille de Rothschild
Directeur : Éric Kohler
Maître de chai : Francis Perez
Œnologue : Christophe Congé

★★★

CHÂTEAU LATOUR

Ce cru est au sommet absolu de la hiérarchie bordelaise. Il continue à se montrer d'une régularité sans faille depuis plusieurs décennies. Difficile de prendre Latour en défaut, y compris dans les petits millésimes. Il représente l'essence même du grand pauillac : plein, riche et complet, développant avec l'âge un bouquet complexe et racé. Les millésimes légendaires ne manquent pas, et tous ceux qui ont eu la chance de déguster un jour les 1945, 1947, 1961 ou 1982 savent de quoi ce fantastique terroir est capable. Le directeur actuel, Frédéric Engerer, entretient fidèlement ce style sans concession. La refonte complète des chais et des installations techniques opérée ces dernières années, ainsi qu'une sélection drastique, ont permis au cru d'atteindre de nouveaux sommets. Les Forts de Latour s'impose également comme un cru extraordinaire, surpassant en raffinement et en profondeur bien des crus classés. Enfin, une troisième étiquette, Le Pauillac de Latour, mérite aussi l'intérêt des amateurs. À noter que depuis le millésime 2012, le château ne vend plus son vin en primeur, mais uniquement "en livrable" lorsque l'équipe estime qu'il a atteint sa maturité. Une politique commerciale unique pour un premier grand cru classé en 1855.

Les vins : le château a mis sur le marché le 2012, premier millésime à ne pas avoir été vendu en primeur. Un vin à la race superbe, aux notes de cèdre et de bois précieux. La bouche est droite, déjà très accessible et d'une admirable persistance. Les Forts de Latour 2014 présente un profil très classique ; tendre, délié, encore un peu serré, il est déjà doté d'une belle classe aristocratique.

- Pauillac 2012 — de 500 à 550 € (c) — 96
- Pauillac Les Forts de Latour 2014 — de 200 à 250 € (c) — 92

Rouge : 93 hectares. Cabernet-Sauvignon 75 %, Merlot 23 %, Petit Verdot 1 %, Cabernet franc 1 %
Production moyenne : 300 000 bt/an

CHÂTEAU LATOUR ♣
Saint-Lambert, 33250 Pauillac
05 56 73 19 80 • www.chateau-latour.fr • Vente et visites : au domaine sur rendez-vous.
Propriétaire : Artémis Domaines
Directeur : Frédéric Engerer
Maître de chai : Hélène Genin

★★★

CHÂTEAU LÉOVILLE BARTON

Voilà près de 200 ans que Léoville Barton est une histoire de famille. L'une des plus anciennes de Bordeaux. Pas moins de dix générations s'y sont succédé depuis l'acquisition du vignoble par Hugh Barton en 1826. Aujourd'hui, autour d'Anthony, sa fille Lilian et ses petits-enfants, Mélanie et Damien, poursuivent le travail. D'une régularité exemplaire, Léoville Barton incarne à merveille l'idée que l'on se fait d'un saint-julien. Le vin est pur, toujours très digeste et équilibré, acquérant avec le temps une fantastique complexité. S'il n'est ni le plus impressionnant, ni le plus explosif, Barton est certainement l'un des crus les plus raffinés du Médoc.

Les vins : le second vin est en réalité commun à Léoville Barton et à son petit frère Langoa Barton. On retrouve la patte de la maison, avec un vin juteux et frais, sur des notes de fruits croquant, une petite touche boisée chic qui sait se faire discrète et ne nuit pas à l'équilibre. Barton 2017 envoûte : il libère dès le premier nez un bouquet de fruits frais somptueux. La bouche possède une grande classe, un fruit lumineux et une finale très salivante et fraîche. 2016 se révèle mieux que nous ne l'avions jugé, nous obligeant à un mea culpa. Le vin se déploie et monte en puissance, avec ce raffinement typique du cru.

- Saint-Julien 2017 — 80 € — 95
- Saint-Julien La Réserve de Léoville Barton 2017 — de 30 à 40 € (c) — 90

Le coup de ♥

- Saint-Julien 2016 — de 180 à 200 € (c) — 98

Rouge : 50 hectares. Cabernet-Sauvignon 74 %, Merlot 23 %, Cabernet franc 3 %
Production moyenne : 240 000 bt/an

CHÂTEAU LÉOVILLE BARTON
Route des Châteaux,
33250 Saint-Julien-Beychevelle
05 56 59 06 05 • www.leoville-barton.com •
Vente et visites : au domaine sur rendez-vous.
Propriétaire : Famille Barton
Directeur : Lilian Barton Sartorius
Maître de chai : François Bréhant
Œnologue : Eric Boissenot

★★★

CHÂTEAU LÉOVILLE LAS CASES

La force de ce cru mythique réside indiscutablement dans son célèbre clos, au terroir complexe et aux parcelles diverses et complémentaires. Le grand vin est d'ailleurs issu uniquement de ce terroir, qui évoque par différents aspects celui de Château Latour. Il peut présenter, en fonction des millésimes, un profil plus droit et pauillacais ou bien jouer sur une expression plus tendre, évoquant davantage un saint-julien. Le vin arbore régulièrement une robe bleue-noire impressionnante, même en année moyenne. À son apogée (qui peut atteindre plus de vingt ans), il offre un bouquet dépassant en complexité et en noblesse de saveurs celui d'un saint-julien lambda, avec les nuances aromatiques les plus fines du cabernet-sauvignon des grands terroirs médocains. Propriété de Jean-Hubert Delon, l'un des plus fins connaisseurs bordelais de grands vins français, ce cru fait preuve d'une régularité sans faille depuis les années 1970.

Les vins : si le 2016 marquera l'histoire par son équilibre et sa constitution, 2017 n'est pas à négliger. On y retrouve tout ce qui fait l'excellence de Las Cases ! Ce faux tendre en a sous le pied et se révèlera d'ici une décennie. Le Petit Lion, dans le même millésime, est évidemment plus abordable, mais il possède aussi beaucoup de ressources : sa persistance en témoigne.

- Saint-Julien 2016 — de 220 à 260 € (c) — 100
- Saint-Julien Le Petit Lion 2017 — de 50 à 56 € (c) — 93

Le coup de ♥

- Saint-Julien 2017 — de 190 à 210 € (c) — 97

Rouge : 98 hectares.
Cabernet-Sauvignon 58 %, Merlot 35 %, Cabernet franc 5 %, Petit Verdot 2 %
Production moyenne : 200 000 bt/an

CHÂTEAU LÉOVILLE LAS CASES
33250 Saint-Julien-Beychevelle
05 56 73 25 26 •
contact@leoville-las-cases.com • Vente et visites : au domaine sur rendez-vous.
Propriétaire : Famille Delon
Directeur : Pierre Graffeuille

★★★

CHÂTEAU MARGAUX

Figure emblématique et directeur de Château Margaux depuis 1983, Paul Pontalier est décédé au lendemain des vendanges 2015 et c'est désormais Philippe Bascaules qui dirige ce cru à la régularité hors-pair. Déguster un grand Château Margaux à son apogée demeure une expérience unique, tant le cru se distingue, au sein de son appellation, par son bouquet floral caractéristique, la profondeur de ses saveurs et le soyeux de ses tanins. Autant de particularités que le cru doit à son superbe terroir, majoritairement composé de graves, qui réussit si bien aux cabernets composant le cœur de Margaux, et qui n'a pratiquement pas évolué depuis son classement. Grâce à une amélioration de l'outil de travail et à une sélection encore plus rigoureuse, les derniers millésimes semblent être les plus complets qui soient. La propriété produit également un blanc sous le nom de Pavillon Blanc qui, grâce à une plus grande exigence dans la recherche de maturité des sauvignons, est devenu l'un des meilleurs blancs de Bordeaux.

Les vins : 2019, sur lequel nous reviendrons, s'annonçait légendaire en primeur. En attendant, 2018 impose son ampleur, mais aussi la fraîcheur de ses magnifiques cabernets, d'une classe évidente. 2017 est le plus abordable, dans un registre qui se révèle, au final, fort classique. Un vin droit, épuré et longiligne qui vibre en bouche, avec une très grande pureté de fruit et des tanins parfaitement dessinés. Une essence de Margaux.

Margaux 2017	504 €	96

Le coup de ♥

Margaux 2018	660 €	98

Rouge : 82 hectares.
Cabernet-Sauvignon 75 %, Merlot 20 %, Petit Verdot 3 %, Cabernet franc 2 %
Blanc : 12 hectares. Sauvignon blanc 100 %
Production moyenne : 300 000 bt/an

CHÂTEAU MARGAUX
33460 Margaux
05 57 88 83 83 •
www.chateau-margaux.com • Vente et visites : au domaine sur rendez-vous.
Propriétaire : Famille Mentzelopoulos
Directeur : Philippe Bascaules

★★★

CHÂTEAU MOUTON ROTHSCHILD

Philippe Sereys de Rothschild préside depuis 2014 cette emblématique propriété de Pauillac. Le vin, toujours flamboyant, exhalant naturellement de généreuses notes fumées, est plus en place que jamais. Si Mouton connut un passage à vide au milieu des années 1990, il a brillamment été remis en selle au début des années 2000 avec, entre autre, l'arrivée de Philippe Dhalluin à la direction technique, qui a su lui redonner tout son lustre. Le blanc Aile d'Argent n'a jamais été aussi bon.

Les vins : 2015 et surtout 2016 écrivent la légende de Mouton. Le spectaculaire 2018 n'est pas en reste : dans la famille des millésimes solaires, il fera date. Une bombe de fruit, explosive et intense. Il possède de la pulpe, un grain magnifique et surtout une allonge interminable, qui signe sa grande classe.

Pauillac 2015	de 450 à 500 € (c)	98
Pauillac 2016	de 580 à 600 € (c)	100
Pauillac 2018	576 €	99

Rouge : 84 hectares.
Cabernet-Sauvignon 78 %, Merlot 18 %, Cabernet franc 3 %, Petit Verdot 1 %
Blanc : 6 hectares. Sauvignon blanc 54 %, Sémillon 33 %, Sauvignon gris 12 %, Muscadelle 1 %

CHÂTEAU MOUTON ROTHSCHILD
Lieu-dit Le Pouyalet, 33250 Pauillac
05 56 73 21 29 •
www.chateau-mouton-rothschild.com •
Vente et visites : au domaine sur rendez-vous.
Propriétaire : Philippe Sereys de Rothschild, Camille Sereys de Rothschild et Julien de Beaumarchais de Rothschild
Directeur : Philippe Dhalluin
Maître de chai : Gérard Linaires

★★★

CHÂTEAU PALMER

Avec Château Margaux, Palmer est l'autre grande star d'une appellation trop souvent hétérogène. Son style, fait d'opulence et de rondeur, avec un soyeux magnifique, est néanmoins très différent de celui de son voisin. L'explication tient essentiellement dans la différence d'encépagement (et donc de terroir) entre les deux crus. Château Palmer est ainsi l'un des crus classés du Médoc à intégrer la plus forte proportion de merlot dans son assemblage final (aux environs de 50 %). Palmer a écrit sa légende en produisant quelques vins absolument somptueux : les 1961, 1983 et 1989 demeurent des références incontournables. Aujourd'hui propriété des héritiers de deux grandes familles, les Mähler-Besse et les Sichel, Palmer est dirigé par le brillant Thomas Duroux, portant les derniers millésimes au sommet. Il est certifié en biodynamie depuis 2018.

Les vins : tirant le meilleur du millésime, 2017 est un Palmer vibrant et très séducteur. Son cœur de bouche est juteux à souhait et ses tanins sont très racés. Alter Ego déroule une bouche ronde et charmeuse, avec un fruité tendre, mais aussi beaucoup d'allonge et de raffinement.

- Margaux 2017 — 280 € — 96

Le coup de ♥

- Margaux Alter Ego 2017 — 90 € — 93

Rouge : 66 hectares.
Cabernet-Sauvignon 47 %, Merlot 47 %, Petit Verdot 6 %
Production moyenne : 200 000 bt/an

CHÂTEAU PALMER
Lieu-dit Issan, 33460 Margaux
05 57 88 72 72 • www.chateau-palmer.com •
Vente et visites : au domaine sur rendez-vous.
Propriétaire : Familles Mähler-Besse et Sichel
Directeur : Thomas Duroux
Maître de chai : Olivier Campadieu

★★★

CHÂTEAU PICHON BARON

Ce très beau second cru classé a produit une série de vins proprement stupéfiants et il s'impose au sommet de la hiérarchie médocaine. Impossible de manquer, depuis la route des châteaux, la somptueuse demeure de "Pichon Baron", l'un des édifices les plus impressionnants du Médoc. Acquis par le groupe Axa à la fin des années 1980, cette propriété a été réaménagée de fond en comble en moins de deux décennies et l'équipe, autour de Christian Seely, réalise un travail exemplaire qui l'amène au sommet des crus du Médoc. L'outil de vinification et le chai d'élevage, ainsi que le vignoble largement replanté, lui ont permis d'atteindre, dans les derniers millésimes, un niveau de qualité historique. Le second vin se nomme désormais Les Griffons de Pichon Baron, Les Tourelles étant devenue une marque annexe dotée d'un vignoble indépendant.

Les vins : 2018 est un vin très impressionnant, riche et explosif qu'il va falloir oublier longuement en cave. La très grande maturité de son fruit, son degré alcoolique élevé et sa masse tannique en font un "monstre" pour les décennies à venir. Dégustez auparavant le 2017, d'une classe fabuleuse. Un seigneur du Médoc aux tanins très racés. Second vin de Pichon-Baron, Les Griffons 2018 impressionne lui aussi grandement par son admirable densité et sa puissance très maîtrisée. Les Tourelles 2018 est tendu et noble. Il bénéficie d'une allonge magnifique et d'une finale très enrobée.

- Les Griffons 2018 — de 40 à 50 € (c) — 95
- Pauillac 2017 — de 130 à 150 € (c) — 95
- Pauillac Les Tourelles de Longueville 2018 — 36 € — 95

Le coup de ♥

- Pauillac 2018 — 164 € — 98

Rouge : 73 hectares. Cabernet-Sauvignon 65 %, Merlot 30 %, Cabernet franc 3 %, Petit Verdot 2 %
Production moyenne : 350 000 bt/an

CHÂTEAU PICHON BARON
33250 Pauillac
05 56 73 17 17 • www.pichonbaron.com •
Vente et visites : au domaine sur rendez-vous.
Propriétaire : AXA Millésimes
Directeur : Christian Seely
Maître de chai : Jean-René Matignon

★★★

CHÂTEAU PONTET-CANET

Propriété de la famille Tesseron, Pontet-Canet doit beaucoup au travail acharné de Jean-Michel Comme, artisan du passage en biodynamie et architecte de la construction des vins depuis une trentaine d'années. Il a quitté la propriété en mai 2020, après avoir signé un 2019 d'anthologie. Quoi qu'il en soit, le cru est lancé et rien ne laisse penser qu'il ne poursuivra pas dans la voie qu'il a tracée. Charge donc à Justine Tesseron, fille d'Alfred et désormais aux commandes, de maintenir Pontet-Canet dans cette sphère à part. Une visite du chai, des écuries à chevaux, des installations de vinification permet de comprendre à quel point le château a poussé à l'extrême sa vision de l'excellence et du respect de la nature, n'en déplaise aux grincheux. Pionnier, Pontet-Canet a insufflé dans le Médoc un courant fort, qui fait désormais école.

Les vins : aucun cru du Médoc ne peut se prévaloir de posséder une signature gustative aussi forte que Pontet-Canet. Des vins d'une énergie, d'une suavité et d'un toucher de bouche uniques. Les derniers millésimes sont, en ce sens, assez bouleversants. Issu d'une minuscule récolte, le 2018 est serré et profond, racé et tactile. Tout en muscle. Dans un style qui n'est pas sans évoquer les grands vins bourguignons, 2017 est aussi un vin de texture, avec une petite touche poudrée et un grain très fin. Allongé et svelte, mais tellement persistant.

Pauillac 2018 — 142 € — 99

Le coup de ♥

Pauillac 2017 — de 110 à 130 € (c) — 97

Rouge : 81 hectares. Cabernet-Sauvignon 65 %, Merlot 30 %, Cabernet franc 4 %, Petit Verdot 1 %
Production moyenne : 300 000 bt/an

CHÂTEAU PONTET-CANET ☾
33250 Pauillac
05 56 59 04 04 • www.pontet-canet.com •
Visites : sur rendez-vous uniquement aux professionnels.
Propriétaire : Famille Tesseron
Directeur : Mathieu Bessonnet

★★

CHÂTEAU BATAILLEY

Philippe Castéja produit un pauillac de style et de forme classiques, qui a considérablement gagné en définition et en précision ces dernières années. Le vin vieillit par ailleurs remarquablement bien, conservant un profil très typique des grands vins du Médoc, entre droiture et précision. Les prix demeurent très accessibles. La régularité et l'excellent niveau des derniers millésimes nous ravissent.

Les vins : leur beau classicisme en fait des vins de longue garde. Dans un registre droit et séveux, le 2017 est un digne représentant de son appellation. Un vin encore un peu austère, mais très précis et doté d'un fruit frais et d'une finale légèrement saline et juteuse. Patience... Lions est lui aussi solide, d'une belle constitution, mais un peu plus patiné. Il se boira évidemment plus vite, mais séduit par le côté juteux du fruit.

Pauillac 2017 — 48 € — 94

Pauillac Lions de Batailley 2017 — 30 € — 90

Rouge : 60 hectares.
Cabernet-Sauvignon 70 %, Merlot 25 %, Cabernet franc 3 %, Petit Verdot 2 %
Production moyenne : 300 000 bt/an

CHÂTEAU BATAILLEY
33250 Pauillac
05 56 00 00 70 • www.batailley.com •
Visites : sur rendez-vous uniquement aux professionnels.
Propriétaire : Famille Castéja
Directeur : Philippe Castéja

★★

CHÂTEAU BRANAIRE-DUCRU

C'est désormais François-Xavier, fils du regretté Patrick Maroteaux qui conduit cette admirable propriété. Branaire-Ducru s'est tranquillement hissé au sommet et fait désormais partie des propriétés incontournables du Médoc. Ces dernières années, le château a bénéficié d'équipements techniques de premier plan. Par la nature de son terroir, Branaire-Ducru ne peut donner un vin aussi corsé que ceux engendrés par les trois Léoville ; il joue sur un registre différent, plus en finesse et en souplesse, tout en vieillissant admirablement. Les derniers millésimes atteignent un niveau remarquable.

Les vins : le cru est en grande forme et livre une série de millésimes très réussis. Duluc 2017 est un régal, un saint-julien tout en élégance et en gourmandise. Le grand vin se tient mieux que bien et semble encore plus flamboyant que l'an dernier. Sa bouche est intense, avec un fruit généreux et une harmonie générale très réussie.

Saint-Julien Duluc de Branaire-Ducru 2017 — N.C. — 91

Le coup de ♥

Saint-Julien 2017 — 50 € — 95

Rouge : 60 hectares.
Cabernet-Sauvignon 65 %, Merlot 28 %, Petit Verdot 4 %, Cabernet franc 3 %
Production moyenne : 260 000 bt/an

CHÂTEAU BRANAIRE-DUCRU
1, chemin du Bourdieu,
33250 Saint-Julien-Beychevelle
05 56 59 25 86 • www.branaire.com • Vente et visites : au domaine sur rendez-vous.
Propriétaire : Famille Maroteaux
Directeur : François-Xavier Maroteaux et Jean-Dominique Videau
Maître de chai : Laurent Buzy-Debat
Œnologue : Éric Boissenot

★★

CHÂTEAU BRANE-CANTENAC

Ce second cru classé est dirigé avec conviction et talent par Henri Lurton, qui dispose à la fois d'un fort beau terroir et d'infrastructures modernes. Il y élabore des vins très fins, dans ce que l'on pourrait qualifier de signature margalaise, sans lourdeur ni effet de style, mais avec un fruit délicat. Ces vins ne s'imposent pas toujours dans les dégustations en primeur, mais évoluent avec grâce.

Les vins : le cru décolle littéralement depuis quelques millésimes et s'impose comme une des références de l'appellation. Un vin à la fois flamboyant et exquis, comme le très réussi 2017, le 2016 tout en équilibre mais actuellement un peu fermé ou le 2015 qui, a contrario, s'ouvre et libère une douceur de fruit et d'irrésistibles tanins suaves. Bravo pour cette série. Le Baron de Brane 2017 s'affiche tendre et fondu, mais juteux à souhait.

- Margaux 2016 — 90 € — 96
- Margaux 2017 — 70 € — 94
- Margaux Le Baron de Brane 2017 — 31 € — 91

Le coup de ♥

- Margaux 2015 — 90 € — 95

Rouge : 72 hectares. Cabernet-Sauvignon 55 %, Merlot 40 %, Cabernet franc 5 %
Blanc : 3 hectares.
Production moyenne : 150 000 bt/an

CHÂTEAU BRANE-CANTENAC
Chemin de Benqueyre, 33460 Margaux
05 57 88 83 33 • www.brane-cantenac.com • Vente et visites : au domaine sur rendez-vous.
Propriétaire : Henri Lurton
Directeur : Christophe Capdeville
Maître de chai : Florent Cillero
Œnologue : Éric Boissenot

★★

CHÂTEAU CALON-SÉGUR

Peu de crus classés peuvent se prévaloir ces dernières années d'une aussi impressionnante progression, saluée par les amateurs qui s'arrachent désormais les bouteilles. Acquis en 2012 par le groupe d'assurances Suravenir, Calon-Ségur a désormais tous les atouts dans sa manche : un vignoble entièrement repris en main grâce à un vaste programme de replantation et d'augmentation des densités et un outil de vinification et d'élevage très performant. Promu à la tête du cru, Vincent Millet, arrivé en 2006 comme directeur technique a beaucoup œuvré à ce renouveau. Calon fait désormais partie de la tête du peloton.

Les vins : Marquis de Calon 2017 est un bonbon, un délice de fruit suave et irrésistible, un second vin vraiment délicieux. En attendant de redéguster en bouteille le surprenant et atypique Calon 2018, d'une richesse jamais vue ici, on peut se tourner vers le très élégant 2017, tout en harmonie et en éclat de fruit. Un vin posé, équilibré et digeste qui n'aura pas peur de se frotter au temps.

- Saint-Estèphe Marquis de Calon 2017 — de 25 à 35 € (c) — 92

Le coup de ♥

- Saint-Estèphe 2017 — 90 € — 96

Rouge : 55 hectares.
Cabernet-Sauvignon 56 %, Merlot 35 %, Cabernet franc 7 %, Petit Verdot 2 %
Production moyenne : 80 000 bt/an

CHÂTEAU CALON-SÉGUR
33180 Saint-Estèphe
05 56 59 30 08 • www.calon-segur.fr • Vente et visites : au domaine sur rendez-vous.
Propriétaire : Assurances Suravenir
Directeur : Vincent Millet
Maître de chai : Philippe Curaudeau
Œnologue : Éric Boissenot

★★

CHÂTEAU CANTENAC-BROWN

La belle et imposante propriété margalaise produit avec une très belle régularité des vins de bon niveau, dignes de son classement. Son dynamique directeur, José Sanfins, formé à l'école Cazes et Axa Millésime sait élaborer des vins charmeurs, mais aussi profonds et gourmands (à l'image du blanc Alto, produit en faibles quantités). Un nouveau propriétaire, la famille Le Lous affiche des ambitions plus élevées encore. 10 hectares supplémentaires ont été acquis en 2020 et des travaux importants de modernisation de l'outil de production sont planifiés. Le cru ne s'endort pas sur ses lauriers !

Les vins : le 2017 est un margaux de belle facture, à la fois élégant, raffiné et tendu. Il déroule de belles saveurs de fruits rouges et termine avec beaucoup d'éclat. 2016 est évidemment plus construit et serré, avec une magnifique énergie. Brio, le délicieux second vin est juteux, avec une finale tendre et fruitée.

- Margaux 2016 — 60 € — 95
- Margaux 2017 — 50 € — 93
- Margaux Brio 2017 — de 28 à 32 € (c) — 91

Rouge : 51,2 hectares.
Cabernet-Sauvignon 65 %, Merlot 30 %, Cabernet franc 5 %
Blanc : 1,8 hectare. Sauvignon blanc 90 %, Sémillon 10 %
Production moyenne : 180 000 bt/an

CHÂTEAU CANTENAC-BROWN

Route d'Arsac, 33460 Cantenac
05 57 88 81 81 • www.cantenacbrown.com • Vente et visites : au domaine sur rendez-vous.
Propriétaire : Tristan Le Lous
Directeur : José Sanfins
Œnologue : Éric Boissenot

★★

CLOS DU MARQUIS

Longtemps estampillé comme le second vin de Léoville Las Cases, le Clos du Marquis est désormais un cru à part entière, issu d'une sélection de parcelles dédiées et situées au cœur de la zone des crus classés : il bénéficie de toute l'attention et du savoir-faire de l'équipe de Las Cases. Pas étonnant que son niveau soit celui d'un troisième grand cru classé, avec, qui plus est, une régularité impeccable. Une très belle affaire.

Les vins : on ne prendra pas les derniers millésimes en défaut. 2017 s'avère d'une étonnante constitution pour l'année, avec une sève impressionnante en bouche beaucoup d'allonge. Il révèlera des surprises au vieillissement. 2016 demeure magistral, profond et tendu. Taillé pour une grande garde. Quant à La Petite Marquise, le second vin, il joue d'un charme irrésistible et d'un accès bien plus immédiat.

- Saint-Julien 2017 — de 50 à 75 € (c) — 93
- Saint-Julien La Petite Marquise 2017 — de 25 à 40 € (c) — 90

Le coup de ♥

- Saint-Julien 2016 — de 70 à 90 € (c) — 95

Rouge : 45 hectares.
Cabernet-Sauvignon 66 %, Merlot 24 %, Cabernet franc 9 %, Petit Verdot 1 %
Production moyenne : 180 000 bt/an

CLOS DU MARQUIS

33250 Saint-Julien-Beychevelle
05 56 73 25 26 • www.domaines-delon.com • Vente et visites : au domaine sur rendez-vous.
Propriétaire : Famille Delon
Directeur : Pierre Graffeuille

★★

CHÂTEAU COS D'ESTOURNEL

L'homme d'affaire Michel Reybier, qui a acquis le cru en 2000, a mis de gros moyens pour doter Cos d'Estournel de tous les atouts nécessaires à l'élaboration du plus grand vin possible. La construction d'un des chais les plus performants au monde, par l'architecte Jean-Michel Wilmotte, en est l'illustration. Cos a toujours produit des vins expressifs et d'un style plutôt exubérant. Au début des années 2000, il a même parfois basculé dans la caricature, faisant passer au second plan la finesse que le terroir est capable d'exprimer. Les choses s'inversent et Cos retrouve avec les derniers millésimes une expression qui nous séduit à nouveau.

Les vins : le 2018 de Cos était l'une des belles révélations du millésime, affichant un style bien plus fin et digeste que certains millésimes par le passé. Il est au rendez-vous : derrière sa belle ampleur, on retrouve une finale fraîche et une belle tension dans le fruit. 2017 est dans cette lignée, avec de la droiture et un bel équilibre qui préserve le côté juteux et frais du fruit. Les Pagodes 2017 est aussi bien en place, avec beaucoup de charme et d'éclat en cœur de bouche comme en finale.

- Saint-Estèphe 2017 — 150 € — 95

Saint-Estèphe Les Pagodes de Cos 2017 42 € 92

Le coup de ♥

Saint-Estèphe 2018 201,60 € 97

Rouge : 100 hectares.
Cabernet-Sauvignon 60 %, Merlot 40 %

CHÂTEAU COS D'ESTOURNEL
33180 Saint-Estèphe
05 56 73 15 50 • www.estournel.com • Vente et visites : au domaine sur rendez-vous.
Propriétaire : Michel Reybier

★★

CHÂTEAU GRAND-PUY-LACOSTE

Ce domaine a connu deux propriétaires seulement en 75 ans : Raymond Dupin, de 1932 à 1978, puis la famille Borie, représentée aujourd'hui par François-Xavier et sa fille Emeline. Ils dirigent ce cinquième cru classé au vignoble homogène sur le plateau de graves et d'argiles de Grand-Puy, avec une bonne proportion de vieilles vignes. La régularité est sans faille depuis déjà une bonne décennie et certains millésimes plus anciens surprennent toujours. "GPL", comme on dit à Bordeaux, produit un pauillac classique, plein et nerveux, aux tanins richement épicés, de style plutôt droit. Il acquiert, dans les grands millésimes, un moelleux magnifique qui gagne à vieillir.

Les vins : vous pouvez y aller en confiance, les vins issus des derniers millésimes sont bien en place et réguliers. 2016 est solide, profond et ira loin. Le 2017 ne manque pas d'attraits, avec un fruit savoureux, une bouche bien élancée et une belle persistance.

Pauillac 2016 de 80 à 100 € (c) 95

Pauillac 2017 75 € 93

Rouge : 60 hectares. Cabernet-Sauvignon 75 %, Merlot 20 %, Cabernet franc 5 %
Production moyenne : 150 000 bt/an

CHÂTEAU GRAND-PUY-LACOSTE
BP 82, 33250 Pauillac
05 56 59 06 66 •
www.grand-puy-lacoste.com • Vente et visites : au domaine sur rendez-vous.
Propriétaire : François-Xavier Borie
Directeur : Emeline Borie

★★

CHÂTEAU GRUAUD LAROSE

Très bien situé, le vignoble occupe un plateau de graves profondes, d'une homogénéité parfaite, dans la partie sud de la commune de Saint-Julien, où les vignes s'épanouissent remarquablement. Connu pour avoir produit dans les années 1980 et 1990 des vins puissants, montrant souvent une définition un rien animale, le cru propose des millésimes récents plus précis dans les arômes. La famille Merlaut optimise les installations techniques que le groupe Alcatel, éphémère propriétaire, avait permis d'installer. Elle a choisi également de donner aux vins de Gruaud Larose un profil plus friand et gourmand, afin de les rendre accessibles dans leur jeunesse. Les derniers millésimes montrent un progrès en ce sens, avec des vins qui ont aussi gagné en précision. La politique tarifaire défendue par Jean Merlaut fait de Gruaud une marque toujours accessible, ce dont nous nous félicitons.

Les vins : il ne faut pas rater les derniers millésimes qui portent le château vers les plus hauts niveaux, dans un style qui fait désormais davantage place à la finesse. Le 2018 est une bombe, un vin tout en muscle, puissance et largeur de bouche. Il affiche un profil presque exotique, tout en gardant un côté digeste. On se régalera aussi du 2017 qui déploie une bouche empreinte de finesse, avec beaucoup de fruit et de douceur. Il est admirablement en place.

Saint-Julien 2017 65 € 95

Le coup de ♥

Saint-Julien 2018 77 € 97

Rouge : 82 hectares.
Cabernet-Sauvignon 69 %, Merlot 29 %, Cabernet franc 2 %
Production moyenne : 350 000 bt/an

CHÂTEAU GRUAUD LAROSE
33250 Saint-Julien-Beychevelle
05 56 73 15 20 • www.gruaud-larose.com •
Vente et visites : au domaine sur rendez-vous.
Propriétaire : Jean Merlaut
Directeur : Nicolas Sinoquet
Maître de chai : Stéphanie Lebaron
Œnologue : Éric Boissenot

★★

CHÂTEAU HAUT-MARBUZET

Aucun cru à Bordeaux ne peut se targuer de réunir une telle communauté d'amateurs inconditionnels. Depuis plus de trente ans, Haut-Marbuzet et son truculent et dynamique propriétaire, Henri Dubosq, désormais épaulé par ses fils, ont conquis le cœur des œnophiles avertis. Si l'on a longtemps considéré les vins comme charmeurs dans leur jeunesse (ce qu'ils sont indéniablement), mais limités en terme de potentiel de garde, il faut déguster des millésimes mûrs de ce cru de Saint-Estèphe pour comprendre que son terroir est surtout capable d'engendrer des vins qui vieillissent à merveille. Les vieux merlots plantés sur argile bleue confèrent au bouquet de Haut-Marbuzet de superbes notes de truffes qui évoquent certains vieux pomerols. Comme beaucoup, le cru a connu une petite baisse de régime au début de la décennie 2000, mais le retour en force ces dernières années le rend plus indispensable que jamais dans la cave des amateurs. Le quatuor 2015, 2016, 2017 et 2018 lui a permis de retrouver une deuxième étoile bien méritée.

Les vins : la dernière trilogie de millésimes produits porte le cru vers ses plus hauts niveaux. Derrière un 2016 très classique et profond, le 2017 déroule surtout une matière élégante et soyeuse à souhait, avec le toucher de bouche qui fait le succès du cru. 2018 est explosif : il exprime un fuit généreux, charnu et plein, avec beaucoup de richesse, mais aussi une finale tonique.

- Saint-Estèphe 2016 — 39 € — 95
- Saint-Estèphe 2017 — de 32 à 50 € (c) — 93

Le coup de ♥

- Saint-Estèphe 2018 — 42 € — 94

Rouge : 70 hectares. Merlot 55 %, Cabernet-Sauvignon 40 %, Cabernet franc 3 %, Petit Verdot 2 %
Production moyenne : 390 000 bt/an

CHÂTEAU HAUT-MARBUZET
33180 Saint-Estèphe
05 56 59 30 54 • infos@haut-marbuzet.net •
Vente et visites : au domaine sur rendez-vous.
Propriétaire : GFA des Vignobles H. Duboscq et Fils
Directeur : Henri Duboscq
Maître de chai : Henri Duboscq

★★

CHÂTEAU D'ISSAN

En dehors d'un somptueux château, Issan peut se prévaloir de bénéficier d'un des rares vignobles historiques n'ayant pas été remembré, idéalement placé en bord de Gironde et contenu au sein d'un clos magnifique. Les vins ont, grâce au travail d'Emmanuel Cruse et de son équipe, gagné en épaisseur, en intensité et en profondeur ces dernières années, tout en conservant un toucher très soyeux. Ils font désormais partie de l'élite de l'appellation.

Les vins : le 2017 est une grande réussite et le vin semble l'un des plus fins de l'appellation. Il se révèle d'ailleurs après une longue aération et fait alors montre d'une suavité et d'une intensité de saveurs remarquables. Il succède à une référence que demeure le 2016, plein et charnu, avec beaucoup de fond et d'équilibre. Le Blason offre lui un fruité tendre et une matière bien fondue. Débouchez-le sans vous presser.

- Margaux Blason d'Issan 2017 — 28 € — 90

Le coup de ♥

- Margaux 2017 — 60 € — 94

Rouge : 30 hectares.
Cabernet-Sauvignon 65 %, Merlot 35 %
Production moyenne : 103 000 bt/an

CHÂTEAU D'ISSAN
Chemin de la Ménagerie, 33460 Cantenac
05 57 88 35 91 • www.chateau-issan.com •
Vente et visites : au domaine sur rendez-vous.
Propriétaire : Famille Cruse et Jacky Lorenzetti
Directeur : Emmanuel Cruse

★★

CHÂTEAU LYNCH-BAGES

Jean-Charles Cazes, personnalité médocaine exceptionnelle et infatigable ambassadeur des vins de Bordeaux, a réalisé à Lynch-Bages un travail exceptionnel, portant ce cinquième cru au niveau de bien des seconds. La magnifique propriété familiale, excellemment située sur le plateau de Bages, a produit une impressionnante série de vins sans aucun point faible depuis le début des années 1970, imposant son style riche, séduisant et immédiatement accessible, tout en étant capable de vieillir avec grâce.

Depuis quelques millésimes, le cru a encore gagné en définition et en précision. La livraison d'un nouvel outil de production, prévue pour la vendange 2020, pourrait le pousser encore plus loin.

Les vins : le 2017 n'a rien perdu de son côté flamboyant, avec une bouche charnue et crémeuse et un fruit toujours vibrant. Un bon classique du cru. Il succède à un 2016 épatant et plus profond encore, un vin qui évolue très lentement et se montre explosif en finale. Écho, le second vin s'aborde par son côté gourmand et délicieusement arrondi.

Pauillac 2017 — de 120 à 150 € (c) — 94

Pauillac Écho de Lynch-Bages 2017 — 40 € — 92

Le coup de ♥

Pauillac 2016 — de 120 à 150 € (c) — 97

Rouge : 100 hectares.
Cabernet-Sauvignon 70 %, Merlot 24 %, Cabernet franc 4 %, Petit Verdot 2 %
Blanc : 7 hectares. Sauvignon blanc 63 %, Sémillon 25 %, Muscadelle 12 %
Production moyenne : 420 000 bt/an

CHÂTEAU LYNCH-BAGES
33250 Pauillac
05 56 73 24 00 • www.lynchbages.com •
Vente et visites : au domaine sur rendez-vous.
Propriétaire : Famille Cazes
Directeur : Jean-Charles Cazes
Maître de chai : Nicolas Labenne
Œnologue : Daniel Llose

★★

CHÂTEAU LÉOVILLE POYFERRÉ

Ce deuxième cru classé atteint désormais le niveau des meilleurs et pourrait bientôt prétendre à une troisième étoile. Le terroir confère au vin de Poyferré sa profondeur de robe, sa chair ample et nerveuse, son large bouquet épicé, ainsi que son potentiel de longévité. Dans un style plus opulent que son voisin Barton et plus crémeux que Las Cases, il a trouvé son style et peut désormais compter sur un vignoble d'âge respectable et sur un outil de vinification performant. Didier Cuvelier qui peut être fier du travail accompli depuis la fin des années 1970 a pris sa retraite en 2018, laissant les rênes à Sarah Lecompte-Cuvelier.

Les vins : 2018 est un Poyferré atypique, porté par la richesse et la chaleur du millésime. Très mûr, riche, chaud, il impressionne par son volume, mais aussi par sa capacité à s'équilibrer. 2017 se met bien en place et conserve son charme et sa belle définition. Un vin crémeux et rond.

Saint-Julien 2017 — 120 € — 95

Le coup de ♥

Saint-Julien 2018 — 92,40 € — 97

Rouge : 60 hectares.
Cabernet-Sauvignon 65 %, Merlot 25 %, Petit Verdot 8 %, Cabernet franc 2 %
Production moyenne : 200 000 bt/an

CHÂTEAU LÉOVILLE POYFERRÉ
38, rue de Saint-Julien
33250 Saint-Julien-Beychevelle
05 56 59 08 30 • www.leoville-poyferre.fr •
Vente et visites : au domaine sur rendez-vous.
Propriétaire : Famille Cuvelier
Directeur : Sara Lecompte-Cuvelier
Maître de chai : Didier Thomann
Œnologue : Isabelle Davin

★★

CHÂTEAU MALESCOT SAINT-EXUPÉRY

Ce petit cru de Margaux continue, sans faire de bruit, à élaborer quelques-uns des vins les plus attachants et originaux de l'appellation. Un succès que l'on doit à son propriétaire, Jean-Luc Zuger, consciencieux et toujours à l'affût de nouvelles pistes à explorer. Disposant d'un remarquable terroir (en partie voisin du château Margaux), il exprime la suavité et la maturité du fruit comme nul autre : le vin brille toujours par sa texture crémeuse, presque bourguignonne, et ses tanins raffinés. La régularité des derniers millésimes est irréprochable.

Les vins : après un 2016 absolument remarquable de profondeur, de suavité et d'équilibre, le 2017 est lui aussi très réussi, dans un registre de finesse extrême, avec un fruit mûr et une belle douceur dans les tanins, une autre belle référence au charme plus immédiat, mais promis à une belle garde.

Margaux 2017 — 49 € — 95

Rouge : 23 hectares.
Cabernet-Sauvignon 50 %, Merlot 35 %, Cabernet franc 10 %, Petit Verdot 5 %
Production moyenne : 220 000 bt/an

CHÂTEAU MALESCOT SAINT-EXUPÉRY

16, rue Georges-Mandel, BP 8,
33460 Margaux

05 57 88 97 20 • www.malescot.com • Visites : sur rendez-vous uniquement aux professionnels.

Propriétaire : Jean-Luc Zuger

Directeur : Gilles Pouget

Maître de chai : Marie Chaballier

Œnologue : Michel Rolland

★★

CHÂTEAU MONTROSE

Les entrepreneurs Martin et Olivier Bouygues sont propriétaires de ce célèbre cru classé depuis 2006. Ils exploitent à merveille l'un des plus beaux terroirs du Médoc qui, à de nombreuses reprises par le passé, s'est distingué en produisant des vins pouvant atteindre, voire dépasser, le niveau des premiers grands crus classés. Lorsque l'année est chaude et sèche, comme ce fut le cas en 2003, 2009, 2010 ou même 2011, Montrose offre alors une distinction hors-norme. Hervé Berland, qui le dirige aujourd'hui le porte vers un niveau de définition et de précision jamais vu ici. Il se rapproche d'une troisième étoile.

Les vins : qu'on se le dise, les vins de Montrose ne sont pas faits pour les impatients et les derniers millésimes, très brillants, sont partis pour une longue garde. En 2018, le vin est concentré, musclé et retenu, mais la matière est là, dense et intense. Il impressionne par sa longueur et sa définition. Long et défini, le 2017 l'est aussi, il demeure toutefois très serré et nécessite une longue aération pour se déployer. Il n'en possède pas moins une grande race. Pour approcher plus rapidement le style des vins de la maison, on pourra se tourner vers le second vin : La Dame 2018 possède une très belle sève et un corps majestueux. C'est une bouteille impressionnante de précision en bouche. 2017 commence pour sa part à se dévoiler.

- Saint-Estèphe 2017 — de 140 à 160 € (c) — 95
- Saint-Estèphe La Dame de Montrose 2017 — 37 € — 91
- Saint-Estèphe La Dame de Montrose 2018 — 37 € — 93

Le coup de ♥

- Saint-Estèphe 2018 — 185 € — 98

Rouge : 95 hectares.
Cabernet-Sauvignon 60 %, Merlot 32 %, Cabernet franc 6 %, Petit Verdot 2 %
Production moyenne : 400 000 bt/an

CHÂTEAU MONTROSE
33180 Saint-Estèphe
05 56 59 30 12 •
www.chateau-montrose.com • Vente et visites : au domaine sur rendez-vous.
Propriétaire : Martin et Olivier Bouygues
Directeur : Hervé Berland
Maître de chai : Vincent Decup

★★

CHÂTEAU PICHON LONGUEVILLE COMTESSE DE LALANDE

Dans le giron depuis 2007 de la famille Rouzaud (champagnes Louis Roederer), le cru a ouvert il y a bientôt une décennie une nouvelle page de son histoire. Dirigé par Nicolas Glumineau, il se relance depuis dans la course à l'excellence et entend reprendre la place de "super second" qu'il avait dans les années 1980, grâce à la production d'une série de vins légendaires (1982, 1986, 1989). Si la décennie 2000 fut moins réussie, les derniers millésimes, livrant un vin plus précis et plus droit, davantage marqué par les cabernets, sont bien plus convaincants.

Les vins : le coup d'accélérateur est net et Pichon Comtesse enchaîne les grandes réussites. Il n'y a pas grand chose à redire sur les derniers millésimes. Le 2017 est toujours au rendez-vous, fait montre d'une droiture et d'une race remarquables. Un Pichon qui fait désormais parler les cabernets et qui gagne en droiture et en pureté. Nouvelle étiquette et nouvelle dénomination pour le second vin désormais baptisé Pichon Comtesse Réserve, très séducteur, dans un style qui ne manque pas de profondeur. On pourrait être surpris par ses facultés d'évolution. 2016 poursuit une évolution tranquille, avec une sève impressionnante. Il a l'avenir devant lui.

- Pauillac 2016 — 235 € — 97

Pauillac Réserve de Pichon Comtesse 2017 — 42 € — 92

Le coup de ♥

Pauillac 2017 — 132 € — 95

Rouge : 90 hectares.
Cabernet-Sauvignon 62 %, Merlot 28 %, Cabernet franc 7 %, Petit Verdot 3 %
Production moyenne : 400 000 bt/an

CHÂTEAU PICHON LONGUEVILLE COMTESSE DE LALANDE
Route des Châteaux, 33250 Pauillac
05 56 59 19 40 • www.pichon-comtesse.com • Vente et visites : au domaine sur rendez-vous.
Propriétaire : Famille Rouzaud
Directeur : Nicolas Glumineau

★★

CHÂTEAU RAUZAN-SÉGLA

Appartenant à la famille Wertheimer (Chanel), également propriétaire de Château Canon à Saint-Émilion, ce prestigieux domaine produit des vins qui n'imposent jamais leur puissance mais impriment avec délicatesse la distinction et la finesse de l'un des plus beaux terroirs de Margaux. Depuis 2000, il offre l'un des plus grands vins du Médoc, mêlant raffinement et fraîcheur, mais aussi persistance. Le vin ne sort pas toujours du lot en primeur, mais tranquillement, en cours d'élevage, la race du terroir et la noblesse du style s'affirment. Il vieillit de surcroît admirablement bien et gagne vraiment en complexité, comme en témoignent de nombreux millésimes anciens. Une référence très sûre dans l'appellation.

Les vins : le style Rauzan-Ségla est parfaitement en place et les vins des derniers millésimes sont au sommet de l'appellation. 2018 impressionne par sa puissance contenue et sa densité. Il est encore sur la réserve, massif, mais très civilisé, avec des tanins veloutés et suaves, une petite touche épicée en finale : très complet. Des millésimes plus anciens comme les 2011 ou 2012 sont parfaitement en place, avec ce soyeux de tanins et cette allonge qui les distinguent. Ségla 2018 est aussi un vin délicieux, très expressif, ample et charnu en bouche, déjà très accessible.

Margaux 2012 — 47 € — 95

Margaux 2018 — 136 € — 97

Margaux Ségla 2018 — de 35 à 45 € (c) — 93

Rouge : 66 hectares.
Production moyenne : 220 000 bt/an

CHÂTEAU RAUZAN-SÉGLA
33460 Margaux
05 57 88 82 10 • www.chateaurauzansegla.com • Visites : sur rendez-vous uniquement aux professionnels.
Propriétaire : Famille Wertheimer
Directeur : Nicolas Audebert
Maître de chai : Henry de Ruffray

★★

CHÂTEAU SAINT-PIERRE (MÉDOC)

Ce cru classé a longtemps été le plus méconnu du vignoble de Saint-Julien. Il a été racheté en 1982 par Henri Martin, propriétaire du célèbre cru bourgeois Château Gloria qui a reconstitué son terroir tel qu'il existait au moment du classement. Sa fille Françoise, l'époux de cette dernière, Jean-Louis Triaud, ancien président des Girondins de Bordeaux, désormais assistés de leurs enfants ont, avec la complicité de Rémi di Constanzo, le maître de chai, métamorphosé le cru ces dernières années. Doté d'un outil de vinification performant, il semble gagner millésime après millésime la petite pureté qui pouvait parfois lui manquer naguère.

Les vins : sérieux et bien construits, les derniers millésimes donnent une impression de plus grande précision. 2017 est un vin très savoureux, au fruit juteux et aux tanins fins. On le boira plus rapidement que le 2016 à la bouche plus serrée mais très énergique.

Saint-Julien 2016 — de 80 à 100 € (c) — 95

Le coup de ♥

Saint-Julien 2017 — 65 € — 94

Rouge : 17 hectares. Cabernet-Sauvignon 75 %, Merlot 15 %, Cabernet franc 10 %
Production moyenne : 60 000 bt/an

CHÂTEAU SAINT-PIERRE (MÉDOC)
Château Gloria,
33250 Saint-Julien-Beychevelle

05 56 59 08 18 • www.domaines-henri-martin.com • Vente et visites : au domaine sur rendez-vous.
Propriétaire : Jean Triaud
Directeur : Rémi di Constanzo
Maître de chai : Philippe Blanchard

★★ ↗

CHÂTEAU TALBOT

Une deuxième étoile vient récompenser les progrès notables réalisés depuis une décennie à Talbot. Cette marque forte, appréciée à juste titre, est fortement repartie de l'avant, élaborant désormais les vins que nous attendons de lui. Doté d'un outil performant et moderne, habilement piloté, le vaste cru de Nancy Bignon-Cordier renoue avec la gloire de son passé, produisant des vins plus subtils et raffinés que jamais.

Les vins : Connétable est un vin de pur plaisir, servi par un fruité à la fois tendre et suave. Il livre une bouche cohérente et de belle tenue. Le 2017 est très en place, à la fois dense et puissant, mais tenu. Droit et pur, c'est un très beau Talbot racé qui ira loin. 2018 a accouché d'un vin riche et exubérant, plein, à la bouche charnue, aux notes de fruits noirs mûrs. Indéniablement très séduisant.

- Saint-Julien 2017 — 55 € — 93
- Saint-Julien Connétable de Talbot 2017 — 23 € — 91

Le coup de ♥

- Saint-Julien 2018 — 60 € — 95

Rouge : 105 hectares.
Cabernet-Sauvignon 66 %, Merlot 26 %, Petit Verdot 5 %, Cabernet franc 3 %
Blanc : 5 hectares. Sauvignon blanc 86 %, Sémillon 14 %
Production moyenne : 550 000 bt/an

CHÂTEAU TALBOT
33250 Saint-Julien-Beychevelle
05 56 73 21 50 • www.chateau-talbot.com • Vente et visites : au domaine sur rendez-vous.
Propriétaire : Nancy Bignon-Cordier
Directeur : Jean-Michel Laporte
Maître de chai : Jean-Max Drouilhet

★

CHÂTEAU D'ARMAILHAC

Dirigé avec efficacité par l'équipe de Mouton Rothschild, Château d'Armailhac représente une excellente affaire pour les amateurs. Son prix très raisonnable et sa régularité font de lui un cru désormais incontournable. L'exposition sur des croupes graveleuses proches de Mouton Rothschild et de Pontet-Canet se montre de qualité, et l'encépagement comporte un bon pourcentage de cabernet-sauvignon. Sous l'impulsion de Philippe Dhalluin, qui a désormais passé la main à Jean-Emmanuel Danjoy, le vin a gagné en constitution depuis une décennie, et il est toujours amusant de le comparer à son compagnon d'écurie Clerc Milon, qui s'appuie davantage sur le merlot.

Les vins : très ample et solaire, le 2018 est un vin qui impressionne par sa densité, ses notes de cerises noires et le côté voluptueux de sa finale, sans pour autant mollir. Plus élancé, 2017 est moins richement constitué, il a toutefois pour lui un côté souple, digeste et des notes de fruits frais.

- Pauillac 2017 — de 50 à 53 € (c) — 93

Le coup de ♥

- Pauillac 2018 — 49,80 € — 94

Rouge : 70 hectares. Cabernet-Sauvignon 52 %, Merlot 36 %, Cabernet franc 11 %, Petit Verdot 1 %

CHÂTEAU D'ARMAILHAC
33250 Pauillac
05 56 73 20 20 • www.chateau-darmailhac.com • Pas de visites.
Propriétaire : Philippe Sereys de Rothschild, Camille Sereys de Rothschild et Julien de Beaumarchais de Rothschild
Directeur : Jean-Emmanuel Danjoy
Maître de chai : Cédric Marc

★

CHÂTEAU BELGRAVE

Voisin des châteaux La Tour Carnet, Camensac et Lagrange, à un ruisseau de l'appellation Saint-Julien, Belgrave est géré en fermage par la maison de négoce Dourthe, elle-même propriété du groupe champenois Thiénot. Le cru a effectué des progrès notoires sous la direction de Frédéric Bonnaffous. Outre d'importants efforts réalisés à la vigne, la propriété a bénéficié d'investissements importants. Le vin, d'un style charnu et épanoui mais profond, s'est particulièrement affiné et s'est installé comme l'une des valeurs sûres de l'appellation. Les derniers millésimes constituent d'excellentes affaires pour les amateurs.

Les vins : imposant, avec une bouche riche et grasse, le 2018 se montre fermé pour l'heure. Il déploie d'abondants tanins mûrs et gourmands, provoquant une sensation sucrée. Il faut le laisser se poser.

- Haut-Médoc 2017 de 35 à 45 € (c) 92
- Haut-Médoc 2018 32 € 94

Rouge : 59 hectares. Merlot 54 %, Cabernet-Sauvignon 42 %, Petit Verdot 4 %
Production moyenne : 350 000 bt/an

CHÂTEAU BELGRAVE
33180 Saint-Laurent-du-Médoc
05 56 35 53 00 • www.dourthe.com • Vente et visites : au domaine sur rendez-vous.
Propriétaire : Vignobles Dourthe
Directeur : Frédéric Bonnaffous

★

CHÂTEAU BELLE-VUE

Depuis quelques années, ce petit cru du sud du Médoc s'impose comme une valeur sûre. Les vins sont ici d'une régularité sans faille depuis déjà quelques millésimes. Particularité, l'encépagement est fortement marqué par le petit verdot, cépage qui donne d'ailleurs naissance à une cuvée originale. D'un rapport qualité-prix très intéressant, les vins produits ici ont toute leur place dans la cave des amateurs.

Les vins : nous avons un petit faible pour la cuvée de petit verdot, issue d'une vigne de 1936. Le vin est d'une admirable gourmandise, marqué par une finale saline. 2017 croque sous la dent, tandis que 2018 ajoute du volume et du charnu. Le haut-médoc 2018 jouit d'une très belle harmonie, avec du gras, du volume, mais aussi beaucoup de définition et de saveurs en finale.

- Bordeaux Petit Verdot by Belle-Vue 2017 de 20 à 21 € (c) 91
- Bordeaux Petit Verdot by Belle-Vue 2018 25 € 91
- Haut-Médoc 2018 16 € 93

Rouge : 14,58 hectares.
Cabernet-Sauvignon 50 %, Merlot 30 %, Petit Verdot 20 %
Production moyenne : 110 000 bt/an

CHÂTEAU BELLE-VUE
103, route de Pauillac, 33460 Macau
05 57 88 19 79 • www.chateau-belle-vue.fr • Vente et visites : au domaine sur rendez-vous.
Propriétaire : Héritiers Vincent Mulliez
Directeur : Yannick Reyrel
Maître de chai : Jérôme Pineau
Œnologue : Christophe Coupez

★

CHÂTEAU BEYCHEVELLE

Depuis 2011, cette propriété emblématique de Saint-Julien appartient pour moitié à Pierre Castel et pour l'autre au groupe japonais Suntory. Il jouit d'une fort belle réputation, produisant avec régularité des vins élégants et toujours digestes. Sans être les plus démonstratifs, ils vieillissent aussi très bien. Comme bien des crus du Médoc, le château s'est mis "à la page" du côté des infrastructures de vinification et semble encore progresser dans la précision de ses vins.

Les vins : avec les derniers millésimes, le château se rapproche de la deuxième étoile. L'Amiral 2017 s'offre avec élégance et raffinement, d'une accès rapide, il commence à nous régaler. Le grand vin déploie en 2018 une bouche très fine, offre beaucoup de fruit et de douceur. Il est parfaitement en place, tout comme le 2017, plus souple évidemment, mais très racé, équilibré et surtout charmeur en diable.

- Saint-Julien 2017 de 80 à 100 € (c) 94
- Saint-Julien Amiral de Beychevelle 2017 de 38 à 52 € (c) 90

Le coup de ♥

- Saint-Julien 2018 100 € 96

Rouge : 90 hectares.
Production moyenne : 480 000 bt/an

CHÂTEAU BEYCHEVELLE
33250 Saint-Julien-Beychevelle
05 56 73 20 70 • www.beychevelle.com • Vente et visites : au domaine sur rendez-vous.

Propriétaire : Pierre Castel et Groupe Suntory
Directeur : Philippe Blanc

★

CHÂTEAU BOYD-CANTENAC

Discrète et petite propriété d'à peine 17 hectares, Boyd-Cantenac est conduit par Lucien Guillemet, épaulé par son neveu Olivier Salques. Ici, rien de démonstratif, ni chais spectaculaires, ni château flamboyant, mais un esprit modeste et familial qui fait de ce cru un des derniers mohicans du Médoc. Le sens de la vinification, la compréhension du terroir et la définition d'un style élégant ont fait du cru une valeur sûre de l'appellation. Mais les derniers millésimes nous semblent marqués par des boisés qui ne collent plus forcément à leur époque. Bien entendu, le fond de vin est là et le temps fera sans doute son affaire. Il n'empêche, face à une concurrence très affûtée, ce petit côté anachronique nuit aux vins de Boyd. C'est à contre-cœur que nous lui enlevons une étoile cette année.

Les vins : si la matière et le corps du 2018 sont remarquables, avec un très beaux soyeux, nous sommes plus circonspects face au bois qui prend le pas aromatiquement sur l'ensemble. Le temps fondra tout cela, mais il faudra être patient. Nous retrouvons un peu le même sentiment à la relecture du 2017 : le boisé étouffe là encore une matière élégante et très équilibrée.

Margaux 2016	de 45 à 55 € (c)	92
Margaux 2017	56 €	92
Margaux 2018	45,60 €	93

Rouge : 17 hectares. Cabernet-Sauvignon 66 %, Merlot 30 %, Petit Verdot 4 %
Production moyenne : 70 000 bt/an

CHÂTEAU BOYD-CANTENAC
11, route de Jean-Faure, 33460 Cantenac
05 57 88 90 82 • www.boyd-cantenac.fr •
Vente et visites : au domaine sur rendez-vous.
Propriétaire : Famille Guillemet
Directeur : Lucien Guillemet

★

CHÂTEAU BRANAS GRAND POUJEAUX

Bien situé entre Chasse-Spleen et Poujeaux, sur le plateau de Grand Poujeaux, le château connaît une nouvelle vie depuis son rachat par Justin Onclin, également en charge de Prieuré-Lichine à Margaux et propriétaire du château Villemaurine à Saint-Émilion. Le domaine s'est doté de toutes les installations techniques nécessaires à l'élaboration d'un grand vin et propose depuis déjà quelques millésimes un des moulis les plus séduisants et charmeurs.

Les vins : mûr, rond et généreusement boisé, Les Éclats de Branas se montre exubérant en 2016. Le moulis 2016 est lui aussi imposant, très charnu, doté d'un fruit mûr, légèrement confit. Il doit canaliser tout cela et se fondre. Patience.

Moulis 2016	36 €	93
Moulis Les Éclats de Branas 2016	20 €	89

Rouge : 12 hectares. Merlot 50 %, Cabernet-Sauvignon 45 %, Petit Verdot 5 %
Production moyenne : 35 000 bt/an

CHÂTEAU BRANAS GRAND POUJEAUX
33480 Moulis-en-Médoc
05 56 58 93 30 •
www.branasgrandpoujeaux.com • Vente et visites : au domaine sur rendez-vous.
Propriétaire : Justin Onclin
Directeur : Cynthia Capelaere
Œnologue : Hubert de Boüard

★

CHÂTEAU CANTEMERLE

Philippe Dambrine maîtrise bien son sujet et les amateurs avisés doivent s'intéresser de près à ce cru dont les derniers millésimes sont de belles réussites, à des prix demeurant très abordables. Si Cantemerle a toujours produit des vins élégants et digestes, ceux élaborés depuis une dizaine d'années ajoutent un supplément de profondeur et de définition, et le positionnent clairement comme l'un des meilleurs rapports qualité-prix de tout le Médoc. Le travail au vignoble et les choix de vinification et d'assemblage opérés depuis quelques années paient. Il faut en profiter, d'autant que le potentiel de garde est remarquable.

Les vins : le 2018 absorbe bien la richesse du millésime. Le château a élaboré un vin digeste, séduisant et au final assez classique. On se régalera auparavant du 2017, élégant et frais, avec un côté délié et souple.

Haut-Médoc 2017	31 €	92

Haut-Médoc 2018 | 30 € | 93

Rouge : 93 hectares.
Cabernet-Sauvignon 64 %, Merlot 27 %, Cabernet franc 5 %, Petit Verdot 4 %
Production moyenne : 420 000 bt/an

CHÂTEAU CANTEMERLE
33460 Macau
05 57 97 02 82 • www.cantemerle.com • Vente et visites : au domaine sur rendez-vous.
Propriétaire : Groupe SMA
Directeur : Philippe Dambrine
Œnologue : Éric Boissenot

★

CHÂTEAU CHASSE-SPLEEN

Ce cru jouit d'une excellente réputation, bien méritée d'ailleurs. Chasse-Spleen possède un très beau terroir, situé, pour une grande part, sur les magnifiques sols de graves du secteur de Grand Poujeaux. Sa richesse de constitution et sa puissance aromatique le situent en tête de l'appellation, avec des vins toujours élégants, digestes et évitant le caractère parfois un peu rustique que l'on trouve dans le secteur.

Les vins : leur style en fait des vins charmeurs qui se consomment idéalement entre cinq et dix ans d'âge. Le 2017 est fin, porté par une bouche souple et agréable, bien en place et fondue. 2016 est plus musclé, mais ne manque pas d'élégance.

Moulis 2016 | 30 € | 94
Moulis 2017 | de 27 à 35 € (c) | 92

Rouge : 103,5 hectares.
Cabernet-Sauvignon 52 %, Merlot 40 %, Petit Verdot 5 %, Cabernet franc 3 %
Blanc : 3,5 hectares. Sémillon 45 %, Sauvignon blanc 45 %, Muscadelle 10 %
Production moyenne : 700 000 bt/an

CHÂTEAU CHASSE-SPLEEN
32, chemin de la Raze,
33480 Moulis-en-Médoc
05 56 58 02 37 • www.chasse-spleen.com • Vente et visites : au domaine sur rendez-vous.
Propriétaire : Céline Villars-Foubet

★

CHÂTEAU CLARKE

Dans cette propriété historique du Médoc, acquise en 1973 par le baron Edmond de Rothschild, le vignoble a été totalement replanté et des installations techniques de premier ordre ont été mises en place. Le domaine est désormais dirigé par son fils Benjamin, et l'équipe produit un vin de très belle régularité, avec une dominante de merlot, ce qui lui confère opulence et ampleur. Il a néanmoins gagné en finesse ces dernières années.

Les vins : Merle Blanc est un blanc médocain de belle facture, produit sur 3 hectares et porté par les sauvignons. Le 2019 est équilibré par une belle tension. C'est un des plus aboutis produits par le cru. Clarke 2017 dévoile un nez de cassis et une bouche de bel équilibre, sans manquer de fond. Il confirme le virage pris ici vers davantage de finesse.

Bordeaux Le Merle Blanc 2019 | 24 € | 91
Listrac-Médoc 2017 | 32 € | 92

Rouge : 55 hectares. Merlot 70 %, Cabernet-Sauvignon 30 %
Blanc : 3 hectares. Sauvignon blanc 70 %, Muscadelle 10 %, Sauvignon gris 10 %, Sémillon 10 %
Production moyenne : 250 000 bt/an

CHÂTEAU CLARKE
1, route de Listrac, 33480 Listrac-Médoc
05 56 58 38 00 • www.edmondderotschildheritage.com • Pas de visites.
Propriétaire : Benjamin de Rothschild
Directeur : Boris Bréau
Maître de chai : Mireille Segonne
Œnologue : Fabrice Darmaillacq

★

CHÂTEAU CLERC MILON

Ce château fait partie de l'écurie des domaines Rothschild (Mouton). Il est toujours passionnant de le comparer à son frère Armailhac. Vinifié par la même équipe, le second joue le classicisme, avec une proportion significative de cabernet-sauvignon dans son assemblage, tandis que le premier compte sur une proportion plus importante de merlot. Après une période en dents de scie, le cru retrouve son meilleur niveau, avec une concentration et un velouté mieux définis. Entre 2007 et 2011, les infrastructures ont été modernisées, lui permettant de gagner en définition.

Les vins : en 2018, le cru gère parfaitement la richesse du millésime. Le vin explose de fruit tout en étant affûté et en gardant un fruit très énergique et tonique. 2017 montre la voie, avec un vin élancé, tonique et savoureux en cœur de bouche. Deux belles réussites pour le cru.

- Pauillac 2017 de 70 à 100 € (c) 93

Le coup de ♥

- Pauillac 2018 90 € 95

Rouge : 41 hectares. Cabernet-Sauvignon 50 %, Merlot 37 %, Cabernet franc 10 %, Petit Verdot 2 %, Carmenère 1 %

CHÂTEAU CLERC MILON
Lieu-dit Mousset, 33250 Pauillac
05 56 73 20 20 • www.chateau-clerc-milon.com • Vente et visites : au domaine sur rendez-vous.
Propriétaire : Philippe Sereys de Rothschild, Camille Sereys de Rothschild et Julien de Beaumarchais de Rothschild
Directeur : Philippe Dhalluin
Maître de chai : Frédéric Faure

★

CHÂTEAU DAUZAC

Laurent Fortin, directeur du cru depuis 2014, s'applique à pousser encore plus loin le sens de l'exigence et ne cache pas ses ambitions. Que ce soit dans le vignoble ou grâce au nouveau chai entré en fonction avec le millésime 2014, Dauzac est désormais dans la course et les derniers millésimes s'avèrent particulièrement réussis.

Les vins : la gamme est large et convient à toutes les occasions. Le haut-médoc est porté par un élevage assez flatteur et dominant à ce stade. Il est toutefois doté d'un fruit assez frais. Aurore possède un joli volume et surtout un fruité croquant très agréable, de jolis tanins au grain fin. Difficile de lui résister. Dauzac 2018 cultive avec ce millésime son charme et possède surtout une très grande pureté de fruit. Juteux et savoureux avec un dessin tannique remarquable. Quant au 2017, il lui faut un peu d'air pour s'exprimer : il libère alors des notes très enjôleuses de fruits frais. En bouche, il possède du volume, de la structure et une jolie finale crémeuse.

- Haut-Médoc de Dauzac 2018 15 € 88
- Margaux 2017 54,40 € 93
- Margaux Aurore de Dauzac 2018 22 € 89

Le coup de ♥

- Margaux 2018 51 € 94

Rouge : 49 hectares.
Cabernet-Sauvignon 70 %, Merlot 30 %
Production moyenne : 280 000 bt/an

CHÂTEAU DAUZAC
1, avenue Georges-Johnston, 33460 Labarde
05 57 88 32 10 • www.chateaudauzac.com • Vente et visites : au domaine sur rendez-vous.
Propriétaire : MAIF
Directeur : Laurent Fortin
Maître de chai : Frédéric Benour
Œnologue : Éric Boissenot

★

CHÂTEAU DUHART-MILON

Le petit frère de Lafite Rothschild bénéficie de toute l'attention d'Éric Kohler et de son équipe. Doté d'un beau terroir de graves, situé en plein cœur de Pauillac, il a longtemps souffert du jeune âge des vignes. Les années passant, le cru est désormais bien en place. Produisant des vins sérieux, classiques et très denses, qui vieillissent à merveille, Duhart est une valeur sûre de Pauillac.

Les vins : le style s'affine bien et le vin se densifie depuis quelques millésimes. Moulin de Duhart 2018 joue le côté croquant du fruit, avec une bouche juteuse, pour un plaisir immédiat. Le grand vin conserve en 2018 une admirable fraîcheur, avec une bouche ample, mais tenue, une très belle définition en finale.

- Pauillac Moulin de Duhart 2018 40 € 89

Le coup de ♥

- Pauillac 2018 80 € 95

Rouge : 65 hectares. Cabernet-Sauvignon 70 %, Merlot 30 %
Production moyenne : 240 000 bt/an

CHÂTEAU DUHART-MILON
Rue Étienne-Dieuzede, 33250 Pauillac
05 56 59 03 60 • www.lafite.com • Vente et visites : au domaine sur rendez-vous.
Propriétaire : Famille de Rothschild
Directeur : Éric Kohler

★

CHÂTEAU DES EYRINS

Repris par Julie et Xavier Gonet-Médeville, en 2009, ce cru ne cesse de progresser et s'est désormais doté d'un outil de vinification qui lui permettra d'amplifier cette montée en puissance. Son vignoble de 2,5 hectares, très bien situé à Margaux, est capable de produire un vin raffiné et élégant, et de défier bien des crus classés. Une belle découverte en dehors des sentier très balisés.

Les vins : le 2016 monte en puissance, le vin est suave, doté de jolis tanins. Il sera parfait d'ici quelques années. 2015 est élégant, mais plus tendre.

Margaux 2015	de 25 à 26 € (c)	92
Margaux 2016	32 €	93

Rouge : 2,9 hectares.
Cabernet-Sauvignon 88 %, Merlot 10 %, Petit Verdot 2 %
Production moyenne : 15 000 bt/an

CHÂTEAU DES EYRINS
26, rue Général-de-Gaulle, 33460 Margaux
05 56 76 28 44 • www.gonet-medeville.com
• Vente et visites : au domaine sur rendez-vous.
Propriétaire : Famille Gonet-Médeville

★

CHÂTEAU FERRIÈRE

Toute petite propriété, Ferrière continue de tracer sa route. Claire Villars-Lurton, qui la dirige, ne ménage pas ses efforts : construction d'un nouveau chai, opérationnel depuis les vendanges 2013, et certification du vignoble en biodynamie depuis 2015. Les vins gagnent tous les ans un peu plus en densité, proposant un style bien typé, sans jamais chercher à jouer les gros bras. C'est désormais une valeur sûre de Margaux.

Les vins : très en forme, ils cultivent un style personnel, fins, gourmands et très vibrants. En attendant un 2019 d'anthologie, le 2018 propose une bouche très fondue, harmonieuse, dopée par une tension fraîche en finale. Un modèle d'équilibre. Subtil mais intense en saveurs, le 2017 fait montre d'une élégance et d'un toucher de bouche soyeux à souhait.

Margaux 2017	de 44 à 45 € (c)	93
Margaux 2018	de 42 à 46 € (c)	95

Rouge : 24 hectares.
Production moyenne : 60 000 bt/an

CHÂTEAU FERRIÈRE ☾
33 bis rue de la Trémoille 33460 Margaux
05 57 88 76 65 • www.ferriere.com •
Visites : sans rendez-vous.
Propriétaire : Claire Villars-Lurton
Directeur : Gérard Fenouillet
Œnologue : Eric Boissenot

★

CHÂTEAU FOURCAS HOSTEN

Les spectaculaires progrès réalisés par cette propriété de Listrac, depuis son rachat par la famille Momméja (Hermès), en font désormais une des références de l'appellation. Les frères Renaud et Laurent Momméja ne ménagent pas leurs efforts pour permettre au cru de s'exprimer pleinement. Le vignoble a été entièrement repris en main et un outil de vinification performant a été bâti. Un excellent rapport qualité-prix à ne pas laisser passer.

Les vins : solides et sans fausse note, les derniers millésimes sont les plus aboutis. 2016 impose naturellement sa classe, même s'il se referme un peu. Il brille par la race de ses tanins, très précis, et démontre tout son potentiel avec un peu d'aération. Évidemment moins intense, le 2017 a pour lui une très belle distinction et un bel éclat en bouche. Défini et juteux, il offre déjà beaucoup de plaisir. Quant au blanc, avec ses notes de fruits jaunes et son joli gras, il se déguste sur l'éclat de sa jeunesse.

Bordeaux 2018	25 €	90
Listrac-Médoc 2017	22 €	92

Le coup de ♥

Listrac-Médoc 2016	22 €	94

Rouge : 38,07 hectares.
Cabernet-Sauvignon 55 %, Merlot 40 %, Cabernet franc 3 %, Petit Verdot 2 %
Blanc : 2,2 hectares. Sauvignon blanc 68 %, Sémillon 18 %, Sauvignon gris 14 %
Production moyenne : 200 000 bt/an

CHÂTEAU FOURCAS HOSTEN
5, rue Odilon-Redon, 33480 Listrac-Médoc
05 56 58 01 15 • www.fourcas-hosten.com •
Vente et visites : au domaine sur rendez-vous.

Propriétaire : Laurent et Renaud Momméja
Directeur : Sophie Solnicki-Thierry
Maître de chai : Grégory Meytadier
Œnologue : Éric Boissenot (rouges) et Athanase Fakorellis (blancs)

★

CHÂTEAU GLORIA

Constitué patiemment, parcelle après parcelle, dans la deuxième moitié du XXe siècle par Henri Martin, Gloria est l'une des marques fortes des crus non classés du Médoc. Cette réputation n'est pas usurpée, loin de là, comme en témoignent les dernières cuvées. Toujours très complet, coloré et concentré, le cru a été très peu pris en défaut dans la dernière décennie. Il vieillit harmonieusement, mais les amateurs les plus pressés pourront se régaler en le buvant dès cinq ans d'âge.

Les vins : 2016 demeure une solide référence, le vin le plus complet et profond que nous avons dégusté ici. 2017 révèle un fruit bien juteux, avec des notes croquantes de fruits rouges et une belle allonge. Un Gloria tout en élégance et en raffinement.

Saint-Julien 2017 — 43 € — 92

Rouge : 50 hectares.
Cabernet-Sauvignon 65 %, Merlot 25 %, Cabernet franc 5 %, Petit Verdot 5 %
Production moyenne : 300 000 bt/an

CHÂTEAU GLORIA
33250 Saint-Julien-Beychevelle
05 56 59 08 18 • www.domaines-henri-martin.com • Vente et visites : au domaine sur rendez-vous.
Propriétaire : Jean Triaud
Directeur : Rémi Di Costanzo
Maître de chai : Philippe Blanchard

★

CHÂTEAU HAUT-BATAILLEY

Une nouvelle histoire a débuté pour ce cru longtemps géré en fermage par François-Xavier Borie (Grand-Puy-Lacoste), qui a été vendu en 2017 à la famille Cazes. Les installations techniques vont être améliorées, le vignoble va s'étendre et le cru poursuit son développement. Nous ne sommes pas inquiets quant à la capacité des nouveaux propriétaires de pousser Haut-Batailley encore plus loin.

Les vins : le premier millésime de l'ère Cazes est toujours aussi charmeur ; ce 2017 a pour lui une bouche suave et des tanins bien fondus. Il permettra d'attendre les 2018 et 2019 d'un autre calibre encore. Verso 2017 est le premier millésime de ce second vin, créé après le rachat de la propriété. Il offre la gourmandise et la rondeur d'une cuvée qui se livre déjà, mais que l'on pourra oublier quelques années. Très séduisant.

Pauillac Verso 2017 — N.C. — 90

Le coup de ♥

Pauillac 2017 — de 60 à 70 € (c) — 93

Rouge : 22 hectares.
Production moyenne : 110 000 bt/an

CHÂTEAU HAUT-BATAILLEY
33250 Pauillac
05 56 59 06 37 • www.jmcazes.com • Vente et visites : au domaine sur rendez-vous.
Propriétaire : Famille Cazes
Directeur : Jean-Charles Cazes
Maître de chai : Maxime Podevin
Œnologue : Daniel Llose

★

CHÂTEAU KIRWAN

Les ambitions de la famille Schÿler pour le cru sont réelles et l'entrée en fonction avec le millésime 2015 de nouvelles installations techniques a poussé Kirwan en avant. La petite période durant laquelle le cru nous a semblé un peu en deçà semble bien révolue, et Philippe Delfaut, l'efficace directeur technique, jouit désormais de tous les outils pour replacer Kirwan au sein de l'élite.

Les vins : le cru connaît depuis quelques millésimes une sérieuse remise à niveau. 2016 ouvre la voie : c'est un Kirwan de haute volée, précis et délicieusement fruité. Ciselé, le 2017 embraye, avec une admirable constitution et une qualité de tanins qui continue à progresser. Les Charmes, le second vin, bénéficie de cette belle évolution, en offrant beaucoup de gourmandise et de suavité.

Margaux Les Charmes de Kirwan 2017 — 30 € — 91

Le coup de ♥

Margaux 2017 — 60 € — 94

Rouge : 37 hectares. Cabernet-Sauvignon 47 %, Merlot 35 %, Cabernet franc 10 %, Petit Verdot 8 %
Production moyenne : 200 000 bt/an

CHÂTEAU KIRWAN
Chemin de Kirwan 33460 Cantenac
05 57 88 71 00 • www.chateau-kirwan.com • Vente et visites : au domaine sur rendez-vous.
Propriétaire : Famille Schÿler
Directeur : Philippe Delfaut
Œnologue : Éric Boissenot

★

CHÂTEAU LABÉGORCE

La famille Perrodo, propriétaire des châteaux Labégorce, Labégorce-Zédé et Marquis d'Alesme, a décidé d'unifier les deux crus sous le nom de Labégorce. Une réorganisation du parcellaire a été opérée et tout est mis en œuvre pour faire de cette marque une des références des crus non classés de Margaux. Les anciens millésimes, vendus sous le nom de Labégorce-Zédé, sont généralement d'un très bon niveau.

Les vins : 2017 est tout en équilibre, offrant une bouche très gourmande et des tanins soyeux avec une finale bien tonique. Un vin plein et séducteur. 2016 reste quant à lui une réussite majeure pour le cru, combinant finesse et définition, avec une finale nette.

Margaux 2016 — 30 € — 94

Margaux 2017 — 25 € — 92

Rouge : 70 hectares. Cabernet-Sauvignon 50 %, Merlot 45 %, Cabernet franc 3 %, Petit Verdot 2 %
Production moyenne : 120 000 bt/an

CHÂTEAU LABÉGORCE
Route de Labégorce, 33460 Margaux
05 57 88 71 32 • www.labegorce.com • Vente et visites : au domaine sur rendez-vous.
Propriétaire : Famille Perrodo
Directeur : Marjolaine Maurice de Coninck
Œnologue : Claude Gros

★

CHÂTEAU LA LAGUNE

Situé à l'entrée du Médoc, ce cru impose son style caractéristique, exprimant toujours beaucoup de finesse et d'élégance. Piloté par Caroline Frey depuis 2004, le cru a produit une série de millésimes de très bon niveau qui lui permettent de s'insérer au sommet de son appellation. Il faut dire que le château a toutes les cartes en main pour triompher : un terroir très intéressant, homogène, et un outil de vinification dernier cri. Voilà une valeur sûre qui a néanmoins été douloureusement frappée par les aléas climatiques de ces derniers millésimes.

Les vins : 2017 joue sur la finesse et la très belle définition de son fruit. Un vin au profil tendre et digeste, mais doté aussi d'une vraie persistance. 2018 est un pur cabernet tendu et racé qu'il faut imaginer dans le temps, lorsque sa structure tannique aura fondu.

Haut-Médoc 2017 — 62 € — 94

Haut-Médoc 2018 — 52,20 € — 93

Rouge : 110 hectares.
Production moyenne : 150 000 bt/an

CHÂTEAU LA LAGUNE ♣
81, avenue de l'Europe, 33290 Ludon-Médoc
05 57 88 82 77 • www.chateau-lalagune.com • Vente et visites : au domaine sur rendez-vous.
Propriétaire : Famille Frey
Directeur : Caroline Frey

★

CHÂTEAU LASCOMBES

Passé en 2011 sous le contrôle de la mutuelle des professions de santé, la MACSF, Lascombes est un cru classé qui a trouvé une belle vitesse de croisière. Sous la direction de Dominique Befve, le cru cultive un style plutôt moderne et charmeur, élaborant des vins au profil mûr, généreux et ample, mais qui vieillissent plutôt bien. Des margaux charnus désormais dignes de confiance.

Les vins : Lascombes possède indéniablement une signature. Il s'agit du plus flamboyant des vins de Margaux : toujours construit sur une très grande maturité du fruit, une extraction poussée, il peut, de temps à autre, avoir tendance à confire. Le 2018 est certes riche, mûr et légèrement confit, mais il n'en garde pas moins une belle tenue grâce à une finale qui a su préserver de la fraîcheur. Très gourmand. Le 2017 impose sa générosité pour le millésime, son ampleur. Plus musclé que délicat, il semble néanmoins capable de bien évoluer.

Margaux 2017 — de 71 à 79 € (c) — 93

Margaux 2018 — 75,60 € — 94

Rouge : 130 hectares. Merlot 50 %, Cabernet-Sauvignon 45 %, Petit Verdot 5 %
Production moyenne : 500 000 bt/an

CHÂTEAU LASCOMBES
1, cours de Verdun, 33460 Margaux
05 57 88 70 66 • www.chateau-lascombes.com • Vente et visites : au domaine sur rendez-vous.
Propriétaire : Groupe MACSF
Directeur : Dominique Befve
Maître de chai : Delphine Barboux
Œnologue : Michel Rolland

★

CHÂTEAU MEYNEY

Le cru est indiscutablement l'un des meilleurs "non classé" du Médoc. Il faut dire qu'il jouit d'un terroir remarquable, situé en bord de Gironde et qu'il est mené avec efficacité par les équipes de C.A. Grand cru (Crédit Agricole), désormais dirigées par Anne le Naour. Un plan de restructuration du vignoble a été opéré et les derniers millésimes sont comparables à ce que furent les mythiques 61, 86 ou 89 du cru. Meyney se fait assez lentement et joue dans la catégorie des coureurs de fond ; il atteint son apogée après une bonne dizaine d'années.

Les vins : depuis quelques années, le cru déroule tranquillement une série de vins de très bon niveau. Solides, mais raffinés, ils sont promis à un bel avenir, comme le 2016, toujours aussi vigoureux. Tout en gourmandise, Prieur est déjà très agréable, offrant un fruité frais et juteux en finale. Franc, tendu et séveux, le 2017 offre une bouche de très belle allonge, avec des tanins très intégrés.

Saint-Estèphe 2017 — 32 € — 93

Saint-Estèphe Prieur de Meyney 2017 — 20 € — 89

Le coup de ♥

Saint-Estèphe 2016 — 38 € — 95

Rouge : 51 hectares. Cabernet-Sauvignon 50 %, Merlot 35 %, Petit Verdot 15 %
Production moyenne : 340 000 bt/an

CHÂTEAU MEYNEY
33180 Saint-Estèphe
05 56 59 00 40 • www.meyney.fr • Visites : sur rendez-vous uniquement aux professionnels.
Propriétaire : CA Grands Crus
Directeur : Anne Le Naour
Maître de chai : Fabien Faget
Œnologue : Hubert de Boüard

★

CHÂTEAU ORMES DE PEZ

Cette jolie propriété doit son nom aux beaux ormes qui ornaient jadis son jardin. Dans le giron de la famille Cazes (Lynch-Bages) depuis les années 1930, Ormes de Pez produit un vin qui séduit les amateurs par son bouquet ample, riche et séduisant. Il se boit en général assez rapidement et fait preuve d'une grande régularité depuis plus de dix ans, grâce au travail d'une équipe parfaitement rodée. Une bonne affaire.

Les vins : le 2017 est dans la lignée des vins de la propriété, affichant ce style très séduisant et gourmand. Un vin qui se livre avec un joli fruit charnu et un côté fondu. Le 2016 reste un cran au dessus, plus profond et racé. Une référence ici.

Saint-Estèphe 2016 — de 30 à 50 € (c) — 93

Le coup de ♥

Saint-Estèphe 2017 — 27 € — 92

Rouge : 40 hectares.
Cabernet-Sauvignon 48 %, Merlot 42 %, Cabernet franc 8 %, Petit Verdot 2 %

CHÂTEAU ORMES DE PEZ
Route des Ormes, 33180 Saint-Estèphe
05 56 73 24 00 • www.ormesdepez.com • Vente et visites : au domaine sur rendez-vous.
Propriétaire : Famille Cazes
Directeur : Jean-Charles Cazes
Œnologue : Daniel Llose

★

CHÂTEAU DE PEZ

La famille Rouzaud (champagnes Louis Roederer et château Pichon-Longueville Comtesse de Lalande à Pauillac) a magnifiquement restauré le château de Pez, l'une des plus anciennes propriétés médocaines, porte-drapeau des crus bourgeois. Il dispose d'un joli terroir d'un seul tenant et après une phase plus "merlotée", privilégie désormais le cabernet dans l'assemblage, ce qui confère au vin plus de droiture.

Les vins : le 2016 conserve une structure tannique imposante. Le vin se fond lentement et s'équilibre : attendez-le quelques années.

- Saint-Estèphe 2016 — 45 € — 93

Rouge : 48 hectares.
Cabernet-Sauvignon 47 %, Merlot 44 %, Cabernet franc 6 %, Petit Verdot 3 %
Production moyenne : 200 000 bt/an

CHÂTEAU DE PEZ
33180 Saint-Estèphe
05 56 59 19 40 • www.chateaudepez.com • Vente et visites : au domaine sur rendez-vous.
Propriétaire : Famille Rouzaud
Directeur : Nicolas Glumineau

★

CHÂTEAU PHÉLAN SÉGUR

Cette très belle propriété emblématique de Saint-Estèphe, au superbe terroir au bord de la Gironde a, depuis janvier 2018, un nouveau propriétaire. C'est à l'industriel belge Philippe Van de Vyvere que revient désormais la tâche d'écrire les futures pages de ce qui est indiscutablement l'un des meilleurs crus non classés du Médoc. Il a pour cela toutes les clés en main et devrait poursuivre dans la voie empruntée depuis quelques années déjà. Phélan Ségur produit un vin noble, pas toujours démonstratif, mais racé et vieillissant bien.

Les vins : la château nous a soumis des millésimes qui arrivent doucement à point. 2014 est classique ; il commence à libérer une petite touche de graphite en bouche qui lui confère un côté très racé. 2015 est tout en charme, suave et gourmand, avec un très beau volume et une finale pleine d'éclat. Régalez-vous de Franck Phélan 2017, dont la belle énergie est portée par un fruit acidulé.

- Saint-Estèphe 2014 — 46 € — 93
- Saint-Estèphe Frank Phélan 2016 — 26 € — 90
- Saint-Estèphe Frank Phélan 2017 — 26 € — 89

Le coup de ♥

- Saint-Estèphe 2015 — 52 € — 94

Rouge : 70 hectares. Cabernet-Sauvignon 57 %, Merlot 43 %
Production moyenne : 350 000 bt/an

CHÂTEAU PHÉLAN SÉGUR
Rue des Écoles, 33180 Saint-Estèphe
05 56 59 74 00 • www.phelansegur.com • Vente et visites : au domaine sur rendez-vous.
Propriétaire : Philippe Van de Vyvere et Fils
Directeur : Véronique Dausse
Maître de chai : Fabrice Bacquey
Œnologue : Michel Rolland

★

CHÂTEAU POTENSAC

Les amateurs de bonnes affaires le savent, Château Potensac est le porte-drapeau de l'appellation Médoc, grâce aux 300 000 bouteilles produites chaque année et à la régularité de sa qualité. Petit frère d'écurie de Léoville Las Cases, il bénéficie de tout le savoir-faire de l'équipe et, grâce au vieillissement du vignoble, il produit désormais le meilleur vin de son appellation. Délicieux après deux ou trois ans de bouteille, il est aussi capable de vieillir longtemps. Son style mêle générosité et précision, sans lourdeur ni vulgarité.

Les vins : voilà d'excellents rapports qualité-prix, toujours délicieux et réguliers. 2017 est enjôleur, mais aussi sérieux, avec une bouche définie et une finale qui croque. La Chapelle de Potensac est un vin gourmand à boire dans les trois ans : le 2017 est savoureux et plein de fruit.

- Médoc 2017 — de 25 à 32 € (c) — 92
- Médoc La Chapelle de Potensac 2017 — de 13 à 18 € (c) — 89

Rouge : 81 hectares.
Production moyenne : 490 000 bt/an

CHÂTEAU POTENSAC
33340 Ordonnac
05 56 73 25 26 • www.domaines-delon.com • Vente et visites : au domaine sur rendez-vous.
Propriétaire : Jean-Hubert Delon
Directeur : Pierre Graffeuille

★

CHÂTEAU POUJEAUX

Marque emblématique de l'appellation, Poujeaux dispose d'un magnifique potentiel qu'il exploite à nouveau grâce, entre autres, aux conseils de Stéphane Derenoncourt. Sous la houlette des Cuvelier (Clos Fourtet), Poujeaux s'est remis dans la course à l'excellence, produisant des vins fort attrayants, soyeux et qui vieillissent souvent très bien. Les derniers millésimes sont au niveau.

Les vins : le cru cultive un style plutôt fin et raffiné, sans rechercher l'épate. Les vins ne manquent néanmoins pas de fond, tel le 2016 de bel équilibre, aux nobles tanins et à la douce persistance. Il s'étoffe avec le temps. 2017 est un peu plus serré, mais ne manque pas de race ; il s'allonge très bien, déployant des tanins soyeux. Quant au 2018, il se montre très ample, mûr et riche, avec une une bouche chaleureuse et une finale explosive aux notes de fruits noirs.

Moulis 2017 31 € 91
Moulis 2018 31 € 93

Le coup de ♥
Moulis 2016 35 € 93

Rouge : 68 hectares.
Cabernet-Sauvignon 50 %, Merlot 40 %, Petit Verdot 5 %, Cabernet franc 5 %
Production moyenne : 280 000 bt/an

CHÂTEAU POUJEAUX
450, avenue de la Gironde,
33480 Moulis-en-Médoc
05 56 58 02 96 •
www.chateau-poujeaux.com • Vente et visites : au domaine sur rendez-vous.
Propriétaire : Famille Cuvelier
Directeur : Christophe Labenne
Maître de chai : Laurent Perroteau
Œnologue : Stéphane Derenoncourt

★

CHÂTEAU PRIEURÉ-LICHINE

Le cru appartient depuis 1999 au groupe Ballande, implanté en Nouvelle-Calédonie. Depuis l'entrée en fonction, en 2013, du nouveau cuvier, nous constatons des progrès très sensibles. Les vins qui pouvaient parfois manquer de volume et de profondeur par rapport aux meilleurs se sont bien densifiés. Cette ambition nouvelle et les moyens qui ont été donnés étaient nécessaires. Les tarifs raisonnables en font une belle affaire pour les amateurs.

Les vins : nous n'avons pu déguster qu'un seul vin, le blanc 2019 ; charmeur, il déploie des notes de pêche de vigne et conserve surtout un côté tonique en finale.

Bordeaux Blanc du Prieuré 2019 24 € 90

Rouge : 78 hectares.
Cabernet-Sauvignon 50 %, Merlot 45 %, Petit Verdot 5 %
Blanc : 2,2 hectares. Sauvignon blanc 70 %, Sémillon 30 %
Production moyenne : 300 000 bt/an

CHÂTEAU PRIEURÉ-LICHINE
34, avenue de la Cinquième-République
33460 Cantenac
05 57 88 36 28 • www.prieure-lichine.fr •
Vente et visites : au domaine sur rendez-vous.
Propriétaire : Groupe Ballande
Directeur : Étienne Charrier
Œnologue : Stéphane Derenoncourt

★ ↗

CHÂTEAU PÉDESCLAUX

C'est incontestablement l'une des plus spectaculaires progressions réalisées à Bordeaux ces dernières années. Pédesclaux, acquis par Jacky Lorenzetti en 2009, a subi un lifting complet, de la vigne aux chais, spectaculaire et à la pointe de la modernité. Sous la houlette de Vincent Bache-Gabrielsen, les vins ont progressé de manière régulière, millésime après millésime, petite touche par petite touche. Ils sont désormais largement dignes de leur classement et surtout s'imposent comme des rapports qualité-prix remarquables. L'attribution d'une première étoile est largement méritée.

Les vins : nous l'avons déjà dit, chaque millésime porte le cru un peu plus loin. 2017 est d'une pureté admirable, un vin limpide à la finale étincelante. Le 2018 est une nouvelle référence ; la matière est lumineuse et le fruit, très mûr, n'en demeure pas moins éclatant, avec une note mentholée en finale.

Pauillac 2017 48 € 93
Pauillac 2018 42 € 95

Rouge : 49 hectares.
Cabernet-Sauvignon 56 %, Merlot 37 %, Petit Verdot 4 %, Cabernet franc 3 %
Production moyenne : 300 000 bt/an

CHÂTEAU PÉDESCLAUX
Route de Pédesclaux, 33250 Pauillac
05 56 59 22 59 • www.chateau-pedesclaux.com • Vente et visites : au domaine sur rendez-vous.
Propriétaire : Jacky et Françoise Lorenzetti
Directeur : Vincent Bache-Gabrielsen
Maître de chai : Audrey Ricordi
Œnologue : Éric Boissenot

★

CHÂTEAU RAUZAN-GASSIES

Sans être le plus démonstratif ou le plus profond des crus classés, Rauzan-Gassies a retrouvé, depuis une décennie, un rang fort honorable, même si nous pensons qu'il peut viser encore plus haut. Le vignoble a été sérieusement repris en main et le château s'est doté d'un outil de vinification à la hauteur de ses ambitions. il faudra suivre les prochains millésimes de près.

Les vins : ils cultivent leur côté tendre et accessible, bénéficiant des bonnes conditions des derniers millésimes. 2017 est déjà en place, en demi-corps, avec une note acidulée et une finale tonique. 2016 est plus large, plus charnu, se révèle plein de charme.

Margaux 2017	de 50 à 60 € (c)	92

Le coup de ♥

Margaux 2016	de 55 à 65 € (c)	93

Rouge : 60 hectares. Merlot 60 %, Cabernet-Sauvignon 35 %, Cabernet franc 5 %
Production moyenne : 250 000 bt/an

CHÂTEAU RAUZAN-GASSIES
1, rue Alexis Millardet 33460 Margaux
05 57 88 71 88 • www.rauzangassies.fr • Pas de visites.
Propriétaire : Famille Quié
Œnologue : Éric Boissenot

★

CHÂTEAU ROLLAN DE BY

Cette propriété créée par Jean Guyon est désormais un classique du Médoc, tant avec la cuvée du domaine qu'avec l'ambitieuse cuvée Haut Condissas. Rollan de By doit son succès à un prix raisonnable, et surtout à un style séduisant dès sa prime jeunesse : le vin exprime des notes de fruits rouges mûrs, un boisé généreux parfaitement intégré, et développe un corps onctueux et savoureux, riche mais jamais dénué de fraîcheur. Il vieillit de surcroît très bien. Haut Condissas, cuvée confidentielle, se distingue par davantage de concentration et de richesse et ambitionne de se mesurer aux crus classés. Elle y parvient indéniablement.

Les vins : Rollan de By 2016 affiche une belle vigueur, tout en commençant doucement à évoluer dans un registre épicé et confit. Très mûr, il garde du peps et une belle énergie. Haut-Condissas évolue moins vite et affiche un supplément de race et de définition. Une bouteille à garder encore quelques années, le temps qu'elle finisse de se fondre et d'intégrer son élevage. Le blanc, pur sauvignon, joue une belle maturité du fruit, avec un gras assumé et une touche mentholée en finale. On le boira sur cette fraîcheur.

Bordeaux 2018	33 €	89
Médoc 2016	21,80 €	93
Médoc Château Haut Condissas 2016	52 €	95

Rouge : 89 hectares. Merlot 65 %, Petit Verdot 13 %, Cabernet-Sauvignon 12 %, Cabernet franc 10 %
Blanc : 2 hectares. Sauvignon blanc 100 %
Production moyenne : 500 000 bt/an

CHÂTEAU ROLLAN DE BY
18, route de By, 33340 Bégadan
05 56 41 58 59 • www.domaines-rollandeby.com • Vente et visites : au domaine sur rendez-vous.
Propriétaire : Jean Guyon
Maître de chai : Jean-Luc Marteau

★

CHÂTEAU SIRAN

Ce cru fort bien situé de Margaux mériterait largement de figurer parmi les crus classés, d'autant que sous le coupe d'Edouard Miailhe, il s'est hissé à son meilleur niveau. Son remarquable terroir, situé sur la commune la plus sudiste de l'appellation (Labarde), s'étend sur un superbe plateau de graves siliceuses. La dégustation de millésimes anciens que le château a la chance de posséder au sein de sa vinothèque permet de comprendre tout le potentiel du cru. La dernière décennie le porte vers des niveaux vraiment remarquables qui vieilliront à merveille.

Les vins : après un 2017 vraiment délicieux et tout en fruit, 2018 joue encore un ton au-dessus, avec davantage de mâche et de structure, sans perdre en finesse.

Margaux 2017 40 € 93
Margaux 2018 38 € 95

Rouge : 25 hectares.
Cabernet-Sauvignon 44 %, Merlot 43 %, Petit Verdot 12 %, Cabernet franc 1 %
Production moyenne : 194 000 bt/an

CHÂTEAU SIRAN
13, avenue du Comte-Lynch, 33460 Labarde
05 57 88 34 04 • www.chateausiran.com •
Visites : sans rendez-vous.
Propriétaire : Famille Miailhe
Directeur : Édouard Miailhe
Maître de chai : Marjolaine Defrance
Œnologue : Hubert de Boüard

★

CHÂTEAU SOCIANDO-MALLET

Figure de Bordeaux, Jean Gautreau a fait Sociando Mallet. Homme visionnaire, il a bousculé tous les codes et a hissé le cru en une cinquantaine d'années au sommet des vins du Médoc. Bien des millésimes de Sociando Mallet équivalent à de très bons crus classés. Jean Gautreau s'en est allé fin 2019, laissant à sa fille une propriété à la notoriété très forte auprès des amateurs. Largement diffusé en France et en Belgique le cru demeure une valeur très sûre et propose surtout un rapport qualité/prix toujours bien placé. Le côté plus "merloté" des derniers millésimes apporte davantage de rondeur, mais probablement moins de race. Nous ne retrouvons plus tout à fait l'éclat magique des 1982 ou 1990. Nous retirons l'étoile cette année.

Les vins : ils tiennent un bon niveau, avec de la régularité mais aussi un côté plus facile et souple. 2017 est agréable, fin, frais et de bel équilibre. Un Sociando assez accessible. Tout en rondeur, très suave, le second vin se boira dans les cinq ans, et accuse une finale légèrement plus confite.

Haut-Médoc 2017 32 € 92
Haut-Médoc La Demoiselle de Sociando-Mallet 2017 17 € 87

Rouge : 82 hectares.
Cabernet-Sauvignon 55 %, Merlot 40 %, Cabernet franc 5 %
Production moyenne : 450 000 bt/an

CHÂTEAU SOCIANDO-MALLET
Route de Mapon,
33180 Saint-Seurin-de-Cadourne
05 56 73 38 80 • www.sociandomallet.com •
Vente et visites : au domaine sur rendez-vous.
Propriétaire : Sylvie et Jean Gautreau
Directeur : François Hugueniot
Maître de chai : Arnaud Durand
Œnologue : Michel-Bernard Couasnon

★

CHÂTEAU DU TERTRE

Sous la houlette d'Alexander Van Beek, son directeur, Le Tertre s'est imposé comme l'une des valeurs sûres de Margaux. Après son rachat par la famille Albada Jelgersma, le cru a été profondément transformé et modernisé. Une baisse des rendements et d'importants investissements ont donné un vin plein et nerveux, qui justifie parfaitement son classement. Les derniers millésimes s'avèrent particulièrement réussis, dans un style toujours droit. Ils sont parfois un peu austère, mais vieillissent bien grâce à une part importante de petit verdot et de cabernet franc dans l'assemblage.

Les vins : leur style contraste avec celui de Giscours, donnant des vins plus élancés, plus épicés. On retrouve cette signature dans le 2016 très complet et frais en bouche, avec cette finale épicée typique. 2017 se détend, ses tanins se fondent et il se déguste mieux que l'an dernier, avec toujours cette colonne vertébrale tendue et sa finale saline.

Margaux 2016 de 45 à 55 € (c) 94

Le coup de ♥

Margaux 2017 de 40 à 50 € (c) 93

Rouge : 50 hectares. Merlot 33 %, Cabernet-Sauvignon 32 %, Cabernet franc 30 %, Petit Verdot 5 %
Production moyenne : 200 000 bt/an

CHÂTEAU DU TERTRE
33460 Arsac
05 57 88 52 52 • chateaudutertre.fr • Vente

et visites : au domaine sur rendez-vous.
Propriétaire : Famille Albada Jelgersma
Directeur : Alexander Van Beek

CHÂTEAU D'AGASSAC

Situé sur de belles graves profondes, proche de La Lagune, ce château au passé chargé revit sous la direction du régisseur Jean-Luc Zell qui, en quelques années, a accompli un travail considérable. Grâce à un précieux capital de vieilles vignes qu'il a su valoriser et à une importante restructuration, la qualité des vins a bondi sans perdre son excellent rapport qualité-prix. Le château s'investit beaucoup dans l'œnotourisme : c'est une adresse fortement recommandable pour se plonger dans l'univers du vin.

Les vins : comme à son habitude, le cru nous a fait parvenir des millésimes plus anciens, mais toujours disponibles. 2012 est à point, avec un côté tendre et une petite pointe lactique en finale. Nous lui préférons le 2014, plus précis et doté de tanins intégrés. Ce sont de bons classiques à mettre à table.

Haut-Médoc 2012	21,50 €	89
Haut-Médoc 2014	22,60 €	90

Rouge : 45 hectares. Merlot 50 %, Cabernet-Sauvignon 47 %, Cabernet franc 3 %
Production moyenne : 220 000 bt/an

CHÂTEAU D'AGASSAC
15, rue du Château-d'Agassac,
33290 Ludon-Médoc
05 57 88 15 47 • www.agassac.com • Vente et visites : au domaine sur rendez-vous.
Propriétaire : SCA Château d'Agassac
Directeur : Jean-Luc Zell

CHÂTEAU CAMBON LA PELOUSE

Depuis quelques années déjà, ce cru fort bien situé en bordure de l'appellation Margaux élabore un vin d'un remarquable rapport qualité-prix. Il a peu à peu trouvé ses marques, et le vieillissement du vignoble lui permet désormais d'atteindre un très beau niveau, dans un style séduisant, non dénué de finesse.

Les vins : après un 2016 charmeur, plein et très prometteur, le 2017 est un cran en-dessous ; les cabernets majoritaires souffrent d'une petite raideur en finale. Laissons-lui un petit peu de temps pour se fondre. 2018 est bien plus complet, avec une belle matière tout à fait mûre et un fruit charmeur.

Haut-Médoc 2016	16 €	93
Haut-Médoc 2017	de 14 à 17 € (c)	91

Le coup de ♥

Haut-Médoc 2018	14,40 €	93

Rouge : 64 hectares.
Cabernet-Sauvignon 52 %, Merlot 44 %, Petit Verdot 4 %
Production moyenne : 220 000 bt/an

CHÂTEAU CAMBON LA PELOUSE
5, chemin de Canteloup, 33460 Macau
05 57 88 40 32 •
www.cambon-la-pelouse.com • Pas de visites.
Propriétaire : Treasury Wine Estates
Directeur : Sébastien Long
Maître de chai : Olivier Pascaud

CHÂTEAU DE CAMENSAC

Camensac, racheté en 2005 par la famille Merlaut, est aujourd'hui géré par l'équipe de Chasse-Spleen, incarnée par Céline Villars-Foubet et Jean-Pierre Foubet. Les derniers investissements ont doté le cru d'un outil à la hauteur du défi. Depuis quelques millésimes, les progrès sont d'ailleurs substantiels et Camensac fait partie des crus que les amateurs doivent regarder de près, d'autant que les tarifs demeurent très sages, ce dont nous nous félicitons.

Les vins : le 2017 n'a hélas pas été produit pour causes d'aléas climatiques. On déguste avec toujours autant de plaisir le très beau 2016, d'un charme indéniable, avec sa bouche raffinée et ses tanins de soie. Le 2018 est riche, avec un côté confit et une bouche ronde, grasse et généreuse. Un Camensac exubérant mais très plaisant.

Haut-Médoc 2016	Épuisé - 35 €	94
Haut-Médoc 2018	30 €	93

Rouge : 75 hectares. Cabernet-Sauvignon 57 %, Merlot 43 %
Production moyenne : 285 000 bt/an

CHÂTEAU DE CAMENSAC
Route de Saint-Julien,
33112 Saint-Laurent-du-Médoc

05 56 59 41 69 •
www.chateaucamensac.com • Vente et visites : au domaine sur rendez-vous.
Propriétaire : Céline Villars-Foubet et Jean Merlaut
Directeur : Jean-Pierre Foubet
Maître de chai : Christian Alquié
Œnologue : Éric Boissenot

CLOS MANOU

Cette petite propriété de 18 hectares, située au nord du Médoc, sur la commune de Saint-Christoly, est gérée avec passion par Françoise et Stéphane Dief. Le travail de la vigne soigné et les vinifications parfaitement maîtrisées offrent aux vins à la fois du charme et de la profondeur. Une belle découverte à l'écart de la route des grands crus classés et un rapport qualité-prix remarquable.

Les vins : tous les derniers millésimes sont recommandables et réussis, en particulier le 2016. Il s'agit d'un vin ample, profond, mais surtout très velouté, doté d'un grain soyeux et de tanins parfaitement intégrés. Il va très bien évoluer.

Le coup de ♥
Médoc 2016 — 24 € — 94

Rouge : 18 hectares. Merlot 45 %, Cabernet-Sauvignon 45 %, Cabernet franc 6 %, Petit Verdot 4 %
Production moyenne : 120 000 bt/an

CLOS MANOU
7, rue du 19-Mars-1962,
33340 Saint-Christoly-Médoc
05 56 41 54 20 • www.clos-manou.com •
Vente et visites : au domaine sur rendez-vous.
Propriétaire : Françoise et Stéphane Dief
Maître de chai : Stéphane Dief

CHÂTEAU COS LABORY

Discret cru classé de Saint-Estèphe, Cos Labory ne manque pourtant pas d'atouts. La famille Audoy, qui le dirige, élabore un vin de facture très classique, souvent un peu austère dans sa jeunesse, mais vieillissant ensuite avec élégance. Loin des canons modernes actuels, Cos Labory, qui fut séparé de Cos d'Estournel à la Révolution française, a produit ces derniers millésimes des vins intéressants, à des prix demeurant très sages.

Les vins : 2018 est un vin très charmeur, à la bouche de belle ampleur, charnue mais gourmande. Il termine sur des tanins bien fondus et polis. 2017 est une bouteille de confiance, un vin qui possède un côté digeste et une belle fluidité en bouche. Il se met doucement en place.

Saint-Estèphe 2017 — de 30 à 40 € (c) — 93

Le coup de ♥
Saint-Estèphe 2018 — 38,40 € — 94

Rouge : 18 hectares. Cabernet-Sauvignon 58 %, Merlot 36 %, Petit Verdot 6 %
Production moyenne : 100 000 bt/an

CHÂTEAU COS LABORY
33180 Saint-Estèphe
05 56 59 30 22 • www.cos-labory.com •
Vente et visites : au domaine sur rendez-vous.
Propriétaire : Famille Audoy
Directeur : Bernard Audoy
Œnologue : Sandra Duboscq

CHÂTEAU LE CROCK

Cette propriété de la famille Cuvelier (Château Léoville Poyferré) jouit d'un très beau terroir, voisin de Cos d'Estournel et de Haut-Marbuzet. Le château sort avec régularité un saint-estèphe profond, suave, appréciable dans sa jeunesse. Les derniers millésimes témoignent d'une belle régularité.

Les vins : on trouve toujours ici un saint-estèphe flamboyant et avenant. 2017 en est un bon représentant, avec une belle finesse de matière et beaucoup de charme. 2016, plus solide est un peu moins prêt, mais la matière est très belle, bien mûre et les tanins s'intègrent.

Saint-Estèphe 2017 — 29 € — 92

Le coup de ♥
Saint-Estèphe 2016 — de 30 à 35 € (c) — 94

Rouge : 32 hectares. Cabernet-Sauvignon 60 %, Merlot 25 %, Cabernet franc 10 %, Petit Verdot 5 %
Production moyenne : 100 000 bt/an

CHÂTEAU LE CROCK
1, rue Paul-Amilhat, 33180 Saint-Estèphe
05 56 59 73 05 • www.chateaulecrock.fr •
Vente et visites : au domaine sur rendez-vous.

Propriétaire : Famille Cuvelier
Directeur : Sara Lecompte-Cuvelier
Maître de chai : Yoann Lavigne
Œnologue : Isabelle Davin

Margaux 2017 de 40 à 45 € (c) 92
Margaux 2018 38 € 94

Rouge : 40 hectares.
Cabernet-Sauvignon 60 %, Merlot 37 %, Petit Verdot 3 %
Production moyenne : 160 000 bt/an

CHÂTEAU CROIZET-BAGES

Comme Rauzan-Gassies à Margaux, ce cru appartient à la famille Quié. Il ne dispose pas des moyens des cadors de l'appellation, mais peut néanmoins se révéler tendre et délicieux dans les bons millésimes. Il représente alors une bonne affaire pour les amateurs, grâce à des prix très sages.

Les vins : le 2018 est plein, il affiche un joli volume de bouche. C'est une réussite pour le cru qui se montre gourmand, avec une finale soyeuse. Tendre et souple en bouche, le 2017 se boira assez vite. C'est le cru classé le plus souple de l'appellation.

Pauillac 2017 de 40 à 50 € (c) 91

Le coup de ♥
Pauillac 2018 39 € 92

Rouge : 27,4 hectares. Merlot 45 %, Cabernet-Sauvignon 45 %, Cabernet franc 10 %
Production moyenne : 150 000 bt/an

CHÂTEAU CROIZET-BAGES
33250 Pauillac
05 56 59 01 62 • croizetbages@domaines-quie.com • Vente et visites : au domaine sur rendez-vous.
Propriétaire : Jean-Michel Quié

CHÂTEAU DESMIRAIL

Troisième cru classé de Margaux, le château a pris désormais une jolie vitesse de croisière, gagnant en intensité et en définition. Des progrès que l'on doit à Denis Lurton qui a su donner du velouté et de la suavité à ses vins, grâce à un vignoble qui s'appuie sur une généreuse proportion de merlots. Les prix demeurent très accessibles.

Les vins : le 2018 possède du volume, une bouche charnue et pleine. Terminant sur des tanins élégants et fondus, il confirme son statut de belle révélation du millésime. Le 2017 demeure tendre, assez fin et se montre déjà accessible, dans un registre souple.

CHÂTEAU DESMIRAIL
28, avenue de la Ve-République, 33460 Margaux
05 57 88 34 33 • www.desmirail.com • Vente et visites : au domaine sur rendez-vous.
Propriétaire : Denis Lurton
Directeur : Jean-Pierre Duvoisin
Maître de chai : Pierre Lafeuillade
Œnologue : Éric Boissenot

NOUVEAU DOMAINE

CHÂTEAU DOMPIERRE

Après une expérience à Saint-Émilion au château Plain-Point, Michel Aroldi s'est lancé un nouveau défi en 2013 dans le Médoc : celui de faire renaître Dompierre. Disposant de parcelles disséminées au sein des appellations Médoc, Haut-Médoc et Pauillac, il progresse constamment et impose le style de ses vins mûrs, dense mais pas austères. Le cru met en vente ses vins après quelques années de repos dans les caves. Une belle démarche qui permet d'accéder à des cuvées déjà prêtes à boire.

Les vins : le blanc 2019 est fringuant, avec un côté très accessible et frais. Cuvée d'accès immédiat, Les Charmes Dompierre est un médoc simple, ouvert, à boire sur le fruit. La Croix Dompierre, en Haut-Médoc, est plus ambitieuse et plus intense. Le 2016 s'exprime dans un registre bien mûr. On peut le boire sans se presser. En Pauillac, nous avons dégusté un 2015 encore très fringant et dense. Il se détend une fois aéré, et impose beaucoup de volume. 2016 est le plus abouti, offrant une bouche intense, sur des notes de fruits noirs, avec des tanins encore serrés, mais de l'énergie et une belle allonge.

Bordeaux 2019 14 € 89
Médoc La Croix 2016 22 € 90
Médoc Les Charmes 2018 15 € 88
Pauillac 2015 58 € 92

Le coup de ♥
Pauillac 2016 58 € 93

Rouge : 9,3 hectares.

Cabernet-Sauvignon 85 %, Merlot 15 %
Achat de raisins.
Blanc : 2 hectares. Sauvignon blanc 100 %
Achat de raisins.
Production moyenne : 55 000 bt/an

CHÂTEAU DOMPIERRE
6, Labat, 33112 Saint-Laurent-du-Médoc
05 57 75 03 35 • www.chateaudompierre.fr •
Vente et visites : au domaine sur rendez-vous.
Propriétaire : Michel Aroldi
Œnologue : Pascal Poussevin

CHÂTEAU DUCLUZEAU

Cette vieille propriété appartient à la famille Borie (Ducru Beaucaillou) ; elle est désormais gérée par Bruno, qui s'applique à exploiter au mieux les 10 hectares de son terroir, essentiellement plantés en merlot. Le vin est souple, équilibré et immédiatement séducteur ; il ne possède pas le caractère rustique que l'on retrouve dans de nombreux crus de l'appellation Listrac.

Les vins : le domaine ne nous ayant pas fait parvenir ses vins cette année, nous sommes amenés à reconduire les notes de notre édition précédente.

Listrac-Médoc 2016	de 12 à 18 € (c)	92
Listrac-Médoc 2017	de 12 à 18 € (c)	91

Rouge : 10 hectares. Cabernet-Sauvignon 50 %, Merlot 50 %

CHÂTEAU DUCLUZEAU
33250 Saint-Julien-Beychevelle
05 56 73 16 73 •
www.chateau-ducluzeau.com • Pas de visites.
Propriétaire : Famille Borie
Directeur : Bruno Borie

CHÂTEAU FOURCAS-BORIE

Cette petite propriété a été rachetée en 2009 par Bruno Borie (Ducru-Beaucaillou) qui l'a alors baptisée Fourcas-Borie. Très majoritairement à base de merlot, le vin est gourmand, soyeux et très accessible dès sa jeunesse, dans un côté un peu délié, loin de l'image rustique que l'on peut avoir de l'appellation Listrac.

Les vins : le domaine ne nous ayant pas fait parvenir ses vins cette année, nous sommes amenés à reconduire les notes de notre édition précédente.

Listrac-Médoc 2016	de 15 à 25 € (c)	93
Listrac-Médoc 2017	23 €	91

Rouge : 12 hectares.
Production moyenne : 60 000 bt/an

CHÂTEAU FOURCAS-BORIE
2, rue Odilon-Redon, 33480 Listrac-Médoc
05 56 58 03 84 • Vente et visites : au domaine sur rendez-vous.
Propriétaire : Bruno Borie

GOULÉE BY COS D'ESTOURNEL

Derrière cette marque se cache un domaine récent qui, comme son nom l'indique, appartient aux propriétaires du célèbre cru classé de Saint-Estèphe. Issu d'un terroir situé au nord du Médoc et bénéficiant de tout le savoir-faire de l'équipe, Goulée by Cos d'Estournel s'impose comme un superbe vin très friand, immédiat, plein et accessible en termes de prix.

Les vins : leur droiture et leur côté séduisant sont leurs grands atouts. Ils sont à boire dans l'expression fruitée de leur jeunesse, comme le 2017 très savoureux et même le 2016 à la bouche bien en place.

Médoc 2017	de 28 à 32 € (c)	92

Rouge : 6 hectares. Cabernet-Sauvignon 60 %, Merlot 40 %
Blanc : 16 hectares. Sauvignon blanc 75 %, Sémillon 25 %
Production moyenne : 69 000 bt/an

GOULÉE BY COS D'ESTOURNEL
33180 Saint-Estèphe
05 56 73 15 50 • www.estournel.com • Vente et visites : au domaine sur rendez-vous.
Propriétaire : Michel Reybier

CHÂTEAU GRAND-PUY DUCASSE

Comme Meyney, Grand-Puy Ducasse appartient à une filiale du Crédit agricole (CA Grands Crus). Si nous avons été un peu déçus par certains millésimes du début des années 2000, clairement en-dessous du niveau d'un bon cru classé, les choses bougent : l'ambition affichée par le domaine est de produire un vin digne de son rang. Anne Le Naour, qui dirige le cru et supervise les vinifications, apporte par petites touches le raffinement qui manquait souvent au cru. Depuis 2015, les progrès sont constants.

Les vins : les derniers millésimes font montre de davantage d'élégance, ce qui nous ravit. 2017 est ainsi très raffiné, avec des tanins intégrés. Dans le même millésime, Prélude est souple, facile et gourmand.

- Pauillac 2017 — de 45 à 60 € (c) — 92
- Pauillac Prélude 2017 — 25 € — 88

Rouge : 40 hectares.
Cabernet-Sauvignon 60 %, Merlot 40 %
Production moyenne : 130 000 bt/an

CHÂTEAU GRAND-PUY DUCASSE
4, quai Antoine Ferchaud, 33250 Pauillac
05 56 59 00 40 • www.grandpuyducasse.fr •
Pas de visites.
Propriétaire : CA Grands Crus
Directeur : Anne le Naour
Maître de chai : Benjamin Cassoulet
Œnologue : Hubert de Boüard

NOUVEAU DOMAINE

CHÂTEAU LA GURGUE

Petite propriété de 12 hectares appartenant à la famille de Claire Villars-Lurton depuis 1978, elle a été réveillée depuis quelques années grâce à un travail au vignoble (passage en biodynamie), mais aussi à la vinification qui privilégie avec bonheur la gourmandise et l'élégance. Un vin dans l'air du temps qui ravira aussi les amateurs de classicisme.

Les vins : en attendant un 2019 qui s'annonce grandiose, le 2018 exprime une finesse et un velouté de bouche auquel il est difficile de résister. Le vin déroule un soyeux superbe.

- Margaux 2018 — 32 € — 93

Rouge : 12 hectares. Cabernet-Sauvignon 52 %, Merlot 45 %, Petit Verdot 3 %
Production moyenne : 49 000 bt/an

CHÂTEAU LA GURGUE ☾
33 bis, rue de la Trémoille, 33460 Margaux
05 57 88 76 65 • www.lagurgue.com • Vente et visites : au domaine sur rendez-vous.
Propriétaire : Claire Villars-Lurton
Directeur : Gérard Fenouillet
Œnologue : Éric Boissenot

CHÂTEAU HAUT-BAGES LIBÉRAL

Propriété de la famille Merlaut, Haut-Bages Libéral est géré par Claire Villars-Lurton, tout comme les châteaux Ferrière et La Gurgue. Elle ne néglige rien pour redonner à ce cinquième cru, qui possède une splendide parcelle toute proche de Latour, le lustre qu'il mérite, et défend avec conviction une approche qui privilégie l'élégance et le raffinement. Les derniers millésimes ne sont pas à négliger pour tous les amateurs de vins digestes et fins.

Les vins : La Chapelle 2018 révèle une jolie minéralité et une belle droiture, avec un côté tonique et gourmand, tandis que le grand vin impose un très joli équilibre et un côté posé en bouche avec une texture très fine. 2017 est gracile, fin et frais, livrant un fruit tendre et gourmand.

- Pauillac 2017 — de 40 à 50 € (c) — 91
- Pauillac La Chapelle de Bages 2018 — N.C. — 91

Le coup de ♥

- Pauillac 2018 — 41,50 € — 93

Rouge : 30 hectares.
Cabernet-Sauvignon 80 %, Merlot 20 %
Production moyenne : 170 000 bt/an

CHÂTEAU HAUT-BAGES LIBÉRAL ♣
8, Balogues, 33250 Pauillac
05 56 59 11 88 • www.hautbagesliberal.com
• Vente et visites : au domaine sur rendez-vous.
Propriétaire : Claire Villars-Lurton
Directeur : Thomas Bontemps
Œnologue : Eric Boissenot

CHÂTEAU L'INCLASSABLE

Anciennement baptisé Château Lafon, L'Inclassable s'appelle ainsi depuis 2003, suite à une série de démêlés juridiques pour cause d'homonymie avec un célèbre cru bourgeois de Listrac. Très au point techniquement, appuyé sur un encépagement minutieusement étudié et une viticulture très respectueuse, ce cru, développé par Rémy Fauchey, produit avec régularité un beau médoc profond, coloré, riche en tanins bien mûrs, dans un style plus massif que délicat.

Les vins : « cultivons ensemble la différence », invite leur étiquette. De fait, le style des vins prend une voie à part, dans un registre "nature" pas toujours maîtrisé. 2018 manque de précision au nez, avec des notes animales qui font débat. À ne pas mettre sur toutes les papilles.

Médoc 2018 16 € 89

Rouge : 17 hectares. Cabernet-Sauvignon 55 %, Petit Verdot 28 %, Merlot 12 %, Cabernet franc 5 %
Production moyenne : 30 000 bt/an

CHÂTEAU L'INCLASSABLE ♣
4, chemin des Vignes
33340 Blaignan-Prignac
05 56 09 02 17 • www.linclassable.com •
Vente et visites : au domaine sur rendez-vous.
Propriétaire : Rémy Fauchey
Maître de chai : Sabine Fauchey
Œnologue : Marc Quertinier

CHÂTEAU LILIAN LADOUYS

Ayant connu plusieurs propriétaires ne sachant pas toujours exploiter son potentiel, le discret château Lilian Ladouys a été racheté par l'homme d'affaires Jacky Lorenzetti, en 2008. Ce dernier, qui a ensuite acquis le château Pédesclaux, à Pauillac, nourrit de grandes ambitions pour ses deux crus. Lilian Ladouys, profondément remodelé ces dernières années, a trouvé depuis quelques millésimes un rythme de croisière fort honorable. Le vin mérite l'attention des amateurs.

Les vins : le 2018 libère des notes de fruits noirs, une bouche flatteuse et de très belle constitution. Plein et charnu, on commencera à le boire d'ici cinq ans. Il fera concurrence au très beau 2016, éclatant et raffiné.

Le coup de ♥
Saint-Estèphe 2018 21 € 92

Rouge : 80,5 hectares.
Cabernet-Sauvignon 50 %, Merlot 45 %, Petit Verdot 4 %, Cabernet franc 1 %
Production moyenne : 800 000 bt/an

CHÂTEAU LILIAN LADOUYS
Blanquet, 33180 Saint-Estèphe
05 56 59 71 96 •
www.chateau-lilian-ladouys.com • Vente et visites : au domaine sur rendez-vous.
Propriétaire : Famille Lorenzetti
Directeur : Vincent Bache-Gabrielsen
Maître de chai : Frédéric Godart
Œnologue : Éric Boissenot

CHÂTEAU LALANDE-BORIE

Cette propriété bien située sur le terroir de Lalande fut créée ex-nihilo en 1970 par Jean-Eugène Borie. C'est désormais son fils Bruno, également en charge du château Ducru-Beaucaillou, qui la dirige. Les vins y sont exquis, relativement faciles d'accès et gourmands. De vrais saint-julien typiques.

Les vins : le domaine ne nous ayant pas fait parvenir ses vins cette année, nous sommes amenés à reconduire les notes de notre édition précédente.

Saint-Julien 2016 de 30 à 35 € (c) 94
Saint-Julien 2017 de 25 à 30 € (c) 92

Rouge : 25 hectares.
Cabernet-Sauvignon 65 %, Merlot 25 %, Cabernet franc 10 %

CHÂTEAU LALANDE-BORIE
33250 Saint-Julien-Beychevelle
05 56 73 16 73 •
www.chateau-ducru-beaucaillou.com • Pas de visites.
Propriétaire : Famille Borie
Directeur : Bruno Borie

CHÂTEAU LANGOA BARTON

La famille Barton exploite ce petit cru classé dont la grande majorité des vins sont vendus à l'export. Difficile de ne pas relever un air de famille avec son grand frère, Léoville Barton. Les vins sont élégants, fins mais moins constitués. Plus faciles d'accès, on peut les déguster en général au bout de trois ans. Dans les millésimes plus difficiles, il paraît toutefois un peu frêle, mais compense par une belle élégance.

Les vins : 2017 est tendre et savoureux, un saint-julien au fruit juteux et à la finale tendre. Il régale déjà. 2016 possède aussi cette grâce, avec une matière déjà très en place. On peut commencer à le savourer.

Saint-Julien 2016 65 € 93

Le coup de ♥
Saint-Julien 2017 58 € 92

Rouge : 20 hectares.
Cabernet-Sauvignon 60 %, Merlot 35 %, Cabernet franc 5 %
Production moyenne : 90 000 bt/an

CHÂTEAU LANGOA BARTON

Route des Châteaux,
33250 Saint-Julien-Beychevelle
05 56 59 06 05 • www.langoa-barton.com •
Vente et visites : au domaine sur rendez-vous.

Propriétaire : Famille Barton

Directeur : Lilian Barton Sartorius

Maître de chai : François Bréhant

Œnologue : Eric Boissenot

CHÂTEAU LYNCH-MOUSSAS

Philippe Castéja donne depuis quelques années déjà une nouvelle impulsion à ce cru classé. Les vins ont progressé et le château bénéficie d'installations techniques qui devraient permettre d'aller plus loin encore. Lynch-Moussas élabore un vin relativement fin, de constitution moyenne, que l'on peut boire assez rapidement.

Les vins : les progrès ces dernières années sont notables et il fait désormais partie des bons classiques de l'appellation. Les Hauts de Lynch-Moussas 2017 s'avère très avenant et facile d'accès. Belle expression du fruit et digestibilité sont ses points forts. Le nez du grand vin 2017 est fin, délicat, mais très agréablement fruité. En bouche, il se montre équilibré, doté d'un fruité bien juteux. Bien étiré et sapide en finale, c'est un digne représentant du nouveau style de la propriété. 2016 est lui aussi bien bâti et sérieux.

- Haut Médoc Les Hauts de Lynch-Moussas 2017 — 25 € — 89

Le coup de ♥

- Pauillac 2017 — 42 € — 93

Rouge : 62 hectares. Cabernet-Sauvignon 75 %, Merlot 25 %

Production moyenne : 180 000 bt/an

CHÂTEAU LYNCH-MOUSSAS

Madrac, 33250 Saint-Sauveur
05 56 00 00 70 • www.lynch-moussas.com •
Visites : sur rendez-vous uniquement aux professionnels.

Propriétaire : Famille Castéja

Directeur : Philippe Castéja (Président)

CHÂTEAU MARQUIS DE TERME

Propriété de la famille Sénéclauze, ce cru discret gagne en densité en en précision. Les millésimes produits après 2009 ont sonné le réveil de cette belle endormie. Un résultat que l'on doit en partie à Ludovic David, directeur du cru, qui a repris en main le vignoble et modernisé l'outil de vinification. Le souhait de produire des vins plus charnus et, surtout, dotés de tanins plus veloutés, est clairement affiché.

Les vins : le cru cultive son style plutôt opulent et bien mûr, mais les vins s'affinent doucement. 2018 est un margaux dense et concentré, servi par une belle matière, avec une structure imposante et des tanins abondants. Il faudra lui laisser un peu de temps pour se fondre. 2017 affiche un joli côté juteux et des notes de fruits noirs, la finale se polit... Pas d'urgence pour le déguster.

- Margaux 2017 — 42 € — 92
- Margaux 2018 — 44,40 € — 93

Rouge : 39,5 hectares.
Cabernet-Sauvignon 60 %, Merlot 35 %, Petit Verdot 5 %

Production moyenne : 150 000 bt/an

CHÂTEAU MARQUIS DE TERME

3, route de Rauzan, 33460 Margaux
05 57 88 30 01 •
www.chateau-marquis-de-terme.com •
Vente et visites : au domaine sur rendez-vous.

Propriétaire : Famille Sénéclauze

Directeur : Ludovic David

Maître de chai : Julien Brahmi

Œnologue : Julian Viaud

CHÂTEAU MARQUIS D'ALESME

Doté d'un outil à la pointe de l'efficacité, le cru, racheté en piteux état en 2006 par la famille Perrodo (château Labégorce), affiche ses ambitions. Côté vignoble, tout a aussi été repris en main, avec désormais un travail de la vigne digne d'un cru classé et une redistribution parcellaire. L'ouverture au château d'un pôle œnotouristique en fait une attraction très intéressante à Margaux.

Les vins : chaque millésime pousse le cru un peu plus loin en terme de raffinement et de précision. 2017 trouve ses marques et le vin se fond, dans un esprit de belle finesse, avec des notes de fruits rouges agréables. 2016 reste une belle référence qui sera dépassée par les très réussis 2018 et 2019.

Margaux 2016 de 45 à 50 € (c) 93

Le coup de ♥

Margaux 2017 40 € 92

Rouge : 15 hectares. Merlot 45 %, Cabernet-Sauvignon 30 %, Cabernet franc 15 %, Petit Verdot 10 %
Production moyenne : 95 000 bt/an

CHÂTEAU MARQUIS D'ALESME
7, rue de la Trémoille, 33460 Margaux
05 57 81 13 20 • www.marquisdalesme.wine
• Vente et visites : au domaine sur rendez-vous.
Propriétaire : Famille Perrodo
Directeur : Marjolaine de Coninck

CHÂTEAU MAUVESIN-BARTON

Cette propriété, qui vivotait depuis longtemps, connaît une nouvelle vie depuis son rachat par la famille Barton (Léoville Barton et Langoa Barton). C'est la petite fille d'Anthony, Mélanie Sartorius, qui la dirige. On retrouve ici désormais le côté velouté et suave des vins élaborés par la famille, qui ont fait leur franc succès.

Les vins : le 2015 est délicieux aujourd'hui. Il s'agit d'un vin souple mais équilibré, avec une bouche juteuse et un fruit qui conserve du croquant. Sa finale présente une jolie fraîcheur mentholée.

Moulis 2015 22 € 91

Rouge : 51 hectares. Merlot 46 %, Cabernet-Sauvignon 36 %, Cabernet franc 16 %, Petit Verdot 2 %
Production moyenne : 200 000 bt/an

CHÂTEAU MAUVESIN-BARTON
Route du Médoc, 33480 Moulis-en-Médoc
05 56 58 41 81 • www.mauvesin-barton.com
• Vente et visites : au domaine sur rendez-vous.
Propriétaire : Lilian Barton-Sartorius
Directeur : Mélanie Sartorius

CHÂTEAU MAYNE LALANDE

Bernard Lartigue dirige cette propriété de Listrac avec passion et conviction. Il élabore un vin puissant, sans rusticité, dans un esprit moderne et très régulier, qui vieillit généralement correctement sur quelques années.

Les vins : le 2017 présenté est vraiment séduisant, tout en fruit, avec une bouche éclatante et des tanins souples. On y résiste difficilement aujourd'hui mais il évoluera bien.

Listrac-Médoc 2017 18 € 91

Rouge : 22 hectares.
Cabernet-Sauvignon 60 %, Merlot 30 %, Petit Verdot 5 %, Cabernet franc 5 %
Production moyenne : 100 000 bt/an

CHÂTEAU MAYNE LALANDE
7, route du Mayne, 33480 Listrac-Médoc
05 56 58 27 63 •
www.chateau-mayne-lalande.com • Vente et visites : au domaine sur rendez-vous.
Propriétaire : Bernard Lartigue

CHÂTEAU MONBRISON

Laurent Vonderheyden porte désormais cette jolie propriété de Margaux avec conviction et brio. Archétype du margaux raffiné et construit, Monbrison peut s'élever au niveau d'un bon cru classé, tant sur le plan du raffinement que du potentiel de garde.

Les vins : le 2017 est serré, avec une petite pointe végétale en finale. La matière est souple. Il est moins racé et complet que le beau 2016, plus charnu et soyeux.

Margaux 2016 de 38 à 55 € (c) 93

Margaux 2017 32 € 90

Rouge : 15,5 hectares.
Cabernet-Sauvignon 50 %, Merlot 30 %, Cabernet franc 15 %, Petit Verdot 5 %
Production moyenne : 90 000 bt/an

CHÂTEAU MONBRISON
1, allée Monbrison, 33460 Arsac
05 56 58 80 04 •
www.chateaumonbrison.com • Vente et visites : au domaine sur rendez-vous.
Propriétaire : Laurent Vonderheyden
Directeur : Alix Vonderheyden
Maître de chai : Margot Franzkowiak

CHÂTEAU MOULIN RICHE

Moulin Riche fut acquis en même temps que le château Léoville Poyferré, en 1920, par la famille Cuvelier. Ces dernières années, cette marque fut utilisée comme second vin. Depuis 2009, le cru a repris son envol et s'assume à nouveau comme un château à part entière, ce qu'il a longtemps été, puisqu'il fut même classé cru bourgeois exceptionnel en 1932.

Les vins : le 2017 joue la belle maturité du fruit, avec une bouche ronde et des tanins suaves. Très belle expression charnue pour le millésime. Le plus opulent 2016 conserve une très belle fraîcheur et un côté explosif et charnu.

Saint-Julien 2017 — 40 € — 93

Le coup de ♥

Saint-Julien 2016 — 30 € — 94

Rouge : 20 hectares.
Cabernet-Sauvignon 55 %, Merlot 28 %, Petit Verdot 17 %
Production moyenne : 90 000 bt/an

CHÂTEAU MOULIN RICHE
38, rue de Saint-Julien,
33250 Saint-Julien-Beychevelle
05 56 59 08 30 • www.leoville-poyferre.fr •
Vente et visites : au domaine sur rendez-vous.
Propriétaire : Famille Cuvelier
Directeur : Sara Lecompte-Cuvelier
Maître de chai : Didier Thomann
Œnologue : Isabelle Davin

CHÂTEAU PETIT BOCQ

Né en 1972, ce domaine minuscule à l'époque (2 hectares) atteint désormais une taille raisonnable, au terme de l'acquisition de différentes parcelles. Propriété de la famille Lagneaux depuis 1993, le cru produit un saint-estèphe de belle facture, régulier, et bien constitué.

Les vins : ils sont taillés pour bien évoluer sur une décennie. 2016, racé, séveux et bien construit, dans un profil très mûr, l'illustre parfaitement.

Saint-Estèphe 2016 — 25 € — 93

Rouge : 19,4 hectares. Merlot 50 %, Cabernet-Sauvignon 48 %, Petit Verdot 2 %
Production moyenne : 100 000 bt/an

CHÂTEAU PETIT BOCQ
3, rue de la Croix-de-Pez,
33180 Saint-Estèphe
05 56 59 35 69 • www.petitbocq.com •
Vente et visites : au domaine sur rendez-vous.
Propriétaire : Famille Lagneaux
Directeur : Stephane Pariaud
Maître de chai : Laurent Savovitch
Œnologue : Christophe Coupez et Éric Boissenot

CHÂTEAU PEYRABON

Propriété du négociant Patrick Bernard (Millésima), Peyrabon élabore deux cuvées. La première, en Haut-Médoc, est facilement accessible et de garde moyenne. La seconde, baptisée La Fleur Peyrabon, est issue de vignes bien situées à Pauillac (4 hectares), mais l'extraction et l'élevage lui confèrent parfois un caractère austère dans sa jeunesse. Ils évoluent ensuite plutôt bien.

Les vins : le haut-médoc est régulier, dans un style accessible, avec des tanins gourmand, à l'image du 2016 qui peut être bu sans se presser. Le 2017 est un peu moins dense, mais terriblement juteux et savoureux, avec une finale sapide. Le pauillac est évidemment plus ambitieux et plus profond. Le 2016 est très réussi, avec une note de graphite qui lui confère une belle race. On perçoit une petite trace de bois dans le 2017 au profil fuselé et bien étiré : laissez-le encore un peu en cave.

Haut-Médoc 2016 — 16,25 € — 91

Pauillac Château La Fleur Peyrabon 2016 — 31,25 € — 93

Pauillac Château La Fleur Peyrabon 2017 — 27,08 € — 92

Le coup de ♥

Haut-Médoc 2017 — 11,67 € — 91

Rouge : 41,44 hectares.
Production moyenne : 225 000 bt/an

CHÂTEAU PEYRABON
Route du Fournas,
33250 Saint-Sauveur-en-Médoc
05 56 59 57 10 • www.chateau-peyrabon.fr •
Visites : sans rendez-vous.
Propriétaire : Millésima
Directeur : Xavier Michelet
Maître de chai : Eric Pinto Guerro
Œnologue : Eric Boissenot

CHÂTEAU PEYRAT-FOURTHON

Pierre Narboni se démène pour porter ce cru au sommet de l'appellation. Après avoir produit des vins très démonstratifs et parfois un peu trop boisés, il trouve les bons réglages et le vin ne manque jamais de profondeur.

Les vins : La Demoiselle d'Haut-Peyrat 2016 déçoit un peu. Le vin est très serré, extrait et légèrement évolutif. Le grand vin est plus convaincant, dans un style très massif et riche. Il faut encore lui laisser le temps de se fondre.

- Haut-Médoc 2016 — de 20 à 25 € (c) — 92
- Haut-Médoc La Demoiselle d'Haut-Peyrat 2016 — de 12 à 15 € (c) — 86

Rouge : 23 hectares.
Cabernet-Sauvignon 50 %, Merlot 43 %, Petit Verdot 7 %
Production moyenne : 75 000 bt/an

CHÂTEAU PEYRAT-FOURTHON

1, allée Fourthon,
33112 Saint-Laurent-du-Médoc
06 12 46 47 98 • www.peyrat-fourthon.com
• Vente et visites : au domaine sur rendez-vous.
Propriétaire : Pierre Narboni
Directeur : Hervé Godin
Maître de chai : Hervé Godin
Œnologue : Christophe Coupez

CHÂTEAU PIBRAN

Installé sur la croupe de Pontet-Canet et d'Armailhac, Pibran a été racheté, en 1987, par AXA Millésimes. Le vin se distingue régulièrement parmi l'élite des crus bourgeois, porté par un style pauillacais très classique, mêlant générosité et structure tannique. Corsé, bouqueté, accessible rapidement, il vieillit bien et avec grâce.

Les vins : le jus du 2018 est impressionnant. Un beau modèle de vin en rondeur, mais sans lourdeur : on salue la très juste maturité de son fruit. 2017 ne manque pas de gourmandise, avec ce fruit scintillant et finement enrobé qui le caractérise. Très séduisant maintenant, il s'épanouira encore de longues années.

- Pauillac 2017 — de 38 à 46 € (c) — 92
- Pauillac 2018 — 35 € — 93

Rouge : 17 hectares. Merlot 55 %, Cabernet-Sauvignon 45 %
Production moyenne : 70 000 bt/an

CHÂTEAU PIBRAN

33250 Pauillac
05 56 73 17 17 • contact@pichonbaron.com • Pas de visites.
Propriétaire : AXA Millésimes
Directeur : Christian Seely
Maître de chai : Jean-René Matignon

CHÂTEAU POUGET

Pouget est un tout petit et discret cru classé de Margaux, appartenant, tout comme Boyd-Cantenac, à Lucien Guillemet. Il est vinifié dans le même esprit que Boyd, sans pour autant posséder la profondeur et le potentiel de celui-ci. Il n'en reste pas moins toujours très séducteur et agréable. Le vin n'est pas vendu sur la place ; il n'est donc pas évident de le trouver.

Les vins : la même remarque que pour Boyd-Cantenac s'impose ici. Si la qualité des matières demeure exemplaire, les boisés ont tendance à prendre le dessus. C'est le cas du 2018 pourtant très fin et équilibré, mais aussi du 2017 et du 2016 qui demeure sous l'emprise du bois. Il faut espérer que tout cela se fonde. Nous les reverrons avec intérêt.

- Margaux 2016 — de 40 à 50 € (c) — 91
- Margaux 2017 — 42 € — 90
- Margaux 2018 — de 45 à 55 € (c) — 92

Rouge : 10 hectares. Cabernet-Sauvignon 60 %, Merlot 30 %, Cabernet franc 10 %
Production moyenne : 35 000 bt/an

CHÂTEAU POUGET

11, route de Jean-Faure, 33460 Cantenac
05 57 88 90 82 • www.chateau-pouget.com
• Vente et visites : au domaine sur rendez-vous.
Propriétaire : Famille Guillemet

CHÂTEAU LA TOUR DE BY

Les héritiers de Marc Pagès poursuivent le travail débuté ici depuis trois générations et tentent de pousser le cru encore plus loin. Les vins tiennent plutôt bien et peuvent réserver de belles surprises après quelques années. Des millésimes des années 1980, tels les 1982 ou 1989, sont ainsi encore en forme.

Les vins : après un 2016 de belle facture, 2017 ne démérite pas, offrant un profil séduisant, avec un fruité frais et juteux. Délicieux et ouvert. L'ambitieuse cuvée Héritage Marc Pagès nous semble toujours souffrir d'un boisé excessif. Rendez-vous dans une décennie.

Médoc Héritage Marc Magès 2016 — de 40 à 50 € (c) — 91

Le coup de ♥

Médoc 2017 — de 19 à 25 € (c) — 92

Rouge : 76 hectares.
Cabernet-Sauvignon 60 %, Merlot 35 %, Petit Verdot 5 %
Production moyenne : 400 000 bt/an

CHÂTEAU LA TOUR DE BY ♣
5, route de la Tour-de-By, 33340 Bégadan
05 56 41 50 03 • www.latourdeby.com •
Visites : sans rendez-vous.
Propriétaire : Frédéric Le Clerc et Benjamin Richer de Forges
Directeur : Frédéric Le Clerc
Maître de chai : Cédric Pouyteau
Œnologue : Antoine Medeville

CHÂTEAU LA TOUR DE MONS

Cette belle propriété de 48 hectares a été acquise en 2019 par la famille Perrodo, artisans du renouveau du château Marquis d'Alesme et propriétaires de Labégorce, à Margaux. On devrait donc voir évoluer rapidement le style des vins. En attendant, les amateurs trouveront sur le marché les millésimes produits sous l'ère du Crédit Agricole. Des vins qui ne déméritent pas, archétype de jolis margaux souples et gourmands.

Les vins : nous avons dégusté un 2017 très agréable, témoin des progrès réalisés ici depuis quelques années. Un vin délicat, soyeux et délicieusement fruité, qui se montre déjà très avenant.

Margaux 2017 — 20 € — 92

Rouge : 48 hectares. Merlot 49 %,
Cabernet-Sauvignon 37 %, Cabernet franc 8 %, Petit Verdot 6 %
Production moyenne : 140 500 bt/an

CHÂTEAU LA TOUR DE MONS
20, rue de Marsac, 33460 Soussans
05 57 81 13 20 •
www.chateau-latourdemons.com • Pas de visites.
Propriétaire : Famille Perrodo
Directeur : Marjolaine Maurice de Coninck

CHÂTEAU TRONQUOY-LALANDE

Martin et Olivier Bouygues ont acquis Tronquoy-Lalande en 2006, quelques mois après avoir acheté le château Montrose, situé à quelques encablures. Ce très ancien cru de Saint-Estèphe garde son autonomie et son style. La direction du château, comme celle de Montrose, a été reprise en 2012 par Hervé Berland. À noter, la production récente d'un blanc de jolie facture, rond et séduisant.

Les vins : 2018 (dégusté juste après mise) est encore très serré ; il s'agit d'un vin sérieux, droit dans ses bottes, avec de la sève et surtout des tanins imposants. Laissons-lui le temps de se mettre en place. 2017 est d'une approche plus ronde et souple, mais sans manquer de droiture.

Saint-Estèphe 2017 — N.C. — 92

Le coup de ♥

Saint-Estèphe 2018 — N.C. — 93

Rouge : 28 hectares. Merlot 55 %,
Cabernet-Sauvignon 37 %, Petit Verdot 6 %, Cabernet franc 2 %
Blanc : 1 hectare. Sémillon 61 %, Sauvignon gris 39 %
Production moyenne : 140 000 bt/an

CHÂTEAU TRONQUOY-LALANDE
33180 Saint-Estèphe
05 56 59 61 05 • www.tronquoy-lalande.com/
• Vente et visites : au domaine sur rendez-vous.
Propriétaire : Martin et Olivier Bouygues
Directeur : Hervé Berland et Yves Delsol

GRAVES

★★★

CHÂTEAU HAUT-BRION

Seul premier cru classé hors Médoc à avoir été rattaché au classement de 1855, le château Haut-Brion a la particularité d'être totalement enclavé dans la ville de Pessac, la plus proche banlieue de Bordeaux. Son terroir, comme celui de La Mission Haut-Brion, de Pape-Clément ou des Carmes Haut-Brion, est certainement le plus précoce de l'appellation et les raisins, à parts quasi égales de merlot et de cabernet-sauvignon mûrissent ici parfaitement, donnant un vin ample et riche qui déploie au vieillissement des notes fumées inimitables. Le Prince Robert de Luxembourg, propriétaire, a décidé de lancer dans les années à venir la construction d'un nouveau cuvier et d'un chai.

Les vins : en 2018, le château a su parfaitement gérer la fraîcheur de ses vins, tout en leur donnant beaucoup de charnu et de profondeur. Clarence rouge est très charmeur et subtil, avec une grande persistance. Haut-Brion rouge est évidemment encore un peu compressé par sa mise, mais le vin est là, il pousse en bouche et dévoile une matière imposante qui ne demande qu'à se libérer. Un vin qu'il faudra revoir dans une décennie. 2017 est plus étiré, mais extrêmement raffiné et gracieux avec une très grande allonge. Derrière une petite réduction de mise, le blanc impressionne par son volume et son amplitude en bouche. Un vin très mûr, charnu, mais contenu. Il sera passionnant d'en suivre l'évolution.

Pessac-Léognan 2018	809 €	96
Pessac-Léognan 2018	576 €	99
Pessac-Léognan Le Clarence de Haut-Brion 2018	144 €	94

Rouge : 49,89 hectares. Merlot 46 %, Cabernet-Sauvignon 42 %, Cabernet franc 11 %, Petit Verdot 1 %
Blanc : 2,93 hectares. Sémillon 52 %, Sauvignon blanc 48 %
Production moyenne : 126 600 bt/an

CHÂTEAU HAUT-BRION
135, avenue Jean-Jaurès, 33608 Pessac
05 56 00 29 30 •
www.haut-brion.com/fr/les-vins/ • Vente et visites : au domaine sur rendez-vous.
Propriétaire : Prince Robert de Luxembourg
Directeur : Jean-Philippe Delmas
Maître de chai : Jean-Philipe Masclef

★★★

CHÂTEAU LA MISSION HAUT-BRION

Le château dispose d'un terroir graveleux, légèrement plus riche que celui de Haut-Brion qui lui fait face. Si l'on veut définir la spécificité de ce célèbre cru à partir des millésimes dégustés, on dira qu'il ressemble énormément au château Haut-Brion. Il possède les mêmes qualités de souplesse, de fondu (qui n'empêchent en rien de longues et glorieuses évolutions en bouteille), ainsi que le même bouquet fumé très original. Sa forme en bouche se révèle en revanche assez différente, plus moelleuse, plus profonde en primeur, plus charmeuse, car plus facile à comprendre dès les premières années. Avec l'âge, La Mission cède à Haut-Brion en complexité de style et en finesse pure, mais surpasse son voisin en volupté de texture. Vous l'avez compris, ces deux cousins, vinifiés par la même équipe et avec autant d'exigence, sont de parfaits reflets de leurs terroirs propres et des choix d'encépagement.

Les vins : comme à son habitude, La Mission Haut-Brion 2018 est large, ample et explosif, mais aussi un peu moins subtil en finale que son voisin Haut-Brion. Il est promis à une longue garde. Le 2017 est moins dense, mais plus aimable et surtout, il prend du volume à l'aération. Un vin très racé. Le blanc 2018 doit se remettre de sa mise, il est dans une phase très réduite, mais on perçoit beaucoup d'intensité dans la matière. Son équilibre est bien en place et il n'accuse pas la lourdeur du millésime.

Pessac-Léognan 2018	582 €	94
Pessac-Léognan 2017	340 €	96
Pessac-Léognan 2018	372 €	98

Rouge : 25,44 hectares. Cabernet-Sauvignon 48 %, Merlot 41 %, Cabernet franc 11 %
Blanc : 3,74 hectares. Sémillon 63 %, Sauvignon blanc 37 %
Production moyenne : 70 800 bt/an

CHÂTEAU LA MISSION HAUT-BRION
67, rue Peybouquey, 33400 Talence
05 56 00 29 30 •
www.mission-haut-brion.com • Vente et visites : au domaine sur rendez-vous.
Propriétaire : Prince Robert de Luxembourg
Directeur : Jean-Philippe Delmas
Maître de chai : Jean-Philippe Masclef

★★ ↗

CHÂTEAU LES CARMES-HAUT-BRION

En cultivant un style à part, construit autour de vinifications audacieuses, les Carmes Haut-Brion s'impose depuis quelques millésimes comme l'un des crus les plus originaux de l'appellation, avec une expression très infusée du fruit et un toucher de tanin légèrement poudré. Il faut dire que la propriété acquise par la famille Pichet en 2010 s'appuie sur un magnifique terroir, contigu à Haut-Brion et comprenant une part de très vieilles vignes. La modernisation de l'outil de vinification a permis au cru d'enchaîner les succès dans les derniers millésimes. Le voici donc promu à deux étoiles.

Les vins : issu d'un vignoble distinct des Carmes, le C est un vin d'une belle gourmandise, au fruité assumé. Ce 2016 est délicieux et généreux en bouche. Les Carmes 2017 impose une petite touche de décadence bienvenue et une race évidente. C'est le plus tendre des millésimes récents.

- Pessac-Léognan Le C des Carmes Haut-Brion 2016 — 35 € — 91

Le coup de ♥

- Pessac-Léognan 2017 — 100 € — 94

Rouge : 30,75 hectares. Merlot 41 %, Cabernet franc 39 %, Cabernet-Sauvignon 20 %
Production moyenne : 40 000 bt/an

CHÂTEAU LES CARMES-HAUT-BRION
20, rue des Carmes, 33000 Bordeaux
05 56 93 23 40 •
www.les-carmes-haut-brion.com • Vente et visites : au domaine sur rendez-vous.
Propriétaire : Groupe Pichet
Directeur : Guillaume Pouthier
Œnologue : Derenoncourt Consultants

★★

DOMAINE DE CHEVALIER

La famille Bernard met tout en œuvre depuis 1983 pour maintenir cette très belle propriété dans le peloton de tête de l'appellation. Grâce à un outil technique de pointe et un vignoble parfaitement soigné, qui a désormais pris l'âge nécessaire pour produire de grands raisins, les vins sont irréprochables, tant en blanc qu'en rouge. Le vignoble, situé dans l'une des zones froides de l'appellation, est tenu comme un jardin. Les raisins blancs sont triés avec un soin extrême et leur vinification s'est considérablement sophistiquée, sans modifier le style ni la classe des vins. Chevalier incarne la finesse et l'élégance dont peuvent faire preuve les vins de l'appellation, sans que cela hypothèque leur potentiel de garde.

Les vins : le millésime 2017 a été bien abordé par le domaine. Le rouge est classique, droit en bouche, possède une jolie allonge fumée. Les blancs évitent les arômes variétaux du sauvignon. L'Esprit se boira sur la fraîcheur de ses notes florales et citronnées, tandis que le grand vin impose un beau volume, du gras : il s'étire et propose un vaste registre de saveurs.

- (blanc) Pessac-Léognan 2017 — 95 € — 95
- (blanc) Pessac-Léognan L'Esprit de Chevalier 2017 — 25 € — 91
- (rouge) Pessac-Léognan 2017 — 65 € — 94
- (rouge) Pessac-Léognan L'Esprit de Chevalier 2017 — 25 € — 89

Rouge : 55 hectares.
Cabernet-Sauvignon 63 %, Merlot 30 %, Petit Verdot 5 %, Cabernet franc 2 %
Blanc : 6 hectares. Sauvignon blanc 70 %, Sémillon 30 %
Production moyenne : 120 000 bt/an

DOMAINE DE CHEVALIER
102, chemin de Migny, 33850 Léognan
05 56 64 16 16 •
www.domainedechevalier.com • Vente et visites : au domaine sur rendez-vous.
Propriétaire : Famille Bernard
Directeur : Olivier Bernard

★★

CHÂTEAU HAUT-BAILLY

Propriété depuis 1988 de la famille américaine Wilmers, Haut-Bailly propose un vin (rouge uniquement) d'une droiture et d'une classe uniques, harmonieux et suprêmement équilibré, respectant les usages bordelais, sans jamais trop en faire. Le terroir de graves sur crasse de fer permet aux différents millésimes d'acquérir un bouquet de griotte fort séduisant, et une chair veloutée sans équivalent dans ce secteur de Léognan. Il est bien difficile de prendre en défaut un seul millésime : tous, avec un style inimitable, long et fin, parviennent à l'excellence. Avis aux amateurs trop impatients : comme tout grand vin qui se respecte, Haut-Bailly ne se révèle véritablement qu'après quelques années de garde.

Les vins : ne vous privez pas du plaisir de déguster La Parde 2017, un vin droit et précis, plus facile que son grand frère mais offrant un indéniable air de famille. Avec le 2017, Haut-Bailly exprime une nouvelle fois sa grande classe aristocratique avec une bouche ciselée, des tanins fort précis. Un des grands vins du millésime.

Pessac-Léognan 2017 90 € 96

Le coup de ♥

Pessac-Léognan La Parde Haut-Bailly 2017 30 € 92

Rouge : 30 hectares.
Cabernet-Sauvignon 60 %, Merlot 34 %, Cabernet franc 3 %, Petit Verdot 3 %
Production moyenne : 160 000 bt/an

CHÂTEAU HAUT-BAILLY
103, avenue de Cadaujac, 33850 Léognan
05 56 64 75 11 • www.haut-bailly.com •
Vente et visites : au domaine sur rendez-vous.
Propriétaire : Famille Wilmers
Directeur : Véronique Sanders

★★

CHÂTEAU MALARTIC-LAGRAVIÈRE

Illustrant parfaitement le renouveau de l'appellation, Malartic-Lagravière a spectaculairement progressé depuis son rachat, en 1998, par l'entrepreneur belge Alfred-Alexandre Bonnie. Le vignoble, superbement situé sur une croupe de graves à l'arrière du château, est parfaitement tenu, et les installations techniques modernes ont permis aux rouges de gagner en ampleur et en profondeur de corps, notamment grâce à un vignoble qui prend de l'âge et s'enracine davantage. Les rouges n'ont jamais été aussi bons et s'inscrivent parmi les plus intéressants de l'appellation. Les blancs affichent également un style très abouti, travaillé et généreux. Un travail d'observation sur les élevages a conduit le cru à investir pour la vinification et l'élevage dans des contenants en bois de 350 et 500 l.

Les vins : en blanc, La Réserve 2017 offre des côtés gourmands et plaisants qui incitent à le boire sur le fruit. Le blanc 2017 est un bon classique, qui conserve du tonus en bouche dans un registre d'agrumes, porté par des jolis amers en finale. Le rouge 2017 est souple, avec un cœur de bouche juteux et une allonge acidulée. Un vin de demi-garde déjà accessible.

Pessac-Léognan La Réserve de Malartic 2017 25 € 89

Pessac-Léognan 2017 45 € 93

Le coup de ♥

Pessac-Léognan 2017 55 € 94

Rouge : 64 hectares.
Cabernet-Sauvignon 45 %, Merlot 45 %, Cabernet franc 8 %, Petit Verdot 2 %
Blanc : 9 hectares. Sauvignon blanc 80 %, Sémillon 20 %
Production moyenne : 350 000 bt/an

CHÂTEAU MALARTIC-LAGRAVIÈRE
43, avenue de Mont-de-Marsan,
33850 Léognan
05 56 64 75 08 •
www.malartic-lagraviere.com • Vente et visites : au domaine sur rendez-vous.
Propriétaire : Jean-Jacques et Véronique Bonnie
Directeur : Jean-Jacques Bonnie et Véronique Bonnie-Laplane
Maître de chai : Cécile Bernier
Œnologue : Éric Boissenot

★★

CHÂTEAU SMITH HAUT-LAFITTE

Quel chemin parcouru dans cette propriété depuis 1990, l'année du rachat par Florence et Daniel Cathiard ! D'un cru classé en ruine, d'un vignoble quasiment à l'abandon, ces deux néo-vignerons, formés à l'école de la grande distribution pour lui et de la communication pour elle, ont fait un nom qui compte. D'abord produire un vin qui, sans aucun doute, s'inscrit parmi l'élite de la production bordelaise ; ensuite, faire de Smith Haut-Lafitte une étape œnotouristique incontournable. Si les vins ont été à leurs débuts parfois un peu trop mûrs et boisés, leur style s'est grandement affiné. La texture des rouges, la mesure des extractions avec des masses tanniques plus délicates construisent des vins qui s'inscrivent dans le cadre d'un goût plus actuel, moins démonstratif. Les blancs ont également suivi cette tendance avec en particulier une influence des élevages beaucoup moins prégnante dans les derniers millésimes.

Les vins : le château nous a adressé le 2014 en rouge, millésime désormais prêt à boire (sans se presser). Il affiche un joli volume, commence à dégager des notes finement fumées et s'étire sur une structure tannique bien intégrée. Les Hauts 2016 est solide, très charmeur ; il sera parfait dans les cinq à sept ans. En blanc, la série des 2018 offre des vins de beau volume, présentant une réjouissante maturité de fruit et la tension nécessaire pour équilibrer celle-ci. Très ample et persistant, Smith 2018 est magistral, avec un corps et un fruit magnifiques.

- Pessac-Léognan Le Petit Haut Lafitte 2018 — 30 € 92
- Pessac-Léognan Les Hauts de Smith 2018 — 30 € 90
- Pessac-Léognan 2014 — 88 € 95
- Pessac-Léognan Le Petit Haut Lafitte 2016 — 23 € 92
- Pessac-Léognan Les Hauts de Smith 2016 — 29,90 € 91

Le coup de ♥

- Pessac-Léognan 2018 — 118 € 96

Rouge : 67 hectares.
Cabernet-Sauvignon 63 %, Merlot 30 %, Cabernet franc 6 %, Petit Verdot 1 %
Blanc : 11 hectares. Sauvignon blanc 90 %, Sauvignon gris 5 %, Sémillon 5 %
Production moyenne : 200 000 bt/an

CHÂTEAU SMITH HAUT-LAFITTE ♣
33650 Martillac
05 57 83 11 22 • www.smith-haut-lafitte.com
• Vente et visites : au domaine sur rendez-vous.
Propriétaire : Daniel et Florence Cathiard
Directeur : Fabien Teitgen
Maître de chai : Yann Laudeho

★

CHÂTEAU BOUSCAUT

De gros progrès ont été réalisés par Sophie et Laurent Cogombles, qui continuent à tout mettre en œuvre dans ce cru classé pour le porter au niveau des bonnes références de Pessac-Léognan, notamment au travers d'un important travail de replantation. L'originalité de ce terroir apparaît dans les derniers millésimes : les vins blancs, issus d'un encépagement réalisé jusque-là à part égale entre sauvignon et sémillon, connaissent depuis 2011 une augmentation du sauvignon atteignant 50 à 60 % dans l'assemblage, épaulé par quelques parcelles de très vieux sémillons bichonnés par la propriété. Les derniers millésimes sont encourageants, les vins sont réguliers dans un style plutôt charmeur.

Les vins : Les Chênes blanc est mûr, avec des notes de fruits jaunes et une rondeur agréable. Savourez son fruit dès maintenant. Les Chênes rouge 2017 est plutôt agréable. Fin et frais, il est porté par un fruit net et une petite note fumée.

- Pessac-Léognan Les Chênes De Bouscaut 2018 — 20 € 89
- Pessac-Léognan Les Chênes de Bouscaut 2017 — 20 € 90

Rouge : 34 hectares.
Cabernet-Sauvignon 48 %, Merlot 46 %, Malbec (cot) 6 %
Blanc : 8 hectares. Sauvignon blanc 50 %, Sémillon 50 %
Production moyenne : 90 000 bt/an

CHÂTEAU BOUSCAUT
1477, avenue de Toulouse, 33140 Cadaujac
05 57 83 12 20 • www.chateau-bouscaut.com
• Vente et visites : au domaine sur rendez-vous.
Propriétaire : Sophie Lurton-Cogombles
Directeur : Laurent Cogombles
Maître de chai : Patrice Grandjean
Œnologue : Édouard Massie

★

CHÂTEAU CARBONNIEUX

Les frères Éric et Philibert Perrin, avec leur sœur Christine Lescuyer, continuent de faire progresser cette importante propriété qui, en l'espace d'une dizaine d'années, a considérablement évolué, produisant avec une grande régularité un vin délicieux. Élégants et rafraîchissants, les blancs ont gagné en précision et en expression de fruit tout en prenant du gras dans le cœur de bouche avec des élevages légers en barrique. Ils ne vieillissent pas éternellement et nous vous conseillons de les déguster dans les cinq premières années après leur mise en bouteille. Cependant, quelques grandes années peuvent réserver des surprises magiques à la garde. Les rouges, sérieux et réguliers, bien que souvent austères dans leur jeunesse, ont également gagné en densité de corps. Ils ne se goûtent jamais aussi bien qu'entre cinq et dix ans d'âge. Le vignoble suit son programme de restructuration avec le remplacement des sauvignons blancs sur les beaux terroirs de graves par du cabernet-sauvignon.

Les vins : réguliers et toujours accessibles, les vins de Carbonnieux sont de très bonnes affaires pour les amateurs. Ils vieillissent bien et les derniers millésimes sont très réussis. Le rouge 2015 poursuit une très noble évolution, avec de la suavité et des tanins soyeux. On peut d'ores et déjà déguster le blanc 2016 au profil très gourmand et enrobé.

Pessac-Léognan 2016	30 €	91
Pessac-Léognan 2015	34 €	94

Rouge : 50 hectares.
Blanc : 42 hectares.
Production moyenne : 500 000 bt/an

CHÂTEAU CARBONNIEUX
Chemin de Peyssardet, 33850 Léognan
05 57 96 56 20 • www.carbonnieux.com •
Vente et visites : au domaine sur rendez-vous.
Propriétaire : Famille Perrin
Directeur : Éric et Philibert Perrin
Maître de chai : Andréa Perrin
Œnologue : Christophe Ollivier

★

CLOS FLORIDÈNE

Bien connu des amateurs, ce domaine est l'œuvre du "pape" des vins blancs bordelais, l'œnologue Denis Dubourdieu, décédé en juillet 2016. Depuis de nombreuses années, Clos Floridène fait incontestablement partie des valeurs sûres de l'appellation. Le plus étonnant dans la production réside dans le profond classicisme qu'elle exprime : bien loin des lourdes caricatures de blancs boisés et trop exubérants, que l'on rencontre souvent dans les ambitieux châteaux bordelais, Floridène blanc est un vin svelte et droit, sans artifices, d'une pureté cristalline. Il rappelle d'ailleurs le délicieux vin blanc sec du château Doisy Daëne, le cru classé de Barsac de la famille Dubourdieu. Le rouge possède la même élégance distinguée. Ces vins peuvent parfaitement vieillir plusieurs années en cave.

Les vins : belle générosité en bouche pour le blanc 2018, avec des notes mûres ; il préserve néanmoins sa fraîcheur et son équilibre. L'ensemble est très prometteur. Sérieux et droit, le rouge 2016 ne manque ni de caractère ni de profondeur. Le fruit demeure net et les tanins se fondent ; rien ne presse pour le boire.

Graves 2016	20 €	93

Le coup de ♥

Graves 2018	21 €	94

Rouge : 15 hectares. Cabernet-Sauvignon 74 %, Merlot 26 %
Blanc : 25 hectares. Sémillon 53 %, Sauvignon blanc 45 %, Muscadelle 2 %
Production moyenne : 160 000 bt/an

CLOS FLORIDÈNE
10, Videau, 33210 Pujols-sur-Ciron
05 56 62 96 51 • www.denisdubourdieu.fr •
Pas de visites.
Propriétaire : Famille Dubourdieu
Directeur : Jean-Jacques Dubourdieu
Maître de chai : Ludovic Bernard
Œnologue : Fabrice Dubourdieu

★

CHÂTEAU COUHINS-LURTON

Ce cru méticuleusement constitué par André Lurton, disparu en juin 2019, est classé uniquement en blanc. Dirigé, comme La Louvière, par sa fille Christine, il produit aussi un rouge honorable. Depuis 2013, il a réalisé de nets progrès : les blancs se montrent moins variétaux, les rouges plus sensuels. Il lui faut toutefois aller encore plus loin, car les derniers millésimes nous semblent marquer le pas avec des rouges qui évoluent très rapidement, et des blancs un peu simples.

Les vins : le blanc 2016 est en place, il possède du gras et des épaules. Il termine sur une touche d'agrume confit. Le rouge, dans le même millésime, évolue et déçoit un peu. Il reste droit et semble manquer d'un peu de maturité dans sa structure tannique.

Pessac-Léognan 2016	26 €	90
Pessac-Léognan 2016	29 €	88

Rouge : 16 hectares. Merlot 60 %, Cabernet-Sauvignon 40 %
Blanc : 6 hectares. Sauvignon blanc 100 %
Production moyenne : 46 000 bt/an

CHÂTEAU COUHINS-LURTON
48, chemin de Martillac,
33140 Villenave-d'Ornon

05 57 25 58 58 • www.andrelurton.com •
Vente et visites : au domaine sur rendez-vous.
Propriétaire : Famille Lurton
Directeur : Pascal Le Faucheur
Maître de chai : Sébastien Ravilly
Œnologue : Michel Rolland (rouges) et Valérie Lavigne (blancs)

★

CHÂTEAU LARRIVET HAUT-BRION

Cette propriété, qui appartient à la famille Gervoson (groupe Andros), produit avec régularité des vins agréables et accessibles. Doté d'un beau terroir sur les hauteurs de Léognan, non loin de Haut-Bailly et de La Louvière, le cru bénéficie également d'un outil de vinification moderne avec un tout nouveau cuvier en béton. Bruno Lemoine, directeur depuis 2007 et François Gaudichon, maître de chai depuis juin 2015, apportent un supplément de précision dans la définition stylistique des vins.

Les vins : le rouge 2016 possède une très belle forme classique, de la sève et des tanins au toucher soyeux. Il évoluera très bien. Le blanc 2016 affiche beaucoup d'opulence, un côté déjà légèrement évolutif et des notes exotiques.

Pessac-Léognan 2016 (blanc)	48 €	89
Pessac-Léognan 2016 (rouge)	51 €	94

Rouge : 65 hectares.
Blanc : 10 hectares.
Production moyenne : 400 000 bt/an

CHÂTEAU LARRIVET HAUT-BRION
84, avenue de Cadaujac, 33850 Léognan
05 56 64 75 51 • www.larrivethautbrion.fr •
Vente et visites : au domaine sur rendez-vous.
Propriétaire : Philippe Gervoson
Directeur : Bruno Lemoine
Maître de chai : Francois Gaudichon
Œnologue : Stéphane Derenoncourt

★

CHÂTEAU LATOUR-MARTILLAC

Voici un bel exemple de propriété familiale, toujours entre les mains des Kressmann, très ancienne famille de négociants bordelais. Tristan et Loïc Kressmann sont aujourd'hui aux commandes de ce cru classé très bien situé sur le plateau de Martillac. Les différentes générations ont su respecter le patrimoine transmis, tout en progressant dans la conduite de la vigne et dans les vinifications avec leur directrice, Valérie Vialard. Les vins ont conservé leur style élégant et précis ; ils gagnent en densité.

Les vins : 2019 annonce un Lagrave Martillac blanc très réussi, dont l'équilibre fera référence. Le rouge 2017 est moins explosif, avec un côté légèrement végétal. On le boira sans trop tarder.

Pessac-Léognan Lagrave Martillac 2019 (blanc)	21 €	90
Pessac-Léognan Lagrave Martillac 2017 (rouge)	21 €	87

Rouge : 48 hectares.
Cabernet-Sauvignon 55 %, Merlot 40 %, Petit Verdot 5 %
Blanc : 9 hectares. Sauvignon blanc 60 %, Sémillon 40 %
Production moyenne : 330 000 bt/an

CHÂTEAU LATOUR-MARTILLAC
8, chemin Latour, 33650 Martillac
05 57 97 71 11 • www.latourmartillac.com •
Vente et visites : au domaine sur rendez-vous.
Propriétaire : Famille Jean Kressmann
Directeur : Tristan et Loïc Kressmann
Maître de chai : Valérie Vialard

★

CHÂTEAU OLIVIER

Ce cru classé de Graves a connu, en à peine dix ans, l'une des plus importantes mutations de l'appellation. Sous l'impulsion de Laurent Lebrun, les vins atteignent un excellent niveau et l'engagement d'Alexandre de Bethmann, le propriétaire, est indéniable. Ce dernier a mobilisé d'importants moyens financiers pour restructurer le vignoble. Il faut dire que cette propriété est absolument magnifique ! Nichée au milieu d'une zone boisée, elle s'appuie sur un terroir de graves sis sur une croupe splendide, ventilée, idéale pour produire de très grands cabernet-sauvignon.

Les vins : la vigueur du 2017 en blanc est très séduisante et le vin possède une belle ampleur. Jolie chair en bouche et tonicité en finale : c'est une réussite. Encore un peu marquée par le bois, la matière du rouge 2017 est tendre, mais affiche une certaine élégance. On le boira assez rapidement.

Pessac-Léognan 2017 32 € 92

Le coup de ♥

Pessac-Léognan 2017 30 € 93

Rouge : 52 hectares.
Cabernet-Sauvignon 55 %, Merlot 40 %, Petit Verdot 5 %
Blanc : 8 hectares. Sauvignon blanc 75 %, Sémillon 23 %, Muscadelle 2 %
Production moyenne : 240 000 bt/an

CHÂTEAU OLIVIER
175, avenue de Bordeaux, 33850 Léognan
05 56 64 73 31 • www.chateau-olivier.com •
Vente et visites : au domaine sur rendez-vous.
Propriétaire : Famille de Bethmann
Directeur : Laurent Lebrun

CHÂTEAU BROWN

Cette propriété, rachetée en 2005 par les familles Mau et Dirkzwager, est aujourd'hui gérée par Jean-Christophe Mau. Ce dernier a effectué un travail en profondeur sur ce terroir voisin du cru classé Château Olivier. Les derniers millésimes atteignent un excellent niveau dans un style classique qui privilégie toujours une belle finesse de tanins et la fraîcheur du fruit.

Les vins : le blanc 2018 offre une bouche de belle ampleur, d'intenses notes de fruits jaunes et une bonne persistance. Un blanc charmeur. Le rouge 2017 offre une belle ampleur de bouche, un fruité qui demeure juteux et une approche facile. Il faut le savourer jeune.

Pessac-Léognan 2018 30 € 92

Pessac-Léognan 2017 30 € 91

Rouge : 26 hectares. Merlot 65 %, Cabernet-Sauvignon 32 %, Petit Verdot 3 %
Blanc : 5 hectares. Sauvignon blanc 74 %, Sémillon 26 %
Production moyenne : 120 000 bt/an

CHÂTEAU BROWN
Allée John-Lewis-Brown, 33850 Léognan
05 56 87 08 10 • www.chateau-brown.com •
Vente et visites : au domaine sur rendez-vous.
Propriétaire : Familles Mau et Dirkzwager
Directeur : Jean-Christophe Mau
Maître de chai : Bruno Patrouilleau

CHÂTEAU DE CHANTEGRIVE

Propriété emblématique de Podensac, au cœur de l'appellation Graves, Chantegrive doit sa création à Henri Lévêque. Ce courtier historique de la place de Bordeaux a démarré l'aventure Chantegrive en 1966, avec seulement 2 hectares de vignes. Longtemps pionnier dans l'élaboration de vins ambitieux, Chantegrive a connu au début des années 2000 une période plus creuse. Le château, repris en main par Marie-Hélène Lévêque avec les conseils d'Hubert de Boüard depuis 2006, donne des vins qui retrouvent leur place parmi les belles références de l'appellation.

Les vins : simple, souple, le blanc 2016 se boira rapidement. Caroline 2018 est plus épaulé, riche et ample, bâti sur un boisé appuyé. À boire, le rouge 2016 évolue doucement dans un registre épicé et fondu. Il garde une petite rigidité en finale.

Graves 2016 12 € 88

Graves Caroline 2018 de 17 à 19 € (c) 90

Graves 2016 16 € 89

Rouge : 46 hectares. Merlot 60 %, Cabernet franc 40 %
Blanc : 35 hectares. Sémillon 50 %, Sauvignon blanc 45 %, Sauvignon gris 5 %
Production moyenne : 450 000 bt/an

CHÂTEAU DE CHANTEGRIVE
44, cours Georges-Clemenceau, 33720 Podensac
05 56 27 17 38 • www.chantegrive.com •
Vente et visites : au domaine sur rendez-vous.
Propriétaire : Françoise Lévêque
Directeur : Marie-Hélène Lévêque
Maître de chai : Cédric Begard
Œnologue : Hubert de Boüard

CHÂTEAU CRABITEY

À la tête de 28 hectares de vignes, dont une bonne partie sur l'une des plus belles croupes de graves de Portets, Arnaud de Butler, a fait en une quinzaine d'années de ce cru des Graves l'une des références de l'appellation. Il a entamé en 2008 un vaste programme de restructuration du vignoble en privilégiant le cabernet-sauvignon sur les plus belles croupes de sa propriété. Un choix judicieux, comme le montre l'importance de ce cépage dans la qualité des derniers assemblages. Crabitey est aujourd'hui une marque fiable, et ses vins vieillissent fort bien.

Les vins : le blanc 2019 affiche des notes de fruits jaunes très agréables et une jolie tonicité en finale. Un joli classique déjà très gourmand. En rouge, le 2017 est très tendre, avec une bouche qui demeure anguleuse en finale. Nous lui préférons largement l'éclatant 2018, au fruité plus expressif et à la bouche bien plus gourmande.

Graves 2019	13 €	92
Graves 2017	13 €	88
Graves 2018	14 €	91

Rouge : 26 hectares.
Cabernet-Sauvignon 47 %, Merlot 47 %, Petit Verdot 6 %
Blanc : 5 hectares. Sauvignon blanc 70 %, Sémillon 30 %
Production moyenne : 200 000 bt/an

CHÂTEAU CRABITEY
63, route du Courneau, 33640 Portets
05 56 67 18 64 • www.chateau-crabitey.fr •
Vente et visites : au domaine sur rendez-vous.
Propriétaire : Arnaud de Butler
Maître de chai : Christophe Chaloupin
Œnologue : Christine Jacoby-Sourdes

CHÂTEAU LA GARDE

Cette propriété de la Maison Dourthe possède un vaste vignoble, sur un terroir composé de différentes croupes graveleuses et d'un plateau d'argile sur la commune de Martillac. Remembrées et en grande partie replantées, les vignes produisent aujourd'hui des vins plus percutants et mieux équilibrés, notamment avec une emprise des élevages beaucoup plus modérée (seulement 15 % de barrique neuve pour les blancs). Les derniers millésimes possèdent un potentiel de garde non négligeable.

Les vins : en attendant un blanc 2019 tendu et vivace, le 2018 se montre agréable, mais plus rond et suave. Avec des notes de fruits jaunes, il termine sur une finale florale et vanillée. Un vin séduisant. Posé, le rouge 2016 conserve du fruit. La bouche, légèrement fumée, est de bonne ampleur, avec une matière élégante et des tanins qui s'intègrent. On peut commencer à le boire.

Pessac-Léognan 2018	30 €	90
Pessac-Léognan 2016	de 24 à 26 € (c)	92

Rouge : 50 hectares. Merlot 68 %, Cabernet-Sauvignon 30 %, Petit Verdot 2 %
Blanc : 4 hectares. Sauvignon blanc 86 %, Sémillon 14 %
Production moyenne : 270 000 bt/an

CHÂTEAU LA GARDE
1, chemin de la Tour, 33650 Martillac
05 56 35 53 00 • www.chateau-la-garde.com
• Vente et visites : au domaine sur rendez-vous.
Propriétaire : Dourthe
Directeur : Frédéric Bonnaffous

CHÂTEAU GAZIN ROCQUENCOURT

Ce cru de Léognan était totalement inconnu jusqu'à son rachat en 2005 par la famille Bonnie, également propriétaire du cru classé Malartic-Lagravière. En moins de dix ans, les vins rouges atteignent un excellent niveau de qualité, avec un style profond, sensuel et flatteur. Le blanc, réalisé exclusivement à base de sauvignon, s'est lui aussi distingué au cours des derniers millésimes.

Les vins : le délicieux rouge 2016 affiche un vrai charme, avec des notes de fruits rouges bien juteuses en bouche. Dans le même millésime, le blanc exhale des notes de pêche de vigne et de fruits blancs. Un vin gourmand et séduisant.

Pessac-Léognan 2016	24,95 €	90
Pessac-Léognan 2016	24,95 €	91

Rouge : 19,5 hectares.
Blanc : 2,5 hectares.
Production moyenne : 100 000 bt/an

CHÂTEAU GAZIN ROCQUENCOURT
43, avenue de Mont-de-Marsan, 33850 Léognan
05 56 64 75 08 •
www.gazin-rocquencourt.com • Pas de visites.
Propriétaire : Jean-Jacques Bonnie et Véronique Bonnie-Laplane
Maître de chai : Cécile Bernier
Œnologue : Éric Boissenot

CHÂTEAU LA LOUVIÈRE

Disparu en juin 2019, André Lurton était une figure du Bordelais et l'un des architectes de la création en 1987 de l'appellation Pessac-Léognan. Il avait acquis La Louvière en 1965 et n'avait eu de cesse de promouvoir ce cru populaire, accessible et régulier, que les amateurs apprécient depuis longtemps. Depuis une dizaine d'année, le château s'est lancé dans un programme de modernisation et d'amélioration du travail à la vigne, dans l'objectif de viser encore plus haut. Les derniers millésimes sont sans doute les plus aboutis jamais produits.

Les vins : les amateurs de sauvignon au profil variétal trouveront leur compte avec le L blanc. La Louvière ajoute du volume, avec un côté tendu et des notes de fruits blancs. Le rouge 2016 est classique, moyennement charnu et porté par des tanins qui accrochent encore un peu le palais.

Pessac-Léognan 2017	23 €	89
Pessac-Léognan L de La Louvière 2017	13 €	87
Pessac-Léognan 2016	25 €	90

Rouge : 46 hectares.
Cabernet-Sauvignon 60 %, Merlot 40 %
Blanc : 15 hectares. Sauvignon blanc 100 %
Production moyenne : 190 000 bt/an

CHÂTEAU LA LOUVIÈRE
149, avenue de Cadaujac, 33850 Léognan
05 56 64 75 87 • www.andrelurton.com •
Vente et visites : au domaine sur rendez-vous.
Propriétaire : Famille Lurton
Directeur : Pascal le Faucheur
Maître de chai : Jean-Marc Conte
Œnologue : Michel Rolland (rouges) et Valérie Lavigne (blancs)

CHÂTEAU RAHOUL

La gestion de la propriété situé sur le plateau de Portets est confiée depuis 2007 à la maison Dourthe. Frédéric Bonnaffous, le directeur technique lui redonné ses lettres de noblesse, produisant un vin blanc habilement construit autour du sémillon, expressif et vieillissant bien. Le rouge a quant à lui très fortement progressé ces dernières années, gagnant en densité et en profondeur.

Les vins : le blanc 2018 est rond, se fait tendu et citronné en finale. Un blanc frais à boire sur la vivacité de sa jeunesse ; en 2016, le rouge charmeur déploie des notes de cassis et présente une bouche fondue, aux tanins intégrés. Un vin agréable de demi-puissance.

Graves 2018	21,90 €	89
Graves 2016	de 15 à 19 € (c)	90

Rouge : 33 hectares. Merlot 67 %, Cabernet-Sauvignon 30 %, Petit Verdot 3 %
Blanc : 5 hectares. Sémillon 70 %, Sauvignon blanc 30 %
Production moyenne : 150 000 bt/an

CHÂTEAU RAHOUL
4, route du Courneau, 33640 Portets
05 56 35 53 00 • www.chateau-rahoul.com •
Vente et visites : au domaine sur rendez-vous.
Propriétaire : Dourthe
Directeur : Frédéric Bonnaffous

CHÂTEAU RESPIDE MÉDEVILLE

Le château, propriété de la famille Médeville depuis les années 1980 et situé à Preignac, dans le sud des Graves, tout proche de Langon et du Sauternais, est parfaitement tenu. Grâce à un encépagement équilibré, les vins expriment les vertus complémentaires du merlot et du cabernet-sauvignon en rouge, du sauvignon et du sémillon et d'une petite part de muscadelle (jusqu'à 5 % dans l'assemblage selon les millésimes) en blanc. Ce dernier révèle le véritable style des vins de la région des Graves du sud : sans artifice, aux notes d'écorce d'agrumes et à la bouche sans lourdeur, avec un élevage court de trois mois en barrique. Les rouges ont bien progressé grâce aux conseils en vinification d'Olivier Dauga.

Les vins : de profil tendre, mais franc, le blanc 2017 est à boire. Il déploie de jolies notes de fruits estivaux et offre un profil gourmand. Le rouge lui aussi se livre, avec une petite pointe de truffe au nez et une bouche finement épicée et svelte.

Graves 2017	N.C.	91
Graves 2017	N.C.	90

Rouge : 8 hectares. Cabernet-Sauvignon 60 %, Merlot 40 %
Blanc : 4 hectares. Sémillon 50 %, Sauvignon

blanc 48 %, Muscadelle 2 %
Production moyenne : 70 000 bt/an

CHÂTEAU RESPIDE MÉDEVILLE

4, rue du Port, 33210 Preignac
05 56 76 28 44 • gonet-medeville.com •
Visites : sans rendez-vous.
Propriétaire : Julie et Xavier Gonet-Médeville

CHÂTEAU DE ROUILLAC

Ce cru de Canéjan, autrefois propriété du baron Haussmann, appartient depuis avril 2010 à Laurent et Sophie Cisneros. Cet autodidacte d'origine charentaise, ancien joueur de foot de deuxième division aux côtés de Zinédine Zidane, à Cannes, s'est impliqué à 100 % dans la remise en route du domaine et du vignoble. Les anciens propriétaires avaient entièrement rénové les bâtiments et replacé les vins parmi les bonnes références de l'appellation. Désormais, Laurent Cisneros tient cette propriété au cordeau dans un souci permanent de qualité et dans une démarche environnementale forte (labours d'un tiers du vignoble au cheval et suppression des herbicides), qu'il s'agisse des vins ou de l'accueil à la propriété. Rouillac a reçu à plusieurs reprises des prix pour la qualité de sa réception, avec la volonté de rassembler en un même lieu le monde du vin et celui de l'équitation. Avec l'œnologue-conseil médocain Éric Boissenot, ils apportent un souffle nouveau à Rouillac.

Les vins : les seconds vins possèdent la franchise et la gourmandise de vins de soif. Dans ce millésime chaleureux, le blanc 2018 garde une bouche nerveuse aux notes d'agrumes. Le rouge 2016 s'est patiné, il offre une bouche ronde et cendrée. On peut le déboucher.

Pessac-Léognan 2018	29 €	91
Pessac-Léognan Le Dada de Rouillac 2018	17 €	89
Pessac-Léognan 2016	27 €	91
Pessac-Léognan Le Dada de Rouillac 2018	17 €	87

Rouge : 23 hectares.
Cabernet-Sauvignon 52 %, Merlot 48 %
Blanc : 3 hectares. Sauvignon blanc 66 %, Sémillon 18 %, Sauvignon gris 16 %
Production moyenne : 150 000 bt/an

CHÂTEAU DE ROUILLAC

12, chemin du 20-Août-1949, 33610 Canéjan
05 57 12 84 63 •
www.chateauderouillac.com • Vente et visites : au domaine sur rendez-vous.
Propriétaire : Laurent Cisneros
Œnologue : Éric Boissenot

CHÂTEAU SEGUIN

Acquise par Jean Darriet en 1987, cette vaste propriété de 31 hectares est aujourd'hui gérée par son fils Denis. Le vignoble, planté en 1988, se divise en deux grandes zones, à parts égales de cabernet-sauvignon et de merlot : Seguin sur la commune de Canéjan, et Petit Bordeaux sur celle de Gradignan. D'un âge moyen de 25 ans, les vignes (uniquement de rouge) produisent des vins aux équilibres élégants, qui présentent de bons niveaux de maturité et de concentration. Très réguliers, toujours colorés, les derniers millésimes confirment la bonne forme de cette propriété.

Les vins : nous n'avons reçu que l'Angelot de Seguin 2018. Il s'agit d'un vin gourmand et plaisant qui se boira sur son fruit.

Pessac-Léognan L'Angelot 2018	15 €	89

Rouge : 31 hectares. Cabernet-Sauvignon 50 %, Merlot 50 %
Production moyenne : 130 000 bt/an

CHÂTEAU SEGUIN

Chemin de la House, 33610 Canéjan
05 56 75 02 43 • www.chateauseguin.com •
Vente et visites : au domaine sur rendez-vous.
Propriétaire : Jean et Denis Darriet
Directeur : François Machy
Maître de chai : Xavier Moragues

DOMAINE DE LA SOLITUDE - MARTILLAC

Exploité depuis 1993 par Olivier Bernard (Domaine de Chevalier), le domaine de la Solitude, très ancienne propriété de Martillac et appartenant à la communauté religieuse de la Sainte Famille, a atteint un très honnête niveau, avec une grande régularité. Les blancs sont accessibles et gourmands ; les rouges que l'on peut boire sur leur fruit, évoluent bien sur une décennie. Les prix demeurent très accessibles.

Les vins : le blanc 2018 est en place, avec la rondeur du millésime, mais aussi une belle tension en finale. Le rouge 2017 affiche un côté souple, une bouche droite, sur le fil de la maturité. On peut commencer à le boire.

Pessac-Léognan 2018 — 20 € — 90
Pessac-Léognan 2017 — 20 € — 89

Rouge : 20 hectares.
Cabernet-Sauvignon 52 %, Merlot 33 %, Cabernet franc 10 %, Petit Verdot 5 %
Blanc : 7 hectares. Sauvignon blanc 70 %, Sémillon 30 %
Production moyenne : 1 300 000 bt/an

DOMAINE DE LA SOLITUDE - MARTILLAC
10, route de la Solitude, 33650 Martillac
05 56 72 74 74 • www.domainedelasolitude.com • Vente et visites : au domaine sur rendez-vous.
Propriétaire : Communauté religieuse de la Sainte Famille
Directeur : Olivier Bernard

SAUTERNAIS

★★★

CHÂTEAU CLIMENS

Château Climens est la propriété de la famille Lurton depuis 1971. Aujourd'hui, le cru est dirigé avec brio par Bérénice Lurton. Peu de liquoreux français se distinguent par un bouquet aussi pur et élégant que ce premier cru classé de Barsac. Il doit sa qualité transcendante à son terroir exceptionnel, qui produit des récoltes aussi riches en sucres qu'à Sauternes, mais sur une palette de parfums souvent plus complexe et diversifiée. Le savoir-faire de l'équipe n'est pas non plus étranger à cette réussite : au gré des différents lots vendangés à des degrés plus ou moins intenses de botrytis, Bérénice Lurton et son directeur Frédéric Nivelle réalisent de savants assemblages comme autant d'œuvres d'art. Consciente des changements culturaux et culturels des dernières années, Bérénice Lurton a obtenu la certification de son vignoble en biodynamie.

Les vins : pas de vin liquoreux cette année, quel dommage ! Par contre, nous découvrons avec grand plaisir le premier millésime d'Asphodèle, pur sémillon vinifié en sec, équilibré et particulièrement réussi, qui ouvre un nouvel horizon pour les barsacs secs.

Bordeaux Asphodèle 2018 — de 35 à 38 € (c) — 91

Blanc : 30 hectares. Sémillon 100 %
Production moyenne : 45 000 bt/an

CHÂTEAU CLIMENS
6, Plantey, 33720 Barsac
05 56 27 15 33 • www.chateau-climens.fr • Vente et visites : au domaine sur rendez-vous.
Propriétaire : Bérénice Lurton
Directeur : Frédéric Nivelle
Œnologue : Lucien Llorca

★★★

CHÂTEAU COUTET

Ce premier grand cru classé est l'un des deux seigneurs de Barsac, avec Climens. Sur la majorité des parcelles, le fameux sol rouge (association d'oxyde de fer et de roche calcaire) donne au vin un supplément de nervosité par rapport à ses proches voisins à teneur en sucre équivalente. Les arômes d'agrumes et d'acacia le rapprochent de Climens, mais Coutet s'exprime en général plus rapidement et possède souvent un peu moins de liqueur, en dehors de la fameuse crème de tête connue sous le nom de cuvée Madame. L'Alsacien Philippe Baly et son frère Dominique, avec sa fille Aline, gèrent très consciencieusement le domaine depuis son rachat par leur père en 1977.

Les vins : La Chartreuse 2017 est une magnifique entrée en matière pour aborder Barsac. Puissance, intensité et raffinement forment le socle de ce somptueux liquoreux. Coutet 2017 développe un nez intense de pierre à feu. Sa liqueur abondante est rafraîchie par la sensation minérale du sol de Barsac. Un vin plein et délié qui montre la voie de l'excellence. Magistral. Le blanc sec Opalie 2016, au nez de pierre à feu, présente une matière à la fois pleine et épurée, complexifiée par une fine salinité. Un vin entre deux âges qui a perdu l'éclat juvénile de son fruit sans atteindre encore la sagesse de l'âge. Il mérite quelques années de garde supplémentaires.

- Barsac 2017 — 40 € — 98
- Bordeaux Opalie de Coutet 2016 — de 40 à 50 € (c) — 90

Le coup de ♥

- Barsac Chartreuse de Coutet 2017 — de 15 à 25 € (c) — 92

Blanc : 38,5 hectares. Sémillon 75 %, Sauvignon blanc 23 %, Muscadelle 2 %
Production moyenne : 42 000 bt/an

CHÂTEAU COUTET
33720 Barsac
05 56 27 15 46 • www.chateaucoutet.com • Visites : sans rendez-vous.
Propriétaire : Philippe et Dominique Baly
Directeur : Philippe Baly
Maître de chai : Laurier Girardot
Œnologue : Lucien Llorca

★★★

CHÂTEAU DE FARGUES

Copropriétaire et vinificateur d'Yquem durant plus de trente millésimes, Alexandre de Lur Saluces s'est attaché, depuis la vente du château d'Yquem, à revaloriser la production du château de Fargues, fief de sa famille. Il y applique exactement les mêmes principes qu'à Yquem (notamment des élevages très longs, jusqu'à trente-six mois), produisant ainsi un sauternes classique et complet, comparable aux plus grands et qui jouit, auprès des professionnels comme des amateurs, d'une estime largement méritée. Tous les millésimes en vente sont actuellement remarquables.

Les vins : élégant et distingué, le 2017 exhale une fine note de viennoiserie ; le fruit n'arrive qu'en second lieu. La bouche se montre franche, droite, avec un fruit et une liqueur précis, qui portent le vin sur la longueur de bouche. Racé et dense, harmonieux, il porte en lui la puissance raffinée du terroir de Fargues.

- Sauternes 2017 — 170 € — 99

Blanc : 20 hectares. Sémillon 80 %, Sauvignon blanc 20 %
Production moyenne : 20 000 bt/an

CHÂTEAU DE FARGUES
33210 Fargues
05 57 98 04 20 • www.chateaudefargues.com • Vente et visites : au domaine sur rendez-vous.
Propriétaire : Alexandre de Lur Saluces
Directeur : François Amirault

★★★

CHÂTEAU D'YQUEM

Reconnu comme étant le plus célèbre vin liquoreux du monde, Yquem est la propriété, depuis 1999, du groupe LVMH dirigé par l'homme d'affaires Bernard Arnault. Le château est aujourd'hui incarné par Pierre Lurton, également à la tête du château Cheval Blanc, à Saint-Émilion. Avant lui, Alexandre de Lur Saluces a écrit, de 1967 à 2004, quelques-unes des plus belles pages de l'histoire de l'unique premier cru classé supérieur en 1855, dans la lignée de ses aïeux. Car ce vin est peut-être le plus régulier du Bordelais depuis cent ans. Même dans les petits millésimes et les périodes difficiles, Yquem a tenu son rang jusque dans son vieillissement incomparable. Il doit cet état de fait à un terroir unique, réagissant au développement du botrytis comme aucun autre, et à des hommes qui ont su comprendre et mettre en valeur ses qualités. Si Yquem n'impressionne pas forcément dans sa jeunesse, il creuse irrémédiablement l'écart avec ses voisins après quelques années de garde. Déguster un vieux millésime du château demeure une expérience que tout amateur de vin liquoreux se doit d'avoir connu dans sa vie.

Les vins : Yquem 2017 paraît légèrement introverti au nez. En bouche, il retrouve la distinction de son rang, avec une liqueur qui déroule en longueur, une finale sur le pamplemousse rose. Il a un siècle devant lui. Le 2016 a quitté les notes de viennoiserie de sa jeunesse pour se recentrer sur des goûts de cédrat et de mandarine. Sa puissance s'installe avec assurance dans un fruit pur, nourri par une liqueur charnelle, qui confère un équilibre magistral à ce millésime lui aussi au sommet.

Sauternes 2016 — de 320 à 370 € (c) — 100
Sauternes 2017 — 396 € — 100

Blanc : 100 hectares. Sémillon 80 %, Sauvignon blanc 20 %
Production moyenne : 60 000 bt/an

CHÂTEAU D'YQUEM
1, Château d'Yquem 33210 Sauternes
05 57 98 07 07 • www.yquem.fr • Vente et visites : au domaine sur rendez-vous.
Propriétaire : LVMH
Directeur : Pierre Lurton
Maître de chai : Valérie Lailheugue

★★

CHÂTEAU DOISY DAËNE

Voisin de Climens, ce cru classé de Barsac bénéficie du savoir-faire de la famille Dubourdieu, propriétaire depuis plusieurs générations. L'équipe de Denis Dubourdieu, chef de file de l'école œnologique bordelaise disparu en 2016, vinifie magistralement une vendange récoltée toujours avec précision, au moment où la pourriture noble offre le meilleur compromis entre richesse en sucre et finesse aromatique, tout en préservant de hauts niveaux d'acidité. Élevés ensuite par de courts séjours en barrique, les vins affichent ainsi une pureté et une élégance qui les rendent d'autant plus recherchés que leurs prix restent sages. La propriété produit trois vins : un blanc sec aromatique, un liquoreux raffiné et, dans les très grands millésimes, la rarissime cuvée L'Extravagant, issue d'un lot de la récolte beaucoup plus riche, équivalent local des plus sublimes trockenbeerenauslese allemands.

Les vins : parfum d'une grande pureté et liqueur relativement généreuse, qui vient conforter une belle impression de douceur, pour le second vin. Dès le premier nez et sa touche de poudre de fer, le 2015 nous mène à Barsac. La bouche, riche mais ciselée par un fruit précis, prend appui sur des notes d'agrumes confits. Un vin très élégant.

Barsac 2015 — 44 € — 96
Barsac Les Étoiles de Doisy Daëne 2017 — 22 € — 91

Blanc : 15 hectares. Sémillon 85 %, Sauvignon blanc 14 %, Muscadelle 1 %
Production moyenne : 17 000 bt/an

CHÂTEAU DOISY DAËNE
15, Gravas, 33720 Barsac
05 56 62 96 51 • www.denisdubourdieu.fr • Visites : sans rendez-vous.
Propriétaire : Famille Dubourdieu
Œnologue : Fabrice Dubourdieu

★★

CHÂTEAU GILETTE

Ce tout petit cru de Preignac, aujourd'hui sous la responsabilité de Julie Médeville et de son mari Xavier Gonet, est célèbre pour mettre uniquement en vente de très anciens millésimes, longuement vieillis en cuve béton (à l'abri de l'air), puis en bouteille, et issus de vendanges très riches (d'où la mention "crème de tête"). Le bouquet caractéristique de Gilette est sans doute le plus fruité du Sauternais, avec des notes de confiture d'agrumes (orange amère), renforcées par le délicat rancio apporté par l'âge et la durée de l'élevage. La méthode de conservation privilégie la réduction sans oxydation, ce qui explique l'étonnante jeunesse des vins, même plus de trente ans après leur naissance.

Les vins : le cru nous a fait parvenir un 1997, qui mêle notes de fruits confits et d'épices, avec une dominante de safran. Malgré la richesse de ce millésime, le vin a développé une belle dynamique, appuyée sur le terroir de Preignac qui lui confère une belle longueur en bouche. Une référence.

Sauternes 1997 — de 140 à 160 € (c) — 98

Blanc : 4,5 hectares. Sémillon 90 %, Sauvignon blanc 8 %, Muscadelle 2 %
Production moyenne : 7 000 bt/an

CHÂTEAU GILETTE
4, rue du Port, 33210 Preignac
05 56 76 28 44 • gonet-medeville.com •

Visites : sans rendez-vous.
Propriétaire : Julie et Xavier Gonet-Médeville

★★

CHÂTEAU GUIRAUD

Ce premier cru classé de Sauternes appartient aujourd'hui à quatre copropriétaires : Robert Peugeot, Olivier Bernard (domaine de Chevalier), Stephan von Neipperg (château Canon-la-Gaffelière) et Xavier Planty. Sous l'adroite direction de Luc Planty, le cru offre depuis de nombreux millésimes un parfait exemple de grand sauternes moderne, rôti, très ouvert dès ses premières années et qui a énormément gagné en finesse et en minéralité. La viticulture y est particulièrement soignée : Guiraud a été le premier des premiers crus classés de 1855 à bénéficier de la labellisation bio, en 2011. Le domaine parvient, avec énormément de volonté, à respecter le développement naturel de la pourriture noble. La vinification, quant à elle, se refuse à la moindre chaptalisation, comme cela devrait d'ailleurs être le cas pour tous les crus classés – cause pour laquelle milite ardemment Xavier Planty. Le château produit également en appellation Bordeaux un important volume d'un vin blanc sec à boire dans sa prime jeunesse.

Les vins : Petit Guiraud 2016 développe un parfum de zeste de citron qu'on retrouve en bouche avec un fruit pur et vif. Un beau second vin. Doté d'un fruit dense, un peu épais mais sans lourdeur, Guiraud 2017 a gardé une petite sensation tannique en milieu de bouche. Il grandira tranquillement en bouteille. Dense et plein, son prédécesseur immédiat s'exprime par une petite touche de croûte de pain. Il s'impose à la fois par sa densité et son volume, sa jolie finale pleine d'énergie. Beau vin. Guiraud 2015 est musclé, mais charnel, avec une liqueur qui s'impose et un fruit confit, d'où une sensation légèrement collante en fin de bouche. Un vin tout en volume qu'il faut boire maintenant ou laisser se dégraisser pendant une bonne dizaine d'années.

Sauternes 2015	55 €	95
Sauternes 2016	55 €	96
Sauternes 2017	de 45 à 50 € (c)	95
Sauternes Petit Guiraud 2016	26 €	90

Blanc : 128 hectares. Sémillon 58 %, Sauvignon blanc 42 %
Production moyenne : 350 000 bt/an

CHÂTEAU GUIRAUD ♣
1, Guiraud, 33210 Sauternes
05 56 76 61 01 • www.chateauguiraud.com •
Visites : sans rendez-vous.
Propriétaire : SCA Château Guiraud
Directeur : Luc Planty

★★

CHÂTEAU LAFAURIE-PEYRAGUEY

L'homme d'affaires suisse Silvio Denz (Château Faugères à Saint-Émilion) a acquis cette vénérable propriété, qui fut durant de longues années popularisée par son ancien propriétaire, la maison Cordier. Ce splendide domaine produit de grands sauternes classiques à partir de vendanges très riches, sélectionnant désormais avec davantage de rigueur le premier vin. C'est à ce prix que la propriété obtient une qualité régulière, qui perpétue sa renommée. Le raisin est évidemment récolté par tries successives ; le pressurage s'effectue sur d'anciens pressoirs verticaux, et le vin est élevé pendant trente mois en barrique (par lot correspondant aux dates de récolte), dont un tiers de bois neuf. Lafaurie-Peyraguey se distingue par une grande richesse due à son terroir, en contraste avec la finesse de son plus proche voisin, Sigalas-Rabaud.

Les vins : avec une liqueur très pure, le 2017 affiche des formes généreuses ; en bouche, c'est pourtant la finesse qui prime, et son élégance nous séduit... La Chapelle mise sur la pureté du fruit. Sa matière vive et élancée, d'un grand raffinement, est construite sur une liqueur contenue, équilibrée.

Sauternes 2017	60 €	97
Sauternes La Chapelle de Lafaurie-Peyraguey 2017	23 €	92

Blanc : 32 hectares. Sémillon 93 %, Sauvignon blanc 6 %, Muscadelle 1 %
Production moyenne : 40 000 bt/an

CHÂTEAU LAFAURIE-PEYRAGUEY
1, Peyraguey, 33720 Bommes
05 56 76 60 54 •
www.chateau-lafaurie-peyraguey.com •
Visites : sans rendez-vous.
Propriétaire : Silvio Denz
Directeur : David Bolzan
Maître de chai : Christophe Navarro
Œnologue : Valérie Lavigne

★★

CHÂTEAU NAIRAC

Nicolas Tari-Heeter a porté ce cru classé de Barsac à son meilleur niveau. Les derniers millésimes sont splendides d'équilibre et de finesse avec des liqueurs expressives, dont les arômes traduisent à la perfection un botrytis de premier ordre. Les élevages ont eux aussi su trouver (après quelques approximations) un juste apport d'oxygénation, renforçant la capacité de vieillissement et d'évolution complexe des vins. Très séduisants dès leur prime jeunesse, les derniers-nés du château évoluent avec justesse et précision aromatique, sans jamais tomber dans des oxydations prématurées comme ce fut le cas pour ce cru dans les années 1990. Nairac fait désormais partie du cercle des très grands liquoreux de Barsac.

Les vins : le vigoureux 2015 est musclé, avec une liqueur qui le rend ample en milieu de bouche. Un barsac à la personnalité singulière mais attachante.

Barsac 2015 — 42 € — 94

Blanc : 17 hectares. Sémillon 90 %, Sauvignon blanc 6 %, Muscadelle 4 %
Production moyenne : 16 000 bt/an

CHÂTEAU NAIRAC
81, avenue Aristide-Briand, 33720 Barsac
05 56 27 16 16 • www.chateaunairac.com • Vente et visites : au domaine sur rendez-vous.
Propriétaire : Nicole Tari
Directeur : Nicolas Tari-Heeter

★★

CHÂTEAU RAYMOND-LAFON

Situé à côté d'Yquem et cerné par un aréopage de crus classés, Raymond-Lafon peut rivaliser, surtout dans les grands millésimes, avec les meilleurs crus de l'appellation. Dirigé par la famille Meslier (Pierre a été directeur d'Yquem durant plusieurs années), ce cru fait preuve d'une grande régularité.

Les vins : le 2017 présente une liqueur généreuse qui signe le millésime. Dans un style classique, il valorise un fruit concentré et appétent, bien équilibré. Un beau liquoreux de garde que l'on aura plaisir à boire sur son fruit juvénile.

Sauternes 2017 — 45 € — 97

Blanc : 20 hectares. Sémillon 80 %, Sauvignon blanc 20 %
Production moyenne : 30 000 bt/an

CHÂTEAU RAYMOND-LAFON
4, Au Puits, 33210 Sauternes
05 56 63 21 02 •
www.chateau-raymond-lafon.fr • Vente et visites : au domaine sur rendez-vous.
Propriétaire : Famille Meslier
Directeur : Marie-Françoise Meslier
Œnologue : Henri Boyer

★★

CHÂTEAU SIGALAS RABAUD

La famille de Lambert exploite ce magnifique terroir homogène qui permet un développement idéal de la pourriture noble. Le style du vin n'a pas d'équivalent : s'il égale les premiers crus du Haut-Sauternais en richesse de liqueur et en puissance, avec un bouquet de même nature, il révèle une finesse immédiate plus affirmée, qui ne fait que décupler au vieillissement. Au final, il s'agit bien de petits miracles qu'un noyau de connaisseurs fidèles place au firmament du Sauternais. Laure de Lambert-Compeyrot a repris la direction de Sigalas Rabaud à partir de 2013 et développe avec beaucoup d'énergie la production de blancs secs (La Sémillante de Sigalas et La Demoiselle). Elle se bat d'ailleurs pour la reconnaissance d'une nouvelle appellation sauternes sec.

Les vins : régalez-vous dès maintenant avec Lieutenant de Sigalas, dont le parfum a évolué vers de belles notes d'ananas frais. Sa liqueur est contenue et son fruit toujours d'une grande pureté. D'une réelle finesse aromatique, Sigalas-Rabaud 2017 est bâti avec une liqueur qui semble modérée au vu du millésime. Il évolue sur une note de bonbon au citron acidulé, semble construit sur un équilibre plus aérien que plein ; sa finale est légèrement écourtée. Avec un an de plus, le 2016 est très élégant, et embaume le citron confit, complété d'une touche d'abricot. Sa liqueur relativement modérée lui confère un beau raffinement. On prend déjà plaisir à le boire jeune, mais on peut encore le laisser évoluer. Le N° 5 offre un nez surprenant de pomme au four ; en bouche on retrouve une liqueur modérée, de beaux amers et un fruit digeste. La demoiselle de Sigalas 2016 évolue sereinement, en préservant une gourmandise certaine en bouche. La

Sémillante 2016 se démarque par une personnalité tonique, un fruit qui semble gras à l'attaque et s'épure en finale.

- Bordeaux La Demoiselle de Sigalas 2016 — 14 € 88
- Bordeaux La Sémillante de Sigalas 2016 — 20 € 89
- Bordeaux N°5 de Sigalas Sans Soufre Ajouté 2017 — 14 € 88
- Sauternes 2016 — 39 € 96
- Sauternes 2017 — 39 € 96
- Sauternes Lieutenant de Sigalas 2016 — 21 € 90

Blanc : 14 hectares. Sémillon 85 %, Sauvignon blanc 15 %
Production moyenne : 30 000 bt/an

CHÂTEAU SIGALAS RABAUD
33210 Bommes
05 57 31 07 45 •
www.chateau-sigalas-rabaud.com • Vente et visites : au domaine sur rendez-vous.
Propriétaire : Laure de Lambert Compeyrot
Maître de chai : Marion Clauzel
Œnologue : Jacques Lurton et Éric Boissenot

★★

CHÂTEAU SUDUIRAUT

Ce très vaste domaine a été racheté en 1992 par AXA Millésimes. Grâce à un vignoble géographiquement bien réparti, Suduiraut associe la puissance des vins du Haut-Sauternais au fruité prestigieux que l'on trouve dans les crus des plateaux de Preignac et de Barsac. Le tout donne un nectar complet, très lent à vieillir, et qui, dans les grandes années, touche au génie. Les derniers millésimes atteignent un très haut niveau.

Les vins : Après Yquem, Suduiraut 2017 est la grande réussite du millésime : voici un vin très fougueux, dont la liqueur d'une grande pureté enrobe la force du terroir de Preignac. À ne pas manquer. Lions est doté d'un fruit généreux et précis, qui souligne la richesse du millésime. Un vin hédoniste, tout en volume. Castelnau 2017 est doux, soyeux, porté par une liqueur abondante, mais jamais envahissante. La pureté de son fruit est magnifique, et l'on salue ses délicats amers en finale : ce second vin parle comme un grand vin. Frais au nez, accusant une petite note végétale, le blanc sec s'équilibre en bouche entre fraîcheur et fruit gourmand, complétés d'une jolie salinité ; déjà fort plaisant, il grandira dans le temps. Dès le premier nez, S de Suduiraut s'impose comme un blanc sérieux. La maturité du fruit se ressent dans une touche exotique, et il déploie une matière charnue magnifiquement équilibrée. Un vin sec taillé pour la garde.

- Bordeaux Blanc Sec de Suduiraut 2019 — 12 € 91
- Bordeaux S de Suduiraut Vieilles Vignes 2018 — 29 € 93
- Sauternes Castelnau de Suduiraut 2017 — 16 € 93
- Sauternes Lions de Suduiraut 2017 — 19 € 93

Le coup de ♥

- Sauternes 2017 — 68 € 99

Blanc : 91 hectares. Sémillon 90 %, Sauvignon blanc 10 %
Production moyenne : 100 000 bt/an

CHÂTEAU SUDUIRAUT
33210 Preignac
05 56 63 61 92 • www.suduiraut.com •
Vente et visites : au domaine sur rendez-vous.
Propriétaire : AXA Millésimes
Directeur : Pierre Montégut
Maître de chai : Caroline Gendry

★★

CHÂTEAU LA TOUR BLANCHE

Ce premier cru classé de Bommes, dont l'ancien propriétaire (Daniel Iffa) a fait don à l'État en 1911, est aujourd'hui géré par le Conseil régional d'Aquitaine. Devenu une école de viticulture, le château a formé des célébrités comme l'œnologue Michel Rolland. Depuis vingt ans, La Tour Blanche n'a cessé de produire des sauternes accomplis, harmonieux, noblement bouquetés. Leur très importante teneur en sucres résiduels ne leur confère aucune lourdeur, car sur ce terroir, la pourriture noble concentre les sucres pour donner aux vins une dimension aromatique extraordinaire, tout en préservant une forme gustative aérienne. Le cru est dirigé depuis 2010 par Alex Barrau. Philippe Pélicano, ancien élève du lycée, est chargé des vinifications.

Les vins : un peu variétal, Les Charmilles de la Tour Blanche se montre vif. La bouche semble contenue par une liqueur assez modérée, bien que la richesse du millésime se retrouve dans une finale légèrement sucrée. Beau vin charnel et de volume, meilleur en attaque qu'en fin de bouche néanmoins. La Tour Blanche exhale avec intensité la pierre, les épices et l'ananas frais. On retrouve la marque généreuse du terroir dans la sensation de volume et d'ampleur qu'il procure. Un vin plus hédoniste que long et fin, dont nous aimons la pureté du fruit malgré ses rondeurs en bouche. Il faut qu'il digère une liqueur abondante. Patience...

- Sauternes 2017 — 45 € — 96
- Sauternes Les Charmilles de La Tour Blanche 2017 — 20 € — 91

Rouge : 3 hectares. Merlot 90 %, Malbec (cot) 10 %
Blanc : 37 hectares. Sémillon 83 %, Sauvignon blanc 12 %, Muscadelle 5 %
Production moyenne : 60 000 bt/an

CHÂTEAU LA TOUR BLANCHE
1 ter, Tour Blanche, 33210 Bommes
05 57 98 02 73 • www.tour-blanche.com •
Visites : sans rendez-vous.
Propriétaire : Conseil Régional d'Aquitaine
Directeur : Miguel Aguirre
Maître de chai : Philippe Pelicano

★

DOMAINE DE L'ALLIANCE

Figure montante du vignoble de Sauternes, Daniel Alibrand, marin-pêcheur en Vendée auparavant, arrive par hasard à Sauternes où il s'installe en 2005. Peu interventionniste depuis ses débuts, il travaille en bio. Ses vignes sont situées sur le secteur de Fargues. Les vins se distinguent par leur équilibre et sont au niveau de bien des crus classés, à la fois pleins et digestes, dotés d'une très belle énergie. Ils méritent leur place dans votre cave.

Les vins : le blanc sec Définition s'exprime au nez par une petite touche végétale à l'ouverture. Il revient rapidement vers une note plus minérale. La bouche est d'une pureté exemplaire, ciselée, profonde et sapide. Indigène est un pur sémillon fort prometteur. Puissant, racé, dense, avec un fruit plein, il préserve une belle énergie qu'il déploie jusque dans une finale munie de jolis amers. Esquisse est une belle entrée en matière pour découvrir le travail précis de ce domaine. Un liquoreux bien balancé dont le fruit net se dirige vers de belles notes de pamplemousse rose.

- Bordeaux Définition 2019 — 24 € — 93
- Bordeaux Indigène 2019 — N.C. — 93
- Sauternes Esquisse 2019 — 24 € — 92

Blanc : 6,14 hectares. Sémillon 78 %, Sauvignon blanc 21 %, Muscadelle 1 %
Production moyenne : 15 000 bt/an

DOMAINE DE L'ALLIANCE
58, avenue Nelson-Mandela, 33210 Langon
06 73 10 27 85 • daniel.alibrand@orange.fr •
Vente et visites : au domaine sur rendez-vous.
Propriétaire : Valérie et Daniel Alibrand

★

CHÂTEAU CAILLOU

Voici un magnifique domaine d'une grande discrétion, situé dans les beaux terroirs de Barsac. Ici, la finesse prend le pas sur la puissance. Cette propriété appartient depuis quatre générations à la famille Ballan-Bravo. Composé de 90 % de sémillon, Château Caillou fait partie de ces grands vins de Barsac, où l'on mise sur des niveaux de liqueur modérés, autour de 105 grammes, ce qui donne des vins digestes et très élancés, à l'élégance admirable.

Les vins : le domaine ne nous ayant pas fait parvenir ses vins cette année, nous sommes amenés à reconduire les notes de notre édition précédente.

- Sauternes 2016 — 38 € — 96

Blanc : 16 hectares.
Production moyenne : 25 000 bt/an

CHÂTEAU CAILLOU
9, Caillou 33720 Barsac
05 56 27 16 38 • www.chateaucaillou.com •
Vente et visites : au domaine sur rendez-vous.
Propriétaire : Marie-José Pierre
Directeur : Sébastien Pierre
Maître de chai : Jean-Noël Pierre
Œnologue : Henry Boyer

NOUVEAU DOMAINE

★

CHÂTEAU CLOSIOT

Vigneron emblématique du Mâconnais, Jean-Marie Guffens a acheté Closiot en 2017. Fou de sauternes, qu'il considère comme l'un des plus grands vins du monde, il a jeté son dévolu sur le calcaire de Barsac, apte à donner au vin cette concentration qu'il affectionne, sans l'alourdir. Aux brouillards matinaux, il préfère les vendanges sous les premiers rayons de soleil, pour obtenir un botrytis concentré. Il a déjà planté des céréales pour concurrencer cette eau si présente en Aquitaine et souvent nuisible à la vigne. Ces liquoreux de toute beauté, et ce somptueux blanc sec, font leur entrée cette année dans notre guide avec une étoile, et nous sommes convaincus qu'ils s'imposeront comme des référents de l'appellation.

Les vins : pas le moindre caractère variétal dans le blanc sec, mais une fine et délicate réduction qui accompagne un fruit de grande pureté. Une future référence, plein, tout en volume et en allonge, avec de beaux amers en finale. Bonneau s'impose par une liqueur abondante, qui apporte du volume à ce vin doté d'agréables notes de pamplemousse ; puissant, intense, il retrouvera sur le long terme l'énergie de son terroir. Entre les primeurs et la mise en bouteilles, Dame de Bonneau a gagné en intensité et en puissance. Malgré la concentration, et la liqueur élevée, le vin s'étire en longueur en bouche. Magnifique !

- Barsac Bonneau 2018 — 56 € — 95
- Barsac Dames de Bonneau 2018 — 112 € — 97

Le coup de ♥

- Bordeaux C de Sec 2018 — 19,40 € — 93

Blanc : 7,54 hectares. Sémillon 95 %, Sauvignon gris 3 %, Muscadelle 2 %
Production moyenne : 35 000 bt/an

CHÂTEAU CLOSIOT
1, rue Bonneau, 33720 Barsac
05 56 76 22 21 •
philo-morais.closbon@orange.fr • Vente et visites : au domaine sur rendez-vous.
Propriétaire : Jean-Marie Guffens
Directeur : Philomène Morais
Maître de chai : Arthur Louit

★

CHÂTEAU DOISY-VÉDRINES

Issu du partage de Doisy en trois domaines, ce cru porte le nom des anciens propriétaires (jusqu'en 1846), les Védrines. Il se situe à proximité de Climens, de Coutet, ainsi que des deux autres Doisy (Daëne et Dubroca). Le château pratique des rendements bas, livrant un vin qui figure parmi les plus riches au nez et les plus liquoreux de Barsac. Il demande entre cinq et dix ans pour s'épanouir et atteint alors la distinction et l'éclat des stars de l'appellation.

Les vins : le 2016 nous propose un nez évoquant l'ananas, légèrement plus rôti que le 2015. En bouche, il affiche l'éclat calcaire du terroir, ce qui lui donne une belle allonge vive, mais en contrepoint d'une chair peu épaisse.

- Sauternes 2016 — de 28 à 33 € (c) — 95

Blanc : 36 hectares. Sémillon 83 %, Sauvignon blanc 17 %
Production moyenne : 40 000 bt/an

CHÂTEAU DOISY-VÉDRINES
1, rue Védrines, 33720 Barsac
05 56 27 15 13 • doisy-vedrines@orange.fr • Vente et visites : au domaine sur rendez-vous.
Propriétaire : Héritiers de Pierre Castéja
Directeur : Guillaume Lefebvre
Maître de chai : Frédéric Deyres
Œnologue : Hervé Romat

★

CHÂTEAU HAUT-BERGERON

Très bien situé, non loin de Suduiraut, et fort d'un remarquable patrimoine de vieilles vignes, Haut-Bergeron se hisse au rang de nombreux crus classés en matière de qualité, tout en demeurant certainement l'une des meilleures affaires de Sauternes. La famille Lamothe vinifie avec soin ce vin qui brille depuis vingt ans par une régularité difficile à contester. Parfois un peu massif dans sa jeunesse et ayant connu des épisodes très boisés, il vieillit harmonieusement et gagne alors en finesse. Les derniers millésimes, plus élégants, affirment le changement de cap vers des sauternes moins opulents et privilégiant l'équilibre et la distinction.

Les vins : le 2016 semble s'être affiné depuis l'an dernier. Sa belle attaque ample évolue, dès le milieu de bouche, vers les agrumes, avec une note de pierre à feu qui lui confère une vigueur remarquable. Buvez-le sur son fruit ouvert avant qu'il ne se referme.

Sauternes 2016 de 26 à 30 € (c) 95

Rouge : 6 hectares. Merlot 60 %, Cabernet franc 40 %
Blanc : 31 hectares. Sémillon 80 %, Sauvignon blanc 18 %, Muscadelle 2 %
Production moyenne : 30 000 bt/an

CHÂTEAU HAUT-BERGERON
3, Piquey, 33210 Preignac
05 56 63 24 76 •
www.chateauhautbergeron.com •
Visites : sans rendez-vous.
Propriétaire : Hervé et Patrick Lamothe
Œnologue : Henri Boyer

★

CHÂTEAU LES JUSTICES

Julie Médeville et son mari Xavier Gonet, également propriétaires du légendaire château Gilette, dirigent ce joli cru bien connu des amateurs de bonnes affaires à Sauternes. Le domaine produit un sauternes délicieusement bouqueté et sans excès de liqueur. Le vin se développe assez rapidement en bouteille et rivalise, dans les grands millésimes, avec les bons crus classés de l'appellation.

Les vins : la liqueur modérée du 2017 vient appuyer la force de ce terroir avec beaucoup d'élégance. On aime ses beaux amers qui évoquent le pamplemousse, son côté droit et sérieux mais long en bouche.

Sauternes 2017 de 25 à 35 € (c) 94

Blanc : 8,5 hectares. Sémillon 80 %, Sauvignon blanc 15 %, Muscadelle 5 %
Production moyenne : 20 000 bt/an

CHÂTEAU LES JUSTICES
4, rue du Port, 33210 Preignac
05 56 76 28 44 • www.gonet-medeville.com
• Vente et visites : au domaine sur rendez-vous.
Propriétaire : Julie et Xavier Gonet-Médeville

★

CHÂTEAU DE MALLE

Le vignoble, d'un seul tenant sur trois communes, se trouve à cheval sur les appellations Sauternes et Graves. La partie sauternaise, répartie sur les communes de Preignac et de Fargues, donne un vin élégant. Assez facile d'accès durant sa jeunesse, ce sauternes vieillit également très bien dans les grands millésimes. Le domaine produit aussi un vin blanc sec (M de Malle), fortement marqué par le sauvignon, et un rouge agréable.

Les vins : nez légèrement introverti et bouche tout en volume pour le 2017. On surveillera son évolution : il apparaît plus large que de coutume, et sa liqueur généreuse masque la force du terroir de Malle.

Sauternes 2017 N.C. 93

Rouge : 16 hectares. Merlot 80 %, Cabernet-Sauvignon 20 %
Blanc : 27 hectares. Sauvignon blanc 57 %, Sémillon 43 %
Production moyenne : 170 000 bt/an

CHÂTEAU DE MALLE
33210 Preignac
05 56 62 36 86 • www.chateau-de-malle.fr •
Pas de visites.
Propriétaire : Nancy de Bournazel

★ ↗

CHÂTEAU DE MYRAT

Après plusieurs décennies de sommeil, ce cru classé de Barsac a été entièrement replanté par la famille de Pontac, en 1988 (le premier millésime a été produit en 1990). Le vignoble de Myrat est désormais assez âgé pour produire des sauternes plus intenses et profonds que dans les premiers millésimes du renouveau de la propriété. Il mérite à ce titre d'accéder à la première étoile.

Les vins : le grand vin est de plus en plus typé Barsac, à travers l'énergie qu'il restitue. Sa liqueur est mieux contenue que par le passé, mais aussi plus digeste, et le vin explore de beaux et élégants amers type pamplemousse.

Sauternes 2017 de 30 à 35 € (c) 95

Blanc : 22 hectares. Sémillon 88 %, Sauvignon blanc 8 %, Muscadelle 4 %
Production moyenne : 30 000 bt/an

CHÂTEAU DE MYRAT
1, Myrat Sud, 33720 Barsac
05 56 27 09 06 • www.chateaudemyrat.fr •
Vente et visites : au domaine sur rendez-vous.

Propriétaire : Famille de Pontac
Directeur : Slanie de Pontac-Ricard

★

CHÂTEAU DE RAYNE VIGNEAU

Bénéficiant d'un splendide terroir (souvent comparé à celui d'Yquem), Rayne Vigneau a été racheté en 2005 par le Crédit Agricole Grands Crus qui, pendant dix ans, a concédé de lourds investissements aux vignobles comme dans les bâtiments. Le cru a été revendu en 2015 au groupe Trésor du Patrimoine, créé en 1990 par Derek Rémy Smith. L'équipe est restée en place. Vincent Labergère, le directeur, souhaite renforcer la distribution de la marque avec ses déclinaisons (Clos L'Abeilley et Madame de Rayne) et développer la production de vin blanc sec.

Les vins : très variétal et végétal au nez, Le Sec de Rayne-Vigneau se montre doux et simple avec une complexité limitée. Il est très loin du niveau du liquoreux. À l'inverse, Madame de Rayne 2017 s'exprime par d'agréables notes de fruits exotiques : sa liqueur contenue permet une consommation rapide. Rayne Vigneau 2003 évoque le safran. Il a gardé une certaine lourdeur car le côté sucré domine dans cette boule de fruit en bouche. Il en devient roboratif. Nous apprécions la pureté du fruit du 2015, vin riche et gras, tout en volume de bouche avec une liqueur légèrement collante. Il doit digérer son sucre.

Bordeaux Le Sec de Rayne Vigneau 2015	13 €	85
Sauternes 2003	N.C.	93
Sauternes 2015	44 €	92
Sauternes Madame de Rayne 2017	19 €	91

Blanc : 84 hectares. Sémillon 80 %, Sauvignon blanc 20 %
Production moyenne : 150 000 bt/an

CHÂTEAU DE RAYNE VIGNEAU
4, Le Vigneau, 33210 Bommes
05 56 76 61 63 • www.raynevigneau.fr •
Visites : sans rendez-vous.
Propriétaire : Financière Trésor du Patrimoine
Directeur : Vincent Labergere
Maître de chai : Guillaume Rateau
Œnologue : Henri Boyer

★

CHÂTEAU RIEUSSEC

Premier cru classé situé sur la commune de Fargues, Rieussec a toujours affiché une personnalité singulière, avec des vins d'une puissance et d'une richesse en liqueur parfois très prononcées. Quand les vins sont jeunes, la pourriture noble prend des arômes légèrement moins fins qu'ailleurs, mais le vieillissement compense ce bémol par de belles saveurs liquoreuses. Si Rieussec a pu décevoir dans des millésimes à hauts rendements, le niveau a été ajusté dans les millésimes plus récents. Les 2013 et 2015 expriment avec vigueur un style plus frais et délicat. Une progression à suivre de près.

Les vins : le nez très pur, évoquant l'abricot confit, de Carmes de Rieussec annonce une liqueur à la fois fraîche et mûre. Un sauternes très suave, qui provoque une sensation légèrement collante. La finale retrouve de la vivacité, avec de belles notes de citron confit. Rieussec s'exprime pour sa part sur une note d'ananas frais. L'attaque est vive, avec une liqueur mieux équilibrée que dans les millésimes précédents. La finale laisse ressurgir de petits amers façon agrumes confits, comme si ce cru s'était affiné.

Sauternes 2018	60 €	95
Sauternes Carmes de Rieussec 2018	20 €	90

Blanc : 93 hectares. Sémillon 90 %, Sauvignon blanc 7 %, Muscadelle 3 %
Production moyenne : 180 000 bt/an

CHÂTEAU RIEUSSEC
34, route de Villandraut, 33210 Fargues
05 57 98 14 14 • www.lafite.com • Vente et visites : au domaine sur rendez-vous.
Propriétaire : Famille de Rothschild
Directeur : Jean de Roquefeuil
Maître de chai : Bertrand Roux

La Bourgogne et ses vins

Par Christian Martray, Roberto Petronio
et Jean-Emmanuel Simond,
en charge des vins de Bourgogne au sein
du comité de dégustation de La Revue du vin de France

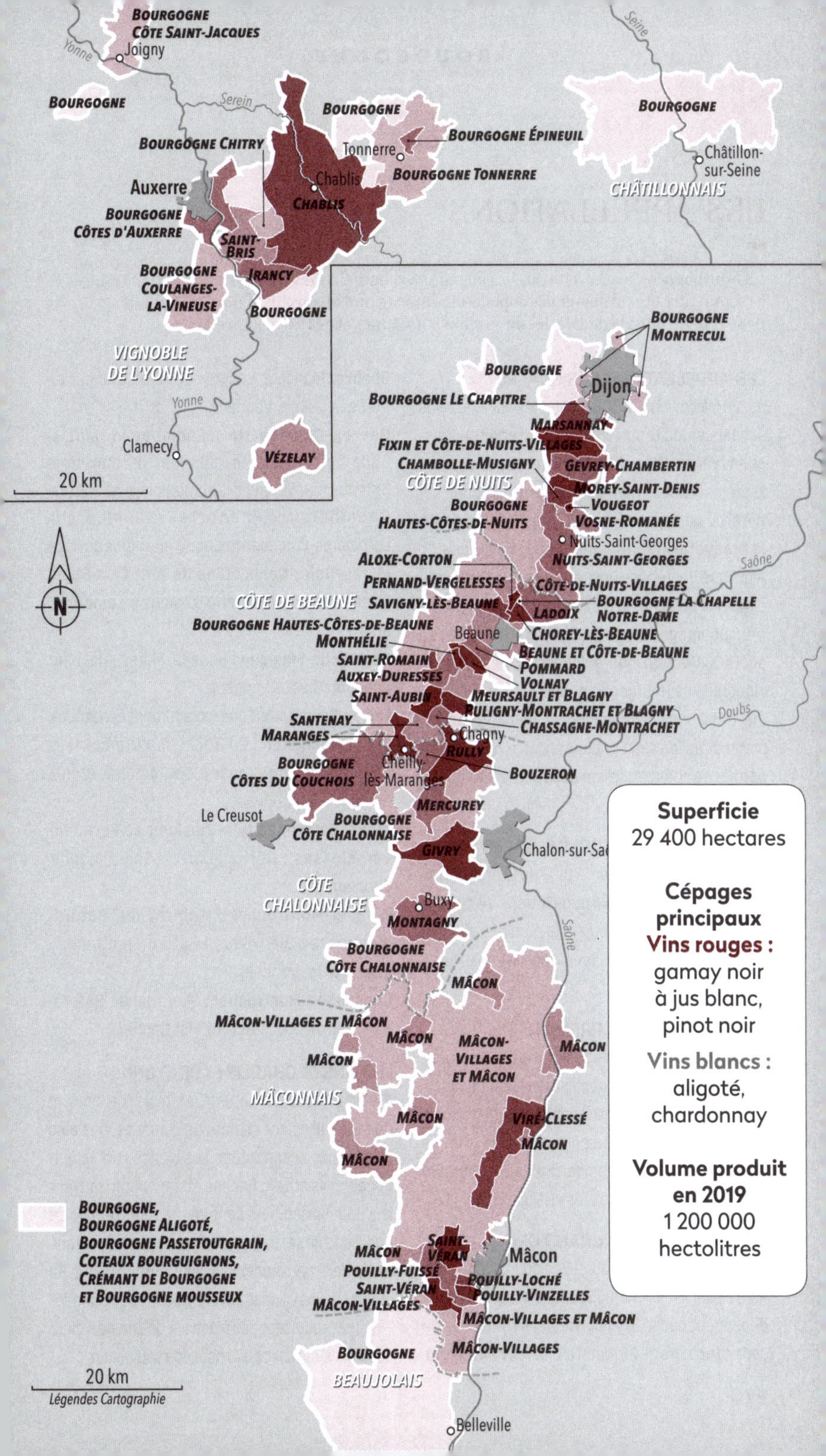

Superficie
29 400 hectares

Cépages principaux
Vins rouges :
gamay noir à jus blanc, pinot noir
Vins blancs :
aligoté, chardonnay

Volume produit en 2019
1 200 000 hectolitres

LES APPELLATIONS

La Bourgogne viticole est un puzzle géologique et humain sans pareil. Le législateur a tenu à reconnaître et à préserver des appellations grâce à une hiérarchie claire, qui permet de se repérer dans le dédale des différentes communes et des usages ancestraux.

LES APPELLATIONS RÉGIONALES

Au premier niveau, l'AOC Bourgogne définit des vins simples, produits sur l'ensemble du terroir bourguignon (Yonne, Côte-d'Or, Saône-et-Loire). On peut la préciser par un nom de cépage (Bourgogne aligoté) ou par un nom de sous-région qui en limite la production (Bourgogne Côte chalonnaise...). Alors que Bourgogne Passetoutgrain (mélange de pinot noir et de gamay) est en voie de disparition, l'AOC Bourgogne Grand Ordinaire a été remplacée par l'AOC Coteaux bourguignons, qui englobe les vignobles de Bourgogne et du Beaujolais et permet d'élaborer des vins monocépages ou d'assemblage dans les trois couleurs. Cette appellation permet de commercialiser des vins de Bourgogne abordables.

LES APPELLATIONS COMMUNALES

Elles représentent environ 31 % de la production bourguignonne, avec 44 appellations Villages et premiers crus : elles portent le nom des villages dont sont issus les vins, comme par exemple Nuits-Saint-Georges ou Beaune.

LES APPELLATIONS PREMIER CRU

Il s'agit de parcelles, des climats, précisément délimitées au sein des appellations communales. Les vins y sont de qualité supérieure et le nom du premier cru est accolé à celui du village, comme par exemple gevrey-chambertin Les Cazetiers. On dénombre 562 premiers crus en Bourgogne.

LES APPELLATIONS GRAND CRU

Ce sont les meilleures parcelles cadastrées. Leur nom se suffit à lui-même, même si les grands crus dépendent aussi du village dont ils sont issus. Ils sont au nombre de 33 répartis ainsi du nord au sud.

Chablis : Blanchot, Bougros, Les Clos, Grenouilles, Preuses, Valmur, Vaudésir.

Gevrey-Chambertin : Chambertin, Mazis-Chambertin, Griotte-Chambertin, Charmes-Chambertin, Chapelle-Chambertin, Mazoyères-Chambertin, Ruchottes-Chambertin, Latricières-Chambertin, Chambertin-Clos de Bèze.

Morey-Saint-Denis : Clos de Tart, Clos Saint-Denis, Clos de la Roche, Clos des Lambrays, Bonnes-Mares.

Chambolle-Musigny : Bonnes-Mares, Musigny.

Vougeot : Clos de Vougeot.

Flagey-Échezeaux : Échezeaux, Grands Échezeaux.

Vosne-Romanée : La Tâche, La Grande Rue, Richebourg, La Romanée, La Romanée-Conti, Romanée-Saint-Vivant.

Aloxe-Corton, Ladoix-Serrigny et Pernand-Vergelesses : Corton, Corton-Charlemagne, Charlemagne.

Puligny-Montrachet : Montrachet, Bâtard-Montrachet, Bienvenues-Bâtard-Montrachet, Chevalier-Montrachet.

Chassagne-Montrachet : Montrachet, Bâtard-Montrachet, Criots-Bâtard-Montrachet.

LES VINS DE CHABLIS ET DE L'YONNE

À la limite nord de la maturité, les rouges bénéficient du réchauffement climatique avec des vins plus mûrs et mieux constitués. Les blancs sont remarquables : ils offrent finesse et nervosité, trouvent leur épanouissement dans les meilleurs terroirs de Chablis. Ils ne se révèlent vraiment qu'après cinq ans de garde et peuvent éblouir pour leurs vingt ans. En périphérie, les villages de Chitry et de Coulanges-la-Vineuse produisent des blancs et des rouges, alors que Saint-Bris est connu pour son sauvignon.

LA CÔTE DE NUITS

De Dijon à Ladoix, les vins rouges de la Côte de Nuits, particulièrement ceux de Gevrey-Chambertin et de Nuits-Saint-Georges, ont tendance à être plus robustes que ceux de la Côte de Beaune, voire un peu sévères dans leur jeunesse. Chambolle-Musigny et Vosne-Romanée, dont les vins sont plus fins, possèdent un supplément de chair et de moelleux.

LA CÔTE DE BEAUNE

En Côte de Beaune, le grand cru Corton et les meilleurs pommards donnent en principe les vins les plus corsés, alors que Savigny, Beaune et Volnay livrent les vins les plus tendres. Mais c'est en blanc, avec les vins de Montrachet (Chassagne et Puligny), Meursault et les grands crus voisins que la Côte de Beaune s'exprime le mieux.

LA CÔTE CHALONNAISE

Les vins de la Côte chalonnaise sont immanquablement influencés par ceux de la Côte de Beaune, (cépages et hiérarchie traditionnelle). Elle compte dans ses appellations communales nombre de climats classés en premier cru et cultive aussi une identité forte. C'est dans la Côte chalonnaise que l'on retrouve les meilleurs aligotés.

LE MÂCONNAIS

Les vins du Mâconnais se montrent quant à eux plus proches de leurs voisins du Beaujolais. Bien que cette région soit très majoritairement productrice de vins blancs issus de chardonnay, elle est la seule à cultiver le gamay, en plus du pinot noir, pour ses vins rouges. Le vignoble y est éparpillé sur les coteaux.

LES CÉPAGES

LE PINOT NOIR

Le pinot noir est sans doute l'un des meilleurs cépages de la production viticole, mais il est aussi l'un des plus difficiles à cultiver. Ce qui le rend si séduisant, c'est sa capacité à offrir des arômes et une structure en bouche très variables selon le terroir sur lequel il mûrit. Grâce au pinot noir, les vignerons ont pu, de manière chirurgicale, définir cette mosaïque de terroirs si caractéristique de la Bourgogne.

LE CHARDONNAY

Si le pinot noir est le cépage roi des vins rouges de Bourgogne, le chardonnay est son équivalent pour les blancs. Les terroirs de Montrachet, Meursault ou encore Chablis forment une alliance parfaite avec le chardonnay, afin de produire parmi les plus grands vins blancs de la planète. Nulle part ailleurs, le chardonnay ne s'exprime avec autant de finesse et de précision.

L'ALIGOTÉ

L'aligoté ne possède pas les mêmes qualités que le chardonnay. Il est employé dans l'élaboration de vins qui ne portent pas le nom du village où il est cultivé (une seule exception : Bouzeron). Il s'appelle légalement bourgogne aligoté et peut aussi entrer dans la composition du crémant de Bourgogne.

LE GAMAY

Le très expressif gamay est omniprésent dans le Mâconnais, au sud de la Bourgogne. Il fait aussi la renommée des vins du Beaujolais. Cultivé plus au nord, il donne des vins sans trop de relief.

DES COINS DE PARADIS AU CŒUR DES CLIMATS

CHAMBRES D'HÔTES

LA MAISON BLANCHE

Une halte d'exception avec de très belles chambres d'hôtes blanches, et même un dortoir qui revisite, à sa manière, les Hospices de Beaune ! Des cours de dégustation et de cuisine sont organisés. Comptez de 160 à 360 € pour la nuit.

3, rue Marey, 21200 Beaune
Tél. : 06 60 93 51 84
www.lamaison-blanche.fr

CLOS SAINT-JACQUES

À Meursault, cette maison d'hôtes de charme permet de se sentir comme chez soi avec deux chambres et deux suites seulement. Pas de restauration sur place, mais les propriétaires s'attachent à offrir des petits-déjeuners pantagruéliques. Idéal avant d'affronter les routes à vélo. Chambres à partir de 98 €.

1, rue Pierre-Mouchoux, 21190 Meursault
Tél. : 06 08 93 25 82
www.clossaintjacques.fr

BAR À VINS

LE SOLEIL

Bar à vins à la cuisine simple et japonisante, carte des vins éclectique, et trois chambres à l'étage (de 110 à 130 € la nuit) : bravo au domaine Simon Bize, à l'origine de cette initiative bienvenue.

1, allée des Tilleuls, 21420 Savigny-lès-Beaune
Tél. : 03 80 20 21 02
www.lesoleil-savigny.fr

RESTAURANTS

LOISEAU DES VIGNES

Cette adresse beaunoise a été ouverte par le grand chef Bernard Loiseau en 2007. Fidèle à sa philosophie, le restaurant propose une carte entière de vins au verre (70 références dont certaines introuvables). Quant au chef, Mourad Haddouche, il a été récompensé d'une étoile au guide Michelin. Menus à partir de 28 €.

31, rue Maufoux, 21000 Beaune
Tél. : 03 80 24 12 06
www.bernard-loiseau.com

CASTEL DE TRÈS GIRARD

Dans le centre de Morey-Saint-Denis, cette table propose une cuisine inventive qui fait la part belle aux produits du terroirs. La carte des vins comporte plus de 1 000 références de Bourgogne et d'ailleurs. Menus compris entre 18 et 39 €.

7, rue de Très-Girard, 21220 Morey-Saint-Denis
Tél. : 03 80 34 33 09
www.castel-tres-girard.com

LE BEAU RIVAGE

Laurent Frémion est l'un des rares cuisiniers à proposer la véritable pôchouse, un plat régional à base de poissons (brochet, perche, tanche et anguille) pêchés dans la Saône et cuits dans du vin blanc, avec beaucoup d'ail. Menus à 34 et 44 €.

2, rue du Beau-Rivage, 71350 Allerey-sur-Saône
Tél. : 03 85 91 87 45
www.beaurivage.com

ŒNOTOURISME

L'ART DU TONNEAU

Pour mieux comprendre l'importance des différentes essences de bois, le travail du tonnelier et les étapes de fabrication, Frédéric Gillet Tonnelier propose des ateliers pédagogiques. Les participants seront ainsi confrontés à la délicate étape du montage d'une barrique bourguignonne.

Rue de la Citadelle, Corcelles-les-Arts, 21190 Meursault
Tél. : 03 80 21 97 20
www.art-du-tonneau.fr

LA MAISON DU GRAND SITE

En contrebas de la Roche de Solutré, la Maison du Grand Site ouvre ses portes, en été, les mardis et mercredis à 11 h. On peut y déguster gratuitement des vins issus des cinq villages de l'appellation. Le site organise des sessions de découverte des arômes du vin avec une œnologue, et propose une balade-dégustation commentée sur la Roche de Solutré avec Emmanuel Nonain, guide et viticulteur coopérateur.

Maison du Grand Site, 71960 Solutré-Pouilly
Tél. : 03 85 35 82 81
www.rochedesolutre.com

NOTRE COUP DE ♥

AUX TERRASSES

À la fois hôtel d'une vingtaine de chambres, caviste (900 références, 6000 bouteilles, privilégiant les vins bio et biodynamiques) et table étoilée, le lieu relève d'une expérience complète orchestrée avec brio par Jean-Michel Carrette, en cuisine, et Amandine Carrette, qui perpétuent l'histoire familiale liée au lieu. Menus 40 €, 65 € et 95 €.

18, avenue du 23-Janvier, 71700 Tournus
Tél. : 03 85 51 01 74
www.aux-terrasses.com

YONNE - CHABLISIEN

★★★

DOMAINE VINCENT DAUVISSAT

Le rigoureux et passionné Vincent Dauvissat gère cette propriété mythique depuis 1989. Il a succédé à son grand-père Robert, qui mettait déjà en bouteille en 1931, et à son père René, dont les vins étaient renommés. Étiennette, la fille de Vincent, a désormais rejoint son père. Le vignoble a toujours été entretenu comme un jardin et les sages rendements méritent tous les honneurs. Depuis 2002, le domaine reçoit des préparations biodynamiques, sans revendiquer de certification. La vinification en fût (qui ne prend jamais le pas sur la matière) est peu interventionniste, permettant l'expression des divers climats, surtout au vieillissement. Des chablis d'une rare sincérité, d'un style pur, compact, vibrant, relativement peu protégés en soufre. La gamme se découvre chez les cavistes car il n'y a malheureusement plus de vin à vendre au domaine.

Les vins : vendangés à partir du 3 septembre, les 2018 sont irréprochables. Beaucoup de tension, de saveurs salines et d'abricot sec dans le très droit Séchet. Plus charnu, un peu joufflu, Vaillons décline des saveurs mentholées, énergiques et fermes en finale. Salin, serré, Montée de Tonnerre se distingue par sa finale épicée et traçante. Nous avouons un faible pour La Forest, vin serein, subtil et pénétrant, d'une très grande finesse. Les Preuses impose son pedigree avec une grande finesse tactile qui évoque le caillou, une délicieuse mâche en finale et de délicates saveurs d'agrumes. Plus réservé, les Clos évoque le végétal mûr, avec une matière de grande envergure, ferme et ample, au caractère majestueux.

Chablis Grand Cru Les Clos 2018	N.C.	98
Chablis Grand Cru Les Preuses 2018	N.C.	97
Chablis Premier Cru La Forest 2018	N.C.	95
Chablis Premier Cru Montée de Tonnerre 2018	N.C.	94
Chablis Premier Cru Séchet 2018	N.C.	94
Chablis Premier Cru Vaillons 2018	N.C.	94

Rouge : 0,75 hectare. Pinot noir 100 %
Blanc : 12,15 hectares. Chardonnay 100 %
Production moyenne : 80 000 bt/an

DOMAINE VINCENT DAUVISSAT
8, rue Émile-Zola, 89800 Chablis
03 86 42 11 58 • domaine@dauvissatv.fr •
Pas de visites.
Propriétaire : Vincent, Ghislain et Étiennette Dauvissat

★★★

DOMAINE JEAN-PAUL ET BENOÎT DROIN

Ce beau domaine est riche d'une palette très complète de premiers et grands crus. Des raisins bien mûrs, des vins à la puissance assumée, qui expriment avec franchise leurs terroirs, sont autant de qualités à porter au crédit du travail de Benoît Droin, qui a rejoint le domaine en 1999. La précision des vins, leur générosité et les tarifs encore raisonnables (même si le domaine n'a plus rien à vendre) font de cette adresse une source incontournable de grands blancs du Chablisien. Si les cuvées savent vieillir avec équilibre et digérer leur séjour en barrique, les réductions un peu insistantes dans leur jeunesse semblent avoir disparues. En années fraîches, comme dans les millésimes plus chauds, les vins sont remarquablement constitués et armés pour la garde.

Les vins : les 2018 sont tous très maîtrisés. Concentré, vigoureux, le petit chablis est excellent, avec plus de tonus que dans le chablis (non noté). Parmi les premiers crus, Vaillons se présente tout en tendresse et rondeur, relevé d'une pointe d'amers en finale. Envergure de chair et dimensions salines dans Montmains, vin nuancé qui s'appuie sur une mâche assez tonique. Notes plus florales et citronnées dans Mont de Milieu, vin caressant et précoce à la fraîcheur salivante, qui impressionne par son allonge. Supplément de complexité dans Montée de Tonnerre, avec une aromatique presque sudiste (thym, garrigue, cédrat...) et une trame très franche, à la finale assez éclatante, en queue de paon. Grande fraîcheur mentholée et vigueur saline dans Valmur, dont la grande intensité et précision de saveurs fait rayonner sa matière lumineuse et ciselée. Notes de chlorophylle et de citron confit au nez, matière puissante et très grandes dimensions dans le Grenouilles, vin très profond à la densité de chair impressionnante. Son potentiel de garde est immense. Supplément de complexité au nez et matière très étoffée dans Les Clos, dont les notes de fenouil et d'herbes séchées soulignent le caractère solaire : sa richesse en extrait sec et la qualité de ses amers le rendent harmonieux.

- Chablis Grand Cru Les Clos 2018 — Épuisé - 65 € — 98
- Chablis Grand Cru Valmur 2018 — Épuisé - 55 € — 96
- Chablis Premier Cru Mont de Milieu 2018 — Épuisé - 37 € — 94
- Chablis Premier Cru Montmains 2018 — Épuisé - 35 € — 93
- Chablis Premier Cru Montée de Tonnerre 2018 — Épuisé - 45 € — 95
- Chablis Premier Cru Vaillons 2018 — Épuisé - 30 € — 92
- Petit Chablis 2018 — Épuisé - 15 € — 90

Le coup de ♥

- Chablis Grand Cru Grenouilles 2018 — Épuisé - 65 € — 97

Blanc : 26 hectares. Chardonnay 100 %
Production moyenne : 180 000 bt/an

DOMAINE JEAN-PAUL ET BENOÎT DROIN
14 bis, rue Jean-Jaurès, 89800 Chablis
03 86 42 16 78 • www.jeanpaulbenoit-droin.fr • Pas de visites.
Propriétaire : Benoît Droin

★★★

DOMAINE RAVENEAU

Alors que la technologie submergeait le vignoble chablisien, les frères Bernard et Jean-Marie Raveneau étaient les seuls, avec les Dauvissat, à rester fidèles aux vendanges manuelles, à l'élevage en fût, aux rendements contrôlés et à une maturité réelle des raisins. Désormais à leur apogée, les vins élaborés dans les années 1980 et 1990 dominent largement le reste de la production. De manière constante, ils associent la minéralité du terroir aux notes de miel de la grande maturité, le tout enrobé par l'élevage en fût, d'où un style unique qui leur assure un large succès international. Même si la concurrence dans la perfection s'avive, les vins du domaine conservent un caractère incomparable lorsqu'on sait les attendre quinze à vingt ans. Isabelle, la fille de Bernard, et son cousin Maxime sont arrivés au domaine et reprennent le flambeau. Le domaine n'a plus de vins à vendre, on dégustera donc les vieux Raveneau au restaurant (les plus grandes tables en proposent toujours) pour savoir ce qu'est la quintessence d'un grand chablis à son apogée.

Les vins : année après année, la régularité des vins est remarquable. Nerveux, vigoureux, le chablis s'affranchit de la générosité du millésime avec une matière tendue, vive et serrée. Assez expressif, Forêt a préservé beaucoup de fraîcheur, avec des saveurs végétales mûres et une belle tension saline. Plus discret et mentholé en attaque, Butteaux se montre très précis et savoureux, assez ample et moelleux, superbe de complexité, concentré et séveux. Matière profilée, élancée mais enveloppée avec douceur dans le puissant et contenu Montée de Tonnerre, au grain salivant, qui a beaucoup d'énergie à revendre. Finesse et profondeur dans Valmur, vin très ferme à la matière étoffée, au caractère solaire mais nuancé, il va à l'essentiel et se présente sans aucun gras, tout en intensité. Beaucoup d'éclat et des notes de zeste d'agrumes dans Les Clos, offrant encore plus de volume et de densité de chair, finement épicé, traversé d'une sève lancinante : sa puissance est considérable mais son harmonie est sans faille.

- Chablis 2018 — N.C. — 92
- Chablis Grand Cru Les Clos 2018 — N.C. — 98
- Chablis Grand Cru Valmur 2018 — N.C. — 97
- Chablis Premier Cru Butteaux 2018 — N.C. — 95
- Chablis Premier Cru Forêt 2018 — N.C. — 94
- Chablis Premier Cru Montée de Tonnerre 2018 — N.C. — 96

Blanc : 9,5 hectares. Chardonnay 100 %
Production moyenne : 50 000 bt/an

DOMAINE RAVENEAU
9, rue de Chichée, 89800 Chablis
03 86 42 17 46 • Pas de visites.
Propriétaire : Jean-Marie et Bernard Raveneau

★★

DOMAINE JEAN-CLAUDE ET ROMAIN BESSIN

Désormais rejoint par son fils Romain, avec lequel il convertit progressivement le vignoble à la biodynamie, Jean-Claude Bessin a vinifié son premier millésime en 1992. Une approche peu interventionniste, des fermentations en levures indigènes et de longs élevages sur lies ont peu à peu permis aux vins de gagner en densité et en chair, tout en restant d'une minéralité remarquable. La gamme est courte mais sans faille dès la cuvée de chablis Vieilles Vignes. En premier cru, Fourchaume La Pièce au Comte, qui n'est pas produit chaque année, est l'une des meilleures sélections de ce terroir, et se bonifie avec finesse pendant dix ans. Valmur a atteint le niveau des meilleurs : ce domaine a décroché l'an dernier la deuxième étoile, aboutissement d'un travail discret mais acharné.

Les vins : beaucoup d'intensité au nez du chablis Vieilles Vignes, à la matière étoffée et gourmande, à la richesse contenue et sans lourdeur : les 14° d'alcool sont imperceptibles. Belle profondeur de chair dans Montmains, il reste digeste et frais avec son fruit juteux aux saveurs d'agrumes. Texture finement crémeuse, profil tonique, mentholé et salin dans La Forêt, plus énergique et nuancé. Entre épices et fruits jaunes, Fourchaume offre beaucoup de volume et de structure, très symétrique et persistant. Caractère plus réservé dans La Pièce au Comte, vin remarquable d'intensité et de justesse de saveurs. Sa persistance et son amplitude le rendent digne de bien des grands crus. Fraîcheur chlorophyllienne et nuances florales dans Valmur, élancé et iodé, porté par une trame ferme qui laisse présager un grand potentiel d'évolution.

Chablis Grand Cru Valmur 2018	36 €	96
Chablis Premier Cru Fourchaume 2018	25 €	94
Chablis Premier Cru La Forêt 2018	25 €	93
Chablis Premier Cru Montmains 2018	25 €	93
Chablis Vieilles Vignes 2018	16 €	92

Le coup de ♥

Chablis Premier Cru Fourchaume La Pièce au Comte 2018	27 €	95

Blanc : 12,3 hectares. Chardonnay 100 %
Production moyenne : 45 000 bt/an

DOMAINE JEAN-CLAUDE ET ROMAIN BESSIN
18, rue de Chitry, 89800 Chablis
03 86 42 46 77 • dnejcbessin@gmail.com •
Vente et visites : au domaine sur rendez-vous.
Propriétaire : Evelyne Bessin

★★

SAMUEL BILLAUD

Le millésime 2009 a été le premier commercialisé par Samuel Billaud, viticulteur bien connu des amateurs de Chablis, puisqu'on lui doit les vinifications des grandes années du domaine Billaud-Simon, où il a longtemps officié. Fin connaisseur des nuances du chardonnay chablisien, Samuel a monté sa propre maison en achats de vin (2009) puis en achats de raisins (2010). À partir de 2014, 4 hectares sont exploités en propre (trois premiers crus, Vaudésir et Les Clos), permettant la constitution d'une gamme fort complète (cinq premiers crus, six grands crus), dont la qualité éclate pleinement dans le millésime 2015. Nous ne tarissons pas d'éloges sur la fraîcheur, la précision et l'éclat des vins.

Les vins : les 2018 sont parfaitement réussis, avec des expressions de terroir très distinctes. Parmi les premiers crus, Mont de Milieu s'exprime dans sa puissance contenue, avec des notes de chlorophylle et des petits amers incisifs. Les Fourneaux se déploie avec agilité en bouche, très marqué par ses saveurs calcaires d'une envergure saline. Séchet Vieilles Vignes livre des saveurs très pures, une chair limpide et tonique et une grande persistance. Plus réservé, Montée de Tonnerre tient son rang : complexe et très équilibré, il se fait lancinant et monte en intensité vers une finale explosive et revigorante. Les grands crus nous enchantent : le puissant Valmur offre une impressionnante profondeur et sa large carrure préserve un fruit aux nuances iodées. Marqué par le poivre vert et les agrumes, Vaudésir est un séducteur solaire et brillant, bâti sur une attaque presque suave, dont la droiture verticale éclate en finale. Profil plus froid et notes de cumin dans le très élégant Les Preuses, à la matière dense et accrocheuse, vin altier et spirituel. Une fraîcheur citronnée et poivrée irradie dans Les Clos, vin monumental mais ciselé, dont le feu intérieur est puisé dans le terroir, et ne laisse entrevoir qu'une toute petite partie de ses richesses.

Chablis Grand Cru Les Preuses 2018	58 €	97
Chablis Grand Cru Valmur 2018	N.C.	96
Chablis Grand Cru Vaudésir 2018	58 €	96
Chablis Premier Cru Les Fourneaux 2018	24 €	92
Chablis Premier Cru Mont de Milieu 2018	31 €	92
Chablis Premier Cru Montée de Tonnerre 2018	31 €	94
Chablis Premier Cru Séchet Vieilles Vignes 2018	31 €	93

Le coup de ♥

Chablis Grand Cru Les Clos 2018	58 €	98

Blanc : 4 hectares. Chardonnay 100 %
Achat de raisins.
Production moyenne : 90 000 bt/an

SAMUEL BILLAUD
8, boulevard Tacussel, 89800 Chablis
03 86 31 06 75 • samuel-billaud.com • Vente et visites : au domaine sur rendez-vous.
Propriétaire : Samuel Billaud

★★

DOMAINE BILLAUD-SIMON

Ce domaine familial implanté à Chablis depuis 1815 a changé de main en 2014, passant dans le giron de la maison Faiveley, qui a ainsi agrandi son patrimoine, déjà riche de 20 hectares des plus beaux terroirs chablisiens, avec quatre grands crus : Les Clos, Les Preuses, Vaudésir et Les Blanchots ; quatre premiers crus : Montée de Tonnerre, Mont-de-Milieu, Fourchaume et Vaillons, ainsi que des chablis et petits chablis. Olivier Bailly a été nommé régisseur en 2014, et a rapidement affiné la gestion des élevages. Les 2016 signent le retour de la grande qualité qui a valu au domaine tant de louanges par le passé.

Les vins : les 2018 sont structurés par d'excellents amers, qui apportent relief et fraîcheur, en débutant par Tête d'Or, persistant, très précis et citronné. Saveurs plus confites dans Fourchaume, dont l'empreinte solaire a su préserver une trame saline au sein d'une matière assez large, très légèrement lactique en finale. Mont de Milieu retrouve plus de fraîcheur et d'élégance, avec une allonge très équilibrée. Montée de Tonnerre offre un caractère très fin et aérien, épuré dans ses saveurs de yuzu et de poivre blanc. Belle envergure et caractère assez précoce dans Vaudésir, au caractère voluptueux et enjoué, qui s'épurera au vieillissement. Intensité pénétrante au nez du Blanchots, vin symétrique et millimétré, très pur et floral, à la bouche fuselée et dense. Des notes iodées, un peu coquilles d'huîtres, annoncent le vibrant Les Preuses, vin d'orfèvre raffiné, dont la petite musique différente est celle d'un soliste surdoué au sein du concert des grands crus. Les Clos s'appuie sur une chair plus ample et crémeuse, mais l'intensité formidable de ses saveurs est portée par un souffle vigoureux : il s'impose avec harmonie et autorité.

Chablis Grand Cru Les Blanchots 2018	80 €	96
Chablis Grand Cru Les Clos 2018	71 €	97
Chablis Grand Cru Vaudésir 2018	66 €	95
Chablis Premier Cru Fourchaume 2018	35 €	92
Chablis Premier Cru Mont de Milieu 2018	32 €	94
Chablis Premier Cru Montée de Tonnerre 2018	36 €	95
Chablis Tête d'Or 2018	22 €	93

Le coup de ♥

Chablis Grand Cru Les Preuses 2018	66 €	97

Blanc : 17 hectares. Chardonnay 100 %

DOMAINE BILLAUD-SIMON
1, quai de Reugny, 89800 Chablis
03 86 42 10 33 • www.billaud-simon.com • Pas de visites.
Propriétaire : Famille Faiveley
Directeur : Olivier Bailly (Régisseur)

★★

DOMAINE JEAN-HUGUES ET GUILHEM GOISOT

Depuis de nombreuses années, Ghislaine et Jean-Hugues Goisot, et désormais leur fils Guilhem, nous impressionnent par la qualité de leur production d'une régularité sans faille. Certes, ils ne vinifient que des vins d'appellation régionale Bourgogne, mais avec une telle exigence que ces cuvées modestes atteignent une qualité très élevée. Pour y parvenir, un fastidieux travail permet d'obtenir de grands raisins (certifiés en biodynamie), vinifiés ensuite avec soin. Les beaux terroirs crayeux des Côtes d'Auxerre conviennent aussi bien au sauvignon (saint-bris) qu'au chardonnay ; par leur tenue et leur intensité, la plupart des vins méritent d'être cités en exemple. Bien que très soignés et purs, certains blancs nous déçoivent un peu et il leur manque ce petit supplément d'âme : il faut faire le tri. Les rouges, en revanche, sont remarquables et n'ont jamais été aussi réussis.

Les vins : 2018 a donné au domaine des blancs plus mûrs et charnus que d'habitude, dont nous apprécions l'équilibre. Avec son fruit qui évoque la cerise, l'irancy Les Mazelots a gardé une belle fraîcheur, mais se montre un peu comprimé par son élevage pas encore bien intégré. Parmi les trois rouges des Côtes d'Auxerre, retenons Le Court Vit, destiné à la garde avec sa mâche épicée, et le très beau La Ronce, vin structuré et fin promis à un bel avenir, quand il se départira de sa noble austérité. En Saint-Bris, Moury a notre préférence, il embaume la menthe poivrée, et sa richesse préserve une fraîcheur végétale dotée d'amers vigoureux et d'une touche musquée en finale. Épicé et ample, l'aligoté nous séduit par ses saveurs de poire et sa multitude de petits amers frais. Marqué par la générosité solaire du millésime, Corps de Garde blanc se fait affriolant, tout en rondeur. La maturité du fruit est importante dans Gondonne, vin au relief nuancé et savoureux appuyé sur de bons amers de finale. Jolie note fumée dans Le Court Vit blanc, à la chair ample et moelleuse, doté d'une très belle persistance, au caractère intègre et juteux.

- Bourgogne Aligoté 2018 — 11 € — 91
- Bourgogne Côtes d'Auxerre Le Court Vit 2018 — 19,20 € — 93
- Bourgogne Côtes d'Auxerre Corps de Garde 2018 — 15,50 € — 91
- Bourgogne Côtes d'Auxerre Gondonne 2018 — 19,20 € — 92
- Saint-Bris Moury 2018 — 12,70 € — 92
- Bourgogne Côtes d'Auxerre Le Court Vit 2018 — 23,40 € — 93
- Irancy Les Mazelots 2018 — 21 € — 91

Le coup de ♥

- Bourgogne Côtes d'Auxerre La Ronce 2018 — 23 € — 94

Rouge : 7,04 hectares. Pinot noir 100 %
Blanc : 19,58 hectares. Sauvignon blanc 41 %, Chardonnay 36 %, Aligoté 23 %
Production moyenne : 150 000 bt/an

DOMAINE JEAN-HUGUES ET GUILHEM GOISOT

30, rue Bienvenu-Martin,
89530 Saint-Bris-le-Vineux
03 86 53 35 15 • www.goisot.com • Vente et visites : au domaine sur rendez-vous.
Propriétaire : Guilhem Goisot

★★

DOMAINE LAROCHE

La maison de négoce ainsi que le domaine Laroche et son patrimoine exceptionnel de vignes appartiennent depuis 2009 au groupe AdVini. Grâce à une équipe technique compétente, menée par l'œnologue Grégory Viennois, le style s'est épuré, avec des élevages plus subtils pour des vins qui progressent en pureté d'expression, moins gras et opulents que par le passé. Des raisins justement mûrs sont ici vinifiés en barrique, sans jamais serrer ni maquiller les vins. L'expression des terroirs est très lisible, le style précoce ne se fait pas pour autant flatteur.

Les vins : du simple chablis jusqu'aux grands crus, les vins sont précis et justes. Doté d'une bonne fraîcheur, le chablis Saint-Martin est une entrée de gamme très fiable. Fruit mûr et tendre dans la Cuvée 0, vinifiée sans soufre ni intrants, qui se montre gourmande et sincère. Située au pied des Vaillons, la parcelle de Vieille Voye s'exprime en une chair ample, assez crémeuse, dont la profondeur et la fermeté en finale témoignent de la qualité du terroir. Profil plus tendu et acide dans Les Vaudevey, très bien constitué et profond, dont la finale vigoureuse puise dans le calcaire. Saveurs d'agrumes dans Les Vaillons, un vin large d'épaules mais contenu, à l'allonge salivante et à la fraîcheur parfaitement préservée. Matière charnue et profonde dans Les Fourchaumes, vin puissant à la texture presque tannique en finale, qu'on attendra quelques années. Discrets arômes de noix de muscade et cannelle dans le superbe Blanchots, vin ouvragé, lumineux et plein de sève, à la finale lancinante. Son potentiel de garde est considérable. Notes mellifères et d'aromates dans Les Clos, impressionnant d'envergure et de réserve, dont le souffle et l'intensité sereine dominent la gamme.

- Chablis Cuvée 0 2019 — 22 € — 91
- Chablis Grand Cru Les Blanchots 2018 — 65 € — 96
- Chablis Grand Cru Les Clos 2018 — 75 € — 97

- Chablis Premier Cru Les Fourchaumes Vieilles Vignes 2018 — 37 € — 94
- Chablis Premier Cru Les Vaillons Vieilles Vignes 2018 — 32 € — 94
- Chablis Premier Cru Les Vaudevey 2018 — 32 € — 93
- Chablis Saint-Martin 2019 — 19 € — 90
- Chablis Vieille Voye 2018 — 22 € — 92

Blanc : 90 hectares. Chardonnay 100 %
Achat de raisins.

DOMAINE LAROCHE
22, rue Louis-Bro, 89800 Chablis
03 86 42 89 28 • www.larochewines.com/fr
• Vente et visites : au domaine sur rendez-vous.
Propriétaire : AdVini
Directeur : Thierry Bellicaud
Maître de chai : Stéphane Barras
Œnologue : Grégory Viennois

★★

DOMAINE MOREAU-NAUDET

Virginie Moreau a courageusement pris la suite de son mari Stéphane, décédé fin août 2016, aux commandes de la propriété familiale, et s'attache à poursuivre la ligne de conduite à l'œuvre. Avec un travail soigné à la vigne et des filtrations légères, les vins s'affirment dans leur caractère, en profondeur et salinité. Le domaine s'est désormais calé sur des élevages particulièrement longs pour Chablis, de 18 à 22 mois, avec une proportion maximum d'un tiers de fût sur les premiers et grands crus, et uniquement en cuve inox pour petit chablis et chablis : jamais le chardonnay local, récolté à juste maturité, ne s'en trouve alourdi ou aromatisé. Il s'épanouit au contraire dans des blancs savoureux, jamais démonstratifs mais parfaitement digestes, qui vieillissent fort bien et que nous recommandons sans réserve !

Les vins : avec une régularité de métronome, le petit chablis s'affirme comme l'un des tout meilleurs représentants de son appellation : un blanc précoce, plein de fraîcheur et de punch. Tout sonne juste dans le chablis, son équilibre salivant, son fruit qui roule sur la langue... Il trouve le parfait compromis entre structure et précocité. Plus de volume et de fonds dans Caractère, vin accrocheur aux saveurs subtiles. Floral et tendre, Vaillons se distingue par son envergure, mais ne présente aucune mollesse et reste digeste. Forêts se présente plus en carrure, avec une expression saline affirmée et des amers juteux en finale. Intense, très savoureux, plus persistant, Montmains ralliera les suffrages, car il a tiré le meilleur de la générosité du millésime, sans aucun de ses défauts. Profil d'une grande rectitude dans Montée de Tonnerre, dont les arômes de menthe fraîche et de yuzu résonnent longtemps en finale. Encore en élevage, Valmur n'est pas totalement en place au moment de notre dégustation, mais aucun doute n'est permis sur sa qualité, la profondeur et l'élan de ses saveurs, avec une allonge traçante et sans fard.

- Chablis 2018 — 18,90 € — 92
- Chablis Caractère 2018 — 23 € — 93
- Chablis Grand Cru Valmur 2018 — 61,90 € — 96
- Chablis Premier Cru Forêts 2018 — 33,90 € — 94
- Chablis Premier Cru Montée de Tonnerre 2018 — 43,40 € — 95
- Chablis Premier Cru Vaillons 2018 — 33,90 € — 93
- Petit Chablis 2018 — 14,70 € — 91

Le coup de ♥

- Chablis Premier Cru Montmains 2018 — 33,90 € — 94

Blanc : 22,5 hectares. Chardonnay 100 %
Production moyenne : 100 000 bt/an

DOMAINE MOREAU-NAUDET
4, chemin de la Vallée de Valvan, 89800 Chablis
03 86 42 14 83 •
moreau.naudet@wanadoo.fr • Pas de visites.
Propriétaire : Virginie Moreau

★★

DOMAINE PATTES LOUP

Installé à Courgis, Thomas Pico travaille depuis 2004 des vignes qu'il a immédiatement converties en agriculture biologique. Le domaine s'est progressivement agrandi et Thomas a désormais également la charge de la propriété familiale (Domaine de Bois d'Yver), dont sont issues ses vignes. Dans un souci de respect des terroirs, il refuse la machine à vendanger, s'impose le travail intégral des parcelles, situées sur la rive gauche du Serein (quatre premiers crus), et limite les rendements, lorsque ce n'est pas la nature qui s'en charge comme en 2015, 2016 et 2017... Vinifications en levures indigènes, construction d'un nouveau chai en 2014 : les vins ont progressé rapidement. Les derniers millésimes brillent d'un éclat singulier, avec des durées d'élevages prolongées.

Les vins : douceur froide et fruit scintillant dans le chablis Vent d'Ange, dont la chair subtile est très apaisée. Nous apprécions énormément le naturel d'expression et la finesse citronnée du Beauregard, à la matière libre et savoureuse, délivrant des trésors de sapidité. Mis en bouteille en août 2019, Butteaux a connu presque trois ans d'élevage. La rectitude du millésime convient parfaitement à cette longue éducation, le vin s'est étoffé de saveurs nuancées et a conservé un caractère tranchant, très stimulant, sans la moindre austérité. Il mérite néanmoins d'être un peu attendu.

Chablis Premier Cru Beauregard 2017	37 €	94
Chablis Premier Cru Butteaux 2016	43 €	95
Chablis Vent d'Ange 2017	22 €	92

Blanc : 15 hectares. Chardonnay 100 %
Achat de raisins.
Production moyenne : 38 000 bt/an

DOMAINE PATTES LOUP ♣

2, grande rue Nicolas-Droin, 89800 Courgis
03 86 41 46 38 • www.pattes-loup.com •
Vente et visites : au domaine sur rendez-vous.
Propriétaire : Thomas Pico

★

CHÂTEAU DE BÉRU

Après une vie parisienne dans la finance, Athénaïs de Béru a repris en 2006 les 15 hectares de vignes de la propriété familiale, rapidement convertie en bio puis, dès 2010, en biodynamie. Énergique, déterminée, elle revient aux travaux des sols, vendange exclusivement à la main, élève longuement – deux hivers – en foudre, barrique et amphore. Nourrissants, les derniers vins (y compris les quelques cuvées issues d'achats de raisins, dans la gamme Athénaïs) possèdent un éclat, une vigueur de constitution, une exigence de maturité et d'intégrité du fruit hors du commun. La précision et la maîtrise technique désormais atteintes, permettant certaines années des vinifications sans soufre pour la majorité des vins, ont assuré l'an dernier au domaine l'obtention de la première étoile.

Les vins : de très beaux 2018, tant dans la gamme de négoce Athénaïs que dans les vins du domaine. Le sauvignon gris est une cuvée originale qui associe fraîcheur et gourmandise de fruit, avec quelques sucres discrets – 4 grammes – qui s'avèrent très digestes. Trois semaines de macération pour le très tonique aligoté A, citronné et floral, doté d'une grande finesse de tanins. Issu d'une vigne située sur les silex de Joigny, le structuré rosé de pinot gris, joyeux et sapide, est pourvu d'une trame svelte et de tanins juteux : il mérite de vieillir un peu. Avec sa bouche dense, ses saveurs de cerise et de noyau, le côtes-d'auxerre rouge allie tonus et sève, et se montre très réussi. Acidité mûre dans le structuré et ferme Terroirs de Béru, qui possède beaucoup de nerf et de mâche. Salinité et éclat calcaire dans le lumineux Montserre, vin sapide qui offre un ressenti plein de fraîcheur. Profil un peu plus froid et notes d'agrumes dans Orangerie, très savoureux et persistant dans sa sève acidulée. Encore en élevage, l'ample Clos Béru livre des saveurs de fruits jaunes et une finale incisive : son équilibre est somptueux dans l'association du volume et de l'intensité.

Bourgogne Aligoté Macération 2018	20 €	92
Chablis Clos Béru Monopole 2018	60 €	95
Chablis Montserre 2018	30 €	93
Chablis Terroirs de Béru 2018	25 €	90
VDF Sauvignon Gris 2018	25 €	90
Bourgogne Pinot Gris 2018	25 €	91
Bourgogne Côtes d'Auxerre 2018	28 €	92

Le coup de ♥

Chablis Orangerie 2018	35 €	93

Blanc : 15 hectares. Chardonnay 100 %
Production moyenne : 65 000 bt/an

CHÂTEAU DE BÉRU ☾

32, Grande-Rue, 89700 Béru
03 86 75 90 43 • www.chateaudeberu.com •
Vente et visites : au domaine sur rendez-vous.
Propriétaire : Athénaïs de Béru

★ ↗

LA CHABLISIENNE

Le plus important producteur de Chablis fait partie des meilleures coopératives de France, aussi habile commercialement qu'en matière d'œnologie. Parmi les nombreuses cuvées produites, il faut savoir faire le tri, mais tous les vins profitent aujourd'hui d'une parfaite maîtrise technique dans les pressurages et les élevages sur lies. Les nombreux premiers crus et grands crus de la gamme offrent désormais des expressions de terroir dignes de celles des bonnes caves indépendantes, avec une place particulière pour le célèbre grand cru Grenouilles, à ne pas boire trop jeune ! Les entrées de gamme ont bien progressé et ont perdu les notes de réduction qui les caractérisaient. La Chablisienne est en belle forme, et décroche cette année une première étoile bien méritée.

Les vins : 2017 signe une réussite majeure pour la Chablisienne. Vigoureux, assez fin, La Sereine est bien réussi avec son profil incisif. Plein et citronné, Les Vénérables offre un bel éclat de fruit et un caractère franc et soigné. Parmi les premiers crus, nous retenons Mont de Milieu, qui possède beaucoup de cachet et d'envergure, et se montre élégant. Saveurs iodées et grand volume dans le très beau Côte de Léchet, élancé et très équilibré. Grandes dimensions également dans Fourchaume, agrémenté de saveurs de noisette, très convaincant et persistant. Profilé, salin, assez subtil, Montée de Tonnerre tient parfaitement son rang, avec une belle mâche en finale. Passé une légère réduction, Les Clos exprime toute sa puissance contenue, encore introvertie, avec une délicatesse inattendue. La patience est de mise, comme pour le très beau Grenouilles, qui associe éclat, étoffe et sève : nous admirons l'intensité de sa finale et son énergie contenue, qui l'emmènera loin.

- Chablis Grand Cru Château Grenouilles 2017 — 50 € — 95
- Chablis Grand Cru Les Clos 2017 — 50 € — 94
- Chablis La Sereine 2017 — 13 € — 90
- Chablis Les Vénérables 2017 — 15 € — 91
- Chablis Premier Cru Côte de Léchet 2017 — 21,20 € — 92
- Chablis Premier Cru Fourchaume 2017 — 25,50 € — 92
- Chablis Premier Cru Mont de Milieu 2017 — 25,50 € — 92
- Chablis Premier Cru Montée de Tonnerre 2017 — 25,50 € — 93

Blanc : 655,35 hectares. Chardonnay 100 %
Production moyenne : 1 bt/an

LA CHABLISIENNE ♣
8, boulevard Pasteur, BP 14, 89800 Chablis
03 86 42 89 89 • www.chablisienne.com •
Pas de visites.
Propriétaire : SCA La Chablisienne
Directeur : Damien Leclerc
Maître de chai : Cyril Gros
Œnologue : Vincent Bartement

★

DOMAINE COLINOT

Ce domaine sait apporter au pinot noir une couleur et une intensité de fruit inimitables, élevant la grande majorité des vins en cuves, sans apport de bois. Ces rouges sont dotés d'une grande aptitude au vieillissement, et intègrent parfois jusqu'à 10 % de césar, vieux cépage local, dans l'assemblage. Le rapport qualité-prix de l'ensemble, tout comme l'accueil au domaine, doivent être soulignés. Cette maison entretient mieux qu'aucune autre la flamme des grands terroirs d'Irancy, et multiplie les cuvées parcellaires : une adresse de référence pour découvrir les expressions de cette appellation très attachante.

Les vins : le domaine a multiplié avec succès les cuvées parcellaires en 2018, nous avons retenu nos favorites, dont le solide et plein Vieilles Vignes, et Les Mazelots, aux saveurs de noyau et de réglisse, doté d'une sève éclatante et de tanins bien mûrs. Veaupessiot offre plus de fraîcheur, un fruit qui évoque la myrtille et la framboise, mais aussi une petite sécheresse dans les tanins. Les Cailles se montre charnu et délié, très savoureux, un rien fluide en milieu de bouche. Nez d'épices et de mûres dans Palotte, vin accrocheur au fruit souple et frais, adossé à des tanins nerveux en finale. Vin juteux de belle envergure, Côte du Moutier se montre épicé et ample, très bien constitué, avec de la fraîcheur et des tanins fins. Très souple, Grande Côte regorge de fruits mûrs et juteux : ses tanins sont salivants, la matière possède beaucoup de cachet et une belle envergure en finale. Enfin, Soufflot fait partie des meilleurs : matière fraîche et moelleuse, tanins veloutés, ensemble harmonieux et profond, accessible dès maintenant.

Irancy Côte du Moutier 2018	18 €	93
Irancy Grande Côte 2018	N.C.	94
Irancy Les Cailles 2018	18 €	93
Irancy Les Mazelots 2018	18 €	93
Irancy Palotte 2018	20 €	93
Irancy Veaupessiot 2018	18 €	92
Irancy Vieilles Vignes 2018	18 €	92

Le coup de ♥

Irancy Cuvée Soufflot 2018	20 €	94

Rouge : Pinot noir 90 %, César 10 %
Production moyenne : 60 000 bt/an

DOMAINE COLINOT
1, rue des Chariats, 89290 Irancy
03 86 42 33 25 • earlcolinot@orange.fr •
Vente et visites : au domaine sur rendez-vous.
Propriétaire : Anita et Jean-Pierre Colinot
Maître de chai : Thomas Carré

★

ALICE ET OLIVIER DE MOOR

Situé dans le village de Courgis, ce petit domaine rayonne sur quatre appellations, bourgognes aligotés provenant de deux secteurs différents compris. Si ce couple de vignerons très attachant a planté dès 1989 la plupart de ses vignes (certifiées bio), le premier vrai millésime date de 1995. Un travail des sols minutieux et une approche au plus près de l'expression des terroirs se reflètent dans toutes les cuvées, d'une rare transparence de saveurs. Les aligotés libèrent une sapidité précieuse dans des jus dignes de crus. Leur version du sauvignon de Saint-Bris est tout aussi personnelle, incroyablement ancrée dans le terroir. Le domaine s'agrandit en 2017 de 2 hectares de Chablis premier cru, en Mont de Milieu et Vau de Vey, en conversion bio.

Les vins : la pureté, la justesse et l'intensité de saveurs du bourgogne chitry sont remarquables, comme la rayonnante gourmandise de son fruit mûr. Surcroît de profondeur et de complexité dans L'Humeur du Temps, un chablis épuré admirable d'énergie tranchante, particulièrement limpide et lumineux dans le contexte du millésime. Avec un fruit plus mûr et charnu, Coteaux de Rosette reste scintillant, plus étoffé et immédiatement accessible mais non moins persistant, pourvu d'élégants amers en finale. La progression du Vau de Vey, depuis la récente reprise de la parcelle par le domaine, est impressionnante : il ne cesse de gagner en tension et en vitalité salivante. Plus parfumé et mentholé, Mont de Milieu suit la même trajectoire, associant étoffe et éclat salin. La richesse des sauvignons n'a pas permis aux levures d'aller au bout des sucres dans le saint-bris 2018 : il en résulte un étonnant moelleux dénommé Sans Bruit, acidulé et exotique dans ses saveurs, vin sagement filtré qui devrait s'avérer passionnant au vieillissement, mais s'accorde déjà très bien avec des fromages affinés.

Bourgogne Chitry 2018	20 €	92
Chablis Coteaux de Rosette 2018	35 €	93
Chablis Premier Cru Mont de Milieu 2018	45 €	93
Chablis Premier Cru Vau de Vey 2018	45 €	93
VDF Sans Bruit 2018	25 €	92

Le coup de ♥

Chablis L'Humeur du Temps 2018	27 €	94

Blanc : 10 hectares. Chardonnay 70 %, Aligoté 25 %, Sauvignon blanc 5 %
Production moyenne : 45 000 bt/an

ALICE ET OLIVIER DE MOOR ♣
17, rue Jacques-Ferrand, 89800 Courgis
03 86 41 47 94 • www.aetodemoor.fr •
Vente et visites : au domaine sur rendez-vous.
Propriétaire : Alice et Olivier De Moor

★

DOMAINE WILLIAM FÈVRE

Propriété du groupe Henriot, ce domaine est le plus gros propriétaire en grands crus de Chablis, avec plus de quinze hectares. Son vaste vignoble et sa palette de grands terroirs sont valorisés par une organisation méticuleuse : labour des sols, vendanges manuelles à date optimale, régulation des rendements. Passionné par ses vignes, Didier Seguier, à la tête du domaine depuis 1998, produit ainsi des chablis purs, très bien définis et nets, avec un travail en bio non certifié depuis 2006, voire en biodynamie pour les premiers et grands crus. À l'exception du petit chablis, vinifications et élevages sont habilement répartis pour chaque cuvée entre fût – jamais neuf – et cuve inox. Refusant toute signature, le style séduit par le respect du terroir et l'expression de la minéralité, mieux préservés depuis que le domaine a progressivement passé entre 2005 et 2010 toute la gamme en bouchons Diam's. Une visite approfondie nous a convaincu de la justesse du travail mis en œuvre par cette adresse de référence.

Les vins : la gamme est très large et cohérente, la place nous manque pour tout relater. Petit chablis et chablis sont soignés et assez énergiques (non notés). Parmi les premiers crus, nous apprécions Les Lys, vin dense et concentré au profil assez froid, Fourchaume, vin ferme dont la carrure est allégée par son caractère tonique, Montée de Tonnerre, plus épuré et lumineux, doté d'un éclat salin, et le superbe Vaulorent, harmonieux et mentholé, tout en profondeur et envergure. Énergique, complexe, Bougros se fait assez iodé et relevé par une belle amertume. Spécialité du domaine, le Bougros Côte des Bouguerots isole deux parcelles très pentues en un vin ciselé et digeste, d'une grande délicatesse de texture. Les Preuses se montre brillant, racé et aérien, assez éblouissant dans sa finesse et son intensité. Avec une importante proportion de vignes très âgées, Les Clos reste sur la réserve ; avec son grand volume, son caractère solaire mais nuancé, il devrait traverser le temps sans encombre.

Chablis Grand Cru Bougros Côte de Bouguerots 2018	N.C.	96
Chablis Grand Cru Les Clos 2018	N.C.	97
Chablis Grand Cru Les Preuses 2018	N.C.	97
Chablis Premier Cru Fourchaume 2018	N.C.	93
Chablis Premier Cru Les Lys 2018	N.C.	92
Chablis Premier Cru Montée de Tonnerre 2018	N.C.	94

Le coup de ♥

Chablis Premier Cru Vaulorent 2018	N.C.	95

Blanc : 77 hectares. Chardonnay 100 %

DOMAINE WILLIAM FÈVRE

21, avenue d'Oberwesel, 89800 Chablis
03 86 98 98 98 • www.williamfevre.com •
Vente et visites : au domaine sur rendez-vous.

Propriétaire : Groupe Henriot
Directeur : Richard Moreau
Maître de chai : Didier Seguier

★

DOMAINE CORINNE ET JEAN-PIERRE GROSSOT

Le domaine Grossot brille d'abord par la qualité remarquable de ses chablis génériques. Ces derniers sont le plus souvent produits sur la rive droite du Serein, sur des pentes et des terroirs en tout point comparables à ceux d'illustres voisins classés en premier cru. Avis aux amateurs de chablis de terroir : pour ceux qui apprécient que le grain mûr du chardonnay roule longuement sur la langue, que de beaux amers évoluent vers des notes de craie sèche et fraîche après sept ou huit ans de bouteille, voici une gamme sincère et de bonne constitution. Le domaine est en cours de conversion bio.

Les vins : le simple chablis se présente assez gras, bien mûr mais manque un peu de tonus. Plus de caractère et de fraîcheur dans La Part des Anges, un vin franc et carré qui offre de la finesse. Tonalité plus froide et citronnée dans Troëmes, premier cru peu connu mais subtil, à la finale salivante. Plus d'intensité et d'allonge dans Les Fourneaux, vin dense et profilé, à la finale crayeuse. Profil épuré, ciselé mais pourvu d'extrait sec et ferme en milieu de bouche dans Vaucoupin, le plus rafraîchissant des premiers crus. Plus large et juteux, Fourchaume est profond mais un peu opulent : on l'attendra quelques années. Dimensions salines et caractère vigoureux dans Mont de Milieu, dont le boisé encadre parfaitement la matière et apporte de l'allonge et des amers en finale.

Chablis 2018	13,90 €	89
Chablis La Part des Anges 2018	16,40 €	91
Chablis Premier Cru Fourchaume 2018	26,80 €	91
Chablis Premier Cru Les Fourneaux 2018	20,10 €	92
Chablis Premier Cru Mont de Milieu 2018	26,80 €	93
Chablis Premier Cru Troëmes 2018	18,50 €	91
Chablis Premier Cru Vaucoupin 2018	20,10 €	93

Blanc : 18 hectares. Chardonnay 100 %
Production moyenne : 90 000 bt/an

DOMAINE CORINNE ET JEAN-PIERRE GROSSOT
4, route de Mont-de-Milieu, 89800 Fleys
03 86 42 44 64 • www.chablis-grossot.com •
Vente et visites : au domaine sur rendez-vous.
Propriétaire : Corinne et Jean-Pierre Grossot

★ ↗

LE DOMAINE D'HENRI

Michel Laroche a cédé en 2010 ses activités à AdVini, mais il fait à nouveau l'actualité sur les rives du Serein : il épaule ses filles dans la relance, depuis 2012, d'un domaine familial bâti à partir des vignes de son père, Henri, préservées lors de la vente de son groupe. L'aînée, Cécile, supervise la vigne et Margaux, la cadette, fait ses armes au commerce. Une parcelle de 2 hectares de Fourchaume, dont les vignes les plus vénérables sont âgées de 80 ans, est destinée à la cuvée Héritage, d'une rare densité. Les premiers crus bénéficient d'élevages longs, respectant l'intégrité du fruit, et ont atteint un niveau qualitatif élevé. Nous décernons cette année une première étoile avec plaisir.

Les vins : belle intensité aromatique, saveurs citronnées et excellente fraîcheur dans le petit chablis. Profil tendre et gourmand pour le chablis Allées du Vignoble, vin précis dont la finale reste tonique. La sélection parcellaire Saint-Pierre s'avère ample et profilée, plus dense et salivante. Profil pur et retenu pour le premier cru Troesmes, vin d'excellente facture, élancé, citronné et raffiné. Énergique, tendu, Fourchaume se montre éclatant, avec un caractère incisif qui masque presque la carrure habituelle du cru. À la fois plus salin et plus ferme, L'Homme Mort nous semble aussi un rien plus mûr, doté d'une magnifique allonge charnue et pure, et de saveurs de fruits jaunes. Issu d'une vigne plantée en 1937, Fourchaume Héritage se montre plus floral au nez, et combine élégance et vigueur : le plus profond des vins du domaine, c'est aussi celui qui a le plus besoin de vieillir.

- Chablis Les Allées du Vignoble 2018 — de 16,50 à 20 € (c) — 91
- Chablis Premier Cru Fourchaume 2017 — 30 € — 94
- Chablis Premier Cru Fourchaume L'Homme Mort Vieilles Vignes 2017 — 36 € — 94
- Chablis Premier Cru Troesmes 2017 — de 25,50 à 29 € (c) — 93
- Chablis Saint Pierre 2018 — de 19,50 à 23 € (c) — 92
- Petit Chablis Les Allées du Vignoble 2019 — de 13,50 à 17 € (c) — 90

Le coup de ♥

- Chablis Premier Cru Fourchaume Héritage 2017 — 49 € — 95

Blanc : 23 hectares. Chardonnay 100 %
Achat de raisins.
Production moyenne : 160 000 bt/an

LE DOMAINE D'HENRI
Route d'Auxerre, 89800 Chablis
03 86 40 65 17 • www.ledomainedhenri.fr •
Vente et visites : au domaine sur rendez-vous.
Propriétaire : Michel, Cécile et Margaux Laroche
Directeur : Michel Laroche
Maître de chai : Célia Hémard

★

DOMAINE CHRISTIAN MOREAU PÈRE ET FILS

Le fils de Christian Moreau, Fabien, œnologue, a pris les commandes de ce domaine bien implanté en grand cru, notamment sur Les Clos, dont une parcelle isolée pour la cuvée Clos des Hospices. Le vignoble est entretenu avec soin et vendangé manuellement. Les vinifications ont gagné en finesse et en précision. Le bois est utilisé partiellement, jamais à l'excès, ce qui préserve un fruit brillant et un velouté élégant dans le toucher de bouche. Saluons la régularité des vins sur les derniers millésimes.

Les vins : saveurs d'agrumes et bon volume dans le chablis. Très bon Vaillon, doté d'une saine énergie, d'un nez crayeux et d'une bouche ample et profilée, dont le fruit sobre et frais évoque les amandes et le yuzu. Issu d'une vigne plantée en 1933, la cuvée Guy Moreau est superbe en 2017 : sa matière très intense, fraîche et salivante, très harmonieuse délivre un vin concentré et aérien. Très charnu, un rien opulent dans la forme, Vaudésir déploie une matière tendre mais soutenue par une sève vigoureuse. Assez sophistiqué, c'est un grand séducteur. Immédiatement plus frais au nez, Valmur offre un fruit gras et des notes de poivre blanc qui enrobent parfaitement la trame vigoureuse et saline. Très beau nez d'herbes fraîches et de verveine, chair élancée et saveurs aiguisées dans le puissant Les Clos, solaire mais majestueux. Supplément d'intensité au nez, caractère plus épicé et solaire (thym, origan, vanille) dans Clos des Hospices, qui se distingue surtout par une impressionnante énergie en finale, burinée et lancinante.

Chablis 2018	18 €	90
Chablis Grand Cru Les Clos 2018	45 €	95
Chablis Grand Cru Les Clos Clos des Hospices 2018	50 €	96
Chablis Grand Cru Valmur 2018	45 €	94
Chablis Grand Cru Vaudésir 2018	45 €	93
Chablis Premier Cru Vaillon 2018	30 €	92
Chablis Premier Cru Vaillon Guy Moreau 2018	38 €	94

Blanc : 11,8 hectares. Chardonnay 100 %
Production moyenne : 80 000 bt/an

DOMAINE CHRISTIAN MOREAU PÈRE ET FILS ♣
26, avenue d'Oberwesel, 89800 Chablis
03 86 42 86 34 • www.domainechristianmoreau.com • Vente et visites : au domaine sur rendez-vous.
Propriétaire : Fabien Moreau

★

DOMAINE OLIVIER MORIN

Le petit vignoble de Chitry joue une musique à part dans le concert icaunais. Olivier Morin est actuellement le plus régulier des producteurs de cette appellation : il évite les herbicides, surveille ses rendements et cueille ses raisins à la main. Non-interventionnistes, les vinifications se déroulent en levures indigènes, sans correction d'acidité ni filtration, avec des essais sans sulfitage. Olivier Morin donne de la noblesse à de modestes bourgognes, avec une réussite longtemps plus évidente en blanc, mais la qualité des rouges (de pair avec leurs maturités) a beaucoup progressé.

Les vins : droiture et minéralité dans l'excellent aligoté, vin lumineux et tonique. Franchise d'arômes et de saveurs dans la cuvée Constance, savoureux et irrésistible, mûr et nuancé, pourvu d'un équilibre et d'une fraîcheur admirables pour le millésime. Plus de complexité et des nuances florales dans Olympe, dont le boisé un peu appuyé se fondra au vieillissement et indique un vin destiné à la garde. Matière souple, épicée et juteuse dans l'excellent Vau du Puits, servi par un bel élevage, dont on se régalera aujourd'hui ou dans cinq à sept ans. Matière riche et structurée dans l'irancy, qui allie profondeur de sève et gourmandise de fruit, dont la trame sérieuse indique le potentiel d'évolution.

Bourgogne Aligoté 2018	10 €	91
Bourgogne Chitry Constance 2018	11 €	92
Bourgogne Chitry Olympe 2018	15 €	91
Bourgogne Chitry Vau du Puits 2018	15 €	92
Irancy 2018	15 €	93

Rouge : 3,75 hectares. Pinot noir 100 %
Achat de raisins.
Blanc : 10,17 hectares. Aligoté 50 %, Chardonnay 50 %
Achat de raisins.
Production moyenne : 80 000 bt/an

DOMAINE OLIVIER MORIN
2, chemin de Vaudu, 89530 Chitry
03 86 41 47 20 • www.olivier-morin.fr • Vente et visites : au domaine sur rendez-vous.
Propriétaire : Olivier Morin

★

DOMAINE ISABELLE ET DENIS POMMIER

Isabelle et Denis Pommier se sont installés dans le village de Poinchy en 1990, avec 2 hectares de vignes (23 aujourd'hui). Certains premiers crus subissent une fermentation partielle sous bois, et toutes les vinifications sont effectuées en levures indigènes. L'ensemble de la production affiche une qualité irréprochable, notamment les vins d'entrée de gamme. Certifié en bio depuis 2014, ce domaine n'a jamais autant brillé que dans les derniers millésimes, remarquablement réussis.

Les vins : saveurs de noyau et de fumé dans le pinot noir, vin ample et finement réglissé, plus structuré qu'à l'accoutumée. Bien mûr, assez plein et ample, le petit chablis est complet et salivant. Large d'épaules mais athlétique, le chablis est un vin précis, structuré, doté d'une belle pureté aux saveurs intenses. La sélection parcellaire Les Reinettes se montre assez généreuse dans sa chair déliée et expressive. Plus de fraîcheur dans Croix au Moines, tendu et acidulé, pourvu d'une excellente allonge. En premier cru, nous aimons particulièrement Troesmes, très fin et scintillant, avec de délicieuses saveurs de zeste d'agrumes. Belle envergure, tonalités d'amande et de poivre blanc dans Côte de Léchet, très intense et persistant en finale. Avec son nez finement mentholé, sa matière à la fois onctueuse et tonique, Fourchaume est une très belle réussite, à la finale tranchante et pure.

Chablis 2018	14,50 €	91
Chablis Croix aux Moines 2018	17,50 €	92
Chablis Les Reinettes 2018	17,50 €	91
Chablis Premier Cru Côte de Léchet 2018	22 €	93
Chablis Premier Cru Fourchaume 2018	26 €	94
Petit Chablis Hautérivien 2018	12 €	90
Bourgogne 2018	14 €	91

Le coup de ♥

Chablis Premier Cru Troesmes 2018	22 €	93

Rouge : 2 hectares. Pinot noir 100 %
Blanc : 21 hectares. Chardonnay 87 %, Pinot gris 13 %
Production moyenne : 150 000 bt/an

DOMAINE ISABELLE ET DENIS POMMIER ♣
31, rue de Poinchy, 89800 Poinchy
03 86 42 83 04 • www.denis-pommier.com
• Vente et visites : au domaine sur rendez-vous.
Propriétaire : Isabelle et Denis Pommier

DOMAINE JEAN-MARC BROCARD

À force de persévérance et de travail, Jean-Marc Brocard et son fils Julien (qui vinifie quelques cuvées en biodynamie) prouvent à ceux qui en douteraient que quantité et qualité sont parfaitement compatibles, à condition de s'en donner les moyens. Sur un vaste domaine viticole, l'équipe réussit à produire régulièrement une large gamme de blancs de l'Yonne. Les génériques sont toujours purs, et les climats, dans un style plus profond, conservent une identité tranchante, sans l'habillage du bois. Les étiquettes imprimées d'une petite coccinelle distinguent les crus travaillés en agriculture biologique.

Les vins : nous regrettons que le domaine ne nous ait pas présenté de 2018, mais les 2019 sont bien réussis. Équilibré, franc et direct, le chablis est un très bon classique de l'appellation. Vin citronné, juteux et désaltérant, le chablis Sainte-Claire provient de raisins mûrs, et offre une texture sans aspérités. La maturité est poussée dans Vieilles Vignes de Sainte-Claire, assez opulent en attaque, mais qui retrouve un certain tonus en finale. Assez expressif, riche mais nuancé, Vau de Vey est très soigné, doté d'un fruit sobre et précis. Trame plus délicate et élancée dans Butteaux, qui allie maturité et fraîcheur, assurément digeste et capable de bien évoluer. Saveurs crayeuses, grande intensité et profil vertical dans Montée de Tonnerre, savoureux mais encore assez réservé. Vaulorent livre une bouche aiguisée, pure et suave, qui s'organise avec délicatesse autour d'une superbe profondeur de sève et de petits amers. Encore tout en retenue, Les Preuses déploie déjà son raffinement d'arômes et de texture : un souffle élégant le porte avec aisance et allonge.

Chablis 2019	15,90 €	90
Chablis Domaine Sainte-Claire 2019	18,10 €	91
Chablis Domaine Sainte-Claire Vieilles Vignes 2019	19,70 €	91
Chablis Grand Cru Les Preuses 2019	58,50 €	95
Chablis Premier Cru Butteaux 2019	28 €	93
Chablis Premier Cru Montée de Tonnerre 2019	32 €	94
Chablis Premier Cru Vau de Vey 2019	28 €	92
Chablis Premier Cru Vaulorent 2019	33,40 €	94

Rouge : 5 hectares.
Blanc : 139 hectares. Chardonnay 100 %
Production moyenne : 900 000 bt/an

DOMAINE JEAN-MARC BROCARD ♣
3, route de Chablis, 89800 Prehy
03 86 41 49 00 • www.brocard.fr •
Visites : sans rendez-vous.
Propriétaire : Jean-Marc Brocard
Directeur : Julien Brocard
Maître de chai : Odile Van der Moere

DOMAINE BERNARD DEFAIX

Sylvain et Didier Defaix tiennent la barre du domaine familial de Milly, dont le vignoble est implanté sur la rive gauche du Serein. Leurs premiers crus, un peu moins connus que ceux de la rive droite, réservent de belles surprises dans les années chaudes, particulièrement sur le terroir de la Côte de Léchet. Grâce à des vinifications habiles et à des élevages sur lies en cuve, les vins gagnent en gras et se protègent contre l'oxydation. Les cuvées issues du négoce (premier cru Fourchaume et grands crus), plus communes, portent simplement la mention Bernard Defaix, mais s'avèrent très recommandables. Les entrées de gamme sont d'un remarquable rapport qualité-prix et les grands crus ont progressé : le domaine est en bonne forme.

Les vins : ils présentent hélas les stigmates du millésime. Petit chablis et chablis sont chaleureux et un peu dilués (non notés). Plus complexe et frais, le chablis Vieilles Vignes présente de la personnalité et du relief, avec sa matière charnue et assez persistante. En premier cru, assez simple, Les Vaillons se montre un peu herbacé mais possède de l'envergure et des notes citronnées. Texture plus dense et matière généreuse dans Côte de Léchet, assez compact et chaleureux. Plus de fraîcheur et d'équilibre dans la version Réserve, à l'envergure épanouie et à la finale plus pénétrante. Matière bien mûre et tendre dans Vaudésir, doté d'une jolie allonge et finale savoureuse, sapide et un peu mentholée. Profil plus carré et ferme dans Bougros, un vin plus nerveux à la matière franche.

Chablis Grand Cru Bougros 2018	52 €	93
Chablis Grand Cru Vaudésir 2018	52 €	93
Chablis Premier Cru Côte de Léchet 2018	29 €	91
Chablis Premier Cru Côte de Léchet Réserve 2018	31 €	92
Chablis Premier Cru Les Vaillons 2018	29 €	90
Chablis Vieilles Vignes 2018	20 €	91

Blanc : 27 hectares. Chardonnay 100 %
Production moyenne : 250 000 bt/an

DOMAINE BERNARD DEFAIX
17, rue du Château, Milly, 89800 Chablis
03 86 42 40 75 • www.bernard-defaix.com • Vente et visites : au domaine sur rendez-vous.
Propriétaire : Sylvain et Didier Defaix

DOMAINE GÉRARD DUPLESSIS

Gérard Duplessis a pris la suite de son père en 1999, entamant en 2007 une conversion bio devenue effective en 2013. Ses vignes sont situées au cœur des meilleurs premiers crus de Chablis et donnent des vins rarement aimables dans leur prime jeunesse mais vieillissant remarquablement, pour atteindre vers huit-dix ans une maturité superbe. Le parti pris d'élevages longs (cuve, puis barrique et assemblages en cuve pendant au moins 18 mois) explique la capacité de garde des vins : Montée de Tonnerre, en particulier, se distingue. Une toute petite cuvée de Clos (non présentée) va encore plus loin en richesse de constitution et en possibilité de garde. Fort sagement, le domaine met régulièrement en vente des millésimes plus anciens, ce qui est rarissime à Chablis.

Les vins : bien mûr, très savoureux, le simple chablis donne le ton du millésime et du style du domaine : solaire, généreux et intègre, assumant sa maturité, sans doute déroutant pour les inconditionnels de chablis tranchants et acidulés. Peu aromatique, Montmains est construit sur une matière dense et concentrée, avec le relief des amers en finale. Un vin de garde, peu aimable dans sa jeunesse. Saveurs de fruits jaunes, matière riche et ample, un peu massive dans le Fourchaume, qui reflète bien son terroir : le temps l'affinera, il est constitué pour le vieillissement.

Chablis 2018	18 €	90
Chablis Premier Cru Fourchaume 2018	28 €	93
Chablis Premier Cru Montmains 2018	25 €	92

Blanc : 10 hectares. Chardonnay 100 %
Production moyenne : 40 000 bt/an

DOMAINE GÉRARD DUPLESSIS ♣
5, quai de Reugny, 89800 Chablis
03 86 42 10 35 • www.chablis-duplessis.com • Vente et visites : au domaine sur rendez-vous.
Propriétaire : Lilian Duplessis

DOMAINE DE L'ENCLOS

Avec 29 hectares de vignes (certifiées en bio en 2018), ce domaine fondé en 2016 s'appuie sur le vignoble conservé par Romain et Damien Bouchard, les enfants de Pascal Bouchard, qui a vendu en 2015 son activité de négoce à la maison Albert Bichot. Dans le parc d'une belle demeure de Chablis, un chai enterré a été construit pour accueillir des raisins vendangés à la main, vinifiés en levures indigènes et sans autre intrant qu'un peu de soufre après pressurage et à la mise. Avec 1,5 hectare en grands crus (Clos, Blanchot, Vaudésir), 8 hectares en premiers crus (dont Fourchaume, Mont de Milieu et Vau de Vey), et le reste en chablis et petit chablis, cette adresse a tout pour devenir une valeur sûre de l'appellation. Les vins généreux et mûrs risquent de déconcerter les amateurs de chablis épurés, mais ils renouvellent le paysage local.

Les vins : assumé, le caractère finement oxydatif des vins ne plaira pas à tout le monde. Vin carré avec du fond, le chablis est généreux, assez juteux avec son fruit de mirabelle. Un léger boisé ternit un peu le premier cru Montmains. Plus de fraîcheur et de croquant dans Beauroy, vin accessible et gourmand dans son volume épanoui. Plus tonique, Vau de Vey voit sa finale épicée rouler avec bonheur sur la langue et trancher le fruit mûr. Nez de miel et de nougat dans La Fourchaume, un vin solaire, sain et profond qui pourra surprendre dans un contexte chablisien, mais dont nous aimons la gourmandise extravertie. Notes d'amandes et de noisettes dans Vaudésir, vin prodigue aux saveurs finement exotiques, doté d'un large extrait sec. Avec son nez de poivre blanc, Blanchot se présente très en chair, mais la tension du cru reprend vite le dessus en une finale pleine de vitalité et de sève. Les Clos évolue parmi les agrumes et les fruits jaunes, avec une excellente structure et le feu dompté d'une mâche solaire en finale.

Chablis 2018	de 18 à 19 € (c)	90
Chablis Grand Cru Les Clos 2018	55 €	94
Chablis Grand Cru Vaudésir 2018	49 €	93
Chablis Premier Cru Beauroy 2018	de 24 à 25 € (c)	92
Chablis Premier Cru La Fourchaume 2018	32 €	92
Chablis Premier Cru Montmains 2018	28 €	91
Chablis Premier Cru Vau de Vey 2018	25 €	93

Le coup de ♥

Chablis Grand Cru Blanchot 2018	49 €	94

Blanc : 29 hectares. Chardonnay 100 %
Production moyenne : 120 000 bt/an

DOMAINE DE L'ENCLOS ♣
1, rue du Puits, 89800 Chablis
03 86 48 29 17 • www.domainedelenclos.fr •
Vente et visites : au domaine sur rendez-vous.
Propriétaire : Romain et Damien Bouchard

DOMAINE NATHALIE ET GILLES FÈVRE

Issus d'une vieille famille de Chablis, Nathalie et Gilles Fèvre dirigent cette vaste propriété, avec pour fleuron trois premiers crus et une parcelle conséquente dans le grand cru Les Preuses, qui donne le plus beau vin du domaine. Œnologues de formation, les Fèvre travaillaient jusqu'en 2004 à La Chablisienne. Aujourd'hui secondés par leur fille Julie, elle-même ingénieure agronome et diplômée d'œnologie, ils s'attachent à promouvoir une approche bio à la vigne, et disposent d'installations techniques pour vinifier par gravité. Les entrées de gamme doivent s'affranchir d'un parti pris technique qui les bride encore trop.

Les vins : précis mais assez clinique, le chablis manque un peu de personnalité. Matière généreuse et plus mûre dans la cuvée Vieilles Vignes, un peu stricte en finale mais qui s'avère déjà très plaisante. Fourchaume se distingue par son volume généreux, mais il reste très cadré. Plus salivant et élancé, Mont de Milieu se montre assez sapide et plus harmonieux. Bouche serrée, sur l'ossature : un peu comprimé, Montée de Tonnerre est un vin dont la protection sulfitique renforce l'austérité. Nous apprécions l'envergure et la chair moelleuse du Vaulorent, à la finale incisive, qui possède du potentiel. Assez ciselé, doté de petits amers, Les Preuses impose son intensité de saveurs et son allonge fraîche le place au sommet de la gamme.

Chablis 2018	14,50 €	88
Chablis Grand Cru Les Preuses 2018	51 €	94
Chablis Premier Cru Fourchaume 2018	24 €	90
Chablis Premier Cru Mont de Milieu 2018	24 €	91
Chablis Premier Cru Montée de Tonnerre 2018	28 €	90
Chablis Premier Cru Vaulorent 2018	28 €	92
Chablis Vieilles Vignes 2018	17,50 €	90

Blanc : 50 hectares. Chardonnay 100 %
Production moyenne : 200 000 bt/an

DOMAINE NATHALIE ET GILLES FÈVRE ♣
Route de Chablis,
89800 Fontenay-près-Chablis
03 86 18 94 47 •
www.nathalieetgillesfevre.com • Vente et visites : au domaine sur rendez-vous.
Propriétaire : Nathalie et Gilles Fèvre
Maître de chai : Nathalie Fèvre
Œnologue : Julie, Nathalie et Gilles Fèvre

DOMAINE GARNIER ET FILS

Installé à Ligny-le-Chatel, terre de chablis et petit chablis, le domaine est tenu par deux frères passionnés, Xavier et Jérôme Garnier. La gamme couvre toutes les géologies et toutes les appellations de Chablis. Les grands et premiers crus proviennent d'achat de raisin. Vinifiés en levures indigènes, les vins bénéficient d'élevages soignés en cuve ou en fût, et ne subissent pas de filtration avant la mise en bouteille. Une production cohérente de chablis d'un style généreux. Depuis 2016, les Garnier ont repris 6 hectares de vignes dans les Coteaux de Tannay, située dans la Nièvre, ce qui vient élargir la gamme du domaine.

Les vins : les rouges sont agréables, l'Instant Tannay affiche une vraie personnalité, très séduisant dans ses notes de groseille et d'épices, et le bourgogne épineuil a préservé fraîcheur et délicatesse de fruit. Petit chablis et chablis manquent un peu de tonus (non notés). Vin charnu mais énergique, le chablis Grains Dorés 2017 est complet, expressif et très savoureux, avec une finale sur le caillou. Chair ample, un peu crémeuse dans Beauroy, vin carré et franc. Assez parfumé, le musclé Côte de Jouan bénéficie d'un profil plus nerveux et d'une finale saline et persistante. Bon volume dans le Montmains, vin tendre qu'on boira volontiers dans sa jeunesse. Mont de Milieu se présente dense, riche en extrait sec, évoque les agrumes confits et la camomille : c'est le plus profond des premiers crus. Avec ses notes d'acacia et de fruits blancs, Vaudésir se montre très expressif, ciselé et élancé, doté d'une jolie persistance.

Chablis Grains Dorés 2017	24 €	91
Chablis Grand Cru Vaudésir 2017	61 €	94
Chablis Premier Cru Beauroy 2018	25 €	90
Chablis Premier Cru Côte de Jouan 2018	27 €	92
Chablis Premier Cru Mont de Milieu 2018	28 €	93
Chablis Premier Cru Montmains 2018	28 €	92
Bourgogne Épineuil 2018	18 €	90
IGP Coteaux de Tannay L'Instant Tannay Pinot Noir 2019	11 €	90

Rouge : 1,2 hectare. Pinot noir 100 %
Achat de raisins.
Blanc : 28,8 hectares. Chardonnay 87 %, Melon de Bourgogne 13 %
Achat de raisins.
Production moyenne : 180 000 bt/an

DOMAINE GARNIER ET FILS
Chemin de Méré, 89144 Ligny-le-Châtel
03 86 47 42 12 • www.chablis-garnier.com •
Pas de visites.
Propriétaire : Xavier et Jérôme Garnier

DOMAINE LONG-DEPAQUIT

Maison beaunoise bien connue, Albert Bichot est propriétaire à Chablis du domaine Long-Depaquit, établi sur une prestigieuse palette de crus, dont le grand cru La Moutonne en monopole, bénéficiant de l'exposition la plus solaire de l'appellation. Les vins expriment souvent une rondeur et une générosité qui les rendent accessibles jeunes. Si la gamme progresse et devient plus homogène, l'expression des terroirs peut encore gagner en précision et pureté de saveurs. Cécilia Trimaille, la nouvelle régisseuse, devrait accompagner cette progression pour ramener bientôt le domaine dans les étoiles.

Les vins : matière saine, généreuse mais équilibrée dans le précoce chablis, qui fait une très honorable entrée de gamme. En premier cru, on retiendra Montmains, au profil frais et salin, qui séduit par son intensité et sa droiture, et Vaucoupins, au nez de coquille d'huître, vin ample et accessible prolongé de saveurs de poivre blanc. Notes un peu beurrées au nez, matière patinée et lisse dans Les Preuses, dont le boisé perceptible alourdit un peu la fin de bouche. Belle fraîcheur anisée dans Les Blanchots, à la matière nuancée et pure, à l'allonge lancinante : l'austérité raffinée du cru est perceptible. Saveurs de zeste d'agrumes et d'herbes séchées dans l'imposant Les Vaudésirs, vin ferme doté de mâche et de bons amers en finale. Les Clos est convaincant, nerveux et tonique, richement doté en extrait sec, avec une finale caillouteuse et persistante. Intense, pénétrant, vigoureux, La Moutonne surpasse ses pairs en profondeur et en intensité. Le caractère solaire du millésime reste très contenu dans ce vin de grande garde.

Chablis 2018	18,90 €	89
Chablis Grand Cru La Moutonne 2018	123 €	95
Chablis Grand Cru Les Blanchots 2018	54,40 €	94
Chablis Grand Cru Les Clos 2018	61,60 €	94
Chablis Grand Cru Les Preuses 2018	54,90 €	93
Chablis Grand Cru Les Vaudésirs 2018	61,90 €	94
Chablis Premier Cru Les Vaucopins 2018	33,10 €	92
Chablis Premier Cru Montmains 2018	32,80 €	92

Blanc : 65 hectares. Chardonnay 100 %
Production moyenne : 450 000 bt/an

DOMAINE LONG-DEPAQUIT
45, rue Auxerroise, 89800 Chablis
03 86 42 11 13 • www.albert-bichot.com •
Visites : sans rendez-vous.
Propriétaire : Albéric Bichot
Directeur : Cécilia Trimaille

DOMAINE LOUIS MICHEL ET FILS

Dirigé par Guillaume Michel, ce domaine fondé en 1850 s'est toujours fait le chantre des chablis premiers crus très purs et très nets, sans utilisation du bois. Discrets dans leur jeunesse, ces chardonnays sont bâtis pour évoluer de dix à vingt ans en bouteille. Le domaine développe un style de chardonnay de prime abord assez direct dans l'expression du fruit, mais avec des finales en retenue, voire très jugulées.

Les vins : si le simple chablis ne nous a pas convaincus, le reste de la gamme est de bon niveau. Vaillons présente une chair dense et crémeuse, citronnée, dotée d'une bonne vivacité et d'une allonge saline. Bouche sphérique, assez dense dans Forêts, à la belle richesse de sève. Eclat de fruit mûr et frais dans Séchets, à la matière élancée, sinueuse, et à la finale salivante et lumineuse. Fraîcheur iodée dans Butteaux Vieilles Vignes, blanc ferme et nerveux, encore très réservé mais équilibré. Notes végétales mûres et matière assez vibrante dans Montée de Tonnerre, vin tendu et austère qu'il faudra attendre quelques années. Subtil et raffiné, Vaudésir séduit dans l'équilibre élancé de ses saveurs. Complexe, très étoffé, Les Clos se distingue par sa matière serrée mais de belle vitalité, et sa persistance épurée. Grand volume de chair pour Grenouilles, dont les saveurs mûres d'agrumes et de tilleul se prolongent avec énergie.

Chablis Grand Cru Grenouilles 2017	65 €	94
Chablis Grand Cru Les Clos 2017	65 €	94
Chablis Grand Cru Vaudésir 2017	55 €	93
Chablis Premier Cru Butteaux Vieilles Vignes 2017	28 €	92
Chablis Premier Cru Forêts 2018	28 €	92
Chablis Premier Cru Montée de Tonnerre 2018	35 €	92
Chablis Premier Cru Séchets 2017	28 €	92
Chablis Premier Cru Vaillons 2018	25 €	91

Blanc : 25 hectares. Chardonnay 100 %
Production moyenne : 140 000 bt/an

DOMAINE LOUIS MICHEL ET FILS
9, boulevard de Ferrières, 89800 Chablis
03 86 42 88 55 • www.louismicheletfils.com
• Visites : sans rendez-vous.
Propriétaire : Famille Michel
Directeur : Guillaume Michel

DOMAINE OUDIN

Ce domaine familial possède une vingtaine de parcelles sur la commune de Chichée, un secteur froid, très calcaire et caillouteux. Diplômée d'œnologie, Nathalie Oudin prend le relais en 2007, secondée depuis 2013 par sa sœur Isabelle. Le travail sérieux à la vigne bannit les désherbants et réduit au maximum les autres traitements. À la cave, les levures indigènes sont de rigueur, et les vins élevés exclusivement en cuve inox. La gamme est cohérente et fiable, et par sa constance, sa régularité, ce petit domaine s'approche d'une première étoile.

Les vins : profilé, le chablis est charmeur et bien mûr, nuancé, avec du gras et des saveurs d'amandes. Bouche droite, savoureuse, belle matière généreuse, persistante, élégance naturelle, de l'extrait sec et de bons amers, tout est en place dans Les Serres. Ferme, assez réservé et compact, Vaugiraut est marqué par des saveurs salines et une amertume un peu trop prononcée en finale. En année solaire, les terroirs froids se distinguent, tel l'excellent Vaucoupins aux saveurs de craie et de coquille d'huître, dense mais énergique.

Chablis 2018	11 €	90
Chablis Les Serres 2017	13 €	92
Chablis Premier Cru Vaucoupins 2017	19,20 €	94
Chablis Premier Cru Vaugiraut 2018	18 €	92

Blanc : 10 hectares. Chardonnay 100 %
Production moyenne : 50 000 bt/an

DOMAINE OUDIN

5, rue du Pont, 89800 Chichée
06 42 40 71 90 • domaine.oudin@wanadoo.fr
• Vente et visites : au domaine sur rendez-vous.
Propriétaire : Nathalie et Isabelle Oudin
Maître de chai : Nathalie Oudin

NOUVEAU DOMAINE

DOMAINE GABIN ET FÉLIX RICHOUX

Ce domaine familial depuis 1620 est aujourd'hui solidement tenu par Thierry Richoux, véritable figure locale du village d'Irancy, et par ses fils Gabin et Félix. Ces vignerons chaleureux se font une haute idée de leur production, refusent levurage et enzymage, travaillent en bio depuis 2010 et ne commercialisent certaines cuvées qu'au bout de plusieurs années de garde, lorsqu'ils les jugent prêtes à boire. Les cuvées parcellaires sont ici longuement élevées, de 24 à 30 mois en cuves, foudres ou barriques. Nous sommes tombés sous le charme de ces vins sincères et sains qui ne trichent pas, et accueillons avec plaisir ce domaine dans notre guide.

Les vins : matière franche, tout en finesse et croquant de fruit frais dans le simple irancy, déjà irrésistible, dont le profil juteux et les tanins très fins le rendent approchable dès maintenant. Nez un peu cendré, fruit assez délicat, acidulé, qui évoque un peu la groseille dans Les Cailles, un vin sapide qui entame tout juste son évolution, et se montre sincère et harmonieux. Petits fruits des bois au nez du Veaupessiot, vin plus réglissé et sphérique, à l'admirable texture veloutée et gourmande, plus persistant que Les Cailles.

Irancy 2017	12 €	91
Irancy Les Cailles 2014	17 €	93

Le coup de ♥

Irancy Veaupessiot 2014	17 €	93

Rouge : 22,5 hectares.

DOMAINE GABIN ET FÉLIX RICHOUX ♣

73, rue Soufflot, 89290 Irancy
03 86 42 21 60 • irancy.richoux@orange.fr •
Vente et visites : au domaine sur rendez-vous.
Propriétaire : Famille Richoux
Directeur : Thierry, Gabin et Félix Richoux

LA SŒUR CADETTE

Valentin Montanet conduit en bio ce domaine de Vézelay, créé en 1987, dont le vignoble a été entretenu par ses parents, Jean et Christine. Les vinifications sont menées sans ajouts inutiles. Pas de levures, pas de chaptalisation, peu de sulfites... Élevés sur lies en cuve, parfois en fût, les vins sont droits, d'une franchise d'expression remarquable et fort réguliers. Chardonnay et pinot noir composent la majorité de l'encépagement, mais le melon est aussi présent, donnant un vin digeste et peu alcoolisé. Une petite gamme de vins de négoce du Beaujolais et du Mâconnais est également bien réussie.

Les vins : les pinots noirs de Vézelay se distinguent. Fruit très expressif, juteux et sincère dans l'excellent Garance, dans lequel nous devinons l'apport de grappes entières favorisant fraîcheur et soyeux des tanins. Un régal ! Tonalités plus épicées et florales dans Champs Cadet, vin fin, velouté et ample, qui n'a pas à rougir face à bien des pinots noirs plus prestigieux ! Énergique, salin, le melon nous enchante, richement constitué en 2018. On trouvera beaucoup d'éclat et de fraîcheur dans le bourgogne blanc, salin, charnu et mûr. Matière saine et sincère dans le mâcon-chardonnay, à la générosité voluptueuse, qui possède de la réserve et de l'allonge. Trois blancs bien distincts en appellation Vézelay : solaire et dense, Galerne se montre assez compact. Matière généreuse, assez chaleureuse et pleine de relief dans La Châtelaine, à la sève vigoureuse et persistante. Si la maturité du fruit est élevée dans Pièцette, son volume et son énergie sont très convaincants : c'est un vin nourrissant, plein de tonus et de caractère, déjà délicieux.

Bourgogne 2018	14 €	90

Bourgogne Vézelay Galerne 2018	16,50 €	91
Bourgogne Vézelay La Châtelaine 2018	16,50 €	92
Bourgogne Vézelay Piècette 2018	17,50 €	93
Mâcon-Chardonnay 2017	15 €	92
VDF Melon 2018	14 €	90
Bourgogne Garance 2018	18 €	92

Le coup de ♥

Bourgogne Champs Cadet 2018	18 €	93

Rouge : Pinot noir 50 %, Gamay noir à jus blanc 50 %
Achat de raisins.
Blanc : Chardonnay 100 %
Achat de raisins.
Production moyenne : 100 000 bt/an

LA SŒUR CADETTE ♣

15, rue de l'Abbé-Pissier, 89450 Saint-Père
09 75 94 75 23 • www.lasoeurcadette.com •
Vente et visites : au domaine sur rendez-vous.
Propriétaire : Valentin Montanet
Maître de chai : Nicolas Luquet

NOUVEAU DOMAINE

DOMAINE D'ÉDOUARD

Édouard Lepesme a travaillé plusieurs années dans le marketing du vin, s'est ensuite formé au lycée viticole de Beaune puis chez quelques excellents vignerons de Chablis avant de reprendre, en 2014, 13 hectares de vignes dans le secteur un peu endormi des Côtes d'Auxerre. Il a flairé le potentiel de ce terroir sur lequel pinot noir, chardonnay, aligoté, gamay et césar sont capables de donner des vins fins et fruités. La certification bio a vite suivi, et le domaine a rapidement trouvé ses marques. La réussite des 2018 que nous avons dégustés confirme le talent de ce jeune vigneron, qui s'installe parmi les meilleures références du vignoble icaunais et mérite d'entrer cette année dans notre guide.

Les vins : nous avons apprécié le caractère et l'originalité des vins. Belle franchise et fraîcheur aromatique dans le crémant non dosé, composé pour moitié de chardonnay et de pinot noir, vin nerveux et finement épicé dont la bulle tonique rebondit sur la langue. Entre citron et brise marine, l'aligoté s'affiche parfumé et finement perlant, très désaltérant et délicat. Profil frais et élancé dans le chardonnay, vin caressant et raffiné aux saveurs de citron confit, dont la maturité est admirablement gérée. Le pinot noir est brillant et intègre : sa matière ample et affinée évoque la pulpe de fruit, son élevage préserve une mâche gourmande et une finale poivrée du meilleur effet.

Bourgogne Aligoté 2018	11 €	90
Bourgogne Côtes d'Auxerre Les Collines de Vaux Chardonnay 2018	14 €	91
Crémant de Bourgogne Brut Nature Les Collines de Vaux 2018	16 €	90

Le coup de ♥

Bourgogne Côtes d'Auxerre Les Collines de Vaux Pinot Noir 2018	14 €	92

Rouge : 7 hectares.
Blanc : 7,5 hectares.
Production moyenne : 50 000 bt/an

DOMAINE D'ÉDOUARD ♣

43, rue de Vallan, Vaux 89290 Auxerre •
www.domaine-edouard.fr • Vente et visites : au domaine sur rendez-vous.
Propriétaire : Édouard Lepesme

DOMAINE D'ÉLISE

Installé sur les hauteurs de Milly, face à Chablis, Frédéric Prain a su créer un style personnel de chablis élégants, digestes, loin des chardonnays démonstratifs ou techniques. Ce vigneron trop discret, au caractère affirmé, a clairement gagné aujourd'hui son statut de référence à Chablis. Sur un domaine d'un seul tenant, sa production de chablis et de petit chablis, ainsi qu'un peu de premier cru en Côte de Léchet, est régulière et hors du commun. Le vignoble est progressivement replanté en clones moins productifs.

Les vins : le domaine ne nous a fait parvenir qu'un seul vin cette année, son chablis 2018. Sa matière ferme, presque robuste, est généreusement constituée, et la fraîcheur enfouie reprendra le dessus. Ce vin méritera assurément de vieillir quelques années, ce dont il est aisément capable.

Chablis 2018	12 €	90

Blanc : 13,5 hectares. Chardonnay 100 %
Production moyenne : 80 000 bt/an

DOMAINE D'ÉLISE

Chemin de la Garenne, Carrefour Poinchy, 89800 Milly
03 86 42 40 82 • frederic.prain@wanadoo.fr
• Vente et visites : au domaine sur rendez-vous.
Propriétaire : Frédéric Prain

CÔTE DE NUITS

★★★

DOMAINE DE L'ARLOT

Le Clos de l'Arlot a donné son nom au domaine, propriété d'AXA Millésimes depuis 1987. Ce clos exploité en monopole entoure le bâtiment et donne un des blancs les plus originaux et séducteurs de la Côte de Nuits. L'autre vedette est le Clos des Forêts Saint-Georges, lui aussi exploité en monopole, qui associe puissance et élégance dans un équilibre presque parfait. Jacques Devauges s'est occupé des millésimes 2011 à 2013 et a vendangé et vinifié le 2014, son plus beau. Désormais conduit en bio, le domaine a accompli de grands progrès dans la compréhension des terroirs et dans leur mise en valeur. À partir de 2014, les vins sont élevés par la nouvelle directrice, Géraldine Godot, qui vinifiait au préalable pour la maison Alex Gambal, et qui a formidablement réussi les derniers millésimes. La justesse de définition, l'élégance intemporelle des vins et leur transparence de saveurs incarnent un style que nous souhaitons défendre.

Les vins : touches finement grillées au nez du blanc de l'Arlot, vin ferme et nerveux, précis et citronné, qu'il faut laisser vieillir un peu : nous le trouvons souvent assez difficile d'accès dans sa prime jeunesse. Grande finesse et élégance naturelle dans l'admirable Clos des Forêts, vin fuselé et spirituel dont la délicatesse tactile de tanins, la fraîcheur et l'allonge apaisée s'avèrent enthousiasmantes. Plus épicé, davantage en chair également, le Clos de l'Arlot se présente policé par un élevage très soigné mais mûr et harmonieux, déjà digeste. Le vosne Suchots possède beaucoup de cachet et de distinction, avec ses saveurs de fraises au sirop et d'épices douces : très profond, parfaitement cadré par l'élevage, il se montre étoffé, habité d'une vigueur fringante. Réservé et ferme, le grand cru est un vin serein et caressant qui n'a pas à ce stade sa finesse habituelle : un peu cossu, il saura retrouver ses marques au vieillissement.

- Nuits-Saint-Georges Premier Cru Clos de l'Arlot Monopole 2018 — de 85 à 100 € (c) — 94
- Nuits-Saint-Georges Premier Cru Clos de l'Arlot Monopole 2018 — de 80 à 90 € (c) — 95
- Romanée-Saint-Vivant Grand Cru 2018 — de 450 à 480 € (c) — 97
- Vosne-Romanée Premier Cru Les Suchots 2018 — de 120 à 150 € (c) — 96

Le coup de ♥

- Nuits-Saint-Georges Premier Cru Clos des Forêts Saint-Georges Monopole 2018 — de 85 à 90 € (c) — 96

Rouge : 12,2 hectares. Pinot noir 100 %
Blanc : 2,7 hectares. Chardonnay 100 %
Production moyenne : 60 000 bt/an

DOMAINE DE L'ARLOT ♣
14, RD 974, 21700 Prémeaux-Prissey
03 80 61 01 92 • www.arlot.com • Vente et visites : au domaine sur rendez-vous.
Propriétaire : AXA Millésimes
Directeur : Christian Seely
Maître de chai : Géraldine Godot

★★★

CLOS DE TART

François Pinault a racheté la propriété au printemps 2018 à la famille Mommessin. Jacques Devauges, qui a pris de 2015 jusqu'à début 2019 la suite de Sylvain Pithiot comme régisseur, a approfondi le travail parcellaire, et a généralisé la culture biologique. Il a également affiné les choix de chauffes des barriques, et diminué la proportion de fût neuf, qui était invariablement de 100 %. Alessandro Noli, auparavant régisseur du Château-Grillet dans la vallée du Rhône, est arrivé au printemps 2019 et souhaite poursuivre dans la même voie : orienter le Clos de Tart vers un vin plus en finesse, avec des tanins plus suaves, sans pour autant sacrifier la légendaire profondeur de saveurs qu'offre ce cru historique. La certification en biodynamie débutera avec le millésime 2020. Une cuverie rénovée, une chambre froide pour refroidir les raisins et de nouvelles installations pour accueillir les visiteurs sont en cours d'achèvement.

Les vins : 2018 est un millésime de transition, vendangé par l'ancien régisseur, mais dont la fin de l'élevage et l'assemblage ont été supervisé par Alessandro Noli. Profil avenant, assez épicé et chaleureux pour La Forge de Tart, ample et velouté, aux saveurs de fruits noirs et de myrtilles. Son fruit est un peu mat mais la sève et une légère amertume ramènent de la fraîcheur. Matière onctueuse, profonde et policée dans le Clos de Tart, vin sphérique et enrobé à la finale très réglissée. La trame tannique séveuse et l'éclat minéral apportent du tonus et une certaine sapidité ; il demeure néanmoins compact et construit pour la garde.

- Clos de Tart Grand Cru 2018 de 600 à 650 € (c) 96
- Morey-Saint-Denis Premier Cru La Forge de Tart 2018 de 230 à 275 € (c) 94

Rouge : 7,53 hectares. Pinot noir 100 %
Production moyenne : 25 000 bt/an

CLOS DE TART ♣

7, route des Grands-Crus,
21220 Morey-Saint-Denis
03 80 34 30 91 • www.clos-de-tart.com •
Vente et visites : au domaine sur rendez-vous.
Propriétaire : Artémis Domaines
Directeur : Frédéric Engerer
Maître de chai : Alessandro Noli

★★★

DOMAINE JACK CONFURON-COTETIDOT

Ce domaine est l'un des rares à pratiquer la vinification intégrale des raisins par grappe entière, quel que soit le millésime, et en vendangeant tard des raisins très mûrs. Les vins se reconnaissent au premier nez par ce supplément de fraîcheur et de parfum apporté par la rafle. Mais Jean-Pierre, l'aîné, et Yves, le cadet, tous deux œnologues, n'ont plus cette approche systématique qu'avaient leurs parents, toujours présents dans les vignes à leurs côtés. Aujourd'hui, c'est la dégustation des raisins, parcelle après parcelle, qui leur dicte le rythme des vendanges. Le domaine produit des vins baroques, des vins de texture portés par des maturités souvent élevées, et le parti pris d'une vendange entière intégrale peut apporter une dose de rusticité. Fougueux dans leur jeunesse, ils peuvent prendre avec l'âge une complexité magnifique, mais ne vieillissent pas toujours aussi bien que nous le souhaiterions. Une visite approfondie au domaine nous a permis de faire un point complet et de mieux appréhender le style singulier ici à l'œuvre.

Les vins : belle série de 2018, des vins profonds et très mûrs qu'on tâchera de laisser vieillir longtemps. Nous apprécions beaucoup Les Vigne Rondes, dont les notes de thé Pu-erh et d'écorce d'agrumes s'intègrent dans une matière profonde et nuancée, burinée par la vendange entière. Encore très immature, marqué par la sucrosité du fruit, Lavaut Saint-Jacques se montre prometteur, sphérique mais monolithique à ce stade. Formidable intensité et complexité aromatique dans le mazis, véritable essence de fruits noirs, saturé de saveurs riches et pénétrantes. Ce grand vin sera très long à se mettre en place, mais il vaut la peine d'être patient ! Le domaine nous a généreusement fait parvenir une verticale de Suchots, pour illustrer son évolution dans le temps : bien mûr, large d'épaules, le 2018 déborde de fruits rouges, structuré mais encore très ramassé : ses saveurs très réglissées en finale lui confèrent déjà une fraîcheur désaltérante. Matière nuancée et ouvragée dans le 2017, tenue par des petits tanins pointillistes et frais, qui présente une jolie finesse. Nez ravissant de fraise des bois dans le 2009, dont la bouche s'étire avec souplesse et évolue vers des saveurs nobles de thé fumé et de moka. Grande finesse aromatique dans le 2008, qui livre des notes de fleurs séchées dans une bouche svelte, finement sanguine, aiguisée et épurée, apaisée par l'âge, mais sans signe d'usure. Nez d'agrumes confits dans le 2007, très sapide et épanoui, dont la bouche décline une variété de fruits séchées, raffinée et délicieuse aujourd'hui.

- Gevrey-Chambertin Premier Cru Lavaut Saint-Jacques 2018 de 90 à 120 € (c) 95
- Mazis-Chambertin Grand Cru 2018 de 250 à 300 € (c) 97
- Vosne-Romanée Premier Cru Les Suchots 2007 90 € 95
- Vosne-Romanée Premier Cru Les Suchots 2008 97 € 96
- Vosne-Romanée Premier Cru Les Suchots 2009 N.C. 95
- Vosne-Romanée Premier Cru Les Suchots 2017 de 110 à 140 € (c) 95
- Vosne-Romanée Premier Cru Les Suchots 2018 de 110 à 140 € (c) 96

Le coup de ♥

- Nuits-Saint-Georges Premier Cru Les Vignes Rondes 2018 de 90 à 120 € (c) 94

Rouge : 10,7 hectares. Pinot noir 100 %
Blanc : 0,7 hectare.
Production moyenne : 18 000 bt/an

DOMAINE JACK CONFURON-COTETIDOT

10, rue de la Fontaine,
21700 Vosne-Romanée

03 80 61 03 39 •
domaine-confuron-cotetidot@wanadoo.fr •
Vente et visites : au domaine sur rendez-vous.
Propriétaire : Jack Confuron-Cotetidot

★★★

DOMAINE DES LAMBRAYS

Cette propriété de renom possède la quasi-totalité du grand cru Clos des Lambrays, d'où elle produit des vins exceptionnels. Sans être revendiquée, la viticulture est ici foncièrement bio, avec une grande partie du vignoble travaillée au cheval. Les jeunes vignes ainsi que les cuvées les moins réussies sont systématiquement déclassées en Morey-Saint-Denis premier cru (cuvée Les Loups). Le domaine est partisan d'une récolte précoce, mais avec un tri sévère ; la vinification s'effectue en général en vendange entière. Le domaine possède également deux belles parcelles à Puligny, l'une sur le Cailleret, l'autre sur Les Folatières, mais dont les vins n'atteignent pas le niveau des rouges. La famille Arnault (LVMH) a racheté le domaine en avril 2014. Succédant à Boris Champy, qui avait lui-même pris la suite de Thierry Brouin, Jacques Devauges est arrivé au printemps 2019, ayant quitté le Clos de Tart. Il va s'employer à faire encore progresser les vins, avec un travail plus précis du parcellaire, le passage en biodynamie et la rénovation de la cuverie.

Les vins : beau nez complexe, profond, encore immature pour le grand cru, nuancé, doté d'une vaste charpente pourvue de tanins séveux, qui encadre parfaitement la richesse contenue d'un fruit mûr et resté frais. La vendange entière apporte fraîcheur et sapidité, une touche de thé fumé, et étire avec bonheur la trame savoureuse du vin. Ce grand vin prendra le chemin des glorieux millésimes solaires qui ont jalonné l'histoire du domaine. Les blancs ont encore une marge de progression : matière charnue, assez pure et droite, saveurs subtiles et notes finement grillées dans Les Folatières, dont l'élevage se fait plus discret que par le passé. Tonalités florales et chair dense, nuancée mais ferme dans Le Clos du Cailleret : sa générosité, reflet du millésime, reste contenue, mais quelques notes lactiques et beurrées l'alourdissent un peu en finale.

- Puligny-Montrachet Premier Cru Le Clos du Cailleret 2018 — 140 € — 94
- Puligny-Montrachet Premier Cru Les Folatières 2018 — 120 € — 93
- Clos des Lambrays Grand Cru 2018 — 265 € — 98

Rouge : 11 hectares. Pinot noir 100 %
Blanc : 0,7 hectare. Chardonnay 100 %
Production moyenne : 40 000 bt/an

DOMAINE DES LAMBRAYS
31, rue Basse, 21220 Morey-Saint-Denis
03 80 51 84 33 • www.lambrays.com •
Visites : sur rendez-vous uniquement aux professionnels.
Propriétaire : LVMH
Directeur : Jacques Devauges

★★★

DOMAINE LEROY

Les vins produits par Lalou Bize-Leroy ne cessent d'enthousiasmer et de fasciner. Cette dégustatrice hors pair possède l'une des visions les plus personnelles de toute la Bourgogne. La conduite de ses vignes en biodynamie, qui ne sont plus rognées depuis 1999, ne souffre à ses yeux d'aucun compromis, quoi qu'il lui en coûte. Qu'importe si la nature lui fait parfois payer cher ses choix : cette grande dame ne change rien au cap fixé. À cela s'ajoute une expérience unique de la vinification, là encore dans le respect de principes stricts, comme le non-égrappage des raisins. Tout cela a permis à Lalou Bize-Leroy, dont le domaine est à la tête d'une collection unique de grands terroirs, de produire quelques-uns des plus grands vins au monde. Les rendements infimes donnent ici des raisins d'une concentration inégalée de parfums et de saveurs.

Les vins : une fois de plus, la réussite est totale en 2018, et les vins servent d'étalons pour jauger le reste de la production régionale. Grande douceur de texture, relief salin dans le savigny, dont le fruit pulpeux évoque la prune et la finale le croquant du pépin à maturité. Le fruit est radieux dans le vibrant Vignerondes, au caractère serein et lumineux, dont la finale offre un relief formidable. Fruits noirs et violette dans le voluptueux et très raffiné vosne, à l'envergure caressante et aérienne. Dentelle de fruits suaves et de notes florales, grain de tanin d'un raffinement extrême dans l'admirable romanée-saint-vivant, qui virevolte en bouche avec la grâce d'une prima ballerina. Nez d'églantine et de fruits des bois dans le clos de la roche, qui provoque un frisson : sa pulpe délicate et sa fraîcheur accrue lui confèrent une distinction absolue. Le latricières diffuse une énergie contagieuse, vin lumineux et nourrissant, revigorant dans sa fraîcheur irradiante et son allonge d'une exquise pureté. Resplendissant, le musigny est simplement parfait, ouvragé et apaisé, magistral dans son envergure. Profilé, traversé d'une sève ardente et tellurique, le chambertin possède une carrure et une assise majestueuse, ainsi qu'une interminable finale radieuse.

- Chambertin Grand Cru 2018 de 7 500 à 8 500 € (c) 100
- Clos de la Roche Grand Cru 2018 de 3 500 à 5 000 € (c) 100
- Musigny Grand Cru 2018 N.C. 100
- Nuits-Saint-Georges Premier Cru Les Vignerondes 2018 de 1 400 à 1 800 € (c) 97
- Romanée Saint-Vivant Grand Cru 2018 de 3 500 à 5 000 € (c) 100
- Savigny-lès-Beaune Premier Cru Les Narbantons 2018 de 1 200 à 1 600 € (c) 96
- Vosne-Romanée Premier Cru Les Beaux Monts 2018 de 1 500 à 2 000 € (c) 98

Le coup de ♥

- Latricières-Chambertin Grand Cru 2018 de 5 500 à 7 000 € (c) 100

Rouge : 18,13 hectares. Pinot noir 100 %
Blanc : 3,86 hectares. Aligoté 71 %, Chardonnay 29 %
Production moyenne : 40 000 bt/an

DOMAINE LEROY ☾
15, rue de la Fontaine, 21700 Vosne-Romanée
03 80 21 21 10 • www.domaineleroy.com •
Visites : sur rendez-vous uniquement aux professionnels.
Propriétaire : Lalou Bize-Leroy

★★★

DOMAINE JACQUES-FRÉDÉRIC MUGNIER

Le domaine a radicalement changé d'allure en 2004, passant de 4 à 14 hectares avec la réintégration du Clos de la Maréchale à Nuits-Saint-Georges, qui était en fermage depuis cinquante-trois ans, sur lequel une production confidentielle de blanc a vu le jour. Ce monopole complète les autres vignes situées sur les meilleurs terroirs de Chambolle-Musigny : Musigny, en plein centre du Grand-Musigny, Bonnes-Mares, Les Amoureuses, Les Fuées. Frédéric Mugnier privilégie avant tout la finesse pour exprimer le terroir sans aucune fioriture, avec une constance digne d'éloges et une précision qui l'a logiquement installé en deux décennies parmi les producteurs majeurs de la Bourgogne. Jusqu'à nouvel ordre, le musigny n'est plus commercialisé, conservé en vieillissement en bouteille dans les caves du domaine, jusqu'à ce que ce dernier considère qu'il ait atteint une évolution suffisante pour mériter sa mise sur le marché. Nous saluons cette décision qui illustre à nos yeux l'exigence de qualité que s'est fixée le vigneron et propriétaire du domaine.

Les vins : le domaine ne nous ayant pas fait parvenir ses vins cette année, nous sommes amenés à reconduire les notes de notre édition précédente.

- Chambolle-Musigny Premier Cru Les Amoureuses 2017 N.C. 99
- Chambolle-Musigny Premier Cru Les Fuées 2017 N.C. 98
- Nuits-Saint-Georges Premier Cru Clos de la Maréchale 2017 de 110 à 130 € (c) 95

Rouge : 13 hectares.
Blanc : 1 hectare.
Production moyenne : 60 000 bt/an

DOMAINE JACQUES-FRÉDÉRIC MUGNIER
Château de Chambolle-Musigny,
21220 Chambolle-Musigny
03 80 62 85 39 • www.mugnier.fr • Pas de visites.
Propriétaire : Jocelyne et Frédéric Mugnier

★★★

DOMAINE PERROT-MINOT

Le domaine Perrot-Minot possède un superbe patrimoine de vins en villages, premiers crus et grands crus, issus de vieilles vignes, qu'ils complètent par quelques achats de raisin, entre autres en Chambertin et en Clos de Bèze. Vigneron perfectionniste, Christophe Perrot-Minot produit des vins moins démonstratifs et plus raffinés que par le passé, laissant parler le terroir avec bien plus de naturel. Sur de très vieilles vignes telles La Richemone et La Combe d'Orveau, les cuvées de Vignes Centenaires (anciennement Ultra) expriment la quintessence du terroir. Avec une régularité de métronome, ses vins ont beaucoup gagné en finesse sur les derniers millésimes : immédiatement approchables, fédérateurs mais jamais démonstratifs, ils ont fait l'objet de tous les soins, dans un style prodigue, luxueux mais séducteur en diable.

Les vins : la finesse et la fraîcheur des 2018 est remarquable. En village, retenons le vosne Champs Perdrix, épicé, pulpeux, sapide et énergique, et le nuits Murgers des Cras, aux saveurs sapides et florales, un village irréprochable dans son équilibre et dans l'amplitude de son fruit mûr et tendre. Nez poudré avec une touche de cannelle dans le premier cru La Riotte, dont la matière serrée conserve un grain minéral, avec une allonge savoureuse et millimétrée : sa persistance de saveurs en finale est assez bluffante. Séduction redoutable de La Combe d'Orveau, dont les tanins soyeux et la sève lumineuse composent un vin très charnel, irrésistiblement appétent, à l'élégance sophistiquée mais brillante. Plus alangui, La Richemone se fait plus crémeux, de très grande envergure, avec un fruit toujours empreint de fraîcheur. Sa puissance est parfaitement contenue. En grand cru, nous avons une petite préférence pour le mazoyères par rapport au charmes, vin plus nerveux et tonique dont la sève lancinante ramène de la fraîcheur et du relief, et dont la carrure est déjà parfaitement intégrée dans le confortable moelleux du fruit. Très bouqueté dans ses notes de grenade et de fruits rouges, avec une maturité de fruit assez poussée, le clos-de-bèze diffuse une énergie contagieuse. La vibration de sa très longue finale signe les plus grands terroirs. Plus de réserves dans le chambertin, qui plonge vigoureusement et très profondément en une bouche structurée, très étoffée, traversée d'une myriade de saveurs forestières et terriennes.

- Chambertin Grand Cru 2018 — 950 € — 99
- Chambolle-Musigny Premier Cru La Combe d'Orveau Ultra 2018 — 400 € — 97
- Mazoyères-Chambertin Grand Cru 2018 — 400 € — 97
- Morey-Saint-Denis Premier Cru La Riotte 2018 — 250 € — 94
- Nuits-Saint-Georges Les Murgers des Cras 2018 — 140 € — 93
- Nuits-Saint-Georges Premier Cru La Richemone Ultra 2018 — 400 € — 96
- Vosne-Romanée Champs Perdrix 2018 — 170 € — 94

Le coup de ♥

- Chambertin-Clos de Bèze Grand Cru 2018 — 950 € — 99

Rouge : 12 hectares. Pinot noir 100 %
Achat de raisins.
Production moyenne : 45 000 bt/an

DOMAINE PERROT-MINOT
54, route des Grands-Crus,
21220 Morey-Saint-Denis
03 80 34 32 51 • www.perrot-minot.fr •
Vente et visites : au domaine sur rendez-vous.
Propriétaire : Christophe Perrot-Minot

★★★

DOMAINE PONSOT

Assistée d'Alexandre Abel, Marie-Rose Ponsot est désormais gérante, à la suite du départ de son frère Laurent Ponsot début 2017. Si le domaine a perdu, à partir du millésime 2016, plusieurs vignes (Chambolle premier cru Charmes, Griotte-Chambertin, Chambertin et Clos Saint-Denis), il ne lui reste pas moins de six grands crus, dont le Clos de la Roche, fleuron de la gamme, et l'étonnant premier cru blanc de Morey Les Monts-Luisants, exclusivement composé d'aligoté. Les choix stylistiques de la nouvelle équipe ne changent pas : elle privilégie des raisins vendangés à haute maturité, des vins vinifiés en foudre, élevés longuement sans bois neuf, avec peu ou pas de soufre, et un total respect de l'identité des sols. Par cette recherche de maturité, les vins se montrent charnels, d'un grand volume, même s'ils peuvent flirter avec une pointe d'acidité volatile (compensant ainsi la maturité généreuse du raisin) et semblent parfois dans leur jeunesse standardiser un peu l'expression des terroirs. Mais ils savent retrouver au vieillissement leur pleine identité, et apportent une vision singulière à la famille des grands vins de Bourgogne.

Les vins : éclatant et nerveux, le blanc des Monts-Luisants se présente très profond et tonique, avec une générosité admirablement contenue. Harmonieux, le corton-charlemagne offre une matière riche, ferme et profonde, avec une maturité et une densité de texture trop rare sur ce cru. Généreux et moelleux, le morey rouge est bien mûr mais reste digeste avec son éclat de fruit et sa fraîcheur préservée. Ensemble juteux articulé autour de tanins charnus dans le morey premier cru, issu des Monts-Luisants. Son envergure réglissée et fraîche, ses senteurs de thym et d'épices lui confèrent une personnalité originale. Épices douces et mûres imprègnent le corton, au caractère juteux et précoce, à l'équilibre digeste et peu extrait, délicat et ouvragé pour le millésime. Saveurs de framboise confite dans le clos-de-vougeot, à la bouche large, un peu massive mais à l'opulence contenue, séveuse et profonde. Encore sur la réserve, le chapelle s'illustre par sa délicate minéralité ; un vin étoffé et très fin qui a conservé une bouche limpide et fraîche. De très grande envergure, le clos-de-la-roche est tout en amplitude et carrure, sa structure tannique enrobée par un velouté abondant. Très grande garde prévisible. Nous avons redégusté ses aînés 2007, délicieux aujourd'hui, et 2005, brillant et encore très jeune, deux superbes vins.

- Corton-Charlemagne Grand Cru 2018 — de 250 à 300 € (c) — 96
- Chapelle-Chambertin Grand Cru 2018 — de 350 à 400 € (c) — 97
- Clos de Vougeot Grand Cru 2018 — de 350 à 400 € (c) — 95
- Clos de la Roche Grand Cru 2018 — de 450 à 500 € (c) — 98
- Corton Grand Cru Cuvée du Bourdon 2018 — de 240 à 290 € (c) — 95
- Morey-Saint-Denis Cuvée des Grives 2018 — de 420 à 480 € (c) — 92
- Morey-Saint-Denis Premier Cru Cuvée des Alouettes 2018 — de 110 à 150 € (c) — 94

Le coup de ♥

- Morey-Saint-Denis Premier Cru Clos des Monts Luisants 2018 — de 120 à 150 € (c) — 95

Rouge : 7 hectares. Pinot noir 100 %
Blanc : 1 hectare. Aligoté 100 %
Production moyenne : 45 000 bt/an

DOMAINE PONSOT

21, rue de la Montagne,
21220 Morey-Saint-Denis
03 80 34 32 46 • www.domaine-ponsot.com
• Pas de visites.
Propriétaire : Rose-Marie Ponsot
Œnologue : Alexandre Abel

★★★

DOMAINE DE LA ROMANÉE-CONTI

Le domaine est au cœur de ce qui fait le mythe de la Bourgogne. Peu d'étiquettes suscitent une telle admiration et une telle passion (hors de toute raison, diront certains). Bien sûr, les bouteilles sont rares et terriblement chères, mais la magie qui s'en dégage, à condition de donner aux vins le temps de prendre forme en bouteille, ne peut laisser personne indifférent. Les vignes atteignent désormais un âge moyen très élevé. Leur culture, largement inspirée par la biodynamie (mais sans jamais s'en revendiquer), permet à chaque terroir d'exprimer à travers les raisins ses particularismes avec une force insurpassable. Les vinifications sont d'une simplicité quasi biblique : le raisin est peu ou pas du tout égrappé, les températures ne sont jamais manipulées pour obtenir davantage de couleur ou des arômes plus marqués ; l'élevage s'effectue en bois neuf et le logement, en première année, dans l'admirable cave des anciens moines de Saint-Vivant, permet de gagner en fraîcheur aromatique. Dernier-né, le corton s'affirme cohérent, terrien et généreux. L'échézeaux et le grands-échézeaux jouent sur la finesse et la délicatesse des textures. La romanée-saint-vivant, issue d'une sélection impitoyable des meilleures parcelles, a considérablement progressé et atteint une sublime élégance. Le richebourg possède ampleur et puissance féline. Toujours fidèle à lui-même, la tâche donne le vin le plus complet de la Bourgogne, tandis que la romanée-conti a complètement retrouvé les secrets de son bouquet unique au monde, et la plénitude si divinement légère de son corps. Le montrachet naît avec une grande intensité de saveurs, et prend, après huit à dix ans de vieillissement, un équilibre réellement sublime qui rend, en comparaison, tous les autres vins de l'appellation bien pâles.

Les vins : les 2017 atteignent un niveau exceptionnel. Tonalités florales et épicées, trame svelte dans le corton, à l'attaque suave, au fruit doux et précis, dont la structure est enfouie dans le fruit. Frais et équilibré, il se prolonge par une petite mâche sapide. Vin sensuel et pulpeux à l'allonge raffinée, l'échézeaux ne présente aucune dureté, son fruit gourmand et lumineux est empreint d'une fraîcheur idéale : il se montre éclatant et salivant. Capiteux, plus avenant qu'à l'accoutumée, le grands-échézeaux évoque la rose poivrée au sein d'une matière dense et charnue, très étoffée. Ses tanins soyeux et denses forment un cocon qui l'enrobe et laisse la bouche parfumée. Avec un nez légèrement plus en retrait, la romanée-saint-vivant livre de sublimes saveurs acidulées de grenade et d'orange sanguine. Il s'appuie sur de petits tanins juteux et réglissés pour offrir une matière mûre de taffetas, lumineuse et toute en harmonie, d'une redoutable séduction. Fraîcheur limpide en attaque, matière sphérique à la force contenue dans le magistral richebourg, très profilé et agile, parfaite alliance de puissance et d'élégance au grain de tanins un peu plus ferme. Nez de rose et d'églantine dans la tâche, qui après une attaque énergique offre une explosion de saveurs d'une rare et pénétrante intensité. Captivant, éclatant, ce vin brille de mille feux et vous emporte dans un tourbillon de sensations au rayonnement étourdissant. Particulièrement gracieux, déjà émouvant, il possède des réserves exceptionnelles. Avec sa tonalité plus fraîche, la romanée-conti est comme une caresse d'une suavité absolue, articulée par une trame arachnéenne, qui délie cette essence de pinot en une myriade de petites saveurs pointillistes et sans fard. Lumineux, rayonnant, il offre une allonge soyeuse déliée à l'extrême, que les mots peinent à retranscrire. Nez très fin de fleur de vigne, de nougat et de beurre frais, qui précède une matière onctueuse, fraîche et moelleuse dans le montrachet. Avec des saveurs de poire et de fruits blancs, sa maturité élevée s'accompagne d'une parfaite harmonie, tout en puissance contenue, avec un gras et une allonge d'anthologie.

Montrachet Grand Cru 2017	N.C.	100
Corton Grand Cru 2017	N.C.	96
Echezeaux Grand Cru 2017	N.C.	97
Grands-Echezeaux Grand Cru 2017	N.C.	98
Richebourg Grand Cru 2017	N.C.	99
Romanée Saint-Vivant Grand Cru 2017	N.C.	99
Romanée-Conti Grand Cru 2017	N.C.	100

Le coup de ♥

La Tâche Grand Cru 2017	N.C.	100

Rouge : 26,5 hectares. Pinot noir 100 %
Blanc : 0,85 hectare. Chardonnay 100 %
Production moyenne : 80 000 bt/an

DOMAINE DE LA ROMANÉE-CONTI
1, place de l'Église 21700 Vosne-Romanée
03 80 62 48 80 • contact@romanee-conti.fr
• Pas de visites.
Propriétaire : Famille de Villaine et Famille Leroy

★★★

DOMAINE GEORGES ROUMIER

Christophe Roumier s'impose au sommet de la Côte de Nuits par des vins d'un équilibre magistral. Tantôt fins, tantôt puissants, ils ne se révèlent qu'après quelques années de vieillissement. Le domaine possède un important patrimoine de vieilles vignes et quelques terroirs magnifiques en Bonnes-Mares (0,5 hectares supplémentaires en 2016), Musigny, ou sur le cru Les Amoureuses, en Chambolle-Musigny. Le Clos de la Bussière, acquis en 1953 et replanté dans les années 1980, constitue, sur les derniers millésimes, une très bonne introduction aux vins du domaine. Peu de producteurs signent des vins d'une telle grâce, quel que soit le millésime. Les derniers sont d'indéniables réussites, même si le bois prend du temps pour s'intégrer pleinement : les (chanceux) amateurs doivent s'armer de patience.

Les vins : 2018 a donné au domaine des chambolles équilibrés mais incontestablement solaires. Vin charnu, plein et épicé, le village est profond et énergique, doté de sève et de mâche. Saveurs pures et concentrées dans le morey, dont les tanins abondants et veloutés préservent un éclat minéral et beaucoup de précision : les sols riches ont conservé de la fraîcheur. Nerveux, assez salin, Les Cras regorge de fruits noirs, se montre très mûr mais tonique, équilibré par une mâche calcaire qui lui apporte de la tension. Assez massif dans sa jeunesse, le charmes est cadré par des tanins serrés, croquants et réglissés. Tout en relief, avec un caractère terrien et épicé, c'est un vin sérieux. Vigoureux, très précis, le ruchottes exhibe des tanins ciselés, beaucoup de relief et de fraîcheur : un grand vin déjà harmonieux. Saveurs de myrtilles et de fruits noirs dans le bonnes-mares, très structuré autour d'une mâche dense, impressionnant dans sa profondeur de sève : un vin corsé qu'il faudrait oublier au moins quinze ans. Trame plus délicate et moelleuse dans Les Amoureuses, qui met en avant son ossature et semble perdre un peu de sa légendaire finesse en 2018, sans obérer sa grande profondeur et persistance. Vin sphérique et étincelant, d'une harmonie parfaite, le musigny est magique, dense et sans lourdeur, tout en droiture, ampleur et minéralité, déjà sapide.

- Bonnes-Mares Grand Cru 2018 de 1 500 à 1 800 € (c) 97
- Chambolle-Musigny 2018 de 200 à 230 € (c) 92
- Chambolle-Musigny Premier Cru Les Amoureuses 2018 de 2 500 à 3 000 € (c) 97
- Chambolle-Musigny Premier Cru Les Cras 2018 de 380 à 450 € (c) 95
- Charmes-Chambertin Grand Cru 2018 N.C. 96
- Morey-Saint-Denis Premier Cru Clos de La Bussière 2018 de 150 à 200 € (c) 94
- Musigny Grand Cru 2018 N.C. 99
- Ruchottes-Chambertin Grand Cru 2018 de 450 à 550 € (c) 97

Rouge : 11,67 hectares. Pinot noir 100 %
Blanc : 0,2 hectare. Chardonnay 100 %
Production moyenne : 40 000 bt/an

DOMAINE GEORGES ROUMIER
Rue de Vergy, 21220 Chambolle-Musigny
03 80 62 86 37 • www.roumier.com • Vente et visites : au domaine sur rendez-vous.
Propriétaire : Christophe Roumier

★★★

DOMAINE ARMAND ROUSSEAU

Ce domaine, un des fleurons de la viticulture bourguignonne, a été précurseur dès les années 1920 des mises en bouteilles à la propriété. Après une période, dans les années 1980-1990, durant laquelle le style des vins pouvait sembler léger et manquer de densité par rapport aux exigences d'extraction et de concentration qui prévalaient à l'époque, les bouteilles du domaine sont devenues aujourd'hui des objets de culte et l'incarnation d'un nouveau classicisme. Les vins ont pourtant conservé leurs fondamentaux, même si Éric Rousseau (et maintenant sa fille Cyrielle) les ont fait progresser par petites touches et ont trouvé leurs marques avec un subtil mélange d'élégance, de noblesse, de densité, mais aussi de soyeux et de notes tendrement épicées qui rendent les vins du domaine reconnaissables entre tous. La régularité de la qualité, bien servie par un patrimoine de vignes exceptionnel, compte tenu de la disparité des cuvées et des millésimes, est proprement époustouflante.

Les vins : 2018 est ici, une fois de plus, une réussite majeure, sans aucun stigmate du millésime. Le gevrey assemble sept parcelles. C'est un vin profilé, nerveux, qui présente de la vigueur et un bel équilibre. Élancé, tout en finesse, Lavaux Saint-Jacques est un jus raffiné qui a préservé beaucoup de fraîcheur, avec des tanins très fins et une élégance toute naturelle. Le ruchottes est irrésistible, pulpeux et séducteur, son boisé en filigrane ne diminue ni son énergie ni son équilibre. Somptueux, il semble avoir progressé en raffinement. Soyeux, finement exotique avec une note d'encens, le Clos Saint-Jacques se montre frais et sensuel, assez dense en milieu de bouche. Sa beauté sereine est magistrale. Nez très harmonieux avec de la cerise et une touche fumée dans le clos-de-bèze, dont la matière pleine et lancinante s'appuie sur des tanins consistants. Cette année, le chambertin prend pourtant l'ascendant sur lui : avec ses notes de menthe fraîche, de réglisse et de zan, son supplément de fraîcheur, sa matière athlétique et fuselée, ses tanins croquants et raffinés, il trône au panthéon de la Bourgogne et fait partie des plus grands vins du millésime.

- Chambertin-Clos de Bèze Grand Cru 2018 Épuisé - de 2000 à 2400 € 98
- Gevrey-Chambertin 2018 N.C. 92
- Gevrey-Chambertin Premier Cru Clos Saint-Jacques 2018 N.C. 98
- Gevrey-Chambertin Premier Cru Lavaux Saint-Jacques 2018 N.C. 94
- Ruchottes-Chambertin Grand Cru 2018 N.C. 97

Le coup de ♥

- Chambertin Grand Cru 2018 N.C. 100

Rouge : 15 hectares. Pinot noir 100 %
Production moyenne : 65 000 bt/an

DOMAINE ARMAND ROUSSEAU
1, rue de l'Aumônerie,
21220 Gevrey-Chambertin
03 80 34 30 55 •
www.domaine-rousseau.com • Pas de visites.
Propriétaire : Éric Rousseau

★★★

DOMAINE JEAN TRAPET PÈRE ET FILS

Producteur attentif et sensible, adepte convaincu de la biodynamie, Jean-Louis Trapet a positionné très haut le domaine familial. Une succession lui a fait perdre une partie de ses vignes au profit de ses cousins Rossignol, mais il dispose toujours d'un beau patrimoine avec trois grands crus et deux premiers crus. Toutes les cuvées sont également réussies, en grand comme en petit millésime, avec un respect du terroir digne d'éloges et dans un style qui fait honneur à la Bourgogne. Les enfants de Jean-Louis, également très investis dans le domaine alsacien, commencent à seconder leur père. Les vins des derniers millésimes comportent des réussites d'anthologie.

Les vins : nez de framboise, fruit vif et acidulé, très lumineux, dans le marsannay, qui laisse la bouche fraîche et parfumée. Tonalité un peu plus épicée dans le gevrey, doté d'une petite mâche sapide, qui se montre plein et fringant. Plus scintillant, Ostrea présente des tanins fermes, mais rafraîchit. Un peu plus marqué par l'élevage, le Clos Prieur offre une touche de menthe fraîche. Sa matière affinée a gardé un éclat magnifique pour le millésime. On monte d'un cran avec Petite Chapelle, plus froid et minéral, dont la trame épurée infuse une bouche svelte et verticale : quelle intensité et allonge ! Un rien plus austère, le chapelle-chambertin livre une matière ultraraffinée, délicatement réglissée et franche : sa finale encore un rien stricte signe le terroir et se détendra au vieillissement. Notes d'écorce d'agrumes et de mûres dans le latricières, parfaitement racé et équilibré, dont la sève nerveuse illumine sa très persistante finale. Encore dans les limbes, le chambertin est un concentré de sève et de chair fine et étoffée, vin indubitablement terrien, dont la trame vibrante et intense se prolonge avec panache.

Chapelle-Chambertin Grand Cru 2018	300 €	97
Gevrey-Chambertin 2018	N.C.	93
Gevrey-Chambertin Ostrea 2018	80 €	93
Gevrey-Chambertin Premier Cru Clos Prieur 2018	120 €	95
Gevrey-Chambertin Premier Cru Petite Chapelle 2018	120 €	96
Latricières-Chambertin Grand Cru 2018	300 €	98
Marsannay 2018	N.C.	92

Le coup de ♥

Chambertin Grand Cru 2018	500 €	99

Rouge : 14,5 hectares. Pinot noir 100 %
Blanc : 1,2 hectare. Chardonnay 100 %
Production moyenne : 65 000 bt/an

DOMAINE JEAN TRAPET PÈRE ET FILS
53, route de Beaune,
21220 Gevrey-Chambertin
03 80 34 30 40 • www.trapet.fr • Vente et visites : au domaine sur rendez-vous.
Propriétaire : Famille Trapet
Directeur : Jean-Louis Trapet

★★

DOMAINE ARLAUD

Le domaine Arlaud s'impose comme l'une des valeurs montantes de Morey-Saint-Denis. Bertille Arlaud, la sœur, est aux labours avec son cheval, son frère Cyprien intervient en cave comme dans les vignes. Certifié en biodynamie depuis 2014, le domaine a perçu rapidement qu'il n'y avait pas besoin d'élaborer des vins extraits pour viser l'excellence : des raisins sains et de haute qualité suffisent. Avec un travail des sols portant ses fruits, des élevages de mieux en mieux maîtrisés et des notes boisées mieux intégrées, les vins sont d'une grande pureté, fins et très élégants, incluant quatre grands crus vinifiés en vendange partiellement égrappée, et une superbe entrée de gamme avec le bourgogne Roncevie. Les élevages des derniers millésimes sont particulièrement bien intégrés.

Les vins : bonne réussite des 2018, mais il faudra se montrer patient avec les premiers et grands crus. Profil assez vif, à la fois mûr et énergique, dans le bourgogne, doté de sève et d'allonge. Fraîcheur florale et caractère juteux dans le chambolle, vin précis aux tanins mûrs et friands, dont la chair nuancée offre un fruit assez dense. Assez délicat, Les Sentiers offre une chair droite et élancée, finement moelleuse, avec une trame svelte et épicée. Caractère mûr et acidulé dans le fruit du Combottes, assez croquant et frais, qui se présente élancé, avec finesse et allonge tonique. Le charmes se montre délié, fin et tendu, avec une belle matière moelleuse et épicée, et beaucoup de persistance. Profil plus mûr dans le clos-de-la-roche, musclé et vigoureux, à la trame profonde et séveuse, encore assez austère à ce stade. Vin structuré, ciselé et précis mais assez ferme. Le clos-saint-denis est encore sur la réserve, avec un caractère un peu sauvage, mais déjà une magnifique allonge. Profond, introverti mais lumineux, le bonnes-mares est construit autour de tanins mûrs, délicats et très fins. Très persistant, il laisse la bouche parfumée et possède beaucoup de classe.

- Bonnes-Mares Grand Cru 2018 240 € 98
- Bourgogne Roncevie 2018 19 € 91
- Chambolle-Musigny 2018 48 € 93
- Chambolle-Musigny Premier Cru Les Sentiers 2018 75 € 94
- Charmes-Chambertin Grand Cru 2018 135 € 95
- Clos Saint-Denis Grand Cru 2018 175 € 97
- Clos de la Roche Grand Cru 2018 145 € 96

Le coup de ♥

- Gevrey-Chambertin Premier Cru Aux Combottes 2018 80 € 95

Rouge : 13,8 hectares. Pinot noir 100 %
Blanc : 1,2 hectare. Aligoté 80 %, Chardonnay 20 %
Production moyenne : 60 000 bt/an

DOMAINE ARLAUD ☾
41, rue d'Épernay, 21220 Morey-Saint-Denis
03 80 34 32 65 • www.domainearlaud.com •
Vente et visites : au domaine sur rendez-vous.
Propriétaire : Famille Arlaud

★★ ↗

DOMAINE ARNOUX-LACHAUX

Charles Lachaux, 31 ans, vinifie depuis 2012 au domaine familial, qui possède un patrimoine impressionnant avec, entre autres, trois premiers crus de Vosne et pas moins de quatre grands crus. En quelques années, il a radicalement changé le style des vins qu'affectionnait son père Pascal : fini, les extractions et les élevages qui graissent les vins, on recherche maintenant des cuvaisons courtes, et la proportion de fûts neufs a drastiquement diminué. Grand admirateur des vins du domaine Leroy, le jeune vigneron s'en inspire à la vigne avec des palissages hauts, l'arrêt complet du rognage et l'emploi intégral de la vendange entière. Il en résulte des vins infusés, riches de textures délicates issues de raisins pulpeux, d'une grande noblesse aromatique. Une deuxième étoile vient récompenser cette année les efforts considérables fournis par un des domaines les plus excitants du paysage bourguignon actuel.

Les vins : le travail du domaine prend tout son sens dans un millésime tel que 2018. Matière brillante, lumineuse, fruit pur et salivant dans le bourgogne. Doté d'une sève énergique, le chambolle se montre gourmand et dense, avec des tanins un peu en relief mais d'une grande fraîcheur pour le millésime. Tanins poudrés et croquants, belle carrure dans l'harmonieux Hautes Maizières, étoffé et bien mûr. Saveurs d'agrumes, trame svelte et délicate dans le nuits Procès, qui livre de très fines sensations tactiles en bouche, avec une grande délicatesse de tanins. Aromatique très subtile avec des pétales de roses dans le vosne Les Chaumes, jus raffiné à la texture très ciselée, qui allie élégance naturelle et fraîcheur innée. Notes terriennes et épicée, matière ample d'une rare précision de saveurs dans l'echezeaux, élégant et complexe, au caractère profilé et énergique. Légère volatile noble au nez du clos-de-vougeot, vin sérieux, un peu en retrait, dont la profondeur de sève se prolonge de tanins finement réglissés en une grande persistance. Notes de ronce et de grenade dans le captivant latricières, dont la bouche dense et nuancée se présente très concentrée par les tout petits rendements (16 hl/ha), telle une essence végétale dotée de vigueur minérale.

- Bourgogne Pinot Fin 2018 24 € 91
- Chambolle-Musigny 2018 55 € 93
- Clos de Vougeot Grand Cru 2018 200 € 96
- Echezeaux Grand Cru 2018 230 € 96
- Latricières-Chambertin Grand Cru 2018 280 € 97
- Nuits-Saint-Georges Premier Cru Les Procès 2018 70 € 95
- Vosne-Romanée Les Hautes Maizières 2018 65 € 94

Le coup de ♥

- Vosne-Romanée Premier Cru Les Chaumes 2018 85 € 95

Rouge : 14 hectares.
Production moyenne : 40 000 bt/an

DOMAINE ARNOUX-LACHAUX
3, RD 974, 21700 Vosne-Romanée
03 80 61 08 41 • www.arnoux-lachaux.com •
Vente et visites : au domaine sur rendez-vous.
Propriétaire : Famille Lachaux
Directeur : Charles Lachaux

★★

DOMAINE BART

Il y a une cinquantaine d'années, le domaine André Bart ne possédait que 6 hectares de vignes. Sa surface a été notablement étendue avec l'apport par héritage d'une partie du célèbre domaine Clair-Daü. Arrivés à la propriété en 1982, les deux enfants, Martin et Odile, ont fondé un Groupement agricole d'exploitation en commun (GAEC) en 1987, pour continuer l'exploitation, avec des vins de style classique. Toujours de bonne facture, ces vins ont, depuis quelques années, gagné en régularité et en franchise d'expression. Les prix sont restés raisonnables et ce domaine discret est très vite dévalisé. Le niveau actuel atteint par les vins du domaine s'avère enthousiasmant, avec une franchise et une pureté d'expression enviables, mais les 2018 nous ont laissés assez dubitatifs : nous attendons mieux l'an prochain.

Les vins : déception avec le millésime 2018 ; trop de vins manquent de structure, de précision et de fraîcheur, et nous avons le sentiment que les raisins auraient pu être vendangés plus tôt. Parmi les six marsannays rouges présentés, seuls deux nous ont convaincus. Joli nez épicé, bouche assez tendre et alanguie, sensuelle, très mûre dans Champ Salomon, au fruit un rien confit. Belle franchise au nez des Grandes Vignes, avec des notes de lilas au sein d'une bouche savoureuse, souple et bien mûre : un vin équilibré et sapide, accessible tôt. Bonne matière et densité de chair dans le fixin, assez mat dans son fruit mais équilibré. Beau nez fumé dans Les Hervelets, avec une touche d'écorce et de gelée de fruits rouges, porté par une sève sapide et une trame aux tanins fins. Sa finale est un peu chaleureuse. Très épicé, avec une touche d'encens, le clos-de-bèze possède de l'onctuosité et une belle envergure, mais son fruit très mûr se présente assez compoté, et sa structure très lâche : nous attendons mieux à ce niveau. Beaucoup de fraîcheur au nez du bonnes-mares, un rien exotique, marqué par le lilas et les fruits des bois. Avec ses saveurs très mûres de coulis de fruits, ce vin raffiné offre une chair finement moelleuse, bordée de tanins soyeux, en une allonge très suave.

- Bonnes-Mares Grand Cru 2018 — 150 € — 95
- Chambertin-Clos de Bèze Grand Cru 2018 — Épuisé - 160 € — 94
- Fixin 2018 — 24 € — 92
- Fixin Premier Cru Les Hervelets 2018 — 40 € — 93
- Marsannay Au Champ Salomon 2018 — 26 € — 91
- Marsannay Les Grands Vignes 2018 — 20 € — 92

Rouge : 18 hectares. Pinot noir 100 %
Blanc : 3 hectares. Chardonnay 70 %, Aligoté 30 %
Production moyenne : 100 000 bt/an

DOMAINE BART
23, rue Moreau, 21160 Marsannay-la-Côte
03 80 51 49 76 • domaine.bart@wanadoo.fr •
Vente et visites : au domaine sur rendez-vous.
Propriétaire : Famille Bart

★★

DOMAINE BRUNO CLAIR

Petit-fils de Joseph Clair, le fondateur du célèbre domaine Clair-Daü, Bruno Clair élabore, avec l'aide de ses enfants et du régisseur Philippe Brun, des bourgognes classiques, souvent vifs et tranchants ; quelques années de garde leur sont indispensables. Ils sont immédiatement reconnaissables à leur matière épurée et leur belle persistance. Le domaine a mis en valeur les terroirs de Marsannay et de Gevrey-Chambertin, dont le magnifique Clos Saint-Jacques et la pièce maîtresse du domaine : l'élégant et raffiné clos-de-bèze. En 2014, le domaine a récupéré 1 hectare de bonnes-mares dans la commune de Morey-Saint-Denis. Les blancs, plus méconnus, sont tout aussi remarquables. Le domaine est d'une régularité digne d'éloges et ne nous a jamais semblé aussi en forme.

Les vins : le domaine a très bien réussi le millésime 2018. Nous n'avons pas retenu les blancs, de bon niveau, car la place nous manquait. En marsannay rouge, la nouvelle cuvée Charme Aux Prêtres se montre tendre et volumineuse. Matière plus svelte et dynamique dans les Grasses Têtes, vin juteux pourvu de tanins poudrés et d'une note de cannelle en finale, qui se détendra d'ici deux à trois ans. Notes de roses et de fruits rouges dans le savigny La Dominode, vin serein, ample et pur, qui possède beaucoup de sève et de concentration naturelle. Beaucoup de droiture, de finesse et d'allonge dans l'excellent Clos du Fonteny, très élégant avec ses tanins très fins et sa finale sapide, séveuse, qui évoque le pépin de raisin. Saveurs florales et de cerise burlat dans Les Cazetiers, dont le fruit très mûr offre beaucoup de gourmandise et un caractère enjôleur, d'accès précoce, mais qui saura vieillir. Grande richesse aromatique dans le Clos Saint-Jacques, entre salade de fruits, cannelle, noyau de cerise : avec son volume sphérique, ses tanins soyeux, ce vin magnifique est un grand séducteur. Avec son grand nez mentholé, ses saveurs de mûres, le somptueux clos-de-bèze monte en puissance avec une chair suave et ample, très étoffée, à la fois profonde et de caractère affable. Notes de fruits noirs dans le bonnes-mares, dont la matière crémeuse possède beaucoup de vigueur et de fraîcheur enfouie : ce grand vin profond allie avec intégrité éclat et noblesse de saveurs.

- Bonnes-Mares Grand Cru 2018 N.C. 98
- Chambertin-Clos de Bèze Grand Cru 2018 N.C. 98
- Gevrey-Chambertin Premier Cru Cazetiers 2018 N.C. 96
- Gevrey-Chambertin Premier Cru Clos Saint-Jacques 2018 N.C. 97
- Marsannay La Charme aux Prêtres 2018 N.C. 91
- Marsannay Les Grasses Têtes 2018 N.C. 92
- Savigny-lès-Beaune Premier Cru La Dominode 2018 N.C. 95

Le coup de ♥

- Gevrey-Chambertin Premier Cru Clos du Fonteny 2018 N.C. 95

Rouge : 18,76 hectares. Pinot noir 100 %
Blanc : 4,64 hectares. Chardonnay 95 %, Aligoté 5 %
Production moyenne : 110 000 bt/an

DOMAINE BRUNO CLAIR

5, rue du Vieux-Collège,
21160 Marsannay-la-Côte
03 80 52 28 95 • www.bruno-clair.com •
Vente et visites : au domaine sur rendez-vous.

Propriétaire : Famille Clair
Directeur : Bruno Clair

★★

DOMAINE COMTE GEORGES DE VOGÜÉ

Implanté à Chambolle-Musigny, ce domaine est l'une des propriétés majeures de la Côte-d'Or. Il possède la plus grande superficie en Musigny, complétée par quelques crus magnifiques comme le chambolle-musigny Les Amoureuses, le bonnes-mares, ainsi qu'un rare musigny blanc (déclassé en bourgogne blanc entre 1993 et 2015, suite à la replantation). Les vignes de Musigny (rouge) de moins de 25 ans sont repliées en Chambolle-Musigny premier cru. Les vins de cette propriété ont toujours été cités en exemple, à la fois pour leur régularité, leur raffinement et leur longévité. Ils donnent une lecture très épurée du terroir, avec un fruit d'une grande netteté, des vins tout en délicatesse et en nuances, jamais démonstratifs. Leur beauté froide est aussi le reflet de la vision que François Millet, qui vinifie depuis 1985 au domaine, s'est forgé de ces terroirs d'exception. Nous sommes sensibles à ses choix avisés, à l'élégance innée qu'il sait imprimer à ces vins hors des modes.

Les vins : bouche crémeuse, ample et structurée, avec une allonge saline et une grande persistance dans le chambolle premier cru. Avec ses tanins croquants et des saveurs de fruits très variées (grenade, noyau de cerise, framboise...), c'est un vin très complet. Capiteux mais frais, Les Amoureuses est un vin d'une grande sensualité, très nuancé, débordant de saveurs de fruits rouges et de senteurs de roses. Subtile, très posée, sa chair moelleuse est portée par une délicatesse minérale. Plus coloré, doté d'un nez d'épices et de myrtilles, le bonnes-mares se présente plus ferme, articulé autour d'une sève dense et mentholée. C'est un vin plus sérieux, moins charmeur. Entre épices, cerise burlat, poivre noir et pivoine, le nez du musigny est particulièrement expressif. Impressionnant de densité, majestueux, ce vin seigneurial et contemplatif s'avère fascinant, promis à un très long avenir.

- Bonnes-Mares Grand Cru 2018 de 500 à 600 € (c) 97
- Chambolle-Musigny Premier Cru 2018 de 250 à 300 € (c) 96

- Chambolle-Musigny Premier Cru Les Amoureuses 2018 de 800 à 850 € (c) 98

Le coup de ♥

- Musigny Grand Cru 2018 de 750 à 900 € (c) 99

Rouge : 11,84 hectares. Pinot noir 100 %
Blanc : 0,66 hectare. Chardonnay 100 %
Production moyenne : 36 000 bt/an

DOMAINE COMTE GEORGES DE VOGÜÉ
Rue Sainte-Barbe, 21220 Chambolle-Musigny
03 80 62 86 25 • Vente et visites : au domaine sur rendez-vous.
Propriétaire : Baronne B. de Ladoucette

★★

DOMAINES DAVID DUBAND - FRANÇOIS FEUILLET

Depuis 1991, date à laquelle il a repris le domaine familial, David Duband a parcouru bien du chemin. Il a débuté, comme les vignerons de sa génération, en produisant des vins denses et concentrés, souvent marqués par des notes boisées dominant le fruit. Petit à petit, il s'est éloigné de ce style pour aller vers la finesse. À partir du millésime 2008, s'amorce un virage avec l'arrivée de vinifications en raisins non égrappés. Propriétaire de très beaux terroirs en Côte de Nuits, l'homme d'affaires François Feuillet (dont les vins sont aussi sous son nom) a misé juste en confiant ses vignes à David Duband. Aujourd'hui, ses cuvées précises et gracieuses font honneur à la Bourgogne. Cette production soignée et élégante vieillit fort bien et possède de grandes qualités, mais, en comparaison avec d'autres, nous ne lui retrouvons pas le supplément d'âme qui signe les plus grands vins. Sans démériter, les entrées de gamme et premiers crus n'affichent pas toute la magie qu'on est en droit d'attendre à ce niveau. Nous avons en conséquence retiré une étoile l'an passé.

Les vins : le domaine ne nous ayant pas fait parvenir ses vins cette année, nous sommes amenés à reconduire les notes de notre édition précédente.

- Chambertin Grand Cru 2017 300 € 97
- Echezeaux Grand Cru 2017 180 € 95
- Latricières-Chambertin Grand Cru 2017 260 € 96
- Nuits-Saint-Georges 2017 45 € 91
- Nuits-Saint-Georges Premier Cru Aux Thorey 2017 60 € 93
- Nuits-Saint-Georges Premier Cru Les Pruliers 2017 65 € 93

Rouge : 20 hectares. Pinot noir 100 %
Blanc : 0,5 hectare. Chardonnay 100 %
Production moyenne : 120 000 bt/an

DOMAINES DAVID DUBAND - FRANÇOIS FEUILLET ♣
12, rue du Lavoir, 21220 Chevannes
03 80 61 41 16 • www.domaine-duband.com • Vente et visites : au domaine sur rendez-vous.
Propriétaire : David Duband et François Feuillet

★★

DOMAINE CLAUDE DUGAT

Plébiscité par les amateurs du monde entier, Claude Dugat a fait preuve d'une humilité sans pareil tout au long de sa carrière. Aujourd'hui, ses trois enfants ont la charge du domaine : Bertrand et Laetitia se sont formés auprès de leurs parents, et Jeanne est revenue depuis peu. La nouvelle génération évolue brillamment vers des vins plus précis, avec des élevages moins présents, des tanins affinés et des vendanges plus précoces pour préserver fraîcheur et caractère digeste. Ces raisins travaillés amoureusement expriment avec une grande justesse l'identité de chacun de leurs terroirs. Et si leurs vins racontent toujours ce plaisir immédiat, lié au fruité éclatant du pinot, ils sont également taillés pour la garde et dévoilent à merveille toute la beauté et la force des terroirs de Gevrey-Chambertin. Les derniers millésimes sont d'exceptionnelles réussites.

Les vins : le gevrey est très réussi : fin, tonique et mûr, ce vin précis et encore serré se montre agile, plein de verve, avec une très fine amertume en finale. La Marie est une petite parcelle isolée pour la première fois cette année, située au pied du château de Gevrey. Nous admirons sa matière sensuelle, généreuse, sa chair veloutée caressante et sereine. Plus tendu, le gevrey premier cru se montre élancé et vif, très en sève mais aérien dans son expression. Avec une maturité de fruit plus poussée, Lavaux Saint-Jacques se fait plus charnu, empreint d'une fine sucrosité. Il retrouvera ses marques au vieillissement. Lisse et suave, le charmes-chambertin gagne en concentration, avec une tonicité préservée en finale. Doté d'une sève fraîche, le chapelle est dense mais en apesanteur, apaisé, doté d'une interminable finale fraîche et proche du raisin. Le griotte évoque la rose humide, la menthe et la fraise des bois. C'est un vin ravissant, croquant et salivant, d'une rare plénitude.

- Chapelle-Chambertin Grand Cru 2018 de 700 à 750 € (c) 98
- Charmes-Chambertin Grand Cru 2018 de 400 à 450 € (c) 96
- Gevrey-Chambertin 2018 de 55 à 65 € (c) 93
- Gevrey-Chambertin Premier Cru 2018 de 120 à 160 € (c) 95
- Gevrey-Chambertin Premier Cru Lavaux Saint Jacques 2018 de 200 à 240 € (c) 95
- Griotte-Chambertin Grand Cru 2018 de 720 à 780 € (c) 99

Le coup de ♥

- Gevrey-Chambertin La Marie 2018 N.C. 94

Rouge : 6 hectares. Pinot noir 100 %
Production moyenne : 24 000 bt/an

DOMAINE CLAUDE DUGAT
1, place de la Cure, 21220 Gevrey-Chambertin
03 80 34 36 18 • Pas de visites.
Propriétaire : Claude Dugat

★★

DOMAINE BERNARD DUGAT-PY

Loïc, formé par son père Bernard Dugat-Py, a longtemps travaillé en famille mais affirme désormais son style, moins interventionniste en vinification. Les vins gardent leur puissance et leur élégance, mais ont gagné en délicatesse. Le vignoble est conduit comme un jardin, avec un rare savoir-faire, une attention aux moindres détails. Issus de vieilles vignes de sélection massale, les raisins confèrent aux vins une densité singulière. Vinifiés sans aucun artifice, avec une proportion importante de vendange entière, ils sont colorés, puissants, avec une forte empreinte du terroir, et ne se révèlent qu'après un vieillissement de plusieurs années. Le domaine est certifié en bio à partir de 2015. Nous avons retiré une étoile l'an dernier, après quelques réserves concernant les élevages trop appuyés. Le domaine ne nous a pas attendu pour corriger le tir, et les exceptionnels 2018 reviennent au plus haut niveau. Si les 2019 gardent ce cap, la troisième étoile devrait logiquement être récupérée !

Les vins : pleins de sève, les 2018 offrent un fruit plus frais et éclatant que par le passé, avec des élevages très discrets. Les Evocelles offre un nez intense et complexe où affleurent minéralité et fruits noirs, précédant une bouche dense et très énergique, profonde et pleine d'un fruit juteux, éclatant, très précis, avec des tanins d'un soyeux admirable. Notes finement fumées et réglissées dans Fonteny, dont la matière sphérique et souple déborde d'un fruit frais qui évoque la myrtille, et dessine une bouche nerveuse, sapide et charnue, avec de la carrure en finale. Nez plus épicé, avec une dominante de groseille dans le superbe Lavaux Saint-Jacques, élancé et suave, finement ouvragé, rayonnant de fraîcheur. Avec ses tanins millimétrés, c'est un vin brillant et harmonieux, qu'on boirait déjà volontiers pour son fruit élégant et gourmand, mais qui a des décennies devant lui. Terre fraîche, écorce et encens distinguent le mazoyères, dont la matière veloutée et profonde possède une magnifique envergure. Intense, caressant et intègre, ce vin aux proportions monumentales se montre extrêmement maîtrisé et équilibré. Fruits noirs et notes florales explosent dans le charmes, dont le jus concentré, très intense et buriné, semble rester en apesanteur. Sa formidable allonge, parsemée d'éclat de roche et de zeste d'agrumes, dessine un vin radieux et pur.

- Charmes-Chambertin Grand Cru 2018 N.C. 98
- Gevrey-Chambertin Les Evocelles 2018 N.C. 94
- Gevrey-Chambertin Premier Cru Fonteny 2018 N.C. 95
- Mazoyères-Chambertin Grand Cru 2018 N.C. 96

Le coup de ♥

- Gevrey-Chambertin Premier Cru Lavaux Saint-Jacques 2018 N.C. 97

Rouge : 11,5 hectares. Pinot noir 100 %
Blanc : 1,5 hectare. Chardonnay 100 %
Production moyenne : 35 000 bt/an

DOMAINE BERNARD DUGAT-PY ♣
Rue de Planteligone, BP 31,
21220 Gevrey-Chambertin
03 80 51 82 46 • www.dugat-py.fr • Pas de visites.
Propriétaire : Loïc Dugat

★★

DOMAINE DUJAC

Le domaine Dujac incarne une vision affirmée du grand bourgogne, très marqué par la vinification en raisins entiers. Ces derniers exaltent la finesse aromatique unique du pinot même si, sur un vin très jeune, le tanin apparaît végétal et un rien rigide. Le long vieillissement (vingt ans ou plus) rend pleinement justice au parti pris d'élaboration, avec l'apparition de bouquets tertiaires souvent sublimes. Doté d'un superbe patrimoine de terroirs, le domaine s'est encore agrandi en 2005 de parcelles prestigieuses (Malconsorts, Romanée-Saint-Vivant, Chambertin) et en 2014 de vignes à Puligny-Montrachet. Comme de nombreuses propriétés qui connaissent le succès et ne peuvent répondre aux sollicitations, il a décidé de créer une petite structure d'achat de raisin. Aux superbes vins du domaine, s'ajoute désormais la production issue d'un petit négoce baptisé Dujac Fils et Père. Jérémy Seysses, sa femme Diana, œnologue, et son frère Alec sont aujourd'hui solidement aux commandes.

Les vins : les 2018 ont en moyenne 75 % de vendange entière, et offrent de superbes réussites. Beaucoup de subtilité au nez du morey-saint-denis, vin mûr et croquant, très équilibré, qui possède une profondeur de saveurs remarquable pour un village. Saveurs de griotte et tanins très fins dans le Combottes, frais et précis dans ses saveurs subtiles. Nez de petits fruits rouges et d'épices douces dans le Malconsorts, à la matière déliée et sensuelle, élancée, avec une étoffe tannique très ouvragée par la vendange entière, et une finale vibrante à l'envergure raffinée. Notes de menthe et de cacao au nez du magnifique clos-de-la-roche, plus avenant que d'habitude, dont l'intensité de saveurs parsemée d'éclats calcaires se montre enthousiasmante, avec une finesse de tanins et une persistance hors du commun.

- Clos de la Roche Grand Cru 2018 — de 450 à 500 € (c) — 98
- Gevrey-Chambertin Premier Cru Aux Combottes 2018 — de 180 à 220 € (c) — 95
- Morey-Saint-Denis 2018 — de 60 à 70 € (c) — 93
- Vosne-Romanée Premier Cru Les Malconsorts 2018 — de 380 à 550 € (c) — 96

Rouge : 14,3 hectares. Pinot noir 100 %
Achat de raisins.
Blanc : 3,15 hectares. Chardonnay 100 %
Achat de raisins.
Production moyenne : 70 000 bt/an

DOMAINE DUJAC ♣
7, rue de la Bussière,
21220 Morey-Saint-Denis
03 80 34 01 00 • dujac@dujac.com • Pas de visites.
Propriétaire : Famille Seysses
Directeur : Jérémy et Alec Seysses
Œnologue : Jérémy, Diana et Alec Seysses

★★

DOMAINE HENRI GOUGES

Depuis près d'un siècle, la famille Gouges défend la qualité des vins de Nuits-Saint-Georges en général, et ceux du domaine familial en particulier. En 1929, ce dernier fut parmi les tout premiers à mettre en bouteille à la propriété. Il est aujourd'hui entre les mains de Christian Gouges, secondé par Grégory et Antoine Gouges. Le patrimoine de vignes comprend six premiers crus en Nuits-Saint-Georges rouges, et un premier cru blanc, le confidentiel mais fascinant La Perrière, issu d'une mutation du pinot noir. Avec une régularité sans faille, le domaine donne naissance à des vins francs, droits et profonds, qui ont su conquérir le goût d'amateurs exigeants. Aucun artifice d'élevage ni effet de style n'est utilisé. S'il faut toujours savoir être patient pour capter toute la complexité d'un grand Saint-Georges, Les Vaucrains ou Les Pruliers, les vins ont, depuis quelques millésimes, gagné en finesse et en soyeux avec des extractions plus douces, et un fruit plus tendre et immédiat, sans renier pour autant leur vigueur ni leur capacité de garde.

Les vins : 2018 est une grande réussite, avec des vins mûrs, salivants et énergiques. Véritable bonbon, le bourgogne Dames Huguette est tendre, franc et précoce. Tanins fins et fraîcheur moelleuse dans le nuits villages, ample et nuancé, déjà gourmand. Accessible et juteux, Les Chênes Carteaux séduira par sa chair mûre et charnue, et sa finale réglissée. Belle énergie, matière déliée et sapide dans le Clos des Porrets, pourvu de tanins juteux, dont la finale est salivante. Profil plus épicé et nerveux dans Les Pruliers, qui a conservé une excellente fraîcheur tonique, avec beaucoup de sève et d'allonge, des tanins poudrés et un fruit un peu cristallisé, qui évoque le bonbon à la violette. Nez intense et fumé, matière vibrante, profilée et mûre dans Les Vaucrains, structuré et persistant, porté par la fraîcheur de sa sève et des tanins salivants. Cerise noire, fruits à l'eau de vie, notes fumées et tourbées dans Les Saint-Georges, dont la bouche dense et serrée reste admirable de finesse, avec un grain de tanins millimétré couplé à une maturité élevée. Le fameux blanc du premier cru La Perrière offre richesse, profondeur et volume, avec de fins amers en finale : c'est une très belle réussite.

- Nuits-Saint-Georges Premier Cru La Perrière 2018 — 86 € 94
- Bourgogne Hautes-Côtes de Nuits Les Dames Huguette 2018 — 29 € 91
- Nuits-Saint-Georges 2018 — 48 € 92
- Nuits-Saint-Georges Premier Cru Clos des Porrets Saint-Georges 2018 — 58 € 94
- Nuits-Saint-Georges Premier Cru Les Chênes Carteaux 2018 — 55 € 93
- Nuits-Saint-Georges Premier Cru Les Pruliers 2018 — 79 € 95
- Nuits-Saint-Georges Premier Cru Les Saint-Georges 2018 — 145 € 97

Le coup de ♥

- Nuits-Saint-Georges Premier Cru Les Vaucrains 2018 — 99 € 97

Rouge : 13,2 hectares. Pinot noir 100 %
Blanc : 1,3 hectare. Divers blanc 100 %
Production moyenne : 60 000 bt/an

DOMAINE HENRI GOUGES
7, rue du Moulin, 21700 Nuits-Saint-Georges
03 80 61 04 40 • www.gouges.com • Pas de visites.
Propriétaire : Famille Gouges

★★

DOMAINE JEAN GRIVOT

Ce domaine possède un superbe patrimoine de vins, dont pas moins de douze premiers crus et trois grands crus. Vigneron emblématique de Vosne-Romanée, Étienne Grivot aime les maturités fraîches et cela se sent dans la qualité de ses vins. Un style classique dans le meilleur sens du terme, épuré et vif, qui a ses adeptes mais qui, parfois, par une certaine forme d'austérité, a pu dérouter des amateurs de vins plus généreux. Depuis quelques millésimes, coïncidant avec l'arrivée de Mathilde et Hubert, les enfants d'Étienne, les vins possèdent davantage de chair et de richesse, et témoignent de maturités plus justes, avec des élevages plus adaptés, dont jamais plus d'un tiers de fût neuf. Toutes les cuvées en ont tiré profit : elles offrent davantage de soyeux et de volume, sont désormais approchables plus jeunes, sans trahir cette fraîcheur qui signe leur succès mondial. Depuis 2015, la qualité est en progression constante, avec des 2018 particulièrement exceptionnels.

Les vins : l'équilibre des 2018 est souverain. Le fruit est bien mûr, les raisins ont été vendangés tard, mais la profondeur et l'éclat des saveurs, la douceur des tanins sont admirables. Vin onctueux et velouté aux tanins suaves, le vosne Bossières est assez riche mais son fruit a conservé un bel éclat. Expressif, sans fard, Aux Lavières s'affirme bien mûr, charnu et crayeux dans son toucher de tanins. Doté de carrure mais assez tendre, porté par un souffle épicé, c'est un village de très haute volée. Aux Boudots est un séducteur redoutable, ses arômes de violette, de myrtille et une fine touche giboyeuse se prolongent en une finale sanguine, avec des tanins très doux et une magnifique envergure de mâche. Bouche sensuelle et épicée dans Les Beaux Monts : véritable velours raffiné en bouche, c'est un vin complet, tout en finesse, avec une finale assez ferme. Nez fumé de réglisse et cerise noire, matière ouvragée, dense mais nuancée dans le clos-de-vougeot, très précis dans ses saveurs et d'une grande profondeur de texture, tout en envergure et persistance. Fruits noirs très mûrs, une touche de graphite, de cuir et de cachou dans l'admirable echezeaux : très expressif, il déroule une allonge musclée mais reste tout en équilibre, précis et adroit, avec une note de thé noir en finale. Compact et racé, il ira loin.

- Clos de Vougeot Grand Cru 2018 — 150,80 € 97
- Nuits-Saint-Georges Aux Lavières 2018 — 42,10 € 93
- Nuits-Saint-Georges Premier Cru Aux Boudots 2018 — 106,40 € 95
- Vosne-Romanée Bossières 2018 — 48,80 € 93
- Vosne-Romanée Premier Cru Les Beaux Monts 2018 — 121,20 € 96

Le coup de ♥

- Echezeaux Grand Cru 2018 — 204 € 98

Rouge : 14,6 hectares. Pinot noir 100 %
Blanc : 0,22 hectare.
Production moyenne : 75 000 bt/an

DOMAINE JEAN GRIVOT
6, rue de la Croix-Rameau,
21700 Vosne-Romanée

03 80 61 05 95 • www.domainegrivot.fr • Vente et visites : au domaine sur rendez-vous.
Propriétaire : Famille Grivot
Directeur : Étienne, Marielle, Mathilde et Hubert Grivot

★★

DOMAINE ROBERT GROFFIER PÈRE ET FILS

Ce domaine prisé depuis fort longtemps par les amateurs du monde entier voit la nouvelle génération lui impulser un nouveau souffle. Nicolas Groffier, né en 1984, et sa jeune sœur Julie, sont désormais aux commandes. Implanté à Morey-Saint-Denis, le domaine possède l'essentiel de ses vignes à Chambolle-Musigny, avec, entre autres, une magnifique parcelle dans Les Amoureuses. Des villages aux grands crus, les vins se révèlent fins, avec ce soyeux de texture qui symbolise à merveille le style du domaine. Comme le précise Nicolas Groffier, la recherche du domaine est axée sur « la concentration par les raisins et non en cave ». Pari réussi sur toute la gamme. À partir du millésime 2014, le domaine ne commercialise plus que la moitié du dernier millésime, et préfère désormais ressortir des vins à maturité, conscient que nombre d'entre eux sont sans doute bus trop tôt et sujets à spéculation. Nous saluons ce souci louable de présenter des vins accomplis, dont d'autres domaines seraient bien avisés de s'inspirer.

Les vins : le domaine a choisi de vendanger tôt en 2018, et bien lui en a pris car les vins sont excellents, intégrant de 35 à 100 % de vendange entière suivant les cuvées. Texture ouvragée, assez délicate, dans le gevrey, dont l'expression pure et fraîche du fruit s'accompagne d'un caractère fin, vibrant et croquant. Matière assez précoce, fruit éclatant dans Les Hauts Doix, au profil souple mais vif, lumineux et nerveux, très équilibré et qui offre déjà beaucoup de plaisir. Profil dense et sensuel dans Les Sentiers, dont la chair veloutée et pleine présente plus de mâche et de puissance contenue, mais reste sapide et persistante. Ce vin complet provient de sols plus riches. Nuancé et énergique, Les Amoureuses se distingue par sa texture caressante, avec une remarquable finesse de tanins, et un fruit délié relevé de touches d'agrumes. C'est un vin serein et pénétrant, d'une grande fraîcheur pour le millésime. Croquant et épicé, le bonnes-mares se montre équilibré mais un rien strict, il est profond et racé mais reste sur l'ossature, manquant d'un soupçon de chair. La vigne centenaire du clos-de-bèze a donné un vin épicé à la bouche moelleuse, enrobée et harmonieuse, qui se montre mûr et plein, déjà savoureux dans sa mâche délicate.

- Bonnes-Mares Grand Cru 2018 Épuisé - de 400 à 580 € (c) 96
- Chambolle-Musigny Premier Cru Les Amoureuses 2018 de 375 à 550 € (c) 97
- Chambolle-Musigny Premier Cru Les Hauts Doix 2018 de 170 à 220 € (c) 94
- Chambolle-Musigny Premier Cru Les Sentiers 2018 de 170 à 230 € (c) 95
- Gevrey-Chambertin Les Seuvrées 2018 de 60 à 100 € (c) 92

Le coup de ♥

- Chambertin-Clos de Bèze Grand Cru 2018 Épuisé - de 450 à 650 € (c) 98

Rouge : 8 hectares. Pinot noir 100 %
Production moyenne : 43 000 bt/an

DOMAINE ROBERT GROFFIER PÈRE ET FILS
3, route des Grands-Crus, 21220 Morey-Saint-Denis
06 33 61 16 72 • domaine.groffier@gmail.com • Pas de visites.
Propriétaire : Famille Groffier
Directeur : Nicolas Groffier

★★

ALAIN HUDELOT-NOËLLAT

Depuis 2008, le domaine Hudelot-Noëllat a été pris en charge par Charles Van Caneyt, petit-fils d'Alain Hudelot. Ce dernier lui a confié les clefs du domaine, alors qu'il sortait tout juste de l'école, et Charles a signé ses premiers vins en 2008. Le domaine possède un très bel éventail de premiers crus et un trio de grands crus comprenant un richebourg, une romanée-saint-vivant et un clos-de-vougeot. Si on a toujours produit ici de bons vins de facture classique, l'arrivée de la nouvelle génération impulse une évolution plus qu'une révolution. Au programme : la remise en labour des sols, la baisse des rendements et des raisins moins triturés en cave avec l'utilisation très partielle de vendanges non égrappées. Cette multitude de petits détails apporte aux vins un supplément de finesse, de soyeux et de profondeur, du simple village jusqu'au cru le plus magnifique du domaine, la romanée-saint-vivant.

Les vins : floral, assez sensuel, Les Beaumonts présente des senteurs d'épices et de roses. Déliée et savoureuse, la bouche épouse une fine sève de tanins bien mûrs, dans un profil assez précoce. Fruit délicat qui évoque la cerise dans Les Suchots, vin vif et nerveux, dont la structure ferme s'articule autour d'une mâche sérieuse, et reste élancé en finale. Vin profond, très réservé, la romanée-saint-vivant est corsetée de tanins fermes mais ouvragés, avec un élevage encore un peu présent. Ce vin plus serré qu'à l'accoutumée réclame de la patience, surtout en millésime solaire. Vin sphérique, réglissé et très harmonieux, le richebourg est cette année le plus brillant. Sa texture profonde et sa puissance contenue s'expriment avec raffinement : grand séducteur, il se montre déjà jubilatoire.

- Romanée-Saint-Vivant Grand Cru 2018 — 500 € — 97
- Vosne-Romanée Premier Cru Les Beaumonts 2018 — 150 € — 94
- Vosne-Romanée Premier Cru Les Suchots 2018 — 150 € — 95

Le coup de ♥

- Richebourg Grand Cru 2018 — 600 € — 98

Rouge : 10 hectares. Pinot noir 100 %
Blanc : 0,7 hectare.
Production moyenne : 60 000 bt/an

ALAIN HUDELOT-NOËLLAT

5, ancienne RN 74,
21220 Chambolle-Musigny
03 80 62 85 17 •
www.domaine-hudelot-noellat.com/ • Pas de visites.
Propriétaire : Alain Hudelot-Noëllat
Directeur : Charles Van Caneyt

★★

DOMAINE THIBAULT LIGER-BELAIR

Devenu une référence incontournable de la Bourgogne, Thibault Liger-Belair a brillamment repris le domaine familial en 2001. Les vignes sont cultivées en bio et les rendements très maîtrisés. S'il explore plusieurs pistes en terme de vinification, Thibault alterne matière et finesse en fonction des cuvées et effectue un travail très important de sélection des bois en partenariat avec ses deux tonneliers attitrés, se limitant à un maximum de 50 % de fût neuf. Suivant les cuvées et les millésimes, la proportion de raisins entiers varie sans dogmatisme. Installé depuis peu dans une nouvelle cuverie alimentée par géothermie et énergie solaire, Thibault Liger-Belair est un vigneron sincère qui affirme un style élégant et raffiné, et ses vins ne cessent de nous enthousiasmer.

Les vins : les 2018 sont superbes, bien mûrs mais tendres, très intègres et digestes. Matière épicée, sapide et précise dans le bourgogne, à la chair pulpeuse, infusée mais ample. D'abord précoce avec sa chair voluptueuse, bien mûre et généreuse, le chambolle est assez étoffé et a conservé une belle fraîcheur. Fruit très savoureux dans Les Belles Croix, à l'envergure moelleuse, serti de tanins friands et juteux. Attaque assez tendre dans le très mûr Les Saint-Georges, à la chair onctueuse, un rien opulent, doté d'une impressionnante densité de tanins, déjà enfouie dans le fruit. Le vieillissement le rendra glorieux. Nez ravissant et floral, chair moelleuse et caressante dans le charmes-chambertin, dont la finale aiguisée, tonique et inspirée signe un grand vin, magnifié par un superbe élevage, avec une maturité de fruit élevée, mais qui reste suave. Le clos-de-vougeot a conservé une superbe fraîcheur florale et un fruit dominé par le cassis et la griotte. Ce vin très ample et profond est harmonieux avec ses tanins croquants et sa sève épicée. Grande intensité de saveurs et d'arômes dans le richebourg, dont la bouche sphérique et profonde se fait déjà expressive, tout en puissance contenue, au profil agile et majestueux.

- Bourgogne Les Grands Chaillots 2018 — 19 € — 91
- Chambolle-Musigny Les Vieilles Vignes 2018 — 65 € — 93
- Charmes-Chambertin Grand Cru 2018 — 165 € — 97
- Nuits-Saint-Georges Les Belles Croix 2018 — 55 € — 92
- Nuits-Saint-Georges Premier Cru Les Saint-Georges 2018 — 95 € — 97
- Richebourg Grand Cru 2018 — Épuisé - 450 € — 99

Le coup de ♥

- Clos de Vougeot Grand Cru 2018 — Épuisé - 165 € — 97

Rouge : 8 hectares. Gamay noir à jus blanc 50 %, Pinot noir 50 %
Blanc : Aligoté 100 %
Production moyenne : 35 000 bt/an

DOMAINE THIBAULT LIGER-BELAIR ♣
32, rue Thurot, 21700 Nuits-Saint-Georges
03 80 61 51 16 • www.thibaultligerbelair.com • Vente et visites : au domaine sur rendez-vous.
Propriétaire : Thibault Liger-Belair

★★ ↗

DOMAINE HUBERT LIGNIER

Le domaine Hubert Lignier fait partie des domaines de référence de Morey Saint-Denis, voire de la Côte de Nuits. À sa retraite, Hubert Lignier avait laissé ses vignes aux mains de son fils Romain, disparu en 2004, qui n'a eu de cesse de produire des vins comptant parmi les plus réguliers et les plus aboutis de Bourgogne. À partir de 2006, c'est Laurent Lignier, le fils aîné d'Hubert, qui a repris le domaine et récupéré en 2014 la totalité des vignes, dont une partie était louée à l'épouse de Romain. Travail en bio depuis 2011 (certification attendue pour les 2019), adjonction d'un peu de vendange entière, élevages particulièrement longs, jusqu'à 22 mois : Laurent est un vigneron sage qui respecte le style entier des vins du domaine, mais apporte ces dernières années plus de finesse, de l'éclat de fruit et une régularité sans faille à l'ensemble de la vaste gamme. Les progrès accomplis, le classicisme nuancé des vins permettent cette année l'obtention d'une seconde étoile.

Les vins : encore compact, le morey Trilogie se fait plein et dense, assez profond, avec un fond minéral. Matière pure et nerveuse dans Les Seuvrées, vin droit qui possède éclat et tension. Encore réservé, Les Chaffots a gardé beaucoup de fraîcheur, un caractère pur, velouté et onctueux, avec des tanins fermes et une grande allonge. Beaucoup de profondeur dans le morey premier cru Vieilles Vignes, dont le grain calcaire, salin en finale, équilibre une matière au volume large et intense. Intensité et éclat dans le pur et raffiné gevrey Combottes, qui se présente encore sur l'ossature et s'étoffera en bouteille. Fraîcheur florale et attaque soyeuse dans le racé charmes-chambertin, à la superbe amplitude moelleuse et à la persistance racée. Vin épicé et assez froid, le clos-de-la-roche associe une mâche savoureuse et nuancée à un caractère aérien, sans lourdeur, avec une grande pureté de fruit et allonge. Parcelle de vigne plantée en 1955, avec raisins millerandés, le clos-de-la-roche MCMLV offre une classe évidente et un nez plus profond avec des notes de ronce et une trame plus serrée, qui tapisse le palais.

Charmes-Chambertin Grand Cru 2018	220 €	96
Clos de la Roche Grand Cru 2018	300 €	97
Clos de la Roche Grand Cru MCMLV 2018	N.C.	98
Gevrey-Chambertin Les Seuvrées 2018	70 €	92
Gevrey-Chambertin Premier Cru Combottes 2018	180 €	95
Morey-Saint-Denis Premier Cru Vieilles Vignes 2018	140 €	95
Morey-Saint-Denis Trilogie 2018	70 €	92

Le coup de ♥

Morey-Saint-Denis Premier Cru Chaffots 2018	110 €	95

Rouge : 8,8 hectares. Pinot noir 97 %, Gamay noir à jus blanc 3 %
Achat de raisins.
Blanc : 0,7 hectare. Aligoté 100 %
Achat de raisins.
Production moyenne : 50 000 bt/an

DOMAINE HUBERT LIGNIER ♣
45, Grande-Rue, 21220 Morey-Saint-Denis
03 80 51 87 40 • www.hubert-lignier.com • Vente et visites : au domaine sur rendez-vous.
Propriétaire : Hubert et Laurent Lignier
Directeur : Laurent Lignier

★★

DOMAINE GEORGES MUGNERET-GIBOURG

Depuis le décès en 1988 du docteur Georges Mugneret, le domaine est géré avec sérieux et passion par ses deux filles, Marie-Christine et Marie-Andrée, qui ont chacune deux filles, dont certaines ont commencé à travailler en famille. Le style éminemment classique et pur des vins reflète, avec une régularité exceptionnelle, des expressions saines, raffinées et particulièrement attachantes des grands terroirs de la Côte de Nuits. Le domaine produit un excellent vosne-romanée, prêt assez jeune et d'une finesse rare, ce qui permettra d'attendre les dix ans nécessaires pour apprécier les splendides echezeaux, clos-de-vougeot et autres ruchottes-chambertin. Le domaine a récemment récupéré quelques vignes supplémentaires, permettant l'arrivée dès 2018 d'une nouvelle cuvée le vosne-romanée nommée La Colombière, et a agrandi sa cave, pour travailler avec plus d'efficacité et de confort.

Les vins : juteux et épicé, le vosne-romanée se montre très savoureux ; beaucoup de plénitude et d'intensité, une texture moelleuse et des tanins charnus et croquants le caractérisent. Grande fraîcheur dans Les Chaignots, admirablement proportionné et tapissé de petits tanins friands. Il possède beaucoup d'énergie, d'élégance naturelle et de persistance. Matière mûre et très structurée dans le ruchottes, qui monte en puissance à l'air avec une chair crémeuse, intense, épicée et minérale en finale. Profond et concentré, une décennie de garde l'attend.

- Nuits-Saint-Georges Premier Cru Les Chaignots 2017 — 65 € — 95
- Ruchottes-Chambertin Grand Cru 2017 — 155 € — 97
- Vosne-Romanée 2017 — 45 € — 92

Rouge : 7,5 hectares. Pinot noir 100 %
Production moyenne : 30 000 bt/an

DOMAINE GEORGES MUGNERET-GIBOURG

5, rue des Communes,
21700 Vosne-Romanée
03 80 61 01 57 • www.mugneret-gibourg.com
• Vente et visites : au domaine sur rendez-vous.
Propriétaire : Marie-Christine Teillaud et Marie-Andrée Nauleau

★★

LAURENT PONSOT

Laurent Ponsot n'est pas vraiment un nouveau venu : après avoir passé trente-six ans au domaine Ponsot, il l'a quitté début 2017 mais a gardé en propriété (ou en métayage) 3 hectares (dont les grands crus Griotte-Chambertin et Clos Saint-Denis), à partir desquels il a reconstitué, en s'associant avec son fils Clément, une activité portant son nom et regroupant des vins issus du négoce comme de ses propres vignes. Laurent Ponsot s'attache à produire des vins "haute couture", sans chimie à la vigne, ni bois neuf en élevage, pour moitié en blancs issus de la Côte de Beaune et pour moitié en rouge. Les innovations (bouchons obturateurs technologiques, puces connectées sur les capsules...) sont fort astucieuses. Trop peu distribuée en France, cette nouvelle source de grands vins bourguignons nous a éblouis, gagne ses galons et confirme ses promesses. 4 hectares de vignes ont été rachetés en 2019 sur Gevrey et Chambolle, de nouveaux vins arriveront donc prochainement.

Les vins : les 2018 sont excellents, la place nous manque pour citer tous les vins que nous souhaiterions. Vin plein, ample et charnu, le meursault est généreux, sain et franc, avec une saveur de noisette qui nous réjouit. Profond et plein, très profond, Perrières est encore sur la réserve par rapport aux autres premiers crus de meursault dégustés : sa noble austérité le distingue mais il possède une générosité contenue, avec une chair de grande envergure. Deux pièces de montrachet cette année : avec son nez exquis de fleur de vigne, c'est un vin très pur, d'une grande intensité et aux saveurs précises, à la fois voluptueux et très riche en extrait sec, à l'interminable allonge. Grande séduction aromatique, aux notes de lilas et de poivre blanc, dans le vosne-romanée, détaillé, sapide et complet, aux tanins très fins, qui a conservé une magnifique fraîcheur pour le millésime. Comme Laurent Ponsot, nous aimons beaucoup le beaune premier cru, assemblage de huit premiers crus différents. Finesse, tonus et gourmandise, avec une belle finale réglissée. Le clos-de-vougeot se montre rayonnant, lumineux et juteux, sa chair intègre et tout en finesse présente beaucoup d'éclat et des tanins millimétrés. Il est très harmonieux, avec une composante fraîche et sanguine de haute volée. Grande intensité aromatique, avec des notes d'épices et de groseille dans le griotte, dont la séduction irrésistible s'appuie sur une matière douce et sphérique de grande envergure, bordée de tanins friands. Très intense et persistant, c'est un vin au potentiel considérable. Quelle densité de saveurs, quelle étoffe dans le clos-saint-denis, issu d'une vigne plantée en 1905 ! Sa légère sucrosité est enfouie dans une chair immense au caractère pulpeux et à la finale soyeuse. Très immature, il est constitué pour défier le temps et faire un vin de légende.

- Meursault 2018 — de 50 à 55 € (c) — 92
- Meursault Premier Cru Perrières 2018 — de 170 à 180 € (c) — 96
- Montrachet Grand Cru 2018 — de 990 à 1 010 € (c) — 99

- Beaune Premier Cru 2018 — de 50 à 56 € (c) — 93
- Clos de Vougeot Grand Cru 2018 — de 300 à 320 € (c) — 97
- Griotte-Chambertin Grand Cru 2018 — de 440 à 460 € (c) — 98
- Vosne-Romanée 2018 — de 50 à 70 € (c) — 94

Le coup de ♥

- Clos Saint-Denis Grand Cru 2018 — de 510 à 530 € (c) — 100

Rouge : 2 hectares. Pinot noir 100 %
Achat de raisins.

LAURENT PONSOT
10, rue des Cerisiers, ZA Petite Champagne,
21640 Gilly-lès-Cîteaux
03 80 41 03 27 • laurent-ponsot.webnode.fr/
• Pas de visites.
Propriétaire : Laurent Ponsot

★★

DOMAINE CHANTAL REMY

L'ancien domaine Louis Remy, rebaptisé Chantal Remy par le jeu des successions, a perdu une bonne partie de ses vignes. Peu interventionniste, Chantal Remy (accompagnée depuis 2014 par son fils Florian) produit des vins très classiques, gracieux et charnels, qui évoluent merveilleusement bien. Le domaine possède de très vieilles vignes dans le Clos de La Roche, en Latricières-Chambertin et en Chambertin. Notons aussi le Clos des Rosiers, des vignes plantées derrière le domaine, en bas du Clos des Lambrays, qui pourrait un jour prétendre au titre de premier cru, voire de grand cru, lorsqu'elles auront atteint un âge suffisant pour produire des grands vins.

Les vins : saveurs de mûres dans le bourgogne Côte d'Or, vin dense et ferme, assez peu expressif à ce stade. Notes de fraises des bois au nez du Clos des Ormes, vin sapide et assez délicat dont nous aimons la finesse et le caractère élancé, avec une note de menthe fraîche en finale. Très tendre, savoureux, Les Seuvrées livre un fruit un peu lisse, mais la finale possède de la mâche. Ce vin élégant et suave offre déjà beaucoup de plaisir. Grande délicatesse aromatique et finesse remarquable dans le Clos des Rosiers, au fruit pur, très persistant et élégant. Latricières est ouvragé, étoffé et subtil, déployant majestueusement son envergure, prolongé d'un éclat minéral prononcé en finale. Grande fraîcheur de sève et profondeur dans l'admirable clos-de-la-roche, vin aérien et épuré qui va à l'essentiel. Sa construction très classique n'est pas destinée à impressionner dans la jeunesse, mais révèlera sa tenue au vieillissement. Le 1971, dégusté l'an dernier au domaine, était enthousiasmant !

- Bourgogne 2018 — 15 € — 89
- Clos de la Roche Grand Cru 2017 — 120 € — 97
- Gevrey-Chambertin Les Seuvrées 2017 — 35 € — 92
- Latricières-Chambertin Grand Cru 2017 — 144 € — 96
- Morey-Saint-Denis Clos des Rosiers 2017 — 55 € — 94
- Morey-Saint-Denis Premier Cru Clos des Ormes 2017 — 50 € — 94

Rouge : 1,25 hectare. Pinot noir 100 %
Achat de raisins.
Production moyenne : 5 000 bt/an

DOMAINE CHANTAL REMY
1, place du Monument,
21220 Morey-Saint-Denis
03 80 34 32 59 •
www.domaine-chantal-remy.com • Vente et visites : au domaine sur rendez-vous.
Propriétaire : Chantal Remy

★★

DOMAINE CÉCILE TREMBLAY

En quelques millésimes, cette talentueuse vigneronne a su s'imposer comme l'une des figures montantes de la nouvelle génération. En 2003, Cécile Tremblay a récupéré les vignes de ses arrière-grands-parents, des parcelles à la surface très limitée mais idéalement situées, à Vosne-Romanée, Morey-Saint-Denis, Chambolle-Musigny ou encore Gevrey-Chambertin, qu'elle a converties naturellement en bio. Adepte des vinifications en raisins non-égrappés, cette vigneronne vise avant tout l'équilibre et obtient dans ses vins des textures extrêmement veloutées. Du vosne-romanée au chapelle-chambertin, ils sont devenus des références incontournables. Le domaine a évolué vers plus de pureté et de définition des terroirs, avec des vins qui n'ont jamais été aussi précoces d'accès, détendus et fins.

Les vins : le bourgogne est pulpeux et épicé, bien gourmand, cossu mais reste frais. Friand, ciselé et nuancé, le morey-saint-denis se montre harmonieux et précis. Parfumé et floral, le vosne-romanée offre un joli moelleux avec une fine sucrosité. Il s'exprime avec générosité et raffinement naturel. Chair finement crémeuse dans Les Feusselottes, vin nuancé, précis et persistant, très sapide dans ses saveurs de fruits noirs bien mûrs. Les Beaumonts se montre sensuel avec sa matière pulpeuse, la maturité de fruit élevée n'intervient pas au détriment de la finesse ni du soyeux de texture. Nez envoûtant, fraîcheur florale de pivoine et écorce d'agrumes dans l'echezeaux, dont la trame svelte et épurée se déploie tout en élégance, avec des tanins ouvragés et tapissants. Beaucoup de fraîcheur, notes de prunelle et de violette à l'aération dans le chapelle-chambertin, vin séveux, réglissé et plus froid aux saveurs pointillistes, dont le souffle monte en puissance jusque dans une finale ensorcelante, dense mais aérienne.

- Bourgogne Côte d'Or 2018 — de 100 à 150 € (c) — 90
- Chambolle-Musigny Premier Cru Les Feusselottes 2018 — de 500 à 550 € (c) — 94
- Chapelle-Chambertin Grand Cru 2018 — de 950 à 1 050 € (c) — 98
- Morey-Saint-Denis Très Girard 2018 — de 270 à 330 € (c) — 92
- Vosne-Romanée Premier Cru Les Beaumonts 2018 — de 600 à 650 € (c) — 95
- Vosne-Romanée Vieilles Vignes 2018 — de 330 à 390 € (c) — 93

Le coup de ♥

- Echezeaux Grand Cru Du Dessus 2018 — de 1 100 à 1 300 € (c) — 97

Rouge : 4 hectares. Pinot noir 100 %
Production moyenne : 15 000 bt/an

DOMAINE CÉCILE TREMBLAY ♣

1, rue de la Fontaine, 21700 Vosne-Romanée
03 45 83 60 08 • www.domaine-ceciletremblay.fr • Vente et visites : au domaine sur rendez-vous.
Propriétaire : Cécile Tremblay

★★

DOMAINE DE LA VOUGERAIE

Le domaine de la Vougeraie, créé en 1999 par la réunion des plus beaux terroirs de la maison Boisset, a désormais atteint un rythme de croisière de très haut niveau. Les 67 parcelles sur 34 hectares sont travaillées en biodynamie depuis 2001. Bénéficiant d'infrastructures modernes et d'une approche très respectueuse des terroirs en matière de vinification, le domaine s'impose comme un des plus prometteurs du paysage bourguignon actuel, et collectionne les succès. Pierre Vincent, qui était régisseur du domaine depuis 2006, est parti en 2017 au domaine Leflaive, mais la directrice Sylvie Poillot assure avec talent la continuité, avec des vins d'une régularité sans faille.

Les vins : 2018 est ici une brillante réussite dans les deux couleurs. Notes de tilleul et de citron au nez du clos-de-vougeot blanc, saveurs très pures en bouche, tension et fraîcheur. Un vin épuré, ferme et crayeux en finale, dont l'élevage est resté discret. Assez citronné, vif et croquant, un peu acidulé, le corton-charlemagne se distingue par son allonge et sa précision de saveurs. Supplément de maturité dans le bâtard-montrachet, vin intense, nuancé et généreux, dont les arômes de nougat et de miel se retrouvent en bouche, un peu crémeuse mais réservée, de grande envergure. Pourvu de plus de mâche et d'extrait sec, le bienvenues-bâtard séduit par sa vigueur et sa densité énergique : c'est un vin complet qui s'exprime avec pureté et lisibilité. En rouge, épices douces et volume floral se retrouvent dans le clos-de-vougeot, expressif dans ses notes de cerise et de rose séchée. Franc et ferme, ses tanins sont enrobés, sa maturité de fruit et sa carrure se complètent très habilement. Beau nez de cassis et de fraise écrasée, tonalité plus fraîche, avec une touche de vanille dans le charmes. La bouche est élancée et tendue, ferme et très persistante, la finale est aérienne, florale, avec des tanins très soyeux. Pureté de saveurs, précision et élégance se conjuguent dans le bonnes-mares, vin ciselé et brillant, aux tanins policés, séducteur dans son raffinement et sa puissance contenue. Lumineux, le musigny est étoffé et radieux, proche du raisin frais dans sa chair pulpeuse, d'une extrême élégance jusque dans son grain de tanins ciselé, avec une pénétrante intensité de saveurs.

- Bienvenues-Bâtard-Montrachet Grand Cru 2018 — 263 € — 96
- Bâtard-Montrachet Grand Cru 2018 — 253 € — 96
- Corton-Charlemagne Grand Cru 2018 — 131 € — 95
- Vougeot Premier Cru Le Clos Blanc de Vougeot 2018 — 90 € — 94

- Charmes-Chambertin Grand Cru Les Mazoyères 2018 — 191 € — 96
- Clos de Vougeot Grand Cru 2018 — 159 € — 96
- Musigny Grand Cru 2018 — 500 € — 99

Le coup de ♥

- Bonnes-Mares Grand Cru 2018 — 248 € — 97

Rouge : 28,4 hectares. Pinot noir 100 %
Blanc : 12 hectares. Chardonnay 97 %, Pinot gris 2 %, Pinot blanc 1 %
Production moyenne : 150 000 bt/an

DOMAINE DE LA VOUGERAIE ♣
7 bis, rue de l'Église, 21700 Prémeaux-Prissey
03 80 62 48 25 •
www.domainedelavougeraie.com • Pas de visites.
Propriétaire : SCA Domaine de la Vougeraie
Directeur : Sylvie Poillot

★

DENIS BACHELET

Un peu comme au domaine Dugat-Py, Denis Bachelet possède en majorité des vignes âgées, parfois centenaires, d'où il tire des vins riches et intenses, qui possèdent une sève et une profondeur de chair peu communes. Désormais secondé par son fils, ce vigneron discret, qui passe un temps considérable dans ses vignes, vinifie et élève le plus simplement du monde et recherche avant tout la finesse, soulignée par des élevages toujours subtils. Sur à peine plus de 3 hectares, la gamme comprend un côtes-de-nuits villages, un gevrey-chambertin, un gevrey-chambertin les Evocelles, un gevrey premier cru Les Corbeaux et un charmes-chambertin. La grande majorité de la production part à l'international, et Denis Bachelet est une véritable star dans les pays anglo-saxons : il sera donc sans doute plus simple de dénicher quelques bouteilles à l'étranger qu'en France ! Élaborés sans artifices, ses vins profonds et intègres nous enthousiasment, plus immédiats depuis 2013 car vinifiés avec moins de pigeage.

Les vins : le domaine ne nous ayant pas fait parvenir ses vins cette année, nous sommes amenés à reconduire les notes de notre édition précédente.

- Charmes-Chambertin Grand Cru 2017 — N.C. — 97
- Gevrey-Chambertin Premier Cru Les Corbeaux 2017 — de 150 à 220 € (c) — 95
- Gevrey-Chambertin Vieilles Vignes 2017 — de 100 à 110 € (c) — 93

DENIS BACHELET
3, rue de la Petite-Issue,
21220 Gevrey-Chambertin
03 80 51 89 09 • Pas de visites.
Propriétaire : Denis Bachelet

★

DOMAINE GHISLAINE BARTHOD

Ce remarquable petit domaine familial, situé entièrement à Chambolle-Musigny, accueille désormais, aux côtés de ses parents Ghislaine Barthod et Louis Boillot, Clément, 24 ans, qui a vinifié les 2018. Il s'attache à réduire un peu la proportion de fût neuf et à allonger la durée des élevages. On trouvera ici pas moins de onze premiers crus vinifiés individuellement et tous de caractères différents. Consistants, classiques dans le meilleur sens du terme, les vins privilégient la finesse et ont gagné en intensité de couleur. Parfois un peu fermes dans leur jeunesse, ils récompensent ceux qui savent les attendre dix à quinze ans. Ce domaine en pleine forme mérite toute l'attention des amateurs.

Les vins : 2018 a donné ici des vins profonds et équilibrés, particulièrement réussis. Le bourgogne est solide mais tonique, avec un fruit juteux resté friand. Le chambolle offre un fruit charnu, gourmand, et se montre mûr et frais, avec de la sève et de l'éclat. Belle envergure dans Les Sentiers, encore sur la réserve mais velouté et ample, avec une mâche croquante et une touche mentholée. Épicé et poivré, Les Baudes se fait fuselé et minéral, et va à l'essentiel, avec une matière crayeuse et droite : c'est un "bébé bonnes-mares", dont il est voisin. Monopole du domaine, le premier cru Les Véroilles est situé tout en haut de coteau : plus délicat, nerveux et tendu, il se montre vigoureux et épuré, avec une fraîcheur caillouteuse. Vin dense et élégant, Les Charmes offre des saveurs de fruits rouges et noirs empreintes de tonus et salinité. Tout en muscle, intensité et profondeur, Les Cras est magnifique dans ses arômes de thym, de fruits noirs et de zan, avec des tanins réglissés et un supplément d'envergure.

- Bourgogne 2018 — 15 € — 90
- Chambolle-Musigny 2018 — 35 € — 93
- Chambolle-Musigny Premier Cru Les Baudes 2018 — 62 € — 95
- Chambolle-Musigny Premier Cru Les Charmes 2018 — 64 € — 95
- Chambolle-Musigny Premier Cru Les Sentiers 2018 — 62 € — 94
- Chambolle-Musigny Premier Cru Les Véroilles 2018 — 62 € — 95

Le coup de ♥

- Chambolle-Musigny Premier Cru Les Cras 2018 — 62 € — 96

Rouge : 6,5 hectares. Pinot noir 100 %
Blanc : Aligoté 100 %
Production moyenne : 30 000 bt/an

DOMAINE GHISLAINE BARTHOD
Rue du Lavoir, 21220 Chambolle-Musigny
03 80 62 80 16 • Vente et visites : au domaine sur rendez-vous.
Propriétaire : Famille Barthod-Noëllat

★

DOMAINE BERTHAUT-GERBET

La septième génération incarnée par Amélie Berthaut-Gerbet, ingénieur agronome et œnologue, s'est installée au domaine depuis 2013, et aide son père Denis Berthaut à maintenir un bon niveau. Le domaine regroupe des vignes sur Fixin et Vosne-Romanée, avec une parcelle en Clos de Vougeot. Pendant longtemps, les vins étaient tanniques et robustes ; ils ont ensuite changé de style grâce à une maturité plus poussée des raisins et à des extractions moins fortes ; quelques petits réglages d'élevage leur permettront encore de progresser. Saluons la belle évolution de ce domaine qui trouve ses marques.

Les vins : bel équilibre dans le hautes-côtes-de-nuits, vin sapide et musclé au fruit savoureux et tendre, qui associe envergure et fraîcheur. Ample, très expressif et moelleux, le fixin Les Crais est une très belle réussite, structuré et gourmand. Velouté, bien mûr et dense, Combe Roy digèrera sans difficulté son élevage encore un peu présent. Beaucoup d'envergure dans Les Arvelets, à la matière dense et profonde, dont la sève épouse habilement l'élevage, avec une proportion de vendange entière qui amène de la fraîcheur. Généreux et racé, Les Petits Monts est encore immature, se présente très joufflu, mais il devrait s'épurer au vieillissement. Dense, empreint d'une sève énergique, le clos-de-vougeot présente un grand volume et une mâche assez opulente.

- Bourgogne Hautes-Côtes de Nuits 2018 — 14 € — 92
- Clos de Vougeot Grand Cru 2018 — 120 € — 94
- Fixin En Combe Roy 2018 — 28 € — 92
- Fixin Les Crais 2018 — 23 € — 93
- Fixin Premier Cru Les Arvelets 2018 — 40 € — 93
- Vosne-Romanée Premier Cru Les Petits Monts 2018 — 68 € — 94

Rouge : 17,5 hectares. Pinot noir 100 %
Blanc : 0,5 hectare. Chardonnay 100 %
Production moyenne : 80 000 bt/an

DOMAINE BERTHAUT-GERBET
9, rue Noisot, 21220 Fixin
03 80 52 45 48 • www.berthaut-gerbet.com • Vente et visites : au domaine sur rendez-vous.
Propriétaire : Amélie Berthaut-Gerbet et Denis Berthaut

★

MAISON JEAN-CLAUDE BOISSET

Jean-Claude Boisset est à la tête d'un empire en Bourgogne regroupant plus d'une trentaine de marques. Longtemps associé à la production de vins moyens, voire médiocres, il a engagé depuis 1999 un changement de cap avec la création du domaine de la Vougeraie. Une seconde étape a été franchie en 2002 avec le repositionnement sur le créneau haut de gamme de sa marque phare : Jean-Claude Boisset. Pour y parvenir, il en a confié les rênes à un vinificateur de talent formé chez Lalou Bize-Leroy, Grégory Patriat. La production a été divisée par dix, un nouvel outil de vinification ultramoderne a été construit et une politique intelligente et exigeante d'achat de raisins est désormais menée. Le résultat est spectaculaire et les vins font aujourd'hui partie de l'élite bourguignonne.

Les vins : les blancs sont très réussis, nous aimons ce style d'élevage très soigné ; les boisés ne marquent jamais les vins. Expressif, nuancé, assez précoce, le santenay blanc est un très joli vin bien mûr, au caractère précis et sobre. Plus de richesse dans le beaune blanc, capable de bien vieillir. Très tendre, le chambolle prend des saveurs de gelée de fruits, assez marqué par le millésime. Bien mûr, le fruit du pommard est resté nuancé, dans une matière vigoureuse, corsée en finale par des tanins puissants. Très beau nez de cassis et de framboise dans le gevrey, assez délicat en texture, agréablement tendu par la vendange entière. Fruits rouges et cannelle se retrouvent au nez de l'aloxe-corton, vin complet et carré parsemé de touches d'agrumes, qui puise dans l'argile sa structure large et son allonge. Expressif, un peu crémeux, Aux Chaignots déborde de fruits mûrs, mais il a conservé une bonne fraîcheur et une allonge réglissée très savoureuse. Complexité aromatique accrue dans le clos-de-la-roche, qui livre un fruit succulent, gorgé de soleil mais resté frais : un vin séducteur, très pertinent, déjà étonnant de gourmandise à ce stade.

- Beaune Premier Cru Les Vignes Franches 2018 — 35 € — 93
- Santenay Premier Cru Passetemps 2018 — 32 € — 92
- Aloxe-Corton Premier Cru Les Valozières 2018 — 45 € — 94
- Chambolle-Musigny 2018 — 46 € — 91
- Clos de la Roche Grand Cru 2018 — 165 € — 96
- Gevrey-Chambertin Les Murots 2018 — 48 € — 93
- Pommard Les Vaumuriens 2018 — 44 € — 92

Le coup de ♥

- Nuits-Saint-Georges Premier Cru Aux Chaignots 2018 — 55 € — 94

Rouge : Pinot noir 100 %
Achat de raisins.
Blanc : Chardonnay 100 %
Achat de raisins.
Production moyenne : 450 000 bt/an

MAISON JEAN-CLAUDE BOISSET ♣

Les Ursulines, 5, chemin des Plateaux,
21700 Nuits-Saint-Georges
03 80 62 61 61 • www.jeanclaudeboisset.fr •
Vente et visites : au domaine sur rendez-vous.
Propriétaire : Jean-Claude Boisset
Directeur : Grégory Patriat

★

DOMAINE RENÉ BOUVIER

Ce domaine familial depuis trois générations possède un rare patrimoine de vignes âgées, avec une moyenne d'âge d'environ 50 ans. Bernard Bouvier, 52 ans, a signé son premier millésime en 1986 et fait partie de cette génération de vignerons qui ont apporté du sang neuf à la Bourgogne. Après avoir, comme beaucoup d'autres, cédé aux sirènes des vins modernes et très extraits, il a corrigé le tir pour produire des cuvées plus fines. 2009 marque le passage en bio et 2010 le début de l'emploi de la vendange entière, en moyenne à 50 % sur l'ensemble des vins. Un usage plus modéré du bois neuf et des choix de maturité plus précis ont produit ces dernières années des vins beaucoup plus aboutis. La certification bio a été perdue en 2016, mais est de nouveau en cours d'agrément.

Les vins : peu aromatique, Clos du Roy se montre très tendre, assez floral et salivant : il devrait retrouver du nerf en bouteilles. Assez onctueux, Jeunes Rois a conservé de la fraîcheur, avec des tanins assez friands. Tanins très fins et douceur de texture dans Racines du Temps, très équilibré et ample, dont les saveurs d'agrumes et les petits amers apportent beaucoup de fraîcheur. Plus d'allonge et de finesse dans Les Champeaux, dont le fruit pulpeux très sapide emplit la bouche avec un éclat floral. Très pulpeux, aérien, Combe au Moine se fait plus frais et séveux, un peu plus réservé mais très élégant. Profondeur et envergure de chair dans le charmes-chambertin, dont les saveurs bien mûres se déploient en bouche avec précision et franchise : un vin digne de son pedigree. Si le nez évoque un peu le raisin sec, la bouche de l'echezeaux se fait énergique dans ses saveurs de poivre et de zan. Très structuré, très bien constitué, c'est un vin complet, habilement vinifié.

- Charmes-Chambertin Grand Cru 2018 — 187 € — 95
- Echezeaux Grand Cru 2018 — 196 € — 96
- Gevrey-Chambertin Les Jeunes Rois 2018 — 59 € — 92
- Gevrey-Chambertin Premier Cru Combe au Moine 2018 — 116 € — 94
- Gevrey-Chambertin Premier Cru Les Champeaux 2018 — 116 € — 94
- Gevrey-Chambertin Racines du Temps Très Vieilles Vignes 2018 — 67 € — 93

Marsannay Clos du Roy Vieilles Vignes 2018 37 € 92

Rouge : 25 hectares. Pinot noir 100 %
Achat de raisins.
Blanc : 5 hectares. Chardonnay 100 %
Achat de raisins.
Production moyenne : 100 000 bt/an

DOMAINE RENÉ BOUVIER
Chemin de Saule, Brochon,
21220 Gevrey-Chambertin
03 80 52 21 37 • www.renebouvier ;com •
Pas de visites.
Propriétaire : Bernard Bouvier

★

DOMAINE ROBERT CHEVILLON

Depuis quatre générations, la famille Chevillon cultive la vigne à Nuits-Saint-Georges. Aujourd'hui, ce sont les frères Bertrand et Denis, fils de Robert, qui entretiennent 13 hectares de vignes, à la moyenne d'âge élevée, dont 8 hectares dans certains des meilleurs premiers crus (au nombre de huit). Le travail respecte ici quelques principes simples : vendanges manuelles, tris sévères, élevages longs jusqu'à dix-huit mois, jamais plus de 30 % de fût neuf, puis mise en bouteille par gravité. On trouvera à cette adresse des vins intègres, toujours énergiques, qui vieillissent avec grâce et comptent parmi les plus aboutis du secteur.

Les vins : le millésime 2018 a été bien géré, les vins demandent à vieillir. Fruit croquant, saveurs de griottes dans le nuits Chaignots, nerveux et dense, d'une grande concentration. Minéral et serré, le vigoureux Roncières est encore un peu compact, mais possède du potentiel et beaucoup d'extrait sec. Si son fruit se montre un rien confit, la minéralité du Perrières le tend et apporte de la fraîcheur. Avec ses tanins robustes, il ne manque pas de densité. Le terroir plus argileux des Pruliers a gardé de la fraîcheur : dense, nerveux, il regorge de fruits noirs. Expressif et énergique, Les Cailles se fait athlétique, profond et élancé, adossé à des tanins croquants, très mûrs et fins. Vin serré, à la trame tannique imposante, les Saint-Georges est réservé mais persistant, compact mais avec une fraîcheur épicée enfouie. À notre sens, Les Vaucrains est cette année le plus abouti : un vin équilibré et moelleux, de grande envergure, tout en sève et éclat minéral, vigoureux, complexe et très précis.

Nuits-Saint-Georges Premier Cru Les Chaignots 2018 N.C. 93
Nuits-Saint-Georges Premier Cru Les Pruliers 2018 N.C. 94
Nuits-Saint-Georges Premier Cru Les Saint-Georges 2018 N.C. 96
Nuits-Saint-Georges Premier Cru Les Vaucrains 2018 N.C. 97
Nuits-Saint-Georges Premier Cru Perrières 2018 N.C. 93
Nuits-Saint-Georges Premier Cru Roncières 2018 N.C. 93

Le coup de ♥
Nuits-Saint-Georges Premier Cru Les Cailles 2018 N.C. 96

Rouge : 12,6 hectares. Pinot noir 100 %
Blanc : 0,5 hectare. Chardonnay 100 %
Production moyenne : 60 000 bt/an

DOMAINE ROBERT CHEVILLON
68, rue Félix-Tisserand,
21700 Nuits-Saint-Georges
03 80 62 34 88 •
www.domainerobertchevillon.fr •
Visites : sur rendez-vous uniquement aux professionnels.
Propriétaire : Bertrand et Denis Chevillon

NOUVEAU DOMAINE

★

DOMAINE BRUNO CLAVELIER

Bruno Clavelier n'est pas un nouveau venu, il s'est installé en 1987, prenant la suite de ses grands-parents, secondé par son épouse Valérie. Ce vigneron discret, passionné par la géologie et l'expression de ses terroirs, a certifié en bio le domaine et est un biodynamiste convaincu, travaillant dans cette voie depuis 1996. Le domaine possède une proportion élevée de vignes très âgées, et de superbes terroirs, essentiellement à Vosne, mais aussi Nuits, Chambolle et Gevrey, et un grand cru avec le corton Rognet. La finesse, la précision et l'identité très affirmée de chaque vin est digne d'éloges, et permet au domaine de rejoindre cette année notre guide.

Les vins : nous avons été emballés par la qualité des 2018. Matière large, fraîche dans la Combe Brûlée, doté d'un éclat minéral et de tanins suaves : un vin vibrant et pur, qui respecte le fruit. Charnu, profond, Hautes Maizières offre des tanins plus en relief : un vin ample et salivant, à la texture très savoureuse. Les Corbeaux se présente pur et frais, énergique et très étoffé dans sa chair veloutée, soutenu par une excellente acidité, parfaitement défini. Matière mûre et suave aux tanins soyeux dans Les Brûlées, plein de vitalité, avec une note fumée : la finale est dotée d'une admirable mâche persistante. Beaucoup de consistance dans les Beaumonts, enrobé et athlétique, dont le fruit moelleux et finement épicé est très séduisant. Nez de rose et de pivoine, bouche caressante, onctueuse et fraîche dans la Combe d'Orveau, plein et crayeux, avec une finale subtile et aérienne. Vin intense et velouté, à la chair moelleuse mais tendue, Aux Cras se fait voluptueux, avec une vitalité désaltérante, harmonieux et intense. Vin ample et précis, aux tanins soyeux et croquants, le corton se fait complet et élancé, sans la moindre lourdeur ni rusticité.

- Chambolle-Musigny Premier Cru Combe d'Orveau 2018 — 99 € — 96
- Corton Grand Cru Le Rognet 2018 — 99 € — 96
- Gevrey-Chambertin Premier Cru Les Corbeaux 2018 — 87 € — 94
- Nuits-Saint-Georges Premier Cru Aux Cras 2018 — 87 € — 96
- Vosne-Romanée Hautes Maizières 2018 — 55,75 € — 93
- Vosne-Romanée La Combe Brûlée 2018 — 55,75 € — 93
- Vosne-Romanée Premier Cru Les Beaumonts 2018 — 90 € — 95
- Vosne-Romanée Premier Cru Les Brûlées 2018 — 90 € — 96

Rouge : 5,9 hectares. Pinot noir 87 %, Gamay noir à jus blanc 13 %
Blanc : 0,6 hectare. Chardonnay 67 %, Aligoté 33 %
Production moyenne : 28 000 bt/an

DOMAINE BRUNO CLAVELIER ♣

RN 74, 21700 Vosne-Romanée
03 80 61 10 81 • www.bruno-clavelier.com •
Vente et visites : au domaine sur rendez-vous.
Propriétaire : Bruno et Valérie Clavelier
Directeur : Bruno Clavelier

★

DOMAINE PIERRE DAMOY

Pierre Damoy est en charge de ce prestigieux domaine depuis 1992. Il exploite la plus grande surface en propriété individuelle du fameux grand cru Clos de Bèze (plus de 5 hectares, dont une partie réservée pour le négoce), ce qui lui permet de procéder à des sélections sévères pour ses mises en bouteille, et de présenter deux cuvées. Son autre point fort : une très vieille vigne sur Chapelle-Chambertin, plus souple et plus tendre que son propre chambertin. La viticulture est raisonnée depuis de nombreuses années, sans apports d'engrais. Le domaine produit des vins classiques, assez puissants qui, depuis quelques millésimes, traduisent mieux l'expression des terroirs.

Les vins : nous avons dégusté à nouveau la gamme des 2017. Profil sapide dans le vigoureux bourgogne rouge, doté d'un fruit large et frais, dont l'envergure est équivalente à celle d'un beau gevrey. Trame dense dans le fixin, vin robuste et un peu sévère, qui s'est refermé depuis l'an dernier, mais dont l'équilibre, la pureté de fruit et de saveurs laisse augurer d'une heureuse évolution. Matière profonde, carrure ferme et sève terrienne dans le gevrey Clos Tamisot, un vin musculeux et vif qu'on laissera vieillir encore quelques années. Profil puissant, tout en muscle, énergique et réglissé dans le chapelle, très marqué par les fruits noirs, avec beaucoup de générosité. Vin profond et consistant, le chambertin offre une définition très précise du cru, avec des saveurs minérales et épicées, un peu sauvages, et très persistantes. Le clos-de-bèze possède plus d'élégance, une expression plus fraîche dans son fruit mûr, très juste et profilée, une structure un peu moins ferme, qui reste très élégante.

- Bourgogne 2017 — de 20 à 30 € (c) — 91
- Chambertin Grand Cru 2017 — de 350 à 400 € (c) — 97
- Chambertin-Clos de Bèze Grand Cru 2017 — de 300 à 400 € (c) — 97
- Chapelle-Chambertin Grand Cru 2017 — de 180 à 270 € (c) — 95
- Fixin Les Mogottes 2017 — de 55 à 75 € (c) — 92

Gevrey-Chambertin Clos Tamisot 2017 de 100 à 140 € (c) 93

Rouge : 12,4 hectares. Pinot noir 100 %
Achat de raisins.
Blanc : 0,6 hectare. Chardonnay 100 %
Achat de raisins.
Production moyenne : 40 000 bt/an

DOMAINE PIERRE DAMOY
11, rue du Maréchal-de-Lattre-de-Tassigny,
21220 Gevrey-Chambertin
03 80 34 30 47 •
www.domaine-pierre-damoy.com • Pas de visites.
Propriétaire : Famille Damoy
Directeur : Pierre Damoy

★

DECELLE ET FILS

Fondé en 2009 par deux grands messieurs du vin, Olivier Decelle (Mas Amiel en Roussillon et Jean Faure à Saint-Émilion), et Pierre-Jean Villa, vigneron dans le nord de la vallée du Rhône, ce domaine a arrêté en 2017 les achats de raisins. Précédemment nommé Decelle-Villa, il devient en 2020 Decelle et Fils. Basé à Nuits-Saint-Georges, il s'appuie sur des vignes en propriété sur les Côtes de Beaune et de Nuits, cultivées en bio. Le fin technicien Jean Lupatelli supplée depuis le début les associés à la cave et propose des vins d'excellent niveau. Les rouges intègrent de 20 à 50 % de vendange entière, apport discret qui convient parfaitement aux vins.

Les vins : 2018 est formidablement réussi dans les deux couleurs, les vins nous ont enthousiasmés. En blanc, les Champlains est convaincant dans sa mâche et sa finale aux notes d'écorces d'agrumes. Profil tendre, moelleux mais bien sec dans le savigny blanc, qui rappelle les saveurs et la texture d'une poire bien mûre. Pureté aromatique et intensité dans le très beau meursault, vin onctueux et appétent, le seul à intégrer du bois neuf, qui devrait se fondre assez rapidement. Précis, charnu et nerveux, le côte-de-nuits villages est bien mûr mais très gourmand, dans un style intègre et accessible, à l'élevage un peu plus marqué. Finement fumé, le savigny est un vin à la texture raffinée, dont le fruit mûr a gardé une très belle fraîcheur, et qui s'exprime avec beaucoup de finesse. Profil très juste, nuancé et tendre dans le chorey, très représentatif de son appellation, il s'avère déjà délicieux. Avec son nez poudré et floral, le Clos du Roi est admirable, ses tanins soyeux épousant à merveille sa mâche infusée. Il incarne le type de vin que nous aurions souhaité retrouver plus souvent en 2018 !

Bourgogne Hautes-Côtes de Beaune Les Champlains 2018 23 € 91
Meursault 2018 50 € 93
Savigny-lès-Beaune 2018 33 € 92
Chorey-lès-Beaune Les Poiriers 2018 30 € 92
Côte de Nuits-Villages La Berchère 2018 29 € 91
Savigny-lès-Beaune Les Gollardes 2018 29 € 93

Le coup de ♥
Beaune Premier Cru Clos du Roi 2018 47 € 94

Rouge : 6 hectares. Pinot noir 100 %
Achat de raisins.
Blanc : 3 hectares. Chardonnay 100 %
Achat de raisins.
Production moyenne : 50 000 bt/an

DECELLE ET FILS ♣
3, rue des Seuillets,
21700 Nuits-Saint-Georges
03 80 53 74 35 • www.decelle-villa.com •
Vente et visites : au domaine sur rendez-vous.
Propriétaire : Olivier Decelle et Pierre-Jean Villa
Directeur : Jean Lupatelli

★

DOMAINE GILLES DUROCHÉ

Vigneron à Gevrey-Chambertin, Gilles Duroché vendait beaucoup au négoce. L'arrivée en 2005 de son fils Pierre fait évoluer le domaine qui met désormais en bouteille la totalité de sa petite production. Le vignoble du domaine fait la part belle à différents villages et premiers crus de Gevrey, mais comprend aussi en grand cru Charmes, Latricières et Chambertin Clos de Bèze, ainsi qu'une microscopique vigne en Griotte-Chambertin. Le travail est des plus sérieux à la vigne (travail intégral des sols, entretien d'un patrimoine de vignes âgées, parfois centenaires, replantées avec les sélections massales du domaine) comme en cave – levures indigènes, élevages longs sans soutirage, pas de collage ni de filtration. Il en résulte des vins d'une grande finesse, avec des textures délicates, et une recherche avouée d'acidité et d'énergie. Vigneron discret, talentueux, Pierre Duroché affirme un style des plus convaincants, et progresse à chaque millésime.

Les vins : nous n'avons hélas pu déguster que deux vins de 2018, mais pas les moindres ; le latricières-chambertin se présente épicé, infusé et mûr, avec une tendresse moelleuse : un vin digeste, un rien enrobé, dans lequel la tension du cru est présente. Saveurs de petits fruits des bois, tanins très fins dans l'énergique et racé clos-de-bèze, issu d'une vigne plantée en 1920, dont l'envergure caressante masque la profondeur enfouie. Il s'exprime avec délicatesse et douceur, tout en restant tonique.

- Chambertin-Clos de Bèze Grand Cru 2018 — N.C. — 97
- Latricières-Chambertin Grand Cru 2018 — N.C. — 96

DOMAINE GILLES DUROCHÉ
7, place du Monument,
21220 Gevrey-Chambertin
03 80 51 82 77 • www.vins-duroche.com •
Pas de visites.
Propriétaire : Pierre et Gilles Duroché

★

DOMAINE SYLVIE ESMONIN

Depuis 1998, ce petit domaine est entièrement géré par la scrupuleuse Sylvie Esmonin, ingénieure agronome, qui l'a porté au sommet. Son savoir-faire à la vigne, son sens de la vinification combiné à l'utilisation des fameux fûts du négociant Dominique Laurent imprime à ses vins une signature bien particulière. Le fleuron de la gamme est le fameux gevrey-chambertin premier cru Clos Saint-Jacques. Représentants d'un style concentré et mûr, capables de très bien vieillir, les vins ont besoin de temps ou d'aération pour que l'élevage épouse pleinement leur chair généreuse.

Les vins : ils gagnent à être longuement aérés et se sont montrés très à leur avantage 24 à 48 heures après ouverture. Si le nez du gevrey n'est pas encore parfaitement en place, la bouche se montre caressante, très suave mais avec une belle densité de texture nourrie par un élevage soigné. Belle complexité aromatique avec beaucoup de douceur de fruits et d'épices dans la cuvée Vieilles Vignes, certes plus dense, mais aussi plus harmonieuse et plus étoffée en finale. Le nez du Clos Saint-Jacques, bien qu'immature, s'avère assez fascinant avec ses notes de fruits noirs et de bois de santal. Le boisé demande à se fondre mais respecte très habilement une matière ouvragée, subtile et élancée, parsemée d'éclats calcaires et de petits tanins moelleux.

- Gevrey-Chambertin 2017 — 45 € — 92
- Gevrey-Chambertin Premier Cru Clos Saint-Jacques 2017 — 100 € — 96
- Gevrey-Chambertin Vieilles Vignes 2017 — 50 € — 94

Rouge : 7,29 hectares. Pinot noir 100 %
Blanc : 0,37 hectare.
Production moyenne : 25 000 bt/an

DOMAINE SYLVIE ESMONIN
Clos Saint-Jacques, 1, rue Neuve,
21220 Gevrey-Chambertin
03 80 34 36 44 • sylvie-esmonin@orange.fr •
Pas de visites.
Propriétaire : Sylvie Esmonin

★

DOMAINE FAIVELEY

Aidé de son directeur technique Jérôme Flous, Erwan Faiveley a pris la suite de son père début 2005 et pratique depuis une révolution discrète dans ce vaste domaine au patrimoine de vignes exceptionnel. Bernard Hervet, ancien directeur général de la maison Bouchard, a assuré la transition et conseillé quelques acquisitions de vignes. Le style des vins a subtilement évolué : solidement bâtis autour d'une matière dense et moins austère que par le passé, ils affirment un fruit franc à l'expression désormais plus précoce. Si les boisés étaient autrefois un peu verts, ils prennent aujourd'hui des saveurs toastées. De meilleures maturités, les raisins depuis quelques millésimes tendent toutefois à mieux s'intégrer. L'ensemble des vins, particulièrement en rouge, a beaucoup progressé. Une spectaculaire nouvelle cuverie a été utilisée pour la première fois pour la vendange 2018. Ce domaine a su faire progresser ses vins avec justesse et intelligence.

Les vins : dommage que les boisés marquent plus les vins après la mise que pendant l'élevage. Les vins de la Côte Chalonnaise sont bien réussis, mais la place nous manque : retenons le mercurey Clos des Myglands, assez large, doté d'allonge, de finesse et de mâche, avec une finale épicée et nerveuse. Monopole du domaine, Clos de l'Écu se montre précis et juteux, bien mûr mais assez souple, délicatement épicé, équilibré et persistant avec des notes d'épices et de tabac blond. Matière assez juteuse dans Les Damodes, énergique et musclé, doté de tanins assez fins mais un peu marqué par le bois en finale. Encore marqué et serré par un boisé strict, Lavaux Saint-Jacques ne manque pas de fruit élancé, de finesse et d'allonge, mais il faudra être patient et espérer son épanouissement. Expression épicée et très mûre, modelée par un élevage ambitieux, qui imprime trop sa marque et recadre un echezeaux assez svelte et froid, doté de l'énergie intègre d'une très belle matière première. Avec une touche de menthe fraîche, le latricières est serré, ferme et fuselé, très élégant et persistant : un vin austère dans sa jeunesse, qui sait minimiser l'apport du chêne. Plein et complet, le corton-charlemagne est encore très immature mais séduit par son intensité, sa maturité de fruit, complétée de saveurs citronnées, d'anis et de fenouil.

- Corton-Charlemagne Grand Cru 2018 — 221 € — 96
- Beaune Premier Cru Clos de l'Ecu Monopole 2018 — 46 € — 93
- Echezeaux Grand Cru 2018 — 189 € — 95
- Gevrey-Chambertin Premier Cru Lavaux Saint-Jacques 2018 — 96 € — 92
- Latricières-Chambertin Grand Cru 2018 — 213 € — 96
- Mercurey Premier Cru Clos des Myglands 2018 — 28 € — 93
- Nuits-Saint-Georges Premier Cru Les Damodes 2018 — 76 € — 93

Rouge : Pinot noir 100 %
Achat de raisins.
Blanc : Chardonnay 100 %
Achat de raisins.
Production moyenne : 800 000 bt/an

DOMAINE FAIVELEY
8, rue du Tribourg,
21700 Nuits-Saint-Georges
03 80 61 04 55 • www.domaine-faiveley.com
• Pas de visites.
Propriétaire : Famille Faiveley
Directeur : Erwan et Eve Faiveley
Œnologue : Jérôme Flous

★ ↗

DOMAINE JÉRÔME GALEYRAND

Originaire de la Loire, formé chez Alain Burguet et Vincent Geantet, Jérôme Galeyrand s'est installé en 2001 et exploite un peu plus de 5 hectares, entre achats de vignes et locations. Le travail à la vigne est le plus respectueux possible, bio sans certification depuis 2010, utilisant uniquement du cuivre, du soufre et des tisanes. Les vins sont précis, recherchent la finesse du fruit et l'expression sans fard des terroirs. Enthousiasmants, les derniers vins nous enchantent par leur fraîcheur et leur pureté de fruit, avec une justesse et une précision rares dans les cuvées vinifiées sans soufre, permettant au domaine d'obtenir cette année sa première étoile.

Les vins : les blancs 2018 sont vinifiés sans adjonction de soufre. Pureté effilée et profil tranchant dans le très bel aligoté : ni trop vert ni trop mûr, le raisin a été vendangé au parfait moment. Éclat citronné et fermeté de saveurs dans le bouzeron, encore très réservé, dont la sève sapide assure l'équilibre. Notes un petit peu plus végétales dans le marsannay, très précis mais moins inspiré que les aligotés. Matière bien mûre dans le fixin, concentrée mais équilibrée, pourvue d'un jus savoureux et fin. La finesse des tanins est excellente pour le millésime. Bouche soyeuse et souple, caressante, grande délicatesse tactile pour En Billard, qui se distingue par son raffinement et son éclat, avec une fraîcheur pulpeuse. Caractère infusé, saveurs nuancées, assez revigorantes dans leur dynamisme, tanins plus fermes et matière un peu plus dense dans Les Croisettes, vin équilibré et déjà gourmand, très intègre, vinifié sans ajout de soufre, La Justice offre un nez ravissant, une admirable fraîcheur et une grande pureté de fruit, s'exprime dans des saveurs infusées qui transcrivent la sève terrienne du cru. Le terroir des Retraits prouve sa qualité dans ce vin émouvant, doté d'un raffinement bien particulier : la qualité de saveurs pointillistes et l'élégance naturelle de ce vin d'orfèvre lui permettent de surpasser bien des crus huppés.

- Bourgogne Aligoté Le Cran 2018 — 25 € — 91
- Bouzeron Vieilles Vignes 2018 — 24 € — 92
- Marsannay Champs Perdrix 2018 — 29 € — 90
- Côte de Nuits-Villages Les Retraits 2018 — 60 € — 95

- Fixin Le Champs des Charmes 2018 — 55 € — 92
- Gevrey-Chambertin En Billard 2018 — 55 € — 93
- Gevrey-Chambertin En Croisette 2018 — 55 € — 92

Le coup de ♥

- Gevrey-Chambertin La Justice 2018 — 55 € — 94

Rouge : 4,3 hectares. Pinot noir 100 %
Blanc : 1,2 hectare. Chardonnay 100 %
Production moyenne : 25 000 bt/an

DOMAINE JÉRÔME GALEYRAND ♣
Brochon, 21220 Gevrey-Chambertin
06 61 83 39 69 • www.jerome-galeyrand.fr •
Vente et visites : au domaine sur rendez-vous.
Propriétaire : Jérôme Galeyrand

★

DOMAINE HUGUENOT PÈRE ET FILS

Héritier d'une dizaine de générations de vignerons établis à Marsannay, Jean-Louis Huguenot a produit pendant longtemps des vins techniquement irréprochables qui glanaient de nombreuses médailles dans les concours. Plus discret, son fils Philippe est un jeune vinificateur ambitieux qui a su donner davantage de personnalité aux vins, sans pour autant obérer leurs qualités fondamentales. L'ensemble de la gamme se révèle très homogène, avec des vins précis et solides qui se sont affinés depuis quelques millésimes. Attention cependant aux élevages assez prégnants, qui peuvent amoindrir les nuances des expressions de terroir.

Les vins : les maturités élevées sont contenues par des élevages qui tendent les vins, mais impriment également un caractère lactique et des saveurs de cendres froides un peu lassantes. Les blancs sont agréables, surtout le fixin frais et profond, à la matière grasse portée par de bons amers. Champs Perdrix offre du velouté et du fond, assez nerveux mais marqué par un boisé un peu chocolaté ; Charmes aux Prêtres est plus voluptueux et réglissé, avec une chair ample dans laquelle le boisé se fait plus discret. Très beau nez floral, matière juste, assez suave dans le fixin rouge, à la finale un peu stricte. Bon volume dans le gevrey Vieilles Vignes, à la matière dense, lissée par l'élevage. Plus de mâche dans Les Crais, qui a gardé de la fraîcheur, et dont le boisé se fait un peu insistant en finale. Fruits noirs et myrtilles au nez du gevrey Fontenys, vin racé et profond, bien équilibré, mais la note de café froid est un peu entêtante.

- Fixin Champ des Charmes 2018 — 23 € — 91
- Fixin Petits Crais 2018 — 25,50 € — 91
- Gevrey-Chambertin Les Crais 2018 — 31,50 € — 92
- Gevrey-Chambertin Premier Cru Les Fontenys 2018 — N.C. — 93
- Gevrey-Chambertin Vieilles Vignes 2018 — 37 € — 91
- Marsannay Champ-Perdrix 2018 — 26,50 € — 91
- Marsannay La Charme Aux Prêtres 2018 — 26,50 € — 92

Rouge : 20 hectares. Pinot noir 100 %
Blanc : 3 hectares. Chardonnay 100 %
Production moyenne : 120 000 bt/an

DOMAINE HUGUENOT PÈRE ET FILS ♣
7, ruelle du Carron, 21160 Marsannay-la-Côte
03 80 52 11 56 • www.domainehuguenot.com
• Vente et visites : au domaine sur rendez-vous.
Propriétaire : Philippe Huguenot
Œnologue : Pierre Millemann

★

DOMAINE LAURENT PÈRE ET FILS

Connu et reconnu pour ses vins de négoce, Dominique Laurent a démarré, depuis 2006, une nouvelle aventure avec son fils. Ils ont créé une petite structure dans laquelle ils sont producteurs et éleveurs. Jean s'occupe de la vigne, vinifie et élève les vins avec son père. Idéalement implantées, la plus grande partie des vignes qu'ils cultivent sont louées à un ancien vigneron de Vosne-Romanée du domaine Haegelen-Jayer. Les Laurent aiment vinifier à partir de raisins non égrappés et élever leurs vins sans soufre. Le bois neuf maison est de rigueur. Dans l'ensemble, les blancs manquent souvent de fraîcheur mais les rouges sont profonds et solides : il faudra toutefois juger de l'intégration du bois neuf à mesure que les vins vieilliront, car certains ne surmonteront peut-être pas tout à fait ce régime parfois invasif. Mais les meilleurs s'inscriront sur la durée et parmi les plus beaux vins que compte la Bourgogne.

Les vins : saveurs de raisin bien mûr dans le meursault : dommage que le bois soit aussi prégnant et l'alourdisse de saveurs un peu pâtissières. Belle complexité et densité de chair dans le passetoutgrains, encore un peu sous l'emprise du bois, mais dont nous pressentons qu'il se détendra vite et fera un vin très gourmand. Très corsé, marqué par des saveurs assez toastées de bois neuf, le bourgogne est ambitieux mais sa mâche est saine. On l'attendra sagement un an ou deux. Nez de fruits noirs et d'épices dans le monthélie, très mûr et énergique, doté d'un fruit assez brillant. Son élevage est déjà très intégré et il se savoure avec plaisir. Le pommard Rugiens dévoile un nez magnifique, très intense et détaillé dans ses nuances d'épices, de petits fruits et de végétal noble. Trame tendue et éclat salin traversent la chair ferme et ample du vin, qui a préservé fraîcheur et nuances, et beaucoup d'allonge. Encore sur la réserve, le clos-de-vougeot se montre harmonieux, très profilé, avec une bouche verticale axée sur la profondeur, débarrassée de tout gras superflu. Le bois le corsète sans le comprimer.

- Meursault Premier Cru Le Poruzot Premier Jus 2018 — de 55 à 65 € (c) — 91
- Bourgogne Cuvée MCMXXVI 2018 — de 20 à 30 € (c) — 91
- Bourgogne Passe-tout-grains 2018 — de 10 à 15 € (c) — 90
- Clos de Vougeot Grand Cru Sui Generis La Plante l'Abbé 2018 — de 130 à 180 € (c) — 96
- Monthélie Sous Roche 2018 — N.C. — 92

Le coup de ♥

- Pommard Premier Cru Les Rugiens 2018 — de 40 à 50 € (c) — 95

Rouge : 10 hectares. Pinot noir 100 %
Blanc : 1 hectare. Chardonnay 100 %
Production moyenne : 30 000 bt/an

DOMAINE LAURENT PÈRE ET FILS

3, place de l'Église 21640 Flagey-Échézeaux
03 80 61 49 94 • jrdlaurent@live.fr ou dominiquelaurent12@orange.fr • Pas de visites.
Propriétaire : Jean et Dominique Laurent
Directeur : Jean Laurent

★

DOMAINE PHILIPPE ET VINCENT LECHENEAUT

Les frères Philippe et Vincent Lécheneaut pratiquent une viticulture honnête, sans esbroufe. Ils produisent des bourgognes de type classique, sans excès de corps ni de couleur, dotés d'une belle densité de matière et surtout proposant des expressions fidèles des terroirs. L'égrappage est partiel suivant les millésimes, conservant parfois jusqu'à 50 % de vendange entière, suivi de fermentations en levures indigènes. Une proportion d'un tiers de fût neuf est renouvelée chaque année, marquant certains vins d'un boisé de qualité, parfois un rien sec, mais qui finit toujours par s'intégrer. Ce domaine est en excellente forme sur les derniers millésimes.

Les vins : nous n'avons jamais aussi bien dégusté les vins qu'avec ce millésime 2018. Resté assez frais, le chambolle est mûr et croquant, avec un caractère floral et assez énergique. Nous apprécions l'équilibre du morey Clos des Ormes, au nez assez frais et minéral, à la matière étoffée et sphérique, déliée et cadrée par un élevage juste. Charnu, précis et séveux, Au Chouillet possède un fruit sain et ample, et une finale assez dense, aux tanins déjà enrobés. Chair pulpeuse et finement épicée dans Les Damodes, séduisant par sa fraîcheur tonique et son allonge caressante, avec une touche d'agrumes et de graphite en finale. Très beau nez de mûre, de zan et de cannelle dans Les Pruliers, à la matière ample et savoureuse, déjà très accessible grâce à la précision et la fraîcheur de ses saveurs, et la finesse de ses tanins. Plus mûr et très onctueux, le clos-de-la-roche offre plénitude et intensité de saveurs, avec une matière très étoffée, aucun excès de chaleur et une bel éclat minéral logé dans sa très persistante finale.

- Chambolle-Musigny 2018 — 45 € — 91
- Clos de la Roche Grand Cru 2018 — 200 € — 96
- Morey-Saint-Denis Clos des Ormes 2018 — 60 € — 92
- Nuits-Saint-Georges Au Chouillet Vieilles Vignes 2018 — 45 € — 92

- Nuits-Saint-Georges Premier Cru Les Damodes 2018 70 € 94

Le coup de ♥

- Nuits-Saint-Georges Premier Cru Les Pruliers 2018 70 € 95

Rouge : 9 hectares. Pinot noir 100 %
Blanc : 1 hectare. Chardonnay 100 %
Production moyenne : 50 000 bt/an

DOMAINE PHILIPPE ET VINCENT LECHENEAUT
14, rue des Seuillets,
21700 Nuits-Saint-Georges
03 80 61 05 96 •
www.domaine-lecheneaut.fr • Vente et visites : au domaine sur rendez-vous.
Propriétaire : Philippe et Vincent Lecheneaut
Œnologue : Pierre Milleman

★

DOMAINE LIGNIER-MICHELOT

Virgile Lignier travaille dur pour hisser son domaine parmi l'élite bourguignonne. Ses efforts lui permettent d'obtenir des vins épurés et droits, d'une grande transparence de saveurs, toujours avec un grand respect du fruit. Peu charnus, ses vins privilégient la finesse au volume de bouche, manquant parfois d'un rien d'épaisseur, mais leur caractère digeste, infusé et délicat s'avère très convaincant. La dernière décennie a comporté de fort belles réussites, avec des équilibres enthousiasmants, mais certains 2017 ont renoué avec des élevages plus présents, et plusieurs 2018 manquent de fraîcheur : nous espérons que 2019 corrigera le tir.

Les vins : les raisins ont-il été vendangés un peu tard en 2018 ? Plusieurs vins se montrent hélas assez confits dans l'expression de leur fruit. Nous apprécions le morey En La Rue de Vergy, assez intense et épicé, qui offre belle fraîcheur et souplesse de chair, dans un profil tonique. Parmi les moreys premier crus, Les Charmes pâtit de tanins un peu épais et collants, Aux Cheseaux est plus épicé, avec une matière moelleuse, sphérique, un peu alanguie mais précise en finale. Caractère plus tonique, sanguin et élancé dans Les Faconnières, marqué par une matière dense, un peu pesante en finale, mais la fraîcheur est au rendez-vous. Intensité minérale au nez du Chenevery, enrobé en attaque puis tout en sève, avec des saveurs de fève de cacao en finale : un vin puissant, nerveux, un peu austère. Très intense, saturé de saveurs, le clos-de-la-roche passe en force, à la fois très mûr et porté par une sève prégnante. La texture reste assez épaisse, les saveurs un peu confites, ce vin nous a habitués à mieux.

- Clos de la Roche Grand Cru 2018 Épuisé - 250 € 94
- Morey-Saint-Denis En la Rue de Vergy 2018 Épuisé - 35 € 92
- Morey-Saint-Denis Premier Cru Aux Charmes 2018 Épuisé - 78 € 91
- Morey-Saint-Denis Premier Cru Aux Chezeaux 2018 Épuisé - 77 € 92
- Morey-Saint-Denis Premier Cru Les Chenevery 2018 Épuisé - 77 € 93
- Morey-Saint-Denis Premier Cru Les Faconnières 2018 Épuisé - 77 € 93

Rouge : 10 hectares. Pinot noir 95 %, Gamay noir à jus blanc 5 %
Achat de raisins.
Blanc : 0,24 hectare. Chardonnay 100 %
Achat de raisins.
Production moyenne : 60 000 bt/an

DOMAINE LIGNIER-MICHELOT
39, rue du Jardins, 21220 Morey-Saint-Denis
06 07 31 24 07 • virgile.lignier@wanadoo.fr •
Visites : sur rendez-vous uniquement aux professionnels.
Propriétaire : Virgile Lignier
Directeur : Laure Lignier

★ ↗

MAISON FRÉDERIC MAGNIEN – DOMAINE MICHEL MAGNIEN

Frédéric Magnien a longtemps fait partie de ces vignerons dit "modernistes" qui vinifiaient des pinots sombres dans lesquels le terroir s'exprimait souvent plus par la puissance que par la finesse. Pendant longtemps, il a produit des vins très colorés, parfois concentrés à la limite de la surextraction, avec des boisés dominateurs. Nous intégrons sous la même entrée dans ce guide les vins que Frédéric Magnien vinifie au domaine de son père, Michel Magnien. Désormais converti à la biodynamie, le domaine a opéré un tournant stylistique majeur avec, à partir de 2015, des élevages partiels en jarre de terre cuite, qui affinent les expressions des vins et en respectent mieux le fruit. Ce travail ambitieux a permis d'accomplir de grands progrès et débouche logiquement sur l'obtention de la première étoile cette année.

Les vins : la gamme est vaste, nous avons retenu nos vins préférés. Matière très mûre et ample dans le gevrey Goulots, assez voluptueux, touche de cacao et de framboise en bouche, beaucoup de profondeur de chair et belle structure svelte. La bouche du chambolle Borniques se fait très réglissée, assez soyeuse et portée par un souffle terrien, la trame tannique est ciselée, l'ensemble est racé, mais un peu brut de décoffrage il doit vieillir. Belle fraîcheur de fruit dans Lavaux Saint-Jacques, vin juteux à la fine sève élancée, nuancé et assez tendre : ensemble précis, salivant, complet. La bouche du gevrey Petite Chapelle séduit par son soyeux de texture, son caractère un peu froid, son allonge juteuse, minérale : grand respect du fruit et élevage très soigné. Chair serrée, tanins nerveux dans le clos-saint-denis, vin très persistant, buriné, concentré, mais bien équilibré, et racé. Grand nez floral, fraise et menthe, dans le charmes-chambertin, vin svelte et élancé, dynamique, épicé et délié, le raffinement du terroir s'impose. Touches finement grillées dans le clos-de-bèze, à la chair moelleuse, ample, aérienne, aux très fines notes d'agrumes et d'orange sanguine : un vin très soigné, très expressif, apaisé, harmonieux.

- Chambertin-Clos de Bèze Grand Cru 2018 — 300 € — 96
- Chambolle-Musigny Premier Cru Les Borniques 2018 — 100 € — 94
- Charmes-Chambertin Grand Cru Aux Charmes 2018 — 230 € — 96
- Clos Saint-Denis Grand Cru 2018 — 250 € — 94
- Gevrey-Chambertin Premier Cru Lavaux Saint-Jacques 2018 — 90 € — 94
- Gevrey-Chambertin Premier Cru Les Goulots 2018 — 150 € — 93
- Gevrey-Chambertin Premier Cru Petite Chapelle 2018 — 100 € — 95

Rouge : Pinot noir 100 %
Achat de raisins.
Blanc : Chardonnay 100 %
Achat de raisins.
Production moyenne : 250 000 bt/an

MAISON FRÉDERIC MAGNIEN – DOMAINE MICHEL MAGNIEN ♣

26, route Nationale,
21220 Morey-Saint-Denis
03 80 51 82 98 • www.domaine-magnien.com • Vente et visites : au domaine sur rendez-vous.
Propriétaire : Frédéric Magnien

★

DOMAINE MÉO-CAMUZET

Désormais également vigneron en Oregon, Jean-Nicolas Méo est propriétaire de ce domaine de référence, dont les qualités sont largement reconnues par le marché mondial, et dont les collectionneurs s'arrachent la moindre bouteille. Une petite activité de négoce vient compléter la gamme du domaine. Il a su habilement pérenniser le style des vins, de grands bourgognes parfumés, policés par des élevages luxueux mais dotés d'une étoffe et d'une profondeur de texture admirables, entre classicisme et modernité. Les parfums s'épanouissent avec quelques années de bouteille et les vins gagnent en profondeur. Nous apprécions ces vins sérieux et soignés, mais les élevages un peu ostentatoires les polissent et ternissent légèrement le fruit : nous sommes persuadés que quelques petits réglages pourraient leur apporter plus de nuances.

Les vins : concentrons-nous sur les vins du domaine. Chair onctueuse et très mûre dans le vosne, un vin concentré, avec de la mâche et des tanins réglissés. Avec sa chair musclée et nerveuse, ses tanins croquants, Les Murgers est convaincant, très mûr mais réglissé, avec des notes d'encre, de graphite et de menthol. Structuré et plein, le vosne Chaumes offre sève et tanins précis, un peu linéaire mais avec du relief en finale. Généreux, le clos-de-vougeot livre une matière crémeuse, étoffée et encore un peu austère : texture, allonge, finesse sont au rendez-vous dans ce vin qui a préservé de la fraîcheur. Caractère plus juteux, matière gourmande dans le corton, assez ferme mais nuancé et porté par une allonge crayeuse et précise. Ferme, concentré, le Cros Parentoux se décline autour de fruits noirs, poivre et épices. Avec sa sève caillouteuse, il ne manque pas de vigueur mais demeure assez mutique et devrait s'équilibrer avec l'âge. Nez très intense pour le richebourg, entre myrtille et framboise confite, vin tout en puissance contenue, sans aspérités, aux muscles élancés. Finesse, allonge, profondeur : il a l'avenir pour lui.

- Clos de Vougeot Grand Cru 2018 — de 250 à 300 € (c) — 94

- Corton Grand Cru Clos Rognet 2018 de 220 à 280 € (c) 95
- Nuits-Saint-Georges Premier Cru Aux Murgers 2018 de 150 à 180 € (c) 94
- Richebourg Grand Cru 2018 de 1 450 à 1 850 € (c) 97
- Vosne-Romanée 2018 de 90 à 140 € (c) 92
- Vosne-Romanée Premier Cru Cros Parantoux 2018 N.C. 96
- Vosne-Romanée Premier Cru Les Chaumes 2018 de 140 à 170 € (c) 93

Rouge : 14,5 hectares. Pinot noir 100 %
Achat de raisins.
Blanc : 3,6 hectares. Chardonnay 100 %
Achat de raisins.
Production moyenne : 70 000 bt/an

DOMAINE MÉO-CAMUZET
11, rue des Grands-Crus,
21700 Vosne-Romanée
03 80 61 55 55 • www.meo-camuzet.com •
Visites : Pas de visites.
Propriétaire : Famille Méo
Directeur : Jean-Nicolas Méo
Œnologue : Peer Reiss

★

DOMAINE PHILIPPE NADDEF

Philippe Naddef a débuté en 1983 en reprenant un vignoble de 2,5 hectares légué par son grand-père. Il a depuis fait du chemin avec des vins solides, colorés et tanniques, qui vieillissent fort bien. L'empreinte du terroir est très marquée, avec le grand cru Mazis-Chambertin, mais aussi Les Cazetiers ou Les Champeaux en premiers crus de Gevrey, où le domaine possède beaucoup de vieilles vignes. Michel, le fils de Philippe, est arrivé en 2008 et a repris les vinifications en rouge, réduisant le bois neuf et cherchant à rendre les vins plus accessibles dans leur jeunesse, avec des tanins plus fondus. Les vins n'ont pas perdu leur identité et nous encourageons ces efforts.

Les vins : 2018 signe une très belle réussite. Attention cependant, une cuvée au moins (gevrey premier cru Champeaux) n'a pas été retenue, car nous suspectons la présence de brettanomyces. Profond, mûr et épicé, le marsannay rouge est très savoureux, et a conservé une belle fraîcheur. Précoce, plus tendre et moelleux, Les Genelières offre un fruit frais et fin, et un profil croquant, assez aérien. Plus de complexité dans le fixin Les Clos, charnu et patiné, doté de tanins fermes, vin très expressif et soigné, déjà gourmand. Le gevrey En Songe offre des notes un peu fumées, une matière ample et épicée aux saveurs réglissées en finale, soutenu par un boisé de qualité. Le fruit évoque la prune et la cerise noire dans Les Cazetiers, dont la belle envergure de saveurs veloutées s'appuie sur des tanins fins, en un profil très avenant, juteux et policé, déjà gourmand. Poivre noir et terre fraîche au nez du mazis-chambertin, vin de grandes dimensions, dont le fruit noir et réglissé tapisse la bouche, avec une superbe finale mentholée et étoffée.

- Fixin Le Clos 2018 30 € 93
- Gevrey-Chambertin En Songe 2018 42 € 93
- Gevrey-Chambertin Premier Cru Les Cazetiers 2018 87 € 94
- Marsannay 2018 19,50 € 92
- Mazis-Chambertin Grand Cru 2018 200 € 96

Le coup de ♥
- Marsannay Les Genelières 2018 24 € 93

Rouge : 5 hectares. Pinot noir 100 %
Blanc : 1 hectare. Chardonnay 100 %
Production moyenne : 30 000 bt/an

DOMAINE PHILIPPE NADDEF
30, route des Grands-Crus, 21220 Fixin
03 80 51 45 99 •
www.bourgogne-naddef.com • Vente et visites : au domaine sur rendez-vous.
Propriétaire : Philippe Naddef

★

DOMAINE SYLVAIN PATAILLE

Sylvain Pataille se révèle un des plus ardents défenseurs des terroirs de Marsannay et de Chenôve, avec le méconnu Clos du Chapitre, situé aux portes de l'agglomération dijonnaise. Engagé en bio depuis 2008, le domaine de 17 hectares perd en 2016 la certification suite à l'usage d'un traitement prohibé, choix douloureux pour sauver le peu de raisins qui subsistait. Exigeant, le vigneron travaille ses vignes au cheval, intervient le moins possible, conserve une proportion de vendange entière et s'attache à élever longuement ses vins, parfois plus de deux ans, quasiment sans soufre. Les vins affirment des personnalités sincères, attachantes et pleines de vitalité ; ils méritent d'être plus amplement découverts, notamment pour ses merveilleux aligotés (dont sept crus différents sont produits en 2018 !).

Les vins : salin et franc, le marsannay blanc est empreint d'une énergie communicative, qui lui confère également beaucoup de tension. Deux superbes aligotés, Charme aux Prêtres qui nous enchante à chaque dégustation, régal de fruit mûr et tonique, plein de vitalité et d'élan, avec des saveurs éclatantes, et le Clos du Roy, au nez de fruits jaunes et d'amandes grillées, plus citronné, très salivant avec sa pointe de gaz, mais à notre sens moins complexe. En rouge, les crus de Marsannay 2017 se présentent mieux que l'an dernier. Un rien exotique dans ses arômes, Les Longeroies met en avant sa délicatesse de fruit pulpeux, avec des tanins très soyeux. Plus de complexité et de relief dans Clos du Roy, dont la large finale crayeuse s'appuie sur des tanins friands. Quelle envergure dans L'Ancestrale, à l'attaque veloutée, qui monte en puissance avec une matière structurée, pourvu d'une mâche sapide mais dense ! On laissera vieillir quelques années ce superbe vin, sans doute le plus ambitieux de l'appellation.

Bourgogne Aligoté Clos du Roy 2017	N.C.	92
Bourgogne Aligoté La Charme aux Prêtres 2017	32 €	94
Marsannay 2017	29 €	93
Marsannay Clos du Roy 2017	37 €	93
Marsannay L'Ancestrale 2017	75 €	94
Marsannay Longeroies 2017	37 €	92

Rouge : 12,06 hectares. Pinot noir 90 %
Achat de raisins.
Blanc : 5,42 hectares. Aligoté 75 %, Chardonnay 25 %
Achat de raisins.
Production moyenne : 100 000 bt/an

DOMAINE SYLVAIN PATAILLE ♣

14, rue Neuve, 21160 Marsannay-la-Côte
03 80 51 17 35 •
domaine.sylvain.pataille@wanadoo.fr •
Vente et visites : au domaine sur rendez-vous.
Propriétaire : Sylvain Pataille

★

DOMAINE ROSSIGNOL-TRAPET

La division en 1990 des vignes du domaine Trapet a donné naissance aux domaines Rossignol-Trapet d'un côté, et Jean Trapet de l'autre. Moins connus que leur cousin Jean-Louis Trapet, les frères Rossignol, Nicolas l'aîné et David le cadet, ont toujours accordé une grande importance à la culture de la vigne. Ils passent à la biodynamie en 1997 et reconvertissent tout le domaine en 2004. La gamme comporte un superbe chambertin et des chapelle et latricières-chambertin de haute volée. Du simple gevrey-chambertin jusqu'aux grands crus, Nicolas et David produisent des vins remarquables, sincères et pleins, mais qui ont régulièrement progressé en pureté et en élégance, accessibles jeunes sans renier leur capacité de garde.

Les vins : les 2018 intègrent une moitié de raisins en vendange entière, nous aimons leurs textures assez fines et leur fraîcheur préservée. Jolie finesse et profil assez tendre dans le beaune Teurons, au profil infusé, à la chair ample et très déliée. Le gevrey Vieilles Vignes est très équilibré, assez tonique, avec de la carrure et du fond : avec ses tanins très fins et son allonge sapide, il pourra s'apprécier assez tôt. Nez complexe, avec des agrumes et de la grenade dans le Clos Prieur : encore un peu austère, ce vin offre une matière assez acidulée, étirée par la vendange entière, mais resté étonnamment frais et digeste pour le millésime. Fruits noirs et notes épicées dans Petite Chapelle, vin racé et nerveux, à la finale précise et salivante, un peu pointue mais mise en valeur par de petits tanins ciselés : il devrait vieillir à merveille. Des notes de cannelle et de lavande viennent agrémenter l'harmonieux chapelle, vin sensuel, élégant et nuancé, dont le fruit bien mûr se prolonge d'une finale vigoureuse à l'éclat minéral. Nez de zan et de fruits des bois dans l'austère chambertin, plus compact et réservé, réticent à se livrer, mais dont la sève, la profondeur et l'allonge indiquent le potentiel.

Beaune Premier Cru Les Teurons 2018	39 €	92
Chambertin Grand Cru 2018	190 €	97
Chapelle-Chambertin Grand Cru 2018	125 €	96
Gevrey-Chambertin Premier Cru Clos Prieur 2018	74 €	94

- Gevrey-Chambertin Vieilles Vignes 2018 — 34 € — 93

Le coup de ♥

- Gevrey-Chambertin Premier Cru Petite Chapelle 2018 — 74 € — 95

Rouge : 13 hectares. Pinot noir 100 %
Production moyenne : 60 000 bt/an

DOMAINE ROSSIGNOL-TRAPET ☾
4, rue de la Petite-Issue,
21220 Gevrey-Chambertin
03 80 51 87 26 • www.rossignol-trapet.com •
Visites : sans rendez-vous.
Propriétaire : David et Nicolas Rossignol
Œnologue : Pierre Milleman

DOMAINE AMIOT-SERVELLE

Christian et Élisabeth Amiot ont été rejoints en 2011 par leur fille Prune, diplômée d'œnologie. Situé pour l'essentiel sur les meilleurs premiers crus de Chambolle (pas moins de sept crus différents), le domaine s'est enrichi en 2010 de vignes en Morey-Saint-Denis, Clos-Saint-Denis et Charmes-Chambertin. Orienté depuis 2003 vers une viticulture bio (et certifiée à partir de 2008), le respect de l'environnement a permis aux vins de gagner en précision et en profondeur, avec une proportion de vendange entière. Les vins sont désormais très consistants, réguliers, et expriment avec justesse et sensibilité leurs terroirs respectifs, même si quelques petits réglages dans les élevages peuvent améliorer les équilibres.

Les vins : l'élevage est plutôt marqué au nez du chambolle, qui se montre juteux, assez énergique, mais le caractère chocolaté et boisé en finale se fait un peu trop insistant. Plus de raffinement et de complexité au nez des Bas Doix, la bouche est droite, nuancée, a préservé une bonne fraîcheur, avec une pointe d'extraction et de sécheresse en finale. Les Plantes monte en délicatesse aromatique, avec une matière veloutée et lisse, corsée et légèrement amère en finale, mais expressive et ample. Profondeur supplémentaire et enveloppe moelleuse dans Les Charmes, vin caressant où pointe un fruit très mûr. La finale est marquée par le bois, le style est classique, les tanins prennent une saveur légèrement grillée. Les Amoureuses offrent un pedigree bien différent : dans la maturité de fruit élevée surgit une fraîcheur florale, à la tonalité plus élevée. Le soyeux des tanins, les dimensions et la finesse sont au rendez-vous, le profil est assez délié, relevé de touches d'agrumes. Un excellent vin, qu'un élevage plus discret magnifierait encore.

- Chambolle-Musigny 2018 — de 55 à 65 € (c) — 90
- Chambolle-Musigny Les Bas-Doix 2018 — N.C. — 91
- Chambolle-Musigny Premier Cru Les Amoureuses 2018 — N.C. — 95
- Chambolle-Musigny Premier Cru Les Charmes 2018 — de 100 à 120 € (c) — 93
- Chambolle-Musigny Premier Cru Les Plantes 2018 — de 90 à 100 € (c) — 92

Rouge : 6 hectares. Pinot noir 100 %
Blanc : 1 hectare. Chardonnay 100 %
Production moyenne : 30 000 bt/an

DOMAINE AMIOT-SERVELLE ♣
34, rue Caroline-Aigle,
21220 Chambolle-Musigny
03 80 62 80 39 • www.amiot-servelle.com •
Vente et visites : au domaine sur rendez-vous.
Propriétaire : Prune et Antoine Amiot

NOUVEAU DOMAINE

DOMAINE JEAN FOURNIER

Ce domaine de 16 hectares exploite aujourd'hui des vignes majoritairement plantées en pinot noir à Marsannay, Fixin et en Côte de Beaune, complétées de chardonnay, pinot blanc et aligoté. Viticulteur consciencieux, Laurent Fournier, dont les ancêtres sont vignerons depuis le XVIIe siècle, est un fervent partisan de l'agriculture biologique, et a obtenu dès 2008 la certification. Les rouges intègrent une proportion d'un tiers à 50 % de vendange entière. Nous suivons depuis quelques années sa production, et le niveau qualitatif est désormais élevé, comme le confirme les excellents marsannays présentés en 2018. Une adresse très sûre, en rouge comme en blanc, qui entre dans notre guide par la grande porte.

Les vins : d'excellents blancs dans la gamme, à commencer par les deux aligotés. Retenons En Auvonne, plus ciselé, pénétrant en attaque, cristallin et nuancé. Notes d'agrumes confits dans le marsannay blanc, plein et vigoureux, porté par une belle acidité mûre. Un vin sain, intègre, comme on aimerait en trouver plus souvent dans cette appellation ! Les rouges ne sont pas en reste, avec quatre très beaux marsannays :

Es Chezots est un jus nerveux et vif, bien précis dans sa définition, cadré par des tanins poudrés et fins. Plus floral, Les Longeroies offre une matière déliée et intense, débordante de fruits frais, et un caractère réjouissant. Plus complet, avec son volume délicatement réglissé et ses saveurs florales, Clos du Roy est très élégant, savoureux et frais, et laisse la bouche très parfumée. Supplément de densité et d'envergure dans la cuvée Trois Terres, davantage marqué par l'apport de vendange entière, dont les tanins abondants mais fins laissent s'exprimer un fruit intense. Attendez-le trois à cinq ans. Un peu moins profond, Les Croix Violettes offre un équilibre très abouti, avec un fruit large et juteux et une trame moelleuse à la carrure un peu plus prononcée.

- Bourgogne Aligoté En Auvonne Vieilles Vignes 2018 — 15,50 € — 92
- Marsannay Les Longeroies 2017 — 28 € — 92
- Côtes de Nuits-Villages Les Croix Violettes Vieilles Vignes 2017 — 45 € — 93
- Marsannay Clos du Roy 2017 — 28 € — 93
- Marsannay Es Chezots 2017 — 28 € — 92
- Marsannay Les Longerois 2017 — 28 € — 92
- Marsannay Trois Terres Vieilles Vignes 2017 — 45 € — 94

Rouge : 17,8 hectares. Pinot noir 100 %
Blanc : 4,6 hectares. Chardonnay 70 %, Aligoté 20 %, Divers blanc 5 %, Pinot blanc 5 %
Production moyenne : 105 000 bt/an

DOMAINE JEAN FOURNIER ♣

29, rue du Château, 21160 Marsannay-la-Côte
03 80 52 24 38 •
domaine.jean.fournier@orange.fr •
Visites : sans rendez-vous.
Propriétaire : Laurent Fournier

NOUVEAU DOMAINE

DOMAINE HERESZTYN-MAZZINI

Florence Heresztyn a repris une partie des vignes de sa famille, et a signé en 2012 avec son mari Simon le premier millésime du domaine. Les vignes, souvent âgées et situées sur Gevrey, Morey et Chambolle, sont fort sagement travaillées, et la conversion bio sera effective avec les 2019. Depuis 2017, la plupart des vins intègrent une proportion d'au moins 50 % de vendange entière. La qualité a rapidement progressé, et permet au domaine d'intégrer cette année notre guide.

Les vins : nous n'avons dégusté que quatre vins, tous très convaincants. Matière souple, élégante, grand naturel d'expression dans le gevrey Vieilles Vignes 2017, vin précis, débordant de fruits frais (coulis de fruits noirs). Plus concentré et équilibré, le 2018 reste juteux, assez friand, le fruit a conservé de l'éclat, le vin est complet et savoureux. Les Millandes présente un caractère très fin, presque salin dans son éclat calcaire et sa tension, au profil tonique et persistant : un morey élégant et très droit. Vin vigoureux, Les Goulots offre une matière pulpeuse, et une fraîcheur qui infuse le fruit, avec une sève fuselée, énergique mais contenue.

- Gevrey-Chambertin Premier Cru Les Goulots 2018 — 49 € — 94
- Gevrey-Chambertin Vieilles Vignes 2017 — 28,50 € — 91
- Gevrey-Chambertin Vieilles Vignes 2018 — 29,15 € — 92
- Morey-Saint-Denis Premier Cru Les Millandes 2017 — 47,50 € — 93

Rouge : 5,3 hectares. Pinot noir 100 %
Blanc : 0,2 hectare. Chardonnay 100 %
Production moyenne : 30 000 bt/an

DOMAINE HERESZTYN-MAZZINI ♣

27, rue Richebourg,
21220 Gevrey-Chambertin
03 80 33 62 71 •
www.heresztyn-mazzini.com • Vente et visites : au domaine sur rendez-vous.
Propriétaire : Florence Heresztyn-Mazzini et Simon Mazzini

DOMAINE CHANTAL LESCURE

L'efficace François Chavériat est depuis 1996 à la tête de ce beau domaine situé à Nuits-Saint-Georges, propriété d'Aymeric et Thibault Machard de Gramont, et dont les vignes sont réparties entre Côte de Nuits et Côte de Beaune. Grâce à un travail énergique à la vigne, désormais conduite en bio depuis plus de quinze ans, il produit sans aucune concession des vins solides et expressifs qui ont gagné en finesse ces dernières années et méritent plusieurs années de garde. Cette patience est payante car les vins évoluent bien en bouteille.

Les vins : nous apprécions beaucoup le côte-de-beaune blanc, vin assez sobre et pur, très bien défini, doté de petits amers anisés en finale. Fruit bien mûr et très savoureux dans le beaune Chouacheux, dont les tanins sont puissants mais équilibrés. Le fruit du nuits-saint-georges évoque la prune, avec une jolie fraîcheur et un bon équilibre, dans une bouche assez lisse et veloutée. Fumé, assez intense et épicé, Les Suchots se montre plus mûr, et sa notable envergure de chair pulpeuse prend le dessus sur sa structure tannique, avec une finale réglissée. Très riche, marqué par le cacao et les fruits noirs, le clos-de-vougeot se montre assez massif, avec un fruit à la limite de la surmaturité, mais sa finale reste sapide et étoffée. Parions sur le vieillissement pour l'équilibrer et l'épurer un peu.

- Côte de Beaune La Grande Châtelaine 2018 — 29 € — 92
- Beaune Premier Cru Les Chouacheux 2018 — 46 € — 92
- Clos de Vougeot Grand Cru 2018 — 220 € — 94
- Vosne-Romanée Premier Cru Les Suchots 2018 — 155 € — 93

Le coup de ♥

- Nuits-Saint-Georges Les Damodes 2018 — 63 € — 93

Rouge : 15,4 hectares. Pinot noir 100 %
Blanc : 3,6 hectares. Chardonnay 95 %, Pinot gris 5 %
Production moyenne : 80 000 bt/an

DOMAINE CHANTAL LESCURE ♣
34, rue Thurot, 21700 Nuits-Saint-Georges
03 80 61 16 79 • www.domaine-lescure.com
• Vente et visites : au domaine sur rendez-vous.
Propriétaire : Aymeric et Thibault Machard de Gramont
Directeur : François Chavériat

DOMAINE BERTRAND ET AXELLE MACHARD DE GRAMONT

À la suite d'une séparation avec ses frères, Bertrand Machard de Gramont a créé son domaine en 1983. Il a replanté les spectaculaires terrasses des Vallerots, un coteau très raide en terrasses sur les hauteurs de Nuits-Saint-Georges. C'est sur cette appellation que se trouve la majorité des vignes de ce petit domaine. Après une autre vie, la fille de Bertrand, Axelle, est revenue au domaine en 2004. Elle y a initié la transition bio (certifiée en 2014) et un travail en douceur, tel que le foulage au pied en cuve tronconique en bois après égrappage. Les choix de cette vigneronne énergique s'avèrent payants et les vins livrent des expressions denses et sans fard de leurs terroirs respectifs, parfois un peu marqués par la macération à froid. Les élevages s'affinent et le domaine a encore une marge de progression.

Les vins : 2018 a donné ici des vins très aboutis. Fruit bien tendre dans Les Terrasses des Vallerots, dont la matière caressante épouse les petits tanins épicés et a conservé une excellente fraîcheur tonique en finale. La trame tannique est plus serrée dans Les Vallerots, mais le fruit bien mûr et juteux reste expressif, avec plus de densité et de persistance. Plus de douceur et de soyeux de texture dans Aux Allots, qui lorgne vers Vosne, et se fait plus enrobé, avec plus de sève et des tanins plus charnus. Maturité de fruit assez poussée dans Les Hauts Pruliers, vin plus cossu et ramassé, dans lequel perce un éclat calcaire qui apporte une salutaire mâche juteuse en finale. Saveurs épicées et chair veloutée, profonde, dans le vosne-romanée, dont la sucrosité du fruit très mûr a besoin de temps pour s'assagir : le vin reste un peu chaleureux en finale.

- Nuits-Saint-Georges Les Hauts Pruliers 2018 — 42 € — 92
- Nuits-Saint-Georges Les Terrasses des Vallerots 2018 — 31 € — 92
- Nuits-Saint-Georges Les Vallerots 2018 — 37 € — 93
- Vosne-Romanée 2018 — 42 € — 92

Le coup de ♥

- Nuits-Saint-Georges Aux Allots 2018 — 39 € — 93

Rouge : 5,4 hectares. Pinot noir 100 %
Blanc : 0,6 hectare. Aligoté 100 %
Production moyenne : 20 000 bt/an

DOMAINE BERTRAND ET AXELLE MACHARD DE GRAMONT ♣
13, rue de Vergy, 21700 Nuits-Saint-Georges
03 80 61 16 96 •
www.bertrand-machարddegramont.com •
Vente et visites : au domaine sur rendez-vous.
Propriétaire : Bertrand Machard de Gramont
Directeur : Axelle Machard de Gramont

DOMAINE ALAIN MICHELOT

Élodie Michelot, fille d'Alain, a désormais en charge la production des vins de ce domaine qui possède plusieurs premiers crus de Nuits-Saint-Georges, et exploite depuis 2010 une parcelle de Clos de Vougeot. Elle a rejoint le domaine familial en 1996, suivie par son mari en 1998, et a su faire progresser les vins en finesse et élégance, sans pour autant perdre en puissance. Intégrant jusqu'à un quart de fût neuf, les élevages semblent mieux intégrés depuis 2016 : les vins apparaissent moins secs que les années précédentes.

Les vins : le niveau des vins a progressé mais pourrait aller plus loin avec moins de fermentations à froid et en ajustant encore les élevages. Profil assez vif dans le bourgogne, issu de vignes âgées de 50 ans, dont l'élan et le croquant du fruit seront fédérateurs. Nez de cendres froides, bouche lisse, assez soyeuse dans le morey, au profil juteux, de style contemporain. Jolie envergure pour Aux Champs-Perdrix, à la matière assez juteuse, mais le boisé assèche un peu la fin de bouche. Grande chair florale et trame moelleuse dans l'excellent La Richemone, dont les petits tanins précis et le caractère sapide contribuent à la grande séduction. Saveurs plus sanguines et fine touche d'agrumes dans Les Vaucrains, dans lequel une sève vigoureuse imprime sa marque, juste interprétation du terroir.

- Bourgogne Calcédoine et Calcite 2017 — 16 € — 89
- Morey-Saint-Denis Premier Cru Les Charrières 2017 — 37 € — 91
- Nuits-Saint-Georges Aux Champs-Perdrix 2017 — 38 € — 91
- Nuits-Saint-Georges Premier Cru La Richemone 2017 — 43 € — 93
- Nuits-Saint-Georges Premier Cru Les Vaucrains 2017 — 46 € — 93

Rouge : 7,7 hectares. Pinot noir 100 %
Blanc : 0,3 hectare. Chardonnay 100 %
Production moyenne : 35 000 bt/an

DOMAINE ALAIN MICHELOT
6, rue Camille-Rodier,
21700 Nuits-Saint-Georges
03 80 61 14 46 •
domalainmichelot@orange.fr • Vente et visites : au domaine sur rendez-vous.
Propriétaire : Alain Michelot
Directeur : Élodie Michelot

DOMAINE HENRI ET GILLES REMORIQUET

Ce domaine familial propose des cuvées élaborées dans un style plutôt classique, qui vieillissent bien. Gilles Remoriquet, œnologue diplômé de l'Université de Dijon, est engagé dans la viticulture bourguignonne ; il conduit le domaine pour en faire un modèle, avec labours, contrôle des rendements, vendanges manuelles et élevages en fût. Le domaine possède une belle palette de nuits-saint-georges, dont de nombreux premiers crus vinifiés séparément. Les vins sont soigneusement élaborés, riches et denses, présentant une belle vinosité, mais nous avons le sentiment que des élevages plus fins leur rendraient justice.

Les vins : les 2018 sont bons mais les élevages ternissent un peu l'éclat du fruit, même si le bois s'intègre bien dans des matières mûres et amples. Charnu, épicé et tendre, le bourgogne rouge donnera du plaisir dès maintenant. Dense et mûr, le nuits est tout en volume velouté, ressenti renforcé par un boisé bien intégré mais généreux. Plus de finesse dans Les Allots, dont le fruit très mûr évoque la fraise et les épices, il reste gourmand en dépit du marqueur de l'élevage. Matière pulpeuse et plus nuancée dans Les Damodes, assez sensuelle dans la déclinaison de sa mâche épicée. Vin profond, assez tendu et très équilibré, Les Saint-Georges est promis à un bel avenir : sa chair épicée est infusée d'une sève fraîche. Notes de framboises confites dans le vosne-romanée premier cru, qui se montre plus mat et alangui, mais pourrait retrouver du nerf en bouteille.

- Bourgogne 2018 — 9 € — 90
- Nuits-Saint-Georges 2018 — 22,50 € — 90
- Nuits-Saint-Georges Les Allots 2018 — 27,50 € — 91
- Nuits-Saint-Georges Premier Cru Les Damodes 2018 — 37 € — 93
- Nuits-Saint-Georges Premier Cru Les Saint-Georges 2018 — 60 € — 94
- Vosne-Romanée Premier Cru Au-Dessus des Malconsorts 2018 — 60 € — 92

Rouge : 9 hectares. Pinot noir 100 %
Blanc : 0,5 hectare. Chardonnay 100 %
Production moyenne : 40 000 bt/an

DOMAINE HENRI ET GILLES REMORIQUET
25, rue de Charmois,
21700 Nuits-Saint-Georges

03 80 61 08 17 • contact@domaine-remoriquet.com • Vente et visites : au domaine sur rendez-vous.
Propriétaire : Gilles Remoriquet

DOMAINE HENRI RICHARD

Henri Richard était l'un des premiers vignerons de Gevrey-Chambertin à vendre ses vins en bouteille. Plus tard, sa fille livrera ses raisins au négoce. La nouvelle génération (Sarah Bastien, sur place, et Richard Bastien, œnologue au Canada) fait le choix d'une production de vin fini. Les vins sont travaillés à partir de raisins non égrappés. Le domaine progesse dans l'expression de chacun de ses terroirs, et les amateurs recherchant des vins plus fins et élégants qu'opulents trouveront ici leur bonheur.

Les vins : préalablement aéré pour dissiper la réduction, le gevrey Aux Corvées est tendu et ferme, encore assez austère, avec des tanins un rien sévères en finale. Plus de finesse et d'équilibre dans le gevrey Les Tuileries, vin plein et profilé, finement réglissé, avec une bonne fraîcheur de sève. Notes de menthe et de réglisse au nez du charmes-chambertin, vin très ferme, campé sur l'austérité de sa chair tout en retenue. C'est un coureur de fond qui réclamera de la patience ! Supplément de complexité dans le mazoyères, dont le nez évoque l'écorce d'agrumes et le cuir fin. Très étoffé, assez robuste, il demande, là encore, à être sagement attendu au moins dix ans, mais tout est en place.

- Charmes-Chambertin Grand Cru 2016 — 113 € — 94
- Gevrey-Chambertin Aux Corvées 2016 — 39 € — 90
- Gevrey-Chambertin Les Tuileries 2016 — 46 € — 92
- Mazoyères-Chambertin Grand Cru 2016 — 120 € — 94

Rouge : 4,15 hectares. Pinot noir 100 %
Blanc : 0,43 hectare. Aligoté 70 %, Pinot blanc 30 %
Production moyenne : 12 000 bt/an

DOMAINE HENRI RICHARD
75, route de Beaune,
21220 Gevrey-Chambertin
09 62 08 00 17 • www.domainehenririchard.com • Vente et visites : au domaine sur rendez-vous.
Propriétaire : Famille Bastien
Directeur : Sarah Bastien
Maître de chai : Guillaume Berthier

DOMAINE MARC ROY

Une viticulture soignée valorise au plus haut niveau ce domaine. Alexandrine Roy produit de très beaux vins profonds, charnus et raffinés, et perpétue un savoir-faire familial qui a toujours misé sur le travail des sols. Depuis son arrivée en 2003, le domaine a progressé. Les vins sont égrappés, les fûts neufs en proportion importante, jusqu'à 50 %. Si ses villages sont chers, ils sont largement au-dessus de bien des premiers crus qui n'atteignent pas un tel niveau de concentration et de complexité.

Les vins : profonds, puissants, les 2018 sont convaincants, mais les élevages sont parfois un peu prégnants. Juteux, profond, très équilibré, le gevrey Vieilles Vignes mérite de vieillir un peu pour totalement digérer son élevage, mais sa justesse de saveurs et sa fraîcheur sont très convaincantes. Plus charnu et moelleux, La Justice présente davantage de gras, et des tanins plus fins, avec une finale finement réglissée. Plus de sève, d'envergure, de mâche épicée dans le très beau Clos Prieur, plus austère dans sa jeunesse : tout est en place pour une belle évolution dans ce vin au boisé encore un peu rigide. La cuvée Alexandrine est une sélection de raisins millerandés : mise en valeur par un élevage de qualité, sa fraîcheur préservée, sa profondeur de saveurs et sa trame dense laissent augurer du meilleur.

- Gevrey-Chambertin Clos Prieur 2018 — de 75 à 85 € (c) — 93
- Gevrey-Chambertin Cuvée Alexandrine 2018 — 100 € — 94
- Gevrey-Chambertin La Justice 2018 — de 75 à 85 € (c) — 93
- Gevrey-Chambertin Vieilles Vignes 2018 — de 65 à 75 € (c) — 92

Rouge : 3,3 hectares. Pinot noir 100 %
Blanc : 0,5 hectare. Chardonnay 100 %
Production moyenne : 15 000 bt/an

DOMAINE MARC ROY
8, avenue de la Gare,
21220 Gevrey-Chambertin
03 80 51 81 13 • www.facebook.com/domainemarcroy • Vente et visites : au domaine sur rendez-vous.
Propriétaire : Alexandrine Roy

CÔTE DE BEAUNE

★★★

DOMAINE D'AUVENAY

Lalou Bize-Leroy est seule propriétaire de ce petit domaine, qui porte le nom de sa ferme fortifiée située sur les hauteurs de Saint-Romain. Avec deux grands crus en Côte de Nuits mais surtout de remarquables parcelles dans les grands terroirs de blancs de la Côte de Beaune, ce domaine applique les mêmes principes de culture et de vinification qu'au domaine Leroy, avec pour conséquence des vins peut-être encore plus inoubliables, car les tout petits rendements leur donnent une texture absolument unique, et une longueur en bouche phénoménale. À l'encontre de la mode actuelle, les blancs d'Auvenay sont vendangés très mûrs, vieillissent à la perfection et constituent une révélation pour tout ceux qui ont la chance d'y goûter un jour. Comme on s'en doute, le monde entier s'en arrache la moindre goutte.

Les vins : très ouvert et conforté par la richesse du millésime, le mazis-chambertin impose un équilibre souverain. Son fruit d'une ampleur et d'une pureté sans fard est tout en soyeux de texture. Derrière une apparence extravertie, il grandira sur plusieurs décennies. Véritable concentré de parfums, le bonnes-mares, avec son fruit intense, se livre à pas mesurés. Par sa texture légèrement resserrée, il nous plonge dans les entrailles de sa roche mère. Sa noble élégance prendra forme sur le très long terme. Somptueux. Avec le bourgogne aligoté on touche déjà au Graal, le cépage se fait totalement oublier, ce référent plein de vie confirme sa grandeur année après année. Les Boutonniers exprime la finesse de son terroir. Elle prend forme à travers un fruit gras mais délicat et une palette aromatique où le floral s'impose. Hors norme. Issu d'une vigne de soixante ans, Gouttes d'Or bousculera bien des grands crus, intense, puissant, racé et majestueux, ce très grand vin nous fait littéralement fait chavirer. Le bâtard-montrachet s'impose en référent, musclé, avec de la mâche et du volume, il est d'une intensité rare. Avec une touche florale, raffiné et doté d'un fruit d'une pureté et d'une complexité exemplaire le criots-bâtard se pose tout en délicatesse.

- Auxey-Duresses Les Boutonniers 2018 — de 500 à 600 € (c) — 99
- Bourgogne Aligoté 2018 — de 350 à 450 € (c) — 97
- Bâtard-Montrachet Grand Cru 2018 — de 2 500 à 3 500 € (c) — 100
- Criots-Bâtard-Montrachet Grand Cru 2018 — de 4 000 à 6 000 € (c) — 100
- Meursault Premier Cru Gouttes d'Or 2018 — de 2 000 à 2 500 € (c) — 100
- Meursault Pré de Manche 2018 — de 1 300 à 1 500 € (c) — 99
- Mazis-Chambertin Grand Cru 2018 — de 2 500 à 3 500 € (c) — 100

Le coup de ♥

- Bonnes-Mares Grand Cru 2018 — de 4 000 à 6 000 € (c) — 100

Rouge : 0,5 hectare. Pinot noir 100 %
Blanc : 3,4 hectares. Chardonnay 90 %, Aligoté 10 %
Production moyenne : 8 000 bt/an

DOMAINE D'AUVENAY
21190 Meursault
03 80 21 23 27 • Vente et visites : au domaine sur rendez-vous.
Propriétaire : Lalou Bize-Leroy

★★★

DOMAINE MICHEL BOUZEREAU ET FILS

Nous sommes enchantés par la régularité et le style précis des vins de ce domaine. Digestes, élégants et profonds, ils vieillissent avec harmonie. La propriété possède de petites parcelles sur de beaux crus du secteur. Jean-Baptiste Bouzereau vinifie ses blancs avec une grande précision et sait s'adapter avec souplesse au caractère de chaque millésime. Il recherche avant tout l'élégance et la pureté ; on rencontrera donc rarement dans ses vins les notes fortement grillées et réduites que certains amateurs associent au meursault.

Les vins : magnifique entrée en matière avec le bourgogne blanc, un vin d'une très belle vivacité, dense et plein en bouche. Le meursault Tessons affiche sa puissance musclée. Véritable boule d'énergie, avec un fruit profond, d'une pureté et d'un équilibre exemplaires. Profond, Charmes a des parfums de fruits bien mûrs. À l'inverse, la bouche délivre un fruit d'une grande fraîcheur, pur et droit avec une intense salinité et un joli final sur le zeste d'agrumes. Genevrières, bien typé meursault par une note d'amande fraîche, offre toute la délicatesse de ce grand terroir. Il évolue sur une intense note de citron, suivie d'une belle sensation minérale et saline en finale. Avec Perrières 2018 le minéral donne un sentiment d'eau de roche avec une salinité prégnante. Au nez, il développe un élégant parfum évoquant les agrumes. Épuré mais toujours bâti autour d'une chair profonde, un blanc de référence. Quant au Cailleret, il tire de la richesse du millésime un fruit volumineux, mais préserve toute l'élégance floral de ce terroir raffiné. Un vin droit, tout en finesse avec une magnifique allonge de bouche.

- Meursault Les Tessons 2018 — 55 € — 94
- Meursault Premier Cru Genevrières 2018 — 75 € — 97
- Meursault Premier Cru Les Charmes-Dessus 2018 — 75 € — 97
- Meursault Premier Cru Perrières 2018 — 100 € — 99
- Puligny-Montrachet Premier Cru Le Cailleret 2018 — 100 € — 97

Le coup de ♥

- Bourgogne 2018 — 20 € — 90

Rouge : 1,7 hectare. Pinot noir 100 %
Blanc : 11 hectares. Chardonnay 100 %
Production moyenne : 65 000 bt/an

DOMAINE MICHEL BOUZEREAU ET FILS
5, rue Robert-Thénard, 21190 Meursault
03 80 21 20 74 •
www.michelbouzereauetfils.com • Pas de visites.
Propriétaire : Jean-Baptiste Bouzereau
Œnologue : Guillaume Lebras

★★★ ↗

DOMAINE CHANDON DE BRIAILLES

Propriété familiale depuis 1834, Chandon de Briailles est un des rares domaines de ce rang à avoir converti l'intégralité de ses 14 hectares à la culture biodynamique sans transition (en 2011). Les vinifications sont ici très traditionnelles, avec une forte proportion de vendange entière pour les vins rouges et une utilisation très modérée du fût de chêne neuf. Ces vins peuvent parfois dérouter durant leur jeunesse, mais ils révèlent leur expressivité après quelques années en cave. Le vieillissement leur rend grâce et ils déploient alors toute la complexité des grands pinots floraux et raffinés. Les 2018 nous ont littéralement bluffés par leur équilibre et leur justesse, tant en rouge qu'en blanc. Ce domaine s'inscrit au sommet de la production des vins de la côte de Beaune : nous lui accordons sa troisième étoile.

Les vins : le savigny Les Saucours est un blanc d'une magnifique franchise de goût, porté par un fruit mûr et vif, très juteux. Un cran au-dessus, Île des Vergellesses semble capter sa puissance et son énergie dans le sol, et livre une forte salinité. Un vin d'une force incroyable. Le corton blanc retranscrit l'épaisseur propre à son terroir. En rouge, Aux Fourneaux exhale un nez élégant qui annonce la richesse du millésime par une note de fruit noir. Laissez-le s'assagir doucement. Les Lavières est un vin épuré, vibrant, porté en longueur par une trame tannique serrée. Exemplaire. Île de Vergelesses doit grandir en cave. Le corton-bressandes est un grand vin de garde au parfum délicieux, qui laisse ressurgir des petites notes de fruits noirs et d'épices. Le Clos du Roi se rapproche par son grain et sa trame de la Côte de Nuits : d'une grande pureté aromatique et tactile, il nous plonge dans les profondeurs de la roche-mère. Un vin élégant, plus en allonge qu'en volume de bouche. Splendide.

- Corton Grand Cru 2018 — 171 € — 96
- Pernand-Vergelesses Premier Cru Ile des Vergelesses 2018 — 78 € — 93
- Savigny-lès-Beaune Les Saucours 2018 — de 41 à 53 € (c) — 91
- Corton Grand Cru Les Bressandes 2018 — 171 € — 97
- Pernand-Vergelesses Premier Cru Ile des Vergelesses 2018 — 68 € — 93
- Savigny-lès-Beaune Aux Fournaux 2018 — 40 € — 91
- Savigny-lès-Beaune Premier Cru Les Lavières 2018 — 54 € — 94

Le coup de ♥

- Corton Grand Cru Clos du Roi 2018 — de 194 à 205 € (c) — 98

Rouge : 12 hectares. Pinot noir 100 %
Blanc : 2 hectares. Chardonnay 100 %
Production moyenne : 55 000 bt/an

DOMAINE CHANDON DE BRIAILLES ☾
1, rue Sœur-Goby, 21420 Savigny-lès-Beaune
03 80 21 52 31 •
www.chandondebriailles.com • Vente et visites : au domaine sur rendez-vous.

Propriétaire : François de Nicolay

★★★

DOMAINE COCHE-DURY

Qu'importe si ses vins s'arrachent aux quatre coins de la planète et se négocient à des prix faramineux aux enchères, la famille Coche-Dury continue de travailler ses vignes sans relâche et de suivre ses vinifications avec la plus grande attention. Désormais entre les mains du fils de Jean-François, Raphaël, les vins sont aisément reconnaissables à leur style droit, tendu et finement aromatique, porté sur la noisette. Ils possèdent avant tout une profondeur, une sapidité et une allonge absolument uniques. Nous sommes ici au sommet de ce que peut produire le chardonnay. Hélas, toute la production est vendue avant même la récolte, et il est impossible au domaine d'accepter de nouveaux clients. On peut en revanche trouver des vins de ce domaine à la carte de grands restaurants.

Les vins : le puligny Les Enseignères s'exprime par un joli parfum floral. Il précède une bouche plus pointue que pleine, s'appuyant sur une belle et vive acidité. Rougeots est quelque peu muet au nez. Son attaque vigoureuse est construite autour de jolis amers type pamplemousse. Riche et ample, Caillerets, d'une belle suavité, s'étire en longueur de bouche avec finesse. Avec Genevrières, on pourrait se laisser surprendre par sa finesse mais son fond regorge de puissance. Telle une ligne droite, très épuré, avec une sensation tannique qui le porte sur toute la longueur de bouche. Perrières est finement boisé, tout en puissance, très concentré, et malgré son fruit charnu, il reste d'un bloc en bouche. Il aura besoin d'une très longue garde pour se révéler avec sérénité. Pur, limpide et sphérique le corton-charlemagne possède une énergie et une puissance qui montent crescendo. Comme toujours, ce vin de garde demandera au moins une à deux décennies pour se révéler pleinement. En rouge, le meursault est une véritable boule de fruit. Un vin plein de gourmandise avec une réelle assise tannique apte à le porter dans le temps. Composé de deux premiers crus, du Clos des Chênes et du Taillepieds, le volnay premier cru se montre dense avec des tanins serrés. Replié sur lui-même, il faut le laisser grandir patiemment.

- Corton-Charlemagne Grand Cru 2017 — N.C. — 98
- Meursault Les Rougeots 2017 — de 900 à 950 € (c) — 92
- Meursault Premier Cru Caillerets 2017 — de 1 100 à 1 250 € (c) — 95
- Meursault Premier Cru Genevrières 2017 — de 1 600 à 1 800 € (c) — 97
- Puligny-Montrachet Premier Cru Les Enseignères 2017 — de 850 à 920 € (c) — 92
- Meursault 2017 — de 350 à 400 € (c) — 91
- Volnay Premier Cru 2017 — de 200 à 230 € (c) — 94

Le coup de ♥

- Meursault Premier Cru Perrières 2017 — N.C. — 99

Rouge : 2,5 hectares. Pinot noir 100 %
Achat de raisins.
Blanc : 7,8 hectares. Chardonnay 94 %, Aligoté 6 %
Achat de raisins.
Production moyenne : 45 000 bt/an

DOMAINE COCHE-DURY
25, rue Charles-Giraud, 21190 Meursault
03 80 21 24 12 • Vente et visites : au domaine sur rendez-vous.
Propriétaire : Raphaël Coche-Dury

★★★

DOMAINE DES COMTES LAFON

Dominique Lafon n'a cessé d'améliorer sa production malgré la notoriété du domaine. Depuis une bonne dizaine d'années, le style des blancs a évolué vers davantage de fraîcheur et de race, sans perdre ni en poids, ni en ampleur de bouche. Le style de vinification a aussi changé : les vins vont davantage vers la réduction, ils sont plus élancés, moins crémeux. La large gamme de meursaults s'est étoffée depuis 2011 de deux premiers crus : Les Bouchères et Poruzots. Sans perdre en densité, les rouges ont gagné en équilibre par un travail plus délicat durant la phase d'extraction, d'où des tanins plus souples et moins massifs. La meilleure gestion des élevages donne plus de place à la dimension du fruit. Rouges comme blancs sont d'un très haut niveau sur toute la gamme.

Les vins : un sans-faute pour ce domaine de référence avec des blancs somptueux, précis en termes de maturité et dans l'accompagnement des élevages. Le domaine a fait un véritable bon en avant de ce point de vue. À l'image du meursault qui évoque le pain brioché. En bouche, il se montre tendu, vif et frais avec une belle allonge sapide. Sans manquer de chair, ni de gras, il est ciselé avec un final citronné et salin. Sentiment de richesse accru avec le meursault Clos de la Barre et ses petites notes de fruit exotique type ananas. La bouche pulpeuse et charnue a de jolis amers et une salinité forte. La précision de l'élevage est extraordinaire et annonce un grand vin. Le meursault premier cru Charmes est gracieux et serein. Tout en élégance, il s'exprime sur une note d'amande fraîche. Pur, avec une maturité et un élevage juste et précis il gagne chaque année en finesse. La grande classe. Le volnay Santenots affirme un équilibre parfait entre fruit et tanins bien mûrs et savoureux. Son fruit d'aspect sucré orne l'allonge d'une réelle gourmandise et offre déjà le plaisir d'un très grand vin.

- Meursault 2017 — 70 € — 92
- Meursault Clos de la Barre 2017 — 93 € — 94
- Meursault Premier Cru Charmes 2017 — 165 € — 96
- Volnay Premier Cru Santenots du Milieu 2017 — 115 € — 96

Rouge : 5,8 hectares. Pinot noir 100 %
Blanc : 10,6 hectares. Chardonnay 100 %
Production moyenne : 80 000 bt/an

DOMAINE DES COMTES LAFON ♣
5, rue Pierre Joigneaux, 21190 Meursault
03 80 21 22 17 • www.comtes-lafon.fr • Pas de visites.
Propriétaire : GFA des Comtes Lafon
Directeur : Dominique Lafon
Maître de chai : Stéphane Thibodaux

★★★

DOMAINE DE COURCEL

Le domaine fait incontestablement partie des références de la Bourgogne pour les amateurs de pinots raffinés et racés. Il faut dire qu'Yves Confuron et Gilles de Courcel forment un sacré duo de perfectionnistes, soignant la viticulture et les vinifications en vendange entière, qui expriment avec bonheur les subtilités des terroirs de Pommard. Comme la plupart des grands vins, les crus de la maison ont besoin de temps pour acquérir toute leur noblesse.

Les vins : en prenant le pari de vendanger très tard, malgré la richesse du millésime, ce domaine a produit des vins exceptionnels bâtis pour la très longue garde. Le simple bourgogne rouge est un concentré de fruit noir. Parmi les pommards 2018, Vaumuriens, au fruit solaire, est d'un grand raffinement aromatique pulpeux mais fins. Plus viril dans sa définition, Les Croix Noires exhibe des notes épicées ; d'un bloc en bouche, c'est un vin compact qu'il faudra savoir attendre tranquillement. Fremiers, concentré de fruits noirs bien mûrs, est tout en volume de bouche ; son attaque soyeuse contraste avec sa densité. Il est doté d'une matière profonde, ses tanins assument leur maturité solaire. Le Clos des Epenots sent la cerise noire. Un vin musclé sans la moindre aspérité grâce à des tanins magnifiquement équilibrés et mûrs, qui fera date. Rugiens embaume la myrtille avec une attaque très suave. Plein, charnel, mais toujours élégant, il défiera les grands crus de la Côte de Nuits. Le Grand Clos des Epenots 2008 a gardé une belle vigueur grâce à son acidité. En blanc, la puissance du bourgogne est un défi adressé à bien des villages : splendide.

- Bourgogne 2017 — 40 € — 90
- Bourgogne 2018 — de 40 à 50 € (c) — 90
- Pommard Premier Cru Clos des Epenots 2018 — de 110 à 130 € (c) — 98
- Pommard Premier Cru Fremiers 2018 — de 90 à 100 € (c) — 95
- Pommard Premier Cru Grand Clos des Epenots 2008 — N.C. — 96
- Pommard Premier Cru Les Croix Noires 2018 — de 90 à 100 € (c) — 93
- Pommard Vaumuriens 2018 — de 70 à 80 € (c) — 93

Le coup de ♥

- Pommard Premier Cru Rugiens 2018 — de 130 à 150 € (c) — 100

Rouge : 9 hectares. Pinot noir 100 %
Blanc : 1 hectare. Chardonnay 100 %
Production moyenne : 25 000 bt/an

DOMAINE DE COURCEL
Place de l'Église, 21630 Pommard
03 80 22 10 64 •
courcel@domaine-de-courcel.com • Vente et visites : au domaine sur rendez-vous.
Propriétaire : Famille de Courcel
Œnologue : Yves Confuron

★★★

DOMAINE LEFLAIVE

Anne-Claude Leflaive, infatigable ambassadrice des grands vins authentiques, militante biodynamiste de longue date, n'est plus depuis avril 2015. Tous les grands amateurs de chardonnay ont en mémoire au moins un de ses merveilleux vins de Puligny-Montrachet. Avec leur droiture exemplaire, leur côté cristallin et la définition parfaite du terroir dont ils sont issus, les blancs de cette grande dame figurent parmi les plus passionnants de la Bourgogne. Son neveu, Brice de la Morandière, lui a succédé à la tête du domaine et en préserve l'esprit. Ce dernier perpétue sa gestion du vignoble en biodynamie et le travail réalisé sur les sols lui permet d'atteindre, depuis une bonne décennie, malgré quelques millésimes touchés par des phénomènes d'oxydation prématurée, un niveau de grande perfection. Rien n'est vendu en direct, il faut donc se tourner vers les bons cavistes.

Les vins : ils sont à un prix élevé, est-ce pour cela que le domaine met l'accent sur les vins du Mâconnais ? Probablement... Quoi qu'il en soit, ils sont de haute volée à l'image du très beau mâcon-verzé Le Monte, qui se démarque par son parfum évoquant la pierre. Joli vin juteux, plus qu'un simple vin de plaisir, il est de de belle facture avec ses jolis amers type zeste de pamplemousse. Les Chênes se montre plus vif et plus ciselé. Il s'inscrit parfaitement dans le style Leflaive à travers une matière épurée qui explore des notes vives et citronnées. Le pouilly-fuissé s'exprime sur une note de pierre à feu. Le fruit d'une grande pureté est fin, élégant et élancé, une sorte de puligny-montrachet à moindre prix. La Chaneau est d'une pureté remarquable. Précis, intense et tout en allonge de bouche il a du poids et de beaux amers. Un vin lumineux, fruit d'un vrai travail de fond. Place à deux classiques : Le Clavoillon a une belle finesse aromatique sur une petite touche florale. Même esprit en bouche, un fruit gracieux avec une finale sur le citron au sel. Un vin pur, finement salin et très distingué. Les Pucelles sent la pierre et le caillou. Tout en épure, il est long et fin avec une magnifique vibration en bouche et vous réveille les sens par l'énergie qu'il dégage. Superbe.

- Mâcon-Verzé Le Monté 2017 — 30,50 € — 90
- Mâcon-Verzé Les Chênes 2017 — 30,50 € — 90
- Pouilly-Fuissé 2017 — 40,50 € — 91
- Pouilly-Fuissé La Chaneau 2017 — 45 € — 91
- Puligny-Montrachet Premier Cru Le Clavoillon 2017 — 111 € — 95
- Puligny-Montrachet Premier Cru Les Pucelles 2017 — 197 € — 96

Blanc : 24 hectares. Chardonnay 100 %
Production moyenne : 120 000 bt/an

DOMAINE LEFLAIVE ☾
Place du Pasquier de la Fontaine,
21190 Puligny-Montrachet
03 80 21 30 13 • www.leflaive.fr • Pas de visites.
Propriétaire : Famille Leflaive
Directeur : Brice de La Morandière
Maître de chai : Pierre Vincent

★★★

DOMAINE ROULOT

Les amateurs de meursaults purs, droits et minéraux ont depuis longtemps consacré ce domaine. Jean-Marc Roulot s'impose comme l'un des vinificateurs les plus adroits de l'appellation, grâce à son style que nous défendons avec conviction, tant les vins qu'il élabore vieillissent avec grâce. L'agriculture biologique, commencée en 1998, a fait place à la biodynamie au début des années 2000. L'élevage sur lies d'un an en fût et de six mois en cuve uniquement à partir de levures naturelles suit cette logique. Pouvant apparaître austères et "sur le fil du rasoir" dans leur jeunesse, les vins prennent une formidable ampleur avec l'âge. Hélas, la demande est telle pour ses vins qu'il est très difficile pour le domaine d'accepter de nouveaux clients ; on les trouve, en revanche, à la carte de très nombreux restaurants.

Les vins : hormis l'auxey-duresses, dont la verdeur interpelle, l'ensemble de la gamme est de très haute volée. Le bourgogne, au parfum de fruit exotique mêlé d'une touche lactique et de cédrat, se montre vif, sans manquer de chair pour autant. À Meursault, Les Luchets joue sur des notes d'agrumes, de fins amers et un fruit très pur, un modèle d'équilibre ; Clos des Bouchère trouve année après année une place majeure dans la cave de ce grand vigneron. Le vin embaume le coquillage, complété d'une légère note pâtissière. Distingué et racé, son fruit épuré conserve une juste épaisseur qui contribue à son très bel équilibre. Splendide.

Souligné par un fin boisé, Perrières trouve son équilibre dans ses nuances et le sentiment de grande sérénité qu'il procure : un vin magistral.

- Auxey-Duresses 2017 — N.C. — 89
- Bourgogne 2017 — N.C. — 90
- Meursault Les Luchets 2017 — N.C. — 93
- Meursault Premier Cru Clos des Bouchères 2017 — N.C. — 97

Le coup de ♥

- Meursault Premier Cru Perrières 2017 — N.C. — 99

Rouge : 1 hectare. Pinot noir 100 %
Blanc : 14,5 hectares. Chardonnay 94 %, Aligoté 6 %
Production moyenne : 80 000 bt/an

DOMAINE ROULOT ♣
1, rue Charles-Giraud, 21190 Meursault
03 80 21 21 65 • roulot@domaineroulot.fr • Pas de visites.
Propriétaire : Jean-Marc Roulot
Maître de chai : Éric Bodin

★★

DOMAINE DU COMTE ARMAND

Ce domaine réputé a toujours produit des vins puissants et riches. Fermes et tanniques durant leurs premières années de vie, les célèbres pommards de la maison (dont le Clos des Epeneaux en monopole) ont gagné en raffinement sous l'impulsion de Benjamin Leroux. Après quinze millésimes, ce dernier a quitté le domaine en 2014 et transmis les rênes à Paul Zinetti, à ses côtés depuis 2010. Si les grands millésimes apparaissent très réussis, avec des potentiels de garde énormes, les plus petites années engendrent des vins durs et parfois un peu secs.

Les vins : dense, charpenté, l'auxey-duresses délivre un fruit croquant. Sa structure, imposante en ce début de vie, cadenasse le vin. Le volnay sent le bourgeon de cassis à plein nez. Doté d'une belle densité, sans manquer de finesse, son profil est assez viril. À l'air, il gagne en amabilité et en complexité, libérant de belles notes de confiseries. Le pommard est le cru majeur du domaine. Il s'exprime sur une note sanguine, un fruit sucré plus noir que rouge. Il possède la densité et la virilité propre aux Epenots, apparaît encore d'un bloc, et doit s'oublier au moins trente ans en cave. Quant au blanc, vif mais équilibré par un beau fruit charnu, il s'étire grâce à une note citronnée.

- Bourgogne Aligoté 2017 — 24 € — 88
- Auxey-Duresses Premier Cru 2017 — 56 € — 89
- Pommard Premier Cru Clos des Epeneaux 2017 — 162 € — 92
- Volnay Premier Cru Frémiets 2017 — 100 € — 90

Rouge : 9 hectares. Pinot noir 100 %
Blanc : 1 hectare.
Production moyenne : 42 000 bt/an

DOMAINE DU COMTE ARMAND ♣
7, rue de la Mairie, 21630 Pommard
03 80 24 70 50 • www.domaine-comte-armand.com • Vente et visites : au domaine sur rendez-vous.
Propriétaire : Olivier Armand
Directeur : Paul Zinetti

★★

DOMAINE JEAN-CLAUDE BACHELET ET FILS

Jean-Baptiste et Benoît Bachelet gèrent ce domaine familial avec brio. Jean-Claude, leur père, leur a cédé un beau vignoble, composé des plus beaux terroirs de Saint-Aubin, ainsi que de quelques notables parcelles à Chassagne-Montrachet (comme le fameux Blanchot-Dessus, proche voisin du grand cru Bâtard-Montrachet) et une parcelle en appellation Bienvenues-Bâtard-Montrachet. Les vins passent deux hivers en cave. Ils arborent un profil plus que tendu, mais les harmonies s'avèrent parfaitement gérées. Les rouges jouissent d'une efficace réalisation mais n'atteignent pas la dimension des blancs.

Les vins : l'ensemble de la gamme est d'un haut niveau avec de la profondeur et des maturités bien équilibrées. Cependant si le boisé des élevages était plus en retrait, les vins gagneraient en complexité et rendraient mieux l'identité du terroir. Avec son beau parfum qui évoque l'amande et la pierre à feu, Les Charmois se montre confortable. Un vin plein et serein avec un joli final sur le zeste. Le boisé des Murgers des Dents de Chien marque un peu le fruit mais sans trop le dominer, il se montre dense avec une belle allonge sur un fruit concentré. Les

Aubues a des saveurs de viennoiserie. Un vin de matière, charnu, sapide, pur et concentré, avec une belle vivacité sur le final. Une sensation plus minérale que fruitée domine l'ouverture de Sous le Puits. À l'air il évolue vers une note de croûte de pain. Malgré une jolie finesse propre à ce terroir son fruit ample et volumineux lui confère un profil hédoniste. Pur, ciselé et vif, Les Encégnières s'exprime sur de belles notes de cédrat et de pamplemousse avec d'agréables amers et une puissance qui va crescendo. La Boudriotte sent la pierre relevée d'une touche de badiane, et se révèle musclé, puissant et intense, ses amers stimulants évoquent de belles notes de zestes d'agrumes. Blanchots-Dessus a un nez légèrement poudré qui signe un boisé présent mais élégant. La bouche est fine mais affiche une vraie épaisseur de fruit. Ce vin confortable aura besoin d'absorber son élevage, il dispose de suffisamment de sève pour l'encaisser. Quant au bienvenues-bâtard-montrachet, son parfum évoque les fruits exotiques et la viennoiserie. Il restitue avec précision la finesse de ce grand terroir. Un vin long avec un milieu de bouche fourni et ample, et une acidité stimulante, jolies notes citronnées et salinité sur le final.

- Bienvenues-Bâtard-Montrachet Grand Cru 2017 — 190 € — 97
- Chassagne-Montrachet Les Encégnières 2017 — 40 € — 93
- Chassagne-Montrachet Premier Cru Blanchot-Dessus 2017 — 90 € — 95
- Chassagne-Montrachet Premier Cru La Boudriotte 2017 — 55 € — 94
- Puligny-Montrachet Les Aubues 2017 — 40 € — 93
- Puligny-Montrachet Premier Cru Sous le Puits 2017 — 65 € — 94
- Saint-Aubin Premier Cru Le Charmois 2017 — 30 € — 92
- Saint-Aubin Premier Cru Les Murgers des Dents de Chien 2017 — 36 € — 92

Rouge : 2,5 hectares. Pinot noir 100 %
Blanc : 7 hectares. Chardonnay 100 %
Production moyenne : 48 000 bt/an

DOMAINE JEAN-CLAUDE BACHELET ET FILS
1, rue de La Fontaine, Hameau de Gamay, 21190 Saint-Aubin
03 80 21 31 01 • www.domainebachelet.fr • Pas de visites.
Propriétaire : Benoît et Jean-Baptiste Bachelet

★★

DOMAINE BONNEAU DU MARTRAY

Ce mythique et ancien domaine familial a été racheté il y a deux ans par l'Américain Stanley Kroenke, par ailleurs propriétaire du célèbre domaine Screaming Eagle en Californie et, hors du vignoble, du club de football londonien d'Arsenal. Le domaine, qui ne produit que deux cuvées, un corton et un corton-charlemagne, s'est taillé une solide réputation auprès des amateurs dans les années 1980. S'il a été, comme bien d'autres, affecté ensuite par des soucis d'oxydation prématurée, il a retrouvé la voie du succès depuis quelques millésimes déjà. Nous continuerons à suivre son évolution de près.

Les vins : le domaine ne nous ayant pas fait parvenir ses vins cette année, nous sommes amenés à reconduire les notes de notre édition précédente.

- Corton-Charlemagne Grand Cru 2017 — N.C. — 93
- Corton Grand Cru 2017 — N.C. — 92

Rouge : 1,5 hectare.
Blanc : 9,5 hectares.
Production moyenne : 25 000 bt/an

DOMAINE BONNEAU DU MARTRAY ☾
2, rue de Frétille, 21420 Pernand-Vergelesses
03 80 21 50 64 •
www.bonneaudumartray.com • Pas de visites.
Propriétaire : Stanley Kroenke
Directeur : Thibault Jacquet

★★

DOMAINE BUISSON-CHARLES

Dirigé par Catherine Buisson-Essa, la fille de Michel Buisson, et son mari Patrick Essa, le domaine s'est étoffé d'une petite activité de négoce depuis 2011, qui leur permet de vinifier des cuvées de Puligny, Chassagne et Chablis. Toute la production est désormais réunie sous la marque Buisson-Charles. La force du vignoble, qui a toujours été labouré et n'a jamais connu de désherbant, consiste en une large palette de meursault-villages et premiers crus. Ils étaient jadis souvent riches et réduits dans leur jeunesse ; le style insufflé par Patrick Essa tend vers plus d'ouverture et de finesse, tout en conservant le potentiel de vieillissement. Désormais travaillés en vendange entière, les rares rouges ont gagné en bouquet, en personnalité, et continuent leur progression.

Les vins : les blancs sont vigoureux et puissants, à la limite de l'austérité eu égard à la richesse du millésime. Les rouges, excepté le très beau chapelle-chambertin, manquent un peu de gourmandise d'autant que le millésime 2018 n'est avare ni de richesse, ni de plaisir. L'aligoté est une belle entrée en matière avec son joli final sur une puissante, mais agréable, acidité. La Vigne de 1945 déploie un nez à la maturité solaire. Son attaque est douce et contraste avec un milieu de bouche tonique. Un vin à oublier pour mieux canaliser son énergie débordante. Bouches-Chères est marqué par une touche boisée qui enrobe l'expression du fruit. En bouche il se montre tendre à l'attaque avec un milieu aimable et confortable. Un bon classique, un rien formaté par son élevage. Le Goutte d'Or a un nez lacté dominant à l'ouverture. Un vin ample, d'une belle assise, porté par un fruit charnu en bouche et une énergie paisible qui revient sur le final. Il faut le laisser grandir gentiment. Les Charmes 2018, le plus harmonieux, alterne densité et puissance, volume et longueur de bouche, bien équilibré par sa maturité et un élevage ajusté. En rouge, le Santenots libère un joli fruit au nez. La bouche campe sur ses tanins et livre une matière recroquevillée, probablement due à sa mise en bouteille récente. Il faut lui laisser le temps de se ressaisir. Patience. Dans la série des grands crus, le corton Clos du Roi offre de belles notes de fruits noirs. Sérieux en bouche, il ne manque pas d'élégance malgré des tanins fins mais imposants. Le chapelle-chambertin couronne cette série avec maestria : un vin puissant racé toute en élégance de parfum et de bouche. Son fruit à la maturité solaire assumée, aux tanins soyeux, s'harmonise par sa richesse à un élevage qui se fait oublier. Superbe.

- Bourgogne Aligoté Sous le Chemin 2018 — de 15 à 35 € (c) — 88
- Meursault La Vigne de 1945 2018 — de 55 à 100 € (c) — 93
- Meursault Premier Cru Bouches-Chères 2018 — de 80 à 90 € (c) — 94
- Meursault Premier Cru Charmes 2018 — de 80 à 125 € (c) — 95
- Meursault Premier Cru Goutte d'Or "Th. J." 2018 — de 80 à 125 € (c) — 94
- Chapelle-Chambertin Grand Cru 2018 — de 155 à 250 € (c) — 96
- Corton Grand Cru Clos du Roi 2018 — de 95 à 130 € (c) — 94
- Volnay Premier Cru Santenots 2018 — de 80 à 125 € (c) — 93

Rouge : 2 hectares. Pinot noir 100 %
Blanc : 6 hectares. Chardonnay 92 %, Aligoté 8 %
Production moyenne : 45 000 bt/an

DOMAINE BUISSON-CHARLES
3-5, rue de la Velle, Clos de La Velle
21190 Meursault
03 80 21 22 32 • www.buisson-charles.com •
Vente et visites : au domaine sur rendez-vous.
Propriétaire : Catherine Buisson-Essa
Maître de chai : Patrick Essa
Œnologue : Louis Essa

★★

DOMAINE FRANÇOIS CARILLON

Depuis 2010, François Carillon a pris son indépendance. Le vignoble familial a été partagé entre lui et son frère Jacques (voir domaine Jacques Carillon). François exploite aujourd'hui un peu plus de 14 hectares de vignes, essentiellement sur Puligny-Montrachet, où il constitue une très belle référence. La force du domaine Carillon a toujours été un énorme travail à la vigne : avec une si belle matière première, on ne peut faire que de beaux vins.

Les vins : si nous aimons la pureté, la droiture et les équilibres de ces blancs ils sont parfois trop lissés par leurs élevages boisés, ils restent d'un très beau niveau mais y perdent un rien de magie. Ainsi le bourgogne aligoté, épuré et vif, déployant une belle énergie sur une note de pamplemousse jaune, vin de plaisir immédiat à boire sans retenue. Le bourgogne blanc se montre également vif, nerveux et tendu. Il explore les amers mais en un équilibre valorisant plus l'énergie que le charnu du fruit. Sans trahir le style épuré du domaine, Le Vieux Clos offre un supplément de fond et de chair confortant son équilibre. Avec un nez tout en élégance, le puligny-montrachet a un support boisé fin. La bouche se montre soyeuse avec un fruit pur, doux et sapide. Champ Gain ne manque pas de charme. Une petite prise de bois en bouche dévie légèrement l'expression du fruit, mais il possède suffisamment d'étoffe pour s'en accommoder. Les Folatières dégage un sentiment d'énergie. La bouche épurée le confirme par ce fruit intense, parfaitement équilibré et long en bouche. Les Combettes 2017 embaume le citron presque vert. Intense, vif et pur, il est dynamisé par une très belle salinité. Plus introverti au nez, Les Perrières est d'un bloc en bouche. Mais avec son fruit épuré, il développe une étonnante énergie et délivre un vin de garde apte à donner déjà un franc plaisir avec ses jolies notes de zestes d'agrumes.

- Bourgogne 2017 — 15 € — 88
- Bourgogne Aligoté 2017 — 11 € — 88
- Bourgogne Le Vieux Clos 2017 — 21 € — 89
- Puligny-Montrachet 2017 — 38 € — 90
- Puligny-Montrachet Premier Cru Champ Gain 2017 — 60 € — 92
- Puligny-Montrachet Premier Cru Les Combettes 2017 — 69 € — 94
- Puligny-Montrachet Premier Cru Les Folatières 2017 — 66 € — 93
- Puligny-Montrachet Premier Cru Les Perrières 2017 — 69 € — 94

Rouge : 0,5 hectare. Pinot noir 100 %
Blanc : 14 hectares. Chardonnay 90 %, Aligoté 10 %
Production moyenne : 100 000 bt/an

DOMAINE FRANÇOIS CARILLON

3, place de l'Église, 21190 Puligny-Montrachet
03 80 21 00 80 • www.francoiscarillon.com •
Pas de visites.
Propriétaire : François Carillon
Maître de chai : Thomas Pascal

★★

MAISON CHANSON PÈRE ET FILS

Fondée en 1750, détenue par Bollinger depuis 1999, cette classique maison beaunoise a désormais pleinement trouvé ses marques et son style. Elle rivalise avec les meilleurs grâce à des vins précis et purs, en blanc et en rouge. Une cuverie dernier cri et les conseils pertinents donnés jusqu'en juin 2020 par Jean-Pierre Confuron, à la vigne comme en vinification, expliquent la netteté d'expression de la large gamme du domaine. Vincent Avenel a pris les rênes de la maison, succèdant à Gilles de Courcel à qui l'on doit sa redynamisation.

Les vins : la Maison Chanson peut s'enorgueillir d'avoir un des plus grands vinificateurs de la Bourgogne en la personne de Jean-Pierre Confuron qui a produit des 2018 extraordinaires. Rares sont les vins qui vous donnent le grand frisson, son beaune Clos des Fèves (rouge) en fait partie. Un vin dont l'élégance olfactive et gustative, la maturité du fruit, la qualité de texture, le grain de tanin sont simplement parfaits. Épicé, avec une touche de fruit noir, le Beauregard se montre dense et puissant avec une belle masse tannique qu'équilibre un beau fruit. Il conviendrait de le laisser grandir en cave. Le gevrey-chambertin au fruit très mûr s'exprime sur une note de prune. Une richesse olfactive que l'on retrouve dans une bouche dense et robuste au fruit profond et charnu à souhait. Laissez-le vieillir au moins dix ans. En blanc, le montagny premier cru développe d'avantage d'énergie avec un fruit plus vif et un surcroît d'allonge. Avec En Caradeux on franchit un cap. Il se montre fin mais intense. Tandis que les Hauts Marconnets donne le sentiment d'être d'un bloc mais s'avère juste en termes d'équilibre et de maturité. Les Chenevottes impose avec élégance sa densité et son énergie. Un vin fin mais long en bouche. Les Vergennes prend l'empreinte solaire du millésime par son côté sphérique, doux mais plein.

- Chassagne-Montrachet Premier Cru Les Chenevottes 2018 — 86,60 € — 95
- Corton Grand Cru Vergennes 2018 — 147 € — 96
- Montagny Premier Cru 2018 — 24 € — 90
- Pernand-Vergelesses Premier Cru Les Caradeux 2018 — de 44 à 50 € (c) — 91
- Savigny-lès-Beaune Premier Cru Hauts Marconnets 2018 — 38,60 € — 93
- Gevrey-Chambertin 2018 — 59,20 € — 93
- Santenay Premier Cru Beauregard 2018 — 43 € — 92

Le coup de ♥

- Beaune Premier Cru Clos des Fèves 2018 — 93,40 € — 100

Rouge : 30 hectares. Pinot noir 100 %
Blanc : 13 hectares. Chardonnay 100 %
Production moyenne : 180 000 bt/an

MAISON CHANSON PÈRE ET FILS
10, rue Paul-Chanson, 21200 Beaune
03 80 25 97 97 •
www.domaine-chanson.com • Vente et visites : au domaine sur rendez-vous.
Propriétaire : Société Jacques Bollinger
Directeur : Vincent Avenel

★★

DOMAINE BRUNO COLIN

Installé à son compte depuis le millésime 2004, Bruno Colin défend une vision nette et pure des chardonnays de Bourgogne. Son domaine est essentiellement réparti entre Chassagne-Montrachet, Puligny-Montrachet et Saint-Aubin, soit une très belle collection de terroirs de chardonnays parfaitement exploités et vinifiés, avec une gestion de l'élevage et une tension remarquables. Les rouges progressent. Une adresse très sûre.

Les vins : si les blancs sont juteux et mûrs à souhait, un peu moins de bois ne nuirait pas à leur équilibre, au contraire. Le bourgogne blanc est marqué par une pointe de réduction. Il possède malgré tout un beau volume et de la densité, conjuguant maturité et vivacité. Les Charmois sent la pierre froide à l'ouverture. Tendu à l'attaque, il libère un fruit juteux dès le milieu de bouche. Gourmand à souhait on peut le boire sur le fruit, mais sans urgence. En Remilly accuse une prise de bois un rien prononcée qui domine le fruit à l'ouverture. En bouche, cet élevage l'accompagne, laissant s'exprimer le terroir et le caractère charnel du millésime, pour livrer un vin long et large à la fois. Avec un élevage encore présent Blanchot du Dessus s'exprime par des notes légèrement poudrées. Mais rapidement il développe un parfum de citron confit, signe d'une belle maturité. Droit et vif à l'attaque, il s'élargit en milieu de bouche et restitue toute la puissance de ce beau terroir sur le final. Il grandira sur dix à vingt ans, voire plus. La Truffière paraît vif, ciselé. Son allonge s'étire avec une intense minéralité sur le final et des notes de zestes. Un vin puissant à l'élevage bien maîtrisé. Le chevalier-montrachet s'avère plus fin que puissant, exprimant à travers un fruit gorgé de soleil la richesse de l'année. La grande maturité de son élevage se fondra sur la durée. Laissez-le grandir dix bonnes années au moins. En rouge, La Fussière est classique de l'appellation Maranges, un vin aux épaules carrés, dense et ferme mais sa maturité lui donne du charme. Belle note de cerise noire. La Maltroie, aux notes intenses de fruit noir, est porté par des tanins sérieux mais son joli fruit à l'attaque doit assagir la virilité qui pointe en fin de bouche.

Bourgogne 2018	18 €	90
Chassagne-Montrachet Premier Cru Blanchot Dessus 2018	99 €	94
Chassagne-Montrachet Premier Cru En Remilly 2018	87 €	93
Chevalier-Montrachet Grand Cru 2018	490 €	97
Puligny-Montrachet Premier Cru La Truffière 2018	112 €	94
Saint-Aubin Premier Cru Les Charmois 2018	45 €	92
Chassagne-Montrachet Premier Cru La Maltroie 2018	45 €	93
Maranges Premier Cru La Fussière 2018	31 €	91

Rouge : 3 hectares. Pinot noir 100 %
Achat de raisins.
Blanc : 6 hectares. Chardonnay 96 %, Aligoté 4 %
Achat de raisins.
Production moyenne : 70 000 bt/an

DOMAINE BRUNO COLIN
3, impasse des Crêts,
21190 Chassagne-Montrachet
03 80 24 75 61 •
www.domaine-bruno-colin.com ou www.41-maufoux-bruno-colin.com • Vente et visites : au domaine sur rendez-vous.
Propriétaire : Bruno Colin

★★

DOMAINE MARC COLIN ET FILS

Voici un domaine de référence pour les amateurs de grands blancs classiques. Dans l'esprit insufflé par leur père, Caroline et Damien Colin perpétuent le mode de vinification de ces cuvées célèbres pour leur pureté et leur délicatesse. Les rouges ont aussi beaucoup progressé : les vins issus de vieilles vignes de pinot noir de Santenay et de Chassagne-Montrachet surprennent par leur vigueur. Avec une gamme des plus complètes sur les meilleurs terroirs de Saint-Aubin, c'est une adresse sûre et hautement recommandable.

Les vins : Margot maintient un bel équilibre entre fraîcheur et maturité grâce à un fruit ciselé. Salin et appétent, il est de surcroît sapide. Le Trézin est un vin d'une grande vitalité, au fruit mûr et très long en bouche, élégant et hédoniste, doté d'appétentes notes d'écorces d'agrumes en fin de bouche. Parmi les premiers crus de Saint-Aubin, Le Charmois se montre doux et onctueux avec un fruit très gourmand et une belle énergie qui revient en finale. Marqué par un léger boisé, La Chatenière exprime toute sa finesse avec élégance, un côté retenu. En Remilly est tout en muscle : plus carré que rond en bouche, il garde un fruit extrêmement pur et intense. Un beau vin de garde. Les Caillerets est tonique et gorgé de vitalité, possède l'énergie d'un grand cru sans en avoir l'étoffe. Sa minéralité fait longuement saliver : superbe ! Du côté des grands crus, le bâtard-montrachet accuse une pointe de réduction mais se montre très fin ; il s'appuie sur de petites notes d'amandes et une touche citronnée. D'une étonnante fraîcheur, malgré la richesse du millésime, il joue sur les amers tout autant que sur une matière gorgée de fruit mûr. Il possède la largeur d'épaules et la persistance propres à ce grand terroir. Quant au montrachet, pièce maîtresse mais rare, il arbore un parfum qui évoque le citron confit. Profond, charnu, avec une magnifique ampleur de bouche, un équilibre souverain, il conjugue raffinement et puissance. Il faut l'oublier plusieurs décennies en cave.

- Bâtard-Montrachet Grand Cru 2018 — 350 € — 98
- Chassagne-Montrachet Margot 2018 — 45 € — 92
- Chassagne-Montrachet Premier Cru Les Caillerets 2018 — 75 € — 95
- Montrachet Grand Cru 2018 — 700 € — 99
- Puligny-Montrachet Trézin 2018 — 45 € — 93
- Saint-Aubin Premier Cru En Remilly 2018 — 40 € — 93
- Saint-Aubin Premier Cru La Chatenière 2018 — 40 € — 92
- Saint-Aubin Premier Cru Le Charmois 2018 — 40 € — 91

Rouge : 1 hectare. Pinot noir 100 %
Achat de raisins.
Blanc : 11 hectares. Chardonnay 90 %, Aligoté 10 %
Achat de raisins.
Production moyenne : 80 000 bt/an

DOMAINE MARC COLIN ET FILS
9, rue de la Chatenière, 21190 Saint-Aubin
03 80 21 30 43 • www.marc-colin.com •
Vente et visites : au domaine sur rendez-vous.
Propriétaire : Caroline et Damien Colin

★★

DOMAINE PIERRE-YVES COLIN-MOREY

Pierre-Yves Colin est l'un des vinificateurs les plus doués de sa génération. Il a travaillé au domaine familial Marc Colin jusqu'en 2005, date à laquelle il a pris son indépendance. En 2001, il avait déjà lancé une petite activité de négoce. Un tiers de sa production provient d'achat de raisins. Les vignes sont travaillées et les vins élevés sans bâtonnage (majoritairement en demi-muid de 350 litres), et longuement, pour éviter collage et filtration. La gestion des élevages est le point fort du domaine. Mais chaque détail a ici son importance comme, par exemple, augmenter le diamètre des bouchons pour combattre les problèmes d'oxydation. Un bel exemple à suivre.

Les vins : le domaine ne nous ayant pas fait parvenir ses vins cette année, nous sommes amenés à reconduire les notes de notre édition précédente.

- Chassagne-Montrachet Premier Cru Abbaye de Morgeot 2017 — de 100 à 150 € (c) — 94
- Chassagne-Montrachet Premier Cru Les Baudines 2017 — de 130 à 180 € (c) — 93
- Chassagne-Montrachet Premier Cru Les Chenevottes 2017 — de 150 à 200 € (c) — 95
- Saint-Aubin Le Banc 2017 — de 30 à 50 € (c) — 90
- Saint-Aubin Premier Cru En Remilly 2017 — de 85 à 105 € (c) — 93
- Saint-Aubin Premier Cru La Chatenière 2017 — de 90 à 100 € (c) — 93

Rouge : 2 hectares. Pinot noir 100 %
Blanc : 9 hectares. Chardonnay 100 %
Production moyenne : 70 000 bt/an

DOMAINE PIERRE-YVES COLIN-MOREY
2, chemin du Puits-Merdreaux,
21190 Chassagne-Montrachet
03 80 21 90 10 •
contact@pierreyvescolinmorey.fr • Vente et visites : au domaine sur rendez-vous.
Propriétaire : Pierre-Yves Colin

★★ ↗

DOMAINE DES CROIX

Après avoir été la cheville ouvrière de la relance, depuis 2002, du négoce beaunois Camille Giroud, le Tourangeau de Montlouis David Croix en est parti en 2016. Il entend se consacrer pleinement au domaine des Croix, avec l'appui de financiers passionnés, et le rachat de l'ancien domaine Duchet. L'ensemble de la gamme est d'une grande cohérence : les rouges beaunois brillent par leur fruité attractif, leur mâche jamais dénuée de finesse et un délicat équilibre entre la maturité sucrée et la finesse des amers. Ce domaine produit certainement les plus beaux vins du terroir de Beaune et son corton-charlemagne est un magnifique référent. L'ensemble de la production, de très haute volée, lui permet d'accéder à la deuxième étoile.

Les vins : passée la réduction qui marque le premier nez du corton-charlemagne, on découvre un grand cru exemplaire. Un vin vif, intense, tendu, épuré, à la vitalité surprenante, doté de magnifiques amers. Un référent à ne pas manquer. En rouge, le parfum somptueux de Peuillets évoque la rose, relayée par de petites notes de fruits. La bouche abonde dans le même sens, avec un fruit distingué, délicieux de douceur et de pureté. Superbe. Le beaune se montre un rien austère, voire replié. Il faut le laisser s'assagir. Si vous aimez les beaunes qui ont du corps et de la puissance, optez pour le très beau Bressandes : pulpeux à souhait, il présente une charpente ferme qui le portera sur la durée. Si vous recherchez des beaunes délicats et fins, Les Cent Vignes livre un véritable bouquet de fleurs au nez et se distingue par sa grande finesse en bouche ; un modèle de beaune en apesanteur, tout en élégance et en délicatesse. Magistral. Les Grèves s'exprime sur des notes de fruits noirs. Un vin élancé et musclé, mais gracieux ; sa matière profonde garantit la longue garde. En Corton, Les Grèves embaume le fruit noir à plein nez et possède la chair épaisse, le fruit juteux des vins de ce cru. Sa trame compacte indique qu'il faut l'oublier en cave. Un grain d'une grande finesse et un fruit volumineux et soyeux caractérisent La Vigne aux Saints.

Corton-Charlemagne Grand Cru 2018	128 €	98
Beaune 2018	29,50 €	90
Beaune Premier Cru Les Bressandes 2018	48 €	94
Beaune Premier Cru Les Cents Vignes 2018	39 €	96
Beaune Premier Cru Les Grèves 2018	59 €	96
Corton Grand Cru La Vigne au Saint 2018	95 €	95
Corton Grand Cru Les Grèves 2018	95 €	95
Savigny-lès-Beaune Premier Cru Les Peuillets 2018	39 €	93

Rouge : 6,5 hectares. Pinot noir 100 %
Blanc : 1,25 hectare. Chardonnay 100 %
Production moyenne : 30 000 bt/an

DOMAINE DES CROIX
2, rue Colbert, 21200 Beaune
03 80 22 41 81 •
contact@domainedescroix.com • Vente et visites : au domaine sur rendez-vous.
Propriétaire : TMF & C
Directeur : David Croix

★★

MAISON JOSEPH DROUHIN

Cette maison est désormais dirigée par Frédéric Drouhin, épaulé par sa sœur Véronique pour les vins et par son frère Philippe aux vignes. Depuis juillet 2013, elle a ouvert une œnothèque au cœur de Beaune. Elle a trouvé sa vitesse de croisière et s'impose comme une valeur sûre. La maison s'appuie sur un vignoble biodynamique particulièrement bien pourvu en grands blancs, en Côte de Beaune mais aussi à Chablis (vins vendus sous la marque Drouhin-Vaudon), dont le célèbre Clos des Mouches. Cette année, nous sommes déçus par les blancs dont les notes boisées, dans les cuvées les plus prestigieuses, fardent tout autant l'expression du fruit que celle du terroir. En rouge aussi les vins sont trop contenus, sans le relief et la vie que l'on attend à ce niveau, tel ce vosne-romanée plus chétif que de raison et ce beaune sévère. En blanc, tant le corton charlemagne que le meursault charmes laissent leur empreinte boisée en bouche de manière excessive. Nous ne sommes pas sûrs que le domaine mérite encore sa deuxième étoile.

Les vins : franc et direct, le rully affiche un joli fruit bien équilibré, un beau vin de soif déjà ouvert et fort plaisant. Charmes est formaté dans son expression par un boisé qui domine le fruit par des notes lactées intenses. Un vin plus séducteur que complexe avec un fruit en bouche gainé par un élevage trop présent. Même signature boisée pour le corton-charlemagne. Malgré sa puissance et son volume, la bouche reste formatée par cet élevage avec un final dominé par le bois. En rouge, le côte-de-beaune a un joli fruit net et pur dans une matière au corps plus élancé que charnu, avec de petits tanins un rien fermes mais sans dureté. On l'appréciera sur la jeunesse. Clos des Godeaux possède une belle maturité solaire au nez. Elle s'exprime par des senteurs de fruits légèrement confits mais son cœur de bouche ferme et serré passe à côté de la maturité du millésime. En 2017, Les Sizies paraît frais à l'ouverture, avec une touche de griotte au chocolat. Sa bouche peu charnue, tout en allonge, campe sur des tanins fermes et solides. Il faut l'oublier en cave. Entre fruit et fleur le parfum du vosne-romanée introduit une matière déliée ; en finale ressurgissent de petits tanins solides. Un bon classique bien fait mais dénotant une déficience de profondeur. Le gevrey-chambertin est encore réduit. Sa bouche savoureuse offre un joli jus plein. Il possède du fond et une sève. C'est le plus beau vin de la série.

Corton-Charlemagne 2018	128 €	92
Meursault Premier Cru Charmes 2018	73,90 €	91
Rully 2018	17,90 €	88
Beaune Premier Cru Sizies 2017	57 €	91
Côte de Beaune 2018	32,50 €	88
Gevrey-Chambertin 2017	39,70 €	92
Savigny-lès-Beaune Clos des Godeaux 2018	31,80 €	89
Vosne-Romanée 2017	54,10 €	90

Rouge : 30 hectares. Pinot noir 100 %
Achat de raisins.
Blanc : 50 hectares. Chardonnay 100 %
Achat de raisins.
Production moyenne : 3 600 000 bt/an

MAISON JOSEPH DROUHIN

7, rue d'Enfer, 21200 Beaune
03 80 24 68 88 • www.drouhin.com • Vente et visites : au domaine sur rendez-vous.
Propriétaire : Famille Drouhin
Directeur : Frédéric Drouhin
Maître de chai : Jérôme Faure-Brac
Œnologue : Véronique Drouhin

★★ ↗

MAISON JANE EYRE

Piqué au virus du pinot noir en travaillant chez un caviste à Melbourne, Jane Eyre a quitté son Gippsland natal, voyagé en vinifiant (Nouvelle-Zélande, Allemagne), étudié l'œnologie et fait des allers-retours en Bourgogne, avant de revenir à Beaune en 2004. Après s'être formée aux domaines Chevrot, Thierry Matrot et chez Dominique Lafon, elle rejoint en 2006 Chris Newman (voir Domaine Newman) qu'elle assiste toujours aujourd'hui. En 2011, forte de son expérience, elle lance une micro-activité en achat de raisins, principalement à Savigny, Gevrey, Aloxe-Corton (depuis 2013), sans oublier un grand cru Corton-Renardes. Son style ? Un pinot fin, infusé, peu boisé, avec une volonté de préserver un fruité mûr et délicat en milieu de bouche. On peut boire les vins dans leur jeunesse. Tous les vins de ce domaine sont une grande réussite, profonds, sapides tout en gardant beaucoup de naturel et d'élégance. Nous lui attribuons cette année sa deuxième étoile.

Les vins : avec son beau fruit franc, le fleurie affiche une bouche gourmande à souhait et bien équilibrée. Il donne déjà du plaisir mais sa mâche le fera grandir pendant vingt ans et plus. Malgré une pointe de réduction, le côte-de-nuits se démarque par une fine note d'épice. Malgré la richesse du millésime, sa bouche délivre un beau fruit épuré et digeste, une texture fine. Dans le gevrey-chambertin, la cerise à l'eau-de-vie domine. Dense avec beaucoup de sève et de fond et des tanins gras il ne manque pas de relief. Le savigny-les beaune premier cru embaume le "naturel" avec un fruit très libre. Riche et plein, presque massif, il dispose de beaux tanins gras, de relief et d'une jolie finale sur la griotte au chocolat. Les Gravières est un concentré de cerise noire au nez. Il possède le caractère hédoniste du millésime avec son joli final chocolaté sur de magnifiques tanins souples. Les Boudues est gorgé de soleil avec des tanins compacts et fins. Un beau vin de matière, solide et tout en élégance. Cents Vignes embaume la fleur, sa bouche soyeuse est d'une texture délicate avec un grain de tanin fin et un fruit doux et sapide. Doté d'un parfum somptueux, le corton mêle floralité et notes de fruit noir. Gras et onctueux, il s'affirme avec une certaine virilité en milieu de bouche, tout en étant porté par la richesse du millésime. Un très beau vin de garde en devenir.

- Chassagne Montrachet Premier Cru Les Bondues 2018 50 € 92
- Corton Grand Cru 2018 100 € 96
- Côte de Nuits-Villages 2018 25 € 89
- Fleurie 2018 20 € 90
- Gevrey-Chambertin 2018 40 € 92
- Santenay Premier Cru Les Gravières 2018 35 € 93
- Savigny-lès-Beaune Premier Cru Aux Vergelesses 2018 38 € 92

Le coup de ♥

- Beaune Premier Cru Cents Vignes 2018 40 € 94

Rouge : Pinot noir 78 %, Gamay noir à jus blanc 22 %
Achat de raisins.
Production moyenne : 18 000 bt/an

MAISON JANE EYRE ♣
Château de Bligny, 14, Grand-Rue, 21200 Bligny-lès-Beaune
06 72 81 43 13 • jeyre21@gmail.com • Vente et visites : au domaine sur rendez-vous.
Propriétaire : Jane Eyre

★★ ↗

MAISON VINCENT GIRARDIN

Cette maison fait partie des valeurs sûres de la Bourgogne. Elle doit cette position à Vincent Girardin, qui l'a créée en 1992 avant de la céder vingt ans plus tard. C'est désormais la Compagnie des Vins d'Autrefois, implantée entre Bourgogne et Beaujolais, qui poursuit son développement avec le projet d'élaborer des vins de grande qualité. Éric Germain élabore des cuvées toujours très nettes, précises, vieillissant bien. Même si les rouges de ce domaine peuvent encore grandir en terme de maturité, les blancs sont d'un très haut niveau. La deuxième étoile est accordée cette année.

Les vins : Le Cailleret s'impose au sommet des chassagne-montrachet du domaine par sa grande pureté, et l'acidité qui appuie l'énergie de ce cru somptueux. La Romanée provoque un sentiment de richesse accru ; une minéralité prégnante vient ciseler la fin de bouche. À Meursault, Les Charmes du Dessus doit s'oublier une dizaine d'année au minimum. Densité, puissance et raffinement s'associent dans le Perrières, d'un équilibre remarquable. Dans la série des grands crus, si l'on apprécie la pureté du fruit et la justesse de l'élevage du montrachet, il lui manque un rien de densité et de volume pour égaler les meilleurs. À l'inverse, le bâtard-montrachet et le bienvenues s'imposent au sommet, le premier par sa puissance et la densité de son fruit, le second par l'énergie qu'il déploie, la longueur et le volume en bouche. En rouge, Santenots offre équilibre et élégance.

- Bienvenues-Bâtard-Montrachet Grand Cru 2017 Épuisé - 450 € 98
- Bâtard-Montrachet Grand Cru 2017 480 € 98
- Chassagne-Montrachet Premier Cru La Romanée 2017 de 80 à 95 € (c) 95
- Chassagne-Montrachet Premier Cru Le Cailleret 2017 de 85 à 100 € (c) 95
- Meursault Premier Cru Charmes-Dessus 2017 95 € 94
- Montrachet Grand Cru 2017 de 400 à 450 € (c) 96
- Volnay Premier Cru Les Santenots 2017 56 € 93

Le coup de ♥

- Meursault Premier Cru Les Perrières 2017 120 € 96

Rouge : 13 hectares. Pinot noir 100 %
Achat de raisins.
Blanc : 20 hectares. Chardonnay 100 %
Achat de raisins.
Production moyenne : 500 000 bt/an

MAISON VINCENT GIRARDIN
5, impasse des Lamponnes, 21190 Meursault
03 80 20 81 00 • www.vincentgirardin.com • Pas de visites.
Propriétaire : Jean-Pierre Nié
Directeur : Éric Germain

★★

MAISON CAMILLE GIROUD

Cette maison beaunoise acquise en 2001 par les Colgin, Américains passionnés, compte aujourd'hui onze associés et propose une gamme des plus recommandables. Elle rencontre le succès et affiche une grande régularité depuis quelques millésimes. On les doit à l'œnologue ligérien David Croix, qui a tenu à conserver une taille de micro-négoce et un esprit de facture classique, avec des élevages comportant 15 à 20 % de fût neuf. Il a été remplacé en 2016 par Carel Voorhuis.

Les vins : le bourgogne blanc trouve son équilibre sur l'amertume et l'acidité plus que sur la maturité du fruit. La note boisée au nez de Tonton Marcel est bien balancée par le fruit en bouche ; agréable salinité et notes d'écorces de citron en finale. On apprécie la fraîcheur et le croquant du bourgogne rouge, moins ses tanins anguleux et un peu amers. Un fruit bien mûr imprime le nez du Crais : juteux en bouche, il est soutenu par des tanins gras. Le nez riche d'Aux Clous annonce son fruit mûr, sa matière dense et ample. Plus trapu que raffiné, il accuse une finale chaleureuse. En grand cru, Les Renardes est remarquable : somptueux parfum floral, texture veloutée à souhait, harmonie confortée par un fruit mûr... Le charmes-chambertin est plein, large, un peu plus compact en finale, mais sans la moindre aspérité.

- (blanc) Bourgogne 2018 — 21 € — 88
- (blanc) Chassagne-Montrachet Premier Cru Tonton Marcel 2018 — 110 € — 92
- (rouge) Beaune Premier Cru Les Avaux 2017 — 60 € — 90
- (rouge) Bourgogne 2018 — 20 € — 87
- (rouge) Charmes-Chambertin Grand Cru 2017 — 220 € — 95
- (rouge) Corton Grand Cru Les Renardes 2017 — 130 € — 95
- (rouge) Gevrey-Chambertin Les Crais 2017 — 52 € — 91
- (rouge) Savigny-lès-Beaune Premier Cru Aux Clous 2017 — 40 € — 90

Rouge : 1,3 hectare. Pinot noir 100 %
Achat de raisins.
Blanc : Chardonnay 100 %
Achat de raisins.
Production moyenne : 120 000 bt/an

MAISON CAMILLE GIROUD

3, rue Pierre-Joigneaux, 21200 Beaune
03 80 22 12 65 • www.camillegiroud.com •
Vente et visites : au domaine sur rendez-vous.
Propriétaire : Famille Colgin
Directeur : Carel Voorhuis

★★

ANTOINE JOBARD

Antoine Jobard produit des meursaults de haut niveau dans un style classique, avec des élevages très longs et sans aucun effet de style. Jamais lourds ni outrageusement boisés, les vins brillent par leur précision et surtout leur aptitude au vieillissement. Le Genevrières fait indiscutablement partie des meilleurs. Une valeur sûre pour les amateurs de grands blancs éternels.

Les vins : d'une grande pureté, ils restent marqués en ce début de vie par une réduction constante et une impression de légère sous-maturité, en commençant par le bourgogne blanc. Le parfum du meursault évoque un jeune champagne. Les Tillets offre un supplément d'étoffe. En premier cru, on note une pointe de soufre à l'ouverture de Poruzots, dont le fruit plus enveloppant confère son équilibre à la bouche. Espérons que le Charmes s'amadouera avec le temps : il joue davantage sur la puissance que sur le volume en bouche. Plus aimable, un peu plus épais, le Genevrières sent la craie et jouit d'un supplément de soyeux.

- (blanc) Bourgogne 2018 — 30 € — 87
- (blanc) Meursault 2018 — 55 € — 90
- (blanc) Meursault Les Tillets 2018 — 60 € — 91
- (blanc) Meursault Premier Cru Charmes 2018 — 110 € — 93
- (blanc) Meursault Premier Cru Genevrières 2018 — 130 € — 95
- (blanc) Meursault Premier Cru Poruzots 2018 — 90 € — 93

Blanc : 6,5 hectares. Chardonnay 100 %
Production moyenne : 45 000 bt/an

ANTOINE JOBARD ♣

2, rue de Leignon, 21190 Meursault
03 80 21 21 26 • antoine@antoinejobard.com
• Pas de visites.
Propriétaire : François et Antoine Jobard
Directeur : Antoine Jobard

★★

DOMAINE MICHEL LAFARGE

Ce domaine traditionnel de Volnay élabore des vins très classiques qui mettent du temps à se révéler, mais expriment dans la durée une précision et une expression magnifiques des terroirs, sans aucun artifice. Il a obtenu l'an dernier la deuxième étoile.

Les vins : deux très beaux vins dont un volnay Vendanges Sélectionnées d'une réelle élégance au nez, au fruit très pur en bouche. Il évoque la cerise au chocolat. Sa douceur à l'attaque est renforcée par un cœur de bouche dense, construit autour de tanins solides mais mûrs. Un village qui mérite au moins dix ans de garde. Le

Clos des Chênes est plein de fruits noirs. Un parfum qui traduit la richesse du millésime. On le retrouve dans une bouche dotée de tanins mûrs et gourmands mais avec beaucoup de droiture (délicate petite note de réglisse en finale). À boire tout jeune pour le plaisir de la découverte, mais il sera à son meilleur dans vingt ans, voire beaucoup plus.

- Volnay Premier Cru Clos des Chênes 2018 — 150 € — 94
- Volnay Vendanges Sélectionnées 2018 — 70 € — 91

Rouge : 9,5 hectares. Pinot noir 100 %
Blanc : 2,5 hectares.
Production moyenne : 60 000 bt/an

DOMAINE MICHEL LAFARGE
15, rue de la Combe, 21190 Volnay
03 80 21 61 61 • www.domainelafarge.com • Pas de visites.
Propriétaire : Famille Lafarge
Directeur : Frédéric Lafarge

★★ ↗

DOMAINE HUBERT LAMY

Ambassadeur des vins de Saint-Aubin, Olivier Lamy continue à renforcer la réputation de cette appellation encore trop méconnue. Sa palette de terroirs, et son talent pour en exprimer toutes les nuances, permettent de comprendre à quel point tout amateur peut trouver ici des vins magnifiques, de vraies propositions alternatives aux chassagnes ou aux meursaults. Les blancs, issus de longs pressurages, sont élevés en demi-muid de 600 l avec peu de bois neuf, ce qui les rend, dans leur jeunesse, moins attrayants. C'est pourquoi ils passent, une fois sortis d'élevage, plus de six mois en cuve. Les volumes disponibles au domaine sont très limités. Ces beaux vins de référence méritent la deuxième étoile, accordée cette année.

Les vins : dans un style très épuré, ils ne basculent pas dans la sous-maturité, et demeurent vifs, toniques et équilibrés. Trois belles expressions de saint aubin premier cru : Clos de la Chatennière, d'une grande pureté aromatique, à l'attaque fuselée, tout en épure, est renforcé par un milieu de bouche plein et charnel. Un vin de haute volée. Ciselé et long avec un beau final sur de fins amers ; En Remilly se détermine par une touche de fruit exotique au nez qui lui donne un certain charme. Il s'étire par une minéralité prégnante et revigorante, finit sur une note vive mais équilibrée de citron. Enfin, Murgers des Dents de Chien s'exprime par un fruit ciselé et longiligne à la très belle dynamique. Il fait longuement saliver.

- Saint-Aubin Premier Cru Clos de la Chatenière Vieilles Vignes 2017 — Épuisé - 65 € — 93
- Saint-Aubin Premier Cru En Remilly 2017 — Épuisé - 65 € — 93
- Saint-Aubin Premier Cru Les Murgers des Dents de Chien 2017 — Épuisé - 65 € — 93

Rouge : 3 hectares. Pinot noir 100 %
Blanc : 15,5 hectares. Chardonnay 100 %
Production moyenne : 100 000 bt/an

DOMAINE HUBERT LAMY
20, rue des Lavières, 21190 Saint-Aubin
03 80 21 32 55 • www.domainehubertlamy.com • Pas de visites.
Propriétaire : Karine et Olivier Lamy

★★

DOMAINE MATROT

Réputé pour ses magnifiques meursaults, ce domaine produit des vins de très longue garde dans les deux couleurs. Les entrées de gamme, comme le bourgogne, servent à déboiser l'arrivée des nouveaux fûts neufs, utilisés ensuite pour l'élevage des vins plus prestigieux. Thierry et son épouse ont cédé la place à deux de leurs filles, Adèle, l'aînée, et Elsa, la cadette, déjà à leurs côtés depuis longtemps. Aujourd'hui, elles sont aux commandes du domaine et ont produit leur premier millésime en 2016. Complémentaires et autonomes, elles vinifient ensemble et ont préservé la philosophie du domaine. En blanc comme en rouge, les vins sont très précis, et nous saluons la qualité des élevages, qu'elles ont un peu allongés, et des extractions. Ces vins sont non seulement très réguliers, mais évoluent de surcroît admirablement bien. Les sœurs Matrot ont trouvé leur rythme de croisière et excellent désormais aussi bien en blanc qu'en rouge – ces derniers ayant progressé tant en termes de maturité que de qualité de tanins. La troisième étoile n'est pas loin.

Les vins : plein et gourmand, le bourgogne blanc indique le haut niveau du domaine. Le meursault arbore un très beau fruit équilibré et offre d'élégantes notes d'amande fraîche. Un vin de haute volée. Les Chalumeaux développe un intense parfum floral. Puissant et fin à la fois, c'est le plus beau blanc de la série. Il se montre gracieux et aérien malgré la richesse du millésime, parfaitement restituée. Splendide. Une note intense d'amande fraîche se déploie au nez du Charmes, suivi d'une touche de cédrat. Un vin d'une grande harmonie, qui témoigne d'un invariable respect du fruit : l'archétype du très grand Charmes. Blagny se montre plus introverti. Ciselé et pur, tout en muscle, il présente un équilibre souverain. En rouge, le monthélie évolue rapidement vers une touche de fruit noir bien mûr, mêlé d'une touche de cacao. Une richesse que l'on retrouve dans une bouche dense et pulpeuse, qui garde des tanins compacts : ce vin absolument délicieux mérite quelques années de garde. Le volnay Santenots embaume le fruit noir, complété d'une touche de chocolat. La bouche est mûre à souhait, le grain de tanin ferme et élégant à la fois. Intense et profond, son cœur de bouche dense lui garantit une belle longévité. Somptueux. Au sommet des rouges, le blagny La Pièce Sous le Bois sent la cerise noire ; sa bouche longiligne, ferme mais gracieuse, avec beaucoup de relief et une belle trame tannique serrée, indique qu'il ira loin dans le temps.

Bourgogne Chardonnay 2018	15 €	90
Meursault 2018	40 €	93
Meursault Premier Cru Blagny 2018	55 €	96
Meursault Premier Cru Charmes 2018	60 €	97
Blagny Premier Cru La Pièce sous le Bois 2018	45 €	96
Monthélie 2018	26 €	91
Volnay Premier Cru Santenots 2018	45 €	95

Le coup de ♥

Puligny-Montrachet Premier Cru Chalumeaux 2018	60 €	97

Rouge : 10,48 hectares. Pinot noir 100 %
Achat de raisins.
Blanc : 13,77 hectares. Chardonnay 100 %
Achat de raisins.
Production moyenne : 150 000 bt/an

DOMAINE MATROT
12, rue de Martray, 21190 Meursault
03 80 21 20 13 • www.matrot.com • Vente et visites : au domaine sur rendez-vous.
Propriétaire : Famille Matrot
Directeur : Adèle et Elsa Matrot

★★

DOMAINE DE MONTILLE

C'est Étienne de Montille qui vinifie les rouges au domaine. Il produit des vins moins rigides que son père, et surtout plus fins et plus gracieux. On cherche ici à exprimer toute l'élégance naturelle des meilleurs terroirs de Volnay et de Pommard. Les vins peuvent paraître austères, voire durs dans leurs premières années, mais ils évoluent souvent avec grâce. De très grands vins à la fois en blanc et en rouge.

Les vins : c'est dans les blancs que le domaine excelle, trouvant les plus beaux équilibres. Les vins sont ciselés mais profonds, épurés mais avec une réelle maturité. Les rouges sont certes raffinés avec des élevages justes mais ils gagneraient en équilibre avec des tanins un rien plus mûrs surtout avec un millésime comme 2018. En Remilly est marqué par une petite note lactée. La bouche se montre vive à l'attaque avec une impression saline forte et un fruit mûr et plein en bouche. Le meursault Les Poruzots, avec une fine note de noisette, se montre ciselé. Il conjugue volume, densité et allonge, avec un fruit magnifiquement équilibré et un joli final citronné. Le Cailleret est d'une grande pureté olfactive. Pureté que l'on retrouve dans une bouche puissante, élancée et raffinée qui stimule et éveille les sens. Exemplaire. En rouge, Sizies au nez délicat de griotte au chocolat a de l'attaque mais sa trame se resserre en milieu de bouche comme si l'on mâchait une peau de raisin. Un vin qui a du fond mais qui aura besoin d'une bonne dizaine d'années pour s'assagir. En Champans paraît dense, compact avec un cœur de bouche ferme mais son fruit, certes pur, est encore dans sa gangue. Le temps doit faire son œuvre et l'assouplir. Un beau vin en devenir. Belles notes de fruit noir et de chocolat pour Les Taillepieds. La bouche se montre élégante et élancée mais derrière sa finesse on devine une main de fer dans un gant de velours. Un rien de maturité en plus ne nuirait pas à l'ensemble pour gagner en souplesse de tanins. Les Pézerolles évoque la cerise à l'eau de vie. Son attaque est souple avec un fruit de grande qualité. Un vin bien équilibré, au caractère gourmand et accessible. Les Rugiens-bas, au nez finement épicé avec des notes de fruit noir, demeure l'icône du domaine. Il possède du fond et de la distinction. Les tanins sont enrobés, fruits d'une quête de maturité dans les raisins. Un vin dense et puissant mais racé.

- Meursault Premier Cru Les Poruzots 2018 — 65 € — 93
- Puligny-Montrachet Premier Cru Le Cailleret 2018 — 110 € — 96
- Saint Aubin Premier Cru En Remilly 2018 — 37 € — 92
- Beaune Premier Cru Sizies 2018 — 46 € — 93
- Pommard Premier Cru Les Pézerolles 2018 — 90 € — 94
- Pommard Premier Cru Les Rugiens-bas 2018 — Épuisé - 125 € — 95
- Volnay Premier Cru En Champans 2018 — 90 € — 94
- Volnay Premier Cru Les Taillepieds 2018 — 96 € — 95

Rouge : 20 hectares. Pinot noir 100 %
Blanc : 17 hectares. Chardonnay 100 %
Production moyenne : 180 000 bt/an

DOMAINE DE MONTILLE ♣
Rue de Pied-de-la-Vallée, 21190 Volnay
03 80 21 39 14 • www.demontille.com •
Vente et visites : au domaine sur rendez-vous.
Propriétaire : Étienne de Montille
Maître de chai : Brian Sieve

★★

MAISON PHILIPPE PACALET

Adepte des vins vinifiés sans soufre en vendange entière, mais sans dogmatisme, Philippe Pacalet a travaillé avec son oncle Marcel Lapierre dans le Beaujolais, de 1985 à 1991, avant d'arriver au domaine Prieuré-Roch où il vinifie et découvre ses repères en Bourgogne. Il y restera jusqu'en 2001, date à laquelle il décide de développer sa propre activité de négoce. Il a commercialisé jusqu'à 27 appellations différentes, en rouge comme en blanc. Si le propre du négoce est l'achat de raisins, Philippe Pacalet passe un temps important à trouver des sources de qualité. Pour lui, l'élevage reste un moment crucial pour faire grandir les vins, si bien qu'il y apporte le plus grand soin possible. En plus de faire parler leur terroir, ses vins sont d'une douceur et d'une complexité incroyables, se révèlent délicieux dès leur prime jeunesse et savent vieillir parfaitement.

Les vins : le meursault présente un nez floral, une bouche ample et une belle maturité de fruit. Le moulin-à-vent ira loin dans le temps. Le gevrey-chambertin se distingue par un parfum somptueux, une grande solidité, reflète la richesse du millésime 2018. Avec un an de plus, le 2017 est superbe, tout aussi floral et solide. Vin majeur, le magistral pommard captive par son toucher de bouche et la qualité de son fruit. Le chambolle-musigny a du muscle, évolue vers des arômes solaires. Profond mais replié, il faut oublier en cave l'echezeaux, aux notes de framboise et de prune. Le corton mêle les fruits et les épices douces : au tout début de sa vie, il reste compact, mais présente déjà la chair et l'ampleur des Bressandes.

- Meursault 2017 — 75 € — 92
- Chambolle-Musigny Premier Cru 2017 — 127,50 € — 95
- Corton-Bressandes Grand Cru 2017 — 222 € — 97
- Echezeaux Grand cru 2017 — 268,50 € — 97
- Gevrey-Chambertin 2017 — 63 € — 92
- Gevrey-Chambertin 2018 — de 85 à 95 € (c) — 92
- Moulin-à-Vent 2018 — de 43 à 48 € (c) — 91

Le coup de ♥

- Pommard 2017 — 64,50 € — 94

Rouge : 14 hectares. Pinot noir 100 %
Achat de raisins.
Blanc : 4 hectares. Chardonnay 100 %
Achat de raisins.
Production moyenne : 80 000 bt/an

MAISON PHILIPPE PACALET
12, rue de Chaumergy 21200 Beaune
03 80 25 91 00 • www.philippe-pacalet.com
• Vente et visites : au domaine sur rendez-vous.
Propriétaire : Philippe Pacalet

★★

ÉTIENNE SAUZET

Domaine de grande réputation créé à l'orée du XXe siècle, la maison Étienne Sauzet associe, depuis le début des années 1990, le négoce et la production d'une palette de pulignys rares. Les achats étant réalisés auprès des meilleurs viticulteurs de la région, la qualité des vins est remarquable. L'approche de la vinification et de l'élevage est très classique. Le style des chardonnays allie une grande pureté d'expression, la finesse et l'élégance, sans pour autant manquer de potentiel de vieillissement.

Les vins : ces blancs épurés sont d'un grand raffinement à l'image du très beau puligny-montrachet, doté d'un fruit très pur, de beaux amers et d'une fine salinité. Dans la série des premiers crus, La Garenne sent la pierre froide et offre une vive minéralité en bouche. Son allonge, aux amers équilibrés, évoque l'écorce d'agrume. Champ-Canet s'appuie sur un léger boisé qui s'intègre parfaitement. Dense, très salin, avec une austérité rocailleuse en milieu de bouche, il est fort sapide. Les Folatières en la Richarde est un vin superbe, au fruit net et pur. Précis et viril, Les Combettes évoque l'anis étoilé à l'ouverture. Ce blanc très salin est conforté par la richesse de l'année et par une minéralité revigorante. Pour couronner le tout, le bâtard-montrachet sent l'amande fraîche ; d'un bloc, intense, tout en épure, il laisse jaillir une puissante salinité et d'agréables petits amers. Superbe.

- Bâtard-Montrachet Grand Cru 2018 — de 540 à 590 € (c) — 98
- Puligny-Montrachet 2018 — 55 € — 92
- Puligny-Montrachet Premier Cru Champ-Canet 2018 — 110 € — 94
- Puligny-Montrachet Premier Cru La Garenne 2018 — 80 € — 93
- Puligny-Montrachet Premier Cru Les Combettes 2018 — 135 € — 96
- Puligny-Montrachet Premier Cru Les Folatières En la Richarde 2018 — 135 € — 95

Blanc : 15 hectares. Chardonnay 100 %
Achat de raisins.
Production moyenne : 80 000 bt/an

ÉTIENNE SAUZET ♣

11, rue de Poiseul, 21190 Puligny-Montrachet
03 80 21 32 10 • www.etiennesauzet.com •
Pas de visites.
Propriétaire : Famille Boudot
Directeur : Emilie Boudot et Benoît Riffault

★

DOMAINE BACHELET-RAMONET

Ce domaine régulier possède l'une des plus complètes palettes d'appellations de Chassagne-Montrachet avec, en rouge comme en blanc, les meilleurs premiers crus et deux grands crus. En premier cru, les terroirs s'enchaînent, chacun portant une définition bien affirmée. Il y a des profils et équilibres de bouche pour tous les goûts dans ces vins de style classique. Les prix demeurent raisonnables : aucune raison de se priver.

Les vins : des rouges de grande qualité restituant bien l'esprit solaire du millésime. À l'inverse les blancs sont un peu comprimés par la mise en bouteille, avec une sensation de soufre prononcée. Il faudra les attendre et les déguster d'ici quelques temps. En rouge, le nez du Clos Saint Jean évoque la griotte bien mûre. La bouche est généreuse avec un fruit juteux mais elle est tenue par des tanins gras. Plein, solaire et dense il mérite d'être oublié en cave une bonne dizaine d'années. En blanc, le chassagne-montrachet, au nez finement grillé, ne manque pas de séduction. Sa bouche vive et sapide valorise des notes de pamplemousse jaune. Un vin tendu mais sans tomber dans la sous-maturité. Morgeot sent la pierre à feu. Vif, épuré, plus énergique que charnu, la bouche est plus en allonge qu'en volume, avec des amers un rien prononcés. Nerveux, il est un peu marqué par le soufre. À suivre. Les Grandes Ruchottes déploie un fin boisé qui lui confère une note de pistache. Doux en attaque il se montre soyeux et élégant, fin et gracieux avec une belle maturité du fruit. La Grande Montagne accuse une prise de bois qui marque le fruit sans totalement le dénaturer. Sa belle bouche ample a de la sève donnant une sensation sphérique mais reste sucrée par le bois en final. Le bienvenues-bâtard-montrachet diffuse vanille et pistache. Il se montre doux et gracieux, un grand cru plus délicat que profond. Nous aimerions un supplément de consistance même si on apprécie son côté posé.

- Bienvenues-Bâtard-Montrachet Grand Cru 2018 — 120 € — 94
- Chassagne-Montrachet 2018 — 30 € — 90
- Chassagne-Montrachet Premier Cru La Grande Montagne 2018 — de 39 à 45 € (c) — 92
- Chassagne-Montrachet Premier Cru Les Grandes Ruchottes 2018 — 40 € — 93
- Chassagne-Montrachet Premier Cru Morgeot 2018 — 40 € — 91
- Chassagne-Montrachet Premier Cru Clos Saint-Jean 2018 — 30 € — 92

Rouge : 7 hectares. Pinot noir 100 %
Blanc : 10 hectares. Chardonnay 100 %
Production moyenne : 35 000 bt/an

DOMAINE BACHELET-RAMONET

11, rue du Parterre,
21190 Chassagne-Montrachet

03 80 21 32 49 • www.bachelet-ramonet.fr • Vente et visites : au domaine sur rendez-vous.
Propriétaire : Famille Bonnefoy
Directeur : Marie-Paule Bonnefoy-Bachelet
Maître de chai : Alain Bonnefoy
Œnologue : Terrelis

★

DOMAINE BALLOT MILLOT ET FILS

Cette maison, qui offre un très beau panorama des vins de Meursault, est conduite par Charles Ballot. Depuis 2000, il a régulièrement produit une série de blancs de belle facture à des tarifs très raisonnables.

Les vins : des blancs de qualité mais qui pèchent parfois, sur certaines cuvées, par un léger excès de bois. Le bourgogne est franc et puissant mais également juteux, vigoureux et persistant. Un rien lacté avec un boisé légèrement vert, le meursault est tendre. Il manque un peu de tempérament. Pur et fin, Les Criots joue plus sur la délicatesse que sur la puissance avec une belle persistance saline. Genevrières déploie une belle élégance olfactive. Son fruit doux mais persistant évolue vers les agrumes et son énergie va crescendo sur le final. Charmes sent la noisette. Un vin bien équilibré tant en termes de maturité que d'élevage. Volumineux et riche, l'aération l'entraîne vers le fruit exotique. Perrières conjugue finesse et énergie avec un fruit doux et mûr. Son attaque ample contraste avec son final compact, comme pour nous rappeler la force de ce grand terroir. En rouge, Pézerolles paraît sanguin et sur le fuit macéré, agrémenté de notes de marc et d'une touche florale. Plus élégant en bouche qu'au nez il a le fruit franc encore dans l'empreinte du raisin. Un vin gourmand et mûr, assez aérien. Le Santenots manque un rien de netteté mais à l'air il bascule vers la cerise à l'eau-de-vie. Derrière une attaque soyeuse, on découvre un milieu de bouche à la trame serrée. Attention à la prise de bois.

Bourgogne 2018	18 €	88
Meursault 2018	30 €	89
Meursault Les Criots 2018	35 €	91
Meursault Premier Cru Charmes 2018	65 €	93
Meursault Premier Cru Genevrières 2018	75 €	93
Meursault Premier Cru Perrières 2018	85 €	94
Pommard Premier Cru Pézerolles 2018	de 65 à 80 € (c)	93
Volnay Premier Cru Santenots 2018	45 €	92

Rouge : 2,5 hectares. Pinot noir 100 %
Blanc : 7,5 hectares. Chardonnay 100 %
Production moyenne : 60 000 bt/an

DOMAINE BALLOT MILLOT ET FILS
9, rue de la Goutte-d'Or, 21190 Meursault
03 80 21 21 39 • www.ballotmillot.com • Vente et visites : au domaine sur rendez-vous.
Propriétaire : Charles Ballot

★

DOMAINE DE BELLENE

Ce domaine, installé dans les très belles caves de l'ancien réfectoire de l'abbaye de Cîteaux, à Beaune, a été créé en 2005 par Nicolas Potel à la suite de la vente de la maison de négoce qui portait son nom au groupe Cottin Frères. Il a acheté diverses parcelles en Côte de Beaune (Savigny-lès-Beaune, Beaune, Volnay) et Côte de Nuits (Nuits-Saint-Georges, Vosne-Romanée) qui ont toutes entre 50 et 110 ans d'âge. À cela s'ajoute une activité florissante de négoce (Roche de Bellene, environ 350 000 bouteilles, non noté ici). Vignes et vins sont travaillés selon les méthodes biologiques, vinifiés sans aucun adjuvant œnologique, sans chaptalisation ni acidification.

Les vins : la maturité solaire de 2018 donne du volume et de la finesse à l'ensemble des rouges. Le domaine a de fait produit des vins mieux équilibrés que l'an passé. Le nuits-saint-georges Vieilles Vignes, légèrement terreux à l'ouverture, revient vite vers le fruit, avec une bouche délicate et délié, sans pour autant manquer de densité. Gracieux et épicé, Hommage à Françoise Potel est doté d'un fruit pur en bouche. Savoureux, tout en volume et profond il affiche une confortable assise tannique. Les Grèves mêle le fruit noir et une touche graphite. Il possède la droiture de son terroir avec une trame tannique serré malgré un fruit qui ne manque ni de richesse ni de profondeur. Un vin de garde qui grandira sur une à plusieurs décennies. Les Suchots est légèrement réduit et d'une allure virile. Du fond et de la sève, le fruit riche et solaire s'exprime par une note chocolatée. Mais il accuse un léger manque d'enrobage charnel. En blanc, le santenay Les Charmes Dessus se montre précis et respectueux du fruit. Un vin riche et savoureux. Le savigny-lès-beaune développe un parfum aux notes exotiques, d'ananas frais avec une touche lactée. Un vin doux et tendre mais un peu court. Les Perrières va de pierre à feu en pâte d'amande. Un beaune plus en volume qu'en allonge de bouche.

- Beaune Premier Cru Perrières 2018 — 80 € — 92
- Santenay Les Charmes Dessus 2018 — 30 € — 91
- Savigny-lès-Beaune 2018 — 30 € — 90
- Beaune Premier Cru Hommage à Françoise Potel 2018 — 60 € — 92
- Beaune Premier Cru Les Grèves 2018 — 80 € — 93
- Bourgogne Maison Dieu 2018 — 20 € — 88
- Nuits-Saint-Georges Vieilles Vignes 2018 — 50 € — 90
- Vosne-Romanée Premier Cru Les Suchots 2018 — 180 € — 91

Rouge : 17,25 hectares. Pinot noir 100 %
Blanc : 5,45 hectares. Chardonnay 100 %
Production moyenne : 100 000 bt/an

DOMAINE DE BELLENE
39-41, rue du Faubourg-Saint-Nicolas,
21200 Beaune
03 80 20 67 64 •
www.domainedebellene.com • Vente et visites : au domaine sur rendez-vous.
Propriétaire : Nicolas Potel
Maître de chai : Sylvain Debord

★

DOMAINE JACQUES CARILLON

Les deux frères Carillon ont séparé le domaine historique familial Louis Carillon en deux entités en 2010. Jacques exploite de son côté 5,5 hectares de vignes, dont une parcelle de Bienvenues Bâtard-Montrachet de 0,5 hectare. Il propose avec régularité des vins au profil moderne, très droits et aptes à un long vieillissement. L'excès de soufre, qui les comprime trop, a conduit au retrait de la deuxième étoile dans notre édition précédente.

Les vins : des blancs dans un style toujours épuré et invariablement cadenassés en début de vie. Laissons le temps faire son œuvre afin qu'ils s'apaisent. Le puligny-montrachet affiche un nez finement grillé, avec une touche de pierre froide. Un fruit épuré et vif, d'une matière peu charnue mais tout en allonge de bouche avec un final citronné. Les Champs Canet a conservé une pointe de réduction, la bouche se montre ample à l'attaque mais sa puissance prend rapidement le dessus à travers un fruit plus épuré que gourmand, renforcé par de délicats amers. Les Perrières s'affirme dense et ferme, avec une sensation de pierre à feu prononcée, il s'impose par sa vigueur tout en restant fermé. Il aura besoin de temps pour s'assagir.

- Puligny-Montrachet 2017 — 44 € — 89
- Puligny-Montrachet Premier Cru Les Champs Canet 2017 — 80 € — 91
- Puligny-Montrachet Premier Cru Les Perrières 2017 — 80 € — 92

Rouge : 0,5 hectare. Pinot noir 100 %
Blanc : 5 hectares. Chardonnay 100 %
Production moyenne : 30 000 bt/an

DOMAINE JACQUES CARILLON
1, impasse Drouhin,
21190 Puligny-Montrachet
03 80 21 01 30 • www.jacques-carillon.com •
Pas de visites.
Propriétaire : Jacques Carillon

★

DOMAINE JEAN CHARTRON

Ce domaine est l'un des plus anciens de Puligny-Montrachet. Il possède un joli patrimoine de vignes habilement exploité. Depuis 2004, à la suite de son père, Jean-Michel Chartron travaille ses vignes en agriculture biologique sans chercher la certification. Le manque de concentration et de densité dans les vins nous conduit cette année à retirer la deuxième étoile.

Les vins : le savigny-lès-beaune paraît souple mais peu consistant. Il manque de charnu et de longueur même si nous apprécions son fruit pur et la justesse de son élevage. Le chassagne-montrachet se montre réservé. Il sent l'anis étoilé. Sa bouche tout en souplesse a un fruit doux mais une finale écourtée. Le puligny-montrachet, aux notes d'infusions avec une touche florale, est serti d'une bouche épurée et vive à la belle énergie, au goût citronné, mais le boisé domine toute la finale. Clos de la Pucelle est construit sur la délicatesse et la finesse mais il manque cruellement de fond. Nous apprécions toutefois la pureté du fruit. Très épuré et traçant, Clos du Cailleret accuse une maigre concentration. Nous aimerions plus de matière à ce niveau de cru. Il paraît lisse et exempt du relief, de la dynamique et de l'élégance que l'on attend d'un aussi grand terroir. Plus beau vin de la série, le bâtard-montrachet arbore un nez légèrement lactique, une bouche intense et dense. Long et persistant, il restitue bien la puissance du cru par une belle présence. Malgré sa délicatesse et sa finesse, Clos des Chevaliers ne possède pas toute l'énergie, la complexité et la profondeur de ce cru majeur de la Côte-d'Or. Quant au montrachet, malgré un fruit et un élevage équilibré, il manque de présence, de sève et de densité, loin de l'assise propre à son terroir. Souhaitons qu'il se révéle dans la durée.

- Bâtard-Montrachet Grand Cru 2018 — 310 € — 95
- Chassagne-Montrachet 2018 — 46 € — 89
- Chevalier-Montrachet Grand Cru Clos des Chevaliers 2018 — 350 € — 93
- Montrachet Grand Cru 2018 — 780 € — 94
- Puligny-Montrachet 2018 — 48 € — 89
- Puligny-Montrachet Premier Cru Clos de la Pucelle 2018 — 70 € — 91
- Puligny-Montrachet Premier Cru Clos du Cailleret 2018 — 70 € — 92
- Savigny-lès-Beaune Théologique, Nourrissant & Morbifuge 2018 — 25 € — 88

Rouge : 0,74 hectare. Pinot noir 100 %
Achat de raisins.
Blanc : 13,75 hectares. Chardonnay 100 %
Achat de raisins.
Production moyenne : 90 000 bt/an

DOMAINE JEAN CHARTRON

8 bis, Grande-Rue, 21190 Puligny-Montrachet
03 80 21 99 19 • www.jeanchartron.com •
Vente et visites : au domaine sur rendez-vous.

Propriétaire : Jean-Michel et Anne-Laure Chartron

★

DOMAINE CHEVROT ET FILS

Ce domaine exploite des vignes dans le sud de la Côte de Beaune depuis 1830. Plusieurs générations s'y sont succédé. Aujourd'hui, les deux frères Pablo et Vincent Chevrot travaillent avec une passion communicative, en agriculture biologique. Depuis deux millésimes, ils se sont lancés dans le labour à cheval et envisagent d'en acquérir un second.

Les vins : le bourgogne aligoté affiche une très belle aromatique. La bouche est dans l'esprit d'un raisin mûr sans jamais perdre le plaisir désaltérant. Un vin qui fera merveille sur une friture de poissons. Le santenay Comme Dessus se montre vif et puissant avec une acidité tonique qui lui donne un sentiment d'allonge en bouche avec une finale presque crayeuse. La Fussière sent la mangue et l'ananas. Pulpeux à l'attaque il reste aérien mais gourmand avec un fruit comme suspendu. Un vin salin et hédoniste. Parmi les rouges, le bourgogne hautes-côtes-de-beaune sent le fruit à l'eau de vie avec des notes de pruneau, mais la bouche, malgré sa richesse, préserve un bel équilibre entre maturité et fraîcheur avec des tanins souples et un fruit hédoniste. Une année solaire bien mise en valeur. Tour d'horizon des maranges : Sur le Chêne est réduit avec un fruit compoté. En bouche derrière une belle finesse de grain il présente une assise tannique imposante ; La Fussière, au nez de prune, se révèle riche, musclé et corpulent, avec un cœur de bouche dense aux tanins imposants, il faudra le laisser s'assouplir ; Le Croix Moines au nez somptueux s'exprime par une note florale. Gracieux et profond, il est loin de la rusticité de son terroir. Superbe. Le Clos Rousseau, tout en cerise noire, paraît presque rhodanien tant sa richesse est perceptible. La bouche est dense, pulpeuse avec du fond et gourmande. Les tanins sont gras. Véritable coureur de fond, c'est le vin le plus complet de la série.

- Bourgogne Aligoté Cuvée des Quatre Terroirs 2018 — 12,50 € — 88
- Maranges Premier Cru La Fussière 2018 — 38,50 € — 91
- Santenay Comme Dessus 2018 — 26,30 € — 90
- Bourgogne Hautes-Côtes de Beaune 2018 — 16,60 € — 88
- Maranges Premier Cru La Fussière 2018 — 27,40 € — 90

- Maranges Premier Cru Le Croix Moines 2018 — 39,40 € — 92
- Maranges Sur le Chêne 2018 — 20,30 € — 89
- Santenay Premier Cru Clos Rousseau 2018 — 27,40 € — 92

Rouge : 13 hectares. Pinot noir 100 %
Blanc : 4,5 hectares. Chardonnay 65 %, Aligoté 35 %
Production moyenne : 80 000 bt/an

DOMAINE CHEVROT ET FILS ♣
19, route de Couches,
71150 Cheilly-les-Maranges
03 85 91 10 55 • www.chevrot.fr •
Visites : sans rendez-vous.
Propriétaire : Pablo et Vincent Chevrot

★

DOMAINE FRANÇOISE ET DENIS CLAIR

Jean-Baptiste Clair a su porter le domaine familial à un niveau tout à fait recommandable. Leurs grands terroirs de Saint-Aubin (En Remilly, Les Murgers des Dents de Chien, Sur Gamay...) conjuguent des notes de craie sucrées, de la maturité et de la densité, sans perdre en fraîcheur, signature de Saint-Aubin. Les blancs sont fins et cristallins. Les rouges font partie des plus séduisants de Santenay. La famille Clair a été précurseuse dans la compréhension des avantages du refroidissement des raisins pour en extraire le maximum de potentiel aromatique.

Les vins : toute la gamme, tant en blanc qu'en rouge, est de grande qualité, avec une belle mise en valeur de la richesse du millésime. En blanc, un trio de saint-aubin premier cru nous ravit : Sous la Roche Dumay, aux belles notes d'agrumes allie avec harmonie un fruit mûr et une belle sensation de fraîcheur et de vivacité. Nous aimons son équilibre. En Remilly sent la pierre. Vif, pur à l'attaque, il est conforté par un milieu de bouche gourmand et sapide avec de beaux amers en final. Un rien réduit au nez, Murgers des Dents de Chien se montre introverti. La bouche épurée et intense lorgne vers une sensation saline et minérale forte. Il trouve son équilibre grâce à une maturité juste du fruit. Tout en finesse et en élégance, La Garenne sent l'amande fraîche. Son fruit lui confère une agréable douceur en bouche. Un vin tendre mais persistant. En rouge, Clos de Genêt s'exprime sur des notes de fruits noirs bien mûrs. La bouche juteuse est légèrement ramassée. Il faut le laisser se tempérer. Clos des Tavannes n'est pas tout à fait en place avec une note de prune et un fruit légèrement "mat". Sa bouche dense est tenue par des tanins puissants. Un vin musclé qui ne se dévoilera que sur la durée. Clos de la Comme part sur le fruit à l'eau-de-vie. Sa bouche suave et charnelle a une belle qualité de texture et ses tanins sont mûrs et fins même si une petite amertume ressort en final. Le Clos des Mouches est soyeux et plein, son joli final prend une note chocolatée.

- Puligny-Montrachet Premier Cru La Garenne 2018 — 50 € — 93
- Saint-Aubin Premier Cru En Remilly 2018 — 29 € — 92
- Saint-Aubin Premier Cru Les Murgers des Dents de Chien 2018 — 29 € — 92
- Saint-Aubin Premier Cru Sous Roche Dumay 2018 — 23 € — 92
- Santenay Clos Genêt 2018 — 17 € — 90
- Santenay Premier Cru Clos de Tavannes 2018 — 25 € — 93
- Santenay Premier Cru Clos de la Comme 2018 — 24 € — 92
- Santenay Premier Cru Clos des Mouches 2018 — 22 € — 92

Rouge : 8,5 hectares. Pinot noir 100 %
Blanc : 5,5 hectares. Chardonnay 100 %
Production moyenne : 65 000 bt/an

DOMAINE FRANÇOISE ET DENIS CLAIR
14, rue de la Chapelle, 21590 Santenay
03 80 20 61 96 • fdclair@orange.fr • Vente et visites : au domaine sur rendez-vous.
Propriétaire : Famille Clair
Directeur : Jean-Baptiste Clair

NOUVEAU DOMAINE

★

DOMAINE JOSEPH COLIN

Jusqu'en 2016, Joseph Colin travaillait avec son frère et sa sœur au domaine Marc Colin. Mais la taille du domaine (20 hectares) lui semble trop importante pour mener à bien toute ses envies. Il quitte en bon accord le nid familial pour créer sa propre histoire avec un domaine à taille humaine. Il ne travaille pas moins de 19 appellations sur 6,5 hectares, avec des vignes en partie louées, dont un grand nombre de premiers crus en Saint-Aubin, ainsi qu'en Chassagne-

Montrachet et en Puligny-Montrachet. Pour cause d'allergie, il vinifie ses vins sans soufre, ce qui lui permet d'écourter les élevages, mais en utilise à la mise en bouteille. Sans dogme et n'appartenant à aucune caste, il revendique son statut de vigneron libre. Libre de travailler avec la lune et les marées, libre d'utiliser des produits bio ou pas, libre de vendanger des raisins mûrs, avec un seul but : révéler chacun de ses terroirs avec force et précision. Toute la gamme est de grande qualité. Le domaine entre avec une étoile, nous attendrons l'an prochain pour voir si notre pressentiment d'une deuxième étoile se confirme.

Les vins : Joseph Colin n'est pas un débutant et, bien qu'il vinifie de manière différente que par le passé, ses 2018 sans chaptalisation ni réacidification sont magistralement réussis. Son simple bourgogne blanc La Combe est un délice, riche, ouvert et franc ; ses belles notes d'écorces d'agrumes légèrement confites signent une belle et fraîche maturité. Une pointe de gaz encore présente donne au fruit un caractère bien vivant et aérien. Bien qu'issu d'un terroir de plaine et non de coteau, le chassagne-montrachet Vieille Vigne sent paradoxalement le caillou, voire la craie. Avec une attaque douce, ce faux tendre vous réveille les papilles en fin de bouche. Sur le Sentier du Clou prend ici un parfum légèrement oxydatif qui lui donne beaucoup d'élégance au nez. En bouche, il se montre vif mais plein, avec une pointe de gaz qui porte le fruit sur la longueur. Avec ses notes d'épices, En Remilly est étonnamment ample. Grâce à la vinification sans soufre, il exprime la vraie nature solaire de ce climat. Adepte des terroirs livrant des vins stricts, En Cailleret est pour vous : s'il flirte au nez avec une sensation d'agrumes confits, rapidement son caractère longiligne nous ramène sur le droit chemin, avec un profil plus vif et racinaire que sensuel et volumineux. Vide Bourse jouxte le grand cru bâtard-montrachet. Il mûrit rapidement, d'où cette sensation de volume, véritable boule de fruit en bouche gardant une stimulante acidité en finale. La Garenne offre de belles notes d'épices au nez et, bien que vendangé assez tôt, il propose un fruit doux et tendre dont la belle salinité ravive la fin de bouche.

- Bourgogne La Combe 2018 — 22 € — 89
- Chassagne-Montrachet Premier Cru En Cailleret 2018 — 78 € — 95
- Chassagne-Montrachet Premier Cru Vide Bourse 2018 — 78 € — 95
- Chassagne-Montrachet Vieilles Vignes 2018 — 29 € — 93
- Puligny-Montrachet Premier Cru La Garenne 2018 — 82 € — 95
- Saint-Aubin Premier Cru En Remilly 2018 — 44 € — 93
- Saint-Aubin Premier Cru Sur le Sentier du Clou 2018 — 39 € — 92

Rouge : 6 hectares. Pinot noir 100 %
Achat de raisins.
Blanc : 0,3 hectare. Chardonnay 95 %, Aligoté 5 %
Achat de raisins.
Production moyenne : 45 000 bt/an

DOMAINE JOSEPH COLIN
32, rue des Lavières, 21190 Saint-Aubin
03 80 21 98 76 • contact@josephcolin.fr •
Vente et visites : au domaine sur rendez-vous.
Propriétaire : Joseph Colin

★

DOMAINE FOLLIN-ARBELET

Depuis plus de vingt ans, Franck Follin-Arbelet poursuit l'élaboration de beaux vins de terroir indifférents aux modes. L'accent est mis sur le travail des vignes qui, sans relever d'une culture biologique, s'en approche. Son style de vinification classique respecte à la fois le raisin et la nature du millésime. Une mise en bouteille sans collage ni filtration l'a fait évoluer.

Les vins : les rouges sont bâtis autour de matières denses et sérieuses, le millésime 2018 leur apportant un supplément de soyeux. Mais nous aimerions des élevages un rien plus en retrait pour libérer l'expression du terroir et du fruit avec plus de justesse. L'aloxe-corton évoque la cerise fraîchement ramassée. Le fruit en bouche se montre fin, délicat et digeste, et délivre un vin plein de tendresse. Riche, le Clos du Chapitre s'exprime à travers un fruit noir lorgnant légèrement vers la prune. Sa bouche à l'attaque soyeuse mais étoffée en milieu par des tanins solides nécessitera un peu de patience pour s'attendrir. On a une petite sècheresse en final. Même signature olfactive pour Les Vercots. Il s'appuie sur un fruit presque confit, mais la bouche ne manque pas de fraîcheur avec une matière bâtie autour de tanins fins très présents sur toute la longueur. Malgré une certaine richesse, Les Fichots campe sur des tanins solides tout en préservant un fruit croquant. Ne vous pressez pas pour le boire. Le corton-bressandes se démarque par une note sanguine à l'ouverture, prolongée d'une petite touche boisée qui devrait s'harmoniser dans le temps. Un vin large d'épaule et charnu, qui accuse une petite remontée d'amertume en finale. Derrière un fin boisé, la romanée-saint-vivant tout en élégance de fruit, a une attaque fine mais un cœur de bouche puissant. Un cru bien bâti qui aurait gagné en profondeur et en qualité de texture avec un peu plus de maturité mais moins d'amertume et d'astringence sur le final. Du côté des blancs, le pernand-vergelesses offre de délicates notes d'agrumes. Il trouve son équilibre entre fraîcheur et maturité avec une jolie acidité qui le retend sur le final. Le corton-charlemagne est marqué par un léger boisé à l'ouverture et reste gainé par cet élevage, le fruit reste en retrait malgré son étoffe et sa profondeur.

Corton-Charlemagne Grand Cru 2018	90 €	93
Pernand-Vergelesses 2018	30 €	90
Aloxe-Corton 2018	30 €	90
Aloxe-Corton Premier Cru Clos du Chapitre 2018	37 €	91
Aloxe-Corton Premier Cru Les Vercots 2018	37 €	92
Corton-Bressandes Grand Cru 2018	70 €	93
Pernand-Vergelesses Premier Cru Les Fichots 2018	30 €	89
Romanée Saint-Vivant Grand Cru 2018	230 €	95

Rouge : 4 hectares. Pinot noir 100 %

Blanc : 1 hectare. Chardonnay 100 %

Production moyenne : 25 000 bt/an

DOMAINE FOLLIN-ARBELET

Les Vercots 21420 Aloxe-Corton

03 80 26 46 73 • franck.follin-arbelet@wanadoo.fr • Vente et visites : au domaine sur rendez-vous.

Propriétaire : Franck Follin-Arbelet

★

DOMAINE EMMANUEL GIBOULOT

Ce domaine défend avec conviction une vision stylistique personnelle de ses vins. Tendres, digestes, jamais extraits ni boisés, ils offrent un naturel de fruit confondant, avec parfois l'impression, pour les blancs, d'être à la limite de la couverture en soufre. Pionnier de la biodynamie depuis trente ans, Emmanuel Giboulot a beaucoup fait parler de lui en 2013 et 2014 pour avoir été condamné, puis relaxé, après avoir refusé de traiter ses vignes contre la maladie de la flavescence dorée.

Les vins : nous avons une large préférence pour les blancs, intenses, vifs et équilibrés. À l'inverse, les rouges se montrent austères avec des tanins souvent accrocheurs. Attendons de les voir grandir. Le très beau Pierres Blanches est net et précis sur de belles notes d'agrume. Un superbe vin, puissant et intense, à l'attaque vive mais conforté par une belle maturité du fruit dès le milieu de bouche. Il s'exprime par de fins amers évoquant le pamplemousse jaune et montre un grand potentiel. Nez crayeux légèrement introverti pour La Grande Châtelaine. Sa bouche pure et ciselée envoie une magnifique énergie et livre un vin tonique et vivifiant avec une stimulante sensation acidulée sur le final. Combe d'Eve évoque une amande fraîchement émondée. Belle attaque ample au fruit mûr, mais préservant une grande vivacité. Un vin qui conjugue maturité charnue du fruit et tension minérale, avec une acidité bien soulignée, tout en restant digeste. En rouge, Terres Beaujolaises embaume le fruit bien mûr. La bouche se montre dense, un rien sur la réserve, avec des tanins fermes qui nous incitent à le laisser s'attendrir quelques années. Sous le Mont paraît légèrement replié. Si le fruit se montre pur cela manque de chair, les tanins étant encore trop fermes à ce stade. À suivre. Le beaune Lulune se révèle franc au nez mais sa bouche demeure austère ; même si l'on apprécie son caractère digeste, ses tanins s'avèrent un peu anguleux.

Côte de Beaune Combe d'Eve 2018	40,70 €	91
Côte de Beaune La Grande Châtelaine 2018	26,60 €	90
Côte de Beaune Les Pierres Blanches 2018	33,50 €	90
Beaujolais-Villages Terres Beaujolaises 2017	18,90 €	89
Beaune Lulunne 2018	39,50 €	88

▬ Bourgogne Hautes-Côtes de Nuits Sous le Mont 2018 20,50 € 88

Rouge : 3,91 hectares. Pinot noir 100 %
Achat de raisins.
Blanc : 6,37 hectares. Chardonnay 100 %
Achat de raisins.
Production moyenne : 40 000 bt/an

DOMAINE EMMANUEL GIBOULOT

4, rue de Seurre, 21200 Beaune
03 80 22 90 07 •
emmanuel.giboulot@wanadoo.fr • Vente et visites : au domaine sur rendez-vous.
Propriétaire : Emmanuel Giboulot

★

DOMAINE ALBERT GRIVAULT

Ce domaine bénéficie d'un pur joyau : le Clos des Perrières, une parcelle de 1 hectare, considérée unanimement comme la partie optimale du meilleur premier cru de Meursault. Il est exploité en monopole par le domaine Grivault depuis 1873. Ces blancs classiques manquent dans l'ensemble de fond et de densité, voire de persistance, comme si on avait à faire à des rendements élevés, et accusent une couverture boisée trop imposante. Nous regrettons également un manque d'éclat et de nuances. Nous retirons une étoile cette année.

Les vins : un rien végétal, le bourgogne Clos du Mûrger est marqué par le soufre. La bouche demeure correcte et le vin s'avère doux et gourmand dans un style un peu passe-partout. Le meursault Clos du Mûrger 2018 est tendre mais son support boisé couvre le fruit et lui retire du caractère. Le même en 2017 sent l'amande. Tout en souplesse il lui manque du fond, de la densité et de l'allonge. Il se révèle court et peu concentré. Perrières sent la pierre à feu. Vif et ramassé à l'attaque, il manque de persistance, d'allonge et de volume. Légèrement boisé, peu concentré et peu profond, Clos des Perrières s'exprime sur une note d'amande. Il n'a ni le volume ni l'énergie que l'on attend d'un tel cru. En rouge, le pommard Clos Blanc a un nez terreux, mais sa bouche présente une matière juteuse et riche avec des tanins puissants et enrobés.

▭ Bourgogne Clos du Murger 2018 22 € 87
▭ Meursault Clos du Murger 2017 46 € 89
▭ Meursault Clos du Murger 2018 47 € 89
▭ Meursault Premier Cru Clos des Perrières 2018 120 € 92
▭ Meursault Premier Cru Perrières 2018 82 € 91
▬ Pommard Premier Cru Clos Blanc 2018 47 € 89

Rouge : 1 hectare. Pinot noir 100 %
Blanc : 5 hectares. Chardonnay 100 %
Production moyenne : 35 000 bt/an

DOMAINE ALBERT GRIVAULT

7, place du Murger, 21190 Meursault
03 80 21 23 12 • albert.grivault@wanadoo.fr •
Vente et visites : au domaine sur rendez-vous.
Propriétaire : Héritiers Grivault
Directeur : Claire Bardet

★

DOMAINE ANTONIN GUYON

Créé en 1960 par Antonin Guyon, ce domaine est aujourd'hui administré par son fils Dominique, passionné par la vinification, et suivi par l'œnologue grec Kyriakos Kynigopoulos. La gamme proposée est large, avec comme points forts, en Côte de Nuits, un remarquable chambolle Clos du Village et, en Côte de Beaune, quatre superbes cortons dont un corton-charlemagne.

Les vins : vif, droit avec ses beaux amers sur le pamplemousse, Sous Frétille est un joli blanc qui peut se boire sur la jeunesse. Charmes Dessus est marqué par une réduction qui lui donne des petites notes de torréfaction. Intense et long en bouche, il joue plus sur l'amertume équilibrée que sur la richesse de l'année. Le corton-charlemagne présente un profil tendre et sphérique, avec son fruit gras et riche, plus large que long en bouche. En rouge, Les Goudelettes est intense ; son fruit pulpeux, aux tanins presque sucrés, retranscrit avec équilibre le caractère solaire du millésime. Déjà agréable à boire, il grandira tranquillement. Les Fournières sent la cerise noire juteuse et, malgré sa richesse, ses tanins fermes sont un peu saillants. Il doit s'attendrir. Clos du Village accuse une prise de bois qui masque le fruit. Même si on apprécie sa finesse il reste gainé par cette prise de bois. Le corton-bressandes sent le fût à plein nez ; heureusement, son fruit mûr et riche permet de l'encaisser. Les tanins sont souples et gras, mais pourquoi autant de bois avec une aussi belle maturité ? Clos du Roy restitue l'élégance du cru avec son fruit solaire et ses tanins fins et soyeux. Les raisins sont de grande qualité et le jus est beau mais le boisé finit par saturer nos papilles, dommage.

- Corton-Charlemagne Grand Cru 2018 147 € 93
- Meursault Premier Cru Les Charmes Dessus 2018 78 € 94
- Pernand-Vergelesses Premier Cru Sous Frétille 2018 35 € 90
- Aloxe-Corton Premier Cru Les Fournières 2018 45 € 89
- Chambolle-Musigny Clos du Village 2018 54 € 90
- Corton Grand Cru Clos du Roy 2018 84 € 92
- Corton-Bressandes Grand Cru 2018 78 € 91
- Savigny-lès-Beaune Les Goudelettes 2018 28 € 89

Rouge : 41,44 hectares. Pinot noir 100 %
Blanc : 4,08 hectares. Chardonnay 100 %
Production moyenne : 200 000 bt/an

DOMAINE ANTONIN GUYON ♣

2, rue de Chorey, 21420 Savigny-lès-Beaune
03 80 67 13 24 • www.guyon-bourgogne.com
• Vente et visites : au domaine sur rendez-vous.
Propriétaire : Michel et Dominique Guyon
Directeur : Dominique Guyon
Maître de chai : Vincent Nicot
Œnologue : Kyriakos Kynigopoulos

★

MAISON LOUIS JADOT

Cette prestigieuse maison de négoce est tenue avec une grande efficacité par Pierre-Henry Gagey, très impliqué en Bourgogne. La maison possède une gamme des plus étendue et une très belle collection de terroirs, qui inclut les principales appellations bourguignonnes. Frédéric Barnier, en charge des vinifications depuis 2012, impose petit à petit sa patte en épurant les vins. La régularité est l'un des points forts de cette maison.

Les vins : les blancs sont certes denses avec un beau fruit mais trop souvent fardés par des élevages dominateurs. En rouge, on peut comprendre la recherche d'une certaine droiture, mais ici l'austérité est souvent frôlée par des empreintes boisées qui ne sont pas toujours des plus harmonieuses. En blanc, Clos de Malte offre un joli jus franc, direct et classique pour un vin ayant plus d'attaque que de fond de bouche, il ne manque toutefois pas de séduction charnelle. Le beaune Grèves révèle une très légère touche pâtissière mais son élevage le farde. Espérons que son fruit intense l'encaissera car il possède du relief et une belle énergie. Le corton-charlemagne est dense, plein de sève, presque viril, mais son boisé pommade le fruit. Plus floral et élancé, Les Combettes se montre tout en épure avec une belle dynamique, plus minérale que fruitée. Il ne manque pas d'élégance. En rouge, entre fruit et épice, Clos des Guettes s'appuie sur une trame tannique serrée dans le pur style Jadot. Si l'austérité semble assumée, elle prend forme avec une pointe d'amertume en fin de bouche malgré un jus précis. Clos des Ursules est fardé par son bois, son milieu de bouche juteux et dense se raffermit en finale. Estournelles Saint-Jacques accuse également des notes boisées imposantes, mais sa bouche se montre dense et pulpeuse, presque sanguine, offrant du volume et une belle allonge. Le style reste bien sérieux avec ce boisé invariable, dommage. Le clos-de-vougeot est imposant et dense, presque massif, il a la stature de son terroir avec une pointe de fermeté, voire d'austérité. Un grand cru monacal à la fermeté tannique presque excessive.

- Beaune Premier Cru Grèves Clos Blanc Domaine Gagey 2017 51,20 € 91
- Corton-Charlemagne Grand Cru Domaine des Héritiers Louis Jadot 2017 172,80 € 92
- Puligny-Montrachet Premier Cru Les Combettes 2017 99,20 € 93
- Santenay Clos de Malte 2017 25,60 € 88
- Beaune Premier Cru Clos des Ursules 2017 62,40 € 91
- Clos de Vougeot Grand Cru 2017 163,20 € 93
- Gevrey-Chambertin Premier Cru Estounelles Saint-Jacques 2017 91,20 € 92
- Savigny-lès-Beaune Premier Cru Clos des Guettes 2017 32 € 89

Rouge : 131 hectares. Pinot noir 100 %
Achat de raisins.
Blanc : 69 hectares. Chardonnay 100 %
Achat de raisins.
Production moyenne : 8 000 000 bt/an

MAISON LOUIS JADOT
21, rue Eugène-Spuller, 21200 Beaune
03 80 22 10 57 • www.louisjadot.com •
Vente et visites : au domaine sur rendez-vous.
Propriétaire : Famille Kopf
Directeur : Pierre-Henry Gagey
Maître de chai : Frédéric Barnier

★

CHÂTEAU DE LA MALTROYE

Ce château, dont les caves datent du XVe siècle, est la propriété de la famille Cournut, depuis 1940. Ancien ingénieur en aéronautique, Jean-Pierre Cournut a magnifiquement revitalisé ce vignoble au patrimoine de crus exceptionnel. D'importants travaux ont permis au domaine de se doter d'un outil de vinification très performant.

Les vins : si dans l'ensemble les vins offrent un bel équilibre entre maturité et acidité, les réductions sont parfois entêtantes et les boisés un peu trop présents. Les rouges sont d'un très beau niveau, respectueux du fruit tant par l'équilibre entre maturité et structure que par l'élevage qui accompagne sans dominer. En blanc, Morgeot Vigne Blanche a une empreinte boisée significative, mais derrière le vin est vif et droit, mûr et tout en tension. Dent de Chien 2018 affiche des notes grillées intenses. Avec une forte salinité en bouche, il paraît plus fin que large. La Romanée déploie une belle élégance du fruit tant en bouche qu'au nez. Sphérique et charnel il possède une agréable douceur, mais aussi une note boisée en finale. Les Grandes Ruchottes garde sa signature olfactive de notes grillées. La bouche est magnifiquement équilibrée entre puissance, densité et élégance. Plein de sève et d'énergie, un très beau vin en devenir. Réduit, le bâtard-montrachet sent le bois précieux. Complet, racé, puissant et élégant, il est marqué par une petite touche boisée que sa densité encaissera sur la durée. En rouge, La Boudriotte est une cerise bien mûre. Solaire et gourmand, il garde une belle vivacité, empreinte d'un fruit de grande qualité. Clos Saint Jean offre au nez un fruit mûr et solaire. Sa bouche pulpeuse s'appuie sur des tanins fins et délivre un vin gourmand et plaisant qui grandira sur plusieurs décennies. Le Clos du Château de la Maltroye, à la robe soutenue, affiche un élevage plus ambitieux, sans trahir la pureté du fruit. Les tanins sont plus abondants dans une matière dense à la trame serrée qui nécessitera une garde prolongée.

Blanc	Bâtard-Montrachet Grand Cru 2018	200 €	95
Blanc	Chassagne-Montrachet Premier Cru La Dent de Chien 2018	145 €	92
Blanc	Chassagne-Montrachet Premier Cru La Romanée 2018	80 €	93
Blanc	Chassagne-Montrachet Premier Cru Les Grandes Ruchottes 2018	65 €	94
Blanc	Chassagne-Montrachet Premier Cru Morgeot Vigne Blanche 2018	42 €	91
Rouge	Chassagne-Montrachet Premier Cru Clos Saint-Jean 2018	30 €	92
Rouge	Chassagne-Montrachet Premier Cru Clos du Château de la Maltroye 2018	35 €	92
Rouge	Chassagne-Montrachet Premier Cru La Boudriotte 2018	30 €	90

Rouge : 5,5 hectares. Pinot noir 100 %
Blanc : 9 hectares. Chardonnay 100 %
Production moyenne : 50 000 bt/an

CHÂTEAU DE LA MALTROYE
16, rue de la Murée,
21190 Chassagne-Montrachet
03 80 21 32 45 •
chateau.maltroye@wanadoo.fr • Vente et visites : au domaine sur rendez-vous.
Propriétaire : Jean-Pierre Cournut

★

DOMAINE CATHERINE ET CLAUDE MARÉCHAL

Situé à l'écart de la Côte, dans la plaine de Bligny, mais en totalité en Côte de Beaune, ce domaine est resté artisanal grâce à l'approche de Claude Maréchal, son propriétaire. Le pudique mot de "vigneron" inscrit sur l'étiquette résume la vision simple et exigeante de cet homme. Jamais exempts de densité, les rouges de ce domaine accusent pourtant des tanins trop prononcés, apportant de l'amertume dans les vins, voire de la sècheresse. À ce niveau nous attendons des vins mieux équilibrés ; ils peuvent être virils certes, mais seulement si une belle densité du fruit les accompagne, ce n'est pas le cas : d'où la perte de la deuxième étoile cette année.

Les vins : le bourgogne Gravel a de la profondeur et un fruit portant bien la maturité solaire du millésime avec des tanins solides mais mûrs. Belle richesse de fruit pour le chorey mais il garde encore à ce stade une certaine virilité qui nous inciterait à le laisser s'assagir quatre à cinq ans. Le savigny-lès-beaune sent le fusain. Malgré un joli volume, il accuse des amers prononcés à cause de tanins pas totalement mûrs. La Chanière est légèrement lardé. Le fruit se monte doux à l'attaque mais reviennent rapidement des tanins dominateurs et non intégrés dans le fruit. Certes, il est dense, mais sa structure reste trop envahissante. Le volnay est dense, massif, brutal... Où est donc l'élégance de Volnay ? Les Lavières a un léger boisé lardé au nez. La belle attaque de bouche a du volume et même si les tanins sont abondants et présents, il y a suffisamment de fruit pour enrober tout cela. C'est la cuvée la mieux équilibrée. Le bourgogne blanc a un joli jus et un gras, gourmand. Il est tout en tendresse de bouche. Le savigny-lès-beaune blanc reste un bon classique, volumineux, avec un fruit dense, malgré un support boisé un rien prégnant.

- Bourgogne Cuvée Antoine 2018 — 21 € — 88
- Savigny-lès-Beaune 2018 — 31 € — 89
- Bourgogne Gravel 2018 — 21 € — 87
- Chorey-lès-Beaune 2018 — 27 € — 88
- Pommard La Chanière 2018 — 44 € — 89
- Savigny-lès-Beaune 2018 — 31 € — 88
- Savigny-lès-Beaune Premier Cru Les Lavières 2018 — 44 € — 91
- Volnay 2018 — 44 € — 89

Rouge : 11,1 hectares. Pinot noir 100 %
Blanc : 1,7 hectare. Chardonnay 67 %, Aligoté 33 %
Production moyenne : 75 000 bt/an

DOMAINE CATHERINE ET CLAUDE MARÉCHAL

6, route de Chalon, 21200 Bligny-lès-Beaune
03 80 21 44 37 •
www.bourgogne-marechal.com • Vente et visites : au domaine sur rendez-vous.
Propriétaire : Catherine et Claude Maréchal

★

MAISON DE MONTILLE

Cette jeune maison créée en 2003 par Alix de Montille et son frère Étienne, les enfants d'Hubert de Montille, continue sa route avec bonheur grâce à une politique d'achat intelligente et un parfait suivi des vinifications. Ces très beaux bourgognes vieillissent bien.

Les vins : une gamme un peu simple, bien loin de la qualité des vins du domaine éponyme. Le saint-romain offre un fruité gourmand, mais avec une belle fraîcheur de fruit, c'est doux mais court. Le rully s'exprime sur des notes de citron frais, avec une bouche vive qui offre une belle accroche minérale. Quant au Coères, c'est un vin riche et plein en bouche aux amers très présents en ce début de vie, malgré une maturité qui lui apporte du gras.

- Montagny Premier Cru Les Coères 2018 — 26 € — 88
- Rully 2018 — 22 € — 89
- Saint-Romain 2018 — 26 € — 88

Blanc : Chardonnay 100 %
Achat de raisins.
Production moyenne : 30 000 bt/an

MAISON DE MONTILLE

1, rue de But, 21190 Puligny-Montrachet
03 80 21 39 14 • www.demontille.com •
Vente et visites : au domaine sur rendez-vous.
Propriétaire : Étienne de Montille
Maître de chai : Brian Sieve

★

DOMAINE BERNARD MOREAU ET FILS

Cette propriété de Chassagne-Montrachet produit des vins profonds et équilibrés, qui vieillissent de surcroît admirablement bien. Alexandre, le fils aîné de Bernard Moreau, travaille au domaine depuis 1995. Il supervise les vinifications tandis que son frère, Benoît, arrivé en 2002, s'épanouit dans les vignes, dans lesquelles il mène depuis peu des essais en biodynamie. Le domaine n'utilise plus de levures depuis 1998. Grâce à des élevages allongés, les vins ne sont plus filtrés. Tous les vins sont remarquables : en dehors d'une belle série de premiers crus en blanc, ce domaine produit deux somptueux rouges, un chassagne-montrachet gourmand à souhait et un premier cru, La Cardeuse, qui vous surprendra par son potentiel de garde.

Les vins : le bourgogne blanc est d'une densité remarquable, avec un fruit magnifiquement équilibré. Il fait longuement saliver. Superbe. Le chassagne-montrachet sent la pierre à feu, on devine un fin boisé élégant en soutien du fruit. Un beau et profond vin de chair. Bien tendu Les Chenevottes nous plonge dans une vivacité minérale et saline. Il se prolonge par une touche citronnée qui lui confère sa dynamique sans pour autant manquer de volume. Morgeot évoque le fruit à chair blanche et laisse entrevoir une belle maturité. À l'inverse, en bouche, il s'impose par sa densité et une puissance saline et minérale, tel un bloc de pierre. Un très beau vin de garde qui doit s'assagir. La Maltroie sent la poudre de pierre, il se montre vif, droit, tendu mais peu expressif, encore dans sa gangue à ce stade. Il faut l'oublier en cave. Pièce maîtresse du domaine, Grandes Ruchottes est issu d'une vigne de 80 ans ; malgré la richesse du millésime il garde une empreinte tonique et fraîche. Un rien sur la retenue après la mise en bouteille, dans un style épuré, il possède un fond et une densité qui le porteront à son meilleur après une longue garde. En rouge, riche d'une belle sève en bouche, le chassagne-montrachet Vieilles Vignes s'exprime sur des notes de liqueur de fruits noirs. Il est tenu par des tanins fermes mais mûrs. Oubliez-le trois ou quatre ans. La Cardeuse affiche la belle maturité d'un fruit bien assumé, il balance entre fruit noir et épice. Puissant et profond, il possède maints tanins mûrs et solides qui nous incitent à le laisser grandir au moins dix ans en cave.

Bourgogne 2018	de 9 à 12 € (c)	90
Chassagne-Montrachet 2018	50 à 60 € (c)	91
Chassagne-Montrachet Premier Cru Grandes Ruchottes 2018	103 €	95
Chassagne-Montrachet Premier Cru La Maltroie 2018	de 110 à 130 € (c)	93
Chassagne-Montrachet Premier Cru Les Chenevottes 2018	70 €	94
Chassagne-Montrachet Premier Cru Morgeot 2018	75 €	94
Chassagne-Montrachet Premier Cru La Cardeuse 2018	de 55 à 65 € (c)	93
Chassagne-Montrachet Vieilles Vignes 2018	30 €	90

Rouge : 3,45 hectares. Pinot noir 100 %
Blanc : 11,55 hectares. Chardonnay 100 %
Production moyenne : 90 000 bt/an

DOMAINE BERNARD MOREAU ET FILS
21, route de Santenay,
21190 Chassagne-Montrachet
03 80 21 33 70 •
domainebernardmoreau@gmail.com •
Vente et visites : au domaine sur rendez-vous.
Propriétaire : Alexandre et Benoît Moreau
Maître de chai : Alexandre Moreau

★

DOMAINE LUCIEN MUZARD ET FILS

Les frères Claude et Hervé Muzard maîtrisent leur sujet et vous pouvez faire confiance à leurs vins rouges, dont nous louons le style depuis plusieurs millésimes. Amateurs de cuvées digestes, florales et gourmandes, vous voilà à la bonne adresse. Pour autant, lesdites cuvées, à proportion significative de vendange entière, ne manquent pas de fond ni de potentiel.

Les vins : un Champs Claude, marqué par une légère note boisée bien tenue grâce à une bouche volumineuse, qui persiste sur une note de cédrat. Maladière se démarque par sa puissance et son volume qui exprime la richesse du millésime : le fruit est charnu, un rien gainé par une touche boisée. En rouge, le maranges sent les épices avec une touche légèrement poivrée. La bouche possède la solidité du terroir, une chair nourrie par la richesse du millésime. Beau vin juteux qui termine sur une note de fruit à l'eau-de-vie. Fortement réduit, le santenay Vieilles Vignes se rétablit en bouche avec du jus, de la finesse, et une certaine solidité en finale. Le santenay Clos des Mouches est plus croquant que gourmand. Maladière est un concentré de cerise juteuse avec un équilibre harmonieux entre maturité et saveurs, une jolie finale sur une note de cerise au chocolat. Clos Faubard est construit sur un fruit très pur. Il est dense, intense avec un cœur de bouche ferme, mais sans dureté, une grande qualité de texture. Un beau vin de garde. Clos de Tavannes embaume le coulis de fruit rouge : plus joli que complexe, fin, au fruit acidulé, c'est un séducteur.

Santenay Champs Claude 2018	22,50 €	89
Santenay Premier Cru Maladière 2018	29 €	90
Maranges 2018	17,90 €	90
Santenay Premier Cru Clos Faubard 2018	27,50 €	93
Santenay Premier Cru Clos de Tavannes 2018	29,90 €	92
Santenay Premier Cru Clos des Mouches 2018	29,90 €	91
Santenay Premier Cru Maladière 2018	27,50 €	92

Santenay Vieilles Vignes 2018 19,90 € 91

Rouge : 14,4 hectares. Pinot noir 100 %
Blanc : 3,6 hectares. Chardonnay 100 %
Production moyenne : 100 000 bt/an

DOMAINE LUCIEN MUZARD ET FILS
11, rue de la Cour-Verreuil, 21590 Santenay
03 80 20 61 85 • lucienmuzard71@gmail.com
• Vente et visites : au domaine sur rendez-vous.
Propriétaire : Claude et Hervé Muzard

★

DOMAINE DE LA POUSSE D'OR

Magnifique propriété de Volnay, La Pousse d'Or doit sa renaissance à Patrick Landanger, qui a consacré d'importants moyens financiers et humains pour redorer le blason de ce domaine emblématique. On lui doit une amélioration considérable de l'outil de vinification et l'acquisition de nouvelles parcelles, notamment sur la Côte de Nuits.

Les vins : le domaine ne nous ayant pas fait parvenir ses vins cette année, nous sommes amenés à reconduire les notes de notre édition précédente.

- Puligny-Montrachet Premier Cru Le Cailleret 2017 86 € 93
- Bonnes-Mares Grand Cru 2017 250 € 91
- Corton Grand Cru Clos du Roi 2017 83 € 91
- Pommard Premier Cru Les Jarollières 2017 62 € 90
- Volnay Premier Cru Clos de la Bousse d'Or 2017 76 € 90
- Volnay Premier Cru Clos des 60 Ouvrées 2017 78 € 92
- Volnay Premier Cru En Caillerets 2017 66 € 90

Rouge : 16,3 hectares. Pinot noir 100 %
Blanc : 0,7 hectare. Chardonnay 100 %
Production moyenne : 70 000 bt/an

DOMAINE DE LA POUSSE D'OR
Rue de la Chapelle, 21190 Volnay
03 80 21 61 33 • www.lapoussedor.fr • Vente et visites : au domaine sur rendez-vous.
Propriétaire : Patrick Landanger
Directeur : Benoît Landanger

★

DOMAINE RAPET PÈRE ET FILS

Ce très vieux domaine familial a été créé en 1765. Vincent Rapet, qui en tient les rênes aujourd'hui, élabore des vins de style moderne, bien vinifiés et représentatifs de leur terroir. Quelques années de garde leur conviennent parfaitement et les prix des différentes cuvées demeurent tout à fait raisonnables.

Les vins : le domaine a réussi de très beaux 2018 tant en rouge qu'en blanc en misant sur de belles maturités à l'image du très parfumé et non moins délicieux chorey-les-beaune 2018 qui sent l'orangette. On retrouve ce joli fruit très pur et très accessible en bouche. Un vin souple, tendre et très agréable. L'aloxe-corton déploie un fruit bien mûr sur une petite note de chocolat. Sa bouche dense et pulpeuse s'appuie sur un fruit d'une agréable maturité solaire. Aux Fournaux se montre dense, un peu replié avec une structure tannique affirmée mais qui s'assagira d'ici quelques années. Bâti autour de notes de fruits noirs signe d'une belle maturité, Les Vergelesses se montre généreux et pulpeux avec des tanins abondants mais gras. Un beau vin volumineux et dense. Les Bressandes a une matière franche et juteuse. Il possède la chair d'un millésime solaire qui lui confère de l'épaisseur et un profil hédoniste avec des tanins soyeux et mûrs. En blanc, le corton-charlemagne est pur et précis avec un fruit harmonieux. Doux, il s'étire par une allonge fraîche et saline.

- Aloxe-Corton 2018 34 € 92
- Beaune Premier Cru Bressandes 2018 40 € 93
- Chorey-lès-Beaune Vieilles Vignes 2018 21 € 89
- Pernand-Vergelesses Premier Cru Les Vergelesses 2018 35 € 92
- Savigny-lès-Beaune Premier Cru Aux Fournaux 2018 30 € 91

Le coup de ♥

- Corton-Charlemagne Grand Cru 2018 89 € 96

Rouge : 12,5 hectares. Pinot noir 100 %
Blanc : 9,25 hectares. Chardonnay 100 %
Production moyenne : 90 000 bt/an

DOMAINE RAPET PÈRE ET FILS
2, place de la Mairie,
21420 Pernand-Vergelesses

03 80 21 59 94 • www.domaine-rapet.com • Vente et visites : au domaine sur rendez-vous.
Propriétaire : Vincent Rapet

★

DOMAINE JEAN-CLAUDE REGNAUDOT ET FILS

La famille Regnaudot est vigneronne depuis quatre générations. Didier, le fils de Jean-Claude, a repris le domaine en 2000. Les vins affichent une bonne dimension, les fruits sont justes et les élevages toujours bien associés. Les rouges sont élevés quinze mois (30 % de fût pour les premiers crus). Nous avons été doublement convaincus par le niveau de concentration des vins ainsi que par la volupté et les touchers de bouche vraiment délicieux. Trouver des vins bien nés, juteux, sur le fruit et dotés d'ossatures de qualité, s'avère rare dans le sud de la Côte de Beaune.

Les vins : denses, un peu massifs, mais portés par une haute maturité à l'image en rouge du bourgogne, un vin délicieux avec son fruit gorgé de soleil. Il en tire une belle matière juteuse et un fruit presque sucré bien en phase avec le millésime. Joli final sur la liqueur de fruit noir. Le maranges affiche un fruit plus compoté que frais. Un vin dense et plantureux avec une base tannique solide mais conforté par un fruit solaire et chaleureux. La Fussière paraît mat au nez et sent le pruneau mais revient rapidement à un fruit plus précis. La bouche se montre dense et juteuse avec des tanins puissants mais fins. Finale sur une note de fruit au chocolat. Clos des Loyères possède un fruité crémeux. Suave avec du fond et de l'épaisseur il ne manque pas de finesse mais malgré son charme il reste gras, plein, voire massif. Les Clos Roussots s'exprime sur une note de cerise juteuse et de fruit noir. Belle matière dense avec un cœur de bouche à la trame serrée sur des tanins mûrs. Sa finesse d'attaque contraste avec son tempérament puissant. Un vin à oublier en cave. Le santenay sent la prune et le fruit noir. Une bouche déliée rend la richesse de l'année et lui confère de beaux tanins souples. Dense, juteux, et pulpeux Clos Rousseau s'impose par ses tanins abondants enrobés par la belle maturité d'un fruit solaire.

Bourgogne 2018	7,50 €	88
Maranges 2018	12,50 €	89
Maranges Premier Cru Clos des Loyères 2018	16,50 €	89
Maranges Premier Cru La Fussière 2018	16,50 €	90
Maranges Premier Cru Les Clos Roussots 2018	16,50 €	90
Santenay 2018	13,50 €	90
Santenay Premier Cru Clos Rousseau 2018	19,50 €	91

Rouge : 5,85 hectares. Pinot noir 100 %
Blanc : 0,9 hectare. Aligoté 80 %, Chardonnay 20 %
Production moyenne : 30 000 bt/an

DOMAINE JEAN-CLAUDE REGNAUDOT ET FILS
6, Grande-Rue, 71150 Dezize-lès-Maranges
03 85 91 15 95 •
regnaudot.jc-et-fils@orange.fr • Vente et visites : au domaine sur rendez-vous.
Propriétaire : Jean-Claude Regnaudot

★

DOMAINE NICOLAS ROSSIGNOL

Nicolas Rossignol a créé sa propre structure en 1997. Sa nouvelle cuverie à Beaune, qui date de 2011, lui a permis d'éviter toute trituration et de pratiquer des élevages plus fins. Vendanges en caissettes, table vibrante, puis table de tri affinent les cuvées. Il est passé, selon ses mots, « de l'extraction à l'infusion » tout en ajustant chacune de ses vinifications afin de trouver l'équilibre de chacun de ses terroirs ; selon les cuvées, la vendange peut être entière ou éraflée. À Pommard ou Volnay, il produit des vins corpulents et denses, mais pas exempts de finesse.

Les vins : si l'on apprécie leur fruits purs, ils présentent une forte réduction et ne se sont pas assagis depuis l'an dernier. Le savigny-lès-beaune laisse deviner un fruit assez épuré, acidulé et frais, une bouche qui va dans la même direction, une matière vive et tonique. La réduction est marqué au nez du pommard ; en bouche, le fruit s'en accommode, mais le vin est dans une phase de repli. Le volnay offre volume et densité du fruit, mais ses tanins sèchent légèrement la finale. On aimerait un rien de maturité en plus. Fruit élégant pour le volnay Les Angles, et tanins fins ; une maturité bien équilibrée le rend soyeux. Belle salinité en finale. Il faut attendre Chevret, dont la bouche dense et pulpeuse abrite des tanins solides. Le Santenots offre une version virile et puissante du terroir, avec une trame tannique serrée ; bien que pur, le fruit manque un rien d'épaisseur.

- Pommard Les Petits Noizons 2017 — 65 € — 91
- Savigny-lès-Beaune 2017 — 36 € — 89
- Volnay 2017 — 60 € — 90
- Volnay Premier Cru Chevret 2017 — 100 € — 92
- Volnay Premier Cru Clos des Angles 2017 — 75 € — 93
- Volnay Premier Cru Santenots 2017 — 90 € — 93

Rouge : 18 hectares. Pinot noir 100 %
Blanc : 2 hectares. Aligoté 50 %, Chardonnay 50 %
Production moyenne : 110 000 bt/an

DOMAINE NICOLAS ROSSIGNOL
22, rue Jean-François-Champollion, 21200 Beaune
03 80 24 35 62 • www.nicolas-rossignol.com
• Vente et visites : au domaine sur rendez-vous.
Propriétaire : Nicolas Rossignol

★

DOMAINE TOLLOT-BEAUT ET FILS

Ce vaste domaine, qui possède une jolie palette de terroirs, propose des vins de belle facture, dans un style moderne qui privilégie l'éclat du fruit et la juste expression du pinot. Les équilibres en matière d'extraction et de gestion du bois sont bien affirmés. Une maison de confiance.

Les vins : belle entrée en matière avec un chorey-lès-beaune au très joli nez, sur des notes chocolatées. La bouche, douce et soyeuse, porte aussi la richesse et la gourmandise du millésime. Champ-Chevrey est marqué par un fruit mûr presque confit. Une attaque souple précède un milieu de bouche frais mais ample, bâti autour de tanins fins et mûrs. Un vin déjà plaisant mais qui s'annonce riche et grandira sans sourciller. Comme l'an passé, le corton-bressandes affiche un parfum légèrement gainé par une note boisée. La bouche, d'une grande richesse, s'appuie sur une chair abondante, du volume et une matière tout en ampleur tandis qu'une réelle assise tannique ressort sur le final. Des vins de belle facture même si le grand cru reste un rien marqué par son élevage. À suivre.

- Chorey-lès-Beaune 2018 — 25 € — 90
- Corton Grand Cru Bressandes 2018 — 90 € — 94
- Savigny-lès-Beaune Premier Cru Champ Chevrey 2018 — 40 € — 92

Rouge : 23 hectares. Pinot noir 100 %
Blanc : 2 hectares. Chardonnay 100 %
Production moyenne : 130 000 bt/an

DOMAINE TOLLOT-BEAUT ET FILS
Rue Alexandre-Tollot, 21200 Chorey-lès-Beaune
03 80 22 16 54 • domaine@tollot-beaut.com
• Vente et visites : au domaine sur rendez-vous.
Propriétaire : Famille Tollot-Beaut
Directeur : Nathalie, Jean-Paul et Olivier Tollot

★

DOMAINE ANNE-MARIE ET JEAN-MARC VINCENT

Jean-Marc Vincent a affiné son style et présente désormais des vins d'une classe et d'une harmonie hors pair à Santenay. Leur naturel d'expression pourrait servir de modèle à bien des vignerons mieux dotés en grands terroirs. Hélas, les quantités disponibles sont minimes – heureusement, une activité de négoce vient compléter la gamme. Les deux couleurs se montrent remarquables, particulièrement Le Beaurepaire, santenay incontournable.

Les vins : les blancs, délicieux, retranscrivent la maturité du millésime, sans lourdeur ni vivacité forcée. Les rouges traduisent avec un bel équilibre les qualités de l'année. Les Potets offre d'agréables notes d'agrumes, et témoigne d'une belle maturité de fruit. Les Gravières est plus effilé, avec une pointe d'amertume (peau d'agrumes.) Plus acide, Beaurepaire reste gourmand, offre un parfum assez frais. Les Hautés est dense, vivant, pulpeux et vif, et si long ! Le puligny-montrachet garde une bouche douce, fine et gracieuse, avec un bel équilibre dans ce millésime solaire. En rouge, on aime la gourmandise et la finesse du santenay Vieilles Vignes, la richesse aromatique du Passetemps, à la bouche charnue, au grain de tanin mûr et fin. Gras, volumineux, mais fin, Les Gravières est issu de trois sols distincts : sa matière pulpeuse est tenue par une charpente de fer.

- Auxey-Duresses Les Hautés 2018 — 40 € — 91
- Puligny-Montrachet Corvées des Vignes 2018 — 50 € — 92
- Santenay Les Potets 2018 — 30 € — 90
- Santenay Premier Cru Le Beaurepaire 2018 — 38 € — 92
- Santenay Premier Cru Les Gravières 2018 — 38 € — 92
- Santenay Premier Cru Le Passetemps 2018 — 38 € — 92
- Santenay Premier Cru Les Gravières 2018 — 39 € — 92
- Santenay Vieilles Vignes 2018 — 28 € — 91

Rouge : 2,5 hectares. Pinot noir 100 %
Blanc : 3,5 hectares. Chardonnay 100 %
Production moyenne : 33 000 bt/an

DOMAINE ANNE-MARIE ET JEAN-MARC VINCENT
3, rue Sainte-Agathe, 21590 Santenay
03 80 20 67 37 • vincent.j-m@wanadoo.fr •
Vente et visites : au domaine sur rendez-vous.
Propriétaire : Anne-Marie et Jean-Marc Vincent

★

DOMAINE THIERRY VIOLOT-GUILLEMARD

Petit vignoble familial conduit depuis 1980 par Thierry Violot-Guillemard, ce domaine possède une belle collection de terroirs et élabore des vins francs au style classique, sans levures, avec un élevage long de seize à vingt mois. Le vignoble est certifié bio depuis 2014. Il propose également des chambres d'hôtes pour ceux qui souhaitent découvrir le vignoble. Comme les vins, il faudra les réserver à l'avance.

Les vins : pour ce milésime, on était en droit d'attendre des rouges avec des tanins plus mûrs mais les voici trop virils. Il leur faudra probablement se remettre de leur mise en bouteille. En Brescul oscille entre épices et fruit noir. Il joue sur un fruit mûr et frais à la fois, avec de beaux tanins mûrs et fins malgré une finale légèrement raffermie. D'une très belle aromatique, Clos des Mouches sent le fruit noir à plein nez. Sa matière sérieuse et élégante a un grain de tanin légèrement ferme malgré une jolie maturité du fruit. La série des pommards premier cru est paradoxale : Les Fremiers ne paraît pas totalement mûr au nez, mais en bouche il se montre élégant, un joli fruit perce derrière une certaine virilité. Un vin plus élancé que plein. Les Arvelets prend un accent méridional tout en s'imposant par sa puissance et ses tanins solides. Un rien d'enrobage en plus n'aurait pas été un luxe. Les Epenots accuse un boisé trop perceptible avec un fruit manquant de précision aromatique. Il est dense et charnu à l'attaque mais chargé de la virilité propre à son terroir, avec une masse tannique abondante et des amers sur le final. Les Rugiens reste le plus élégant avec un joli fruité gourmand. Sa bouche racée et nuancée affiche des tanins présents mais fins. Un joli vin plus fin et élancé que viril et puissant. En blanc, Clos des Mouches affiche de belles notes de poire juteuse et de pâte d'amande. Un blanc concentré et mûr, même si la réduction comprime le fruit. À suivre. Le meursault, délicat et doux, s'exprime par une note d'amande. Un vin puissant avec un fruit ciselé et long en bouche.

- Beaune Premier Cru Clos des Mouches 2018 — 70 € — 91
- Meursault Les Meix Chavaux 2018 — 34 € — 92
- Beaune Premier Cru Clos des Mouches 2018 — 45 € — 92
- Pommard En Brescul 2018 — 35 € — 90
- Pommard Premier Cru Epenots 2018 — 70 € — 92
- Pommard Premier Cru Les Arvelets 2018 — 45 € — 91
- Pommard Premier Cru Les Fremiers 2018 — 45 € — 91
- Pommard Premier Cru Rugiens 2018 — 70 € — 94

Rouge : 4,4 hectares. Pinot noir 100 %
Blanc : 1,6 hectare. Chardonnay 100 %
Production moyenne : 35 000 bt/an

DOMAINE THIERRY VIOLOT-GUILLEMARD ♣
7, rue Sainte-Marguerite, 21630 Pommard
03 80 22 49 98 • www.violot-guillemard.fr •
Vente et visites : au domaine sur rendez-vous.
Propriétaire : Thierry Violot-Guillemard

ALBERT BICHOT

Cette maison historique de Beaune, dirigée depuis 1996 par Albéric Bichot, n'a pas toujours brillé par la régularité et la qualité de ses vins. Les choses ont désormais bien changé. Sous le blason Albert Bichot, on retrouvera les vins de six domaines : Long-Depaquit à Chablis (voir cette adresse), le Clos Frantin et Château-Gris en Côte de Nuits, le domaine du Pavillon, le domaine Adélie en Côte chalonnaise et le domaine de Rochegrès en Beaujolais. Chacune de ces structures possède son propre outil de vinification et des équipes dédiées, placées sous la houlette du directeur technique général, Alain Serveau.

Les vins : des blancs consensuels et soignés, dominés par un boisé qui libère de petites notes de glace à la pistache, et des rouges fins, qui se montrent eux aussi marqués par des touches lardées et fumées. Cet élevage est prégnant dans le Beaune Clos des Mouches, vin vif et tendu au fruit marqué par le bois ; il apparaît au nez des Charmes, à la bouche plus vive que charnue, et qui devrait aller plus loin en terme d'équilibre. Il faut laisser au corton-charlemagne, construit dans le même esprit que le Charmes, le temps de déployer ses ailes. En rouge, Les Ursulines est un pommard qui plaira au plus grand nombre, avec de la fraîcheur en bouche, de jolis tanins fins. Le nuits offre une attaque croquante mais accuse une petite amertume en finale. Le vosne-romanée offre une trame typée, un nez de fusain qui s'estompe avec l'aération : on attend davantage de profondeur. L'echezeaux est le plus beau vin de la série, magnifié par une bouche douce et gracieuse, une belle sensation de douceur due à des tanins parfaitement mûrs. Grand vin de garde, le clos-de-vougeot est bien équilibré par la richesse de son fruit.

- (blanc) Beaune Premier Cru Clos des Mouches Domaine du Pavillon 2018 — 110 € — 89
- (blanc) Corton-Charlemagne Grand Cru Domaine du Pavillon 2018 — 175 € — 93
- (blanc) Meursault Premier Cru Les Charmes Domaine du Pavillon 2018 — de 67 à 75 € (c) — 91
- (rouge) Clos de Vougeot Grand Cru Domaine du Clos Frantin 2018 — 225 € — 93
- (rouge) Echezeaux Grand Cru Domaine du Clos Frantin 2018 — 225 € — 93
- (rouge) Nuits-Saint-Georges Premier Cru Monopole Château Gris 2018 — 80 € — 90
- (rouge) Pommard Clos des Ursulines Domaine du Pavillon 2018 — 60 € — 89
- (rouge) Vosne-Romanée Premier Cru Les Malconsorts Domaine du Clos Frantin 2018 — 170 € — 91

Rouge : 33 hectares. Pinot noir 100 %
Achat de raisins.
Blanc : 72 hectares. Chardonnay 100 %
Achat de raisins.
Production moyenne : 650 000 bt/an

ALBERT BICHOT ♣
6, boulevard Jacques-Copeau, 21200 Beaune
03 80 24 37 37 • www.albert-bichot.com •
Visites : sur rendez-vous uniquement aux professionnels.
Propriétaire : Famille Bichot
Directeur : Albéric Bichot
Maître de chai : Alain Serveau

MAISON BOUCHARD PÈRE ET FILS

Cette vénérable maison historique, fondée en 1731 à Beaune, appartient depuis 1995 à la famille champenoise Henriot. Exploitant 130 hectares de vignes, elle couvre la quasi-totalité des appellations bourguignonnes. Les vins issus des vignes de la maison sont d'ailleurs identifiés "domaine" afin de ne pas les confondre avec ceux issus de raisins achetés.

Les vins : le domaine ne nous ayant pas fait parvenir ses vins cette année, nous sommes amenés à reconduire les notes de notre édition précédente.

- (blanc) Chevalier-Montrachet Grand Cru La Cabotte 2017 — de 450 à 500 € (c) — 94
- (blanc) Meursault Premier Cru Les Gouttes d'Or 2017 — de 65 à 75 € (c) — 93
- (blanc) Meursault Premier Cru Perrières 2017 — de 65 à 75 € (c) — 92
- (rouge) Bonnes-Mares Grand Cru 2017 — de 240 à 300 € (c) — 95
- (rouge) Chambertin Grand Cru 2017 — de 250 à 280 € (c) — 96
- (rouge) Chambertin-Clos-de-Bèze Grand Cru 2017 — de 250 à 325 € (c) — 96
- (rouge) Gevrey-Chambertin Premier Cru Les Cazetiers 2017 — N.C. — 94

Rouge : 83 hectares. Pinot noir 100 %
Blanc : 47 hectares. Chardonnay 100 %
Production moyenne : 600 000 bt/an

MAISON BOUCHARD PÈRE ET FILS
15, rue du Château, 21200 Beaune
03 80 24 80 24 •
www.bouchard-pereetfils.com •
Visites : sans rendez-vous.
Propriétaire : Groupe Familial Henriot
Directeur : Richard Moreau
Maître de chai : Frédéric Weber

DOMAINE HENRI ET GILLES BUISSON

Frédéric, vinificateur, et Franck, commercial, gèrent un des plus vastes domaines du sud de la Côte de Beaune. De la culture biologique, certifiée depuis 2009, ils sautent le pas vers la biodynamie à partir de 2018. Depuis dix ans déjà, ils suivaient le calendrier lunaire pour leur mise en bouteille. Un travail sérieux à la vigne et au chai leur permet de produire des vins profonds et racés, qui vieillissent bien.

Les vins : un beaune gourmand et juteux ouvre la dégustation. À Saint-Romain, Sous Roches offre un fruit pulpeux et une trame tannique serrée, tandis qu'Absolu alterne soyeux et volume, avec une belle intensité et des tanins gras. Le Rognet est plein et juteux, avec des tanins enrobés et mûrs, moins sucrés que ceux des Renardes, marqué d'une touche boisée. En blanc, La Perrière est vif, droit et tendu, construit sur un fruit tonique ; ciselé, très épuré, Sous la Velle, construit sur une acidité vive, s'appuie sur une note d'agrumes. Sous le Château offre des notes d'amande fraîche. Plus volumineux, le fin boisé est y perceptible en filigrane. Atypique mais assez bon, le vin orange sent le thé à la bergamote, l'abricot sec, s'avère dense en bouche. Plus qu'une simple curiosité, nous sommes impatients de le voir grandir.

Saint-Romain La Perrière 2018	32 €	89
Saint-Romain Orange 2018	35 €	90
Saint-Romain Sous la Velle 2018	35 €	89
Beaune 2018	29 €	89
Corton Grand Cru Le Rognet et Corton 2018	78 €	92
Corton Grand Cru Les Renardes 2018	78 €	93
Saint-Romain Absolu 2018	de 35 à 39 € (c)	90
Saint-Romain Sous Roches 2018	35 €	89

Rouge : 12 hectares. Pinot noir 100 %
Blanc : 7 hectares. Chardonnay 100 %
Production moyenne : 60 000 bt/an

DOMAINE HENRI ET GILLES BUISSON
2, impasse du Clou, 21190 Saint-Romain
03 80 21 22 22 • www.domaine-buisson.com
• Vente et visites : au domaine sur rendez-vous.
Propriétaire : Franck et Frédérick Buisson
Directeur : Franck Buisson

DOMAINE EDMOND CORNU ET FILS

Au pied de la colline de Corton, Pierre Cornu produit une large majorité de vins rouges à Ladoix et dans les villages avoisinants. La série de ladoix et d'aloxe-corton est parfaitement gérée.

Les vins : le chorey rouge à la texture délicate, au fruit croquant et mûr, donne déjà du plaisir. Accusant une petite réduction, le ladoix blanc nous réjouit de son son fruit juteux et croquant, étoffé par des tanins solides mais mûrs. Un beau vin à laisser grandir en cave quelques années. Le Bois Roussot est ample et présente un fruit volumineux ; ses tanins denses et gras doivent encore s'assagir. Avec son fruit gourmand au nez, l'aloxe-corton "pinote". La bouche est très délicate en attaque et se resserre légèrement en finale, avec une pointe de sécheresse. Dommage. Avec son nez épicé, le ladoix Vieilles Vignes est très tendre, mais gourmand.

Ladoix 2018	25,80 €	88
Aloxe-Corton Vieilles Vignes 2017	31,10 €	88
Chorey-lès-Beaune Les Bons Ores 2017	19,20 €	88
Ladoix Premier Cru Le Bois Roussot 2017	25,20 €	90
Ladoix Vieilles Vignes 2017	21,20 €	88

Rouge : 14 hectares. Pinot noir 100 %
Blanc : 2,25 hectares. Chardonnay 100 %
Production moyenne : 80 000 bt/an

DOMAINE EDMOND CORNU ET FILS
Le Meix Gobillon, 6, rue du Bief,
21550 Ladoix
03 80 26 40 79 •
www.bourgogne-vigne-verre.com • Vente et visites : au domaine sur rendez-vous.
Propriétaire : Pierre Cornu

HENRI DARNAT

Si nous saluons le travail réalisé par la maison depuis une décennie, avec des vins affichant de belles maturités, nous percevons que les élevages pratiqués sont trop marquants et privent le fruit de son éclat, conférant des sucrosités en fin de bouche.

Les vins : le domaine ne nous ayant pas fait parvenir ses vins cette année, nous sommes amenés à reconduire les notes de notre édition précédente.

- Auxey-Duresses 2017 — 20 € — 90
- Meursault Clos du Domaine 2017 — 36 € — 91
- Meursault Premier Cru Clos Richemont Monopole 2017 — 60 € — 92
- Meursault Premier Cru Goutte d'Or 2017 — 60 € — 94

Rouge : 1,5 hectare. Pinot noir 100 %
Achat de raisins.
Blanc : 15 hectares. Chardonnay 100 %
Achat de raisins.
Production moyenne : 80 000 bt/an

HENRI DARNAT
50, impasse du Pré-des-Taupes,
21190 Meursault
06 03 07 98 13 • www.domainedarnat.fr •
Vente et visites : au domaine sur rendez-vous.
Propriétaire : Henri et Marion Darnat
Directeur : Henri Darnat

DOMAINE RODOLPHE DEMOUGEOT

Rodolphe Demougeot a créé son domaine en 1992. Il produit surtout des vins rouges énergiques et denses, qui vieillissent très bien. Ils se montrent aujourd'hui harmonieux, affranchis des finales dures qui marquaient les millésimes passés.

Les vins : si nous saluons leur maturité, nous sommes gênés par des élevages sous bois pas toujours adaptés, en rouge comme en blanc. Un défaut dont ne pâtit par le bourgogne blanc toutefois, beau blanc corpulent et juteux, bien équilibré, mais qui marque Le Clos Saint Désiré (touche de pâte d'amande), beaune vif, effilé, souligné par une note citronnée intense. Légèrement réduit, le meursault accuse un boisé un rien marqué, sans que cela nuise à son fruit. Plein, riche, séveux, il ne manque pas de vivacité avec sa jolie finale saline. En rouge, le bois des Clous écrase le fruit et assèche la finale. Le hautes-côtes est vif et croquant et, s'il manque un rien de chair, on apprécie la finesse de ses tanins. Les Bourgeots se montre plein, gras avec un fruit très mûr. La finale accuse une pointe d'amertume. Doté d'un fruit solaire, le pommard est tout en épaisseur, étoffé par des tanins gras. Charmots se montre plein et juteux, assez charnel : dommage que les notes boisées soient trop prégnantes.

- Beaune Clos Saint-Désiré 2018 — 24 € — 89
- Bourgogne 2018 — 14 € — 87
- Meursault 2018 — 36 € — 90
- Auxey-Duresses Les Clous 2018 — 20 € — 87
- Bourgogne Hautes-Côtes de Beaune 2018 — 14 € — 88
- Pommard 2018 — 30 € — 90
- Pommard Premier Cru Les Charmots Le Coeur des Dames 2018 — 48 € — 90
- Savigny-lès-Beaune Les Bourgeots 2018 — 20 € — 88

Rouge : 5,8 hectares. Pinot noir 100 %
Blanc : 2 hectares. Chardonnay 100 %
Production moyenne : 50 000 bt/an

DOMAINE RODOLPHE DEMOUGEOT
2, rue du Clos-de-Mazeray, 21190 Meursault
03 80 21 28 99 •
www.rodolphedemougeot.fr • Vente et visites : au domaine sur rendez-vous.
Propriétaire : Rodolphe Demougeot

DOMAINE MICHEL ET JOANNA ECARD

Descendant du domaine familial Maurice Ecard, Michel Ecard a créé sa propre propriété viticole en 2004, avec son épouse Joanna. Comme souvent en Bourgogne, l'amateur doit être vigilant quant aux homonymies : le domaine Maurice Ecard et Fils existe toujours mais est exploité par une maison de négoce de Beaune. L'ensemble de la production se montre fidèle aux différentes identités de terroirs.

Les vins : le domaine ne nous ayant pas fait parvenir ses vins cette année, nous sommes amenés à reconduire les notes de notre édition précédente.

- Savigny-lès-Beaune Premier Cru Les Narbentons 2017 — 25 € — 90

- Savigny-lès-Beaune Premier Cru Les Peuillets 2017 — 19 € — 91
- Savigny-lès-Beaune Premier Cru Les Rouvrettes 2017 — 18 € — 90
- Savigny-lès-Beaune Premier Cru Les Serpentières 2017 — 21 € — 89
- Savigny-lès-Beaune Vieilles Vignes 2017 — 15 € — 89

Rouge : 3,7 hectares. Pinot noir 100 %
Blanc : 0,3 hectare.
Production moyenne : 20 000 bt/an

DOMAINE MICHEL ET JOANNA ECARD
3, rue Boulanger-et-Vallée, 21420 Savigny-lès-Beaune • ecard.michel.joanna@orange.fr • Vente et visites : au domaine sur rendez-vous.
Propriétaire : Michel Ecard

DOMAINE LARUE

Ce domaine familial produit des vins francs, de qualité régulière, vinifiés dans un style moderne et immédiat par Didier et Denis Larue. Leurs enfants respectifs, Bruno, puis Vivien, les ont rejoints en 2009 puis 2016. Ici, on remet le travail du sol en avant : chenillette et quelques parcelles conduites en viticulture biologique. Les tarifs et l'accueil sont angéliques.

Les vins : en rouge, le chassagne, très réduit, offre un fruit pulpeux, généreux, très expressif, en conservant une belle fraîcheur en bouche. Le blagny évoque la purée de framboise. Il est plus long que large, offre une belle vitalité en bouche. Le corton-perrières est sérieux, élégant, entre fleur et cacao. Sa structure solide devrait le porter dans le temps. En blanc, la Chatenière s'exprime sur une note de zeste d'agrumes, annonçant un blanc élancé et ciselé. Murgers des Dents de Chien est tout aussi vif, et offre en finale de stimulants amers. Un peu de réduction pour En Remilly, marqué par une note de pierre à feu ; son fruit préserve une certaine gourmandise. Le Trézin est dans un registre charnu, avec son fruit généreux, pur et ample en bouche. Gourmand à souhait. La Garenne s'impose par sa densité. Compact, puissant, presque musclé, il laisse une sensation tannique en fin de bouche. La première étoile se rapproche avec cette belle série de vins.

- Puligny-Montrachet Le Trézin 2018 — 30 € — 92
- Puligny-Montrachet Premier Cru La Garenne 2018 — 40 € — 93
- Saint-Aubin Premier Cru En Remilly 2018 — 27 € — 92
- Saint-Aubin Premier Cru La Chatenière 2018 — 30 € — 91
- Saint-Aubin Premier Cru Murgers des Dents de Chien 2018 — 30 € — 92
- Blagny Premier Cru Sous le Puits 2018 — 38 € — 92
- Chassagne-Montrachet 2018 — 20 € — 91
- Corton Grand Cru Les Perrières 2018 — 58 € — 94

Rouge : 6 hectares. Pinot noir 100 %
Blanc : 11 hectares. Chardonnay 95 %, Aligoté 5 %
Production moyenne : 80 000 bt/an

DOMAINE LARUE
32, rue de la Chatenière, 21190 Saint-Aubin
03 80 21 30 74 • www.larue-vins.com • Vente et visites : au domaine sur rendez-vous.
Propriétaire : Didier, Bruno et Vivien Larue

NOUVEAU DOMAINE

DOMAINE LOUIS LEQUIN

Implanté à Santenay, le domaine Louis Leuquin produit des vins un peu hors du temps et hors mode. Avec des robes souvent peu soutenues, sans manquer de fond, en fonction des cuvées les rouges misent sur la délicatesse, santenay Vieille vigne, ou gardent une certaine fermeté comme pour le nuits-saint-georges Brulées. En blanc le domaine produit des vins denses avec de belles maturités. Les deux grands crus Corton Charlemagne et Bâtard-Montrachet (cru qu'il vendait à un vigneron de Chassagne-Montrachet en vin juste avant la mise il y a encore peu de temps) sont des vins profonds et en harmonie avec leur élevage. À l'inverse, le premier cru, qui ne manque pas de chair, mériterait un élevage plus judicieux pour en tirer le meilleur, mais rien de grave. Le domaine propose à la vente des vins ayant déjà quelques années. On lui accorde encore une marge de progression, notamment dans la qualité de tanins de certaines cuvées ou dans l'ajustement des élevages de certains blancs mais il s'affirme comme une source qualitative et fiable pour acheter des vins à prix doux.

Les vins : tous les rouges ont une vraie identité et ne cherchent pas à impressionner par des couleurs sombres ou des structures imposantes. Au contraire, ce domaine produit des vins fins et délicats sans pour autant rimer avec maigreur, tant la maturité est au rendez-vous et les vins ont de la consistance aussi bien en rouge qu'en blanc. En rouge, parmi les santenays, Vieilles Vignes joue sur la délicatesse d'un fruit qui évolue avec sagesse grâce à des tanins mûrs. Il est gracieux et déjà fort bon à boire. Passe-Temps paraît légèrement introverti mais le fruit garde le même esprit de délicatesse, avec une profondeur de chair et une assise accrue. La Comme sent la cerise noire avec une touche d'épices et de myrtille. La bouche se montre dense et juteuse à la fois, le fruit est mûr mais sa structure demande un peu de temps pour s'assagir. Il reste profond avec un vrai plaisir gourmand, attention à ne pas le servir trop frais. Le pommard Les Noizons sent le sorbet au cassis bien mûr. La bouche est pulpeuse à souhait avec juste ce qu'il faut de structure mais point trop. On peut se régaler dès maintenant mais sans urgence. Le corton Les Languettes affiche une certaine évolution aromatique, il évoque la cerise légèrement acidulée. La bouche se montre douce à l'attaque mais délivre ensuite un vin dense avec une belle assise. En blanc, Morgeot est marqué par un léger boisé à l'ouverture. Il évolue vers le citron confit au sel. Tandis que le fruit en bouche se montre juteux et dense avec de beaux amers. Le corton-charlemagne évoque la mie de pain. Sa bouche tout en volume est bien représentative du terroir de Corton. Dense et sèveux il s'appuie sur une belle maturité du fruit avec une jolie vivacité sur le final. Quant au bâtard-montrachet, il sent les épices. Il porte haut la richesse du millésime avec cette force propre au terroir de Bâtard. Un grand cru en début de vie, consistant, avec un équilibre du fruit qui le portera sur trois ou quatre décennies. Il possède de la chair et de l'épaisseur sans tomber dans la surmaturité.

Bâtard-Montrachet Grand Cru 2015	210 €	96
Chassagne-Montrachet Premier Cru Morgeot 2017	45 €	90
Corton-Charlemagne Grand Cru 2016	76 €	94
Corton Grand Cru Les Languettes 2017	53 €	94
Pommard Les Noizons 2016	33 €	91
Santenay Premier Cru La Comme 2018	22 €	91
Santenay Premier Cru Le Passe Temps 2015	18,90 €	91
Santenay Vieilles Vignes 2015	16,20 €	91

Rouge : 6,4 hectares. Pinot noir 100 %
Blanc : 0,87 hectare. Chardonnay 100 %
Production moyenne : 40 000 bt/an

DOMAINE LOUIS LEQUIN

2, rue du Pasquier-de-Pont, 21590 Santenay
03 80 20 63 82 • www.louis-lequin.com •
Vente et visites : au domaine sur rendez-vous.
Propriétaire : Famille Lequin
Directeur : Cécile Lequin
Maître de chai : Antoine Lequin

BENJAMIN LEROUX

Talentueux vinificateur du célèbre domaine du Comte Armand, à Pommard, Benjamin Leroux a lancé à son compte une structure de négoce haut de gamme. Grâce à de solides approvisionnements et à un grand sens de l'élevage, il réalise des cuvées de très haut niveau sur une vaste palette d'appellations. Les vins possèdent un style que nous louons, préservant la fraîcheur, le fruit et jouant sur des élevages modérés.

Les vins : en rouge, le savigny-lès-beaune affiche un joli parfum épicé, sa bouche se montrant ferme avec des tanins virils. Le fruit est pur, il faut juste qu'il se détende un peu. Le volnay sent le fruit noir et la mine de crayon. La bouche, grasse et gourmande, au cœur ferme et compact, est étayée de solides tanins. Beau vin qu'il faut oublier en cave. Le vosne-romanée, à la robe peu soutenue, est marqué par une légère réduction. Sa finesse d'attaque contraste avec un cœur de bouche viril assortie de tanins puissants, un vin plus en allonge qu'en volume, avec une petite sécheresse sur le final. Sensation de fruit bien mûr pour le gevrey-chambertin, la bouche se montre ferme avec un fruit peu épais mais pur. Cela manque un peu de chair et d'enrobage. Le meursault dévoile une touche d'amande fraîche, la bouche se montre ample avec un final sur une note de citron jaune bien mûr. Un classique bien fait.

Meursault Premier Cru La Pièce Sous Le Bois 2018	72 €	91
Gevrey-Chambertin 2018	45 €	91
Savigny-lès-Beaune 2018	25 €	90

- Volnay Premier Cru Les Santenots 2018 — 75 € — 91
- Vosne-Romanée 2018 — 65 € — 91

Rouge : 1,5 hectare. Pinot noir 100 %
Achat de raisins.
Blanc : 6 hectares. Chardonnay 100 %
Achat de raisins.
Production moyenne : 120 000 bt/an

BENJAMIN LEROUX ♣
5, rue Colbert, 21200 Beaune
03 80 22 71 06 • www.benjamin-leroux.com
• Visites : sur rendez-vous uniquement aux professionnels.
Propriétaire : Benjamin Leroux

NOUVEAU DOMAINE

DOMAINE BERNARD MILLOT

Émilien Millot travaille avec son père au domaine familial de Meursault depuis 2010. Dans la vigne il veut valoriser la vie dans les sols. Il n'hésite pas à faire ses derniers traitements estivaux en soirée, afin de réduire les doses de produits, profitant d'une végétation que la nuit rend moins recroquevillée. Il élève ses vins avec un usage modéré du fût neuf, ce que nous apprécions tout particulièrement. Adepte des raisins mûrs, il vendange à pleine maturité. Ce jeune et talentueux vigneron produit de jolis rouges profonds et sans artefact, et une jolie gamme de blancs dont une belle déclinaison de meursaults villages qui mettent l'accent sur l'expression de lieux-dits singuliers. Nous n'avons pas eu la chance de déguster ses meursaults premier cru Perrières et Goutte d'Or. Les vins sont à des prix ultras doux. Une adresse à ne pas manquer. Attention toutefois à l'aligoté qui est un rien marqué par une pointe de soufre.

Les vins : le bourgogne blanc est plein et franc en bouche avec un fruit bien équilibré, mûr et sans lourdeur, avec une belle persistance au vrai goût de raisin. Fin et délicat à l'attaque, Le Buisson Certaut ne s'impose pas en force mais par un fruit aux notes légèrement acidulées qui ne manque pas de maturité. Un blanc pour amateur de meursault plus aérien que plein. Les Terres Blanches puise sa force par une belle allonge de bouche minérale. Les Petits Charons montre un parfum vif, légèrement citronné, et une vivacité ciselée avec une belle consistance crayeuse en bouche. Il nous réveille par son énergie. Un vin tout en muscle et puissant. Le bourgogne aligoté accuse une pointe de réduction, il ne joue pas le tendre. Attention au soufre. Clos des Longes a une légère empreinte boisée qui marque un peu le fruit au nez. La bouche se montre tendre à l'attaque, tout en conservant un fruit délicieux et long. Les Vireuils est droit et sapide, pourvu de fins amers et d'une jolie note d'amande. Un blanc plus tendre que plein et vif. En rouge, gorgé d'un fruit mûr et solaire, le délicieux bourgogne passetoutgrain présente des tanins gras. Une vraie gourmandise à boire jeune avec ses agréables notes chocolatées et d'épices.

- Beaune Clos Longes 2017 — 22 € — 89
- Bourgogne 2018 — 12,50 € — 88
- Bourgogne Aligoté Les Guets de Bise 2017 — 7,50 € — 87
- Meursault Le Buisson Certaut 2018 — 30 € — 91
- Meursault Les Vireuils 2017 — 30 € — 92
- Meursault Petits Charrons 2018 — 30 € — 92
- Meursault Terres Blanches 2018 — 30 € — 91
- Bourgogne Passe-tout-grains 100 Noms 2018 — 9 € — 89

Rouge : 1,5 hectare. Pinot noir 98 %, Gamay noir à jus blanc 2 %
Blanc : 6,5 hectares. Chardonnay 90 %, Aligoté 10 %
Production moyenne : 30 000 bt/an

DOMAINE BERNARD MILLOT
27, rue de Mazeray, 21190 Meursault
03 80 21 20 91 • www.domaine-millot.com • Vente et visites : au domaine sur rendez-vous.
Propriétaire : Émilien Millot

DOMAINE SYLVAIN MOREY

Installé depuis 2002 dans le Luberon, à la Bastide du Claux, Sylvain Morey a récupéré en 2014 les quelques hectares de vignes familiales en Bourgogne (ex-domaine Jean-Marc Morey), en appellations Chassagne-Montrachet, Saint-Aubin et Santenay. Il y produit des vins au style classique, bien enrobés et jamais lourds. Ses premiers millésimes ont été très encourageants.

Les vins : les blancs progressent d'année en année ; l'élevage des rouges pourrait encore mieux valoriser la qualité du fruit. Du côté des premiers, belle vigueur dans l'aligoté, puissance dans le saint-aubin, vin de caractère à laisser grandir, fruit typé pour le chassagne-montrachet, qui doit se remettre de sa mise en bouteille, et note d'amande pour le Champs-Gains, qui relaye cette douceur olfative par une chair onctueuse. Du côté des seconds, le bourgogne, joli vin de soif surprend avec son fruit croquant pour une année aussi riche. Celle-ci est parfaitement retranscrite dans le coteaux-bourguignons, vin hédoniste qui évoluera dignement. Le santenay est contrasté, entre une attaque de bouche douce et une finale raffermie, garante de longévité. Champs-Gains reste dominé par une note de fusain et un fruit légèrement surmûri. La bouche livre un fruit plus gourmand, plus frais.

- Bourgogne Aligoté 2018 — 15 € — 89
- Chassagne-Montrachet 2018 — 50 € — 91
- Chassagne-Montrachet Premier Cru Les Champs-Gains 2018 — 65 € — 93
- Saint-Aubin Premier Cru Les Charmois 2018 — 45 € — 91
- Bourgogne 2018 — 16 € — 88
- Chassagne-Montrachet Premier Cru Les Champs-Gains 2018 — 45 € — 91
- Coteaux Bourguignons 2018 — 13 € — 88
- Santenay Premier Cru Grand Clos Rousseau 2018 — 42 € — 91

Rouge : 2 hectares. Pinot noir 90 %, Gamay noir à jus blanc 10 %
Blanc : 2 hectares. Chardonnay 95 %, Aligoté 5 %
Production moyenne : 25 000 bt/an

DOMAINE SYLVAIN MOREY

3, rue Principale,
21190 Chassagne-Montrachet
06 99 70 26 05 •
www.domaine-sylvainmorey.fr • Pas de visites.
Propriétaire : Sylvain Morey

NOUVEAU DOMAINE

DOMAINE MOREY-COFFINET

C'est en l'an 2000 que Thibault Morey a commencé à travailler aux côtés de son père dans le domaine familial sis à Chassagne-Montrachet. À partir de 2005, il prend peu à peu la main, et s'oriente en 2014 vers une viticulture axée sur les principes de la biodynamie. Il n'utilise plus de soufre à la vendange, pratique des pressurages plus forts et plus longs, tout en débourbant peu ou pas en fonction des jus. Quant aux élevages (fûts de 350 à 400 litres, 30 % de barriques neuves maximum), ils ont été prolongés pour durer autour de quinze à seize mois. Autant d'ajustements qui donnent aujourd'hui des vins magnifiquement équilibrés, livrant une expression juste de chaque terroir. Pour nous, il ne fait aucun doute qu'il y a de la graine de très grand vigneron chez Thibaut Morey.

Les vins : suivez-les attentivement, en rouge comme en blanc ! Parmi ces derniers, le bourgogne déploie une belle dynamique (notes d'agrumes) et sonne comme un grand vin. Énergique, Les Houillères se distingue par son parfum élégant, sa matière épurée mais mûre, avec une acidité tonique et une salinité qui le porte en longueur. La Romanée annonce au nez un fruit charnu et ample, à la minéralité fine et délicate. Un beau vin sphérique et raffiné. Véritable coureur de fond, Blanchot Dessus lorgne vers le grand cru. Marqué par une délicate et élégante réduction, Les Pucelles possède un fruit délicat et nuancé. Il déroule en longueur avec beaucoup de sérénité. Le grand cru offre le supplément d'étoffe attendu, prend par surprise avec sa douceur d'attaque ; dès le milieu de bouche il monte en puissance avec une allonge très élégante. En rouge, le bourgogne restitue la maturité du millésime. Il mérite un ou deux ans de garde au minimum. Clos Saint Jean affiche pour sa part beaucoup de finesse au nez comme en bouche ; c'est un faux tendre à oublier en cave. Ils peuvent encore progresser du côté des réductions et des boisés.

- Bourgogne Côte-d'Or 2018 — de 20 à 30 € (c) — 89
- Bâtard-Montrachet Grand Cru 2018 — de 230 à 270 € (c) — 96
- Chassagne-Montrachet Les Houillères 2018 — de 40 à 50 € (c) — 90
- Chassagne-Montrachet Premier Cru Blanchot Dessus 2018 — de 70 à 90 € (c) — 94
- Chassagne-Montrachet Premier Cru La Romanée 2018 — de 60 à 70 € (c) — 94
- Puligny-Montrachet Premier Cru Les Pucelles 2018 — de 80 à 100 € (c) — 94
- Bourgogne Côte-d'Or 2018 — de 15 à 25 € (c) — 89
- Chassagne-Montrachet Premier Cru Clos Saint-Jean 2018 — de 40 à 50 € (c) — 92

Rouge : 2 hectares. Pinot noir 100 %
Achat de raisins.
Blanc : 6 hectares. Chardonnay 100 %
Achat de raisins.
Production moyenne : 55 000 bt/an

DOMAINE MOREY-COFFINET ♣
6, place du Grand-Four
21190 Chassagne-Montrachet
03 80 21 31 71 •
www.domainemoreycoffinet.com •
Visites : Pas de visites.
Propriétaire : Michel et Thibault Morey

DOMAINE AGNÈS PAQUET

C'est pour éviter la vente de la parcelle familiale d'Auxey-Duresses qu'Agnès Paquet, diplômée d'une école de commerce, a choisi d'épouser le métier de vigneronne. Elle a signé son premier millésime en 2001. Le style privilégie toujours la franchise et la fraîcheur, ce dont nous nous réjouissons.

Les vins : le hautes-côtes est fin, précis ; un blanc dense, agréablement salin en finale, qui garde une belle vigueur. L'auxey-duresses cherche son chemin au nez. Grâce à une belle vigueur, un fruit mûr et acidulé à souhait, cette sensation boisée s'estompe : saluons l'équilibre préservé. En rouge, le hautes-côtes dévoile une petite note vanillée qui n'altère pas son fruit acidulé. Ce dernier tire plus vers le croquant que vers le charnu, avec des tanins présents mais bien intégrés. Friand et gourmand, il "pinote" à souhait. Doté d'un parfum somptueux, l'auxey-duresses offre un doux mélange de fruits noirs et rouges, complétés d'une touche d'épice et de chocolat. On retrouve ce sentiment de richesse dans une bouche juteuse, magnifiquement équilibrée. Superbe. Avec son petit coté régressif, Ali Boit Boit sent les épices. Volumineux, doté d'une bulle crémeuse, la légère sensation de fruit sucré le rend séduisant.

- Auxey-Duresses 2018 — de 23 à 29 € (c) — 90
- Bourgogne Hautes-Côtes de Beaune 2018 — de 19 à 23 € (c) — 88
- VDF Méthode Ancestrale Ali Boit Boit et Les 40 Buveurs — de 9,50 à 12 € (c) — 88
- Auxey-Duresses 2018 — de 23 à 26 € (c) — 91
- Bourgogne Hautes-Côtes de Beaune 2018 — de 19 à 23 € (c) — 88

Rouge : 7 hectares. Pinot noir 100 %
Blanc : 6 hectares. Chardonnay 100 %
Production moyenne : 60 000 bt/an

DOMAINE AGNÈS PAQUET
10, rue du Puits Bouret, 21190 Meloisey
03 80 26 07 41 • www.vinpaquet.com •
Vente et visites : au domaine sur rendez-vous.
Propriétaire : Agnès Paquet

NOUVEAU DOMAINE

DOMAINE PAUL PILLOT

Implanté à Chassagne-Montrachet, le domaine Paul Pillot possède une belle série de chassagne-montrachet villages et de premiers crus dont une magnifique Romanée, des santenays et des saint-aubin, soit au total dix-sept appellations. Thierry Pillot a rejoint le domaine en 2007. Aujourd'hui seul aux commandes, en rupture avec le style de son père, il est adepte pour ses blancs d'un usage modéré du fût neuf (10 % au maximum) avec des élevages plus longs que par le passé. Il pratique de longs pressurages, pas de débourbage ni de bâtonnage, avec une utilisation a minima du soufre. Il travaille selon les principes de l'agriculture biologique sans chercher à être labellisé. En blanc comme en rouge, ce domaine produit des vins sans artifice, raffinés et intenses, épurés sans pour autant être maigres, rendant hommage à la personnalité de chaque terroir. Les vins du domaine méritent certainement une étoile mais nous attendrons l'an prochain afin de les confronter aux vins d'autres domaines.

Les vins : une belle entrée en matière que ce bourgogne généreux et précis ! Dans la série des chassagnes-montrachets, La Grande Montagne, terroir atypique et très calcaire, exprime un parfum plus dans l'esprit de Puligny, avec sa touche florale. Fin et soyeux il offre une belle intensité en bouche ; Le Cailleret donne une sensation d'éclat calcaire au nez. Un vin vif et traçant qui fait longuement saliver. Droit, presque austère, Les Grandes Ruchottes déroule en bouche une belle énergie. Élevé avec zéro bois neuf, il s'exprime par un fruit très pur. Un vin de garde qui se révèlera sur le long terme. La Romanée dégage un sentiment de sérénité en bouche, avec un côté eau de roche, un fruit pur et une belle sapidité. Superbe. En rouge, le Clos Saint-Jean offre un bel équilibre de maturité du fruit et des tanins. Un beau vin plein de fruit promis à un bel avenir.

- Bourgogne 2018 — N.C. — 88
- Chassagne-Montrachet Premier Cru La Grande Montagne 2018 — N.C. — 93
- Chassagne-Montrachet Premier Cru Les Caillerets 2018 — N.C. — 94
- Chassagne-Montrachet Premier Cru Les Grandes Ruchottes 2018 — N.C. — 95

▬ Chassagne-Montrachet Premier Cru Clos Saint-Jean 2018 N.C. 93

Le coup de ♥

▭ Chassagne-Montrachet Premier Cru La Romanée 2018 N.C. 95

Rouge : 4 hectares. Pinot noir 100 %
Blanc : 9 hectares. Chardonnay 90 %, Aligoté 10 %
Production moyenne : 80 000 bt/an

DOMAINE PAUL PILLOT
3, rue Clos Saint-Jean,
21190 Chassagne-Montrachet
03 80 21 31 91 • contact@domainepaulpillot.com • Pas de visites.
Propriétaire : Thierry Pillot et Chrystelle Pillot-Mortet
Maître de chai : Thierry Pillot

DOMAINE ROBLET-MONNOT

Pascal Roblet a créé son propre domaine en 1990 à partir de vignes familiales. Comme tous les vignerons installés à cette époque, il débute en produisant des vins puissants pour coller à la mode du moment. S'il aime toujours les vins de matière, il ne cherche plus aujourd'hui la structure, mais la plénitude. Proche de la biodynamie, mais certifié en agriculture biologique, il a repensé tous ses travaux dans les vignes, du labour à la taille en passant par l'enherbement, en acceptant que les résultats ne soient visibles qu'après de longues années. En cave, il extrait plus doucement, mais plus longuement et allonge la durée de l'élevage. S'il vinifie sans soufre, celui-ci est utilisé lors de la mise en bouteille. Tous ses vins sont denses et profonds ; ils doivent tranquillement vieillir en cave.

Les vins : blanc de haut vol, le Nerthus Côtes de Nantoux, bourgogne aligoté, sent la poire juteuse avec une touche d'épice sur sa belle bouche sapide et bien balancée, son fruit pulpeux sonne juste. Le bourgogne Vieilles Vignes est franc, avec une bouche dense et structurée par des tanins profonds mais mûrs. Issu du lieu-dit Chanlin-Haut, le pommard affiche une pointe de réduction et sent l'encre. Si l'on aime la densité du fruit il accuse un parfum peu engageant et la bouche, certes juteuse, campe sur sa structure. À suivre. Saint-François mêle épices et fruit noir. La bouche se montre dense avec une matière concentrée encore dans sa gangue. Il aura besoin de temps pour s'assagir. Les Brouillards donne l'impression d'un vin rhodanien. La bouche s'appuie sur un fruit doux, toujours d'une grande concentration. Plein et puissant, il manque un peu de nuance en ce début de vie. Patience. Quant à Taillepieds, joli et parfumé, il balance entre un fruit très mûr et une touche de végétal noble. Concentré, racé avec des tanins fins, il est mûr à souhait. Il conjugue fond et élégance, et semble bâti pour une longue garde.

▬ Bourgogne Vieilles Vignes 2017 22 € 88

▬ Pommard 2017 52 € 90

▬ Volnay Premier Cru Brouillards 2017 95 € 92

▬ Volnay Premier Cru Taillepieds 2017 110 € 93

▬ Volnay Saint-François 2017 52 € 91

Le coup de ♥

▭ Bourgogne Aligoté Côte de Nantoux Nerthus 2018 18 € 89

Rouge : 6 hectares. Pinot noir 100 %
Blanc : 3,5 hectares. Aligoté 80 %, Chardonnay 20 %

DOMAINE ROBLET-MONNOT ♣
11, rue de la Combe, 21190 Volnay
03 80 21 22 47 • robletmonnot@yahoo.fr • Vente et visites : au domaine sur rendez-vous.
Propriétaire : Pascal Roblet

DOMAINE COMTE SENARD

Le domaine Comte Senard possède un patrimoine de vignes remarquable, presque exclusivement en rouge, notamment dans la montagne de Corton. Lorraine Senard a pris en 2005 la suite de son père Philippe aux commandes de l'exploitation. Le domaine abrite aussi une table d'hôtes réputée.

Les vins : Auguste est un bourgogne friand à souhait, à boire sur la fraîcheur de son fruit croquant. Dense et solide, Jules accuse une petite fermeté disgracieuse, qui provoque une amertume prononcée. Le fruit de Valozières paraît éteint. Nez qui "pinote" et beau volume de bouche pour Clos des Meix, corton classique : joli jus et tanins mûrs, presque sucrés. Le Clos du Roi accuse une évolution marquée par une note de sous-bois à l'ouverture, mais le fruit se ressaisit une fois en bouche. L'ensemble conserve une certaine élégance.

▬ Aloxe-Corton Jules 2018 N.C. 86

- Aloxe-Corton Premier Cru Les Valozières 2017 — 50 € — 87
- Bourgogne Auguste 2017 — de 35 à 45 € (c) — 88
- Corton Grand Cru Clos des Meix 2018 — 95 € — 93
- Corton Grand Cru Clos du Roi 2017 — 90 € — 92

Rouge : 8 hectares. Pinot noir 100 %
Achat de raisins.
Blanc : 2 hectares. Chardonnay 100 %
Achat de raisins.
Production moyenne : 60 000 bt/an

DOMAINE COMTE SENARD

1, rue des Chaumes, 21420 Aloxe-Corton
03 80 26 40 73 • www.domainesenard.com
• Vente et visites : au domaine sur rendez-vous.
Propriétaire : Philippe Senard
Directeur : Lorraine Senard

NOUVEAU DOMAINE

DOMAINE JOSEPH VOILLOT

Œnologue de formation, Jean-Pierre Charlot a débuté en 1982 avec son beau-père, Joseph Voillot. Il prend les commandes du domaine en 1994. Aujourd'hui, son neveu, Étienne Chaix, s'apprête à prendre la relève. Jean-Pierre Charlot a toujours valorisé un style du bourgogne fin et élégant, sans s'occuper de la mode des vins concentrés. Peu colorées, avec des tanins très fins, toutes ses cuvées affichent une jolie intensité et une belle aptitude à la garde. Le domaine possède une belle gamme de volnays et de pommards dont un magnifique premier cru les Rugiens. Nous sommes heureux de le voir intégrer notre guide cette année.

Les vins : une gamme de rouges forts séduisants, même si les vins doivent absorber un peu leur élevage. Le volnay Vieilles Vignes est d'une franche gourmandise. Le pommard Vieilles Vignes va de note chocolatée en touche d'épice. Il s'affirme par une pointe de virilité en finale, sans dénaturer son équilibre. Aux Coucherias embaume l'orangette. Tendre, doux et soyeux avec une belle chair en bouche et sans la moindre mollesse, il donne déjà du plaisir et garde un beau potentiel d'évolution. Les Champans évoque la réglisse et le fruit noir et s'assortit d'une touche florale. En bouche, le fruit se montre plein et doux à l'attaque, mais rapidement on retrouve l'assise et la fermeté de son terroir. Il faut l'attendre. Les Pézerolles paraît légèrement cosmétique, son fruit frais et mûr tarde à venir. À l'inverse, en bouche, il dévoile tout son charme, avec du volume et des tanins bien enrobés malgré une légère prise de bois. Les Rugiens développe un parfum de cerise au chocolat, voire de fruit à l'eau-de-vie, avec une touche d'épice. D'une élégance plus élancée que volumineuse, on aime son grain fin malgré une prise de bois présente mais qui sera digérée sous peu. Les 2017 ont pris une pointe d'amertume sur les fins de bouche, souhaitons que cela ne soit que passager. Le Fremiets déploie ses charmes de cerise fraîche avec une bouche tout en délicatesse et un fruit croquant. Les Pezerolles "pinote" délicatement. La bouche attaque en douceur, mais se raffermit rapidement, avec des tanins de bois en finale. Nous aimons sa finesse ; un rien de chair en plus ne lui serait pas nuisible.

- Beaune Premier Cru Aux Coucherias 2018 — N.C. — 92
- Pommard Premier Cru Les Pezerolles 2017 — N.C. — 94
- Pommard Premier Cru Les Pezerolles 2018 — N.C. — 94
- Pommard Premier Cru Les Rugiens 2018 — N.C. — 95
- Pommard Vieilles Vignes 2018 — N.C. — 90
- Volnay Premier Cru Les Champans 2018 — N.C. — 94
- Volnay Premier Cru Les Fremiets 2017 — N.C. — 94
- Volnay Vieilles Vignes 2018 — N.C. — 90

Rouge : 7,3 hectares. Pinot noir 100 %
Blanc : 0,29 hectare. Chardonnay 100 %
Production moyenne : 35 000 bt/an

DOMAINE JOSEPH VOILLOT

4, place de l'Église, 21190 Volnay
03 80 21 62 27 • joseph-voillot.com/ • Vente et visites : au domaine sur rendez-vous.
Propriétaire : Jean-Pierre Charlot
Directeur : Étienne Chaix

CHALONNAIS

★★

DOMAINE VINCENT DUREUIL-JANTHIAL

Céline et Vincent Dureuil ont repris en 1994 le domaine familial, agrandi vingt ans plus tôt par l'acquisition d'une parcelle de Mercurey, puis par le retour dans le giron familial de vignes à Puligny-Montrachet et d'un premier cru à Nuits-Saint-Georges (notés sur le site web de La RVF). Tous les vins sont vinifiés avec la même exigence et une méticulosité que l'on retrouve dans peu de domaines. Bio certifié de 2009 à 2016, le couple est partisan d'une viticulture saine ; le gel de 2016 n'a pas changé sa détermination. Issus de vieilles vignes et élevés longuement, les vins se montrent homogènes et maintiennent un très haut niveau, avec une réelle capacité à traverser le temps. Les boisés sont adaptés à chaque terroir en fonction du millésime. Saluons les prix raisonnables, très appréciables à ce niveau d'excellence. Le travail de Vincent, de la vigne à la cave, ce souci constant du détail qui signe les grands vins, l'amèneront sans doute dans les prochaines années vers les sommets de ce guide.

Les vins : procurez-vous le bourgogne blanc, un bijou né sur Puligny-Montrachet, doté de la fine réduction des lies qui transcende le chardonnay, à la manière du plus emblématique domaine de Meursault. Meix Cadot associe dans le verre pureté et précision, la bouche est ample, profonde et minérale. Meix Cadot vieille vigne est un mètre-étalon pour tous les premiers crus, impressionnant par son volume de bouche et sa fraîcheur. Les Margotés, vigne de 1946, est posé sur un socle minéral imposant qui l'aidera à traverser le temps. Grésigny, taillé pour la garde, est un jus fin chargé de calcaire, il nous transporte loin dans la persistance des saveurs. Les rouges sont au diapason, les élevages longs les aident à bien se patiner : En Guesnes dévoile une mâche de pinot noir de petits rendements, un ensemble qui deviendra soyeux dans les six prochains mois. Chapitre est superbe, entre soie et velours, sa densité et la précision de son jus lui offre un bon potentiel de garde.

- (blanc) Rully Premier Cru Grésigny Vieilles Vignes 2018 — 30 € — 96
- (blanc) Rully Premier Cru Le Meix Cadot 2018 — 25 € — 97
- (blanc) Rully Premier Cru Le Meix Cadot Vieilles Vignes 2018 — 30 € — 97
- (blanc) Rully Premier Cru Les Margotés 2018 — 27 € — 96
- (rouge) Rully En Guesnes 2018 — 20 € — 92
- (rouge) Rully Premier Cru Chapitre 2018 — 27 € — 93

Le coup de ♥

- (blanc) Bourgogne 2018 — 14 € — 93

Rouge : 7,86 hectares. Pinot noir 99 %, Gamay noir à jus blanc 1 %
Blanc : 12,37 hectares. Chardonnay 95 %, Aligoté 5 %
Production moyenne : 115 000 bt/an

DOMAINE VINCENT DUREUIL-JANTHIAL
10, rue de la Buisserolle, 71150 Rully
03 85 87 26 32 • www.dureuil-janthial.fr •
Vente et visites : au domaine sur rendez-vous.
Propriétaire : Vincent Dureuil

★★ ↗

DOMAINE THEULOT JUILLOT

Nathalie et Jean-Claude Theulot ont repris le domaine familial en 1987. Les patientes replantations s'avèrent judicieuses, les vins gagnent en finesse et en élégance. Les vignes labourées, l'absence de pesticide, les tris, la vendange entière mesurée : tout est fait pour obtenir des jus purs, pleins et gourmands. Nous apprécions quand l'effet boisé est présent sans jamais être prégnant. Les Theulot ont géré leur rouges 2018 avec génie, les blancs ont même gagné en précision et s'approchent tout près du niveau des rouges. Ce domaine est un modèle pour toute l'appellation en qualité comme en prix, et la deuxième étoile attribuée cette année est amplement méritée.

Les vins : Champs Martin, floral, au boisé fin, s'appuie sur des calcaires qui lui donnent toute sa pureté, il se gardera bien. Les Saumonts affiche une aromatique riche et pâtissière, la finale minérale le rafraîchit et retend le vin. Même effet avec La Cailloute, au boisé tempéré, l'ensemble se maintenant en équilibre. La série des rouges débute avec brio, Château Mipont séduit par son élégance, digeste, juteux, stylé, un fruit éblouissant, son boisé sobre met en valeur le terroir et son fruit. Vieilles Vignes, fruit d'un duo fût et cuve est scintillant, et d'un prix très correct. Les Combins est charnu mais délicat, un toucher de bouche de rêve, si frais, à faire trembler de Volnay jusqu'à Gevrey ! Champs Martins poursuit la même ligne de précision, digeste, sérieux, sans maquillage boisé, beaucoup de classe. Poser son nez sur La Cailloute pourrait suffire pour être heureux... Quelle élégance ! Le pinot noir est ici magnifié, pur, sans artifice : une petite décoction de cerise burlat.

- Mercurey Premier Cru Champs Martins 2018 — 22 € — 90
- Mercurey Premier Cru Les Saumonts 2018 — 22 € — 93
- Mercurey Premier Cru Champs Martins 2018 — 21 € — 93
- Mercurey Premier Cru La Cailloute 2018 — 23,50 € — 97
- Mercurey Premier Cru Les Combins 2018 — 22 € — 93
- Mercurey Vieilles Vignes 2018 — 17 € — 93

Le coup de ♥

- Mercurey Château Mipont 2018 — 18,25 € — 93

Rouge : 9,5 hectares. Pinot noir 100 %
Blanc : 2,2 hectares. Chardonnay 100 %
Production moyenne : 70 000 bt/an

DOMAINE THEULOT JUILLOT
4, rue de Mercurey, 71640 Mercurey
03 85 45 13 87 • www.theulotjuillot.eu • Visites : sans rendez-vous.
Propriétaire : Nathalie et Jean-Claude Theulot

★★

DOMAINE LORENZON

Bruno Lorenzon, secondé par sa sœur Carline, a repris ce petit domaine familial en 1997, après avoir occupé les fonctions de consultant en Afrique du Sud et de directeur commercial de la tonnellerie de Mercurey. Les fûts sont donc sélectionnés avec soin, issus de bois séchés trois ans sur la propriété. Le domaine travaille les sols sans désherber depuis quarante ans. Il est certifié bio sans pour autant le mentionner sur l'étiquette. La deuxième étoile décernée l'an dernier est on ne peut plus d'actualité. La rigueur de style et la précision des élevages méritent une accolade et toute l'attention des amateurs.

Les vins : avec Champs Martin, le minéral mène le débat. Tranchant et salivant, il a la carrure pour se patiner tranquillement sur dix ans. Les Croichots, un peu plus boisé, bénéficie de plus de gras et l'ensemble a belle allure. Clos des Barraults, athlétique et ferme, montre la bonne gestion du millésime, il a beaucoup de classe. Les rouges sont de haut niveau : Chapitre laisse le fruit dominer, le boisé s'efface, il est d'une grande finesse et accessible dès aujourd'hui. Champs Martin et son boisé discret laisse ainsi la place au pinot noir et au terroir. Sa trame est veloutée et sa puissance toute contenue. Carline nous offre un relief conséquent, alliant puissance, fermeté tannique, un jus enrobé : soyez patients.

- Mercurey Premier Cru Champs Martin 2018 — 32 € — 92
- Mercurey Premier Cru Clos des Barraults 2018 — 32 € — 93
- Mercurey Premier Cru Croichots 2018 — 32 € — 92
- Mercurey Le Chapitre 2018 — 26 € — 91
- Mercurey Premier Cru Champs Martin 2018 — 32 € — 93

Le coup de ♥

- Mercurey Premier Cru Carline Clos des Champs Martin 2018 — 35 € — 95

Rouge : 4 hectares. Pinot noir 100 %
Blanc : 5 hectares. Chardonnay 100 %
Production moyenne : 40 000 bt/an

DOMAINE LORENZON
14, rue du Reu, 71640 Mercurey
03 85 45 13 51 • www.domainelorenzon.com • Vente et visites : au domaine sur rendez-vous.
Propriétaire : Bruno Lorenzon

★★

DOMAINE FRANÇOIS LUMPP

Ce domaine familial est dorénavant rejoint par les enfants Pierre et Anne-Cécile Lumpp. Ils nous proposent une gamme de givrys remarquables de précision, le millésime 2018 en est la preuve. D'une grande régularité, les blancs sont portés par un fil conducteur minéral, ce qui permet de les apprécier jeunes mais aussi de les garder en cave de nombreuses années. Les rouges font partie des plus grands, ils témoignent d'une capacité rare à digérer leur élevage boisé et se montrent très réguliers. C'est un paradoxe : ce domaine ose 70 % de fût neuf sur ses premiers crus qui ne pâtissent pas pour autant de marqueurs boisés ostentatoires. Leur secret est toujours bien gardé !

Les vins : la série des rouges dévoile des 2018 remarquables, à commencer par La Paulée au fruit débordant, il damerait le pion à tant de villages. La Brûlée a une véritable énergie, un vin précis qui pinote à merveille. Petit Marole et son boisé contenu est un vin de très bonne garde, tout comme Le Pied du Clou, un millefeuille de fruits noirs à la texture serrée, à l'acidité vivifiante. A Vigne Rouge a l'étoffe d'un grand vin, sa bouche est charnue, il traversera le temps. Clos Jus se montre plus extrait, la chair du vin est imbriquée dans son écrin boisé sans aucun excès. Crausot est viril, ses tanins et son boisé font corps avec la trame du vin. Laissez-le se patiner en cave au moins cinq ans. Clos du Cras Long est une quintessence de pinot noir au niveau des meilleurs de la Côte de Nuits. Soyez patients, cela en vaut la peine.

- Givry Premier Cru A Vigne Rouge 2018 — 30 € — 94
- Givry Premier Cru Clos Jus 2018 — 30 € — 94
- Givry Premier Cru Clos du Cras Long 2018 — 31 € — 96
- Givry Premier Cru Crausot 2018 — 30 € — 93
- Givry Premier Cru La Brûlée 2018 — 27 € — 94
- Givry Premier Cru Le Pied du Clou 2018 — 28 € — 92
- Givry Premier Cru Petit Marole 2018 — 27 € — 92

Le coup de ♥

- Bourgogne La Paulée 2018 — 16 € — 92

Rouge : 7,5 hectares. Pinot noir 100 %
Blanc : 1,5 hectare. Chardonnay 100 %
Production moyenne : 50 000 bt/an

DOMAINE FRANÇOIS LUMPP

36, avenue de Mortières, Le Pied du Clou, 71640 Givry

03 85 44 45 57 • www.francoislumpp.com • Vente et visites : au domaine sur rendez-vous.

Propriétaire : Isabelle, François, Pierre et Anne-Cécile Lumpp

Directeur : François, Pierre et Anne-Cécile Lumpp

Œnologue : Guillaume Lebras

★

DOMAINE STÉPHANE ALADAME

Stéphane Aladame a créé son domaine en 1992, à l'âge de dix-huit ans. Depuis, ce producteur très perfectionniste a progressé régulièrement, secondé par son épouse Julie. En marge du domaine, une petite activité de négoce a vu le jour en 2002, produisant du bourgogne blanc et un peu de montagny. Ses montagnys blancs sont des modèles de finesse et de fraîcheur : des vins peu boisés, de grande régularité, de bonne garde et proposés à des tarifs raisonnables. Le domaine s'impose sur les meilleures tables gastronomiques françaises et exporte seulement la moitié de sa production.

Les vins : Mon Blanc vous accompagnera dès l'apéritif, il est suave et croquant. La série des premiers crus est très homogène : Découverte, la jeune vigne, est délicat, sa vivacité est garante de son style digeste et immédiat. Les Vignes Derrière offre beaucoup de minéralité, de salinité, une jolie tension et un beau volume. Vieilles Vignes est un bon compromis entre maturité et terroir, une agréable tension finale resserre ce vin au boisé bien adapté. Les Coères livre un style acidulé et suave, toujours bien équilibré et peu boisé. Les Maroques est très crayeux ; droit et pur, il laisse toute la place à son terroir. Les Burnins est le plus mûr de la série, il est riche et large, mais sa finale est épurée et bien recentrée.

- Bourgogne Mon Blanc 2018 — 10 € — 89
- Montagny Premier Cru Découverte 2018 — 14 € — 90
- Montagny Premier Cru Les Coères 2018 — 22 € — 91
- Montagny Premier Cru Les Maroques 2018 — 18 € — 91
- Montagny Premier Cru Les Vignes Derrière 2018 — 18 € — 90
- Montagny Premier Cru Sélection Vieilles Vignes 2018 — 18 € — 91

Le coup de ♥

- Montagny Premier Cru Les Burnins 2018 — 22 € — 93

Blanc : 7,7 hectares. Chardonnay 100 %
Production moyenne : 40 000 bt/an

DOMAINE STÉPHANE ALADAME

20, rue du Lavoir, 71390 Montagny-lès-Buxy
03 85 92 06 01 • www.aladame.fr • Vente et

visites : au domaine sur rendez-vous.
Propriétaire : Stéphane Aladame

★

CHÂTEAU DE CHAMILLY

Charmant château du XVIIe siècle au nord de Mercurey, propriété de la famille Desfontaine depuis 1840, il est géré depuis 1995 par Véronique Desfontaine, secondée depuis 2007 par ses deux fils, Arnaud et Xavier. Le cœur de leur production s'appuie sur les appellations Mercurey et Montagny. Leurs vignes sont travaillées en bio, sans certification à ce jour. Les 2018 rouges ont besoin de temps pour s'affiner, les finales de bouche sèchent, surtout sur des textures si délicates. Petite déception en Montagny, la série des villages n'a pas convaincu, le domaine a la capacité d'améliorer la consistance des vins sans que ces derniers perdent en fraîcheur.

Les vins : saluons Les Burnins toujours minéral, la fraîcheur et la tension l'avantagent ; son boisé est léger. Le mercurey offre un style fin, effilé. Ce toucher de bouche nous fait saliver. Derrière chez Édouard blanc est bien tendu, subtil, doté d'un boisé adapté, l'ensemble est très cohérent. Le rare puligny est une vigne de 80 ans, son boisé sans fût neuf est un choix juste pour vraiment goûter ce grand terroir, il est crémeux, avec un peu de rondeur, ce qui lui va bien. Les rouges sont en demi-teinte, manquant d'harmonie, parfois même de densité. Le bourgogne est fruité, fin et peu extrait, un pinot sapide, à croquer par gourmandise. Des trois premiers crus présentés nous préférons Les Puillets au fruit plus scintillant, mûr, frais et doté de tanins délicats.

- (blanc) Mercurey Les Marcoeurs 2018 — de 15,50 à 17 € (c) — 91
- (blanc) Montagny Premier Cru Les Burnins 2018 — de 19 à 20 € (c) — 88
- (blanc) Puligny-Montrachet Premier Cru Sous Le Puits 2018 — de 49 à 55 € (c) — 93
- (blanc) Saint-Aubin Premier Cru Derrière Chez Edouard 2018 — de 34 à 36 € (c) — 92
- (rouge) Bourgogne Côte Chalonnaise 2018 — de 9,90 à 10 € (c) — 90
- (rouge) Mercurey Au Pied du Mont Morin 2018 — de 16 à 17 € (c) — 89
- (rouge) Mercurey Clos La Perrière Monopole 2018 — de 17 à 18 € (c) — 89
- (rouge) Mercurey Premier Cru Les Puillets 2018 — de 21 à 22 € (c) — 91

Rouge : 16 hectares. Pinot noir 100 %
Achat de raisins.
Blanc : 14 hectares. Chardonnay 80 %, Aligoté 20 %
Achat de raisins.
Production moyenne : 170 000 bt/an

CHÂTEAU DE CHAMILLY
7, allée du Château, 71510 Chamilly
03 85 87 22 24 •
www.chateaudechamilly.com • Visites : sans rendez-vous.
Propriétaire : Véronique, Xavier et Arnaud Desfontaines

★

PAUL ET MARIE JACQUESON

La famille Jacqueson a beaucoup œuvré pour la réputation de l'appellation Rully, avec Henri, puis Paul, et désormais Marie et son frère Pierre. Ces trois générations n'ont cessé de faire progresser la qualité, produisant avec régularité des vins qui figurent parmi les plus fins de Bourgogne. Le domaine fait preuve d'une égale réussite en blanc et en rouge. Les 2018 sont très homogènes et combleront les amateurs avec des vins de plaisir immédiat comme avec des premiers crus de garde.

Les vins : le bouzeron séduit par son caractère sapide, appétent et précis, un aligoté très épuré issu d'une vigne de 1937. Le rully exprime toute sa finesse, il est digeste, élancé, son boisé discret l'avantage. Crémeux, La Pucelle a de beaux atouts, ce vin très équilibré et tonique séduit dès aujourd'hui. Grésigny brille par sa tension minérale, son boisé juste, sa complexité qu'il doit en partie à ses origines, une vigne de 1950. Des rouges, retenons Les Chaponnières qui exprime une vendange mûre, parfaite dans sa fraîcheur ; son élevage fondu dans un coulis de fruits rouges dévoile un rully très séduisant et abordable. Plus cossu, Les Cloux demandera un peu de patience, un pinot charnu, complet, ses tanins fermes vont s'affiner. Les Velley nous donne rendez-vous dans un an, cette vieille vigne (certains ceps datent d'avant 1940), tout comme Les Champs Martin, demandant du temps pour s'exprimer.

- (blanc) Bouzeron Les Cordères 2018 — 12 € — 89

- Rully 2018 — 18 € — 90
- Rully Premier Cru Grésigny 2018 — 20 € — 93
- Rully Premier Cru La Pucelle 2018 — 20 € — 91
- Mercurey Premier Cru Les Champs Martin 2018 — 24 € — 93
- Mercurey Premier Cru Les Velley 2018 — 20 € — 92
- Rully Premier Cru Les Cloux 2018 — 20 € — 93

Le coup de ♥

- Rully Les Chaponnières 2018 — 18 € — 91

Rouge : 10,22 hectares. Pinot noir 97 %, Gamay noir à jus blanc 3 %
Achat de raisins.
Blanc : 8,16 hectares. Chardonnay 81 %, Aligoté 19 %
Achat de raisins.
Production moyenne : 100 000 bt/an

PAUL ET MARIE JACQUESON
12, rue Saint-Laurent, 71150 Rully
03 85 43 26 05 • www.jacqueson-vins.fr •
Vente et visites : au domaine sur rendez-vous.
Propriétaire : Marie, Paul et Pierre Jacqueson

NOUVEAU DOMAINE

★

DOMAINE JEANNIN-NALTET

Benoît Eschard, ingénieur des Arts et Métiers trouve à 35 ans sa vocation : devenir vigneron. Il décide de reprendre l'ancienne propriété familiale de l'oncle de son épouse en 2013. Une reconversion totale qui passe par un retour sur les bancs du lycée viticole de Beaune. Jeune quadra diplômé, il est conscient que les 9 hectares de vignes dont 7 classés en mercurey premier cru ont un potentiel unique, à commencer par le Clos des Grands Voyens, un monopole de 5 hectares, le joyau du domaine. Rigoureux et perfectionniste de nature, il arrête les herbicides, maîtrise les rendements, vinifie et isole chaque parcelle puis adapte l'élevage et le choix des fûts en fonction du caractère de chaque cuvée. Repéré plusieurs fois lors de nos dégustations à l'aveugle, ce domaine offre une gamme très cohérente de six vins qui le placent dès aujourd'hui au niveau d'une étoile largement méritée.

Les vins : deux blancs très méritants, à commencer par L'Envol, un duo dominé par de vieux ceps d'aligoté, complété de chardonnay. Légèrement graissé par un élevage sobre, l'ensemble sera très attendu dès l'apéritif. Le mercurey, floral et crayeux, est soutenu par un élevage fin. La série des rouges est d'un haut niveau : Vieilles Vignes est un modèle de pinot noir fin et mûr, équilibré et délicieux. Les Naugues brille par sa précision, il offre en bouche un vin concentré, mûr et une sérieuse capacité de garde. Clos l'Evêque est l'illustration d'une parfaite maturité de vendange. Avec son boisé adapté, ce vin sphérique ira loin. Le joyau du domaine, Clos des Grands Voyens, exprime une grande pureté et une maturité aboutie, nous le saluons également pour sa fraîcheur. Son boisé noble et précis l'encadrera pour la prochaine décennie.

- Mercurey 2018 — 15,60 € — 88
- VDF L'Envol 2018 — 9 € — 88
- Mercurey Premier Cru Clos des Grands Voyens 2018 — 21 € — 95
- Mercurey Premier Cru Clos l'Evêque 2018 — 20 € — 93
- Mercurey Premier Cru Les Naugues 2018 — 23 € — 92

Le coup de ♥

- Mercurey Vieilles Vignes 2018 — 15,75 € — 91

Rouge : 7,6 hectares. Pinot noir 100 %
Blanc : 1 hectare. Chardonnay 70 %, Aligoté 30 %
Production moyenne : 40 000 bt/an

DOMAINE JEANNIN-NALTET
4, rue de Jamproyes, 71640 Mercurey
03 85 45 13 83 • www.jeannin-naltet.fr •
Vente et visites : au domaine sur rendez-vous.
Propriétaire : Benoît Eschard

★

DOMAINE FRANÇOIS RAQUILLET

Issu d'une lignée de viticulteurs de père en fils depuis treize générations, François Raquillet signe depuis de nombreux millésimes de superbes valeurs sûres à Mercurey. Les amateurs d'excellents bourgognes à prix sage trouveront ici une bonne raison de s'arrêter. Les 2018 livrent un sans-faute notamment sur les rouges, hautement recommandables. L'ensemble de la gamme fait preuve d'une approche équilibrée, alliant constance et cohérence.

Les vins : le niveau des premiers crus est élevé. Les Veleys est toasté, large, assez riche mais une belle acidité lui donne de l'aplomb, attention à cet élevage, il est dans la limite supérieure. Clos des Barraults est concentré, ample, là encore son acidité ne le laisse pas basculer dans la mollesse. Les trois mercureys rouges font l'unanimité : des villages juteux et d'une fraîcheur remarquable, Vieilles Vignes est gourmand et prêt à boire, Carabys plus charnu encore et Vignes des Chazeaux est taillé pour la garde. Tous ont en commun la maturité, l'équilibre et des prix très raisonnables. La carrure des premiers crus est clairement respectée, Vasées charme par sa densité, son éclat et sa profondeur. Veleys s'avère moins suave et coulant, il méritera de la patience. Les Naugues est un bel athlète qui ira loin, alliant puissance, fraîcheur et texture de fruit, accompagné d'un boisé idoine.

Mercurey Premier Cru Clos Barraults 2018	32 €	93
Mercurey Premier Cru Les Veleys 2018	32 €	92
Mercurey Les Carabys 2018	18 €	92
Mercurey Les Chazeaux 2018	20 €	93
Mercurey Premier Cru Les Vasées 2018	28 €	94
Mercurey Premier Cru Les Veleys 2018	32 €	95
Mercurey Vieilles Vignes 2018	19 €	92

Le coup de ♥

Mercurey Premier Cru Les Naugues 2018	32 €	95

Rouge : 10,46 hectares. Pinot noir 100 %
Blanc : 3,63 hectares. Chardonnay 100 %
Production moyenne : 70 000 bt/an

DOMAINE FRANÇOIS RAQUILLET

19, rue de Jamproyes, 71640 Mercurey
03 85 45 14 61 • www.domaine-raquillet.com
• Visites : sans rendez-vous.
Propriétaire : François Raquillet

★

DOMAINE DE VILLAINE

Aubert et Paméla de Villaine ont acheté ce domaine de Bouzeron en 1971. Leur neveu Pierre de Benoist applique depuis son arrivée en 2001 la discipline de travail à la vigne transmise par son oncle : raisins cueillis et triés à la main, vinifications naturelles, le domaine est certifié bio depuis 1986. Produisant pas moins de 70 000 bouteilles de bouzeron dans les grandes années, d'un niveau remarquable et aptes au vieillissement, ce domaine participe activement au maintien et à la promotion du cépage aligoté : un bel encouragement pour l'appellation. Le domaine a complété ces dernières années sa gamme en réunissant notamment pas moins de huit premiers crus de rully qui nous seront présentés dans leur intégralité l'an prochain.

Les vins : la série des blancs fut très appréciée. Le bouzeron, fer de lance du domaine, brille par sa minéralité rappelant le caillou et la craie. Cet aligoté doré à peine boisé offre une finale ciselée vivifiante. Mettez-en de côté, le 2010 récemment dégusté était en tout point remarquable. Les Clous Aimé se parfume de fines notes d'abricot précédant une bouche délicate, enrobée légèrement par son élevage. Les Saint-Jacques nous séduit par sa classe et son équilibre, ses arômes purs et fins, la sobriété de son élevage. Les trois premiers crus de 2017 séduiront les amateurs ; le profond Grésigny, issu de vignes de 80 ans, est un modèle d'harmonie où boisé, arômes et textures de bouche sont au service de la fraîcheur et de l'équilibre. Les Margotés est plus léger en bouche, élancé, mûr, il reste sapide. Montpalais est plus enrobé, un peu plus boisé, il sera le parfait atout chic, à table, d'ici quelques années. Les rouges font preuve de moins de réussite, retenons l'avenant santenay Passetemps 2017, qui offre une aromatique inédite de truffe noire fraîche, et délivre un pinot mûr, fin et raffiné.

Bourgogne Côte Chalonnaise Les Clous Aimé 2018	17 €	92
Bouzeron 2018	17 €	93
Rully Les Saint-Jacques 2018	20 €	91
Rully Premier Cru Grésigny 2017	30 €	92
Rully Premier Cru Les Margotés 2017	30 €	91
Rully Premier Cru Montpalais 2017	30 €	93

Mercurey Les Montots 2018 21 € 89

Le coup de ♥

Santenay Premier Cru Passetemps 2017 30 € 91

Rouge : 9,6 hectares. Pinot noir 100 %
Blanc : 20 hectares. Aligoté 53 %, Chardonnay 47 %
Production moyenne : 140 000 bt/an

DOMAINE DE VILLAINE ♣
2, rue de la Fontaine, 71150 Bouzeron
03 85 91 20 50 • www.de-villaine.com •
Vente et visites : au domaine sur rendez-vous.
Propriétaire : Pierre de Benoist

DOMAINE DU CELLIER AUX MOINES

Ce domaine est l'un des plus anciens de Bourgogne. Il fut la propriété des moines cisterciens de l'abbaye de la Ferté jusqu'en 1789. Il est repris en 2004 par Catherine et Philippe Pascal. Ces derniers ont patiemment restauré l'édifice inscrit à l'inventaire des monuments historiques sans oublier l'essentiel : se doter d'une cave et d'outils fonctionnels. Philippe Pascal se consacre pleinement à ce projet viticole familial. Depuis 2014, Guillaume Marko, qui a fait ses classes à la Romanée-Conti, mène la vinification et fait désormais partie de la cogérance du domaine. Principalement sur Givry, celui-ci s'est agrandi de quelques parcelles prestigieuses de blancs en Côte de Beaune. Depuis 2018, le domaine est en cours de conversion à la biodynamie.

Les vins : Margotons reste assez frais. L'élevage graisse le vin, le minéral crayeux de fin de bouche est préservé. Les Combes capture à la fois la minéralité et la fraîcheur du lieu. La bouche vanille un peu mais l'équilibre est sauf. Beauregard reste dominé par ce boisé que l'on retrouve trop présent en bouche. Les Pucelles s'affine, un beau millefeuille crayeux et noble, de grande longueur. Nous saluons la fraîcheur innée de Chaumées ainsi que sa pureté, il ira loin dans le temps. La série des givrys débute par Le Petit Clos, version gourmande d'un pinot fin, mûr et juteux, au boisé adapté, à consommer jeune. Clos du Cellier aux Moines possède une énergie qui épaule sa carrure. Clos Pascal, à l'équilibre juste, est issu à 100 % de grappes entières. Ses tanins fins, son style peu extrait, en font un vin de grand raffinement.

Chassagne-Montrachet Premier Cru Les Chaumées 2017 70 € 92

Mercurey Les Margotons 2017 20 € 91

Montagny Premier Cru Les Combes 2017 25 € 92

Puligny-Montrachet Premier Cru Les Pucelles 2017 90 € 92

Santenay Premier Cru Beauregard 2017 38 € 89

Givry Le Petit Clos du Cellier 2017 22 € 90

Givry Premier Cru Clos du Cellier aux Moines 2017 38 € 93

Le coup de ♥

Givry Clos Pascal 2017 100 € 94

Rouge : 6,2 hectares. Pinot noir 100 %
Blanc : 2,2 hectares. Chardonnay 100 %
Production moyenne : 30 000 bt/an

DOMAINE DU CELLIER AUX MOINES
Clos du Cellier aux Moines, 71640 Givry
03 85 44 53 75 • www.cellierauxmoines.fr •
Vente et visites : au domaine sur rendez-vous.
Propriétaire : Famille Pascal
Directeur : Philippe et Catherine Pascal
Maître de chai : Guillaume Marko

CHÂTEAU DE CHAMIREY

Cette propriété majestueuse du hameau de Chamirey appartient à la famille Devillard depuis 1934 et bénéficie d'une très belle collection de parcelles à Mercurey, dont six premiers crus. Elle dispose d'un espace dégustation ainsi qu'un gîte de charme très prisé : une piscine vous y attend au pied des vignes du Clos du Roi. Après avoir acquis le domaine des Perdrix en Côte de Nuits, La Garenne dans le Mâconnais ainsi que 4 hectares à Givry, le domaine La Ferté, la famille Devillard est devenue propriétaire depuis 2018 d'un fleuron du vignoble jurassien : le domaine Rolet, à Arbois.

Les vins : des onze vins présentés, seuls les trois meilleurs figurent dans notre présente sélection. En blanc nous avons préféré La Mission. Il offre un boisé certes luxueux, mais bien intégré dans une palette crayeuse et florale rafraîchissante. La bouche se patinera tranquillement, un premier cru à la belle signature, dense, précise et bien gérée. Dans la série des rouges nous préférons le mercurey, un pinot mûr, frais et fin, agréablement marqué par les cerises rouges, plus charnu et harmonieux que l'an dernier. Ce fruit juteux plaira à tous, son boisé est bien intégré. Les Cinq rassemble les meilleurs fûts des cinq premiers crus rouges du domaine et en délivre une synthèse véritablement réussie. Ses arômes purs expriment la finesse d'un pinot noir à parfaite maturité, de la profondeur et un équilibre juste entre les parfums intenses de framboises et un boisé bien intégré. La bouche le confirme avec une trame large, charnue et fraîche. C'est le meilleur vin de la cave.

- Mercurey Premier Cru La Mission 2018 — 36,80 € — 91
- Mercurey 2018 — 24,30 € — 90
- Mercurey Premier Cru Les Cinq 2018 — 64,90 € — 93

Rouge : 24 hectares. Pinot noir 100 %
Blanc : 12,8 hectares. Chardonnay 100 %
Production moyenne : 190 000 bt/an

CHÂTEAU DE CHAMIREY
13, rue du Closeau, 71640 Mercurey
03 85 45 21 61 • www.chamirey.com •
Visites : sans rendez-vous.
Propriétaire : Bertrand, Aurore et Amaury Devillard
Directeur : Enrico Peyron
Maître de chai : Carole Briffox

CLOS SALOMON

Le domaine doit son nom à la famille Salomon qui l'a acquis en 1538 et transmis, un peu moins d'un siècle plus tard, en 1632, à la famille Gardin de Séveirac. Depuis 2016, il est géré par Ludovic du Gardin. Le vignoble est constitué d'un clos, monopole historique en Givry rouge premier cru, complété de deux parcelles de chardonnay : La Grande Berge, premier cru de Givry (0,40 hectare) et 2 hectares en Montagny. Petits rendements, travail et respect des sols, tout est mis en œuvre pour obtenir la meilleure résonance des terroirs. Nous saluons encore cette année sa régularité.

Les vins : la gamme des 2018 est très homogène ; Le Clou séduit par sa vendange mûre, son floral fin et un boisé qui graisse son galbe minéral. Le parfum de La Grande Berge évoque la poire fraîche, son boisé va s'intégrer, l'ensemble est ample et subtilement acidulé. Clos Salomon est soyeux, agrémenté de saveurs de framboise, c'est une parfaite interprétation d'un terroir où le pinot noir reste mûr, frais et équilibré.

- Givry Premier Cru La Grande Berge 2018 — 27 € — 93
- Givry Premier Cru Clos Salomon 2018 — 27 € — 94

Le coup de ♥

- Montagny Le Clou 2018 — 17 € — 91

Rouge : 7 hectares. Pinot noir 100 %
Blanc : 2,5 hectares. Chardonnay 100 %
Production moyenne : 50 000 bt/an

CLOS SALOMON
16, rue du Clos Salomon, 71640 Givry
03 85 44 32 24 • www.du-gardin.com •
Vente et visites : au domaine sur rendez-vous.
Propriétaire : Ludovic du Gardin

DOMAINE MICHEL JUILLOT

L'histoire de la famille Juillot est étroitement liée à la notoriété et la qualité de l'appellation Mercurey. Le domaine, aujourd'hui porté par Laurent Juillot et son fils, couvre une trentaine d'hectares entre la Côte chalonnaise et la Côte de Beaune. Laurent vinifie ses vins en conservant fidèlement l'empreinte du terroir, enregistrant plus de réussite sur les blancs que sur les rouges. Aux côtés de la kyrielle de premiers crus de Mercurey, n'oublions pas de mentionner l'exquis corton-perrières rouge et le rarissime corton-charlemagne, les deux joyaux du domaine.

Les vins : le mercurey blanc séduit par sa précision, un vin très digeste. Des premiers crus blancs, retenons les plus expressifs : Champs Martins a de la consistance avec un relief acidulé qui en cintre les contours. Plus concentré, Clos des Barraults s'exprime par son caractère minéral intense, une fraîcheur doublée d'un boisé noble et bien choisi. Le corton-charlemagne pâtit d'une prise de bois dominante au nez, l'ensemble reste frais mais la bouche confirme qu'il faudra du temps pour assimiler cet élevage. Dans la série des rouges nous préférons Champs Martins, plus charnu, sa carrure le prépare à un long vieillissement ; Clos des Barraults montre sa puissance, sous son nez très griotté, il offre au palais l'apanage d'un cru de garde, viril et élancé. Le corton-perrières profite d'un bel élevage et évolue dans la finesse. Un très grand 2017, notre coup de cœur l'an dernier.

Corton-Charlemagne Grand Cru 2018	110 €	93
Mercurey 2018	17,50 €	90
Mercurey Premier Cru Clos des Barraults 2018	27 €	92
Mercurey Premier Cru Les Champs Martins 2018	24 €	91
Corton-Perrières Grand Cru 2017	75 €	95
Mercurey Les Vignes de Maillonge 2018	19 €	89
Mercurey Premier Cru Clos des Barraults 2018	27 €	91
Mercurey Premier Cru Les Champs Martins 2018	N.C.	91

Rouge : 20,5 hectares. Pinot noir 100 %
Blanc : 9,5 hectares. Chardonnay 100 %
Production moyenne : 180 000 bt/an

DOMAINE MICHEL JUILLOT
59, Grande-Rue, 71640 Mercurey
03 85 98 99 89 •
www.domaine-michel-juillot.fr •
Visites : sans rendez-vous.
Propriétaire : Laurent Juillot

DOMAINE JEAN-BAPTISTE PONSOT

Ce domaine a été créé par le grand-père de Jean-Baptiste Ponsot, Lucien. À partir d'un peu plus de 8 hectares sur Rully en propriété, dont deux tiers en belles parcelles de premiers crus, Jean-Baptiste réalise une gamme soignée et homogène à prix sages. Les vignes sont en culture raisonnée, les sols travaillés, les rendements maîtrisés et les boisés des 2018 bien gérés.

Les vins : signalons l'élégance des blancs ; En Bas de Vauvry, équilibré et doté d'un bon relief est l'une des bonnes affaires de la Bourgogne. Plus en retrait, Montpalais livre son caractère très minéral, donnez-lui un peu de temps. Molesme est habillé par un boisé toasté ; charmeur, il exprime fermeté et équilibre, il vieillira bien. Les rouges sont très réussis : nous adorons le rully tant il est fin, précis et profond, son élevage le respecte. Très pur, fin duo de griottes et framboises, sobre en boisé, Molesme est mûr et apprécié pour sa trame fraîche et son équilibre. La Fosse offre une texture plus corpulente, les tanins et le boisé se tiennent à distance, l'ensemble vieillira bien.

Rully Premier Cru Molesme 2018	de 20 à 24 € (c)	93
Rully Premier Cru Montpalais 2018	de 20 à 25 € (c)	91
Rully 2018	de 17 à 20 € (c)	91
Rully Premier Cru La Fosse 2018	de 23 à 27 € (c)	93
Rully Premier Cru Molesme 2018	de 21 à 25 € (c)	92

Le coup de ♥

Rully En Bas de Vauvry 2018	de 16,50 à 19 € (c)	92

Rouge : 2,7 hectares. Pinot noir 100 %
Blanc : 5,8 hectares. Chardonnay 100 %
Production moyenne : 60 000 bt/an

DOMAINE JEAN-BAPTISTE PONSOT
26, Grande-Rue, 71150 Rully
03 85 87 17 90 •
www.domaine-ponsot-rully.fr • Vente et visites : au domaine sur rendez-vous.
Propriétaire : Jean-Baptiste Ponsot

NOUVEAU DOMAINE

DOMAINE SAINT-JACQUES

Une dynastie de Christophe règne depuis trois générations au Domaine Saint-Jacques. Cette propriété familiale rullyotine a été créée par le grand-père Christophe-Amédée en 1955. Les vins sont actuellement vinifiés par Christophe-Jean qui s'est installé en 1991 après un cursus très bourguignon. D'abord "la viti" à Beaune, puis Mercurey et le Château de Monthélie, où il prend conscience que la vie du sol est essentielle autant pour laisser s'exprimer le terroir que pour pérenniser cette activité viticole et la transmettre à la génération future. Aujourd'hui, le domaine compte près de 10 hectares en appellation Rully, essentiellement en blanc, avec deux premiers crus proches du village. Son fils Christophe-Andréa est déjà présent au domaine, dont il reprendra les rênes en 2021. La maîtrise des vinifications, la sagesse des élevages et des prix ont été appréciés ; ils feront le bonheur des amateurs.

Les vins : les trois blancs illustrent bien la réussite du millésime : l'aligoté montre la finesse et la cristallinité du cépage, cette finale sur le minéral le rend très séduisant et surtout digeste. Le rully est un modèle de sobriété, fin et crayeux, son boisé est juste un peu démonstratif. Marissou est un premier cru bien maîtrisé, charmeur par son style épuré et délicat, on l'associerait volontiers avec un omble chevalier ou un tempura de langoustine. Deux rouges très équilibrés : La Fosse, subtile alliance de maturité et de finesse, un vin mûr, savoureux et élégant. Son voisin de vigne, Marissou offre un pinot noir de bonne profondeur, rassemblée autour d'un cœur juteux et frais. Sa texture de bouche et son énergie l'aideront à traverser le temps.

Bourgogne Aligoté 2018	12 €	91
Rully 2018	16 €	92
Rully Premier Cru La Fosse 2018	19 €	91
Rully Premier Cru Marissou 2018	19 €	94

Le coup de ♥

Rully Premier Cru Marissou 2018	20 €	93

Rouge : 2,67 hectares. Pinot noir 100 %
Blanc : 6,87 hectares. Chardonnay 75 %, Aligoté 25 %
Production moyenne : 20 000 bt/an

DOMAINE SAINT-JACQUES
11, rue Saint-Jacques, 71150 Rully
09 65 04 01 54 •
www.christophe-grandmougin.fr • Vente et visites : au domaine sur rendez-vous.
Propriétaire : Christophe-Jean Grandmougin
Œnologue : Laurent Michelet

MÂCONNAIS

★★★

DOMAINE GUFFENS-HEYNEN

Jean-Marie Guffens maîtrise encore et toujours l'art de vinifier et de sublimer le chardonnay. Déguster une de ses cuvées, même après dix ans, constitue toujours un grand moment. Il partage son temps entre les vinifications haute couture de ce domaine, la gestion de son négoce Verget, sa propriété du château des Tourettes dans le Luberon et s'est lancé récemment un nouveau défi : le château Closiot, à Barsac, qui lui permet d'assouvir sa passion éternelle pour les grands vins du Sauternais. On lui doit d'avoir révélé le potentiel des meilleurs terroirs du Mâconnais et développé l'intérêt à leur égard. Ses grands vins font l'unanimité, traversent le temps et impressionnent. Cette année, le domaine a décidé de mettre en vente en septembre 2020 trois vins de sa collection, prêts à boire. Nous n'écrirons plus que les vins de Jean-Marie sont au-dessus de tant de ses voisins de la Côte-d'Or, car tout le monde le sait.

Les vins : En Crazy 2017, réalisé uniquement avec les presses de Chavigne, est une composition d'une grande pureté, au profil peu boisé. Il allie une belle tension, de la persistance et une juste richesse, nous saluons l'énergie qu'il dégage. Tri de Chavigne 2014 évoque le graphite, le fumé-minéral, l'eau de roche, un vin très calcaire, en tout point similaire au 2002. La bouche est vivifiante, la trame très élégante et dynamique. Unique 2013 est un chardonnay très épuré, poudré de chèvrefeuille ; ce fut un millésime décrié mais il montre qu'il possède un bel équilibre, issu d'une vendange très mûre. Son boisé est fondu et donne de fins aspects grillés qui en allongent la persistance. Un grand vin de gastronomie. Nouvelle cuvée en 2019, le vin de France Triangle de Guffens, composition réunissant ses trois domaines, partiellement boisé. Un vin très impressionnant qui penche du côté Guffens-Heynens.

Mâcon-Pierreclos En Crazy 2017	N.C.	92
Mâcon-Pierreclos Tri de Chavigne 2014	N.C.	93
Saint-Véran Unique 2013	N.C.	95
VDF Triangle de Guffens 2019	N.C.	92

Blanc : 6 hectares. Chardonnay 100 %
Production moyenne : 20 000 bt/an

DOMAINE GUFFENS-HEYNEN
Le Bourg, 71960 Sologny
03 85 51 66 00 • www.verget-sa.fr • Vente et visites : au domaine sur rendez-vous.
Propriétaire : Jean-Marie Guffens

★★

DOMAINE BARRAUD

Daniel et Martine Barraud excellent dans tous les secteurs de leur métier : de la vigne, méticuleusement travaillée, à la vinification, précise et experte, en passant par la qualité de l'accueil. Julien et Anaïs Barraud prennent leurs marques désormais au sein d'une des adresses les plus sûres du Mâconnais, dont les vins et la régularité ont été salués l'an dernier par une deuxième étoile. Une étape nouvelle de conversion vers la certification bio est en cours. Équilibre, maturité, terroirs bien marqués et boisés en demi-muid s'adaptent chaque fois aux vins et sont les clefs de leur succès. Les 2018 sont éblouissants.

Les vins : le mâcon-fuissé brille par son aspect salin et désaltérant, effilé, pur et peu boisé. Charnu, au boisé souligné, le saint-véran Les Pommards contient bien sa puissance et son potentiel est grand. La série des fuissés assure : La Verchère séduit par sa pureté, une gestion parfaite de son élevage. Très crayeux, pur, Les Chataigniers est un jus d'une minéralité élevée, succulent, frais, un vin irréductible. La série de futurs premiers crus : il émane d'En France des parfums purs et pâtissiers. Suave, il vibre avec éclat et fraîcheur. Sur la Roche domine son sujet, minéral taillé, apprivoisé par un boisé qui lui va bien, la garde le patinera. Avec Les Crays la bouche salive, c'est un vin très vergissonnien, tranchant, sec et minéral. En Buland, plantée en 1934, est le joyau du domaine, le vin le plus gras : aux accents des citrons confits répond un crayeux pour nous rappeler ses origines, la matière est d'une grande amplitude, le boisé graisse mais l'équilibre est conservé.

Mâcon-Fuissé 2018 — 13 € — 91
Pouilly-Fuissé En Buland Vieilles Vignes 2018 — 29 € — 97
Pouilly-Fuissé En France 2018 — 21 € — 93
Pouilly-Fuissé La Verchère 2018 — 26 € — 93
Pouilly-Fuissé Les Crays 2018 — 26 € — 94
Pouilly-Fuissé Sur La Roche 2018 — 26 € — 94
Saint-Véran Les Pommards 2018 — 19 € — 92

Le coup de ♥
Pouilly-Fuissé Les Chataigniers 2018 — 19 € — 95

Blanc : 11 hectares. Chardonnay 100 %
Production moyenne : 70 000 bt/an

DOMAINE BARRAUD
3, place de la Mairie, 71960 Vergisson
03 85 35 84 25 • www.domainebarraud.com • Vente et visites : au domaine sur rendez-vous.
Propriétaire : Julien Barraud

★★

DOMAINE J.-A. FERRET

Pour Audrey Braccini, brillante œnologue, l'axe principal reste inflexible : garder la pureté du chardonnay et l'intensité des vins de Fuissé. Reconnue pour son talent de vinificatrice et sa compréhension des différents terroirs dont elle a la charge, elle a su faire évoluer les pratiques culturales par de nombreux travaux des sols, avec l'objectif de convertir le domaine à la biodynamie. La nouvelle cave permet de loger toute la récolte, en majorité issue de vignes à Fuissé, complétées de belles parcelles sur Vergisson. Vignes âgées, rendements faibles et boisés adaptés contribuent à l'exceptionnelle qualité des vins. L'histoire de ce domaine fondé en 1840 se poursuit grâce à la maison Jadot (propriété de la famille Kopf) qui, dès son acquisition en 2008, a su conserver dans son jus l'âme de cette propriété. Saluons la belle gestion des 2018 dont la fraîcheur et l'équilibre nous ont séduit.

Les vins : le saint-véran plaît par son tempérament salin, son boisé fin, l'ensemble s'affichant très digeste et équilibré. La série des pouilly-fuissé débute avec le village, pur jus de Fuissé, à la fois frais, contenu, au boisé sobre, apprécié pour son style sapide et fin. Autour de la Roche est marqué par Vergisson, sa minéralité se ressent, il est précis et à peine boisé. Le Clos est tendu, plus minéral, l'équilibre s'affirme entre finesse et fraîcheur. Le Clos des Prouges nous éblouit par ses arômes très purs, une bouche bien orchestrée, un millefeuille de chardonnay parfumé d'un boisé noble et intégré. Les Perrières suit un schéma où la minéralité prévaut, la bouche est sapide, un vin fin et salivant. Les

Ménétrières exprime un grand terroir avec un boisé dans une phase logiquement marquée. Il est frais et concentré, très persistant, salin et minéral. De fins arômes de pain grillé complètent la minéralité à fleur de verre de Tournant de Pouilly. La bouche est satinée, son boisé fin et sa finale longue et épurée en font déjà un vin de grande gastronomie et de longue garde.

- Pouilly-Fuissé 2018 — 25 € — 91
- Pouilly-Fuissé Autour de la Roche 2018 — 25 € — 91
- Pouilly-Fuissé Hors Classe Les Ménétrières 2018 — 43 € — 94
- Pouilly-Fuissé Tête de Cru Clos des Prouges 2018 — 33 € — 94
- Pouilly-Fuissé Tête de Cru Le Clos 2018 — 33 € — 93
- Pouilly-Fuissé Tête de Cru Les Perrières 2018 — 33 € — 94
- Saint-Véran 2018 — 18 € — 90

Le coup de ♥

- Pouilly-Fuissé Hors Classe Tournant de Pouilly 2018 — 43 € — 95

Blanc : 18,5 hectares. Chardonnay 100 %
Production moyenne : 90 000 bt/an

DOMAINE J.-A. FERRET
61, rue du Plan, 71960 Fuissé
03 85 35 61 56 • www.domaine-ferret.com • Vente et visites : au domaine sur rendez-vous.
Propriétaire : Famille Kopf
Directeur : Audrey Braccini

★★ ↗

DOMAINE GUILLEMOT-MICHEL

Marc Guillemot et Pierrette Michel quittent en 1985 la cave coopérative pour créer leur domaine à Clessé, dans le hameau de Quintaine. Toutes les vignes sont issues de sélections massales, avec un âge moyen de 60 ans. Le domaine est conduit en bio depuis plus de trente ans, et en biodynamie certifiée depuis 1992. La famille ne compte pas moins de quatre œnologues de métier, ce qui constitue sans doute un record ! Leur fille Sophie les a rejoints en 2013, après un passage chez Hennessy qui la conduit à distiller leur propre production sur deux alambics de 1942 au feu de bois. Elle élève ainsi en fût depuis 2012 un marc et une fine de Bourgogne absolument remarquables, rectifiés à l'eau de pluie : rien ne se perd chez les Guillemot-Michel ! Gautier Roussille, l'époux de Sophie, a rejoint à son tour le domaine après deux ans au domaine de Montille. Ce domaine salué unanimement pour sa régularité et sa précision dans les trois styles de contenants avec lesquels ils vinifient mérite l'attribution de cette deuxième étoile cette année. Un seul bémol, leur succès ! Les vins sont trop vite épuisés.

Les vins : Une Bulle est un mousseux de haute volée, élaboré avec ses propres sucres résiduels, élevé quinze mois sur lattes. Pas de dosage et un soupçon de soufre pour compenser l'oxydation du dégorgement. Il rappelle la poire bien mûre, la peau du coing au nez, suivi d'une bouche très gourmande. Quintaine déroule des notes de dragées, de fruits du verger, une maturité parfaite et un toucher de bouche délicat, suave, un vin d'apéritif mais surtout de gastronomie. Retour à la Terre, chardonnay vinifié onze mois en jarre de terre cuite, exprime maturité, fine vivacité et de beaux amers minéraux qui magnifieront des accords sur des poissons de lac et rivière. Charleston est vinifié et élevé dans un vieux demi-muid, offrant de fines notes de tarte au pomme vanillée. Ce jus de vigne centenaire digère cet élevage avec aisance, graissé par le chêne sans perdre son identité ni sa grâce naturelle.

- Vin Mousseux Méthode Ancestrale Une Bulle 2018 — 23 € — 93
- Viré-Clessé Charleston 2018 — 46 € — 93
- Viré-Clessé Quintaine 2018 — 23,50 € — 93
- Viré-Clessé Retour à la Terre 2018 — 36 € — 93

Blanc : 6,5 hectares. Chardonnay 100 %

Production moyenne : 40 000 bt/an

DOMAINE GUILLEMOT-MICHEL ☾

664, route de Quintaine, 71260 Clessé

03 85 36 95 88 • www.domaineguillemotmichel.net • Vente et visites : au domaine sur rendez-vous.

Propriétaire : Pierrette et Marc Guillemot, Sophie et Gautier Roussille

★★

DENIS JEANDEAU

Passionné et talentueux, Denis Jeandeau représente la génération montante du Mâconnais, région dotée d'une énergie vibrionnante, prête à déplacer la roche, qu'elle soit de Solutré ou de Vergisson. Propriétaire d'un unique hectare en Viré-Clessé, il le complète par des achats de raisins, principalement issus de vieilles vignes, qu'il vendange puis vinifie avec minutie. Les viré-clessé, saint-véran et mâcon sont labellisés bio. Ses progrès constants et son sens du travail bien fait l'ont placé parmi l'élite des vignerons de l'appellation. Sa nouvelle cave dotée d'un chai à barriques est en place dans le village de Fuissé : un outil précieux et fonctionnel qui lui permet de réaliser vinifications et élevages dans des conditions optimales. Denis ne manque pas de nouveaux projets : à l'automne 2020 nous goûterons sa première cuvée de jacquère (10 barriques), labellisée vin de France et issue de vignes en bio sur Apremont, qui sera mise en bouteilles, en partenariat avec le domaine savoyard Jérémy Dupraz.

Les vins : 2018 rappelle la récolte de 2011 côté abondance, avec cependant un résultat dans le verre encore meilleur. En Serre est très réussi, l'absence de boisé lui permet de s'exprimer en toute délicatesse ; sans artifice, pur et précis, c'est un modèle à suivre. Le nez très raffiné de Cornillaux, précède une bouche tout aussi délicate : fin sillage acidulé, boisé très discret, il régalera dès sa prime jeunesse. Quelques notes de poires fraîches encore croquantes, beaucoup de finesse et d'élégance : le viré-clessé dévoile un boisé très fin, parfaitement intégré. La cuvée Vieilles Vignes exprime pleinement le terroir de Fuissé, fraîcheur et chair dense se mêlent harmonieusement dans une bouche ample et fine. Le choix de peu boiser ce millésime s'avère payant. Secret Minéral porte bien son nom, l'ensemble est très seyant, finement acidulé et digeste, une telle pureté nue du terroir le met en valeur.

- Mâcon-Chardonnay En Serre 2018 — 15,90 € — 92
- Pouilly-Fuissé Vieilles Vignes 2018 — 26,90 € — 93
- Saint-Véran Les Cornillaux 2018 — 22,90 € — 92
- Viré-Clessé 2018 — 22,90 € — 93

Le coup de ♥

- Pouilly-Fuissé Secret Minéral 2018 — 39,90 € — 94

Blanc : 1 hectare. Chardonnay 100 %
Achat de raisins.
Production moyenne : 30 000 bt/an

DENIS JEANDEAU
161, rue du Bourg, 71960 Fuissé
03 85 40 97 55 • www.denisjeandeau.com •
Vente et visites : au domaine sur rendez-vous.
Propriétaire : Denis Jeandeau

★★

DOMAINE JACQUES SAUMAIZE

Créé au début des années 1980, ce domaine s'est agrandi au fil des ans avec l'acquisition régulière d'une majorité de vieilles vignes. Il conserve toutefois une dimension très raisonnable, qui permet à Jacques et Nathalie Saumaize d'y mener un travail efficace. Depuis 2012, leur fils Anthony a rejoint l'exploitation. Les Saumaize ont choisi une agriculture raisonnée, en limitant les intrants. Ils signent, avec une grande régularité, des vins blancs au style impeccable, finement minéraux, parfaitement équilibrés en acidité et au boisé complètement maîtrisé n'excédant pas 20 % : la juste mesure. Leurs mâcons et saint-véran rivalisant avec bien des pouilly-fuissé, ils sont plébiscités par les amateurs en quête de bonnes affaires. Les futurs premiers crus de pouilly-fuissé sont d'un grand niveau.

Les vins : Montbrison offre finesse, élégance, un boisé très juste, il prend du gras à l'aération. De la série des saint-véran nous en préférons deux : Les Cras, très pur, sur fond floral et crayeux, un fruit fin et précis. Vieille Vigne des Crèches est plus minéral et floral, pur, au boisé idoine, une expression de terroir doublé d'énergie et longueur. À Pouilly, retenons le très fin Nuance, qui s'ouvre dans un style épuré, ciselé et déjà accessible. Les Creuzettes offre une bouche ample, le boisé est en bonne place, l'équilibre est là. Du sud de la roche de Vergisson, La Maréchaude livre déjà des notes de mandarines et un boisé très élégant. La bouche est gracieuse avec un fin relief acidulé. Les Courtelongs paraît issu de raisins très mûrs. Combiné à l'élevage, la bouche est large d'épaules, il risque d'évoluer plus vite que ses voisins. Sur la Roche, bientôt premier cru, allie maturité et forte minéralité, cela met ce 2018 à nouveau sur les rails. Son amplitude et sa longueur impressionnent.

Mâcon-Bussières Montbrison 2018	14 €	91
Pouilly-Fuissé La Maréchaude 2018	23 €	93
Pouilly-Fuissé Les Courtelongs 2018	23 €	92
Pouilly-Fuissé Les Creuzettes 2018	21 €	93
Pouilly-Fuissé Nuance 2018	N.C.	91
Saint-Véran La Vieille Vigne des Crèches 2018	17 €	93
Saint-Véran Les Cras 2018	16 €	91

Le coup de ♥

Pouilly-Fuissé Sur La Roche 2018	23 €	94

Blanc : 12,5 hectares. Chardonnay 100 %
Production moyenne : 70 000 bt/an

DOMAINE JACQUES SAUMAIZE

746, route des Bruyères, 71960 Vergisson
03 85 35 82 14 • www.saumaize.com •
Vente et visites : au domaine sur rendez-vous.
Propriétaire : Jacques, Nathalie et Anthony Saumaize
Directeur : Nathalie Saumaize
Maître de chai : Jacques et Anthony Saumaize
Œnologue : Anthony et Jacques Saumaize

★★

VERGET

Jean-Marie Guffens a mis tout son talent et son exigence dans cette maison de négoce haute couture créée en 1990. Julien Desplans, brillant œnologue formé à la Romanée-Conti, est le maître à bord de la maison Verget depuis 2012. Sacré négoce de l'année par le jury de la RVF, il est unanimement salué pour ses vinifications hors pair, d'abord pour les choix très pointus des approvisionnements, il excelle avant tout dans la précision des pressurages et des élevages.

Les vins : Cuvée de la Butte est un mètre-étalon de chablis, fin et minéral, il est doté d'une bouche élégante et ciselée très appréciée. Bussières offre des angles arrondis, affirme une grande appétence, il est prêt à boire. Les Vernays, récolté sur Fuissé, son style est modéré dans sa richesse, le boisé luxueux étant contenu par une trame fraîche et minérale. Clos Reyssier se montre plus mûr, plus confit dans ses arômes et son bois graisse la trame du vin, conférant une impression plus évoluée. Sur la Roche est la pièce de résistance de la gamme, le nez dans les calcaires, que du premier jus, la quintessence d'un chardonnay au service de la minéralité. Les Combes est une vigne de 80 ans, vendangée en plusieurs fois. Sa maturité est exemplaire, son boisé aisément digéré, il se dégage de ce vin une énergie, une amplitude et une puissance phénoménales. Sous le Puits est un bon puligny d'éducation, son caractère frais et son fin boisé nous conviennent très bien.

Chablis Cuvée de la Butte 2018	22,40 €	91
Mâcon-Bussières Vignes de Montbrison 2018	15,70 €	91
Pouilly-Fuissé Clos Reyssier 2018	29,60 €	91
Pouilly-Fuissé Les Vernays 2018	29,60 €	93
Pouilly-Fuissé Sur La Roche 2018	29,60 €	95
Puligny-Montrachet Premier Cru Sous Le Puits 2018	68,95 €	92

Le coup de ♥

Pouilly-Fuissé Terroir de Pouilly Les Combes Vieilles Vignes 2018	29,60 €	94

Blanc : Chardonnay 100 %

Achat de raisins.

Production moyenne : 200 000 bt/an

VERGET

Le Bourg, 71960 Sologny

03 85 51 66 00 • www.verget-sa.com • Vente et visites : au domaine sur rendez-vous.

Propriétaire : Jean-Marie Guffens

Maître de chai : Julien Desplans

★

DOMAINE DE LA BONGRAN

S'appuyant sur une tradition ancienne de vins moelleux ("levroutés", disait-on autrefois), Jean Thévenet et son fils Gautier ont beaucoup œuvré pour faire perdurer la tradition des vins à sucres résiduels dans cette partie de la Bourgogne. La mention "levroutée" a été officialisée pour les 400 hectares de l'appellation Viré-Clessé en mai 2018 : elle autorise une sucrosité résiduelle entre 8 et 18 g/l. Actuellement, la production du domaine se spécialise dans les vins blancs de style sec-tendre. Leur ampleur, leur richesse et l'absence de boisé les singularisent dans ce secteur de la Bourgogne. En dehors de la Bongran, les Thévenet produisent également des vins sur les domaines de Roally (Mâcon-Villages) et Émilian Gillet (Viré-Clessé). Les vins sont certifiés bio depuis le millésime 2012.

Les vins : les trois viré-clessé nous ont séduits. Le 2018 présente un profil délicat, mûr, avec des notes de poires, de pain d'épices et de miel. La bouche est tendre et digeste, acidulée, ponctuée de fins amers minéraux. Le 2017 élève son niveau de maturité, un nez complexe rassemblant la noisette grillée, le massepain, les fruits jaunes, entre poire et mirabelle. Saluons une belle texture de bouche à la limite de la douceur, sans aucun boisé, parfait sur un fromage un peu persillé. Très mûr avec des parfums de poire au sirop, de fleur d'oranger et de cardamome, le 2015 exprime sans excès la chaleur du millésime, il est traversé par des saveurs de dragées et restitue un très bel équilibre suave et frais.

- Viré-Clessé Cuvée E. J. Thévenet 2015 — de 23 à 30 € (c) — 92
- Viré-Clessé Domaine de Roally 2018 — 15 € — 90
- Viré-Clessé Quintaine Domaine Émilian Gillet 2017 — 17 € — 92

Blanc : 17 hectares. Chardonnay 100 %
Production moyenne : 88 000 bt/an

DOMAINE DE LA BONGRAN ♣
199, rue des Gillet, 71260 Clessé
03 85 36 94 03 • www.bongran.com • Vente et visites : au domaine sur rendez-vous.
Propriétaire : Gautier Thévenet

★

DOMAINE FRANTZ CHAGNOLEAU

Originaire de Charente-Maritime, Frantz Chagnoleau a débuté sa carrière chez Olivier Merlin. Avec son épouse Caroline Gon, elle aussi œnologue (en charge du domaine Héritiers du Comte Lafon), ils ont réuni près de 7 hectares principalement à Saint-Albain, Chasselas, Prissé et Vergisson. Les vins sont issus de vignes âgées en moyenne de 50 ans, toutes labourées, et le domaine s'approche des pratiques de la biodynamie par l'utilisation de tisanes et de levures indigènes. Ils sont adeptes des vinifications et élevages en fût complétés d'un passage en cuve inox pour retendre les vins avant les mises. Nous apprécions la justesse des maturités qui transparaît dans toute la gamme ainsi que la capacité des vins à traverser le temps.

Les vins : Clos Saint-Pancras est un mâcon digeste, sur le fil, brillant par sa vivacité, à peine effleuré par le bois. Prélude est très calcaire dans sa définition aromatique, confirmée en bouche par une grande pureté, un saint-véran tout en tension. À la Côte, sur sol d'oxyde de fer, nous accueille avec de fins arômes d'orange sanguine, un boisé sobre qui précède un style mûr, vivifiant et dynamique, doublé d'une belle aptitude au vieillissement. La Fournaise était dans une phase de fermeture, très comprimé. Toujours sur saint-véran, né sur la commune de Chasselas, La Roche s'exprime avec une intense minéralité, des notes crayeuses et une finale toujours tendue et précise. Les Montchanins nous paraît le plus ample de la série, avec cependant toujours ce dénominateur minéral, ces amers qui donnent de la persistance ; il est si digeste et si pur ! Les Raspillères (demi-hectare récolté sur Viré), vin aux senteurs d'agrumes, très mûr, offre une impression de largeur, rapidement retendue par une vibrante acidité, avec un boisé gommé par toute cette énergie. Madrigal est un pouilly-fuissé 100 % Vergisson, reflétant bien ses origines, un jus droit et sapide, concentré et minéral, assurément de très longue garde.

- Mâcon-Villages Clos Saint-Pancras 2018 — 11 € — 90
- Saint-Véran A la Côte 2018 — 20 € — 93
- Saint-Véran La Roche 2018 — 20 € — 93
- Saint-Véran Prélude 2018 — 16 € — 92

➪ Viré-Clessé Les Raspillères 2018 16 € 92

Le coup de ♥

➪ Pouilly-Fuissé Madrigal 2018 25 € 95

➪ Saint-Véran Les Montchanins 2018 20 € 91

Blanc : 8,5 hectares. Chardonnay 100 %
Production moyenne : 45 000 bt/an

DOMAINE FRANTZ CHAGNOLEAU ♣

Le Carruge, 18, chemin des Prés,
71960 Pierreclos
06 80 65 13 19 •
www.domainefrantzchagnoleau.fr • Vente et visites : au domaine sur rendez-vous.
Propriétaire : Frantz Chagnoleau et Caroline Gon
Directeur : Frantz Chagnoleau

★

ÉRIC FOREST

Descendant d'une famille installée dans le Mâconnais depuis huit générations, Éric Forest exploite quelques-uns des meilleurs terroirs de Vergisson, ainsi qu'une parcelle sur les hauteurs de Davayé. Il s'est formé auprès de son grand-père, dont il a repris les vignes en 1999. Il y a du génie chez ce vigneron instinctif et précis. Éric a la capacité de décrocher les étoiles car les derniers millésimes montrent une montée en puissance. Les choix sont justes à la vigne et à la cave, les boisés peuvent gagner encore en précision et parfois en modération. Ajoutons sa passion pour les vins blancs du Valais suisse, il réalise une cuvée de petite arvine rarissime qui montre une fois de plus l'étendue de son talent pour magnifier les grands cépages blancs !

Les vins : le crémeux et pur mâcon-vergisson Sur la Roche séduit par son équilibre entre volume et minéralité, un vin qui damerait le pion à bien des pouillys. Des deux saint-véran nous préférons La Renommée, salué pour sa richesse, sa tension minérale qui l'équilibre, et sa remarquable persistance. Bien intégré, son boisé est plaisant. Terre Noire, une vigne centenaire, est très marquée par le chêne. Âme Forest, né des secteurs les plus frais de Vergisson, est une belle manière de découvrir le style du domaine, équilibré, intense en énergie et laissant un palais frais. En attendant son rang mérité de premier cru, Les Crays est mûr, vivifiant, un vin de grande persistance, de classe côte-d'orienne ! La Roche porte bien son nom et sera premier cru : il en a la carrure. Une récente dégustation de 2009 à 2018 nous a prouvé que 24 Carats, sélection de trois barriques par an, est bel et bien un vin de grande garde, 2011 était à point ! Son boisé luxueux nous inquiétait, il faut s'armer de patience, c'est un vin solide, un roc, concentré, crémeux et toasté-grillé comme un grand cru.

➪ Mâcon-Vergisson Sur La Roche 2018 19 € 92

➪ Pouilly-Fuissé 24 Carats 2018 46 € 94

➪ Pouilly-Fuissé La Roche 2018 32 € 93

➪ Pouilly-Fuissé Âme Forest 2018 20 € 92

➪ Saint-Véran La Renommée 2018 19 € 93

➪ Saint-Véran Terre Noire 2018 26 € 92

Le coup de ♥

➪ Pouilly-Fuissé Les Crays 2018 28 € 94

Blanc : 7 hectares. Chardonnay 100 %
Production moyenne : 40 000 bt/an

ÉRIC FOREST

56, rue du Martelet, 71960 Vergisson
06 22 41 42 55 • www.ericforest.fr • Vente et visites : au domaine sur rendez-vous.
Propriétaire : Éric Forest

★

DOMAINE GUILLOT-BROUX

Le domaine Guillot-Broux, certifié bio, est l'un des plus réguliers de la région mâconnaise. Les vieilles vignes, parfaitement tenues, donnent aux vins un style résolument classique, en blanc comme en rouge, au succès mérité. Le domaine s'appuie sur des raisins bien mûrs et évite les élevages boisés appuyés. Patrice et Emmanuel perpétuent ainsi l'œuvre de leur père, et en conservent l'esprit. Nous sommes cette année très satisfaits par leurs blancs toujours très maîtrisés et cristallins. Les rouges amorcent sur le millésime 2018 un style peu extrait qui tranche par rapport aux 2017 davantage pleins et juteux.

Les vins : le mâcon donne le ton, livrant la complexité d'un chardonnay mûr et frais aux délicates senteurs de poires fraîches. Sa précision et son aspect digeste pulvérisent les standards de l'appellation. Les Combettes méritera un temps d'adaptation pour digérer son élevage, il en a la capacité. Les Mollières, sous des notes de genièvre, exprime une belle maturité de fruit.

La bouche réunit un trio efficace : équilibre, énergie et minéralité. Les Perrières plaît par sa richesse et méritera de ne pas trop attendre. Avec ses arômes de fleurs et de beurre frais, Les Genièvrières dévoile avec amplitude une vendange mûre et concentrée, un boisé noble, un vin très raffiné. Les Plessys est un pouilly au beau relief, sans trop de gras, il plaît par son côté tranchant, salivant et sa finale crayeuse, on rêve d'apéritif et de grenouilles. De la série des rouges nous retiendrons l'excellent pinot noir La Myotte dont la palette d'arômes laisse apparaître un fruit mûr, accompagné de roses anciennes. La bouche est très délicate, doté de tanins très fins. Beaumont et Genièvrières semblent évoluer prématurément.

Mâcon-Chardonnay Les Combettes 2018	25 €	91
Mâcon-Cruzille Les Perrières 2018	35 €	90
Mâcon-Villages 2018	de 16 à 18 € (c)	92
Pouilly-Fuissé Les Plessys 2018	25 €	91
Bourgogne La Myotte 2018	35 €	92
Bourgogne Les Geniévrières 2018	25 €	87
Mâcon-Cruzille Beaumont 2018	25 €	86

Le coup de ♥

Mâcon-Cruzille Les Genièvrières 2018	25 €	93

Rouge : 7 hectares. Gamay noir à jus blanc 50 %, Pinot noir 50 %
Achat de raisins.
Blanc : 8 hectares. Chardonnay 100 %
Achat de raisins.
Production moyenne : 70 000 bt/an

DOMAINE GUILLOT-BROUX ♣
42, route de Martailly, 71260 Cruzille
03 85 33 29 74 • www.guillot-broux.com •
Vente et visites : au domaine sur rendez-vous.
Propriétaire : Patrice et Emmanuel Guillot

★

DOMAINE HÉRITIERS DU COMTE LAFON

Racheté en 1999, placé sous l'œil bienveillant de Dominique Lafon, ce domaine a trouvé son style et sa vitesse de croisière. Il forme ainsi un panel représentatif et une belle locomotive valorisant les terroirs du Mâconnais. Caroline Gon gère la propriété au quotidien et toutes les vignes sont conduites en bio et biodynamie. Ce domaine produit près de 170 000 bouteilles par an avec une grande régularité de qualité et un style fin et ciselé, pur et bien exécuté, sans boisés ostentatoires. Certains vins méritent un temps de repos en cave : apprenez à les attendre.

Les vins : belle série de mâcons bien maîtrisés. Le mâcon-prissé est mûr, très effilé dans sa structure, il séduit par sa fraîcheur. Le Clos de la Crochette, très floral puis salin au palais, livre une belle énergie, son élevage n'impacte pas sa délicatesse. Les Maranches se montre le plus mûr avec une légère réduction des lies à l'ouverture, il offre un galbe souple et suave et surtout une bonne concentration. Déjà prêt à boire. Le Monsard méritera un peu de temps pour s'ouvrir. Il est bien marqué par la minéralité. Le milly-lamartine, cuvée signature du domaine, est un jus très classique, frais, qu'on aime pour sa finesse, sa pureté et son boisé millimétré. Clos du Four, senteurs crayeuses délicates, dévoile une bouche ample, généreuse et une salivante finale acidulée. En Chatenay est un grand vin, on touche de près les calcaires, et l'élevage boisé, en pièce bourguignonne, lui va très bien. Il est ample, pur, complexe et précis. Belle interprétation du terroir de Vergisson. Le viré-clessé et le saint-véran étaient dans une phase de fermeture.

Mâcon-Bussières Le Monsard 2018	19 €	90
Mâcon-Chardonnay Clos de la Crochette 2018	19 €	90
Mâcon-Milly-Lamartine 2018	17 €	92
Mâcon-Milly-Lamartine Clos du Four 2018	21 €	93
Mâcon-Prissé 2018	19 €	90
Mâcon-Uchizy Les Maranches 2018	19 €	92

Le coup de ♥

Pouilly-Fuissé En Chatenay 2018	29 €	94

Blanc : 26 hectares. Chardonnay 100 %
Production moyenne : 170 000 bt/an

DOMAINE HÉRITIERS DU COMTE LAFON ♣
4, rue Lamartine, 71960 Milly-Lamartine
03 80 21 22 17 • comtes.lafon@gmail.com •
Vente et visites : au domaine sur rendez-vous.
Propriétaire : Famille Lafon
Directeur : Dominique Lafon
Maître de chai : Caroline Gon

★

CHÂTEAU DES RONTETS

Claire et Fabio Gazeau-Montrasi, architectes reconvertis en viticulteurs passionnés, ont acquis une reconnaissance méritée grâce à l'excellence de leurs vins. Sur ce terroir unique qui culmine à 360 mètres d'altitude, ils produisent des pouilly-fuissé racés et complexes. Grâce à des élevages longs (près de deux ans pour les cuvées Birbettes et Pierrefolle), les vins acquièrent une maturité et des équilibres hors du commun. Le domaine, officiellement certifié en bio depuis 2005, est composé principalement de vignes de chardonnay sur Fuissé, ainsi que d'un demi-hectare de gamay en Saint-Amour. À l'aube de la publication au journal officiel du décret, l'INAO n'a hélas pas inclu le hameau des Rontets parmi les futurs premiers crus.

Les vins : Bourgogne du Sud se dégustera jeune, il est frais et aérien, sa bouche est mûre et tendre, un style très accessible et plaisant. La série des 2018 montre un bon niveau, Clos Varambon offre un nez aux délicates notes d'essence de pin ; voici un chardonnay mûr, à l'équilibre acquis et dont l'élevage sobre et patiné soutient de fins amers persistants. Pierrefolle est très pur, sa bouche est suave, légèrement tactile, beaucoup de classe sans surjouer et son élevage lui va comme un gant. Les Birbettes est encore sous l'emprise d'un boisé blond, il est mûr et charnu, il prendra de l'amplitude et se calera avec le temps. Frais et minéral, racé, il termine sur la craie vive et une bonne persistance. Le saint-amour, parfois génial, souvent dans un profil débridé et "nature", n'a pas été présenté cette année.

Bourgogne du Sud 2018	16 €	89
Pouilly-Fuissé Clos Varambon 2018	23 €	93
Pouilly-Fuissé Les Birbettes 2018	41 €	93
Pouilly-Fuissé Pierrefolle 2018	35 €	92

Rouge : 0,5 hectare. Gamay noir à jus blanc 100 %
Blanc : 6,2 hectares. Chardonnay 100 %
Production moyenne : 30 000 bt/an

CHÂTEAU DES RONTETS ♣
814, chemin des Rontés, 71960 Fuissé
03 85 32 90 18 • www.chateaurontets.com •
Vente et visites : au domaine sur rendez-vous.
Propriétaire : Claire et Fabio Gazeau-Montrasi

★

DOMAINE SAUMAIZE-MICHELIN

Toujours régulier, les vins de ce domaine expriment avec une grande justesse les beaux terroirs du Mâconnais. La recette est simple : travailler les sols, maîtriser les rendements, chercher des maturités abouties et ne pas dépasser 15 % de fût neuf dans les élevages. Depuis 2006, le domaine s'est converti à la biodynamie, sans pour autant être certifié. Christine et Roger Saumaize, épaulés par leur fils Vivien, possèdent quelques bijoux, parmi lesquels le Clos sur la Roche (sols calcaires) et Les Ronchevats (sols argileux), ainsi qu'une mosaïque de terroirs bien situés, qui forment une gamme des plus homogènes et permettent de réaliser des vins qui peuvent rivaliser sans complexe avec des premiers crus de la Côte-d'Or. N'oubliez pas le rarissime et excellent mâcon rouge Les Bruyères, micro-parcelle de pur gamay sur silice, à faire pâlir les vignerons du Beaujolais.

Les vins : le domaine travaille pas moins de 29 parcelles, quatorze vins ont été présentés. Vous retrouverez l'intégralité de nos commentaires sur le site de la Revue du vin de France. Des deux mâcons présentés, nous avons retenu Sur la Roche, pur et salin, une belle manière de s'éduquer aux grands vins à prix raisonnable. Les Crèches se montre le plus complexe des saint-véran, apprécié pour sa pureté, beau duo salin-crémeux et finement minéral. Le viré-clessé et ses notes d'orgeat, est un vin ample et savoureux, au boisé fin. À Pouilly, Vignes Blanches est droit, précis, il pourra se boire plus tôt, son boisé est déjà intégré. Pentacrine impose son boisé, il a la structure d'un grand vin, il le supportera. Clos sur la Roche (parcelle la plus grande du domaine, 1,65 hectare !) nous enthousiasme, un vin au profil si pur, un modèle et un symbole pour tous les futurs premiers crus.

Mâcon-Vergisson Sur La Roche 2018	15 €	91
Mâcon-Villages 2018	11 €	91
Pouilly-Fuissé Pentacrine 2018	16,50 €	93
Pouilly-Fuissé Vignes Blanches 2018	18,50 €	92
Saint-Véran 2018	12 €	90
Saint-Véran Les Crèches 2018	16 €	92

Viré-Clessé 2018 15 € 91

Le coup de ♥

Pouilly-Fuissé Clos sur la Roche 2018 24,50 € 96

Rouge : 0,2 hectare. Gamay noir à jus blanc 100 %
Achat de raisins.
Blanc : 10,8 hectares. Chardonnay 100 %
Achat de raisins.
Production moyenne : 72 000 bt/an

DOMAINE SAUMAIZE-MICHELIN
Le Martelet, 51, impasse du Puits, 71960 Vergisson
03 85 35 84 05 • saumaize-michelin.com •
Vente et visites : au domaine sur rendez-vous.
Propriétaire : Roger et Christine Saumaize-Michelin

★

DOMAINE LA SOUFRANDIÈRE

Acquis par Jules Bret en 1947, La Soufrandière a quitté la cave coopérative de Vinzelles en 1998 pour voir débuter les frères Bret, Jean-Philippe et Jean-Guillaume à partir du millésime 2000. Le domaine est certifié en biodynamie depuis 2006. Les étiquettes des cuvées dont les teneurs en soufre sont faibles sont ornées de la mention "Zen". La gamme présentée cette année est plus homogène en maturité notamment, même si les vins de 2018 nous ont moins impressionnés que les 2017 l'an dernier.

Les vins : la richesse des 2018, tous en bio certifiés, se fait sentir. Dans la série des Quarts, la version classique, vinifiée en fût ancien offre une réduction des lies marquée, une bouche puissante, riche et amère. Vignes de 85 ans pour Les Quarts Millerandée, impressionnant par sa richesse et séduisant par son style crémeux, fort heureusement peu boisé, mais nous l'aurions apprécié plus digeste. Comme son nom l'indique, Ovoïde fut vinifié en œuf béton. Sa bouche est équilibrée, son acidité offre de la tonicité, il est dans la lignée du style du domaine. La Combe Desroches, intense et minéral, exhale ses notes de citrons confits et de racines. La bouche est puissante, charnue et fraîche. La Bonnode est très mûr. Sa bouche est dotée d'une grande énergie et son boisé très intégré. En Chatenay est ceinturée par sa minéralité, la trame du vin profite d'un boisé idoine et la finale saline est très sapide. En Chatenay Zen, peu sulfité, paraît moins boisé, une trame fine et des amers minéraux plus marqués.

Pouilly-Fuissé Climat En Chatenay 2018 34 € 93

Pouilly-Fuissé Climat En Chatenay Zen 2018 34 € 92

Pouilly-Vinzelles Climat Les Quarts 2018 36 € 89

Pouilly-Vinzelles Climat Les Quarts Millerandée 2018 44 € 91

Saint-Véran Climat La Bonnode Cuvée Ovoïde 2018 27 € 90

Saint-Véran La Combe Desroches 2018 22 € 92

Le coup de ♥

Saint-Véran Climat La Bonnode 2018 27 € 92

Blanc : 11 hectares. Chardonnay 100 %
Production moyenne : 65 000 bt/an

DOMAINE LA SOUFRANDIÈRE ☾
125, rue aux Bourgeois, 71680 Vinzelles
03 85 35 67 72 • www.bretbrothers.com •
Vente et visites : au domaine sur rendez-vous.
Propriétaire : Jean-Guillaume et Jean-Philippe Bret

★

DOMAINE THIBERT PÈRE ET FILS

Créé en 1967, le domaine couvre près de 30 hectares répartis sur les appellations de Pouilly, Mâcon-Fuissé, Mâcon-Prissé, Mâcon-Verzé et Saint-Véran. Géré en famille par Christophe Thibert et sa sœur Sandrine, en collaboration avec le méthodique Fabien Duperray (voir Domaine Jules Desjourneys, en Beaujolais). Le domaine monte en puissance. L'étoile attribuée l'an dernier est bien méritée, les vins ont une grande rectitude et un grand potentiel de garde, les 2018 le prouvent. À ce rythme, la deuxième étoile n'est pas loin.

Les vins : soutenu par une belle énergie le mâcon-prissé En Chailloux allie densité, vivacité et fins amers, il est taillé pour la garde. En Chantone est un pouilly-loché déroulant un jus tranchant, au boisé fin très esthétique. Pur et salivant, il n'y a aucune urgence à le boire. Le vinzelles Les Longeays respire la pierre chaude. Précis, dans un style actuellement hyper tendu, son caractère minéral prédit un vin de temps long. Bois de Fée 2015 est resté tendu, acidité et minéralité s'entrelacent, nous saluons sa fraîcheur sur un tel millésime. Champ Rond clôt la série des saint-véran, et confirme cette tension pressentie, très nerveux, son boisé est atténuée, on croque dans un citron, un chardonnay pour les amateurs de sushis ! Les pouillys impressionnent. Récolté sur Fuissé, Les Cras offre finesse et rectitude. Les Ménétrières éblouit par son énergie et sa sapidité, une belle interprétation de fuissé, un vin qui ira loin. Les Vignes Blanches 2015 épate par sa jeunesse insolente, sans les stigmates du millésime, son boisé est très raffiné, on sent l'empreinte de son élevage, mais sa chair a les épaules pour le contenir.

Mâcon-Prissé En Chailloux 2017	15 €	91
Pouilly-Fuissé Les Cras 2017	31 €	92
Pouilly-Fuissé Les Ménétrières 2017	39 €	94
Pouilly-Fuissé Vignes Blanches 2015	33 €	92
Pouilly-Loché En Chantone 2017	26 €	89
Pouilly-Vinzelles Les Longeays 2017	26 €	92
Saint-Véran Bois de Fée 2015	26 €	92
Saint-Véran Champ Rond 2017	23 €	91

Rouge : 0,8 hectare. Gamay noir à jus blanc 100 %
Blanc : 28 hectares. Chardonnay 100 %
Production moyenne : 160 000 bt/an

DOMAINE THIBERT PÈRE ET FILS
20, rue Adrien-Arcelin, 71960 Fuissé
03 85 27 02 66 • www.domaine-thibert.com • Vente et visites : au domaine sur rendez-vous.
Propriétaire : Christophe Thibert et Sandrine Thibert-Needham
Maître de chai : Christophe Thibert

BRET BROTHERS

Ce négoce a été créé en 2001 par les frères Bret, également propriétaires du domaine de la Soufrandière. Ils proposent une vaste gamme de vins de qualité du Mâconnais et du Beaujolais. Les raisins sont achetés sur pied, vendangés et vinifiés par l'équipe du domaine, avec des levures indigènes, et la grande majorité repose dans des pièces bourguignonnes âgées de 11 ans : un choix sage pour laisser la place au terroir et à l'effet millésime. 60 % des vins sont bio sur le millésime 2018 présenté, ceci étant très bien précisé sur des étiquettes fort détaillées. Au total, près de 17 micro-cuvées sont commercialisées chaque année. La sélection ci-dessous ne retient que les vins les plus équilibrés, quatre vins n'ont pas convaincu lors de notre dégustation. Cette hétérogénéité constatée ces dernières années nous amène à enlever l'étoile.

Les vins : la série des 2018 débute par le mâcon-chardonnay, très mûr, à peine boisé, dominé par les fleurs, riche en texture mais équilibré par son acidité. Les Crays se montre plus large précédé par une note de réduction des lies. La bouche, chahutée par le CO_2, méritera un carafage pour développer son caractère crémeux et frais. La Colonge dévoile des senteurs d'orange sanguine, et une belle énergie. Un blanc mûr aux amers marqués. La Roche libère des parfums d'agrumes confits, une maturité bien affirmée, reflet unique du terroir de Vergisson. Plus enrobé, la vieille vigne de La Verchère offre un bouquet de fleurs jaunes, concentré, mûr, ses amers donnent de la longueur. Le brouillly La Pilonière est le seul rescapé de notre dégustation de quatre sélections beaujolaises. Sa robe est colorée, le nez parfumé de cerise mûre et de pivoine. La bouche est juteuse, pleine, sculptée comme un cru, elle exprime un style qui aurait beaucoup plu à feu Marcel Lapierre, libre et gouleyant.

Mâcon-Chardonnay 2018	15 €	90
Mâcon-Chardonnay Climat Les Crays 2018	17 €	90
Pouilly-Fuissé Climat La Roche 2018	30 €	91
Pouilly-Loché Climat La Colonge 2018	22 €	91
Viré-Clessé Climat La Verchère 2018	20 €	92
Brouilly La Pilonnière 2018	20 €	90

Rouge : 2 hectares. Gamay noir à jus blanc 100 %
Achat de raisins.
Blanc : 7 hectares. Chardonnay 100 %
Achat de raisins.
Production moyenne : 45 000 bt/an

BRET BROTHERS ♣
125, rue aux Bourgeois, 71680 Vinzelles
03 85 35 67 72 • www.bretbrothers.com • Vente et visites : au domaine sur rendez-vous.

Propriétaire : Jean-Guillaume et Jean-Philippe Bret

DOMAINE CORDIER PÈRE ET FILS

Fondé en 1945, le domaine Cordier a été repris en 1971 par Roger Cordier. Son fils Christophe gère aujourd'hui 30 hectares ainsi qu'une activité de négoce d'à peine 7 hectares (vins non présentés dans notre guide, mais tout aussi soignés que ceux du domaine), ce qui représente près de cent parcelles réparties sur huit villages. Son exigence se traduit notamment par le refus de la machine à vendanger, des petits rendements et un travail en cave d'équilibriste, jonglant au cas par cas entre fût, foudre et cuve pour atteindre dans ces vins l'équilibre et la tension recherchés. Les 2017 étaient remarquables, les 2018 n'ont pas confirmé. Nous sommes persuadés que ce domaine peut reconquérir l'étoile toute proche qui a brillé jusqu'en 2015, cela passera par une gestion plus régulière des élevages.

Les vins : six vins ont été présentés dont trois feront vraisemblablement partie en 2020 du classement des futurs premiers crus de Pouilly-Fuissé. Clos du Four est un mâcon au style fin, vanillé avec subtilité. Il doit son harmonie à un équilibre entre son boisé luxueux mais droit qui graisse sans faiblir et une trame fraîche, ciselée et désaltérante. En Faux est un saint-véran dopé par ses sols d'oxyde de fer, le minéral tonifie la trame du vin, complété par un boisé précis, l'ensemble bénéficie d'une grande pureté et d'allonge. Vignes Blanches est le moins disert de la série des pouilly-fuissé, il livre une trame fine, serrée, un vin au profil strict, impacté par son boisé, appréciable toutefois pour son aspect pur et digeste. Ménétrières est un cru complexe mêlant beurre noisette, notes grillées, grain de vanille, le tout avec pureté et fraîcheur. La bouche réunit la maturité d'un grand chardonnay de Fuissé, une sève acidulée complétée de fins amers et un boisé qui graisse élégamment l'ensemble. Vers Cras est porté par la craie et un boisé fin. Beau tour de force que de contenir cette minéralité qui cisèle le palais, poudrée par de fines saveurs exotiques en finale. Petite déception pour le saint-véran En Brechen, son boisé, bien trop accentué, diffuse de fortes senteurs rhum-raisin, la chair du vin est très marquée elle aussi par cet élevage et procure une impression de sucrosité.

Mâcon-Milly-Lamartine Clos du Four 2018	20 €	91
Pouilly-Fuissé Les Ménétrières 2018	40 €	93
Pouilly-Fuissé Vers Cras 2018	35 €	92
Pouilly-Fuissé Vieilles Vignes 2018	25 €	91
Saint-Véran En Faux 2018	22 €	93
Viré-Clessé En Brechen 2018	20 €	88

Blanc : 30 hectares. Chardonnay 100 %
Production moyenne : 200 000 bt/an

DOMAINE CORDIER PÈRE ET FILS
Les Molards, 71960 Fuissé
03 85 35 62 89 • www.domainecordier.com
• Vente et visites : au domaine sur rendez-vous.
Propriétaire : Christophe Cordier

NOUVEAU DOMAINE

DOMAINE NICOLAS DELFAUD

C'est la concrétisation du rêve un peu fou d'un jeune de vingt ans... réalisé vingt ans plus tard. Le domaine Nicolas Delfaud s'est créé à l'automne 2015 avec la prise en fermage de 4 hectares de vignes en Saône-et-Loire, en appellation Macon-Verzé. Il a très jeune développé une passion pour le vin en officiant comme sommelier à Paris. C'est en 2009 qu'il décide de s'installer avec sa famille dans le Mâconnais pour y passer un BTS viticulture œnologie au CFPPA de Mâcon Davayé. De 2010 à 2017 il intègre le Château des Rontets (domaine bio à Fuissé) comme ouvrier agricole tout en démarrant la création de son propre domaine. Il entreprend alors la conversion en agriculture biologique de l'ensemble de ses parcelles. Celles-ci n'avaient aucun historique, car l'ensemble de la récolte était destiné à la coopérative. Verzé s'avère être un excellent terroir aux vues des dégustations de ses premiers millésimes, fort de domaines déjà installés, comme Leflaive, et de nouveaux arrivants sur ce secteur, dont Jeandeau et Denogent. Soulignons tout particulièrement le rapport prix-plaisir des vins de ce jeune domaine.

Les vins : les deux mâcon-verzé ont du caractère : le village s'oriente sur un style très chablisien où les notes de miel et de brioche côtoient le minéral, afin d'exprimer un chardonnay souple, sapide, sans artifice boisé. Le Bien Heureux est stylé, mûr, plus abouti et concentré, son boisé légèrement plus en relief, mais aucun fût neuf, de beaux parfums d'orgeat et d'agrumes. La bouche profite d'une bonne densité, l'ensemble est très suave. Nouvelle acquisition, une parcelle à Saint-Véran, La Boisserole, dont le premier millésime livre une intense fraîcheur : on glisse sur la craie, découvrant un bel équilibre entre matière et minéralité, beaucoup de sapidité et un bois toujours sobre. Un rouge de Verzé complète la gamme, sa pureté nous séduit, avec son style au fruit scintillant qui concurrencerait bien des vins du Beaujolais. La bouche est juteuse, très mûre, précieuse par sa suavité et sa fraîcheur. Une belle gourmandise.

Mâcon-Verzé 2018	10 €	91
Mâcon-Verzé Le Bienheureux 2018	12,50 €	91
Saint-Véran La Boisserole 2018	13,50 €	91
Mâcon-Verzé 2018	9,50 €	92

Rouge : 3,5 hectares. Gamay noir à jus blanc 100 %
Blanc : 1,31 hectare. Chardonnay 100 %
Production moyenne : 18 000 bt/an

DOMAINE NICOLAS DELFAUD
Rue de l'Ancienne-Cure, 71960 Sologny
06 16 77 06 18 • domainenicolasdelfaud@orange.fr • Vente et visites : au domaine sur rendez-vous.
Propriétaire : Nicolas Delfaud

CHÂTEAU DE FUISSÉ

Ce domaine historique appartient à la famille Vincent depuis 1862. Le château est doté de nombreuses vieilles vignes, sur les appellations majeures du Mâconnais, ainsi que d'un petit vignoble de 3 hectares à Juliénas, non présenté à notre comité pour cette édition. Depuis le millésime 2014, la cuvée Vieilles Vignes a disparu de la gamme pour mettre en avant les lieux-dits en vue des futurs premiers crus. Antoine Vincent, qui incarne la cinquième génération, vinifie ici depuis 2003. Les maturités des raisins sont toujours très abouties ; nous saluons cette année un effort particulier sur la qualité du millésime 2018 présenté, gommant ainsi des critiques sur les boisés appuyés des années antérieures.

Les vins : sobre dans son boisé, digeste et salivant, le saint-véran nous séduit pour son équilibre et sa finale finement beurrée. La série des pouilly-fuissé 2018 est très réussie. Tête de Cuvée offre une parfaite maturité, un boisé fin et digeste comme à l'accoutumée. Il se montre tactile, un bon résultat pour cette cuvée phare du domaine, élégant duo de chair et de fraîcheur. Le Clos est issu d'une vieille vigne. Doté d'un boisé blond qui épaule sa silhouette, il nous sert de fins arômes de crème brûlée, une bouche réglissée. Un blanc bien équilibré entre concentration et fraîcheur. Les Brûlées conserve son élevage luxueux mais la trame du vin l'intègre beaucoup mieux cette année, assurant une vibrante minéralité, fraîcheur et persistance. Les Combettes offre un profil fin encore très discret, bien géré dans son niveau de maturité et d'élevage, un vin très équilibré au potentiel élevé.

Pouilly-Fuissé Le Clos Monopole 2018	45 €	93
Pouilly-Fuissé Les Brûlés 2018	40 €	92
Pouilly-Fuissé Les Combettes 2018	36 €	92
Pouilly-Fuissé Tête de Cuvée 2018	25 €	93
Saint-Véran 2018	16 €	90

Rouge : 3 hectares. Gamay noir à jus blanc 100 %
Blanc : 37 hectares. Chardonnay 100 %
Production moyenne : 160 000 bt/an

CHÂTEAU DE FUISSÉ
419, rue du Plan, 71960 Fuissé
03 85 35 61 44 • www.chateau-fuisse.fr • Vente et visites : au domaine sur rendez-vous.
Propriétaire : Famille Vincent
Directeur : Antoine Vincent
Œnologue : Antoine Vincent

DOMAINE DE LA JOBELINE

Pierre Maillet hérite en 2004 de vignes appartenant à sa famille depuis trois générations. Après avoir restructuré le domaine et replanté, il quitte la coopérative en 2014, se construit un cuvier et crée le domaine de la Jobeline. Le travail de la vigne est mené en agriculture raisonnée, les vinifications sont longues et peu interventionnistes. Le domaine propose une gamme qui met à l'honneur les terroirs de Verzé. Les vins sont globalement équilibrés, façonnés avec soin et proposés à des prix particulièrement raisonnables ; ils ont déjà séduit les restaurants étoilés de la région, comme Les Terrasses, à Tournus, ou la Mère Brazier, à Lyon.

Les vins : l'aligoté tranchant et salivant nous livre un style presque chablisien, une valeur sûre à l'heure de l'apéritif. Le mâcon est crayeux, nous saluons son aspect mûr et sa précision. Clos des Chanaux est cristallin, léger, salin, sur le fil de la maturité. Le mâcon-verzé blanc est parsemé de fleurs et d'agrumes, en un équilibre croquant et suave. En Prévisy est dominé par un bois blond qui nous inquiète, moins bien intégré que le 2017, cela perturbe la finesse de ce chardonnay. Le beau gamay de Verzé dévoile une concentration innée, des notes de lavande, un style viril, un brin extrait, pour la table. 16 Ares se donne des airs très bourguignons. Le jus de cette vigne plantée en 1960 est d'un bel équilibre entre volume, fraîcheur et tanins. Sa carrure et son élevage demanderont un temps d'adaptation. En résumé, hormis quelques petits réglages nécessaires sur les boisés, les 2018 sont de belle facture et fort recommandables.

Bourgogne Aligoté 2018	12 €	89
Mâcon-Verzé 2018	13,50 €	88
Mâcon-Verzé Clos des Chanaux 2018	16,50 €	88
Mâcon-Verzé En Prévisy 2018	17,30 €	86
Mâcon-Villages 2018	12,50 €	89
Macon-Verzé 16 Ares 2018	15,80 €	91
Mâcon-Verzé 2018	12,30 €	89

Rouge : 0,7 hectare. Gamay noir à jus blanc 100 %
Blanc : 11 hectares. Chardonnay 89 %, Aligoté 11 %
Production moyenne : 30 000 bt/an

DOMAINE DE LA JOBELINE
887, route de la Roche-Vineuse, 71960 Verzé
03 85 22 98 03 •
www.domainedelajobeline.com • Vente et visites : au domaine sur rendez-vous.
Propriétaire : Pierre Maillet
Directeur : Laurent Alexandre

NICOLAS MAILLET

Ce domaine familial embouteille sa production depuis 1999. Nicolas Maillet poursuit avec une grande régularité l'œuvre de son père, en se concentrant principalement sur ses vieilles vignes du village de Verzé. Il propose une gamme de vins (certifiés bio depuis 2008) très purs et séduisants, dont la particularité est de se passer de tout artifice boisé. Le domaine nous régale également année après année de son délicieux gamay sur argilo-calcaire, un mâcon-verzé rouge, à nouveau un coup de cœur.

Les vins : l'aligoté séduit par sa pureté, il est salivant, salin et désaltérant, un plaisir immédiat. Le mâcon-igé, avec ses notes de pêche et de fleurs, nous offre une trame concentrée sans perdre en fraîcheur ni en subtilité. Avec ses notes d'agrumes et de citron jaune, le mâcon-verzé rayonne par sa suavité et sa persistance, dans un esprit fin et sapide. Le Chemin Blanc et ses notes mentholées, de pêche et d'amande est particulièrement épuré, doté d'une tension minérale naturelle qui fait saliver. Le fameux mâcon-verzé rouge, au fruité si fin et aux accents poivrés, nous enthousiasme par sa jovialité : un ruban de soie et de framboises, un gamay salué pour son élevage boisé des plus fins.

Bourgogne Aligoté 2018	16 €	89
Mâcon-Igé 2018	16 €	89
Mâcon-Verzé 2018	16 €	91
Mâcon-Verzé Le Chemin Blanc 2018	16 €	92

Le coup de ♥

Mâcon-Verzé 2018	16 €	94

Rouge : 0,8 hectare. Gamay noir à jus blanc 100 %
Achat de raisins.
Blanc : 6,7 hectares. Chardonnay 89 %, Aligoté 11 %
Achat de raisins.
Production moyenne : 50 000 bt/an

NICOLAS MAILLET ♣
291, route d'Igé, 71960 Verzé
03 85 33 46 76 •
www.vins-nicolas-maillet.com • Vente et visites : au domaine sur rendez-vous.
Propriétaire : Nicolas Maillet

DOMAINE MERLIN

Corinne et Olivier Merlin ont débuté en 1987, passant par la location de vignes, le métayage puis une activité d'achats de raisins. En 2005, l'acquisition du domaine Arcelin, à La Roche-Vineuse, leur donne accès à 4 hectares de vignes, complétant la gamme de vins blancs du Mâconnais. En 2006, un nouvel achat (2 hectares) en Moulin-à-Vent, dont une partie sur le terroir de La Rochelle, coïncide avec une diminution du négoce. Théo et Paul, leurs deux fils, se sont joints à eux fin 2017 avec la reprise de 8 hectares de vieilles vignes en Mâcon, Saint-Véran et Pouilly-Fuissé. Les élevages sont prégnants sur les blancs mais fort heureusement les jus ont de l'énergie pour équilibrer. Les rouges sont toujours de haut niveau, maîtrisés et mûrs.

Les vins : des deux mâcons, nous préférons Les Cras pour sa délicatesse, le crayeux et la feuille de menthe qui se croisent, sa bouche salivante, dotée d'une belle énergie. Le saint-véran La Côte-Rôtie se maintient en équilibre entre maturité, minéralité crayeuse et tension, un chardonnay sur un fil, très appétent. Le Grand Bussière est floral, frais et finement toasté, un vin qui a un beau capital de garde. Deux beaux pouilly-fuissé nous ont enthousiasmés : Clos de France et son profil crayeux, gracile où la minéralité vient concurrencer un boisé juvénile et blond. Sur la Roche impose sa force par sa concentration, la bouche est certes plantureuse mais le terroir le gère si bien... Le moulin-à-vent est très réussi, issu des granites de Chénas, il nous rappelle un bouquet frais de pivoine. Juteux et élégant, il offre un plaisir immédiat. Le pinot noir Les Cras, issu du terroir de La Roche Vineuse s'exprime à merveille : nous adorons ses parfums de framboise, son boisé fin et son caractère digeste.

- Mâcon-La Roche Vineuse Les Cras 2018 — N.C. — 90
- Mâcon-La Roche Vineuse Vieilles Vignes 2018 — 15,10 € — 88
- Pouilly-Fuissé Clos de France 2018 — 30,10 € — 92
- Saint-Véran La Côte Rotie 2018 — 19,80 € — 91
- Saint-Véran Le Grand Bussière 2018 — 21,35 € — 91
- Bourgogne Les Cras 2018 — 15,50 € — 92
- Moulin-à-Vent 2018 — 14,80 € — 92

Le coup de ♥

- Pouilly-Fuissé Sur la Roche 2018 — 26,50 € — 93

Rouge : 3,31 hectares. Gamay noir à jus blanc 50 %, Pinot noir 50 %
Blanc : 19 hectares. Chardonnay 100 %
Production moyenne : 160 000 bt/an

DOMAINE MERLIN

305, route de la Boisserole, 71960 La Roche-Vineuse
03 85 36 62 09 • www.merlin-vins.com • Vente et visites : au domaine sur rendez-vous.
Propriétaire : Olivier Merlin

DOMAINE GILLES MORAT

Gilles Morat, natif de Vergisson, a créé son domaine en 1997. Avec son épouse Joëlle et, depuis cette année, leur fils Pierre, ils signent ensemble des vins de caractère, fruit d'un travail rigoureux des sols. Travaillant sans intrant chimique depuis 2001, le domaine est actuellement en conversion en bio. Ils révèlent avec talent le potentiel et la diversité des terroirs de leur village. Un saint-véran et quatre pouilly-fuissé composent la gamme. Ajoutons que le classement en premier cru par l'INAO les concerne pour le terroir Sur La Roche, effectif à partir de la récolte 2020.

Les vins : issu de parcelles sur le secteur Côte-Rôtie, le saint-véran offre finesse et équilibre ; il est mûr, floral, frais et acidulé. Terres du Menhir est sobrement boisé, ce qui favorise l'expression du terroir de Vergisson, fruité mais marqué par les calcaires. Aux Vignes Dessus et ses notes de beurre frais vanillé entourent un chardonnay de belle maturité. La bouche est impactée par son élevage, le curseur est un peu trop élevé. Bélemnites est plus équilibré : le nez affleure la roche, son boisé est tempéré, lié au chardonnay sans s'imposer. Une version parfaite et épurée de ce secteur de Vergisson. Sur la Roche, futur premier cru, est assurément un terroir d'exception ; il conviendrait cependant de profiter de cette énergie minérale captée par le chardonnay, mais de ne pas abuser d'un boisé trop prégnant.

- Pouilly-Fuissé Climat Aux Vignes Dessus 2018 — de 23 à 25 € (c) — 92
- Pouilly-Fuissé Climat Sur La Roche 2018 — de 25 à 27 € (c) — 92
- Pouilly-Fuissé Terres du Menhir 2018 — de 17 à 19 € (c) — 91
- Saint-Véran 2018 — de 15 à 16 € (c) — 91

Le coup de ♥

- Pouilly-Fuissé Bélemnites 2018 — de 21 à 22 € (c) — 94

Blanc : 6,5 hectares. Chardonnay 100 %
Production moyenne : 40 000 bt/an

DOMAINE GILLES MORAT
595, route des Bruyères, 71960 Vergisson
03 85 35 85 51 • www.gillesmorat-vins.fr •
Vente et visites : au domaine sur rendez-vous.
Propriétaire : Gilles Morat
Maître de chai : Gilles et Pierre Morat

NOUVEAU DOMAINE

DOMAINE DU ROC DES BOUTIRES

La famille Parinet, propriétaire du Château du Moulin-à-Vent, a acquis en 2016 ce domaine de 4,2 hectares dans le village de Pouilly. La gestion, de la vigne aux vinifications, a été confié à Brice Laffond, déjà en charge de leur propriété en Beaujolais. Leur vignoble est constitué d'une majorité de vieilles vignes, travaillées en viticulture biologique sans certification. Les premiers millésimes laissent penser que nous avons là un des domaines phares de demain, l'irruption d'un nouveau et sérieux compétiteur en Mâconnais. Les 2017 figuraient sur l'édition précédente de notre guide aux côtés des crus du Château du Moulin-à-Vent. Vers Cras, Chailloux et Bouthières feront très logiquement partie des futurs premiers crus de pouilly-fuissé. Les 2018 poursuivent l'ascension qualitative de ce jeune domaine, ils illustrent de belle manière leurs terroirs avec des élevages bien adaptés.

Les vins : le pouilly-fuissé est très pur, un chardonnay mûr combinant belle fraîcheur et minéralité. Fin et ciselé, il se montre sapide et salivant. En Bertillonne, en équilibre sur la roche, possède une texture cossue et concentrée, sa minéralité dépasse la matière et l'élevage, la trame d'un grand vin du Mâconnais, d'une fraîcheur impressionnante. La série des futurs premiers crus débute par Vers Cras, très épuré, poudré par la pierre et de fines notes d'agrumes ; la bouche est équilibrée, nous apprécions sa vivacité garante de digestibilité. Aux Bouthières offre une maturité exemplaire avec ses fins éclats de calcaire, un boisé très plaisant et une bouche qui fait le show : charnue, dynamique, d'une grande pureté, un vin complexe. Aux Chailloux, chaque arôme se place avec précision sur le nez : amandes grillées, note toastée, crème anglaise, effluve minéral ; la bouche est très équilibrée, concentrée, pleine de la rondeur et du boisé raffiné nécessaires.

Pouilly-Fuissé 2018	23 €	89
Pouilly-Fuissé Aux Bouthières 2018	36 €	93
Pouilly-Fuissé En Bertillonne 2018	28 €	93
Pouilly-Fuissé Vers Cras 2018	32 €	90

Le coup de ♥

Pouilly-Fuissé Aux Chailloux 2018	32 €	94

Blanc : 4,2 hectares. Chardonnay 100 %
Production moyenne : 20 000 bt/an

DOMAINE DU ROC DES BOUTIRES
4, rue des Thorins,
71570 Romanèche-Thorins
03 85 35 50 68 •
contact@rocdesboutires.com • Vente et visites : au domaine sur rendez-vous.
Propriétaire : Édouard et Jean-Jacques Parinet
Directeur : Édouard Parinet
Maître de chai : Brice Laffond

La Champagne et ses vins

Par Alexis Goujard et Olivier Poels,
en charge des vins de Champagne au sein
du comité de dégustation de La Revue du vin de France

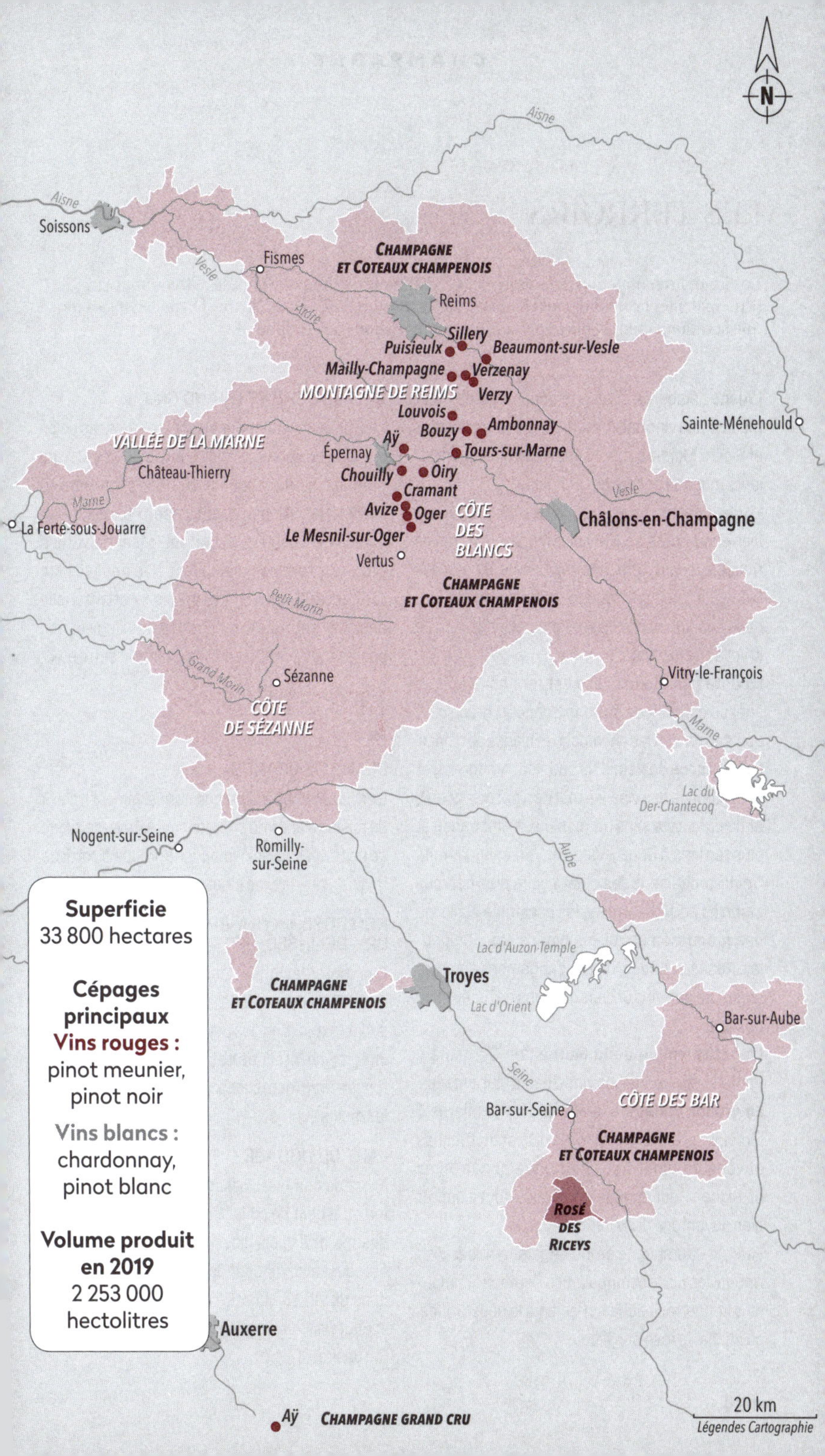

Aisne
Soissons
Fismes
Vesle
Ardre
CHAMPAGNE ET COTEAUX CHAMPENOIS
Reims
Sillery
Puisieulx
Beaumont-sur-Vesle
Mailly-Champagne
Verzenay
MONTAGNE DE REIMS
Verzy
Louvois
Bouzy
Ambonnay
VALLÉE DE LA MARNE
Aÿ
Épernay
Tours-sur-Marne
Château-Thierry
Chouilly
Oiry
Cramant
Marne
Avize
Oger
CÔTE DES BLANCS
La Ferté-sous-Jouarre
Le Mesnil-sur-Oger
Vertus
Sainte-Ménehould
Vesle
Châlons-en-Champagne
CHAMPAGNE ET COTEAUX CHAMPENOIS
Petit Morin
Grand Morin
Sézanne
Vitry-le-François
CÔTE DE SÉZANNE
Marne
Lac du Der-Chantecoq
Nogent-sur-Seine
Romilly-sur-Seine
Aube
Superficie
33 800 hectares
Cépages principaux
Vins rouges :
pinot meunier, pinot noir
Vins blancs :
chardonnay, pinot blanc
Volume produit en 2019
2 253 000 hectolitres
Lac d'Auzon-Temple
CHAMPAGNE ET COTEAUX CHAMPENOIS
Troyes
Lac d'Orient
Bar-sur-Aube
Seine
CÔTE DES BAR
Bar-sur-Seine
CHAMPAGNE ET COTEAUX CHAMPENOIS
ROSÉ DES RICEYS
Auxerre
Aÿ
CHAMPAGNE GRAND CRU
20 km
Légendes Cartographie

LES TERROIRS

Le vignoble champenois, très morcelé, s'étend sur le territoire de plus de 300 communes, principalement sur les départements de la Marne, de l'Aube et de l'Aisne. On peut considérer que la Champagne est découpée en six grandes régions de production.

L'Aisne : élaborés avec une dominante de pinot meunier, les vins ont ici progressé. Ils sont souples et légers. Mais la majorité des récoltants-manipulants manque encore de technique.

L'Aube : cette région produit des vins réguliers, bien charpentés, souvent plus mûrs et donc moins frais, à fort caractère de terroir. Dans le secteur des Riceys, le pinot noir trouve une finesse exceptionnelle égalant, au vieillissement, celle des vins de la vallée de la Marne.

La Côte des Blancs : elle est reconnue pour la finesse et l'éclat de ses chardonnays, grâce auxquels on produit les champagnes blancs de blancs.

La Montagne de Reims : le sud, vers Ambonnay et Bouzy, donne des vins, surtout de pinot noir, corsés et de caractère, plus harmonieux à Ambonnay et plus terriens à Bouzy. Verzy et Verzenay, terroirs froids, produisent des pinots noirs plus nerveux et moins parfaits si on ne les assemble pas avec une proportion de raisins blancs. Vers Chigny-lès-Roses et Ludes, un encépagement équilibré engendre des vins universels, bons de l'apéritif au dessert.

La petite vallée de la Marne : de Dormans à Venteuil, elle donne des vins à peine plus corsés.

La grande vallée de la Marne : de Cumières à Mareuil-sur-Aÿ, elle donne les plus somptueuses cuvées de pinot noir. En grande année, elles atteignent leur apogée entre six à douze ans, et bien davantage dans certains cas.

Enfin, la Champagne produit également des vins tranquilles portant l'appellation Coteaux champenois (rouge, rosé et blanc), comme le bouzy rouge, ou encore le rosé des Riceys.

PREMIER CRU ET GRAND CRU

Les meilleures communes ont été classées selon leur prix de vente de raisins entre 90 et 100 % du prix maximal du cépage. Si le prix se situe entre 90 et 99 %, les villages sont classés Premier Cru et si le prix est à 100 %, ils portent la mention Grand Cru. Deux termes qui peuvent être apposés sur l'étiquette. Relativement précise, cette échelle englobe toutefois la production du village et non pas les meilleurs coteaux de chacun d'entre eux.

LES STYLES

BLANC DE BLANCS

C'est un champagne produit exclusivement à partir de raisins blancs de chardonnay. À l'inverse, blanc de noirs désigne un champagne produit à partir de raisins noirs de type pinot noir et pinot meunier.

NON DOSÉ, EXTRA-BRUT, BRUT, DRY, DEMI-SEC, SEC

Ces mots désignent des champagnes qui ont reçu différentes proportions de liqueur de dosage avant l'expédition des bouteilles. "Non dosé", "brut intégral" ou "brut nature", ces mentions indiquent l'absence de toute liqueur (et donc les champagnes les moins sucrés).

L'ART DU DOSAGE

Avant de commercialiser les bouteilles, le vigneron ou le chef de cave peut ajouter une liqueur de dosage, dite aussi "liqueur d'expédition". Celle-ci est souvent composée de sucre de canne dissous dans du vin. La quantité de liqueur ajoutée dans la bouteille varie en fonction du type de vin que l'on désire :

extra-brut : entre 0 et 6 grammes de sucre par litre,
brut : moins de 12 grammes de sucre par litre,
extra-dry : entre 12 et 17 grammes de sucre par litre,
sec : entre 17 et 32 grammes de sucre par litre,
demi-sec : entre 32 et 50 grammes de sucre par litre,
doux : plus de 50 grammes de sucre par litre.

Si le vin n'a pas reçu de liqueur de dosage ou si sa teneur est inférieure à 3 grammes de sucre par litre, on peut utiliser la mention "brut nature", "non dosé" ou "dosage zéro".

LE CHAMPAGNE MILLÉSIMÉ

Dans les grandes années, il est possible de millésimer le champagne. Le vin contenu dans la bouteille est alors issu d'une seule et même année. En moyenne, cinq à six années sont millésimées par décennie, mais cette tendance est en augmentation substantielle.

LE CHAMPAGNE ROSÉ

La Champagne est la seule région française où il est autorisé de produire du rosé en mélangeant du vin rouge de Coteaux champenois (entre 10 et 15 %) à du blanc, avant champagnisation. L'autre technique consiste à champagniser un vin issu d'un pressurage un peu plus appuyé des raisins rouges ou par une courte vinification avec les peaux noires du raisin (saignée). Cette dernière technique produit un champagne à la teinte soutenue.

LES CÉPAGES

LE PINOT NOIR

Cépage le plus planté en Champagne (38 % des surfaces viticoles), le pinot noir donne des vins plus corsés, légèrement plus délicats à presser pour éviter que le jus soit coloré, peu acide, et souvent médiocre en petite année. Dans les assemblages, il apporte de la puissance et du corps. Il est surtout présent dans l'Aube, sur la Montagne de Reims et au cœur de la vallée de la Marne. Lorsque le vin est issu uniquement des deux pinots (noir ou meunier) ou d'un seul, il peut s'appeler blanc de noirs.

LE PINOT MEUNIER

Vigoureux, le pinot meunier donne des vins fruités et peu acides. Dans un assemblage, il apporte de la souplesse et sert surtout à lier les qualités dissemblables des deux autres cépages. Ses lieux de prédilection sont les coteaux de l'Aisne et ceux du début de la vallée de la Marne, car il s'exprime plutôt sur les terroirs argileux. Il compte pour 32 % de l'encépagement du vignoble.

LE CHARDONNAY

Cépage emblématique de la Côte des Blancs, le chardonnay se caractérise par ses arômes délicats. Il apporte de la fraîcheur, de la finesse et du nerf dans les assemblages. Vinifié seul, c'est sous la dénomination blanc de blancs qu'il peut être commercialisé. On le trouve également sur la rive gauche de la Marne, avec des îlots privilégiés sur la Montagne de Reims, où il produit des champagnes plus charpentés. Il représente 30 % du vignoble.

ÉTOILÉS ET BISTROTS SAUCE CHAMPENOISE

CHAMBRES D'HÔTES

CLOS 1753

Un gîte de huit personnes au domaine du vigneron Nicolas Maillart, à Écueil. L'armoire à vins est bien garnie, notamment de champagnes à prix doux. Comptez 280 euros la nuit.

5, rue de Villers-aux-Nœuds,
51500 Écueil
Tél. : 03 26 49 77 89
www.champagne-maillart.fr

LE CLOS DES TERRES SOUDÉES

Le couple de vignerons formé par Éric et Isabelle Coulon propose six superbes chambres d'hôtes au mobilier des années 1950. Comptez 245 € pour la nuit, petit-déjeuner inclus.

25, rue Saint-Vincent, 51390 Vrigny
Tél. : 03 26 03 97 62
www.closdesterressoudees.fr

BAR À VINS

L'ÉPICERIE AU BON MANGER

Aline et Éric Serva servent salaisons, fromages fermiers et assiettes consciencieuses pour accompagner les vins et champagnes naturels. On repart sous le bras avec les produits d'épicerie fine et les belles bouteilles proposées dans ce lieu hybride.

7, rue Courmeaux,
51100 Reims
Tél. : 03 26 03 45 29
www.aubonmanger.fr

THE GLUE POT

Ses allures de pub cachent des cuvées de toute la France, à accompagner d'un burger ou d'une planche de charcuterie.

49, place Drouet-d'Erlon,
51100 Reims
Tél : 03 26 47 36 46

RESTAURANTS

AUX CRIEURS DE VINS

Cuisine bistrotière généreuse (bœuf fermier de Charolles, cochons de chez Éric Ospital) arrosée de vins nature à prix modérés. Voici l'adresse la plus vivante de la Champagne. La formule à 11,80 € le midi en semaine, est imbattable. Il faudra marcher quelques mètres pour profiter de la cave et ses pépites, aux Halles.

4, place Jean-Jaurès,
10000 Troyes
Tél. : 03 25 40 01 01

Halles de l'Hôtel de ville
10000 Troyes
Tél. : 03 25 43 20 20
www.auxcrieursdevin.fr

SYMBIOSE

Une cuisine raffinée et ciselée pour dynamiser le centre d'Épernay. Formules déjeuner (de 21 à 26 €), menus dégustation (de 40 à 53 €), ou à la carte (environ 45 €).

5, rue de Reims, 51200 Épernay
Tél. : 03 26 54 75 20
www.symbiose-restaurant.com

L'ASSIETTE CHAMPENOISE

Cuisinier de l'année en 2014, triplement étoilé au guide Michelin, Arnaud Lallement signe l'une des cuisines les plus sensibles de la région. Chambres et suites sont également proposées sur place. Menus de 95 € à 295 €.

40, avenue Paul-Vaillant-Couturier,
51430 Tinqueux
Tél. : 03 26 84 64 64
www.assiettechampenoise.com

LE GARDE CHAMPÊTRE

Un restaurant-ferme dans un ancien entrepôt de marchandises de la SNCF : le potager d'1 hectare approvisionne les tables, du jeudi au dimanche. De belles assiettes (comptez 22 € pour le menu déjeuner) et de superbes bouteilles d'ici et d'ailleurs.

5, rue de Reims, 51200 Épernay
Tél. : 03 26 54 75 20
www.symbiose-restaurant.com

NOTRE COUP DE ♥

LA VILLA BISSINGER

Haut lieu de la connaissance du champagne, espace incontournable du vignoble, la Villa Bissinger abrite l'Institut international des vins de Champagne qui permet de se former à la dégustation des champagnes, depuis l'initiation jusqu'aux formations à l'intention des professionnels. Tous les premiers samedis du mois, la Villa Bissinger propose une dégustation découverte de quatre champagnes pour 25 € par personne. D'autres formations sont ouvertes à partir de 75 €.

15, rue Jeanson, 51160 Aÿ
Tél. : 03 26 55 78 78
www.villabissinger.com

CAVISTE

AU 36...

Une maison de village transformée en cave où l'on déguste simultanément deux ou trois flûtes pour en saisir les différences aromatiques. On y sert des spécialités culinaires champenoises (gâteau de pomme de terre au jambon de Reims, lentillon de champagne...)

36, rue Dom-Pérignon,
51160 Hautvillers
Tél. : 03 26 51 58 37
www.au36.net

★★★

AGRAPART

La famille Agrapart, dans la région depuis la fin du XIXe siècle, possède un superbe patrimoine de chardonnay en grand cru à Avize, Cramant, Oger et Oiry, valorisé par des méthodes de culture et de vinification artisanales. Pascal Agrapart et son fils Ambroise revendiquent haut et fort leur appartenance aux récoltants-manipulants. La gamme met en lumière des cuvées parcellaires (fermentations malolactiques faites). Les champagnes fermentés en fût ancien s'inscrivent parmi les références régionales, grâce à leur expression appuyée de la minéralité champenoise. Les finales se révèlent claires (peu ou non dosées), les saveurs sapides, persistantes, sur des notes d'oxydation ménagées et salines. Le vieillissement en cave aidant, la finesse des bulles est remarquable.

Les vins : issue d'une parcelle de chardonnay, pinot noir, meunier, pinot blanc, arbane et petit meslier à Avize, la jeune Complantée se pare des agrumes que l'on connaît dans le chardonnay. Un champagne pur pourvu d'un gras sage. Terroirs est toujours d'un très bon niveau, alliant concentration et suavité avec, toutefois, une touche de dureté cette année. Laissons-lui encore un an. 2014 convient admirablement aux chardonnays de la maison, avec un Minéral rayonnant, épuré et étiré jusqu'à une finale élégamment puissante. Quelle distinction ! À son habitude, L'Avizoize se montre plus ample et voluptueuse avec une saveur de réduction grillée séduisante. Venus va encore plus loin dans la définition crayeuse d'Avize avec un velouté de texture resplendissant. L'absence de dosage lui va à ravir. Ces champagnes sont prêts à nous éblouir pour quelques décennies. Le 2010 fait un pied de nez à la majorité des champagnes de cette année en évoluant rapidement. Il avance avec une grande sérénité vers une trame suave et apaisante.

- Brut Nature Grand Cru Blanc de Blancs Venus 2014 — 130 € — 98
- Extra-Brut Grand Cru Blanc de Blancs Minéral 2010 — 150 € — 96
- Extra-Brut Grand Cru Blanc de Blancs Minéral 2014 — 62 € — 96
- Extra-Brut Grand Cru Blanc de Blancs Terroirs — 42 € — 91
- Extra-Brut Grand Cru Complantée — 45 € — 93

Le coup de ♥

- Extra-Brut Grand Cru Blanc de Blancs L'Avizoise 2014 — 83 € — 97

Rouge : 0,5 hectare. Pinot noir 100 %
Blanc : 11,5 hectares. Chardonnay 100 %
Production moyenne : 90 000 bt/an

AGRAPART
57, avenue Jean-Jaurès, 51190 Avize
03 26 57 51 38 •
www.champagne-agrapart.com • Pas de visites.
Propriétaire : Pascal Agrapart

★★★

BOLLINGER

S'il est une marque à la personnalité bien trempée et au style très reconnaissable, c'est bien Bollinger. Cette maison d'Aÿ, toujours familiale, cultive un goût pour les vins à large dominante de pinot noir, vineux et profonds. L'histoire de Bollinger est d'une richesse incroyable : une plongée dans les millésimes anciens de la maison permet de mesurer à quel point l'excellence a toujours été au cœur de ses préoccupations. Même si l'on peut regretter une sortie parfois prématurée des cuvées RD (récemment dégorgées), qui ne sont jamais meilleures qu'après quelques années supplémentaires de cave, et peut-être quelques millésimes de Grande Année pas tout à fait au rendez-vous de ce que nous attendions, Bollinger demeure une référence pour les amateurs de grands champagnes d'expression et de table.

Les vins : avec la sortie des Grande Année 2012 en blanc et en rosé, Bollinger fait un bond dans le temps, la maison n'ayant pas millésimé 2010 et 2011. Bien sûr, on ne peut s'empêcher de se dire que c'est un peu trop tôt et que ces vins au potentiel fantastique auraient mérité encore un peu de repos ; on peut donc jouer la patience. Il n'empêche, ces 2012 sont de sacrées bouteilles et constitueront, à n'en pas douter, des références. Le blanc affiche la vinosité et la puissance qui signent le style maison, avec un équilibre qui fera référence. L'énergie en finale en témoigne. Le rosé, structuré et charnu, joue sur le croquant du fruit et la profondeur de la bouche. Le tirage de la Spécial Cuvée ne déboussolera pas les fans : il est rond, suave et complexe.

Brut La Grande Année 2012	140 €	98
Brut Special Cuvée	49 €	94
Brut Rosé	65 €	95

Le coup de ♥

Brut Rosé La Grande Année 2012	180 €	99

Rouge : 133 hectares. Pinot noir 79 %, Pinot meunier 21 %
Achat de raisins.
Blanc : 45 hectares. Chardonnay 100 %
Achat de raisins.

BOLLINGER
20, boulevard du Maréchal-de-Lattre-de-Tassigny, 51160 Aÿ
03 26 53 33 66 •
www.champagne-bollinger.com •
Visites : sur rendez-vous uniquement aux professionnels.
Propriétaire : Société Jacques Bollinger
Directeur : Charles-Armand de Belenet
Chef de cave : Gilles Descôtes

★★★

ÉGLY-OURIET

Une formule résume la vision de Francis Égly : « Les vignes, c'est comme les chevaux : si tu veux bien les maîtriser, il faut les faire naître. » En bon cavalier-éleveur, ce producteur dispose d'un vignoble approchant les 40 ans d'âge, construit par sa famille autour de sélections massales remarquables, à l'origine de la saveur rare de ses raisins et donc de ses champagnes. Depuis trois générations, la famille a édifié un patrimoine de vignes en grand cru à Bouzy, Verzenay et surtout Ambonnay, au cœur du terroir. En premier cru, elle dispose de pinot meunier sur le terroir de Vrigny, dans la vallée de la Marne. À rebours d'une Champagne qui vend ses bouteilles de plus en plus jeunes, Francis Égly, à la suite de son père Michel, construit patiemment un trésor qui lui permet de commercialiser ses bruts après quatre ans de vieillissement, et ses millésimés au-delà de six ans. Tous les vins sont vinifiés en barrique (depuis 1995), sans fermentation malolactique (depuis 1999), afin de conserver davantage de fraîcheur.

Les vins : Les Vignes de Vrigny, toujours aussi tonique et spongieux, s'illustre comme un champagne revigorant, avec une touche végétale dans ce tirage. Le brut grand cru (dégorgé en octobre 2019) est mené au millimètre, livrant une majestueuse expression des pinots et du chardonnay d'Ambonnay et Bouzy. D'une magnifique harmonie pour la table et la garde. Montons en intensité de saveurs fruitées et puissance de matière avec le rosé (64 mois de cave, dégorgé en novembre 2019), représentant profond des grands crus de cette couleur. L'art de l'assemblage et du vieillissement est poussé à son maximum avec le VP (87 mois, dégorgé en octobre 2019), archétype du champagne velouté (Ambonnay, Bouzy et Verzenay), avec toutefois une pointe végétale en finale, probablement venue d'une part de 2015. La plus intense expression d'Ambonnay s'incarne dans le blanc de noirs du lieu-dit Les Crayères (75 mois, dégorgé en octobre 2019), quintessence du pinot noir, d'une envergure sphérique et profonde phénoménale. Un immense champagne de terroir. Tout comme le 2008, l'un des plus grands de cette année froide. Encore marqué par le bois, il est taillé pour une garde de plusieurs décennies. En 2018, Francis Égly signe l'un de ses plus grands coteaux-champenois. Un pinot noir d'une maturité exceptionnelle, enrobée d'une magnifique sensation argileuse. D'une délicatesse admirable. Un grand rouge digne des grands crus de la Côte de Nuits.

Brut Grand Cru	52 €	95
Brut Grand Cru Les Crayères Blanc de Noirs Vieilles Vignes	118 €	98
Brut Premier Cru Les Vignes de Vrigny	39 €	92
Extra-Brut Grand Cru VP	68 €	93
Brut Rosé Grand Cru	68 €	95
Coteaux Champenois Ambonnay Les Grands Côtés 2018	126 €	98

Rouge : 9,7 hectares. Pinot noir 78 %, Pinot meunier 22 %
Blanc : 2 hectares. Chardonnay 100 %

ÉGLY-OURIET
15, rue de Trépail, 51150 Ambonnay
03 26 57 00 70 • contact@egly-ouriet.fr •
Pas de visites.
Propriétaire : Francis Egly

★★★

JACQUESSON

Nous sommes ici dans ce que la Champagne peut produire de meilleur en matière de vins de terroir à la personnalité affirmée. Le mérite en revient aux frères Chiquet, Jean-Hervé au commerce et Laurent aux vinifications, deux passionnés de grands vins du monde entier qui ont porté ici le niveau d'exigence à la vigne et en cave au sommet. Malgré le succès, les volumes n'enflent pas, au contraire : la maison se recentre sur des cuvées parcellaires à forte personnalité. Les vinifications sur lies en foudre sont maintenues, le dosage est faible ou absent, comme les filtrations. Cette maison d'artisan produit un champagne intense, robuste, racé. Le nom du brut non millésimé est un numéro qui change à chaque nouveau tirage. Cette cuvée s'appuie sur les caractéristiques de l'année de base, avec une moitié de chardonnay et deux quarts de pinot noir et meunier, uniquement issus de grands crus et de premiers crus.

Les vins : leur identité forte les distingue. Jacquesson cultive un style très épuré, proche du terroir, ce qui n'est, hélas, pas si fréquent en Champagne. En témoignent les cuvées parcellaires, ancrées dans leurs particularités respectives. Construite autour du millésime 2015, la cuvée numéro 743 contre son ampleur par l'absence de dosage. Il en résulte un vin de très belle pureté, plein en bouche, mais tonique en finale. Après 96 mois sur lies, la cuvée 738 revient en version dégorgement tardif. Cette base 2010 impose sa bouche ronde, aux notes de fruits secs, et sa jolie profondeur. À boire. Champ Caïn, chardonnay au profil mûr et ample, offre une pureté de bouche vraiment bluffante, avec une dynamique crayeuse et salivante. Le pinot n'a pas dit son dernier mot dans Vauzelle Terme, qui se révèle après une longue aération. Le vin est en muscle, serré, mais très prometteur.

- Brut Grand Cru Aÿ Vauzelle Terme 2009 — 175 € — 97
- Brut Premier Cru Dizy Corne Bautray 2009 — 145 € — 97
- Extra-Brut Cuvée n° 738 Dégorgement Tardif — 80 € — 95
- Extra-Brut Cuvée n° 743 — 50 € — 94

Le coup de ♥

- Brut Grand Cru Avize Champ Caïn 2009 — 145 € — 98

Rouge : 14 hectares. Pinot noir 60 %, Pinot meunier 40 %
Achat de raisins.
Blanc : 14 hectares. Chardonnay 100 %
Achat de raisins.
Production moyenne : 250 000 bt/an

JACQUESSON
68, rue du Colonel-Fabien, 51530 Dizy
03 26 55 68 11 •
www.champagnejacquesson.com • Pas de visites.
Propriétaire : Jean-Hervé et Laurent Chiquet

★★★

KRUG

Dans le giron du groupe LVMH, Krug incarne le haut de gamme de la Champagne et produit uniquement des cuvées de prestige, à commencer par la Grande Cuvée, désormais numérotée, qui incarne l'esprit de la maison. Cette dernière résulte d'un savant assemblage de plusieurs dizaines de vins issus de millésimes complémentaires, puis d'un vieillissement supplémentaire de sept ans au minimum. Un code sur la bouteille permet d'en percer la composition. Mais Krug, c'est aussi une équipe solide avec, autour de sa pétillante présidente Margareth Henriquez, Olivier Krug, directeur général, et Julie Cavil au poste de chef de cave. Cette œnologue qui a déjà passé plus de dix ans au sein de la maison remplace, depuis janvier 2020, Éric Lebel, avec pour mission de perpétuer le style Krug, signature majeure de la Champagne.

Les vins : Krug réalise un tour de force avec son millésimé 2006. L'année, qui peut parfois manquer d'un peu de nerf, est ici magnifiée dans un vin d'une très grande fraîcheur, sans la moindre fatigue aromatique. Plein et fin à la fois. Bravo. Quant à la 168e édition de la Grande Cuvée, basée sur le millésime 2012 (198 vins sur onze millésimes la composent), elle offre un éclat et une tension en attaque qui laissent ensuite place à une immense complexité en finale. Une référence.

- Brut 2006 — 230 € — 97

Le coup de ♥

- Brut Grande Cuvée 168e Édition — 160 € — 98

Rouge : Pinot noir 89 %, Pinot meunier 11 %
Achat de raisins.
Blanc : Chardonnay 100 %
Achat de raisins.

KRUG
5, rue Coquebert, 51100 Reims
03 26 84 44 20 • www.krug.com •
Visites : sur rendez-vous uniquement aux professionnels.

Propriétaire : LVMH
Directeur : Margareth Henriquez et Olivier Krug
Chef de cave : Julie Cavil

★★★

POL ROGER

Pol Roger est une icône authentique de la Champagne, exemplaire par la précision, la générosité et la régularité de sa gamme. Le vignoble est planté notamment sur les coteaux d'Épernay, en Côte des Blancs, ainsi qu'à Mareuil et à Ambonnay ; autant de terroirs sources de haute qualité et de régularité. Les trois cépages sont présents par tiers, comme pour les achats (un équilibre qui se retrouve dans les cuvées) ; les fermentations malolactiques sont systématiques (ce qui apporte de la rondeur) ; les débourbages se font à froid (pour l'intensité aromatique). Pol Roger est la dernière maison de cette taille à remuer manuellement sur pupitre ses 1,6 million de bouteilles annuelles dans ses 7,5 km de caves sparnaciennes. Les cuvées se différencient à travers le vieillissement des vins de réserve, ainsi que par l'origine des crus. Pol Roger a retrouvé le style et la générosité des vins qui ont fait sa gloire. Damien Cambres a remplacé, comme chef de cave, Dominique Petit.

Les vins : aucun doute, à la dégustation de la gamme, il existe bien un goût Pol Roger. Des champagnes au profil solide, vineux et profonds, mais sans la moindre mollesse. La Réserve incarne cette idée, avec un jus mûr, mais aussi tendu, porté par une grande complexité. Dans la cuvée Pure, le style maison s'exprime en liberté, tenu par une belle vivacité, mais sans renoncer à la complexité. Il propose des notes d'agrumes irrésistibles. Le 2012 conjugue toute l'ampleur d'un grand millésime et du style Pol Roger. Un vin puissant, mais civilisé et d'une très belle définition. Le rosé assume sa carrure d'athlète affûté ; puissant en attaque, il sait aussi dérouler et tenir la distance. Prenons le risque de dire que Winston Churchill 2009 gagnera à passer quelques années de plus en cave. Solaire, mais très séduisante et énergique, cette cuvée montre ses muscles mais donne surtout le sentiment d'être encore sur la réserve.

Brut Blanc de Blancs 2013	N.C.	92
Brut Réserve	41 €	93
Brut Sir Winston Churchill 2009	210 €	98
Brut Vintage 2012	65 €	94
Extra-Brut Pure	48 €	94

Le coup de ♥

Brut Rosé Vintage 2012	85 €	94

Rouge : 95 hectares. Pinot noir 60 %, Pinot meunier 40 %
Achat de raisins.
Blanc : 90 hectares. Chardonnay 100 %
Achat de raisins.
Production moyenne : 1 800 000 bt/an

POL ROGER
1, rue Winston-Churchill, 51200 Épernay
03 26 59 58 00 • www.polroger.com • Pas de visites.
Propriétaire : Famille de Billy
Directeur : Laurent d'Harcourt
Chef de cave : Damien Cambres

★★★

LOUIS ROEDERER

Voici un des plus beaux porte-étendards de la Champagne. Cette maison familiale s'appuie sur un vignoble de 420 parcelles à majorité pinot noir et classé en grand cru à 70 %. La viticulture est ici une réelle priorité, notamment via le passage actuel en biodynamie. Le travail des sols se généralise. Seul un vignoble aussi exceptionnel explique le niveau d'harmonie et de concentration unique sur des volumes aussi importants. Ce n'est pas un hasard si le chef de cave, Jean-Baptiste Lécaillon, est œnologue mais aussi agronome, tout comme Jean-Claude Rouzaud, qui a bâti l'empire actuel des grands vignobles internationaux Roederer. En bonne intelligence, il a confié tôt les rênes du groupe à son fils, Frédéric Rouzaud, actuel président. Ici les fermentations malolactiques ne sont que partielles et aléatoires (entre 25 % et 50 %). Les jus sont travaillés sur lies en cuve et en foudre de chêne, afin de leur donner de l'épaisseur. L'ensemble de la gamme est d'une excellence et d'une régularité uniques à ce volume de production.

Les vins : le brut Premier est un modèle du genre. Un champagne de grande personnalité, porté par la vinosité de ses vins de réserve et par une finale saline à souhait. Coup marketing, les cuvées élaborées avec le concours graphique de Philippe Starck qui signe les étiquettes, le blanc et le rosé nature 2012, sont avant tout de grands vins au dessin limpide et à la bouche pleine d'éclat. Cristal 2012 est encore sur la retenue, tel un sprinter prêt à jaillir : la fin de la piste est encore très loin à l'horizon. Ceux qui le peuvent patienteront avec le 1999 en version Vinothèque, posé, crémeux, enrobé, mais très dynamique.

Brut Cristal 2012	205 €	99
Brut Cristal Vinothèque 1999	300 €	98
Brut Nature 2012	76 €	94
Brut Premier	de 41 à 42 € (c)	93
Brut Vintage 2012	68 €	94
Brut Nature Rosé 2012	82 €	95
Brut Rosé 2014	72 €	95

Le coup de ♥

Brut Rosé Cristal 2012	410 €	100

Rouge : 150 hectares. Pinot meunier 50 %, Pinot noir 50 %
Achat de raisins.
Blanc : 90 hectares. Chardonnay 100 %
Achat de raisins.
Production moyenne : 3 500 000 bt/an

LOUIS ROEDERER
21, boulevard Lundy, CS 40014, 51722 Reims
03 26 40 42 11 • www.louis-roederer.com •
Visites : sur rendez-vous uniquement aux professionnels.
Propriétaire : Famille Rouzaud
Directeur : Frédéric Rouzaud
Chef de cave : Jean-Baptiste Lecaillon

★★★

SALON

Propriété du groupe Laurent-Perrier depuis 1988, cette petite maison mythique, parangon du blanc de blancs, possède une activité bien autonome dans le groupe. Son champagne provient d'un seul cépage, le chardonnay, d'un seul cru, le Mesnil-sur-Oger et d'un seul millésime. Comme Delamotte, Salon est dirigé par Didier Depond et les vinifications sont pilotées par le chef de cave de Laurent Perrier, Michel Fauconnet. Les chardonnays de Salon ne font pas leur fermentation malolactique pour préserver une plus haute acidité et favoriser la garde. Salon ne se déguste pleinement qu'après quelques années de garde supplémentaires en cave.

Les vins : le temps... voilà ce qu'il faut aux vins de Salon pour se poser et exprimer tout ce qu'ils ont en eux. Dégusté avec une année de plus, le 2007 déploie lentement ses ailes pour montrer son envergure. D'une belle tonicité, il offre une bouche très sapide, aux senteurs d'agrumes et de fleurs et surtout joue les prolongations en finale avec son éclat habituel. Rien ne presse néanmoins pour le déboucher.

Brut Blanc de Blancs 2007	390 €	98

Blanc : 10 hectares. Chardonnay 100 %
Production moyenne : 50 000 bt/an

SALON
5-7, rue de la Brèche-d'Oger, 51190 Le Mesnil-sur-Oger
03 26 57 51 65 • www.champagne-salon.fr •
Pas de visites.
Propriétaire : Groupe Laurent-Perrier
Directeur : Didier Depond
Chef de cave : Michel Fauconnet

★★★

JACQUES SELOSSE

Une nouvelle page se tourne dans ce domaine légendaire d'Avize. À la vendange 2018, Anselme Selosse laisse les rênes du vignoble à son fils Guillaume, 29 ans. Le jeune et discret vigneron reprend le flambeau de l'œuvre initiée par son père au milieu des années 1970. Grâce à une réflexion profonde sur la viticulture, un raisin récolté à pleine maturité et une vinification sous de multiples origines de bois (en assemblage façon solera, chaque millésime ancien éduque les plus jeunes dans l'esprit des grands jerez), les vins ont une interprétation singulière, presque artistique des chardonnays de la Côte des Blancs, répartis essentiellement entre Avize, Cramant, Oger et le Mesnil-sur-Oger, avec quelques délicieux pinots noirs d'Aÿ, Ambonnay et Mareuil. La cuvée Initial (33 000 bouteilles par an) incarne le style incomparable des champagnes du domaine Selosse, où la profondeur crayeuse des saveurs, la concentration en extraits secs et la vibration des notes salines en bouche n'ont pas d'équivalent dans la région. Il est impossible de se procurer des bouteilles au domaine ; les plus chanceux d'entre vous trouveront ces rares flacons chez les meilleurs cavistes du monde.

Les vins : le rosé (dégorgé en septembre 2019) a besoin d'une aération douce pour révéler sa vinosité spongieuse. L'attaque traduit l'élan patiné des chardonnays, les saveurs charnues du pinot noir arrivant généreusement en finale. Grand rosé pour la table et la garde. Encore choqué par son dégorgement de janvier 2020, le 2009 demande un an en cave pour laisser évoluer sa matière d'un incroyable confort énergique. Mis sur le marché avant le 2008, encore confiné, ce 2009 devrait vieillir admirablement dans un registre vineux. Avec Substance, solera construite de 1986 à 2011, la famille Selosse porte à son excellence le style maison. Ce tirage, dégorgé en 2019, est admirable : d'intenses saveurs de fleurs blanches et une texture dotée d'une magnifique densité en extraits secs. Des champagnes artistiques à servir à 11° et à laisser s'oxygéner en douceur.

- Extra-Brut 2009 de 160 à 200 € (c) 97
- Extra-Brut Grand Cru Blanc de Blancs Substance de 150 à 180 € (c) 98
- Extra-Brut Rosé de 110 à 130 € (c) 96

Rouge : 1 hectare.
Blanc : 7,4 hectares. Chardonnay 88 %, Pinot noir 12 %
Production moyenne : 55 000 bt/an

JACQUES SELOSSE
59, rue de Cramant, 51190 Avize
03 26 57 53 56 • www.selosse-lesavises.com
• Pas de visites.
Propriétaire : Corinne et Anselme Selosse
Directeur : Guillaume Selosse

★★

AR LENOBLE

Frère et sœur, Antoine et Anne Malassagne ont porté par légères touches cette petite maison vers de hauts niveaux qualitatifs. Le style des vins s'oriente d'ailleurs davantage vers un style "vigneron" que "maison". Élevages sous bois pour certaines cuvées et dosages faibles permettent de produire des vins vibrants et profonds, marqués par leurs origines. La gamme est complète et très cohérente. La mention MAG suivie d'un chiffre, qui figure désormais sur une partie des bouteilles renseigne sur l'année de base de la cuvée, à laquelle sont ajoutés des vins de réserve conservés en magnum sous liège. Un détail qui n'en n'est pas un, et confère aux vins une touche de complexité supplémentaire. Ces bouteilles s'épanouissent particulièrement bien à table.

Les vins : voilà une gamme très signée et d'une remarquable personnalité. À la fois vineux et précis, les vins sont très réussis, à l'image du 1996 qui, contrairement à bien d'autres vins de ce millésime conserve de l'allant et de la chair. Mais la gamme des MAG n'est pas en reste, qu'il s'agisse du brut nature bien enrobé et intense, du Chouilly MAG 16, un blanc de blancs à la finale sapide et très salivante ou même de la cuvée Intense (base 2016), tout en finesse et en équilibre.

- Brut Grand Cru Blanc de Blancs Chouilly 2012 52 € 94
- Brut Grand Cru Blanc de Blancs Les Aventures 99 € 96
- Brut Nature MAG 15 32 € 92
- Extra-Brut Bisseuil Premier Cru Blanc de Noirs 2013 52 € 92
- Extra-Brut Grand Cru Blanc de Blancs Gentilhomme 2009 67,70 € 94
- Extra-Brut Grand Cru Blanc de Blancs Gentilhomme Collection Rare 1996 320 € 96
- Extra-Brut Intense MAG 16 30 € 91

Le coup de ♥

- Extra-Brut Grand Cru Blanc de Blancs MAG 16 36 € 93

Rouge : 5 hectares. Pinot noir 83 %, Pinot meunier 17 %
Achat de raisins.
Blanc : 13 hectares. Chardonnay 100 %
Achat de raisins.
Production moyenne : 300 000 bt/an

AR LENOBLE
35, rue Paul-Douce, 51480 Damery
03 26 58 42 60 •
www.champagne-arlenoble.com • Vente et visites : au domaine sur rendez-vous.
Propriétaire : Anne et Antoine Malassagne

★★

FRANÇOISE BEDEL ET FILS

La sagesse et la sérénité que dégagent les champagnes de Françoise Bedel et de son fils Vincent Desaubeau ne vous laisseront jamais indifférents. Le tandem familial s'attache à une viticulture en biodynamie, essentiellement du meunier, sur les terroirs hétérogènes de la porte occidentale de la Marne (limoneux, argileux, calcaires, garnis de pierres meulières). La récolte parfaitement mûre des raisins et un temps prolongé en cave donnent naissance à des vins automnaux extrêmement savoureux, à la fois posés et énergiques, d'une sincérité rare. Leur effervescence cajole le corps, leurs notes oxydatives subtiles nourrissent l'esprit.

Les vins : Dis, Vin Secret (base 2013), resté quatre ans sur lattes, dévoile une magnifique sérénité énergique. La maturité du fruit et le soyeux de texture sont exemplaires. Tout comme Entre Ciel et Terre (base 2013), plus svelte et persistant sur des saveurs crayeuses. Allons plus loin dans la vinosité épanouie avec le pulpeux Âme de la Terre, qui conserve un éclat juvénile dans le millésime solaire 2006, et une légère sensation tannique. Un must avec un fromage à pâte fleurie (camembert, brie...). Une nouvelle cuvée voit le jour : Jouvence, un 2012 de meunier (95 %) et pinot noir, élaboré sans soufre ajouté et vieilli six ans. Au premier nez tourmenté, il prend toute sa dimension après aération et déploie une bouche entre velours et dentelle, à l'allonge saline scintillante.

Extra-Brut Dis, Vin Secret	42 €	93
Extra-Brut Entre Ciel et Terre	50 €	94
Extra-Brut Jouvence 2012	120 €	92
Extra-Brut L'Âme de la Terre 2006	72 €	94

Rouge : Pinot meunier 92 %, Pinot noir 8 %
Blanc : Chardonnay 100 %

FRANÇOISE BEDEL ET FILS
71, Grande-Rue, 02310 Crouttes-sur-Marne
03 23 82 15 80 • www.champagne-bedel.fr •
Vente et visites : au domaine sur rendez-vous.
Propriétaire : Françoise Bedel
Directeur : Vincent Desaubeau

★★

BILLECART-SALMON

Rare structure encore familiale, Billecart-Salmon est une maison en pleine santé. Elle doit son succès fulgurant ces dernières années à des vins de très bon niveau et à une politique commerciale tournée vers la grande restauration. Voyageur invétéré, le dynamique Alexandre Bader, directeur général de la maison, a su imposer partout dans le monde cette marque de Mareuil-sur-Aÿ, dont la production avoisine les deux millions de bouteilles. Désormais équipée d'un nouvel outil de travail, la maison peut voir l'avenir avec sérénité.

Les vins : gamme complète et cohérente, la maison défend un style désormais bien affirmé, avec des cuvées "droites dans leurs bottes" et toujours très digestes. Le brut Réserve est un solide classique taillé pour l'apéritif, digeste et persistant, avec ce qu'il faut d'appétence et de vivacité en finale. L'extra-brut satisfera les amateurs de tension iodée. Une cuvée maîtrisée qui file droit, mais ne bascule pas dans l'austérité. Avec le blanc de blancs, la finesse du chardonnay s'exprime dans un registre floral, doucement brioché et de bel équilibre. Jolie persistance en finale. Le 2008 est vraiment très séduisant, complexe et profond, avec beaucoup de tenue et une acidité fine. 2007 offre une belle densité et un côté crémeux très agréable. Il termine vif.

Brut Clos Saint-Hilaire 2003	390 €	96
Brut Grand Cru Blanc de Blancs	63 €	93
Brut Louis Salmon 2007	160 €	95
Brut Nicolas François 2006	150 €	94
Brut Réserve	43 €	92
Extra-Brut	46 €	92
Brut Rosé	64 €	93

Le coup de ♥

Extra-Brut Vintage 2008	63 €	94

Rouge : 80 hectares. Pinot meunier 50 %, Pinot noir 50 %
Achat de raisins.
Blanc : 10 hectares. Chardonnay 100 %
Achat de raisins.
Production moyenne : 2 000 000 bt/an

BILLECART-SALMON
40, rue Carnot, 51160 Mareuil-sur-Aÿ
03 26 52 60 22 •
www.champagne-billecart.fr/fr/collection/brut-rose • Vente et visites : au domaine sur rendez-vous.
Propriétaire : Familles Roland-Billecart et Frey
Chef de cave : Florent Nys

★★ ↗

LECLERC BRIANT

Acquise en 2012 par un couple d'Américains passionnés, cette petite maison qui était tombée dans l'oubli trace sa route et renaît de ses cendres gâce à des vins de très belle personnalité. Les cultures sont menées en biodynamie et les achats s'opèrent auprès de vignerons en bio ou biodynamie. Élevages partiels sous bois, doses de soufre et dosages bas, les cuvées produites ici sont dans l'air du temps : nous attribuons la deuxième étoile cette année.

Les vins : la série dégustée est enthousiasmante, privilégiant des dosages très bas que la belle matière des jus supporte. Le brut Réserve est sapide, iodé et affiche beaucoup de caractère. L'extra-brut est sur le fil, tendu et nerveux, sans concession, mais sans austérité. Le blanc de meuniers (base 2015) mérite encore un petit temps de cave pour calmer sa fougue ; ce n'est pas le cas du 2013 très posé et déjà porté par des notes évolutives de miel et de fleurs. Très fringant, le blanc de blancs pur Cramant est marqué par un boisé un peu insistant. Dommage car la matière est belle et énergique. Cuvée vieillie sous la mer, Abyss impose son volume, son équilibre et une très grande persistance. Un vin très complet.

Brut Nature Blanc de Meuniers	120 €	94
Brut Réserve	40 €	93
Brut Zéro Abyss 2014	140 €	96
Brut Zéro Grand Blanc 2013	150 €	93
Extra-Brut Premier Cru	49 €	92
Brut Rosé	47 €	92

Le coup de ♥

Extra-Brut 2013	52 €	93

Rouge : 6 hectares. Pinot noir 53 %, Pinot meunier 47 %
Achat de raisins.
Blanc : 8 hectares. Chardonnay 100 %
Achat de raisins.
Production moyenne : 200 000 bt/an

LECLERC BRIANT ♣

67, rue Chaude-Ruelle 51200 Épernay
03 26 54 45 33 • www.leclercbriant.com •
Vente et visites : au domaine sur rendez-vous.
Propriétaire : Denise Dupré
Directeur : Frédéric Zeimett
Œnologue : Hervé Jestin

★★

BÉRÊCHE ET FILS

Ce domaine du nord-ouest de la Montagne de Reims se singularise par une viticulture exemplaire, proche du bio, au service de champagnes expressifs, de caractère, issus de sélections et de vinifications parcellaires. C'est le résultat d'un travail familial rigoureux, effectué par Raphaël Bérêche, le vinificateur, et son frère cadet Vincent, responsable du vignoble, qui s'inscrivent parmi les vignerons les plus ambitieux de Champagne. Initiés en cela par leur père Jean-Pierre (il y a plus de vingt ans), les élevages en fût et en demi-muid n'ont pas été délaissés par les frères Bérêche. Sur un terroir à dominante de pinot noir et de meunier, à l'expression naturellement solide, la recherche de la maturité ne se fait jamais au détriment de la tension en bouche. Les dosages sont impalpables. Nous vous recommandons de laisser ces champagnes un à deux ans en cave avant de les ouvrir.

Les vins : les deux versions de brut Réserve sont remarquables. La première (base 2017), est guidée par une subtile patine, extrêmement sapide et précise, tandis que le magnum (base 2016) a connu un an de vieillissement supplémentaire sous bouchon liège. La bulle est plus évanescente et la texture vineuse arrondie. Dans un millésime 2015 où de nombreux champagnes sont marqués par un caractère végétal chaud, deux belles réussites sont à découvrir ici : le Campania Remensis, toujours ciselé par une bulle précise et d'une droiture impeccable. Le chardonnay des Beaux Regards prend avec sa fine réduction grillée des airs bourguignons et affiche une trame vineuse. Le Cran, lieu-dit du domaine, met en lumière un assemblage de pinot noir (est) et chardonnay (ouest) dans un champagne confortable et d'une ampleur concentrée tenue au cordeau en 2012. Il attend une belle table automnale. La Reflet d'Antan (base 2014, dégorgé en février 2019, 6 g/l) est l'archétype d'une belle réserve perpétuelle, les vins de réserve amenant une patine douce et complexe à l'assemblage. Grande droiture et précision. L'Ambonnay incarne une magnifique définition en relief de ce village, où la puissance élégante du vin est amenée par une subtile oxydation ménagée. La profonde saveur crayeuse du pinot est superbe. Le Mailly, à la trame crayeuse insistante, se montre plus froid.

Brut Reflet d'Antan	100 €	95
Brut Réserve	37 €	92
Brut Réserve Magnum	92 €	93
Extra-Brut Grand Cru Ambonnay 2014	118 €	95
Extra-Brut Grand Cru Blanc de Noirs Mailly-Champagne 2014	118 €	95
Extra-Brut Premier Cru Le Cran 2012	72 €	93
Extra-Brut Rosé Campania Remensis 2015	62 €	92

Rouge : 7 hectares. Pinot meunier 57 %, Pinot noir 43 %
Achat de raisins.
Blanc : 4 hectares. Chardonnay 100 %
Achat de raisins.
Production moyenne : 110 000 bt/an

BÉRÊCHE ET FILS

Le Craon de Ludes, 51500 Ludes
03 26 61 13 28 • www.bereche.com • Vente et visites : au domaine sur rendez-vous.
Propriétaire : Famille Bérêche

★★

DEUTZ

Au fil des ans et sous la houlette de Fabrice Rosset, son président, cette vénérable maison, dans le giron de la famille Rouzaud (champagnes Louis Roederer), trace son sillon et impose la régularité de sa gamme toujours impeccable. Deutz colle à son terroir pour produire des champagnes à dominante de pinots harmonieux, pleins et déliés (fermentations malolactiques faites), sans artifice. La gamme homogène épouse son époque avec moins de vins de réserve dans l'assemblage du brut. Maîtresse des raisins noirs, Deutz se fait aussi une spécialité d'un vineux blanc de blancs avec le brillantissime Amour de Deutz. Le style du brut Classic (86 % des volumes produits par Deutz), l'un des meilleurs en Champagne, a été rajeuni tout en demeurant singulier, bien typé pinot. Les rosés sont dans une forme resplendissante.

Les vins : valeur sûre et bon rapport qualité-prix, le brut Classic ravit par son côté gourmand, fin et toujours très apéritif. Porté par une belle touche acidulée, le rosé déploie de belles notes croquantes de fruits rouges. Très appétent. Dans le millésime 2014, le blanc de blancs se la joue très distingué : un vin floral et raffiné pour démarrer un repas tout en finesse. Amour se livre bien aujourd'hui, avec son élégance habituelle. Une petite patine l'habille et lui confère une bonne complexité en finale. Il ne faudra néanmoins pas trop tarder à le boire. La puissance du millésime 2009, conjuguée à la force de William accouchent d'un vin profond, intense et riche en bouche. Grande ampleur et longue persistance.

Brut 2014	59 €	92
Brut Amour de Deutz Blanc de Blancs 2010	150 €	95
Brut Classic	41 €	91
Brut William Deutz 2009	130 €	97
Brut Rosé 2014	62 €	92
Brut Rosé	53 €	91

Le coup de ♥

Brut Blanc de Blancs 2014	70 €	93

Rouge : Pinot noir 65 %, Pinot meunier noir 35 %
Achat de raisins.
Blanc : Chardonnay 100 %
Achat de raisins.
Production moyenne : 2 500 000 bt/an

DEUTZ

16, rue Jeanson, 51160 Aÿ
03 26 56 94 00 •
www.champagne-deutz.com • Vente et visites : au domaine sur rendez-vous.
Propriétaire : Famille Rouzaud
Œnologue : Michel Davesne

★★

DOM PÉRIGNON

Le 1er janvier 2019, après vingt-neuf ans passés à la tête de la plus prestigieuse maison de champagne, Richard Geoffroy a cédé sa place à son second, Vincent Chaperon, qui aura en charge de faire perdurer la légende. Un style unique, une régularité impressionnante et des volumes qui permettent une très large diffusion mondiale, "Dom Pé" est plus qu'une simple marque de champagne : un emblème du luxe à la française et une formidable locomotive pour toute la région. Que l'on soit fan ou non de son goût reconnaissable entre tous, avec ses délicates notes beurrées et grillées, Dom Pérignon demeure une référence incontournable.

Les vins : et voici qu'arrive le 2010 de Dom Pé' ! Si ce dernier ne possède évidemment pas la race du 2008, il s'inscrit complètement dans la lignée des vins de la maison, qui assume son style : bouche ronde, crémeuse, notes miellées et fine touche grillée en finale, avec beaucoup d'ampleur, il est à boire. Le millésime 2003 n'arrête pas de nous surprendre. Le vin possède une admirable tenue, un fond de vigueur qui contre le côté solaire du millésime ; son charme est indéniable.

➭ Brut Vintage 2010 170 € 95

Le coup de ♥

➭ Brut P2 2003 360 € 97

Rouge : Pinot noir 100 %
Achat de raisins.
Blanc : Chardonnay 100 %
Achat de raisins.

DOM PÉRIGNON
20, avenue de Champagne, 51200 Épernay
03 26 51 20 00 •
www.domperignon.com/fr-fr/ • Visites : sans rendez-vous.
Propriétaire : LVMH
Directeur : Stéphane Baschiera
Œnologue : Vincent Chaperon

★★

PASCAL DOQUET

Installé à Vertus, Pascal Doquet cultive ses vignes en bio sur de magnifiques terroirs de la Côte des Blancs (en grand cru au Mesnil-sur-Oger et en premier cru à Vertus, Bergères-les-Vertus et au Mont Aimé) et dans les Côtes du Perthois, dans le secteur de Vitry-le-François. Le style de ses chardonnays est résistant (levures indigènes), la vinification se fait partiellement en vieux fût, la fermentation malolactique est généralement effectuée, le dosage est a minima (de 3,5 à 6 g/l). Ses champagnes sont entiers, sincères, insistants dans la restitution des saveurs, dotés de longues finales crayeuses et racées.

Les vins : la série de blancs de blancs très goûteux débute avec Horizon, un assemblage de chardonnays, construit sur 68 % de vins de réserve, le reste sur 2016, le plus tendre et rond de la gamme. L'Arpège (2014, 2013 et 2012) va plus loin dans la définition saline du chardonnay. Encore fougueux, n'hésitez pas à apaiser sa bulle dans un verre à vin. La signature végétale du millésime 2011 (69 %) distingue l'assemblage de Diapason, pas aussi harmonieux qu'à son habitude. Le Mont Aimé puise en 2007 une magnifique sensation tannique, une structure impressionnante pour un mariage ardent au moment du fromage. D'une insistance saline époustouflante. Deux 2008, dégorgés en février 2018 voient le jour en se révélant admirablement. Vertus, parangon du chardonnay riche du sud de la Côte des Blancs, magnifie l'austérité ébouriffante de l'année. Le cœur de terroir du Mesnil combine quant à lui la force austère du terroir à celle du millésime. Un champagne d'une grande envergure, encore batailleur, qu'il faudra garder en cave pour profiter pleinement de sa trame crayeuse et racée. Des cuvées de table qu'il ne faudra pas hésiter à passer en carafe.

➭ Brut Nature Le Mont Aimé Coeur de Terroir 2007 54 € 94

➭ Brut Nature Premier Cru Blanc de Blancs Arpège 39 € 93

➭ Extra-Brut Blanc de Blancs Horizon 33 € 89

➭ Extra-Brut Grand Cru Blanc de Blancs Diapason 50 € 92

➭ Extra-Brut Le Mesnil sur Oger Cœur de Terroir 2008 80 € 96

➭ Extra-Brut Vertus Coeur de Terroir 2008 60 € 95

Rouge : 0,46 hectare. Pinot noir 100 %
Blanc : 8,23 hectares. Chardonnay 100 %
Production moyenne : 70 000 bt/an

PASCAL DOQUET ♣
44, chemin du Moulin-de-la-Cense-Bizet, Vertus, 51130 Blancs-Coteaux
03 26 52 16 50 •
www.champagne-doquet.com • Vente et visites : au domaine sur rendez-vous.
Propriétaire : Pascal Doquet

★★

VEUVE FOURNY ET FILS

Charles-Henry et Emmanuel Fourny, cinquième génération à la tête de cette petite maison de Vertus, maîtrisent parfaitement leur sujet. Il y a, bien entendu, le Clos du Faubourg Notre-Dame, monopole de la famille bichonné comme il se doit, mais il y a surtout une gamme de vins au style aérien, précis et parfaitement ciselé. Nous louons un très bon niveau d'excellence maintenu depuis quelques années déjà. Une maison que les amateurs se doivent de découvrir.

Les vins : la signature maison s'exprime au travers de vins de très belle finesse, mais aussi avec du goût. Le brut nature est fort bien calé, affiche un bon volume, de la chair et de la fraîcheur. Une fois encore, nous sommes impressionnés par la belle tenue et l'harmonie de la version dosée en extra-brut, très séduisante, avec sa note saline en finale. Les rosés croquent sous la dent, tel le brut, mais aussi le Vinothèque, plus posé, mais nerveux et acidulé en finale, avec une fine allonge. Très séduisant, le Clos du Faubourg Notre-Dame offre une superbe complexité en bouche, mêlant des notes venues à la fois de la noble oxydation de l'élevage sous bois et d'un long travail de vieillissement sur lies.

- Brut Nature Premier Cru Blanc de Blancs 32 € 91
- Brut Premier Cru Blanc de Blancs 31 € 92
- Brut Premier Cru Clos du Faubourg Notre-Dame 2008 120 € 95
- Extra-Brut Monts de Vertus 2013 45 € 92
- Brut Rosé Premier Cru 34 € 92
- Extra-Brut Premier Cru Les Monts de Vertus 53 € 94
- Extra-Brut Premier Cru Rosé Vinothèque 2013 49 € 93

Le coup de ♥

- Extra-Brut Premier Cru Blanc de Blancs Cuvée R 42 € 93

Rouge : 2 hectares. Pinot noir 100 %
Achat de raisins.
Blanc : 21 hectares. Chardonnay 100 %
Achat de raisins.
Production moyenne : 200 000 bt/an

VEUVE FOURNY ET FILS
5, rue du Mesnil, Vertus,
51130 Blancs-Coteaux
03 26 52 16 30 •
www.champagne-veuve-fourny.com • Vente et visites : au domaine sur rendez-vous.
Propriétaire : Emmanuel et Charles Fourny

★★

GOSSET

La plus ancienne maison de vins de Champagne, fondée en 1584, est la propriété depuis 1994 du groupe Renaud-Cointreau. Désormais sous la houlette d'Odilon de Varine et de Gabrielle Bouby-Malagu en cave, elle se distingue par la production régulière de vins à la fois intenses, puissants et portés par une belle tension qui les équilibre et leur permet des vieillissements harmonieux.

Les vins : la signature Gosset est très reconnaissable avec ces cuvées toniques mais jamais austères et surtout des finales habilement exprimées dans un registre marin et éclatant. Le Grande Réserve donne le ton : il s'agit d'un vin très digeste et élégant. Le blanc de blancs impose son raffinement, sa texture doucement crémeuse, une belle longueur et surtout une bulle très fine. Belle initiative : proposer le Brut Douze Ans de Cave, une cuvée au vieillissement prolongé qui ouvre les portes d'une aromatique doucement patinée et complexe, dans un registre de fruits secs et de sous-bois. Rien ne presse pour déguster le 2012, encore tendu et retenu ; son potentiel est énorme. La Petite Douceur est un vin au profil presque unique en Champagne, un rosé fruité adouci par un dosage volontairement appuyé qui le place en pôle position pour des desserts aux fruits rouges.

- Brut Douze ans de Cave A Minima 85 € 92
- Brut Grand Blanc de Blancs 55 € 94
- Brut Grande Réserve 44 € 92
- Extra-Brut Celebris Vintage 2007 140 € 93
- Brut Grand Rosé 55 € 93
- Extra-Dry Petite Douceur Rosé 55 € 91

Le coup de ♥

- Brut Grand Millésime 2012 57 € 95

Blanc : Chardonnay 55 %, Pinot noir 35 %, Pinot meunier blanc 10 %
Achat de raisins.
Production moyenne : 1 000 000 bt/an

GOSSET
12, rue Godart-Roger, 51200 Épernay
03 26 56 99 56 •
www.champagne-gosset.com • Visites : sur rendez-vous uniquement aux professionnels.
Propriétaire : Groupe Renaud Cointreau
Chef de cave : Odilon de Varine

★★

CHARLES-HEIDSIECK

Cette petite maison fondée en 1851 à Reims, bien connue des amateurs avisés, doit son succès au style de ses champagnes vineux et arrondis. Avec une proportion très importante de vins de réserve dans l'assemblage (40 %) et un dosage assumé à 8 g/l, le brut sans année de Charles-Heidsieck cultive un style original, un peu à l'encontre de certaines modes, mais à la personnalité incontestable. Depuis le rachat de la maison en 2011 par la famille Descours, une nouvelle ère s'est ouverte pour la maison qui, sans perdre son âme, revient au devant de la scène avec une gamme de vins complète et de haut niveau.

Les vins : dans le style de la maison, c'est-à-dire droit, le brut réserve impose son style vineux, ample et posé, avec une bouche très crémeuse. Le blanc de blancs est charmeur, avec des notes patissières au nez, une touche grillée, mais surtout une bonne allonge. Servi par la droiture du millésime, le 2012 est le plus tendu de la gamme, avec une très belle définition et une tension qui l'équilibre. Très savoureux. Nous sommes en revanche un peu perplexes devant le Blanc des Millénaires désormais proposé dans le millésime 2006. Il fait montre d'une évolution avancée et termine un peu mollement.

Brut Blanc de Blancs	60 €	92
Brut Blanc des Millénaires 2006	170 €	90
Brut Réserve	40 €	91
Brut Rosé Réserve	de 50 à 55 € (c)	92

Le coup de ♥

Brut Vintage 2012	80 €	93

Rouge : Pinot meunier 50 %, Pinot noir 50 %
Achat de raisins.
Blanc : Chardonnay 100 %
Achat de raisins.
Production moyenne : 2 000 000 bt/an

CHARLES-HEIDSIECK
12, allée du Vignoble, 51100 Reims
03 26 84 43 00 • www.charlesheidsieck.com
• Pas de visites.
Propriétaire : Groupe EPI
Chef de cave : Cyril Brun

★★

BENOÎT LAHAYE

Benoît Lahaye est une référence à Bouzy depuis plusieurs années. Il a choisi de traiter son vignoble en biodynamie par les plantes et les minéraux. « Il faut se réapproprier la terre », dit ce vigneron pragmatique, passé de la mécanique à la traction animale, cultivant à cheval ses vignobles de Bouzy, Ambonnay et Tauxières-Mutry. Vinifiés en fût, fermentation malolactique faite, sans dosages dissimulateurs, ses champagnes blancs et rosés restituent des saveurs intenses de raisins mûrs (fruits blancs au sirop), avec une approche de plus en plus aérienne. Ces champagnes, qui vont au-delà de la dimension fruitée des pinots noirs, construisent patiemment la dimension minérale et profonde que l'on attend d'un grand cru.

Les vins : une aération tranquille (une demi-heure) est primordiale pour que ces champagnes prennent leur dimension saline et vineuse. Débutons avec le blanc de blancs (2015 et 2014), dont l'élevage marqué en fût, que nous pouvions reprocher aux tirages précédents, s'estompe peu à peu en laissant une sève pulpeuse en bouche. Le blanc de noirs reste une référence majeure en la matière, aux saveurs fraîches de griotte et au pinot d'une structure élégante. Aussi à l'aise à l'apéritif qu'à table. Le Rosé de Macération est d'une personnalité à part dans le paysage champenois. Il prend des touches végétales nobles en dévoilant une chair pulpeuse. Le 2014 (80 % pinot noir, 20 % chardonnay) s'inscrit parmi les plus étincelants du millésime. D'une allonge profondément crayeuse où l'éclat du terroir de Bouzy se révèle. À boire ou à garder longtemps. Chardonnay et pinot noir s'assemblent à parts égales dans Violaine, sans soufre ajouté. D'une magnifique texture veloutée énergique, sa finale oxydative fragile s'estompe comme par magie à l'aération. En 2015, Jardin de la Grosse Pierre (vieilles vignes des sept cépages champenois complantés) n'a pas son harmonie habituelle, mais sa complexité légèrement sauvage lui confère une grande personnalité.

Brut Nature Grand Cru Le Jardin de la Grosse Pierre 2015	70 €	93
Brut Nature Premier Cru Blanc de Blancs	65 €	92
Brut Nature Violaine 2014	63 €	95
Extra-Brut Blanc de Noirs	38 €	93
Extra-Brut Blanc de Noirs Rosé de Macération 2017	38 €	94

Le coup de ♥

Extra-Brut Grand Cru 2014	47 €	95

Rouge : 4,2 hectares. Pinot noir 100 %
Blanc : 0,8 hectare. Chardonnay 100 %
Production moyenne : 40 000 bt/an

BENOÎT LAHAYE ☾
33, rue Jeanne d'Arc, 51150 Bouzy
03 26 57 03 05 • lahaye.benoit@orange.fr •
Vente et visites : au domaine sur rendez-vous.
Propriétaire : Valérie et Benoît Lahaye

★★

LARMANDIER-BERNIER

Si sa famille est originaire de Cramant, Pierre Larmandier s'est installé à Vertus et vinifie des parcelles réparties en grands crus de la Côte des Blancs, à Cramant (somptueuse cuvée Vieilles Vignes du Levant), à Chouilly, Oger et Avize. À la clé, un magnifique Les Chemins d'Avize depuis 2009. L'inox, et dans une moindre mesure les fûts, ont laissé la place aux foudres de chêne dans lesquels les vinifications s'opèrent sans levurage. La gamme valorise un travail soutenu dans le vignoble et le suivi des traitements biodynamiques. Nous saluons la franchise, l'intensité de goût et la puissance de saveurs de cette gamme peu ou non dosée.

Les vins : un soin tout particulier est apporté à la vinification sous bois et au travail des vins de réserve (40 %) pour livrer un Longitude goûteux, joliment crémeux. Déjà dégusté l'année dernière, le Terre de Vertus 2013 se montre toujours en pleine forme, et livre une magnifique interprétation des chardonnays de ce cru. Sa race et son raffinement l'élèvent au sommet des blancs de blancs de Champagne. Les Chemins d'Avize (deux parcelles de 55 ans) prend en 2013 une tournure époustouflante développant une énergique délicatesse et une profondeur crayeuse interminable. Grand champagne de garde. La Vieille Vigne du Levant, un pur Cramant issu de vignes âgées de 57 à 80 ans, s'épanouit en 2010 avec raffinement et une évolution marquée par le côté tourbé de son élevage. À servir avec une belle volaille crémée. Avec le rosé de saignée, pleins feux sur le fruit juteux du pinot noir complanté avec du pinot gris, à Vertus, d'un éclat incroyable, nuancé par des arômes floraux. Avec un élevage d'onze mois en fût et six ans sur lattes, Rosé de Maturation franchit un palier. Ce 2013 prend des airs tourbés, délicatement fumés sur une trame épicée complexe et savoureuse. Une expression mature du rosé champenois.

- Brut Nature Premier Cru Blanc de Blancs Terre de Vertus 2013 — 58 € 95
- Extra-Brut Grand Cru Blanc de Blancs Les Chemins d'Avize 2013 — 98 € 96
- Extra-Brut Grand Cru Vieille Vigne du Levant 2010 — 89 € 94
- Extra-Brut Premier Cru Blanc de Blancs Longitude — 48 € 92
- Extra-Brut Premier Cru Rosé de Maturation 2013 — 87 € 94
- Extra-Brut Premier Cru Rosé de Saignée — 63 € 94

Rouge : 1,6 hectare. Pinot noir 90 %, Pinot gris 10 %
Blanc : 16,4 hectares. Chardonnay 100 %
Production moyenne : 150 000 bt/an

LARMANDIER-BERNIER ♣
19, avenue du Général-de-Gaulle, 51130 Vertus
03 26 52 13 24 • www.larmandier.fr • Vente et visites : au domaine sur rendez-vous.
Propriétaire : Pierre et Sophie Larmandier

★★

GEORGES LAVAL

Vincent Laval a repris le domaine familial de Cumières et y poursuit dignement la culture biologique mise en place par son père depuis 1971. Sa petite production de champagnes, sans chaptalisation, vinifiés en fût, est celle d'un artisan d'art qui s'adresse à nos papilles sans artifice et restitue l'expression sudiste des coteaux de ce village de la rive droite de la Marne dans des champagnes vineux, d'une densité et d'une salinité incroyables.

Les vins : encore sous le choc de leur dégorgement en février, ces champagnes méritent de se reposer encore un an dans votre cave. Dès l'extra-brut des Garennes, l'esprit du domaine se dessine. Un assemblage de meuniers de Chambrecy et pinots noirs de Damery, majoritairement de 2017, marqué par la note boisée du fût. Très bel éclat de fruit, joliment patiné par le fût, la finale est extrêmement poignante. Le Cumières transcende ce terroir précoce offrant un goût crayeux de raisins frais. Utilisez un verre large pour ouvrir d'ici deux ans le délicieux Les Chênes 2016, un chardonnay aux airs de pinot noir, extrêmement goûteux et franc. Des meuniers plantés entre 1930 et 1971 s'expriment dans l'ébouriffant Hautes Chèvres 2014, dont la sensation boisée s'estompe pour donner un vin d'une magnifique énergie à la salinité rare. Les Longues Violes évolue avec une belle oxydation ménagée, d'une profondeur vineuse et racée. Les Garennes demi-sec affirme une tendresse fruitée.

- Brut Nature Premier Cru Cumières — 80 € 92
- Brut Nature Premier Cru Les Chênes 2016 — 160 € 94
- Brut Nature Premier Cru Les Hautes Chèvres 2014 — 200 € 94

- Brut Nature Premier Cru Les Longues Violes 2012 — 600 € — 95
- Demi-Sec Garennes — 60 € — 91
- Extra-Brut Garennes — 60 € — 91

Rouge : 1,67 hectare. Pinot meunier 51 %, Pinot noir 49 %
Blanc : 0,88 hectare. Chardonnay 100 %
Production moyenne : 20 000 bt/an

GEORGES LAVAL ♣
16, ruelle du Carrefour, 51480 Cumières
03 26 51 73 66 • www.georgeslaval.com •
Vente et visites : au domaine sur rendez-vous.
Propriétaire : Vincent Laval

★★

PHILIPPONNAT

Entrée dans le groupe Lanson-BCC en 1997, cette maison de taille moyenne est autonome dans ses approvisionnements et dans son élaboration. Elle retrouve un rayonnement dans les champagnes haut de gamme grâce à la personnalité retrouvée de son Clos des Goisses. La montée de la marque est aussi la récompense des choix opérés dans toute la gamme par son président Charles Philipponnat, en poste depuis 2000. Il a amené le froid dans les vinifications, a réorienté les assemblages vers davantage de pinot noir, a augmenté la capacité de vinification sous bois sur lies sans bâtonnage et sans fermentation malolactique. Son but ? Intégrer l'esprit millésimé dans les non-millésimés.

Les vins : l'équilibre est le maître mot pour définir le style des vins de la maison, qui présentent une personnalité bien affirmée. Dès le Royale Réserve, on déguste l'esprit Philipponnat, avec un vin de très grande finesse, qui n'enlève rien à son intensité et à sa persistance. La version non dosée est logiquement plus tendue et vive, mais aussi moins gourmande et peut-être un peu plus évolutive. La cuvée 1522 est désormais proposée dans l'excellent millésime 2012. Un vin superbe de précision, d'intensité et de profondeur, qui mérite d'être oublié quelques années en cave pour libérer tout son potentiel. Avec le millésime 2010, le Clos des Goisses montre ampleur et puissance ; son fruit se patine doucement. Élaboré à hauteur de 2500 bouteilles, La Rémissonne 2009 porte la générosité du millésime. Un vin à point, ample, qui déroule des arômes de fruits secs et de pâte de coing.

- Brut Royale Réserve — de 30,80 à 36,20 € (c) — 92
- Brut Royale Réserve Non Dosé — de 30,80 à 36,20 € (c) — 91
- Extra-Brut Clos des Goisses 2010 — 161,25 € — 97
- Extra-Brut Grand Blanc 2010 — 56,10 € — 94
- Extra-Brut Premier Cru Mareuil-sur-Aÿ La Rémissonne 2009 — 120 € — 95
- Brut Royale Réserve Rosé — 48,90 € — 92
- Extra-Brut Rosé Premier Cru 1522 2008 — 91,50 € — 95

Le coup de ♥

- Extra-Brut Grand Cru 1522 2012 — 75 € — 96

Rouge : 14,5 hectares. Pinot noir 98 %, Pinot meunier 2 %
Achat de raisins.
Blanc : 2,5 hectares. Chardonnay 100 %
Achat de raisins.
Production moyenne : 600 000 bt/an

PHILIPPONNAT
13, rue du Pont, Mareuil-sur-Aÿ, 51160 Aÿ
03 26 56 93 00 • www.philipponnat.com •
Vente et visites : au domaine sur rendez-vous.
Propriétaire : Groupe Lanson-BCC
Directeur : Charles Philipponnat
Chef de cave : Thierry Garnier

★★

PIERRE PÉTERS

Le domaine a commercialisé son premier millésime en 1919. La famille Péters dispose d'excellentes parcelles de chardonnay au cœur du Mesnil-sur-Oger, village de grand cru de la Côte des Blancs. Leurs blancs de blancs sont classiques dans leur fraîcheur florale, crayeuse, et témoignent en même temps d'une recherche de puissance de l'expression des terroirs, tout particulièrement la mémorable cuvée Les Chétillons (une sélection massale de vieilles vignes réparties sur trois parcelles du lieu-dit Chétillon), l'un des meilleurs chardonnays champenois.

Les vins : démarrons la série de ces blancs de blancs d'orfèvre avec la Grande Réserve, dont le joli bouquet exotique anime une bouche pulpeuse, dans un registre consensuel. L'Esprit 2015 est une réussite dans ce millésime difficile, tissé tout en finesse, avec une touche végétale en finale. À l'inverse, la majestueuse Réserve Oubliée se montre d'un magnifique raffinement, ponctué d'une fine évolution évoquant l'amande. L'Étonnant Monsieur Victor MK 13, va plus loin avec sa bouche au délicat raffinement tactile et la profondeur de sa persistance. Immense champagne de terroir. Les cuvées de lieu-dit du Mesnil-sur-Oger font référence. D'abord, l'historique Les Chétillons, où le caractère austère du Mesnil est renforcé par l'effet du millésime froid 2013. Encore jeune et contenu, il évoluera avec une race resplendissante et une élégance hors du commun. Le Montjolys se montre un peu plus aimable tout en conservant une trame crayeuse et pulpeuse.

- Brut Grand Cru Blanc de Blancs Grande Réserve 40 € 91
- Brut Grand Cru Blanc de Blancs Les Chétillons 2013 90 € 97
- Brut Grand Cru Blanc de Blancs L'Étonnant Monsieur Victor MK 13 200 € 97
- Brut Grand Cru Blanc de Blancs Réserve Oubliée 50 € 95
- Brut Grand Cru Blancs de Blancs Les Montjolys 2013 120 € 96
- Brut Grand Cru L'Esprit 2015 45 € 92

Rouge : 1 hectare. Pinot noir 100 %
Blanc : 19 hectares. Chardonnay 100 %
Production moyenne : 160 000 bt/an

PIERRE PÉTERS
9, rue de l'Église, 51190 Le Mesnil-sur-Oger
03 26 57 50 32 •
www.champagne-peters.com • Vente et visites : au domaine sur rendez-vous.
Propriétaire : Famille Péters
Directeur : Rodolphe Péters

★★

ÉRIC RODEZ

Issu d'une longue lignée de vigneron, Éric Rodez, maire du village d'Ambonnay, cultive un peu plus de 6 hectares dans ce village classé en grand cru. Réputé pour la générosité et la rondeur de ses pinots noirs, Ambonnay produit également des chardonnays savoureux et virils dont les Rodez savent remarquablement tirer parti. Les vinifications s'effectuent en cuve et en fût, les fermentations malolactiques sont partielles, les dosages légers (4 g/l) puisque les vins sont naturellement riches. Éric, qui a converti son vignoble en biodynamie, a été rejoint par son fils Mickaël, neuvième génération familiale, en 2014.

Les vins : les bruts sans année dégorgés au printemps 2020 sont issus de savants assemblages de plusieurs millésimes, cuves et fûts pour révéler une identité forte des terroirs d'Ambonnay. Ainsi le blanc de blancs, brillant par une touche de noisette, délicieusement crémeux, à la bulle ciselée, et le blanc de noirs d'une puissance de fruit explosive, canalisée par une effervescence d'orfèvre. La Cuvée des Grands Vintages va encore plus loin en assemblant six récoltes de 2005 à 2010 et déploie une envergure vineuse. Trois parcellaires du tardif 2013 (vendanges autour du 10 octobre) se livrent : La Pierre aux Larrons, un sublime chardonnay sculpté avec un élan de pureté fine, tout en évoquant les belles épaules de son cru, Les Genettes (sud-sud-est), d'une énergie veloutée incroyable, persistant sur des saveurs salines, Les Beurys (est) s'élance avec davantage d'austérité mais impose un expression très fraîche. Ces grands champagnes taillés pour la table et la garde transmettent avec transparence et précision la force insufflée par leur terroir.

- Extra-Brut Grand Cru Blanc de Blancs 41,25 € 92
- Extra-Brut Grand Cru Blanc de Blancs La Pierre aux Larrons 2013 de 81 à 86 € (c) 94
- Extra-Brut Grand Cru Blanc de Noirs Les Genettes 2013 de 81 à 85 € (c) 95
- Extra-Brut Grand Cru Cuvée des Grands Vintages de 62 à 66 € (c) 93
- Extra-Brut Grand Cru Les Beurys 2013 de 81 à 86 € (c) 95

Le coup de ♥

- Extra-Brut Grand Cru Blanc de Noirs 44 € 93

Rouge : 4,16 hectares. Pinot noir 100 %
Blanc : 1,96 hectare. Chardonnay 100 %
Production moyenne : 50 000 bt/an

ÉRIC RODEZ ☾
4, rue d'Isse, 51150 Ambonnay
03 26 57 04 93 • www.champagne-rodez.fr • Vente et visites : au domaine sur rendez-vous.
Propriétaire : Famille Rodez

★

AYALA & CO

Cette vénérable marque d'Aÿ, créée en 1860, appartient au voisin Bollinger depuis février 2005. La marque, dirigée par Hadrien Mouflard et son équipe, dont l'œnologue chef de cave Caroline Latrive, se relance autour d'un style de champagne plus frais, décliné en faible dosage (6 g/l) et en non-dosé, les fermentations malolactiques permettant d'arrondir les angles. Ayala a aujourd'hui clairement trouvé son style, très différent de celui, plus vineux et marqué pinot noir, de sa maison mère.

Les vins : signature de la maison, le brut nature est une belle réussite, jouant entre vivacité et belle complexité des saveurs. Le brut Majeur est une cuvée de confiance, un vin qui incarne bien le style maison, avec de la rondeur et une belle finesse. Dans le millésime 2013, le blanc de blancs offre une belle définition florale ; un vin fin et aérien.

Brut Blanc de Blancs 2013	52 €	92
Brut Blanc de Blancs 2014	de 45 à 50 € (c)	92
Brut Majeur	32 €	90
Brut Nº 7 2007	68 €	94
Brut Perle d'Ayala 2006	75 €	92
Brut Rosé Majeur	42 €	91

Le coup de ♥

Brut Nature	36 €	92

Rouge : 18 hectares. Pinot noir 72 %, Pinot meunier 28 %

Achat de raisins.

Blanc : 1 hectare. Chardonnay 100 %

Achat de raisins.

Production moyenne : 1 000 000 bt/an

AYALA & CO

1, rue Edmond-de-Ayala, 51160 Aÿ

03 26 55 15 44 • www.champagne-ayala.fr • Vente et visites : au domaine sur rendez-vous.

Propriétaire : Société Jacques Bollinger

Chef de cave : Caroline Latrive

★

CHARTOGNE-TAILLET

Le vignoble de Merfy, à 8 km de Reims, est installé sur le versant sud du massif de Saint-Thierry, dans la "petite" Montagne de Reims, où la présence importante de sables et de silices dans les sols procure aux vins des textures fines. Héritier d'une longue lignée de vignerons, Alexandre Chartogne a repris l'exploitation en 2006. Il a fait évoluer le style classique productiviste de la maison, l'orientant vers une meilleure compréhension des sols grâce à des sélections parcellaires poussées (entre six et dix cuvées selon les années de vendange) et la plantation de vignes franches. En cuverie, son ouverture d'esprit lui fait travailler de manière complémentaire le bois (fût) et l'inox (cuve). N'hésitez pas à conserver ces tirages un an de plus dans votre cave.

Les vins : le Sainte Anne (base 2017) exprime l'identité crémeuse et suave du Massif de Saint-Thierry. Beaucoup de tendresse et d'énergie à la fois. Ouvrez-le à l'apéritif à partir de l'hiver 2020. Pleins feux fruités sur le pinot noir et le meunier dans un rosé (2015), parfaitement juteux et pulpeux. On retrouve cette délicatesse de texture dans Heurtebises 2016, un rayonnant chardonnay, encore fougueux mais à la douceur portée par de magnifiques amers. À garder encore un ou deux ans dans sa cave. Une identité forte se dessine dans chacune des cuvées.

Brut Sainte Anne	Épuisé - 29 €	92
Extra-Brut Heurtebises 2016	Épuisé - 50 €	94
Brut Le Rosé	40 €	92

Rouge : Pinot meunier 57 %, Pinot noir 43 %

Blanc : Chardonnay 100 %

Production moyenne : 90 000 bt/an

CHARTOGNE-TAILLET

37, Grande-Rue, 51220 Merfy

03 26 03 10 17 • www.chartogne-taillet.com • Vente et visites : au domaine sur rendez-vous.

Propriétaire : Alexandre Chartogne

★

DELAMOTTE

Les amateurs doivent s'intéresser de près à cette belle maison du Mesnil-sur-Oger, en pleine Côte des Blancs, fondée en 1760, et acquise par Laurent-Perrier en 1988, la même année que la marque haut de gamme Salon. Les deux sont dirigées par le globe-trotter Didier Depond. On pourra regretter que la maison reste très discrète, alors que la qualité des vins se tient à un très beau niveau, particulièrement le blanc de blancs millésimé, d'un rapport qualité-prix incontournable.

Les vins : les deux blancs de blancs sont très réjouissants. Ils misent sur une indéniable finesse et un bel équilibre. Le 2012 bénéficie d'une tension supplémentaire et s'allonge tranquillement.

Brut Blanc de Blancs 42 € 92

Le coup de ♥

Brut Blanc de Blancs 2012 52 € 94

Blanc : 5 hectares. Chardonnay 100 %
Achat de raisins.
Production moyenne : 750 000 bt/an

DELAMOTTE
5-7, rue de la Brèche-d'Oger, 51190 Le Mesnil-sur-Oger
03 26 57 51 65 • www.champagne-delamotte.com • Pas de visites.
Propriétaire : Groupe Laurent-Perrier

★

DIEBOLT-VALLOIS

Fin vinificateur, assisté de ses enfants, Jacques Diebolt donne à son vignoble, principalement situé sur Cramant et Cuis (Côte des Blancs), une expression tout en élégance et en énergie, dans une gamme logiquement dominée par le chardonnay. Ce sont des modèles de champagnes gracieux, fermes et de très bonne garde (en témoigne le mythique Cramant 1953), notamment la cuvée Fleur de Passion 2008, vinifiée en fût sans fermentation malolactique. Une maison de référence aux blancs de blancs soyeux et posés, d'une grande sérénité, loin de la mode des champagnes étriqués et austères.

Les vins : les deux cuvées présentées révèlent à leur habitude une douceur crémeuse séduisante sans pour autant tomber dans un excès de richesse. Le brut Prestige, joliment structuré, s'inscrit parmi les blancs de blancs les plus étoffés. La concentration atteinte dans le millésime 2012 convient parfaitement au style du domaine. Il commence à s'ouvrir avec ampleur. N'hésitez pas à le conserver plus de dix ans en cave. Une fine évolution toastée et veloutée s'annonce.

Brut Blanc de Blancs Prestige de 25,50 à 27 € (c) 91

Le coup de ♥

Brut Blanc de Blancs 2012 35 € 93

Rouge : 4 hectares. Pinot noir 90 %, Pinot meunier 10 %
Achat de raisins.
Blanc : 10 hectares. Chardonnay 100 %
Achat de raisins.
Production moyenne : 150 000 bt/an

DIEBOLT-VALLOIS
84, rue Neuve, 51530 Cramant
03 26 57 54 92 • www.diebolt-vallois.com • Vente et visites : au domaine sur rendez-vous.
Propriétaire : Famille Diebolt

★

DOYARD

Cette famille met en lumière des champagnes vigoureux et percutants. La gamme est principalement construite autour des chardonnays de Vertus, où se trouve le domaine, mais cette vieille lignée champenoise bénéficie également de vignes dans des grands crus de la Côte des Blancs (Le Mesnil-sur-Oger, Oiry, Cramant, Avize et Oger) et quelques pinots noirs à Aÿ. Le style de ces champagnes est très affirmé grâce à une récolte bien mûre, une vinification en partie ou intégrale en fût, une fermentation malolactique bloquée et des dosages faibles selon les cuvées. Les blancs de blancs vieillissent au minimum quatre ans pour s'étendre avec force et beaucoup de caractère.

Les vins : Vendémiaire est toujours un extra-brut valeureux, issu de chardonnay récolté à belle maturité. Aussi à l'aise à l'apéritif qu'à table. L'Œil de Perdrix 2015 se montre cette année assez végétal tout en conservant la vinosité franche qu'on lui connaît. Révolution, brut nature venu d'Avize, Mesnil-sur-Oger, Oger et Cramant, délivre une chair vaillante affirmée, tout en étant ponctué d'une touche végétale. Le 2012 est bien plus radieux, exprimant la concentration intense du millésime. Magnifique champagne de table et de garde. Tout comme le Clos de l'Abbaye en 2014, intensément fringant et sapide. Le 2008 des Lumières évolue avec brio dans le tertiaire oxydatif, d'une vinosité rayonnante pour des fromages affinés. Toute la gamme est prête pour une belle cuisine automnale.

- Brut Nature Grand Cru Blanc de Blancs Révolution 44 € 90
- Extra-Brut Grand Cru Les Lumières 2008 205 € 95
- Extra-Brut Premier Cru Blanc de Blancs Clos de l'Abbaye 2014 71 € 93
- Extra-Brut Premier Cru Blanc de Blancs Vendémiaire 25,90 € 91
- Extra-Brut Grand Cru Œil de Perdrix 2015 71 € 90

Le coup de ♥

- Extra-Brut Grand Cru Blanc de Blancs 2012 71 € 94

Rouge : 1 hectare. Pinot noir 100 %
Blanc : 10 hectares. Chardonnay 100 %
Production moyenne : 45 000 bt/an

DOYARD
39, avenue du Général-Leclerc, 51130 Vertus
03 26 52 14 74 • www.champagnedoyard.fr •
Visites : sur rendez-vous uniquement aux professionnels.
Propriétaire : Yannick et Guillaume Doyard

★

DRAPPIER

La famille Drappier remonte au XVIIe siècle. Jadis occupé par les moines cisterciens de Clairvaux, le siège de la maison comprend des caves voûtées du XIIe siècle. À la suite de son père, Michel Drappier suit les vinifications depuis 1979. La famille dispose d'un vaste vignoble à Urville (dont un tiers en culture biologique), complété par des approvisionnements issus de la Montagne de Reims, de Bouzy et d'Ambonnay. Les chardonnays proviennent de l'Aube et de Cramant. Drappier, ce sont des champagnes colorés, généreux dans leurs arômes, qui s'expriment en bouche par leur vinosité terrienne. On retrouve ici une dimension de terroir franche et sans fard, vinifiée avec des doses minimales de soufre.

Les vins : Carte d'Or est un champagne plutôt rond et confortable, à la bouche tendre et accessible. Le brut nature sans soufre ajouté livre, au-delà d'une prouesse technique, une belle personnalité, à la bouche épicée, cinglante, mais suffisamment complexe pour susciter notre vif intérêt. Proposé en magnum, Millésime d'Exception 2006 fera le plaisir des amateurs de vins matures, avec des notes automnales, mais encore une jolie vivacité en finale. Clarevallis, issu de parcelles situées sur Urville et cultivées en bio, rend hommage à l'abbaye fondée en 1115 par Saint-Bernard et dont les moines cultivaient déjà la vigne sur ces terroirs. Le vin bénéficie d'un dosage bas qui exprime bien sa belle palette de saveurs. Déception en revanche pour la Grande Sendrée 2010 au nez fatigué et à la bouche qui perd de son éclat.

- Brut Carte d'Or de 32 à 33 € (c) 90
- Brut Charles de Gaulle de 41 à 43 € (c) 91
- Brut Millésime d'Exception 2006 93 € 93
- Brut Nature Zéro Dosage sans soufre 90 € 92
- Brut Rosé Grande Sendrée 2010 92 € 87

Le coup de ♥

- Extra-Brut Clarevallis 39 € 92

Rouge : 50 hectares. Pinot noir 84 %, Pinot meunier 16 %
Achat de raisins.
Blanc : 10 hectares. Chardonnay 88 %, Petit Meslier 4 %, Blanc vrai 4 %, Arbane 4 %
Achat de raisins.
Production moyenne : 1 500 000 bt/an

DRAPPIER ♣
14, rue des Vignes, 10200 Urville
03 25 27 40 15 •
www.champagne-drappier.com • Vente et visites : au domaine sur rendez-vous.
Propriétaire : Michel Drappier

★

FLEURY

Pionnier de la biodynamie en Champagne depuis 1989, la famille Fleury élabore à partir de ses vignobles et des achats de raisins bio de savoureux champagnes à dominante de pinot noir. Leur vignoble barséquanais prend de l'âge et la viticulture mise en place apporte un supplément de saveurs à des jus vinifiés en partie sous bois, sous liège (Boléro, extra-brut millésimé) et sans soufre pour certaines cuvées. Atypique dans l'univers champenois, cette maison visionnaire exprime dans une gamme savoureuse la rondeur et la maturité du pinot de l'Aube.

Les vins : la gamme joue sur une très jolie finesse des textures avec des dosages bas. Le brut nature Fleur de l'Europe se découvre sur le fil du rasoir, construit sur une bouche très vive et épurée. Un vin pour amateurs de tension qui offre de la salinité en finale. Dosé en extra-brut, le blanc de blancs 2010 affiche une belle finesse et des saveurs évolutives, portées par des notes de coing et une pointe d'orange amère en finale. Les amateurs de pinots croquants apprécieront le rosé de saignée, aux notes de fruits rouges, mêlés d'une petite pointe de réduction. Une cuvée de table. Sonate, vinifié sans soufre en 2012, poursuit son évolution mais garde une belle énergie en bouche et bascule dans un registre épicé.

- Brut Blanc de Noirs 29 € 90
- Brut Nature Fleur de l'Europe 33 € 91
- Extra-Brut Cépages Blancs 2010 de 45 à 50 € (c) 90
- Extra-Brut Sans Soufre Ajouté Sonate 2012 70 € 92

Le coup de ♥

- Brut Rosé de Saignée 37 € 91

Rouge : 12,5 hectares. Pinot noir 98 %, Pinot meunier 2 %
Achat de raisins.
Blanc : 2,7 hectares. Chardonnay 77 %, Pinot blanc 15 %, Pinot gris 8 %
Achat de raisins.
Production moyenne : 200 000 bt/an

FLEURY

43, Grande-Rue, 10250 Courteron
03 25 38 20 28 • www.champagne-fleury.fr
• Vente et visites : au domaine sur rendez-vous.
Propriétaire : Jean-Pierre Fleury
Directeur : Benoît Fleury
Chef de cave : Jean-Sébastien Fleury

★

PIERRE GIMONNET ET FILS

Peu de vignerons champenois peuvent prétendre, comme Didier et Olivier Gimonnet, composer avec un vignoble en propriété de 28 hectares de vignes en Côtes des Blancs dont 12 en grand cru à Cuis, Vertus, Cramant, Chouilly et Oger. Les deux frères cherchent, poursuivent la culture d'assemblage des terroirs en perpétuant leur style raffiné, sage, sans aucune dureté (fermentation malolactique faite) et jamais dans l'exubérance ; ils séduisent aussi bien les novices que les amateurs de grands blancs de blancs. Les Gimonnet parviennent notamment à dompter avec brio les chardonnays de Cuis, souvent froids et austères.

Les vins : le Cuis (2016 à 2012) demeure un blanc de blancs dont la suavité simple séduira le plus grand nombre. C'est sa force. Le brut extra (2014 à 2013) est initialement le Cuis, au vieillissement prolongé et dosé en extra-brut, sa patine oxydative reste très légère. Le rosé de blancs (2016), renoue avec davantage de fraîcheur appétente, tout en conservant son "âme" marquée par le chardonnay. Issu exclusivement de Cuis, le Gastronome (2013 à 2010) dévoile nettement plus d'ampleur et affiche une tendresse fédératrice très travaillée. Un assemblage de premiers et grands crus parfaitement modelé se dessine dans Fleuron 2014, crémeux et calibré avec soin. Présentez-le à table avec un poisson au beurre. L'Oger est fidèle au tempérament enveloppé de ce cru, sans être trop blessé par le caractère végétal du millésime. Une réussite gastronomique. Tout comme le Cramant 2014 : la fraîcheur du millésime sied subtilement au caractère solaire du cru. L'expression crémeuse à souhait du blanc de blancs s'illustre dans le Spécial Club 2014 à la fraîcheur haletante. L'émotion que procure ces vins habilement façonnés n'est pas excessive mais le plaisir est immédiat.

- Brut Extra Premier Cru Blanc de Blancs 32,50 € 90
- Brut Premier Cru Blanc de Blancs Cuis 28,50 € 89
- Brut Premier Cru Blanc de Blancs Fleuron 2014 42 € 92
- Brut Premier Cru Blanc de Blancs Gastronome 2015 36,50 € 91
- Brut Spécial Club Grand Cru Oger Blanc de Blancs 2015 76 € 92
- Brut Spécial Club Grands Terroirs de Chardonnay 2014 58 € 93
- Extra-Brut Grand Cru Spécial Club Cramant 2014 80 € 92
- Brut Premier Cru Rosé de Blancs 35,50 € 90

Rouge : 0,5 hectare. Pinot noir 100 %
Blanc : 28,9 hectares. Chardonnay 100 %
Production moyenne : 250 000 bt/an

PIERRE GIMONNET ET FILS
1, rue de la République, 51530 Cuis
03 26 59 78 70 • www.champagne-gimonnet.com • Vente et visites : au domaine sur rendez-vous.
Propriétaire : Olivier et Didier Gimonnet

★

GONET-MÉDEVILLE

Xavier Gonet s'est installé à son compte à Bisseuil, premier cru de la vallée de la Marne, avec son épouse Julie, née Médeville, du château Gilette, à Sauternes. Ils disposent d'une palette de vignes originales : l'apport familial de grands chardonnays du Mesnil-sur-Oger (Louvière, Champ d'Alouette), de bons crus en pinot meunier (Mareuil) et en pinot noir (Ambonnay et Bisseuil). Afin d'assurer au vin une meilleure vivacité au vieillissement, les fermentations malolactiques sont bloquées. Une partie de plus en plus importante de vins clairs fermente par ailleurs en barrique, ce qui soutient la finesse des bulles. Nous apprécions la parfaite homogénéité d'une gamme personnelle, juste récompense d'efforts synchrones en viticulture et en vinification.

Les vins : un brut (base 2016) tout en précision d'arômes et de concentration de matière. En retrait cette année, le rosé extra-brut accuse le caractère végétal de la base 2015 tout en conservant une belle bouche charnue. Il est à boire dans la jeunesse. Très beau blanc de noirs (base 2016), joliment coloré et exprimant un croquant charnu en attaque et l'élégance structurée du cépage. La Grande Ruelle 2006 offre une définition ample et épanouie du pinot noir d'Ambonnay. L'approche est extrêmement vineuse avec une puissance rappelant de beaux bourgognes blancs. Nouvelle cuvée de pur chardonnay du Mesnil-sur-Oger, fermenté en fût, vieilli onze ans, voici Louvière 2007 : un champagne à l'évolution réjouissante, au fruit très concentré, porté par une sensation tannique forte et imprégné d'une belle oxydation ménagée. À servir absolument à table pour dompter sa force. Le coteaux-champenois Athénaïs révèle une concentration et une suavité exceptionnelles pour un rouge de Champagne.

Brut Premier Cru Blanc de Noirs	32 €	92
Brut Premier Cru Tradition	27 €	92
Extra-Brut Grand Cru Ambonnay La Grande Ruelle 2006	150 €	93
Extra-Brut Grand Cru Louvière 2007	85 €	94
Extra-Brut Premier Cru Rosé	36 €	90
Coteaux Champenois Grand Cru Ambonnay Cuvée Athénaïs 2017	57 €	92

Rouge : 5 hectares. Pinot noir 100 %
Blanc : 5 hectares. Chardonnay 100 %
Production moyenne : 90 000 bt/an

GONET-MÉDEVILLE
1, chemin de la Cavotte, 51150 Bisseuil
03 26 57 75 60 • www.gonet-medeville.com • Vente et visites : au domaine sur rendez-vous.
Propriétaire : Xavier et Julie Gonet

★

ALFRED GRATIEN

Propriété du groupe allemand Henkell, leader des vins mousseux en Europe, la maison Alfred Gratien, fondée à Épernay en 1864, est plus en forme que jamais et trace sa route avec une certaine discrétion. Ces vins, qui s'appuient sur une forte proportion de chardonnay, avec blocage des fermentations malolactiques, ravissent par leur tension, leur précision, leur éclat et leur rayonnement : la première étoile décrochée l'an dernier est méritée. Nicolas Jaeger, chef de cave depuis 2007, perpétue une longue tradition familiale : il est la quatrième génération à occuper ce poste, gage d'une belle stabilité.

Les vins : la maison tient son style et nous apprécions le côté ciselé des vins, habilement tenus entre nervosité et matière. Le brut excite les papilles et joue son rôle apéritif, il termine vif et droit. Admirable définition du blanc de blancs 2014 à la bouche énergique et tonique, plein d'allant. La finale scintille. Le 2007 livre un nez confortable, aux notes finement pâtissières. La bouche se montre plus fraîche, avec une belle définition et des notes d'agrumes confits. Paradis 2007 s'impose comme un grand rosé de table. Il réclame la jutosité d'un pigeon ou les senteurs marines d'un homard.

Brut 2007	de 60 à 61 € (c)	93
Brut	de 33 à 35 € (c)	92
Brut Paradis Rosé 2007	87 €	93

Brut Rosé de 37 à 40 € (c) 92

Le coup de ♥

Brut Grand Cru Blanc de Blancs 2014 de 51 à 52 € (c) 94

Rouge : Pinot meunier noir 100 %
Achat de raisins.
Blanc : Chardonnay 100 %
Achat de raisins.
Production moyenne : 300 000 bt/an

ALFRED GRATIEN
30, rue Maurice-Cerveaux, BP 3,
51201 Épernay
03 26 54 38 20 • www.alfredgratien.com •
Visites : sans rendez-vous.
Propriétaire : Henkell
Chef de cave : Nicolas Jaeger

★

HURÉ FRÈRES

François et Pierre Huré ont pris la suite de leur père, Raoul, en donnant une orientation typée du terroir à des champagnes issus principalement de Ludes et Ville-Dommange, des premiers crus de la Montagne de Reims. À la tête de 10 hectares et d'une activité de négoce, ils produisent des vins au fruité tranchant, fournis, élancés, sans fermentation malolactique, dans lesquels la minéralité saline monte en puissance, millésime après millésime. Une nouvelle gamme, 4 Éléments, a vu le jour. Pour chaque cuvée, une parcelle, un cépage et un millésime sont mis en lumière par une vinification sans "malo" en demi-muid, un vieillissement sous bouchon liège et un dosage a minima (3 g/l). Félicitons ce domaine en pleine forme !

Les vins : L'Invitation (base 2016) incarne un très bel ambassadeur du domaine, un assemblage où un fruit franc est mené avec précision. Derrière cette bulle fine, une réelle vinosité se dessine. Construit sur une dominante de 2017, millésime compliqué en Champagne, le rosé Insouciance conserve une expression de fruits rouges, tout en rondeur. Le blanc de blancs Inattendue (base 2015) s'en sort avec panache et une certaine spontanéité. La vinosité finement oxydative de la solera Mémoire (1983 jusqu'à 2015) nous révèle une fougue sage et passionnante. Si les millésimes précédents s'avéraient strictes dans la jeunesse, les parcellaires 2015 s'ouvrent aujourd'hui avec une gourmandise immédiate, le droit chardonnay est habillé d'une belle réduction grillée à la manière de blancs bourguignons. Le pinot noir offre une structure élégante et ses fines saveurs avec un fruit d'une profondeur éclatante. N'hésitez pas à les garder en cave.

Brut Invitation 29 € 92

Extra-Brut 4 Eléments Chardonnay 2015 70 € 93

Extra-Brut 4 Éléments Pinot Noir La Perthe 2015 70 € 93

Extra-Brut Mémoire 50 € 92

Brut Rosé Insouciance 34 € 91

Rouge : 8 hectares. Pinot meunier 50 %, Pinot noir 50 %
Blanc : 2 hectares. Chardonnay 100 %
Production moyenne : 90 000 bt/an

HURÉ FRÈRES
2, impasse Carnot, 51500 Ludes
03 26 61 11 20 •
www.champagne-hure-freres.com •
Visites : sur rendez-vous uniquement aux professionnels.
Propriétaire : François et Pierre Huré

★

LAHERTE FRÈRES

Le vignoble, planté de meunier surtout, se situe dans la vallée de la Marne, du côté du Breuil et de Boursault et sur la Côte des Blancs, en chardonnay. Il est replanté de vignes en sélections massales issues de vieilles parcelles maison. Les trois quarts des vins sont vinifiés sous bois, en barrique. L'apport du chêne se trouve ici bien géré, sans outrance, souvent sans fermentation malolactique. La cuvée Les 7 est issue des sept cépages autorisés en Champagne, plantés sur une parcelle située sur Chavot. La date de dégorgement est mentionnée sur chaque bouteille.

Les vins : l'Ultradition est un brut de belle constitution, alliant la complexité classique des trois cépages (dominante de meunier) à une gourmandise à toute épreuve. Le blanc de blancs est un brut nature nourrissant, à la fois concentré en extraits secs et saveurs et d'une force fougueuse. Toujours en chardonnay, Les Grandes Crayères, 2015, va plus loin dans la définition crayeuse, sertie d'une bulle crémeuse. Une grande réussite dans ce millésime. Les Beaudiers, en 2015, est un pur meunier haut en couleur et délicieusement croquant, avec la fine rusticité que l'on peut retrouver sur ce cépage. Le pinot noir des Longues Voyes s'avère d'une intense concentration de saveurs de fruits rouges, portée par la salinité hors norme du terroir. Grand champagne de table. Les 7, solera de 2005 à 2015 des sept cépages champenois développe de douces notes oxydatives jusqu'à une longueur saline intense.

Brut Nature Blanc de Blancs	35 €	91
Brut Ultradition	32 €	90
Extra-Brut Les Grandes Crayères 2015	55 €	92
Extra-Brut Premier Cru Les Longues Voyes 2015	55 €	94
Extra-Brut Rosé de Saignée Les Beaudiers 2015	55 €	90

Le coup de ♥

Extra-Brut Les 7	65 €	94

Rouge : 5,2 hectares. Pinot meunier 87 %, Pinot noir 11 %, Divers noir 2 %
Achat de raisins.
Blanc : 6,5 hectares. Chardonnay 93 %, Petit Meslier 5 %, Divers blanc 2 %
Achat de raisins.
Production moyenne : 160 000 bt/an

LAHERTE FRÈRES
3, rue des Jardins, 51530 Chavot
03 26 54 32 09 • www.champagne-laherte.com • Vente et visites : au domaine sur rendez-vous.
Propriétaire : Thierry Laherte

★

LAURENT-PERRIER

Le groupe Laurent-Perrier (Delamotte, Salon, De Castellane, Jeanmaire, etc.), cinquième groupe de Champagne, a été le plus innovant sous l'ère de son fondateur Bernard Nonancourt, disparu en 2010 et auquel ont succédé ses filles. L'historique chef de cave, Michel Fauconnet, gardien du goût "L.-P." construit autour du chardonnay, a tiré sa révérence. Le vignoble propre ne couvre que 10 % des approvisionnements. Aromatique, vive, à la fermentation malolactique faite partiellement, la gamme est pour beaucoup dans le succès mondial du champagne apéritif, en blanc comme en rosé.

Les vins : La Cuvée offre rondeur et moelleux de bouche. Un vin facile mais gourmand. Le brut nature demeure une signature forte de la maison, qui maîtrise indéniablement l'exercice. Pour preuve, le nouveau blanc de blancs nous a impressionnés par sa définition traçante et sa très belle complexité. Le millésime 2008 se tient bien, la bouche est droite et finement enrobée, avec surtout une belle allonge et une petite note grillée en finale. Les millésimes 2007, 2006 et 2004 composent le Grand Siècle n° 24. Un champagne très posé, élégant et raffiné à la fois. Grand rosé gastronomique, Alexandra bascule doucement vers un univers de saveurs complexes et automnales.

Brut 2008	50 €	93
Brut Grand Siècle	130 €	95
Brut La Cuvée	39 €	89
Ultra Brut	50 €	90
Brut Alexandra Grande Cuvée Rosé 2004	290 €	95
Brut Cuvée Rosé	72 €	90

Le coup de ♥

Brut Nature Blanc de Blancs	80 €	93

Rouge : Pinot noir 94 %, Pinot meunier 6 %
Achat de raisins.
Blanc : Chardonnay 100 %
Achat de raisins.

LAURENT-PERRIER
32, avenue de Champagne, 51150 Tours-sur-Marne
03 26 58 91 22 • www.laurent-perrier.com/fr/les-vins/ • Pas de visites.
Propriétaire : Famille de Nonancourt
Directeur : Stéphane Dalyac

★

MARIE-NOËLLE LEDRU

Marie-Noëlle Ledru prépare progressivement sa retraite. Elle commercialise précieusement une part de son stock. Que les aficionados de ses champagnes ultra-pinot, entiers, énergiques, d'une franchise exemplaire, se rassurent : cette grande vigneronne a conservé des stocks pour les satisfaire. Comme les prix demeurent accessibles, les amateurs de grands vins bénissent cette adresse.

Les vins : n'hésitez pas à ouvrir à l'avance et ne pas servir trop frais (11°) ces champagnes de caractère. Cette année, le brut affiche son ampleur naturelle, avec une touche végétale que l'on croise couramment dans les bases 2015. L'extra-brut est nettement plus équilibré et sapide, avec une sensation austère et froide en finale. Un magnifique champagne de table et de garde. Une fois de plus, la Cuvée du Goulté va plus loin dans l'identité racée des terroirs d'Ambonnay. Il évoluera admirablement dans un registre robuste ; une personnalité franchement goûteuse. Il est malheureusement impossible d'acheter quelques bouteilles au domaine.

Brut Grand Cru	Épuisé - 26 €	90
Extra-Brut Grand Cru	Épuisé - 28 €	92

Le coup de ♥

Extra-Brut Grand Cru Cuvée du Goulté Blanc de Noirs 2014	de 120 à 130 € (c)	94

Rouge : 1,4 hectare. Pinot noir 100 %
Blanc : 0,3 hectare. Chardonnay 100 %
Production moyenne : 12 000 bt/an

MARIE-NOËLLE LEDRU
5, place de La Croix, 51150 Ambonnay
03 26 57 09 26 ●
info@champagne-mnledru.com ● Pas de visites.
Propriétaire : Marie-Noëlle Ledru

★

MAILLY GRAND CRU

Illustrant à merveille ce que la coopérative peut produire de mieux, cette structure de petite taille rayonne sur les pinots noirs de la grande Montagne de Reims. Dans les grands crus Mailly, Verzenay et Verzy, le génie humain de la Champagne permet de faire mûrir des raisins exposés plein nord. Ces pinots noirs aromatiques évoluent plus lentement, sur des notes acidulées. La coopérative vinifie presque le tiers des 230 hectares du village qui s'assemble bien avec les chardonnays (25 %) du même cru, s'exprimant davantage dans le volume et la chair que dans la finesse et la fraîcheur. Les cuvées issues de sélections parcellaires (L'Intemporelle, Les Échansons) égalent le niveau des grandes de la maison, à prix accessible. Le niveau est régulier.

Les vins : doté d'une belle franchise et d'une bouche gourmande, le brut Réserve est appétent et bien en place. Louons la belle intensité et la droiture du blanc de noirs, sa bouche précise et ciselée. Le grand cru 2012 est lui aussi bien posé, de belle ampleur et long en bouche. 2012 toujours, mais en version Intemporelle, affiche davantage de finesse, avec une bulle très aérienne. Incompréhension en revanche face au rosé 2011. Le vin est fatigué et manque de précision... Avec une certaine largeur, Les Échansons 2009 est quant à lui très en forme, délicatement patiné et très persistant.

Brut Grand Cru Blanc de Noirs	37 €	92
Brut Grand Cru Les Échansons 2009	100 €	94
Brut Grand Cru Réserve	32 €	90
Brut Nature Grand Cru 2013	49 €	92
Extra-Brut 2012	37 €	93
Brut Grand Cru L'Intemporelle Rosé 2011	72 €	88

Le coup de ♥

Brut Grand Cru L'Intemporelle 2012	62 €	94

Rouge : 50 hectares. Pinot noir 100 %
Blanc : 20 hectares. Chardonnay 100 %
Production moyenne : 500 000 bt/an

MAILLY GRAND CRU
28, rue de la Libération,
51500 Mailly-Champagne
03 26 49 41 10 ●
www.champagne-mailly.com ● Pas de visites.
Propriétaire : Xavier Muller
Chef de cave : Sébastien Moncuit

★

A. MARGAINE

Arnaud Margaine possède toutes ses vignes à Villers-Marmery, un premier cru au sud-est de la Montagne de Reims. Le secteur est réputé pour ses chardonnays puissants, savoureux, qui ont la particularité de donner des champagnes charnus et accessibles jeunes. Beaucoup de maisons en raffolent. La gamme n'est pas aussi précise que les années passées : les champagnes sont un peu stricts et manquent de charme.

Les vins : rares sont les bruts en Champagne à revendiquer une part aussi importante de vins de réserve (60 %) que le brut, dominé par le chardonnay (90 %). Un premier cru parfaitement mené en cuve pour préserver une fraîche austérité de Villers-Marmery. Le M, chardonnay (95 %) avec une touche de pinot noir, est construit sur une solera allant de 2002 à 2013, développant une belle patine vineuse, ponctuée par une droiture fraîche. N'hésitez pas à le servir à table. Le millésime 2013 a été loin d'être le plus évident pour les Champenois. Celui-ci est dosé avec équilibre pour conserver la droiture ferme de l'année, et une finale clinquante. On pourra le garder plus de dix ans en cave.

- Brut 22,80 € 90
- Brut Spécial Club 2013 de 80 à 100 € (c) 92
- Extra-Brut Premier Cru Le Caractère M 41 € 91

Rouge : 1 hectare. Pinot noir 100 %
Blanc : 6 hectares. Chardonnay 100 %
Production moyenne : 60 000 bt/an

A. MARGAINE

3, avenue de Champagne,
51380 Villers-Marmery
03 26 97 92 13 • champagnemargaine.com •
Visites : sans rendez-vous.
Propriétaire : Arnaud Margaine

★

MARGUET

Depuis quelques années, Benoît Marguet incarne l'une des plus fulgurantes progressions de la Champagne. Ce jeune homme zen est un adepte de géobiologie, dans sa cave, et de biodynamie, dans son vignoble situé exclusivement en grand cru, à Ambonnay et Bouzy, où le pinot noir (48 %) domine les chardonnays. Une autre gamme (identifiable grâce à une collerette verte) s'illustre avec une petite activité d'achat de raisins bio, principalement en Côte des Blancs (Cramant, Avize et Chouilly). Les fermentations se font sous bois, impulsées par les levures naturelles, les sulfitages sont minimes, et les dosages proscrits. Pourtant, grâce la parfaite maturité des raisins, le champagne y revêt une douceur incroyable, ainsi qu'un équilibre en dentelle. Ils n'accusent jamais de dureté et se montrent toujours plein de vitalité. Ils laissent en bouche une étrange sensation d'énergie et d'apaisement qui ne vous laissera pas indifférent. La deuxième étoile sera décernée lorsque l'empreinte boisée de l'élevage sera parfaitement intégrée.

Les vins : aussi bien en blanc (base 2016) qu'en rosé (base 2017), les Shaman dégorgés en janvier 2020 méritent au moins un an dans votre cave pour révéler l'énergie vibrante de leur fruit et apaiser leur bulle. La persistance des saveurs est délicieusement salivante, particulièrement pour le blanc. Parmi les villages (achat de raisins bio), Chouilly révèle magistralement la tendresse du chardonnay dans ce cru avec une finale délicatement mordante et une note de noisette. Le pinot noir de Bouzy s'affirme dans un registre de fruits rouges bien mûrs et une finale nourrissante. Tous commencent à peine à se révéler. Deux expressions de pinot noir d'Ambonnay en 2014 se dessinent après aération à travers Les Crayères, d'un très beau volume vineux, et Les Saint-Rémys, à la trame crayeuse élancée impressionnante. Toutes deux évoquent une énergie saline magnifique. Encore sous le choc de son dégorgement de début d'année 2020, le Sapience 2010 est plus tourmenté qu'habituellement, tout en exprimant sa trame pulpeuse séduisante avec une grande délicatesse.

- Brut Nature Grand Cru Bouzy 2014 65 € 93
- Brut Nature Grand Cru Chouilly 2014 65 € 92
- Brut Nature Grand Cru Les Crayères 2014 89 € 94
- Brut Nature Grand Cru Shaman 16 36 € 92
- Brut Nature Premier Cru Sapience 2010 160 € 93
- Brut Nature Grand Cru Shaman 17 40 € 91

Le coup de ♥

- Brut Nature Grand Cru Les Saint-Rémys 2014 89 € 94

Rouge : 4,6 hectares. Pinot noir 100 %
Achat de raisins.
Blanc : 3,4 hectares. Chardonnay 100 %
Achat de raisins.
Production moyenne : 80 000 bt/an

MARGUET ☾

1, place Barancourt 51150 Ambonnay
03 26 53 78 61 •
www.champagne-marguet.fr • Vente et visites : au domaine sur rendez-vous.
Propriétaire : Benoît Marguet

★

CHRISTOPHE MIGNON

Installés près des villages de Leuvrigny et de Festigny, Laurence et Christophe Mignon donnent ses lettres de noblesse au meunier de la vallée de la Marne. Cette cinquième génération cultive avec exigence son vignoble. Leurs champagnes, 100 % meunier à l'exception de la cuvée Coup de Foudre, peu ou non dosés, impressionnent par la pureté et la force de leurs saveurs.

Les vins : les cuvées ont cette année changé d'habillage et de nom mais soyez rassuré, elles n'ont rien perdu de leur panache ni de leur fruité éclatant. L'ADN de meunier construit sur 2014 et 2015 à parts égales, est décliné en brut nature, ciselé et salivant grâce à une bulle goûteuse, parfaitement calibrée et d'une persistance de saveurs rarement atteinte avec ce cépage. La version extra-brut se montre plus pulpeuse et consensuelle tout en exprimant le même race qui ravira un beau camembert. Le millésime 2015 est habilement mené, dans la même veine, avec toutefois une touche végétale qui durcit la finale. En chardonnay, cette fois-ci, la cuvée Coup de Foudre évolue avec un fruit magnifiquement élancé. Splendide champagne à servir au fromage. Le rosé de saignée offre toujours de franches saveurs de framboise et une allonge goûteuse.

Brut Nature ADN de Meunier 2015	54 €	90
Brut Nature Blanc de Blancs Coup de Foudre 2013	43 €	94
Extra-Brut ADN de Meunier	33 €	92
Extra-Brut ADN de Meunier Rosé de Saignée	47 €	92

Le coup de ♥

Brut Nature ADN de Meunier	33 €	92

Rouge : 5,6 hectares. Pinot meunier 89 %, Pinot noir 11 %
Blanc : 0,5 hectare. Chardonnay 100 %
Production moyenne : 45 000 bt/an

CHRISTOPHE MIGNON
La Boulonnerie, 51700 Festigny
03 26 58 34 24 •
www.champagne-christophe-mignon.com •
Vente et visites : au domaine sur rendez-vous.
Propriétaire : Christophe Mignon

★

BRUNO PAILLARD

Issu d'une famille de vignerons et de courtiers en bouteilles, Bruno Paillard a créé sa propre maison en 1981 et pratique une viticulture qui se rapproche de l'éthique bio sans en revendiquer la certification. Nous retrouvons avec plaisir cette maison et l'esprit de ses cuvées typées chardonnay : aromatiques, expressives, étayées en bouche par des acidités fines et des bulles délicates.

Les vins : Première Cuvée, dosé en extra-brut, est vraiment séduisant, avec une bouche enrobée mais nette, et une finale bien tendue. Elle bénéficie à plein du long élevage des vins de la maison. Le Zéro Dosage enrobe son côté mordant par une belle complexité aromatique et une palette de saveurs posées. Basée sur le principe de la soléra, la Cuvée 72 bénéficie de 36 mois d'élevage et de 36 mois de maturation après dégorgement. Il s'agit évidemment d'un vin au profil plus oxydatif, mais doté d'une belle profondeur. Dégorgé en juin 2018, le blanc de blancs est crémeux et soyeux en bouche, avec une finale très citronnée et vive. Les amateurs de champagnes mûrs et automnaux se régaleront avec NPU 2004, qui livre des notes d'épices, de fruits secs, de citron confit. À boire à table, évidemment.

Brut Grand Cru Blanc de Blancs	de 48 à 55 € (c)	92
Brut Nature Dosage : Zéro	48 €	90
Extra-Brut Blanc de Blancs 2012	50 €	93
Extra-Brut Nec Plus Ultra 2004	200 €	95
Extra-Brut Première Cuvée	39 €	91
Brut Rosé Première Cuvée	de 47 à 48 € (c)	91

Le coup de ♥

Brut Cuvée 72	48 €	92

Rouge : Pinot noir 70 %, Pinot meunier 30 %
Achat de raisins.
Blanc : Chardonnay 100 %
Achat de raisins.
Production moyenne : 400 000 bt/an

BRUNO PAILLARD
Avenue de Champagne, 51100 Reims
03 26 36 20 22 •
www.champagnebrunopaillard.com •
Visites : sur rendez-vous uniquement aux professionnels.

Propriétaire : Bruno Paillard
Chef de cave : Laurent Guyot

★ ↗

PIERRE PAILLARD

Dans le village de Bouzy, Benoît Paillard et ses deux fils, Antoine et Quentin, disposent d'une dizaine d'hectares fractionnés sur ce grand cru de pinot noir. Ils possèdent aussi des chardonnays qui donnent des blancs de blancs solidement constitués. Le brut sans année s'exprime sous l'étiquette Les Parcelles avec une base de millésime indiqué en chiffres romains. Deux parcelles de chardonnay et de pinot noir sont judicieusement déclinées dans Les Motelettes et Les Maillerettes, qui s'attachent à livrer une identité élancée des terroirs de Bouzy. Les derniers tirages (à partir de la base 2015) gagnent en relief de saveurs et expriment un fruité plus éclatant. La première étoile fait son retour.

Les vins : Les Parcelles XV (70 % pinot noir, 30 % chardonnay) s'exprime avec un éclat fin auquel peu de bruts construits sur une base 2015 peuvent prétendre. Les Terres Roses (base 2016) suit le même élan fruité, tout en distinction. Ces derniers tirages gagnent en pureté avec une expression franche du fruit, tout en gardant la précision qu'on leur connaît. En 2014, les parcellaires s'avéraient élégants mais bien plus contenus, avec Les Mottelettes évoluant sur de belles notes d'amande, Les Maillerettes prenant de son côté des nuances épicées. Tous deux sont promis à une garde de plus de quinze ans. Le 2008 reste en pleine forme avec une vinosité à la fois puissante et assez raffinée pour le mener à table. Il est loin d'avoir dit son dernier mot.

Extra-Brut Grand Cru Bouzy Blanc de Blancs Les Mottelettes 2014	62 €	91
Extra-Brut Grand Cru Bouzy Blanc de Noirs Les Maillerettes 2014	62 €	92
Extra-Brut Grand Cru Bouzy La Grande Récolte 2008	70 €	92
Extra-Brut Grand Cru Bouzy Les Parcelles XV	36 €	91
Extra-Brut Rosé Grand Cru Bouzy Les Terres Roses XVI	45 €	92

Rouge : 7,5 hectares. Pinot noir 100 %
Blanc : 3,5 hectares. Chardonnay 100 %
Production moyenne : 92 000 bt/an

PIERRE PAILLARD
2, rue du Vingtième-Siècle, 51150 Bouzy
03 26 57 08 04 •
www.champagne-pierre-paillard.fr •
Visites : sur rendez-vous uniquement aux professionnels.
Propriétaire : Antoine et Quentin Paillard

★

FRANCK PASCAL

Depuis vingt ans, ce domaine s'est engagé dans la culture bio puis biodynamique pour produire « des champagnes bio-compatibles digestes que le corps reconnaît et assimile facilement, procurant un plaisir en toute simplicité et une sensation de bien-être ». Le vignoble est à dominante de meunier et de pinot noir, sur argiles à silex et meulière, morcelé sur cinq communes de la rive droite de la vallée de la Marne. Franck donne naissance à des champagnes de caractère pour un public à la recherche de vinosité et de goût du terroir. Cette année, certaines cuvées manquent de pureté ; l'étoile est en danger.

Les vins : derrière une rondeur fruitée, Reliance accuse un caractère végétal prégnant. Il est à boire dans la jeunesse. On retrouve cette note d'estragon dans le rosé Tolérance (2011 et 2012), à la chair pulpeuse. Confirmation de l'énergie vineuse du domaine dans Fluence (2014-2015), d'une magnifique suavité énergisante.

Brut Nature Fluence	35 €	92
Brut Nature Reliance	39 €	90
Extra-Brut Rosé Tolérance	49,90 €	88

Rouge : 5,6 hectares. Pinot meunier 75 %, Pinot noir 25 %
Blanc : 1,4 hectare. Chardonnay 100 %
Production moyenne : 50 000 bt/an

FRANCK PASCAL ♣
34 bis, rue Valentine-Régnier,
51700 Baslieux-sous-Châtillon
03 26 51 89 80 •
www.deschampagnespourlavie.com • Vente et visites : au domaine sur rendez-vous.
Propriétaire : Isabelle et Franck Pascal

★

PERRIER-JOUËT

Comme Mumm, Perrier-Jouët appartient depuis 2005 au groupe Pernod-Ricard. La maison propose des champagnes très chardonnay, du fait d'un vignoble majoritairement situé sur Cramant et Avize, au style ample et baroque défendu par le chef de cave Hervé Deschamps, arrivé chez Perrier-Jouët en 1983. Sa célèbre Belle Époque, conçue et signée en 1902 par Émile Gallé, a engendré de très belles bouteilles, mais aussi quelques déceptions sur des millésimes intermédiaires. Hélas, les prix, eux, se sont envolés.

Les vins : Le brut est confortable en bouche ; il se destine aux amateurs de vins amples au dosage appuyé en finale. Le Blason Rosé se montre lui aussi marqué par la sucrosité de son dosage. Nous aimerions un peu plus de nervosité. Dégusté en magnum, Belle Époque 2011 offre une certaine finesse de texture, mais termine sans envolée magique... 2012 offre bien plus de profondeur, d'énergie et d'allonge, avec un joli gras et une finale crémeuse.

Brut Belle Epoque 2011	350 €	91
Grand Brut	35 €	87
Brut Blason Rosé	de 47,50 à 64 € (c)	88

Le coup de ♥

Brut Belle Epoque 2012	126 €	94

Rouge : Pinot noir 63 %, Pinot meunier 37 %
Achat de raisins.
Blanc : Chardonnay 100 %
Achat de raisins.
Production moyenne : 2 500 000 bt/an

PERRIER-JOUËT
28, avenue de Champagne, 51200 Épernay
03 26 53 38 00 • www.perrier-jouet.com •
Pas de visites.
Propriétaire : Pernod-Ricard
Directeur : César Giron
Chef de cave : Hervé Deschamps et Séverine Frerson

★ ↗

R. POUILLON ET FILS

La maison Pouillon a été fondée en 1947. Le vignoble, implanté à Mareuil-sur-Aÿ et Aÿ, s'est étendu jusqu'à la Côte des Blancs. Fabrice, petit-fils de Roger, cultive aujourd'hui les 6,5 hectares répartis en 36 parcelles. Le caractère bien trempé et puissant du pinot noir de la vallée de la Marne structure des champagnes pleins de goût, qui assument leur carrure vineuse et leur patine légèrement oxydative venant de l'élevage des vins de réserve sous bois. La gamme s'est étoffée des cuvées Les Valnons (parcellaires d'Aÿ, pur chardonnay) et Les Blanchiens (50 % chardonnay, 50 % pinot noir de Mareuil-sur-Aÿ). L'identité vineuse et patinée s'affirme avec de plus en plus de finesse. Il est bon de garder des champagnes en cave. La première étoile est méritée cette année.

Les vins : la dernière version du brut, assemblage de 2017 (50 %), 2016 et de vins de réserve conservés en cuve et fût, se révèle être un délicieux champagne alliant une belle mâche et une patine enivrante. Les Terres Froides (base 2016), assemblage de chardonnays de terroirs exposés au nord, exprime une jolie fraîcheur austère. Réussite pour le rosé de macération (base 2016), haut en couleur, faisant couler en bouche d'intenses saveurs juteuses de fruits rouges. La solera assemble dix-huit millésimes, de 1997 à 2014, pour se livrer avec discrétion, évoluant vers les fruits jaunes et secs, tout en conservant une fraîcheur joviale. Un beau vin de gastronomie, à passer en carafe. Du côté des parcellaires, deux 2013, un ferme Blanchiens, racé mais un peu enrobé par son élevage en fût. Le chardonnay des Valnons (Aÿ) déroule une puissance phénoménale, délicatement fumée et très persistante. Grand blanc de blancs de table et de garde. Le meunier des Châtaigniers s'en sort avec une chair juteuse en 2015 et, néanmoins, une touche végétale stigmate du millésime.

Brut Nature Grand Cru Les Valnons 2013	65 €	94
Brut Nature Premier Cru Les Blanchiens 2013	65 €	92
Brut Réserve	35 €	91
Extra-Brut 1er Cru Solera	44 €	92
Extra-Brut Les Châtaigniers 2015	55 €	90
Extra-Brut Premier Cru Le Montgruguet 2016	52 €	92
Extra-Brut Premier Cru Les Terres Froides	45 €	92
Brut Rosé Premier Cru	30 €	91

Rouge : 5 hectares. Pinot noir 75 %, Pinot meunier 25 %
Blanc : 2 hectares. Chardonnay 100 %
Production moyenne : 55 000 bt/an

R. POUILLON ET FILS
17, rue d'Aÿ, Mareuil-sur-Aÿ 51160 Aÿ
03 26 52 63 62 •
www.champagne-pouillon.com • Vente et visites : au domaine sur rendez-vous.
Propriétaire : Fabrice Pouillon

★ ↗

FRÉDÉRIC SAVART

À 10 kilomètres à l'ouest de Reims, Écueil est un village historique pour le pinot noir, « un pinot fin réputé dans les années 1960 alors que les villages aux alentours sont plantés surtout en meunier », explique Frédéric Savart. Il a repris avec passion le vignoble de son père et élabore des champagnes jeunes, aromatiques, fruités, tendus et nuancés dans l'expression variétale. Les derniers tirages s'affirment avec panache. Les fermentations en demi-muid sont parfaitement maîtrisées et la distinction de la bulle dessine des jus épurés en finesse, ponctuées de fines notes d'oxydation ménagée. De formidables compagnons d'apéritif et de table, après quatre à cinq ans de garde. Nous attribuons l'étoile au domaine cette année

Les vins : encore sous le choc de son dégorgement de mars 2020, L'Ouverture nous initie parfaitement au pinot d'Ecueil. Un assemblage de 2015, 2016 et 2017 goûteux, plein d'élan. L'Accomplie (80 % pinot noir, 2014-2015), dégorgé en 2019, s'affirme avec plus de structure et un soupçon de dureté que l'on apaisera à table. Le lieu-dit du Mont Benoît accuse la trame végétale du millésime qu'absorbe une vinification parfaitement menée. Le pinot noir des Noues se montre plus harmonieux en 2015 avec une belle parure dorée, d'une ampleur admirable. Le 2016 se dirige vers une gamme aromatique fraîche, soulignée par une note de manzanilla, jusqu'à une allonge ciselée et précise. À ouvrir à partir de février 2021. Expression s'avère être une magnifique définition de rosé de pur pinot, non dosé, tout en finesse et précision avec une finale haletante.

Brut L'Ouverture	27 €	91
Extra-Brut Le Mont Benoît 2015	N.C.	92
Extra-Brut Premier Cru L'Accomplie	de 45 à 60 € (c)	91
Extra-Brut Premier Cru les Noues 2015	N.C.	93
Extra-Brut Premier Cru les Noues 2016	N.C.	94
Brut Nature Rosé Expression 2016	de 150 à 180 € (c)	94

Rouge : 3,5 hectares. Pinot noir 100 %
Achat de raisins.
Blanc : 0,5 hectare. Chardonnay 100 %
Achat de raisins.
Production moyenne : 55 000 bt/an

FRÉDÉRIC SAVART
1, chemin de Sacy, 51500 Écueil
03 26 84 91 60 •
www.champagne-savart.com • Visites : sur rendez-vous uniquement aux professionnels.
Propriétaire : Frédéric Savart

★

TAITTINGER

Vitalie Taittinger a pris la présidence de la maison en janvier 2020, succédant ainsi à son dynamique père, Pierre-Emmanuel, auquel on doit le retour de cette belle marque dans le giron familial. Autour d'une équipe solide, la jeune femme poursuit le développement de cette marque au style tourné vers l'élégance, avec des vins très marqués par le chardonnay, signature de la maison. La cuvée Comte de Champagne qui coiffe la gamme est une des grandes cuvées les plus régulières ; elle exprime parfaitement le goût Taittinger et vieillit de surcroît admirablement bien. Les autres vins ont gagné en intensité ces dernières années.

Les vins : avec une belle élégance, les champagnes Taittinger cultivent leur style avec brio. Le brut Réserve, crémeux et séduisant, porté par les chardonnays, est cohérent. Un rien moins de dosage lui confèrerait peut-être encore davantage de race. Le 2014 est tonique, doté d'une belle fraîcheur et d'une bouche gourmande. Millésime de grande réputation, Comtes de Champagne 2008 était très attendu. Le vin est au rendez-vous, épuré et vineux, mais surtout très élégant et allongé. Une bouteille qui pourra être oubliée quelques années en cave. L'intensité, la puissance et le fruité du rosé sont assumés.

Brut 2014	de 46,50 à 52,50 € (c)	91
Brut Réserve	de 34,50 à 40,50 € (c)	90
Brut Rosé Prestige	de 43 à 50 € (c)	89

Le coup de ♥

Brut Blanc de Blancs Comtes de Champagne 2008	de 162 à 170 € (c)	97

Rouge : 187,2 hectares. Pinot noir 76 %, Pinot meunier 24 %
Achat de raisins.
Blanc : 100,8 hectares. Chardonnay 100 %
Achat de raisins.
Production moyenne : 6 700 000 bt/an

TAITTINGER
9, place Saint-Nicaise, 51100 Reims
03 26 85 45 35 • www.taittinger.com •

Visites : sans rendez-vous.
Propriétaire : Vitalie Taittinger
Œnologue : Alexandre Ponnavoy

★

TARLANT

Au cœur de la rive gauche de la vallée de la Marne et de celle du Surmelin, Benoît Tarlant (le vinificateur) et sa sœur Mélanie (au commerce et à la communication) ont succédé à leurs parents. Leur viticulture se révèle exigeante, adaptée à la mosaïque de sols et de sous-sols qu'ils exploitent : des sables au silex, des argiles et calcaires à la pure craie. Sans levurage ni enzymage, les deux tiers des vinifications se font sous bois. Ces champagnes ont du volume, de la mâche et ils conservent une grande fraîcheur du fait d'un dosage léger. La politique de conserver longuement les vins en cave est salutaire.

Les vins : encore sous le choc de son dégorgement en février 2020, le brut nature (base 2012, pinot noir, meunier et chardonnay) déroule sa vinosité un brin anguleuse et des saveurs d'une persistance goûteuse. Tout comme le brut Zéro rosé (2014, 50 % chardonnay), un champagne plein d'élan, aux saveurs percutantes de fruits rouges. Il ne faudra pas hésiter à les ouvrir à l'avance avant de passer à table. L'Argilité est un chardonnay de 2013 de Celles-lès-Condé, fermentation et élevage en amphore, une cuvée récente qui s'affirme avec une certaine suavité, soulignée par une fine rusticité. Une belle définition généreuse de 2005 (millésime compliqué en Champagne) se dessine dans la Lutétienne, aux belles saveurs mellifères et aux rondeurs gourmandes. Il est à boire. L'Aérienne rosé 2004 est en pleine forme, très goûteux avec une chair pulpeuse bien épicée. On l'aimera à table avec un curry d'agneau. À dix ans, l'assemblage BAM (pinot blanc, arbane et petit meslier) affirme sa structure prégnante, saline avec une sensation tannique en finale. Quel caractère !

Brut Nature Argilité 2013	120 €	91
Brut Nature BAM !	120 €	92
Brut Nature Prestige Lutétienne 2005	75 €	92
Brut Nature Zéro	39 €	91
Brut Nature Rosé L'Aérienne 2004	85 €	93
Brut Nature Rosé Zéro	45 €	91

Rouge : 9,1 hectares. Pinot noir 75 %, Pinot meunier 25 %
Blanc : 3,9 hectares. Chardonnay 80 %, Petit Meslier 10 %, Pinot meunier blanc 5 %, Arbane 5 %
Production moyenne : 100 000 bt/an

TARLANT
21, rue de la Coopérative, 51480 Œuilly
03 26 58 30 60 • www.tarlant.com • Vente et visites : au domaine sur rendez-vous.
Propriétaire : Famille Tarlant
Directeur : Benoît et Mélanie Tarlant

★

YANN ALEXANDRE

Situé à Courmas, petit village du nord-ouest de la Montagne de Reims, le vignoble, issu d'un héritage familial, s'étend sur 30 parcelles et neuf communes où les meuniers et pinots noirs sont particulièrement fringants et savoureux. La marque de la maison ? La combinaison d'un raisin mûr, nourri tranquillement par cinq à sept ans sur lattes et d'un dosage très modéré. Cette quiétude découlant du vieillissement en cave leur permet de se distinguer de nombreux champagnes commercialisés trop jeunes et trop vifs. La gamme irréprochable confirme l'étoile attribuée l'an dernier.

Les vins : une fois de plus, Roche Mère est parfaitement exécuté. Voici l'un des bruts natures les plus précis et énergiques de Champagne avec une bulle admirablement calibrée. Le brut Noir (base 2015), se montre un soupçon végétal et moins complexe que la Grande Réserve, construit sur base ambitieuse de 2012 avec 40 % de vins de réserve, un champagne universel, sculpté par une effervescence impeccable et une chair gourmande en bouche. Très beau blanc de blancs 2012, crémeux, à la finale portée par de beaux amers zestés. En plein épanouissement. Encore marqué par son élevage en fût, le coteaux-champenois Terres des Clos affiche une concentration veloutée admirablement taillée pour la garde.

Brut Blanc de Blancs 2012	38 €	92
Brut Noir	30 €	90
Brut Premier Cru Grande Réserve	36 €	92

CHAMPAGNE

Coteaux Champenois Terre des Clos 2018 — Épuisé - 38 € — 92

Le coup de ♥

Brut Nature Roche Mère — 34 € — 91

Rouge : 4,6 hectares. Pinot meunier 75 %, Pinot noir 25 %
Blanc : 1,7 hectare. Chardonnay 99 %, Divers blanc 1 %
Production moyenne : 30 000 bt/an

YANN ALEXANDRE
8, chemin des Jardins, 51390 Courmas
06 81 03 81 79 • www.champagneyannalexandre.fr • Vente et visites : au domaine sur rendez-vous.
Propriétaire : Yann Alexandre

BARRAT-MASSON

Ce jeune domaine du Sézannais est né de l'union de Loïc Barrat et Aurélie Masson. Leurs vignes à Villenauxe-la-Grande et Betton, plantées principalement de chardonnay, alimentaient jusqu'en 2010 la cave coopérative locale, Le Brun de Neuville. Le tournant est pris dès 2009 avec le démarrage de la conversion en bio. En 2011, les premiers jus des quinze parcelles sont vinifiés avec rigueur, séparément, en cuve ou en fût. Nous nous réjouissons de découvrir les deuxièmes et troisièmes tirages de ces blancs de blancs méticuleux, au fruité fringant et joliment équilibrés malgré l'absence de dosage. Des champagnes délicats et suaves plutôt que profonds et structurés. La marge de progression est encore grande.

Les vins : la gamme continue de progresser, dans un registre fin et tendre. La vinification est toujours bien menée, délivrant une petite touche fumée dans chacune des cuvées. C'est encourageant. Le pur chardonnay Fleur de Craie (vendange) 2016 nous séduit le plus par son raffinement et les délicats amers d'agrumes qu'il laisse dans une bouche saine. La Jancélie (2017) est encore plein de fougue avec la touche végétale du millésime. Tout comme Grain d'Argile, dominé par le chardonnay (65 %), avec une part de 2015 légèrement dure. De bons champagnes sans artifice et très rafraîchissants.

Brut Nature La Jancélie 2017 — N.C. — 88
Extra-Brut Grain d'Argile — 33 € — 89

Le coup de ♥

Brut Nature Fleur de Craie 2016 — 35 € — 90

Rouge : 0,7 hectare. Pinot noir 100 %
Blanc : 6,3 hectares. Chardonnay 100 %
Production moyenne : 20 000 bt/an

BARRAT-MASSON ♣
20, rue Jaillard, 10370 Villenauxe-la-Grande
03 25 39 17 98 • champagne-barrat-masson.com • Vente et visites : au domaine sur rendez-vous.
Propriétaire : Aurélie et Loïc Barrat

FRANCIS BOULARD & FILLE

Ces champagnes sont issus d'un vignoble biologique à dominante de pinots, planté sur le massif de Saint-Thierry, dans la vallée de la Vesle. Delphine Boulard a pris la suite de son père Francis et mène aujourd'hui un peu plus de trois hectares de vignes. La gamme extra-brut et nature (dont Les Murgiers, à majorité de meunier), "malo faite" est une référence dans la famille des champagnes de terroir puissants et sapides. Les derniers tirages de rosé et de Petraea s'avèrent un peu rustiques. Des années comme 2011 et 2015 ne portent pas le domaine à son meilleur niveau. Pour cette édition, le domaine n'atteint pas le niveau requis pour une étoile.

Les vins : encore sous le choc de ce son dégorgement en janvier 2020, Les Murgiers, non dosé, met en lumière la vendange 2016 et des vins de réserve pour moitié. Il s'affirme avec droiture tout en préservant la tendresse des fruits du massif de Saint-Thierry. On retrouve un caractère végétal dans le blanc de blancs 2015, une belle chair évoquant les zestes le rend gourmand. Buvez-le dans la jeunesse. Les Rachais 2011 est loin du niveau des millésimes précédents. Il accuse une marque végétale chaude. Une belle sensation pulpeuse se dégage du Rosé de Saignée (50 % pinot noir, 50 % meunier) avec une austérité finale rappelant le millésime tardif 2013. Terminons avec le Petraea, réserve perpétuelle emblématique, relancée avec un assemblage de 2012 et 2013, un champagne pourvu d'une fine patine oxydative, un peu serrée en finale. À servir à table.

Brut Nature Les Murgiers — 39 € — 90
Brut Nature Les Rachais 2011 — 65 € — 87
Brut Nature Petraea — 65 € — 89

- Extra-Brut Blanc de Blancs Vieilles Vignes 2015 — 40 € 90
- Extra-Brut Rosé de Saignée 2013 — 40 € 90

Rouge : 2,4 hectares. Pinot meunier 67 %, Pinot noir 33 %
Blanc : 1 hectare. Chardonnay 100 %
Production moyenne : 25 000 bt/an

FRANCIS BOULARD & FILLE ☾

13, rue de la Cense-Flancourt, 51170 Faverolles-et-Coemy
03 26 61 52 77 • www.francis-boulard.com • Vente et visites : au domaine sur rendez-vous.
Propriétaire : Delphine Richard-Boulard

NOUVEAU DOMAINE

ÉTIENNE CALSAC

La cave d'Étienne Calsac, héritée de sa famille, se situe dans la commune d'Avize. À quelques encablures de là, ce trentenaire plein d'espoir cultive quelques hectares de chardonnay, dont le Clos des Maladries, dans ce village grand cru prisé par les amateurs de grands blancs de blancs. Le reste du vignoble se trouve dans la vallée de la Marne, à Bisseuil. Ces champagnes qui font leur fermentation malolactique expriment pour autant une droiture précise, sans esbroufe d'élevage. Sa cuvée Les Revenants, assemblage des cépages confidentiels pinot blanc, arbane et petit meslier, chante avec panache des goûts oubliés en Champagne.

Les vins : trois vins construits sur une base de 2017 se montrent rudement bien menés. L'Échappée Belle, blanc de blanc à la rondeur gourmande, tenu par une bulle précise, un bon compromis pour comprendre le style de la maison, et Les Rocheforts, un chardonnay de Bisseuil plus étoffé et puissant, avec une bulle bien calibrée ; le charnu Rosé de Craie présente une touche végétale de cette année. L'année 2015 ne s'avère pas la plus harmonieuse pour révéler le Clos des Maladries, chardonnay profond et raffiné mais bloquée par le caractère dur du millésime. Le terroir s'affirmera probablement davantage en 2016. Le coteaux-champenois blanc se montre tout à fait original, pourvu d'une élégante réduction grillée et d'une finale savoureusement saline.

- Brut Nature Les Revenants — 75 € 93
- Coteaux Champenois 2018 — 50 € 92
- Extra-Brut Clos des Maladries 2015 — 73 € 90
- Extra-Brut Premier Cru L'Échappée Belle — 25,50 € 89
- Extra-Brut Premier Cru Les Rocheforts — 37,90 € 90
- Extra-Brut Rosé de Craie — 31,90 € 89

Blanc : 3 hectares. Chardonnay 95 %, Pinot noir 5 %
Achat de raisins.
Production moyenne : 30 000 bt/an

ÉTIENNE CALSAC ♣

128, allée Augustin-Lorite, 51190 Avize
03 26 40 56 84 • www.champagne-etienne-calsac.com • Vente et visites : au domaine sur rendez-vous.
Propriétaire : Étienne Calsac

VEUVE CLICQUOT PONSARDIN

Le groupe de luxe LVMH, propriétaire depuis 1987, a fait de Veuve Clicquot la deuxième marque de champagne en volume avec son célèbre brut Carte Jaune (premier champagne vendu aux États-Unis). La maison possède des vignobles en premier et en grand cru, surtout destinés aux cuvées millésimées et à La Grande Dame. Marqué par le pinot noir, les vins de Clicquot sont historiquement réputés pour leur bouche vineuse et structurée. Didier Mariotti, venu de G. H. Mumm, a succédé à Dominique Demarville comme chef de cave.

Les vins : le tirage de Carte Jaune se fait plus précis et mieux défini, tout en gardant un style rassembleur. Belle réussite, l'Extra Old, assemblage de grands millésimes entre 2012 et 1990, offre une bouche de belle profondeur, à la palette aromatique encore fraîche. Le rosé 2012 se pose doucement et s'invite à table. Il décline des notes de fruits rouges et une pointe d'écorce d'orange qui le destinent à une viande rouge délicate. Charnu, le 2012 reste dynamique en bouche et présente une finale finement iodée.

- Brut Carte Jaune — 40 € 88
- Brut Vintage 2012 — 55 € 92
- Brut Vintage 2012 — 61 € 91

Le coup de ♥

- Extra-Brut Extra Old — 68 € 92

Rouge : 50 hectares. Pinot noir 81 %, Pinot meunier 19 %
Achat de raisins.
Blanc : 350 hectares. Chardonnay 100 %
Achat de raisins.

VEUVE CLICQUOT PONSARDIN
12, rue du Temple, 51100 Reims
03 26 89 54 40 • www.veuve-clicquot.com • Vente et visites : au domaine sur rendez-vous.
Propriétaire : LVMH
Chef de cave : Didier Mariotti

COESSENS

Ce producteur de la Côte des Bar (Aube) livre des champagnes mûrs, puissants, enrobés, vineux, qui séduiront les plus réfractaires à l'acidité. Ils sont issus d'une partie du vignoble familial cadastré "Largillier" qui tire son nom de la richesse des argiles de son sol de marnes kimméridgiennes. Cette petite production soignée, 100 % pinot noir, livre sa pleine dimension dans le cadre d'un repas ou d'un apéritif dînatoire. Jérôme Coessens a fait appel au bourguignon Yves Confuron, talentueux vigneron du domaine Confuron-Cotetidot, adepte de la vinification en grappes entières, pour élaborer un coteaux-champenois rouge.

Les vins : le brut nature 2016 révèle son terroir avec un fruit d'une belle ampleur, une touche fumée et une allonge joliment concentrée en extraits secs. Le blanc de noirs 2016 au fruité plein est plus avenant, plus classique et conforme à ce que l'on attend d'un pinot noir de la Côte des Bars. Le rosé 2017 évoque à plein nez la fraise, la cerise et la framboise, les saveurs juteuses qu'il laisse en bouche sont incroyablement généreuses. Peu de rosés peuvent revendiquer une telle intensité. La Caresse d'automne est une solera de vins de 2006 à 2014 : patine oxydative élégante et vinosité appuyée traduisent la puissance du terroir. Un délicieux champagne de fromages. Le 2013 évolue admirablement dans un registre droit et puissant, tenu par une bulle élégante. Nous le préférons au Sens Boisés, du même millésime mais bien plus marqué par le bois de son élevage, rappelant la trame de blancs bourguignons.

- Brut Largillier Blanc de Noirs 2016 — 45 € — 90
- Brut Nature 2016 — 52 € — 92
- Extra-Brut 2013 — 61 € — 93
- Extra-Brut Largillier Caresse d'Automne — 66 € — 92
- Extra-Brut Largillier Les Sens Boisés — 55 € — 91

Le coup de ♥
- Brut Largillier Rosé de Saignée 2017 — 52 € — 93

Rouge : 5,8 hectares. Pinot noir 100 %
Blanc : 0,7 hectare. Chardonnay 100 %
Production moyenne : 20 000 bt/an

COESSENS
6, chemin des Farces, 10110 Ville-sur-Arce
03 51 63 70 48 •
www.champagne-coessens.com • Vente et visites : au domaine sur rendez-vous.
Propriétaire : Jérôme Coessens

DEHOURS ET FILS

Installée depuis quatre générations à Cerseuil, petit village des coteaux sud de la vallée, la maison dirigée par Jérôme Dehours a su diversifier les cuvées et les styles, à partir d'un vignoble très morcelé sur les deux rives de la Marne. Ses champagnes de caractère, majoritairement construits autour du meunier, offrent une balance de jus sapide tout en jouant sur le fil d'une fine oxydation ménagée venue des vinifications en fût ancien. Après un avis réservé sur les champagnes de la base 2015 l'année dernière, nous retrouvons cette année davantage de franchise dans le fruit. C'est de bon augure pour la suite.

Les vins : malgré sa jeunesse (base 2017 avec 48 % de vins de réserve), la Grande Réserve s'affirme comme un beau brut, charnu, posé sur une fine patine oxydative complexe qu'apporte la réserve perpétuelle débutée en 1998. Sans aucune dureté, l'extra-brut Terre de Meunier (2016/2015) se dévoile avec un fruit franc et droit, laissant une douceur croquante en bouche. À déboucher à partir des fêtes de fin d'années. Après une phase marquée par une note végétale et chaude (typique du millésime), le 2011 reprend du poil de la bête, évoluant vers une robe dorée et des saveurs gourmandes de pomme au four assorties de fins amers en finale. Il est à boire dès maintenant.

- Brut Grande Réserve — 28 € — 90
- Extra-Brut La Côte en Bosses 2011 — 50 € — 91

Extra-Brut Terre de Meunier 32 € 91

Rouge : Pinot meunier 86 %, Pinot noir 14 %
Blanc : 14,5 hectares. Chardonnay 100 %
Production moyenne : 72 000 bt/an

DEHOURS ET FILS
2, rue de la Chapelle,
51700 Mareuil-le-Port-Cerseuil
03 26 52 71 75 • www.champagne-dehours.fr
• Vente et visites : au domaine sur rendez-vous.
Propriétaire : Famille Dehours
Directeur : Jérôme Dehours

DEVAUX

Fondé en 1846 et installé au cœur de la Côte de Bar, Devaux est la marque référence de l'Union auboise, qui vend des vins de base à de nombreuses grandes maisons de la Marne et sélectionne une centaine d'hectares pour sa marque Veuve Devaux et la gamme D de Devaux, la plus intéressante. Le chef de cave Michel Parisot donne la priorité au pinot noir, élevé en foudre, dans un style digeste.

Les vins : la maison nous a adressé cinq cuvées haut de gamme. Vieillie cinq ans, la cuvée D offre une belle dimension en bouche, avec un côté crémeux et de la vivacité. Le rosé D est gourmand : il exprime des notes de fruits rouges et une pointe saline en finale. Réalisé en collaboration avec Michel Chapoutier, Sténopé est désormais livré dans le millésime 2011. L'année fut difficile et le vin tend à évoluer. Il n'est pas très charnu mais conserve une finale nerveuse. Le Cœur des Bar est un blanc de noirs très racé et ample, porté par une bonne énergie, pour la table.

Brut Cuvée D 40 € 92
Brut Sténopé 2011 140 € 89
Extra-Brut L'Ultra D 46 € 90
Brut Rosé Cuvée D 33 € 93

Le coup de ♥
Brut Coeur des Bar 33 € 93

Rouge : 67 hectares. Pinot noir 100 %
Blanc : 20 hectares. Chardonnay 100 %
Production moyenne : 700 000 bt/an

DEVAUX
Hameau de Villeneuve, 10110 Bar-sur-Seine
03 25 38 30 65 •
www.boutique.champagne-devaux.fr •
Visites : sans rendez-vous.
Propriétaire : Union Auboise
Chef de cave : Michel Parisot

DUVAL-LEROY

Maison familiale fondée à Vertus en 1859, Duval-Leroy doit son essor récent à la dynamique Carol Duval-Leroy et ses enfants, Julien et Charles. La gamme est vaste, avec notamment une série de champagnes parcellaires et une cuvée réalisée en partenariat avec les Meilleurs Ouvriers de France. Les ambitions affichées de monter en gamme et de se rapprocher de la belle gastronomie sont très louables, mais les derniers tirages nous ont laissés sur notre faim.

Les vins : la maison propose des vins au style posé et facile, à l'image de Fleur, qui affiche une certaine finesse. L'extra-brut, assemblage à majorité de chardonnay, offre une bouche légèrement évolutive, briochée mais tonique. Précieuse Parcelle 2007 poursuit son évolution ; le vin garde un côté tonique et une bouche profonde, terminant sur une finale sapide. On peut le boire. Femme de Champagne, en version non millésimée, est un vin ample à la bouche généreuse et crémeuse. Le fruit du 2002 est en train de perdre son éclat, qui fait place à des notes automnales. À boire sans trop tarder.

Brut Femme de Champagne 2002 200,96 € 91
Brut Femme de Champagne 84,13 € 90
Brut Fleur de Champagne 40,27 € 88
Extra-Brut Premier Cru Prestige 44,74 € 89
Brut Premier Cru Rosé Prestige 45 € 87

Le coup de ♥
Brut Précieuses Parcelles Petit Meslier 2007 95,56 € 92

Rouge : 100 hectares.
Blanc : 100 hectares.
Production moyenne : 3 000 000 bt/an

DUVAL-LEROY
69, avenue de Bammental, 51130 Vertus
03 26 52 10 75 • www.duval-leroy.com •
Vente et visites : au domaine sur rendez-vous.
Propriétaire : Carol Duval-Leroy
Chef de cave : Sandrine Logette-Jardin

GATINOIS

Ce domaine familial dispose de parcelles remarquablement situées dans le village d'Aÿ : 27 parcelles, toutes en coteaux et à 90 % plantées de pinot noir. Les cuvées Tradition et Réserve soulignent le compromis entre puissance et finesse vineuse, avec des saveurs confites et grillées ainsi qu'une ovalité généreuse en bouche.

Les vins : le brut Tradition à dominante de pinot noir (80 %) s'avère être un bon classique au fruité plaisant. Issu d'un vieillissement plus long, le brut Réserve s'étend avec plus de complexité, délivrant une identité plus vineuse des raisins d'Aÿ. Tous deux sont joliment teintés, parfaitement calibrés par une bulle précise mais avec une touche végétale. Quel plaisir de déguster un rosé à la structure d'une telle tenue ! Plaisir encore, ce délicieux parfum de pinot noir, identitaire de ce grand cru de la vallée de la Marne. Ils gagneront au vieillissement contrairement au 2011, épanoui avec une rondeur et une finale agréablement amère.

- Brut Grand Cru 2011 — 34 € — 88
- Brut Grand Cru Réserve — de 23 à 26 € (c) — 91
- Brut Grand Cru Tradition — de 20 à 23 € (c) — 89

Le coup de ♥

- Brut Rosé Grand Cru — de 25 à 29 € (c) — 92

Rouge : 6 hectares. Pinot noir 100 %
Blanc : 1 hectare. Chardonnay 100 %
Production moyenne : 50 000 bt/an

GATINOIS
7, rue Marcel-Mailly, 51160 Aÿ
03 26 55 14 26 ●
www.champagne-gatinois.com ● Vente et visites : au domaine sur rendez-vous.
Propriétaire : Louis Cheval-Gatinois

RENÉ GEOFFROY

Ce domaine d'Aÿ dirigé par Jean-Baptiste Geoffroy est le meilleur représentant du vignoble solaire et très pinot de Cumières. En aval d'Épernay, sur la rive droite de la Marne, ce cru simplement classé en "premier" est digne d'un grand quand le millésime est de la fête. Ici les vignes sont de plus en plus travaillées. Les vins naturellement plantureux ne font pas leur fermentation malolactique et les dosages sont légers. Leurs bulles dociles se montrent très expressives, aromatiques, généreuses en saveur de pinot (fruits rouges), toujours d'une excellente fraîcheur malgré leur vinosité et leur expression terrienne. Des cuvées s'avèrent en pleine forme comme Pureté et Empreinte. Toutefois, nous enlevons l'étoile au domaine car certains, comme les rosés, n'ont pas la finesse et l'éclat que nous attendons.

Les vins : l'Expression accuse un peu le coup végétal chaud de la part de 2015 qui le compose tout en conservant la rondeur des trois cépages champenois. Le brut nature Pureté (2013 et 2014) a assagi sa fougue pour gagner en expression fruitée gourmande. Une expression très fraîche du pinot noir se dessine dans l'Empreinte 2014, un millésime propice à cette définition fringante et subtilement vineuse du blanc de blancs. Un millésime à prix très abordable. Côté blanc de blancs, Volupté puise une trame sphérique, accentuée par la concentration du millésime 2012. L'assemblage pinot noir, meunier, chardonnay, arbane et petit meslier déploie une magnifique densité en extraits secs dans Les Houtrants, un champagne vineux, aux contours structurés pour la table. N'hésitez pas à déboucher le 2008, d'une puissance vineuse, son évolution généreuse l'invite sur un pâté en croûte.

- Brut Nature Premier Cru Les Houtrants Complantés — 120 € — 92
- Brut Nature Premier Cru Pureté — 32 € — 90
- Brut Premier Cru Empreinte 2014 — 35 € — 92
- Brut Premier Cru Expression — 28 € — 89
- Extra-Brut Premier Cru Terre 2008 — 80 € — 91
- Extra-Brut Premier Cru Blanc de Rose 2013 — 60 € — 89

Rouge : 10,5 hectares. Pinot noir 56 %, Pinot meunier 44 %
Blanc : 4 hectares. Chardonnay 100 %
Production moyenne : 110 000 bt/an

RENÉ GEOFFROY
4, rue Jeanson, 51160 Aÿ
03 26 55 32 31 ●
www.champagne-geoffroy.com ● Vente et visites : au domaine sur rendez-vous.
Propriétaire : Karine et Jean-Baptiste Geoffroy

PIERRE GERBAIS

Sous la houlette de Pascal Gerbais et de son fils Aurélien, le domaine Pierre Gerbais s'est inscrit parmi les plus singuliers de la Côte des Bar. Cette originalité réside notamment dans la présence du pinot blanc, vinifié seul ou à hauteur de près d'un tiers, accompagnant les classiques pinot noir et chardonnay. Ces champagnes de marnes kimméridgiennes n'ont pas l'envergure des grands crus mais nous ravissent par leur caractère sudiste bien trempé et leur chair entière que vous saurez apprécier à table.

Les vins : issu d'une micro-production de 512 bouteilles, le coteaux-champenois blanc 2018, n'est pas un chardonnay mais un pinot blanc, et il sort de l'ordinaire avec son nez très mûr de poire augmenté d'une irrésistible note de safran. Revenons aux bulles, avec un Grains de Celles blanc (base 2016), toujours marqué par une originale part de pinot blanc (25 %) en complément du pinot noir et du chardonnay. Un champagne droit et intensément savoureux. Il faudra l'ouvrir à partir de l'automne, tout comme la version rosée, revigorante. Basculons en 2015 pour les quatre autres cuvées. L'Osmose est un chardonnay plein, aux saveurs joliment exotiques avec une finale nette et fraîche. L'Originale, un pinot blanc très mûr, évoque l'expression d'un beau chenin de Loire. L'Audace est, quant à lui, un exercice de style plus risqué : un pinot noir vinifié sans soufre ajouté et non dosé. Moins précis que les autres cuvées, il joue dans l'oxydatif et une vinosité savoureuse. Le rosé de saignée s'avère haut en couleur, un pinot noir généreusement floral.

- Brut Nature L'Audace 40 € 90
- Coteaux Champenois 2018 30 € 92
- Extra-Brut Blanc de Blancs L'Originale 55 € 92
- Extra-Brut Blanc de Blancs L'Osmose 40 € 92
- Extra-Brut Grains de Celles 30 € 91
- Brut Nature Rosé de Saignée 60 € 91
- Extra-Brut Rosé Grains de Celles 35 € 90

Rouge : 10 hectares. Pinot noir 100 %
Blanc : 8 hectares. Chardonnay 50 %, Pinot blanc 50 %
Production moyenne : 160 000 bt/an

PIERRE GERBAIS
13, rue du Pont, 10110 Celles-sur-Ource
03 25 38 51 29 • www.gerbais.com • Vente et visites : au domaine sur rendez-vous.
Propriétaire : Famille Gerbais

GUIBORAT

Richard Fouquet a 18 ans lorsqu'il revient au domaine familial de Cramant, en 1993. Il est rejoint par sa femme, Karine, œnologue, en 2012. Le couple de vignerons bénéficie d'un patrimoine de vignes situées en Côte des Blancs, principalement sur les grands crus de Cramant et de Chouilly. Vinifiés en cuve et partiellement sous bois pour les millésimés, leurs blancs de blancs dosés a minima (extra-brut ou brut nature) sont sans esbroufe, finement exotiques, et dotés de la profondeur généreuse de leurs terroirs. Un domaine à suivre de près.

Les vins : l'expression fine et franchement juteuse du fruit du meunier se dévoile dans Prohibition, le dernier-né de la gamme. Une délicieuse cuvée prête à boire. Dans Thétys 16, des chardonnays dans la force de l'âge s'expriment avec la fraîcheur que l'on attend d'un beau blanc de blancs d'apéritif. Le Prisme 14 s'ouvre avec davantage d'ampleur. La fine austérité finale lui apporte beaucoup d'allant. Une évolution dans la rigueur froide de ce millésime tardif associée à la douceur du cru Mont Aigu de Chouilly. Un champagne moderne dessiné par une droiture marquée.

- Brut Nature Blanc de Blancs Le Mont Aigu 2013 74 € 92
- Brut Nature Blanc de Noirs Prohibition 37 € 91
- Extra-Brut Grand Cru Blanc de Blancs Prisme.14 38 € 91
- Extra-Brut Grand Cru Blanc de Blancs Téthys.16 33 € 90

Blanc : 8 hectares. Chardonnay 100 %
Production moyenne : 30 000 bt/an

GUIBORAT
99, rue de la Garenne, 51530 Cramant
03 26 57 54 08 • www.champagne-guiborat.fr • Vente et visites : au domaine sur rendez-vous.
Propriétaire : Richard Fouquet

LALLIER

Marque relancée avec brio par Francis Tribaut depuis 2004, Lallier a été acquis par le groupe Campari cette année. Le géant italien des spiritueux met ainsi la main sur les 15 hectares de vignes d'une maison fondée en 1906 dont les cuvées parcellaires sont indiscutablement le point fort. Nous avons toutefois décidé de lui ôter cette année son étoile en raison de l'hétérogénéité trop prononcée de la gamme.

Les vins : R.016 est une cuvée ronde, vive, mais peu profonde, qui semble manquer de constitution. Le blanc de blancs possède une certaine finesse, mais pas la complexité attendue. Les cuvées parcellaires sont plus convaincantes : crémeux, doté d'une bonne tension et d'une bouche citronnée, Loridon est agréable et sapide en finale. Les Sous est la plus aboutie : ce blanc de noirs possède du ressort, une belle intensité en bouche et une finale très éclatante. Ouvrage cultive un petit côté oxydatif, avec une bouche ample, mais un léger manque de précision.

- Brut Grand Cru Blanc de Blancs — de 38 à 40 € (c) — 88
- Brut Grand Cru Ouvrage — 58 € — 90
- Brut R.016 — 32 € — 87
- Extra-Brut Grand Cru Blanc de Blancs Sélection Parcellaire Loridon — 75 € — 91

Le coup de ♥

- Extra-Brut Grand Cru Blanc de Noirs Sélection Parcellaire Les Sous — 75 € — 92

Rouge : 30 hectares. Pinot noir 100 %
Achat de raisins.
Blanc : 20 hectares. Chardonnay 100 %
Achat de raisins.
Production moyenne : 400 000 bt/an

LALLIER
4, place de la Libération, 51160 Aÿ
03 26 55 79 83 •
www.champagne-lallier.com • Vente et visites : au domaine sur rendez-vous.
Propriétaire : Laurence Brunet

LANCELOT-PIENNE

Située dans le centre du village de Cramant, la propriété s'étend sur un parc verdoyant qui offre une vue exceptionnelle sur le vignoble de la Côte des Blancs. C'est un domaine familial très chardonnay en grand cru (Avize, Chouilly, Cramant) et pinot meunier. Gilles Lancelot, œnologue, travaille ses vins clairs en cuve (pas de bois) pour accentuer leur expression minérale, et a fait le choix des fermentations malolactiques. Les cuvées ont gagné en finesse, profondeur, sérénité et sont signées par des dosages plus subtils.

Les vins : construit sur une base de 2016, Instant Présent s'avère être un bon blanc de blancs de chardonnay, facile d'approche avec une chair gourmande très agréable dans la jeunesse. Accord Majeur (2013), à dominante de meunier, offre avec une belle franchise un fruit équilibré. Portée par une trame végétale, Table Ronde 2015 est en dessous du lot cette année. Nous préférons nettement Marie Lancelot 2014, crémeux à souhait et typique de l'éclat frais du millésime. Un beau champagne taillé pour la table, tout comme Perceval 2013, à la patine plus marquée, au très beau potentiel de garde.

- Brut Accord Majeur — de 27 à 30 € (c) — 89
- Brut Grand Cru Marie Lancelot 2014 — 48 € — 92
- Brut Instant Présent — de 27 à 30 € (c) — 89
- Brut Perceval 2013 — 41 € — 91
- Extra-Brut Grand Cru Blanc de Blancs Table Ronde 2015 — de 30 à 36 € (c) — 86

Rouge : 4,5 hectares. Pinot meunier 75 %, Pinot noir 25 %
Blanc : 4,5 hectares. Chardonnay 100 %
Production moyenne : 70 000 bt/an

LANCELOT-PIENNE
1, place Pierre-Rivière, 51530 Cramant
03 26 59 99 86 •
www.champagne-lancelot-pienne.fr • Vente et visites : au domaine sur rendez-vous.
Propriétaire : Gilles Lancelot

LANSON

La marque fondée en 1760 est, depuis son rachat en 2006, le vaisseau amiral du groupe coté en bourse Lanson-BCC. Depuis 2018, la maison qui exporte plus de 80 % de sa production est présidée par François Van Aal. Le chef de cave, Hervé Dantan, perpétue lui le style Lanson avec des champagnes à dominante de pinot, sans fermentation malolactique, marqués par une fraîcheur tendue, et bâtis pour la garde.

Les vins : signature de la maison, Black Label affiche toujours une certaine tension en attaque, avant de glisser vers une finale un rien enrobée. Un champagne d'apéritif. Black Réserve est plus fondu, mordant, mais aussi plus complexe et allongé. Très fin, le blanc de blancs réussi à trouver son équilibre entre tension, sapidité et gourmandise. Une bouteille bien constituée.

- Brut Black Label — 31 € — 88

Brut Black Réserve 2019 — de 26 à 28 € (c) — 90

Brut Rosé — 105 € — 89

Le coup de ♥

Brut Blanc de Blancs — 49 € — 92

Rouge : Pinot noir 100 %
Blanc : Chardonnay 100 %
Production moyenne : 5 000 000 bt/an

LANSON
66, rue de Courlancy, 51100 Reims
03 26 78 50 50 • www.lanson.com •
Visites : sans rendez-vous.
Propriétaire : Groupe Lanson-BCC
Directeur : François Van Aal
Chef de cave : Hervé Dantan

LELARGE-PUGEOT

Dominique Lelarge, propriétaire historique, et son épouse, Dominique Pugeot, ont contribué à la renaissance de ce domaine. Les vignes sont plantées exclusivement dans la commune de Vrigny, à l'ouest de Reims. Un territoire aux sols argilo-limoneux, où le meunier prend une tournure suave et fuselée. Hormis le coteaux-champenois élevé en fût, les champagnes ne voient que la cuve et affirment un caractère automnal fringant et savoureux. Il sont posés, sans acidité crispante. Inutile de percuter le palais pour impressionner !

Les vins : construit sur une base de 2016 (80 %) avec du 2015, le fougueux Tradition offre un jus à la tendresse tonique. En 2015, de nombreux champagnes ont pris des notes de chaud et de végétal. L'extra-brut Gueux n'est pas épargné. Toutefois, il dévoile une gourmandise d'une grande appétence. En 2014, le rosé de saignée est nettement plus pur avec un fruit sapide, serti de tanins croquants. Une gamme à déboucher plutôt dans la jeunesse (quatre à cinq ans) pour en respirer les saveurs fraîches. Le coteaux-champenois de meunier de Vrigny a été finement mené pour en préserver le fruité très croquant et une trame digeste, avec une touche végétale en finale.

Extra-Brut Gueux 2015 — 47 € — 89

Extra-Brut Premier Cru Tradition — 32 € — 89

Brut Nature Rosé de Saignée 2014 — 45 € — 90

Coteaux Champenois Rouge de Meuniers 2015 — 34 € — 90

Rouge : 7,2 hectares. Pinot meunier 65 %, Pinot noir 35 %
Blanc : 1,5 hectare. Chardonnay 100 %
Production moyenne : 65 000 bt/an

LELARGE-PUGEOT ☾
30, rue Saint-Vincent, 51390 Vrigny
03 26 03 69 43 •
www.champagnelelarge-pugeot.com •
Vente et visites : au domaine sur rendez-vous.
Propriétaire : Dominique Lelarge

LILBERT-FILS

Voici une famille de vignerons de la Côte des Blancs parmi les plus fiables et les plus anciennes. Bertrand Lilbert, fils de Georges, a repris officiellement le domaine en 2003, après un parcours d'œnologue-conseil. Leurs blancs de blancs sont issus d'assemblages heureux de Chouilly, Oiry et de Cramant pour le non-millésimé, et du lieu-dit Les Terres des Buissons, à Cramant, pour le millésimé.

Les vins : cette année, le brut se compose de 2016 et de vins de réserve à parts égales, dosé à 3 g/l, appuyant une sensation crémeuse séductrice de travail sur lies. Savoureux mais un peu enveloppé. Un peu plus âgé, Perle (65 % 2015 et 35 % 2014) se montre plus long, témoignant néanmoins d'une certaine rectitude. Le 2014 affirme une tension fraîche tout en conservant un style riche et crémeux. Il mérite de vieillir au moins une dizaine d'années.

Brut Grand Cru Blanc de Blancs — 23,50 € — 88

Extra-Brut Grand Cru Blanc de Blancs Cramant 2014 — Épuisé - 37 € — 89

Extra-Brut Grand Cru Blanc de Blancs Perle — 29 € — 88

Blanc : 3,5 hectares. Chardonnay 100 %
Production moyenne : 30 000 bt/an

LILBERT-FILS
223, rue du Moutier, 51530 Cramant
03 26 57 50 16 •
www.champagne-lilbert.com • Vente et visites : au domaine sur rendez-vous.
Propriétaire : Bertrand Lilbert

MOUZON-LEROUX ET FILS

Sébastien Mouzon est issu d'une longue lignée de vignerons de la Montagne de Reims. En 2008, il quitte le modèle familial conventionnel pour voler de ses propres ailes avec ses 55 parcelles du superbe grand cru de Verzy, fief du pinot noir. Une rencontre avec l'alsacien Pierre Frick oriente le vigneron trentenaire vers la biodynamie et une certaine approche de la vinification (fermentation malolactique effectuée, vinification partielle ou complète en fût, dosages a minima, etc.), pour être au plus proche du goût finement austère des argilo-calcaires de Verzy. En quelques millésimes, les champagnes atteignent un bon niveau : équilibrés, dotés d'allonges toniques sans être nerveux, mais la marge de progression est encore grande.

Les vins : la réelle dimension vineuse de ces champagnes se révèle avec une température de service d'environ 11° après une trentaine de minutes d'ouverture. L'Atavique, 60 % de la vendange 2015, le reste en 2014 et 2013, est la carte de visite du domaine. Un bel équilibre où le pinot (60 %) et le chardonnay dessinent un sillon goûteux. La solera de l'Ascendant (50 % 2014 et 50 % de 2013 à 2010) évolue tranquillement, se montrant un peu plus rigide. L'Incandescent, rosé de saignée, se dévoile en 2015 un bouquet exaltant de fruits rouges et à la bouche pulpeuse, un brin rustique. Ouvrez-le à partir de 2021. Subtile définition du chardonnay de Verzy dans l'Angélique 2014, extrêmement salivant et élancé. La sensation crayeuse s'appuie en finale tout comme pour l'Ineffable, blanc de noirs, plus vineux et ferme. Deux identités fortes du cru, à la bulle un peu batailleuse. Une trame délicatement austère se dessine dans La Blanche Voie, parcellaire de pinot noir et chardonnay, à la note mentholée, à l'allonge vineuse, ponctuée d'une légère fermeté. Les derniers tirages s'affinent.

- Brut Nature Grand Cru L'Ascendant — 38 € — 89
- Extra-Brut Grand Cru Blanc de Blancs L'Angélique 2014 — 44 € — 92
- Extra-Brut Grand Cru Blanc de Noirs L'Ineffable 2014 — 44 € — 92
- Extra-Brut Grand Cru L'Atavique — 28 € — 91
- Extra-Brut Grand Cru L'Incandescent — 33 € — 90

Le coup de ♥

- Brut Nature Grand Cru La Blanche Voie 2013 — 55 € — 92

Rouge : 5 hectares. Pinot noir 96 %, Pinot gris 2 %, Pinot meunier 2 %
Blanc : 3 hectares. Chardonnay 94 %, Petit Meslier 2 %, Pinot blanc 2 %, Arbane 2 %
Production moyenne : 60 000 bt/an

MOUZON-LEROUX ET FILS ♣
16, rue Basse des Carrières 51380 Verzy
03 26 97 96 68 •
www.champagne-mouzon-leroux.com •
Vente et visites : au domaine sur rendez-vous.
Propriétaire : Sébastien Mouzon

MOËT ET CHANDON

LVMH est le plus puissant des acteurs champenois par l'étendue de son vignoble (environ 1 200 hectares, seulement un quart de ses besoins !) et la diffusion de ses marques (Moët, Veuve Clicquot, Ruinart, Krug, Mercier). Dans cette galaxie, Moët est le champagne le plus vendu au monde, avec comme porte-drapeau le brut Impérial qui représente 85 % de sa production. Sous la houlette de l'excellent chef de cave Benoît Gouez, Moët fait preuve d'une régularité vraiment impressionnante, au regard des volumes produits. Des vins au crémeux, aux notes grillées et citronnées qui rassurent les consommateurs où qu'ils soient dans le monde. Aux côtés du brut Impérial, la maison livre des Grand Vintage qui gagnent millésime après millésime en définition et en profondeur.

Les vins : champagne au goût universel, posé et crémeux, avec une petite note grillée qui signe la finale, Impérial défend son style avec brio. Le rosé se fait un peu plus lourd, avec un dosage qui sucre la finale. Les 2012 se tiennent bien, dans le style de la maison : finement réduits, mais plus habilement dosés (extra-brut). Il évoluent noblement.

- Brut Impérial — 34 € — 88
- Brut Rosé Impérial — 40 € — 87

Extra-Brut Rosé Grand Vintage 2012	54 €	92

Le coup de ♥

Extra-Brut Grand Vintage 2012	47 €	93

Rouge : Pinot meunier 50 %, Pinot noir 50 %
Achat de raisins.
Blanc : Chardonnay 100 %
Achat de raisins.

MOËT ET CHANDON
20, avenue de Champagne, 51200 Épernay
03 26 51 20 00 • www.fr.moet.com •
Visites : sans rendez-vous.
Propriétaire : LVMH
Œnologue : Benoît Gouez

MAISON MUMM

La quatrième marque en volume de la Champagne retrouve de la régularité avec l'ambition d'augmenter lesdits volumes. Il n'est pas dans la tradition du groupe Pernod-Ricard, propriétaire depuis 2005, de jouer sur l'élitisme des marques. Mumm monte en gamme sans se couper du grand public dans sa politique de prix. La gamme RSRV, initialement réservée à un "cercle d'amis" de la maison, s'ouvre au public et exprime ce que cette dernière peut proposer de mieux sous différentes approches : blanc de blancs, blancs de noirs, rosé et désormais Cuvée Lalou. Une gamme plutôt bien construite.

Les vins : Grand Cordon est construit pour plaire au plus grand nombre. Il est assis sur la puissance du pinot noir et assez riche en finale. La gamme RSRV est désormais une marque de confiance, Le blanc de blanc est fin, dosé avec justesse, souple et très friand. Dans le millésime 2012, le blanc de noirs est vineux, puissant, mais trouve son équilibre en finale, ce qui est un peu moins le cas de la cuvée 4.5.

Brut 2013	35 €	90
Brut Blanc de Blancs RSRV 2014	47 €	91
Brut Grand Cordon	34 €	88
Brut RSRV 4.5	39 €	90

Le coup de ♥

Brut Blanc de Noirs RSRV 2012	de 75 à 85 € (c)	92

Rouge : Pinot noir 76 %, Pinot meunier 24 %
Achat de raisins.
Blanc : Chardonnay 100 %
Achat de raisins.

MAISON MUMM
29, rue du Champ-de-Mars, 51100 Reims
03 26 49 59 69 • www.mumm.com •
Visites : sans rendez-vous.
Propriétaire : Pernod-Ricard
Chef de cave : Laurent Fresnet

PALMER ET CO

La marque Palmer appartient à une coopérative champenoise de Reims. Dominés par les apports des grands noirs de la Montagne de Reims, ses assemblages favorisent le corps plus que la finesse. Avec le temps, l'ensemble se fond avec harmonie. Depuis quelques années, les vins restent vineux mais moins rustiques qu'auparavant, et on note une certaine adresse dans la production de blanc de blancs.

Les vins : le style tend vers des vins au profil légèrement réducteur. Cette pratique apporte certes un côté séduisant, mais peut aussi conduire à standardiser le goût. Le brut Réserve est totalement dans cette veine, comme bien d'autres cuvées de la gamme, à l'image du blanc de blancs ou du blanc de noirs. L'Extra Réserve dégusté affichait un petit côté évolutif, avec des notes de cire et une touche d'amande. Il est à boire. Le rosé Solera se détache par sa personnalité : sa belle vinosité et sa bouche complexe en font un beau vin de gastronomie. Amazone se fane légèrement, avec des notes évolutives et un petit manque d'éclat.

Brut Amazone	100 €	90
Brut Blanc de Blancs	39 €	90
Brut Blanc de Noirs	39 €	90
Brut Réserve	30 €	88
Brut Vintage 2012	45 €	91
Extra-Brut Extra Réserve	33 €	88

Le coup de ♥

Brut Rosé Solera	37 €	92

Rouge : 197 hectares. Pinot noir 80 %, Pinot meunier 20 %
Blanc : 218 hectares. Chardonnay 100 %
Production moyenne : 900 000 bt/an

PALMER ET CO
67, rue Jacquart, 51100 Reims
03 26 07 35 07 • www.champagnepalmer.fr • Visites : sur rendez-vous uniquement aux professionnels.
Propriétaire : SCA des Producteurs des Grands Terroirs de la Champagne
Chef de cave : Xavier Berdin

JOSEPH PERRIER

Maison emblématique de Châlons-en-Champagne, Joseph Perrier est dans le giron du groupe Thiénot depuis 1998. Les vins, qui nous ont ravis depuis une vingtaine d'années, semblent accuser un creux... Nous ne retrouvons pas la fraîcheur et la profondeur qui en faisaient des références et, à regret, nous lui retirons l'étoile, en attendant les vins à venir. Benjamin Fourmon, qui est aujourd'hui aux commandes, saura, nous en sommes convaincus, remettre l'impulsion nécessaire pour que Joseph Perrier brille à nouveau.

Les vins : disons-le, la gamme nous a laissé sur notre faim... Cuvée Royale affiche un style apéritif et offre une belle tension en finale. Difficile de cacher sa déception face au Vintage 2008. Le vin se montre fatigué et manque de précision. Le terroir de Cumières 2011 est lui aussi en bout de course, apparaît court et sans envergure. Fallait-il millésimer une année aussi compliquée ? Joséphine 2008 évolue aussi assez vite, dégageant des notes d'épices et de fruits secs, mais offrant encore une certaine tenue.

Brut Joséphine 2008	125 €	92
Brut Nature Blanc de Noirs Parcellaire 2011	67 €	87
Brut Royale	35 €	88
Brut Royale Blanc de Blancs	42 €	88
Brut Vintage 2008	52 €	87
Extra-Brut Blanc de Blancs Esprit de Victoria 2010	75 €	87
Brut Royale Rosé	48 €	88

Rouge : Pinot meunier 57 %, Pinot noir 43 %
Achat de raisins.
Blanc : Chardonnay 100 %
Achat de raisins.
Production moyenne : 800 000 bt/an

JOSEPH PERRIER
69, avenue de Paris,
51016 Châlons-en-Champagne
03 26 68 29 51 • www.josephperrier.fr •
Vente et visites : au domaine sur rendez-vous.
Propriétaire : Groupe Thiénot
Directeur : Benjamin Fourmon

PIPER-HEIDSIECK

La famille Descours qui possède la maison depuis 2011 n'a de cesse de la remettre dans la course à la qualité. Émilien Boutillat, son chef de cave, joue par petite touche et fait progresser des vins qui conservent toutefois un côté très consensuel et facile, encore trop souvent portés par des dosages marqués qui "sucrent" et alourdissent les finales.

Les vins : le style maison privilégie la richesse et l'amplitude ; ces vins sont destinés à un large public. Le brut en est un bel exemple : la cuvée progresse néanmoins et s'affine avec les derniers tirages. Vintage 2012 bénéficie de la belle dynamique du millésime. Un vin plein, savoureux, qui garde une finale tonique. Essentiel, blanc de blancs dégorgé en 2017, est posé, offre des notes de fruits blancs et de thé. Il faut le boire sans tarder. Le rosé assume un style très vineux et puissant, qui a son public. Avec ses notes de fruits rouges bien marquées, il est fait pour la table.

Brut	29 €	87
Extra-Brut Essentiel Blanc de Blancs	49 €	89
Extra-Brut Essentiel Cuvée Réservée	36 €	89
Brut Rosé Sauvage	37 €	89

Le coup de ♥

Brut Vintage 2012	44 €	90

Rouge : Pinot noir 50 %, Pinot meunier 50 %
Achat de raisins.
Blanc : Chardonnay 100 %
Achat de raisins.

PIPER-HEIDSIECK
12, allée du Vignoble, 51100 Reims
03 26 84 43 00 • www.piper-heidsieck.com
• Visites : sur rendez-vous uniquement aux professionnels.
Propriétaire : Groupe EPI
Chef de cave : Emilien Boutillat

NOUVEAU DOMAINE

RARE

Longtemps présenté comme la cuvée haut de gamme de la maison Piper-Heidsieck, Rare est désormais une entité à part entière (comme l'est Dom Pérignon vis-à-vis de Moët et Chandon). Objectif : positionner cette marque dans l'univers des champagnes de luxe et des cuvées d'exceptions produites exclusivement dans les grandes années. Pour mener à bien ce projet, la famille Descours, propriétaire de la marque, a confié les commandes à un chef de cave brillant et expérimenté : Régis Camus. Ce dernier a un défi : faire briller l'iconique couronne qui habille la bouteille au firmament champenois.

Les vins : dégusté en magnum, le 1998 est aujourd'hui en belle forme, défendant un style plus opulent que fin. Le vin affiche néanmoins un côté séduisant et une belle complexité apaisée. Avec son volume, 2006 séduira les amateurs de champagnes plutôt riches. Tout en assumant le style ample de Rare, le 2008 se montre bien plus droit, possède un joli fond et une énergie plus tonique. Le rosé ne manque pas de fraîcheur et offre une bouche élancée, avec un bon caractère fruité et juteux.

Brut 1998	432 €	94
Brut 2006	155 €	92
Brut 2008	178 €	94
Brut Rosé 2008	310 €	94

RARE
12, allée du Vignoble, 51100 Reims
03 26 83 61 71 • www.rare-champagne.fr/ •
Visites : sur rendez-vous uniquement aux professionnels.
Propriétaire : Groupe EPI
Directeur : Benoît Collard
Chef de cave : Régis Camus

NOUVEAU DOMAINE

ROBERT MONCUIT

Avec la majeure partie de la production vendue à l'étranger, le champagne Robert Moncuit se montre bien plus discret que son cousin Pierre Moncuit. Au pied du village du Mesnil-sur-Oger, le petit-fils de Robert Moncuit, Pierre Amillet, cisèle des blancs de blancs grand cru goûteux, nés sur 6 hectares au Mesnil-sur-Oger et 2 hectares d'Oger. Toutes les vins assument une maturité optimale, à travers une fermentation en fût (350 litres), fermentation malolactique systématique, un vieillissement de trois ans pour le brut et cinq ans pour les millésimés, vieillis pour leur part sous bouchon liège. L'identité des crus s'affirme avec une puissance finement patinée et une vinosité tranchante qui en font de formidables compagnons de table.

Les vins : un très bon niveau s'annonce dès l'ambassadeur du domaine, Les Grands Blancs, assemblage de 2014 et 2013 qui s'affirme par une présence goûteuse, joliment patinée par le passage en fût, et une certaine puissance. La Réserve Perpétuelle débutée en 2006 présente une richesse vineuse et une évolution automnale. Dans un millésime 2015 difficile, Les Chétillons s'en sort avec une richesse sans excès. À l'opposé, l'année froide et tardive 2013 a donné deux vins droits et tranchants, typiques des terroirs du Mesnil-sur-Oger, avec une densité crémeuse pour Vozémieux, et beaucoup de séduction pour le blanc de blancs d'Oger.

Extra-Brut Blanc de Blancs 2013	52 €	92
Extra-Brut Les Chétillons 2015	76 €	92
Extra-Brut Les Grands Blancs	28 €	90
Extra-Brut Les Vozémieux 2013	62 €	93
Extra-Brut Réserve Perpétuelle	36 €	91

Blanc : 8 hectares. Chardonnay 100 %
Production moyenne : 78 000 bt/an

ROBERT MONCUIT
2, place de la Gare, 51190 Le Mesnil-sur-Oger
03 26 57 52 71 •
www.champagnerobertmoncuit.com •
Vente et visites : au domaine sur rendez-vous.
Propriétaire : Pierre Amillet

RUINART

La première maison de Champagne, créée en 1729, jouit en France d'une réputation très forte grâce à un travail remarquable réalisé tout d'abord en matière de marketing puis de style des vins. Le chardonnay, la fine réduction sur lie et le côté crémeux des vins font mouche auprès d'une clientèle attachée à la marque. Sous la houlette de Frédéric Panaïotis, le chef de cave, les vins ont gagné en pureté et en précision.

Les vins : le style Ruinart qui privilégie les vins capiteux et arrondis a ses afficionados. On perçoit toutefois, comme nous avons déjà pu l'écrire, un petit infléchissement avec, dans les derniers tirages, un affinement des matières et une tension plus vive dans les vins, qui ne perdent pour autant pas la patte "crémeuse" de la maison. Le brut est savoureux, posé et finement grillé. 2011 la joue assez tendre, et sa matière fine évolue assez rapidement ; il ne faudra pas tarder à le boire. Dégusté en magnum, le 2009 demeure assez flamboyant, riche en bouche, mais sans lourdeur ; la finale est dotée d'un bel éclat. Dom Ruinart 2007 prend des notes légèrement lactiques, évolue assez vite mais garde une grande présence en bouche. Le rosé est plus fringant, avec des notes de fruits rouges et un bel éclat qui se révèlera à table.

Brut 2011	70 €	90
Brut	47 €	90
Brut Blanc de Blancs	70 €	91
Brut Blanc de Blancs Dom Ruinart 2007	170 €	94
Brut Rosé	70 €	90
Brut Rosé Dom Ruinart 2007	270 €	95

Le coup de ♥

Brut 2009	157 €	92

Rouge : Pinot noir 90 %, Pinot meunier 10 %
Achat de raisins.
Blanc : Chardonnay 100 %
Achat de raisins.

RUINART
4, rue des Crayères, 51100 Reims
03 26 77 51 51 • www.ruinart.com • Vente et visites : au domaine sur rendez-vous.
Propriétaire : MHCS
Chef de cave : Frédéric Panaïotis

RUPPERT-LEROY

Dans leur ancienne vie, Bénédicte Ruppert et Emmanuel Leroy étaient au collège à Bar-sur-Aube. Ils reprennent en 2009 des vignes que louait la famille de la première à la commune d'Essoyes. Leur rencontre avec le conseiller Pierre Masson les conduit naturellement à la biodynamie l'année suivante. Chaque lieu-dit est vinifié séparément, en fût, sans soufre ajouté et sans blocage de la fermentation malolactique. La pureté du fruit mûr est immédiate, comme la sagesse crémeuse de la texture, malgré l'absence de dosage. Une quête de pureté déjà très convaincante.

Les vins : quel plaisir d'observer des champagnes à la couleur naturelle généreusement dorée, témoin d'une belle maturité de raisins. Les trois cuvées issues de la récolte 2017 demandent encore un peu de temps dans votre cave pour apaiser la bulle vive. Les Cognaux affirme une très belle expression, franche et juteuse, du pinot noir, avec néanmoins une touche de "souris" en finale. L'assemblage de chardonnay et pinot noir de Fosse Grely se montre plus complet et plus précis. Le Papillon, un pinot noir issu de la parcelle d'argile rouge sur calcaire La Fosse, déroule une sensation de sucrosité vineuse, tenue par de fins amers en finale.

Brut Nature Les Cognaux 2017	43 €	91
Brut Nature Papillon 2017	50 €	92

Le coup de ♥

Brut Nature Fosse-Grely 2017	43 €	92

Rouge : 2,7 hectares.
Blanc : 1,1 hectare.
Production moyenne : 20 000 bt/an

RUPPERT-LEROY ♣
La Bergerie, 10360 Essoyes
03 25 29 81 31 •
champagne-ruppert-leroy.com • Visites : sur rendez-vous uniquement aux professionnels.
Propriétaire : Bénédicte et Emmanuel Leroy

SUENEN

Aurélien Suenen a quitté les parquets de basket de Châlons-en-Champagne pour retrouver la craie des vignes familiales de la Côte des Blancs en 2009. À la suite de son père, le jeune homme prend ses marques en changeant progressivement les méthodes culturales (abandon des herbicides et des insecticides dès 2012) et en restructurant le vignoble, composé de 3 hectares à Oiry, Cramant et Chouilly pour les chardonnays, et d'un îlot de 20 ares planté de meuniers francs de pieds, dans la vallée de la Vesle. L'intuition conduit le vigneron à des assemblages de parcelles dans ses cuvées non millésimées telle Oiry (vignes de bas de coteaux) et C+C (Cramant et Chouilly) et de contenants (cuves acier émaillé, inox, barriques et œufs béton). La profondeur de ces blancs de blancs, établis tout en finesse, gagne du terrain au fil des années.

Les vins : une fine évolutive donne une douceur de texture au grand cru d'Oiry, un blanc de blancs épuré, tout en finesse. Une sensation de sucrosité et une touche lactique animent C+C, un assemblage de chardonnay de Cramant et Chouilly, finement exotique, à l'allonge savoureuse. Premier millésime vieilli sous bouchon liège réussi pour La Grande Vigne, un pur meunier non greffé 2013, subtilement oxydatif. La chair crémeuse s'avère à la fois gourmande et profonde. En 2013 se déclinent aussi trois chardonnays de villages de la Côte des Blancs : La Cocluette, à Oiry, définition pulpeuse en cœur de bouche, champagne tenu par une salinité magnifique en finale. Montons en puissance avec Le Mont-Aigu, particulièrement concentré dans ce millésime souvent rigide. Son allonge vineuse l'ancre immédiatement dans ce grand terroir de Chouilly. On renoue avec une superbe finesse avec Les Robarts à Cramant, d'une grande élégance en phase avec l'ampleur généreuse du cru. Superbe salinité tendue en finale. Une étoile montante de la Champagne.

- Extra-Brut Grand Cru Blanc de Blancs C+C 48 € 90
- Extra-Brut Grand Cru Blanc de Blancs La Cocluette 2013 85 € 92
- Extra-Brut Grand Cru Blanc de Blancs Le Mont-Aigu 2013 100 € 93
- Extra-Brut Grand Cru Blanc de Blancs Les Robarts 2013 100 € 93
- Extra-Brut Grand Cru Blanc de Blancs Oiry 42 € 90
- Extra-Brut La Grande Vigne 2013 75 € 92

Blanc : 3,2 hectares. Chardonnay 94 %, Pinot meunier blanc 6 %
Production moyenne : 25 000 bt/an

SUENEN
53, rue de la Garenne, 51530 Cramant
03 26 57 54 94 • www.champagne-suenen.fr
• Vente et visites : au domaine sur rendez-vous.
Propriétaire : Aurélien Suenen

J-M SÉLÈQUE

Revenu au domaine familial à Pierry en 2008, Jean-Marc Sélèque a appris ses gammes avec son père avant de voler de ses propres ailes. Le trentenaire compose avec des vignes réparties dans ce village, principalement dans la vallée de la Marne à Pierry, Moussy, Épernay, Mardeuil, Dizy et Boursault, et à Vertus dans la Côte des Blancs. Son approche épurée, contemporaine, n'exclut pas une profonde réflexion : ce vigneron cherche une harmonie vineuse à travers des assemblages judicieux de vins vinifiés en cuve, fût et œuf béton, avec ou sans fermentation malolactique. Nous fondons beaucoup d'espoir sur ce jeune prometteur dont la marge de progression est encore grande.

Les vins : le Solessence s'avère être un très bon ambassadeur pour appréhender le style droit des coteaux sud d'Épernay, serti d'une bulle ciselée, à la gourmandise fruitée des meuniers (40 %). Construit sur une base 2017, l'extra-brut offre une définition pulpeuse, qu'il faudra boire dans la jeunesse, tout comme la version rosée. Pour sa part le Solessence nature a été judicieusement nourri par un élevage prolongé et exprime avec superbe l'élan fringant de 2014 (50 %) et l'élégante patine. L'année 2015, marquée par un caractère végétal chaud, n'est probablement pas le millésime idéal pour la série des Solistes. Saluons toutefois la précision de la vinification en fût mettant en valeur une expression noble du meunier. Le pinot se montre plus pur et racé. Nous sommes convaincus que ces vins trouveront un haut niveau dans les prochains tirages.

- Brut Nature Solessence Élevage Prolongé 33 € 92
- Extra-Brut Blanc de Blancs Le Quintette 39 € 93
- Extra-Brut Partition 2014 63 € 93
- Extra-Brut Solessence 30 € 90
- Extra-Brut Soliste Meunier 2015 63 € 91
- Extra-Brut Soliste Pinot Noir 2015 63 € 92
- Extra-Brut Infusion Meunier 2015 63 € 89
- Extra-Brut Rosé Solessence 30 € 90

Rouge : 4,2 hectares. Pinot meunier 75 %, Pinot noir 25 %
Blanc : 4,8 hectares. Chardonnay 100 %
Production moyenne : 75 000 bt/an

J-M SÉLÈQUE
9, allée de la Vieille-Ferme, 51530 Pierry
03 26 55 27 15 • www.jmseleque.fr • Vente et visites : au domaine sur rendez-vous.
Propriétaire : Jean-Marc Sélèque

La Corse et ses vins

Par Jean-Emmanuel Simond,
en charge des vins de Corse au sein
du comité de dégustation de La Revue du vin de France

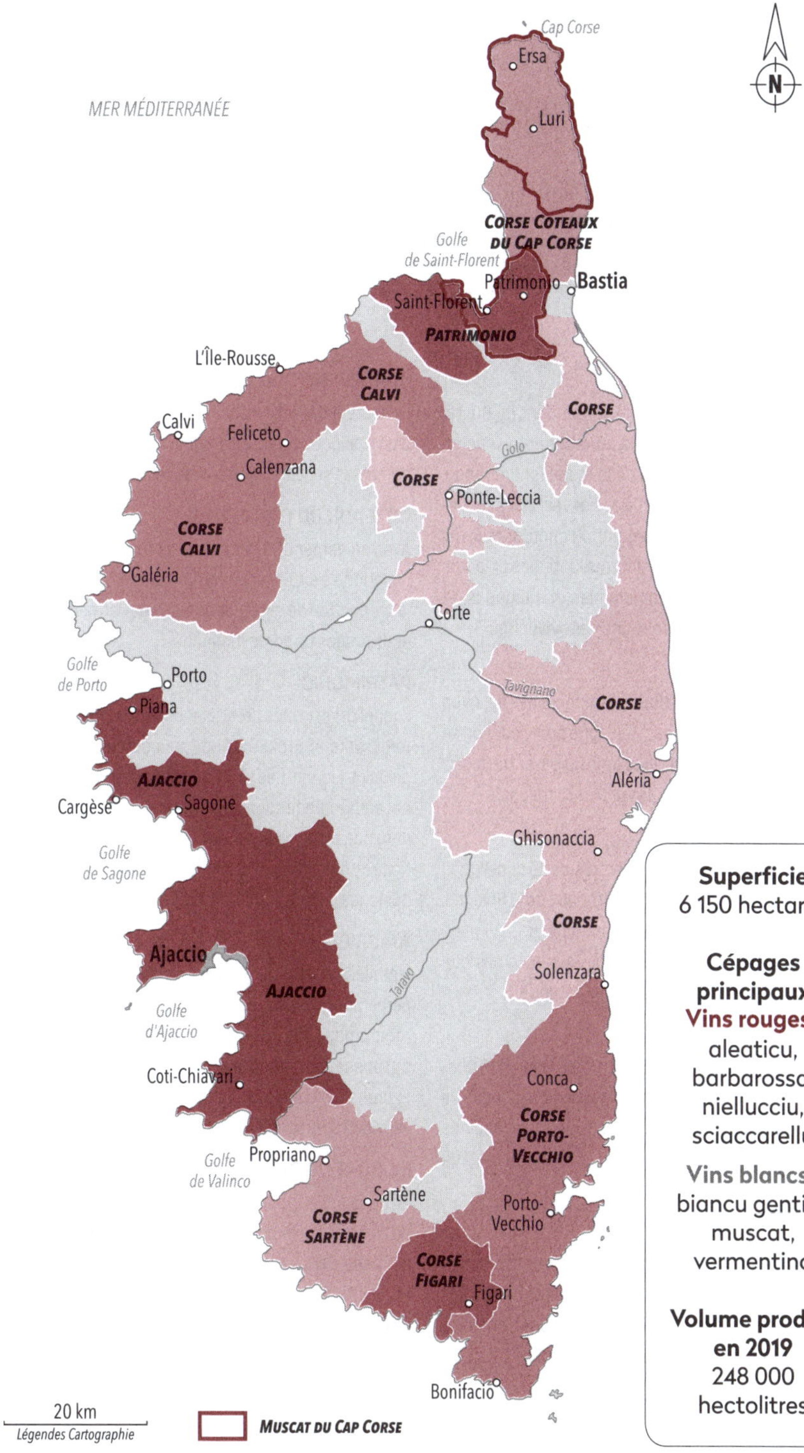

Superficie
6 150 hectares

Cépages principaux
Vins rouges :
aleaticu, barbarossa, niellucciu, sciaccarellu
Vins blancs :
biancu gentile, muscat, vermentino

Volume produit en 2019
248 000 hectolitres

LES APPELLATIONS

Le vignoble corse compte aujourd'hui neuf appellations d'origine contrôlée (AOC) et une IGP. La hiérarchie des appellations est similaire à celle que l'on trouve en Languedoc et dans le Rhône, avec une appellation régionale, cinq appellations de type "villages" et, au sommet de la hiérarchie, deux appellations communales. Enfin, il existe également une appellation de vin doux naturel, le muscat du Cap Corse.

IGP ÎLE DE BEAUTÉ

La grande plaine côtière, descendant de Bastia jusqu'au sud d'Aléria, se consacre aux vins de pays, issus de cépages à la mode (chardonnay, merlot, cabernet, etc.). Le climat venteux et ensoleillé convient parfaitement au chardonnay, qui n'affiche pas ici les caractères lactiques et lourds de nombre de ses homologues méridionaux, et retrouve sur ces terroirs une belle vivacité.

CORSE

La plus vaste appellation régionale de l'île, avec 1353 hectares. La principale zone de production se situe sur la côte orientale de la Corse, entre Bastia et Solenzara, au pied des arêtes rocheuses.

CORSE CALVI

D'une superficie de 229 hectares, cette appellation s'étend sur les coteaux et plateaux de la Balagne, au nord-ouest du massif montagneux. Calvi, avec ses étroites vallées côtières au sous-sol granitique et argilo-calcaire, possède du potentiel.

CORSE FIGARI

À l'extrême sud de l'île, l'AOC Corse Figari (129 hectares) est un terroir granitique et siliceux qui domine une multitude de petits golfes dessinés par la Méditerranée. Le climat très venteux est l'un des plus arides de l'île.

CORSE SARTÈNE

L'appellation représente 224 hectares et englobe deux secteurs distincts, Tizzano, situé sur le littoral, et la vallée de l'Ortolo, qui s'enfonce dans les terres et englobe Propriano et sa région.

CORSE PORTO-VECCHIO

Le secteur de Porto-Vecchio (86 hectares) souffre d'un trop petit nombre de vignerons. Seuls quatre domaines sont installés sur l'appellation.

COTEAUX DU CAP CORSE

Avec seulement 28 hectares en production, l'appellation se situe sur un terroir calcaire propice à la production de vins blancs issus de vermentino et de rouges de garde moyenne.

PATRIMONIO

L'appellation la plus prestigieuse de l'île (437 hectares) s'étend au pied du Cap Corse, autour du golfe de Saint-Florent. Les vignes sont plantées sur des coteaux calcaires produisant des vins rouges dominés par le nielluccìu, au caractère puissant, riche et fin. Les vignerons y produisent également quelques grands blancs, gras et complexes.

AJACCIO

Installée sur des sols granitiques dans des vallées perpendiculaires à la côte, l'appellation de 256 hectares produit des vins rouges issus du sciaccarellu qui possèdent, dans les grands millésimes, une expression racée. Les blancs élaborés à partir de vermentino progressent, avec des notes florales.

MUSCAT DU CAP CORSE

Au nord de l'île, y compris à Patrimonio, on élabore de très harmonieux vins doux naturels à partir de muscats, dont les atouts premiers sont le parfum, l'équilibre et la finesse. Les vignes (65 hectares) se trouvent sur de minces terrasses suspendues au-dessus de la mer.

LES CÉPAGES

L'une des grandes richesses du vignoble corse est son patrimoine ampélographique. La Corse compte plus d'une trentaine de cépages autochtones, une richesse considérable qui fait la typicité des vins locaux : niellucciu, sciaccarellu, vermentino, biancone, barbarossa, murisco, riminese font partie de l'héritage local, millénaire, préservé à merveille par les vignerons insulaires. Ces cépages sont très bien adaptés au climat local. Hélas, tous ne sont pas intégrés au sein du système des AOC et certains doivent être vendus en Vin de France, comme le carcajolu.

LE NIELLUCCIU

Son nom provient du mot niellu qui veut dire noir. En toute logique, il donne des vins à la robe soutenue d'un rouge profond. À l'origine de la renommée des vins de Patrimonio, ce cépage rouge, le plus important de Corse, est planté sur plus de 2 000 hectares, mais reste surtout présent dans le nord de l'île.

LE SCIACCARELLU

Son nom signifie "croquant sous la dent". Planté sur 600 hectares, il occupe surtout les terroirs granitiques de l'ouest de l'île, notamment autour d'Ajaccio, et sert à l'élaboration des vins rouges et rosés d'AOC.

L'ALEATICU

Très expressif, ce cépage sert, quant à lui, à l'élaboration des IGP rouges de la côte orientale. Il est également prisé pour l'élaboration des rosés aux notes exotiques.

LE MUSCAT BLANC À PETITS GRAINS

Ce cépage blanc, très aromatique, n'est planté que sur quelques dizaines d'hectares. Il permet de produire un vin doux naturel, le muscat du Cap Corse.

LE BARBAROSSA

Assez marginal, mais prometteur en raison de ses qualités organoleptiques, ce cépage entre dans l'élaboration des vins rouges d'Ajaccio.

LE BIANCU GENTILE

Planté du côté de Patrimonio, de Figari et de Sartène, il engendre des vins blancs cristallins, aux notes de pamplemousse, voire d'abricot, selon le degré de maturité à partir duquel il est récolté.

LE VERMENTINO

Ce cépage est également surnommé la malvoisie de Corse. On le retrouve aussi en Provence. Sur l'île, le vermentino est le principal cépage blanc : on le retrouve dans toutes les appellations, sur 1 200 hectares. Il livre des vins blancs expressifs.

NOS BONNES ADRESSES

CHAMBRES D'HÔTES

DOMAINE SAPARALE
Vallée de l'Ortolo, 20100 Sartène
Tél. : 04 95 77 15 52
www.saparale.com

CASTEL BRANDO
Erbalunga, 20222 Brando
Tél. : 04 95 30 10 30
www.castelbrando.com

DOMAINE DE MURTOLI
Vallée de l'Ortolo, 20100 Sartène
Tél. : 04 95 71 69 24
www.murtoli.com

BARS À VINS

CHEMIN DES VIGNOBLES
16, avenue Noël-Franchini, 20090 Ajaccio
Tél. : 04 95 51 46 61

L'ORRIU
5, cours Napoléon, 20137 Porto-Vecchio
Tél. : 04 95 70 26 21
www.lorriu.fr

RESTAURANTS

SOLE E MONTE
20167 Cuttoli-Corticchiato
Tél. : 04 95 25 61 41
www.hotelsoleemonte.fr

FERME DE CAMPO DI MONTE
20239 Murato
Tél. : 04 95 37 64 39
www.fermecampodimonte.com

A CASARELLA
Stretta Di de Franchi, 20220 Pigna
Tél. : 04 95 61 78 08

★★★

DOMAINE COMTE ABBATUCCI

L'histoire de ce domaine débute au XXe siècle avec un visionnaire, Antoine Abbatucci, le fondateur de cette pépinière viticole, véritable conservatoire des cépages autochtones corses. Jean-Charles Abbatucci, le fils d'Antoine, a placé le domaine à un niveau supérieur (sélections massales, biodynamie exigeante, porte-greffes adaptés au sol et au climat...). Toute la gamme est remarquable, à commencer par un étonnant vin pétillant, et se déploie dans de magnifiques assemblages, intégrant toujours les vieux cépages. Chacun d'entre eux amène des arômes, de la fraîcheur, de la matière ou de la consistance : les vins sont digestes et fins, grâce au refus d'un interventionnisme excessif, et les élevages se sont affinés avec l'apport de foudre et d'œuf béton.

Les vins : le niveau des vins présentés est très élevé. Notes de chèvrefeuille et d'orange givrée dans l'émoustillante bulle Empire, issu du cépage barbarossa, qui a passé quatre ans sur lattes. Son empreinte fraîche en finale et son équilibre parfait en extra-brut sauront convaincre. Beaucoup de fraîcheur et de franchise dans le fruit croquant et finement épicé du Faustine blanc, dont la maturité onctueuse s'accommode à merveille des fins amers de la finale. D'abord discret, finement racinaire, Diplomate d'Empire offre une matière dense et caressante, dont le dynamisme se renforce sans faiblir, en une pléiade de saveurs sapides et salines. Nez de menthe et de végétal mûr dans l'admirable Général, vin nerveux et ferme qui exhibe sa puissance, avec une trame tendue campée sur de grands amers. Sept cépages rentrent dans l'assemblage du Ministre Impérial rouge, vin très friand, élancé et porté par ses notes de cannelle et de fleurs séchées. Sa vitalité est contagieuse, et son amertume constitutive lorgne vers les rouges italiens. Poudré, floral, très expressif, le rouge Monte Bianco dévoile un caractère pétulant, avec une matière d'un admirable raffinement naturel, et des tanins pointillistes : l'un des plus grands rouges corse issu du sciacarellu.

VDF Collection Général de la Révolution 2017	70 €	95
VDF Diplomate d'Empire 2017	70 €	96
VDF Empire 2015	50 €	91
VDF Faustine Vieilles Vignes 2019	26 €	92
VDF Ministre Impérial 2018	70 €	94

Le coup de ♥

VDF Monte Bianco 2017	60 €	96

Rouge : 15 hectares. Sciacarellu 70 %, Nielluciu 20 %, Divers noir 10 %
Blanc : 5 hectares. Vermentino 75 %, Bourboulenc 15 %, Divers blanc 10 %
Production moyenne : 100 000 bt/an

DOMAINE COMTE ABBATUCCI
Pont de Calzola, 20140 Casalabriva
04 95 74 04 55 •
www.domaine-abbatucci.com • Visites : sur rendez-vous uniquement aux professionnels.
Propriétaire : Jean-Charles Abbatucci

★★★ ↗

CLOS CANARELLI

Yves Canarelli s'affirme comme le grand vigneron du sud de la Corse. Passionné d'ampélographie, et bénéficiant des conseils de l'œnologue Antoine Pouponneau, il a agrandi son chai semi-enterré et son vignoble, travaillé en biodynamie, dans lequel il fut parmi les premiers à replanter de vieux cépages (biancu gentile, carcaghjolu neru et minustellu). En 2009, il a repris une parcelle de vignes préphylloxériques sur le village d'Orasi (cuvée Tarra d'Orasi) et vinifie deux superbes cuvées dans de grandes amphores d'argile (Amphora). Associé à Patrick Fioramonti, directeur et sommelier de l'Hôtel Cala Rossa, Yves Canarelli a replanté à partir de 2010 le premier clos de Bonifacio sur un plateau en surplomb de la ville, riche d'un calcaire rare sur l'île : baptisés Tarra di Sognu, les vins (un blanc et un rouge) qui en sont issus révèlent un immense terroir et montent en puissance au fur et à mesure que les vignes prennent de l'âge. Ce domaine écrit les plus belles pages de la nouvelle viticulture corse : la large gamme, affinée par petites touches, s'avère irréprochable et permet cette année l'obtention de la troisième étoile, consécration amplement méritée.

Les vins : précis, salin, croquant, très subtil, le rosé 2019 est un modèle du genre, fin et digeste, doté de petits amers en finale. Fines touches de fenouil, matière sapide, nuancée, parsemée de fins amers d'agrumes, avec beaucoup d'éclat et d'intensité de saveurs : le blanc 2019 est de très haut niveau. Grande pureté aromatique et fraîcheur tonique dans Tarra di Sognu blanc, dont les petits amers ramènent une énergie contagieuse. Ce vin s'affirme à chaque millésime comme un des plus grands blancs méditerranéens. Les rouges ne sont pas en reste : le 2018 offre beaucoup de fraîcheur et de nuances, vin parfumé et gourmand d'une grande délicatesse de saveurs. Amphora 2019 sera mieux en place l'an prochain, mais la finesse du fruit, l'élan digeste et la fine trame moelleuse s'avèrent déjà irrésistibles. Pur carcaghjolu neru, Costa Nera se montre distingué, pourvu d'une grande douceur de texture, sapide et mûr, doté d'un caractère intense et singulier. Pur sciacarellu, Alta Rocca offre de magnifiques saveurs de petits fruits rouges acidulés : c'est un vin sapide, délicat, au caractère franc et limpide et à l'allonge éclatante. Avec une note de rose au nez, Tarra di Sognu rouge nous enchante. Nous n'hésitons pas à rapprocher ce vin délicat et soyeux, extrêmement digeste, de quelques grandes expressions de pinot noir.

Corse Figari 2019	27 €	93
VDF Tarra di Sognu 2019	48 €	96
Corse Figari 2019	21 €	92
Corse Alta Rocca 2017	49 €	95
Corse Figari 2018	24 €	92
Corse Figari Amphora 2019	42 €	95
VDF Costa Nera 2016	45 €	94
VDF Tarra di Sognu 2018	48 €	97

Rouge : 25 hectares. Nielluciu 80 %, Sciacarellu 10 %, Syrah 10 %
Blanc : 8 hectares. Vermentino 100 %

CLOS CANARELLI
Tarabucetta, 20114 Figari
04 95 71 07 55 • closcanarelli2a@orange.fr • Vente et visites : au domaine sur rendez-vous.
Propriétaire : Yves Canarelli
Maître de chai : Mayeul Beauvais
Œnologue : Antoine Pouponneau

★★

DOMAINE ANTOINE ARENA

Depuis le millésime 2014, les enfants d'Antoine Arena produisent leurs propres vins. Antoine et Marie ont gardé la vigne paternelle de Morta Maïo et le cépage biancu gentile. Saluons le travail accompli depuis des années par ce couple, précurseur dans ses combats (viticulture saine, définition des terroirs...) et qui ont tant fait pour Patrimonio et la réputation du vignoble corse. Les enfants sont sur des bons rails, et les anciens toujours dans la course avec des vins qui n'ont jamais autant rayonné.

Les vins : la gamme présentée est courte, et témoigne que le patriarche n'a pas perdu la main. Encore en élevage, le rouge Morta Maïo se présentait fort bien, dans l'éclat de sa chair juteuse et nerveuse. S'il n'a pas l'envergure et la profondeur des grands millésimes, il sera en revanche prêt à boire jeune. Saveurs discrètes d'amande et de poire blanche dans Carco, un blanc dont la sève assez ferme tient la bouche. Grande complexité aromatique et équilibre dans le Muscat, ses saveurs intenses et riches d'orange amère secouent énergiquement les papilles, le paramètre des sucres étant ici secondaire.

Muscat du Cap Corse 2017	de 14,50 à 23 € (c)	94
Patrimonio Carco 2018	de 13,80 à 20 € (c)	93
Patrimonio Morta Maïo 2018	de 13,80 à 20 € (c)	93

Rouge : 1,5 hectare. Nielluciu 100 %
Blanc : 2,5 hectares. Vermentino 34 %, Biancu gentile 33 %, Muscat à petits grains blancs 33 %
Production moyenne : 16 000 bt/an

DOMAINE ANTOINE ARENA ♣
Morta Maïo, 20253 Patrimonio
04 95 37 08 27 • antoine.arena@wanadoo.fr • Vente et visites : au domaine sur rendez-vous.
Propriétaire : Antoine et Marie Arena

★★

DOMAINE ANTOINE-MARIE ARENA

Antoine-Marie Arena a produit ses premiers vins sous son nom en 2014. Le fils cadet d'Antoine Arena signe maintenant ses propres cuvées, prenant en charge les Hauts de Carco en blanc et le Carco en rouge. La lecture des vins et la sensibilité des nouvelles cuvées issues d'assemblages confirment son talent. Leur cohérence et leur profondeur, objets de toutes les attentions dès la vigne jusqu'en élevage, ne font aucun doute.

Les vins : les rouges sont au meilleur niveau, et les blancs rivalisent de fraîcheur. Attention cependant à ne pas trop épurer ces derniers, comme pour San Giovanni, svelte et vivace, certes fluide et salivant, mais dans lequel on aimerait un peu plus de relief. Sur le fil de la maturité, le biancu gentile brille par sa transparence de saveurs et son intensité. Beaucoup plus profond, pourvu d'une matière saine et charnue, Hauts de Carco confirme son statut de grand vin, avec en bouche cet éclat incisif et subtil qui prolonge longtemps les saveurs. Assemblage de carcaghjolu neru et de morescone, le très original San Giovanni rouge livre après aération un fruit soyeux et tendre, très infusé, et se fait délicieusement sapide jusque dans les amers frais de sa finale. Grande fraîcheur florale portée par une fine volatile au nez du Carco rouge, au fruit affriolant et aux tanins veloutés. Notes de grenade et d'épices douces dans Mémoria, vin profond et vigoureux qui s'épanouit déjà dans un fruit moelleux plein de vitalité, mais possède beaucoup de réserves.

- Patrimonio Hauts de Carco 2019 20 € 94
- Patrimonio San Giovanni 2019 15 € 92
- VDF Bianco Gentile 2018 20 € 92
- Patrimonio Carco 2019 20 € 93
- VDF San Giovanni 2019 15 € 92

Le coup de ♥

- Patrimonio Mémoria 2017 25 € 95

Rouge : 2,92 hectares. Nielluciu 78 %, Carcaghjolu neru 11 %, Morescone 11 %
Blanc : 3,32 hectares. Biancu gentile 45 %, Vermentino 35 %, Muscat à petits grains blancs 20 %
Production moyenne : 25 000 bt/an

DOMAINE ANTOINE-MARIE ARENA ♣

Morta Maïo, 20253 Patrimonio
06 20 92 28 29 • antoinemarie.arena@gmail.com • Vente et visites : au domaine sur rendez-vous.
Propriétaire : Antoine-Marie Arena

★★ ↗

CANTINA DI TORRA - NICOLAS MARIOTTI BINDI

Après avoir travaillé comme chef de culture au domaine Leccia, Nicolas Mariotti Bindi a repris en 2015 une vieille cave abandonnée sur la route d'Oletta. Il a effectué un travail de forçat pour remettre sur pied cet outil de travail qui lui permet de mieux gérer sa production et de travailler par gravité. Le vignoble est certifié bio et les sols sont travaillés dans les règles de l'art. Les vinifications se font en cuve inox et en œuf-ciment de 16 hl. Ces vins intègres, toujours charnus et veloutés, offrent une grande franchise de saveurs et se montrent délicieux dans leur jeunesse, mais savent aussi vieillir. Leur qualité élevée et leur régularité sans faille permettent cette année au domaine d'obtenir la deuxième étoile.

Les vins : le niveau des blancs est impressionnant. Sympathique nouveauté que le blanc Zinzinu, bouteille d'un litre, qui ne titre que 10,4°. Sobre, sapide, net, ce blanc juteux et léger se boira bien frais à la régalade avec une oursinade, comme le suggère son étiquette. Pureté et transparence de saveurs, fines touches de mandarine, volume croquant et floral, vrai raffinement naturel : on aime le patrimonio blanc, à l'approche si digeste. Assemblage de vermentino de 2018 et de 2019, Hors Série blanc perd un peu en fraîcheur immédiate ce qu'il gagne en complexité de saveurs, avec une chair plus moelleuse et ample. Lumio est une cuvée parcellaire très réussie, à la matière ouvragée, qui allie fraîcheur et générosité de saveurs. Supplément d'intensité aromatique dans Mursaglia, un blanc plein de vitalité et prolongé de fins amers, naturel et élégant. Profil plus racinaire pour Vieillissement Prolongé, pourvu de saveurs de cédrat, très vigoureusement constitué : c'est un grand blanc de gastronomie. Les rouges sont également délicieux, proches du fruit comme Hors Série 2016, infusé, sapide et gourmand, que sa délicate évolution aromatique rend aujourd'hui irrésistible. Encore en élevage, Mursaglia rouge déborde d'une chair pulpeuse et fraîche, et présente toutes les qualités requises pour faire une grande bouteille en 2022.

- Patrimonio Cantina di Torra 2019 12 € 92
- VDF Cantina di Torra Hors Série 16 € 92
- VDF Lumio 2019 24 € 92
- VDF Mursaglia 2019 24 € 93
- VDF Zinzinu 2019 15 € 90
- VDF Cantina di Torra Hors Série 2016 15 € 93
- VDF Mursaglia 2019 21 € 94

Le coup de ♥

- VDF Mursaglia Vieillissement Prolongé 2018 30 € 94

Rouge : 11,2 hectares. Nielluciu 100 %
Blanc : 5,7 hectares. Vermentino 100 %
Production moyenne : 60 000 bt/an

CANTINA DI TORRA - NICOLAS MARIOTTI BINDI ♣

Lieu-dit Torra, Route de Saint-Florent, 20232 Oletta
04 95 47 89 70 • www.cantinaditorra.com •
Vente et visites : au domaine sur rendez-vous.
Propriétaire : Nicolas Mariotti Bindi

★★

DOMAINE GIUDICELLI

Muriel Giudicelli, exigeante et intègre, et son époux exploitent depuis 1997 ce domaine certifié en biodynamie sur les terroirs de Poggio d'Oletta, où ils s'efforcent de produire des vins précis et fidèles au terroir. Issus de vignes en gobelets, les vins sont élevés en foudre Stockinger et en cuve inox. Le rouge y séjourne presque deux années, puis est commercialisé trois ans après la vendange. Le domaine brille aussi dans l'élaboration des muscats. Tous les vins, infusés, s'expriment avec finesse et naturel.

Les vins : nous avouons un gros faible pour ces vins singuliers et gracieux. Parfaitement sec, Corail blanc est un muscat à petits grains complété de vermentino. Il sonne très juste avec sa matière ciselée, ses arômes floraux très contenus. À dominante de grenache, Corail rouge se fait très friand et infusé : il se boit bien jeune et un peu frais. Une fois de plus, la magie opère et le patrimonio blanc nous enchante, idéalement mûr et frais, à la fois plein et aérien, naturellement raffiné jusqu'au bout de ses subtils petits amers. Superbe complexité aromatique du patrimonio rouge : cerise confite, garrigue, cuir, encens... Son élégance se révèle pleinement dans son profil svelte, terrien et acidulé, fuselé et dynamique. Déjà irrésistible, mais laissez-en vieillir quelques-unes ! Passionnante trilogie autour du muscat, avec N° 1, excellent classique dans le meilleur sens du terme, porté par une liqueur tonique. N° 2, élevé en dame jeanne à l'extérieur, se fait oxydatif et explore les nuances nobles de rancio : sa fraîcheur s'est transmutée et ses sucres caramélisés le promeuvent grand vin de méditation. N° 3 est une vendange tardive, vin liquoreux d'anthologie, étourdissant dans son tourbillon aromatique, qui réussit le tour de force de conserver et d'allier une fraîcheur innée et une richesse en sucres assez extravagante.

Muscat du Cap Corse N°1 2017	de 30 à 34 € (c)	94
Muscat du Cap Corse N°2 2017	de 41 à 45 € (c)	95
Patrimonio 2018	de 27 à 32 € (c)	94
VDF Corail 2019	de 19 à 21 € (c)	91
VDF Vendange Tardive n° 3 2017	96 €	97
VDF Corail 2019 (rouge)	de 18 à 21 € (c)	90

Le coup de ♥

Patrimonio 2016 (rouge)	de 27 à 30 € (c)	96

Rouge : 4 hectares.
Blanc : 1,5 hectare.
Production moyenne : 33 000 bt/an

DOMAINE GIUDICELLI ☾

Lieu-dit Poretto, 20253 Patrimonio
06 11 56 36 24 •
muriel.giudicelli@wanadoo.fr • Vente et visites : au domaine sur rendez-vous.
Propriétaire : Muriel Giudicelli

★★ ↗

DOMAINE DE VACCELLI

La famille Courrèges exploite depuis 1961 le terroir d'arènes granitiques de la vallée du Taravo. Après des études d'œnologie à Nîmes et une formation au Clos Capitoro (Ajaccio), Gérard, fils d'Alain Courrèges, prend la responsabilité des vinifications et montre l'étendue de son talent. Gamme variée avec des vins déclinés dans les trois couleurs, hormis la cuvée Unu : les cuvées Juste Ciel ! en VDF ; les cuvées du domaine, en entrée de gamme, fruitées et accessibles ; les cuvées Roger Courrèges, plus denses ; et la cuvée Granit, déterminée par des sélections de terroir. La parcelle 174 est une vieille vigne de haut de coteaux exposés nord. La richesse de la gamme, l'élégance et la justesse des vins permettent au domaine de gagner cette année une deuxième étoile.

Les vins : à cause de la perte d'une bonne partie de la récolte, la gamme des vins du millésime 2017 est recomposée. Les jeunes vignes de sciacarellu composent le rosé Unu, charnu et frais, dont nous aimons la densité de matière et le style sincère. Généreux, assez sanguin, Unu rouge associe trame énergique et envergure de chair. Assez capiteux dans ses arômes de cannelle et de fleurs séchées, Sirocco est resté frais et glissant, joliment accrocheur en finale, pourvu de tanins très fins. Granit 174 est un monumental sciacarellu, au nez de framboise et bois de santal. Très étoffé, revigorant, il déroule un tapis de petits tanins raffinés : hélas, sa production est infime. Les blancs nous enchantent, du délicat et frais Vaccelli au Granit, intense, effilé et salin en finale, en passant par Quartz, complantation de vieux cépages, qui affirme son identité et resplendit en une matière nourrissante, pleine de sève et de mâche : un vin dense mais alerte, à la puissance canalisée. La nouvelle cuvée parcellaire Chioso Novo résulte d'un surgreffage de vermentino. Si le boisé est un peu présent en attaque, ce vin s'illustre par une grande douceur de texture, un souffle épicé en finale et un caractère affirmé, bien singulier.

Ajaccio Chioso Novo 2018	de 60 à 63 € (c)	94
Ajaccio Granit 2018	de 47 à 49 € (c)	93
Ajaccio Vaccelli 2018	de 28 à 30 € (c)	92
Ajaccio Unu 2019	de 14 à 18 € (c)	91
Ajaccio Granit 174 2017	de 72 à 75 € (c)	96
VDF Sirocco 2017	de 47 à 49 € (c)	93
VDF Unu 2017	de 20 à 23 € (c)	92

Le coup de ♥

Ajaccio Quartz 2016	de 45 à 55 € (c)	95

Rouge : 11,7 hectares. Sciacarellu 77 %, Minustellu 9 %, Carcaghjolu neru 9 %, Grenache noir 5 %
Blanc : 9,3 hectares. Vermentino 90 %, Divers blanc 10 %
Production moyenne : 80 000 bt/an

DOMAINE DE VACCELLI ♣

Lieu-dit Aja-Donica,
20123 Cognocoli-Monticchi
04 95 24 35 54 • vaccelli@aol.com • Vente et visites : au domaine sur rendez-vous.
Propriétaire : Nathalie et Gérard Courrèges
Maître de chai : Gérard Courrèges
Œnologue : Emmanuel Gagnepain

★

DOMAINE JEAN-BAPTISTE ARENA

Jean-Baptiste, fils aîné d'Antoine Arena, exploite désormais le terroir de Grotte di Sole. Tous ses vins sont encore vinifiés au domaine familial. Depuis 2003, il secondait son père à la vigne et a ainsi pu acquérir une solide expérience. Jean-Baptiste affirme son style au travers de vins énergiques, lumineux et convaincants, qui ne cessent de progresser.

Les vins : ciselé, limpide, Grotte di Sole est un blanc épuré, friand et très frais, avec un degré alcoolique faible. Plus de relief, de puissance et de chair dans Morta Maïo, floral et rayonnant, qui bénéficie de la tension apportée par son terroir de schistes. Et quelle allonge savoureuse ! Le rouge Grotte di Sole mérite un peu d'aération. Sa matière sobre et digeste présente un fruit frais et une trame tannique svelte, et il se montre charmeur. Somptueux muscat, kaléidoscope de saveurs salines et de fins amers, à l'intensité véritablement électrique.

Muscat du Cap Corse Grotte di Sole 2016	20 €	95
Patrimonio Grotte di Sole 2018	20 €	92
Patrimonio Grotte di Sole 2018	20 €	92

Le coup de ♥

Patrimonio Morta Maïo 2018	20 €	94

Rouge : 2 hectares. Nielluciu 100 %
Blanc : 3 hectares. Muscat à petits grains blancs 50 %, Vermentino 50 %
Production moyenne : 16 000 bt/an

DOMAINE JEAN-BAPTISTE ARENA ♣

Morta Maïo, 20253 Patrimonio
06 23 89 74 79 •
jeanbaptiste.arena@orange.fr • Vente et visites : au domaine sur rendez-vous.
Propriétaire : Jean-Baptiste Arena

★

CLOS CANERECCIA

À Rotani, sur la route de Corte, Christian Estève a repris en main le vignoble de son père. Le domaine possède 21 hectares de vignes, dont 9 sont vinifiés par Christian Estève lui-même ; le reste des raisins part à la coopérative. Il lui a fallu peu de temps et de millésimes pour démontrer son savoir-faire et ses compétences, à force de travail et de justes interrogations. L'ensemble des vins produits montre la pertinence et la cohérence de la gamme, et les cuvées vinifiées en amphore (parlons plutôt de jarre) sont d'une grande précision. La plus belle aventure récente de la côte orientale !

Les vins : le domaine continue de progresser par petites touches. Les légères notes lactiques sur les blancs peuvent être supprimées, comme dans le biancu gentile (non noté). Tendu, précis, tout en retenue, le rosé 2019 fait mouche avec sa fine vinosité. Sobre et frais, le blanc 2018 est très convaincant dans sa pureté et la fraîcheur de ses saveurs, servi par un élevage très juste. Magnifique vermentino en amphore, à la macération virtuose, qui va chercher dans de très fins amers une persistance insoupçonnée : un vin apaisant, sans aucune lourdeur. Biancu gentile, vermentino et genovese sont assemblés dans la cuvée Sophie, dense et énergique, un rien serrée en finale par son élevage sous bois. Très belle trilogie des rouges en amphore, avec un fougueux carcaghjolu neru, dont l'envergure pulpeuse et les tanins cacaotés canalisent l'énergie. Le profil aromatique singulier du minustellu se décline en myrtille, zan, myrte, cuir... et la bouche suit à l'avenant, étonnante de fraîcheur et de douceur veloutée. Le grain sapide du nielluciu roule sur la langue, au sein d'un fruit pur en moelleux où perce une note de graphite. Enfin, la cuvée Sophie se fait onctueuse et mûre, avec cette alliance particulière de générosité de fruit et de sobriété qui signe le style du domaine.

Corse 2018	26 €	92
VDF Cuvée Sophie 2017	50 €	92
Corse 2019	18 €	90
VDF Amphore Carcaghjolu Neru 2017	40 €	93
VDF Amphore Minustellu 2017	40 €	93
VDF Amphore Niellucciu 2017	40 €	94
VDF Cuvée Sophie 2017	50 €	94

Le coup de ♥

VDF Amphore Vermentinu 2017	40 €	94

Rouge : Nielluciu 52 %, Grenache noir 15 %, Syrah 13 %, Carcaghjolu neru 8 %, Minustellu 7 %, Sciacarellu 5 %

Blanc : Vermentino 85 %, Biancu gentile 11 %, Genovese 4 %

Production moyenne : 65 000 bt/an

CLOS CANERECCIA

180, chemin d'Arena, Rotani, 20270 Aleria

04 95 34 17 85 • www.closcanereccia.com • Visites : sans rendez-vous.

Propriétaire : Christian Estève

★

CLOS NICROSI

Ce vignoble historique a été fondé par Dominique Nicrosi en 1850. Aujourd'hui, Jean-Noël Luigi, son fils Sébastien et sa fille Marine en sont à la tête. Situé en bordure de mer, dans la zone la plus septentrionale de l'île, dans le village de Rogliano, les parcelles sont soumises aux vents marins sur des sols de schistes qui "minéralisent" les blancs, évitant tout élevage sous bois. À la clé : un très prisé muscat du cap Corse et un blanc sec toujours très original. Leurs capacités de vieillissement est inégalée sur l'île. Le rappu est un vin rouge passerillé non muté, non millésimé, sorte de solera, basé sur l'assemblage de vins jeunes et vieux (sept ans).

Les vins : quel régal que le Stecaja, rosé vineux, à la chair moelleuse et à la trame franche ! Fraîcheur saline, allonge suave, texture tout en finesse, nuancée, fines touches d'agrumes et délicats amers en finale : le superbe blanc sec est pour nous une référence incontournable en Corse. Plus fin et délicat qu'à l'accoutumée, le muscatellu s'appuie sur une liqueur lancinante, et devrait assez vite évoluer sur les fins amers : ses sucres sont déjà très assagis.

Muscat du Cap Corse Muscatellu 2018	21,50 €	95
Coteaux du Cap Corse Stecaja 2019	11 €	91

Le coup de ♥

Coteaux du Cap Corse 2019	15,50 €	94

Rouge : 1,5 hectare. Sciacarellu 50 %, Aleatico 25 %, Nielluciu 25 %

Blanc : 7 hectares. Vermentino 65 %, Muscat à petits grains blancs 35 %

Production moyenne : 25 000 bt/an

CLOS NICROSI

Vignale, 20247 Rogliano

04 95 35 41 17 • www.closnicrosi.fr • Visites : sans rendez-vous.

Propriétaire : Jean-Noël, Sébastien et Marine Luigi

Directeur : Sébastien et Marine Luigi

★

CLOS SIGNADORE

Marseillais d'origine, formé notamment au château de Pibarnon (Bandol), Christophe Ferrandis s'est installé en 2002 près de Saint-Florent dans le village de Poggio d'Oletta. Il vinifie à l'étroit dans une ancienne bergerie mais projette de construire un nouveau chai. Son vignoble fait face au domaine Leccia à Morta Piana. Les rendements sont faibles, la culture est en bio, les vendanges se font en caissettes. Le style concentré et extrait de ses débuts évolue vers davantage de finesse. Aptes à un excellent vieillissement, les rouges sont plus harmonieux, en particulier la cuvée du Clos Signadore et A Mandria, produite dans les trois couleurs. Inizia est une nouvelle cuvée de négoce.

Les vins : belle réussite pour les cuvées de négoce Inizia. Le blanc large et tonique tire son originalité de l'assemblage des vieux cépages, tout comme le rouge à dominante de minustellu, complété d'aleatico et de vermentino : un vin friand, léger et digeste, doté d'un souffle frais, au fruit croquant et précis, finement accrocheur. A Mandria rouge est construit sur un fruit frais, la finesse de ses tanins et le croquant de la matière livrent un rouge désaltérant et précoce. Franc, droit, un peu strict dans son profil fin et tendu, A Mandria blanc gagnera en saveurs au vieillissement. L'ambitieux Clos Signadore blanc affiche clarté de saveurs et caractère longiligne, servi par un élevage très soigné en demi-muid, qui nous semble moins marqué que par le passé. Avec son nez de cuir frais et de bois précieux, le rouge 2016 prend l'ascendant : fraîcheur de fruit, matière séveuse, trame élancée, tanins patinés, il est parfaitement structuré, saura vieillir avec grâce et s'affirme plus fin que le 2015.

Blanc – Patrimonio 2019	55 €	93
Blanc – Patrimonio A Mandria Di Signadore 2019	25 €	92
Blanc – VDF Inizia 2019	17 €	91
Rouge – Patrimonio A Mandria Di Signadore 2019	25 €	92
Rouge – VDF Inizia 2019	17 €	91

Le coup de ♥

Rouge – Patrimonio 2016	50 €	94

Rouge : 6,5 hectares. Nielluciu 84 %, Minustellu 10 %, Aleatico 6 %
Achat de raisins.
Blanc : 3,2 hectares. Vermentino 67 %, Biancu gentile 11 %, Divers blanc 11 %, Genovese 11 %
Achat de raisins.
Production moyenne : 35 000 bt/an

CLOS SIGNADORE ♣
Morta-Piana, 20232 Poggio d'Oletta
06 15 18 29 81 • www.signadore.com • Vente et visites : au domaine sur rendez-vous.
Propriétaire : Christophe Ferrandis

★

CLOS VENTURI

À Ponte Leccia, village d'altitude situé au carrefour des routes menant à Bastia, Ajaccio et Calvi, le Clos Venturi est l'un des domaines les plus récents de Corse. Il provient du détachement, en 2005, des meilleurs terroirs du domaine Vico, où Jean-Marc et Manu Venturi produisent également, sur 77 hectares, des vins plus techniques de grande diffusion et d'un bon rapport qualité-prix. Un important travail a été mené au Clos Venturi : replantation de cépages autochtones, culture en bio et utilisation de levures indigènes. Le chai est remarquablement équipé (fût, cuve et œuf ; bois, béton, inox).

Les vins : beaucoup de cuvées entre les étiquettes Vico et Clos Venturi. Les entrées de gamme Bois du Cerf et 1769 sont fiables, précises, sans excès de technicité. Les vins Clos Venturi se distinguent d'abord par un blanc énergique et savoureux, mûr et salin, parsemé de saveurs de zestes de citron : l'élevage préserve toute l'intégrité du fruit. Bien mûr, son alter ego rouge offre des saveurs réglissées et cacaotées, de la fraîcheur et des tanins croquants qui devraient se fondre assez vite. Nous aimons l'ample Bianco Gentile aux saveurs de yuzu et d'amande fraîche, salivant, précis et intense. Élevé en œuf béton, A Mina est un superbe vermentino épanoui et lascif, dont la chair ample déborde de fruit juteux et de petits amers salivants. Le parcellaire Altare, qui assemble cinq cépages, associe grande finesse aromatique et matière limpide, ciselée, aérienne, tout en subtilité. En rouge, louons la finesse et fraîcheur du Brama Syrah, à la trame délicate, très équilibré, à la juste maturité de fruit, et le très séduisant sciacarellu finement poivré, servi par un élevage très habile, qui se fait moelleux et enjôleur dans ses saveurs de fraise et de poivre.

Blanc – Corse 2019	21 €	92
Blanc – Corse 1769 2019	de 13 à 14 € (c)	91

Corse A Mina Domaine Vico 2018 — 36 € — 93

IGP Île de Beauté Brama Biancu Gentile 2019 — de 20 à 21 € (c) — 92

Corse 2018 — 28 € — 92

Corse Brama Sciaccarellu 2018 — de 21 à 22 € (c) — 93

IGP Île de Beauté Brama Syrah 2018 — de 20 à 21 € (c) — 91

Le coup de ♥

VDF Altare 2018 — 48 € — 94

Rouge : 14 hectares.
Blanc : 15 hectares.
Production moyenne : 150 000 bt/an

CLOS VENTURI ♣

Route de Calvi, 20218 Ponte Leccia
04 95 47 61 35 • domaine.vico@orange.fr •
Vente et visites : au domaine sur rendez-vous.
Propriétaire : Famille Acquaviva-Venturi

★

DOMAINE LECCIA

En 2015, Lisandru, le fils d'Yves Leccia, est revenu au domaine auprès de sa tante Annette Leccia tandis que Nicolas Mariotti Bindi, qui était en charge des vinifications, s'est installé à son compte. Les blancs sont toujours épurés, cristallins, et d'une belle aptitude au vieillissement. C'est l'un des seuls domaines à être resté fidèle à son style de rosés colorés et goûteux. Les muscats du cap Corse sont de très haut niveau, avec une recherche permanente de surmaturité du raisin. Précis et fins, rouges et blancs ont beaucoup progressé ces dernières années.

Les vins : le style classique et solide des vins est convaincant. Charnu et délicatement ouvragé, le rosé est très charmeur mais possède aussi la profondeur suffisante pour bien évoluer sur quelques années. Excellent patrimonio blanc, vin parfumé, précis et nuancé, pourvu d'une allonge juteuse et assez épicé en finale. Matière dense et bien mûre dans le rouge, dont le fruit salivant et vif se prolonge de petits tanins juteux et nets. Avec son nez un peu plus fumé, le très intense Pettale livre une chair bouquetée et moelleuse, plus raffinée, persistante et patinée dans ses saveurs. Grande délicatesse aromatique dans le muscat, calibré et frais, très harmonieux avec ses sucres friands et sa fine amertume salivante.

Muscat du Cap Corse 2019 — 30 € — 93

Patrimonio 2019 — 30 € — 92

Patrimonio 2019 — 20 € — 90

Patrimonio 2017 — 25 € — 93

Patrimonio Pettale 2017 — 30 € — 94

Rouge : 8 hectares. Nielluciu 100 %
Blanc : 5 hectares. Muscat à petits grains blancs 55 %, Vermentino 45 %
Production moyenne : 60 000 bt/an

DOMAINE LECCIA ♣

Lieu-dit Morta Piana, 20232 Poggio d'Oletta
04 95 37 11 35 • www.domaine-leccia.fr •
Vente et visites : au domaine sur rendez-vous.
Propriétaire : Lisandru Leccia

★

YVES LECCIA

Yves Leccia et Sandrine, sa compagne, exploitent un vignoble essentiellement situé sur les parcelles d'E Croce et de Partinelone. L'ensemble est labouré et travaillé, et les amendements sont organiques. Le domaine a beaucoup innové ces dernières années avec de nouveaux vins, tels que O Bà, Biancu Marinu et Altru Biancu. Très soignés, les vins restent de bons ambassadeurs du vignoble corse, mais attention à ne pas trop gommer leur individualité : toute la gamme dégustée fait la part belle à la technicité, avec des vins plus formatés que par le passé. À regret, nous retirons une étoile cette année, car nous pensons que l'avenir des vins corses ne passe plus par cette voie, et espérons une inflexion future.

Les vins : toutes les cuvées sont vinifiées et élevées en cuve inox, ce qui favorise certes l'expression du fruit, mais amoindrit les rouges avec des tanins secs et de l'amertume. Ainsi E Croce rouge, avec sa trame serrée, se montre astringent et manque un peu de netteté. O Bà ! présente plus de chair et de profondeur, mais l'amertume des tanins et la finale très raide nous déçoivent. Très expressif dans l'éclat frais de sa jeunesse, le rosé E Croce est excellent avec sa fine sève juteuse. Le biancu gentile Altru Biancu est corsé, structuré par de bons amers et des notes de fenouil. Une note de muscat rend assez flatteur Biancu Marinu, très précis et droit dans son allonge saline. Très calibré dans sa maturité fraîche, le blanc YL se montre pur et croquant, assez délicat, avec une note de fleur d'oranger. Pur et élancé, E Croce blanc offre tonus et persistance acidulée : nous le trouvons cependant un rien technique, avec une note un peu végétale. Matière caressante et moelleuse, empreinte de saveurs miellées dans le muscat, un peu chaleureux en finale.

IGP Île de Beauté Biancu Marinu 2019	15 €	92
IGP Île de Beauté L'Altru Biancu 2018	18 €	93
IGP Île de Beauté YL 2019	18 €	92
Muscat du Cap Corse 2017	24 €	91
Patrimonio E Croce 2019	22 €	91
Patrimonio E Croce 2019	14 €	91
IGP Île de Beauté O Bà ! 2017	30,50 €	89
Patrimonio E Croce 2017	20 €	88

Rouge : Nielluciu 64 %, Grenache noir 26 %, Minustellu 5 %, Sciacarellu 5 %
Blanc : Vermentino 65 %, Muscat à petits grains blancs 19 %, Biancu gentile 16 %
Production moyenne : 100 000 bt/an

YVES LECCIA ♣
Lieu-dit Morta Piana, 20232 Poggio d'Oletta
04 95 30 72 33 • www.yves-leccia.com •
Vente et visites : au domaine sur rendez-vous.
Propriétaire : Yves et Sandrine Leccia
Directeur : Yves Leccia

★

DOMAINE U STILICCIONU

Après avoir vinifié à Cahors, en Nouvelle-Zélande et à Tokaj, Sébastien Poly a repris en 2006 et travaille seul ce petit domaine familial au patrimoine de vieilles vignes plantées dans les années 1960 dans la vallée granitique et argileuse du Taravo. Il vinifie sans levurage, avec très peu, voire sans sulfite, et propose des vins d'une gourmandise et d'une digestibilité rares en Corse, avec une identité très affirmée.

Les vins : le domaine ne nous ayant pas fait parvenir ses vins cette année, nous sommes amenés à reconduire les notes de notre édition précédente.

Ajaccio Antica 2016	33 €	94
Ajaccio Kalliste 2016	39 €	95

Rouge : 4 hectares. Sciacarellu 75 %, Nielluciu 15 %, Carcaghjolu neru 5 %, Divers noir 5 %
Blanc : 2 hectares. Vermentino 100 %
Production moyenne : 15 000 bt/an

DOMAINE U STILICCIONU ☾
Stiliccione, 20140 Serra-di-Ferro
04 95 22 41 19 •
www.domaineustiliccionu.com • Vente et visites : au domaine sur rendez-vous.
Propriétaire : Sébastien Poly-Casabianca

DOMAINE D'ALZIPRATU

Ce vignoble est né dans les années 1970 de l'association entre Maurice Acquaviva et le baron de La Grange, propriétaire du couvent d'Alzipratu. Avec 40 hectares, Alzipratu s'impose comme un domaine de premier ordre en Balagne, un secteur compliqué où il se distingue par l'équilibre de ses vins. La conversion bio est en cours. De nouvelles cuvées parcellaires, très réussies, augurent du meilleur pour ce domaine en pleine forme, appelé à progresser dans notre hiérarchie.

Les vins : bon volume et intensité dans Pumonte blanc 2019, qui associe acidité bien présente, grain salivant, allonge minérale et saveurs de poires fraîches. Encore très jeune, ce vin sera superbe en 2021. Le 2018 a évolué, reste gourmand mais a perdu un peu de sa fraîcheur. Très parfumé, le souple et frais Fiumeseccu rouge 2019 évoque un coulis de fruits noirs, la réglisse et la menthe. Mûr et frais, il livre un fruit précis et s'appuie sur une vinosité juteuse. Gourmand pour plusieurs années ! Velouté et tendre, le 2018 est un rien sec en finale. Ample et frais, Pumonte rouge 2018 est ouvragé, frais et finement épicé, avec des notes d'écorces d'agrumes et un caractère tonique.

Corse Calvi Pumonte 2018	22,20 €	91
Corse Calvi Pumonte 2019	de 12 à 19 € (c)	92
Corse Calvi Fiume Seccu 2018	11,04 €	90
Corse Calvi Fiume Seccu 2019	de 8 à 9 € (c)	92
Corse Calvi Pumonte 2018	N.C.	92

Rouge : 33 hectares. Sciacarellu 52 %, Nielluciu 19 %, Grenache noir 14 %, Syrah 8 %, Minustellu 4 %, Aleatico 3 %

Blanc : 10 hectares. Vermentino 96 %, Biancu gentile 4 %
Production moyenne : 200 000 bt/an

DOMAINE D'ALZIPRATU
Route de Zilia, 20214 Zilia
04 95 62 75 47 • www.domaine-alzipratu.com • Vente et visites : au domaine sur rendez-vous.
Propriétaire : Pierre Acquaviva
Maître de chai : Vincent Grepin

NOUVEAU DOMAINE

CASTELLU DI BARICCI

Créé en 2000, ce domaine situé dans le cadre enchanteur de la vallée de l'Ortolo a été intégralement planté de 12 hectares de vignes entourées de garrigues, et le premier millésime certifié bio fut ici le 2005. Elisabeth Quilichini ne ménage pas ses efforts pour faire progresser la qualité des vins. Son travail porte ses fruits et offre un rosé, un blanc et deux rouges de très bonne qualité, élevés en foudre et capable de très bien vieillir. Le domaine a su évoluer avec bonheur vers des rouges au caractère infusé et parfumé, et nous sommes ravis de l'accueillir dans notre guide.

Les vins : un peu technique, le rosé est agréable et charnu, mais peut progresser en expressivité et finesse. Vermentino généreux, le blanc présente une texture crémeuse, enrichi par un élevage en fût fort bien mené. À dominante de sciararellu, le rouge 2018 est élancé et juteux, particulièrement réussi avec son profil contenu et ses tanins soyeux. Inspiré de la méthode de la solera, Réserve Perpétuelle assemble 2015, 2016 et 2017. Son nez complexe évoque la grenade et le bois de santal, la bouche se déploie avec envergure et fraîcheur, portée par des tanins poudrés.

Corse Sartène 2019	24 €	91
Corse Sartène 2019	15,50 €	88
Corse Sartène 2018	22 €	92

Le coup de ♥

VDF Réserve Perpétuelle	29 €	93

Rouge : 11 hectares.
Blanc : 4 hectares.
Production moyenne : 70 000 bt/an

CASTELLU DI BARICCI ♣
20100 Sartène
09 88 99 30 62 • www.castelludibaricci.com • Visites : Pas de visites.
Propriétaire : Élisabeth Quilichini
Œnologue : Aurélie Patacchini

CLOS FORNELLI

Le Clos Fornelli est installé au village de Tallone, sur le piémont du massif de la Castagniccia. Entre mer et montagne les vignes y bénéficient d'un microclimat idéal pour la maturation des raisins. Josée Vanucci-Couloumere a repris avec son mari Fabrice le domaine de son père en 2005. En 2009, elle plante du biancu gentile et du minustellu. Dans un style sincère, les vins du domaine sont francs et séduisants.

Les vins : les cuvées Clos Fornelli sont assez simples, et dans les trois couleurs les cuvées Robe d'Ange sont bien réussies (non notées). Profil assez énergique et délié pour le biancu gentile, dans une expression du cépage assez nerveuse et élancée. Le genovese reste notre favori : son fruit, qui évoque la glycine, sa fraîcheur saline et sa gourmandise de texture nous séduisent particulièrement. Avec une note de banane plantin et un caractère finement oxydatif, le blanc Vini Navigati n'est certes pas consensuel, mais nous aimons son exubérance, sa charpente et sa persistance épicée. Joli nez de fleurs séchées et d'orange sanguine dans Stella Rose, que nous dégustons mieux que l'an dernier, vin chaleureux mais velouté, associant mâche et fraîcheur. Entre le cuir et la prunelle, le minustellu imprime sa personnalité singulière. Assez dense, sa chair reste équilibrée et ses tanins réglissés demandent un peu de temps pour se fondre. Structuré, profond, Vini Navigati rouge se montre assez solaire, avec des tanins abondants et un peu rustiques. Nous restons confiants quant à son potentiel d'évolution.

VDF Biancu Gentile 2019	16 €	91
VDF Genovese 2019	18 €	93
Corse Stella Rose 2017	17 €	91
Corse Vini Navigati 2017	25 €	91
VDF Minustellu 2019	16 €	91

Le coup de ♥

Corse Vini Navigati 2018	25 €	92

Rouge : 14,2 hectares. Sciacarellu 53 %, Nielluciu 35 %, Minustellu 12 %
Blanc : 6,8 hectares. Vermentino 80 %, Biancu gentile 12 %, Genovese 8 %
Production moyenne : 70 000 bt/an

CLOS FORNELLI
Pianiccia, 20270 Tallone
06 61 76 46 19 • www.closfornelli.com •
Vente et visites : au domaine sur rendez-vous.
Propriétaire : Josée Vanucci-Couloumène et Fabrice Couloumère

NOUVEAU DOMAINE

CLOS MARFISI

Ce domaine familial de 15 hectares créé il y a un siècle est aujourd'hui entre les mains de Mathieu et Julie Marfisi, frère et soeur. Les vins progressent vite et s'inscrivent dans la nouvelle vague qualitative de Patrimonio. Proche de Nicolas Mariotti Bindi, Mathieu Marfisi partage avec son ami une vision du vin au plus près du raisin mais sans déviances, avec un travail en cave qui s'affine, bien que les rouges affichent encore un peu de réduction.

Les vins : excellente maîtrise des blancs, délicieusement sapides. Élevé en demi-muid, le très pur et frais Nos Petits Grains se distingue par son caractère élancé et très fin. Grande finesse aromatique, zeste d'agrumes et embruns dans Ravagnola, frais et serein dans ses saveurs limpides, à la finale étoffée marquée par le fenouil : un profil très digeste avec 12,2°. Gourmand, charnu, précis, le rosé déborde de fruits. Quel dommage que la réduction prégnante diminue le fruit mûr et réglissé du rouge... Le muscat du Cap Corse évoque le cédrat. Onctueuse, très moelleuse, la bouche déborde d'agrumes confits mais demeure rafraîchissante.

Muscat du Cap Corse 2017	17 €	92
Patrimonio Nos Petits Grains 2017	30 €	92
Patrimonio Julie 2019	10 €	90
Patrimonio Ravagnola 2017	14 €	89

Le coup de ♥

Patrimonio Ravagnola 2019	17 €	92

Rouge : 7,4 hectares.
Blanc : 4,2 hectares.
Production moyenne : 50 000 bt/an

CLOS MARFISI ♣
20253 Patrimonio
04 95 37 07 49 • t.marfisi@wanadoo.fr •
Vente et visites : au domaine sur rendez-vous.
Propriétaire : Julie et Mathieu Marfisi

CLOS D'ALZETO

Alexis Albertini poursuit l'œuvre de son père Pascal dans ce vignoble, le plus haut de Corse, sur un site exceptionnel dominant la mer au pied d'une falaise, à 500 mètres d'altitude. La vaste cave est équipée de toutes les options technologiques et les vins se montrent d'un très bon niveau, avec une mention spéciale pour les excellentes nouvelles cuvées parcellaires de blanc Cardillone et Moretelle, entrées en production en 2016. Majoritaire dans les rouges, le sciaccarellu donne ici des vins colorés et sérieux. Les entrées de gamme sont fiables mais peuvent progresser.

Les vins : le domaine ne nous a fait parvenir que trois vins, un rosé nerveux et vif, au profil millimétré, un rouge Frescu simple mais souple et juteux, parfaitement désaltérant, et un blanc à la jolie matière déliée, avec du gras, des saveurs anisées, dans un profil à la fois mûr et frais, à la finale épicée. Nous regrettons de ne pas avoir pu déguster les cuvées parcellaires.

Ajaccio 2019	16,90 €	91
Ajaccio 2019	10,80 €	90
VDF Alzeto Frescu 2019	9,60 €	88

Rouge : 40 hectares. Sciacarellu 70 %, Grenache noir 15 %, Nielluciu 10 %, Cinsault 5 %
Blanc : 15 hectares. Vermentino 70 %, Biancu gentile 20 %, Genovese 10 %
Production moyenne : 200 000 bt/an

CLOS D'ALZETO
Lieu-dit Alzeto, 20151 Sari-d'Orcino
04 95 52 24 67 • www.closdalzeto.com •
Vente et visites : au domaine sur rendez-vous.
Propriétaire : Pascal Albertini
Maître de chai : Renaud Chaudière
Œnologue : Alexis Albertini

NOUVEAU DOMAINE

CLOS COLOMBU

Cerné de forêts et de prairies lui appartenant, ce domaine majeur des environs de Calvi connaît un nouveau souffle avec l'arrivée récente de Paul-Antoine, fils d'Etienne Suzzoni, 26 ans et de l'énergie à revendre. La conversion à la biodynamie (certification Déméter en 2019) est effective, et une impressionnante nouvelle cave enterrée, conçue pour un travail intégral par gravité, est prête pour la vendange 2020. Avec la montée en puissance des cuvées haut de gamme, affinées par des élevages en oeuf béton et jarre, tout est en place pour que ce domaine fasse rapidement partie des valeurs montantes de l'île.

Les vins : précis, fins et vifs dans les trois couleurs, les cuvées Clos Culombu sont très recommandables (non notées). Bien charnu, toujours délicat, finement épicé, Ribbe Rosse rosé est très réussi, comme le blanc au profil frais, digeste et assez tendu, à la très belle allonge épicée. Pureté aromatique dans Storia di Carbessu, à la matière grasse mais sans lourdeur, dans lequel le vermentino prend avec aisance volume et rondeur savoureuse. Assemblage de sept cépages blancs, Storia di Signore, encore sur la réserve, livre des notes de sésame, une matière de belle envergure avec de fins amers ; beaucoup de personnalité dans ce vin digeste, persistant et complexe. Composé à parts égales de sciacarellu et de nielluciu, le charnu et sphérique Ribbe Rosse rouge offre beaucoup d'envergure et de richesse. Pourvu de tanins abondants mais fins, la finale évoque la fève de cacao : il mérite de vieillir quelques années. Avec son nez très balsamique, Storia di I Sgio déploie une matière charnue, fraîche et vigoureuse, et des saveurs très sudistes, terriennes et épicées. Notes de framboise et d'épices douces au nez du Storia di Ecce Fructus, à la matière souple et parfumée de saveurs d'agrumes, un vin de grand caractère empreint d'une sève désaltérante dans lequel l'aleatico imprime son caractère si singulier, avec discrétion et brio.

Corse Calvi Ribbe Rosse 2018	22 €	92
VDF Storia di Carbessu 2018	19 €	92
Corse Calvi Ribbe Rosse 2019	15 €	90
Corse Calvi Ribbe Rosse 2017	22 €	92
VDF Storia di I Ecce Fructus 2018	19 €	92
VDF Storia di I Sgio 2017	19 €	92

Le coup de ♥

VDF Storia di Signore 2018	19 €	93

Rouge : 42 hectares.
Blanc : 22 hectares.
Production moyenne : 315 000 bt/an

CLOS COLOMBU
Chemin San Petru, 20260 Lumio
04 95 60 70 68 • www.closculombu.fr •
Vente et visites : au domaine sur rendez-vous.
Propriétaire : Étienne Suzzoni
Maître de chai : Paul-Antoine Suzzoni

L'ENCLOS DES ANGES

Richard et son épouse Marjorie Spurr exploitent depuis 2007 un vignoble de 23 hectares. L'acquisition récente de 3,5 hectares leur a permis de mieux sélectionner les parcelles et de créer une deuxième étiquette baptisée Semper Fidelis. Les vignes, taillées en gobelets, sont assises sur des arènes en contreforts, en majorité granitiques, et pour une petite partie en plaine. La conversion bio est engagée, les vins sont élaborés sans artifice ni intrant, vinifiés et élevés en cuve béton et inox. Les dernières cuvées ont gagné en précision et en finesse, mais nous avouons une préférence pour les rouges.

Les vins : beaucoup de gras et des saveurs de fenouil dans le blanc 2017, qui a bien évolué en développant de bons amers en finale, qui lui apportent du tonus. Semper Fidelis rouge présente un joli nez expressif, une bouche pulpeuse et suave aux tanins poudrés : c'est un très joli rouge à boire un peu frais. Velouté, le rouge 2017 est très réussi : son fruit bien mûr se love au sein d'une matière dense mais ouvragée, à la texture crémeuse, chaleureuse mais équilibrée, qui regorge de saveurs de garrigues.

Corse Calvi 2017	de 14 à 20 € (c)	91
Corse Calvi 2017	de 16 à 25 € (c)	92
Corse Calvi Semper Fidelis 2018	de 12 à 16 € (c)	91

Rouge : 13 hectares. Nielluciu 30 %, Syrah 30 %, Sciacarellu 25 %, Grenache noir 15 %
Blanc : 7 hectares. Vermentino 100 %
Production moyenne : 45 000 bt/an

L'ENCLOS DES ANGES
Route de la Forêt-de-Bonifatu, 20260 Calvi
06 19 85 16 39 • richard@enclosdesanges.fr •
Vente et visites : au domaine sur rendez-vous.
Propriétaire : Richard et Marjorie Spurr

DOMAINE GIACOMETTI

Simon Giacometti, 31 ans, a vinifié son premier millésime il y a dix ans au domaine familial, aux côtés de son père Christian et de sa sœur Sarah. Situé au cœur du désert des Agriates, dans un environnement préservé et sauvage, le vignoble est désormais certifié bio. Les vins atteignent aujourd'hui un excellent niveau, avec une grande franchise de saveurs et un usage très limité du bois.

Les vins : 2018 était un millésime compliqué, le domaine s'en est bien sorti, comme en témoigne le rouge Cru des Agriate, vin assez tendre, de demi-corps, qui reste équilibré et digeste, avec des tanins friands en finale. La Cuvée Sarah a bien intégré son élevage sous bois, ramenant du volume et de la chair en 2018. Plus profond, dense et séveux, le 2017 est encore serré. Sciacarellu parfumé et tendre, Sempre Cuntentu offre des notes de fraises au sirop, beaucoup de fraîcheur et de croquant dans une belle expression de fruit : c'est un vin aux tanins poudrés et parcouru d'un jus délicat, qui "pinoterait" presque. Matière bien mûre, assez grasse dans le blanc complet, charnu, avec du relief, au profil généreux mais savoureux.

Patrimonio Cru des Agriate 2019	9 €	91
Patrimonio Cru des Agriate 2018	9 €	90
Patrimonio Cru des Agriate Cuvée Sarah 2017	12 €	91
Patrimonio Cru des Agriate Cuvée Sarah 2018	15 €	90

Le coup de ♥

VDF Sempre Cuntentu 2018	11 €	93

Rouge : 22,5 hectares. Nielluciu 75 %, Sciacarellu 18 %, Grenache noir 6 %, Syrah 1 %
Blanc : 4,5 hectares. Vermentino 100 %
Production moyenne : 90 000 bt/an

DOMAINE GIACOMETTI ♣

Casta, 20217 Saint-Florent
04 95 37 00 72 • www.domainegiacometti.com • Vente et visites : au domaine sur rendez-vous.
Propriétaire : Christian Giacometti
Directeur : Simon et Sarah Giacometti

DOMAINE SANT ARMETTU

Le "domaine du Saint Ermite" (qui d'après la légende soignait par les plantes) occupe des coteaux qui dominent le golfe de Propriano. Gilles Seroin a construit son chai en 1996. Ce vigneron passionné et attachant est doué d'un grand talent de vinificateur et d'éleveur. Dans les trois couleurs, les vins ont bien progressé. Ils se montrent sincères et généreux, et le domaine rejoint désormais le peloton des meilleurs de l'île de Beauté. À découvrir en priorité !

Les vins : le style du domaine est très affirmé, avec des matières tendres et florales, et beaucoup de douceur de texture. Matière charnue, très souple, finement épicée dans Myrtus rosé. La réduction brouille un peu le message du Myrtus blanc, assez comprimé, mais nous apprécions sa fraîcheur. Noix de muscade et romarin au nez du Burghese blanc au fort caractère, plein et ferme, construit sur un relief charnu. Chair moelleuse et poudrée dans Rosumarinu, infusé et sain, précis et juteux, délicieux à boire sans attendre, séduisant par son élégance naturelle. Grenache parfumé et floral, Elegante offre fraîcheur et grande délicatesse de texture. Un vin de demi-corps, mais tellement digeste ! Nez très séduisant, matière déliée et souple dans Myrtus rouge, au fruit très frais, qui forme un ensemble sapide, précoce et très velouté. Touche d'orange sanguine dans le très ample Burghese rouge, qui déploie tous ses charmes, encadré de tanins très fins apportés par un élevage soigné. Pur sciacarellu, L'Ermite est un vin très enjôleur, au fruit tendre et finement épicé, qui se distingue par son envergure et son caractère digeste.

IGP Île de Beauté Burghese 2017	50 €	93
IGP Île de Beauté Myrtus 2018	N.C.	89
IGP Île de Beauté Myrtus 2019	18,90 €	90
Corse Sartène Elegante 2018	22,50 €	91
Corse Sartène Rosumarinu 2019	14,50 €	92
IGP Île de Beauté Burghese 2017	50 €	93
IGP Île de Beauté Myrtus 2017	24,20 €	92
IGP Île-de-Beauté L'Ermite 2017	48 €	93

Rouge : 31 hectares. Sciacarellu 33 %, Grenache noir 13 %, Aleatico 13 %, Nielluciu 11 %, Carignan 10 %, Syrah 10 %, Minustellu 9 %, Carcaghjolu neru 1 %
Blanc : 9 hectares. Vermentino 74 %, Genovese 22 %, Biancu gentile 4 %
Production moyenne : 200 000 bt/an

DOMAINE SANT ARMETTU

9, avenue Napoléon, 20110 Propriano
04 95 76 05 18 • www.santarmettu.com • Vente et visites : au domaine sur rendez-vous.
Propriétaire : Gilles Seroin
Œnologue : Emmanuel Gagnepain

DOMAINE DE TORRACCIA

Sur un site enchanteur dominant la mer, le légendaire Christian Imbert a constitué ce domaine à la fin des années 1960, au nord de Porto-Vecchio. Il a cédé sa place en 2008 à son fils Marc, 55 ans, vigneron cultivé et intuitif, qui entretient les 42 hectares de ce vignoble planté dans des arènes granitiques, à la moyenne d'âge élevée et certifié bio, et améliore sa gestion parcellaire. En cave, Marc reste fidèle aux cuves béton et inox, affine les assemblages et innove avec de nouvelles cuvées, comme Salvaticu, vermentino fermenté et élevé en barrique.

Les vins : sans grande complexité, les cuvées classiques sont très honorables, particulièrement le rouge 2016 au fruit moelleux et patiné, avec des notes de romarin et d'épices et des tanins séveux et frais, qui constitue une excellente affaire. Les cuvée Oriu placent la barre plus haut, avec un rosé charnu, très raffiné et gourmand. Matière parfumée dans le blanc, qui possède du relief et de la fraîcheur dans ses saveurs de poire, et une finale développée sur une touche de poivre vert. Oriu rouge 2016, avec sa fraîcheur réglissée et d'épices douces au nez, offre une bouche terrienne, veloutée et pleine, une trame dense et une matière généreuse aux tanins serrés, fins mais un rien secs. Un vin bien réussi, bâti pour le vieillissement.

Corse Porto-Vecchio 2019	13 €	88
Corse Porto-Vecchio Oriu 2019	20 €	91
Corse Porto-Vecchio Oriu 2019	20 €	91
Corse Porto-Vecchio 2016	9,90 €	91
Corse Porto-Vecchio Oriu 2015	20 €	92

Rouge : 34 hectares. Nielluciu 65 %, Grenache noir 15 %, Sciacarellu 15 %, Syrah 5 %
Blanc : 8 hectares. Vermentino 100 %
Production moyenne : 130 000 bt/an

DOMAINE DE TORRACCIA ♣

Lecci, 20137 Porto-Vecchio
04 95 71 43 50 • torracciaoriu@wanadoo.fr •
Vente et visites : au domaine sur rendez-vous.
Propriétaire : Christian, Christophe et Marc Imbert
Directeur : Marc Imbert

NOUVEAU DOMAINE

DOMAINE ZURIA

Producteur de clémentines près d'Aléria avec son épouse Nadine, Christian Zuria a commencé en 2013 à planter des vignes sur le secteur de Bonifacio, dans trois emplacements différents. Un travail titanesque a été accompli : ce jeune domaine certifié bio est en plein développement et entame sa conversion à la biodynamie. À notre sens, Christian Zuria va écrire dans les années qui viennent un chapitre marquant de l'histoire des vins insulaires sur ce terroir en plein renouveau. Le cépage sciaccarellu, complété du rare cépage autochtone morescone, démontre ici un potentiel énorme. Reste à perfectionner le chai, encore rudimentaire, pour permettre à ce domaine d'atteindre sa vitesse de croisière.

Les vins : ce jeune domaine ne nous a présenté que deux vins : assemblage de vermentino, biancu gentile et genovese, le blanc regorge de saveurs et sa générosité de texture n'offre aucune lourdeur. Appétente, presque voluptueuse, sa finale diffuse de fins amers. Pur sciacarellu, le rouge est un vin élancé et joyeux, porté par une chair soyeuse et parfumée dotée de tanins finement poudrés. Sa finesse et sa justesse d'expression en font une nouvelle référence à découvrir en priorité !

IGP Île de Beauté Initiale 2019	29 €	92
IGP Île de Beauté Initiale 2018	28 €	93

Rouge : 7,5 hectares. Sciacarellu 100 %
Blanc : 4,5 hectares. Vermentino 60 %, Biancu gentile 30 %, Genovese 10 %
Production moyenne : 25 000 bt/an

DOMAINE ZURIA ♣

20169 Bonifacio • domainezuria@orange.fr •
Vente et visites : au domaine sur rendez-vous.
Propriétaire : Christian et Nadine Zuria
Œnologue : Aurélie Patachini

Le Jura et ses vins

Par Pierre Citerne,
en charge des vins du Jura au sein
du comité de dégustation de La Revue du vin de France

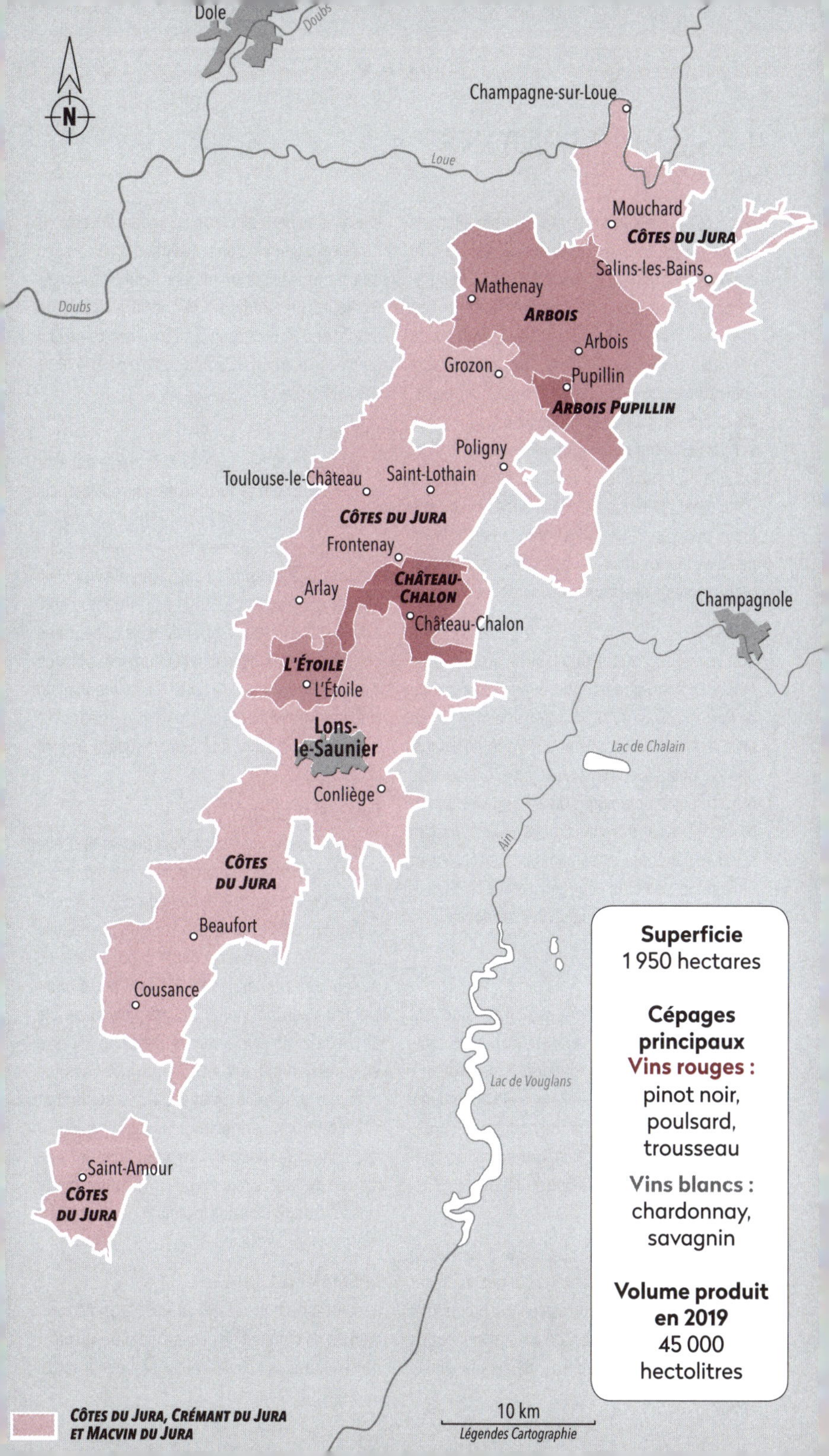
Dole
Doubs
N
Champagne-sur-Loue
Loue
Doubs
Mouchard
CÔTES DU JURA
Salins-les-Bains
Mathenay
ARBOIS
Arbois
Grozon
Pupillin
ARBOIS PUPILLIN
Poligny
Toulouse-le-Château
Saint-Lothain
CÔTES DU JURA
Frontenay
CHÂTEAU-CHALON
Arlay
Château-Chalon
Champagnole
L'ÉTOILE
L'Étoile
Lons-le-Saunier
Lac de Chalain
Conliège
Ain
CÔTES DU JURA
Beaufort
Cousance
Lac de Vouglans
Saint-Amour
CÔTES DU JURA
Superficie
1 950 hectares
Cépages principaux
Vins rouges :
pinot noir, poulsard, trousseau
Vins blancs :
chardonnay, savagnin
Volume produit en 2019
45 000 hectolitres
CÔTES DU JURA, CRÉMANT DU JURA ET MACVIN DU JURA
10 km
Légendes Cartographie

LES APPELLATIONS

Le vignoble jurassien compte sept appellations divisibles en deux grandes catégories. Quatre appellations sont en réalité des AOC "géographiques". C'est-à-dire qu'elles délimitent un territoire de production défini. Il s'agit d'Arbois, de Château-Chalon, de L'Étoile et des Côtes du Jura. L'autre catégorie regroupe trois AOC "produits", qui définissent des méthodes de production de vin particulières au sein du vignoble jurassien. Il s'agit du macvin du Jura, du crémant du Jura et du marc du Jura (eau-de-vie qui a obtenu son appellation en 2015). Enfin, n'oublions pas le vin de paille qui ne dispose pas d'une appellation propre, mais d'une mention traditionnelle.

ARBOIS

Son nom, issu du celte, signifie terre fertile. Aujourd'hui, Arbois est l'appellation la plus grande du Jura. Elle couvre 776 hectares et produit à peu près 70 % de vins rouges et 30 % des vin blancs. Son vignoble s'étend sur une mosaïque de terroirs répartis sur 12 communes au nord du Jura. Elle se définit à travers des vins blancs, jaunes, rouges et rosés généreux, richement bouquetés, fins et universels. Les cinq cépages autorisés dans le Jura peuvent être employés pour produire du vin d'Arbois.

CÔTES DU JURA

Cette appellation s'apparente plutôt à une AOC régionale puisqu'elle s'étend en fait sur 105 communes et 564 hectares, tout au long des coteaux jurassiens et jusqu'aux confins de la Bourgogne. L'appellation couvre un grand nombre d'expressions diverses, dont des blancs de savagnin étonnants du côté de la commune de Voiteur.

CHÂTEAU-CHALON

Sur 54 hectares, au cœur du vignoble jurassien, la commune de Château-Chalon permet d'admirer un impressionnant vignoble voué à la production exclusive de vins jaunes, un peu moins jaunes de robe qu'ailleurs, et d'une longévité inégalable (des vins de deux siècles sont encore buvables !). Il mérite largement son appellation propre et son rang parmi les plus grands vins blancs de France. D'ailleurs, les producteurs ont parfois préféré renoncer à l'appellation quand la récolte ne leur paraissait pas satisfaisante comme en 1974, 1980, 1984 et 2001.

L'ÉTOILE

Le village de L'Étoile, où est située cette appellation, tire son nom du fait que les cinq collines qui entourent le village forment une étoile. Son origine viendrait des pentacrines, étoiles fossilisées que l'on retrouve en nombre dans les sols viticoles. Plus concrètement, L'Étoile est située au sud, près de Lons-le-Saulnier, et compte 73 hectares de vignes, qui produisent uniquement des blancs d'une grande subtilité, à partir de chardonnay : la plupart sont vinifiés en mousseux et une très petite quantité en vin jaune finement bouqueté, à partir de savagnin.

MACVIN DU JURA

Appellation d'origine contrôlée depuis 1991, elle couvre en fait l'ensemble des vignobles jurassiens et représente 6 % de la production de la région. Le macvin du Jura est ce que l'on appelle une mistelle, un vin de liqueur. Mais à la différence de ses homologues, le macvin n'est pas produit à partir d'eau-de-vie de vin, mais d'eau-de-vie de jus de raisin non fermenté. Cette liqueur titre en moyenne entre 16 et 22° d'alcool. Les cinq cépages jurassiens, trousseau, poulsard, pinot noir, chardonnay et savagnin, sont tous autorisés dans la production de moûts destinés au macvin du Jura. Le macvin du Jura peut donc être blanc ou rouge, bien que la plupart des vignerons le produisent en blanc.

CRÉMANT DU JURA

Depuis l'obtention de l'AOC en 1995 (325 ha), la production de crémant ne cesse de croître, au point d'atteindre aujourd'hui 18 % de la production totale de vins du Jura. Élaboré à partir de poulsard, de pinot noir, de trousseau, de chardonnay et de savagnin, il est produit à présent par la quasi-totalité des vignerons. Les raisins, obligatoirement vendangés à la main, sont transportés en caisses percées et pressurés par grappes entières.

VIN DE PAILLE

Le vin de paille dispose d'une mention traditionnelle qui traduit une méthode d'élaboration très particulière. On retrouve cette mention pour les AOC Côtes du Jura, Arbois et L'Étoile. Spécialité du Jura, le vin de paille est élaboré à partir de raisins cueillis à parfaite maturité et mis à sécher, parfois sur des claies à l'air libre, mais le plus souvent en chambre avec soufflerie artificielle. Ce séchage augmente naturellement la concentration en sucre et en extraits secs ; il en résulte des vins liquoreux au parfum plus puissant que subtil.

LES CÉPAGES

EN ROUGE :

LE PINOT NOIR

Cultivé depuis des siècles dans le Jura, ce cépage représente 8 à 10 % de l'encépagement total du vignoble.

LE POULSARD

Appelé aussi ploussard à Arbois et Pupillin, ce cépage est typiquement jurassien. Il est le deuxième cépage le plus répandu dans ce vignoble et représente 80 % des cépages rouges du Jura.

LE TROUSSEAU

C'est un cépage rouge très exigeant à cultiver. S'il ne représente que 5 % de l'encépagement total du vignoble jurassien, il donne des vins puissants, tanniques et plus colorés.

EN BLANC :

LE CHARDONNAY

C'est le cépage le plus répandu. Il représente 45 % de l'encépagement total. Le chardonnay est également appelé melon, moular ou gamay blanc dans le vignoble jurassien.

LE SAVAGNIN

Représentant 15 % de l'encépagement, il se révèle exceptionnel, riche en alcool naturel et en acidité, et susceptible de prendre le voile. Les bactéries locales forment un voile bénéfique dans la barrique, qui va le protéger pendant six longues années et permettre au vin jaune d'acquérir sa saveur inimitable de noix et de morilles. Les barriques ayant servi à l'élaboration du vin jaune sont réutilisées pour apporter un peu de ce goût prestigieux à d'autres vins blancs, plus accessibles.

NOS BONNES ADRESSES

CHAMBRES D'HÔTES

LES JARDINS SUR GLANTINE
30, Grande-Rue, 39800 Poligny
Tél. : 03 63 86 50 78
www.jardinsurglantine.natidees.com

L'ENTRE-CŒUR
192, rue de l'Église,
Lieu-dit Les Vergers,
39210 Menétru-le-Vignoble
Tél. : 06 95 08 73 54

CAVISTE

EPICUREA
5, place des Déportés,
39800 Poligny
Tél. : 03 84 37 16 05

RESTAURANTS

LA BALANCE METS ET VINS
47, rue de Courcelles, 39600 Arbois
Tél. : 03 84 37 45 00
www.labalance.fr

LES CAUDALIES
20, avenue Pasteur, 39600 Arbois
03 84 73 06 54
www.lescaudalies.fr

LE GRAPIOT
Rue Bagier, 39600 Pupillin
Tél. : 03 84 37 49 44
www.legrapiot.com

LE BISTROT DE LA TOURNELLE
5, petite Place, 39600 Arbois
Tél. : 06 43 54 54 94
www.domainedelatournelle.com

★★★

DOMAINE GANEVAT

Jean-François Ganevat est revenu en 1998 dans le Jura, dans la combe de Rotalier, après de longues années à Chassagne-Montrachet, chez Jean-Marc Morey. Proche de la philosophie des vins naturels sans pourtant s'en revendiquer, le vigneron maîtrise parfaitement la biodynamie. Il s'est forgé une image très personnelle de ce que doit être un grand vin : chaque sélection parcellaire possède une personnalité singulière, avec une variation des harmonies et des tensions qui reflète chaque terroir. Grâce à des rendements faibles, un travail considérable à la vigne, les rouges, de plus en plus élevés en jarre de terre cuite, atteignent désormais un fantastique niveau d'expression. Citons également le sublime vin jaune et l'incomparable Les Vignes de mon Père, savagnin élevé pendant dix ans. De nouvelles cuvées arrivent, issues des vieux cépages locaux oubliés, complantés à haute densité sur les coteaux... Les vins des derniers millésimes n'ont jamais été aussi bons, ambassadeurs de la haute vibration que le Jura peut atteindre. Une troisième étoile est venue il y a trois ans récompenser l'ampleur et la qualité du travail accompli. Elle ne concerne que les vins du domaine car l'activité de négoce ne saurait prétendre au même niveau.

Les vins : il y a quelque chose dans ces vins qui vibre à fleur de peau. Si le vigneron prend des risques, c'est bien à la recherche d'un idéal esthétique, au service de l'émotion. N'est-ce pas une des meilleures définitions du grand vin ? Très pâles, presque rosés, encore laiteux et chargés en gaz, les rouges dégagent une séduction troublante, osée, à la fois éthérée et sensuelle. Très fin, groseille, noyau et pointe de rose fraîche, subtil, en dentelle, le poulsard est malgré son nom d'Enfant Terrible peut-être le plus sage. Excitant, sublimement parfumé, encore marqué par une juvénile violence fermentaire, le pinot nous place sous l'empire des sens tout en avouant sa fragilité. Le trousseau parvient à égaler le pinot dans son inoubliable séduction florale ; plus vigoureux, plus séveux, il porte à son paroxysme l'association intime du suave et de l'aérien. Par la faute du gel la production des blancs se résume en 2017 à deux cuvées, un chardonnay, Les Survivants, et un savagnin, Les Résistants. Les deux sont mémorables, des matières denses, à la fois beurrées et cinglantes, au fruité sculpté par l'acidité (y compris volatile), assurant un développement tactile et aromatique hors du commun. Chardonnay élevé près de huit ans sous voile, Les Dévoilés 2012 ponctue magistralement ce voyage émotionnel autant que sensoriel. De grande ampleur aromatique, ce vin possède à la fois une sève très "voile", qui rend inéluctable la comparaison avec un (grand) vin jaune, et une profonde originalité, ses notes de poire confite et d'époisses le renvoient plutôt vers la singularité d'un grand cru chablisien. Une acidité tranchante, perçante vient électriser ce phénomène sur une immense longueur.

- Côtes du Jura Les Dévoilés 2012 — 100 € — 97
- Côtes du Jura Les Résistants 2017 — 100 € — 96
- Côtes du Jura Les Survivants 2017 — 80 € — 94
- Côtes du Jura Pinot Noir Cuvée Julien 2019 — Épuisé - 50 € — 95
- Côtes du Jura Poulsard L'Enfant Terrible 2019 — 45 € — 92

Le coup de ♥

- Côtes du Jura Trousseau Plein Sud 2019 — 50 € — 97

Rouge : 3,5 hectares. Pinot noir 40 %, Poulsard (ploussard) 30 %, Trousseau 25 %, Divers noir 5 %
Blanc : 9,5 hectares. Chardonnay 75 %, Savagnin 25 %
Production moyenne : 40 000 bt/an

DOMAINE GANEVAT ☾
La Combe, 39190 Rotalier
03 84 25 02 69 • anne@ganevat.fr • Vente et visites : au domaine sur rendez-vous.
Propriétaire : Jean-François Ganevat

★★★

DOMAINE JEAN MACLE

Goûter un château-chalon du domaine Jean Macle est un moment d'une intensité particulière. Un véritable "jaune", droit, pointu, harmonieux et digeste, dont la complexité ne procède pas seulement de l'élevage sous voile levurien. Aujourd'hui entre les mains de Laurent Macle, ce domaine traverse les millésimes avec une telle constance et une telle identité qu'il force unanimement le respect. Créé en 1850, il possède des terroirs parmi les plus pentus du cru, pouvant atteindre 50 % de déclivité. Le choix de planter des vignes sur des terroirs où personne à une certaine époque ne voulait s'aventurer souligne la détermination et la passion de cette famille vigneronne, devenue consubstantielle au vignoble de Château-Chalon.

Les vins : quelle régularité dans l'excellence ! Avec la famille Macle ce constat frise le pléonasme, alors même que l'émotion renaît à chaque fois que nous goûtons ces grands vins identitaires. Comme avec ce chardonnay 2015, élevé sous voile, à la fois puissant et délicat, rond et délié, prodigue en nuances de biscuit chaud, de noix grillée, de mousseron... Toujours aussi brillant, le côtes-du-jura 2015 accentue, grâce au savagnin (20 %), le profil racé et aérien du vin précédent, préfigurant le château-chalon à travers sa vibrante saveur fumée. Ce dernier, dans sa version 2012, est un vin majeur dans un millésime "intermédiaire", parfaitement en ligne avec ses devanciers ; plein mais déjà extrêmement élégant, il pousse très loin les détails des notes fumées, camphrées, presque tourbées qui font la richesse de sa personnalité aromatique. Le macvin illustre lui aussi l'excellence dans la constance, une finale complexe et patinée prenant avec le plus grand naturel le relais de la gourmandise fruitée, confite, qui électrise le milieu de bouche.

- Château-Chalon 2012 — 55 € — 96
- Côtes du Jura Chardonnay Sous Voile 2015 — 17 € — 93
- Macvin du Jura — 19 € — 93

Le coup de ♥

- Côtes du Jura 2015 — 19 € — 94

Blanc : 12 hectares. Chardonnay 80 %, Savagnin 20 %
Production moyenne : 40 000 bt/an

DOMAINE JEAN MACLE
15, rue de la Roche, 39210 Château-Chalon
03 84 85 21 85 • Néant • Vente et visites : au domaine sur rendez-vous.
Propriétaire : Famille Macle

★★★

MAISON PIERRE OVERNOY

Pierre Overnoy a commencé à cultiver les vignes familiales dès les années 1950 et à vinifier sans soufre au milieu des années 1980. Bienveillant, modeste, animé par une inlassable curiosité, le personnage est devenu un mythe, l'icône tutélaire du "vin nature". Toutes les cuvées de la maison Pierre Overnoy sont quant à elles devenues l'objet d'un désir désormais planétaire. Toujours présent au domaine, Pierre a passé la charge des quelques hectares de vigne dans le merveilleux finage de Pupillin à Emmanuel Houillon, qui travaille à ses côtés depuis 1990. Une succession opérée de la façon la plus harmonieuse et filiale qui soit. Les vins du domaine ont inspiré plusieurs générations de vignerons (ceux qui font aujourd'hui rayonner l'image du Jura vinicole aux quatre coins du monde et qui collectionnent les étoiles dans notre guide). Au-delà de l'importance historique de la Maison Pierre Overnoy, la qualité des vins réalisés par Emmanuel Houillon, en constante évolution (diversification de l'élevage des vins jaunes, arrivée en 2018 du trousseau dans l'assemblage du rouge), justifie la troisième étoile enthousiaste accordée l'an passé.

Les vins : un seul vin présenté mais il s'agit sans conteste d'un maître vin. Ce chardonnay 2015, quoique doté de toute la richesse du millésime, est galvanisé par la fraîcheur d'une acidité large, souveraine, qui porte le vin très loin en bouche et fait irrésistiblement claquer la langue. Le fruit riche, texturé, nourri de ses levures, s'ouvre au-delà de l'initiale réduction sur des arômes prenants de beurre frais et de cèpe. Un condensé du style Overnoy/Houillon servi par un millésime de grande envergure.

Le coup de ♥

- Arbois Pupillin Chardonnay 2015 — 85 € — 96

Rouge : 2 hectares. Poulsard (ploussard) 100 %
Blanc : 2 hectares. Savagnin 64 %, Chardonnay 36 %
Production moyenne : 20 000 bt/an

MAISON PIERRE OVERNOY
Rue du Ploussard, 39600 Pupillin
03 84 66 24 27 • Vente et visites : au domaine sur rendez-vous.
Propriétaire : Pierre Overnoy

★★★

DOMAINE ANDRÉ ET MIREILLE TISSOT

Quel parcours réalisé par Stéphane et Bénédicte Tissot depuis 1990 ! La conversion en bio du vignoble (près de 50 hectares...) s'est amorcée en 1999, il est aujourd'hui en culture biodynamique. Quel que soit le type de vin – classique jurassien, réinvention ou invention – chaque cuvée (35 différentes chaque année !) est pensée avec autant de volontarisme que de talent, de sensibilité innée que de rigueur. L'intention et les saveurs vont très loin. Les blancs ouillés, "à la bourguignonne", ont été les premiers à attirer l'attention mondiale sur le domaine. Les rouges et les vins oxydatifs ont acquis une finesse et une liberté de ton inoubliables. Les savagnins macérés en jarre de terre cuite sont de grands vins retrouvés, et font désormais école. Les crémants, passerillés et macvins dominent leurs catégories respectives. La monumentalité du travail accompli et la profondeur kaléidoscopique de la gamme placent incontestablement le domaine au sommet de la production régionale.

Les vins : la parade des rouges 2018 est inoubliable. Chacun dans son style, poulsard, trousseau et pinot offrent des sommets d'expressivité et de caractère, sans basculer dans l'hyperbole. Macéré pendant trois mois en jarre le poulsard se montre le plus organique et le plus sauvage, il séduira les amateurs du cépage par la grande vibration terrienne d'un fruit aux subtilités pourtant éthérées (orange confite, pot-pourri, épices...). Très puissant, remarquablement constitué, le trousseau est celui qui gagne le plus à l'aération, et sans doute celui qui possède le plus grand potentiel ; son feu solaire est parfaitement en harmonie avec l'élan vital du vin. Sombre, volubile, extraverti, "poussé" par l'élevage et une pointe de volatile, d'une séduction presque violente (pivoine, iris, sang...) le pinot est un artiste qui rivalise avec les expressions les plus théâtrales de la Côte de Nuits. Les chardonnays 2017 paraissent, au premier abord, plus sages, mais, moins réduits que par le passé, La Mailloche (gourmand et naturel, merveilleuse suggestion de citron confit) et le Clos de la Tour de Curon (profond et dynamique, serré, racé, mais déjà très harmonieux) délivrent des transcriptions de terroir remarquables et... beaucoup de plaisir. Dans l'austère millésime 2013, le terroir solaire des Bruyères tire brillamment son épingle du jeu avec un vin jaune au fruit vibrant (mirabelle...), avenant et élégant, plus en délicatesse qu'en puissance. Brillante intuition du vigneron, le vin jaune 2011 élevé 99 mois (en cave chaude) transcende la générosité du millésime pour atteindre une concentration magistrale qui resserre le propos du vin tout en lui conférant une merveilleuse tonalité andalouse (gras de jambon, touron, miel, pistache...). Explosif, inoubliable, c'est un élixir. Arborant une personnalité vivante, très jurassienne par ses arômes et sa richesse, le crémant BBF ne dépare aucunement dans ce défilé de grands vins. Bravo !

Arbois Chardonnay La Mailloche 2017	43 €	93
Arbois Chardonnay Le Clos de la Tour de Curon 2017	98 €	95
Arbois Vin Jaune Les Bruyères 2013	82 €	95
Crémant du Jura BBF	29 €	91
Arbois Poulsard Amphore 2018	35 €	95
Arbois Trousseau Singulier 2018	30 €	96
Côtes du Jura Pinot Noir En Barberon 2018	45 €	95

Le coup de ♥

Arbois Vin Jaune 2011	82 €	98

Rouge : 20,79 hectares. Pinot noir 44 %, Trousseau 32 %, Poulsard (ploussard) 24 %
Blanc : 29,1 hectares. Chardonnay 68 %, Savagnin 32 %
Production moyenne : 150 000 bt/an

DOMAINE ANDRÉ ET MIREILLE TISSOT
Quartier Bernard,
39600 Montigny-lès-Arsures
03 84 66 08 27 • www.stephane-tissot.com
• Vente et visites : au domaine sur rendez-vous.
Propriétaire : Bénédicte et Stéphane Tissot

★★

DOMAINE LABET

Julien Labet, aidé par son frère et sa sœur, a repris les vignes de son père Alain, aujourd'hui regroupées au sein d'une seule entité : le domaine Labet. Situées dans le Sud-Revermont, région aujourd'hui en pleine renaissance et bénéficiant d'une géologie complexe, lesdites vignes ont été converties à la plus saine des agricultures. De nombreuses microparcelles (entre 15 et 80 ares, souvent plantées de vieilles vignes) sont vinifiées par Julien, donnant naissance à des blancs (tous ouillés à l'exception, bien entendu, du vin jaune) extrêmement individualisés et expressifs ainsi qu'à des rouges parmi les plus exceptionnels à ce jour dans la région. Les niveaux de soufre sont très faibles mais les équilibres quasiment impossibles à prendre en défaut.

Les vins : les chardonnays 2018 sont des vins de matière, épaulés, intenses, intériorisés, qu'il conviendra d'attendre, à l'exception de Fleur, croquant malgré sa richesse, plus immédiatement expressif. Le Montceau 2016 exhale une puissante réduction grillée, entre noisette et volaille flambée, digne des plus grands côtes-de-beaune. La matière est à la hauteur, très riche, spectaculaire même, fruits secs et beurre frais. Les deux 2015 sont tout aussi saisissants ; La Bardette conjugue citron confit et velouté solaire, avec un élevage grillé encore prégnant et surtout une acidité, prodigieusement gourmande, qui donne des ailes à ce corps plantureux. Longuement élevé en fût puis en foudre (53 mois en tout), En Chalasse est un vin flamboyant, piquant, évolutif, de très haut goût, funambule jouant brillamment avec l'acidité volatile, une cuvée qui fera battre le cœur des esthètes aventureux. Tous trois issus du millésime 2018, les rouges vont aussi loin dans l'expression que les blancs, si ce n'est plus loin encore... Le poulsard En Billat est vertébré par une acidité volatile marquée ; ce vin sauvageon, excitant, manifeste cependant beaucoup de caractère et procurera énormément de plaisir à ceux qui sauront l'aimer. Issu de la troisième feuille des jeunes vignes provenant de la vieille sélection massale du domaine, le gamay La Reine est une merveille de finesse, qui développe des notes profondes, complexes, de tabac, de sous-bois, d'humus, autour d'une trame gracieuse mais très énergique. Le pinot noir Les Varrons s'annonce par un sublime nez de bois précieux et de rose fanée ; la matière est à la fois pulpeuse et très alerte, aérienne et pleine de relief, soulignée "à la bourguignonne" par un trait de vert extrêmement racé. Une légère aération délie complètement ce grand (toutes régions confondues) pinot.

- Côtes du Jura Chardonnay En Billat 2018 — 40 € — 94
- Côtes du Jura Chardonnay En Chalasse 2015 — 30 € — 95
- Côtes du Jura Chardonnay Fleur 2018 — 23 € — 92
- Côtes du Jura Chardonnay La Bardette 2015 — 40 € — 94
- Côtes du Jura Chardonnay Le Montceau 2016 — de 40 à 45 € (c) — 95
- Côtes du Jura Poulsard En Billat 2018 — 40 € — 92
- VDF Gamay La Reine 2018 — 40 € — 95

Le coup de ♥

- Côtes du Jura Pinot Noir Les Varrons Sélection Massale 2018 — 40 € — 96

Rouge : 3 hectares. Poulsard (ploussard) 32 %, Pinot noir 32 %, Trousseau 21 %, Gamay noir à jus blanc 15 %
Blanc : 11 hectares. Chardonnay 78 %, Savagnin 22 %
Production moyenne : 70 000 bt/an

DOMAINE LABET ♣

14, montée des Tilleuls, 39190 Rotalier
03 84 25 11 13 • domaine.labet@wanadoo.fr •
Vente et visites : au domaine sur rendez-vous.
Propriétaire : Romain, Julien et Charline Labet

★★ ↗

DOMAINE DES MARNES BLANCHES

Jeunes trentenaires diplômés en œnologie et originaires de la région, Pauline et Géraud Fromont ont repris en 2006 une dizaine d'hectares de vignes situées dans le Sud-Revermont. Certifiés en bio, ils ont fait le choix de l'enherbement, du travail des sols et d'interventions minimales en vinification. Bien leur en a pris, car les vins se présentent d'emblée homogènes, vigoureux et sains, reflets des beaux terroirs de ce sud du Jura en pleine renaissance. La régularité est désormais au rendez-vous pour cette gamme qui aborde toutes les spécialités jurassiennes. Le naturel et la profondeur de goût des cuvées présentées dans les derniers millésimes continuent de nous éblouir, au point de justifier cette année l'attribution, rapide, certes, d'une deuxième étoile. Le futur du Jura s'écrit ici.

Les vins : la dégustation, centrée sur le millésime 2018 élevé dans un nouveau chai très fonctionnel, confirme toutes les qualités décelées lors des dégustations en primeur, avec des cuvées fortement individualisées mais unies par une patte vigneronne brillante. Offrant du fond et beaucoup de naturel, En Levrette manifeste une intensité supérieure ; dans le riche millésime 2018, ce blanc fait claquer la langue ! On peut en dire autant des deux savagnins ouillés présentés, En Quatre Vis à la fois crémeux et vibrant, En Jensillard distillant ses inimitables notes musquées avec beaucoup de grâce et d'allant. En rouge, pinot et trousseau rivalisent de finesse et de gourmandise ; ce sont des vins très clairs, aériens, noblement parfumés, un régal sans remords. Issu du millésime 2016, le crémant Réserve, pur chardonnay de vieilles vignes, intense, savoureux et droit, est un des meilleurs de la région. Les vins élevés sous voile atteignent eux aussi un admirable niveau, ils s'expriment davantage en finesse qu'en force, possédant une pureté de saveur, un tranchant, une sorte de perfection formelle qui force le respect sans s'imposer bruyamment.

- Crémant du Jura Réserve 22 € 91
- Côtes du Jura Chardonnay En Levrette 2018 28 € 93
- Côtes du Jura Chardonnay En Quatre Vis 2018 22 € 92
- Côtes du Jura Savagnin Empreinte 2015 36 € 94
- Côtes du Jura Savagnin En Jensillard 2018 32 € 94
- Côtes du Jura Vin Jaune 2012 57 € 96
- Côtes du Jura Pinot Noir 2018 25 € 94

Le coup de ♥

- Côtes du Jura Trousseau 2018 28 € 94

Rouge : 3 hectares. Poulsard (ploussard) 50 %, Trousseau 35 %, Pinot noir 15 %
Blanc : 9 hectares. Chardonnay 65 %, Savagnin 35 %
Production moyenne : 40 000 bt/an

DOMAINE DES MARNES BLANCHES ♣

3, Les Carouges, 39190 Sainte-Agnès
03 84 25 19 66 • contact@marnesblanches.com • Vente et visites : au domaine sur rendez-vous.
Propriétaire : Pauline et Géraud Fromont

★★

DOMAINE PIGNIER

En biodynamie depuis 1998, certifié Demeter depuis 2003, ce vieux domaine familial créé au XVIIIe siècle est installé dans le village de Montaigu, surplombant Lons-le-Saunier, avec des vignobles en coteaux sur les marnes du Lias et du Trias. Foudres, barriques, cuves ovoïdes en béton et même jarres remplissent les très anciennes caves voûtées du XIIIe siècle des moines Chartreux, fierté de la famille Pignier. Les vieux cépages rouges ont encore ici droit de cité, tels l'argant, le petit béclan ou encore l'enfariné, assemblés dans la surprenante cuvée À Table avec Léandre. Il faut découvrir ces vins identitaires produits avec passion par une fratrie (Jean-Étienne, Antoine et Marie-Florence Pignier) qui a compris que la réinvention d'une tradition passait par la nécessité de l'expérimentation et de la curiosité. La deuxième étoile est arrivée l'an dernier, récompensant la plénitude, la profondeur, la spontanéité et le charme d'une production qui s'impose parmi les meilleures ambassadrices du Jura.

Les vins : beaucoup de saveur et de caractère dans chaque cuvée, avec des millésimes 2017 et 2018 très généreux en saveur, et souvent en alcool. Le chardonnay À la Percenette affiche ainsi 15°... voluptueux, sa tension acide et sa longueur demeurent remarquables, même si le caractère capiteux prime. Supérieurement intense, les deux trousseaux présentent un caractère sudiste, rhodanien, combinant énorme générosité et classe. En 2017, le gamay blanc, vinifié et élevé en cuve béton ovoïde, est un vin doré et sensuel, pur, parfumé, hédoniste sans la moindre lourdeur. Avec les 2016, élevés sous voile, on change complètement de registre ; tout en légèreté, le chardonnay Cellier des Chartreux, spécialité historique du domaine, se montre rond et biscuité, extrêmement savoureux. Pur chardonnay sans ajout de liqueur de tirage, L'Autre est un crémant singulier, qui privilégie l'expression du fruit frais. Le vin de paille, enfin, brille par son caractère fumé et confit, son équilibre où l'acidité prime largement sur le sucre. Un modèle du genre.

- Crémant du Jura L'Autre 2016 de 20 à 25 € (c) 90
- Côtes du Jura Cellier des Chartreux 2016 24 € 92
- Côtes du Jura Gamay Blanc 2017 26 € 92
- Côtes du Jura Vin de Paille 2012 36 € 94
- Côtes du Jura À la Percenette 2018 21 € 90
- Côtes du Jura Trousseau 2018 23 € 92

Le coup de ♥

- Côtes du Jura Les Gauthières 2018 31 € 95

Rouge : 5 hectares. Trousseau 45 %, Poulsard (ploussard) 25 %, Pinot noir 25 %, Divers noir 5 %
Blanc : 9 hectares. Chardonnay 70 %, Savagnin 25 %, Divers blanc 5 %
Production moyenne : 56 000 bt/an

DOMAINE PIGNIER ☾
11, place Rouget-de-Lisle, 39570 Montaigu
03 84 24 24 30 • www.domaine-pignier.com
• Vente et visites : au domaine sur rendez-vous.
Propriétaire : Famille Pignier

★

LUCIEN AVIET ET FILS - CAVEAU DE BACCHUS

C'est désormais Vincent Aviet, fils de Lucien dit "Bacchus", figure incontournable du vignoble jurassien, qui perpétue l'expression traditionnelle des vins locaux sur des parcelles de vieilles vignes situées autour du merveilleux village vigneron de Montigny-les-Arsures. Tenants d'un style classique mais éloigné de toute routine, ces vignerons élaborent des vins d'une grande sincérité, profondément enracinés, qui culminent avec le vin jaune et les superbes trousseaux déclinés par terroirs (rappelons que Montigny est l'épicentre du trousseau, berceau du fameux trousseau à la dame, aux grains très aérés).

Les vins : bien doté mais campé sur sa structure tannique, le trousseau provenant du lieu-dit Poussot 2018 doit être attendu. Le 2017 manifeste davantage de moelleux et commence à s'ouvrir doucement. Dans le même millésime, la cuvée 313 (313 jours de macération !), venant du lieu-dit Nonceau, développe une structure tannique plus serrée mais surtout beaucoup plus fine ; nuancé et délicat dans son expression aromatique, c'est un grand vin de garde. Le melon à queue rouge 2018, expression locale du chardonnay, offre un profil limpide et digeste malgré une richesse certaine. Que dire de la Cuvée des Sorciers 2012, savagnin "marathonien" qui a fermenté pendant six ans en foudre sans prendre le voile ? La matière est remarquable, intense, tranchante, très longue ; elle porte une expression aromatique pour le moins originale, organique (rôti de porc...), marquée par la réduction mais aussi par des notes camphrées, piquantes, évoquant la sauge, l'immortelle, le clou de girofle. Un vin unique, à découvrir : en fonction des goûts de chacun, l'adhésion sera sans doute aussi radicale que le rejet...

- Arbois Melon Cuvée des Docteurs 2018 — de 12 à 15 € (c) — 89
- Arbois Réserve du Caveau Cuvée des Sorciers 2012 — de 25 à 31 € (c) — 91
- Arbois Trousseau Cuvée des Géologues Poussot 2017 — 20 € — 90
- Arbois Trousseau Cuvée des Géologues Poussot 2018 — de 13 à 17 € (c) — 89

Le coup de ♥

- Arbois Trousseau Cuvée des Géologues 313 Jours 2017 — de 23 à 29 € (c) — 92

Rouge : 3 hectares.
Blanc : 3 hectares.
Production moyenne : 24 000 bt/an

LUCIEN AVIET ET FILS - CAVEAU DE BACCHUS
4, rue de la Boutière,
39600 Montigny-lès-Arsures
03 84 66 11 02 •
caveaubacchus39@gmail.com • Vente et visites : au domaine sur rendez-vous.
Propriétaire : Vincent Aviet

★

DOMAINE BERTHET-BONDET

Chantal et Jean Berthet-Bondet, tous deux ingénieurs agronomes, ont délaissé la ville en 1985 pour créer ce domaine certifié en bio de 11 hectares, situés à parité en appellation Château-Chalon et en Côtes du Jura. Hélène, la fille de Jean, y travaille en tandem avec son père. La qualité progresse dans le sens de l'expression et de la pureté du fruit. De nouvelles cuvées et étiquettes ont été intelligemment redéfinies au domaine, dont les cuvées élevées sous voile demeurent les vedettes incontestées.

Les vins : à la faveur du généreux millésime 2018, le rouge Trio fait montre d'un surcroît de pulpe et de saveur, avec un fruit rouge expressif, où l'on devine le rôle prédominant du trousseau, ainsi qu'une belle fermeté calcaire. Bonne intensité et droiture aussi dans le savagnin ouillé Savagnier. Doré et plein, ample, très savoureux, le blanc Tradition, qui a passé deux ans en fût sous voile levurien, propose une remarquable synthèse de gourmandise et d'autorité. Moins spectaculaire que les 2010 et 2011, le château-chalon demeure pour autant un vin exceptionnel, voué à une très longue carrière, déjà très délicat, finement texturé, à la fois salin et biscuité, aussi long qu'élégant.

- Côtes du Jura Savagnier 2018 — 14,80 € — 89
- Côtes du Jura Tradition 2016 — 15 € — 91

Côtes du Jura Trio 2018 13,50 € 90

Le coup de ♥

Château-Chalon 2012 37,40 € 95

Rouge : 3 hectares. Poulsard (ploussard) 34 %, Pinot noir 33 %, Trousseau 33 %
Blanc : 12 hectares. Chardonnay 50 %, Savagnin 50 %
Production moyenne : 50 000 bt/an

DOMAINE BERTHET-BONDET ♣

7, rue de la Tour, 39210 Château-Chalon
03 84 44 60 48 • www.berthet-bondet.com
• Visites : sans rendez-vous.
Propriétaire : Hélène Berthet-Bondet

★

DOMAINE PHILIPPE CHATILLON

Philippe Chatillon a été pendant dix-huit ans le régisseur du domaine de la Pinte. Début 2013, il crée sa propriété, dont une partie était déjà cultivée en biodynamie. Les vignes sont travaillées à la pioche et à l'atomiseur à dos ; bouse de corne et thé de compost sont employés pour revitaliser les sols. Les vins sont ensuite élevés dans une cave du XVIIe siècle à Poligny ; une harpe en cristal et des bols chantants sont censés les harmoniser en cave, grâce aux vibrations du son... Nous sommes tombés sous le charme de ces vins éclatants et personnels, vibrants en effet, parfois un peu volatils mais qui témoignent des soins jaloux que leur prodigue ce nouveau styliste majeur du Jura. Une étoile est venue l'année dernière traduire l'émotion ressentie à la dégustation.

Les vins : nous gardons encore en mémoire le sublime vin jaune 2010 goûté plus tôt dans l'année. Les vins présentés pour le Guide Vert n'atteignent pas ce niveau de perfection mais procurent un réel plaisir. La Grande Chaude 2018, majoritairement composé de pinot et de trousseau, s'offre fin et moelleux, avec un toucher tannique frais et une grande subtilité de saveur, mais aussi une certaine fragilité, le vin perdant rapidement sa cohérence à l'aération. Très expressif, avenant et savoureux, le melon à queue rouge 2018 est néanmoins juché sur le fil précaire d'une volatile haute. Quant au macvin, pur savagnin, il privilégie la pulpe et la saveur du fruit, avec un alcool intégré en douceur.

Macvin du Jura 25 € 90

Côtes du Jura La Grande Chaude 2018 de 26 à 32 € (c) 90

Le coup de ♥

Côtes du Jura Melon à Queue Rouge En Marche 2018 29 € 90

Rouge : 0,25 hectare. Pinot noir 90 %, Divers noir 10 %
Blanc : 2,2 hectares. Savagnin 60 %, Chardonnay 25 %, Melon de Bourgogne 15 %
Production moyenne : 5 000 bt/an

DOMAINE PHILIPPE CHATILLON ♣

8 bis, rue du Collège, 39800 Poligny
06 45 39 17 63 •
www.vins-philippechatillon.com • Vente et visites : au domaine sur rendez-vous.
Propriétaire : Philippe Chatillon
Maître de chai : Anatole et Philippe Chatillon

★

DOMAINE DE MONTBOURGEAU

Encore trop méconnue, l'appellation L'Étoile peut donner naissance à des expressions d'une grande finesse, pourvu que le producteur fasse preuve de tact et de sensibilité. Nicole Deriaux, aidée par son fils César, possède sans aucun doute ces qualités. Nous apprécions particulièrement le style du domaine, sans frou-frou ni artifice, offrant des vins droits et intenses qui s'inscrivent sans aucun passéisme dans la meilleure tradition jurassienne. D'une superbe expressivité, la Cuvée Spéciale, chardonnay longuement élevé sous voile, et le vin jaune sont les plus réguliers dans l'excellence. La nouvelle cuvée Montangis semble être de la même trempe, tout comme le savagnin Les Budes, premier blanc ouillé du domaine. Ce travail attentif et discret mérite davantage de reconnaissance et toute l'attention des aficionados du Jura. L'étoile est solidement accrochée.

Les vins : manquant de netteté aromatique à l'ouverture, le poulsard offre cependant, si on l'aère, une agréable suggestion de marmelade de fraise. Le savagnin Les Budes 2018 amplifie la réussite du 2017, avec un stimulant contraste entre acidité brillante et saveur crémeuse, vanillée ; c'est un beau vin de gastronomie. En Banode 2017, chardonnay et savagnin cofermentés, affiche un profil plus large que tendu, riche, avec une belle saveur épicée d'oxydation ménagée. Ciselé, le vin jaune 2012 est aussi réussi que le 2011, dans un style plus tranchant, qui privilégie la rémanence aromatique et le nerf.

- L'Etoile En Banode 2017 16 € 90
- L'Etoile Savagnin Ouillé Les Budes 2018 18 € 91
- Côtes du Jura Poulsard 2018 14 € 86

Le coup de ♥

- L'Etoile Vin Jaune 2012 37 € 94

Rouge : 0,8 hectare. Trousseau 57 %, Poulsard (ploussard) 43 %
Blanc : 10,2 hectares. Chardonnay 73 %, Savagnin 27 %
Production moyenne : 50 000 bt/an

DOMAINE DE MONTBOURGEAU

53, rue de Montbourgeau, 39570 L'Étoile
03 84 47 32 96 •
www.domaine-de-montbourgeau.fr • Vente et visites : au domaine sur rendez-vous.
Propriétaire : Famille Deriaux

NOUVEAU DOMAINE

DOMAINE GRAND

Ce domaine historique basé à Passenans a connu une deuxième naissance lorsque Emmanuel Grand et sa compagne Nathalie, fille de vignerons arboisiens, le reprennent en 2015, réduisant considérablement la superficie du vignoble et décidant de le convertir en agriculture biologique. Les résultats ne se font guère attendre et la gamme, qui embrasse toutes les spécialités jurassiennes, progresse chaque année. « J'aime maîtriser, pour connaître » affirme le rigoureux Emmanuel Grand : son credo s'illustre parfaitement dans des vins très nets, pleins d'éclat, de gourmandise et de caractère. L'avenir leur appartient.

Les vins : après de très beaux 2017 et 2018, les rouges 2019 promettent énormément, dans un style particulièrement intense, mais très expressif et sans aucune lourdeur. Rare sélection de trousseau à la dame, Le Mont Royal affiche une profondeur et une mâche presque intimidantes, mais possède une élégance qui relève du tour de force dans un vin aussi théâtral. Moins spectaculaires, les blancs ouillés sont néanmoins très réussis, très jurassiens, tant le savagnin 2019 aux belles saveurs de fruits jaunes et de verveine que le chardonnay 2017 intense et glycérolé. Les élevages sous voiles donnent également de beaux résultats, avec un château-chalon 2012 persuasif, fumé, tranchant, racé, de très bel équilibre, plus en finesse qu'en puissance.

- Arbois Savagnin Guille Bouton 2019 16 € 91
- Château-Chalon En Beaumont 2012 39 € 94
- Crémant du Jura Brut Zéro Dosage 11 € 89
- Côtes du Jura Chardonnay La Grande Chaude 2017 16 € 91
- Côtes du Jura Tradition 2016 14 € 91
- Côtes du Jura Pinot Noir En Prêle 2019 15 € 92
- Côtes du Jura Trousseau 2019 15 € 92

Le coup de ♥

- Côtes du Jura Trousseau Le Mont Royal 2019 25 € 94

Rouge : 2 hectares.
Blanc : 7,5 hectares.
Production moyenne : 35 000 bt/an

DOMAINE GRAND

139, rue du Savagnin, 39230 Passenans
06 75 78 28 32 • www.domaine-grand.com •
Pas de visites.
Propriétaire : Emmanuel et Nathalie Grand

NOUVEAU DOMAINE

LE CELLIER DES TIERCELINES - VINS JÉRÔME ARNOUX

Natif de Montigny-les-Arsures, Jérôme Arnoux en est à sa vingt-quatrième vinification dans le Jura. Après avoir été le bras droit de Stéphane Tissot, dirigé le château de Chavannes et vinifié les cuvées du valeureux négoce du Caveau de la Reine Jeanne, l'homme de l'ombre revendique désormais son nom ! À compter du millésime 2015 ses initiales ornent en majuscules les bouteilles issues des 17 hectares de vignes qu'il exploite directement, en parallèle à son activité de négoce. C'est sur cette gamme que se porte notre attention. Épaulé par l'œnologue vigneron Emmanuel Lançon, il produit des cuvées (treize références) fines et expressives, emblématiques du renouveau jurassien contemporain, sans revendiquer de label ni de chapelle. Une gamme à découvrir d'autant plus impérativement que les tarifs demeurent des plus sages.

Les vins : les crémants se signalent par leur intensité, leur richesse de saveur, que ce soit le vineux blanc de noir Black White, destiné à la table, ou le plus tranchant blanc de blancs 2014. Parmi les blancs, notre préférence va aux deux savagnins 2016, qui partagent un profil plein mais agile, en version sous voile (Authentique) ou ouillée (Entre Deux). Ce sont les rouges, dans le très favorable millésime 2018, qui nous impressionnent le plus par leur expressivité et leur caractère profondément arboisien. Si le délicat poulsard s'avère en effet subtil, encore un peu réservé, l'assemblage Friandise (poulsard, trousseau, pinot), suave et parfumé, en est vraiment une ! Le trousseau Exception conjugue grande maturité du fruit, presque confit, velouté, et volubilité aromatique, épices douces et rose fanée ; il aurait aussi pu s'appeler Hédonisme...

Arbois Chardonnay Chantemerle 2016	12,50 €	89
Arbois Savagnin Authentique 2016	16,50 €	91
Arbois Savagnin Entre Deux 2016	N.C.	91
Crémant du Jura Black White 2016	N.C.	89
Crémant du Jura Brut Zéro Dosage Blanc de Blancs 2014	N.C.	90
Arbois Poulsard Subtil 2018	12 €	89
Arbois Trousseau Exception 2018	N.C.	93

Le coup de ♥

Arbois Friandise 2018	11,50 €	92

Production moyenne : 160 000 bt/an

LE CELLIER DES TIERCELINES - VINS JÉRÔME ARNOUX

23, route de Villeneuve 39600 Arbois
03 84 37 36 09 • vins.cdt@gmail.com •
Vente et visites : au domaine sur rendez-vous.
Propriétaire : Jérôme Arnoux

NOUVEAU DOMAINE

LES PIEDS SUR TERRE

Avant était le domaine Morel-Thibaut, association de deux vignerons qui a fonctionné pendant 24 ans au cœur du vignoble jurassien, à Poligny. En 2014, l'entité s'est scindée en deux et Valentin Morel a pris la suite de son père, Jean-Luc. Il ne s'est pas contenté de changer le nom du domaine, il a en quelques millésimes efficacement modifié l'image et la personnalité des cuvées. Les 6 hectares de vignes sont cultivées en agriculture biologique, avec une vive attention portée à la biodynamie et aux techniques de conservation des sols. Ancré dans les différentes parcelles que possède la famille (secteurs des Trouillots et de Saint-Savin), le jeune vigneron équilibre intuitivement tradition jurassienne (savagnin sous voile, remarquables poulsard et trousseau, superbe macvin) et propositions originales (chardonnay macéré, cuvée issue de cépages résistants...).

Les vins : les propositions sont nombreuses, les intentions louables ; avec le temps et les nouvelles plantations de trousseau, poulsard et savagnin, cette production déjà passionnante devrait encore gagner en cohérence et en profondeur. Issus du secteur des Trouillots, les rouges 2018 sont enthousiasmants. Très pur, éclatant, généreusement suggestif, d'agrumes, d'épices douces, de fraises écrasées, le poulsard est une merveille de gourmandise, à prendre en modèle. Sombre, vibrant, fougueux, le pinot noir grandit à l'aération et impose une irrépressible vitalité. Le savagnin du même millésime séduit par son fruit généreux et son allonge ; ouillé mais non sulfité, déjà doré, il manifeste une pointe oxydative.

Côtes du Jura Savagnin Ouillé 2018	18 €	90
Côtes du Jura Pinot Noir Les Trouillots 2018	16 €	92

Le coup de ♥

Côtes du Jura Poulsard Les Trouillots 2018	16 €	93

Rouge : 3 hectares.

Blanc : 3 hectares.

Production moyenne : 25 000 bt/an

LES PIEDS SUR TERRE ♣

8, rue Jacques-Coittier, 39800 Poligny
03 84 52 62 55 •
www.vinlespiedssurterre.com/ • Vente et visites : au domaine sur rendez-vous.
Propriétaire : Valentin Morel

LULU VIGNERON

Ce domaine confidentiel, également connu sous le nom des Chais du Vieux Bourg, a été créé en 2003 par Ludwig Bindernagel, architecte d'origine munichoise passionné par le vin, et quelques amis. Les vins sont issus de vieilles vignes situées au Vernois et à Quintigny. Nous aimons le naturel de ces cuvées qui laissent s'exprimer la richesse et la profondeur du raisin, sans interventionnisme ni parti pris stylistique. Vinifiées et élevées dans les caves situées sous la maison du vigneron (Lulu Vigneron, comme l'attestent en gros caractères les étiquettes), elles personnifient la richesse et l'individualité de ces productions artisanales qui font la force du Jura et entretiennent l'aura singulière de ce vignoble.

Les vins : joyeux et direct, le poulsard 2018 nécessite une petite aération pour que se dissipe la réduction et montent les arômes de fraise et de griotte. Chardonnay complété par 20 % de savagnin, BB1 2017 s'exprime dans un registre très fin et très naturel, entre pointes oxydatives et éclat du fruit, avec une admirable finale évoquant le goût du cerneau de noix fraîche. On sait qu'on est bien dans le Jura ! Riche, presque crémeux dans sa saveur, QV d'étoiles 2017, affiche un profil plus large et plus rond, soutenu toutefois par une belle tension acide.

L'Étoile QV d'Étoiles 2017 — de 16 à 22 € (c) — 91

Côtes du Jura Poulsard 2018 — de 15 à 21 € (c) — 90

Le coup de ♥

Côtes du Jura Chardonnay BB1 2017 — de 16 à 22 € (c) — 93

Rouge : 1 hectare.

Blanc : 3 hectares. Chardonnay 92 %, Savagnin 8 %

Production moyenne : 12 000 bt/an

LULU VIGNERON

30, Grande Rue, 39800 Poligny

03 63 86 50 78 • l.bindernagel@gmail.com • Vente et visites : au domaine sur rendez-vous.

Propriétaire : Ludwig Bindernagel

DOMAINE DE LA PINTE

Ce vaste domaine sis sur les communes d'Arbois et de Pupillin a été fondé par Roger Martin, qui, en plantant 14 hectares de savagnin, en a fait dans les années 1950 le plus important vignoble du Jura consacré à ce cépage. Son fils Pierre Martin en est aujourd'hui propriétaire. On pratique ici une viticulture biologique depuis 1999, et biodynamique depuis 2009. Samuel Berger, actuel régisseur, s'attache à affiner les élevages (en foudre, demi-muid et fût). De nombreux millésimes anciens sont encore disponibles ici à prix doux.

Les vins : riche et grasse, généreuse en texture comme en saveur, la cuvée d'automne, dominée par le savagnin (85 %) offre un très bel instantané jurassien, une attaque large sur la pulpe de mirabelle et une finale pointue, relevée par des notes de voile. Le rouge La Capitaine 2018, associant pinot noir et poulsard, se livre avec davantage de sérénité que l'an dernier ; riche en fruit et en mâche, il s'est posé et offre un bel écho au millésime. On peut en dire autant du trousseau 2018, qui associe un fruit sudiste, des accents organiques et une tension bien préservée. Trois vins généreux, expressifs, juteux, directs, solidement ancrés dans le terroir arboisien, sans marque d'élevage.

Arbois Cuvée d'Automne — 19 € — 91

Arbois La Capitaine 2018 — 19 € — 89

Le coup de ♥

Arbois Trousseau 2018 — 25 € — 91

Rouge : 8 hectares. Poulsard (ploussard) 56 %, Pinot noir 28 %, Trousseau 16 %

Blanc : 22 hectares. Savagnin 65 %, Chardonnay 35 %

Production moyenne : 100 000 bt/an

DOMAINE DE LA PINTE ☾

Route de Lyon, 39600 Arbois

03 84 66 06 47 • www.lapinte.fr • Vente et visites : au domaine sur rendez-vous.

Propriétaire : Pierre Martin

Directeur : Samuel Berger

Maître de chai : Emmanuelle Goydadin

DOMAINE DU PÉLICAN

Propriété de François d'Angerville, du célèbre domaine éponyme de Volnay, et de François Duvivier, son régisseur, le domaine du Pélican est une création récente. Outre un vignoble jeune, replanté à partir de 2001, l'exploitation basée à Montigny-lès-Arsures a repris en fermage les vignes de Jacques Puffeney, figure historique de la viticulture arboisienne. Les premiers vins font montre d'une grande maîtrise technique, des expressions sereines, accomplies, qui offrent une interprétation à la fois sobre et originale des grands classiques de la région. Nous attendons avec impatience les premières cuvées élevées sous voile de cette propriété appelée à jouer un rôle majeur dans le paysage arboisien.

Les vins : avec six nouvelles cuvées, la gamme s'élargit considérablement en 2018, notamment avec les sélections parcellaires En Barbi et Grand Curoulet. Ce dernier terroir, ayant appartenu à Robert Aviet puis à Jean-Marc Brignot, a été replanté ; on ressent dans les sélections de chardonnay et de savagnin un certain manque de profondeur malgré une réelle élégance. Les autres cuvées illustrent également un indéniable savoir-faire, avec des équilibres et une précision de forme remarquables. Droits, mais corsés et généreux, les blancs s'expriment avec un sens de la mesure inné. Dans ce contexte de "classicisme", l'explosif savagnin macéré détonne ! Très parfumé, abricoté et racinaire, sensuel, il offre pourtant un corps ciselé, alerte, dont les tanins sont entraînés par l'élan acide. Parmi les rouges (à l'instar des blancs nullement débordés par la générosité du millésime 2018), notre préférence va au pinot noir, seul ou en assemblage, articulé et particulièrement distingué. Construit et intense, le trousseau est à ce stade trop marqué par le bois.

Arbois Chardonnay 2018	30 €	91
Arbois Chardonnay En Barbi 2018	39 €	92
Arbois Chardonnay Grand Curoulet 2018	36 €	91
Arbois Savagnin Ouillé 2018	30 €	91
Arbois Pinot Noir 2018	30 €	92
Arbois Trois Cépages 2018	30 €	90
Arbois Trousseau Béranger 2018	45 €	87

Le coup de ♥

Arbois Savagnin Macération Pelliculaire 2018	36 €	94

Rouge : 4 hectares. Pinot noir 45 %, Poulsard (ploussard) 35 %, Trousseau 20 %
Blanc : 11 hectares. Savagnin 60 %, Chardonnay 40 %
Production moyenne : 60 000 bt/an

DOMAINE DU PÉLICAN ☾
Clos Saint-Laurent
39600 Montigny-lès-Arsures
03 80 21 61 75 • fd@domainedupelican.fr •
Vente et visites : au domaine sur rendez-vous.
Propriétaire : Guillaume d'Angerville et François Duvivier

DOMAINE ROLET PÈRE ET FILS

L'appellation Arbois doit beaucoup au domaine Rolet. S'il a su au fil des ans conserver un style propre, alliance d'une facture classique ancrée dans le goût jurassien et d'une bonne maîtrise technique, le domaine ne parvient pas à l'homogénéité dans l'étendue de sa gamme. Les vins typés par l'élevage sous voile (en particulier les vins jaunes d'Arbois) sont les plus régulièrement réussis. Au printemps 2018 le domaine et son vignoble ont été acquis par la famille Devillard, bien connue pour sa production bourguignonne. Nous attendons avec intérêt de voir la direction stylistique qu'imprimeront les nouveaux propriétaires.

Les vins : avec les 2018, nous voici de plain-pied dans la production de l'ère Devillard. Si le poulsard se montre discret mais parfaitement fidèle au classicisme arboisien, le caractère du trousseau, pourtant bien doté, est masqué par une forte empreinte boisée. On retrouve cette marque aromatique toastée dans le savagnin, pourtant vertébré par une brillante acidité. En remontant dans le temps on peut apprécier le chardonnay 2016, entre beurre et noisette fraîche, alerte et savoureux, tout comme la cuvée Tradition (50 % savagnin, 50 % chardonnay), belle initiation au goût du jaune. Le vin jaune justement : la version 2012, moins puissante que le très réussi 2010, fait montre d'une grande expressivité aromatique, riche en évocations d'amande grillée et de fumé ; c'est un modèle du genre.

Arbois Chardonnay 2016	15 €	89
Arbois Naturé du Jura 2018	17 €	88
Arbois Tradition 2013	17 €	91
Crémant du Jura Brut	11,50 €	87
Arbois Poulsard Vieilles Vignes 2018	11,50 €	88
Arbois Trousseau 2018	12,50 €	86

Le coup de ♥

Arbois Vin Jaune 2012	36 €	93

Rouge : 24 hectares. Poulsard (ploussard) 40 %, Pinot noir 30 %, Trousseau 30 %
Blanc : 40 hectares. Chardonnay 59 %, Savagnin 41 %
Production moyenne : 320 000 bt/an

DOMAINE ROLET PÈRE ET FILS
Montesserin, Route de Dole, 39600 Arbois
03 84 66 00 05 • www.rolet-arbois.com •
Vente et visites : au domaine sur rendez-vous.
Propriétaire : Famille Devillard
Directeur : Cédric Ducoté
Maître de chai : Jocelyn Broncard

DOMAINE FRANÇOIS ROUSSET-MARTIN

François Rousset-Martin a repris en 2007 cette exploitation familiale, longtemps coopératrice au sein de la fruitière vinicole de Voiteur, dont il vinifie une partie de plus en plus importante des raisins pour son propre compte. Œnologue de formation, biologiste, ce vigneron s'attache, en privilégiant le savagnin, à illustrer l'expression parcellaire de terroirs réputés autour de Château-Chalon. Les matières sont exceptionnelles, le non-interventionnisme qui préside à leur transformation aboutit parfois à des résultats déstabilisants. Tout le contraire de vins standardisés ou même canalisés, ce sont des expressions uniques qui interpellent le dégustateur et qui enrichissent le panorama des hautes incarnations jurassiennes. Produits depuis longtemps en quantité infimes pour la consommation familiale, les château-chalon sont admirables.

Les vins : le domaine ne nous ayant pas fait parvenir ses vins cette année, nous sommes amenés à reconduire les notes de notre édition précédente.

Château-Chalon Vigne aux Dames 2011	60 €	94
Côtes du Jura Cuvée du Professeur Sous Roche 2017	30 €	94
Côtes du Jura Puits Saint-Pierre 2017	30 €	93
VDF Gravières 2017	25 €	91
VDF Terres Blanches 2017	25 €	93
Côtes du Jura PP André 2018	20 €	87

Rouge : 1 hectare.
Blanc : 8 hectares.
Production moyenne : 25 000 bt/an

DOMAINE FRANÇOIS ROUSSET-MARTIN
54, rue du Moulin, 39210 Nevy-sur-Seille
03 84 25 95 12 • francoisrousset@wanadoo.fr
• Vente et visites : au domaine sur rendez-vous.
Propriétaire : François Rousset-Martin

Le Languedoc et ses vins

Par Caroline Furstoss,
en charge des vins du Languedoc au sein
du comité de dégustation de La Revue du vin de France

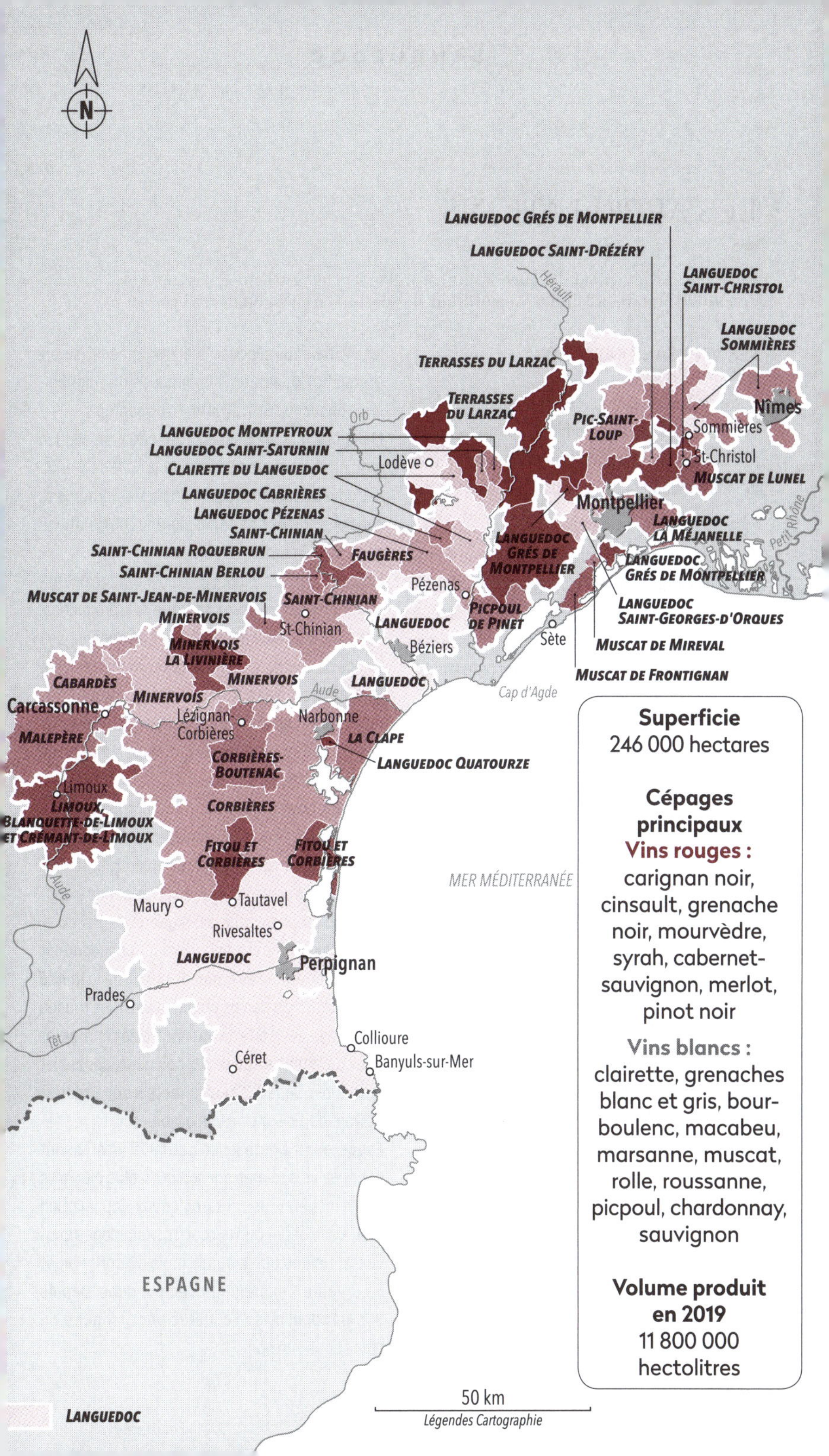

Superficie
246 000 hectares

Cépages principaux

Vins rouges :
carignan noir, cinsault, grenache noir, mourvèdre, syrah, cabernet-sauvignon, merlot, pinot noir

Vins blancs :
clairette, grenaches blanc et gris, bourboulenc, macabeu, marsanne, muscat, rolle, roussanne, picpoul, chardonnay, sauvignon

Volume produit en 2019
11 800 000 hectolitres

LES APPELLATIONS

En trente ans, le vignoble languedocien s'est profondément restructuré, passant de 450 000 hectares à 246 000. Aujourd'hui, il se décline en cinq grandes catégories.

LES VINS SANS INDICATION GÉOGRAPHIQUE

Autrefois prépondérante, cette catégorie ne représente plus que 7 % de la production. Certains vignerons, qui souhaitent sortir du système des appellations, y élaborent des vins parfois très onéreux.

LES IGP D'OC

Cette catégorie représente près de 78 % de la production. Elle regroupe les vins qui ne bénéficient pas d'une AOC. S'il existe une dénomination générique Pays d'Oc, IGP couvrant tout le Languedoc, il y a une subdivision pour chaque département (IGP Hérault, IGP Aude...). Enfin, le Languedoc bénéficie d'une kyrielle de dénominations locales : IGP Haute Vallée de l'Orb, IGP Côtes de Thau...

L'APPELLATION RÉGIONALE

Depuis 2007, il existe une nouvelle grande appellation régionale qui couvre l'ensemble du vignoble, l'AOC Languedoc. Elle est destinée à des vins d'entrée de gamme et remplace également l'ancienne dénomination : AOC Coteaux du Languedoc.

LES DÉNOMINATIONS DE L'AOC LANGUEDOC

Accolées au nom de l'AOC Languedoc, ces dénominations identifient douze secteurs. On trouve ainsi les AOC Languedoc-Quatourze, Languedoc-Pézenas, Languedoc-Grés de Montpellier, Languedoc-Sommières, Languedoc-Cabrières, Languedoc-Saint-Saturnin, Languedoc-Montpeyroux, Languedoc-Saint-Georges-d'Orques, Languedoc-La Méjanelle, Languedoc-Saint-Drézéry, Languedoc-Saint-Christol.

LES AOC

Cabardès : appellation de rouges et de rosés, qui marie les cépages "atlantiques" (cabernet, merlot, malbec) aux cépages "méditerranéens" (syrah, grenache). Quelques domaines se distinguent, mais beaucoup de travail reste à accomplir.

Malepère : reconnue depuis 2007, cette appellation requiert dans ses rouges au moins 50 % de merlot. Les caves coopératives dominent très largement, avec une production de masse. Deux ou trois bons domaines émergent depuis peu.

Limoux : crémant, blanquette ou méthode ancestrale constituent la majeure partie de la production. Les rouges doivent encore faire leurs preuves. Les blancs de chardonnay, mauzac ou chenin peuvent être remarquables sur les secteurs d'altitude.

Picpoul de Pinet : petite appellation littorale de vins blancs, d'un style tonique et parfois perlant, dédiés aux huîtres de Bouzigues.

Pic Saint-Loup : situé au nord de Montpellier, adossée aux contreforts cévenols, Pic Saint-Loup est une appellation à part entière depuis 2016, reconnue pour ses vins rouges structurés et fins élaborés principalement à partir de syrah et de grenache.

Saint-Chinian : ce vignoble du Haut-Languedoc est construit autour des hommes et non de la réalité du terroir. Il n'y a rien de commun entre les rouges de la zone des schistes du nord, très tendres, et ceux de la partie sud argilo-calcaires, denses et structurés. Depuis 2004, les secteurs de Berlou et de Roquebrun sont individualisés.

Faugères : il existe ici un potentiel intéressant pour des vins rouges sur schistes, plus élégants que la moyenne des crus régionaux. L'appellation progresse beaucoup autour d'assemblages souvent dominés par la syrah, mais où carignan et mourvèdre s'expriment avec panache. Depuis 2004, l'appellation Faugères peut produire du blanc sous son nom.

Minervois : la production est aujourd'hui homogène, mais ces dernières années, quelques domaines sortent du lot. On souhaiterait parfois davantage de fraîcheur et d'originalité, et un encépagement moins focalisé sur la syrah.

Minervois La Livinière : cette distinction, à l'intérieur de l'appellation Minervois, concentre un certain nombre de vignerons de qualité, dont les vins s'affichent dans un style rond et suave.

Fitou : divisée en deux parties bien distinctes (littoral et intérieur), cette appellation ancienne possède de véritables atouts pour produire des vins rouges profonds et structurés. Malgré quelques exceptions, la qualité globale demeure prévisible, dans un style méditerranéen. Les caves coopératives sont omniprésentes.

Corbières : cette vaste appellation produit beaucoup, et pas toujours le meilleur. On y trouve des domaines très dynamiques, qui proposent des vins rouges de mieux en mieux construits, notamment dans des secteurs comme la Montagne d'Alaric. On note aussi l'émergence de secteurs d'altitude pour les blancs et les rosés.

Corbières-Boutenac : cette appellation se distingue avec quelques vignerons de talent.

Terrasses du Larzac : terroir d'altitude situé au nord-ouest de Montpellier, cette nouvelle AOC (créée en 2014) concentre un bon nombre de vignerons ambitieux.

La Clape : créée en 2015, cette appellation, située entre Narbonne et la mer, produit essentiellement des vins rouges (80 %) et une petite minorité de vins blancs (20 %).

Les muscats : dans cet ensemble, on retrouve les AOC historiques de Muscat de Frontignan (603 hectares), Muscat de Lunel (320 hectares), Muscat de Mireval (290 hectares) et Muscat de Saint-Jean-de-Minervois (200 hectares).

Clairette du Languedoc : la plus petite appellation du Languedoc produit des vins blancs tranquilles à partir du cépage clairette.

LES CÉPAGES

LES CÉPAGES ROUGES

Le Languedoc est largement dominé par les cépages rouges (75 % du vignoble). Plus de cinquante d'entre eux sont cultivés. La **syrah** arrive en tête avec plus de 40 000 hectares plantés, devant le **grenache noir** (38 300 hectares), le carignan (29 900 hectares) et le merlot (28 100 hectares). Et aussi, toujours par ordre d'importance : **cabernet-sauvignon, cinsault, mourvèdre, cabernet franc, pinot noir, marselan, alicante, caladoc...**

LES CÉPAGES BLANCS

Les cépages blancs ne représentent que 9 % des vignes du Languedoc, avec une profonde mutation ces dernières années et la montée en puissance des cépages extérieurs. La star incontestée des cépages blancs de la région n'est autre que le **chardonnay**, celui qui a fait la réputation des grands vins blancs de Bourgogne, passé d'un millier d'hectares à 14 400 en vingt ans.

À part le chardonnay, on trouve également de nombreux cépages blancs : **sauvignon**, **muscat** (**à petits grains** et **d'Alexandrie**), **viognier**, **grenaches blanc et gris**, **macabeu**, **vermentino**, **piquepoul**, **colombard**, **roussanne**, **mauzac**, **ugni blanc**, **marsanne**...

LUXE, CALME ET VOLUPTÉ ENTRE CAUSSES ET GARRIGUE

CHAMBRES D'HÔTES

CHÂTEAU DE PENNAUTIER

À côté de la merveilleuse cité de Carcassonne, cette très belle demeure restaurée avec goût est idéale pour les familles ou les groupes. Dégustations, restaurant, piscine : tout est prévu. Les amoureux du vin pourront aussi profiter du sentier ampélographique. Ne ratez pas les vins produit par la famille Lorgeril, en particulier ses cabardès.

Maison Lorgeril, BP 4,
11610 Pennautier
Tél. : 04 68 72 65 29
www.lorgeril.wine.

VILLAGE CASTIGNO

Ce concept unique propose des hébergements magnifiques dans différents lieux du village, ainsi que plusieurs restaurants et bars à vins. Le Village Castigno propose également une foule d'activités, qui vont de la dégustation des vins de la propriété à la cueillette d'herbes sauvages... De 100 à 650 € la nuit.

Rue des Écoles, 34360 Assignan
Tél. : 04 67 24 26 41
www.villagecastigno.com

CAVISTES

L'ENTRE DEUX VERRES

Une cave au pied du Pic Saint-Loup ! On trouvera ici une soixantaine de références locales, mais aussi des étiquettes des Terrasses du Larzac ou des Grès de Montpellier. Des cuvées à emporter, ou à déguster sur place, avec de la cochonnaille ou du pélardon (un petit fromage de chèvre) en accompagnement. La cave est ouverte le vendredi, le samedi, le dimanche et les jours fériés. Ateliers de dégustation.

Le Village, 34270 Cazevieille
Tél. : 04 67 66 00 48
www.lentredeuxverres.fr

CAVES QUARANTE ET UN

Philippe Puech est devenu en une quinzaine d'années la référence pour s'approvisionner en découvertes de toute la France et en valeurs sûres du Languedoc grâce à ses formules groupées. Saluons en particulier un service client tout à fait réactif.

191, chemin du Mas-de-Cheylon,
30900 Nimes
Tél. : 04 66 36 20 36
www.cavesquaranteetun.fr

V. MARCHAND DE VINS

Toutes les régions de France, quelques échappées en Allemagne, Espagne ou Italie, des bio-nature et des grandes signatures, des convictions pour les vinifications peu interventionnistes… Caviste de l'année 2019 de La RVF.

53, rue de l'Aven,
34980 Saint-Gély-du-Fesc
Tél. : 04 67 07 96 59
www.vpoint.fr

RESTAURANTS

MATTHIEU DE LAUZIN

Le restaurant gastronomique de Matthieu de Lauzun est particulièrement recommandable pour ses accords mets et vins. Il brille ainsi en mariant un viognier de Pierre Vaïsse avec une pastilla de volaille aux épices marocaines. Menus : 60, 77 et 105 €.

Prieuré de Saint-Jean de Bébian,
Route de Nizas, 34120 Pézenas
Tél. : 04 99 47 63 91
www.restaurant-delauzun.com

NOTRE COUP DE ♥

RELAIS CHANTOVENT,

Accroché aux falaises qui surplombes les gorges du Brian, le relais Chantovent est une étape de charme. D'un côté, des chambres chaleureuses, d'un rapport qualité-prix imbattable ; de l'autre, un restaurant à la vue imprenable, qui met en avant les produits locaux (cochon cuit vingt-quatre heures) arrosés d'une carte des vins pertinente, avec une priorité donnée aux crus régionaux — parmi lesquels on trouvera les plus belles références du Minervois. Menus de 21 à 51 €.

17, Grand-Rue, 34210 Minerve
Tél. : 04 68 91 14 18
www.relaischantovent-minerve.fr

OCTOPUS

Ex-Top Chef, Franck Radiu propose en plein cœur de Béziers une cuisine gastronomique sous influence méditerranéenne, à base de produits de saison ; le sommelier Bruce l'épaule de quilles justes. Menus de 23 à 90 €. Accords mets-vins avec quatre, six, ou huit verres.

12, rue Boieldieu, 34500 Béziers
Tél. : 04 67 49 90 00
www. octopus-beziers.fr

BOURDASSO

Fabio Antonini et sa tribu romaine se sont installés dans les Corbières où ils servent une cuisine italienne à partir de la mozzarella produite sur place, avec le lait de leurs bufflonnes (carte : 15 à 18 €).

11220 Pradelles-en-Val
Tél. : 04 68 78 08 31
www.bourdasso.com

★★★

DOMAINE LES AURELLES

Depuis 1995, Basile Saint-Germain et son épouse Caroline travaillent avec une exigence écologique confinant au sacerdoce (sans engrais, ni désherbant, ni pesticide) ce vignoble situé sur les croupes villafranchiennes des environs de Nizas. Des rendements faibles, une attention aiguë portée à chaque détail, une volonté rare de ne commercialiser les bouteilles qu'à l'issue d'élevages très longs, dans des cuves émaillées : tout concourt, ici, à élaborer des vins civilisés, digestes, au fruit subtil, polis et lentement assagis par le temps. Solen est une cuvée associant carignan et grenache, élégante et plus précoce qu'Aurel, le "grand vin" à dominante de mourvèdre, soyeux, pénétrant et droit, tout en intégrité de fruit et en densité de sève. Pure roussanne, le rare Aurel blanc s'exprime avec profondeur, plénitude et naturel : c'est l'un des plus grands blancs du Sud de la France. Idéalement réguliers, ces vins vieillissent tous admirablement. Ces cuvées s'imposent régulièrement comme les plus abouties et les plus distinguées du Languedoc.

Les vins : le domaine ne nous ayant pas fait parvenir ses vins cette année, nous sommes amenés à reconduire les notes de notre édition précédente.

Coteaux du Languedoc Aurel 2014	85 €	93
Languedoc Pézenas Solen 2013	38 €	93

Rouge : 7,5 hectares.
Blanc : 0,95 hectare.
Production moyenne : 23 000 bt/an

DOMAINE LES AURELLES
8, chemin des Champs-Blancs, 34320 Nizas
04 67 25 08 34 • www.les-aurelles.com •
Vente et visites : au domaine sur rendez-vous.
Propriétaire : Basile Saint-Germain
Œnologue : Margarethe Chapelle

★★★

MAS JULLIEN

Plus qu'aucun autre vigneron du Languedoc, Olivier Jullien recueille l'admiration et le respect de ses pairs. De ses terrasses du Larzac, il est l'un des principaux artisans de la renaissance d'une viticulture rigoureuse, en quête de combinaisons et de nuances entre la variété des sols et l'usage de cépages autochtones. La sincérité de ce visionnaire fuyant la compétition se transmet à ses vins profonds, digestes et généreux, sudistes par l'intensité et la diversité de leurs saveurs, plus que par la simple maturité du raisin et son illusoire richesse en alcool. Des rouges frais et complets, à l'élevage millimétré, capables de briller sur plus de quinze ans de vieillissement, mais aussi un magnifique blanc hors des modes, font de ce domaine une référence.

Les vins : des notes de fenouil, d'orange sanguine et une touche de sarrasin introduisent le blanc à la bouche suave et à la finale salivante. En rouge, Autour de Jonquières reflète un esprit languedocien très abordable, tant par la persistance des fruits que par l'intensité des notes de garrigue et des tanins soyeux, qu'une finale épicée souligne. La Brune se montre tout en élégance. Cette cuvée plus confidentielle distille un grain très fin en finale. Épicé et suave, Les Derniers États d'Âme montre une trame équilibrée et propose un vin déjà facile et agréable à boire. Quel relief pour Carlan à la personnalité si affirmée ! Des notes fumées et de l'éclat en bouche, il demande à être mis sur table où il évoluera avec joie au cours du repas. Années après années, Lous Rougeos épate par sa complexité, dense et fraîche. Il nous transporte dans le meilleur des Terrasses du Larzac avec une mâche et une structure qui lui feront traverser les années, voire les décennies.

IGP Pays d'Hérault 2018	34 €	93
Terrasses du Larzac Autour de Jonquières 2017	34 €	95
Terrasses du Larzac Carlan 2018	34 €	94
Terrasses du Larzac Les Derniers États d'Âme 2017	22 €	92
Terrasses du Larzac Lous Rougeos 2018	34 €	96

Le coup de ♥

Terrasses du Larzac La Brune 2017	34 €	94

Rouge : 16 hectares. Carignan 30 %, Mourvèdre 30 %, Syrah 20 %, Cinsault 10 %, Grenache noir 10 %
Blanc : 4 hectares. Carignan 70 %, Chenin 30 %
Production moyenne : 70 000 bt/an

MAS JULLIEN ♣
Route de Saint-André, 3, chemin du Mas Jullien, 34725 Jonquières

04 67 96 60 04 • masjullien@free.fr • Vente et visites : au domaine sur rendez-vous.
Propriétaire : Olivier Jullien

★★★

DOMAINE PEYRE ROSE

L'œuvre de Marlène Soria est unique en Languedoc. Ses vins sont indissociables de la volonté et du charisme de leur créatrice. Mystérieux, magiques, inexplicables parfois, ils imposent une unité stylistique et une capacité à vieillir rarissimes, tout particulièrement les blancs, véritables ovnis pour la région. La cuvée Oro, à base de rolle, de roussanne et de viognier, élevée près de dix ans en cuve et en bouteille et qui puise ses origines sur les hauteurs de Saint-Pargoire depuis le début des années 1990, relève d'une production aussi restreinte que convoitée. Les rouges en revanche affichent des trames de bouche assez serrées, voire dures. Dominés par une syrah solaire issue de très faibles rendements, ils sont longuement élevés en cave afin de civiliser leurs tanins (deux ans minimum en cuve, doublés d'autant de repos en bouteille). Les vieux millésimes disponibles au domaine sont incontournables.

Les vins : en blanc, Oro se montre épicé en 2004 avec des notes de fruits à noyaux, une touche cendrée. Un vin enveloppant et suave, tout comme le 2005 à l'accent plus terrien. Dans le solaire millésime 2010, N° 3 exhale des notes de sous-bois, de menthol et provoque une sensation de velours en bouche. Plus méditerranéen, Clos des Cistes est intense, floral et poudré, présente une grande densité et des tanins encore stricts. Relativement facile d'accès, Syrah Léone 2010 s'ouvre avec une bonne aération, mais ses tanins robustes lui confèrent encore de la longévité ! On reste conquis par le 2009, d'une intensité rare, de cette cuvée, aux notes finement lardées. En remontant le temps, Marlène N°3 2006 est sublime de sveltesse et de suavité ; ses notes de cannelle, de laurier se développent doucement.

Coteaux du Languedoc Oro 2004	71 €	93
Coteaux du Languedoc Oro 2005	N.C.	92
Coteaux du Languedoc Clos Syrah Léone 2009	N.C.	95
Coteaux du Languedoc Clos Syrah Léone 2010	N.C.	94
Coteaux du Languedoc Clos des Cistes 2010	N.C.	94
Coteaux du Languedoc Marlène N°3 2006	65 €	94
Coteaux du Languedoc Marlène N°3 2010	N.C.	94

Rouge : 21 hectares. Syrah 80 %, Grenache noir 15 %, Mourvèdre 5 %
Blanc : 3 hectares. Rolle 65 %, Roussanne 33 %, Viognier 2 %
Production moyenne : 30 000 bt/an

DOMAINE PEYRE ROSE ♣
34230 Saint-Pargoire
04 67 98 75 50 • peyrerose@orange.fr •
Vente et visites : au domaine sur rendez-vous.
Propriétaire : Marlène Soria

★★

DOMAINE D'AUPILHAC

À partir du petit vignoble d'Aupilhac hérité de son père, dominé par le mourvèdre et le carignan, Sylvain Fadat a construit depuis 1989 un domaine exemplaire, travaillé naturellement, à l'encépagement pluriel et équilibré. Le vignoble s'est progressivement agrandi avec la conquête de terrasses en altitude (Les Cocalières), plantées majoritairement de syrah et de cépages blancs. Les cuvées issues de sélections parcellaires comme les vins "génériques" (Lou Maset) sont très habilement maîtrisés et toujours empreints de fraîcheur. Sylvain Fadat, épaulé par son épouse Désirée, propose désormais une gamme large et homogène de vins de grande expression, au vieillissement assuré. Suscitant d'intenses émotions, certaines cuvées se hissent parmi les meilleures de la région.

Les vins : dans les blancs, Les Cocalières séduit par sa précision, son élan salivant et ses notes de tilleul et d'abricot. Plus enveloppant et encore marqué par l'élevage, La Boda est un blanc de patience, doté d'une structure sérieuse. Fortement poivrée et au caractère affirmé, la cuvée Aupilhac est profonde et suave. Une belle réussite pour le carignan, qui mêle le fruit rouge, la rose et l'épice avec une bouche stricte et longiligne. Un vrai bouquet floral sur fond d'épices pour la cuvée Cocalières, équilibrée, salivante et consensuelle, elle plaira à tout le monde à table ! Intense et profond, La Boda est un monument de justesse. Il allie les parfums méditerranéens et une texture soyeuse, il ne faudra pas hésiter à en garder quelques bouteilles en cave !

Languedoc La Boda 2018	27 €	94
Languedoc Les Cocalières 2019	19 €	94
Languedoc Montpeyroux 2018	16 €	90
Languedoc Montpeyroux La Boda 2017	27 €	96
Languedoc Montpeyroux Les Cocalières 2018	19 €	93
VDF Le Carignan 2018	21 €	92

Rouge : 21,5 hectares. Mourvèdre 28 %, Carignan 25 %, Syrah 18 %, Cinsault 18 %, Grenache noir 11 %
Blanc : 4 hectares. Grenache blanc 19 %, Ugni blanc (trebbiano) 19 %, Roussanne 17 %, Vermentino 17 %, Clairette 11 %, Marsanne 11 %, Grenache gris 3 %, Carignan 3 %
Production moyenne : 110 000 bt/an

DOMAINE D'AUPILHAC
28-32, rue du Plô, 34150 Montpeyroux
04 67 96 61 19 • www.aupilhac.com • Vente et visites : au domaine sur rendez-vous.
Propriétaire : Sylvain Fadat

★★

DOMAINE LÉON BARRAL

Didier Barral a parcouru un long chemin depuis son installation sur les schistes paternels de Lenthéric, au début des années 1990. En quête d'une expression authentique de son terroir, il ne ménage pas sa peine à la vigne. Aidé par son frère Jean-Luc, ce vigneron obstiné et visionnaire a mis en place un mode de culture permettant de respecter l'écosystème, de favoriser les interactions entre les règnes végétal et animal, et de renforcer l'immunité de la vigne. Côté cave, comme la vendange est très saine et les raisins d'excellente constitution, l'élevage est d'une simplicité "biblique". S'il n'y a pas de vente directe à la propriété, les Barral communiquent volontiers les adresses de leurs cavistes fidèles. Par leur singularité, leur caractère profondément original et noblement paysan, les vins de Didier Barral font partie des références essentielles du Languedoc.

Les vins : dorée intense avec des reflets de paille, la robe du blanc interpelle sur-le-champ. Le nez rappelle la mirabelle et les céréales, et la bouche épate par sa fraîcheur et son coffre, avec une finale de poivre blanc, une touche cendrée. Au caractère de schistes bien trempé, le faugères rouge est déjà très ouvert, avec d'agréables notes fumées et des notes persistantes de fruits rouges. Jadis envoûte et emmène encore plus loin. Ce très beau vin aux tanins onctueux se patinera avec le temps. Encore très fermé, Valinière est un rouge de patience, droit et austère dans l'expression de ses tanins. L'accent du schiste est ici plus que jamais entendu avec son grain épicé, et quelle fraîcheur, quelle force maîtrisée !

VDF 2017	26 €	93
Faugères Jadis 2016	31 €	93
Faugères Valinière 2016	40 €	94

Le coup de ♥

Faugères 2016	20 €	92

Rouge : 32 hectares. Carignan 33 %, Mourvèdre 27 %, Syrah 20 %, Grenache noir 17 %, Cinsault 3 %
Blanc : 4 hectares. Terret blanc (terret bourret) 80 %, Roussanne 10 %, Viognier 10 %
Production moyenne : 85 000 bt/an

DOMAINE LÉON BARRAL ♣
Lenthéric, 34480 Cabrerolles
04 67 90 29 13 •
www.domaineleonbarral.com • Vente et visites : au domaine sur rendez-vous.
Propriétaire : Didier Barral

★★

DOMAINE ALAIN CHABANON

Anticonformiste, exigeant et réservé, le Cévenol Alain Chabanon vient d'inaugurer sa toute nouvelle cave enterrée, en fêtant les vingt-cinq ans du domaine. Il a fait ses classes chez Alain Brumont (château Montus) à Madiran et en Corse, avant d'installer sa cave à Montpeyroux, en 1992. Nous nous inclinons devant la qualité du travail accompli ici, tant à la vigne (viticulture saine, petits rendements) qu'en cave (jusqu'à trente-six mois d'élevage sur les grandes cuvées). Peu de domaines de la région offrent une ligne aussi aboutie et précise. Nous saluons aussi la capacité de vieillissement des vins, qui a peu d'équivalent. Toujours en décalage d'un à deux millésimes avec la production régionale, l'ensemble de la gamme se distingue par sa richesse de goût et son originalité, ce qui place le domaine parmi l'élite la plus restreinte de la région.

Les vins : des notes d'acacia et de fleur d'oranger distinguent Trélans, qui ne manque pas de volume en 2016. En rouge, ouvrons le bal avec l'expression précise et intense de fruits rouges de Campredon, complété d'un léger côté poivré et terminant sur une finale fraîche. Les Boissières est une expression intense, florale et captivante de grenache (avec un petit apport de syrah et de mourvèdre). Sa robe translucide annonce un fruit délicat et une structure tannique peu appuyée. La vraie personnalité du territoire de Montpeyroux s'exprime dans L'Esprit de Font Caude, au nez sudiste de thym et de framboise sauvage, à la bouche fraîche et équilibrée. Le merlot fait mouche avec Le Merle aux Alouettes, auquel un élevage long confère de la patine, sans y perdre en fruit ! Expression fine de mourvèdre, assemblé avec de la syrah, Saut de Côte est un vin filiforme aux arômes de fleurs séchées et aux tanins soyeux.

- IGP Pays d'Oc Trélans 2016 — 27,30 € — 91
- IGP Pays D'oc Le Merle Aux Alouettes 2016 — 31 € — 91
- Languedoc Campredon 2018 — 15 € — 91
- Languedoc Les Boissières 2016 — 28 € — 92
- Languedoc Montpeyroux L'Esprit de Font Caude 2015 — 29,60 € — 95
- Languedoc Saut de Côte 2016 — 35,40 € — 94

Rouge : 15 hectares. Syrah 38 %, Mourvèdre 28 %, Grenache noir 17 %, Merlot 17 %
Blanc : 3 hectares. Chenin 63 %, Vermentino 37 %
Production moyenne : 55 000 bt/an

DOMAINE ALAIN CHABANON
1, chemin de Saint-Étienne, 34150 Lagamas
04 67 57 84 64 • www.alainchabanon.com •
Visites : sur rendez-vous uniquement aux professionnels.
Propriétaire : Alain Chabanon

★★

CLOS MARIE

Depuis leur installation en 1995 dans la zone du Pic Saint-Loup, Christophe Peyrus et Françoise Julien ont enchaîné à un rythme soutenu les expériences, indispensables pour saisir toutes les nuances de leurs terroirs. Le travail effectué au vignoble, le matériel végétal très qualitatif et une densité de plantation plus élevée ont contribué à améliorer la finesse des vins du domaine. L'importance des lieux et des parcelles donnent le tempo. Pour le comprendre, il suffit de visiter la très belle parcelle de Simon, terrasses caillouteuses situées dans une faille, en complantation depuis 2002. L'ensemble de la gamme, cohérente et complémentaire, situe ce domaine dans l'élite du secteur ; des nuances aromatiques personnelles étoffent désormais les cuvées Simon et Les Glorieuses, qui possèdent le potentiel de garde et la silhouette des grands vins du Rhône, sans les singer.

Les vins : Manon 2019 se place dans la famille des grands blancs méditerranéens, avec une salinité qui allonge le vin, dans un registre délicat d'infusion de plantes, appuyé par de fins amers. Fleuri et fruité, L'Olivette 2019 livre une bouche patinée et fraîche, muni de beaux tanins accrocheurs : parfait avec une pièce de viande rouge. 2018 nous livre un Simon au profil acidulé, moins complet et dense que le 2017 ou le très beau 2019 à venir : il reste abordable et rafraîchissant dans sa jeunesse, et restera agréable dans les dix ans qui viennent.

- Pic Saint-Loup L'Olivette 2019 — de 17 à 20 € (c) — 93
- Pic Saint-Loup Simon 2018 — de 25 à 30 € (c) — 91

Le coup de ♥

- Languedoc Manon 2019 — de 20 à 25 € (c) — 94

Rouge : 19 hectares.
Blanc : 3 hectares.
Production moyenne : 90 000 bt/an

CLOS MARIE
Route de Cazeneuve, 34270 Lauret
04 67 59 06 96 • clos.marie@orange.fr •
Vente et visites : au domaine sur rendez-vous.
Propriétaire : Françoise Julien et Christophe Peyrus
Maître de chai : Christophe Peyrus

★★

ERMITAGE DU PIC SAINT-LOUP

La famille Ravaille est une belle référence de l'appellation Pic Saint-Loup. Le célèbre pic se trouve d'ailleurs, comme les ruines de l'Ermitage, dans l'enceinte de la propriété. Le domaine est allé loin dans l'exigence culturale, notamment en ce qui concerne la sélection du matériel végétal. Le style charnu des blancs, travaillés à merveille, préserve la fraîcheur du fruit. Les rouges déroulent également cette chair à la fois soyeuse et d'une grande fraîcheur ; le parfum prend le pas sur la matière, jamais pesante. La grande cuvée Guilhem Gaucelm, longuement élevée en foudre, est une des plus brillantes expressions languedociennes actuelles.

Les vins : déclinée en rouge et en blanc, la cuvée Sainte-Agnès rassemble les terroirs d'altitude de Cazevieille. Une trame fraîche et salivante, surtout dans la version rouge, qui a besoin d'ouverture sur ce millésime 2018. Plus simple, Tour de Pierre offre un nez excentrique. Sa bouche a toutefois encore du mal à trouver son équilibre entre chair, acidité et des tanins encore un peu secs. Les très vieilles vignes de syrah et de grenache sont unies pour la cuvée Guilhem Gaucelm, taillée pour la garde, surtout avec ce millésime 2017, structuré, compact mais déjà fort salivant ! La bouche est toujours pleine de relief avec cette persistance de poivre et une finale fraîche de cardamome.

Languedoc Sainte-Agnès 2019	15 €	89
Pic Saint-Loup Guilhem Gaucelm 2017	40 €	95
Pic Saint-Loup Sainte-Agnès 2018	20 €	90
Pic Saint-Loup Tour de Pierres 2018	13 €	89

Rouge : 30 hectares. Grenache noir 40 %, Syrah 40 %, Carignan 10 %, Mourvèdre 10 %
Blanc : 10 hectares. Roussanne 50 %, Grenache blanc 30 %, Clairette 10 %, Marsanne 10 %
Production moyenne : 110 000 bt/an

ERMITAGE DU PIC SAINT-LOUP ♣
Rue Cami Lou, Castellas,
34270 Saint-Mathieu-de-Tréviers
04 67 54 24 68 • www.ermitagepic.fr •
Visites : sans rendez-vous.
Propriétaire : Famille Ravaille
Maître de chai : Pierre Ravaille

★★

MAS CAL DEMOURA

Depuis la reprise du domaine en 2003, nous avons pu mesurer l'étendue du talent et de la détermination d'Isabelle et Vincent Goumard. Ces qualités font d'eux des acteurs remarqués du très dynamique secteur des Terrasses du Larzac. L'équilibre précis de leurs cuvées multicépages s'exprime dans des profils de vins élancés, lisses, fruités et vigoureux. S'ils peuvent s'apprécier jeunes, les rouges méritent au moins deux à quatre ans de vieillissement. Les derniers millésimes ont donné des vins remarquables, qui progressent à la fois en profondeur, en finesse et en vitalité. La précision des vins acquise depuis 2014 place ce domaine parmi les meilleurs.

Les vins : L'Étincelle est un blanc délicat aux notes de fleurs blanches et au fruité pulpeux, une belle réussite, dans le contexte chaud et sec de 2019. En 2017, les rouges sont d'un très beau niveau, à l'instar de Terre de Jonquières, qui mise sur la pureté des fruits noirs mais aussi sur de subtiles notes de rose et une suggestion d'épices. Complexité et finesse en bouche, avec un grain de tanin très fin et une persistance poivrée. Encore fermé, Les Combariolles révèle peu à peu des parfums intenses de fleurs séchées, de cannelle et de quetsche. Avec sa bouche qui offre un toucher de velours, on monte d'un cran dans la structure et la complexité.

IGP Saint-Guilhem-le-Désert L'Étincelle 2019	19 €	91
Terrasses du Larzac Les Combariolles 2017	26 €	96
Terrasses du Larzac Terre de Jonquières 2017	19 €	94

Rouge : 12,8 hectares. Syrah 30 %, Grenache noir 25 %, Mourvèdre 20 %, Carignan 15 %, Cinsault 10 %
Blanc : 3,2 hectares. Chenin 55 %, Grenache blanc 25 %, Roussanne 10 %, Carignan 5 %, Viognier 3 %, Petit Manseng 2 %
Production moyenne : 45 000 bt/an

MAS CAL DEMOURA ♣
125, route de Saint-André, 34725 Jonquières
04 67 44 70 82 • www.caldemoura.com •
Vente et visites : au domaine sur rendez-vous.
Propriétaire : Isabelle et Vincent Goumard
Maître de chai : Vincent Goumard

★★

MAS D'ALEZON

Catherine Roque a créé deux domaines majeurs dans le panorama des vins languedociens, Clovallon, à Bédarieux, dans la Haute Vallée de l'Orb, et le Mas d'Alezon, à Faugères. Architecte de formation, passionnée par la vigne, elle a démarré en 1989 en plantant des cépages inattendus, notamment le pinot noir dont elle fut la pionnière dans la région. Cette autodidacte, mère de trois filles, reprend ensuite en 1997 un vignoble oublié au plus haut de l'appellation Faugères, le Mas d'Alezon. À force d'un travail méticuleux, le plus naturel possible, et en augmentant peu à peu la proportion de mourvèdre, elle vinifie aujourd'hui l'une des plus belles interprétations du cru, la confidentielle cuvée Montfalette. L'ensemble des vins place ce domaine au sommet de l'appellation depuis quelques années.

Les vins : Cabretta est un blanc aux notes d'herbes séchées, un vin complet et riche, doté d'une tension minérale appuyée. Encore fougueux, Presbytère commence sa vinification dans les caves voûtées de l'ancien presbytère de Faugères. Vin onctueux et frais aux sensations de mûre. Montfalette reste fidèle à son environnement, en diffusant des notes de poivre, de cade et de terre sèche. La bouche est encore stricte à ce stade mais la finesse des tanins lui promet un avenir radieux !

- Faugères Cabretta 2019 — 20 € — 92
- Faugères Le Presbytère 2019 — de 12 à 14 € (c) — 92
- Faugères Montfalette 2019 — de 18 à 20 € (c) — 93

Rouge : 9 hectares. Mourvèdre 45 %, Grenache noir 17 %, Lladoner pelut 15 %, Carignan 15 %, Syrah 8 %
Blanc : 2 hectares. Roussanne 60 %, Clairette 20 %, Grenache blanc 8 %, Grenache gris 7 %, Marsanne 5 %
Production moyenne : 20 000 bt/an

MAS D'ALEZON ☾
1, route de Pézenas, 34600 Faugères
04 67 95 19 72 • mas@alezon.fr • Vente et visites : au domaine sur rendez-vous.
Propriétaire : Catherine Roque

★★

MAS DES BROUSSES

C'est en 1997 que Géraldine Combes crée cette exploitation à Puéchabon, avec Xavier Peyraud (de l'illustre famille propriétaire du domaine Tempier, à Bandol). Le secteur tempéré permet à ces vignerons discrets d'élaborer des vins rouges équilibrés, francs et toujours empreints d'une remarquable finesse de texture, avec des tanins soyeux. Ces qualités se retrouvent dans le Chasseur des Brousses (merlot et grenache), ainsi que dans le plus profond Mas des Brousses (syrah et mourvèdre). Bon sang ne saurait mentir : ce dernier cépage trouve ici l'une de ses plus magistrales expressions languedociennes. Délicieux dès leur jeunesse, ces vins sont capables de bien évoluer, spécialement la cuvée confidentielle Mataro.

Les vins : avec sa bouche en rondeur et un peu grasse, le blanc roule sur des notes d'amande et d'abricot. Délicatement épicé, le nez du Chasseur des Brousses nous transporte d'emblée dans un univers de garrigue, où s'invitent des touches florales. La bouche est élancée, dotée d'une remarquable fraîcheur en finale. Velouté et complexe, un très joli vin de garde se dessine en 2017 pour la grande cuvée. Des notes de moka et de menthe sauvage se mêlent.

- IGP Saint-Guilhem-le-Désert 2019 — 16,50 € — 89
- IGP Saint-Guilhem-le-Désert Chasseur des Brousses 2018 — 9,50 € — 91
- Terrasses du Larzac 2017 — 18 € — 94

Rouge : 8 hectares. Mourvèdre 43 %, Merlot 20 %, Syrah 20 %, Grenache noir 17 %
Blanc : 1 hectare. Chardonnay 15 %, Chenin 15 %, Roussanne 15 %, Sauvignon blanc 15 %, Viognier 15 %, Clairette 10 %, Vermentino 10 %, Muscat à petits grains blancs 5 %
Production moyenne : 30 000 bt/an

MAS DES BROUSSES ♣
2, chemin du Bois, 34150 Puéchabon
04 67 57 33 75 • www.masdesbrousses.fr • Vente et visites : au domaine sur rendez-vous.
Propriétaire : Géraldine Combes et Xavier Peyraud
Directeur : Géraldine Combes
Œnologue : Xavier Peyraud

★★

DOMAINE LES MILLE VIGNES

Valérie Guérin défend avec passion depuis presque vingt ans ce petit domaine du secteur de La Palme (dans la partie maritime de l'appellation Fitou, au bord des étangs). Jacques Guérin, originaire de la vallée du Rhône septentrional et enseignant en viti-œno à Orange, qui l'a lancée à la fin des années 1980, garde un œil bienveillant sur le travail de sa fille. Sélections massales, rendements extrêmement bas, à moins de 20 hl/ha (qui expliquent les prix élevés), cuvaisons longues, sont pour elle les maîtres-mots. De multiples passages dans les parcelles font naître un rosé de table, trois cuvées de rouge et trois cuvées de vin de liqueur. Pour ces dernières, les cépages (mourvèdre, grenache et carignan) sont vinifiés séparément ; ces trois cuvées de caractère présentent une concentration unique, qui peut paraître massive dans la jeunesse mais qui s'affine merveilleusement bien avec le temps.

Les vins : rosé et blanc sont des références pour tout amateur de fraîcheur et d'équilibre, et méritent que l'on casse la tirelire pour s'offrir une de ces bouteilles. En moelleux, le muscat-de-rivesaltes est épatant de tonicité, avec des arômes purs de menthe et de thym citron, une sucrosité bien balancée ! Cadette est un rouge très séduisant avec des notes de pivoine et de framboise, souple, doté de tanins caressants. Atsuko, très réussi en 2018, est une expression fraîche et subtilement épicée de vieux grenaches. Dennis Royal reste une référence : basé sur de vénérables carignans, il offre une bouche gourmande, mêlant réglisse et mûre. On ne pourra résister au caractère plus épicé des Vendangeurs de la Violette, un vin corsé à la trame fraîche, aux légères notes de cuir et à la finale mentholée. Dense et capiteux, l'Idyllique est la cuvée de patience du domaine, avec le parti pris de remettre le lledoner pellut sur le devant de la scène. Pari réussi, il vous laissera des arômes de poivre sauvage en bouche !

IGP Aude 2019	35 €	92
Fitou Atsuko 2018	45 €	92
Fitou Dennis Royal 2018	45 €	92
Fitou L'Idyllique 2018	70 €	93
Fitou La Cadette 2018	23 €	91
Fitou Les Vendangeurs de la Violette 2017	50 €	93

Le coup de ♥

Muscat de Rivesaltes 2019	35 €	92

Rouge : 9 hectares. Grenache noir 40 %, Mourvèdre 30 %, Carignan 20 %, Lladoner pelut 10 %
Blanc : 2 hectares. Divers blanc 75 %, Muscat à petits grains blancs 25 %
Production moyenne : 25 000 bt/an

DOMAINE LES MILLE VIGNES
24, avenue San Brancat, 11480 La Palme
04 68 48 57 14 • www.lesmillevignes@free.fr
• Vente et visites : au domaine sur rendez-vous.
Propriétaire : Valérie Guérin
Œnologue : Laboratoire Dejean

★★

DOMAINE DE MONTCALMÈS

Vigneron chevronné, Frédéric Pourtalié connaît une réussite amplement méritée depuis son premier millésime (1999). Partagé entre Puéchabon, Aniane, Saint-Jean-de-Fos et Saint-Saturnin-de-Lucian, le vignoble est composé de syrah et grenache implantés sur un plateau de calcaire lacustre orienté nord, ainsi que de mourvèdre sur un terroir de galets roulés qui évoque Châteauneuf-du-Pape. Dans une vaste cave pouvant accueillir deux millésimes, est élaborée une unique grande cuvée rouge d'assemblage : syrah (60 %), grenache et mourvèdre (20 % chacun), égrappés et pigés, élevés vingt-quatre mois en barrique, sans collage ni filtration, dans la tradition la plus classique. Le blanc, marsanne et roussanne à parité, vinifié en barrique, existe depuis 2004. En vingt ans, Montcalmès est devenu une référence incontestable du Languedoc.

Les vins : le blanc se montre très équilibré, avec un élevage en barrique et demi-muid bien intégré pour un résultat mêlant l'amande, les fruits jaunes et une touche toastée, aussi digeste que persistante. Grande réussite en 2017, le rouge est la cuvée emblématique du domaine, et reste une référence dans les Terrasses du Larzac. Il a tout d'un grand, déjà délicieux avec ses notes de poivre, de genièvre, ses tanins délicats, il saura traverser le temps avec grâce. Un vin suave et d'une élégance folle !

Languedoc 2017	27 €	92
Terrasses du Larzac 2017	de 25 à 33 € (c)	96

Rouge : 20,5 hectares. Syrah 60 %, Grenache noir 20 %, Mourvèdre 20 %
Blanc : 2,5 hectares. Marsanne 50 %, Roussanne 50 %
Production moyenne : 70 000 bt/an

DOMAINE DE MONTCALMÈS ♣
Chemin du Cimetière, 34150 Puéchabon
04 67 57 74 16 •
www.domainedemontcalmes.fr • Vente et visites : au domaine sur rendez-vous.

Propriétaire : Frédéric Pourtalié et Muriel Fabre

★★

DOMAINE DU PAS DE L'ESCALETTE

Après une longue expérience chez Henri Pellé, à Menetou-Salon (Cher), Julien et Delphine Zernott se sont installés en 2003 dans un vignoble d'altitude (entre 350 et 400 mètres) à Poujols, au pied du Larzac. Bien irriguées par les sources qui en descendent et parcourues de vents frais, les vignes y sont, pour moitié, âgées de plus de 60 ans. L'homogénéité de la gamme depuis quelques années, mais aussi ses grandes réussites (Mas Rousseau en blanc, Le Grand Pas et Les Frieys en rouge), font de ce domaine un incontournable du secteur. Nous apprécions la finesse des vins, sans que la structure soit décharnée. Un bel exercice de style, également apte à traverser le temps.

Les vins : une belle expression des cépages languedociens pour Les Clapas blanc, ample et tonique, envoûtant et équilibré. Le carignan blanc du Mas Rousseau devient une référence, il offre une bouche salivante et des notes subtiles de fenouil et de fleurs blanches. Quel beau jus dans Les Petits Pas, gouleyant et vivifiant ! L'épice de la syrah, la gourmandise du grenache et le caractère sudiste du carignan s'unissent avec tact dans Les Clapas rouge. Une belle accroche en bouche, un vin à servir avec une viande rouge. Ze Cinsault déploie une expression de rose, c'est un vin précis avec des tanins souples, succulents sur leur petite pointe d'alcool. Après un temps d'aération, Le Pas de D affiche une gourmandise épicée avec des notes de cerise bien juteuse qui se prolongent en bouche. Un vin de demi-puissance, bien salivant. Les Frieys représente l'expression la plus délicate de la gamme, un vin poudré et profond, aux tanins naturellement fondus, dans un registre de cade et de grenade. Le Grand Pas propose un fruité éclatant, des tanins onctueux et une persistance de framboise juteuse en bouche.

- IGP Pays d'Hérault Mas Rousseau 2018 — 30 € — 93
- Languedoc Les Clapas 2018 — 24 € — 93
- IGP Pays d'Hérault Ze Cinsault 2018 — 22 € — 92
- Languedoc Les Petits Pas 2019 — 13 € — 90
- Terrasses du Larzac Le Grand Pas 2018 — de 25 à 30 € (c) — 94
- Terrasses du Larzac Le Pas de D. 2018 — 22 € — 92
- Terrasses du Larzac Les Clapas 2018 — 17 € — 93
- Terrasses du Larzac Les Frieys 2018 — 40 € — 96

Rouge : 18 hectares.
Blanc : 2 hectares.
Production moyenne : 80 000 bt/an

DOMAINE DU PAS DE L'ESCALETTE
Le Champ de Peyrottes, 34700 Poujols
04 67 96 13 42 • www.pasdelescalette.com •
Vente et visites : au domaine sur rendez-vous.
Propriétaire : Julien et Delphine Zernott
Directeur : Julien Zernott

★★ ↗

ROC D'ANGLADE

Rémy Pédréno est un vigneron exigeant, idéaliste, qui cultive 9 hectares de vignes autour du village de Langlade. Ce Nîmois au regard pétillant a créé ce domaine en 1999, devenu en 20 ans l'un des meilleurs de la région. Le style est original, tendu vers une recherche de fraîcheur et d'élégance. Toutes les cuvées valent le détour, et provoquent l'émotion chez l'amateur. Les vins traversent le temps sans vaciller, révélant des vins fins et complexes. Les élevages en foudre ont fait progresser la qualité des vins et la tenue du vignoble est impeccable. C'est tout naturellement que ce domaine accède à la deuxième étoile.

Les vins : issu de chenin (60 %), savoureux et délicat, ce blanc fait désormais partie du cercle restreint des meilleurs blancs du Sud. Son élevage en demi-muid et foudre apporte une belle patine. 60 % des vignes du domaine ayant été touchées par la vague de chaud de l'été 2019, c'est une édition inédite pour le rosé, issu d'achat de raisins. Un vin délicatement fruité, rafraîchissant, muni d'une touche grillée, une très belle bouteille estivale ! Le rouge 2018, très énergique, évoque d'emblée la chair de cerise bien juteuse. La structure tannique est très légère, avec un côté acidulé en finale. Reserva Especial est une compilation de différents millésimes, ce n'est pas la signature du domaine mais ça n'en est pas moins une grande bouteille. On retrouve une sensation de fruits des bois, de cranberry, des tanins très subtils et une finale fraîche.

- IGP Gard 2018 — Épuisé - 40 € — 94
- IGP Gard 2019 — Épuisé - 18 € — 91
- IGP Gard 2018 — Épuisé - 40 € — 94
- IGP Gard Reserva Especial N°7 — Épuisé - 80 € — 94

Rouge : 7 hectares. Carignan 55 %, Mourvèdre 25 %, Divers noir 20 %
Blanc : 2 hectares. Chenin 65 %, Chardonnay 20 %, Carignan 5 %, Grenache gris 5 %, Grenache blanc 5 %
Production moyenne : 36 000 bt/an

ROC D'ANGLADE ♣
700, chemin de Vignecroze, 30980 Langlade
04 66 81 45 83 •
remy.pedreno@rocdanglade.fr • Pas de visites.
Propriétaire : Rémy et Martine Pedreno
Directeur : Rémy Pedreno
Œnologue : François Serres

★

BARDI D'ALQUIER

Sophie et Thibaud Bardi de Fourtou ont repris ce domaine historique de Faugères en 2017. Les vins que nous avons dégustés pour cette édition sont les derniers témoins de la transition entre Jean-Michel Alquier et les nouveaux propriétaires. La volonté du couple ? Pérenniser le style de la maison, dont le vignoble est dominé par de vieilles syrahs issues de sélections massales (parmi les premières plantées en Languedoc dans les années 1960 par le père de Jean-Michel Alquier, Gilbert) complétées de mourvèdre et de grenache. Nous restons attentifs à ce nouveau tournant.

Les vins : on entre directement dans le cadre de Faugères avec Les Premières, charnu, épicé qui s'est bien mis en place en une année. Belle finale réglissée. L'élégance des vieilles vignes de grenache dans La Maison Jaune opère sur ce millésime : le vin développe un fruité franc et de délicates notes florales. La bouche est longiligne, soutenue par des tanins fins. Encore anguleux et sanguin, Les Bastides d'Alquier montre des notes de poivre et de cannelle, il est fait pour la garde. Idéal pour les amateurs de syrah, ici renforcée par le caractère fumé du schiste.

- Faugères Les Bastides d'Alquier 2017 — 33 € — 93
- Faugères Les Premières 2017 — 18 € — 90

Le coup de ♥

- Faugères La Maison Jaune 2017 — 24 € — 93

Rouge : 11 hectares. Syrah 55 %, Grenache noir 30 %, Carignan 10 %, Mourvèdre 5 %
Blanc : 1 hectare. Sauvignon blanc 50 %, Marsanne 20 %, Grenache blanc 15 %, Roussanne 15 %
Production moyenne : 40 000 bt/an

BARDI D'ALQUIER
2, rue de Vieux-Château, 34600 Faugères
04 67 23 07 89 • www.bardi-alquier.fr •
Visites : sans rendez-vous.
Propriétaire : Sophie et Thibaud Bardi
Directeur : Thibaud Bardi

★

CHÂTEAU LA BARONNE

Médecins et vignerons de père en fils : telle pourrait être la devise de la famille Lignères, qui se consacre avec passion à son vaste vignoble des Corbières, dans le secteur frais de la montagne d'Alaric. Conseillés par l'œnologue toscan Stefano Chioccioli depuis 2002, les propriétaires conduisent désormais leur domaine en agriculture biodynamique. La gamme se décline en sélections de terroirs (assemblages) ainsi qu'en cuvées de cépages purs (vieux carignan, roussanne, mourvèdre), souvent impressionnantes. L'élevage sous bois a acquis une plus grande précision, exaltant les saveurs profondes des vins. Nous ne cachons pas notre admiration pour cette production idéaliste, qui, ayant rejoint l'élite de la région, ne cesse d'évoluer chaque année et de se remettre en question. Nous ne cacherons pas non plus nos interrogations quant à la forme parfois "expérimentale" de certaines cuvées instables ou affectées par des acidités volatiles fortes, susceptibles de désarçonner un certain nombre d'amateurs.

Les vins : Les Chemins, en blanc, se montre sec avec de beaux amers. Comme une transition vers les vins rouges, le grenache gris de Jean est le résultat d'une macération longue, la robe est teintée de rose et la finale est appuyée par une fine sensation tannique qu'il faudra savoir marier à table pour ne pas rester sur l'amertume. Du côté des vins rouges, Les Lanes est une cuvée aux notes de garrigue et au fruit rouge charnu, avec des tanins enveloppants. Les Chemins a un côté plus chantant et une trame acidulée qui lui donne du peps en bouche. Charmeur et épicé, Alaric offre du soyeux et de la fraîcheur en bouche, alors que Las Vals est plus fermé à ce stade, on perçoit une finale pimentée et fraîche. Encore embryonnaire, Pièce de Roche recèle un grand potentiel et interpelle déjà par cette texture de bouche, d'aspect salin, si particulière !

Corbières Les Chemins 2019	15 €	90
VDF Le Grenache Gris de Jean 2018	19 €	88
Corbières Alaric 2017	23 €	92
Corbières Les Chemins 2018	15 €	90
Corbières Les Lanes 2018	12 €	88
IGP Hauterive Las Vals 2017	23 €	90
IGP Hauterive Pièce de Roche 2017	34 €	93

Rouge : 78 hectares. Carignan 40 %, Syrah 20 %, Grenache noir 19 %, Mourvèdre 19 %, Cinsault 2 %
Blanc : 12 hectares. Vermentino 36 %, Grenache gris 26 %, Roussanne 20 %, Grenache blanc 15 %, Bourboulenc 3 %
Production moyenne : 250 000 bt/an

CHÂTEAU LA BARONNE

21, rue Jean-Jaurès, 11700 Moux
04 68 43 90 07 • www.chateaulabaronne.com • Vente et visites : au domaine sur rendez-vous.
Propriétaire : Famille Lignères
Directeur : Jean Lignères

★

DOMAINE CANET VALETTE

Enfant de la coopération, Marc Valette est un vigneron languedocien pur jus, entier et sans concession. Bousculant les convenances, il a opté pour la cave particulière ; ses rouges, sombres et puissants, ont d'emblée interpellé confrères et consommateurs. Les élevages très longs (trois ans pour la cuvée Maghani) accompagnent des matières "brutes", comme on parle d'art brut. Avec le temps, les vins peuvent cependant acquérir un réel velouté de tanins. Si le vieillissement est leur allié, les derniers vins présentés nous semblent plus précoces et expressifs dans leur jeunesse, en un mot, plus civilisés que par le passé. Une et Mille Nuits se boit sur cinq ans, alors que Maghani s'ouvre après six ou huit ans, demeurant le saint-chinian de terroir argilo-calcaire le plus puissant et le plus sincère de sa génération (de vieux millésimes sont toujours à la vente). Un domaine qui n'a jamais été aussi en forme qu'aujourd'hui.

Les vins : fringant et souple, Antonyme est une introduction "pur fruit" aux vins rouges. Toujours dans une trame fruitée, Ivresses est une expression de grenache fluide, avec une explosion de fruits des bois. Élégant et charnu, Une et Mille Nuits est équilibré et charmeur. Pour plus de structure mais dans un cadre très raffiné, Maghani est la cuvée de garde qu'il ne faut pas rater ! En 2017, on apprécie son étoffe poudrée et ses épices fines, alors que 2016 continue son chemin en retrouvant un éclat de fruits. Assemblage de piquepoul et de bourboulenc, Une et Mille Nuits offre une palette de fleurs blanches et une bouche cristalline.

VDF Une et Mille Nuits 2019	12 €	90
Saint-Chinian Antonyme 2019	10 €	89
Saint-Chinian Ivresses... 2019	18 €	90
Saint-Chinian Maghani 2016	27 €	92
Saint-Chinian Maghani 2017	27 €	93
Saint-Chinian Une et Mille Nuits 2018	14 €	90

Rouge : 20 hectares. Grenache noir 30 %, Syrah 30 %, Mourvèdre 20 %, Carignan 10 %, Cinsault 10 %
Blanc : 1,5 hectare.
Production moyenne : 75 000 bt/an

DOMAINE CANET VALETTE ♣

1497, avenue de Causses-et-Veyran, 34460 Cessenon-sur-Orb
04 67 89 51 83 • www.canetvalette.com • Vente et visites : au domaine sur rendez-vous.
Propriétaire : Marc Valette
Œnologue : Alix Jojo

★

CLOS CENTEILLES

Cette propriété originale, située dans l'environnement poétique du causse de Siran, est dirigée par Cécile Boyer-Domergue, toujours aidée par sa mère Patricia. Leurs vins résultent d'un travail d'une exemplaire probité, tourné vers la culture de cépages rares ou oubliés. L'expression du fruit au nez est toujours un peu confite alors qu'en bouche les vins manifestent une rare élégance et une grande finesse de texture, notamment les purs cinsaults. Les grandes cuvées ne sont vendues qu'à leur apogée. Le domaine produit un joli blanc sec à base de variétés oubliées : araignan blanc, riveyrenc blanc et gris, ainsi qu'une vendange passerillée, Erme, dans l'esprit des "vins nobles" jadis élaborés en Minervois. Il faut saluer la singularité et la force de cette démarche, vigneronne et mémorielle, qui offre un point de repère capital, non seulement pour le Minervois, mais pour le Languedoc tout entier.

Les vins : ribeyrenc gris et blanc, araignan blanc et une touche de grenache blanc constituent C de Centeilles, qui rappelle le cédrat, avec une touche discrète de fleurs blanches et de truffe. De beaux amers en finale le distinguent. Scintilha est un rosé frais et délicat, sans exubérance de fruits. En rouge, Campagne de Centeilles offre des notes de zan et de fruits rouges, accuse en bouche une sensation cendrée : à boire jeune. Plus profond avec ses notes de mûre, C de Centeilles montre de la vigueur, une finale encore austère. Notes de cerise et de tabac blond pour le minervois-la-livinière ; sa bouche est suave, avec un relief subtilement épicé.

- IGP Côtes du Brian Scintilha Le Rosé des Sept Oubliés 2019 — 11 € — 88
- Minervois C de Centeilles 2016 — 18 € — 90
- Minervois Campagne de Centeilles 2015 — 15 € — 90
- Minervois-La-Livinière Clos Centeilles 2015 — 24 € — 93

Le coup de ♥

- IGP Côtes du Brian C de Centeilles 2017 — 22 € — 92

Rouge : 10,5 hectares. Cinsault 27 %, Carignan 20 %, Divers noir 15 %, Syrah 10 %, Mourvèdre 10 %, Ribeyrenc 7 %, Picpoul noir 7 %, Grenache noir 4 %
Blanc : 1,5 hectare. Grenache gris 28 %, Araignan Blanc 24 %, Ribeyrenc gris 15 %, Ribeyrenc 11 %, Clairette 6 %, Clairette rose 6 %, Divers blanc 5 %, Picpoul Gris 5 %
Production moyenne : 54 000 bt/an

CLOS CENTEILLES
Chemin de Centeilles, 34210 Siran
04 68 91 52 18 • www.closcenteilles.com •
Vente et visites : au domaine sur rendez-vous.
Propriétaire : Patricia Boyer-Domergue

★

CLOS MAÏA

Géraldine Laval a repris en 2009 quelques parcelles de vignes d'altitude (350 à 400 mètres) dans les Terrasses du Larzac, sur le secteur de Pégairolles-de-l'Escalette. Après une solide formation et de nombreux stages chez de grands vignerons français, elle s'attache à retrouver les équilibres naturels de la vigne pour produire des vins digestes, droits et fins, d'une précision et d'une maîtrise remarquables. Les parcelles sont plantées de vieux grenaches, de cinsault, de carignan, de syrah, de terret et de chenin (depuis 2014). Nous sommes tombés sous le charme de cette production singulière et cohérente, emblématique de la nouvelle vague languedocienne.

Les vins : un jus soyeux et gourmand, proche du fruit pour Le Petit Clos (grenache, syrah et carignan vinifiés et élevés en béton). On monte d'un cran avec le Clos Maïa, aux notes fraîches de menthe poivrée et de ciste, aux tanins onctueux, encore compacts. Un vin de patience qui va tranquillement s'affiner dans le temps.

- IGP Pays d'Hérault Le Petit Clos 2018 — 13 € — 91
- Terrasses du Larzac 2018 — 25 € — 94

Rouge : 5 hectares. Grenache noir 60 %, Syrah 20 %, Carignan 15 %, Divers noir 5 %
Blanc : 1,4 hectare. Grenache gris 40 %, Chenin 35 %, Roussanne 20 %, Terret blanc (terret bourret) 5 %
Production moyenne : 26 000 bt/an

CLOS MAÏA ♣
1, Grand-Rue, 34520 La Vacquerie
06 12 83 42 89 • closmaia@hotmail.fr •
Vente et visites : au domaine sur rendez-vous.
Propriétaire : Géraldine Laval

★

LES CLOS PERDUS

Le duo constitué par l'Australien Paul Old, ancien danseur, et Hugo Stewart, précédemment fermier en Angleterre, est à l'origine de ce projet original qui, depuis 2003, fait vivre avec passion de vieilles vignes réparties entre Corbières et Roussillon. Paul Old est désormais seul aux commandes. Culture en biodynamie et approche minimaliste en cave (sans rien laisser au hasard cependant) permettent de proposer une série de cuvées de haute volée, conservant intacts le naturel du fruit et l'intensité des saveurs, en particulier sur le voluptueux et fin corbières Prioundo. Les vins savent vieillir et l'aération leur est bénéfique. Nous croyons beaucoup en ce domaine artisanal, un de ceux par lesquels passe la renaissance des vins des Corbières.

Les vins : parmi les rouges, Cuvée 161 se veut pleine de fruits noirs avec un caractère légèrement animal, des tanins francs et des notes fraîches de zan en finale. Basé sur le grenache, Prioundo est fidèle à lui-même, filiforme, avec d'agréables notes de cerise et une touche fumée. Mire la Mer offre plus de mâche, des notes de graphite et de sapin et une finale fraîche et corsée. Enfin, L'Extrême suit son chemin avec ce 2013 suave, ses notes de fruits secs et légèrement volatiles lui donnent un joli relief. En version blanc, il marque encore plus sa personnalité en 2019 avec un nez qui ranciote et des notes de mirabelle au four, suivi d'une bouche de céréales dont l'acidité finale évoque le citron confit.

- IGP Côtes Catalanes L'Extrême 2019 — de 35 à 38 € (c) — 91
- Corbières Cuvée 161 2018 — 15 € — 89
- Corbières Mire la Mer 2016 — 26,50 € — 92
- Corbières Prioundo 2016 — 20 € — 92
- IGP Côtes Catalanes L'Extrême 2013 — 33,60 € — 92

Rouge : 15 hectares. Grenache noir 40 %, Carignan 30 %, Mourvèdre 20 %, Cinsault 5 %, Syrah 5 %
Blanc : 4 hectares. Grenache blanc 60 %, Macabeu 20 %, Muscat à petits grains blancs 10 %, Terret blanc (terret bourret) 10 %
Production moyenne : 30 000 bt/an

LES CLOS PERDUS

17, rue du Marché, 11440 Peyriac-de-Mer
04 68 48 30 05 • www.lesclosperdus.com •
Vente et visites : au domaine sur rendez-vous.
Propriétaire : Paul Old

★

CLOS DU GRAVILLAS

Grâce à des vignerons comme Nicole et John Bojanowski, le carignan a pleinement retrouvé sa place comme élément constitutif de l'identité viticole de la région. Les Bojanowski, producteurs artisans installés depuis 1999 sur le causse blanc et aride de Saint-Jean-de-Minervois, aiment ce cépage qui s'exprime à foison dans la gamme du domaine, même s'il n'en est pas le seul protagoniste. Ces rouges intenses et attachants trouveront aisément leur place à table, où leur rusticité justement domptée devient velours. Les vins montent en puissance, en particulier les blancs, et la régularité du domaine depuis quelques années, couplée à l'audace d'aller toujours plus loin, placent ce domaine parmi les références du Minervois.

Les vins : dans Retour aux Origines, les vieux cépages blancs sont mis à l'honneur : terret, piquepoul gris et carignan blanc séduisent avec leurs notes florales et subtiles, une belle persistance de fruits blancs et une bouche bien ciselée, portée par de fins amers en finale. Alliance réussie entre l'impression ciselée que donne le terroir du plateau et le juste élevage en demi-muid, pour L'Inattendu, un vin salivant et complexe. Des notes sensuelles de fleur d'oranger et de moka pour À Fleur de Peau, macération fine de muscat. Idéal pour un premier contact avec les vins de macération ! En rouge, Sous les Cailloux des Grillons est plein de fruit et de gourmandise. Syrah, carignan et une touche de cinsault pour Rendez-vous Sur La Lune, un vin aux notes de fruits rouges, d'olive et de rose, la structure est encore ferme mais la finale garde une ligne fraîche et tendue. Les amateurs de carignan trouveront leur bonheur avec Lo Vièlh, un vin poudré, épicé, aux notes profondes d'encens. La bouche est très équilibrée, avec des tanins bien intégrés et un beau potentiel de garde. Exercice de style réussi pour Pic de Saint-Jean, issue d'une parcelle de cabernet-sauvignon plantée au plus haut de l'appellation. Loin d'une approche variétale, c'est une poignée de cailloux blancs qui nous traverse la bouche.

- Minervois L'Inattendu 2018 — de 19 à 20 € (c) — 92
- VDF À Fleur de Peau 2018 — 19 € — 91
- IGP Côtes du Brian Lo Vielh de 100 Ans 2017 — de 19 à 20 € (c) — 92
- IGP Côtes du Brian Pic de Saint-Jean 2017 — 29 € — 92
- IGP Côtes du Brian Sous les Cailloux des Grillons 2019 — de 11 à 12 € (c) — 89

Minervois Rendez-Vous Sur La Lune 2018 de 14 à 15 € (c) 91

Le coup de ♥

VDF Retour Aux Origines 2019 de 19 à 20 € (c) 92

Rouge : 4,5 hectares. Syrah 38 %, Carignan 35 %, Cabernet-Sauvignon 10 %, Cinsault 6 %, Grenache noir 5 %, Counoise 2 %, Mourvèdre 2 %, Terret noir 2 %
Blanc : 3,74 hectares. Muscat à petits grains blancs 35 %, Terret blanc (terret bourret) 33 %, Grenache blanc 20 %, Macabeu 4 %, Roussanne 3 %, Viognier 3 %, Picpoul blanc 2 %
Production moyenne : 37 000 bt/an

CLOS DU GRAVILLAS ♣
15, route de Bize,
34360 Saint-Jean-de-Minervois
04 67 38 17 52 • www.closdugravillas.com •
Vente et visites : au domaine sur rendez-vous.
Propriétaire : Nicole et John Bojanowski

★

DOMAINE LE CONTE DES FLORIS

C'est en 2000 que Daniel Le Conte des Floris, ancien journaliste, a franchi le pas en créant ce petit et passionnant domaine de Pézenas. Sa formation bourguignonne se ressent dans son goût pour la déclinaison des terroirs, la gestion délicate de l'élevage en barrique et, in fine, dans des vins privilégiant la complexité aromatique et la fraîcheur. Le bouche-à-oreille a fait de ses blancs des stars du Languedoc, précurseurs par leur style intense, précis et gourmand, au souffle préservé. En rouge, la finesse domine, signalons une superbe trilogie autour des déclinaisons du terroir avec les cuvées Villafranchien (grenache), Carbonifère (syrah) et Basaltique (carignan) ; les vins ont parfois besoin d'un ou deux ans de garde pour trouver leurs marques. Depuis peu, il produit une excellente cartagène en limitant la sucrosité, pour renouveler une tradition.

Les vins : une superbe déclinaison de blancs, avec une belle démonstration du potentiel de garde de Lune Blanche. Centré autour de l'agrume, le nez du 2018 est encore fermé. En bouche, le vin est frais, précis, souligné de notes poivrées par de fins amers. 2014 interpelle avec un bouquet unique et varié qui évoque la muscade et le jasmin. En bouche, le vin est longiligne, avec de charmantes notes toastées. On change de registre (fleurs d'oranger) dans Lune Rousse, souligné par un caractère délicatement fumé. Un beau volume de bouche, mais tout en équilibre ! Un élevage très long pour 6 Rah Noirs qui garde au nez une fraîcheur indéniable, des notes de vétiver et de bois exotique. La bouche est fine avec des tanins bien intégrés. Homo Habilis est très ouvert, le nez se situe dans un registre umami avec des notes de rose séchée. En bouche, le vin est déjà bien en place, en demi-puissance, tenu par des tanins soyeux. Le nez aromatique du cartagène nous amène au dessert (abricot rôti au romarin). La bouche est toastée et les 70 grammes de sucres très bien gérés, laissant une impression équilibrée.

Languedoc Lune Blanche 2014 39 € 94
Languedoc Lune Blanche 2018 35 € 94
Languedoc Lune Rousse 2016 28 € 92
VDL Cartagène Blanche 2015 17 € 91
Languedoc Pézenas Homo Habilis 2015 25 € 93
Languedoc Sy Rah Noirs 2017 12 € 91

Rouge : 5 hectares. Syrah 30 %, Grenache noir 30 %, Mourvèdre 20 %, Carignan 15 %, Cinsault 5 %
Blanc : 2,5 hectares. Carignan 40 %, Marsanne 35 %, Divers blanc 15 %, Roussanne 10 %
Production moyenne : 20 000 bt/an

DOMAINE LE CONTE DES FLORIS ☾
21, avenue Émile-Combes, 34120 Pézenas
07 68 51 29 49 •
www.domainelecontedesfloris.com • Vente et visites : au domaine sur rendez-vous.
Propriétaire : Daniel Le Conte des Floris

★

DOMAINE DE CÉBÈNE

Après une riche expérience professionnelle dans le monde du vin bordelais, Brigitte Chevalier a posé ses valises à Faugères en 2007. Femme du sérail mais néo-vigneronne, elle possède indéniablement de l'ambition, une vista, un sens de l'élégance "septentrionale" qu'elle veut donner à ses vins. En choisissant des vignes d'altitude, en majorité exposées au nord, puis en creusant un chai enterré sous les schistes, au milieu des vignes, elle s'est donné les moyens d'atteindre ses objectifs. La gamme est bien articulée entre vins de cuve (Ex Arena, grenache hors appellation produit sur les caractéristiques sables rouges de Corneilhan ; Les Bancèls, à majorité syrah, et le remarquable Belle Lurette issu de vieux carignans) et élevage en barrique de 500 l (cuvée Felgaria, dominée par le mourvèdre). Le plaisir procuré par ces vins depuis quelques années se confirme et le domaine fait désormais partie de l'élite faugéroise.

Les vins : de la gourmandise et du fruit pour Ex Arena, consacrant une expression fine et subtile du grenache. À la Venvole a un caractère un peu plus épicé et une bouche suave et élancée. Lumineux, gracile et aromatique, Belle Lurette est déjà excellent ! Felgaria est intense, des notes de rose, de fraise, de tabac blond se mêlent pour un vin raffiné, il se révèlera avec le temps.

Faugères Belle Lurette 2018	19 €	92
Faugères Felgaria 2017	35 €	93
Faugères À la Venvole 2019	N.C.	90
IGP Pays d'Oc Ex Arena 2019	12 €	89

Rouge : 11 hectares. Grenache noir 30 %, Syrah 27 %, Carignan 25 %, Mourvèdre 18 %
Production moyenne : 35 000 bt/an

DOMAINE DE CÉBÈNE ♣
Route de Caussiniojouls, BP 72, 34600 Faugères
06 74 96 42 67 • www.cebene.fr • Vente et visites : au domaine sur rendez-vous.
Propriétaire : Brigitte Chevalier

★

DOMAINE DE DERNACUEILLETTE

Impavide "vigneron d'altitude", Guillaume Boussens sonne, depuis le début des années 2000, le réveil des Hautes Corbières. Miraculeusement préservés, ces terroirs bénéficient d'une fraîcheur climatique exceptionnelle, ainsi que d'une diversité géologique tout aussi étonnante – sur ces sols bigarrés, dont la couleur change d'une parcelle à l'autre, il n'est pas rare de découvrir de magnifiques cristaux. À cheval sur trois communes (Dernacueillette, Maisons et Montgaillard) le domaine ne produit, pour l'instant, que des rouges, basés sur la trilogie carignan, grenache, syrah ; leur caractère aromatique, très puissant, mentholé et épicé, entre garrigue et maquis, est inoubliable. Grâce à la volonté d'un homme, grâce à sa vision et à sa force de travail, s'exprime un grand terroir méconnu.

Les vins : Le Petit Derna reste très accessible, avec son fruit saupoudré d'épices et ses tanins fondus. Le corbières rouge est porté par des arômes de garrigue, de poivre blanc et une bouche gourmande sans trop de charpente. Anne Fleur rappelle le laurier et le clou de girofle : un vin élancé et frais aux tanins soyeux. Les Hauts de Dernacueillette ne déçoit pas. Dense, mais avec des tanins fins et soyeux, il a de la profondeur, exaltée par ses notes de fruits noirs et de moka.

Corbières 2016	16 €	91
Corbières Cuvée Anne Fleur 2014	22 €	90
Corbières Les Hauts de Dernacueillette 2016	26 €	92
IGP Pays de Cucugnan Le Petit Derna 2016	13 €	90

Rouge : 25 hectares. Syrah 49 %, Carignan 35 %, Grenache noir 15 %, Alicante 1 %
Production moyenne : 35 000 bt/an

DOMAINE DE DERNACUEILLETTE
15, rue Fleurie, 11330 Dernacueillette
06 70 79 38 46 • www.domainededernacueillette.fr • Vente et visites : au domaine sur rendez-vous.
Propriétaire : Guillaume Boussens
Œnologue : Marc Quertinier

★

DOMAINE DE LA GARANCE

Enfant du pays, Pierre Quinonero a pour objectif de produire des vins au caractère méditerranéen, taillés pour la garde. Il a grandi dans les 1,5 hectare de vignes de son grand-père maternel, à quelques kilomètres de Pézenas, au milieu des vignes et de la garrigue. Et c'est à ce même endroit qu'il a bâti de ses mains sa cave et son mas dès 1991. Autodidacte, il travaille seul, sans œnologue, et a replanté grenache et syrah, issus de sélections massales. Il a pour lui un terroir de basalte mais aussi des parcelles plus fraîches avec des galets roulés en sous-sol. Ses blancs, travaillés sur l'oxydatif, pourront trouver leur public. Ses vins rouges offrent relief et de personnalité, à l'instar d'Armières, qu'il est recommandé de carafer. Les vins n'étant pas protégés par le soufre, il est impératif de stocker les bouteilles dans de bonnes conditions.

Les vins : dégusté en magnum, Les Armières 2014 évolue doucement : il est agréable de boire maintenant ce vin poudré à la structure fine. 2018 est le dernier millésime disponible à la vente. Avec ses parfums de fraise, de framboise et son empreinte de garrigue, on ne peut nier son panache. Les tanins sont fins et sapides. Le gel de 2017 nous prive du blanc Les Claviers ; le 2016 se pare d'une robe jaune paille, légèrement trouble, exhale des notes de fleurs séchées. Ample et plein, il faut l'ouvrir à table.

- VDF Les Claviers 2016 — 34 € — 90
- Languedoc Les Armières 2014 — 22 € — 91
- Languedoc Les Armières 2018 — 22 € — 92

Rouge : 4 hectares. Carignan 90 %, Syrah 10 %
Blanc : 2,5 hectares. Ugni blanc (trebbiano) 80 %, Grenache gris 20 %
Production moyenne : 25 000 bt/an

DOMAINE DE LA GARANCE ♣

Chemin de Sallèles, 34720 Caux
06 30 42 97 46 •
quinonero-pierre@wanadoo.fr • Vente et visites : au domaine sur rendez-vous.
Propriétaire : Pierre Quinonero

★

DOMAINE LES HAUTES TERRES

Depuis plusieurs années, la production de Gilles Azam est centrée autour de quelques cuvées bien définies. Fruits d'une viticulture attentive, consciente de la valeur du lieu et du socle historique, ces vins possèdent un caractère affirmé et de fraîches matières toujours intenses qui s'épanouiront au contact de l'air. Ils apprécient la compagnie de nourritures riches en saveur. La première étoile accordée l'an passé se confirme et le domaine s'affirme comme un utile point de référence pour toute l'appellation Limoux.

Les vins : en effervescent, la blanquette offre des bulles fines et gourmandes, de style sec avec une expression pulpeuse d'agrumes en finale. Cuvée signature du domaine, Joséphine est aussi une belle référence dans les crémants de Limoux, des notes de mirabelle et d'aubépine et une bouche avec du gras, pas de superflu et une finale qui rappelle l'orange amère. En version tranquille, Louis est frais et pimpant, le nez nous emporte dans un univers végétal, que rafraîchit une finale céréalière. Céleste est une expression franche, florale du chenin, la bouche est sapide, un vin tout en finesse, une très belle référence ! Malbec et merlot trouvent une combinaison fruitée et pulpeuse avec des tanins frais et mordants dans la cuvée Maxime. Un vin rouge qui mérite une aération pour mettre en avant ses notes épicées.

- Blanquette de Limoux Méthode Ancestrale Brut Nature L'air du Paradis 2019 — 14,50 € — 90
- Crémant de Limoux Brut Nature Joséphine — 17 € — 91
- Limoux Céleste 2018 — 26 € — 92
- Limoux Louis 2018 — 16 € — 90
- Limoux Maxime 2018 — 15 € — 90

Rouge : 3 hectares. Merlot 50 %, Malbec (cot) 30 %, Cabernet franc 10 %, Cabernet-Sauvignon 10 %
Blanc : 12 hectares. Chardonnay 50 %, Chenin 25 %, Mauzac vert 25 %
Production moyenne : 90 000 bt/an

DOMAINE LES HAUTES TERRES ♣

4, rue du Château, 11300 Roquetaillade
04 68 31 63 72 •
www.domaineleshautesterres.com • Vente et visites : au domaine sur rendez-vous.
Propriétaire : Gilles Azam
Directeur : Geneviève de Groot

★

CHÂTEAU DE JONQUIÈRES

Domaine viticole et familial depuis le XIIe siècle, le château de Jonquières compte une longue lignée de 32 générations de vignerons, ce qui est plutôt rare pour la région ! Les vins de cette propriété, à l'empreinte classique, restent toujours digestes et harmonieux – un classicisme que la nouvelle génération, qui dirige désormais l'exploitation, n'entend pas remettre en cause mais préciser. Son dynamisme et sa vision claire semblent ouvrir la voie du renouveau. Les blancs, expressifs et digestes, associent chenin et grenache blanc. Les rouges vieillissent bien, notamment La Baronnie, qui s'affine entre deux et huit ans de bouteille. Lansade, moins constant et précis, séduit néanmoins par sa gourmandise.

Les vins : frais, vif et aromatique, on apprécie le fruit éclatant et la bouche fraîche de Lansade blanc, simple et efficace. Plus complexe et enrobé, La Baronnie est pulpeux avec des notes d'amande fraîche, on le réservera pour la table. Des notes de cassis et de bois de rose pour Lansade rouge, tout en franchise de fruits, aux tanins fins et à la finale poivrée Plus sévère et séveux, Baronnie garde une belle dose de fruits rouges, alliés à un bouquet garni très délicat. C'est le mourvèdre qui domine dans la cuvée White Label, un vin musclé et charnu qui sort des sentiers battus.

IGP Saint-Guilhem-le-Désert La Baronnie 2018	18 €	91
IGP Saint-Guilhem-le-Désert Lansade 2019	12 €	88
Terrasses du Larzac La Baronnie 2017	18 €	93
Terrasses du Larzac Lansade 2018	12 €	90
VDF White Label 2017	12 €	90
VDF White Label 2018	de 10 à 11 € (c)	90

Rouge : 6,5 hectares. Carignan 25 %, Cinsault 25 %, Mourvèdre 20 %, Syrah 20 %, Grenache noir 10 %
Blanc : 1,5 hectare. Chenin 60 %, Grenache blanc 40 %
Production moyenne : 30 000 bt/an

CHÂTEAU DE JONQUIÈRES ♣

Route de Saint-Saturnin, 34725 Jonquières
06 66 54 22 66 •
www.chateau-jonquieres.com • Visites : sans rendez-vous.
Propriétaire : Charlotte et Clément de Béarn

★

DOMAINE LEDOGAR

Poussée par une nouvelle génération incarnée par les fils Xavier et Mathieu, la famille Ledogar a reconverti, courant 1998, le domaine coopératif en cave particulière (anciennement domaine Grand Lauze). Le vignoble, d'une vingtaine d'hectares, s'étend sur les argiles et les calcaires mêlés de galets roulés et de grès rouges du terroir de la jeune appellation Corbières-Boutenac, dont les sols peu fertiles sont très favorables à la pleine expression aromatique des vieux carignans. En bio depuis 2009, au prix d'un gros travail, le vignoble compte deux tiers de carignan et de grenache, dont l'âge est compris entre 60 et 120 ans. Les blancs, de grand caractère, sont issus de macabeu et de carignan blanc. Les vins affichent ce petit supplément de vie et ce grain de fantaisie qui déclenchent l'émotion.

Les vins : le blanc est une expression franche et simple du macabeu, légère et aérienne. Dans Les Brunelles, les vieilles vignes de cinsault sur galets roulés s'expriment avec des notes de petits fruits rouges et la bouche, vive et croquante, donne une impression ligneuse. Tout Nature est une cuvée sans soufre, élevée une bonne année en amphore, un vin aux notes fraîches de menthe avec une touche de moka, une bouche ronde aux tanins caressants : belle réussite !

VDF Maccabeu 2019	de 14 à 15 € (c)	89
VDF Les Brunelles 2019	de 13 à 15 € (c)	88
VDF Tout Nature 2018	de 19 à 20 € (c)	90

Rouge : 15,5 hectares. Carignan 40 %, Mourvèdre 15 %, Syrah 15 %, Grenache noir 15 %, Cinsault 10 %, Marselan 5 %
Blanc : 4,5 hectares. Carignan 60 %, Macabeu 30 %, Grenache blanc 5 %, Grenache gris 5 %
Production moyenne : 60 000 bt/an

DOMAINE LEDOGAR ♣

Place de la République,
11200 Ferrals-les-Corbières
06 81 06 14 51 • xavier.ledogar@orange.fr •
Vente et visites : au domaine sur rendez-vous.
Propriétaire : Xavier, Mathieu et Benoît Ledogar

★

DOMAINE MAXIME MAGNON

Installé depuis plus de dix ans à son compte, Maxime Magnon a été influencé par l'école beaujolaise (macérations à froid, utilisation minimale du soufre). Il a su intelligemment garder le meilleur de cette approche pour définir un style aujourd'hui parfaitement en place, toujours caractérisé par sa grande digestibilité, doté d'une finesse de texture et d'une précision de saveurs remarquables. Ce style demeure unique en Corbières, même si les vins expriment les caractères du terroir avec davantage de profondeur que naguère. Maxime Magnon ne cesse de peaufiner les détails qui pourront lui permettre d'aller encore plus loin.

Les vins : en blanc, La Bégou est une réussite en 2018. Le vin se présente avec une certaine enveloppe, des arômes de coing et de fleurs de printemps. On retient son allonge et son équilibre. Le rosé se démarque par ses notes de fraise écrasée et de cassis, son éclat en bouche, sa finale aux agréables amers. Parmi les rouges, Rozeta est parfumé. Ses arômes de rose, de poivre, sa bouche suave à la finale acidulée en font une cuvée à placer à table sans hésiter. Plus robuste, mais toujours pourvue d'une trame fraîche, Campagnès offre de subtiles notes d'encens et de fruits noirs, un grain de tanin très fin.

Corbières La Bégou 2018	de 24 à 28 € (c)	92
Corbières Métisse 2019	de 15 à 18 € (c)	89
Corbières Campagnès 2018	de 24 à 28 € (c)	93
Corbières Rozeta 2018	de 20 à 24 € (c)	92

Rouge : 9 hectares. Carignan 50 %, Grenache noir 28 %, Cinsault 20 %, Syrah 2 %
Blanc : 6,5 hectares. Grenache gris 70 %, Grenache blanc 25 %, Macabeu 5 %
Production moyenne : 45 000 bt/an

DOMAINE MAXIME MAGNON ♣

125, avenue des Corbières,
11360 Durban-Corbières
04 68 45 84 71 • maxime.magnon@orange.fr
• Vente et visites : au domaine sur rendez-vous.
Propriétaire : Maxime Magnon

★ ↗

MAS BRUGUIÈRE

Xavier Bruguière a pris la suite de son père Guilhem dans ce domaine historique du Pic Saint-Loup. Les vignes sont impeccablement tenues. Les rouges sont ronds, aromatiques, dominés par la syrah (comme souvent dans ce secteur) mais toujours bien équilibrés par le grenache. Ils transmettent avec justesse ces terroirs frais avec toujours beaucoup d'élégance et une capacité de vieillissement indéniable pour les grandes cuvées aux élevages longs. Le blanc évolue vers davantage de fraîcheur. Un domaine qui se hisse naturellement cette année dans la catégorie des étoilés !

Les vins : aromatique et enveloppant, Les Mûriers séduit par ses notes de vanille et de mirabelle. La fraîcheur qui est la signature du domaine équilibre l'ensemble. L'Arbouse est une excellente entrée en matière, un pic saint-loup aromatique. Des notes de menthe, de rose et de fruit rouge intense et croquant le composent. La Grenadière symbolise à elle seule les terroirs historiques du domaine, un vin incroyablement poudré et complexe, la bouche est suave et épicée sans manquer de fraîcheur. À ouvrir idéalement dans une dizaine d'années !

Languedoc Les Mûriers 2019	17 €	90
Pic Saint-Loup La Grenadière 2018	25 €	94

Le coup de ♥

Pic Saint-Loup L'Arbouse 2018	17 €	92

Rouge : 10 hectares. Syrah 60 %, Grenache noir 30 %, Mourvèdre 10 %
Blanc : 2 hectares. Roussanne 70 %, Marsanne 20 %, Vermentino 10 %
Production moyenne : 50 000 bt/an

MAS BRUGUIÈRE ♣

La Plaine, 34270 Valflaunes
04 67 55 20 97 • www.mas-bruguiere.com • Visites : sans rendez-vous.
Propriétaire : Xavier Bruguière

★

MAS CHAMPART

Vignerons aussi discrets que chevronnés, Isabelle et Matthieu Champart élaborent une gamme lumineuse qui porte l'empreinte des grands terroirs argilo-calcaires du sud de l'appellation Saint-Chinian. Des vins d'intuition, denses, tendus et structurés, qui puisent dans la garrigue calcaire un supplément de finesse minérale.

Les vins : en IGP Pays d'Oc, le rouge est une expression simple de cabernet franc (non noté), le blanc présente davantage d'intérêt, avec des notes de fenouil et d'orange sanguine. La bouche est intense et suave. Avec un élan joliment végétal, le saint-chinian est plus frais et fluide. Les saint-chinian rouges sont d'un beau niveau, avec Côte d'Arbo qui offre un style frais et fluide, dont les notes de petits fruits rouges activent le palais. Causse du Bousquet est un vin de demi-puissance, épicé et sanguin, gardant de la fraîcheur en finale. Dans le Clos de la Simonette, ce sont principalement les vignes de mourvèdre en terrasse qui sont mises à l'honneur. Le nez est poudré, avec des notes de graines de coriandre. La bouche offre une texture finement rugueuse, le potentiel de garde est là !

- IGP Pays d'Oc 2018 — 14 € — 91
- Saint-Chinian 2018 — 14 € — 90
- Saint-Chinian Causse du Bousquet 2017 — 15 € — 90
- Saint-Chinian Côte d'Arbo 2017 — 10 € — 89

Le coup de ♥

- Saint-Chinian Clos de la Simonette 2017 — 23 € — 93

Rouge : 9,5 hectares.
Blanc : 2,5 hectares.
Production moyenne : 45 000 bt/an

MAS CHAMPART

Bramefan, 34360 Saint-Chinian
04 67 38 05 59 • www.mas-champart.com •
Vente et visites : au domaine sur rendez-vous.
Propriétaire : Isabelle et Matthieu Champart
Œnologue : Claude Gros

★

MAS HAUT-BUIS

Olivier Jeantet est un vigneron exigeant, suivant sans relâche une voie difficile (sa cave est installée en altitude, sur le Causse du Larzac, et ses vignes dans les vallées de Pégairolles et de Lauroux) pour atteindre un haut niveau de qualité et de régularité avec des vins de grand caractère, en blanc comme en rouge. Malgré un profil parfois un peu strict, nous aimons beaucoup la fraîcheur, la finesse et le caractère singulier des derniers vins dégustés. De vieux millésimes sont disponibles au domaine.

Les vins : Les Agrunelles blanc est toasté et floral, il s'affine, sans perdre son attrait salin en finale. Le nez dense des Carlines nous plonge dans un coulis de fruits rouges à la menthe. La bouche est svelte avec des tanins présents mais onctueux. Costa Caoude est un vin de patience, qu'il faudra savoir ouvrir après cinq années en bouteille. Le nez accueille des notes de cerise bien mûre et de cardamome. La bouche intègre déjà bien sa puissance, avec suavité et une longueur épicée.

- IGP Pays d'Hérault Les Agrunelles 2017 — 19 € — 91
- Terrasses du Larzac Costa Caoude 2018 — 25 € — 94
- Terrasses du Larzac Les Carlines 2018 — 13 € — 90

Rouge : 10 hectares. Grenache noir 40 %, Carignan 40 %, Syrah 20 %
Blanc : 2 hectares. Roussanne 60 %, Chardonnay 20 %, Grenache blanc 20 %
Production moyenne : 40 000 bt/an

MAS HAUT-BUIS ♣

52, Grand Rue, 34520 La Vacquerie
06 13 16 35 47 • www.mashautbuis.com •
Vente et visites : au domaine sur rendez-vous.
Propriétaire : Olivier Jeantet

★

MAS DE DAUMAS GASSAC

Aimé Guibert fut l'un des pionniers de la quête de l'excellence dans le Languedoc. Il a révélé, à la fin des années 1970, ce terroir calcaire de la haute vallée du Gassac, dans ces contreforts cévenols où les nuits fraîches sont propices à l'épanouissement du cabernet-sauvignon. Outre sa production personnelle, il a su mettre en valeur le travail des vignerons locaux au travers d'une activité de négoce à grande échelle, qu'il faut considérer comme une production bien distincte de celle du Mas. Les fils d'Aimé, Samuel, Gaël, Roman et Basile, ont pris les rênes de l'exploitation. Peut-être davantage que tout autre rouge languedocien, Daumas Gassac a la capacité de résister au temps. Comme un médoc, dont il partage le cépage dominant, il lui faut souvent une dizaine d'années pour s'exprimer. Désormais, les meilleurs domaines languedociens multiplient les grandes cuvées alliant rigueur du travail vigneron et conscience stylistique affirmée ; aussi la comparaison peut s'avérer difficile pour ce vin rigoureux qui conserve son originalité, envers et contre tout.

Les vins : le 2017 prend ses marques, alors que son aspect variétal était en avant l'an passé. Il prend maintenant une patine plus sudiste, avec des notes d'olive noire, une bouche précise et une finale plus élancée. Un vin de patience par excellence !

IGP Saint-Guilhem-le-Désert 2017 40 € 92

Rouge : 29 hectares.
Cabernet-Sauvignon 78 %, Cabernet franc 5 %, Merlot 5 %, Divers noir 4 %, Petit Verdot 4 %, Malbec (cot) 2 %, Pinot noir 2 %
Blanc : 13 hectares. Viognier 35 %, Petit Manseng 22 %, Divers blanc 17 %, Chardonnay 16 %, Chenin 10 %
Production moyenne : 200 000 bt/an

MAS DE DAUMAS GASSAC
Haute Vallée du Gassac, 34150 Aniane
04 67 57 71 28 • www.daumas-gassac.com •
Visites : sans rendez-vous.
Propriétaire : Famille Guibert
Directeur : Samuel, Gaël, Roman et Basile Guibert

★

MAS DES CAPRICES

Anciens restaurateurs en Alsace, Pierre et Mireille Mann ont cédé à l'envie irrépressible de devenir vignerons, en s'installant en 2005 dans le secteur maritime de l'appellation Fitou. Après trois années en cave coopérative, le temps de convertir le vignoble en bio, ils démarrent en 2009 la production du Mas des Caprices. Le vignoble est situé en grande partie sur le plateau de Leucate, en bordure de falaises surplombant la mer, dans un environnement magnifique et préservé. Composant harmonieusement entre des cuvées de soif et d'autres plus ambitieuses, les vins font la part belle aux cépages locaux (carignan et grenache gris), associant maturité et fraîcheur du fruit. Voici une adresse à découvrir en priorité, une gamme particulièrement cohérente, où la liberté de ton s'allie à la précision des saveurs.

Les vins : le Blanc de l'Œuf est spontané, un vin longiligne aux saveurs de pamplemousse, alors que Gris Gris est plus abouti et complexe, gras et salin. En version effervescent et sec, le pet' nat' Mouss'cat offre un côté très floral avec des notes de citron vert et des bulles généreuses. Comme son nom l'indique, Rouge à Siroter est un vin de fruit, sans complications. Belle signature du domaine, Ze Fitou est un vin axé sur le fruit (framboise et myrtille) avec des tanins très soyeux et caressants, il est prêt dès maintenant alors qu'Anthocyane offre une version plus structurée, avec un boisé finement intégré et une belle fraîcheur : il pourra patienter quelques années.

Corbières Le Blanc de l'Œuf 2019	14 €	90
IGP Aude Gris Gris 2019	18 €	92
VDF Mouss. Cat 2019	14 €	89
Fitou Anthocyane 2017	20 €	92
VDF R.A.S. (Rouge A Siroter) 2019	11 €	88

Le coup de ♥

Fitou Ze Fitou 2018 15 € 92

Rouge : 11,16 hectares. Grenache noir 34 %, Mourvèdre 32 %, Carignan 26 %, Syrah 4 %, Lladoner pelut 4 %
Achat de raisins.
Blanc : 3,33 hectares. Grenache blanc 36 %, Muscat à petits grains blancs 33 %, Grenache gris 17 %, Macabeu 9 %, Vermentino 5 %
Achat de raisins.
Production moyenne : 60 000 bt/an

MAS DES CAPRICES
5-7, impasse de la Menuiserie,
11370 Leucate-Village
06 76 99 80 24 •
www.mas-des-caprices.com • Vente et visites : au domaine sur rendez-vous.
Propriétaire : Mireille et Pierre Mann
Œnologue : Lucie Gauthier

★

MAS DES CHIMÈRES

Situé en bordure du plateau du Larzac, sur des terroirs argilo-sableux riches en oxyde de fer (la "ruffe") et basaltiques, non loin du lac du Salagou, ce domaine est une valeur sûre du secteur si divers des Terrasses du Larzac. Créée par Guilhem Dardé en 1993 à partir de vignes familiales qu'il a fallu désengager de la coopération, l'exploitation est aujourd'hui animée par l'ensemble de la famille. C'est en rouge que le domaine exprime tout son potentiel, avec des vins de haute expression. Nous recommandons fortement cette adresse, où de délicieux vieux millésimes sont toujours à la vente. La territorialité s'exprime depuis longtemps dans les cuvées de la famille Dardé ; la finesse des touchers de bouche a en revanche beaucoup progressé dans les derniers millésimes.

Les vins : outre sa puissance, le blanc montre un caractère voluptueux et aromatique avec ses agréables parfums d'abricot et de fleurs blanches, un vin ample et gras ; il faudra apprivoiser sa finale légèrement alcooleuse par des plats acidulés. Les rouges sont d'un très beau niveau, tel Nuit Grave qui offre une pulpe de fruits impeccablement enrobée dans des tanins caressants. Avec encore plus de profondeur et un équilibre parfait, Caminarèm est envoûtant, avec ses notes de moka, de laurier et de mûre, déjà excellent, il saura traverser le temps.

IGP Coteaux du Salagou 2018	11,50 €	90
Terrasses du Larzac Caminarèm 2018	15 €	94
Terrasses du Larzac Nuit Grave 2018	13,50 €	92

Rouge : 23 hectares. Mourvèdre 20 %, Grenache noir 20 %, Syrah 20 %, Merlot 10 %, Carignan 10 %, Cinsault 10 %, Counoise 10 %
Blanc : Viognier 25 %, Terret blanc (terret bourret) 25 %, Grenache blanc 20 %, Carignan 10 %, Chardonnay 10 %, Roussanne 5 %, Clairette 5 %
Production moyenne : 50 000 bt/an

MAS DES CHIMÈRES ♣
26, rue de la Vialle, 34800 Octon
04 67 96 22 70 • www.masdeschimeres.com • Vente et visites : au domaine sur rendez-vous.
Propriétaire : Guilhem Dardé

★

DOMAINE DE MOUSCAILLO

Thomas et Camille représentent la nouvelle génération dans ce petit vignoble familial de Roquetaillade, le plus ferme des terroirs de Limoux. Sensibles à l'intégration du vignoble dans leur environnement naturel, ces jeunes vignerons conservent cette même volonté de produire des vins blancs fins et minéraux.

Les vins : avec une bulle crémeuse, soutenue par des notes de céréales et une finale citronnée, sans dosage, le crémant est parfait pour l'apéritif ! En version tranquille, et en 2018, issu à 98 % de chardonnay, la poire williams et les fleurs blanches offrent un vin frais et digeste sans manquer de fond. Le 2010 possède un nez exquis légèrement truffé, avec encore une persistance de fruits, un milieu de bouche crémeux et une finale fraîche. Une belle réussite pour le rouge frais aux arômes kirschés. La bouche offre des tanins raffinés et une belle longueur fruitée.

Crémant de Limoux	16 €	90
Limoux 2010	32 €	94
Limoux 2018	16 €	93
IGP Haute Vallée de l'Aude 2018	17 €	91

Rouge : 1,16 hectare. Pinot noir 100 %
Blanc : 5,56 hectares. Chardonnay 81 %, Mauzac Blanc 12 %, Chenin 7 %
Production moyenne : 30 000 bt/an

DOMAINE DE MOUSCAILLO
4, rue du Frêne, 11300 Roquetaillade
06 87 07 02 36 • www.mouscaillo.com • Vente et visites : au domaine sur rendez-vous.
Propriétaire : Thomas et Camille Fort

★

DOMAINE NAVARRE

Thierry Navarre cultive avec grand soin son vignoble sur les beaux coteaux schisteux du village pittoresque de Roquebrun. Il privilégie le grenache et le carignan pour ses saint-chinian profonds et complexes, qui évoluent en finesse sur des notes de laurier, de thym et d'épices. Le domaine travaille aussi à la pérennité de cépages locaux oubliés tels que l'œillade (raisin de table, cousin du cinsault) ou le ribeyrenc. La gamme est régulière et irréprochable : Laouzil, élevé en foudre, fait partie de la noblesse des vins de bistrot, ceux qui racontent toujours une histoire de terroir, l'histoire de la mine de crayon du schiste, celle du fruité charnu du carignan ou du grenache de coteau. Toujours franche et digeste, la Cuvée Olivier s'affirme comme une référence de l'appellation.

Les vins : le vin d'œillade est équilibré, souple et fruité. Un caractère juteux à partager entre amis ! Le Laouzil offre un superbe nez fumé avec une touche de thym citronné, en bouche les tanins sont fondus dans une certaine fraîcheur minérale. Encore à l'état brut, la Cuvée Olivier monte d'un cran côté finesse et fraîcheur. On peut le garder quelques années en cave.

Saint-Chinian Cuvée Olivier 2018	13 €	92
Saint-Chinian Le Laouzil 2018	9 €	96
VDF Vin d'Œillades 2019	11 €	90

Rouge : 13 hectares. Carignan 28 %, Grenache noir 24 %, Cinsault 23 %, Syrah 19 %, Divers noir 3 %, Merlot 3 %
Blanc : 1 hectare.
Production moyenne : 35 000 bt/an

DOMAINE NAVARRE

15, avenue de Balaussan, 34460 Roquebrun

04 67 89 53 58 • www.thierrynavarre.com • Vente et visites : au domaine sur rendez-vous.

Propriétaire : Thierry Navarre

★

CHÂTEAU PECH-REDON

Christophe Bousquet est un vigneron dynamique et volontaire, qui se bat (parfois dans l'adversité) pour porter haut les couleurs de La Clape, secteur maritime (c'est une ancienne île) au fort potentiel. Il a fait le choix agronomique de la viticulture biologique, a progressivement affiné ses vinifications et ses élevages, amenant ses cuvées, autrefois robustes et généreuses en alcool, vers des expressions plus nuancées et équilibrées. Voici des vins au caractère très affirmé, ancrés dans leur territoire, structurés au sein d'une gamme aujourd'hui très cohérente. Ce magnifique travail, effectué dans des conditions homériques, sur un site en première ligne face aux canicules et aux sécheresses, le place dans l'élite de l'appellation.

Les vins : en blanc, deux versions différentes, avec l'Épervier, vif, aux notes de citron vert et de fleurs de printemps, fluide en bouche, tandis que La Centaurée est une version gourmande et plus complexe, avec une texture enrobée, des notes de mimosa ; un blanc de table à la finale salivante. Deux rosés sont proposés : l'Effet Mer au style frais et léger (non noté), et un rosé de saignée au caractère pulpeux qui fera des heureux au moment de passer à table. En rouge, L'Éperon est une expression dense, florale et épicée du carignan. Dans un autre registre, La Centaurée prouve une fois encore avec ce 2015 son statut de cuvée de patience. Le vin paraît encore jeune, avec des notes intenses de cade, de genévrier ; la bouche, encore compacte, ne tombe pas dans l'excès.

La Clape L'Épervier 2019	15 €	90
La Clape La Centaurée 2018	20 €	92
Languedoc L'Épervier 2019	12 €	88
La Clape La Centaurée 2015	25 €	92
VDF L'Éperon 2018	15 €	90

Rouge : 26 hectares. Syrah 40 %, Grenache noir 25 %, Carignan 15 %, Cinsault 10 %, Mourvèdre 10 %
Blanc : 4 hectares. Bourboulenc 40 %, Grenache blanc 40 %, Clairette 4 %, Marsanne 4 %, Picpoul blanc 4 %, Roussanne 4 %, Viognier 4 %
Production moyenne : 70 000 bt/an

CHÂTEAU PECH-REDON ♣

Chemin de la Couleuvre, Route de Gruissan, 11100 Narbonne
04 68 90 41 22 •
www.chateaupechredon.wordpress.com •
Visites : sans rendez-vous.
Propriétaire : Christophe Bousquet

★

DOMAINE DE LA PROSE

Au terme de ses études d'œnologie à Bordeaux, Bertrand de Mortillet a rejoint le domaine familial, bien équipé depuis son lancement à la fin des années 1990. Son terroir cultivé en biodynamie est situé sur Saint-Georges-d'Orques, aux portes occidentales de Montpellier, une zone à la géologie morcelée où l'on trouve des vins souvent massifs. Avec son style équilibré, il en est devenu le meilleur représentant, même si l'apparente simplicité de ses vins, à l'image du Cadières blanc, pourrait être interprétée par certains comme une forme de nonchalance. Convaincus par le niveau des blancs du domaine, nous trouvons également aux rouges beaucoup d'intérêt.

Les vins : le blanc est déjà en place, exhalant des notes d'abricot et d'amande fraîche, avec de l'enveloppe et une belle salinité en finale. Le rouge montre des notes de violette, de poivre ; sa puissance certaine est contrebalancée par des tanins soyeux.

Languedoc Embruns 2019	14 €	91
Languedoc Embruns 2018	14 €	90

Rouge : 10,2 hectares. Grenache noir 40 %, Syrah 30 %, Cinsault 16 %, Mourvèdre 14 %
Blanc : 2,6 hectares. Vermentino 60 %, Grenache blanc 40 %
Production moyenne : 30 000 bt/an

DOMAINE DE LA PROSE ☾

Route de Saint-George-d'Orques, 34570 Pignan

04 67 03 08 30 • domaine-de-la-prose@wanadoo.fr • Pas de visites.
Propriétaire : Bertrand de Mortillet

★

DOMAINE JEAN-BAPTISTE SENAT

Vigneron et vinificateur doué, Jean-Baptiste Senat s'est installé en 1996 avec son épouse Charlotte sur le domaine familial, avec l'ambition de le reprendre sérieusement en main. Modèle pour les jeunes vignerons de la région, le couple Senat fait partie de cette nouvelle génération qui donne au Languedoc ses lettres de noblesse, grâce à des vins de gourmandise (Arbalète et Coquelicots ou La Nine) et des cuvées d'artisan (Mais Où Est Donc Ornicar, Le Bois des Merveilles). Les grenaches, conduits pour obtenir de petits rendements, s'expriment tout en finesse. Avec d'énergiques mourvèdres, ils constituent les fondamentaux du domaine.

Les vins : le blanc est expressif, avec des notes de chèvrefeuille et de coing, la bouche est pure, termine sur une finale dynamique. Bref, il a tout pour plaire ! Arbalète et Coquelicot est un rouge au fruit croquant, à la trame légère. Amalgame est plus incisif sur le petit fruit rouge, avec des notes de poivre sauvage en soutien. Un vin digeste et frais. Ornicar se démarque par sa délicatesse, ses tanins soyeux et ses notes de rose séchée. Le Bois des Merveilles est la cuvée de patience, qui a tout pour traverser le temps : structure en équilibre, texture onctueuse et intensité épicée, des notes de cuir et de bois de santal. Un vin profond et suave.

IGP Aude Aux Amis de ma Sœur 2019	15 €	91
IGP Aude Amalgame 2019	12 €	89
Minervois Arbalète Et Coquelicots 2019	10 €	89
Minervois Le Bois des Merveilles 2017	25 €	94

Le coup de ♥

Minervois Mais Où Est Donc Ornicar 2018	16 €	92

Rouge : 16 hectares. Grenache noir 40 %, Carignan 30 %, Mourvèdre 10 %, Syrah 10 %, Cinsault 10 %
Blanc : 1 hectare. Grenache gris 70 %, Grenache blanc 30 %
Production moyenne : 70 000 bt/an

DOMAINE JEAN-BAPTISTE SENAT ♣
12, rue de l'Argent-Double, 11160 Trausse-Minervois
04 68 79 21 40 • www.domaine-senat.com • Vente et visites : au domaine sur rendez-vous.
Propriétaire : Charlotte et Jean-Baptiste Senat

★

DOMAINE LA TERRASSE D'ÉLISE

Fils de vigneron, Xavier Braujou s'est constitué depuis 1998 son domaine, partagé entre Aniane et Saint-Jean-de-Fos. Cet artisan-vigneron solitaire et résolu élabore avec peu de moyens des vins de grand caractère, fruits d'un énorme travail sur de vieilles vignes en gobelet aux rendements très faibles, de l'ordre de 20 hl/ha en moyenne. Issus d'élevages longs en cuve et en vieux fût, les cuvées (en IGP à l'exception du rare terrasses-du-larzac Élise) ont su préserver fraîcheur et velouté de fruit, racontant la noblesse des vieux cépages de la région. On peut faire de grands vins languedociens en monocépage, Xavier Braujou en fournit chaque année la preuve ! Une adresse confidentielle et indispensable, prisée des amateurs avertis comme des meilleurs sommeliers et cavistes.

Les vins : XB est un vin gouleyant, une syrah pleine de fruits avec un rappel d'épices marocaines. Le Pigeonnier dégage une grande classe avec ses arômes de rose séchée et de figue fraîche, il est svelte et d'une grande persistance. Encore massif à ce stade, L'Enclos a tout pour traverser le temps, il faudra savoir être patient ! Il charme déjà avec ses notes de tabac blond et sa fraîcheur en finale. En blanc, K'Yenne est également une réussite, avec ses notes de fenouil et de mandarine, une bouche longiligne à la finale élancée.

IGP Pays d'Hérault K' Yenne 2017	26 €	91
IGP Pays d'Hérault L'Enclos 2017	21 €	92
IGP Pays d'Hérault Le Pigeonnier 2017	20 €	93
IGP Pays d'Hérault XB 2018	12 €	89

Rouge : 12 hectares. Carignan 25 %, Cinsault 25 %, Syrah 25 %, Mourvèdre 25 %
Blanc : 2 hectares. Roussanne 40 %, Marsanne 40 %, Chardonnay 20 %
Production moyenne : 40 000 bt/an

DOMAINE LA TERRASSE D'ÉLISE
1320, chemin de Capion, 34150 Aniane
06 22 91 81 39 • terrassedelise@gmail.com • Vente et visites : au domaine sur rendez-vous.
Propriétaire : Xavier Braujou

★

DOMAINE VAÏSSE

Installé dans les Terrasses du Larzac sur des terroirs de galets et d'argiles rouges, Pierre Vaïsse est un jeune vigneron qui a débuté avec seulement 2 hectares de vignes en 2007. Parrainé par Frédéric Pourtalié (Montcalmès) et Laurent Vaillé (Grange des Pères), il s'attache à élever longuement ses vins (24 mois pour les rouges) afin de leur apporter un velouté de chair et un soyeux de tanins peu communs. Nous plaçons beaucoup d'espoir dans ce jeune domaine dont la production, encore confidentielle, est appelée à augmenter, et qui fait déjà preuve d'une maîtrise impressionnante, en rouge comme en blanc.

Les vins : le blanc est pur, avec des notes intenses de fleurs blanches, il a du coffre et une finale épicée soulignée d'une touche de fruits à l'eau-de-vie. En 2017, les rouges sont réussis et présentent de très belles matières, avec des boisés qui doivent encore s'intégrer. Galibaou du Russe est profond et épicé, un vin suave avec du relief. L'Aphyllante nous fait voyager avec ses notes d'orange sanguine et de thym citron, et affirme une expression fraîche du mourvèdre. Pur est plus compact, dans un registre floral. Il lui faudra du temps pour éclore. Les tanins sont très fins et le vin ne manque ni de puissance, ni de fraîcheur.

IGP Pays d'Hérault Hasard 2019	26 €	89
IGP Pays d'Hérault Galibaou du Russe 2017	26 €	92
IGP Pays d'Hérault Pur 2017	25 €	92

Le coup de ♥

IGP Pays d'Hérault L'Aphyllante 2017	25 €	93

Rouge : 14,5 hectares. Syrah 34 %, Mourvèdre 33 %, Carignan 33 %
Blanc : 1,5 hectare. Viognier 100 %

DOMAINE VAÏSSE
271, chemin bas d'Aniane, 34150 Aniane
04 67 57 28 86 • domaine.vaisse@orange.fr • Vente et visites : au domaine sur rendez-vous.
Propriétaire : Pierre Vaïsse

★

LES VIGNES OUBLIÉES

Jean-Baptiste Granier, jeune ingénieur agronome, a démarré le projet des Vignes Oubliées avec Olivier Jullien. La démarche est singulière autant que méritoire : elle est née du désir de conserver de vieilles parcelles sur la commune de Saint-Privat (un bout du monde comme le Languedoc en possède tant) condamnées par la logique économique coopérative, désormais cultivées en partenariat avec leurs propriétaires. Les vins sont élevés au frais dans une grotte, ancien moulin à huile. Le terrasses-du-larzac s'affirme depuis ses débuts, en 2007, comme un vin soigné et expressif, fidèle messager du terroir. Dans un style pimpant et digeste, la cuvée déclarée en Languedoc est un pur bonheur. Basé sur la clairette, le blanc est adroitement cadré par l'élevage en bois. Dans cette zone très dynamique, ce domaine est en constante progression.

Les vins : le blanc est toujours bien calé dans un équilibre très maîtrisé entre les fruits, les fleurs et une matière onctueuse en bouche. Le nez du languedoc rouge est expressif, avec une touche fraîche de thym et un fruit rouge intense, que l'on retrouve dans une bouche tout en souplesse. Plus intense et épicée, le terrasses-du-larzac demandera encore deux ou trois années pour déployer son charme, avec une texture de velours et une belle longueur moka.

Languedoc 2018	20 €	91
Languedoc 2018	14 €	91
Terrasses du Larzac 2018	20 €	93

Rouge : 10 hectares. Grenache noir 50 %, Carignan 20 %, Cinsault 15 %, Syrah 15 %
Achat de raisins.
Blanc : 0,3 hectare. Grenache blanc 40 %, Clairette 30 %, Roussanne 30 %
Achat de raisins.
Production moyenne : 40 000 bt/an

LES VIGNES OUBLIÉES
3, rue de la Fontaine,
34700 Saint-Jean-de-la-Blaquière
06 72 77 38 88 • lesvignesoubliees.com • Vente et visites : au domaine sur rendez-vous.
Propriétaire : Jean-Baptiste Granier

DOMAINE GUILHEM BARRÉ

Ce jeune domaine s'affirme comme l'un des moteurs du renouveau du Cabardès, transition entre le monde méditerranéen et le monde atlantique, avec une personnalité singulière. Sur le terroir argilo-calcaire de Ventenac-Cabardès, tout près de Carcassonne, ne sont pour l'heure cultivés que des cépages rouges (syrah, merlot, cabernet-sauvignon). Dès la création du domaine, en 2008, la viticulture très soigneuse mise en œuvre par Guilhem Barré, labellisée en bio, a permis d'élaborer des vins qui respirent le fruit et reflètent la valeur éthique d'un vrai travail vigneron. Un micro-négoce a été créé en 2017 pour l'élaboration du blanc Depuis le Temps.

Les vins : le blanc offre de la mâche et un fruité pulpeux, un beau vin de table en perspective ! En rouge, La Peyrière est un merlot gouleyant au caractère fruité et franc. Un peu plus strict dans sa structure tannique, Sous le Bois aura besoin de se patiner deux ou trois années en bouteille alors que La Dentelle se montre dans un profil plus souple et frais. Natural Mystic est une expression de cerise et d'épices, à la fois frais et soyeux, une belle réussite.

VDF Depuis le Temps 2019	12 €	89
Cabardès La Dentelle 2018	12 €	89
Cabardès Natural Mystic 2018	16 €	91
Cabardès Sous le Bois 2018	12 €	88
VDF La Peyrière 2019	9 €	89

Rouge : 6,5 hectares. Merlot 53 %, Syrah 39 %, Cabernet-Sauvignon 8 %
Achat de raisins.
Blanc : Chardonnay 50 %, Viognier 50 %
Achat de raisins.
Production moyenne : 30 000 bt/an

DOMAINE GUILHEM BARRÉ ♣
Chemin de Montolieu,
11610 Ventenac-Cabardès
06 32 38 72 55 •
www.domaineguilhembarre.com • Vente et visites : au domaine sur rendez-vous.
Propriétaire : Guilhem Barré

GÉRARD BERTRAND

En une décennie, l'ancien rugbyman international Gérard Bertrand a construit une entreprise d'un dynamisme exceptionnel en Languedoc. Il a pour cela été élu meilleur négociant de l'année par La Revue du vin de France en 2016. Partant du vignoble familial de Villemajou, dans les Corbières, sur le terroir de Boutenac, son empire se compte en millions de bouteilles vendues chaque année et comprend désormais plusieurs centaines d'hectares répartis sur plusieurs sites, de Malepère aux Terrasses du Larzac. À partir des meilleures parcelles, Gérard Bertrand a produit plusieurs cuvées triées et vinifiées comme des "vins de garage" : Le Viala et le Clos d'Ora en Minervois, La Forge en Corbières, et Hospitalitas à La Clape. Une conversion en biodynamie sur l'ensemble du domaine est entamée.

Les vins : dans la galaxie des vins de Gérard Bertrand, les blancs présentés en 2019 ne reflètent pas la chaleur du millésime et les équilibres sont réussis dans l'ensemble, avec des boisés présents mais assez bien fondus. Dans les Terrasses du Larzac, La Sauvageonne livre un blanc aux notes de fruits à noyaux et la bouche est enveloppante, avec une finale grillée. Villemajou, au nez plus discret, est rond et équilibré. Les rouges sont dans un registre toujours puissant, à réserver aux amateurs de vins plutôt structurés, avec des degrés alcooliques hauts, à l'instar de Villemajou qui divulgue des notes d'épices et de café torrefiées avec une structure ample. À La Clape, l'Hospitalet est désormais axé sur des arômes de cuir et de fleurs séchées, une expression épicée de la syrah. Ces deux vins ont la structure pour vieillir.

Corbières Château de Villemajou Grand Vin 2019	25 €	89
Languedoc Château la Sauvageonne Grand Vin 2019	25 €	88
Corbières-Boutenac Château Villemajou Grand Vin 2018	25 €	92
La Clape Château l'Hospitalet Grand Vin 2018	25 €	90

GÉRARD BERTRAND ☾
Château l'Hospitalet, Route de Narbonne-Plage, 11100 Narbonne
04 68 45 28 50 • www.gerard-bertrand.com
• Visites : sans rendez-vous.
Propriétaire : Gérard Bertrand

DOMAINE BERTRAND-BERGÉ

Avec l'aide de l'œnologue Claude Gros, Jérôme Bertrand produit des fitous parmi les plus complets de l'appellation, reflets des terroirs spécifiques de Paziols. Si le domaine n'est sorti de la coopération qu'en 1993, l'histoire familiale est depuis six générations intimement liée à celle de la vigne dans cette partie de l'Aude qui confine au Roussillon. Intenses, francs, les vins font honneur à une appellation qui redéfinit actuellement son identité avec bonheur et audace. La gamme est vaste et bien structurée, avec de brillants points forts dans les rouges.

Les vins : aromatique et sec, Le Méconnu est une expression cristalline de muscat. En rouge, Origines ouvre le bal avec des notes de fruits noirs intenses et des tanins bruts. Plus délicat, Les Mégalithes distille des notes de cannelle, et un éclat de fruits très plaisant en finale. Ancestrale et Boulière sont construits pour durer, avec un élevage encore présent à ce stade pour le premier et un surcroît de fraîcheur qui donne l'avantage au second. Grande cuvée de garde, Jean Sirven trouve lentement son équilibre dans un registre épicé ; il digère encore tranquillement son élevage.

IGP Vallée du Torgan Le Méconnu 2019	9,50 €	89
Fitou Ancestrale 2017	15,50 €	91
Fitou Jean Sirven 2016	38 €	93
Fitou La Boulière 2017	20 €	92
Fitou Les Mégalithes 2018	15 €	92
Fitou Origines 2018	10 €	89

Rouge : 38,4 hectares. Carignan 34 %, Grenache noir 32 %, Syrah 26 %, Mourvèdre 8 %
Blanc : 3,2 hectares. Muscat à petits grains blancs 96 %, Macabeu 3 %, Grenache gris 1 %
Production moyenne : 100 000 bt/an

DOMAINE BERTRAND-BERGÉ ♣

38, avenue du Roussillon, 11350 Paziols
04 68 45 41 73 • www.bertrand-berge.com •
Visites : sans rendez-vous.
Propriétaire : Jérôme Bertrand
Œnologue : Claude Gros et Lucie Gautier

DOMAINE BORIE LA VITARÈLE

Ces cuvées, reflets de la diversité des terroirs de l'appellation Saint-Chinian, constituaient de formidables leçons sur les saveurs de ce sol. Le duo que formait Jean-François Izarn, décédé en 2014, avec Cathy Planès œuvrait depuis le début des années 1990 pour faire vivre ces particularismes, avec une sensibilité vigneronne de plus en plus fine et une grande attention portée au vivant. L'aventure continue grâce à la volonté de Cathy et de sa fille Camille, désormais revenue au domaine.

Les vins : blanc fin et léger, Le Grand Mayol déploie des fruits blancs charnus en milieu de bouche et une finale fraîche et précise. Délicatement fumé, Les Schistes distille son origine, un vin raffiné à la structure moyenne, déjà délicieux, qui pourra aussi être bu dans vingt ans. Basée sur la syrah et le mourvèdre, né sur galets, Les Crès a un caractère plus puissant et solaire, avec des notes de patchouli. Enfin, complexe et taillé pour la garde, Midi Rouge nous enivre de ses notes intenses de romarin et de rose séchée, complétés d'une touche tourbée. Sa bouche onctueuse est dotée d'un joli grain de tanin.

Languedoc Le Grand Mayol 2019	13,60 €	89
Saint-Chinian Les Crès 2016	21 €	91
Saint-Chinian Les Schistes 2017	16,30 €	92
Saint-Chinian Roquebrun Midi Rouge 2017	39 €	93

Rouge : 15 hectares. Syrah 50 %, Grenache noir 40 %, Carignan 5 %, Mourvèdre 5 %
Blanc : 3 hectares. Bourboulenc 35 %, Vermentino 35 %, Clairette 30 %
Production moyenne : 70 000 bt/an

DOMAINE BORIE LA VITARÈLE ♣

34490 Causses-et-Veyran
04 67 89 50 43 • www.borielavitarele.fr •
Vente et visites : au domaine sur rendez-vous.
Propriétaire : Catherine et Camille Izarn
Maître de chai : Camille Izarn
Œnologue : Alix Jojot

DOMAINE MYLÈNE BRU

Depuis son premier millésime, en 2008, Mylène Bru fait entendre dans le paysage languedocien une petite musique très personnelle. Une quinzaine de parcelles perdues dans la garrigue, du côté de Saint-Pargoire (comme Marlène Soria), des vignes bichonnées, des raisins choyés, qu'elle laisse s'exprimer avec un minimalisme quasi mystique. Découlent de ce rapport très affectif à son métier de vigneronne des vins au charme exubérant, auxquels les petits rendements dont ils sont issus confèrent assise et densité. Les différentes cuvées de rouge peuvent afficher une réduction assez forte, il faudra donc un peu de patience ou une bonne aération pour les comprendre.

Les vins : le nez complexe de Zingara ouvre sur des notes fraîches de pêche blanche, de cumin tandis qu'une bouche enrobante termine avec éclat sur du citron confit. Après aération, Far-Ouest nous transporte en plein dans la garrigue, avec le ciste agrémenté d'épices, dont la muscade. La bouche est équilibrée, avec des tanins bien intégrés et une finale racée. Les très vieilles vignes de cinsault s'expriment avec classe dans Senzo, on ne peut qu'être séduit par ce nez de bois de rose, girofle et petits fruits rouges. La bouche trouve son équilibre avec des tanins fondus et une persistance de garrigue qui en relève les derniers instants.

VDF Zingara 2019	25 €	91
Languedoc Far-Ouest 2018	25 €	90

Le coup de ♥

VDF Senzo 2019	30 €	92

Rouge : 6 hectares. Carignan 40 %, Grenache noir 30 %, Syrah 15 %, Cinsault 5 %, Marselan 5 %, Tempranillo 5 %
Blanc : 1 hectare. Marsanne 50 %, Chasselas 50 %
Production moyenne : 15 000 bt/an

DOMAINE MYLÈNE BRU ♣

Le Fon de Lacan, 34230 Saint-Pargoire
06 83 08 97 30 •
www.domainemylenebru.fr/ • Vente et visites : au domaine sur rendez-vous.
Propriétaire : Mylène Bru

DOMAINE DE CABROL

Dans une appellation Cabardès en plein renouveau, Claude Carayol a fait de son domaine une référence, avec des cuvées dont le profil flamboyant a su rapidement se dépouiller de toute rusticité. Les deux vins principaux évoluent lentement et témoignent de la dualité qui anime ce vignoble, tourné presque autant vers l'Atlantique que vers la Méditerranée : le Vent d'Ouest, plus animal dans les millésimes chauds, à dominante de cabernet-sauvignon ; le Vent d'Est, à dominante de syrah. La grande cuvée La Dérive associe cabernet-sauvignon et syrah des plus belles parcelles ; l'harmonie de ce vin s'est considérablement accrue depuis que les deux cépages sont cofermentés.

Les vins : Dix-Huit est un blanc remarquable, avec du volume, de fins amers et une finale salivante qui met en avant le pamplemousse et la fleur d'oranger. En rouge, Vent d'Ouest montre une personnalité plus classique, dense et parfumée, conclue d'une finale fraîche. Syrah dense, florale et épicée, Vent d'Est affiche une bouche encore massive dont la finale longiligne promet de belles années en bouteille ! Terminons en beauté avec La Dérive, qui s'ouvre avec finesse dans un registre de menthe, de mûre et de tabac blond, dont nous apprécions le toucher de bouche très délicat et le dynamisme final.

VDF Dix-Huit 2018	de 13 à 15 € (c)	90
Cabardès La Dérive 2016	19 €	92
Cabardès Vent d'Est 2018	16 €	91
Cabardès Vent d'Ouest 2017	12,50 €	89

Rouge : 21 hectares. Syrah 40 %, Cabernet-Sauvignon 30 %, Grenache noir 20 %, Cabernet franc 10 %
Blanc : 2 hectares. Gros Manseng 40 %, Chenin 30 %, Grenache blanc 20 %, Viognier 10 %
Production moyenne : 60 000 bt/an

DOMAINE DE CABROL

11600 Aragon
06 81 14 00 26 • www.domainedecabrol.fr •
Visites : sans rendez-vous.
Propriétaire : Claude Carayol

DOMAINE DE CAZABAN

C'est désormais Emmanuel Taillez qui reste seul maître à bord du domaine. La culture est menée en biodynamie (certifiée en 2013), complétée par une partie d'achat de raisins. Servis par des élevages de grande qualité, ces vins au style très soigné développent une belle diversité de saveurs : ce sont les cuvées les plus enjouées et raffinées de l'appellation. Nous signalons également l'existence de belles chambres d'hôtes au domaine.

Les vins : Hors Série N° 1 est un rosé rond et bien équilibré, aux notes de fruits rouges. Parmi les blancs, Dernier Cri (non noté) ne convainc pas ; nous lui préférons la vibration et l'appétence de Coup de Foudre. En rouge, Parti Pris est un pari réussi, un pinot noir frais et élégant à l'élevage très bien rodé. Dans un style plus simple, axé sur le fruit et avec un bel accent sudiste, Jours de Vigne sera un bon caméléon à table. Dans le même profil mais avec davantage d'élégance, Demoiselle Claire se démarque dans cet assemblage méditerranéen. Deux cuvées sont proposées à Cabardès : Les Petites Rangées est intense, épicé. La cuvée du domaine, construite autour du merlot, de la syrah, et par un élevage qui lui donne des notes de balsamique, est dotée d'une race que les autres n'ont pas ; encore fougueuse, il faut lui donner la chance de se construire avec le temps.

IGP Aude Hors Série N° 1 2019	10 €	90
Cabardès 2017	20 €	91
Cabardès Les Petites Rangées 2018	15 €	90
IGP Aude Demoiselle Claire 2018	13 €	89
IGP Aude Parti Pris 2018	18 €	91
VDF Jours de Vigne 2018	10 €	88

Rouge : 18 hectares.
Blanc : 4 hectares.
Production moyenne : 77 000 bt/an

DOMAINE DE CAZABAN ♣
Chemin des Eclauzes,
11600 Conques-sur-Orbiel
04 68 72 11 63 •
www.domainedecazaban.com • Vente et visites : au domaine sur rendez-vous.
Propriétaire : Emmanuel Taillez
Maître de chai : Joseph Parcé

DOMAINE PIERRE ET ESTELLE CLAVEL

Pierre Clavel a démarré en 1986, sur le secteur de la Méjanelle, rejoint rapidement par sa femme Estelle, d'origine bretonne, qui vinifie les vins depuis 2014. Au fil du temps se sont ajoutés les terroirs de Pic Saint-Loup et des Terrasses du Larzac. Aujourd'hui, leurs deux fils, Antoine et Martin, prennent peu à peu le relais, avec l'intention de continuer dans cette voie. Certifié en agriculture biologique depuis 2007, cet ensemble agricole soudé autour du mas dispose de 20 hectares comptant oliviers, chênes truffiers, céréales ; un maraîcher cultive une partie des terres.

Les vins : Cascaille blanc se montre solaire et généreux, avec des notes toastées et une fine amertume en finale, qui en fera un bon allié à table. En rouge, le bien nommé Les Garrigues est ouvert, offrant des parfums de moka et de cannelle, une bouche suave. Avec ses notes poivrées et sa fine acidité, Bonne Pioche trouve un équilibre plaisant, un vin qui pourra se garder quelques années sans problèmes. Plus dense et musclé, Copa Santa est un vin de patience qui laisse une belle impression pimentée en finale. Des Clous s'était déjà fait remarquer l'an passé ; il confirme sa finesse et son onctuosité qui évoluent avec grâce, une très belle bouteille à avoir en cave.

Languedoc Cascaille 2018	16 €	89
Languedoc Copa Santa 2017	21 €	92
Languedoc Les Garrigues 2019	13 €	90
Pic Saint-Loup Bonne Pioche 2018	16 €	91
Pic Saint-Loup Des Clous 2017	40 €	93

Rouge : 29,98 hectares. Syrah 76 %, Grenache noir 17 %, Mourvèdre 7 %
Blanc : 3,84 hectares. Roussanne 27 %, Viognier 25 %, Grenache blanc 18 %, Clairette 10 %, Marsanne 10 %, Vermentino 10 %
Production moyenne : 120 000 bt/an

DOMAINE PIERRE ET ESTELLE CLAVEL ♣
Mas de Perié, Route de Sainte-Croix,
34820 Assas
04 99 62 06 13 • www.vins-clavel.fr •
Visites : sans rendez-vous.
Propriétaire : Estelle et Pierre Clavel

CLOS FANTINE

Le Clos Fantine est une aventure familiale, débutée à Cabrerolles au milieu des années 1990. À la suite de leur père, Corine, Carole et Olivier Andrieu considèrent le respect du vivant comme fondement absolu de leur pratique agronomique. La sincérité est totale, à la vigne comme en cave ; les vins, élevés uniquement en cuve béton, se soucient peu des dogmes œnologiques actuels, mais se font les reflets, profonds, libres et multidimensionnels, de leur origine. Dans les derniers millésimes, la qualité s'avère très enthousiasmante.

Les vins : ce sont les mêmes que l'an passé, l'occasion de suivre l'évolution de ce très beau millésime 2017. La cuvée classique gagne en densité ; le girofle partage le terrain avec la rose et la cerise confite. Grand vin de garde, Courtiol est intense, fumé et très digeste. Il ne faudra pas négliger le service en aérant largement ces deux cuvées...

Faugères 2017	13,50 €	90
Faugères Cuvée Courtiol 2017	19 €	93

Rouge : Mourvèdre 35 %, Syrah 35 %, Carignan 20 %, Grenache noir 10 %

CLOS FANTINE ♣

Chemin de la Grange, La Liquière, 34480 Cabrerolles
04 67 90 20 89 • corine.andrieu@laposte.net
• Vente et visites : au domaine sur rendez-vous.
Propriétaire : Carole, Olivier et Corine Andrieu

NOUVEAU DOMAINE

CLOS DE LA BARTHASSADE

Duo tout terrain, le couple formé par Hélène et Guillaume a produit son premier millésime en 2014 dans ce projet personnel qui s'étend désormais sur 13,25 hectares. Après des expériences en Bourgogne et en Provence, ils ont pu trouver quelques parcelles, et surtout une adéquation entre le terroir et les cépages plantés. Leur beau patrimoine de vieilles vignes se situe dans les Terrasses du Larzac et en Languedoc-Montpeyroux pour l'essentiel. Nous sommes emballés par l'équilibre général des vins, avec une expression classique (Les Ouvrées) et une autre plus bourguignonne (Les Gravettes) des Terrasses du Larzac.

Les vins : portée par la syrah, la Cuvée H offre une belle tenue et un côté friand en bouche, avec juste ce qu'il faut d'accroche tannique. On monte en complexité avec les terrasses-du-larzac : Les Gravettes, enveloppant et sphérique, offre souplesse et volume ; Les Ouvrées a un côté plus décadent, floral et aérien, il est centré sur la finesse.

Languedoc Cuvée H 2018	12 €	91
Terrasses du Larzac Les Gravettes 2018	17,80 €	92
Terrasses du Larzac Les Ouvrées 2018	19,50 €	92

Rouge : 11,6 hectares. Syrah 34 %, Cinsault 23 %, Grenache noir 21 %, Mourvèdre 11 %, Carignan 11 %
Blanc : 1,6 hectare. Chenin 40 %, Carignan 15 %, Chardonnay 15 %, Roussanne 15 %, Vermentino 15 %
Production moyenne : 55 000 bt/an

CLOS DE LA BARTHASSADE ♣

27 avenue de Gignac, 34150 Aniane
06 61 41 19 69 • www.closdelabarthassade.fr
• Vente et visites : au domaine sur rendez-vous.
Propriétaire : Guillaume et Hélène Baron

CLOS DES REBOUSSIERS

Une nouvelle page s'écrit pour ce domaine, situé sur les hauteurs de l'appellation, le seul sur le village de Cazevieille. Racheté en 2019 par Jean-Pierre Girard (déjà propriétaire d'un domaine à Valflaunès), le Clos des Reboussiers restera dans la même ligne que le domaine précédemment nommé Christophe Peyrus, dessinée depuis le premier millésime, en 2013. Christophe Peyrus assure la continuité et reste présent pour que ce petit joyau (aux terroirs uniques de silex à dolomie et calcaire rose) poursuive son développement. Jean Vallon, l'artiste génial qui est à la source du projet, élabore chaque année une étiquette originale pour le rouge ; Spoutnik, la fameuse cuve béton à l'allure spatiale reste bien en place dans le chai carré !

Les vins : très fin, fluide et élancé, le blanc 2019 aura besoin d'attendre trois à cinq ans en bouteille pour démontrer tout son potentiel salivant. Au fruit noir éclatant, le rouge est délicieux en 2018 ; charnu, rond, doté d'arômes de zan en bouche, il présente comme toujours des tanins soyeux. Spoutnik est davantage marqué par un caractère acidulé de petits fruits rouges.

VDF 2019	N.C.	90
Pic Saint-Loup 2018	N.C.	92
Pic Saint-Loup Spoutnik 2017	N.C.	91

Rouge : 7,5 hectares. Syrah 80 %, Grenache noir 20 %
Blanc : 1 hectare.
Production moyenne : 28 000 bt/an

CLOS DES REBOUSSIERS ♣

Lieu-dit Le Sauzet, 34270 Cazevieille
04 67 91 20 12 • domainepeyrus@orange.fr • Vente et visites : au domaine sur rendez-vous.
Propriétaire : Jean-Pierre Girard

LA CROIX GRATIOT

Anaïs Ricôme se révèle comme la nouvelle référence à Picpoul de Pinet, appellation méconnue des amateurs français. Pourtant, c'est ici que naissent quelques grands blancs du Languedoc, avec pour vedette l'ancien cépage piquepoul. Après des études viti-oenologiques et une expérience dans un vignoble néo-zélandais, son père, Yves, lui a proposé de reprendre en main ce vignoble proche de Marseillan. Anaïs s'est alors orientée vers une diminution de la superficie, à 33 hectares, et une culture bio, avec de plus en plus de pratiques biodynamiques. Cette trentenaire mélomane travaille en sélection parcellaire pour ses meilleures cuvées. Surtout, elle a su capter l'élégance et le toucher unique de ce cépage avec des élevages en grès, foudre et inox.

Les vins : simple et mordant, le picpoul-de-pinet sera parfait pour accompagner des fruits de mer ! Avec davantage de gras, Bréchallune est sapide et revigorant, une sélection parcellaire et des élevages en jarre de grès lui apportent sa personnalité. Le picpoul blanc vient titiller la belle roussanne dans Les Zazous blanc, au caractère légèrement beurré, avec une touche de fleur d'oranger et d'abricot. Un jeu de texture dès le toucher de l'étiquette du Chant des Dolia, en toile naturelle. Cette roussanne est fine, longiligne et se dévoilera dans les prochains mois. Rouge Cerise est un vin de fruit, simple et sans trop de puissance, et à ce prix-là il ne faut surtout pas s'en priver ! Le Chant des Dolia offre du fruit, souligné par des arômes de garrigue pour un rouge soyeux à la finale fraîche.

IGP Pays d'Hérault Les Zazous 2018	13 €	91
Languedoc Le Chant des Dolia 2018	21 €	92
Picpoul de Pinet 2019	7,60 €	88
Picpoul de Pinet Bréchallune 2019	12 €	90
IGP Pays d'Hérault Rouge Cerise 2019	8,40 €	88
Languedoc Le Chant des Dolia 2018	21 €	91

Rouge : 11 hectares. Syrah 42 %, Pinot noir 33 %, Grenache noir 13 %, Cabernet-Sauvignon 6 %, Mourvèdre 6 %
Blanc : 24 hectares.
Production moyenne : 180 000 bt/an

LA CROIX GRATIOT

Domaine de Sainte Croix, 34530 Montagnac
04 67 25 27 88 •
www.lacroixgratiot.wordpress.com •
Visites : sans rendez-vous.
Propriétaire : Anaïs et Yves Ricome

DOMAINE LES EMINADES

Implanté sur une géologie très variée, représentative de la diversité des terroirs de Saint-Chinian, ce domaine a été créé en 2002 par Patricia et Luc Bettoni. Les propriétaires cultivent avec soin un vignoble en majorité planté de très vieux carignans, complétés de grenache, de syrah et de cinsault. Ce sont des vins soignés, gourmands, qui veulent rester proches du fruit. Le domaine est devenu une belle référence de l'appellation. Sortent du lot un magnifique Vieilles Canailles, issu de carignans centenaires, et un étonnant blanc de sauvignon, Silice.

Les vins : enveloppant, sans manquer de tonicité, Montmajou est pulpeux, marqué par l'orange amère en finale. Une belle réussite pour Silice, sauvignon blanc délicatement parfumé de fleur d'oranger et de pamplemousse. La bouche est fraîche, marquée par une finale salivante et caillouteuse. En rouge, Pierre Plantée est un vin ouvert et facile, avec une trame fraîche en bouche. Après un petit temps d'ouverture, Cebenna nous permet d'accéder à d'envoûtantes notes de cannelle, de violette, avec une touche fumée. Marqué par un boisé encore présent, Sortilège aura besoin de quelques années pour se mettre en place, mais il possède un très beau fond. Intenses notes de pivoine et de moka pour Vieilles Canailles. Un vin à la structure ferme dans une enveloppe élancée. Un vin de patience.

IGP Coteaux de Fontcaude Silice 2018	de 17,50 à 20 € (c)	92
Saint-Chinian Montmajou 2018	de 14 à 16 € (c)	91
Saint-Chinian Cebenna 2018	Épuisé - de 13,50 à 14 € (c)	91
Saint-Chinian La Pierre Plantée 2018	de 9 à 10 € (c)	90
Saint-Chinian Sortilège 2017	de 17 à 18 € (c)	92
Saint-Chinian Vieilles Canailles 2017	de 28,50 à 30 € (c)	94

Rouge : 12,5 hectares. Grenache noir 35 %, Syrah 30 %, Mourvèdre 15 %, Carignan 10 %, Cinsault 10 %

Blanc : 3 hectares. Grenache blanc 50 %, Sauvignon blanc 30 %, Marsanne 20 %

Production moyenne : 60 000 bt/an

DOMAINE LES EMINADES ☾
9, rue Saint-Baulery, 34360 Cébazan
04 67 36 14 38 • www.leseminades.fr •
Vente et visites : au domaine sur rendez-vous.
Propriétaire : Patricia et Luc Bettoni
Œnologue : Luc Bettoni

DOMAINE LUDOVIC ENGELVIN

Discret et sensible, Ludovic Engelvin produit des vins sincères, aux personnalités affirmées. Passionné depuis son plus jeune âge par la vigne, une expérience "industrielle" dans le vignoble au nord de l'Espagne a failli le détourner de la filière. Heureusement, à tout juste vingt ans, il enchaîne avec deux années passées auprès de Didier Dagueneau en Loire, qui le marqueront à vie. Avec ces différentes approches en tête, il décide finalement de se lancer à 25 ans dans son Sud natal, où il confectionne des vins certifiés bio, dans un élan biodynamique. Chacune de ses cuvées dévoile une personnalité différente.

Les vins : le Clos Serre-Cabanis est une parcelle plantée de grenache et mourvèdre. Bien structuré, le vin, au fruité volubile, s'exprime aujourd'hui pleinement. Les Vieux Ronsard est une pure expression de vieilles vignes de grenache, terriblement envoûtante avec ses notes de rose, de framboise et sa bouche délicate aux tanins lissés. Gardez quelques bouteilles en cave une petite dizaine d'années, elles feront fureur quand vous les en sortirez !

IGP Gard Clos Serre-Cabanis 2017	24 €	91
IGP Gard Les Vieux Ronsard 2017	58 €	93

Rouge : 7,6 hectares. Grenache noir 63 %, Mourvèdre 20 %, Cinsault 17 %
Blanc : 1,7 hectare. Grenache blanc 53 %, Roussanne 47 %
Production moyenne : 17 000 bt/an

DOMAINE LUDOVIC ENGELVIN ♣
Chemin du Gour-du-Cuisinier,
30260 Vic-le-Fesq
06 29 18 23 86 • www.ludovicengelvin.com/
• Vente et visites : au domaine sur rendez-vous.
Propriétaire : Ludovic Engelvin

CHÂTEAU DE GAURE

L'industriel belge Pierre Fabre a réalisé son rêve en rachetant, en 2004, un vignoble perdu aux confins du Limouxin et de la Malepère, proche du village de Cépie, puis quelques parcelles en Roussillon (dans le secteur de Latour-de-France). Devenu vigneron-artiste (il dessine lui-même ses étiquettes), Pierre Fabre s'est engagé dans la voie de l'agriculture biologique pour que la biodiversité s'exprime pleinement. Les vignes sont entourées de champs et de forêts dans un environnement exceptionnel. Les blancs du secteur de Limoux et les rouges du Roussillon conjuguent caractère aromatique généreux et volume de bouche.

Les vins : deux styles différents en blanc. Le Château est équilibré, avec des notes de buis et d'infusion de plantes. Oppidum est très marqué par l'élevage qui farde l'énergie du vin. En rouge, le languedoc est une belle réussite, exhalant quetsche et cannelle, doté d'une bouche bien construite autour de tanins frais. Pour Mon Père est une mise en avant intense et élégante de vieux carignan, assemblés à trois autres cépages sudistes. Un vin profond et équilibré qui va s'épanouir dans les prochaines années.

Limoux 2018	13,50 €	89
Limoux Oppidum 2018	23,50 €	88
Languedoc 2018	13,50 €	90
Languedoc Pour Mon Père 2018	23,50 €	91

Rouge : 32 hectares. Carignan 41 %, Grenache noir 27 %, Syrah 27 %, Mourvèdre 5 %
Blanc : 35 hectares. Chardonnay 72 %, Chenin 17 %, Mauzac vert 8 %, Macabeu 3 %
Production moyenne : 120 000 bt/an

CHÂTEAU DE GAURE ♣
Domaine de Gaure, 11250 Rouffiac-d'Aude
06 74 44 64 23 • www.chateaudegaure.fr •
Vente et visites : au domaine sur rendez-vous.
Propriétaire : Pierre Fabre

LA GRANGE DE QUATRE SOUS

D'origine suisse-allemande, la propriétaire Hildegard Horat et son compagnon Alioune Diop n'ont cessé de progresser dans l'élaboration de vins de pays très personnels, sans tapage, avec méticulosité et passion. Sur un terroir assez frais (Assignan, non loin de Saint-Chinian), le domaine a été entièrement replanté avec un large éventail de cépages, majoritairement atlantiques pour les rouges. Le blanc Jeu du Mail (marsanne et viognier) possède un fort caractère, dans un esprit mûr et précis : il faut le boire entre deux et cinq ans. Les rouges vieillissent bien et les étiquettes ont été modernisées avec bonheur.

Les vins : les blancs sont frais et salivants, avec une mention pour le Jeu du Mail qui offre un supplément de consistance et d'enveloppe. En rouge, Les Serrottes rappelle la cerise confite, avec une bouche dense et épicée. Lo Molin est marqué au nez par les cépages les plus océaniques (le duo des cabernets), avec un bel éclat de fruits rouges en milieu de bouche puis une finale qui a tendance à se resserrer. Enfin, la cuvée du domaine est charnue, avec un attrait fruité et opulent.

- IGP Pays d'Oc Le Jeu du Mail 2019 — 13 € — 91
- VDF Bu N'Daw 2019 — 13 € — 90
- IGP Pays d'Oc 2017 — 19,80 € — 90
- IGP Pays d'Oc Les Serrottes 2017 — 15,20 € — 91
- IGP Pays d'Oc Lo Molin 2017 — 17,30 € — 88

Rouge : 5 hectares. Syrah 39 %, Malbec (cot) 27 %, Cinsault 12 %, Cabernet-Sauvignon 10 %, Cabernet franc 7 %, Grenache noir 5 %
Blanc : 2,9 hectares. Arvine 38 %, Marsanne 22 %, Chardonnay 22 %, Viognier 18 %
Production moyenne : 25 000 bt/an

LA GRANGE DE QUATRE SOUS ♣

34360 Assignan
04 67 38 06 41 • www.quatresous.eu • Vente et visites : au domaine sur rendez-vous.
Propriétaire : Hildegard Horat

DOMAINE HENRY

Issu d'une vieille famille vigneronne, François Henry travaille, avec son épouse Laurence, le terroir historiquement réputé de Saint-Georges-d'Orques depuis 1992. Une curiosité gustative rare le pousse à des expériences originales qui relient le Languedoc à ses racines agronomiques et culturelles. En se penchant ainsi sur le passé, le domaine ouvre de passionnantes voies vers l'avenir.

Les vins : le rouge de Saint-Georges est intense et épicé avec un support de fruits noirs et des tanins enveloppants. Le vin vermeil est atypique, léger et pulpeux, avec une impression de groseille en bouche et une fraîcheur qui appelle un autre verre !

- Languedoc Saint-Georges-d'Orques Vin Vermeil 2018 — de 18 à 19 € (c) — 90
- Languedoc Saint-Georges-d'Orques 2016 — 21 à 22 € (c) — 91

Rouge : 9,2 hectares. Syrah 30 %, Grenache noir 28 %, Mourvèdre 12 %, Cinsault 12 %, Carignan 10 %, Divers noir 8 %
Blanc : 1,8 hectare. Terret blanc (terret bourret) 95 %, Chardonnay 5 %
Production moyenne : 30 000 bt/an

DOMAINE HENRY ♣

6, avenue d'Occitanie,
34680 Saint-Georges-d'Orques
04 67 45 57 74 • www.domainehenry.fr • Vente et visites : au domaine sur rendez-vous.
Propriétaire : François et Laurence Henry
Directeur : François Henry
Œnologue : François Serres

MAISON LORGERIL

La dynamique et exigeante Miren de Lorgeril, et son époux Nicolas, gèrent avec brio le vaste vignoble familial du château de Pennautier à Cabardès, vaisseau amiral autour duquel gravite une large production de vins développée ces dernières années. Les cuvées classiques, à moins de 8 €, sont tout à fait remarquables et prouvent que qualité et quantité peuvent aller de pair. La gamme Terroirs d'Altitude comprend des vins plus profonds tandis que Les Grands Vins sont plus ambitieux et habillés de boisés parfois robustes. Le style de la maison s'efforce de préserver finesse et fraîcheur de fruit. Une valeur sûre, équipée d'un bel outil œnotouristique.

Les vins : le rosé est frais, désaltérant, avec des notes de lilas et de fruits exotiques. Parmi la gamme des Terroirs d'Altitude, le cabardès ne déçoit pas : prêt à boire, il garde une empreinte océanique, évoque graphite et ciste au nez, présente une bouche pulpeuse et équilibrée. Il faut encore un peu de repos au faugères. Le minervois-la-livinière est accueillant avec ses arômes de garrigue, son fruité soutenu par des notes légèrement cendrées. En Saint-Chinian, notre préférence va à l'onctueux grand vin aux notes de vanille et de fruits rouges, prêt à affronter une dizaine d'années.

- Languedoc Ô de Rosé 2019 8,50 € 89
- Cabardès Château de Pennautier Terroirs d'Altitude 2017 10,80 € 90
- Faugères Château de Ciffre Terroirs d'Altitude 2018 13,20 € 89
- Minervois-La-Livinière Domaine de la Borie Blanche Terroirs d'Altitude 2018 11,60 € 91
- Saint-Chinian Château de Ciffre 2017 7,30 € 89

Rouge : 220 hectares.
Blanc : 30 hectares.
Production moyenne : 2 500 000 bt/an

MAISON LORGERIL
BP 4, 11610 Pennautier
04 68 72 65 29 • www.lorgeril.wine •
Visites : sans rendez-vous.
Propriétaire : Nicolas et Miren de Lorgeril
Directeur : Bernard Durand
Maître de chai : Pauline Matéo

LE LOUP BLANC

Domaine créé en 2002 par quatre associés, passionnés de vin et originaires de Saumur, Le Loup Blanc propose des vins du Minervois assemblés à partir de cépages languedociens. Le travail dans le vignoble a été axé immédiatement sur l'agriculture biologique et biodynamique. L'expression de chaque cuvée reste précise : on trouve ici des vins à boire sur le fruit, mais aussi de belles cuvées de garde. La propriété abrite deux gîtes confortables et décorés avec goût.

Les vins : Le Régal blanc se patine et gagne en volume, sans perdre de sa tonicité. En rouge, et comme son nom l'indique, Soif est un jus gouleyant avec une finale acidulée. Le Régal rouge est le vin d'assemblage du domaine, il offre une bouche soyeuse appuyée par la framboise et une finale de réglisse. Les Trois P'tits C révèle un caractère plus floral, avec toujours cette enveloppe fruitée et une finale aux tanins un peu plus fermes. Enfin, on retrouve le style ciselé et pur de la Mère Grand, un minervois version finesse qui nous plaît !

- VDF Le Régal 2018 17 € 90
- IGP Aude Les Trois P'tits C 2018 15 € 91
- IGP Pays d'Oc Soif Rouge 2019 15 € 89
- Minervois La Mère Grand 2018 20 € 92
- Minervois Le Régal 2019 13 € 90

Rouge : 14 hectares. Grenache noir 55 %, Carignan 40 %, Syrah 5 %
Achat de raisins.
Blanc : 2 hectares. Carignan 50 %, Grenache blanc 20 %, Terret blanc (terret bourret) 20 %, Grenache gris 10 %
Achat de raisins.
Production moyenne : 70 000 bt/an

LE LOUP BLANC ☾
Hameau de la Roueyre, 11120 Bize-Minervois
04 67 38 00 15 •
www.vignobleduloupblanc.com • Vente et visites : au domaine sur rendez-vous.
Propriétaire : Carine Farre et Nicolas Gaignon
Maître de chai : Nicolas Gaignon

DOMAINE LA MADURA

Après des études poussées en biogénétique, en ampélographie et en œnologie, Cyril Bourgne a débuté sa carrière à Bordeaux (château de Fieuzal) avant d'entamer, avec son épouse Nadia, une aventure viticole plus personnelle dans le Languedoc. Le vignoble est entretenu avec rigueur et permet lors des vinifications, désormais menées dans la nouvelle cave immergée dans le paysage saint-chinianais, l'extraction de matières longues et fines. La précision de l'élevage en fût, mis en place sur le Grand Vin à dominante de syrah et de mourvèdre, ambitionne de renouveler l'expression contemporaine de Saint-Chinian.

Les vins : simple et efficace, le blanc Classic est désaltérant et met en appétit, alors que le grillé de l'élevage l'emporte au nez pour la Grande Cuvée, à la bouche fraîche, ample et équilibrée. En rouge, Classic est gouleyant avec une trame fruitée et épicée, c'est un beau vin méditerranéen. Même âme sudiste dans le Grand Vin, mais en plus structurée, avec des arômes de romarin et une fraîcheur en finale qui réhausse l'ensemble. Un travail de fourmi pour la cuvée LM, élaborée à partir d'un premier tri dans les différentes parcelles du domaine, une petite production de 650 bouteilles seulement, que l'on sera heureux d'ouvrir dans une dizaine d'années, le vin est plein, concentré mais sans extraction, un équilibre juste et onctueux.

IGP Pays d'Oc Classic 2018 de 13,50 à 14 € (c) 88

IGP Pays d'Oc Grand Vin 2018 de 19 à 20 € (c) 90

Saint-Chinian Classic 2017 de 13,50 à 14,50 € (c) 90

Saint-Chinian Grand Vin 2016 de 20,50 à 21,50 € (c) 92

Saint-Chinian LM 2016 52 € 94

Rouge : 11 hectares. Syrah 30 %, Mourvèdre 25 %, Grenache noir 25 %, Carignan 20 %
Blanc : 1,5 hectare. Sauvignon blanc 60 %, Picpoul blanc 40 %
Production moyenne : 50 000 bt/an

DOMAINE LA MADURA
Route de Salabert, 34360 Saint-Chinian
04 67 38 17 85 • www.lamadura.com •
Vente et visites : au domaine sur rendez-vous.
Propriétaire : Cyril et Nadia Bourgne
Œnologue : Cyril Bourgne

MAS FOULAQUIER

Situé au nord du cru Pic Saint-Loup, ce domaine est constitué d'une grande parcelle de coteau exposée sud-ouest sur des éboulis calcaires, plantée majoritairement en grenache et syrah. C'est le terroir de Foulaquier proprement dit, auquel se joint dans l'exploitation le terroir plus limoneux des Tonillières, exposé nord-est. Cette aventure, débutée en 1998, est menée par le couple formé par Pierre Jequier, ancien architecte, et Blandine Chauchat, ex-fonctionnaire parlementaire. Ces vignerons passionnés ont restructuré le domaine, dont les origines sont très anciennes, en l'orientant vers une certification en agriculture biodynamique.

Les vins : un nez expressif mêlant fenouil, camomille et écorce d'orange pour Chouette Blanche. La bouche est suave, équilibrée avec une amertume fine et noble et une belle longueur. Un pressurage direct d'alicante bouschet donne Pierre de Rosette, un vin rouge très léger, pure expression de fruits, capable de rafraîchir les plus chaudes journées ! Un nez expressif de girofle et de rose distinguent Les Calades, ses tanins sont encore fermes, il faut l'attendre. Gran'Tonillières est un pur carignan au tempérament de feu, alliant notes épicées et beau jus. Les tanins s'intègrent finement avec des notes de serpolet. Vin d'esthète, Les Amours Vendangeurs est une cuvée qu'il faut savoir appréhender avec patience. Une syrah racée avec un grain de tanin encore brut, apporté par un élevage en amphore de grès.

IGP Saint-Guilhem-le-Désert Chouette Blanche 2017 27 € 92

IGP Gard Pierre de Rosette 2019 14 € 89

IGP Saint-Guilhem-le-Désert Gran'Tonillières 2017 27 € 92

IGP Saint-Guilhem-le-Désert Les Amours Vendangeurs 2017 40 € 92

Languedoc Pic Saint-Loup Les Calades 2016 25 € 91

Rouge : 12 hectares. Grenache noir 47 %, Syrah 38 %, Carignan 14 %, Cinsault 1 %
Achat de raisins.
Blanc : 1,5 hectare. Clairette 32 %, Grenache gris 18 %, Rolle 17 %, Bourboulenc 17 %, Grenache blanc 16 %
Achat de raisins.
Production moyenne : 65 000 bt/an

MAS FOULAQUIER
Route des Embruscalles, 34270 Claret
04 67 59 96 94 • www.masfoulaquier.com •
Vente et visites : au domaine sur rendez-vous.
Propriétaire : Blandine Chauchat, Pierre Jequier et Anne-Marie Fallot
Directeur : Blandine Chauchat, Pierre Jequier

MAS LOU

Après plusieurs voyages, dont l'un au Pérou qui inspirera les noms des différentes cuvées, Adèle Arnaud et son compagnon Olivier Gil ont posé leurs valises à Faugères. Depuis 2013, ils proposent avec leurs différents vins rouges une définition franche et juste des terroirs de schiste. Leurs vignes, âgées en moyenne de plus de 30 ans (majoritairement syrah et carignan) se nichent entre 200 et 400 mètres d'altitude. Les différents styles de vins sont le résultat d'un travail parcellaire assidu ; une conversion en bio a été entamée en 2019. Nous espérons beaucoup de ce jeune couple qui incarne la jeune génération de Faugères.

Les vins : fluide et frais, Angaco est basé sur la framboise, que vient compléter une touche fraîche de menthol. Dans la cuvée Aksou, c'est la syrah qui prend le dessus avec des notes fumées et une touche de thym, un vin suave et charmeur sans trop de force. Une très belle expression de l'appellation pour Tio, cuvée issue de la plus belle parcelle de syrah sur schistes, élevée un an en barrique, un vin onctueux doté d'un superbe équilibre fruits-épices.

Faugères Aksou 2018	13 €	92
Faugères Angaco 2019	10 €	91
Faugères Tio 2017	20 €	93

Rouge : 8 hectares. Vermentino 50 %, Syrah 47 %, Carignan 21 %, Grenache noir 20 %, Cinsault 7 %, Mourvèdre 5 %
Blanc : 0,5 hectare. Viognier 50 %
Production moyenne : 20 000 bt/an

MAS LOU
4, rue du Portail-d'Amont, 34600 Faugères
06 77 81 06 44 • www.mas-lou.com • Vente et visites : au domaine sur rendez-vous.
Propriétaire : Adèle Arnaud et Olivier Gil

MAS D'ESPANET

Ce beau domaine se situe sur la commune de Saint-Mamert-du-Gard, à mi-chemin entre Uzès et Sommières, à la limite de la nouvelle appellation Duché d'Uzès. La culture mise en œuvre par Agnès et Denys Armand est biodynamique, l'environnement sauvage, à l'orée d'un vaste bois de plus de 8 000 hectares. Il s'agit d'un terroir très frais, ce qui explique que la moitié de la production soit dévolue aux blancs, remarquablement savoureux et tendus. Les rouges expriment la même fraîcheur gourmande, entièrement au service de la finesse du fruit. Cette production fait souffler un vent de fraîcheur sur l'image du vin languedocien.

Les vins : on retrouve une aromatique de fruits blancs dans Chacun son Chenin, l'élevage en demi-muid et amphore apporte de la patine à la bouche. Le nez beurré et floral d'Éolienne amorce une bouche ronde avant que la fraîcheur n'arrive et délivre une finale très équilibrée. La baie de genièvre et le romarin marquent leur territoire dans la version rouge d'Éolienne, issu de vieilles vignes, la bouche est juteuse avec des tanins fins et souples. Travaillé dans la dentelle, Camille est une grande cuvée de blanc ; grenache et piquepoul blancs montrent leur potentiel gastronomique dans cette cuvée qui peut se garder plus de dix ans ! Une belle force salivante caractérise ce vin aux notes subtiles de fleurs de printemps.

IGP Cévennes Chacun son Chenin 2018	16 €	89
Languedoc Camille 2017	24 €	94
Languedoc Éolienne 2018	14 €	92
Languedoc Éolienne 2017	14 €	90

Rouge : 10 hectares. Cinsault 50 %, Carignan 10 %, Grenache noir 10 %, Pinot noir 10 %, Ribeyrenc 10 %, Syrah 10 %
Blanc : 11 hectares. Sauvignon blanc 20 %, Grenache blanc 20 %, Viognier 20 %, Chenin 10 %, Picpoul blanc 10 %, Petit Manseng 5 %, Rolle 5 %, Roussanne 4 %, Marsanne 3 %, Riesling 3 %
Production moyenne : 80 000 bt/an

MAS D'ESPANET
30730 Saint-Mamert-du-Gard
04 66 81 10 27 • www.masdespanet.com • Vente et visites : au domaine sur rendez-vous.
Propriétaire : Denys Armand

LE MAS DE MON PÈRE

Si la jeune appellation Malepère peine à se faire connaître dans le vaste paysage languedocien, son visage qualitatif doit aujourd'hui beaucoup à Frédéric Palacios, vigneron passionné et intuitif, qui a accompli en très peu de temps un travail considérable. Très exigeant à la vigne, ne négligeant aucun soin, il vinifie séparément les différents cépages en petites cuves et positionne son domaine, situé sur les sols argilo-calcaires d'Arzens, parmi l'élite des nouveaux producteurs de l'Aude. Il faut découvrir ces vins d'artisans, parfois rugueux mais toujours sincères.

Les vins : Tu M'Intéresses est un vin rouge gouleyant avec des notes de framboise et une touche poivrée. Pour une définition juste de Malepère, à la fois charnu et épicé, avec des tanins enrobants, M comme je Suis ! est la cuvée idéale. Le cabernet franc se fond à merveille dans Un Brin de Folie, issu du terroir d'Arzens, subtil et poudré. Red de Toi met en scène le merlot dans une version fruitée et souple avec une belle finale qui rappelle la framboise sauvage.

Malepère M Comme Je Suis ! 2018	de 13 à 14 € (c)	91
VDF Red de Toi 2019	de 17 à 18 € (c)	90
VDF Tu M'Intéresses 2019	de 10 à 11 € (c)	89

VDF Un Brin de Folie 2018 de 14 à 15 € (c) 92

Rouge : 5,25 hectares. Merlot 27 %, Cabernet-Sauvignon 19 %, Malbec (cot) 19 %, Carignan 14 %, Cabernet franc 10 %, Grenache noir 7 %, Cinsault 4 %
Blanc : 1,75 hectare. Chardonnay 35 %, Sauvignon blanc 35 %, Chasan 17 %, Sauvignon gris 13 %
Production moyenne : 18 000 bt/an

LE MAS DE MON PÈRE ♣
18, chemin du Roudel, 11290 Arzens
06 83 48 12 73 •
www.lemasdemonpere.wixsite.com • Vente et visites : au domaine sur rendez-vous.
Propriétaire : Frédéric Palacios

CHÂTEAU OLLIEUX ROMANIS

Pierre Bories a repris cette vaste propriété familiale, agrandie en 2006 par le vignoble voisin, Les Ollieux. Le tout est bien situé sur le terroir de molasses riches en galets roulés de Boutenac. Ce vigneron impliqué et ambitieux a acquis une autre propriété, Le Champ des Murailles, dans une zone sensiblement plus fraîche de l'appellation. La gamme est aujourd'hui restructurée, avec des habillages judicieux et des vins jouant sur la diversité de l'encépagement (avec une prédominance de vieux carignans). Les cuvées de Boutenac déploient chacune une identité intéressante ; les cuvées Classique sont très simples et déçoivent. Nous retirons l'étoile en espérant que toute la gamme revienne à un niveau plus homogène.

Les vins : en blanc, on préfère la cuvée Prestige aux notes subtiles d'amande et de fleurs blanches à la Classique, qui accuse une approche plus technique et une acidité plus marquée. En rouge, un bel éclat de fruits rouges au nez pour la cuvée Classique mais la finale est asséchante et chaleureuse. Les vieux grenache et cinsault donnent à Alba une expression qui se rapproche davantage du Rhône méridional, avec des notes de fruits des bois ; il est plus fluide que les autres cuvées. Une belle entrée en matière avec la cuvée Prestige pour le trio provenant de Boutenac. Un vin équilibré, mariant les fruits noirs aux épices, dynamique en finale. Dominé par le carignan, Atal Sia est une très belle cuvée qui exprime sans retenue des notes de mûre et de moka. En bouche, le vin est pur, les tanins sont soyeux et on garde la persistance de fruits. Enfin, Or reflète l'ADN de Boutenac, un vin concentré avec une expression épicée, légèrement fumée et une bouche racée.

Corbières Classique 2019 9,95 € 86
Corbières Prestige 2018 21 € 89
Corbières Alba 2017 30 € 90
Corbières Classique 2019 9,95 € 89
Corbières-Boutenac Atal Sia 2017 23 € 92
Corbières-Boutenac Or 2017 de 24 à 28 € (c) 92
Corbières-Boutenac Prestige 2018 15,95 € 90

Rouge : Carignan 27 %, Mourvèdre 19 %, Cinsault 17 %, Syrah 15 %, Grenache noir 15 %, Grenache gris 7 %
Blanc : Grenache blanc 30 %, Roussanne 29 %, Macabeu 26 %, Marsanne 15 %
Production moyenne : 400 000 bt/an

CHÂTEAU OLLIEUX ROMANIS ♣
RD 613, TM 26, 11200 Montseret
04 68 43 35 20 •
www.chateaulesollieux.com • Vente et visites : au domaine sur rendez-vous.
Propriétaire : Famille Bories
Directeur : Pierre Bories
Maître de chai : Yannick Desert

NOUVEAU DOMAINE

ROMAIN PORTIER

Romain Portier commence son aventure de vigneron en 2012 avec une « petite parcelle » de mourvèdre, tout en étant caviste à la Cave des Arceaux à Montpellier. Cet ancien sportif devenu chef de culture exploite maintenant 5 hectares de vignes, et fait partie des nouveaux arrivants de la très dynamique appellation Terrasses du Larzac. Il se voue pleinement à son domaine depuis 2019, pratiquant une culture de la vigne sans intrants et brillant par ses vinifications lentes et précises. Voici un nouveau domaine à suivre de près !

Les vins : charnu, le blanc soutenu par des notes de fruits jaunes est ample mais ne manque pas de vivacité. Placez-le à table. Le terrasses-du-larzac est une belle expression profonde et intense de garrigue et de fruits noirs, on apprécie son grain de tanin et sa touche de menthe qui rehausse la finale. Idéalement, il faut le laisser se reposer cinq à dix ans. Un nez intense de thym citron caractérise le mourvèdre, qui se livre dans une version plus fraîche que musclée ! Son grain fin le propulse vers des accords avec des viandes mijotées.

- VDF La Petite Parcelle 2018 — N.C. — 91
- Terrasses du Larzac La Petite Parcelle 2018 — 20 € — 92
- Terrasses du Larzac La Petite Parcelle de Mourvèdre 2018 — 18 € — 92

Rouge : 4,3 hectares. Cinsault 35 %, Mourvèdre 25 %, Grenache noir 25 %, Syrah 15 %
Blanc : 0,7 hectare. Marsanne 70 %, Grenache blanc 30 %
Production moyenne : 10 000 bt/an

ROMAIN PORTIER ♣
7, route de Jonquières,
34725 Saint-Saturnin-de-Lucian
06 20 65 21 75 • romainportier@free.fr •
Vente et visites : au domaine sur rendez-vous.
Propriétaire : Romain Portier

PRIEURÉ DE SAINT-JEAN-DE-BÉBIAN

Enfin, ce haut lieu de l'histoire viticole languedocienne ressuscite ! Depuis le rachat de l'industriel Alexander Pumpyanskiy, une nouvelle cave a été construite en 2015 et surtout, le travail de Benoît Pontenier dans les vignes et une politique de récolte plus précoce (mais mûre !) se ressentent depuis le millésime 2017. Ce patrimoine de vieilles vignes tout à fait exceptionnel, morcellé sur 40 parcelles de moins de 1 hectare reprend donc ses droits : les galets roulés, le calcaire mais surtout le précieux basalte s'expriment à nouveau dans un style originel, élégant et fin, comme l'avait dessiné le fondateur du domaine Alain Roux dans les années 1970. Les rouges sont très bien calés depuis 2017 et les blancs trouvent tout juste leur équilibre (à partir de 2019). Nous nous réjouissons sincèrement de cette nouvelle ère qui commence, et de la promesse de pérennité que laissent augurer les moyens mis en place.

Les vins : le rouge 2017 est un vin poudré aux notes de pivoine et aux tanins très fins. Il garde une trame sudiste mais tout en élégance, nous sommes conquis ! Le blanc est un "concentré de vieilles vignes" au nez envoûtant de fenouil sauvage, de camomille et d'agrumes confits. Sa bouche sapide porte ce qu'il faut de gras.

- Languedoc 2019 — 40 € — 92
- Languedoc 2017 — 40 € — 92

Rouge : 14 hectares. Grenache noir 40 %, Syrah 30 %, Mourvèdre 20 %, Cinsault 10 %
Blanc : 5 hectares. Roussanne 50 %, Grenache blanc 20 %, Vermentino 15 %, Clairette 10 %, Chardonnay 5 %
Production moyenne : 80 000 bt/an

PRIEURÉ DE SAINT-JEAN-DE-BÉBIAN ♣
Route de Nizas, 34120 Pézenas
04 67 98 13 60 • www.bebian.com •
Visites : sans rendez-vous.
Propriétaire : Alexander Pumpyanskiy
Directeur : Benoit Pontenier
Maître de chai : Benoit Pontenier

CHÂTEAU RIVES-BLANQUES

Le domaine est situé à 350 mètres d'altitude, sur un plateau dominant la vallée de l'Aude d'un côté et offrant de l'autre une vue en cinémascope sur les Pyrénées enneigées. Dans la région depuis le début des années 2000, la famille Panman fait désormais partie du paysage et la génération suivante arrive au domaine. Un style plutôt classique, alors que beaucoup de jeunes vignerons fraîchement installés, sous influence bourguignonne, peuvent bousculer un peu les habitudes.

Les vins : une belle approche de la blanquette avec ce mauzac sans dosage, aux bulles fines et vives, appuyées par des notes de citron vert et de mangue. Fines bulles également et approche fruitée pour le crémant rosé, frais et digeste. En blanc, le pays d'Oc assemble le chardonnay avec une pointe de chenin, c'est une entrée en matière réussie. Un vin frais et désaltérant, propice aux repas d'extérieur. Des arômes de beurre et de fleur d'oranger pour La Trilogie, belle cuvée toastée et élancée, issue des plus belles parcelles de chardonnay, chenin et mauzac.

- Blanquette de Limoux 2017 — 13,50 € — 89
- IGP Pays d'Oc Chardonnay du Domaine 2019 — 9,20 € — 88
- Limoux La Trilogie 2017 — 20 € — 90
- Crémant de Limoux Vintage Rose 2016 — Épuisé - 13 € — 89

Blanc : 20 hectares. Chardonnay 50 %, Mauzac vert 30 %, Chenin 20 %
Production moyenne : 80 000 bt/an

CHÂTEAU RIVES-BLANQUES
11300 Cépie
04 68 31 43 20 • www.rives-blanques.com •
Vente et visites : au domaine sur rendez-vous.
Propriétaire : Famille Panman
Directeur : Jan Panman
Maître de chai : Jan-Ailbe Panman
Œnologue : Pierre Roque

DOMAINE DE LA RÉSERVE D'O

Le domaine a été créé en 2004 par Frédéric et Marie Chauffray, vignerons passionnés et autodidactes, dans un des secteurs les plus hauts, et donc les plus frais, des Terrasses du Larzac. L'approche agronomique est biodynamique. Comme la viticulture, la vinification se veut très proche des cycles naturels – comprenez peu interventionniste. Les vins se sont très vite singularisés par leur gourmandise enjouée, loin du sérieux parfois ascétique de certains vins de cette jeune et si dynamique appellation. Le style est reconnaissable et, en peu d'années, le domaine a fait ses preuves, de la délicieuse cuvée sans sulfites SanSSoo, qui reprend la dénomination Saint-Saturnin, menacée de désuétude, à des exercices d'élevages plus longs qui évoluent avec bonheur.

Les vins : le blanc est un vin frais, délicatement parfumé de poire et de cédrat. Des notes franches de cerise et un juteux en bouche qui ne trompe pas, ce Bilbo 2019 est une réussite ! La Réserve d'O est un vin déjà prêt à boire, son nez subtilement poivré est appuyé en bouche par les fruits noirs et la finale est encore ferme. Hissez O, vin enveloppant et onctueux, avec sa petite touche fraîche amenée par la cardamome, offre des tanins lisses. Côte d'Arboras montre un nez formidable de sauge, de bois de rose, une délicatesse que l'on retrouve en bouche, avec des tanins au grain fin. Une très belle bouteille !

IGP Saint-Guilhem-le-Désert La Réserve d'O 2019	20 €	90
Languedoc Bilbo 2019	17 €	90
Terrasses du Larzac La Côte d'Arboras 2018	35 €	94
Terrasses du Larzac La Réserve d'O 2018	20 €	91
Terrasses du Larzac Hissez O 2018	26 €	92

Rouge : 11 hectares. Syrah 45 %, Grenache noir 45 %, Cinsault 10 %
Blanc : 1,1 hectare. Chenin 34 %, Grenache blanc 33 %, Roussanne 33 %
Production moyenne : 30 000 bt/an

DOMAINE DE LA RÉSERVE D'O
Rue du Château, 34150 Arboras
06 76 04 03 88 • www.lareservedo.fr •
Vente et visites : au domaine sur rendez-vous.
Propriétaire : Marie et Frédéric Chauffray

DOMAINE SAINTE CROIX

Depuis leur premier millésime dans ce paysage très minéral, il y a maintenant plus de dix ans, Elizabeth et Jon Bowen ont peu à peu pris la mesure des connivences existant entre leurs parcelles aux sols complexes et la multiplicité des cépages locaux. La volonté d'expérimenter, en réinterprétant au passage un patrimoine local quasiment abandonné (notamment ampélographique), nous impressionne très favorablement. Le style s'est déjà considérablement affiné et la marge de progression, au vu de la sensibilité des vignerons et de la puissance des terroirs, demeure importante.

Les vins : des notes de céréales, d'abricot et de fruits exotiques, une bouche tout en volume et vivacité pour La Serre en blanc. Onctueux, Magneric est doté d'un fruit rouge pulpeux et d'une finale poivrée. Structuré et profond, le carignan offre de la matière alliée à la fraîcheur, à garder une décennie, dans l'idéal ! Celèstra est un vin digeste à la texture de velours et à l'éclat de fruit séducteur, et d'un beau potentiel de garde.

VDF La Serre 2018	14 €	90
Corbières Celèstra 2017	20 €	91
Corbières Magneric 2015	14 €	90
VDF Carignan 2016	20 €	91

Rouge : 10 hectares. Carignan 55 %, Grenache noir 20 %, Syrah 20 %, Mourvèdre 5 %
Blanc : 1 hectare. Grenache blanc 50 %, Grenache gris 50 %
Production moyenne : 30 000 bt/an

DOMAINE SAINTE CROIX
7, avenue des Corbières,
11360 Fraïssé-des-Corbières
06 85 67 63 88 • www.saintecroixvins.com •
Vente et visites : au domaine sur rendez-vous.
Propriétaire : Elizabeth et Jon Bowen

NOUVEAU DOMAINE

DOMAINE DE SAUMAREZ

Robin Williamson est anglais, Liz néo-zélandaise. C'est en 2004 qu'ils ont trouvé ce domaine dans les Grès de Montpellier pour commencer leur nouvelle vie de vignerons. Un domaine rapidement certifié en bio, dont la diversité des cuvées, entre bulles, blancs et rouges, est proprement réjouissante ! Ils ont fait progresser la superficie du domaine, de 6,5 hectares lors de leur installation, à 14 hectares aujourd'hui. Nous sommes heureux de les accueillir ici.

Les vins : le rosé effervescent allie fruité et bulles délicates, avec une fraîcheur sous-jacente, idéal pour le début de repas. En rouge, S de Saumarez est un assemblage gouleyant de grenache et de syrah au fruit pulpeux et aux tanins souples ! S blanc est porté par des notes de mirabelle et de fleurs blanches, offre une bouche ample à la finale vive. Le sangiovese est une sélection massale de chianti surgreffée sur des vignes de grenache. Il n'y a que 350 exemplaires de ce vin au caractère épicé et sanguin.

Languedoc S de Saumarez 2018	9 €	90
Brut	10 €	90
Languedoc S de Saumarez 2018	8,50 €	90
VDF Sangiovese 2017	16 €	92

Rouge : 10,5 hectares.
Blanc : 3,5 hectares.
Production moyenne : 40 000 bt/an

DOMAINE DE SAUMAREZ ♣
Chemin de Cathala,
34570 Murviel-les-Montpellier
06 24 41 56 20 •
www.domainedesaumarez.com • Vente et visites : au domaine sur rendez-vous.
Propriétaire : Robin et Liz Williamson
Œnologue : Nicolas Dutour

LA TRAVERSÉE

L'aventure de Gavin Crisfield, Irlandais de Belfast, sommelier et œnologue, est emblématique du renouveau languedocien. Après dix ans passés au domaine de la Sauvageonne, il s'installe en 2009, toujours à Saint-Privat, où il démontre très vite la pertinence de ses ambitions. Avec un peu plus de 4 hectares de vignes et une géologie mouvementée (schistes, basalte, grès, calcaire), il livre un travail artisanal très précis pour exprimer sa vision du terroir. À l'image des étiquettes, la gamme est on ne peut plus sobre. Elle tend vers l'essentiel, avec un pur cinsault qui exalte la finesse native du cépage et un rouge d'assemblage en appellation Terrasses du Larzac, élevé en cuve ovoïde de béton, profond, épuré, d'une grande droiture.

Les vins : le terrasses-du-larzac 2017 est un cran au-dessus du 2016, avec plus de mâche, plus de profondeur et une belle patte de fraîcheur, signature de l'appellation. Le nez est ouvert dans un registre de fruits rouges, de garrigue avec une touche de moka. En bouche, le vin est structuré mais sans agressivité. Un rouge dense qui devrait être parfait à boire en 2022-2023. Le vin de France est une expression pulpeuse et pleine de fruits (framboise) de cinsault, avec une touche de garrigue et une bouche fraîche et élancée.

VDF Cinsault 2019	18 €	90

Le coup de ♥

Terrasses du Larzac 2017	26 €	94

Rouge : 4,5 hectares. Syrah 45 %, Grenache noir 25 %, Carignan 20 %, Cinsault 10 %
Production moyenne : 10 000 bt/an

LA TRAVERSÉE ♣
6, rue des Deux-Ponts, Hameau Les Salces,
34700 Saint-Privat
04 67 88 11 07 • www.latraversee.fr • Vente et visites : au domaine sur rendez-vous.
Propriétaire : Gavin Crisfield

DOMAINE TURNER PAGEOT

Sommelier baroudeur ayant vinifié en Italie, en France et dans plusieurs pays de l'hémisphère Sud, Emmanuel Pageot a uni ses efforts à ceux de sa compagne Karen Turner, directrice technique du Prieuré Saint-Jean-de-Bébian. Ensemble, ils travaillent en biodynamie un petit domaine du secteur de Gabian, où ils proposent une gamme très personnelle. Ce sont ici les blancs qui surprendront le plus : ils sortent véritablement des sentiers battus avec leurs matières denses, colorées et parfois franchement tanniques (macération des peaux).

Les vins : un mélange de plantes aromatiques et d'orange amère dialogue dans La Rupture, une alliance réussie pour cet assemblage de picpoul et sauvignon blanc travaillé en macération. Dans la série des rouges, le pézenas est le plus gouleyant, avec une expression franche de fruits rouges, les tanins sont fins et la finale vive. Une délicate note de framboise avec une touche fumée pour G230 (grenache sur schiste). La bouche est bien équilibrée entre le fruit et une structure en demi-puissance.

VDF La Rupture 2017	16 €	92
Languedoc G230 2017	22 €	92
Languedoc Pézenas Le Rouge 2016	12 €	89

Rouge : 6 hectares. Grenache noir 56 %, Mourvèdre 27 %, Syrah 17 %
Blanc : 3 hectares. Sauvignon blanc 55 %, Picpoul blanc 17 %, Marsanne 14 %, Roussanne 14 %
Production moyenne : 35 000 bt/an

DOMAINE TURNER PAGEOT ♣
3, avenue de la Gare, 34320 Gabian
04 67 00 14 33 • www.turnerpageot.com •
Vente et visites : au domaine sur rendez-vous.
Propriétaire : Karen Turner et Emmanuel Pageot
Directeur : Emmanuel Pageot
Œnologue : Karen Turner

CHÂTEAU LA VOULTE-GASPARETS

Animées par la volonté de révéler la spécificité du terroir de Boutenac, cinq générations ont bâti la notoriété de ce domaine de référence des Corbières. Patrick Reverdy et son fils Laurent se sont attachés à valoriser leurs vieux carignans, colonne vertébrale de la production. Avec une vinification en macération carbonique, le domaine fait partie des classiques de l'appellation. Alors que beaucoup progressent rapidement dans les Corbières, La Voulte-Gasparets propose, dans les derniers millésimes, des vins rouges réguliers qui, en outre, vieillissent souvent avec bonheur.

Les vins : une expression simple procurant un plaisir immédiat pour la Cuvée Réservée, rouge pulpeux en 2018 ; le 2015 offre aujourd'hui un beau bouquet de rose séchée, une bouche bien équilibrée. Romain Pauc séduit par sa structure plus épicée et une impression cendrée en bouche, tout à fait adaptée aux viandes grillées. Très complet, ce 2017 a une décennie devant lui pour arriver à son apogée.

Corbières Cuvée Réservée 2015	Épuisé - 15 €	89
Corbières Cuvée Réservée 2018	9,60 €	88
Corbières Romain Pauc 2017	20,10 €	91

Rouge : 60,23 hectares. Carignan 50 %, Grenache noir 25 %, Mourvèdre 15 %, Syrah 10 %
Blanc : 4,9 hectares. Rolle 50 %, Grenache blanc 25 %, Roussanne 15 %, Macabeu 5 %, Marsanne 5 %
Production moyenne : 260 000 bt/an

CHÂTEAU LA VOULTE-GASPARETS
13, rue des Corbières, Gasparets,
11200 Boutenac
04 68 27 07 86 •
www.lavoultegasparets.com • Visites : sans rendez-vous.
Propriétaire : Patrick et Laurent Reverdy
Œnologue : Marc Dubernet

La Loire et ses vins

Par Alexis Goujard,
en charge des vins de la Loire au sein
du comité de dégustation de La Revue du vin de France

LES APPELLATIONS

Le vignoble de la Loire est l'un des plus complexes de France en raison de la diversité des terroirs, des cépages et des appellations qui s'égrainent le long des 600 kilomètres du fleuve. Pour s'y retrouver, le mieux est encore de commencer en partant de son embouchure (le Muscadet) et de remonter son cours.

LE PAYS NANTAIS

Muscadet Sèvre-et-Maine, Muscadet Coteaux de la Loire, Muscadet Côtes de Grandlieu, Muscadet et crus du Muscadet : ces appellations contrôlées, très cousines, livrent des vins blancs secs, légers et souvent perlants, élaborés à partir du cépage melon de Bourgogne, localement appelé muscadet.

En principe, la première des quatre, de loin la plus vaste, définit les meilleurs terroirs, ce qui n'exclut pas, France oblige, les nombreuses exceptions. Ces vins se boivent jeunes et sans trop de modération, étant donné la louable modestie de leurs prix. Le gros-plant est également un blanc sec nantais, de plus petite envergure, issu du cépage folle blanche. Malgré une crise ininterrompue depuis quinze ans, une poignée de vignerons nantais se bat et séduit toujours de nouveaux amateurs avec des vins aux notes océanes et minérales exemplaires.

Depuis 2011, trois crus communaux chapeautent l'ensemble des appellations du Muscadet. Les crus de Clisson, Gorges et Le Pallet désignent les meilleures parcelles de ces villages.

LES FIEFS VENDÉENS

Le vignoble des Fiefs vendéens s'étend principalement au sud-ouest de la Vendée. Cette appellation a été créée en 2011. Aujourd'hui, plusieurs vignerons de talent mettent en avant les terroirs océaniques de ce secteur.

L'ANJOU

L'Anjou possède un patrimoine viticole d'une grande richesse, produisant toute la gamme possible de vins : blancs, rouges, rosés, secs, demi-secs, liquoreux, effervescents.

Anjou, Anjou-Villages et Anjou-Villages Brissac : la première de ces trois appellations est la plus vaste du Maine-et-Loire et désigne des vins blancs secs à dominante de chenin, des rosés secs légers à base de grolleau (les rosés demi-secs de cabernet franc ont droit à l'appellation Cabernet d'Anjou) et des rouges souvent simples, de gamay ou de cabernet.

La deuxième est réservée aux meilleurs terroirs de rouges (souvent sur schistes), à base de cabernet franc et de cabernet-sauvignon.

La troisième concerne dix communes entre la Loire et le Layon réputées pour leurs rouges de garde.

Savennières : à la porte occidentale d'Angers, la région privilégiée de Savennières donne des blancs secs (plus rarement demi-secs) issus du cépage chenin, corsés et pouvant merveilleusement vieillir. Cette appellation recense deux crus, la Roche-aux-Moines (19 ha) et la Coulée-de-Serrant (7 ha). Cette dernière appartient à un seul producteur.

Coteaux de l'Aubance, Coteaux du Layon, Coteaux du Layon-Villages (six communes), Bonnezeaux et Quarts de Chaume : ces appellations donnent naissance à des vins moelleux ou à des liquoreux somptueusement parfumés, lorsqu'ils sont sincèrement faits, issus de pourriture noble associée, suivant les terroirs, aux raisins passerillés (Chaume, Bonnezeaux). L'amateur se fera un plaisir d'apprendre à saisir les innombrables nuances qui distinguent les villages et les vinificateurs.

LE SAUMUROIS

Saumur : cette appellation produit des blancs secs de chenin, issus de sols calcaires, légers et plus fins que les anjous et d'un inégalable rapport qualité-prix. Certains terroirs, tel Brézé, sont réputés de longue date, et dignes de premiers crus. Les saumurs rouges manquent souvent de profondeur.

Saumur Puy-Notre-Dame : cette AOC créée en 2008 couvre 17 communes et produit exclusivement des vins rouges puissants grâce à quelques producteurs ambitieux.

Saumur-Champigny : les vins, uniquement rouges, de cette appellation bénéficient d'un terroir plus solaire, argileux, et d'une forte émulation au sein d'une nouvelle génération de vignerons passionnés.

Coteaux de Saumur : cette appellation désigne des moelleux fort rares, qui se montrent parfois extraordinaires.

Saumur Mousseux et Crémant de Loire : une vieille tradition de vins mousseux, à base de chenin, de chardonnay et de cabernet franc, a fait la fortune de quelques négociants de la région de Saint-Florent.

LA TOURAINE

Le cœur de la vallée de la Loire illustre à merveille la polyvalence du vignoble, avec trois séries d'appellations.

Touraine : elle regroupe des rouges primeurs de gamay, des rouges de demi-garde avec l'appoint de cabernet franc et de côt (nom local du malbec), des blancs de sauvignon et de chenin, des rosés de pineau d'Aunis, de gamay, de pinot gris et de pinot noir. Les appellations Touraine-Amboise et Touraine-Mesland, récemment rejointes par l'AOC Touraine-Chenonceau, bénéficient d'une réputation plus affirmée.

Chinon, Bourgueil et Saint-Nicolas-de-Bourgueil : ces appellations communales produisent essentiellement des vins rouges à base de cabernet franc, souples, fruités et de demi-garde, capables cependant, dans les grands millésimes, d'atteindre des sommets.

Montlouis-sur-Loire et Vouvray : ces appellations se consacrent exclusivement au vin blanc de chenin qui prend ici toutes les formes possibles, du pétillant au liquoreux de légende, selon les millésimes. Longtemps distancée, Montlouis est aujourd'hui l'une des plus dynamiques appellations de Loire.

LES VIGNOBLES DU CENTRE

Sancerre, Pouilly-Fumé, Menetou-Salon, Quincy et les vignobles du Massif Central : les magnifiques coteaux marno-calcaires sont voués au sauvignon, qui se montre ici d'une finesse extrême, pour peu que l'on sache le récolter à maturité. Certains microclimats sont favorables au pinot noir, qui donne des vins rouges plus légers qu'en Côte-d'Or, mais bien plus accomplis que dans l'Yonne ou en Champagne. En remontant encore vers la source de la Loire, les appellations Saint-Pourçain et Côtes d'Auvergne sont en pleine émulation grâce à des cuvées d'artistes.

LES CÉPAGES

LES PRINCIPAUX CÉPAGES BLANCS :

Le chenin : ce cépage local surnommé "plant d'Anjou" vers le Xe siècle a été popularisé sous le nom de chenin par Rabelais. Ce cépage tardif s'adapte à merveille aux différents microclimats de l'Anjou et de la Touraine. Récolté en début de vendanges, il permet d'élaborer des vins blancs secs et racés (Savennières, Saumur, Vouvray, Montlouis) ou pétillants (Saumur, Vouvray, Montlouis). Ramassé en fin de vendanges, après le développement du *botrytis cinerea* ou un passerillage, il donne naissance à de grands vins demi-secs, moelleux et liquoreux

(Coteaux du Layon, Chaume, Bonnezeaux, Vouvray, Montlouis). Sous cette forme et dans les grands millésimes, le chenin présente une aptitude de garde exceptionnelle.

Le sauvignon : cépage ligérien devenu une star mondiale, produit notamment en Nouvelle-Zélande et surtout à Bordeaux, dans les Graves. Dans la Loire, il est cultivé de la Touraine au Sancerrois, où il a acquis ses lettres de noblesse grâce au sancerre et au pouilly-fumé. Il s'exprime avec une extrême finesse sur ces terroirs de silex, de marne et de calcaire.

LES AUTRES CÉPAGES BLANCS

De nombreux autres cépages blancs participent à l'identité des vins de Loire. Le **chardonnay**, originaire de Bourgogne, est connu sous le nom d'auvernat blanc. Il est utilisé pour l'élaboration du crémant de Loire et du saumur brut.

Le melon de Bourgogne : il est le cépage unique de l'AOC Muscadet. Originaire de Bourgogne, il a été introduit dans la région par les moines vers 1635. Les roches cristallines du sud-est de Nantes lui communiquent plus de finesse que les zones des roches sédimentaires.

La folle blanche : elle est originaire du Sud-Ouest de la France mais reste utilisée aujourd'hui pour produire le gros-plant du Pays nantais. Ce cépage rustique, implanté dans la région au Moyen Âge, s'adapte à une grande variété de climats et de sols.

LES PRINCIPAUX CÉPAGES ROUGES

Le cabernet franc : ce cépage est aux vins rouges d'Anjou et de Touraine ce que le chenin est aux vins blancs de la région. Il serait originaire du Pays basque. Le cabernet franc est généralement vinifié seul. Premier cépage rouge de la Loire, il est utilisé à Chinon, Bourgueil, Saint-Nicolas-de-Bourgueil, Saumur, Saumur-Champigny, ainsi qu'en Anjou et Anjou-Villages. Il permet en outre de réaliser des vins rouges d'assemblage en appellation Touraine. Il est généralement utilisé seul pour le cabernet d'Anjou et le cabernet de Saumur, et en assemblage pour certains rosés de l'appellation Touraine. Ses arômes de fruits noirs et de poivron, sa structure tannique le prédestinent aux vins de garde.

Le gamay : originaire du Beaujolais, ce cépage est particulièrement répandu en Touraine où il est souvent vinifié seul, ainsi qu'en Anjou. Plus à l'aise sur des sols argilo-siliceux et granitiques que calcaires, il peut donner des résultats surprenants, notamment lorsqu'il est utilisé en assemblage avec le cabernet ou le côt (malbec). Ce qui est le cas dans la région de Blois, où les grands millésimes de l'AOC Touraine-Mesland permettent d'élaborer des vins de semi-garde.

LES AUTRES CÉPAGES ROUGES

Le grolleau (ou groslot) : apprécié pour son rendement, il donne des rosés faciles à boire et fruités. Après le cabernet franc et le gamay, c'est le cépage rouge le plus planté en Val de Loire, bien qu'il ne permette pas d'élaborer de grands vins de garde.

Le cabernet-sauvignon : ce cépage du Bordelais s'exprime sur les schistes des AOC Anjou-Villages et Anjou-Villages Brissac, et permet d'obtenir une structure tannique intéressante. Il constitue un bon complément du cabernet franc.

Le pineau d'Aunis (ou chenin noir) : comme le grolleau, il a été cultivé pour ses rendements importants.

Le pinot noir : il est le cépage rouge prépondérant du Centre-Loire (20 % de l'encépagement). Il est employé à Sancerre, Menetou-Salon, Reuilly, et entre, avec le gamay, dans les assemblages des vins des Coteaux du Giennois et de Châteaumeillant.

Le côt (ou malbec) : il a trouvé sa zone de prédilection en Touraine et, plus précisément, dans la vallée du Cher et à Amboise, où il a sérieusement concurrencé le grolleau.

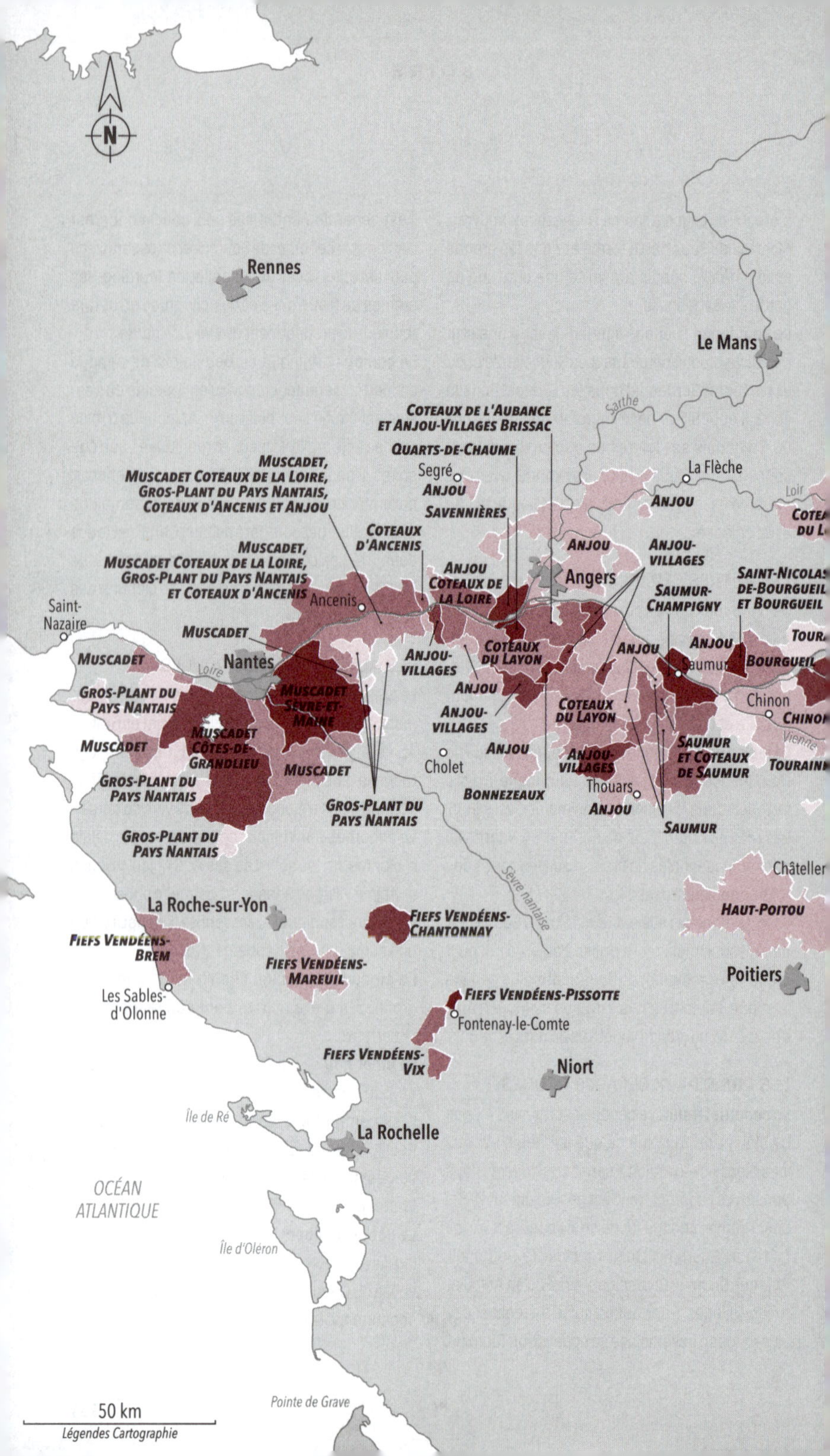
Rennes
Le Mans
Sarthe
Coteaux de l'Aubance
et Anjou-Villages Brissac
Quarts-de-Chaume
Muscadet,
Muscadet Coteaux de la Loire,
Gros-Plant du Pays Nantais,
Coteaux d'Ancenis et Anjou
Segré
Anjou
Savennières
La Flèche
Anjou
Loir
Coteaux d'Ancenis
Muscadet,
Muscadet Coteaux de la Loire,
Gros-Plant du Pays Nantais
et Coteaux d'Ancenis
Anjou
Anjou
Coteaux de la Loire
Anjou
Angers
Anjou-Villages
Saint-Nicolas-de-Bourgueil
et Bourgueil
Saumur-Champigny
Saint-Nazaire
Ancenis
Muscadet
Anjou-Villages
Coteaux du Layon
Anjou
Anjou
Saumur
Bourgueil
Muscadet
Nantes
Loire
Gros-Plant du Pays Nantais
Muscadet Sèvre-et-Maine
Anjou
Anjou-Villages
Coteaux du Layon
Chinon
Muscadet
Muscadet Côtes-de-Grandlieu
Cholet
Anjou
Anjou-Villages
Saumur et Coteaux de Saumur
Vienne
Gros-Plant du Pays Nantais
Muscadet
Thouars
Bonnezeaux
Anjou
Gros-Plant du Pays Nantais
Saumur
Gros-Plant du Pays Nantais
Sèvre nantaise
Châteller
Haut-Poitou
La Roche-sur-Yon
Fiefs Vendéens-Chantonnay
Fiefs Vendéens-Brem
Fiefs Vendéens-Mareuil
Poitiers
Les Sables-d'Olonne
Fiefs Vendéens-Pissotte
Fontenay-le-Comte
Fiefs Vendéens-Vix
Niort
Île de Ré
La Rochelle
Océan Atlantique
Île d'Oléron
Pointe de Grave
50 km
Légendes Cartographie

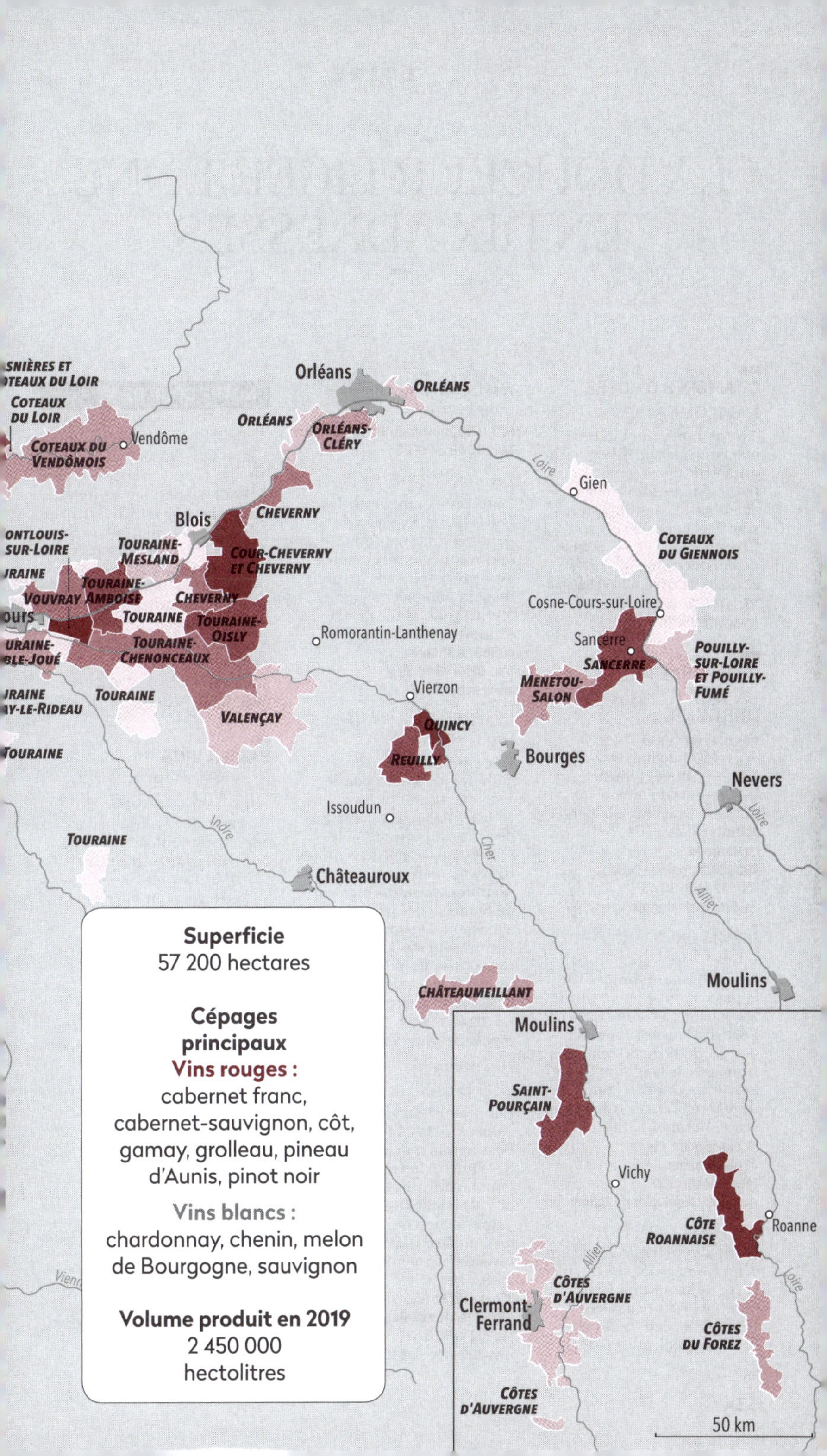

Superficie
57 200 hectares

Cépages principaux

Vins rouges :
cabernet franc, cabernet-sauvignon, côt, gamay, grolleau, pineau d'Aunis, pinot noir

Vins blancs :
chardonnay, chenin, melon de Bourgogne, sauvignon

Volume produit en 2019
2 450 000 hectolitres

LA DOUCEUR LIGÉRIENNE EN DIX ADRESSES

CHAMBRES D'HÔTES

L'AMI CHENIN

Au cœur du vignoble, cette ancienne maison de vigneron du XVIIe siècle semi-troglodytique abrite trois chambres. Les propriétaires sont également cavistes. Chambres : 75 - 95 €, petits-déjeuners compris.

37, rue de Beaulieu, 49400 Saumur
Tél. : 02 41 38 13 17
www.amichenin.com

RESTAURANTS

LA TABLE DE LA BERGERIE

Passé chez Alain Ducasse et Joël Robuchon, David Guitton, étoilé, s'illustre avec les produits du terroir sur le domaine viticole de la Bergerie. Menus de 23 à 70 €.

La Bergerie,
49380 Champ-sur-Layon
Tél. : 02 41 78 85 43
www.domainebergerie.fr

LE BISTROT DE LA PLACE

Une terrasse ombragée sur la place Saint-Pierre, entre les maisons à colombages et l'église. Dans les assiettes, des produits du marché, des fromages de la région ; dans les verres, une sélection fine de 400 références, dont 40 au verre. Menus à 17,80 et 22,90 €.

16, place Saint-Pierre,
49400 Saumur
Tél. : 02 41 51 13 27
www.bistrotdelaplace-saumur.com

AU P'TIT GOÛTER

Envie d'une friture de Loire, d'un fromage de chèvre, d'un verre de sancerre ? C'est dans ce bistrot au décor à l'ancienne, dans le bourg de Chavignol, qu'il faut se rendre. Comptez environ 25 € pour le repas.

876-878, Chavignol, 18300 Sancerre
Tél. : 02 48 54 01 66

LA ROUTE DU SEL

Dans cette guinguette des bords de Loire, avec vue panoramique, on s'attable pour les produits locaux maniés avec précision. Vins naturels du coin pour accompagner. Menu de 17,50 € à 33,50 €.

55, quai des Mariniers,
49350 Le Thoureil
Tél. : 02 41 45 75 31
www.authoureil.fr

L'AUBERGE DU CROISSANT

Une cuisine simple et authentique à deux pas de Vouvray ; la grande force de cette adresse, c'est sa carte des vins, qui comprend les plus grands noms du vignoble ligériens, mais aussi de nombreuses autres régions de France, à des prix très alléchants. De nombreux flacons sont stockés en cave troglodytique. Menu à 23 €.

53, quai de la Loire,
37210 Rochecorbon
Tél. : 02 47 37 16 72
www.laubergeducroissant.com

L'AUBERGE DES ISLES

Les producteurs locaux alimentent la table de David Beaufreton, non loin de Saumur. Un havre de paix dont la carte des vins est l'une des plus riches de la région. Une sélection de cuvées est disponible à emporter à prix cavistes. Les menus sont à 17, 19, 23 et 29 €.

312, rue du Boëlle,
49260 Montreuil-Bellay
Tél. : 02 41 50 37 37
www.auberge-des-isles.com

NOTRE COUP DE ♥

MOMENTO SANCERRE

Jouissant de l'une des plus belles vues du Sancerrois, le Momento domine les toits du village de Bué. Tenue par Thomas Jacquet, enfant du pays, et Mariana Mateos, née au Mexique, la carte est sobre et efficace. Vins de Sancerre, de France et du monde pour accompagner. Menus déjeuner à 25 €, à la carte pour le soir.

Ruelle des Tonneliers, 18300 Bué
Tél. : 02 48 78 07 99

BARS À VINS

AUX SAVEUR DE LA TONNELLE

Au cœur de la ville, une adresse de confiance pour boire un coup et grignoter (10-20 €). Le tout-Saumur s'y retrouve pour ouvrir de grandes bouteilles.

4, rue de la Tonnelle,
49400 Saumur
Tél. : 02 41 52 86 62

LA COMÉDIE DES VINS

400 bouteilles dont 21 vins au verre, charcuterie et fromages bien sentis : une référence.

4, rue Suffren, 44000 Nantes
Tél. : 02 40 73 11 68

CAVISTE

WINE NOT

Caviste indépendant depuis 1999, Wine Not est le spécialiste des bouteilles de vin naturel de la ville. 800 références de toutes les régions sont inscrites à sa carte, à consulter en ligne.

9-11, avenue Patton, 49000 Angers
Tél. : 02 41 48 15 09
www.winenot.fr

PAYS NANTAIS

★★

DOMAINE DE BELLE-VUE

Enfant du pays nantais, Jérôme Bretaudeau, s'est installé dans son domaine situé à Gétigné en 2001. Ce vigneron curieux fait partie des têtes chercheuses du Muscadet, aussi bien à la vigne, cultivée en biodynamie (certification en 2016), où le classique melon de Bourgogne côtoie le chardonnay et le savagnin (cuvée La Justice), le pinot noir (Statera) et le merlot (Ornaté), qu'en cave, où cuve inox, foudre, barrique, œuf béton et amphore forment un parc expérimental de vinification et d'élevage. Les vins font leur fermentation malolactique. Les derniers millésimes ont atteint un haut niveau. La détente et l'énergie que déploient les vins sont absolument revigorants : ils proposent une définition moderne des grands muscadets, brillant par un équilibre juste entre la maturité du fruit et l'expression minérale.

Les vins : approche subtile et infusée pour le délicieux cabernet franc, dont nous admirons la vibration rayonnante du fruit. Cette incroyable définition est de plus en plus précise. Mêmes vivats pour Statera, pinot noir d'une floralité septentrionale enivrante, d'une finesse incroyablement stimulante. La profondeur viendra avec l'âge des vignes. L'émotion continue avec la chair magnifiquement énergique du muscadet-sèvre-et-maine. Venu des gabbro de Gorges, le Clos des Bouquinardières a besoin de temps pour se révéler mais il annonce déjà un fruit lumineux, gainé par une concentration vivifiante. Élevé en œuf béton, Gaïa pousse plus loin la concentration profonde du fruit. Un vin d'une parfaite maturité, absolument vivifiant. Assemblage de chardonnay et de savagnin élevés en amphore et cuve béton, La Justice s'affirme avec un relief sanguin et une bouche sphérique. Un style un peu plus décadent que le reste de la gamme.

Muscadet Clos des Bouquinardières 2018	22 €	94
Muscadet Sèvre et Maine 2019	14 €	91
VDF La Justice 2019	28 €	93
VDF Ornaté 2019	28 €	92
VDF Statera 2019	38 €	92

Le coup de ♥

Muscadet Gaïa 2019	28 €	94

Rouge : 5 hectares. Pinot noir 50 %, Cabernet franc 25 %, Merlot 25 %
Blanc : 10 hectares. Melon de Bourgogne 80 %, Chardonnay 12 %, Pinot gris 5 %, Savagnin 3 %
Production moyenne : 65 000 bt/an

DOMAINE DE BELLE-VUE ☾
1, boulevard d'Alatri, 44190 Gétigné
06 12 85 19 62 • jbretaudeau@free.fr • Vente et visites : au domaine sur rendez-vous.
Propriétaire : Jérôme Bretaudeau

★★

DOMAINE PIERRE LUNEAU-PAPIN

Monique et Pierre Luneau ont complètement laissé les rênes de ce domaine emblématique à leur fils, Pierre-Marie, et à leur sémillante belle-fille, Marie, en 2018. La transmission de ce patrimoine de 40 hectares de vignes, réparties entre Le Landreau, la Chapelle-Heurlin et Vallet, s'est faite avec sérénité et toujours la même vision : tailler de beaux muscadets de terroir en passant par une viticulture biologique (certification en 2016) et biodynamique (2019). La gamme foisonnante est parfois difficilement lisible mais la cohérence et la régularité des vins sont sans faille, aussi bien la vivifiante folle blanche que les magnifiques blancs de garde des schistes de Goulaine. Pour survivre aux ravages violents causés par le gel, une activité de négoce bio a été créée, dans laquelle on retrouve des cuvées franchement fruitées. Voilà un domaine exemplaire et inspirant, révélateur des terroirs et des grands blancs de garde du Pays nantais.

Les vins : Hortense, issu d'achat de raisins bio, est délicieusement juteux et franc du collier. Le Verger trouve sur les schistes une chair avenante et stimulante ; Le Clos du Milieu, à la matière mûre et tonique, est parfait pour des coquillages. Sur les gneiss, Les Pierres Blanches va plus loin dans la définition anisée du melon de Bourgogne, jusqu'à une finale puissante et sapide. Vera Cruz s'affirme avec de fines notes fumées, une bouche musclée, tenue par de beaux amers. Venu du cru communal de Goulaine, Gula Ana impressionne par sa superbe densité en extraits secs, d'une structure vineuse armée par la table et la garde.

Laissons les plus anciens exprimer le potentiel des grands muscadets. Dans un registre plus sérieux que les derniers millésimes, Excelsior 2012 dévoile une robe dorée et une densité fraîche qui n'est pas sans rappeler la profondeur d'un beau chablis. Élevé 42 mois, Pueri Solis développe une ampleur majestueuse, nourrie par le soleil de l'année.

- Muscadet Sèvre et Maine Cru Communal Schistes de Goulaine Excelsior 2012 — 20 € 93
- Muscadet Sèvre et Maine Goulaine Gula-Ana 2017 — 22 € 93
- Muscadet Sèvre et Maine Hortense 2019 — N.C. 89
- Muscadet Sèvre et Maine Vera Cruz 2019 — 17 € 93
- Muscadet Sèvre et Maine sur lie Clos du Milieu 2019 — N.C. 89
- Muscadet Sèvre et Maine sur lie Le Verger 2019 — 10 € 89
- Muscadet Sèvre et Maine sur lie Les Pierres Blanches 2019 — 17 € 92
- Muscadet Sèvre-et-Maine Pueri Solis 2005 — 35 € 94

Rouge : Gamay noir à jus blanc 100 %
Blanc : 39 hectares. Melon de Bourgogne 96 %, Folle blanche 4 %
Production moyenne : 180 000 bt/an

DOMAINE PIERRE LUNEAU-PAPIN ♣

3, La Grange, 44430 Le Landreau
02 40 06 45 27 •
www.domaineluneaupapin.com • Vente et visites : au domaine sur rendez vous.
Propriétaire : Pierre-Marie et Marie Luneau
Maître de chai : Pierre-Marie Luneau

★

DOMAINE DE LA CHAUVINIÈRE

Jérémie Huchet reprend en 2001 le domaine familial à son père Yves, vigneron déjà estimé. Avec l'acquisition du clos Les Montys du château de Goulaine (vignes plantées en 1914), il étend son vignoble de Château-Thébaud et, depuis 2006, exploite en fermage le château de la Bretesche sur les coteaux de la Sèvre (gneiss). Au total, 57 hectares sur lesquels Jérémie déploie toute son énergie. Dans les caves d'un ancien monastère, l'élevage se fait partiellement en foudre et en fût. Des cuvées parcellaires aux entrées de gamme, tout est recommandable dans ce domaine en pleine forme qui vient de se doter d'un nouvel espace de dégustation. Associé à Jérémie Mourat, Jérémie Huchet développe et approfondit une excellente petite gamme de négoce, sous le nom des Bêtes Curieuses, qui s'applique à mettre en avant les crus communaux.

Les vins : très énergique en 2019, Le Chemin des Prières (gravelo-argilo-sableux) est une excellente entrée en matière pour comprendre le style épuré du domaine, tout comme Les Quinze Hommées (sables grossiers), un peu plus sphérique et sapide. Il sera en pleine forme au printemps 2021. Même constat pour Les Montys Le Parc exempt de tout esbroufe, qui gagnera en vinosité et sagesse dans les prochaines années. Issu de vignes plantées en 1914, le Clos des Montys, offre une intensité profondément saline. Du côté des Bêtes Curieuses, une excellente folle blanche non greffée cristalline fait son apparition. Carafez-la pour estomper la réduction. En 2017, la suavité du clisson offre une approche charmeuse du muscadet, sans manquer de fond. Le monnières-saint-fiacre, s'affirme avec un équilibre plus tranchant et une concentration gainée. Le château-thébaud s'élance avec un côté cristallin très fin, idéal pour une cuisine iodée. Ces crus communaux sont à l'aise à table dès maintenant, mais peuvent évoluer tranquillement en cave pendant une dizaine d'années.

- Muscadet Le Chemin des Prières 2019 — 11,90 € 90
- Muscadet Les Montys Le Parc 2019 — 11,90 € 91
- Muscadet Les Quinze Hommées 2019 — 11,90 € 90
- Muscadet Sèvre et Maine Les Bêtes Curieuses Clisson 2017 — 15 € 91
- Muscadet Sèvre et Maine Les Bêtes Curieuses Monnières-Saint Fiacre 2014 — 15 € 91
- Muscadet Sèvre et Maine sur lie Clos les Montys Vigne de 1914 2018 — 16 € 92
- VDF Folle Blanche Franc de Pied 2018 — 12 € 90

Le coup de ♥

- Muscadet Sèvre et Maine Les Bêtes Curieuses Château-Thébaud 2014 — 15 € 92

Rouge : 0,35 hectare. Pinot noir 100 %
Blanc : 57 hectares. Melon de Bourgogne 98 %,

Folle blanche 2 %
Production moyenne : 295 000 bt/an

DOMAINE DE LA CHAUVINIÈRE ♣
44690 Château-Thébaud
02 40 06 51 90 •
www.jeremie-huchet-vigneron.fr •
Visites : sans rendez-vous.
Propriétaire : Jérémie Huchet

★

DOMAINE HAUTE FÉVRIE

Claude Branger a débuté avec son père, en travaillant "derrière le cheval" sur 7 hectares. Il en possède désormais 26,5. Son fils, Sébastien, arrivé officiellement en 2007 au domaine, le seconde activement. Ces vignerons consciencieux (pratiquant les vendanges manuelles) n'ont jamais cédé aux sirènes de la facilité. Ils aiment les muscadets mûrs mais bien secs. Les Gras Moutons (vignes de 40 ans) est issu des bords de Maine ; les raisins du Clos Joubert, un hectare planté de vignes âgées de 35 ans dominant la Sèvre, sont vinifiés et élevés en fût. Les monnières-saint-fiacre et château-thébaud sont de très brillants ambassadeurs de ces crus d'exception. On trouvera chez les Branger des muscadets précis et complets, qui font honneur à leur région.

Les vins : le dernier-né, Pont Caffino, est un formidable melon à la fois classique par sa droiture et débridé. Le Moulin de la Gustais affirme une austérité plus convenue. Une belle chair stimulante et sapide se dégage du Clos de la Févrie : un régal ! Gras Mouton 2019 est un très beau blanc vivifiant, d'une intensité saline insistante et revigorante, à servir à table ou à faire vieillir. Dans ce millésime solaire, le 2018 conserve pour sa part une superbe fraîcheur saline. Un idéal compagnon de table. Vinifié en fût, le Clos Joubert prend des airs bourguignons, tout en laissant jaillir une énergie fraîche. Le monnières offre une densité et un classicisme intéressants, un gras puissant structuré par des amers robustes. De grande profondeur, le château-thébaud évolue en bouche avec une puissance gracieuse et des airs floraux. Il vieillira bien durant quinze ans.

- Muscadet Sèvre et Maine Château-Thébaud Coteau de l'Ébeaupin 2016 — 13 € — 92
- Muscadet Sèvre et Maine Monnières-Saint-Fiacre 2016 — 13,25 € — 91
- Muscadet Sèvre et Maine sur lie Clos Joubert 2018 — 9,25 € — 91
- Muscadet Sèvre et Maine sur lie Clos de la Févrie 2019 — 8,75 € — 90
- Muscadet Sèvre et Maine sur lie Gras Moutons 2018 — 9 € — 91
- Muscadet Sèvre et Maine sur lie Gras Moutons 2019 — 9 € — 92
- Muscadet Sèvre et Maine sur lie Moulin de la Gustais 2019 — 7,30 € — 88
- Muscadet Sèvre et Maine sur lie Pont Caffino 2019 — 7,45 € — 89

Blanc : 29,15 hectares.
Production moyenne : 170 000 bt/an

DOMAINE HAUTE FÉVRIE ♣
109, La Février, 44690 Maisdon-sur-Sèvre
02 40 36 94 08 • www.lahautefevrie.com •
Vente et visites : au domaine sur rendez-vous.
Propriétaire : Sébastien Branger

★

DOMAINE LANDRON

Les cuvées de Jo Landron, figure vigneronne essentielle de la région, sont devenues des références dans la petite famille des muscadets de terroir. Les vins sont commercialisés de manière décalée avec, d'abord, Amphibolite, léger, à boire sur le fruit – très prisé des bars à vins. Puis, selon le cas, les cuvées issues des sols argilo-sableux ou les grès, l'âge des vignes interférant dans le bel ordonnancement des terroirs. Dans les meilleures années, l'Hermine d'Or allie maturité et fraîcheur, et le Fief du Breil offre une très belle complexité. Avec le passage de plus de 50 hectares en biodynamie en 2011 (une prouesse !) , les vins ont gagné en expression minérale et pureté de fruit.

Les vins : Amphibolite, au sommet de sa forme en 2019, est limpide comme de l'eau de roche. À boire à la régalade dans la prime jeunesse. Tout comme le Clos La Carizière, énergique et savoureux malgré une touche terne au nez. La Louvetrie offre en 2018 un profil plus tendre et solaire, idéal pour découvrir la région en douceur. Les Houx, issu d'un plateau surplombant la Sèvre, prend une belle étoffe dynamique en 2019. Le 2018 évoluera tranquillement avec une densité vineuse, structurée par de beaux amers. Le Fief est l'archétype du grand muscadet sublimé par le temps. Ce 2016 offre une intensité complexe, une fraîcheur océanique dans sa bouche charnue. L'évolution finement miellée du 2015 l'invite sur une table hivernale. Haute Tradition prend une tournure plus ample et une concentration le menant vers la gastronomie fine.

- Muscadet Sèvre et Maine Amphibolite 2019 — 13 € 90
- Muscadet Sèvre et Maine Fief du Breil La Haye Fouassière 2015 — 19 € 92
- Muscadet Sèvre et Maine Le Fief du Breil 2016 — 19,50 € 93
- Muscadet Sèvre et Maine sur Lie Haute Tradition 2016 — 23 € 92
- Muscadet Sèvre et Maine sur Lie Les Houx 2019 — 12 € 91
- Muscadet Sèvre et Maine sur lie La Louvetrie 2018 — 9 € 89
- Muscadet Sèvre et Maine sur lie Les Houx 2018 — 12 € 91

Rouge : 1,6 hectare. Pinot noir 100 %
Blanc : 49 hectares. Melon de Bourgogne 96 %, Folle blanche 4 %
Production moyenne : 260 000 bt/an

DOMAINE LANDRON ☾
3, impasse du Fief-du-Breil, Les Brandières, 44690 La Haye-Fouassière
02 40 54 83 27 • www.domaines-landron.fr • Vente et visites : au domaine sur rendez-vous.
Propriétaire : Jo Landron

★

DOMAINE DE LA PÉPIÈRE

Associé depuis 2010 à Rémi Branger et Gwénaëlle Croix, Marc Ollivier a créé ce domaine en 1984 à partir des vignes familiales et l'a peu à peu agrandi en sélectionnant les meilleures parcelles et les plus vieilles vignes, essentiellement situées sur des sols granitiques. Le domaine est certifié en bio depuis 2010, et tout converge vers le respect de l'intégrité des raisins, avec vendanges manuelles, débourbages légers, absence de levurage comme d'enzymage. De croquants rouges de merlot, de côt et de cabernet franc servent d'introduction aux exceptionnelles cuvées Domaine de la Pépière et Clos des Briords (issues de vignes plantées en 1930), d'une rare intensité et d'une grande sincérité de saveurs. Les crus communaux Clisson, Château-Thébaud et Monnières-Saint-Fiacre viennent brillamment compléter la gamme. 2018 est le premier millésime certifié en biodynamie.

Les vins : le muscadet-sèvre-et-maine s'avère en 2019 parfaitement digeste et croquant. Un vin à boire à la régalade. La fine austérité revigorante s'affirme avec énergie dans Briords, plus profond et toujours aussi vivifiant. Les Gras Moutons prend davantage d'étoffe saline avec un gras extrêmement stimulant. Sur le granite, le clisson trouve une suavité particulière, une tension revigorante. Le monnières-saint-fiacre dévoile une trame plus serrée et pointue qui séduira les amateurs de grands chablis ciselés. Le château-thébaud reste dans une phase austère du froid millésime 2014. Il faudra le détendre en carafe. En rouge, le cabernet franc va droit au but avec une fraîcheur tonique et un fruit sans fard ; le côt est plus épicé et anguleux.

- Muscadet Sèvre et Maine Château-Thébaud 2014 — N.C. 92
- Muscadet Sèvre et Maine Clisson 2017 — 15 € 92
- Muscadet Sèvre et Maine Monnières-Saint-Fiacre 2017 — 14,50 € 93
- Muscadet Sèvre et Maine sur lie Briords 2019 — 10 € 91
- Muscadet Sèvre et Maine sur lie Domaine de la Pépière 2019 — 8,50 € 89
- Muscadet Sèvre et Maine sur lie Les Gras Moutons 2019 — 10 € 93
- IGP Val de Loire La Pépie Côt 2019 — 9 € 88

Rouge : 3,5 hectares. Cabernet franc 50 %, Malbec (cot) 50 %
Blanc : 38,5 hectares. Melon de Bourgogne 100 %
Production moyenne : 200 000 bt/an

DOMAINE DE LA PÉPIÈRE ☾
36, La Pépière, 44690 Maisdon-sur-Sèvre
09 62 33 15 03 •
www.domainedelapepiere.com • Vente et visites : au domaine sur rendez-vous.
Propriétaire : Rémi Branger et Gwénaëlle Croix

★

DOMAINE SAINT-NICOLAS

Thierry Michon, épaulé par ses fils, Antoine et Mickaël, dirige le seul domaine de stature internationale en Vendée. Sur le terroir atlantique de Brem, il possède des vignes cultivées intégralement en biodynamie, dont les rendements sont hélas globalement très faibles ces dernières années. Sous l'influence de l'océan, le vignoble produit des blancs de chenin et de chardonnay (fruits jaunes à noyau et finale saline), et des rouges de pinot noir longuement élevés (Jacques, La Grande Pièce), mais aussi de gamay, négrette et cabernet franc. Nous sommes enthousiasmés par ses blancs salins, finement menés par des élevages un peu démonstratifs, mais nous émettons des réserve sur les rouges, rudement charpentés par une maturité très poussée et une extraction appuyée.

Les vins : des blancs dynamiques avec le fringant Vin de Thierry (chenin/grolleau), mûr et digeste. Tout comme Les Clous, chenin qui revigorera un début de repas. De haute maturité en 2018, la nouvelle cuvée Rochais séduit par sa note de réduction grillée insistante, et s'étire avec une certaine énergie. Fiefs Boire (schistes et quartz) se montre plus svelte, avec une profondeur saline affirmée. Un beau blanc de table. Nous aimerions une approche moins extraite et plus digeste pour les rouges, hauts en couleur et concentrés, à l'image de Reflets. D'une densité soutenue, la négrette du Poiré offre une version tendre de ce cépage naturellement sanguin, doublée d'une allonge structurée. La puissance solaire du millésime 2018 domine l'expression naturelle du pinot noir et donne à la cuvée Jacques des airs sudistes. Laissons-le se poser encore deux ans en cave. Marqué par un caractère végétal du millésime, Plante Gâte attendrira un foie de veau par sa charpente saillante.

Fiefs Vendéens Brem Fiefs Boire 2018	34 €	92
Fiefs Vendéens Brem Les Clous 2019	14 €	90
VDF Rochais 2018	32 €	91
VDF Vin de Thierry 2019	12 €	89
Fiefs Vendéens Brem Le Poiré 2017	21 €	90
Fiefs Vendéens Brem Plante Gâte 2011	38 €	89
Fiefs Vendéens Brem Reflets 2018	N.C.	87
VDF Jacques 2018	N.C.	89

Rouge : 25 hectares. Pinot noir 80 %, Négrette 8 %, Cabernet franc 6 %, Gamay noir à jus blanc 6 %
Blanc : 15 hectares. Chenin 53 %, Chardonnay 32 %, Grolleau gris 15 %
Production moyenne : 100 000 bt/an

DOMAINE SAINT-NICOLAS
Les Clous, 85340 L'Île-d'Olonne
02 51 33 13 04 •
www.domainesaintnicolas.com • Vente et visites : au domaine sur rendez-vous.
Propriétaire : Thierry, Antoine et Mickaël Michon

★

DOMAINE DE L'ÉCU

Frédéric Niger est arrivé en 2009 au domaine de l'Écu. L'ancien propriétaire, l'emblématique biodynamiste Guy Bossard, lui a transmis son savoir précieux et précis de la vigne et du vin jusqu'en 2013. Depuis lors, Frédéric poursuit le travail biologique (depuis 1975) et biodynamique (certifiée en 1998) de la vigne et s'astreint à une vinification la plus naturelle possible. L'éclat du fruit et l'ouverture aromatique sincère de ses vins sans artifice s'en ressentent. Au-delà des flamboyants muscadets Classic, Granite, Orthogneiss et Taurus, le vigneron audacieux expérimente avec vingt-huit cuvées en Vin de France vinifiées en amphore. Ces vins réellement vivants nous font sortir de notre zone de confort gustative.

Les vins : très belle interprétation du millésime 2018, dont le caractère solaire se traduit par une savoureuse densité en extraits secs dans Granite, vin au souffle salin, haut en relief de saveurs. Une nouvelle interprétation du chardonnay se dessine dans Janus, un blanc libre, un peu lactique, dont une pointe de gaz préserve la fraîcheur. L'élevage d'un vin en amphore de terre cuite peut être périlleux, mais le fruit jovial, vivifiant et sapide du cabernet franc Mephisto nous fait sourire. Un beau vin à mettre en scène à table après un bon passage en carafe.

VDF Janus 2019	13,75 €	90
VDF Mephisto 2016	30 €	92

Le coup de ♥

Muscadet Sèvre et Maine Granite 2018	14,50 €	92

Rouge : 3 hectares. Cabernet franc 40 %, Pinot noir 40 %, Cabernet-Sauvignon 20 %
Blanc : 21 hectares. Melon de Bourgogne 50 %, Chardonnay 20 %, Chenin 20 %, Folle blanche 10 %
Production moyenne : 120 000 bt/an

DOMAINE DE L'ÉCU ☾
20, La Bretonnière, 44430 Le Landreau
02 40 06 40 91 • www.domaine-ecu.com •
Vente et visites : au domaine sur rendez-vous.
Propriétaire : Frédéric Niger

DOMAINE BONNET-HUTEAU

Les frères Bonnet, Jean-Jacques et Rémi, héritiers de la propriété familiale située à La Chapelle-Heulin, ont converti les 40 hectares de vignes à l'agriculture biologique en 2005. Quatre terroirs ont été vinifiés séparément pour dégager leur plus belle expression. Sur Les Dabinières, un sol chaud de gneiss et de micaschistes, le fruit s'exprime en rondeur. Sur l'amphibolite et les micaschistes des Gautronnières, le melon devient minéral et tendu. Les sols pauvres et granitiques des Laures donnent un vin plus dense et complet. Uniquement élaboré les belles années, élevé 18 mois sur lies (minimum requis), le cru communal Goulaine se livre en profondeur et semble armé pour la garde. Les 2019 renouent avec une énergie et un éclat de fruit que nous ne trouvions plus dans les vins. Un autre millésime dans cette veine permettra au domaine de retrouver l'étoile.

Les vins : après le solaire millésime 2018, 2019 renoue avec bien plus de fraîcheur, à l'image de Bonnets Blancs, juteux et finement citronné. Les Gautronnières s'affiche avec une chair précise, très stimulante. Moulin Chartrie montre davantage de fougue et de tension. Sur les granites, Les Laures dévoile une dimension énergique et un volume en bouche au-dessus des autres. Le goulaine montre le potentiel des beaux muscadets, avec une belle finesse de texture, mais dans un style un peu trop contenu. Vinifié et élevé en œuf de terre cuite, Medolia est riche de son millésime solaire, tout en exprimant un beau relief de saveurs. À servir à table. Un original pinot gris de macération (un mois) se dessine dans Ordolia, aux nuances de rose, à la bouche grasse, subtilement structurée par des tanins croquants. Une belle réussite.

- Muscadet Medolia 2018 — 21 € — 90
- Muscadet Sèvre et Maine Clos Moulin Chartrie 2019 — 13,50 € — 90
- Muscadet Sèvre et Maine Goulaine 2016 — 17 € — 91
- Muscadet Sèvre et Maine Les Bonnets Blancs 2019 — 9,80 € — 89
- Muscadet Sèvre et Maine sur lie Les Gautronnières 2019 — 12,50 € — 90
- Muscadet Sèvre et Maine sur lie Les Laures 2019 — 14,90 € — 92
- VDF Ordolia 2019 — 25 € — 92

Rouge : 2 hectares. Cabernet franc 60 %, Malbec (cot) 30 %, Gamay noir à jus blanc 10 %
Blanc : 38 hectares. Melon de Bourgogne 80 %, Pinot gris 10 %, Chardonnay 7 %, Folle blanche 3 %
Production moyenne : 200 000 bt/an

DOMAINE BONNET-HUTEAU ☾
La Levraudière, 44330 La Chapelle-Heulin
02 40 06 73 87 • www.bonnet-huteau.com •
Visites : sans rendez-vous.
Propriétaire : Rémi et Jean-Jacques Bonnet, Vincent Pineau

CLOS SAINT-ANDRÉ

Ce domaine ancien a été totalement restructuré depuis son rachat par Jérémie Mourat en 2006. Fils de Jean Mourat, le fondateur du vaste vignoble Marie du Fou, Jérémie a bien développé la qualité de ce terroir de méta-rhyolites et schistes pourpres, planté de chenin et de négrette. Les vignes sont travaillées en bio, et les vins élevés principalement en cuve béton pour conserver au jus son fruit et sa trame minérale. Ces vins ambitieux peuvent gagner en sobriété et en pureté de fruit.

Les vins : débutons avec 15.14, un blanc de noirs en méthode traditionnelle aux airs champenois, bien ficelé, dont il faudra apaiser la bulle dans le verre ou en carafe. Moulin Blanc semble pommadé et manquant de fraîcheur. En revanche, le Clos Saint-André est toujours le plus abouti, avec une équilibre précis. Un chenin sans débord. La sélection de Tries de Mi-Pente est marqué par un élevage plus luxueux, enrobant une matière intense. La haute maturité du millésime se ressent dans Moulin Blanc, pinot noir savoureux, techniquement bien mené. Grenouillère offre une définition pulpeuse de la négrette, tout en conservant un élan sanguin et généreusement poivré. Plus dense et profonde, Grenouillère Préphylloxérique prend des allures plus sudistes et accuse des tanins saillants.

- Fiefs Vendéens 2018 — de 11,90 à 13 € (c) — 90
- Fiefs Vendéens Mi-Pente 2017 — 29 € — 89

VDF Moulin Blanc Blanc de Noirs 2019 — de 9,90 à 12 € (c) — 86

IGP Val de Loire Moulin Blanc Tête de Cuvée 2018 — 25 € — 89

IGP Val de Loire Vendée Grenouillère 2018 — de 12,90 à 14 € (c) — 90

IGP Val de Loire Vendée Grenouillère Préphylloxérique 2018 — 29 € — 89

Rouge : 10 hectares. Négrette 60 %, Pinot noir 40 %
Blanc : 20 hectares. Chenin 90 %, Chardonnay 10 %
Production moyenne : 150 000 bt/an

CLOS SAINT-ANDRÉ ♣

Vignobles Mourat, Route de la Roche-sur-Yon, 85320 Mareuil-sur-Lay
02 51 97 20 10 • www.mourat.com • Vente et visites : au domaine sur rendez-vous.
Propriétaire : Jérémie Mourat

DOMAINE BRUNO CORMERAIS

Il y a maintenant plus de dix ans, Marie-Françoise et Bruno Cormerais ont laissé les rênes du domaine à leur fils Maxime, déjà à l'œuvre avec ses parents depuis 2001. Dans le secteur de Clisson, il bénéficie d'un patrimoine intéressant de vieilles vignes allant de 30 à 70 ans qui lui permet de vinifier des muscadets classiques, les ramenant vers la fine austérité du granite. Ces vins offrent un excellent rapport qualité-prix.

Les vins : La Chambaudière fera un bon classique vif et citronné pour découvrir le muscadet. Toujours aussi ciselé, Vieilles Vignes (40 à 60 ans) évoluera tranquillement avec plus de rondeur. D'une belle vinosité pour la table, Prestige est enveloppé d'un élevage légèrement luxueux. Venu des granites de Clisson, Maxime a pris une belle étoffe lors de son élevage de trois ans sur lies, et offre une allonge savoureusement minérale. Le clisson (cru communal) transmet le caractère tardif du millésime par une trame serrée stimulante. Il a encore de belles années devant lui. En 2010, Bruno s'apaise en prenant davantage de confort pour s'affirmer à table.

Muscadet Sèvre et Maine Bruno 2010 — 15,60 € — 90

Muscadet Sèvre et Maine Chambaudière 2018 — 6,70 € — 87

Muscadet Sèvre et Maine Clisson 2013 — 13,10 € — 91

Muscadet Sèvre et Maine Maxime 2016 — 16,10 € — 90

Muscadet Sèvre et Maine sur lie Prestige 2016 — 8,70 € — 88

Muscadet Sèvre et Maine sur lie Vieilles Vignes 2017 — 7,70 € — 88

Rouge : 3,9 hectares. Gamay noir à jus blanc 42 %, Merlot 39 %, Cabernet franc 13 %, Abouriou 6 %
Blanc : 27 hectares. Melon de Bourgogne 92 %, Folle blanche 4 %, Pinot gris 2 %, Sauvignon gris 2 %
Production moyenne : 80 000 bt/an

DOMAINE BRUNO CORMERAIS

41, La Chambaudière, 44190 Saint-Lumine-de-Clisson
02 40 03 85 84 • www.domaine-bruno-cormerais.com • Vente et visites : au domaine sur rendez-vous.
Propriétaire : Maxime Cormerais

DOMAINE LE FAY D'HOMME

Les Caillé sont propriétaires de vignes depuis cinq générations. Installé à Monnières, Vincent Caillé travaille depuis 1986 avec exigence, dans le respect de la vie, de la biodiversité et des sols. Labours, enherbement, culture bio depuis une vingtaine d'années, doublée d'essais en biodynamie : tout est fait pour obtenir des vins sains et sincères, dont les saveurs expressives dessinent la voie du renouveau pour la jeune génération du Muscadet. Des plus simples (Gros Plant) jusqu'aux crus Gorges et Monnières-Saint-Fiacre, la gamme est remarquable et variée, puisqu'elle intègre une cuvée d'abouriou, cépage confidentiel du Sud-Ouest.

Les vins : commençons avec La Part du Colibri, une folle blanche bien mûre à la fraîcheur ébouriffante. Dans la même veine charnue et vivante, Fief Seigneur incarne le parfait muscadet de gourmandise. Terre de Gneiss est produit à partir de vieilles vignes et passe en œuf béton afin d'offrir une chair dynamique et un relief de saveurs saline. Issu d'un sol de gabbro, le gorges s'ouvre tranquillement avec des saveurs virevoltantes, finement racinaires. Un très beau vin à mettre en scène à table. Le monnières possède naturellement densité et notes de frangipane, avec une énergie moins flagrante que dans les derniers millésimes. Deux rouges à découvrir : La

Part du Colibri, côt extrait en douceur dont l'acidité évoque le cassis. Amateurs de suavité, passez votre chemin ; N° 3, cabernet franc passé en amphore de grès à la trame légèrement anguleuse, ne se met pas entre toutes les mains.

- Muscadet Sèvre et Maine Fief Seigneur 2019 — 9,75 € — 90
- Muscadet Sèvre et Maine Gorges 2018 — 18 € — 92
- Muscadet Sèvre et Maine Monnières-Saint-Fiacre 2015 — 15,50 € — 90
- Muscadet Sèvre et Maine Terre de Gneiss 2018 — 22 € — 91
- VDF La Part du Colibri Folle Blanche 2019 — 7 € — 88
- VDF La Part du Colibri Côt 2018 — 7,50 € — 88
- VDF N° 3 2018 — 15 € — 89

Rouge : 2 hectares. Cabernet franc 30 %, Gamay noir à jus blanc 30 %, Abouriou 20 %, Malbec (cot) 20 %
Blanc : 23 hectares. Melon de Bourgogne 90 %, Folle blanche 10 %
Production moyenne : 100 000 bt/an

DOMAINE LE FAY D'HOMME
3, Les Coteaux, 44690 Monnières
02 40 54 62 06 • www.lefaydhomme.fr •
Visites : sans rendez-vous.
Propriétaire : Vincent Caillé

VIGNOBLES GÜNTHER-CHÉREAU

Le négociant Bernard Chéreau avait acquis, en 1973, le château du Coing, restauré sous le Directoire. C'est sa fille, Véronique, qui en a hérité, désormais aidée de sa propre fille, Aurore. Situé à la pointe formée par le confluent de la Sèvre et de la Maine, le vignoble de coteaux du château du Coing donne, sur les gneiss et orthogneiss, des vins gras qui évoluent avec majesté sur quinze ans et plus. Impliquée dans la reconnaissance des crus communaux, Véronique Günther-Chéreau possède également La Gravelle, propriété située à Gorges, qui produit des vins plus frais et minéraux dans leur jeunesse, ainsi que le domaine du Grand Fief de la Cormeraie, aux vins plus enrobés mais équilibrés, sur la commune de Monnières.

Les vins : une belle Queue de Morue, muscadet fringant et joliment citronné, ouvre le bal, avant d'attaquer Anima Mea, plus rond et gourmand. Le château de la Gravelle offre plus de gras, mais manque de fraîcheur en 2018. Le gorges va naturellement plus loin, avec une intensité iodée, légèrement austère, qui se révèlera avec force à table. Comte de Saint Hubert confirme onze ans après sa naissance le potentiel de garde des beaux muscadets, tout en restant un peu confiné. La densité de l'Ancestrale, archétype du cru communal Monnières Saint-Fiacre, lui donne un côté presque tannique. À garder quelques décennies. Une approche plus détendue, tout en restant précise, ferait le plus grand bien à ces vins traditionnels.

- Muscadet Sèvre et Maine Château de la Gravelle Gorges 2014 — 13 € — 90
- Muscadet Sèvre et Maine Château du Coing de Saint-Fiacre l'Ancestrale Monnières-Saint-Fiacre 2015 — 14 € — 91
- Muscadet Sèvre et Maine sur lie Anima Mea 2018 — 13 € — 87
- Muscadet Sèvre et Maine sur lie Château de la Gravelle 2018 — 10 € — 88
- Muscadet Sèvre et Maine sur lie Château du Coing de Saint Fiacre Comte de Saint Hubert Vieilles Vignes 2009 — 15 € — 90
- Muscadet Sèvre et Maine sur lie Queue de Morue 2018 — 10 € — 88

Blanc : 75 hectares. Melon de Bourgogne 94 %, Chardonnay 4 %, Folle blanche 2 %
Production moyenne : 350 000 bt/an

VIGNOBLES GÜNTHER-CHÉREAU ♣
Château du Coing,
44690 Saint-Fiacre-sur-Maine
02 40 54 85 24 • www.vgc.fr • Visites : sans rendez-vous.
Propriétaire : Véronique Günther-Chéreau

DOMAINE LES HAUTES NOËLLES

Constitué dans les années 1930, ce vaste domaine se trouve dans l'appellation Muscadet Côtes de Grandlieu située au sud-ouest de Nantes, autour des zones humides et des faibles pentes qui entourent le lac de Grand-Lieu. Engagé en culture biologique (et certifié depuis 2012) pour ses blancs, le domaine a été repris en 2010 par Jean-Pierre Guédon, ancien chef d'entreprise et passionné de vin, qui s'attache à travailler avec rigueur et précision, en vigne comme en cave. Parmi une gamme d'une quinzaine de vins, on trouvera de saines curiosités, comme ces IGP Val de Loire intitulés Hého. Les muscadets sont fins et vifs, relativement tendres mais bien précis.

Les vins : en 2019, Les Parcelles se montre vif et facile d'approche, tandis que L'Intrépide, sans soufre ajouté, s'offre en rondeur et évolue déjà vers la pomme caramélisée. En 2018, Les Granges conserve une fraîcheur appétente, tout en exprimant la tendresse solaire de l'année. Les Moineries est nettement plus intense grâce à son élevage sur lies de dix-huit mois. Les Coteaux s'élance avec un élan sanguin et une finale au gras très plaisant. Un bon compagnon pour un poisson au beurre. Issu de vieilles vignes, le 2016 se montre plein et dense, mais bien trop enrobé par son élevage en fût.

- Muscadet Côtes de Grandlieu sur lie 2016 — 16 € — 89
- Muscadet Côtes de Grandlieu sur lie Les Coteaux 2018 — 9,50 € — 90
- Muscadet Côtes de Grandlieu sur lie Les Parcelles 2019 — de 7,50 à 8,50 € (c) — 86
- Muscadet Sans Sulfites L'Intrépide 2019 — 16 € — 87
- Muscadet Vieilles Vignes Les Moineries 2018 — 10 € — 89
- Muscadet-Côtes de Grandlieu sur lie Les Granges 2018 — 8,25 € — 88

Rouge : 8 hectares. Gamay noir à jus blanc 56 %, Grolleau 32 %, Cabernet franc 6 %, Merlot 6 %
Blanc : 17 hectares. Melon de Bourgogne 84 %, Grolleau gris 8 %, Chardonnay 5 %, Gros plant 3 %
Production moyenne : 120 000 bt/an

DOMAINE LES HAUTES NOËLLES ♣

Rue de Nantes, La Haute Galerie, 44710 Saint-Léger-les-Vignes
02 40 31 53 49 • www.les-hautes-noelles.com • Visites : sans rendez-vous.
Propriétaire : Jean-Pierre Guédon

NOUVEAU DOMAINE

STÉPHANE ORIEUX

Dans le secteur de Vallet, l'un des dix crus communaux situé à l'Est du Muscadet, le discret Stéphane Orieux cultive son vignoble en bio depuis 1991. Sur un terroir principalement composé de micaschistes (folle blanche, La Grand Pièce et Vallet) et partiellement de granite (Clos de la Coudray), les vins trouvent ici une chair pulpeuse, dessinée tout en finesse, sans aucune austérité grâce à des élevages soignés en cuve souterraine. La folle blanche, l'une des plus gourmandes de la région, ne doit pas être manquée… Une approche en douceur des vins du Muscadet, qui mérite d'intégrer ce guide.

Les vins : qu'il est rare de goûter une folle blanche à la chair si mûre et stimulante ! Voici un 2019 extrêmement gourmand. On retrouve une belle franchise de fruit dans La Grande Pièce, un muscadet tout en rondeur juteuse. Le Clos de la Coudray se montre plus classique avec une allonge joliment structurée par des amers nobles. Sans surprise, le Vallet s'affirme avec ambition en 2016, dans un style soigné et minutieux ; il évoluera tranquillement dans les dix prochaines années.

- Gros Plant du Pays nantais Folle Blanche 2019 — 7,90 € — 89
- Muscadet Sèvre et Maine Clos de La Coudray 2019 — 10,90 € — 90
- Muscadet Sèvre et Maine La Grand Pièce 2019 — 9,50 € — 89
- Muscadet Sèvre et Maine Vallet 2016 — 13,90 € — 92

Rouge : 2 hectares. Cabernet franc 70 %, Merlot 30 %
Blanc : 16 hectares. Melon de Bourgogne 77 %, Chardonnay 12 %, Folle blanche 5 %, Sauvignon blanc 3 %, Pinot gris 3 %
Production moyenne : 90 000 bt/an

STÉPHANE ORIEUX ♣

La Touche, 44330 Vallet
02 40 46 68 41 • www.muscadet-orieux.com • Vente et visites : au domaine sur rendez-vous.
Propriétaire : Stéphane Orieux

ANJOU - SAUMUR

★★★

CLOS ROUGEARD

Une histoire de huit générations de la famille Foucault à la tête du Clos Rougeard s'éteint. Ce domaine mythique situé à Chacé a été racheté en 2017 par l'homme d'affaires Martin Bouygues. Sous l'impulsion de Jean-Louis Foucault, dit Charly, décédé en 2015, et son frère Bernard, alias Nady, le clos Rougeard s'est bâti une solide réputation auprès des amateurs de grands cabernets francs ligériens. Une sélection pointue du matériel végétal, une viticulture méticuleuse et des affinages longs de 18 à 30 mois en barrique, donnent naissance à de gracieux saumur-champigny qui se révèlent avec le temps : Le Clos (assemblage de deux parcelles), Les Poyeux (2,9 hectares, parcelle de sol assez sableux ; allonge, finesse, fraîcheur), Le Bourg (parcelle plus calcaire, moins de 4 000 bouteilles ; dense, ferme, solaire). Plus confidentiel, un blanc issu d'à peine 1,5 hectare, sur le grand cru calcaire de Brézé. Ce chenin s'exprime chaque année en sec dans un équilibre idéal entre fraîcheur et maturité, désormais moins boisé que par le passé, évoluant avec majesté vers une palette d'arômes grillés et de fruits jaunes confits. Il peut se boire sur vingt ans.

Les vins : les 2015 quittent seulement les caves du domaine. Il ne faudra pas hésiter à conserver trois à quatre ans ce millésime haut en concentration, dont la carrure encore imposante demande à se fondre tranquillement, à commencer par le saumur-champigny du domaine. Les Poyeux séduit toujours par son inimitable texture et la sensation douce qu'elle provoque, avec ses tanins soyeux. Son muscle lui promet un avenir flamboyant. Comme à son habitude, Le Bourg est le plus contenu par son élevage. La densité saisissante de sa matière et sa structure assurent une longue garde et une expression majestueuse pour plus de trente ans. La vinification et l'élevage du 2015 ont été assurés par Nady Foucault et son neveu Antoine. L'équipe de la famille Bouygues s'est occupée des dernières opérations, dont la mise en bouteille.

Saumur-Champigny 2015	N.C.	92
Saumur-Champigny Le Bourg 2015	N.C.	95
Saumur-Champigny Les Poyeux 2015	N.C.	95

Rouge : 9 hectares. Cabernet franc 100 %
Blanc : 1 hectare. Chenin 100 %
Production moyenne : 20 000 bt/an

CLOS ROUGEARD ♣
15, rue de l'Église, 49400 Chacé
02 41 52 92 65 • contact@clos-rougeard.com
• Vente et visites : au domaine sur rendez-vous.
Propriétaire : Martin Bouygues

★★★

DOMAINE DU COLLIER

Les progrès accomplis par Antoine et Caroline Foucault depuis leur installation en 1999 sont prodigieux. À l'époque, le jeune couple coupe le cordon avec le Clos Rougeard familial pour voler de ses propres ailes. Ils créent le domaine, baptisé du nom de la place du Collier situé dans le village de Chacé, proche des racines d'Antoine. Dès lors, ils prennent leurs marques et affinent leur chenins et cabernets francs principalement venus des coteaux de Brézé, élevés pendant deux à trois ans en fût. Les rouges, dont le fameux lieu-dit Charpentrie, où les vignes centenaires donnent naissance à des cabernets francs profonds, offrent une texture d'une extraordinaire douceur, un bouquet subtil, mené par la touche d'austérité presque sauvage que l'on attend des grands vins du Saumurois. Ils ne sont pas sans rappeler le velouté infini des plus grands millésimes sculptés par les frères Foucault au Clos Rougeard. La salinité mûre des blancs nous plonge dans un lien étroit avec le tuffeau ; la réduction grillée du Charpentrie devrait s'estomper dans le temps. En à peine vingt ans, ce couple de quadragénaires doté d'une sensibilité touchante et d'une rigueur pointilleuse a atteint l'excellence.

Les vins : quatre ans après sa naissance, le saumur blanc commence à se livrer, entre marques grillées de l'élevage et notes d'épices orientales, avec une puissance extraordinaire ; la sensation saline prégnante et longue qu'il provoque vient directement du sol. Bien plus réservé à l'ouverture, La Charpentrie pousse plus loin l'intensité de saveurs minérales, avec une mâche structurale du tuffeau. Deux blancs magistraux de gastronomie, pleins de vitalité et nourrissants, qui se révèleront paisiblement à l'air et avec le temps. Une force paisible se dégage de La Ripaille, cabernet franc mené en douceur sans perdre de vue un grand caractère ligérien dans ce millésime. Un vin en pleine forme en ce moment, contrairement à La Charpentrie, bien plus réservé et dissocié : sa trame dense et veloutée et ses saveurs crayeuses enfouies se révèleront dans les prochaines décennies.

Saumur 2016	36 €	94
Saumur La Charpentrie 2016	60 €	95
Saumur La Ripaille 2016	44 €	94

Le coup de ♥

Saumur La Charpentrie 2016	60 €	96

Rouge : 2,5 hectares. Cabernet franc 100 %
Blanc : 5 hectares. Chenin 100 %
Production moyenne : 22 000 bt/an

DOMAINE DU COLLIER ♣

11, montée des Roches, Saumoussay, 49260 Bellevigne-les-Châteaux
02 41 52 69 22 •
domaineducollier@wanadoo.fr • Vente et visites : au domaine sur rendez-vous.
Propriétaire : Antoine et Caroline Foucault

★★★ ↗

LA FERME DE LA SANSONNIÈRE

Mark Angeli était maçon avant de devenir vigneron dans sa ferme de la Sansonnière, à Thouarcé en 1989. Au fil des années, il appréhende son vignoble de 7,8 hectares qu'il découpe par type de terroirs : schistes argileux, schistes carbonifères, phtanites pour La Lune, argiles rouges sur schistes pour Les Fouchardes et schistes de Saint-Georges pour les Vieilles Vignes des Blanderies, un joyau géologique planté de pieds de 70 ans. Avec une maturité optimale du chenin, un pressurage doux dans un pressoir vertical en bois, des élevages d'un à deux ans en barrique usagée, des doses minimes de soufre volcanique et une intuition sensible hors du commun, les blancs insufflent une mâche saline extraordinaire. Au-delà de la régularité, du très haut niveau objectif de la production, ces vins diffusent une sensation de bien-être, à la fois apaisante et énergisante, à chaque gorgée. Toutes ces qualités nous conduisent à décerner la troisième étoile à ce domaine, incarné par Mark Angeli, son fils Martial, et Bruno Ciofi, arrivé en 2016 du domaine de La Pinte dans le Jura.

Les vins : la sérénité que dégagent ces trois blancs a ému d'emblée les dix dégustateurs du comité de La RVF. Sans exubérance, leur bouquet vivant commence par une délicate note de pomme au four, puis les nuances florales et minérales se livrent. Grâce à une sensation pulpeuse affriolante, La Lune revêt une matière si dense en extraits secs qu'une finale presque tannique apparaît. Son velouté long lui promet un avenir radieux dans les dix ans. Les Fouchardes vont plus loin dans la profondeur saline, d'une harmonie absolue. Apaisant. Terminons en apothéose avec Les Vieilles Vignes des Blanderies dont la puissance puisée dans ce terroir de schistes de Saint-Georges fait rayonner une fraîcheur florale resplendissante, avec un relief amer revigorant. Un vin probablement promis à une garde de plus de quinze ans.

VDF La Lune 2018	Épuisé - 28 €	97
VDF Les Fouchardes 2017	Épuisé - 40 €	96

Le coup de ♥

VDF Les Vieilles Vignes des Blanderies 2017	Épuisé - 50 €	98

Rouge : 1,3 hectare. Grolleau 100 %
Blanc : 6,5 hectares. Chenin 100 %
Production moyenne : 20 000 bt/an

LA FERME DE LA SANSONNIÈRE ☾

La Sansonnière, 49380 Thouarcé
02 41 54 08 08 •
fermedelasansonniere@orange.fr • Vente et visites : au domaine sur rendez-vous.
Propriétaire : Mark et Martial Angeli

★★★

DOMAINE DES ROCHES NEUVES

Le charismatique Thierry Germain a défini une approche stylistique contemporaine de saumur-champigny, qui articule la juste maturité des cabernets et leur élevage en bois dans différents contenants, tout en pérennisant un fruité ligérien infusé, floral et croquant. L'énorme travail entrepris dans les vignes (en biodynamie, certaines labourées au cheval) s'illustre dès la simple cuvée du domaine, tout en fruit pur et digeste. La gamme est désormais irréprochable, entre l'admirable Franc de Pied et La Marginale, si séduisant et aujourd'hui parfaitement calé dans son élevage. En suivant le même chemin, le chenin blanc s'est construit une identité distincte, à la maturité épurée, en tension et en fermeté, bien traduite dans la cuvée Insolite. Après le blanc Clos Romans en 2011, de confidentielles et nouvelles cuvées de sélections parcellaires de haute volée, Les Mémoires (vignes centenaires en rouge) et le Clos de l'Échelier (en rouge et blanc), voient le jour en 2012, éclatantes de race : une montée en gamme éblouissante et un souci de qualité sans faille.

Les vins : un magnifique éclat salin se dégage de L'Échelier, où la puissance du millésime prend une tournure ciselée. Un style tendu qui déroutera les amateurs de blancs plus confortables. Le Clos Romans rayonne par sa fraîcheur étincelante, son ampleur précise et éclatante. Deux vins élevés au cordeau. Sous son exotisme, le blanc de macération Terres se montre bien plus serré, sans la justesse aromatique des autre cuvées, et n'a pas été noté. Archétype du cabernet franc, juteux et énergique, le saumur-champigny 2019 s'avère parfaitement digeste. Les Terres Chaudes dévoilent un velouté particulièrement enivrant en 2018, avec une touche florale aérienne. Dans une veine plus terrienne, La Marginale nous enchante par son élan profondément ancré dans son terroir ligérien. Issu de vignes non greffées, Franc de Pied dévoile des nuances florales discrètes et une trame aérienne prodigieuse dans ce millésime solaire. D'un souffle vivifiant ! Encore contenu par sa jeunesse, le Clos de l'Échelier prend des airs de beau pinot bourguignon, son raffinement se livrera au fil des années. Venu d'un terroir riche en silex et de très vieilles vignes, Mémoires s'affirme toujours avec une personnalité plus intense et une allonge somptueuse. Nous pensons qu'un soupçon de maturité supplémentaire apportera davantage de confort charnu, aussi bien en rouge qu'en blanc.

Saumur Clos Romans 2018	de 52 à 53 € (c)	95
Saumur L'Échelier 2018	de 45 à 46 € (c)	94
Saumur-Champigny 2019	de 14 à 15 € (c)	91
Saumur-Champigny Clos de l'Échelier 2018	de 34 à 35 € (c)	94
Saumur-Champigny Franc De Pied 2018	de 33 à 34 € (c)	95
Saumur-Champigny La Marginale 2018	de 32 à 33 € (c)	94
Saumur-Champigny Les Mémoires 2018	de 40 à 41 € (c)	96
Saumur-Champigny Terres Chaudes 2018	de 21 à 22 € (c)	93

Rouge : 26 hectares. Cabernet franc 100 %
Blanc : 2,5 hectares. Chenin 100 %
Production moyenne : 120 000 bt/an

DOMAINE DES ROCHES NEUVES

56, boulevard Saint-Vincent, 49400 Varrains
02 41 52 94 02 • www.rochesneuves.com •
Vente et visites : au domaine sur rendez-vous.
Propriétaire : Thierry Germain

★★

COULÉE DE SERRANT

L'exceptionnel vignoble de la Coulée de Serrant s'étend en lisière d'une falaise schisteuse tombant directement dans la Loire, près d'Angers. La nature du lieu et la qualité de son exposition lui permettent de sortir du lot depuis des siècles. Restauré par Denise Joly dans les années 1960, le domaine a été repris par son fils Nicolas. Ce brillant agitateur d'idées est un fondamentaliste de la culture biodynamique, qu'il a fait sienne à la Coulée de Serrant depuis 1981, date de la première certification. La fille de Nicolas Joly, Virginie s'occupe du domaine. Si les derniers millésimes sont dotés d'une énergie intrinsèque vaillante, des déviances aromatiques viennent gâcher la pureté que pourraient révéler ces terroirs mythiques de la Loire. Ici naissent aussi bien des vins rejoignant le Panthéon des plus grands chenins, comme la coulée-de-serrant 2016, que des blancs plus imprécis et paraissant plus évolués, à l'image du Vieux Clos 2017.

Les vins : les goûter est toujours déroutant. Ils posent la question de la sensation d'énergie qu'un vin peut procurer. Un grand vin ne doit-il pas nous plonger dans une sensation à la fois énergisante et apaisante ? La fougue, la richesse en extraits secs et la tannicité qui jaillissent de ces 2018 mettront certains dans un inconfort gustatif. Le Vieux Clos, le moins précis, dévoile des notes décadentes de pomme au four, avec un gaz carbonique très présent. Issu de trois parcelles de la Roche-aux-Moines, le Clos de la Bergerie développe un gras amer anachronique, avec des saveurs terriennes virevoltantes. Une carrure solide lui confère une structure tannique. La coulée-de-serrant est protégée par une réduction ; la profondeur du terroir équilibre la puissance du millésime, avec l'attaque d'un torrent qui ralentit son débit jusqu'à une rivière plus calme en finale.

- Savennières Coulée de Serrant 2018 — 65 € — 95
- Savennières Les Vieux Clos 2018 — 28 € — 90
- Savennières Roche-aux-Moines Clos de la Bergerie 2018 — 35 € — 94

Blanc : 15 hectares. Chenin 100 %
Production moyenne : 42 000 bt/an

COULÉE DE SERRANT

7, chemin de la Roche-aux-Moines
49170 Savennières
02 41 72 22 32 • www.coulee-de-serrant.com
• Visites : sans rendez-vous.
Propriétaire : Nicolas Joly

★★

DOMAINE RICHARD LEROY

Dans son vignoble de poche planté sur des schistes gréseux et des rhyolites, Richard Leroy sélectionne ses raisins (en culture bio) comme un orpailleur, et produit de grands vins secs qu'il élève méticuleusement en barrique dans un garage reconverti en cave. Tous les fous du cépage chenin suivent avec passion cette excitante production. Depuis 2008, les vins ne sont plus produits en appellation Anjou, mais en vin de France. Une rébellion contre l'organisation du système des appellations que suivent également les vignerons dans la mouvance de Mark Angeli (Ferme de la Sansonnière). Ces chenins très recherchés, produits en petite quantité et désormais sans soufre ajouté, s'inscrivent parmi les meilleurs blancs de France. La fine réduction grillée et la sensation d'extraits secs salivants que ces vins procurent en bouche semblent inimitables.

Les vins : sous le choc de sa mise en bouteille récente, Rouliers révélera avec la garde une formidable intensité minérale et une mâche saline vivifiante. À ouvrir d'ici 2022, comme Les Noëls de Montbenault, qui procure une sensation florale et fumée prégnante, avec une touche grillée au nez. Il demande quelques années de bouteille pour que l'élan séveux s'équilibre et que la salinité du terroir volcanique jaillisse. Ce blanc semble taillé pour la garde.

- VDF Les Noëls de Montbenault 2018 — 45 € — 95
- VDF Rouliers 2018 — 40 € — 94

Blanc : 2,7 hectares. Chenin 100 %
Production moyenne : 8 000 bt/an

DOMAINE RICHARD LEROY ♣

52, Grande-Rue, 49750 Rablay-sur-Layon
02 41 78 51 84 • sr.leroy@wanadoo.fr •
Visites : sur rendez-vous uniquement aux professionnels.
Propriétaire : Sophie et Richard Leroy

★★

DOMAINE ERIC MORGAT

Né sur la rive sud, Éric Morgat est désormais ancré à Savennières. Depuis 2004, les vendanges s'effectuent sur des chenins dorés sans botrytis, vinifiés en fût, avec fermentations malolactiques partielles (à 50 % dans les 2008). La gamme est désormais réduite à deux blancs, l'anjou Litus qui provient d'une vigne en bord de Layon, et le savennières Fidès, assemblage de différentes et précieuses parcelles (telles que Roche-aux-Moines, ou un coteau replanté à la Pierre Bécherelle). Les vins sont dotés d'une énergie et d'une intensité incroyables. Toutefois, le boisé de l'élevage a tendance à persister et à s'imprégner, même après quelques années de garde.

Les vins : le domaine ne nous ayant pas fait parvenir ses vins cette année, nous sommes amenés à reconduire les notes de notre édition précédente.

- Anjou Litus 2015 — 46 € — 92
- Savennières Fidès 2015 — 50 € — 93

Blanc : 6 hectares. Chenin 100 %
Production moyenne : 15 000 bt/an

DOMAINE ERIC MORGAT ♣

Clos Ferrard, La Grande Roche,
49170 Savennières
02 41 72 22 51 • www.ericmorgat.com •
Vente et visites : au domaine sur rendez-vous.
Propriétaire : Eric Morgat

★★

CHÂTEAU DE VILLENEUVE

Villeneuve représente historiquement un grand terroir pour le chenin blanc sec et parfois liquoreux (appellation Coteaux de Saumur), au remarquable potentiel de vieillissement. Jean-Pierre Chevallier dirige avec exigence et passion le vignoble familial, partiellement situé sur la spectaculaire côte de Souzay. Traduisant au plus près l'expression de cette côte calcaire, cet œnologue formé à l'école bordelaise donne naissance à des rouges homogènes, colorés, à la matière fraîche, dans lesquels le fruit parle de plus en plus librement. Il a su affiner progressivement les élevages et s'affirmer avec régularité comme un des grands stylistes du paysage saumurois actuel. La cuvée Vieilles Vignes, plantées à Dampierre par le grand-père de Jean-Pierre Chevallier, séduit les amoureux de grands cabernets francs, conquis par sa race et sa profondeur, comme les palais néophytes, grâce à la sensualité de sa texture. Impossible de passer à côté.

Les vins : la chair du Clos de la Bienboire se montre toujours délicieusement juteuse. Sans manquer de fond, ce vin séduit par son approche affriolante et fruitée du cabernet franc. Buvez-le jeune. Le "domaine" offre une définition plus serrée et classique, sans esbroufe. La définition minérale du tuffeau va naturellement plus loin avec Les Vieilles Vignes, doté d'un réel soyeux de tanins. D'une expression plus intense, avec un fruit pulpeux, Le Grand Clos impressionne par sa densité de matière. Il restera en cave encore deux ans. Le blanc 2019 au fruit croquant et limpide, vraisemblablement récolté tôt, chenin précis, est très rafraîchissant ; Les Cormiers est dans une phase plus tourmentée, où gras et fraîcheur se dissocient. Attendons le printemps 2021 pour profiter de la pleine expression de ce chenin épuré.

Saumur 2019	13 €	89
Saumur Les Cormiers 2018	21 €	91
Saumur-Champigny 2018	13 €	90
Saumur-Champigny Clos de la Bienboire 2019	13,50 €	91
Saumur-Champigny Le Grand Clos 2017	26 €	94
Saumur-Champigny Les Vieilles Vignes 2018	16 €	94

Rouge : 22 hectares. Cabernet franc 100 %
Blanc : 5 hectares. Chenin 100 %
Production moyenne : 120 000 bt/an

CHÂTEAU DE VILLENEUVE ♣
3, rue Jean-Brevet,
49400 Souzay-Champigny
02 41 51 14 04 •
www.chateaudevilleneuve.com •
Visites : sans rendez-vous.
Propriétaire : Jean-Pierre Chevallier

★★

CHÂTEAU YVONNE

Cette magnifique propriété des terroirs froids de Parnay a connu plusieurs amours, Françoise Foucault puis Bernard Pontonnier, avant que Mathieu Vallée ne s'en entiche en 2007. Cet enfant de Saint-Nicolas-de-Bourgueil (il est le frère de Gérald, du domaine de la Cotelleraie) bénéfice d'un vignoble cultivé en bio depuis 1997. Au fil des années, ce vigneron intuitif appréhende ses vignes, plantées sur des sables éoliens et des tuffeaux. Le style historique des rouges, qui étaient élevés intégralement en fût neuf jusqu'en 2004, change. Ils patientent aujourd'hui entre 12 et 24 mois en barrique (10 % de bois neuf) puis en cuve bois. Depuis le millésime 2014, les vins atteignent un niveau remarquable et sont débarrassés des réductions que nous leur reprochions dans la jeunesse. Le Beaumeray (parcelle de vignes de 60 ans plantées sur sables éoliens) est devenu un grand classique, que tout amateur de cabernet franc doit avoir dans sa cave.

Les vins : dans un millésime solaire comme 2018, le saumur blanc conserve un superbe éclat. La sensation calcaire du tuffeau rafraîchit l'exotisme de l'année. À ouvrir à partir de 2021. La fine évolution de fruits jaunes mûrs et tendres du Gory se voit soulignée par une magnifique énergie calcaire. L'éclat s'affirme peu à peu. Celui, juvénile et croquant, du cabernet franc de La Folie nous enchante. Le saumur-champigny du domaine est toujours mené avec délicatesse pour capter le soyeux et le relief du tuffeau du cabernet franc. Plutôt accessible en 2017, il accuse toutefois une touche d'impureté que nous espérons voir disparaître après un peu de temps en bouteille. Issu de vignes de 50 ans, Le Beaumeray s'affirme avec davantage de profondeur et une incroyable puissance fraîche en 2016. Une poésie légèrement marquée par une note terne, petit bémol dans le concerto de ce cabernet franc taillé pour la garde.

Saumur Le Gory 2017	40 €	93
Saumur-Champigny 2017	25 €	92
Saumur-Champigny La Folie 2019	16 €	91

➡ Saumur-Champigny Le Beaumeray 2016 — 40 € — 93

Le coup de ♥

➡ Saumur 2018 — 25 € — 92

Rouge : 9,5 hectares. Cabernet franc 100 %
Blanc : 3,5 hectares. Chenin 100 %
Production moyenne : 55 000 bt/an

CHÂTEAU YVONNE ♣

12, rue Antoine-Cristal, 49730 Parnay
02 41 67 41 29 • chateau.yvonne@wanadoo.fr
• Vente et visites : au domaine sur rendez-vous.
Propriétaire : Mathieu Vallée

★

DOMAINE PATRICK BAUDOUIN

Idéaliste pour certains, trublion pour d'autres, Patrick Baudouin ne laisse aucun amoureux de vins angevins indifférent. Ardent défenseur de grand liquoreux naturels dans les années 1990, dans la mouvance de Jo Pithon et Philippe Delesvaux, cet ancien libraire parisien revenu sur les terres de ces aïeux oriente sa production vers davantage de blancs secs à partir de 2001. Patrick Baudouin pratique une viticulture biologique sans dogmatisme et préfère agir en agroécologie pour favoriser la biodiversité autour de ses vignes, comme en témoigne son superbe coteau de Princé, un lieu paisible protégé par une flore et une faune riches et généreuses. Ses vins parviennent en même temps à offrir un fruit très gourmand tout en exprimant avec droiture l'identité de chaque terroir. Militant pour une reconnaissance des crus d'Anjou, le sexagénaire sémillant consacre aussi une énergie immense à la promotion et à la compréhension du chenin, notamment par la création en 2019 du Congrès international du chenin, appelé à se tenir une année sur deux.

Les vins : nous avons rarement dégusté un grolleau aussi savoureux et fin, d'une délicatesse de texture et d'une floralité si enivrantes qu'il évoque un beau cinsault de Méditerranée, augmenté de la fraîcheur ligérienne. Le cabernet franc Coteaux d'Ardenay offre en 2017 une matière soyeuse épatante, avec toutefois une animalité présente. Côté blanc, sur la rive gauche du Layon, La Fresnay trouve en 2018 une énergie droite qui stimule le gras solaire de l'année. Une touche d'exotisme au bouquet d'Effusion dont l'étoffe de la matière donne un confort raffiné et séduisant. Sans exubérance, ni passage en force, le savennières s'étend avec un grain fin et une allonge savoureusement identitaire de son terroir. Le Cornillard, issu de vignes de plus de cinquante ans, est quant à lui plus fermé à ce stade mais sa puissance sapide, ses notes anisées et sa minéralité insistante lui promettent un avenir serein.

➡ Anjou Effusion 2018 — 19,20 € — 92

➡ Anjou La Fresnaye 2018 — 18,40 € — 90

➡ Anjou Le Cornillard 2018 — 32 € — 93

➡ Savennières 2018 — 37 € — 93

Le coup de ♥

➡ VDF La Grolle 2018 — 13 € — 92

Rouge : 2,5 hectares. Cabernet franc 80 %, Cabernet-Sauvignon 20 %
Blanc : 11,5 hectares. Chenin 100 %
Production moyenne : 35 000 bt/an

DOMAINE PATRICK BAUDOUIN ♣

Princé, 49290 Chaudefonds-sur-Layon
02 41 74 95 03 • www.patrick-baudouin.com
• Vente et visites : au domaine sur rendez-vous.
Propriétaire : Patrick Baudouin
Maître de chai : Christophe Durand

★

DOMAINE STÉPHANE BERNAUDEAU

Dans le secteur de Martigné-Briand, en Anjou, Stéphane Bernaudeau produit en petite quantité des vins entiers qui impressionnent par leur mâche minérale en bouche. Ce vigneron-artisan a beaucoup progressé dans la précision de ses vinifications pour sublimer Les Onglés, issu d'une parcelle de 2 hectares exposée au sud-ouest, et Les Nourrissons, une petite parcelle dont les vignes ont été plantées en 1910, qui donne l'un des chenins les plus singuliers de Loire. Aujourd'hui, le domaine s'étend sur 3,5 hectares que le vigneron formé chez Mark Angeli (la Ferme de la Sansonnière) cultive seul, courageusement.

Les vins : nous avons dégusté les 2019, millésime redoutablement frappé par le gel, en cours d'élevage. Les Coqueries, nouvelle parcelle de Thouarcé dont le chenin grandit en foudre, dévoile une concentration solaire structurée par d'ardentes saveurs salines. On monte en puissance avec Les Onglés, extrêmement goûteux, resserré avec panache par une sensation de froideur. Un grand chenin serein et plein de vitalité. L'étoffe vivifiante et la profondeur minérale des Nourrissons 2019, dont la fermentation n'était pas terminée et que nous n'avons en conséquence pas noté, laissait croire à un très beau millésime.

VDF Les Coqueries 2019	N.C.	92
VDF Les Onglés 2019	N.C.	95

Blanc : 3 hectares. Chenin 100 %
Production moyenne : 6 000 bt/an

DOMAINE STÉPHANE BERNAUDEAU ♣
14, rue de l'Abondance,
49540 Martigné-Briand
09 62 13 51 28 •
stephane.bernaudeau@orange.fr • Vente et visites : au domaine sur rendez-vous.
Propriétaire : Stéphane Bernaudeau

★

CLAU DE NELL

Christian Jacques, solidement épaulé par Sylvain Potin, poursuit l'aventure initiée en 2008 par son épouse, emblématique figure de la Bourgogne, Anne-Claude Leflaive, pour faire renaître le Clau de Nell. Tout naturellement, les 10 hectares de vignes d'un seul tenant plantées sur argilo-calcaires, grès rouges et silex, sont cultivés en biodynamie depuis les années 2000. Des élevages longs de 12 à 18 mois en fût ancien ont été adoptés. Les derniers millésimes de ce charmant domaine que nous suivons depuis plusieurs années se révèlent particulièrement éclatants, profonds, avec une droiture franche, leur blanc (chenin) comme leurs rouges : Violette, un assemblage de cabernet franc avec du cabernet-sauvignon ; le pur cabernet franc ; et le grolleau. Ces vins séduiront les amateurs de grands anjous.

Les vins : sous une belle robe jaune, le chenin nous étonne par le contraste entre la maturité des arômes, presque sudistes, et la fraîcheur haletante, l'amertume franche qui tirent ce vin vers une longueur ligérienne. La puissance du millésime se révèle également dans les rouges. Rigide dans sa jeunesse, Violette demande à se fondre tranquillement. Il faudra passer en carafe le grolleau pour délivrer ses notes florales et poivrées, détendre sa fermeté tannique. On aimerait davantage de douceur. Un millésime 2018 à laisser en cave pendant encore au moins deux ans.

Anjou Cabernet Franc 2018	28 €	92
Anjou Violette 2018	29,50 €	91
IGP Val de Loire Grolleau 2018	31 €	91

Le coup de ♥

IGP Val de Loire Chenin 2018	34,80 €	93

Rouge : 8,5 hectares. Cabernet franc 80 %, Cabernet-Sauvignon 20 %
Blanc : 1,5 hectare. Chenin 100 %
Production moyenne : 35 000 bt/an

CLAU DE NELL ☾
9 bis, rue des Noyers, 49700 Tuffalun
02 41 59 35 29 • www.claudenell.com •
Vente et visites : au domaine sur rendez-vous.
Propriétaire : Christian Jacques
Directeur : Sylvain Potin

★

CLOS DE L'ECOTARD

Michel Chevré donne progressivement les rênes de ce petit domaine de 3 hectares à son fils Thibaud, qui termine son apprentissage du métier de vigneron. Trois saumurs blancs sont produits avec la volonté de sculpter de magnifiques chenins sveltes, épurés de tout artifice. De La Haie Nardin (sablo-argileux) jusqu'au Pentes (un coteau où le calcaire affleure), en passant par la cuvée emblématique du Clos de l'Écotard (plantée à 8 000 pieds/ha et élevé en différents fûts et jarres de grès), ces blancs s'inscrivent déjà parmi les plus grands du Saumurois. Nous avons décerné la première étoile l'année dernière après avoir dégusté les 2018 avant la mise en bouteille. Leur éclat se confirme aujourd'hui.

Les vins : un très bel équilibre se dessine dans La Haie Nardin, entre le gras solaire du millésime et la fraîcheur épurée recherchée par le vigneron. Un blanc bourré d'énergie à la chair précise. Plus étoffé, finement anisé, Le Clos rayonne par la fraîcheur ciselée de son fruit, provoque une sensation calcaire crayeuse sur la langue. Une magnifique définition saline du chenin saumurois. Sur son sol très calcaire, Les Pentes est naturellement le plus en retenue à ce stade mais annonce une ampleur vivifiante. Garder au moins six bouteilles en cave semble inévitable.

Nous pensons toutefois qu'une maturité des raisins un brin plus élevée permettrait aux vins d'arborer plus de chair et de charme.

- Samur Les Pentes 2018 — 44,70 € — 94
- Saumur La Haie Nardin 2018 — Épuisé - 16,70 € — 91

Le coup de ♥

- Saumur 2018 — 21,70 € — 93

Blanc : 3 hectares. Chenin 100 %
Production moyenne : 20 000 bt/an

CLOS DE L'ECOTARD ♣
182, rue des Ladres,
49260 Artannes-sur-Thouet
02 41 38 20 32 • closdelecotard@laposte.net
• Vente et visites : au domaine sur rendez-vous.
Propriétaire : Michel Chevré
Directeur : Thibaud Chevré

★

CLOS DE L'ELU

Charlotte et Thomas Carsin, Breton diplômé de biologie marine, resté dix ans consultant viticole en Champagne et en Provence, cultivent, depuis 2008, 25 hectares de vignes sur de très beaux terroirs dans les environs de Saint-Aubin-de-Luigné. Vendanges manuelles, labours, culture en bio (certifiée en 2013), puis levures indigènes à la cave et vinification en grappe entière donnent une splendide gamme de vins aboutis, savoureux et énergiques, dont les intitulés invitent au voyage. Les grandes cuvées Magellan (cabernet franc) et Ephata (chenin) montrent la voie à suivre pour la nouvelle génération de vignerons angevins, qui cherche à mieux valoriser ses terroirs et ses vins. Las de certaines obligations du cahier des charges de l'AOC Anjou, le couple a décidé de reclasser leur production sous la plus permissive dénomination vin de France.

Les vins : ils sont toujours enthousiasmants d'originalité. À commencer par le Roc'h Avel, un assemblage osé (dominante de chenin, accompagnée de sauvignon et de grolleau gris) et très expressif. Sous les notes généreusement boisées et la richesse exotique du Désirade, il n'est pas évident de trouver le sauvignon. Une expression de schistes qui manque un peu de fraîcheur. La droiture appétente et précise du chenin Bastingage nous enchante, avec une sensation à la fois nourrissante et vivifiante. L'Ephata, issu de chenin octogénaire, élevé en amphore de grès puis en terre cuite, offre une pureté étincelante et une fraîcheur presque tannique. Très beau blanc de table. Les rouges s'avèrent tout aussi sensibles, avec un Maupiti (gamay, cabernet, grolleau), joyeusement juteux et épicé, L'Aiglerie, ambitieux cabernet élevé deux ans en barrique puis en cuve, vin raffiné empli de saveurs de poivre et de griotte, qui nous rappelle un beau saumur-champigny. Magellan est entré dans une phase tourmentée. Nous préférons l'écarter cette année. L'expression solaire prend le dessus sur la fraîcheur de l'Espérance, pineau d'aunis établi en finesse et générosité. Attendons qu'il soit posé en bouteille.

- VDF Bastingage Terre de l'Elu 2018 — 19 € — 92
- VDF Désirade Terre de l'Elu 2017 — 19 € — 89
- VDF Roc'h Avel Terre de l'Elu 2018 — 13,50 € — 89
- VDF Espérance Terre de l'Elu 2019 — 26 € — 90
- VDF L'Aiglerie Terre de l'Elu 2016 — 19 € — 92
- VDF Maupiti Terre de l'Elu 2019 — 13 € — 90

Le coup de ♥

- VDF Ephata Terre de l'Elu 2018 — 46 € — 93

Rouge : 10,35 hectares. Cabernet franc 57 %, Gamay noir à jus blanc 21 %, Grolleau 13 %, Pineau d'Aunis 9 %
Blanc : 9,19 hectares. Chenin 79 %, Sauvignon blanc 15 %, Grolleau gris 6 %
Production moyenne : 60 000 bt/an

CLOS DE L'ELU ♣
Route de Bellevue,
49190 Saint-Aubin-de-Luigné
02 41 78 39 97 • www.closdelelu.com •
Vente et visites : au domaine sur rendez-vous.
Propriétaire : Charlotte et Thomas Carsin

★

DOMAINE DU CLOSEL - CHÂTEAU DES VAULTS

Évelyne de Pontbriand ne ménage pas ses efforts pour valoriser son domaine angevin, qui entretient, en surplomb de la Loire, l'un des plus beaux patrimoines de vignes de Savennières. La gamme se décline par terroir, ce qui aboutit à une expression plus nuancée des vins du cru, servi par une démarche en biodynamie. Savennières d'initiation, la cuvée La Jalousie est fine, à boire jeune, alors que le plus minéral Les Caillardières évolue bien sur cinq à six ans. Suivant la richesse du millésime, Clos du Papillon peut conserver des sucres résiduels. De facture classique, les vins gagnent en finesse et en pureté dans les derniers millésimes ; ils vieillissent avec grâce. Le domaine étant certifié en biodynamie depuis 2015, nous espérons que les vins développeront encore davantage d'énergie.

Les vins : on commence par un pétillant naturel, un peu trouble, qui restitue la générosité des chenins de savennières. Pour un apéritif décoiffant. Belle-Dame a été réalisée avec les chenins d'une voisine de Rochefort-sur-Loire : ce blanc tout en tendresse, habilement vinifié, accuse une richesse un peu trop marquée. Caillardières présente une puissance soyeuse et une structure tannique austère, un très bon classique de cette appellation, parfait à table. Tout comme Le Clos du Papillon, où l'expression variétale du chenin laisse place à celle du terroir de schistes, rhyolites et quartz. D'une incroyable puissance dans ce millésime solaire, à la fois gras et amer, il est construit sur une structure tannique prégnante. Loin de nous laisser indifférent, il faut le carafer ou le laisser vieillir.

- Savennières La Jalousie 2018 — de 15 à 29 € (c) — 90
- Savennières Le Clos du Papillon 2018 — de 19 à 39 € (c) — 93
- VDF Belle-Dame 2017 — de 8 à 15,90 € (c) — 88
- VDF Demoiselle aux Yeux d'Or 2018 — de 8 à 16 € (c) — 87

Le coup de ♥

- Savennières Les Caillardières 2018 — de 17 à 34 € (c) — 93

Rouge : 2 hectares.
Blanc : 12 hectares.
Production moyenne : 35 000 bt/an

DOMAINE DU CLOSEL - CHÂTEAU DES VAULTS ☾

1, place du Mail, 49170 Savennières
02 41 72 81 00 • www.savennieres-closel.com
• Visites : sans rendez-vous.
Propriétaire : Famille Bazin de Jessey
Directeur : Évelyne de Pontbriand
Maître de chai : Bruno Perray

★

DOMAINE DELESVAUX

À l'aube de leur quarante-et-unième vendange, Philippe Delesvaux et son épouse Catherine continuent à nous émouvoir avec des vins d'une grande vitalité. Viticulture en biodynamie (certification en 2000), vendanges manuelles, vinifications douces, élevages en barrique ancienne... Tout est mis en œuvre pour traduire l'élégante retenue austère des schistes carbonifères et de poudingue dans des chenins à la pureté de fruit incroyable. Le couple décline ses coteaux-du-layon suivant la richesse de tries : lorsque l'année le permet, les différentes parcelles attenantes sont vinifiées ensemble pour obtenir une sélection de grains nobles (en première trie), et la cuvée Les Clos (en seconde trie). Une troisième trie, le Passerillé, sauve la mise certaines années durant lesquelles les deux tries précédentes sont inexistantes... Les anjous rouges vinifiés en cuve offrent un caractère entier intense. Un exemple de domaine biodynamique.

Les vins : le cabernet-sauvignon de La Montée de l'Épine est malheureusement marqué par une animalité prégnante. Signalons toutefois une réelle recherche de soyeux de texture. Le cabernet franc du Roc se montre plus accessible, avec une chair concentrée tenue par des tanins saillants qui demandent à être domptés à table. Les blancs demeurent le point fort du domaine, à l'image des secs, un ravissant et éclatant Franc de Pied, un brin enveloppé par son élevage sous bois, et Feuille d'Or, qui conserve un bouquet nuancé et une matière énergique malgré la richesse de l'année 2018. Le Passerillé s'affirme en légèreté avec un grain énergique. Les Clos nous offre une subtile expression du passerillage, avec des saveurs d'herbes sèches presque méditerranéennes. La Sélection de Grains Nobles s'avère époustouflant de pureté et de précision. Un grand liquoreux où tout se joue par touches et en nuances.

- Anjou Feuille d'Or 2018 — 12,50 € — 91
- Anjou Franc de Pied 2017 — 20 € — 92
- Coteaux du Layon Passerillé 2018 — 12,50 € — 91
- Coteaux du Layon Saint-Aubin Les Clos 2017 — 14 € — 93
- Anjou La Montée de l'Epine 2018 — 9,50 € — 88

Anjou Le Roc 2017 8,50 € 89

Le coup de ♥

Coteaux du Layon SGN 2015 31 € 98

Rouge : 3,7 hectares. Cabernet franc 50 %, Cabernet-Sauvignon 50 %
Blanc : 7 hectares. Chenin 100 %
Production moyenne : 1 bt/an

DOMAINE DELESVAUX
Chemin des Essarts, La Haie Longue, Saint-Aubin-de-Luigné, 49190 Val-du-Layon
02 41 78 18 71 •
domaine.delesvaux@hotmail.fr • Vente et visites : au domaine sur rendez-vous.
Propriétaire : Catherine et Philippe Delesvaux

★

DOMAINE DAMIEN LAUREAU

Damien Laureau reprend en 1999 ce domaine viticole aux portes d'Angers. Il abandonne en 2006 une partie du vignoble en appellation Anjou, et se recentre sur l'appellation Savennières, dont 25 ares de Roche-aux-Moines. Les vins proviennent de vignes assez jeunes du secteur de Beaupréau, en début de plateau pour Les Genêts, et dans la pente (meilleur drainage) pour Le Bel Ouvrage (élevé à 50 % en barrique). Les vins sont en pleine forme, scintillants de minéralité.

Les vins : la récolte 2017 ayant été anéantie par un gel terrible, la cuvée des Raisins de l'Amitié a été réalisée avec des chenins angevins de Saint-Aubin-de-Luigné et Oiron. Dans un profil bien mûr et tendre, tout en restant précis, ce vin est enveloppé par un élevage soigné, signature du vigneron. Malgré la puissance solaire de l'année, Les Genêts affirme la fine froideur du cru jusqu'à une finale saline, dans un registre épicé plutôt que fruité. Encore sous le choc de la mise en bouteille, un an de cave lui fera le plus grand bien.

Savennières Les Genêts 2018 35 € 92
VDF Les Raisins de l'Amitié 2017 21 € 91

Blanc : 8,82 hectares. Chenin 100 %
Production moyenne : 30 000 bt/an

DOMAINE DAMIEN LAUREAU ♣
Chemin du Grand-Hamé, Épiré, 49170 Savennières
09 64 37 02 57 • www.domainelaureau.fr •
Vente et visites : au domaine sur rendez-vous.
Propriétaire : Damien et Florence Laureau

★

DOMAINE AUX MOINES

Monique Laroche, qui dirigeait cette magnifique propriété depuis 1981, nous a quittés en juin dernier. Sa vision des grands blancs de la Roche-aux-Moines, au sommet des bords de Loire, voisin de la Coulée de Serrant, est perpétuée et affinée depuis plusieurs années par sa fille, Tessa. L'expression de ce terroir magistral, peu productif, se transmet avec nuances à travers un fruit lumineux qui irrigue des blancs secs et précis portés par d'insistantes saveurs minérales. Le statut de grand domaine de Loire se trouve confirmé par des vins chaque année plus aboutis. La deuxième étoile est proche.

Les vins : issu de vignes de 90 ans, le 2018 sera le dernier millésime de rouge du domaine. C'est le vin le moins passionnant, avec une trame serrée, une touche d'animalité. Nous sommes bien plus séduits par les blancs, ciselés. À commencer par Le Berceau des Fées, venu des jeunes vignes, dont le fruit vif et cristallin laisse entrevoir la carrure d'un prochain roche-aux-moines. Encore contenu par la note de bois blond de son élevage, le roche-au-moines transporte tout de suite sur la rive droite de la Loire. La recherche d'une certaine épure ne nuit pas à l'expression minérale de son terroir. La richesse du millésime est subtilement contenue par de beaux amers. Débouchez à partir de 2022 ce vin qui évoluera avec énergie.

Savennières Roche-aux-Moines 2018 30 € 94
VDF Le Berceau des Fées 2019 20 € 91
Anjou-Villages 2018 20 € 88

Rouge : 0,78 hectare. Cabernet franc 70 %, Cabernet-Sauvignon 30 %
Blanc : 12 hectares. Chenin 100 %
Production moyenne : 40 000 bt/an

DOMAINE AUX MOINES ♣
5, chemin de la Roche-aux-Moines, 49170 Savennières
02 41 72 21 33 •
www.domaine-aux-moines.com • Vente et visites : au domaine sur rendez-vous.
Propriétaire : Tessa Laroche

★

DOMAINE MÉLARIC

Baptisé à partir de la contraction de Mélanie et d'Aymeric, ce petit domaine a été créé par un jeune couple, en 2006, sur le vignoble du Puy-Notre-Dame. Mélanie, œnologue, a travaillé dans de nombreux vignobles français et étrangers avant de s'ancrer en terre ligérienne. Aymeric Hillaire, ingénieur agronome et œnologue lui aussi, est passé au château Mas Neuf (Nîmes) avant de revenir dans la Loire, chez Bernard Baudry. Construite sur de longs élevages, la qualité des vins s'est affinée, la gamme s'est élargie : beau parcours pour un couple travailleur et humble, qui a signé en peu de temps une cave bicolore lisible, savoureuse et personnalisée. Sur la butte du Clos de la Cerisaie, cabernet franc et chenin s'imprègnent du goût profond du lieu.

Les vins : d'emblée, la fraîcheur franche du fruit s'exprime dans Tandem. Un assemblage de cabernet franc et grolleau délicieusement juteux, à la structure tannique très croquante. Le bouquet du Clos Rousseau offre une étonnante sensation, entre fraîcheur ligérienne et notes méditerranéennes (laurier, thym, feuilles de framboisier...). La chair concentrée de ce grolleau est munie de tanins encore serrés. Quel vin original ! Élevé deux ans en fût, le Billes de Roche livre une formidable intensité séveuse, témoigne d'une réelle recherche de suavité tout en conservant la droiture des cabernets francs du Puy-Notre-Dame. Revigorant. Tout aussi dense, La Petite Cerisaie va plus loin dans la définition crayeuse du cru. Un rouge identitaire promis à un avenir serein. Côté blanc, Billes Roches demeure stimulant de jeunesse, construit sur une chair particulièrement poignante. D'une concentration énergique, Le Clos de la Cerisaie nous offre un goût profondément ancré dans son sol et évoluera paisiblement dans les prochaines années.

Saumur Billes de Roche 2017	Épuisé - 15 €	91
Saumur Puy-Notre-Dame Billes de Roche 2017	15 €	93
Saumur Puy-Notre-Dame La Petite Cerisaie 2017	18 €	92
VDF Le Clos Rousseau 2018	18 €	91
VDF Le Tandem 2019	10 €	90

Le coup de ♥

Saumur Clos de la Cerisaie 2017	20 €	93

Rouge : 2,5 hectares. Cabernet franc 80 %, Grolleau 20 %
Achat de raisins.
Blanc : 2,2 hectares. Chenin 100 %
Achat de raisins.
Production moyenne : 25 000 bt/an

DOMAINE MÉLARIC ♣
2 bis, rue Saint-Hilaire,
49700 Doué-la-Fontaine
02 41 50 70 96 • www.vins-melaric.com •
Vente et visites : au domaine sur rendez-vous.
Propriétaire : Aymeric Hillaire

★ ↗

DOMAINE OGEREAU

Vincent Ogereau est associé à son fils Emmanuel, doté d'une solide formation internationale, bien décidé à poursuivre la voie des grands chenins de terroirs, en sec comme en liquoreux. Le domaine récolte avec rigueur des raisins sains (sans botrytis sur les secs) et offre une large gamme tricolore et homogène, reflet de la mosaïque des schistes. Citons le terroir des Bonnes Blanches, qui donne l'un des coteaux-du-layon les plus complets et onctueux, se bonifiant sur quinze ans minimum. Le Clos Le Grand Beaupréau (sur les sables éoliens au sommet de la butte d'Épiré) et L'Enthousiasme (veine de grès en haut de la butte d'Épiré) s'inscrivent parmi les blancs les plus ambitieux de l'appellation. Une parcelle de chenin a été plantée en 2017 sur un coteau de roche carbonifère à Ardenay, afin d'explorer une nouvelle expression de blanc angevin. La régularité sans faille et la précision des vins d'année en année nous conduisent à décerner la première étoile au domaine.

Les vins : débutons la large gamme avec l'En Chenin, un chenin parfaitement sec, mené avec une précision rafraîchissante. La complexité délicatement fumée et l'étoffe élancée du Vent de Spilite, issu d'un terroir volcanique, s'affirment avec nuance et une amertume finale stimulante, sans le caractère chaud du millésime. Une prouesse. Avec une ampleur froide et des amers affirmés, Bonne Blanche affirme avec fidélité ce terroir de schistes exposées au nord-est. Quelques années de garde révèleront l'identité de ce lieu-dit historique d'Anjou. Encore réservés, les savennières vont aller crescendo, à commencer par le Grand Beaupréau (sommet de la butte d'Épiré), d'une élégante austérité en finale, et L'Enthousiasme, blanc d'envergure que sa puissance rend presque tannique. Deux blancs promis à un bel avenir. Les rouges offrent une précision similaire avec L'Enjouée, délicieusement fruité ; Les Tailles, un cabernet franc à la suavité droite ; et Côte de la Houssaye, un cabernet-sauvignon droit, dont on peut profiter dès maintenant. Les moelleux sont resplendissants de précision et d'éclat. Le quarts-de-chaume s'inscrit parmi les liquoreux les plus rayonnants de France.

Anjou Bonnes Blanches 2018	25 €	92
Anjou En Chenin 2019	13 €	89
Anjou Vent de Spilite 2018	25 €	92
Coteaux du Layon Saint-Lambert 2018	17 €	94
Quarts de Chaume Grand Cru La Martinière 2017	45 €	94
Savennières Clos Le Grand Beaupréau 2018	25 €	92
Anjou-Villages Les Tailles 2018	13,80 €	90

Le coup de ♥

Savennières L'Enthousiasme 2018	32 €	93

Rouge : 7,5 hectares. Cabernet franc 45 %, Cabernet-Sauvignon 40 %, Gamay noir à jus blanc 6 %, Grolleau 6 %, Pineau d'Aunis 3 %
Blanc : 16,3 hectares. Chenin 99 %, Chardonnay 1 %
Production moyenne : 70 000 bt/an

DOMAINE OGEREAU ♣

44, rue de la Belle-Angevine, Saint-Lambert-du-Lattay, 49750 Val-du-Layon
02 41 78 30 53 • contact@domaineogereau.com • Vente et visites : au domaine sur rendez-vous.
Propriétaire : Famille Ogereau
Directeur : Vincent et Emmanuel Ogereau

★

DOMAINE NICOLAS REAU

Sans origine viticole, Nicolas Reau bifurque sur le tard vers la viticulture. Remarqué en Anjou dès 2002, il vinifie ensuite quelques excellents vins à Chinon mais perd les vignes. Ses terroirs sont situés à Sainte-Radegonde, au sud de l'Anjou, dans le Thouarsais, où Nicolas élabore les rouges Pompois et L'Enfant Terrible. Le blanc Victoire naît sur du calcaire du jurassique zébré par une veine de schistes roses, des quartz, des sables et des limon. Les rouges ont gagné en précision sans rien perdre en générosité de saveurs ni en richesse de matière, et les blancs conjuguent puissance et droiture.

Les vins : lorsque la fraîcheur est préservée dans ce millésime solaire, et la liberté de ton exercée avec précision, on obtient un magnifique blanc mûr et confortable, porté par une sensation calcaire vivifiante. Une Victoire pour ce beau blanc identitaire angevin. Il ne faudra pas hésiter à passer longuement en carafe les rouges sans soufre ajouté pour estomper leur réduction, généreuse dans le cas de Pompois, cabernet franc mûr qui laisse en bouche une sensation de calcaire et de peau de raisin frais. L'Enfant Terrible, aux tanins encore chahuteurs, révèle une matière intense. Il pourra paraître un peu rude pour certains ; les autres trouveront son relief enthousiasmant et attachant. De grandes personnalités !

Anjou L'Enfant Terrible 2018	30 €	92
Anjou Pompois 2018	20 €	91

Le coup de ♥

Anjou Victoire 2018	30 €	93

Rouge : 5 hectares. Cabernet franc 100 %
Blanc : 1,5 hectare. Chenin 100 %
Production moyenne : 25 000 bt/an

DOMAINE NICOLAS REAU ♣

19, route de Sainte-Verge, Sainte-Radegonde, 79100 Thouars
06 24 63 20 75 • nicolasreau@yahoo.fr • Vente et visites : au domaine sur rendez-vous.
Propriétaire : François Aubry
Directeur : Nicolas Reau

★

DOMAINE ANTOINE SANZAY

Formé au lycée de Montreuil-Bellay, Antoine Sanzay a repris le vignoble de ses grands-parents coopérateurs à la cave de Saint-Cyr-en-Bourg. Installé en 1999, il a livré lui aussi durant trois années toute sa vendange à la coopération, avant de se lancer en vinifiant petit à petit les vignes du domaine (vignoble enherbé et cultivé sous le rang). Son potentiel est enviable, avec notamment 4 hectares sur le cru Les Poyeux. « Mon grand-père s'étonne de voir son petit-fils recultiver ses terres, comme avant-guerre ; moi, je veux lui prouver qu'il peut me faire confiance », explique-t-il. Les derniers millésimes offrent davantage de justesse dans les élevages et dans l'expression du fruit ; le blanc s'affirme comme un des meilleurs de la nouvelle école des chenins saumurois.

Les vins : pour le plus grand plaisir des amateurs, le domaine conserve ses vins plusieurs mois supplémentaires dans ses caves avant de les commercialiser. Nous dégustons donc à nouveau les 2018 avec un saumur-champigny, au fruit charnu, légèrement granuleux, avec toutefois une touche d'odeur de cave que nous n'avions pas perçu l'année dernière. Même constat sur Les Salles Martin, un cabernet franc mené en finesse et allonge, mais dont la petite animalité s'avère légèrement asséchante. Il faudra voir son évolution dans les années à venir. Exposé au nord, La Haye Dampierre ravira les amateurs de cabernet franc finement austère, avec un réel naturel d'expression du fruit. À faire vieillir. La part de grappes entières en macération apporte une trame serrée et florale au Terres Rouges, à détendre en carafe. Les Poyeux s'affirme dans un registre terrien plus sphérique, avec une allonge chaude. Tous ces vins sont à détendre en carafe et à placer à table. Soulignons la belle fraîcheur des blancs 2018, leur exotisme fin, l'élégante réduction grillée de l'élevage des Salles Martin, l'ampleur et l'allonge crayeuse des Essarts (Brézé). Deux réussites dans ce millésime solaire.

Saumur Les Salles Martin 2018	26 €	92
Saumur-Champigny La Haye Dampierre 2018	24 €	92
Saumur-Champigny Les Poyeux 2017	34 €	91
Saumur-Champigny Les Salles Martin 2018	28 €	91
Saumur-Champigny Les Terres Rouges 2017	25 €	91

Le coup de ♥

Saumur Les Essarts 2018	36 €	93

Rouge : 10,3 hectares. Cabernet franc 100 %
Blanc : 1,3 hectare. Chenin 100 %
Production moyenne : 45 000 bt/an

DOMAINE ANTOINE SANZAY ♣

19, rue des Roches-Neuves, 49400 Varrains
02 41 52 90 08 • antoine-sanzay@wanadoo.fr
• Vente et visites : au domaine sur rendez-vous.
Propriétaire : Antoine Sanzay

★

TERRA VITA VINUM

Une page se tourne dans ce domaine historique des coteaux de l'Aubance, avec de nouveaux propriétaires. Dans une autre vie, Luc Briand était gestionnaire de patrimoine, sa compagne Bénédicte Petit tenait une cave dans la région nantaise. Ce couple fou de vin a tout lâché pour s'associer à Damien Richou et poursuivre l'histoire du domaine Richou. Son nouveau nom : Terra Vita Vinum. Ces amis de longue date de la famille bénéficient de 34 hectares en conversion biodynamique (certification cette année). Les 2019, premier millésime depuis la reprise, gardent la précision que l'on connaît, tout en offrant un fruit un peu plus libre. L'apport de demi-muid et la réduction des doses de soufre semblent porter leurs premiers fruits. Des habillages hauts en couleurs, un blanc de macération et une soléra arrivent... À suivre donc.

Les vins : l'historique Chauvigné devient Large Soif, chenin vif et tonique enveloppé d'une légère sucrosité appétante. Terre de 3 conserve le style classique que nous lui connaissons. Issu d'un assemblage de trois terroirs (schistes, rhyolites et quartz), voici un blanc droit et épuré dont la fermeté rafraîchit ce millésime solaire. La parcelle de rhyolites des Rogeries s'affirme avec davantage de raffinement fumé et de profondeur. Un beau blanc identitaire pour la garde. Il faudra être plus patient pour ouvrir La Bigottière, savennières fin et puissamment amer, qui se détendra après un an dans votre cave. La folie joyeuse des nouveaux propriétaires se traduit surtout dans le Rock & Schiste, original chardonnay orange (blanc de macération), plutôt bien mené entre tannicité et bouquet floral. Un délicieux vin pour des fromages bleus. En rouge, Large Soif se montre tout aussi gourmand et juteux. Le Chant de La Pierre 2019 est un passionnant gamay, dont le fruit fringant et floral (macération partielle en grappes entières) offre un généreux parfum de mûre. Il faut attendre une année pour déboucher Rouge de Schiste (cabernet franc et cabernet-sauvignon).

Anjou Large Soif 2019	11,90 €	88
Anjou Terre de 3 2018	14,90 €	90
Savennières La Bigottière 2018	29,90 €	92
VDF Rock & Schiste 2019	24,90 €	91
Anjou Gamay Le Chant de la Pierre 2019	16,90 €	91
Anjou-Villages Brissac Rouge de Schiste 2018	14,90 €	89

VDF Large Soif 2019 | 12,90 € | 88

Le coup de ♥

Anjou Sec Les Rogeries 2018 | 18,50 € | 93

Rouge : 13 hectares. Cabernet franc 42 %, Gamay noir à jus blanc 30 %, Cabernet-Sauvignon 25 %, Grolleau 3 %
Blanc : 20 hectares. Chenin 75 %, Chardonnay 25 %
Production moyenne : 120 000 bt/an

TERRA VITA VINUM ♣

Chauvigné, 49610 Mozé-sur-Louet
02 41 78 72 13 • www.terravitavinum.fr • Vente et visites : au domaine sur rendez-vous.
Propriétaire : Luc Briand, Bénédicte Petit et Christophe Aubineau

DOMAINE BELARGUS

Une page se tourne au domaine Pithon-Paillé, propriété emblématique du Layon. Ivan Massonnat, associé dans le fond d'investissements PAI Partners et passionné de vin, a racheté en 2018 cette propriété à Isabelle et Jo Pithon. Ce dernier continue toutefois à conseiller et à apporter son expérience aux équipes sur les terroirs d'Anjou, des Coteaux-du-Layon, de Quarts-de-Chaume et de Savennières cultivés par ce domaine qui a pris le nom de Belargus, d'après le papillon présent dans les vignes. Le nouveau propriétaire a entamé la conversion à la biodynamie de vignes déjà cultivées en bio, épuré les vins en récoltant un peu plus tôt, allongé les élevages de certaines cuvées et veut réveiller le magnifique coteau des Treilles. Les 2018 fraîchement mis en bouteille montrent d'entrée de jeu la volonté de signer de grands blancs secs angevins, soignés et minutieusement calibrés.

Les vins : une ampleur séductrice et droite mène avec précision Ronceray, finement élevé sous bois, archétype du chenin moderne épuré. On déguste une belle synthèse de terroir de schistes exposé au nord en année chaude dans Bonnes Blanches, vin à l'ampleur finement exotique, dont l'allonge est portée par de beaux amers stimulants. Techniquement bien réalisé, sa généreuse réduction grillée demande à se poser. La réduction généreuse de Gaudrets masque un peu la pureté que l'on trouve dans ce blanc aux fins amers. Il faut l'attendre. Terminons avec un moelleux au fruit, très précis et éclatant : son expression franche soutient une belle concentration en sucres.

Anjou Ronceray 2018 | 28 € | 91
Coteaux du Layon 2018 | 28 € | 92
Savennières Gaudrets 2018 | 33 € | 92

Le coup de ♥

Anjou Les Bonnes Blanches 2018 | 40 € | 93

Rouge : Cabernet franc 50 %, Grolleau 50 %
Blanc : 24 hectares. Chenin 100 %
Production moyenne : 50 000 bt/an

DOMAINE BELARGUS ♣

19, rue Saint-Vincent, Saint-Lambert-du-Lattay, 49750 Val-du-Layon
02 41 78 68 74 • www.belargus.com • Vente et visites : au domaine sur rendez-vous.
Propriétaire : Ivan Massonnat
Maître de chai : Adrien Moreau

NOUVEAU DOMAINE

DOMAINE DE LA BERGERIE

L'arrivée des filles d'Yves Guégniard, Anne et Marie, a initié une nouvelle impulsion dans ce domaine historique du Layon, autrefois réputé pour ses vins classiques, mais un peu dépassé par une jeune génération de vignerons angevins débridés. Sur leur mosaïque de terroirs répartis entre Anjou, Savennières, Coteaux du Layon, Chaume et Quarts de Chaume, les deux sœurs opèrent depuis quelques années une transition en douceur, tant en viticulture (certification en bio en 2016, tris méticuleux...) que dans le style des vins. Le millésime 2017 est un tournant, avec des blancs au fruit plus pur et détendu. Leur ambition de ciseler des grands secs sur des terroirs de liquoreux a commencé avec Les Zerzilles (schistes houillers et grès, barriques de 400 litres) à Chaume, et Vauchaumier (schistes du Briovérien, jarres de grès de 1000 litres) en Coteaux du Layon. Bienvenue dans le guide !

Les vins : la gourmandise fruitée et précise commence dès Les Pierres Girard, chenin à la fois rond et revigorant. Élevé en jarres de grès, Vauchaumier absorbe avec fraîcheur le caractère solaire du millésime et son relief de saveurs est énergique. Ponctué d'une acidité volatile stimulante, Les Zerzilles offre un bouquet de chenin moelleux, avec une trame revigorante en bouche. Dans un registre plus classique, la Croix Picot tisse une texture raffiné, tenue par de beaux amers et d'élégantes notes anisées en finale. En rouge, La Cerisaie affirme un caractère primaire du raisin, un peu poivronné, avec une fraîcheur appétante. Haut en saveurs de raisins passerillés, le quarts-de-chaume prend des airs mentholés et une liqueur profonde sapide. Il peut encore gagner en pureté. Un avenir serein lui est promis.

- Anjou Les Pierres Girard 2018 — 11,20 € — 89
- Anjou Vauchaumier 2018 — 18,70 € — 91
- Quarts de Chaume Grand Cru 2017 — 40 € — 92
- Savennières La Croix Picot 2016 — 18,70 € — 91
- Anjou La Cerisaie 2018 — 8,25 € — 88

Le coup de ♥

- Anjou Zerzilles 2018 — 24 € — 92

Rouge : 15 hectares.
Blanc : 21 hectares.
Production moyenne : 200 000 bt/an

DOMAINE DE LA BERGERIE ♣

Champ-sur-Layon,
49380 Bellevigne-en-Layon
02 41 78 85 43 • www.domainebergerie.fr •
Vente et visites : au domaine sur rendez-vous.
Propriétaire : Famille Guégniard
Directeur : Anne et Marie Guégniard

CHÂTEAU DU HUREAU

Ce terroir de la côte de Saumur donne des tanins frais à ses rouges et de belles acidités de garde aux blancs de chenin, secs (appellation Saumur) et liquoreux (Coteaux de Saumur). En Saumur-Champigny, le sommet est souvent atteint par la cuvée Lisagathe, une sélection de vieilles vignes. Dans un style plus gouleyant et fruité, Les Fevettes se montre très plaisant. Depuis 2006, le saumur-champigny du domaine porte le nom de Tuffe ; une nouvelle parcelle a été isolée : Fours à Chaux. Les vins de Philippe Vatan s'avèrent savoureux et policés, sans pour autant manquer de concentration, et séduiront le plus grand nombre.

Les vins : habilement vinifié, Tuffe montre déjà une belle gourmandise en 2019. Il saura attirer les palais réticents aux rouges de Loire. Le 2018 s'ouvre avec davantage de rondeur solaire. Il faudra attendre au moins le printemps 2021 pour profiter de Fevettes, d'une allonge franchement goûteuse et fraîche en 2019, tendre et suave en 2018. À son habitude, Lisagathe développe un gras plus présent et une trame calcaire plus marquée. Il n'est qu'au début de sa vie.

- Saumur Argile 2019 — 14 € — 91
- Saumur-Champigny Les Fevettes 2018 — 18 € — 90
- Saumur-Champigny Les Fevettes 2019 — 18 € — 91
- Saumur-Champigny Lisagathe 2017 — 22 € — 91
- Saumur-Champigny Tuffe 2019 — 12,50 € — 90

Rouge : 18 hectares. Cabernet franc 100 %
Blanc : 1,6 hectare. Chenin 100 %
Production moyenne : 110 000 bt/an

CHÂTEAU DU HUREAU ♣

Montée des Hureaux, Dampierre-sur-Loire,
49400 Saumur
02 41 67 60 40 •
www.chateauduhureau.com • Vente et visites : au domaine sur rendez-vous.
Propriétaire : Philippe Vatan

NOUVEAU DOMAINE

ARNAUD LAMBERT

En 2005, Arnaud Lambert a rejoint son père Yves, qui avait créé cette propriété en 1996 sous le nom de domaine de Saint-Just. Il s'occupe désormais avec ambition des 50 hectares en bio (certification en 2011) répartis sur les communes de Brézé et Saint-Cyr-sur-Loire. Dans cette myriade de cuvées de lieux-dits se dessinent des vins finement stylisés. Les rouges sont des interprétations contemporaines du cabernet franc, extraits avec justesse pour offrir une douceur fraîche de Saumur et Saumur-Champigny. Séduisants et bien menés, les blancs pourraient offrir davantage de concentrations et des boisés moins luxueux. Nous sommes heureux d'accueillir ce domaine dans notre guide.

Les vins : le bal des blancs s'ouvre à Brézé avec un Clos de Midi à la texture soignée, stimulé par un fruit énergique et épuré. Puis vient le Clos David (sablo-limoneux calcaire), plus intense et séveux, mais enveloppé par un élevage luxueux. Même constat pour le Clos de la Rue, à la matière concentrée et longue. En rouge, le Clos Mazurique, est un parfait cabernet franc infusé, sans manquer de chair, précis, avec un éclat jovial du fruit. Le Clos Tue-Loup s'inscrit parmi les saumurs les plus stylisés, avec un grain de tanins soyeux. Tout est en retenue dans ce millésime solaire. À Saint-Cyr-en-Bourg, Les Perrières se montre finement exotique en 2018, avec une texture douce et une finale franchement calcaire. La Coulée de Saint-Cyr affiche une haute concentration crayeuse en 2016 ; cette texture est toutefois une peu policée par son élevage (non noté). Issu de vignes plantées en 2007, Bourguenne prend peu à peu son identité élancée avec un beau raffinement. Les blancs gagneront réellement en pureté lorsqu'ils seront débarrassés de leur notes boisées. Côté rouge, Les Terres Rouges illustre le bon saumur-champigny, tout en fruit et rondeur, serti de tanins croquants. Bien plus étoffé, Montée des Roches séduit par sa profondeur ; il est prêt à évoluer favorablement dans les prochaines années.

Saumur Clos David 2017	22 €	90
Saumur Clos de Midi 2019	12 €	89
Saumur Clos de la Rue 2016	32 €	91
Saumur Les Perrières 2018	15 €	89
Saumur Clos Tue-Loup 2018	17 €	92
Saumur-Champigny Montée des Roches 2018	18 €	92
Saumur-Champigny Terres Rouges 2019	13 €	90

Le coup de ♥

Saumur Clos Mazurique 2019	11 €	90

Rouge : 20 hectares. Cabernet franc 100 %
Blanc : 30 hectares. Chenin 100 %
Production moyenne : 100 000 bt/an

ARNAUD LAMBERT ♣

12, rue de la Prée, Mollay,
49260 Saint-Just-sur-Dive
02 41 51 62 01 • infos@st-just.net • Vente et visites : au domaine sur rendez-vous.
Propriétaire : Arnaud Lambert

TOURAINE

★★★

DOMAINE FRANÇOIS CHIDAINE

Depuis ses débuts en 1989, François Chidaine est devenu un acteur majeur des blancs de Loire, un styliste hors pair désormais vénéré par de nombreux autres vignerons. Il fait partie de ceux qui ont révélé Montlouis, son fief d'origine. Au début des années 2000, il s'est agrandi à Vouvray, avec en particulier la reprise du clos Baudoin à la famille Poniatowski. Aidé par son épouse Manuéla, François n'a eu de cesse d'affiner les vinifications et les élevages, en menant un travail très exigeant dans les vignes certifiées en biodynamie depuis 1999. Nous ne tarissons pas d'éloges sur le niveau atteint par les vins de ce vigneron d'exception. Les vins de France sont en réalité les vouvrays qui, vinifiés hors de leur zone d'appellation, ne peuvent la revendiquer. La gamme se compose d'assemblages de parcelles (Choisilles, Argiles, Tuffeaux, Moelleux) et de lieux-dits uniques (Clos du Breuil, Les Bournais, Clos Habert, Baudoin). Le fruit scintillant de ces vins recquiert quelques années de cave pour s'ouvrir et se révéler pleinement. Un domaine incontournable pour tout amoureux des grandes expressions ligériennes du chenin.

Les vins : dans un millésime généreusement ensoleillé comme 2018, l'équilibre raffiné des cuvées du domaine s'exprime dès le Clos du Breuil, au gras finement ciselé. Toujours pourvu d'une énergie revigorante, Les Choisilles s'avère un peu plus étoffé, tirant son sillon d'élégantes notes exotiques et de fins amers en finale. Sur les argilo-calcaires du lieu-dit Les Bournais, deux versions sont à découvrir. Le classique, d'une envergure magnifique et d'une élégance salivante, dénué de la froideur rustique que l'on rencontre fréquemment dans le secteur ; ainsi que la version Franc de Pied qui pousse plus loin l'intensité minérale et la sensation de pureté : un blanc scintillant taillé pour la garde. En demi-sec, la subtile amertume insistant en finale du Clos Habert l'énergise avec panache. Côté Vouvray, Les Argiles s'affirme avec un confort énergisant, livrant avec pureté l'expression de parcelles argilo-calcaires. Baudoin impressionne par son ampleur radieuse : sa persistance saline cisèle le vin avec un éclat très appréciable dans ce millésime solaire. Ses subtilités se révèleront dans les prochaines décennies. Le moelleux 2016 n'a pas pris une ride, son sucre s'élance avec une grande précision et nous vivifie dès la première gorgée.

- Montlouis-sur-Loire Les Choisilles 2018 — 23 € — 93
- Montlouis-sur-Loire Sec Clos du Breuil 2018 — Épuisé - 19,80 € — 92
- Montlouis-sur-Loire Sec Les Bournais 2018 — 27,30 € — 95
- VDF Baudoin 2018 — 27,30 € — 95
- VDF Les Argiles 2018 — 19,80 € — 92
- VDF Moelleux 2016 — 30 € — 94

Le coup de ♥

- Montlouis-sur-Loire Sec Bournais Franc de Pied 2018 — Épuisé - 78 € — 96

Blanc : 40 hectares. Chenin 100 %
Achat de raisins.
Production moyenne : 180 000 bt/an

DOMAINE FRANÇOIS CHIDAINE
5, Grande-Rue, 37270 Montlouis-sur-Loire
02 47 45 19 14 • www.francois-chidaine.com
• Visites : sans rendez-vous.
Propriétaire : François et Manuéla Chidaine

★★★

DOMAINE DU CLOS NAUDIN

En dégustant les vouvrays de Philippe Foreau, tout devient clair, lisible dans le chenin ; ce qui est complexe est aussi gourmand, ce qui est bien mûr reste en conséquence tendu, ce qui est précocement bon se confirme et s'amplifie au cours des décennies. Purs, longs en bouche, d'une persistance proverbiale, les vouvrays du Clos Naudin ont la régularité d'un métronome malgré les variations du climat ligérien. Les perruches (sols d'argiles à silex) donnent de la typicité aux vins du domaine, tout aussi à l'aise dans les sucres que dans les secs ; même les effervescents sont élaborés avec un soin extrême. Le style est souvent assez riche, plus baroque qu'au domaine Huet, et pas moins puissant dans les persistances de bouche. Les derniers millésimes sont menés avec brio par Vincent, le fils de Philippe Foreau. Leur précision légendaire s'allie à un fruit un soupçon plus ouvert. Ce qui n'est pas pour nous déplaire. Un avenir radieux est promis à ce domaine vouvrillon.

Les vins : l'âme finement austère mêlée au caractère froid du millésime 2013 résonne avec finesse dans le brut (36 mois de vieillissement), d'une fine réduction grillée et d'une suavité persistante jusqu'à une finale crayeuse. La puissance solaire du millésime est tenue par une magnifique fraîcheur saline dans le sec 2019, un superbe blanc harmonieux qui ne néglige pas l'expression de son terroir. Le demi-sec 2016 continue son ascension avec la concentration brillante d'un fruit qui ne fait qu'un avec les sucres. Un vin absolument énergisant. Promis à une longue garde. Plus avenant, le moelleux s'ouvre davantage, avec une rondeur affriolante. Tandis que l'élan à la fois solaire et ciselé du Réserve 2018 nous enchante. D'un équilibre ligérien radieux dans ce millésime généreusement ensoleillé. À oublier en cave.

- Vouvray Brut Méthode Traditionnelle 2013 — 16 € — 92
- Vouvray Demi-Sec 2016 — 27 € — 96
- Vouvray Moelleux Réserve 2018 — 47 € — 95
- Vouvray Sec 2019 — 21 € — 93

Le coup de ♥

- Vouvray Moelleux 2017 — 27 € — 95

Blanc : 12 hectares. Chenin 100 %
Production moyenne : 50 000 bt/an

DOMAINE DU CLOS NAUDIN
14, rue de la Croix-Buisée, 37210 Vouvray
02 47 52 71 46 •
leclosnaudin.foreau@orange.fr • Vente et visites : au domaine sur rendez-vous.
Propriétaire : Vincent Foreau

★★★

DOMAINE HUET

Ce domaine historique a été progressivement converti à la culture biodynamique par Noël Pinguet (parti en 2012), convaincu des bienfaits de la méthode, seule moyen d'exprimer dans un vin toutes les données du terroir. Rachetée en 2004 par la famille Hwang, la propriété a conservé exactement les mêmes orientations. Après des fermentations à froid en fût usagé, la mise se fait rapidement, au printemps qui suit la vendange, à contre-courant de la mode œnologique. Quelle que soit la nature du millésime, ou des vins (pétillants compris), la qualité se montre toujours extraordinaire, en adéquation avec l'excellence des terroirs. Les cuvées de lieux-dits (Haut-Lieu, Le Mont, Clos du Bourg) sont déclinées en sec, demi-sec et moelleux selon les millésimes. Le brut, élevé longuement sur lattes, est un modèle de raffinement. La verticale réalisée en novembre 2019 illustre parfaitement le potentiel de de ces vins qui, aussi bien jeunes qu'après dix, quinze ou vingt-cinq ans de garde, se révèlent en finesse avec une énergie phénomale, comme en témoignent Le Mont moelleux 1997 ou Le Mont 1995. L'homme clef du domaine, Jean-Bernard Berthomé, tire sa révérence après plus de trente ans de maison et laisse les rênes de la vigne et du vin à Benjamin Joliveau, qui l'épaule solidement depuis plusieurs années.

Les vins : après des 2018 principalement demi-secs et moelleux, 2019 renoue avec davantage de vins secs. Commençons par le Haut-Lieu, établi tout en finesse et énergie de fruit. Le vin toujours fruité et accessible laisse en bouche une ébouriffante persistance de saveurs iodées. Le Clos du Bourg offre une étoffe supplémentaire, tout en restant subtil et délicat. Le Mont s'affirme naturellement avec plus de panache et d'ampleur, une approche magnifiquement épurée du chenin sans perdre l'âme vouvrillone, presque salée. En version demi-sec, les sucres sont un exhausteur de goûts et de saveurs et prolongent de manière radieuse l'énergie du vin. Exceptionnel. Ne cherchez pas l'exubérance dans ces vins nuancés, délicieusement énergisants.

- Vouvray Demi-Sec Le Mont 2019 — 28,60 € — 96
- Vouvray Sec Clos du Bourg 2019 — 28,60 € — 94
- Vouvray Sec Le Haut-Lieu 2019 — 20 € — 93

Le coup de ♥

- Vouvray Sec Le Mont 2019 — 28,60 € — 95

Blanc : 30 hectares. Chenin 100 %
Production moyenne : 110 000 bt/an

DOMAINE HUET ☾
11, rue de la Croix-Buisée, 37210 Vouvray
02 47 52 78 87 • www.domainehuet.com •
Vente et visites : au domaine sur rendez-vous.
Propriétaire : Famille Hwang
Maître de chai : Benjamin Joliveau

★★

DOMAINE PHILIPPE ALLIET

Les discrets Claude et Philippe Alliet se sont fait remarquer en créant un style nouveau à Chinon, dans les années 1990. Leurs cuvées Vieilles Vignes (graviers), L'Huisserie (haut de coteau et plateau d'argiles à silex) et surtout Coteau de Noiré (pente abrupte d'argilo-calcaire exposée au sud), ont séduit les amoureux du cabernet franc avec leur couleur sombre et leur incroyable densité. Mais aucune recette n'est établie chez ce fin dégustateur et vinificateur hors-pair, épaulé par son fils, Pierre, depuis 2005, qui l'aide à façonner des vins toujours plus profonds et élégants. À partir de 2010, les barriques bordelaises disparaissent au profit de fûts de 500 l et la part de bois neuf diminue largement. Les 2016 atteignent un très haut niveau de concentration et de raffinement ; ils comptent parmi les plus grands vins de la région.

Les vins : parmi les vins les plus harmonieux du puissant millésime 2018, on trouve le trio de la famille Alliet. Dans un équilibre en demi-corps, le Vieilles Vignes se montrera accessible et savoureux dès l'année prochaine. Dans un registre plus profond, L'Huisserie est structuré par une fantastique sensation calcaire ; de belles saveurs de framboise mûres en jaillissent. Terminons en beauté par un Coteau de Noiré encore réservé par son élevage mais d'une puissance phénoménale. Les tanins distingués prolongent avec grâce une matière profondément ancrée sur son terroir argilo-calcaire.

- Chinon Coteau de Noiré 2018 — 25 € — 95
- Chinon Vieilles Vignes 2018 — 16 € — 90

Le coup de ♥

- Chinon L'Huisserie 2018 — 20 € — 94

Rouge : 17 hectares. Cabernet franc 100 %
Blanc : 1 hectare.
Production moyenne : 70 000 bt/an

DOMAINE PHILIPPE ALLIET
L'Ouche-Monde, 37500 Cravant-les-Coteaux
02 47 93 17 62 • philippe.alliet@wanadoo.fr •
Vente et visites : au domaine sur rendez-vous.
Propriétaire : Philippe Alliet

★★

DOMAINE YANNICK AMIRAULT

Benoît arrive au domaine familial de Bourgueil en 2003 pour poursuivre l'aventure familiale initié par son père Yannick en 1997. Le vignoble est réparti à Bourgueil (pour les deux tiers) et dans l'appellation voisine Saint-Nicolas-de-Bourgueil. On sent le perfectionnisme des vignerons et leur volonté de restituer l'expression des terroirs à travers des cabernets francs très soyeux et civilisés sans pour autant perdre l'éclat de leur fruit. Le domaine est certifié en bio depuis 2009 et les vins gagnent chaque année en pureté grâce à des vinifications en cuve tronconique en bois et en fût de plus en plus justes.

Les vins : le délicieux Equinox, délicatement orangé, est un rosé ambitieux, à la trame vineuse, offrant la sensation d'un beau blanc. Les rouges 2018 sont très soignés : la puissance solaire extrême du millésime a été contenue avec brio par les Amirault. La Mine, délicieux saint-nicolas, offre des notes florales de pivoine, une texture tendre. Le relief calcaire stimule le gras charmeur du Grand Clos de Bourgueil. Encore contenu par son élevage, le Pavillon du Grand Clos mérite encore trois à quatre ans de garde avant de livrer sa chair veloutée, élégamment tissée par des tanins soyeux. Le style des Malgagnes, élevé en amphore, s'affine au fil des années, avec un soyeux et une pureté hors du commun. Laissez les 2018 tranquillement en cave, leur puissance et leur masse tannique ont besoin de temps pour trouver leur harmonie. Un vin majestueux à part dans la gamme. Le 2017 des Quartiers se referme avec une certaine rigidité. Il n'est pas à son avantage mais nous restons confiants sur son avenir.

Bourgueil Rosé d'Équinoxe 2019	15 €	90
Bourgueil Le Grand Clos 2018	18 €	92
Bourgueil Le Pavillon du Grand Clos 2018	32 €	93
Bourgueil Les Quartiers 2017	17 €	93
Saint-Nicolas-de-Bourgueil La Mine 2018	16 €	91

Le coup de ♥

Saint-Nicolas-de-Bourgueil Les Malgagnes Amphore 2018	27 €	93

Rouge : 19 hectares. Cabernet franc 100 %
Blanc : 0,3 hectare.
Production moyenne : 90 000 bt/an

DOMAINE YANNICK AMIRAULT ♣

1, route du Moulin-Bleu, 37140 Bourgueil
02 47 97 78 07 • www.yannickamirault.fr •
Vente et visites : au domaine sur rendez-vous.
Propriétaire : Yannick Amirault
Directeur : Benoît Amirault

★★

DOMAINE BERNARD BAUDRY

Bernard Baudry recherche la dimension soyeuse et civilisée des chinons, tout en restant au plus près de leur expression de terroir. Cette démarche, qu'il poursuit désormais avec son fils Matthieu, se double d'une certification bio. Une philosophie qui leur inspire aussi la plantation de vignes non greffées, franches de pied depuis dix ans (à la suite des plantations des années 1980 de Charles Joguet), et l'implantation sur de nouveaux terroirs oubliés, tel l'excellent Clos Guillot à Chinon. Leur Croix Boissée (terroir argilo-calcaire de Cravant-les-Coteaux), bâti pour la garde, possède un supplément de velouté et parfois de sucrosité dans les années chaudes, ce qui n'est pas pour déplaire aux grands amateurs de vins de Saint-Émilion. Cette cuvée prend naturellement la tête des grands rouges de Touraine.

Les vins : une définition bien mûre et vivante du chenin dans le chinon blanc, dynamisée par une sensation calcaire prégnante et sapide. Les Granges annonce un magnifique 2019 : robe violine, pulpeux, un bouquet de framboise de tuffeau ligérien. Une excellente mise en bouche pour découvrir Chinon. Un superbe bouquet de framboise se dégage des Grézeaux, d'une tendresse délicieuse. Attendez encore un an que le caractère solaire se fonde pour laisser place à l'identité pure du cabernet franc sur graviers. Puis s'élève un sublime Clos Guillot, dont la floralité et la note de framboise mûre nous donnent un frisson enivrant. La matière soyeuse, d'une richesse vibrante cette année, est portée par une sensation calcaire haletante. Ne soyez pas pressé. Le temps le sublimera. Sur son coteau de calcaire blanc, La Croix Boissée pousse plus loin les niveaux de puissance et de structure, avec une irrésistible fraîcheur. Ce millésime impressionnant de richesse et de carrure qu'est 2018 mérite d'attendre au moins cinq à six ans avant que l'on puisse en cerner les nuances.

Chinon 2019	15 €	92
Chinon La Croix Boissée 2018	26 €	96
Chinon Les Granges 2019	10,50 €	91

Chinon Les Grézeaux 2018 | 15 € | 93

Le coup de ♥

Chinon Le Clos Guillot 2018 | 19,50 € | 95

Rouge : 30 hectares. Cabernet franc 100 %
Blanc : 2 hectares. Chenin 100 %
Production moyenne : 140 000 bt/an

DOMAINE BERNARD BAUDRY ♣
9, coteau de Sonnay,
37500 Cravant-les-Coteaux
02 47 93 15 79 • www.bernardbaudry.com •
Vente et visites : au domaine sur rendez-vous.
Propriétaire : Bernard et Matthieu Baudry

★★

DOMAINE DE BELLIVIÈRE

Épaulés par leur fils Clément, Éric et Christine Nicolas ont été les premiers, il y a une vingtaine d'années, à relever avec panache le flambeau bien éteint des vins de la Sarthe. Leurs cuvées montrent le potentiel immense de ces terroirs discrets. Les raisons du succès sont les mêmes que partout ailleurs en France : une viticulture élitiste, en biodynamie, et une vinification la plus naturelle possible, mais scrupuleuse. Le coteaux-du-loir Vieilles Vignes Éparses illustre à merveille le caractère unique, élégamment austère, de ces vins qui évoluent vers une sensation saline extraordinaire avec quelques années en bouteille. Calligramme, issue de vignes de 70 ans, est un autre monument, oscillant entre le sec et le demi-sec selon les millésimes, que tout amateur de grand blanc de Loire doit avoir dans sa cave. Avec leur haut niveau de concentration, les rouges de pineau d'Aunis sont parmi les plus aboutis de ce cépage. Pour survivre aux ravages du gel en 2016 et 2017, la famille Nicolas a créé Les Arches de Bellivière, une activité de négoce bio de chenin d'Anjou et de rouges d'ailleurs : des cuvées gourmandes à découvrir.

Les vins : débutons la dégustation avec Confluence, issu de chenin, un blanc sec, fringant, tout en légèreté, un peu marqué par son élevage partiel en fût. En 2018, des demi-secs voient le jour : Les Rosiers, à la rondeur solaire du millésime, au sucre stimulé par de beaux amers et L'Effraie, à la sensation plus riche, tout en conservant une fraîcheur finement austère. Les sucres résiduels ne brouillent aucunement la lecture lumineuse du terroir. Laissez-les tranquilles au moins quatre à cinq ans. Les 2017 sont secs et brillent par leur pureté. Aujourd'hui, dominés par les notes riches de leur fruit, ils révèleront l'identité de leur terroir d'ici quatre à cinq ans Les Vieilles Vignes Éparses impressionne davantage par sa finesse et demande aussi du temps pour son tempérament racé, sans la profondeur des 2016. Le grenache tout droit venu du Ventoux livre une chair pulpeuse délicieusement infusée. L'identité du cabernet franc bien mûr d'Anjou est respecté dans le Castor, avec un très bel éclat du fruit. En 2018, le pineau d'Aunis du Rouge-Gorge garde son tempérament fougueux et épicé tout en montrant de l'amabilité. L'Hommage Louis Derré (non noté) ne se montre pas sous son meilleur jour.

Coteaux du Loir Vieilles Vignes Éparses 2017 | Épuisé - 42 € | 94
Jasnières Calligramme 2017 | 42 € | 94
Jasnières Les Rosiers 2018 | 25 € | 92
VDF Les Arches de Bellivière Confluence 2018 | 15 € | 88
Coteaux du Loir Rouge-Gorge 2018 | 22 € | 92
VDF Les Arches de Bellivière Castor 2018 | 12 € | 90

Le coup de ♥

VDF Les Arches de Bellivière Raisins Migrateurs 2018 | 12 € | 91

Rouge : 5 hectares. Pineau d'Aunis 100 %
Blanc : 12 hectares. Chenin 100 %
Production moyenne : 42 000 bt/an

DOMAINE DE BELLIVIÈRE ☾
72340 Lhomme
02 43 44 59 97 • www.belliviere.com •
Vente et visites : au domaine sur rendez-vous.
Propriétaire : Éric et Christine Nicolas

★★

DOMAINE DE LA CHEVALERIE

La famille Caslot, Stéphanie, Emmanuel et Laurie travaillent à l'unisson en incarnant la quatorzième génération de ce domaine historique de Bourgueil. Le cabernet franc y est vinifié avec une réelle douceur pour exprimer de façon nuancée les terroirs de sables, d'argiles et de calcaires de bas, mi et hauts coteaux. Chaque étiquette s'habille judicieusement d'une couleur traduisant l'intensité et la complexité du vin : du rouge vif pour le Peu Muleau jusqu'au violet profond pour le Grand-Mont. Ces références absolues de Bourgueil mettent en lumière la fine austérité froide du cabernet franc en revêtant une texture douce magnifique.

Les vins : à la suite des terribles ravages du gel des dernières années, le domaine ne présente que trois millésimes de la fameuse parcelle Galichets. Une légère animalité marque malheureusement le 2017. Il demeure toutefois d'une rondeur appétente avec sa matière toujours extraite en douceur. Un grain délicat très particulier. Le 2015 renoue avec un superbe éclat crayeux du tuffeau. D'une délicatesse et d'une fraîcheur magistrale dans ce millésime solaire. Quant au 2011, il évolue paisiblement, avec beaucoup de rondeur, moins de profondeur mais de fines notes de tuffeau. Idéal aujourd'hui.

Bourgueil Galichets 2011	15,95 €	91
Bourgueil Galichets 2017	15 €	90

Le coup de ♥

Bourgueil Galichets 2015	15,20 €	93

Rouge : 33 hectares. Cabernet franc 100 %
Production moyenne : 150 000 bt/an

DOMAINE DE LA CHEVALERIE

14, route du Peu-Muleau 37140 Restigné
02 47 97 46 32 •
www.domainedelachevalerie.fr • Vente et visites : au domaine sur rendez-vous.
Propriétaire : Stéphanie, Emmanuel et Laurie Caslot

★★

DOMAINE LA GRANGE TIPHAINE

Depuis leur vignoble de 15 hectares répartis en Montlouis-sur-Loire, en Touraine et en Touraine-Amboise, Coralie et Damien Delecheneau se sont hissés parmi les références du secteur. Dans le plus grand respect de la nature et de leurs terroirs, le couple bichonne en biodynamie (certification en 2014) leurs vieilles vignes. Plusieurs pieds de côt sont même centenaires et font jaillir une cuvée d'une profondeur et d'une subtilité remarquables. En cave, les deux œnologues accompagnent avec talent et sensibilité des raisins sains récoltés à parfaite maturité. Des vinifications aux élevages en cuve béton et fût ancien, tout est absolument juste et mesuré, et ces grands vins nuancés ne basculent jamais dans l'exubérance. À l'ouverture de chaque bouteille, les blancs de chenin se dévoilent avec une pureté et une délicatesse rares ; les rouges envoûtent par leur subtilité et leur éclat floral.

Les vins : Nouveau Nez 2018 devient la référence des pétillants naturels à Montlouis où l'expression du terroir domine celle du cépage. Son délicieux fruit goûteux est tiré par une bulle parfaitement calibrée. Peu de sauvignons de Loire peuvent revendiquer à la fois un tel naturel d'expression, une telle vitalité et une telle précision raffinée : le grain de Quatre Mains, extrêmement savoureux, révèle la puissance solaire d'un millésime dompté avec brio. Grand blanc d'émotion. Avec ce grain élégant, propre au domaine, le Clef de Sol dévoile une haute maturité en 2018, tout en conservant une fraîcheur fine. Les Épinays, sur sols sablo-argileux, nous éveille de son velouté charmeur. Issu de vignes de 80 ans, L'Équilibriste 2018 atteint un haut raffinement dans la précision de ses sucres. Un grand moelleux ligérien. Les niveaux de maturité sont élevés pour les rouges 2018, avec un Clef de Sol (côt et cabernet franc) à la trame épicée précise et un côt à la floralité calcaire hors norme pour le coin. Attendez au moins trois ans avant de les ouvrir.

Montlouis-sur-Loire L'Equilibriste 2018	45 €	95
Montlouis-sur-Loire Les Épinays 2018	28 €	93
Montlouis-sur-Loire Nouveau Nez 2018	17 €	92
Montlouis-sur-Loire Sec Clef de Sol 2018	19,90 €	92
Touraine Amboise Côt Vieilles Vignes 2018	26 €	93
Touraine Clef de Sol 2018	19,90 €	91

Le coup de ♥

Touraine Quatre Mains 2018	26 €	94

Rouge : 7,5 hectares. Malbec (cot) 42 %, Cabernet franc 30 %, Gamay noir à jus blanc 28 %
Blanc : 7,5 hectares. Chenin 95 %, Sauvignon blanc 5 %
Production moyenne : 80 000 bt/an

DOMAINE LA GRANGE TIPHAINE

1407, rue du Clos-Chauffour, Lieu-dit La Grange Tiphaine, 37400 Amboise

02 47 30 53 80 • www.lagrangetiphaine.com • Vente et visites : au domaine sur rendez-vous.
Propriétaire : Coralie et Damien Delecheneau

★★

DOMAINE DE LA TAILLE AUX LOUPS

Vigneron entreprenant et commerçant hors pair, Jacky Blot a énormément fait pour Montlouis-sur-Loire, où il a été le premier à élever longuement les vins en fût. Installé depuis 1989, il a ensuite pris pied à Vouvray sur de beaux terroirs qu'il a parfaitement su valoriser. Comme François Chidaine, ses derniers vins ont été déclassés en vin de France, car vinifiés en dehors de le zone d'appellation. La gamme des vins est complète : Triple Zéro est une bulle de référence. La gamme des secs, bien élevés et civilisés, est déclinée par terroirs. Ceux-ci sont exposés au sud et donnent naissance à des chenins qui séduisent par leur suavité et leur tendresse à l'image des Clos Michet et Mosny ; le Clos du Hochet (fine couche d'argiles sur calcaire) et Les Hauts de Husseau s'affirment avec une minéralité ferme plus prononcée. La réduction grillée plus ou moins marquée dans les vins, les rend très charmeurs. Jacky Blot transmet sereinement ses domaines de la Taille aux Loups et de La Butte (Bourgueil) à son fils Jean-Philippe.

Les vins : deux effervescents de bonne composition à découvrir, à commencer par le brut (méthode traditionnelle), à la bulle croquante sur une matière en demi-puissance appétante, et le Triple Zéro (pétillant naturel), finement grillé et vecteur d'un fruit plus mûr et d'une allonge remarquable. Une vraie signature ! Du côté des secs, le Clos de Mosny séduit par sa tendresse et sa rondeur. Le Clos Michet s'appuie sur des saveurs salines et une chair nourrissante ; Clos du Hochet, d'une très belle maturité est doté d'une matière sereine pour bien vieillir. Ce millésime solaire a donné des blancs d'un grand confort, dans un profil plus hivernal qu'estival. Les vouvrays font preuve d'un panache frais, comme le superbe Bretonnière, plein et élancé, et Venise, plus contenu ; sa force le fera évoluer magnifiquement dans les dix prochaines années. Terminons avec Romulus, liquoreux d'une intensité et d'une finesse florale supérieures, doté d'une persistance éclatante de fruit.

- Montlouis-sur-Loire Brut Tradition 2017 — 14 € — 89
- Montlouis-sur-Loire Clos Michet 2018 — Épuisé - 18 € — 91
- Montlouis-sur-Loire Clos Mosny 2018 — 22 € — 92
- Montlouis-sur-Loire Clos du Hochet 2018 — Épuisé - 22 € — 92
- Montlouis-sur-Loire Liquoreux Romulus 2018 — 60 € — 94
- Montlouis-sur-Loire Triple Zéro 2017 — 18 € — 90
- VDF Clos de Venise 2018 — Épuisé - 26 € — 93

Le coup de ♥

- VDF Clos de la Bretonnière 2018 — Épuisé - 22 € — 93

Blanc : 45 hectares. Chenin 100 %
Production moyenne : 180 000 bt/an

DOMAINE DE LA TAILLE AUX LOUPS ♣
8, rue des Aitres, 37270 Montlouis-sur-Loire
02 47 45 11 11 • www.jackyblot.fr • Vente et visites : au domaine sur rendez-vous.
Propriétaire : Jacky Blot

★

DOMAINE DU BEL AIR

Pierre Gauthier a signé son premier millésime en 1995. La grande majorité des vignes est située sur les terroirs de tuffeau de Benais, le secteur le plus argilo-calcaire de Bourgueil, capable de donner des vins admirables de volume et de profondeur, mais parfois longs à se faire. Aujourd'hui aidé de son fils Rodolphe, Pierre Gauthier s'attache à mener une viticulture très attentive, avec en particulier un travail complet des sols. La reprise d'un terroir historique du secteur, le Clos Nouveau (une des dernières parcelles véritablement ceinte de murs) ajoute à la gamme le grand vin qu'elle méritait. Avec beaucoup de sagesse, le domaine se donne les moyens de ne commercialiser ses trois grandes cuvées de rouge qu'au bout de cinq années de vieillissement.

Les vins : un délicieux millésime 2019, juteux et croquant, à travers Jour de Soif... qui n'est pas un simple vin de soif ! L'année 2018 insuffle une richesse extraordinaire, tout en conservant une formalité tout aussi exceptionnelle, au Vingt Lieux-Dits. Une émotion particulière jaillit à partir de cette cuvée. On monte en intensité et puissance veloutée avec Les Marsaules, dont le

2016 commence à peine à livrer son étoffe vibrante. La puissance racée se décuple dans le Grand Mont (vignes de 80 ans), dont l'ampleur impressionnante demande à s'affiner en cave encore cinq à six ans. Il s'élancera avec une superbe énergie terrienne. L'apothéose du cabernet franc ligérien arrive dans le Clos Nouveau, un soupçon moins coloré que les autres vins mais d'une intensité absolue ; son cœur de bouche extrêmement raffiné domptera avec le temps la fougue que l'on retrouve en finale.

- Bourgueil Grand-Mont 2016 — de 28 à 30 € (c) — 94
- Bourgueil Jour de Soif 2019 — N.C. — 90
- Bourgueil Les Marsaules 2016 — N.C. — 93
- Bourgueil Les Vingt Lieux Dits 2018 — de 14 à 16 € (c) — 92

Le coup de ♥

- Bourgueil Clos Nouveau 2016 — de 46 à 50 € (c) — 96

Rouge : 20 hectares. Cabernet franc 100 %
Production moyenne : 80 000 bt/an

DOMAINE DU BEL AIR ♣
7, rue de la Motte, 37140 Benais
02 47 97 41 06 •
www.domainedubelair-bourgueil.fr • Pas de visites.
Propriétaire : Pierre Gauthier

★

DOMAINE CATHERINE ET PIERRE BRETON

Depuis plus de vingt ans, Catherine et Pierre Breton creusent avec succès leur sillon de vin bio en Touraine. Leur fils Paul les a rejoints au domaine et vinifie notamment le vouvray Pierres Rousses. Les tanins très fins et doux des longues macérations se retrouvent dès les délicieuses cuvées de soif Trinch et Avis de Vin Fort, peu protégées en soufre, destinées à être bues jeunes. Les vins de terroir (Clos Sénéchal, Les Perrières et Nuits d'Ivresse, composées de vignes de Grand-Mont et Busardières), plus intenses, n'ont jamais présenté autant de finesse et de précision que dans les derniers millésimes, tout en conservant une trame un peu sauvage qui leur confère beaucoup de relief. Ils savent aussi très bien vieillir.

Les vins : le caractère solaire du millésime est bien dompté dans le vouvray 2018, délicieux blanc bien mûr à la fraîcheur sous-jacente. En plein épanouissement salin. L'Avis de Vin Fort 2019 demeure le rouge de soif idéal, hyper croquant, à servir un peu frais à la place d'un rosé. Le 2017 du Clos Sénéchal se referme. Il revêt toutefois une trame calcaire vivante, typique de ce fameux clos de la commune de Restigné. À ouvrir dès 2021, sans se presser. Archétype du cabernet franc d'un millésime froid, Les Perrières 2014, affirme une droiture ébouriffante qui séduira les amateurs de tension et de finesse. Amoureux de rondeur, passez-votre chemin. Quelle vitalité se dégage de tous ces vins !

- Vouvray La Pierre Rousse 2018 — 16 € — 90
- Bourgueil Avis de Vin Fort 2019 — N.C. — 89
- Bourgueil Clos Sénéchal 2017 — 18 € — 92

Le coup de ♥

- Bourgueil Les Perrières 2014 — 22 € — 93

Rouge : 15 hectares. Cabernet franc 95 %, Grolleau 5 %
Blanc : 6 hectares. Chenin 100 %
Production moyenne : 100 000 bt/an

DOMAINE CATHERINE ET PIERRE BRETON ♣
8, rue du Peu-Muleau, 37140 Restigné
02 47 97 30 41 • www.domainebreton.net •
Vente et visites : au domaine sur rendez-vous.
Propriétaire : Pierre et Catherine Breton

★ ↗

DOMAINE SÉBASTIEN BRUNET

Sébastien Brunet reprend en 2006 les 3 hectares de sa famille, qu'il a progressivement réussi à agrandir jusqu'à 15 hectares de vignes aujourd'hui, répartis entre les communes de Vernou et de Chançay. Ce travailleur, discret et exigeant, cultive manuellement ses vignes dans le plus grand respect de l'environnement. Il a installé une nouvelle cave pour vinifier en douceur toute la gamme des expressions du chenin vouvrillon, de la bulle aux moelleux, lorsque l'année le permet. Les expressions parcellaires sont favorisées, Arpent provenant des sols de silex, et Renaissance des argilo-calcaires. Avec des vins bien plus élégants qu'auparavant, ce domaine mérite l'étoile.

Les vins : délicieux pétillant naturel, tout en finesse et tout en tendresse. C'est une joie d'ouvrir cette bouteille à l'apéritif. Ouvrons le bal des 2018, marqués par une puissance solaire bien contenue. Le joli Arpent affiche la gourmandise ronde de l'année. Le Renaissance offre davantage de volume sans une immense concentration. Issue de vignes de 60 ans d'argiles rouges, la Fosse Rouge s'étend avec davantage de longueur raffinée, imprégné par la note minérale de son lieu. Les Pentes de la Folie nous transporte plus loin dans l'identité saline et la définition d'un vouvray raffiné. Très beau vin. Le demi-sec de La Folie s'affirme avec une grande gourmandise tout en gardant son grain sanguin civilisé. En version liquoreux, la Folie poursuit à merveille le style sincère de la gamme, avec un équilibre d'une grande suavité.

- Vouvray Arpent 2018 — 12 € — 89
- Vouvray La Folie 2018 — 15 € — 91
- Vouvray La Folie Première Trie 2018 — 33 € — 92
- Vouvray Le Naturel 2018 — 14,50 € — 89
- Vouvray Les Pentes de la Folie 2018 — 24 € — 93
- Vouvray Renaissance 2018 — 16 € — 90

Le coup de ♥

- Vouvray Fosse Rouge 2018 — 24 € — 92

Blanc : 16 hectares. Chenin 100 %
Production moyenne : 80 000 bt/an

DOMAINE SÉBASTIEN BRUNET ♣
La Côte, 37380 Reugny
02 47 56 73 52 • www.sebastienbrunet.fr • Vente et visites : au domaine sur rendez-vous.
Propriétaire : Sébastien Brunet

★

DOMAINE DE LA BUTTE

Ce domaine, repris en 2002, appartient à Jacky Blot, propriétaire de la Taille aux Loups à Montlouis. Entrepreneur soucieux d'excellence, ce vinificateur de chenins charmeurs bouleverse le ronron rustique du cabernet bourgueillois. L'option d'isoler les parcelles à la vinification (en suivant le sens du coteau) et d'apporter une touche de sophistication dans l'élevage a immédiatement payé. Le Haut de la Butte exprime la fraîcheur et la finesse des terres pauvres, Mi-Pente est la plus grande cuvée de terroir créée à Bourgueil depuis longtemps, et Pied de la Butte joue la simplicité précoce. Enfin, Perrières, lieu-dit réputé, s'intercale entre Haut de la Butte et Mi-Pente, accordant le charme fruité du cabernet à la fraîcheur agreste typique du sol argilo-calcaire du cru. Les élevages se révèlent parfaitement adaptés et les vins offrent un visage contemporain et très abouti des différentes expressions des vins de Bourgueil.

Les vins : une approche très plaisante et soignée du cabernet franc se dessine dans chacune des cuvées, particulièrement le Pied de la Butte, tendrement fruité. Le Haut de la Butte s'affirme avec davantage de droiture, une puissance solaire contenue du millésime. Il traverse toutefois une période perturbée. Naturellement, Perrières se distingue par sa puissance calcaire. Il faudra attendre au moins 2022 avant de profiter de sa personnalité terrienne. Encore contenu par l'élevage, Mi-Pente s'élance par une puissance droite et précise. Ses airs de nebbiolo de Barolo lui donnent un grand caractère.

- Bourgueil Haut de la Butte 2018 — 20 € — 90
- Bourgueil Mi-Pente 2018 — 28 € — 93
- Bourgueil Pied de la Butte 2018 — Épuisé - 15 € — 89

Le coup de ♥

- Bourgueil Perrières 2018 — 24 € — 93

Rouge : 16 hectares. Cabernet franc 100 %
Production moyenne : 60 000 bt/an

DOMAINE DE LA BUTTE ♣
La Butte, 37140 Bourgueil
02 47 97 81 30 • www.jackyblot.fr • Vente et visites : au domaine sur rendez-vous.
Propriétaire : Jacky Blot

★

DOMAINE VINCENT CARÊME

Le discret Vincent Carême, également producteur de steen (le nom local du chenin) en Afrique du Sud sous le nom Terre Brûlée (40 000 bouteilles par an) fait désormais partie des ténors de l'appellation Vouvray. Sur les 17,5 hectares de chenin répartis sur les argiles à silex de Vernou-sur-Brenne et Nozay, le travail méticuleux en bio (certification en 2007) permet d'obtenir des raisins sains et éclatants en cave. Ce quadragénaire tend vers des vins de plus en plus secs mais ses Peu Morier et Tendre intègrent avec énergie les sucres résiduels, offrant des blancs salins et sapides. L'exigeance est poussée encore plus loin avec le démarrage des traitements biodynamiques ; les élevages en fût ancien (400 l) sont de plus en plus précis.

Les vins : les chenins 2018 offrent un grand confort et une finesse de texture très soignés, mais les fins amers demandent à se fondre en cave. À commencer par le sec, savoureux et d'un éclat de fruit vivant lui convenant parfaitement ; le Peu Morier s'affirme finement anguleux et racé. Le Clos offre davantage d'ampleur et de profondeur, traduisant la complexité du terroir. Un beau blanc de garde. À déboucher dans la prime jeunesse, la chair juteuse et croquante de l'Ancestrale se montre toujours affriolante.

- Vouvray Le Clos 2018 25,50 € 92
- Vouvray Pétillant Ancestrale 2017 17 € 89
- Vouvray Sec 2018 15,50 € 91

Le coup de ♥

- Vouvray Le Peu Morier 2018 22 € 92

Blanc : 17 hectares. Chenin 100 %
Production moyenne : 70 000 bt/an

DOMAINE VINCENT CARÊME ♣
1, rue du Haut-Clos, 37210 Vernou-sur-Brenne
02 47 52 71 28 • www.vincentcareme.fr •
Visites : sans rendez-vous.
Propriétaire : Vincent Carême

★

DOMAINE PATRICE COLIN

Patrice Colin, viticulteur passionné, s'est attaché à faire connaître, à travers ses vins du Vendômois (vallée du Loir), la capacité de ce vignoble sur le déclin à produire des vins certes rustiques, mais de goût et de terroir. Sur sa propriété entièrement cultivée à haute densité (7 500 pieds à l'hectare), on trouve des vignes de pineau d'Aunis (rouge) vieux d'une centaine d'années, ainsi que des chenins qui approchent les 80 ans. Les blancs sont les plus accessibles : ils se révèlent vifs, équilibrés, exprimant des saveurs de rhubarbe et de groseille. Les rouges (pineau d'Aunis, cabernet franc, pinot noir) se montrent plus sauvages dans les arômes : ils ont besoin d'un carafage. Nous saluons le long et minutieux travail d'artisan d'art de ce vigneron méritant.

Les vins : ces chenins plein d'entrain nous ouvrent l'appétit, à commencer par le tonique Pierre à Feu. L'identité franche des silex s'affirme davantage dans le Vieilles Vignes (de 50 à 80 ans), finement fumé ; son énergie est extrêmement stimulante. Mention également pour Pente des Coutis, dont les quelques sucres résiduels sont absorbés par une matière intense et ciselée. Les rosés enchantent par leur franchise épicée et leur suavité. Côté rouge, le Pierre-François (pineau d'aunis, pinot noir, gamay et cabernet franc) dévoile une évidence juteuse. Nous lui préférons Vieilles Vignes au caractère plus poivré et batailleur (70 % pineau d'aunis). Les Vignes d'Émilien va plus loin dans l'expression de ce cépage, muni de tanins un brin accrocheurs qui stimulent une matière profonde, sertie de saveurs richement épicées. Parmi les rouges les plus singuliers et appétents de la vallée de la Loire.

- Coteaux du Vendômois Pente des Coutis 2019 12 € 92
- Coteaux du Vendômois Pierre à Feu 2019 9,50 € 89
- Coteaux du Vendômois Vieilles Vignes 2019 12 € 92
- Coteaux du Vendômois Pierre-François 2019 9 € 90
- Coteaux du Vendômois Vieilles Vignes 2018 10,50 € 91

Le coup de ♥

- Coteaux du Vendômois Gris Bodin 2019 9 € 91

Rouge : 16,8 hectares. Pineau d'Aunis 63 %, Pinot noir 13 %, Cabernet franc 12 %, Gamay noir à jus blanc 12 %
Blanc : 12 hectares. Chenin 88 %, Chardonnay 12 %
Production moyenne : 130 000 bt/an

DOMAINE PATRICE COLIN ♣
5, rue de la Gaudetterie,
41100 Thoré-la-Rochette
02 54 72 80 73 • www.patrice-colin.fr •
Vente et visites : au domaine sur rendez-vous.
Propriétaire : Patrice et Valérie Colin
Directeur : Pierre François Colin

★

CHÂTEAU DE COULAINE

La propriété est dans la famille Bonnaventure depuis le Moyen Âge, durant lequel ont été plantées les vignes du clos historique du château de Turpenay. En 1988, Étienne et Pascale de Bonnaventure entreprennent l'agrandissement du domaine. Ils font revivre l'esprit des grands vins de Beaumont, la première marche de l'appellation Chinon, côté Loire, là où les cabernets sous influence plus océanique gagnent en dentelle et en finesse de fruit, comparés à ceux de l'est de l'appellation. Le château de Coulaine produit aujourd'hui une brillante gamme de chinons bio, qui conjuguent fruit frais et élégance de texture. Les millésimes ne gomment pas l'expression des terroirs : la souplesse (argile et silice de Beaumont) dans le Château de Coulaine et la fermeté fraîche des terres argilo-calcaires dans Les Picasses, Clos de Turpenay (plein sud) et La Diablesse (dans sa version vieilles vignes, exposées au nord). Depuis janvier 2017, Jean de Bonnaventure, le fils d'Étienne et de Pascale, est aux commandes du domaine.

Les vins : deux beaux blancs de Chinon pour commencer, Les Pieds Rôtis (exposition sud-est), d'une belle tendresse délicatement fumée, sans le caractère exubérant du millésime ; et la cuvée Sinople, qui remplace le Coulaine blanc, aux saveurs plus dorées et sertie d'un élevage un peu plus luxueux. Attention à ne pas s'embourgeoiser. Nous préférons la franchise du fruit du rouge 2019, délicieusement pulpeux et frais. Dans le solaire millésime 2018, Bonnaventure prend des airs sudistes avec une chair suave. Épargné par le terrible gel de 2017, Les Picasses est encore complètement retenu, ses tanins rigides demandent à se détendre. La fine sensation crayeuse du tuffeau apparaît en finale. À ouvrir d'ici quatre à cinq ans. Et que dire de La Diablesse ? L'élégante austérité du versant nord retient complètement ce vin pour l'instant. Mais son âme, pur jus de Chinon, se révèlera avec une grande race dans les vingt prochaines années. Clos de Turpenay commence à se livrer avec force et puissance, dans la fine austérité typique de son terroir. Une garde d'au moins dix ans l'attend.

Chinon Sinople 2018	de 15 à 16 € (c)	90
Touraine Les Pieds-Rôtis 2018	N.C.	90
Chinon 2019	de 11 à 12 € (c)	90
Chinon Bonnaventure 2018	de 15 à 16 € (c)	91
Chinon La Diablesse 2017	de 22 à 25 € (c)	93
Chinon Les Picasses 2017	18 €	92

Le coup de ♥

Chinon Clos de Turpenay 2015	de 17 à 19 € (c)	92

Rouge : 16,5 hectares. Cabernet franc 100 %
Blanc : 3 hectares. Chenin 100 %
Production moyenne : 80 000 bt/an

CHÂTEAU DE COULAINE ♣
2, rue de Coulaine,
37420 Beaumont-en-Véron
02 47 98 44 51 •
www.chateaudecoulaine.com • Vente et visites : au domaine sur rendez-vous.
Propriétaire : Jean de Bonnaventure

★

DOMAINE DE LA GARRELIÈRE

Aux portes du Poitou, Pascale et François Plouzeau cultivent la vigne en biodynamie depuis 1993. Les raisins sont récoltés à parfaite maturité pour livrer des vins dénués de tout artifice œnologique. Gorgés de fruit, les blancs en monocépage de chenin et de sauvignon offrent une grande sincérité de saveurs. La chair du rouge Cinabre (cabernet franc) est avenante ; il peut se mesurer par sa concentration, à certains chinons. L'énergie et l'harmonie que dégagent ces vins nous ont conduit l'an dernier à décerner la première étoile au domaine.

Les vins : comme à son habitude, le sauvignon du Blanc de la Mariée nous met en joie croquante, avec ses arômes d'une franchise mûre. Un régal à l'apéritif. Le gamay Sans Tra-La-La offre un fruit joliment fruité et facile. Tout comme Le Rouge des Cornus, un cabernet franc juteux, sans aucune esbroufe œnologique. Une gamme enchanteresse !

Touraine Gamay Sans Tra La La 2019	de 12,50 à 14 € (c)	88
Touraine Le Rouge des Cornus 2019	de 13 à 14 € (c)	90

Le coup de ♥

Touraine Le Blanc de la Mariée 2019	de 10,50 à 11,50 € (c)	90

Rouge : 8 hectares. Gamay noir à jus blanc 60 %, Cabernet franc 40 %
Blanc : 12 hectares. Sauvignon blanc 60 %,

Chenin 30 %, Chardonnay 10 %
Production moyenne : 80 000 bt/an

DOMAINE DE LA GARRELIÈRE
La Garrelière, 37120 Razines
02 47 95 62 84 • www.garreliere.com •
Vente et visites : au domaine sur rendez-vous.
Propriétaire : François Plouzeau

★

DOMAINE GROSBOIS

Les pentes douces homogènes de la commune de Panzoult sont composées en majorité de millarge, des sables jaunes quartziens sur lesquels le cabernet franc produit des chinons moins tanniques que sur l'argilo-calcaire. « Ce terroir solaire a besoin d'être théâtralisé », explique Nicolas Grosbois, arrivé au domaine familial en 2008, après dix ans passés en tant que "flying winemaker". De la Nouvelle-Zélande et du Chili, ce trentenaire est revenu vacciné contre le bois. Il ne vinifie et n'élève ses rouges qu'en cuve. Sa cuvée Clos du Noyer donne la priorité à l'expression entière d'un raisin de goût, tout en misant sur la finesse. La nouvelle création née sur une dalle calcaire, Montet, est l'un des grands rouges de Chinon. Nicolas Grosbois est également gérant associé au domaine des Hauts Baigneux (Azay-le-Rideau).

Les vins : le gras que développent les vins des terroirs de Nicolas Grosbois est superbe. Archétype du cabernet franc de Loire bien pulpeux, avec une tendresse immédiate dans ce millésime solaire, Gabare poursuit cette définition veloutée avec un grain rocailleux appétent. Dans une veine plus profonde et structurée par des tanins saillants, le Clos du Noyer demande encore deux à trois ans de bouteille pour révéler son parfum mûr. Le terroir plus frais de Montet livre un vin de prime abord austère, avec toutefois cette tendresse du fruit qui signe le domaine. Soyez patient. Il se livrera en finesse.

Chinon Clos du Noyer 2018	29 €	92
Chinon Clôture 2018	32 €	93
Chinon Gabare 2018	19 €	91
Chinon La Cuisine de Ma Mère 2019	9,50 €	88

Le coup de ♥

Chinon Montet 2018	32 €	93

Rouge : 12 hectares. Cabernet franc 100 %
Achat de raisins.
Production moyenne : 40 000 bt/an

DOMAINE GROSBOIS ♣
Le Pressoir, 37220 Panzoult
02 47 58 66 87 • www.domainegrosbois.fr •
Visites : sans rendez-vous.
Propriétaire : Nicolas Grosbois

★

DOMAINE DES HUARDS

Michel Gendrier et son épouse Jocelyne sont les fers de lance d'une viticulture artisanale de qualité en Sologne, notamment autour du cépage blanc romorantin en appellation Cour-Cheverny, qu'ils ont grandement contribué à valoriser. Un travail sérieux est mené dans le vignoble (certifié en biodynamie) et permet la naissance de vins francs, droits, revigorants, qui évoluent bien sur cinq ou sept ans, notamment la cuvée François Ier, pur romorantin de Cour-Cheverny aux notes de cire d'abeille et d'herbe fraîche. Les derniers millésimes ont considérablement gagné en éclat.

Les vins : aussi bien en rosé qu'en blanc, la recherche de droiture, un brin rigide dans la jeunesse, est indiscutable. Dans un millésime solaire comme 2019, le blanc Pure se dresse comme un "I" avec une fraîcheur ébouriffante. Les deux cour-cheverny incarnent des expressions précises du romorantin, évoquant des notes racinaires, de quinquina et de gentiane avec une concentration et un élan amer hors norme. La cuvée François Ier, particulièrement profonde, se révèlera avec le temps. Quatre rouges nous livrent des expressions nuancées d'assemblages de pinot noir et gamay. La puissance solaire de 2018 est bien contenue dans L'Envol, au caractère poignant et épicé, à passer en carafe. Le Pressoir affirme la concentration juteuse et épicée du pinot noir, d'une trame plus froide que le pinot bourguignon. Le Vivier dévoile à la fois la concentration du millésime et de cette parcelle exposée au sud. Mêmes vivats pour L'Ouvrage, d'une puissance remarquable, tenu par des tanins saillants. Laissez-le se libérer tranquillement à l'air.

Cheverny Pure 2019	15 €	89
Cour-Cheverny Romo 2018	16 €	90
Cheverny Prose 2019	14,50 €	88
Cheverny Envol 2018	13 €	90
Cheverny Le Pressoir 2017	16,50 €	91
Cheverny Le Vivier 2015	16,50 €	91

Cheverny Ouvrage 2015 | 20 € | 92

Le coup de ♥

Cour-Cheverny François Ier 2017 | 22 € | 92

Rouge : 18 hectares. Pinot noir 70 %, Gamay noir à jus blanc 30 %
Blanc : 18 hectares. Romorantin 50 %, Sauvignon blanc 42 %, Chardonnay 8 %
Production moyenne : 180 000 bt/an

DOMAINE DES HUARDS
30, voie des Huards, 41700 Cour-Cheverny
02 54 79 97 90 • www.domainedeshuards.com • Vente et visites : au domaine sur rendez-vous.
Propriétaire : Jocelyne et Michel Gendrier

★

DOMAINE CHARLES JOGUET

Fondé en 1957 par Charles Joguet à Sazilly, sur la rive gauche de la Vienne, ce domaine est revenu au sommet de l'appellation Chinon. C'est une forme de consécration pour l'équipe en charge des vinifications et des vignes, choisie par le propriétaire Jacques Genet. Ils travaillent de concert dans un haut niveau d'excellence, compte tenu de la grandeur du domaine. Ils ont surtout fait revivre un vibrant esprit de fraîcheur dans de grands cabernets, qui ont l'originalité de naître exposés au nord-est. Peu de domaines de Loire possèdent de grandes cuvées aussi incontournables : Clos de la Dioterie (2 hectares de vignes octogénaires sur sols argilo-calcaires, exposés nord-est, à Sazilly), Clos du Chêne Vert (2 hectares dans la ville de Chinon), Les Varennes du Grand Clos (4,5 hectares à Sazilly). De plus en plus proches de leurs terroirs, les derniers millésimes se sont affinés. Il manque un soupçon de relief pour affirmer pleinement leur potentiel.

Les vins : avant de découvrir les rouges, dégustons la Plante Martin 2018, un chenin récolté à maturité, finement exotique et porté par une sensation calcaire. Les Petits Roches, à la droiture franche, porte bien son nom : un cabernet franc extrêmement revigorant. Plus charmeur, Cuvée de la Cure offre une séduisante sensation de sucrosité. L'âme argilo-calcaire se renforce dans Les Charmes, porté par une trame svelte et des tanins soignés. Quatre à cinq ans de cave lui feront le plus grand bien. Une magnifique puissance, empreinte de son exposition froide, se dégage du Varennes du Grand Clos 2018, d'une tension époustouflante dans ce millésime solaire. La carrure ample du Clos du Chêne Vert est encore plus impressionnante. Le grain de tanins élancé lui assurera une identité profonde dans les vingt ans et au-delà. Dessiné par la superbe austérité de jeunesse d'un grand chinon, le chemin racé semble tout tracé.

Chinon La Plante Martin 2018	21 €	91
Chinon Clos de la Dioterie 2017	38 €	94
Chinon Cuvée de la Cure 2018	19 €	91
Chinon Les Charmes 2018	21 €	92
Chinon Les Petites Roches 2018	13 €	91
Chinon Les Varennes du Grand Clos 2018	30 €	94

Le coup de ♥

Chinon Clos du Chêne Vert 2017 | 38 € | 94

Rouge : 32 hectares. Cabernet franc 100 %
Blanc : 2 hectares. Chenin 100 %
Production moyenne : 120 000 bt/an

DOMAINE CHARLES JOGUET ♣
La Dioterie, 37220 Sazilly
02 47 58 55 53 • www.charlesjoguet.com • Visites : sans rendez-vous.
Propriétaire : Famille Genet
Directeur : Anne-Charlotte Genet

★ ↗

DOMAINE AURÉLIEN REVILLOT

Originaire du Mâconnais, ingénieur agronome et œnologue, Aurélien a travaillé dans l'Oregon au domaine Drouhin et comme chef de culture à partir de 2013 à l'excellent domaine de la Chevalerie à Bourgueil. Il a pu reprendre (essentiellement en location) sept petites parcelles à Bourgueil et Saint-Nicolas-de-Bourgueil. Il a signé en 2012 son premier millésime. La qualité de ses vins éclate pleinement. Leur style infusé et velouté rejoint une définition contemporaine du cabernet franc. L'étoile est méritée.

Les vins : une superbe définition pulpeuse et infusée du cabernet franc se dessine dans Sur les Hauts. Ce millésime solaire est toutefois marqué par une certaine fermeté et une touche d'animalité. À carafer pour en saisir les nuances florales. La personnalité gracieuse de Grand Mont évolue dans une version veloutée du cabernet, avec une note fumée délicatement austère et des touches florales.

Bourgueil Grand Mont 2015 de 37 à 40 € (c) 93

Bourgueil Sur les Hauts 2017 de 14 à 15 € (c) 91

Rouge : 2,25 hectares. Cabernet franc 100 %
Production moyenne : 7 000 bt/an

DOMAINE AURÉLIEN REVILLOT ♣

7, route de Haut-Champ, 37140 Restigné
06 71 59 43 56 • www.aurelien-revillot.fr •
Vente et visites : au domaine sur rendez-vous.
Propriétaire : Aurélien Revillot

★

DOMAINE LE ROCHER DES VIOLETTES

Xavier Weisskopf a découvert à Chablis le métier de vigneron. Formé à Beaune, vinificateur à Gigondas, il s'installe à Montlouis-sur-Loire en 2005. Il dispose d'une très bonne cave troglodyte au cœur de la ville d'Amboise. En culture totale, sans apport d'engrais ni produits chimiques, son vignoble âgé et très morcelé, sur la commune de Saint-Martin-le-Beau, s'étend sur 13 hectares, dont 9 en appellation Montlouis et 4 en Touraine. Les vendanges sont manuelles, le raisin est transporté en petites caisses pour préserver l'intégrité des baies et limiter l'oxydation. La pureté et la précision des vins, dans les deux couleurs, n'ont aujourd'hui que peu d'équivalents dans la région.

Les vins : le pétillant naturel 2017 nous séduit toujours par sa spontanéité et son goût prégnant de chenin mûr. Pour les blancs secs, comme Touche Mitaine, le millésime solaire 2018 a été subtilement dompté afin d'exprimer la salinité du chenin typique du domaine avec une trame finement exotique. Cette sensation minérale est poussée plus loin dans une remarquable négrette qui se met en place tranquillement en bouteille. L'original pinot noir ligérien offre une haute maturité en 2018, avec une richesse de matière subtilement menée en bouche. À placer à table, tout comme le Côt Vieilles Vignes, sombre comme l'encre ; sa réduction à l'ouverture s'estompera en carafe et permettra de profiter de ses belles nuances florales, et de son jus haut en couleur à la fois saillant et conduit en délicatesse.

Montlouis-sur-Loire Pétillant 2017 17 € 91

Montlouis-sur-Loire Touche Mitaine 2018 17 € 91

IGP Val de Loire Pinot Noir 2018 19 € 91

Touraine Côt Vieilles Vignes 2018 15 € 91

Le coup de ♥

Montlouis-sur-Loire La Négrette 2018 20 € 92

Rouge : 3 hectares. Pinot noir 34 %, Cabernet franc 33 %, Malbec (cot) 33 %
Blanc : 15 hectares. Chenin 100 %
Production moyenne : 90 000 bt/an

DOMAINE LE ROCHER DES VIOLETTES ♣

34, rue de la Roche, 37150 Dierre
06 25 07 22 70 •
www.lerocherdesviolettes.com • Vente et visites : au domaine sur rendez-vous.
Propriétaire : Xavier Weisskopf

NOUVEAU DOMAINE

MICHEL AUTRAN

L'énigmatique Michel Autran officiait comme médecin urgentiste à l'hôpital de Tours dans une autre vie. Il décide un jour de rendre sa blouse blanche et récupère 3,6 hectares de vieux chenin, aujourd'hui âgés de 50 à 85 ans, dans le secteur de Noizay, en appellation Vouvray. Ses raisins parfaitement mûrs fermentent en fût (228 et 400 litres) où ils maturent pendant un an, avant de passer un an en cuve. En quête de blanc sec, le sémillant quinquagénaire offre une interprétation très personnelle du chenin vouvrillon, si personnelle qu'il a quitté l'appellation Vouvray en 2017. Sous les noms poétiques Enfers Tranquilles (argiles à silex) et Ciel Rouge (argilo-calcaire) se cachent des vins profonds, dotés d'une incroyable densité en extraits secs et d'une mâche saline vivifiante. Des blancs identitaires d'une grande sensibilité que l'on a envie de laisser venir paisiblement dans le verre. Ce vigneron mérite nettement sa place dans le guide.

Les vins : fraîchement mis en bouteille, Les Enfers Tranquilles dévoile pourtant une sérénité bluffante, une myriade de saveurs minérales, un goût de raisin bien mûr et une densité en extraits secs magnifique. Un grand chenin d'expression ligérienne, racé et profond. Ciel Rouge s'affirme avec une concentration superbe en bouche, dessinée par une salinité mûre. Un millésime solaire périlleux, admirablement dompté.

VDF Les Enfers Tranquilles 2018 — 20 € — 93

Le coup de ♥

VDF Ciel Rouge 2018 — 25 € — 94

Rouge : 0,1 hectare.
Blanc : 3,5 hectares. Chenin 100 %
Production moyenne : 10 000 bt/an

MICHEL AUTRAN ♣

169, rue du 11-Novembre, 37210 Noizay • michel.autran@free.fr • Vente et visites : au domaine sur rendez-vous.
Propriétaire : Michel Autran

DOMAINE DES CORBILLIÈRES

Installé dans le village d'Oisly, réputé pour ses sauvignons, Dominique Barbou maîtrise son vignoble, en culture totale, aux rendements limités. Les vinifications sont peu interventionnistes. Le domaine produit un solide Angeline qui sort le touraine rouge de son image "fruitée et gouleyante", auquel il adjoint une version plus délicate en tanins, la cuvée Les Dames. Les sauvignons recèlent un beau gras, surtout les sélections Fabel et Justine, qui se révèlent à leur meilleur avant deux années en bouteille. Une adresse et des valeurs sûres.

Les vins : démarrons la dégustation avec le pimpant Fabel Barbou, ce sauvignon croquant au fruit gourmand offre également une allonge saline appétente. À garder en cave encore un an. Justine Barbou exprime l'exotisme solaire du millésime 2018 avec une marque insistante du fût. Encore sur la réserve, le XVI Rangs s'exprimera avec plus de fond et de panache dans les prochaines années. Côté rouge, Les Griottines est tout gourmand et coulant de fruit, il faudra le boire jeune et légèrement frais. Les Dames s'avère plus riche et extrait, et manque de nuances à ce stade. Attendez l'hiver pour Angeline, un puissant rouge de côt, haut en couleur et en masse tannique qui commence à se fondre. À servir au coin du feu.

Touraine Justine Barbou 2018 — 14 € — 89
Touraine Oisly Fabel Barbou 2019 — 12 € — 90
Touraine Angeline 2017 — 12 € — 89
Touraine Les Dames 2018 — 15 € — 88
Touraine Les Griottines 2018 — 7,50 € — 89

Le coup de ♥

Touraine Oisly Les XVI Rangs 2018 — 17 € — 92

Rouge : 8 hectares. Malbec (cot) 30 %, Gamay noir à jus blanc 30 %, Pinot noir 30 %, Cabernet franc 10 %
Blanc : 18 hectares. Sauvignon blanc 97 %, Chardonnay 3 %
Production moyenne : 170 000 bt/an

DOMAINE DES CORBILLIÈRES

1, Les Corbillières, 41700 Oisly
02 54 79 52 75 •
www.domainedescorbillieres.com • Vente et visites : au domaine sur rendez-vous.
Propriétaire : Dominique Barbou

DOMAINE DE LA COTELLERAIE

Une verticale de 1988 à 2017, réalisée il y a deux ans, témoigne à la fois du potentiel de garde des vins de Saint-Nicolas-de-Bourgueil et des progrès impressionnants accomplis au domaine. Gérald Vallée ne laisse rien au hasard dans ses vinifications en cuve bois et ses élevages en barrique. Il donne naissance à des cabernets francs amples, séduisants, sertis de tanins suaves qui les rendent accessibles dès la jeunesse, mais dotés d'un bon potentiel de garde. Dans un registre civilisé, les derniers millésimes ont considérablement gagné en éclat de fruit, les rapprochant du goût frais de leur terroir.

Les vins : Pigeur Fou est un cabernet franc précis et joliment fruité. Un millésime appétent. Venu du coteau exposé au sud du Vau Jaumier, le 2017 se déploie en intensité avec encore une certaine rigidité. Laissez-le se détendre dès l'année prochaine sur un tendre agneau. Une nouvelle interprétation du cabernet franc se dessine avec Postumus. Vinifié et élevé soigneusement en amphore de terre cuite, ce 2018 livre un bouquet intensément floral, une matière suave en attaque et ferme en finale. Sa trame sanguine rappelle la touche sauvage du cépage, évoquant mondeuse ou nebbiolo du Piémont. L'Envolée va plus loin dans la profondeur avec un soyeux de texture très intéressant. Son élevage marquant enlève un peu de panache à cette belle cuvée qu'il faudra passer en carafe.

Saint-Nicolas-de-Bourgueil L'Envolée 2016 25 € 91

Saint-Nicolas-de-Bourgueil Le Vau Jaumier 2017 19 € 91

Saint-Nicolas-de-Bourgueil Pigeur Fou 2019 15 € 88

Le coup de ♥

Saint-Nicolas-de-Bourgueil Postumus 2018 35 € 92

Rouge : 27 hectares. Cabernet franc 100 %
Production moyenne : 110 000 bt/an

DOMAINE DE LA COTELLERAIE ♣

2, La Cotelleraie, 37140 Saint-Nicolas-de-Bourgueil
02 47 97 75 53 • www.domaine-cotelleraie.fr • Vente et visites : au domaine sur rendez-vous.
Propriétaire : Gérald Vallée

DOMAINE FABRICE GASNIER

Depuis quatre générations, la famille Gasnier exploite ce domaine de Cravant-les-Coteaux. Fabrice travaille 29 hectares entièrement cultivés sur des terres légères. Nous retrouvons dans ses cuvées les notes florales, les textures délicates, jamais très longues, mais si digestes, qui ont fait la légende des chinons rabelaisiens. Queue du Poëlon, qui met en valeur une parcelle de vignes de 60 ans, est élevé en cuve béton.

Les vins : un caractère exotique se dessine dans le blanc du Coteau de Sonnay, rafraîchi par une finale à la sensation calcaire. Débutons les rouges avec Pierres Chaudes, cabernet franc pulpeux, d'une richesse fruitée très plaisante. Les Graves apportent un relief légèrement anguleux et fringant. Le Vieilles Vignes affirme davantage son caractère chinonais, finement austère. Accessible dès l'année prochaine. Signature et La Queue de Poëlon sont encore timides mais révèleront leur ampleur, mêlée à la tension ligérienne, d'ici six à sept ans. Une gamme d'un excellent rapport qualité/prix.

Chinon Coteau de Sonnay 2018 17 € 90

Chinon Les Graves 2019 9 € 89

Chinon Pierres Chaudes 2019 11,50 € 90

Chinon Signature 2018 14 € 92

Chinon Vieilles Vignes 2018 10,50 € 90

Le coup de ♥

Chinon La Queue de Poëlon 2018 15,50 € 92

Rouge : 29,5 hectares. Cabernet franc 100 %
Blanc : 1,6 hectare. Chenin 100 %
Production moyenne : 130 000 bt/an

DOMAINE FABRICE GASNIER

1, Chezelet 37500 Cravant-les-Coteaux
02 47 93 11 60 • www.domainefabricegasnier.com • Vente et visites : au domaine sur rendez-vous.
Propriétaire : Fabrice Gasnier

DOMAINE LA GRAPPERIE

Ingénieur agronome, Renaud Guettier a repris l'exploitation en polyculture de sa belle-famille à Bueil-en-Touraine, aux confins de la Sarthe et de la Touraine. Céréalier et éleveur, il acquiert en 2004 des vignes dans les coteaux du Loir, toutes en vieilles vignes de chenin et pineau d'Aunis. Atypiques car patinés par de longs élevages, des vins sains et mûrs, formidablement toniques, voient ici le jour. Les matières vigoureuses, assagies par l'âge, sont parfaitement maîtrisées ; finement infusés, les rouges offrent délicatesse et parfums. La plupart des vins sont déclassés en vin de France et méritent d'être aérés pour se débarrasser de leur gaz carbonique.

Les vins : La Belle Égarée nous montre la sensibilité du vigneron. Un chenin où les argiles à silex dominent, avec de fines nuances d'expression variétale. D'une superbe droiture avec toutefois un grain délicat et de beaux amers stimulants. Il faut le boire tranquillement pour le faire bénéficier de l'aération.

VDF La Belle Égarée 2018 de 24 à 26 € (c) 92

Rouge : 3 hectares. Pineau d'Aunis 100 %
Blanc : 3 hectares. Chenin 100 %
Production moyenne : 20 000 bt/an

DOMAINE LA GRAPPERIE ♣

La Soudairie, 37370 Bueil-en-Touraine
02 47 24 48 06 • www.lagrapperie.com • Vente et visites : au domaine sur rendez-vous.
Propriétaire : Renaud Guettier

DOMAINE STÉPHANE GUION

Cette propriété pionnière de la culture biologique (plus de 40 ans de recul) est détenue par Stéphane Guion, qui a suivi les principes impulsés par son père polyculteur. Sur la commune de Benais, où il a déménagé sa cave, il produit des cabernets francs plus acides et aux tanins plus fins que la moyenne. Sa cuvée Prestige (sélection de vignes entre 30 et 80 ans), aux notes de fruits noirs et de mine de crayon, livre dans sa jeunesse une bouche tendue et aiguisée, avec du fond et de l'énergie. Un bourgueil à la franchise revigorante mais parfois austère. L'ambitieuse Cuvée des Deux Monts présente des élevages parfois appuyés. D'une manière générale, les vins manquent d'un soupçon de délicatesse et de charme pour l'étoile, que nous retirons cette année.

Les vins : en 2018, malgré le millésime solaire, la cuvée domaine reste fraîche, un brin rigide. Il faudra l'assouplir en carafe. Tout comme la version Prestige qui offre un peu plus d'étoffe, tout en conservant cette fermeté. Le 2017 s'ouvre avec une tendresse droite et fruitée. Déjà très plaisant. Le 2016 est le plus en place, bel équilibre entre concentration de fruit et cette tension appétente du terroir argilo-calcaire. La Cuvée des Deux Monts affiche davantage de puissance, avec un 2017 toutefois charnu. Plus accessible que le vivifiant 2014, archétype du cabernet en millésime froid. Il séduira les amateurs de rouges ligériens droits et sanguins.

- Bourgueil 2018 — 8,50 € — 88
- Bourgueil Cuvée des Deux Monts 2014 — 20 € — 91
- Bourgueil Prestige 2016 — 11 € — 90
- Bourgueil Prestige 2018 — 10 € — 89

Le coup de ♥

- Bourgueil Prestige 2017 — 9 € — 90

Rouge : 9 hectares. Cabernet franc 100 %
Production moyenne : 45 000 bt/an

DOMAINE STÉPHANE GUION ♣
3, route de Saint-Gilles, 37140 Benais
06 68 70 20 77 • www.domaineguion.com •
Vente et visites : au domaine sur rendez-vous.
Propriétaire : Stéphane Guion

DOMAINE DES HAUTS BAIGNEUX

Nicolas Grosbois, vigneron entreprenant de Chinon, et Philippe Mesnier, également importateur de vins en Belgique, ont acheté le domaine des Hauts Baigneux pour mettre sur le devant de la scène un vignoble dans l'ombre : Touraine-Azay-le-Rideau. Leur force vient d'un terroir d'argile à silex, qui parvient à livrer des blancs mûrs, encore un peu enrobés par leur élevage mais qui recèlent une tension appétente.

Les vins : le pétillant naturel Spontané 2019 nous enchante par son croquant de fruit citronné et rafraîchissant. Le sauvignon poursuit dans une veine bien mûre avec de fines notes goûteuses d'agrumes mûrs. Les Chênes montrent une version mûre et finement acidulée du chenin, identitaire de ses argiles à silex. Un peu tourbé par son passage sous bois, le Clos des Brancs offre davantage d'énergie, accusant toutefois la richesse du millésime.

- Touraine Azay-le-Rideau Blanc Chenin 2018 — 16,50 € — 88
- Touraine Azay-le-Rideau Clos des Brancs 2018 — 25 € — 89
- Touraine Azay-le-Rideau Les Chênes 2019 — 10,50 € — 90
- Touraine Sauvignon 2019 — 11,50 € — 89
- VDF Spontané 2019 — 11 € — 89

Rouge : 4 hectares. Cabernet franc 50 %, Grolleau 30 %, Gamay noir à jus blanc 20 %
Blanc : 8 hectares. Chenin 100 %
Production moyenne : 40 000 bt/an

DOMAINE DES HAUTS BAIGNEUX ♣
Le Pressoir, 37220 Panzoult
02 47 58 66 87 • hautsbaigneux@gmail.com
• Visites : sans rendez-vous.
Propriétaire : Nicolas Grosbois et Philippe Mesnier

DOMAINE DE MONTCY

Originaire de Ligurie, l'Italienne Laura Semeria a décidé de devenir vigneronne en 2006. Après de nombreuses visites de vignobles, c'est le coup de cœur pour Cheverny : elle fait en septembre 2007, juste avant les vendanges, l'acquisition d'une propriété qu'elle rebaptise domaine de Montcy. Rapidement converti en bio, très impliqué dans l'œnotourisme, le domaine donne naissance à une large gamme de vins, vinifiés en levures indigènes et avec un usage très limité du soufre. Ils s'expriment avec sincérité et générosité, et parfois des imprécisions.

Les vins : dans un style libre et bien mûr, les blancs 2018 de Cheverny évoluent déjà avec une note oxydative, tout en conservant un équilibre porté par de beaux amers. Les romorantins de Cour-Cheverny affirment leur puissance amère. Encore marqué par son passage sous bois, le Plénitude devrait évoluer avec panache tandis que Luce, prend certaines libertés qui l'écartent du chemin de la précision. N'étant pas à leur avantage en cette période précoce, les rouges 2019 n'apparaissent pas cette année dans le guide.

- Cheverny Clos des Cendres 2018 — 14 € — 90
- Cheverny Tradition 2018 — 12 € — 88
- Cour-Cheverny Luce 2018 — de 15 à 17 € (c) — 87
- Cour-Cheverny Plénitude 2018 — de 17 à 18 € (c) — 91

Rouge : 15 hectares. Pinot noir 60 %, Gamay noir à jus blanc 35 %, Malbec (cot) 5 %
Blanc : 15 hectares. Sauvignon blanc 70 %, Chardonnay 25 %, Romorantin 5 %
Production moyenne : 70 000 bt/an

DOMAINE DE MONTCY ☾
La Porte Dorée, 32, route de Fougères, 41700 Cheverny
02 54 44 20 00 •
www.domaine-de-montcy.com • Vente et visites : au domaine sur rendez-vous.
Propriétaire : Laura Semeria

DOMAINE FRANÇOIS PINON

Vigneronne depuis le XVIIIe siècle, la famille Pinon est bien connue à Vouvray pour son domaine située dans la ravissante vallée de Cousse, à Vernou-sur-Brenne. Julien Pinon a rejoint son père, François, et perpétue un style très classique et dynamique, un brin serré, de blancs vouvrillons. La conversion en bio en 2003 a contribué à révéler les nuances des terroirs dans chacune des cuvées, élevées en fût et en cuve tronconique. Issu de vignes septuagénaires plantées sur calcaire, Les Déronnières se hisse parmi les secs les plus racés de l'appellation.

Les vins : une valse de bulles commence avec deux vins plutôt tendres et simples ; le brut spontané (pétillant naturel) et le brut 2017 (méthode traditionnelle) ainsi qu'un rosé (grolleau/côt) enthousiasmant, hyper croquant et fringant. Une forte identité vouvrillonne se dégage du non dosé 2012. Vieilli sept ans sur lattes, son envergure vineuse "noisette" sera d'un confort appréciable à table. En 2019, deux secs voient le jour, des chenins d'une franchise goûteuse du fruit, à l'image du "simple" sec, franc et sapide ; Les Déronnières, malheureusement tourmenté par une note de cave humide, s'élance avec une superbe concentration ciselée. Les deux demi-secs demandent une belle aération pour se révéler. Leur fruit est marqué d'une touche de rusticité mais laisse place à une matière vivante, délicatement austère, d'un équilibre revigorant : élancée pour le Silex Noir et plus ample pour Les Trois Argiles. Tandis que le moelleux 2016 se montre en pleine forme, évoluant déjà sur des notes de pain d'épices : la bouche reste d'une jeunesse folle.

- Vouvray Brut 2017 — 11 € — 88
- Vouvray Brut Non Dosé Sept Ans sur Lattes 2012 — 15 € — 91
- Vouvray Brut Spontané — 12 € — 88
- Vouvray Demi-Sec Les Trois Argiles 2019 — 13 € — 91
- Vouvray Demi-Sec Silex Noir 2019 — 13 € — 91
- Vouvray Moelleux 2016 — 19 € — 93
- Vouvray Sec 2019 — 11 € — 90

Le coup de ♥

- Vouvray Sec Les Déronnières 2019 — 14 € — 92

Rouge : 0,38 hectare. Malbec (cot) 50 %, Grolleau 50 %
Blanc : 14,5 hectares. Chenin 100 %
Production moyenne : 60 000 bt/an

DOMAINE FRANÇOIS PINON ♣
55, vallée de Cousse, 37210 Vernou-sur-Brenne
02 47 52 16 59 •
www.francois-pinon-vouvray.com • Vente et visites : au domaine sur rendez-vous.
Propriétaire : François et Julien Pinon

DOMAINE DE L'R

Après une expérience espagnole (Ribera del Duero avec Bertrand Sourdais), Frédéric Sigoneau revient dans sa région d'origine et reprend en 2007 quelques parcelles à Cravant-les-Coteaux. Il revendique une conduite du vignoble et des vinifications les plus naturelles possibles. Le domaine trouve aujourd'hui sa vitesse de croisière avec plusieurs cuvées de caractère. Le sens aigu du fruit de Frédéric se révèle dès la cuvée Les 5 Élément, mais Les Folies du Noyer Vert offre un surcroît de profondeur et de complexité. Essayez donc de dénicher une des rares bouteilles des Mains Sales, pour une expérience voluptueuse.

Les vins : une cuvée de blanc voit le jour. Généreusement grillé par son élevage en demi-muid, Les Houttes s'inscrit parmi les chenins modernes, séducteurs, et un peu simples de 2018. Du côté des rouges, le So2 est une entrée légère et franche dans la gamme. Un vin de soif agréable. Le millésime 2019 confirme la fraîcheur appétente et libre du Canal des Grandes Pièces. Les Folies du Noyer Vert s'affirme avec une droiture austère qui plaira aux amateurs de cabernets serrés. Il manque toutefois un peu de fond. Contenu par la réduction grillée de son élevage en fût, les Mains Sales ne révèle pas sa pleine finesse. Il faudra le revoir d'ici trois à quatre ans.

Chinon Les Houttes 2018	22 €	88
Chinon Le Canal des Grandes Pièces 2019	12 €	90
Chinon Les Folies du Noyer Vert 2019	N.C.	91
Chinon Les Mains Sales 2018	34 €	90
VDF So2 2019	de 16 à 16,50 € (c)	89

Rouge : 9,35 hectares. Cabernet franc 100 %
Blanc : 0,25 hectare.
Production moyenne : 40 000 bt/an

DOMAINE DE L'R ♣

14, Le Coteau-de-Sonnay,
37500 Cravant-les-Coteaux
02 47 98 03 57 • www.domainedelr.com •
Vente et visites : au domaine sur rendez-vous.
Propriétaire : Frédéric Sigonneau

DOMAINE VINCENT RICARD

La cave de ce vigneron, qui a pris la suite de son père à Thésée, est devenue le rendez-vous des amateurs en quête de sauvignons tourangeaux exprimant, à travers des tries de vendanges et des sélections de terroirs, une palette de maturités subtiles. Vincent Ricard est un éclectique qui se risque aussi avec réussite à des pétillants naturels ou des rouges gourmands. Et comme notre homme est un bon vivant qui a le bec sucré, il n'hésite pas à vendanger tardivement certains sauvignons, voire même quelques gamays. Le domaine est certifié en bio depuis 2016.

Les vins : la chair d'un sauvignon bien mûr se dévoile dès le Vinsans Ricard, un pétillant naturel affriolant. Sympathique blanc de soif, Le Petiot est toujours fringant de fruit et croquant. Plus charnu, Les Trois Chênes offre le charme exotique du millésime 2018, tandis que Tasciaca s'avère être un bon ambassadeur du cru Chenonceaux, aux saveurs de mangue et à l'allonge veloutée. La cuvée ? va encore plus loin dans cette définition bien mûre et ample du sauvignon : ce 2017 qui évolue tranquillement devrait nous offrir des surprises dans les prochaines années.

Touraine Chenonceaux Tasciaca 2018	12,50 €	90
Touraine Le Petiot 2019	8,25 €	88
Touraine Les Trois Chênes 2018	12 €	89
VDF Le Vinsans Ricard 2018	12 €	88
Touraine Le Vilain P'tit Rouge 2019	12 €	89

Le coup de ♥

Touraine Le ? 2017	25 €	92

Rouge : 3 hectares. Malbec (cot) 100 %
Blanc : 33 hectares. Sauvignon blanc 100 %
Production moyenne : 180 000 bt/an

DOMAINE VINCENT RICARD ♣

19, rue de la Bougonnetière, 41140 Thésée
02 54 71 00 17 • www.domainericard.fr •
Vente et visites : au domaine sur rendez-vous.
Propriétaire : Vincent Ricard

DOMAINE DE LA ROCHE BLEUE

Dans les discrètes appellations de la Sarthe, Jasnières et Coteaux du Loir, Sébastien Cornille fait parler de lui depuis plusieurs millésimes. Après une aventure viticole sur l'île de la Réunion, le trentenaire atterrit dans ce vignoble, le plus septentrional de la vallée de la Loire en 2007. Il passe progressivement ses 6,50 hectares en bio pour faire des vins le plus naturellement possible. Ceux-ci sont issus de chenins plantés sur des argiles à silex, qui traversent des pressurages longs en grappes entières, des fermentations et des élevages en fût ancien. Les blancs de Jasnières s'affirment avec beaucoup de vigueur et une amertume noble et austère en bouche, venue de leur terroir. Les rouges offrent une approche fine et savoureuse du pineau d'aunis, tout en exprimant un beau bouquet poivré.

Les vins : vinifié en cuve, Orée de la Berterie constitue une bonne entrée en matière pour comprendre le style des blancs nourrissants et poignants du domaine. À boire dès maintenant. Le sec 2019 affirme davantage d'étoffe et une allonge plus ciselée. Le tempérament légèrement austère de Jasnières se révèlera à merveille dans les prochaines années. Plus fermé, Le Clos des Molières évolue dans un registre moins concentré, avec toutefois une élégante persistance des saveurs. Le moelleux 2018 dévoile une matière intense, un peu "mangée" toutefois par le bois de son élevage à ce stade. Il faudra le revoir dans quelques années. Deux rouges se dessinent : la Guinguette (pineau d'aunis, gamay et cabernet franc), joyeusement fruité et poivré, un bon rouge de bistrot et La Belle d'Aunis, plus floral et complexe, délicieusement juteux et poivré.

Coteaux du Loir Orée de la Berterie 2019	19 €	90
Jasnières Moelleux 2018	60 €	90
Jasnières Sec 2019	21 €	91
Coteaux du Loir La Belle d'Aunis 2019	24 €	89
Coteaux du Loir La Guinguette 2019	17 €	89

Le coup de ♥

Jasnières Le Clos des Molières 2018	30 €	92

Rouge : 3 hectares. Pineau d'Aunis 80 %, Gamay noir à jus blanc 15 %, Cabernet franc 5 %
Blanc : 3,5 hectares. Chenin 100 %
Production moyenne : 20 000 bt/an

DOMAINE DE LA ROCHE BLEUE ♣

La Roche, 72340 Marcon
02 43 46 26 02 •
domainedelarochebleue@ymail.com • Vente et visites : au domaine sur rendez-vous.
Propriétaire : Sébastien Cornille

VIGNOBLES DU CENTRE

★★★

DOMAINE DIDIER DAGUENEAU

Louis-Benjamin Dagueneau mène de main de maître ce domaine d'exception dédié au sauvignon blanc depuis la disparition de son père, en septembre 2008. Ici, les vendanges en caisses se font dans un délai très court, à maturité optimale, et à grand renfort de personnel. L'usage de levures sélectionnées dans leur vignoble, les débourbages serrés et les élevages longs sur lies sans soutirage demeurent la base d'une quête absolue de l'expression cristalline du sauvignon, rehaussée d'un élevage millimétré sous bois, dans des fûts de volume supérieur aux barriques, des "cigares" (320 l) ou des "tonnes" (600 l). Sept cuvées composent la gamme : Blanc Fumé de Pouilly, assemblage de quatre parcelles ; Pur Sang, assemblage du secteur de la Folie ; Buisson Renard, une parcelle de Saint-Andelain, plus compact ; Silex, qui expose la pureté cristalline des argiles à silex ; sans oublier le rarissime Clos du Calvaire (20 ares plantés à 14 000 pieds à l'hectare, arrachés en 2009 et replantés dans un autre sens à 10 000 pieds par hectares), et Astéroïde, issu d'un vignoble franc de pied vendangé toujours très mûr. Le sancerre de Chavignol est issu du cœur du grand cru de la côte des Monts Damnés. Écœuré que l'un de ses 2017, pourtant superbe, ait été retoqué aux dégustations d'agrément de l'appellation Pouilly-Fumé, Louis-Benjamin Dagueneau a décidé de reclasser sa production sous la dénomination vin de France. Les trois étoiles sont solidement accrochées. Rappelons que les passionnés de l'épure des sauvignons maison doivent découvrir les précieux jurançons que la famille produit aux Jardins de Babylone (voir la partie Sud-Ouest).

Les vins : autrefois plus que réservés dans la jeunesse, ils se détendent peu à peu, à l'image des superbes 2018, dont la puissance solaire est admirablement domptée. Une année à mettre aux moins deux à trois ans en cave. Sous la mention vin de France, le Blanc Fumé, n'ayant plus droit de citer le terme "Fumé", sera renommé Blanc Etc.... Tout en chair veloutée, le 2017 est parfaitement calibré. Pur Sang s'avère magnifique de puissance gainée et de vitalité, avec un relief de saveurs extrêmement sapide. Sur les petits silex polis de Saint-Laurent-l'Abbaye, Buisson Renard tient sa place de sauvignon intense et virevoltant, tenu par un grain de texture fin et des amers finaux absolument stimulants. À Chavignol, Le Mont Damné se montre immédiatement plus exotique, avec en bouche une acidité vigoureuse qui cisèle une matière ample et suave. Il doit se détendre en bouteille. À son habitude, Silex dévoile une richesse et une envergure au-dessus des autres vins. L'austérité majestueuse convient parfaitement au profil riche de l'année. Un grand vin taillé pour la garde. Dans un autre contexte climatique, le 1988, dégusté en 2020, est d'une tenue admirable, sans trace d'oxydation ni aucunement décharné. En hommage à Didier Dagueneau, disparu en 2008, la cuvée Memento Mori voit le jour, issue d'un lot spécifique de la parcelle dédiée au Silex. Un blanc d'une incroyable densité, qui sera porté dans le temps par sa profondeur minérale insistante.

VDF Blanc Fumé 2017	de 40 à 50 € (c)	91
VDF Buisson Renard 2018	110 €	95
VDF Le Mont Damné 2018	130 €	93
VDF Memento Mori 2018	N.C.	96
VDF Pur Sang 2018	110 €	94

Le coup de ♥

VDF Silex 2018	130 €	96

Blanc : 11 hectares. Sauvignon blanc 100 %
Production moyenne : 50 000 bt/an

DOMAINE DIDIER DAGUENEAU
Le Bourg, 58150 Saint-Andelain
03 86 39 15 62 •
louis.benjamin.dagueneau@gmail.com •
Vente et visites : au domaine sur rendez-vous.
Propriétaire : Louis-Benjamin Dagueneau

★★

DOMAINE GÉRARD BOULAY

Les Boulay disposent à Chavignol d'un des plus beaux terroirs du village, le Clos de Beaujeu. Cette parcelle, à la pente de 70 %, se situe dans le secteur des Culs de Beaujeu, en orientation est/sud-est, tandis que la parcelle des Monts Damnés, qui partage la même nature crayeuse des sols, est exposée plein sud. Cette exposition au levant apporte une élégance et un raffinement rares aux sauvignons, qui ne s'expriment qu'au bout de cinq ans. Sur vingt ans, ils évoluent vers des senteurs de truffe blanche. Ils sont toujours dominés par l'expression pierreuse de leur terroir et non par le caractère variétal du cépage. Les vins sont entiers, généreux, d'une concentration exemplaire pour la garde, en particulier le très pur Comtesse et l'admirable rouge Oriane, capables à plus de vingt ans d'âge de se montrer éblouissants.

Les vins : très bon niveau pour le sancerre classique, approche généreuse et tonique du sauvignon. Un millésime confortable se dessine en 2018 avec toutefois une fraîcheur terrienne préservée dans Clos de Beaujeu, dont l'ampleur s'affinera avec le temps. Un peu plus exotique, Monts Damnés demande quatre à cinq ans de cave avant de minéraliser. Même pronostic pour La Côte, grand blanc intense, à la sensation crayeuse insistante en finale, prêt à traverser quelques décennies. Contenu par une belle réduction grillée, La Comtesse revêt une extraordinaire puissance séveuse, affichant le caractère caillouteux très respectueux du terroir de Chavignol. Il évoluera avec le panache d'un grand chablis. La force solaire des rouges 2018 s'assagira avec quelques années de cave. L'Oriane offre une densité remarquable : expression bien mûre de pinot noir, délicatement menée par un élevage grillé. À ouvrir tranquillement à partir de 2022.

Sancerre 2019	15,50 €	90
Sancerre Clos de Beaujeu 2018	26 €	94
Sancerre Comtesse 2018	32 €	94
Sancerre La Côte 2018	26 €	94
Sancerre Monts Damnés 2018	26 €	93
Sancerre Oriane 2018	26 €	91

Rouge : 2 hectares. Pinot noir 100 %
Blanc : 11 hectares. Sauvignon blanc 100 %
Production moyenne : 60 000 bt/an

DOMAINE GÉRARD BOULAY
18300 Chavignol
02 48 54 36 37 •
boulayg-vigneron@wanadoo.fr • Vente et visites : au domaine sur rendez-vous.
Propriétaire : Gérard Boulay
Directeur : Thibaut Boulay

★★

DOMAINE FRANÇOIS COTAT

Depuis 1998, le jovial François Cotat a repris les vignes de son père Paul, lui-même séparé de son frère Francis (domaine Pascal Cotat). François (qui produisait déjà du sancerre sous son nom depuis 1987, vous suivez toujours ?) dispose désormais, comme son cousin, de parcelles en Grande Côte et en Monts Damnés avec, en plus, une vigne encore plus pentue en Culs de Beaujeu, 4 hectares mythiques. Sans oublier la cave familiale spartiate, dans une ruelle du bas de Chavignol, qu'il a conservée. Vendanges manuelles, aucun levurage, deux soutirages, pas de filtration et mise en bouteille précoce avant l'été : la méthode n'a pas changé depuis des lustres et donne de grands sancerres de feu, très mûrs et vibrants, à la garde phénoménale. Comme les vins sont réservés d'une année sur l'autre, le domaine n'a pas la possibilité de prendre de nouveaux clients. La Grande Côte 1998 et 1989 témoignent de la longévité de ces blancs qui s'ouvrent, et surtout se détendent avec le temps, en nous emmenant sur des arômes de roche froide et de miel, des matières voluptueuses. On peut les confondre avec un grand chardonnay de chablis ou un riesling alsacien.

Les vins : le domaine ne nous ayant pas fait parvenir ses vins cette année, nous sommes amenés à reconduire les notes de notre édition précédente.

Sancerre Caillottes 2017	de 25 à 45 € (c)	92
Sancerre Culs de Beaujeu 2017	de 35 à 40 € (c)	94
Sancerre Monts Damnés 2017	de 35 à 40 € (c)	94

Rouge : 0,55 hectare. Pinot noir 100 %
Blanc : 3,6 hectares. Sauvignon blanc 100 %
Production moyenne : 35 000 bt/an

DOMAINE FRANÇOIS COTAT
Chavignol, 18300 Sancerre
02 48 54 21 27 • Pas de visites.
Propriétaire : François Cotat

★★

DOMAINE ALPHONSE MELLOT

Comme son père et dix-huit générations de vignerons sancerrois avant lui portant le même prénom, Alphonse Mellot Junior continue de bâtir un impressionnant domaine : 56 hectares cultivés en biodynamie et des caves souterraines serpentant sous le village. La viticulture d'élite lui permet de capter les nuances des terroirs et de les restituer dans les cuvées parcellaires, des argiles à silex de La Demoiselle aux calcaires d'En Grands Champs, en passant par les vieilles vignes plantées sur caillottes de la cuvée Edmond. Les rouges ont été épurés par des élevages plus précis, permettant de révéler l'éclat sancerrois du pinot noir, dont la remarquable cuvée Paradis, vinifiée en grappes entières. Les blancs d'Alphonse Mellot sont techniquement irréprochables et inébranlables. Toutefois, l'énergie profonde de leur terroir semble passer au second plan par rapport au style extrêmement maîtrisé insufflé par le savoir-faire méticuleux du vigneron. À la suite du retrait de la troisième étoile l'an dernier, nous nous sommes rendus au domaine où nous avons pu constater sa progression à travers une verticale en bouteille, de 2002 jusqu'à 2016. Nous maintenons toutefois notre position.

Les vins : le domaine ne nous ayant pas fait parvenir ses vins cette année, nous sommes amenés à reconduire les notes de notre édition précédente.

Sancerre Edmond 2016	de 42 à 48 € (c)	96
Sancerre La Demoiselle 2016	de 26 à 34 € (c)	93
Sancerre La Moussière 2018	de 22 à 28 € (c)	89
Sancerre Le Paradis 2016	de 38 à 48 € (c)	91
Sancerre En Grands Champs 2016	de 75 à 85 € (c)	96
Sancerre Génération XIX 2016	de 90 à 110 € (c)	94
Sancerre La Moussière 2014	de 28 à 34 € (c)	90
Sancerre Le Paradis 2016	N.C.	94

Rouge : 12 hectares. Pinot noir 100 %
Blanc : 44 hectares. Sauvignon blanc 100 %
Production moyenne : 330 000 bt/an

DOMAINE ALPHONSE MELLOT ☾
3, rue Porte-César, 18300 Sancerre
02 48 54 07 41 • www.mellot.com • Vente et visites : au domaine sur rendez-vous.
Propriétaire : Alphonse Mellot

★★

DOMAINE VINCENT PINARD

Dans son village vigneron de Bué, la famille Pinard a fait du domaine familial l'un des plus emblématiques de Sancerre. Au fil des millésimes, les frères Florent et Clément repoussent sans cesse leurs limites pour dessiner un relief de saveurs toujours plus proche de leur terroirs argilo-calcaires, tant en viticulture (revendication de pratiques biodynamiques, maîtrise des rendements, maturité optimale des raisins...) qu'en cave (travail sur des souches de levures de leur vignoble pour les fermentations, allongement des élevages en demi-muid, réduction des doses de sulfites...). Florès s'avère une excellente entrée en matière pour comprendre l'approche stylisée et parfaitement calibrée des blancs. L'intensité monte ensuite avec des cuvées identitaires de lieux-dits, du salin et ciselé Petit Chemarin à la puissance austère et élégante du Chêne Marchand, en passant par Le Château, d'une densité réconfortante. Les rouges ne sont pas en reste avec des matières de haute concentration de plus en plus pures.

Les vins : une passionnante série de 2018 se dessine parmi les blancs, à commencer par Florès, mentholé et extrêmement savoureux, entrée de gamme de haut niveau. La fraîcheur élancée s'affirme particulièrement dans le Grand Chemarin, finement exotique et étiré par une trame saline. Cette sensation est amplifiée dans le Petit Chemarin, grand blanc identitaire à l'allonge vivifiante et précise. D'un caractère plus dense, Le Château offre une magnifique douceur de texture qui fera de lui un blanc réconfortant à l'automne. Sa puissance austère le place toujours au-dessus du lot : Chêne Marchand fait immédiatement résonner la complexité de ce terroir qui absorbe l'expression solaire du millésime. Un grand blanc identitaire taillé pour la garde. Le rouge est un exemple d'équilibre dans ce millésime solaire, dévoilant une concentration juteuse, avec une retenue complexe et longue. Il évoluera avec style dans les dix prochaines années. Laissez venir tranquillement Charlouise, d'un charme magnifique, infusé en douceur, dévoilant une matière pleine. Plus retenu, Vendanges Entières livre une version nuancée, élancée, sans dureté, de la vinification en grappes entières, bien plus équilibrée et détendue dans la jeunesse qu'auparavant.

Sancerre Florès 2018	15 €	90
Sancerre Grand Chemarin 2018	31,80 €	93
Sancerre Harmonie 2018	25,30 €	92
Sancerre Le Château 2018	31,80 €	93
Sancerre Nuance 2018	17,80 €	90
Sancerre Petit Chemarin 2018	31,80 €	94
Sancerre 2018	19,80 €	92
Sancerre Charlouise 2017	28 €	93
Sancerre Vendanges Entières 2017	36,50 €	94

Le coup de ♥

Sancerre Chêne Marchand 2018	31,80 €	95

Rouge : 4,5 hectares. Pinot noir 100 %
Blanc : 12,5 hectares. Sauvignon blanc 100 %
Production moyenne : 100 000 bt/an

DOMAINE VINCENT PINARD
42, rue Saint-Vincent, 18300 Bué
02 48 54 33 89 • www.domaine-pinard.com • Vente et visites : au domaine sur rendez-vous.
Propriétaire : Famille Pinard

★★

DOMAINE VACHERON

Jean-Dominique Vacheron et son cousin Jean-Laurent ont opéré une véritable révolution culturelle au sein de ce domaine familial. Premier domaine de Sancerre certifié en culture biodynamique (2006), il produit aujourd'hui pas moins de six cuvées parcellaires de blancs. Ces déclinaisons, aussi légitimes que celles effectuées par climats dans les crus bourguignons, rappellent que Sancerre possède une grande variété de sols argileux d'un niveau remarquable, plus ou moins empreints de silex et de calcaire. Citons l'emblématique Les Romains, premier lieu-dit à dominante de silex, isolé en 1997 dans un blanc vigoureux et finement austère ; quelques années plus tard, c'est un sol crayeux pauvre, orienté au nord, qui est magnifié dans un sauvignon ciselé et salin, Guigne-Chèvres. Les blancs séduiront les amoureux de vins épurés et stimulants. Les rouges continuent de progresser et offrent une expression éclatante du fruit.

Les vins : le sancerre blanc stimule par son approche appétente et épurée du sauvignon. Un millésime solaire comme 2018 convient plutôt bien au profil froid et serré du domaine, comme le démontre Les Romains, doté de fines notes pierreuses et de la carrure saillante du cru. Un peu plus démonstratif et exotique, Chambrates séduira le plus grand nombre, mais conserve une belle finale calcaire. Le Paradis s'affirme toujours en gardant l'équilibre entre ampleur et droiture vivifiante. D'une retenue extrêmement salivante, Guigne-Chèvres révèlera son énergie saline au fil des années. Le rouge 2018 est une approche délicieusement gourmande et infusée du pinot noir sancerrois. La Belle Dame a rarement atteint ce niveau de concentration de fruit ; mené en douceur, le vin conserve la fine austérité de son terroir de silex. L'expression des calcaires s'affirme dans Les Marnes, avec un élan floral et une haute maturité de fruit, abordée tout en finesse par la vinification en grappes entières. Deux styles complémentaires.

Sancerre 2019	24 €	90
Sancerre Pavé 2017	50 €	95
Sancerre 2018	26 €	90
Sancerres Les Marnes 2015	80 €	94

Le coup de ♥

Sancerre Belle Dame 2016	40 €	95

Rouge : 12,5 hectares. Pinot noir 100 %
Blanc : 37 hectares. Sauvignon blanc 100 %
Production moyenne : 350 000 bt/an

DOMAINE VACHERON ☾
1, rue du Puits-Poulton, 18300 Sancerre
02 48 54 09 93 • vacheron.sa@wanadoo.fr •
Vente et visites : au domaine sur rendez-vous.
Propriétaire : Jean-Louis, Denis, Jean-Laurent et Jean-Dominique Vacheron

★

DOMAINE DANIEL CROCHET

Sur les sols de terres blanches et de caillottes de la commune de Bué, le discret Daniel Crochet, cousin de François, conduit ce domaine familial de qualité depuis 1996. Le travail est ici d'un grand sérieux, avec des vignes enherbées, des élevages sur lies et des vinifications soignées. Le domaine a la chance de profiter des plus belles parcelles du secteur, en particulier Plante des Prés et Chêne Marchand. Nous sommes impressionnés par la précision et la profondeur des rouges depuis quelques millésimes et saluons le travail méticuleux de Daniel Crochet.

Les vins : le sancerre du domaine est toujours un bon blanc à la chair croquante, restituant le terroir calcaire de Bué. À boire dans l'année. Dans un millésime riche comme 2018, les parcellaires n'expriment pas leur plus grande fraîcheur mais présentent un équilibre confortable très avenant, à l'image de Plante des Prés, fuselé par un gras plaisant et Chêne Marchand, plus ambitieux, structuré par une belle austérité. Une légère surmaturité marque les rouges, qu'il faudra servir à 13-14° C pour les tonifier. Prestige se montre plus profond ; sa structure droite lui permettra d'évoluer avec richesse. La vinification en grappes entières de la nouvelle cuvée Sur le Clou confère de l'élan au vin, une fraîcheur florale. Une approche intéressante dans ce type de millésime.

Sancerre 2019	12 €	89
Sancerre Plante des Prés 2018	18,60 €	91
Sancerre 2018	13 €	88
Sancerre Prestige 2018	22 €	90
Sancerre Sur le Clou 2018	28 €	91

Le coup de ♥

Sancerre Chêne Marchand 2018	18,60 €	91

Rouge : 3,4 hectares. Pinot noir 100 %
Blanc : 6,4 hectares. Sauvignon blanc 100 %
Production moyenne : 80 000 bt/an

DOMAINE DANIEL CROCHET
61, rue de Venoize, 18300 Bué
02 48 54 07 83 • daniel-crochet@orange.fr •
Vente et visites : au domaine sur rendez-vous.
Propriétaire : Daniel Crochet

★

DOMAINE FRANÇOIS CROCHET

En vingt ans, François Crochet s'est imposé comme l'un des plus talentueux vignerons du Sancerrois. Sous sa silhouette de gaillard et ses paluches imposantes d'ancien rugbyman se cache, en réalité, une grande sensibilité, ce qui donne des vins tout en finesse, insistant sur la définition saline du sauvignon sancerrois. Dans son vignoble bio principalement situé dans le secteur argilo-calcaire de la commune de Bué, le blanc "classique" donne le tempo d'une gamme équilibrée et épurée par un élevage en cuve tronconique en bois, révèlant les nuances de chaque terroir : Amoureuses, Grand Chemarin, Petit Chemarin, Chêne Marchand, Vallon et Exils, issu des silex de Thauvenay. Les rouges, partiellement égrappés et affinés en demi-muid, méritent toujours un bon passage en carafe pour estomper la réduction et révéler avec finesse le caractère septentrional des pinots noirs du Berry.

Les vins : le blanc 2019 ouvre le bal avec un très bel éclat de sauvignon mûr, tenu par une fraîcheur revigorante. L'un des meilleurs de sa catégorie. Nés dans le millésime solaire 2018, les blancs conservent toutefois leur élan revigorant, à l'image des Amoureuses, tout en finesse. Le Grand Chemarin séduit par sa finale plus pointue. Le terroir calcaire se révèle avec pureté dans Le Petit Chemarin, à l'allonge très savoureuse et saline. Le Chêne Marchand se révèle avec une densité supérieure et une structure amère stimulante. Quelle franchise ! Toujours réduits dans leur jeunesse, les rouges méritent une aération généreuse. La cuvée du domaine est colorée et riche, avec un caractère gourmand et fin, presque sudiste. La Réserve de Marcigoué se montre plus séveux et subtilement épicé. Encore contenu par son élevage, Les Marnes évoluera avec une floralité affirmée et une fraîcheur franche venue en partie de la vinification en grappes entières.

Sancerre 2019	22 €	91
Sancerre Le Chêne Marchand 2018	31,50 €	93
Sancerre Le Petit Chemarin 2018	31,50 €	92
Sancerre Les Amoureuses 2018	28 €	91
Sancerre 2018	26 €	90
Sancerre Les Marnes 2018	33 €	92
Sancerre Réserve de Marcigoué 2018	33 €	91

Le coup de ♥

Sancerre Le Grand Chemarin 2018	31 €	91

Rouge : 3,5 hectares. Pinot noir 100 %
Blanc : 8 hectares. Sauvignon blanc 100 %
Production moyenne : 80 000 bt/an

DOMAINE FRANÇOIS CROCHET ♣

Marcigoué, 18300 Bué
02 48 54 21 77 •
francoiscrochet@wanadoo.fr • Vente et visites : au domaine sur rendez-vous.
Propriétaire : François Crochet

NOUVEAU DOMAINE

★

DOMAINE VINCENT GAUDRY

D'une écoute intime des anciens, le discret Vincent Gaudry a tiré une volonté de renouer avec un goût qu'il estime perdu du blanc de Sancerre. Les sauvignons cultivés en biodynamie poussent sur onze hectares répartis sur trois types de sol, les caillottes à Sancerre, les silex à Saint-Satur et les argilo-calcaire ; ils rejoignent ensuite cuves tronconiques en bois et inox dans la cave du ravissant village vigneron de Sury-en-Vaux, "sourire dans la vallée" en berrichon. Un réel naturel d'expression se dégage de ses vins, loin des canons stylistiques de l'appellation où la technique a souvent pris le dessus. Cette sincérité précise et cette vision identitaire des vins de Sancerre nous conduisent à accueillir le domaine avec une étoile dans le guide.

Les vins : de magnifiques 2018, d'un dynamisme frais qui tranche dans ce millésime solaire. À commencer par le Tournebride, assemblage des trois terroirs, élancé par des saveurs de fruits blancs. Sur les argilo-calcaires, Mélodies (vignes de plus de 50 ans) impressionne par sa structure caillouteuse, presque tannique, sa finale merveilleusement crayeuse. Constellation exprime la trame finement anguleuse et austère des silex, avec un élan extrêmement salivant, entre nuances de saveurs de fenouil et craie humide. En 2017, À Mi-Chemin offre davantage d'envergure, une carrure plus impressionnante : saluons son allonge sapide, sa profondeur appréciable dans un millésime tendre. Côté rouge, Vercingétorix annonce en 2018 un pinot noir haut en couleur et en concentration, joliment infusé en grappes entières, donnant un élan floral sanguin. On le débouchera à partir de 2022.

Sancerre Mélodies de Vieilles Vignes 2018	21 €	93
Sancerre Tournebride 2018	18 €	91
Sancerre À Mi-Chemin 2017	110 €	94

- Sancerre Vercingétorix 2018 21 € 92

Le coup de ♥

- Sancerre Constellation du Scorpion 2018 28 € 94

Rouge : 2 hectares. Pinot noir 100 %
Blanc : 9 hectares. Sauvignon blanc 100 %
Production moyenne : 75 000 bt/an

DOMAINE VINCENT GAUDRY ☾
14, rue des Champs-des-Près,
18300 Sury-en-Vaux
02 48 79 49 25 • www.vincent-gaudry.com •
Vente et visites : au domaine sur rendez-vous.
Propriétaire : Vincent Gaudry

★

DOMAINE PHILIPPE GILBERT

Ce domaine dirigé par Philippe Gilbert est exploité en biodynamie. Les cuvées Les Renardières sont issues des vignes de pinot noir et de sauvignon les plus âgées. Les blancs affichent du souffle, une longueur saline et livrent une sensation bien mûre extrêmement savoureuse. Après une période fort boisée, les rouges ont gagné en finesse, sans perdre en maturité, ni en précision. Des expérimentations sont menées pour que les vins gagnent en naturel d'expression.

Les vins : charnu et épicé, le délicieux rosé nous met l'eau à la bouche avant les blancs. Le menetou-salon 2019, sauvignon mûr et affriolant, est d'ailleurs une excellente entrée en matière. Dans le solaire millésime 2018, Les Chandelières propose une allonge savoureusement énergique. Un très beau blanc de table, comme Clos des Treille, d'une ampleur stimulante. Deux définitions vivifiantes des vins du coin. Nous écartons le rouge 2018, perturbé aujourd'hui. Clos des Treille évolue avec une finesse et une fraîcheur sereines, évoquant les épices douces. Ouvrez-le dès maintenant. Le quart de vendange entière de 35 Rangs dynamise la densité naturelle de ce pinot noir, qui demeure affriolant et profond. La table domptera sa fougue tannique.

- Menetou-Salon 2019 de 8,50 à 17 € (c) 90
- Menetou-Salon Clos des Treilles 2018 de 13,50 à 27 € (c) 92
- Menetou-Salon Les Chandelières 2018 de 13,50 à 27 € (c) 92
- Menetou-Salon 2019 de 8,50 à 17 € (c) 89
- Menetou-Salon 35 Rangs 2017 de 17 à 34 € (c) 91
- Menetou-Salon Clos des Treilles 2017 de 15 à 27 € (c) 91

Rouge : 15 hectares. Pinot noir 100 %
Blanc : 15 hectares. Sauvignon blanc 100 %
Production moyenne : 120 000 bt/an

DOMAINE PHILIPPE GILBERT ☾
9, Les Faucards, 18510 Menetou-Salon
02 48 66 65 90 •
www.domainephilippegilbert.fr • Vente et visites : au domaine sur rendez-vous.
Propriétaire : Philippe Gilbert
Maître de chai : François Leupe

★

DOMAINE JONATHAN DIDIER PABIOT

Porteur d'un patronyme courant à Pouilly-sur-Loire, Jonathan Pabiot est le fils de Didier, vigneron aux Loges. Il a repris les vignes de son grand-père en 2005. Cet ex-champion local de motocross a su remettre en cause la routine dans laquelle se complaisent trop de vignerons locaux. Décidé à remettre le vignoble à l'honneur, avec des pratiques exigeantes et hautement qualitatives (faibles rendements, agriculture bio depuis 2006), il a affiné son style et progresse rapidement, méritant nos éloges. Les cuvées Aubaine (caillottes) et Prédilection (terres blanches) sont, selon nous, les blancs les plus identitaires, et les plus transparents avec leur terroir, de toute la gamme. Saluons également le chasselas de Pouilly-sur-Loire, à l'identité florale affirmée. Le domaine est certifié en biodynamie (Demeter) depuis 2016.

Les vins : avec 11° degrés d'alcool, le chasselas de Pouilly-sur-Loire s'avère particulièrement gourmand et charnu. Un régal, tout comme le Florilège, sauvignon confortable, riche et exotique, à boire jeune. L'Aubaine offre cette année une allonge sphérique, des airs de lichee et de rose, évoquant un gewurztraminer alsacien. Plus ligérien, Prédilection séduit par la chair très gourmande de son fruit et sa sensation calcaire en finale. Eurythmie dévoile une impression grillée et beurrée de l'élevage, une puissance calcaire revigorante. Un délicieux vin de table. Utopia est le fruit (900 bouteilles) de vieilles vignes sur terres blanches. Élaboré sans aucun intrant, avec une oxydation ménagée, cette expression décadente de sauvignon déroule en longueur une haute concentration crayeuse.

Pouilly-Fumé Aubaine 2018	30 €	91
Pouilly-Fumé Eurythmie 2018	40 €	92
Pouilly-Fumé Florilège 2018	23 €	90
Pouilly-Fumé Utopia 2018	48 €	93
Pouilly-sur-Loire 2019	23 €	90

Le coup de ♥

Pouilly-Fumé Prédilection 2018	34 €	92

Blanc : 20 hectares. Sauvignon blanc 83 %, Chasselas 17 %
Production moyenne : 90 000 bt/an

DOMAINE JONATHAN DIDIER PABIOT
1, rue Saint-Vincent, Les Loges, 58150 Pouilly-sur-Loire
03 86 39 01 32 • pabiot-jonathan@wanadoo.fr • Vente et visites : au domaine sur rendez-vous.
Propriétaire : Jonathan Didier Pabiot

★

DOMAINE PELLÉ

Paul-Henry Pellé, fils d'Anne, est en charge du vignoble et des vinifications : ce vigneron exigeant, qui n'a de cesse d'affiner le travail des sols et les élevages, est pleinement engagé dans une recherche de maturité optimale et d'expression variée des terroirs. Les vinifications méticuleuses donnent des blancs nets et rafraîchissants (Morogues), mais aussi des vins plus profonds traduisant la singularité de chaque terroir : Le Carroir (vieilles vignes sur silex), Vignes de Ratier (terroir solaire de marnes kimméridgiennes), Les Blanchais (marnes kimméridgiennes exposées au nord-est). De bonne constitution, les rouges peuvent accuser quelques écarts.

Les vins : le sancerre ouvre le bal avec une danse facile et fruitée, mais ce sont avant tous les menetou-salon qui sont à la fête, avec un Morogues direct, précis, léger et rafraîchissant en 2018. Les autres blancs se déclinent par terroirs, en commençant par le discret Carroir. Les Vignes de Ratier séduit par une densité couplée à une belle profondeur fraîche. Le relief de saveurs et l'intensité sont toujours plus présents dans Les Blanchais, millésime solaire qui se retend avec droiture, mené en finesse, parfaitement digeste. Parmi les rouges, le sancerre tient son rang de pinot charmeur. Le Morogues subit davantage la richesse solaire du millésime, tout en restant impeccablement élaboré. Il faudra le servir à table, à l'instar du Carroir, dont la trame anguleuse typique des silex demande à s'assouplir. Nous écartons Les Cris, qui n'est pas au sommet de sa forme aujourd'hui.

Menetou-Salon Le Carroir 2018	15 €	91
Menetou-Salon Morogues 2018	12,90 €	88
Menetou-Salon Vignes de Ratier 2018	15 €	92
Sancerre La Croix au Garde 2018	14 €	86
Menetou-Salon Le Carroir 2017	18 €	90
Menetou-Salon Morogues 2018	15 €	89
Sancerre La Croix au Garde 2018	15 €	87

Le coup de ♥

Menetou-Salon Les Blanchais 2018	20 €	92

Rouge : 12 hectares. Pinot noir 100 %
Blanc : 30 hectares. Sauvignon blanc 100 %
Production moyenne : 250 000 bt/an

DOMAINE PELLÉ
Route d'Aubinges, 18220 Morogues
02 48 64 42 48 • www.domainepelle.com • Vente et visites : au domaine sur rendez-vous.
Propriétaire : Famille Pellé
Directeur : Paul-Henry Pellé

★

LES POËTE

La volonté de Guillaume Sorbe de faire naître de grands vins à Quincy et Reuilly est incontestable. Le projet mûri par ce vigneron dans ces deux appellations discrètes du Centre est remarquable. Après une sélection précise des terroirs, il a planté en 2001 des sauvignons blancs, pinots noirs et pinots gris qu'il laisse patiemment s'acclimater à leur environnement avant de produire les premières bouteilles sous l'étiquette des Poëte en 2011. Nous sommes éblouis par les 2016 présentés. Aucun vin du secteur n'atteint ce niveau de précision et d'étoffe. Élevés dix-huit mois en cuve et en fût (400 et 600 l), ils s'inscrivent parmi les blancs les plus ambitieux de la vallée de Loire.

Les vins : le S, blanc de Touraine à l'expressivité précise, d'une intensité longue et fraîche en bouche, est un sauvignon ambitieux pour un repas. Nous sommes plus réservés quant à l'équilibre du rouge, à la chair fruitée, mais un peu asséchant à ce stade. Il sera à revoir l'année prochaine.

Touraine Sauvignon Le S des Poëte 2018	12 €	91
Reuilly Odyssée 2017	26 €	89

Rouge : 1,35 hectare. Pinot noir 100 %
Blanc : 5,1 hectares. Sauvignon blanc 90 %, Pinot gris 10 %
Production moyenne : 30 000 bt/an

LES POËTE
9, route de Boisgisson, 18120 Preuilly
06 61 62 88 52 • www.lespoete.com • Vente et visites : au domaine sur rendez-vous.
Propriétaire : Guillaume Sorbe

★

DOMAINE MICHEL REDDE ET FILS

Ce grand domaine historique est dirigé avec sérieux et passion par Thierry Redde et ses deux fils, Sébastien et Romain. Ce producteur est l'un des rares à posséder, et à planter encore, des vignes de chasselas (cuvée Gustave Daudin). À côté de vins assez classiques mais jamais enzymés ni levurés (La Moynerie ou encore le très mûr Majorum), la gamme se décline, à l'initiative de la nouvelle génération, par terroir : Les Bois de Saint-Andelain (argiles à silex rouges), Les Cornets (marnes du kimméridgien), Champs des Billons (calcaire Portlandien), et la dernière-née, Barre à Mine (vignes en haute densité plantées à la barre à mine dans une ancienne carrière de silex). Vendanges manuelles, vinifications par gravité, conversion bio sont autant de choix payants qui expliquent la qualité accrue des derniers vins dégustés, toutefois toujours un peu contenus par une emprise technique forte.

Les vins : le chasselas Gustave Daudin fait partie de ce blancs originaux et identitaires de Loire. Le Petit F... ouvre le bal des pouilly-fumés avec un jus dynamique et précis, très rafraîchissant en 2019. Viennent ensuite les solaires 2018 avec La Moynerie, tout en rondeur, aux saveurs d'agrumes, et Barre à Mine, intense et profond, porté par de beaux amers minéraux, qui semble évoluer vers une trame minérale insistante, le destinant à une cuisine iodée et raffinée. Les 2017 évoluent tranquillement, que ce soit Les Bois de Saint-Andelain, typé par une note fumée et doté d'une structure affirmée en bouche, ou Les Champs des Billons, aux allures plus charmeuses et fruitées. Deux vins d'un millésime ensoleillé à l'équilibre appétent. Évoluant sur des airs chablisiens, Majorum 2013 est toujours disponible et offre l'élan extrêmement serré de ce millésime tardif.

Pouilly-Fumé Barre à Mine 2018	44 €	92
Pouilly-Fumé La Moynerie 2018	18,50 €	89
Pouilly-Fumé Les Bois de Saint-Andelain 2017	35,50 €	91
Pouilly-Fumé Les Champs des Billons 2017	35,50 €	91
Pouilly-Fumé Majorum 2013	60,90 €	91
Pouilly-Fumé Petit F... 2018	14,90 €	89
Pouilly-sur-Loire Gustave Daudin 2018	22,90 €	90

Blanc : 40 hectares. Sauvignon blanc 97 %, Chasselas 3 %
Production moyenne : 240 000 bt/an

DOMAINE MICHEL REDDE ET FILS
RN 7, La Route Bleue, La Moynerie, 58150 Saint-Andelain
03 86 39 14 72 • www.michel-redde.com • Visites : sans rendez-vous.
Propriétaire : Sébastien et Romain Redde

★

DOMAINE SÉROL

Carine et Stéphane Sérol n'ont jamais autant fait briller le gamay saint-romain et la Côte Roannaise. Sur les terroirs de sables et de granite en altitude (de 380 à 520 mètres), les rouges puisent une expression délicatement fumée, florale et aérienne du cépage. Issus de vignes plantées à haute densité (de 8 000 à 10 000 pieds/ha), les raisins sont partiellement voire totalement égrappées avant d'être vinifiés en douceur. La progression de ces dix dernières années s'avère fulgurante, et les vins n'ont jamais aussi bien retranscrit l'identité de leur terroirs. La deuxième étoile est proche.

Les vins : l'exubérance du viognier se traduit avec générosité dans De Butte en Blanc, prêt à être dégusté. L'expression étincelante du gamay saint-romain s'entend dès l'Éclat de Granite, parfaitement coulant et digeste. Les nuances fumées profondes du granite se développent parfaitement dans Les Millerands (vignes de 50 à 90 ans), d'une intensité délicieuse. Densité supérieure, carrure tannique plus forte pour L'Oudan, qui se révèlera à table, comme La Perdrizière, vin de haute volée qui allie complexité, finesse et structure. Trois cuvées se déclinent avec brio en amphore. Retenons Chez Blondin, floral et aérien ; ciselé et revigorant, Chez Muron exprime davantage la richesse du millésime, tout en restant équilibré. Voilà une gamme en pleine forme !

- IGP d'Urfé De Butte en Blanc 2019 — 16 € — 87
- Côte Roannaise Chez Blondin 2018 — 28 € — 93
- Côte Roannaise Chez Muron 2018 — 28 € — 92
- Côte Roannaise Les Millerands 2018 — 14 € — 91
- Côte Roannaise Oudan 2018 — 15,40 € — 91
- Côte Roannaise Éclat de Granite 2019 — 11 € — 90

Le coup de ♥

- Côte Roannaise Perdrizière 2018 — de 17,80 à 18 € (c) — 93

Rouge : 31 hectares. Gamay Saint-Romain 100 %
Blanc : 4 hectares. Viognier 100 %
Production moyenne : 240 000 bt/an

DOMAINE SÉROL
1, montée des Estinaudes, 42370 Renaison
04 77 64 44 04 • www.domaine-serol.com • Vente et visites : au domaine sur rendez-vous.
Propriétaire : Stéphane et Carine Sérol

★ ↗

LES VINS DE LA MADONE

Les Vins de la Madone constituent l'une des plus passionnantes expériences des Côtes du Forez, une appellation discrète située entre Saint-Étienne et Clermont-Ferrand, aux portes du parc naturel du Livradois-Forez. Gilles Bonnefoy s'attache à capter la pureté scintillante du fruit, aussi bien dans ses rouges de gamay que dans ses blancs (IGP d'Urfé), une roussanne et un assemblage de sauvignons blanc et gris. Cet éclat puisé dans des sols de granite et volcaniques passe par une conduite de la vigne en biodynamie (certification en 2008) et des vinifications partiellement en grappes entières et élevages uniquement en cuve. Un an après son entrée dans le guide, ce domaine décroche la première étoile.

Les vins : débutons le bal explosif du fruit avec Dacite (gamay noir à jus blanc et gamay saint-romain), rouge coulant extrêmement digeste. Dans un registre plus fumé, Gamay sur Volcan nous enivre par son croquant juteux et délicatement minéral. Migmatite prend quant à lui des airs frais et élégants de pinot bourguignon, long, pimpant, digeste avec une touche austère en finale, typique des sols granitiques. Issu de vieilles vignes (49 ans), Mémoire de Madone s'affirme avec davantage de persistance et de nuances épicées. Une délicieuse bulle rouge de gamay, pleine de vitalité, permet une transition joyeuse vers les blancs : d'abord un assemblage au gras acidulé de sauvignon gris et blanc, épuré de tout artifice, puis la roussanne, bien plus ambitieuse, à l'exotisme étincelant. Sa retenue promet un avenir radieux dans les dix ans.

- IGP d'Urfé Roussanne de Madone 2019 — 19 € — 93
- IGP d'Urfé Sauvignon's de Madone 2019 — 14 € — 88
- Côtes du Forez Dacite 2019 — 12 € — 90
- Côtes du Forez Gamay sur Volcan 2019 — 12 € — 91
- Côtes du Forez Migmatite 2019 — 15 € — 92
- Côtes du Forez Mémoire de Madone 2019 — 17 € — 93
- Vin Mousseux Bulles Rouges de Madone — 14 € — 89

Rouge : 9,3 hectares. Gamay noir à jus blanc 80 %, Gamay de Bouze 10 %, Gamaret 5 %, Gamay de Chaudenay 5 %
Blanc : 1,4 hectare. Roussanne 50 %, Sauvignon gris 30 %, Sauvignon blanc 20 %
Production moyenne : 60 000 bt/an

LES VINS DE LA MADONE
1581, chemin de Jobert, 42600 Champdieu
04 77 97 07 33 • www.lesvinsdelamadone.fr • Vente et visites : au domaine sur rendez-vous.
Propriétaire : Gilles Bonnefoy

DOMAINE DES BÉRIOLES

Jean Teissèdre s'est imposé en peu de temps comme l'incarnation du renouveau de Saint-Pourçain. En 2011, il reprend les vignes familiales qui approvisionnaient la cave coopérative. Son style précis et nerveux se retrouve dans ses rouges (pinot noir et gamay) et ses blancs (chardonnay et tressalier, vieux cépage local auquel il redonne ses lettres de noblesse). Les élevages s'affinent et les vins gagnent en éclat. L'étoile se rapproche.

Les vins : l'expression naturellement riche de 2018 se fait sentir dans l'Auvernat, pinot noir extrait avec élégance. L'assemblage à dominante de gamay de Grandes Brières se montre plus frais et savoureux, très précis. Le pinot noir de La Chabanne est le plus plus floral et le plus abouti, avec une certaine fermeté en finale. C'est l'un des vins les plus complets de l'appellation. En blanc, L'Autochtone est très dense ; son élevage très soigné sur lie lui confère une belle persistance. Le chardonnay a été vinifié avec justesse pour révéler son superbe éclat, avec une réduction élégante. Deux beaux blancs à déboucher à table ou à garder.

- IGP Val de Loire Autochtone 2018 — de 28 à 29 € (c) — 92
- IGP Val de Loire La Chabanne 2018 — de 19 à 20 € (c) — 91
- Saint-Pourçain Auvernat 2018 — 12 € — 89
- Saint-Pourçain Les Grandes Brières 2018 — de 10 à 11 € (c) — 90

Le coup de ♥

- IGP Val de Loire L'intrépide 2018 — de 19 à 20 € (c) — 92

Rouge : 7 hectares. Gamay noir à jus blanc 50 %, Pinot noir 50 %
Blanc : 8 hectares. Tressalier 60 %, Chardonnay 40 %
Production moyenne : 65 000 bt/an

DOMAINE DES BÉRIOLES ♣
Place de l'Église, 03500 Cesset
04 70 47 09 15 • www.lesberioles.com •
Vente et visites : au domaine sur rendez-vous.
Propriétaire : Famille Teissèdre-Roux
Directeur : Jean Teissèdre

CLOS SAINT-FIACRE

Bénédicte et Hubert Piel, entreprenants vignerons, sont installés à onze kilomètres d'Orléans. Ils ont repris, avec leur oncle Jacky Montigny, le domaine familial en 2001. Ce dernier est situé sur deux petites appellations méconnues, Orléans (80 hectares, blanc, rouge, rosé) et Orléans-Cléry (28 hectares de rouge), ainsi qu'en IGP Val de Loire. Le vignoble est enherbé et le travail de la vigne réalisé de manière à obtenir le meilleur équilibre entre une maturité optimale des raisins et l'expression du terroir : ébourgeonnage, dédoublage (systématique sur les cépages rouges), effeuillage (selon les années), suppression des grappes de seconde génération, vendange en vert (selon les années). Les blancs sont issus de chardonnay et d'un peu de sauvignon ; les rouges et rosés de pinot meunier et d'un soupçon de pinot noir.

Les vins : l'orléans blanc séduit toujours par le croquant de son fruit et son équilibre fringant. Issu d'un élevage soigné en demi-muid, le chardonnay Excellence va nettement plus loin dans la profondeur et la vinosité gastronomiques, avec un profil généreux et dynamique en 2018, plus rond et accusant une touche végétale en 2017. En rouge, il faut aimer le caractère acidulé du cassis pour apprécier l'orléans-cléry, cabernet franc à sa limite septentrionale de maturité. L'orléans se montre bien plus fruité et charmeur, tandis qu'Excellence demande encore un an en cave pour, nous l'espérons, digérer son bois et dévoiler son fruit pulpeux.

- Orléans Excellence 2017 — 18 € — 90
- Orléans Excellence 2018 — 19 € — 91
- Orléans Excellence 2018 — 19 € — 89
- Orléans-Cléry 2018 — 10 € — 88

Le coup de ♥

- Orléans 2019 — 10 € — 88

Rouge : 9,43 hectares. Pinot meunier 38 %, Pinot noir 38 %, Cabernet franc 24 %
Blanc : 8,24 hectares. Chardonnay 80 %, Pinot gris 20 %
Production moyenne : 80 000 bt/an

CLOS SAINT-FIACRE
560, rue de Saint-Fiacre,
45370 Mareau-aux-Près
02 38 45 61 55 • www.clossaintfiacre.fr •
Vente et visites : au domaine sur rendez-vous.
Propriétaire : Bénédicte Montigny-Piel et Hubert Piel

DOMAINES MINCHIN

Vigneron énergique et entreprenant, Bertrand Minchin est implanté à Morogues, cru de Menetou-Salon, avec le domaine La Tour Saint-Martin, et également à Valençay (Claux Delorme) : deux exploitations regroupées au sein des domaines Minchin. Les valençays (sauvignon et chardonnay) s'avèrent joyeux et droits ; les cuvées de Menetou-Salon sont vinifiées avec précision. De l'intense Honorine, élevée en fût, au finement austère Fumet, exposé au nord-ouest, les sauvignons reflètent l'expression de leur lieu grâce à la patte soignée de leur vinificateur. On retrouve cette signature dans des rouges habilement façonnés. La régularité est au rendez-vous de ce domaine berrichon.

Les vins : le valençay blanc nous met toujours en appétit par son expressivité et le croquant de son fruit. Une belle mise en bouche avant d'approcher l'appétent menetou-salon, puis Honorine, très intense, sans basculer dans l'exubérance. Un beau blanc de garde, tout comme Fumet, plus frais et mentholé, qui exprime la force froide de son exposition au nord, structuré par de beaux amers. La nouvelle Cuvée H nous impressionne par sa puissance et son élevage soigné ; sa retenue promet une belle garde. Le Franc du Côt Lié est entré dans une phase tourmentée. Nous préférons l'écarter de la sélection pour le moment. La gourmandise généreusement charnue du Pommerais se montre séduisante aujourd'hui. Sombre comme l'encre, Célestin impressionne par sa densité, presque sudiste en 2018. Il faut attendre l'hiver 2021 avant de le mettre en scène à table. Même conseil pour le dernier-né de la gamme, G, qui prend des notes de griottes, à la densité imposante.

- Menetou-Salon La Tour Saint Martin Fumet 2018 — 17 € — 92
- Menetou-Salon La Tour Saint Martin Honorine 2018 — 19,90 € — 92
- Menetou-Salon La Tour Saint Martin Morogues 2019 — 12,90 € — 89
- Valençay Le Claux Delorme 2019 — 8,90 € — 88
- Menetou-Salon La Tour Saint Martin Célestin 2018 — 21 € — 91
- Menetou-Salon La Tour Saint Martin Pommerais 2018 — 13,50 € — 89
- Menetou-Salon La Tour Saint-Martin Cuvée G 2018 — 30 € — 92

Le coup de ♥

- Menetou-Salon La Tour Saint-Martin Cuvée H 2018 — 30 € — 92

Rouge : 15 hectares. Pinot noir 55 %, Gamay noir à jus blanc 25 %, Malbec (cot) 13 %, Cabernet franc 7 %
Blanc : 15 hectares. Sauvignon blanc 100 %
Production moyenne : 210 000 bt/an

DOMAINES MINCHIN
La Tour Saint-Martin, 18340 Crosses
02 48 25 02 95 •
www.domaines-minchin.com • Visites : sans rendez-vous.
Propriétaire : Bertrand Minchin

DOMAINE BENOÎT MONTEL

Parmi les vignerons les plus talentueux du secteur, Benoît Montel a constitué en vingt ans un vignoble de 10 hectares répartis entre Riom et Clermont-Ferrand. La variété de sols, argilo-calcaires (Bourrassol et Chanturgue), basaltiques (Châteaugay), sablos-marneux (Madargue), est un terrain de jeu formidable pour ciseler des rouges de gamay dotés d'une forte personnalité. Ils sont bien colorés, avec une trame tannique ferme et une touche fumée légèrement austère qui leur donne un réel tempérament auvergnat. Les blancs de chardonnay sont aussi fringants, mais plus académiques. Cette Loire volcanique n'a jamais été aussi dynamique ! Un nouveau merlot fringant vient de voir le jour, en partenariat avec le joueur international de rugby Rémi Lamerat, qui prépare sa future carrière de vigneron.

Les vins : À L'Endroit À L'Envers est un excellent blanc mûr et charnu à dominante de chardonnay. L'Expression (chardonnay passé en fût et amphore de grès et de terre cuite) se montre plus sophistiqué, avec la richesse prégnante du millésime solaire 2018. En rouge, le pinot noir de Groslières affiche une expression très mûre et dense du cépage. Le merlot (augmenté d'une touche de cabernet-sauvignon) offre une chair savoureusement croquante. Le gamaret est un original venu de Suisse, haut en couleur, serré et dynamique, à boire sur une terrine de campagne. À son habitude, Bourrassol séduit par son panache expressif de confiture de mûre. Quel régal ! La concentration va plus loin avec Madargue ; sa structure tannique le mènera avec gourmandise dans les cinq ans. Nous écartons le Vieilles Vignes, malheureusement trop boisé.

- Côtes d'Auvergne Expression 2018 — de 14 à 15 € (c) — 89
- IGP Puy-de-Dôme À L'Endroit À L'Envers 2019 — de 10 à 11 € (c) — 90
- Côtes d'Auvergne Madargue 2019 — de 9 à 11 € (c) — 91
- IGP Puy-de-Dôme Game Over 2018 — 18 € — 88

VALLÉE DE LA LOIRE

- IGP Puy-de-Dôme La Croisée 2019 — de 16 à 18 € (c) — 89
- IGP Puy-de-Dôme Les Groslières 2019 — de 10 à 11 € (c) — 88

Le coup de ♥

- Côtes d'Auvergne Châteaugay Bourrasol 2019 — de 10 à 12 € (c) — 90

Rouge : 8 hectares. Gamay noir à jus blanc 89 %, Syrah 11 %
Blanc : 2 hectares. Chardonnay 85 %, Sauvignon blanc 15 %
Production moyenne : 40 000 bt/an

DOMAINE BENOÎT MONTEL
6, rue Henri-et-Gilberte Goudier,
63200 Riom
04 73 64 96 14 • www.benoit-montel.fr •
Vente et visites : au domaine sur rendez-vous.
Propriétaire : Benoît Montel

DOMAINE DES POTHIERS

Proche de la source de la Loire, l'appellation Côte roannaise s'étend sur les premiers contreforts du Massif central, entre 400 et 500 mètres d'altitude. Ce vignoble confidentiel est installé sur des sols sableux d'origine granitique. Le cépage rouge local est le gamay saint-romain, une variante du gamay que l'on retrouve seulement ici. Le blanc, en IGP d'Urfé, provient du chardonnay et parfois du pinot gris. Passionné par la vigne, Georges Paire, issu d'une famille d'éleveurs, commence à planter son vignoble dans les années 1970. En 2005, son fils Romain le rejoint. Les plantations continuent, le cuvage est modernisé et l'exploitation se tourne vers la culture biologique. Aujourd'hui, le domaine a principalement une vocation viticole, même s'il conserve un petit élevage de vaches limousines. Nous apprécions ses vins soignés et sincères, de belle facture.

Les vins : d'une gourmandise épicée, la cuvée du domaine et la N° 6 accusent toutefois le caractère généreusement solaire du millésime. Plus intense et structuré, le Clos du Puy s'appuie sur de belles notes fumées granitiques. Il faudra le mettre en scène à table. La Chapelle s'affirme avec davantage de fraîcheur : une approche infusée et pulpeuse du gamay saint-romain. Vinifié en amphore, Diogène séduit par ses tanins doux. La négrette riche et sombre des Genettes trouve sa fraîcheur dans le caractère poivré et sanguin du cépage. Un original dans la Côte Roannaise ! En blanc, Fou de Chêne, chardonnay au gras précis, dégage davantage de fraîcheur. Le pinot gris Hors Piste s'étend avec une densité riche.

- IGP d'Urfé Fou de Chêne 2018 — 16 € — 90
- IGP d'Urfé Hors Pistes 2017 — 16 € — 88
- Côte Roannaise 2019 — 11 € — 86
- Côte Roannaise Clos du Puy 2018 — 16 € — 90
- Côte Roannaise La Chapelle 2018 — 15 € — 90
- Côte Roannaise N° 6 2019 — 12,30 € — 87
- IGP d'Urfé Les Grenettes 2018 — 16,40 € — 89

Rouge : 18 hectares. Gamay Saint-Romain 98 %, Négrette 2 %
Blanc : 3 hectares. Chardonnay 60 %, Pinot gris 40 %
Production moyenne : 120 000 bt/an

DOMAINE DES POTHIERS
332, chemin des Pothiers,
42155 Villemontais
04 77 63 15 84 •
www.domainedespothiers.com •
Visites : sans rendez-vous.
Propriétaire : Romain Paire

DOMAINE PAUL PRIEUR ET FILS

Philippe Prieur et son neveu, Luc, poursuivent le travail de dix générations dans ce domaine de Verdigny. Les vignes sont réparties sur les caillottes et les terres blanches de Verdigny et de Chavignol (notamment sur le coteau légendaire des Monts Damnés) et sur les silex de Thauvenay, près de la Loire. Ces vignerons méticuleux mettent tout en œuvre pour affiner la définition de leurs sauvignons et pinots noirs (conversion en bio depuis 2019, diminution des sulfites dans les vins, levures indigènes pour les rouges...). Un discours en accord avec des vins soignés et précis, sans le caractère exotique, moderne et ennuyeux, que nous retrouvons dans de nombreux blancs de la nouvelle génération sancerroise. Le "simple" sancerre est un exemple.

Les vins : quel plaisir de débuter la dégustation avec Bulles de Pinot, joyeux pétillant naturel rosé au bouquet franc de moût de raisins frais ! Bien mûr dans ce millésime solaire 2018, le blanc classique s'avère très gourmand, franc et droit : un sauvignon identitaire comme on les aime.

Une belle définition vineuse de sauvignon sur silex s'affirme dans le Pieuchaud. Sa fine austérité est enveloppée par un élevage soigné, un brin marqué. La haute richesse et la suavité de La Pitaude en font un blanc à part. Exotique, il impose son ampleur sphérique tout en gardant une concentration en extraits secs stimulante. Beau blanc de caractère à placer lors d'un repas d'automne. Haut en couleur et dense, le rouge 2018 impressionne tout en conservant des tanins croquants. Le Vinification en Grappes Entières s'affirme avec davantage d'élan et une allonge florale revigorante. Un bémol tout de même pour Les Pichons 2016, qui n'a pas été noté.

Sancerre 2018	14,25 €	90
Sancerre La Pitaude 2017	40 €	93
Sancerre Pieuchaud Silex 2018	21 €	92
VDF Bulles de Pinot 2019	15 €	89
Sancerre 2018	14,25 €	90
Sancerre Vinification en Grappes Entières 2018	21 €	92

Rouge : 5 hectares. Pinot noir 100 %
Blanc : 14 hectares. Sauvignon blanc 100 %
Production moyenne : 150 000 bt/an

DOMAINE PAUL PRIEUR ET FILS
Route des Monts-Damnés, 18300 Verdigny
02 48 79 35 86 • www.paulprieur.com •
Visites : sans rendez-vous.
Propriétaire : Luc et Philippe Prieur

DOMAINE DU PRÉ SEMELÉ

La famille Raimbault, emmenée par les frères Julien et son cadet Clément, incarne la nouvelle génération ambitieuse du vignoble sancerrois. Rien n'est laissé au hasard pour tisser des vins limpides, modernes et sans aspérité, un rien policés, élevés en cuve pour le sancerre classique, en foudre et demi-muid pour les cuvées parcellaires. Le style des rouges est affiné à chaque millésime. Ils atteignent de belles concentrations et présentent une réserve tannique qui leur promet un avenir serein. Des paramètres sont à ajuster pour que les vignerons s'émancipent de ce cadre techniquement irréprochable, et offrent une définition plus vibrante de Sancerre.

Les vins : le blanc 2019 offre une approche souple, rafraîchissante et croquante de sauvignon. Les Chasseignes (caillottes exposées au sud-est) s'affirme avec davantage d'ampleur et de droiture. Il se montrera parfaitement à l'aise avec une cuisine iodée. À partir de 2018, la cuvée Zeste devient deux parcellaires : Cotelin (argilo-calcaire du portlandien), d'une intensité plus sphérique, à la finale ciselée, et La Montée de Saint Romble, vin austère, d'envergure, auquel une délicate amertume finale confère beaucoup de caractère : une fine définition de ce terroir de marnes kimméridgiennes exposé au Nord-Ouest. Les deux rouges, impeccablement menés et très soignés, sans excès de richesse en 2018, sont à découvrir.

Sancerre 2019	de 13 à 15 € (c)	88
Sancerre Le Cotelin 2018	de 22 à 25 € (c)	91
Sancerre Les Chasseignes 2018	de 22 à 25 € (c)	91
Sancerre 2018	de 16 à 19 € (c)	89
Sancerre Camille 2018	de 22 à 25 € (c)	90

Le coup de ♥

Sancerre La Montée de Saint Romble 2018	de 22 à 25 € (c)	92

Rouge : 4,5 hectares. Pinot noir 100 %
Blanc : 16,5 hectares. Sauvignon blanc 100 %
Production moyenne : 150 000 bt/an

DOMAINE DU PRÉ SEMELÉ
Maimbray, 18300 Sury-en-Vaux
02 48 79 33 50 • www.rjc-raimbault.com •
Visites : sans rendez-vous.
Propriétaire : Julien et Clément Raimbault

DOMAINE PASCAL ET NICOLAS REVERDY

Pascal Reverdy et sa belle-sœur Sophie signent dans ce très bon domaine un peu excentré une gamme parcellaire de blancs fiables, de caractère, à l'expression fruitée et finement minérale, dotés de finales fumées. Ces derniers millésimes, les rouges ont progressé, notamment sur l'élevage en bois, désormais plus civilisé, mais ils peuvent encore gagner en éclat. Une nouvelle cuvée, La Grande Rue, issue des caillottes de Sury-en-Vaux, a vu le jour en 2019. Une approche sincère et enthousiasmante du sauvignon.

Les vins : avec 100 000 bouteilles par an, le croquant et appétent Terre de Maimbray est d'un bon niveau. Une belle définition de sauvignon mûr se dessine dans La Grande Rue, plein de concentration et de fraîcheur en 2019. Les Angelots subit davantage l'année solaire, avec une matière dense et confortable, qui manque un peu de fraîcheur. Même constat pour le rouge Terre de Maimbray, haut en couleur et concentré. A Nicolas est plus structuré.

- Sancerre Les Anges Lots 2018 17,50 € 89
- Sancerre Terre de Maimbray 2019 10,50 € 89
- Sancerre A Nicolas 2018 18,50 € 88
- Sancerre Terre de Maimbray 2018 11,50 € 87

Le coup de ♥

- Sancerre La Grand Rue 2019 17,50 € 91

Rouge : 5,4 hectares. Pinot noir 100 %
Blanc : 13,1 hectares. Sauvignon blanc 100 %
Production moyenne : 145 000 bt/an

DOMAINE PASCAL ET NICOLAS REVERDY
Maimbray, 18300 Sury-en-Vaux
02 48 79 37 31 • reverdypn@wanadoo.fr •
Vente et visites : au domaine sur rendez-vous.
Propriétaire : Pascal et Sophie Reverdy

NOUVEAU DOMAINE

DOMAINE CLAUDE RIFFAULT

Stéphane Riffault affine considérablement les vins venus des terroirs du ravissant village de Sury-en-Vaux, "Sourire dans la vallée", en berrichon, au nord de l'appellation Sancerre. Grâce un beau patrimoine de vignes héritées de sa famille, le méticuleux quadragénaire s'attache à mettre en valeur ses différentes expositions et parcelles de marnes kimméridgiennes (Boucauds, Denisottes, La Noue), calcaires lités (Chasseignes) et silex (Chailloux). Après le passage en bio (certification en 2016) des 15,30 hectares, la conversion à la biodynamie a naturellement constitué l'étape suivante. Ces vins parfaitement calibrés en cuve béton et tronconiques en bois, techniquement admirables, grandissent en s'apaisant deux à trois ans en cave.

Les vins : sur les terres blanches des Boucauds, le sauvignon trouve en 2018 une carrure ample, structurée par de beaux amers. Une lecture claire de ce terroir. Les Chasseignes offre un fruit floral tout en rondeur, sans débord, avec une insistance minérale en finale. Les Denisottes s'affirme avec davantage d'étoffe et une certaine force structurante, menée avec soin et précision. De belles années s'ouvrent devant lui. La puissance des silex donne beaucoup de panache et une approche aromatique plus baroque au Chailloux, pourvu d'une forte identité sancerroise. Issu d'un élevage plus sophistiqué sous bois, Monoparcelle 469 se dévoile avec une allonge fine et une sensation calcaire longue en bouche. Même constat pour Monoparcelle 538, d'un envergure plus présente. Encore sur la réserve, il sera un excellent compagnon de table. Passée la réduction, La Noue, rouge vinifié en grappes entières, offre de belles notes lardées de l'élevage et une richesse fine du millésime. Attendez l'hiver 2021 avant de l'ouvrir.

- Sancerre Les Boucauds 2018 20 € 89
- Sancerre Les Chailloux 2018 26 € 92
- Sancerre Les Chasseignes 2018 22 € 90
- Sancerre Les Denisottes 2018 26 € 91
- Sancerre Monoparcelle 469 2018 29 € 93
- Sancerre Monoparcelle 538 2018 29 € 93
- Sancerre La Noue 2018 22 € 90

Rouge : 2,3 hectares. Pinot noir 100 %
Blanc : 13 hectares. Sauvignon blanc 100 %
Production moyenne : 95 000 bt/an

DOMAINE CLAUDE RIFFAULT ♣
Maison Sallé, 18300 Sury-en-Vaux
02 48 79 38 22 • www.clauderiffault.com •
Vente et visites : au domaine sur rendez-vous.
Propriétaire : Famille Riffault
Directeur : Stéphane Riffault

DOMAINE FLORIAN ROBLIN

Dans l'ombre des appellations voisines, Pouilly-Fumé et Sancerre, Florian Roblin fait rayonner les Coteaux du Giennois. Deux terroirs se dessinent dans ce petit domaine : Champ Gibault (argiles à silex) et Coulée des Moulins (terres blanches). Ils donnent naissance à des sauvignons blancs sans esbroufe, et des rouges, issus de pinot noir et de gamay, bien juteux.

Les vins : dégustés en cours d'élevage l'année dernière, les 2018 aujourd'hui en bouteille sont en bien meilleure forme, comme le blanc Champ Gibault, tout en chair gourmande. La Coulée des Moulins s'étire tout en conservant sa chair appétente. Le rouge Champ Gibault subit davantage la puissance solaire du millésime. Un vin généreux à placer à table.

- Coteaux du Giennois Champ Gibault 2018 — 10 € — 89
- Coteaux du Giennois Coulée des Moulins 2018 — 12 € — 90
- Coteaux du Giennois Champ Gibault 2018 — 12 € — 88

Rouge : 1 hectare. Pinot noir 80 %, Gamay noir à jus blanc 20 %
Blanc : 2 hectares. Sauvignon blanc 100 %
Production moyenne : 20 000 bt/an

DOMAINE FLORIAN ROBLIN

11, rue des Saints-Martin, Maimbray, 45630 Beaulieu-sur-Loire
06 61 35 96 69 • domaine.roblin.florian@orange.fr • Vente et visites : au domaine sur rendez-vous.
Propriétaire : Florian Roblin

LES TERRES D'OCRE

Reprenant une partie des vignes de son oncle coopérateur, le jeune Florent Barichard a vinifié en 2013 son premier millésime. Avec son associé Éric Nesson, ils effectuent un travail parcellaire sérieux ; levures indigènes et élevages en cuve béton font naître des blancs mûrs et frais, dynamiques, qui contribuent à renouveler le paysage local. Nous émettons quelques doutes quant à la précision des derniers millésimes de rouge. Nous sommes convaincus que les vignerons rectifierons le tir.

Les vins : les rouges sont à aérer impérativement avant le service. Instan T (gamay/pinot noir) exprime un fruit juteux et joliment épicé. Les Cailloux est un pinot noir bien juteux. Sincère et franc, Instan T blanc (chardonnay/tressallier) offre une chair stimulante dont il faudra profiter dans la jeunesse. La trame ciselée du tressallier convient bien à un millésime solaire comme 2018. Un vin vivant et nourrissant. La marque boisée de l'élevage imprègne trop Les Gravoches. C'est dommage car sa concentration étoffée lui confère vinosité et allonge.

- IGP Val de Loire Tressallier 2018 — 14 € — 89
- Saint-Pourçain Instan T 2018 — 10 € — 89
- Saint-Pourçain Les Gravoches 2016 — 20 € — 90
- Saint-Pourçain Instan T 2018 — 10 € — 89
- Saint-Pourçain Les Ardelles 2016 — 20 € — 88
- VDF Les Cailloux 2018 — 14 € — 89

Rouge : 7 hectares. Gamay noir à jus blanc 61 %, Pinot noir 39 %

Blanc : 7 hectares. Chardonnay 67 %, Tressalier 33 %

Production moyenne : 65 000 bt/an

LES TERRES D'OCRE

Les Vignes, 03500 Châtel-de-Neuvre

04 70 43 12 71 • lesterresdocre@orange.fr • Vente et visites : au domaine sur rendez-vous.

Propriétaire : Éric et Valérie Nesson, Florent Barichard

Directeur : Éric Nesson

Maître de chai : Florent Barichard

La Provence et ses vins

Par Alexis Goujard,
en charge des vins de Provence au sein
du comité de dégustation de La Revue du vin de France

LES APPELLATIONS

La Provence s'étend sur trois départements, le Var, les Bouches-du-Rhône et les Alpes-Maritimes. Son vignoble se divise en quatre catégories : IGP (anciennement Vin de pays), appellations régionales, appellations sous-régionales et appellations communales.

LES VINS D'IGP

Les vins d'Indication géographique protégée (IPG) représentent un tiers de la production, répartie sur deux départements, les Bouches-du-Rhône (IGP Alpilles) et le Var (IGP du Mont-Caume, des Maures, d'Argens, des Coteaux du Verdon et de la Sainte-Baume). Enfin l'IGP Méditerranée couvre l'ensemble du vignoble provençal.

LES APPELLATIONS RÉGIONALES

Elles regroupent les trois plus vastes appellations de la région : Côtes de Provence (20 100 hectares) dans le Var, les Bouches-du-Rhône et les Alpes-Maritimes (87 % de rosé) ; coteaux d'Aix-en-Provence (4 127 hectares) ; et les Coteaux varois en Provence (2 633 hectares).

LES APPELLATIONS SOUS-RÉGIONALES

Reconnues en 2005, elles englobent les appellations Côtes de Provence Sainte-Victoire, entre les villes d'Aix-en-Provence, Rians et Trets, et Côtes de Provence Fréjus, autour des communes de Fréjus, Saint-Raphaël, La Londe, Pierrefeu et, dans l'arrière-pays, Callas. La production de rosé domine très largement.

LES APPELLATIONS COMMUNALES

Palette : appellation de 50 hectares située au sud d'Aix-en-Provence et ne comptant que trois producteurs. Les blancs et les rosés sont d'une grande race, en particulier ceux du Château Simone.

Cassis : vignoble du littoral couvrant 200 hectares et pouvant produire des blancs finement aromatiques, équilibrés et de belle fraîcheur.

Bandol : le plus reconnu des vignobles de Provence (1700 hectares), en particulier pour son rouge, issu en majorité du cépage mourvèdre, à la fois puissant, structuré, élégant, finement épicé et poivré. Les domaines élaborent aussi des rosés typés et des blancs plus simples, sauf exception.

Bellet : petite appellation (50 hectares) située sur les hauteurs de Nice et qui tire son nom de la commune de Saint-Roman-de-Bellet. Elle produit des vins rouges (42 %), des rosés (23 %) et des vins blancs (35 %).

Baux-de-Provence : cette appellation au cœur du massif des Alpilles (300 hectares) produit des vins charmeurs d'influence plus rhodanienne que provençale.

LES CÉPAGES

Grenache : cépage principal pour l'élaboration des vins rosés, le grenache représente près de 40 % de l'encépagement régional.

Syrah : répandue au nord du vignoble (14 %), ses baies noires donnent des vins solides, riches en tanins, particulièrement aptes à vieillir.

Carignan : représentant 13 % de l'encépagement, le carignan est bien adapté aux sols pauvres.

Mourvèdre : il fait la réputation des vins rouges de Bandol, et offre des vins musclés, bâtis pour la garde.

Tibouren : authentique cépage provençal, certainement importé par les Romains. Il est délicat, sert surtout à l'élaboration de rosés clairs et intervient également dans les assemblages.

Ugni blanc : utilisé dans le Gers et en Charente pour l'élaboration des eaux-de-vie, l'ugni blanc est particulièrement intéressant pour sa fraîcheur.

La clairette est aussi présente, comme **le sémillon**, qui sert à Bordeaux à l'élaboration de grands vins blancs floraux et minéraux. En Provence, le sémillon entre en faible proportion dans les vins blancs, mais apporte une certaine rondeur.

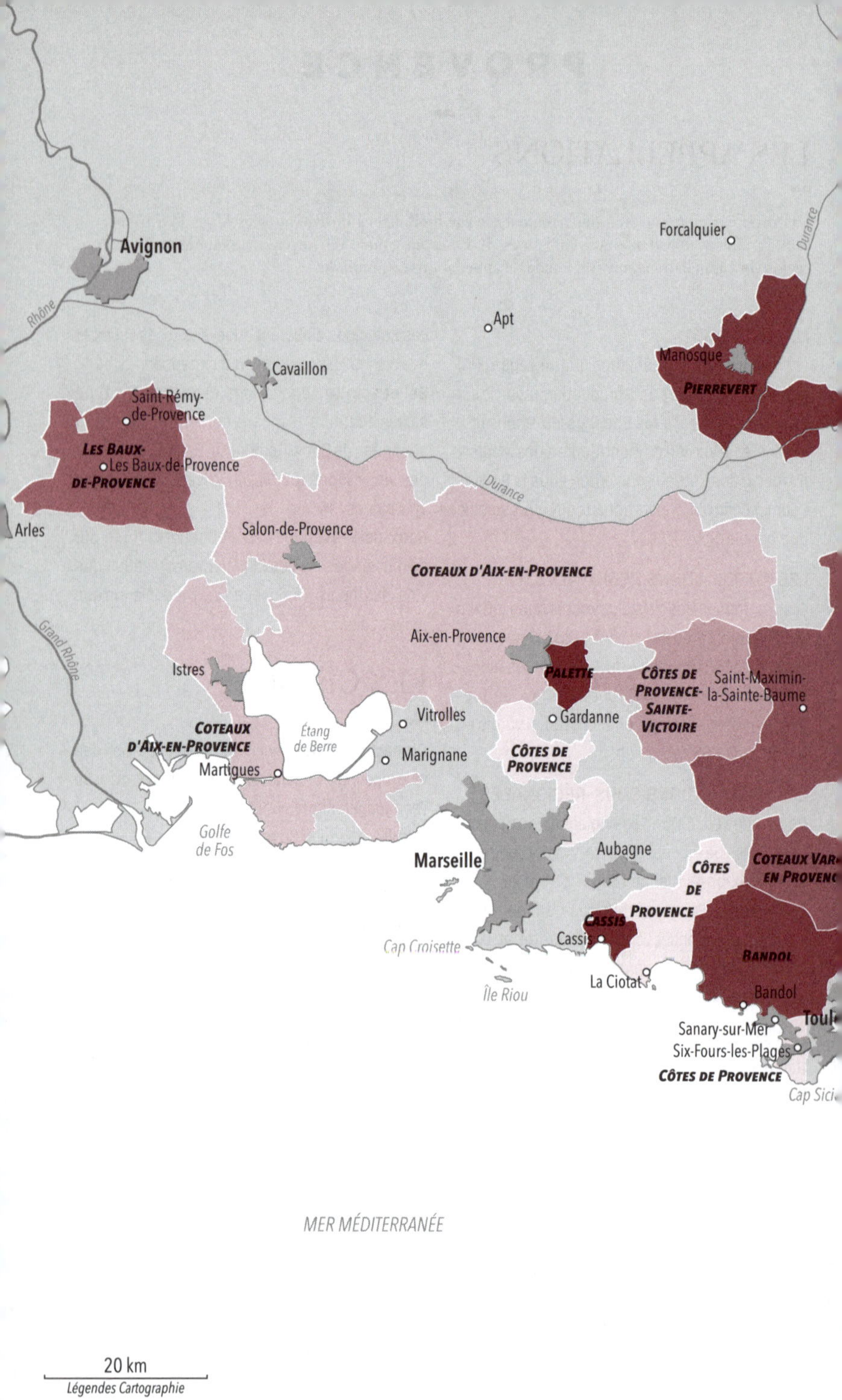
Avignon
Rhône
Forcalquier
Durance
Apt
Cavaillon
Manosque
PIERREVERT
Saint-Rémy-de-Provence
LES BAUX-DE-PROVENCE
Les Baux-de-Provence
Durance
Arles
Salon-de-Provence
COTEAUX D'AIX-EN-PROVENCE
Grand Rhône
Aix-en-Provence
Istres
PALETTE
CÔTES DE PROVENCE-SAINTE-VICTOIRE
Saint-Maximin-la-Sainte-Baume
Vitrolles
Gardanne
Étang de Berre
COTEAUX D'AIX-EN-PROVENCE
CÔTES DE PROVENCE
Marignane
Martigues
Golfe de Fos
Marseille
Aubagne
CÔTES DE PROVENCE
COTEAUX VAR-EN PROVENC
CASSIS
Cassis
Cap Croisette
La Ciotat
BANDOL
Île Riou
Bandol
Sanary-sur-Mer
Toul
Six-Fours-les-Plages
CÔTES DE PROVENCE
Cap Sici
MER MÉDITERRANÉE
20 km
Légendes Cartographie

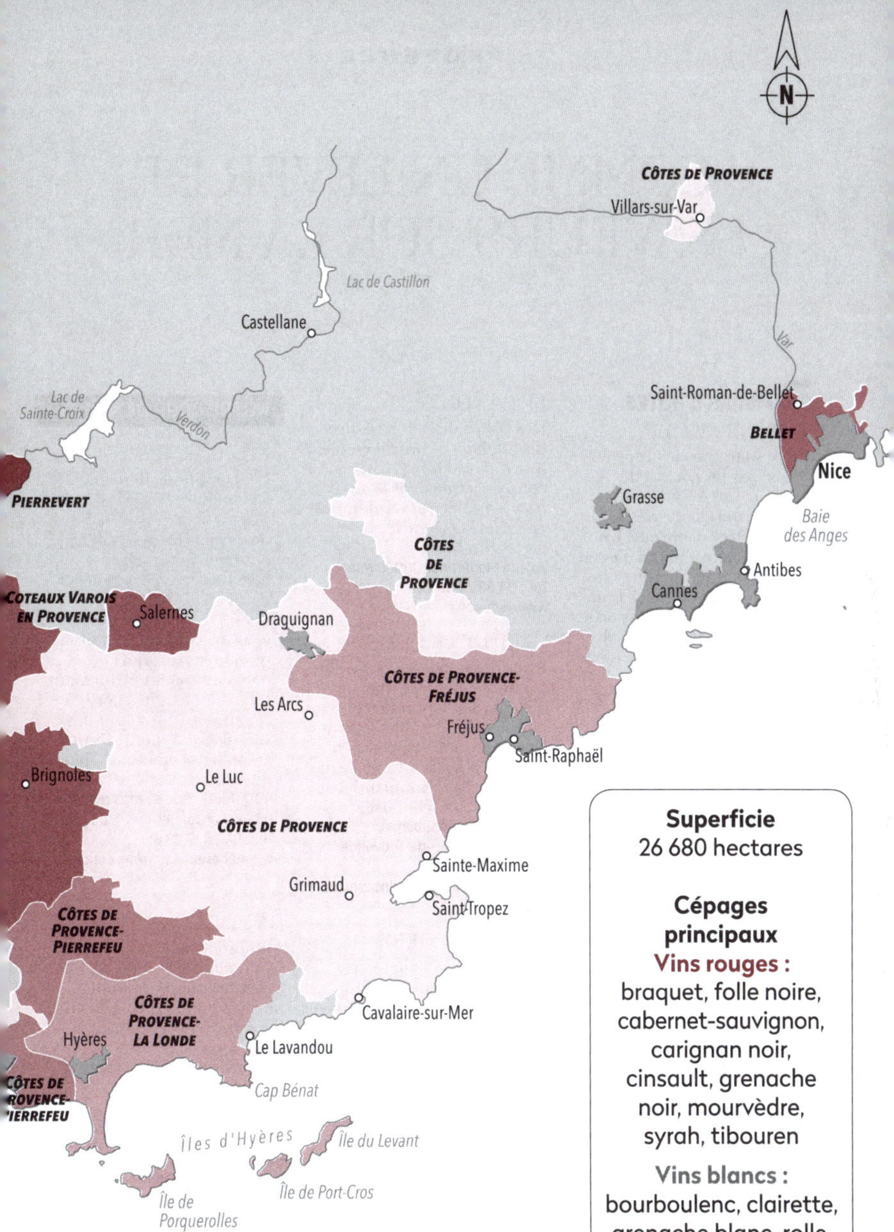

Superficie
26 680 hectares

Cépages principaux
Vins rouges :
braquet, folle noire, cabernet-sauvignon, carignan noir, cinsault, grenache noir, mourvèdre, syrah, tibouren

Vins blancs :
bourboulenc, clairette, grenache blanc, rolle, sémillon, sauvignon, ugni blanc

Volume produit en 2019
1 280 957 hectolitres

COMME UN LEVER DE SAVEURS SUR LA MER

CHAMBRES D'HÔTES

VILLA BEAULIEU

Cette somptueuse propriété, érigée par les comtes de Provence au XVIe siècle à Rognes, toise la Provence à 400 mètres d'altitude. Un havre luxueux témoin d'un art de vivre raffiné au milieu de collections de meubles Louis XIV et Napoléon III. À partir de 340 € la nuit. Les vins du domaine jouent dans la même cour d'excellence.
Route de Beaulieu, 13840 Rognes
Tél. : 04 42 60 39 40
www.villabaulieu.com

DOMAINE LES FOUQUES

Yves Gros est un pionnier de la biodynamie en Provence. Il a aménagé dans son domaine trois gîtes ruraux (800 € la semaine) pour cinq à huit personnes, avec vue sur la mer, l'île de Porquerolles et les vignes.
1405, chemin des Borrels, 83400 Hyères
Tél. : 04 94 65 68 19
www.fouques-bio.com

RESTAURANTS

LE PIED DE NEZ

Envie de goûter une savoureuse cuisine bistrotière de Méditerranée ? Mettez le cap sur le petit village médiéval du Castellet. Ici, les assiettes sont dynamiques et précises : moules gratinées au beurre provençal, filet de dorade rose locale, soutenues par une carte des vins d'une quarantaine de références d'artisans locaux et d'ailleurs. Comptez 30 à 40 € à la carte.
8, rue Montée-Saint-Eloi, 83330 Le Castellet
Tél. : 04 94 29 72 26
www.lepieddenez.com

LE CANON

Des coups de canon naturels fusent dans ce bistrot en pleine forme de la French Riviera. Un coup de jeune dans le vieux Nice avec déco *seventies*, tables en formica, pêche locale et gigots de chevreau d'à côté.
23, rue Meyerbeer, 06000 Nice
Tél. : 04 93 79 09 24
www.lecanon.fr

CAFÉ DE LA PLACE

Une adresse incontournable à Saint-Rémy : escargots des Alpilles, daurade en portefeuille, grandes salades… Et une grande terrasse pour prendre ses aises. La carte des vins est très recommandable Comptez 20 € à la carte.
17, place de la République, 13210 Saint-Rémy-de-Provence
Tél. : 04 90 92 02 13
www.cafedelaplace-saintremy.com

L'OUSTAU DE BAUMANIÈRE

L'une des plus belles caves de France (des dizaines de milliers de trésors), une cuisine de haute volée, une partie des produits cultivés sur place, à côté de la bastide du XVIe siècle, face aux Alpilles : le chef breton Glenn Viel régale. De 100 à 220 €.
Mas de Baumanière, 13520 Les Baux-de-Provence
Tél. : 04 90 54 33 07
www.baumaniere.com

CAVISTES

LA CAVE DU VIGNERON

Cette cave des Bouches-du-Rhône a fait de l'éclectisme son principe : au compteur, plus de 1800 références.
855, chemin Albert-Guigou, 13290 Les Milles
Tél. : 04 42 39 98 18
www.cave-vigneron.fr

NOTRE COUP DE ♥

CHÂTEAU SAINT-ROUX

Ce magnifique domaine a été restauré avec les pierres locales dans le but de devenir un petit village entièrement bio. Trente hectares de vignes, potager de 3000 m², élevage de chèvre et fromagerie pour la ferme-auberge, boutique remplie de produits de petits producteurs finement sélectionnés, gîtes pour séjourner… tout pour des vacances douillettes, en autarcie, au cœur de la plaine des Maures.
RD17, Route de la Garde Freinet, 83340 Le-Cannet-des-Maures
Tél. : 04 98 10 02 61
www.chateausaintroux.com

DA VINI CODE

Autoproclamée *« the largest wine cellar in riviera »*, cette cave tropézienne annonce plusieurs milliers d'étiquettes. Signatures prestigieuses à profusion.
4 bis, avenue Augustin-Grangeon, 83990 Saint-Tropez
Tél. : 04 94 56 27 90
www.davinicode.com

ŒNOUTOURISME

COMMANDERIE DE PEYRASSOL

90 œuvres d'art au milieu de 100 hectares de vignes, elles-mêmes entourées de 1 000 hectares de forêt, d'oliviers. On y déambule et on admire les Arman, Buren, Folon, en calèche, en voiturette électrique, à pied… Prix de l'Œnotourisme 2019 de La RVF.
RN7, 83340 Flassans-sur-Issole
Tél. : 04 94 69 71 02

★★★

DOMAINE HAUVETTE

Dans son domaine situé sur le versant nord des Alpilles, la discrète Dominique Hauvette est une vigneronne de premier plan. Depuis son installation en 1988 sur les sols argilo-calcaires de Saint-Rémy-de-Provence, elle n'a eu de cesse d'élaborer de grands vins rouges et blancs. Exigeante dans ses choix de viticulture (biodynamie depuis 2003), de vinification (éraflage et infusion des baies) et d'élevage (cuve, foudre, fût, œuf en béton), elle respecte comme personne les origines des sols et l'authenticité de ses terroirs pour produire de magnifiques rouges. La sensibilité de la vigneronne s'exprime au travers de cuvées pleines de vie, racées, tout en relief à l'image de l'intense Cornaline (grenache, syrah et cabernet-sauvignon) et d'Améthyste (à dominante de cinsault, complété de carignan et de grenache), parfumée et d'une finesse remarquable. Pressés délicatement en grappes entières, les superbes blancs gras aux amers nobles détonnent dans un paysage provençal où la sous-maturité et les vins acidulés font la loi du marché. Une remontée dans l'histoire des vins du domaine nous confirme leur fine évolution dans le temps. C'est à l'âge de quinze ans que ces vins ont le plus de choses à nous raconter. En 2020, nous avons décerné à Dominique Hauvette le prix de vigneronne de l'année.

Les vins : n'hésitez pas à ouvrir tous les vins de la gamme quelques heures avant le service. Quel plaisir de déguster des rosés Petra avec un peu d'âge en bouteille. Deux profils de millésime sont à découvrir : le 2016 et sa concentration haute en couleur, évoluant sur de subtiles notes fumées à la manière d'un beau blanc et l'aérien 2018, plus floral. Deux blancs sensibles se dessinent à travers Jaspe 2018, pure roussanne équilibrée, élancée par de beaux amers minéraux, et Dolia 2013, dont les notes florales s'estompent au profit d'un bouquet épicé. Le grain soyeux de leur texture mêlée à une sensation caillouteuse est superbe. Place aux rouges avec un délicieux Roucas, extrait en douceur, évoquant à la perfection le caractère de garrigue des Alpilles, glissant avec énergie en bouche. Un grand millésime s'annonce pour la Cornaline 2015, à la magnifique trempe méditerranéenne tant par ses arômes de laurier et de thym que par sa structure ensoleillée. Un avenir radieux lui est promis. Terminons en grâce avec Améthyste, où l'infusion de cinsault érotise une bouche d'une douceur resplendissante, à l'inimitable saveur de cerise.

IGP Alpilles Dolia 2013	40 €	95
IGP Alpilles Jaspe 2018	25 €	94
Les Baux-de-Provence Petra 2016	30 €	94
Les Baux-de-Provence Petra 2018	25 €	92
Les Baux-de-Provence Cornaline 2015	34 €	94
Les Baux-de-Provence Le Roucas 2018	24 €	92

Le coup de ♥

Les Baux-de-Provence Améthyste 2018	60 €	95

Rouge : 13 hectares. Grenache noir 39 %, Syrah 31 %, Cinsault 18 %, Cabernet-Sauvignon 12 %
Blanc : 3,25 hectares. Roussanne 53 %, Clairette 38 %, Marsanne 9 %
Production moyenne : 40 000 bt/an

DOMAINE HAUVETTE ♣
2946, voie Aurélia,
13210 Saint-Rémy-de-Provence
04 90 92 08 91 •
domainehauvette@orange.fr • Pas de visites.
Propriétaire : Dominique Hauvette

★★★

DOMAINE TEMPIER

Tempier est aujourd'hui le cru de référence du vignoble de Bandol. Tout a été mis en œuvre par la famille Peyraud pour se hisser au sommet d'une hiérarchie régionale et surtout locale. Daniel Ravier, l'actuel directeur du domaine, a amorcé cette reconquête. Il a pu lancer un important programme d'investissement dans la cave, avec un outil de vinification moderne, suivi d'une rénovation complète du parc des foudres. Puis, bien entendu, il a porté une attention toute particulière à un patrimoine viticole exceptionnel composé de très vieilles vignes de mourvèdre, carignan, cinsault et grenache, qui produisent, entre autres, trois célèbres cuvées. La Migoua (10 hectares au Beausset-Vieux, la moitié de mourvèdre complétée par du grenache, du cinsault et de la syrah), La Tourtine (5,5 hectares en restanques du Castellet exposées plein sud avec une large dominante de mourvèdre, du grenache et du cinsault) et Cabassaou (1,5 hectare exposée plein sud, 95 % de mourvèdre avec une pointe de syrah et de cinsault). Les derniers millésimes atteignent un très haut niveau. Le domaine a acquis les 22 hectares de vignes du domaine de La Laidière, à Sainte-Anne-d'Évenos, destinés principalement à la production de rosés, ce qui conduit Tempier à en produire désormais davantage que de rouges.

Les vins : le millésime 2018, réchappé du déluge, annonce des rouges très élégants, sans excès de puissance. Ils évolueront en finesse mais s'avèrent déjà d'une grande gourmandise sans manquer de profondeur. Derrière une fine réduction et de beaux arômes de framboise, le bandol "classique" 2018 se développe avec une étonnante suavité de structure. Une élégance qui le rend déjà accessible. Bien sûr, il gagnera en complexité d'ici deux à trois ans. La Migoua franchit un palier en arborant un sillage floral et fruité d'un grand raffinement. Après quelques années, le 2015, millésime de force et de puissance, nous subjugue par son raffinement. C'est le plus bourguignon de la gamme, avec une empreinte du cinsault particulièrement élégante. La Tourtine voyage dans un univers plus solaire, avec un relief épicé haut en couleur. Il a besoin d'au moins deux ans de bouteille pour s'affiner. La sublime texture veloutée du vertigineux coteau Cabassaou se dévoile en 2018. Structuré par des tanins soyeux, une allonge harmonieuse et longue évoquant la garrigue, et un fruit éclatant, voici l'archétype du grand bandol parfaitement stylisé. Le blanc n'a pas la même envergure mais offrira un joli gras après deux ans de bouteille. Le rosé, jolimont constitué, est paré de beaux amers stimulants.

Bandol 2019	27 €	89
Bandol 2019	22 €	91
Bandol 2018	29 €	93
Bandol Cabassaou 2018	80 €	95
Bandol La Migoua 2018	52 €	95
Bandol La Tourtine 2018	52 €	94

Le coup de ♥

Bandol La Migoua 2015	58 €	96

Rouge : 32 hectares. Mourvèdre 74 %, Grenache noir 13 %, Cinsault 9 %, Carignan 3 %, Syrah 1 %
Blanc : 4 hectares. Clairette 64 %, Ugni blanc (trebbiano) 25 %, Bourboulenc 5 %, Marsanne 3 %, Rolle 3 %
Production moyenne : 230 000 bt/an

DOMAINE TEMPIER
1082, chemin des Fanges, 83330 Le Castellet
04 94 98 70 21 • www.domainetempier.com
• Visites : sans rendez-vous.
Propriétaire : Famille Peyraud
Directeur : Daniel Ravier

★★★

DOMAINE DE TERREBRUNE

Dans la commune d'Ollioules, le vignoble bio de 30 hectares bénéfice d'un sol de marnes argilo-calcaires du trias unique à Bandol qui lui confère un style à part. Ici, le rouge prend naturellement son expression la plus fine et la plus fraîche, sans jamais être exubérant. Si bien que l'on peut parfois être surpris par sa retenue profonde si on le compare à certains de ses voisins, monstres de puissance. Aujourd'hui, le fils de Georges Delille, Reynald, solidement épaulé par Patrick Aparicio, est garant de ce style dont la tenue dans le temps est incontestable. En témoigne un 1989, au relief de saveurs maritimes et à l'étoffe d'une salinité argileuse. Un monument de la Provence viticole. Il y a aussi, le rosé où le mourvèdre domine légèrement les assemblages, et le blanc (clairette, ugni et bourboulenc), dans des volumes moindres. Tous deux sont en retrait dans la jeunesse. À cinq ans de bouteille, ils respirent. Après dix ans, leurs épaules s'élargissent, le fruité juvénile contenu laisse place aux parfums méditerranéens de leur terroir et révèlent une ampleur que peu de vins de la région peuvent égaler. À l'image de ses vins, la réputation du domaine de Terrebrune s'est construite avec discrétion et tranquillité. Ce domaine couronné de trois étoiles l'année dernière, ouvre une nouvelle page avec l'arrivée dans le capital de l'homme d'affaires Jean d'Arthuys qui compte faire rayonner Terrebrune bien plus encore.

Les vins : après un millésime 2018 sauvé des eaux, 2019 renoue avec des bandols de grand équilibre. Ce millésime sec a conservé une superbe fraîcheur pour élancer la concentration solaire. Les nuances anisées commencent à se révéler. Mené avec une précision incontestable, son caractère méditerranéen se révèlera dans les vingt ans. Pas de précipitation pour ouvrir blanc et rosé, d'une finesse remarquable : n'hésitez pas à patienter cinq à six ans. 2017 a donné naissance à un rouge somptueux. Un autre millésime sec qui offre un fruit étonnamment charmeur et accessible à ce stade. La profondeur saline et florale est au rendez-vous, amenant un grain de tanin frais et fin typique de ce merveilleux terroir.

Bandol 2019	21 €	93
Bandol 2019	19 €	93

Le coup de ♥

Bandol 2017	32 €	96

Rouge : 27 hectares. Mourvèdre 73 %, Grenache noir 15 %, Cinsault 12 %
Blanc : 3 hectares. Clairette 50 %, Ugni blanc (trebbiano) 20 %, Bourboulenc 20 %, Marsanne 5 %, Rolle 5 %
Production moyenne : 120 000 bt/an

DOMAINE DE TERREBRUNE ♣

724, chemin de la Tourelle, 83190 Ollioules
04 94 74 01 30 • www.terrebrune.fr • Vente et visites : au domaine sur rendez-vous.
Propriétaire : Famille Delille
Directeur : Reynald Delille

★★

CHÂTEAU PRADEAUX

Château Pradeaux, à Saint-Cyr-sur-Mer, est un monument de l'appellation. La famille Portalis est propriétaire des lieux depuis 1752 et son descendant, Cyrille Portalis, en assume aujourd'hui la direction, épaulé depuis 2011 par son fils Étienne qui oriente les vins vers plus de finesse et de tension. À eux deux, ils défendent une vision très traditionnelle des bandols. Les amateurs avertis ont sans doute des souvenirs extraordinaires quant à la race et à l'aptitude au vieillissement de ces vins. Même s'ils se définissent difficilement dans leur jeunesse, leur potentiel est latent. Si l'on prend le risque de les comparer aux bandols de la nouvelle génération, comme les actuels vins produits par les domaines Tempier ou La Bégude, les vins de Pradeaux peuvent être distancés par des cuvées au style plus moderne, coloré, boisé et avantageux, se dégustant avec davantage de facilité dans leur jeunesse. Or, loin de toute dérive flatteuse, Pradeaux reste tel qu'il a toujours été : un rouge très classique, recherchant son épanouissement dans le temps, en renforçant sa puissance et sa singularité grâce à une vinification en grappe entière (rarissime à Bandol) et à des élevages très longs (jusqu'à 48 mois) en vieux foudres âgés de 40 à 80 ans ! C'est aussi ce qui explique leur profil à part. Continuez à les mettre aux moins dix ans en cave, ils vous surprendront toujours.

Les vins : le tempérament sanguin, hors des modes consensuelles, du Lys 2015 commence à se livrer avec fougue. Ses airs de nebbiolo du Piémont lui confèrent une personnalité d'une grande sincérité. Tout comme le bandol 2015, au caractère automnal très marqué, le muscle puissant du millésime donne un caractère hors du commun à ce grand vin de garde, loin de tous les canons œnologiques actuels.

Bandol Le Lys 2015	16,50 €	92

Le coup de ♥

Bandol 2015	28,50 €	95

Rouge : 18 hectares. Mourvèdre 80 %, Grenache noir 15 %, Cinsault 5 %
Production moyenne : 40 000 bt/an

CHÂTEAU PRADEAUX

676, chemin des Pradeaux, 83270 Saint-Cyr-sur-Mer
04 94 32 10 21 • www.chateau-pradeaux.com • Vente et visites : au domaine sur rendez-vous.
Propriétaire : Cyrille Portalis
Directeur : Étienne Portalis

★★

CHÂTEAU REVELETTE

Situé dans un terroir frais des hauteurs de l'appellation, sur la commune de Jouques, et voisin du château de Vignelaure, ce somptueux domaine est entre les mains du talentueux Peter Fischer depuis le millésime 1985. Les vignes sont certifiées bio depuis 1998. La gamme se décline sur deux niveaux : outre les vins portant le nom de "Château" (ou "Domaine" pour le blanc), deux autres cuvées, étiquetées Le Grand Blanc et Le Grand Rouge, font référence en Provence. Depuis 2010, vous pouvez aussi déguster la cuvée Pur, en blanc et en rouge, produite en vin de France. Peter Fischer effectue désormais un travail de précision sur les élevages, avec notamment des cuves de béton en forme d'œuf pour les blancs. Les rouges apparaissent fermes dans leur jeunesse, mais s'épanouissent ensuite avec grâce dans les six à sept ans. La plantation de cournoise et de carignan blanc, des cépages oubliés, semble indispensable à Peter Fischer pour apporter de la fraîcheur aux vins dans les prochaines années. Avant le retour de son fils dans quelques années, Clara Fischer épaule désormais son père au domaine.

Les vins : le rosé 2019 s'affirme avec une chair vivement épicée. Un vin droit et plaisant. Un brin de folie excitante anime le Pur blanc, délicieux ugni blanc fringant, riche en saveurs de garrigue et procurant une sensation finement granuleuse. Très stimulant. Laissez du temps au splendide Grand Blanc 2018, encore contenu : son gras resplendissant s'élancera avec finesse et trouvera des airs bourguignons dans les dix prochaines années. Un grand blanc de gastronomie. Une infusion délicieuse de grenache se dégage du Pur rouge 2019, à boire dans l'année. Dans un registre plus classique, le coteaux-d'aix affiche en 2018 davantage de finesse que de corpulence. Profitez-en dès maintenant. Terminons en beauté avec un magnifique Grand Rouge, gorgé de saveurs ensoleillées, à la texture superbement raffinée. Un grand vin provençal au relief rocailleux et frais. Laissez-le venir tranquillement.

IGP Méditerranée Le Grand Blanc 2018	30 €	93
VDF Pur 2019	18 €	91
Coteaux d'Aix-en-Provence 2019	14 €	90
Coteaux d'Aix-en-Provence 2018	15 €	91
IGP Méditerranée Le Grand Rouge 2017	30 €	94

Le coup de ♥

VDF Pur Grenache 2019	18 €	91

Rouge : 22,5 hectares. Grenache noir 37 %, Syrah 37 %, Cabernet-Sauvignon 21 %, Cinsault 5 %
Blanc : 7,5 hectares. Chardonnay 34 %, Ugni blanc (trebbiano) 34 %, Rolle 15 %, Sauvignon blanc 12 %, Roussanne 5 %
Production moyenne : 100 000 bt/an

CHÂTEAU REVELETTE ♣
Chemin de Revelette, 13490 Jouques
04 42 63 75 43 • www.revelette.fr • Vente et visites : au domaine sur rendez-vous.
Propriétaire : Peter Fischer

★★
CHÂTEAU SIMONE

Du haut des coteaux du château Simone, une toile de Cézanne se dessine : on admire les vignes centenaires accrochées sur les calcaires de Langesse s'ouvrir au nord vers la montagne Sainte-Victoire. "La Simone", comme la famille Rougier aime l'appeler, est certainement le cru le plus célèbre aux yeux des amateurs de grands vins blancs méditerranéens. Il est vrai que René et Jean-François Rougier cultivent ce blanc loin de toute technicité, affichant une race, un équilibre et une plénitude incroyables. L'un des secrets réside dans le pressurage lent et l'élevage de vingt mois en foudre, puis en barrique. C'est aussi le fruit d'une parcelle de 8 hectares, complantée de plusieurs cépages, principalement de clairette (avec 2 % de muscat qui font la différence !), vendangés et vinifiés assemblés. Le rosé, l'autre atout de Simone, apparaît toujours coloré, avec un fruité intense. Sa bouche, d'une grande concentration, présente un potentiel de garde. Le rouge atteint désormais la dimension de certains grands vins du sud de la vallée du Rhône. Le grenache et le mourvèdre lui concèdent un esprit incarné par un niveau de maturité et un cœur de bouche plus aboutis que dans les anciens millésimes.

Les vins : le rosé puise en 2019 une remarquable concentration de saveurs de fruit rouges. D'une puissance sereine, il offre une sensation sapide tellement présente qu'il en semble tannique. Un grand rosé pour la table et la garde. Le blanc, qui demande habituellement d'être patient, offre déjà beaucoup de gourmandise solaire, portée par l'expression dense de son fruit. Une richesse toutefois magnifiquement contenue par une sensation calcaire profonde et de beaux amers en fin de bouche. Toujours carré dans la jeunesse, le rouge 2017 décline une explosion de fruits noirs mûrs. Tenu par des tanins saillants, il doit s'affiner encore deux ans en cave.

Palette 2019	24 €	94
Palette 2017	33 €	92

Le coup de ♥

Palette 2017	33 €	95

Rouge : 13 hectares. Grenache noir 45 %, Mourvèdre 20 %, Cabernet-Sauvignon 10 %, Cinsault 10 %, Divers noir 10 %, Syrah 5 %
Blanc : 12 hectares. Clairette 80 %, Grenache blanc 10 %, Bourboulenc 5 %, Divers blanc 5 %
Production moyenne : 100 000 bt/an

CHÂTEAU SIMONE
Chemin de la Simone, 13590 Meyreuil
04 42 66 92 58 • www.chateau-simone.fr • Pas de visites.
Propriétaire : Famille Rougier
Directeur : Jean-François Rougier

★★

DOMAINE DE LA TOUR DU BON

La famille Hocquard est à la tête de ce domaine depuis 1968. Au Castellet, La Tour du Bon bénéficie d'un terroir particulier de souches calcaires et sableuses jouissant d'expositions variées, qui font de lui l'un des plus précoces de Bandol. Dès le milieu des années 1980, le domaine se fait remarquer avec notamment la création, en 1987, de la cuvée Saint-Ferréol, un rouge solaire et fin issu de trois parcelles plantées autour d'une colline âgée de vingt millions d'années. Puis c'est à partir de 1990 et avec l'arrivée, à la tête de la propriété, d'Agnès Hocquard-Henry, que le vin prend une dimension supérieure ! Entourée de vinificateurs ligériens (Thierry Puzelat et Antoine Pouponeau), elle a su tenir le cap de l'excellence avec des vins conservant une grande personnalité et vieillissant harmonieusement dans un profil délicat sans jamais d'excès de maturité, d'extraction ou d'élevage. Depuis 2013, la vigneronne curieuse isole des mourvèdres pour la cuvée En Sol, macérés six mois en amphore. Une pratique ancestrale mais périlleuse (les vins peuvent tomber dans la lourdeur et manquer de précision) magnifiquement maîtrisée dans un rouge fin pourvu d'une rare sensation iodée.

Les vins : le blanc (clairette, ugni blanc, rolle) demeure fringant et agréable, avec une fraîcheur bien préservée dans ce terroir solaire. À boire dans les deux ans. Tout comme le rosé, pour qui la délicatesse n'exclut pas une belle vinosité. Heureusement, les rouges se montrent nettement plus ambitieux. Après un 2017 bien concentré, on retrouve dans l'En Sol 2018 des notes aériennes de violette et de poivre fraîchement moulu, dans un profil en demi-corps, tout en finesse persistante. Renouons avec le classicisme de Bandol avec des 2018 sauvés des eaux. Ce profil en demi-corps leur va plutôt bien et les rend déjà digestes, tout en exprimant le tempérament épicé de la Méditerranée. La suavité si personnelle des vins est remarquable.

Bandol 2019 (blanc)	19 €	88
Bandol 2019 (rosé)	17 €	89
Bandol 2018 (rouge)	22 €	92
Bandol Saint-Ferréol 2018 (rouge)	39 €	93

Le coup de ♥

IGP Méditerranée En Sol 2018 (rouge)	44 €	94

Rouge : 14 hectares. Mourvèdre 59 %, Grenache noir 23 %, Cinsault 13 %, Carignan 5 %
Blanc : 1 hectare. Clairette 67 %, Ugni blanc (trebbiano) 22 %, Rolle 11 %
Production moyenne : 50 000 bt/an

DOMAINE DE LA TOUR DU BON ♣
714, chemin de l'Olivette, 83330 Le Brûlat-du-Castellet
04 98 03 66 22 • www.tourdubon.com • Vente et visites : au domaine sur rendez-vous.
Propriétaire : Famille Hocquard
Directeur : Agnès Hocquard-Henry

★★

DOMAINE DE TRÉVALLON

Bâtisseur du domaine de Trévallon à Saint-Étienne-du-Grès, dès 1973, Éloi Dürrbach est devenu une figure emblématique de la Provence. Sur son terroir argilo-calcaire, exposé sur le versant nord des Alpilles, il a cru au cabernet-sauvignon et à la syrah pour produire de grands rouges. Il travaille son vignoble en agriculture biologique. Vigneron attentif et méticuleux, il produit des vins en IGP Alpilles d'une belle définition de terroir et d'une parfaite maturité de raisin, conjuguées à la justesse de la vinification en grappe entière et de l'élevage (jusqu'à deux ans en foudre). Ces méthodes permettent d'élaborer des vins à la fois denses, tendus et raffinés. À travers leur complexité aromatique (notes d'épices, de garrigue et de truffe noire), les rouges de Trévallon expriment une grande typicité méditerranéenne, tout en conservant une fraîcheur septentrionale. Sur 2 hectares de cépages blancs (marsanne, roussanne, chardonnay et grenache), naissent des blancs en retenue, vineux et sertis de fins amers et de doux parfums floraux. Ostiane et Antoine, les enfants d'Éloi Dürrbach, incarnent depuis quelques années la relève de ce domaine exemplaire.

Les vins : après le magnifique 2016, doté d'une race méditerranéenne fraîche, le solaire millésime 2107 se montre d'emblée plus accessible. Malgré la sécheresse, il puise une matière fruitée tout en chair et une allonge pleine, aux saveurs de garrigue, délicatement poivrées et mentholées, profondément ancrées dans leur terroir des Alpilles.

IGP Alpilles 2017	N.C.	95

Rouge : 15 hectares. Cabernet-Sauvignon 50 %, Syrah 50 %
Blanc : 2 hectares. Marsanne 39 %, Roussanne 33 %, Grenache blanc 11 %, Clairette 9 %, Chardonnay 8 %
Production moyenne : 58 000 bt/an

DOMAINE DE TRÉVALLON ♣
Avenue Notre-Dame-du-Château,
13103 Saint-Étienne-du-Grès
04 90 49 06 00 •
www.domainedetrevallon.com • Vente et visites : au domaine sur rendez-vous.
Propriétaire : Éloi Dürrbach

★

LA BASTIDE BLANCHE

Ce domaine acheté en 1973 par Louis et Michel Bronzo produit des vins sérieux dans les trois couleurs, alliant puissance et finesse. Morcelé, le vignoble de près de 46 hectares, essentiellement aménagé en restanques, permet de couvrir les diversités géologiques du terroir de Bandol. Stéphane Bourret, en charge des vinifications, produit des rouges musclés, plus terriens que maritimes, à l'image des deux grandes cuvées : Fontanéou (4 000 bouteilles par an), né de terroirs d'argile rouge, exposé plein est à La Cadière-d'Azur, sur un assemblage de mourvèdre et de grenache, est racé ; Estagnol (5 000 bouteilles par an), provient de sols argilo-calcaires mêlés de zones graveleuses, et offre une matière très mûre et opulente. Issu principalement de clairette et d'ugni blanc, le blanc est sans aucun doute le plus régulier et le plus harmonieux de l'appellation. Les vieux millésimes disponibles à la vente permettent de profiter du potentiel indéniable des vins du domaine.

Les vins : les blancs demeurent l'un des points forts du domaine. Tous deux méritent au moins un an de bouteille pour se révéler pleinement. Le classique 2018 s'affirme avec un équilibre fringant, tout en conservant une âme méditerranéenne que traduisent de fines notes de fenouil et de badiane. Estagnol franchit un cap, en assemblant clairette et ugni macéré quelques jours. La finale du 2018 est d'une fraîcheur bluffante. Avec l'âge, ce vin gagne en étoffe et en profondeur minérale comme le montrent le 2017, de grande ampleur, et même le 2015, encore joliment structuré. Le surprenant 2004 a évolué, évoquant subtilement la tourbe et affichant un gras sudiste envoûtant qui démontre la capacité de garde de certains blancs provençaux. Il est prêt à boire. Découvrons maintenant les rouges dont un 2017 qui révèle, pour ce millésime sec, une étonnante fraîcheur gourmande déjà accessible. Cette cuvée "classique" évolue à merveille comme en témoigne le 2005 dégusté l'an passé. Sur des terroirs d'argiles, le Fontanéou 2016 puise une fraîcheur appétente que souligne une matière de belle constitution tannique parée pour évoluer avec panache. En pleine forme, et disponible en magnum, le 2010 montre un grand classicisme avec des notes de menthol revigorantes. Il est loin d'avoir dit son dernier mot. À son habitude, l'Estagnol se montre plus riche et d'une très belle résistance au temps. Le 2015 annonce un potentiel de plus de quinze ans de garde.

Bandol 2018	de 17 à 20 € (c)	91
Bandol Cuvée Estagnol 2015	20 €	92
Bandol Cuvée Estagnol 2017	20 €	92
Bandol Cuvée Estagnol 2018	de 20 à 26 € (c)	92
Bandol 2017	19 €	92
Bandol Cuvée Estagnol 2015	26 €	92
Bandol Cuvée Fontanéou 2016	26 €	93

Le coup de ♥

Bandol Cuvée Fontanéou 2010	22 €	94

Rouge : 41,8 hectares. Mourvèdre 62 %, Cinsault 21 %, Grenache noir 15 %, Divers noir 2 %
Blanc : 5,2 hectares. Grenache blanc 52 %, Clairette 24 %, Divers blanc 24 %
Production moyenne : 205 000 bt/an

LA BASTIDE BLANCHE ♣
367, route des Oratoires,
83330 Sainte-Anne-du-Castellet
04 94 32 63 20 • www.bastide-blanche.fr •
Visites : sans rendez-vous.
Propriétaire : Michel, Julien et Nicolas Bronzo
Directeur : Stéphane Bourret

★

DOMAINE DE LA BÉGUDE

Les Bordelais Guillaume et Soledad Tari sont à la tête de cette propriété de 500 hectares, au milieu de laquelle se nichent 20 hectares de vignes cultivées en bio. L'une des principales caractéristiques de ce domaine viticole réside dans sa situation en altitude. À 410 mètres, La Bégude bénéficie d'un climat très différent de celui proche du littoral. Avec des amplitudes de température importantes entre le jour et la nuit, et un secteur venteux, les mourvèdres mûrissent doucement mais sûrement. Et le grenache prend sur ce terroir de "caillasses" une dimension que l'on trouve rarement à Bandol. Avec des arômes puissants de fruits noirs, d'olive noire, les rouges (50 % du volume) offrent toujours un esprit chaleureux, en limite supérieure de maturité ! Le rosé est toujours remarquable par sa singulière vinosité. Les rouges demeurent encore contenus par un élevage luxueux.

Les vins : après un 2018 un peu chétif, le blanc (ugni, clairette et rolle) retrouve un gras solaire sympathique et une finale fruitée plus franche et droite. Le rosé reste le savoir-faire absolu de la Bégude avec des 2019 haut en couleurs, et une trame structurée et profonde pour L'Irréductible, bien plus riche en mourvèdre. Les saveurs prégnantes de fraises écrasées et de poivre animent une vinosité extrêmement stimulante. Un millésime 2019 très prometteur. Bridés par leur élevage en fût, les rouges 2017 ont besoin de temps pour estomper cette trame boisée et offrir en partie la marque séveuse de ce beau terroir. Un millésime sec qui surprend pourtant par sa chair séductrice. La Brûlade est encore sous le choc solaire de l'année et cadenassé par son élevage. Attendez cinq à six ans avant de les ouvrir.

Bandol 2019	27 €	88
Bandol 2019	18 €	90
Bandol 2017	29 €	90
Bandol La Brûlade 2017	70 €	90

Le coup de ♥

Bandol L'Irréductible 2019	28 €	93

Rouge : 23,5 hectares. Mourvèdre 88 %, Grenache noir 8 %, Cinsault 4 %
Blanc : 2,5 hectares. Ugni blanc (trebbiano) 60 %, Rolle 20 %, Clairette 20 %
Production moyenne : 55 000 bt/an

DOMAINE DE LA BÉGUDE ♣
Route des Garrigues, 83330 Le Camp-du-Castellet
04 42 08 92 34 • www.domainedelabegude.fr • Visites : sans rendez-vous.
Propriétaire : Guillaume Tari

★

CLOS CIBONNE

Après le phylloxéra, le tibouren avait quasiment disparu de Provence. Dans les années 1930, André Roux retrouva quelques pieds qu'il développa en sélections massales au fil des années. Une démarche qui signera la singularité de ce domaine du Pradet, aujourd'hui entre les mains de sa petite-fille, Brigitte, de son mari Claude Deforges, et de leur fils Olivier. Le tibouren domine les assemblages et les marque d'une empreinte forte. Nous avons été éblouis par le caractère profond, à la fois maritime et provençal, des rosés, le point fort du domaine. Pour notre plus grand plaisir, ils s'affirment hors des normes et des codes de la région. Pour la plupart issus de vieilles vignes (cuvée des Vignettes), élevés un an en foudre ou en barrique (Caroline), ils traversent les années en remplaçant, sans rougir, un beau blanc méditerranéen à table. Plus classiques et rigides, les rouges n'atteignent pas encore le niveau de finesse des rosés.

Les vins : en 2018, les deux rosés, et leur trame plus légère, n'expriment pas leur concentration solaire habituelle. Ils gagneront toutefois à vieillir trois à quatre ans et restent fidèles au caractère orangé et joliment épicé du tibouren. Il faut goûter Marius 2017 pour retrouver l'intensité sanguine et flamboyante du cépage phare du domaine. Destiné à une évolution finement épicée avec un gras raffiné, tel un beau blanc du Sud. En version rouge le tibouren prend des airs frais originaux de poivre à la manière d'un pineau d'aunis de Loire. Un rouge vivifiant ! Marius est plus extrait et bien plus travaillé par la barrique, ce qui pour l'instant cache l'identité réelle du vin. Laissons-lui encore un an.

Côtes de Provence Château Cibon Marius 2017	de 25 à 27 € (c)	93
Côtes de Provence Tibouren 2018	de 17 à 18 € (c)	88
Côtes de Provence Chateau Cibon Marius 2018	de 48 à 50 € (c)	89

Côtes de Provence Spéciale Tibouren 2019 de 20 à 22 € (c) 91

Le coup de ♥

Côtes de Provence Tibouren Prestige Caroline 2018 de 23 à 24 € (c) 91

Rouge : 3,5 hectares. Tibouren 90 %, Grenache noir 5 %, Syrah 3 %, Cinsault 2 %
Blanc : 13,5 hectares.
Production moyenne : 100 000 bt/an

CLOS CIBONNE
Chemin de la Cibonne, 83220 Le Pradet
04 94 21 70 55 • www.clos-cibonne.com •
Vente et visites : au domaine sur rendez-vous.
Propriétaire : Famille Deforges
Directeur : Claude Deforges

★

CLOS SAINT-VINCENT

Gio Sergi et son fils, Julien, cultivent avec passion et rigueur ce micro-vignoble de 10 hectares. Les vignes, plantées en terrasses sur la colline de Saquier, sont travaillées avec soin en biodynamie. Les vinifications se font en grande partie sous bois (muid et demi-muid), et sont suivies d'élevages ambitieux. Le rosé de braquet, unique en Provence, reste le plus abouti de l'appellation avec ses notes poivrées et de rose. Revigorant !

Les vins : débuter la dégustation par le rosé 2019 est un réel plaisir. Voici un pur braquet, qu'élancent des saveurs poivrées et une trame svelte ébouriffante. Le Vino di Gio 2017 montre le potentiel de ce cépage après quelques années en évoluant vers de fines notes safranées. Un très beau rosé vineux pour la table. En blanc, Le Clos est encore dans l'exubérance de la jeunesse mais devrait prendre une tournure finement minérale dans les prochaines années. La salinité s'affirme dans le Vino di Gio 2017, au gras séduisant, encore un peu enveloppé par son élevage. Concernant les rouges, Le Clos (90 % folle noire) s'affirme avec droiture et demi-puissance. Il faudra le passer en carafe pour estomper la réduction. Tout comme le Vino di Gio, au fruit plus riche et savoureux. Une franche sensation calcaire et graphite se dévoile en finale. À servir à table.

Bellet Le Clos 2018 de 30,60 à 32 € (c) 92

Bellet Vino di Gio 2017 60 € 91

Bellet Vino di Gio 2017 28 € 92

Bellet Le Clos 2018 de 30,60 à 32 € (c) 92

Bellet Vino di Gio 2017 60 € 93

Le coup de ♥

Bellet Le Clos 2019 de 20,50 à 22 € (c) 91

Rouge : 6 hectares. Folle noire 63 %, Braquet (brachet) 33 %, Grenache noir 4 %
Blanc : 4 hectares. Rolle 100 %
Production moyenne : 30 000 bt/an

CLOS SAINT-VINCENT
522, chemin de Cremat, 06200 Nice
04 92 15 12 69 • www.clos-st-vincent.fr •
Vente et visites : au domaine sur rendez-vous.
Propriétaire : Joseph Sergi
Maître de chai : Julien Sergi

★

DOMAINE LAFRAN-VEYROLLES

Dans la même famille depuis 1405, en des temps où Louis II d'Anjou, époux de Yolande d'Aragon, régnait sur le comté de Provence, Lafran-Veyrolles se revendique à juste titre propriété historique de Bandol. Le vigneron, Jean-Marie Castell, perpétue un style traditionnel de rouges à dominante de mourvèdre (jusqu'à 95 % dans la Cuvée Spéciale), élevé plus de dix-huit mois en foudre, pour dompter la concentration puisée dans les sols d'argiles de La Cadière-d'Azur. Les derniers millésimes sont très convaincants et plus accessibles dans leur jeunesse tout en conservant un grand potentiel de garde.

Les vins : l'assemblage du blanc, à dominante de clairette (complété d'ugni), se montre plaisant avec sa trame croquante et fruitée. Sans grande complexité, il est à boire dans sa jeunesse. Le rosé 2019 exprime avec bien plus de verve les épices du mourvèdre. Un an de bouteille lui fera le plus grand bien. Hauts de Lafran, bien que sur un millésime de sécheresse, 2017, offre pourtant un fruit charnu, ouvert, le caractère épicé typique de Bandol se dévoilant avec beaucoup de charme dès aujourd'hui.

Bandol 2019 de 18,50 à 20 € (c) 88

Bandol 2019 de 17 à 18 € (c) 90

Le coup de ♥

Bandol Les Hauts de Lafran 2017 de 23 à 25 € (c) 92

Rouge : 6 hectares. Mourvèdre 80 %, Cinsault 9 %, Grenache noir 8 %, Carignan 3 %
Blanc : 1 hectare.
Production moyenne : 55 000 bt/an

DOMAINE LAFRAN-VEYROLLES ♣
2115, Chemin de l'Argile, 83740 La Cadière-d'Azur
04 94 98 72 59 • www.lafran-veyrolles.com • Vente et visites : au domaine sur rendez-vous.
Propriétaire : Claude-Marie Jouve-Férec
Directeur : Jean-Marie Castell

★

DOMAINE MILAN

Dans le quartier de la Galine à Saint-Rémy-de-Provence, petite ville des Alpilles très prisée d'une clientèle bourgeoise, l'iconoclaste Henri Milan, épaulé par son fils, Théo, demeure fidèle aux vins audacieusement libres qu'il a initiés dans les années 1990. Les vinifications éloignées des standards académiques, menées à bien avec peu de soufre, mettent en lumière des expressions virevoltantes de fruits venus principalement d'éboulis calcaires et de marnes bleues. Issus de macération courte de grenache, syrah, merlot, cinsault et cabernet-sauvignon, les rouges s'avèrent goûteux, des cuvées de fruits jusqu'aux ambitieux S&X, Eliott et le Clos. L'identité des blancs La Carrée (pure roussanne) et Le Grand Blanc (grenache blanc, rolle, roussanne, chardonnay, muscat petit grains) s'affirme avec un haut relief de saveurs franches.

Les vins : amateurs de vins académiques, passez votre chemin. Qu'importe la robe colorée d'Haru 2019, la chair de ce rosé est d'une absolue sincérité. Il donne l'impression de croquer dans une grappe de raisins frais et juteux. Un bon passage en carafe s'impose pour évacuer la sensation acétique de La Carrée 2016. Cette pure roussanne, élevée un an en barrique et deux en cuve est aussi ambitieuse que déroutante. Sans esbroufe, la vinosité percutante de ce beau blanc hivernal est portée par des amers musclés. Le blanc de macération (roussanne, rolle, grenache blanc) Luna & Gaïa s'affine en conservant une trame virevoltante de saveurs de sauge et de marmelade sur une finale tannique appuyée. À essayer avec un ossau-iraty. Deux rouges à boire dans la prime jeunesse : le simple et franc Haru et un plus ambitieux Papillon, aux senteurs inimitables de garrigue. En 2018, la cuvée S&X devient exceptionnellement Kumo, un grenache infusé, aérien, aux airs rhodaniens. Appréciez-le dans les deux ans. Eliott voit le jour en 2017 avec un assemblage des plus vieilles vignes de grenache et de syrah. La sensation de douce acidité volatile donne un relief sanguin à ce rouge de grande concentration sudiste qui conserve une belle fraîcheur naturelle.

VDF La Carrée 2016 60 € 93

VDF Luna & Gaia 2018 28 € 90

VDF Haru 2019 12 € 91

VDF Kumo 2018 24 € 88

Le coup de ♥

VDF Elliott 2017 28 € 92

Rouge : 8 hectares. Grenache noir 40 %, Mourvèdre 30 %, Syrah 30 %
Blanc : 7 hectares. Chardonnay 33 %, Grenache blanc 25 %, Rolle 17 %, Roussanne 17 %, Muscat à petits grains blancs 8 %
Production moyenne : 60 000 bt/an

DOMAINE MILAN ♣
Quartier La Galine, 13210 Saint-Rémy-de-Provence
04 90 92 12 52 • www.domaine-milan.com • Vente et visites : au domaine sur rendez-vous.
Propriétaire : Famille Milan
Directeur : Henri et Théophile Milan

★

CHÂTEAU DE PIBARNON

Henri de Saint-Victor crée le château de Pibarnon en 1978, et l'inscrit en quelques décennies parmi les propriétés emblématiques de Bandol (avec Tempier et Pradeaux). Son fils Éric est depuis 2000 aux commandes du domaine, installé sur les terroirs calcaires de La Cadière-d'Azur. Il produit deux rouges : une cuvée du domaine (92 % de mouvèdre et 8 % de grenache) armée pour la garde, et Les Restanques, accessible plus jeune, issu de jeunes vignes (70 % mourvèdre, 30 % grenache). Malgré quelques irrégularités durant les années 2000, les rouges, bons porte-paroles des vins de Bandol et de leur potentiel de garde, reviennent à leur meilleur niveau depuis 2010. Il faut dire qu'en sélectionnant des parcelles au cœur de son terroir, Éric de Saint-Victor a redonné dans les derniers millésimes de la chair et de l'ampleur à des rouges au caractère soyeux et concentré, avec un équilibre entre le bois et l'expression hautement civilisée du fruit.

Les vins : le blanc reste le vin le plus simple de la gamme. En 2019, son bouquet moderne et aromatique (fruits blancs), techniquement irréprochable, séduira le plus grand nombre. Le rosé ne manque pas de couleur, ni de matière, le goût du mourvèdre jaillit en un panache épicé et une finale charnue. Passé en jarre de grès, Nuances est encore plus coloré et nous emmène dans un univers d'épices orientales portées par une trame vineuse. Un bon rosé automnal. Côté rouges, Les Restanques offrent une expression très fruitée étonnante dans ce millésime très sec. Sa tendresse et sa texture policée séduisent immédiatement. Plus réservé et distingué, le bandol du domaine se montre bien plus racé tout en gardant une trame très soignée. D'aucuns diraient, un élevage luxueux. Quatre à cinq ans de garde lui feront le plus grand bien.

Bandol 2019	27 €	88
Bandol 2019	21 €	91
Bandol Nuances 2018	28 €	91
Bandol Les Restanques 2017	25 €	90

Le coup de ♥

Bandol 2017	33 €	93

Rouge : 47 hectares. Mourvèdre 70 %, Cinsault 20 %, Grenache noir 10 %

Blanc : 5 hectares. Clairette 50 %, Bourboulenc 25 %, Ugni blanc (trebbiano) 20 %, Marsanne 5 %

Production moyenne : 200 000 bt/an

CHÂTEAU DE PIBARNON ♣

410, chemin de la Croix-des-Signaux, 83740 La Cadière-d'Azur

04 94 90 12 73 • www.pibarnon.com • Vente et visites : au domaine sur rendez-vous.

Propriétaire : Éric de Saint-Victor

★

DOMAINE RAY-JANE

Alain Constant aime prendre son temps pour vendanger, il est d'ailleurs souvent le dernier de l'appellation. Dans son bandol rouge, il fait entrer des raisins uniquement issus de vieilles vignes centenaires du Castellet : les plus âgées ont 130 ans ! Les autres vignes, plus jeunes (moins de 100 ans...), servent à produire son vin de pays, avec une large dominante de mourvèdre, voire en pur mourvèdre dans certains millésimes, comme le 2010. Les vins, d'un classicisme intemporel et d'un style à part, sont vinifiés en grappe entière. En cave, l'utilisation de soufre s'avère modérée et les élevages longs, jusqu'à deux ans en foudre.

Les vins : aussi bien en vin de pays qu'en Bandol, les deux blancs s'affirment avec de fines notes anisées et une trame rafraîchissante. Ils seront à leur meilleur après deux ans de garde. Côté rosé, le bandol revêt une finesse remarquable rappelant l'équilibre d'un beau blanc du sud. Un beau poisson de roche le fera briller. Les deux vins de pays sont de délicieux rouges méditerranéens, cousins du caractère des bandols mais sur une approche plus souple. Une belle verticale de Bandol d'une régularité sans faille est à découvrir. Le 2014 s'affirme en demi-puissance par rapport au flamboyant 2015, taillé pour la garde. Le 2016 est encore campé sur des tanins saillants et des arômes discrets. La vinification en grappes entières donne un élan floral et un muscle de finesse très singulier. La cuvée du Falun, issue de vignes centenaires, se démarque par une finesse et une allonge remarquables. Le temps la sublimera.

Bandol 2014	18,50 €	92
Bandol 2015	17,50 €	93
Bandol 2016	17 €	92
Bandol Cuvée de la Ville de Sanary 2015	17 €	92
IGP Var 2014	11 €	90
IGP Var 2017	7,80 €	90

Le coup de ♥

Bandol Cuvée du Falun 2015	29 €	95

Rouge : 7,87 hectares. Mourvèdre 90 %, Cinsault 5 %, Grenache noir 5 %
Blanc : 2,65 hectares. Clairette 90 %, Ugni blanc (trebbiano) 10 %
Production moyenne : 80 000 bt/an

DOMAINE RAY-JANE ♣
353, avenue du Bosquet, 83330 Le Castellet
04 94 98 64 08 ● www.ray-jane.fr ● Vente et visites : au domaine sur rendez-vous.
Propriétaire : Alain Constant

Blanc : 4 hectares. Rolle 40 %, Clairette 30 %, Sauvignon blanc 20 %, Viognier 10 %
Production moyenne : 60 000 bt/an

★ ↗

DOMAINE RICHEAUME

Ce domaine magnifiquement situé sur la commune de Puyloubier, au pied de la montagne Sainte-Victoire, a pour décor naturel des terres rouges. Son histoire remonte à maintenant plus de quarante ans. Henning Hoesch, d'origine allemande et professeur à Yale, aux États-Unis, quitte le campus américain en 1972 et achète ce domaine de 65 hectares alors vierge de toute culture. Il y plante 3 hectares de vignes qu'il cultive en expérimentant le bio. Très rapidement, les vins se distinguent par leur intensité de corps et leur chair. Comme chez les plus grands vignerons, le respect des sols et la non-intervention dans la vigne s'associent à des outils de vinification modernes. Les 2018 renouent avec un fruit d'une intensité éclatante, d'un magnifique velouté, étiré par la sensation caillouteuse de ce terroir prodigieux. Dans un profil aromatique exubérant, le blanc demeure plus enrobé par une vinification technique. Le retour à l'étoile s'invite naturellement.

Les vins : la trame boisée, plus discrète que dans les millésimes précédents, souligne l'assemblage expressif de vermentino, viognier et sauvignon. Un blanc soigné dont la trame saline et l'expressivité évoquent un condrieu. Du côté des rouges, un chatoyant carignan, mené avec précision, joue sur un certain velouté tout en conservant son âme sauvage de garrigue. Un délicieux rouge provençal, à l'instar du grenache au fruit pimpant et à la trame caillouteuse de sa bouche. Ces vins ont trouvé un naturel d'expression enthousiasmant. Bémol pour la syrah, qui semble plus sophistiquée par son élevage, avec des airs de vin du Nouveau Monde.

IGP Méditerranée Tradition 2018	20 €	90
IGP Méditerranée Carignan 2018	20 €	93
IGP Méditerranée Syrah 2017	40 €	90

Le coup de ♥

IGP Méditerranée Grenache 2018	25 €	94

Rouge : 22 hectares.
Cabernet-Sauvignon 30 %, Syrah 30 %, Grenache noir 15 %, Merlot 10 %, Carignan 10 %, Tempranillo 5 %

DOMAINE RICHEAUME ♣
13114 Puyloubier
04 42 66 31 27 ●
www.domaine-richeaume.com ● Vente et visites : au domaine sur rendez-vous.
Propriétaire : Sylvain Hoesch
Œnologue : Pascal Lenzi

★

CHÂTEAU DE ROQUEFORT

Raimond de Villeneuve a totalement relancé ce domaine familial. Situé au pied du massif de la Sainte-Baume, à Roquefort-la-Bédoule, le vignoble au terroir argilo-calcaire, niché à 380 mètres d'altitude, jouit d'une bonne amplitude thermique entre le jour et la nuit, facteur favorable à la maturité lente des baies. Les influences maritimes régulatrices (Cassis est à 5 kilomètres) jouent également leur rôle. Bourré d'énergie et toujours prêt à remettre en question les contraintes imposées par les décrets d'appellation, à la vigne comme en cave, Raimond de Villeneuve a depuis longtemps opté pour une culture bio fondée sur le travail des sols (certifié Ecocert en 2014). Les blancs nuancés et fringants, ainsi que les rouges au frais et beau caractère méditerranéen, sont d'un excellent niveau. Une approche gourmande et profonde qu'on aimerait voir plus souvent dans la région.

Les vins : un délicieux Corail se dévoile en 2019, moderne, techniquement impeccable avec une chair juteuse, sertie d'une fraîcheur rocailleuse. Une cuvée qui séduira le plus grand nombre. Menés avec précision, les deux blancs comme à leur habitude enthousiasment par leur élan haletant. Le Petit Salé (dominé par la clairette), à la chair saline et Les Genêts, à dominante de vermentino, droit comme un "i" qui devrait prendre de fines tournures minérales après quelques années. En rouge, une étonnante fraîcheur sanguine, presque ligérienne, se dégage de Gueule de Loup, délicieuse et appétente cuvée. Dans un registre plus classique, Les Mûres est en pleine forme en 2017 avec une superbe concentration de fruit, serti d'un élevage méticuleux. N'hésitez pas à le garder en cave quelques années.

Côtes de Provence Les Genêts 2019	15 €	91

IGP Bouches du Rhône Petit Salé 2019	13 €	90
Côtes de Provence Corail 2019	13 €	90
IGP Bouches du Rhône Gueule de Loup 2019	10 €	90

Le coup de ♥

Côtes de Provence Les Mûres 2017	15 €	93

Rouge : 20,5 hectares. Grenache noir 30 %, Syrah 27 %, Carignan 23 %, Cinsault 15 %, Mourvèdre 5 %
Blanc : 7,2 hectares. Rolle 52 %, Clairette 48 %
Production moyenne : 200 000 bt/an

CHÂTEAU DE ROQUEFORT ♣
Quartier des Bastides,
13830 Roquefort-la-Bédoule
04 42 73 20 84 •
www.chateauderoquefort.com • Pas de visites.
Propriétaire : Raimond de Villeneuve

★

DOMAINE DE LA RÉALTIÈRE

Pierre Michelland poursuit l'aventure du domaine familial, perché à 450 m d'altitude, à Rians, au nord des coteaux d'Aix-en-Provence. Ce vigneron quadragénaire cultive les vignes en bio depuis 1994, et en biodynamie depuis 2012. Il produit des vins de grande fraîcheur et de forte personnalité : des entrées de gamme digestes au fruit dénué de tout artifice, et deux grandes cuvées sous le nom Cante Gau. Avec les habituels syrah, grenache et cabernet-sauvignon, le rouge intègre une part importante de carignan noir dans l'assemblage. En blanc, un cépage oublié est mis au goût du jour : le carignan blanc, issu de vieux ceps (une parcelle de 75 ares de 92 ans). Il est désormais assemblé avec des sémillon et ugni blanc, en demi-muid, jarre en grès et dolium. Un magnifique blanc à l'identité sudiste et à la fraîcheur septentrionale.

Les vins : d'un côté, le rosé Pastel s'avère croquant avec la fraîcheur sanguine de son terroir, de l'autre, Cante Gau affiche une dimension plus vineuse aux douces épices orientales. Parangon d'un rosé de table. Assemblage d'ugni et de clairette, Blanc Public s'offre avec une légèreté extrêmement rafraîchissante. Cante Gau blanc profite des vieux carignans pour illustrer l'identité cristalline de ce secteur. Les beaux amers étirent ce vin avec une grande pureté. Une interprétation unique et magistrale en Provence. Le tonique et fringant Cul Sec (carignan) ouvre le bal des rouges. Le Cante Gau est plus classique, finement élevé. Avec ses tanins encore saillants, la chair pulpeuse du fruit se dévoilera après un bon passage en carafe. Deux cuvées élevées en jarre mettent en lumière un carignan (Terroyas) à l'élan sanguin et poivré, sans animalité, et un grenache (Sauvedes) infusée, et d'une floralité enthousiasmante.

IGP Var Blanc Public 2019	13,50 €	88
VDF Cante Gau 2018	27 €	93
Coteaux d'Aix-en-Provence Pastel 2017	11,50 €	88
VDF Cante Gau 2018	18 €	90
Coteaux d'Aix-en-Provence Cante Gau 2017	24 €	92
Coteaux d'Aix-en-Provence Cul-Sec 2019	12,50 €	88
VDF Sauvedes 2018	21 €	92

Le coup de ♥

VDF Terroyas 2018	21 €	93

Rouge : 10,5 hectares. Carignan 45 %, Grenache noir 20 %, Syrah 18 %, Cinsault 10 %, Cabernet-Sauvignon 5 %, Aramon 2 %
Blanc : 2,5 hectares. Carignan 80 %, Sémillon 15 %, Ugni blanc (trebbiano) 5 %
Production moyenne : 7 498 bt/an

DOMAINE DE LA RÉALTIÈRE ☾
Route de Jouques, 83560 Rians
04 94 80 32 56 •
michelland.pierre0303@gmail.com • Vente et visites : au domaine sur rendez-vous.
Propriétaire : Pierre Michelland

★

CHÂTEAU SAINTE-ANNE

Une petite quinzaine d'hectares, sur la commune de Sainte-Anne d'Évenos, constitue le vignoble de ce cru connu des amateurs de bandols bio. Dès les années 1970, François Dutheil de la Rochère, puis son épouse Françoise, ont été des pionniers de la viticulture biologique puis de vinifications naturelles en Provence. Aujourd'hui, leur fils Jean-Baptiste perpétue le style "Sainte-Anne" influencé par le climat particulièrement frais de ce secteur oriental de l'appellation. Nous sommes toujours impressionnés par la finesse du toucher des rouges et la douceur de leurs tanins, qui leur offrent un équilibre savoureux après trois à quatre ans, tout en leur promettant un potentiel de garde de plus de vingt ans. Bien coloré, le rosé est loin des standards œnologiques de la région et révèle un fort caractère. Certainement le plus abouti de l'appellation, le blanc assemblé de clairette et d'ugni peut se révéler d'une incroyable race après cinq à six ans de garde et vieillir magnifiquement une vingtaine d'années.

Les vins : le naturel et la sincérité d'expression sont, comme d'habitude, superbes. L'assemblage de clairette et d'ugni blanc possède un gras majestueux et une pureté pleine de fraîcheur qui le portera dans les vingt prochaines années. Dans cette veine franche, et sur un fruit dynamique, le rosé est altier, tout à la fois délicat et extrêmement revigorant. On retrouve ce goût prégnant du raisin dans les rouges. Buvez dès maintenant le côtes-de-provence, au bouquet sauvagement automnal, structuré par des tanins un brin accrocheurs. En Bandol, le millésime 2018 sauvé des eaux se profile en demi-corps et dévoile une trame svelte. Le 2017 offre davantage de chair fruitée dont la finale extraite demande à se détendre encore en cave au moins un an. Le 2013 évolue tranquillement avec une fraîcheur élancée et des tanins saillants. Tous ces rouges méritent un bon passage en carafe d'une heure. Plus fourni en mourvèdre, avec une structure tannique musclée, Collection 2016, encore contenu, donne l'impression juteuse de croquer dans le raisin frais. Mettez-le au moins une dizaine d'années dans votre cave.

Bandol 2019	18 €	93
Bandol 2013	28 €	92
Bandol 2017	26 €	92
Bandol 2018	27 €	91
Bandol Collection 2016	35 €	93
Côtes de Provence 2016	18 €	90

Le coup de ♥

Bandol 2019	26 €	93

Rouge : 11 hectares. Mourvèdre 60 %, Cinsault 20 %, Grenache noir 20 %

Blanc : 3 hectares. Clairette 50 %, Ugni blanc (trebbiano) 50 %

Production moyenne : 40 000 bt/an

CHÂTEAU SAINTE-ANNE ♣

RN 8, 83330 Sainte-Anne-d'Évenos
04 94 90 35 40 • chateausteanne@free.fr •
Vente et visites : au domaine sur rendez-vous.
Propriétaire : Jean-Baptiste Dutheil de la Rochère

★ ↗

DOMAINE LES TERRES PROMISES

Jean-Christophe Comor est installé depuis 2004 en Provence. Cet Aixois de naissance, ancien conseiller politique, est aujourd'hui à la tête d'un vignoble de près de 10 hectares répartis dans deux appellations : Coteaux Varois en Provence et Bandol. Dès son premier millésime, il opte pour une viticulture bio dans la mouvance des vins naturels, aux expressions percutantes de fruits d'une grande sincérité de goût, avec « la vérité du caillou dans le verre » comme il aime le dire. Il défend une façon originale d'exprimer l'origine d'un terroir, d'un climat. Doté d'un sens créatif, il n'hésite jamais à créer à chaque millésime, selon son inspiration, des cuvées surprenantes, comme le carignan blanc de macération Analepse, ou un rouge profond et savoureux, issu de vieux cinsaults, Autrement et Encore. Nous récompensons l'audace de Jean-Christophe Comor et la gourmandise de ses vins en lui attribuant une étoile.

Les vins : deux délicieux rosés d'une suavité magnifique nous enchantent, sublimant la vinosité et le relief rocailleux de Bandol. Un très beau vin pour la table. La franchise se dessine également dans le blanc À bouche que Veux-Tu, un assemblage de clairette et de rolle au gras envoûtant et d'une inimitable saveur d'anis. Une fois de plus, le vigneron transmet sa créativité stylistique dans Analepse, un carignan blanc macéré longuement, alliant une chair ensoleillée et un tanin rocailleux extrêmement stimulants. À essayer avec un roquefort. L'Antidote est un carignan pimpant, délicieusement juteux et sanguin. D'une gourmandise tonifiante ! Le velouté floral d'Autrement et Encore, issu de vieilles vignes de cinsault, nous ravit. Un très beau vin à l'identité provençale rayonnante. Tout comme, Au Hasard et Souvent, plus sauvage tant par ses arômes que par sa structure.

IGP Sainte Baume Analepse 2018	23 €	92

PROVENCE

IGP Sainte Baume À Bouche que Veux-Tu 2019 13 € 90
Bandol La Chance 2019 18 € 91
Coteaux Varois en Provence Apostrophe 2019 13 € 89
IGP Sainte Baume L'Antidote 2019 13 € 90
IGP Var Au Hasard et Souvent 2018 30 € 92

Le coup de ♥
Coteaux Varois en Provence Autrement et Encore 2019 42 € 92

Rouge : 11,5 hectares. Carignan 30 %, Grenache noir 25 %, Cinsault 20 %, Mourvèdre 15 %, Syrah 10 %
Blanc : 3 hectares. Vermentino 40 %, Clairette 30 %, Carignan 20 %, Ugni blanc (trebbiano) 10 %
Production moyenne : 68 000 bt/an

DOMAINE LES TERRES PROMISES ♣
Chemin de la Persévérance, 83136 La Roquebrussane
06 81 93 64 11 •
jean-christophe.comor@wanadoo.fr • Vente et visites : au domaine sur rendez-vous.
Propriétaire : Jean-Christophe Comor

★

VILLA BAULIEU

Pierre Guénant, qui a fait fortune dans la distribution automobile, a acquis en 2001 cette sublime propriété du XVIIe siècle, située à Rognes. Un peu moins de 12 hectares ont été isolés sur un terroir bien particulier, argilo-calcaire et marneux, exposé nord et nord-est, à 400 mètres d'altitude dans le seul volcan de Provence, pour produire deux rouges et deux blancs en Coteaux d'Aix-en-Provence. Les cuvées Bérengère (baptisées du nom de la fille de Pierre Guénant) affichent leur douceur. Les grands vins de Villa Baulieu sont particulièrement soignés et raffinés. Dans le blanc, le rolle joue avec le sauvignon et leur union nous emmène loin des standards de la région. Le rouge tire son épingle du jeu. Issus de faibles rendements, les syrahs, grenaches et cabernet-sauvignon égrappés subissent un double tri en cave avant de fermenter en cuve béton puis d'être mis en barrique (35 % neuves) pour dix mois : ils donnent un vin qui s'inscrit, depuis le 2013, parmi les meilleurs de Provence.

Les vins : la gamme Baulieu voit le jour en 2016 avec un blanc de rolle et sauvignon, droit et épuré aux airs de riesling alsacien. L'élevage de la cuvée Bérengère (rolle et sémillon) est bien plus intégré comme en témoigne ce très soigné 2017, porté par un gras rayonnant de fraîcheur. Encore contenu, la Villa Baulieu a besoin de temps pour déployer son incroyable identité volcanique à travers de fines nuances minérales et fumées, alliance de fraîcheur septentrionale et d'intensité sudiste. La syrah domine Bérengère, lui offrant une certaine sensualité et une floralité séduisante. La Villa Baulieu va plus loin dans la définition volcanique, d'une texture magnifique de raffinement, portée par une sensation minérale appuyée. Un bel avenir lui est promis.

Coteaux d'Aix-en-Provence 2017 29 € 93
Coteaux d'Aix-en-Provence Baulieu 2016 14,50 € 90
Coteaux d'Aix-en-Provence Cuvée Bérengère 2017 18 € 91
Coteaux d'Aix-en-Provence 2017 29 € 93
Coteaux d'Aix-en-Provence Baulieu 2016 14,50 € 90
Coteaux d'Aix-en-Provence Cuvée Bérengère 2017 18 € 91

Rouge : 8 hectares. Syrah 70 %, Cabernet-Sauvignon 20 %, Grenache noir 10 %
Blanc : 4 hectares. Rolle 60 %, Sémillon 20 %, Sauvignon blanc 20 %
Production moyenne : 30 000 bt/an

VILLA BAULIEU
Domaine de Beaulieu, 13840 Rognes
04 42 50 20 19 •
www.villabaulieuvignoble.com •
Visites : sans rendez-vous.
Propriétaire : Pierre Guénant
Directeur : Bérengère Guénant

★

VILLA MINNA VINEYARD

Ce domaine familial a été repris en 1987 par Minna et Jean-Paul Luc. Par étape, différentes cuvées sont nées de ce vignoble situé à Saint-Cannat : en 1999 Minna Vineyard rouge, en 2004 Villa Minna rouge puis en 2005 Minna Vineyard blanc. Labellisé bio depuis 2012, le vignoble est tenu avec soin, les tailles courtes générant de faibles rendements sur un terroir pauvre de roche calcaire. Les vinifications en petits contenants et les élevages en fût bordelais donnent des vins d'une grande constitution, offrant beaucoup de style et de personnalité, loin de tout caractère technologique. Les élevages ont aussi la particularité d'être longs ! En effet, les bouteilles ne sont commercialisées qu'au bout de cinq ans pour les rouges et de trois ans pour les blancs. Tous les vins du domaine ont besoin de longues aérations.

Les vins : les blancs ont considérablement gagné en éclat frais. Voilà deux blancs sereins du Sud, stimulés par un relief d'appétentes saveurs de garrigue et de fenouil et une trame fraîche et élancée. Promis à plus de dix ans de garde, le Minna 2018 s'affirme toutefois dans un registre un peu plus beurré et exotique. Les rouges conservent leur style sauvagement poivré, avec un Villa Minna (80 % grenache) aux saveurs sombres de cendre et de résine, campé sur des tanins qui demandent encore un an de bouteille pour s'affiner. Le Minna évolue avec la densité naturelle du millésime, tout en gardant une fraîcheur droite, un peu anguleuse en finale. À mettre en scène sur un beau gibier cet automne.

- IGP Bouches du Rhône Minna 2018 — 23 € — 93
- Coteaux d'Aix-en-Provence Villa Minna 2018 — 15 € — 90
- IGP Bouches du Rhône Minna 2015 — 23 € — 91

Le coup de ♥

- IGP Bouches du Rhône Villa Minna 2019 — 15 € — 91

Rouge : 12,98 hectares. Grenache noir 32 %, Cabernet-Sauvignon 27 %, Syrah 27 %, Caladoc 5 %, Mourvèdre 5 %, Marselan 4 %
Blanc : 2,5 hectares. Vermentino 48 %, Roussanne 28 %, Marsanne 24 %
Production moyenne : 40 000 bt/an

VILLA MINNA VINEYARD ♣

Roque-Pessade, CD 17, 13760 Saint-Cannat
04 42 57 23 19 • www.villaminna.fr •
Visites : sans rendez-vous.
Propriétaire : Minna et Jean-Paul Luc

NOUVEAU DOMAINE

DOMAINE DU BAGNOL

La petite (215 hectares) appellation de Cassis a construit sa réputation sur ses blancs de marsanne, clairette, pascal blanc et ugni. Peu de cuvées reflètent le caractère méditerranéen profond que l'on attend d'elles. Au domaine du Bagnol, la famille Genovesi s'attèle justement à renouer avec des vins plus ambitieux et à redorer l'image de ce vignoble resplendissant. Sous l'impulsion de Sébastien, les vignes ont été converties en bio en 2014 et des vinifications modernes et précises permettent de ciseler des vins droits, techniquement irréprochables. Nous sommes convaincus qu'un soupçon de maturité supplémentaire des raisins feraient résonner davantage les saveurs salines et la chair profonde de ces vins qui méritent d'entrer dans notre guide cette année.

Les vins : comme dans le reste de l'appellation, le blanc a la part belle au domaine du Bagnol. Le cassis 2019 offre une chair citronnée rafraîchissante ; Caganis est un peu plus ambitieux, avec de fines nuances anisées. Un an de bouteille leur confèrera étoffe et complexité, à l'image du Marquis de Fesques, au gras savoureux, finement exotique, encore légèrement marqué par son élevage en demi-muid. Le blanc le plus méditerranéen. Il ne faudra pas hésiter à mettre en carafe le rouge (80 % mourvèdre et du grenache), haut en couleurs et en saveurs mûres d'épices, mené avec précision. Il peut encore gagner en charme et subtilité. Le rosé est tonique, bordé par une sensation de rondeur charmeuse, rafraîchissant sans manquer de matière.

- Cassis 2019 — 15,50 € — 89
- Cassis Caganis 2019 — 18 € — 90
- Cassis Marquis de Fesques 2018 — 24,50 € — 90
- Cassis 2019 — 15,50 € — 88
- Cassis Marquis de Fesques 2018 — 24,50 € — 89

Rouge : 8 hectares. Grenache noir 40 %, Mourvèdre 35 %, Cinsault 20 %, Carignan 5 %
Blanc : 15 hectares. Marsanne 50 %, Clairette 35 %, Ugni blanc (trebbiano) 15 %
Production moyenne : 90 000 bt/an

DOMAINE DU BAGNOL ♣

12, avenue de Provence, 13260 Cassis
04 42 01 78 05 • www.domainedubagnol.fr •
Vente et visites : au domaine sur rendez-vous.
Propriétaire : Sébastien et Lisa Genovesi
Œnologue : Daniel Abrial

BARAVÉOU

Né en Bourgogne et arrivé sans un lopin de terre à Bandol, le discret Jean-Philippe Fourney a initié une nouvelle approche de rouges à dominante de mourvèdre. Tout en s'occupant des vignobles du château Vannières, du domaine La Suffrene et, aujourd'hui, de Tempier, il a mûri un projet idéaliste. Dès 2011, le trentenaire entreprend un travail titanesque : déboiser, défricher, et restructurer trois hectares de vieilles restanques à La Cadière-d'Azur pour y planter de la vigne en sélections massales puis les cultiver en biodynamie. Pour l'instant, les raisins des jeunes vignes sont destinés à un rosé moderne et expressif, lequel ne peut que progresser. Nous sommes plus enthousiastes quant à l'approche infusée du mourvèdre (venu du Castellet, le village voisin), qui donne des rouges pulpeux où la recherche de tanins veloutés confère une approche aimable aux vins dans la jeunesse, tout en les sculptant pour la garde. La rigueur et la sensibilité du vigneron, ainsi que l'évolution des vins en quelques millésimes, nous laissent croire au grand potentiel de ce domaine dans les prochaines années.

Les vins : plus équilibré et abouti que le 2018, le rosé s'élance avec finesse. Techniquement irréprochable, un an de bouteille lui fera le plus grand bien. Il peut encore gagner en naturel d'expression. Fraîchement mis en bouteille, le rouge 2018 nous charme par son irrésistible note de griotte. Extraite en douceur, sa texture veloutée s'inscrit parmi les plus délicates de Bandol. Un vin d'une grande sensibilité promis à une garde de plus de quinze ans.

Bandol 2018 — 26 € — 93

Le coup de ♥

Bandol 2019 — 16 € — 89

Rouge : Mourvèdre 90 %, Grenache noir 10 %
Production moyenne : 7 000 bt/an

BARAVÉOU
Chemin de Baravéou, 83740 La Cadière-d'Azur
06 22 93 42 71 • contact@baraveou.com •
Vente et visites : au domaine sur rendez-vous.
Propriétaire : Jean-Philippe Fourney

CHÂTEAU BARBEYROLLES

C'est au château de Barbeyrolles, à Gassin, que la Provençale Régine Sumeire a initié un rosé très pâle avec sa fameuse cuvée Pétale de Rose dans les années 1980. Depuis, beaucoup ont suivi ce style mais elle reste la référence en la matière. L'un de ses secrets ? Le pressurage doux des raisins en grappe entière, dont découle un jus parfumé à la texture délicate. Sur les schistes près de la Méditerranée, un blanc (sémillon, rolle et ugni) gras et savoureux et un rouge (syrah principalement) à la structure légère naissent des vignes conduites en bio. Ce domaine est sans aucun doute le plus intéressant du golfe de Saint-Tropez.

Les vins : toujours séduisant, le blanc (sémillon avec rolle), s'affirme avec suavité, sans l'exubérance de la plupart des vins du coin. Tout comme le rosé Pétale de Rose, à la vinosité savoureuse, ponctuée de saveurs florales. Une référence dans ce registre. Le rouge 2018 s'avère bien plus souple que le 2017, avec de délicates notes épices. Il sera à boire dans les cinq ans.

Côtes de Provence Pétale de Rose 2019 — 21 € — 90

Côtes de Provence Noir et Or 2018 — 21 € — 89

Le coup de ♥

Côtes de Provence Blanc de Blancs 2019 — 21 € — 90

Rouge : 10,63 hectares. Grenache noir 39 %, Mourvèdre 31 %, Cinsault 16 %, Syrah 9 %, Cabernet-Sauvignon 5 %
Blanc : 1,37 hectare. Ugni blanc (trebbiano) 37 %, Sémillon 34 %, Rolle 29 %
Production moyenne : 50 000 bt/an

CHÂTEAU BARBEYROLLES ♣
2065, route de la Berle, 83580 Gassin
04 94 56 33 58 • www.barbeyrolles.com •
Vente et visites : au domaine sur rendez-vous.
Propriétaire : Régine Sumeire

DOMAINE LES BASTIDES

Cette discrète propriété a été achetée en 1967 par Anne-Marie et Jean Salen, décédé en décembre 2015. Après avoir livré leurs raisins à la cave coopérative durant dix ans, ils décident en 1975 de vinifier eux-mêmes leur production.

Sur le terroir du Puy-Sainte-Réparade, le vignoble, cultivé en bio depuis plus de quarante ans, donne des vins d'un classicisme rare. Aujourd'hui, la propriété est dirigée par Carole Salen, et le style des vins se maintient dans la plus pure tradition du domaine. Jamais trop extraits ni en surmaturité (sans syrah dans son encépagement), le grenache et le cabernet-sauvignon prennent des arômes délicats de garrigue et de fruits macérés, non sans rappeler l'esprit de certains châteauneuf-du-pape. Les élevages se font en foudre, sur la durée, de façon à dompter et assouplir les tanins avec douceur, en créant une micro-oxydation qui se fait à peine sentir.

Les vins : la gamme démarre joyeusement avec un délicieux rosé (grenache et cinsault), délicatement saigné, extrêmement gourmand. Le blanc (ugni, rolle, clairette et sauvignon) se montre tout aussi franc et épuré, rafraîchissant et dénué de toute esbroufe œnologique. Un an de bouteille lui fera le plus grand bien. Quant au Valéria, il nous met les deux pieds dans la garrigue. D'une grande puissance contenue par la fraîcheur du cabernet-sauvignon. Une spontanéité à mettre en scène à table.

Coteaux d'Aix-en-Provence 2019 de 11 à 13 € (c) 90

Coteaux d'Aix-en-Provence 2019 de 8,50 à 10 € (c) 89

Le coup de ♥

Coteaux d'Aix-en-Provence Valéria 2016 de 18 à 20 € (c) 92

Rouge : 20 hectares. Grenache noir 60 %, Cabernet-Sauvignon 21 %, Cinsault 15 %, Mourvèdre 3 %, Counoise 1 %
Blanc : 3 hectares. Rolle 50 %, Clairette 35 %, Ugni blanc (trebbiano) 10 %, Sauvignon blanc 5 %
Production moyenne : 80 000 bt/an

DOMAINE LES BASTIDES ♣
98, chemin des Bastides, route de Saint-Canadet, 13610 Le Puy-Sainte-Réparade
04 42 61 97 66 •
carolesalen@domainelesbastides.fr • Vente et visites : au domaine sur rendez-vous.
Propriétaire : Carole Salen

DOMAINE BORRELY-MARTIN

Le domaine Borrely-Martin est une propriété discrète, bien loin des marques convoitées pour leurs rosés fluorescents, cachée dans un coin paisible des Mayons, là où le massif des Maures commence son ascension. En 1996, les frères Claude et Jacques Martin ont choisi de faire leur vin. Naturellement, ils produisent du rosé, il faut bien répondre à la demande. Mais leur spécialité, c'est le rouge (entre 60 % et 80 % des volumes). Aux Mayons et à Puget-Ville, deux communes généreusement ensoleillées où sont plantées leur vignes, les vignerons parviennent à capter de subtiles senteurs de garrigue, une douceur de texture et un grain de tanin délicat.

Les vins : voilà un rosé exprimant de beaux arômes de marmelade et d'épices et doté d'une très belle chair savoureuse. Aussi bien à l'aise à l'apéritif qu'à table. Deux rouges se dessinent : le 2016, puissamment réglissé, de bonne concentration fruitée et épicée, typique de la Provence. Déjà équilibré, il évoluera dans un registre sudiste dans les dix ans. Carré de Laure 2015 se montre quant à lui plus extrait, délivrant une sensation plus imposante d'alcool. Il faut le mettre en scène lors d'un repas d'hiver.

Côtes de Provence Carré de Laure 2019 10,30 € 90

Côtes de Provence Carré de Laure 2015 14 € 88

Le coup de ♥

Côtes de Provence 2016 11 € 90

Rouge : 5,95 hectares. Mourvèdre 40 %, Syrah 21 %, Cinsault 16 %, Grenache noir 10 %, Cabernet-Sauvignon 8 %, Carignan 5 %
Blanc : 0,35 hectare. Roussanne 100 %
Production moyenne : 25 000 bt/an

DOMAINE BORRELY-MARTIN
Grande-Rue, 83340 Les Mayons
04 94 60 09 39 • www.borrely-martin.fr •
Vente et visites : au domaine sur rendez-vous.
Propriétaire : Claude et Jacques Martin

CLOS MIREILLE

Avec 140 hectares de terres, dont 50 plantés en vignes (à parts égales entre blanc et rouge), cette propriété, située sur le terroir de La Londe, est considérée comme un cru historique de la région. Durant plus de cent ans, la famille Ott en a été l'heureuse propriétaire, jusqu'à son rachat par Louis Roederer, en 2004. Ce changement a permis d'insuffler une nouvelle dynamique, en particulier des investissements dans un nouvel outil de vinification, et la replantation d'un vignoble qui commençait sérieusement à vieillir. Au bout des rangs de vignes, il y a la mer : une situation qui a toujours favorisé la maturation des blancs, en particulier sur un choix d'encépagement original à dominante de sémillon, avec du rolle planté sur un sol argilo-siliceux et de schistes.

Les vins : le blanc 2018 s'ouvre tranquillement. Il conserve pour l'instant sa fougue exotique de la jeunesse. Un gras plaisant, de beaux amers calibrés structurent la finale et lui promettent un bel avenir dans les dix prochaines années. Le rosé s'avère toujours impeccable, la modernité de son style le rend accessible au plus grand nombre tout en gardant un grain fin pour l'amateur de vins.

Côtes de Provence 2019 26,76 € 91

Le coup de ♥

Côtes de Provence 2018 25,32 € 92

Rouge : 26 hectares. Grenache noir 70 %, Cinsault 14 %, Rolle 9 %, Syrah 7 %
Blanc : 25 hectares. Sémillon 81 %, Rolle 19 %
Production moyenne : 230 000 bt/an

CLOS MIREILLE
Route du Fort-de-Brégançon 83250 La Londe-les-Maures
04 94 01 53 50 • www.domaines-ott.com • Vente et visites : au domaine sur rendez-vous.
Propriétaire : Famille Rouzaud
Directeur : Jean-François et Christian Ott

CLOS SAINT-JOSEPH

Niché sur les hauteurs de la vallée du Var, le Clos Saint-Joseph est le seul domaine du département des Alpes-Maritimes à bénéficier de l'appellation Côtes de Provence. Sur les contreforts des Alpes, Constance Malangé et Roch Sassi cultivent ce petit vignoble familial, planté essentiellement de vieilles vignes, dont quelques cépages autochtones, comme le barbaroux. Dix variétés composent ainsi les assemblages du blanc, du rouge et du rosé : ce sont des vins de fort caractère.

Les vins : de belles nuances florales et de garrigue donnent un équilibre aérien au très beau rosé 2019. Un profil élégant et profond. Le blanc revêt une trame similaire, toute en nuances anisées, illustrant à merveille son caractère sudiste. À laisser encore deux ans en cave. Les fines notes lardées de la syrah jaillissent du rouge 2018. Une construction classique, extraite avec justesse pour une belle concentration évoquant la garrigue. Nous le préférons à la cuvée syrah qui demande à être détendue lors d'un bon passage en carafe.

Côtes de Provence Blanc de Blancs 2019 25 € 90

Côtes de Provence 2018 25 € 91

Côtes de Provence Syrah 2018 40 € 89

Le coup de ♥

Côtes de Provence 2019 20 € 92

Rouge : 3 hectares. Syrah 50 %, Mourvèdre 20 %, Cabernet-Sauvignon 10 %, Divers noir 10 %, Grenache noir 10 %
Blanc : 2 hectares. Rolle 50 %, Ugni blanc (trebbiano) 30 %, Sémillon 15 %, Clairette 5 %
Production moyenne : 20 000 bt/an

CLOS SAINT-JOSEPH
168, route du Savel, 06710 Villars-sur-Var
04 93 05 73 29 • clossaintjoseph@orange.fr
• Vente et visites : au domaine sur rendez-vous.
Propriétaire : Roch Sassi et Constance Malangé

NOUVEAU DOMAINE

CHÂTEAU CRÉMADE

Sophie et Philippe Moquet font à nouveau rayonner ce domaine historique, doté d'un patrimoine passionnant de vieilles vignes de 25 cépages complantés et taillées en gobelet. Tout est ensuite mis en œuvre pour refléter leur terroir au fameux calcaire de Langesse, loin des techniques œnologiques modernes actuelles, via des vinifications en cuve tronconique et un élevage en barrique usagée. Les trois couleurs assument un caractère terrien, une certaine force tranquille.

Les vins : le blanc fait partie de ces grandes cuvées de Méditerranée, au gras envoûtant, ponctué d'un relief salin et de saveurs joliment évoluées évoquant le tilleul et les herbes sèches. Il faudra dompter sa mâche à table. Encore dans l'exubérance de la jeunesse, le rosé vous étonnera par son évolution épicée et délicieusement vineuse. Dans un registre un peu plus ferme, le rouge affiche une grande concentration en 2016. La garrigue, les herbes sèches jaillissent et animent une bonne structure. Trois beaux vins taillés pour la garde.

Palette 2018 16,50 € 91

Palette 2016 22 € 91

Le coup de ♥

Palette 2016 22 € 92

Rouge : 7 hectares.
Blanc : 2 hectares.
Production moyenne : 42 000 bt/an

CHÂTEAU CRÉMADE
649, route de Langesse, 13100 Le Tholonet
06 62 07 00 70 • www.chateaucremade.fr •
Vente et visites : au domaine sur rendez-vous.
Propriétaire : Famille Moquet
Œnologue : Sophie Moquet

DOMAINE DU DEFFENDS

Ce domaine a fait figure de pionnier dans les années 1960. À l'époque où la culture des grands vins était totalement inexistante en Coteaux Varois, Jacques de Lanversin, professeur de droit à la faculté d'Aix-Marseille, a entièrement planté le vignoble du Deffends. La volonté de produire un vin de référence l'a immédiatement animé. Son épouse Suzel, puis leurs enfants Emmanuel et Anne ont désormais les rênes de la propriété située sur les contreforts du mont Aurélien. Les rouges sont de bonne constitution, quoiqu'un peu serrés cette année, ils s'ancrent avec tempérament sur leur terroir argilo-calcaire. Le style trop éloigné du caractère naturel des rosés et des blancs nous conduisent à enlever l'étoile au domaine.

Les vins : simples et ronds, les deux rosés affichent un profil similaire en 2019. Ils sont à boire dans la prime jeunesse. Rolle et viognier jouent ensemble dans ce blanc expressif, moderne, doté d'une fraîcheur caillouteuse en finale. Les rouges offrent une plus forte personnalité avec un Champs du Bécassier (grenache, cinsault, syrah), franchement poivré et fruité, d'une trame tannique revigorante dans la jeunesse. Plus confiné, l'assemblage de cabernet-sauvignon et syrah du Champs de la Truffière peine à se détendre, tenu par des tanins serrés qui, nous l'espérons, s'affineront dans les prochaines années. Même remarque pour le nouveau venu dans la gamme, Transmission (70 % syrah), issu d'un beau millésime, encore campé sur des tanins fermes.

IGP Sainte-Baume Champ du Sesterce 2019 13 € 88

Coteaux Varois en Provence Rosé d'une Nuit 2019 12 € 86

Coteaux Varois en Provence Rosé des Filles 2019 13,50 € 86

Coteaux Varois en Provence Champs de la Truffière 2016 15 € 89

Coteaux Varois en Provence Champs du Bécassier 2019 12 € 90

Le coup de ♥

Coteaux Varois en Provence Transmission 2017 18,50 € 90

Rouge : 12 hectares. Grenache noir 38 %, Syrah 30 %, Cabernet-Sauvignon 20 %, Cinsault 12 %
Blanc : 3 hectares. Vermentino 53 %, Viognier 35 %, Clairette 12 %
Production moyenne : 60 000 bt/an

DOMAINE DU DEFFENDS ♣
Chemin du Deffends,
83470 Saint-Maximin-la-Sainte-Baume
04 94 78 03 91 • www.deffends.com •
Visites : sans rendez-vous.
Propriétaire : Famille de Lanversin
Maître de chai : Franck Alazard

DUPÉRÉ-BARRERA

Cette marque de négoce de vins de Provence, du Rhône Sud et du Languedoc, initiée par Emmanuelle Dupéré et Laurent Barrera, a été rachetée par Robert Daussun, également propriétaire du château du Seuil en Coteaux d'Aix-en-Provence en 2018. Les domaines partenaires où les vins sont vinifiés suivent l'aventure et Laurent Barrera reste consultant pour les vinifications. Les deux rouges de Côtes de Provence, Nowat et TLM (très longue macération) revêtent un beau caractère provençal alliant un bouquet de garrigue et de fraise avec une bonne constitution de leur matière en bouche. Quel plaisir ! Toutefois, le profil trop technique et exubérant des rosés nous éloigne de la franchise fruitée que nous attendons de ce type de vins. Nous retirons, par conséquent, l'étoile à la maison.

Les vins : aussi bien en Coteaux d'Aix-en-Provence qu'en Côtes de Provence, les rosés se montrent plutôt simples, dans un registre étiolé. Nous attendons une expression fruitée plus franche. En rouge, En Caractère a probablement subi une extraction appuyée, d'où des tanins saillants, un brin rigides. Nous préférons nettement le Nowat à la chair pulpeuse et suave, ponctuée d'une irrésistible note de cerise. Dans une veine plus structurée, donnant la sensation de croquer dans la peau d'un raisin bien mûr, le TLM s'affirme avec une tonalité chocolatée et un muscle appétent. On retrouve un vin plus traditionnel dans le bandol India, un rouge à dominante de mourvèdre, réduit et un peu raide.

- Coteaux d'Aix-en-Provence 2019 — 12 € — 85
- Côtes de Provence Nowat 2019 — 17 € — 86
- Côtes de Provence En Caractère 2018 — 11 € — 87
- Côtes de Provence TLM 2018 — 25 € — 91

Le coup de ♥

- Côtes de Provence Nowat 2018 — 17 € — 92

Production moyenne : 300 000 bt/an

DUPÉRÉ-BARRERA
4690, route du Seuil, 13540 Aix-en-Provence
04 42 92 15 99 • www.duperebarrera.com • Vente et visites : au domaine sur rendez-vous.
Propriétaire : Agnès Daussun
Directeur : Nicolas Touchard

DOMAINE GAVOTY

La famille Gavoty est établie à Cabasse, un coin précieux du centre-Var, principalement composé d'argiles et de calcaire, où le vermentino (rolle) trouve l'une de ses définitions les plus profondes et précises. La cuvée Clarendon est le symbole de ce que peut être un beau blanc provençal. Ne vous fiez pas à ses allures modernes dans la jeunesse et attendez six à sept ans pour voir les nuances minérales et la structure élégamment amère prendre forme. Les rosés, majeure partie de la production, sont modernes et bien constitués. Les rouges à dominante de syrah sont plus classiques, avec des structures carrées. Ils se détendent après quelques années. Le domaine sera certifié bio en 2020.

Les vins : modernes et techniquement irréprochables, les rosés offrent un fruit immédiat et plaisant. Le Clarendon se montre un peu plus étoffé. Dans la même veine, le Grand Classique dévoile un fruit croquant et frais sans pour autant pâtir d'une sous-maturité. Fidèles à leur style, les blancs Clarendon conservent un profil bridé dans la jeunesse à l'image du 2019 mais leur saveur se minéralise et leur bouche s'étoffe avec le temps. Le 2016 en témoigne ainsi que le 2015, plus structuré et tiré en longueur par de fins amers Comme tout beau vermentino, il a besoin de quelques années pour se révéler. Cette cuvée pourrait encore s'affirmer et gagner en fruit en débridant son style. Le rouge Clarendon offre une définition en demi-corps des Côtes de Provence, joliment épicé et digeste.

- Côtes de Provence Cuvée Clarendon 2016 — 22 € — 92
- Côtes de Provence Cuvée Clarendon 2019 — 20 € — 91
- Côtes de Provence Grand Classique 2019 — 11,90 € — 88
- Côte de Provence Grand Classique 2019 — 11,90 € — 87
- Côtes de Provence Cuvée Clarendon 2019 — 17,70 € — 88
- Côtes de Provence Cuvée Clarendon 2018 — 20 € — 90

Le coup de ♥

- Côtes de Provence Cuvée Clarendon 2015 — 23 € — 92

Rouge : 23 hectares. Cinsault 40 %, Grenache noir 35 %, Syrah 15 %, Cabernet-Sauvignon 5 %, Carignan 5 %
Blanc : 7 hectares. Rolle 100 %
Production moyenne : 250 000 bt/an

DOMAINE GAVOTY
Le Grand Campdumy, 83340 Cabasse
04 94 69 72 39 • www.gavoty.com • Vente et visites : au domaine sur rendez-vous.
Propriétaire : Roselyne Gavoty
Maître de chai : Alain Laurette
Œnologue : Bernadette Tourrel

DOMAINE DE SULAUZE

Lorsqu'ils se sont rencontrés, Guillaume Lefèvre travaillait au domaine des Masques, du côté d'Aix-en-Provence, et Karina arrivait du Brésil. Peu de temps après, en 2004, ils ont repris les vignes familiales du domaine de Sulauze, à Miramas, près de l'étang de Berre. Le couple pratique la polyculture, avec un vignoble de 30 hectares conduit en biodynamie, du blé pour la farine et de l'orge pour leur délicieuse bière. Ils bénéficient d'une douzaine de cépages pour composer des vins proches de l'expression naturelle de leur fruit, aussi bien l'étonnant Cochon que la douce La Chapelle Laïque. Les Amis sera le meilleur allié des amateurs de vins plus classiques. Une approche saine et pleine de vitalité des vins de Provence.

Les vins : la légère macération donne du relief à Galinette (rolle, grenache, clairette et ugni), un blanc à la fois fringant et savoureux, aux tonalités libres de fenouil et d'anis. Une sensation tannique anime le blanc de vermentino La Chapelle Laïque, aux notes expressives d'abricot qui devraient se minéraliser avec le temps. Une forte identité provençale à mettre en scène à table. Quel plaisir de déguster le cinsault de la Chapelle Laïque ! Ce grand cépage rouge livre ici une expression irrésistiblement poivrée avec des saveurs de fraises cuites et de réglisse qui ne sont pas sans rappeler les vins rhodaniens d'Emmanuel Reynaud. Il est tissé en finesse, avec une finale un brin rigide qu'il faudra détendre en carafe.

- Coteaux d'Aix-en-Provence Galinette 2018 — 13 € — 90
- Coteaux d'Aix-en-Provence La Chapelle Laïque 2018 — 25 € — 91

Le coup de ♥

- Coteaux d'Aix-en-Provence La Chapelle Laïque 2018 — 25 € — 92

Rouge : 22 hectares. Grenache noir 39 %, Cabernet-Sauvignon 19 %, Syrah 18 %, Cinsault 11 %, Caladoc 6 %, Mourvèdre 5 %, Carignan 1 %, Marselan 1 %
Blanc : 6,5 hectares. Vermentino 37 %, Grenache blanc 28 %, Clairette 19 %, Ugni blanc (trebbiano) 16 %
Production moyenne : 140 000 bt/an

DOMAINE DE SULAUZE ☾

Chemin du Vieux Sulauze, D 569,
13140 Miramas
04 90 58 02 02 •
www.domainedesulauze.com • Visites : sans rendez-vous.
Propriétaire : Guillaume et Karina Lefèvre

CHÂTEAU VIGNELAURE

Ce domaine au passé prestigieux, précurseur dans la plantation sur une majorité de son vignoble de cabernet-sauvignon au début des années 1970, appartient depuis 2007 au Suédois Bengt Sundstrom. Avec Philippe Bru, le directeur technique, ils souhaitent exprimer au mieux tout le caractère de ce terroir argilo-calcaire d'altitude (de 350 à 480 mètres), en optimisant un vignoble désormais âgé et ayant connu, depuis son rachat, une phase importante de renouvellement ! Ce qui explique, entre autres, la création de cuvées d'entrée de gamme, vinifiées pour une consommation rapide (Le Page et La Source en rosé et en rouge). Les airs bordelais du rouge sont indéniables, tant dans la texture suave que par la fraîcheur du cabernet-sauvignon et du terroir. La verticale réalisée jusqu'au magnifique 1985 témoigne de la longévité de ces vins dans le temps. Les rouges méritent l'étoile. Les blancs, et surtout les rosés, peuvent gagner en naturel.

Les vins : le rosé 2019 demande un an de bouteille pour perdre ses notes exubérantes et gagner en charme. Les blancs Le Page et La Source demeurent des blancs rafraîchissants quoiqu'un peu simples. Le blanc du domaine, composé de roussanne, sauvignon et viognier, s'annonce en richesse avec un élevage soigné, un brin policé. Il gagne à vieillir encore un an. Les rouges offrent toujours un fruit charmeur, élégant, à l'image de La Source, en pleine forme aujourd'hui. Encore réservé, 2015 tisse une matière de belle intensité, structuré par des tanins soignés qui lui promettent une garde pour vingt ans. Le 2014 s'affirme dans un registre plus svelte. Le 2013 s'ouvre avec superbe, dans un registre classique, plus océanique que méditerranéen. L'avenir est devant lui.

- Coteaux d'Aix-en-Provence La Source 2019 — 12,50 € — 88
- IGP Méditerranée 2018 — 22,50 € — 90
- IGP Méditerranée Le Page de Vignelaure 2017 — 10,50 € — 87
- Coteaux d'Aix-en-Provence 2019 — 16 € — 88
- Coteaux d'Aix-en-Provence 2014 — 24 € — 91
- Coteaux d'Aix-en-Provence 2015 — 25 € — 92
- Coteaux d'Aix-en-Provence La Source 2016 — 12,50 € — 90

Le coup de ♥

- Coteaux d'Aix-en-Provence 2013 — 25 € — 93

Rouge : 47 hectares. Cabernet-Sauvignon 32 %, Syrah 30 %, Grenache noir 26 %, Merlot 6 %, Cinsault 4 %, Carignan 2 %
Blanc : 8 hectares. Rolle 33 %, Sauvignon blanc 26 %, Sémillon 16 %, Roussanne 15 %, Viognier 10 %
Production moyenne : 240 000 bt/an

CHÂTEAU VIGNELAURE ♣

Route de Jouques, 83560 Rians
04 94 37 21 10 • www.vignelaure.com •
Visites : sans rendez-vous.
Propriétaire : Bengt Sundstrom
Directeur : Philippe Bru

Le Rhône nord et ses vins

Par Olivier Poussier,
en charge des vins du Rhône septentrional
du comité de dégustation de La Revue du vin de France

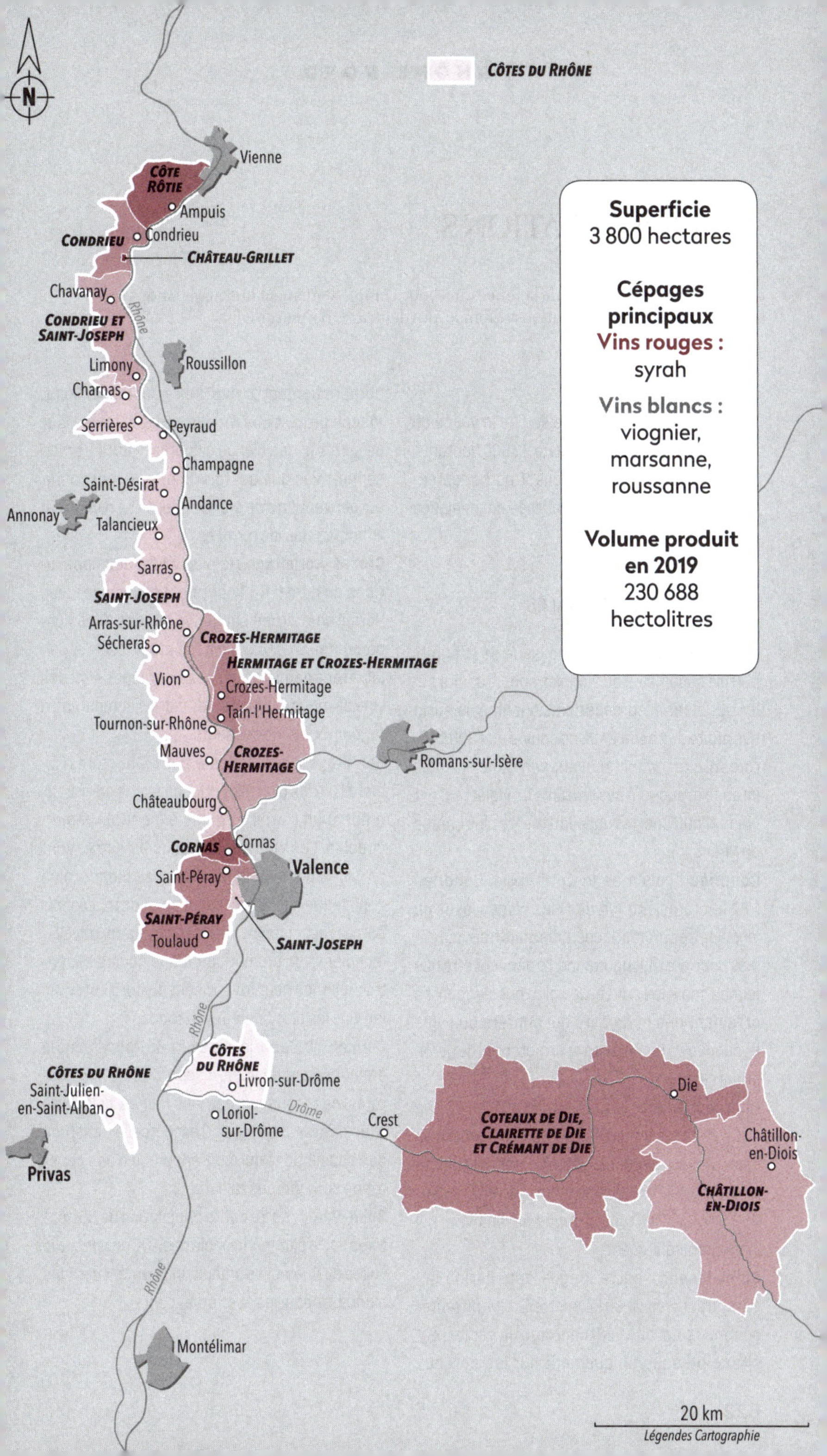
N
CÔTES DU RHÔNE
Superficie
3 800 hectares
Cépages principaux
Vins rouges :
syrah
Vins blancs :
viognier,
marsanne,
roussanne
Volume produit en 2019
230 688 hectolitres
Vienne
CÔTE RÔTIE
Ampuis
CONDRIEU
Condrieu
CHÂTEAU-GRILLET
Chavanay
Rhône
CONDRIEU ET SAINT-JOSEPH
Roussillon
Limony
Charnas
Serrières
Peyraud
Champagne
Saint-Désirat
Andance
Annonay
Talancieux
Sarras
SAINT-JOSEPH
Arras-sur-Rhône
Sécheras
CROZES-HERMITAGE
HERMITAGE ET CROZES-HERMITAGE
Vion
Crozes-Hermitage
Tain-l'Hermitage
Tournon-sur-Rhône
Mauves
CROZES-HERMITAGE
Romans-sur-Isère
Châteaubourg
CORNAS
Cornas
Valence
Saint-Péray
SAINT-PÉRAY
Toulaud
SAINT-JOSEPH
Rhône
CÔTES DU RHÔNE
CÔTES DU RHÔNE
Livron-sur-Drôme
Saint-Julien-en-Saint-Alban
Loriol-sur-Drôme
Drôme
Crest
Die
COTEAUX DE DIE, CLAIRETTE DE DIE ET CRÉMANT DE DIE
Châtillon-en-Diois
CHÂTILLON-EN-DIOIS
Privas
Rhône
Montélimar
20 km
Légendes Cartographie

LES APPELLATIONS

Le vignoble septentrional de la vallée du Rhône compte seulement huit appellations communales et une appellation régionale, qui demeure très marginale.

L'AOC RÉGIONALE

Côtes-du-Rhône : si dans le sud de la vallée du Rhône, cette appellation couvre 32 000 hectares, elle n'en représente que 50 dans sa partie septentrionale. Elle est néanmoins utilisée par quelques vignerons.

LES AOC SEPTENTRIONALES DE LA VALLÉE DU RHÔNE

Côte Rôtie : ces vins rouges issus de la syrah, parfois assemblée au viognier, sont produits sur les terrasses escarpées dominant Ampuis, sur la rive droite du Rhône. L'AOC ne couvre que 308 hectares. On reconnaît souvent son style fin, mais intense et suave, à ses parfums de violette. C'est aujourd'hui l'une des appellations les plus chères du Rhône.

Condrieu : voisin de la Côte Rôtie, Condrieu (192 hectares) produit des vins blancs issus du viognier, très aromatiques, gras mais frais, appréciés pour leur fruit gourmand. Ils peuvent être bus jeunes, mais les cuvées les plus passionnantes affichent une minéralité qui confère aux vins beaucoup de complexité et un potentiel de garde intéressant.

Château-Grillet : la plus petite AOC du Rhône s'étend sur seulement 3,5 hectares. Propriété de François Pinault depuis 2011, son vignoble planté en amphithéâtre domine le Rhône entre 165 et 250 mètres d'altitude. Il donne un vin blanc qui vieillit admirablement.

Saint-Joseph : cette longue appellation qui s'étend sur près de 80 kilomètres, mais ne représente au total que 1 231 hectares de vignes, est située presque uniquement sur les coteaux abrupts bordant la rive droite du Rhône. Saint-Joseph produit des rouges assez fermes issus de syrah, et des blancs élaborés à partir de marsanne, avec quelquefois un peu de roussanne, qui peuvent être de grande qualité. Le niveau est variable selon les terroirs.

Crozes-Hermitage : la plus vaste des appellations du nord (1 683 hectares) et la seule, avec Hermitage, située sur la rive gauche. Plusieurs producteurs de talent ont fait progresser l'appellation ces dernières années. Les rouges sont des vins de moyenne garde ; les blancs demeurent, à ce jour, moins intéressants.

Hermitage : sans conteste, ces 137 hectares forment l'un des plus exceptionnels crus de France, grâce à un terroir et à une exposition remarquables. Les vins rouges, issus de syrah, sont propices à une longue garde. Les blancs, plus confidentiels, issus de marsanne et de roussanne, doivent absolument vieillir en cave pour dévoiler leur plénitude aromatique. D'une qualité exceptionnelle, les hermitages sont aujourd'hui parmi les vins les plus onéreux de France.

Cornas : située sur la rive droite du Rhône, dans le prolongement de Saint-Joseph, Cornas (145 hectares) ne produit que des vins rouges, puissants et épicés, issus de syrah. C'est actuellement l'une des appellations qui montent grâce à une génération de vignerons talentueux.

Saint-Péray : cette petite appellation de 85 hectares est la plus méridionale des AOC du nord de la vallée du Rhône. Elle produit uniquement des vins blancs, tranquilles et effervescents.

LES CÉPAGES

Dans la partie septentrionale de la vallée du Rhône, quatre cépages sont principalement utilisés, seuls ou en assemblage.

LA SYRAH

Cépage rouge emblématique des appellations septentrionales de la vallée du Rhône, la syrah dessine la forte personnalité de ces vins. Colorée, résistante à l'oxydation, tannique, aromatique , la syrah peut être employée seule, comme dans l'appellation Cornas ou assemblée avec une petite quantité de cépages blancs.

LE VIOGNIER

Unique cépage blanc de la région à entrer seul dans la composition de certaines appellations (Condrieu et Château-Grillet), le viognier aime les sols secs et caillouteux. Riche en alcool, il peut donner aux vins de la rondeur et des parfums floraux, et leur conférer une certaine opulence en bouche. Il peut développer des arômes minéraux, comme à Château-Grillet. Avec l'âge, ses parfums évoluent vers des notes de miel, de musc, de pêche et d'abricot sec.

LA MARSANNE

La marsanne est un cépage rustique très vigoureux et généreux, implanté sur des terrains peu fertiles de coteaux. Il se plaît sur les sols chauds et caillouteux des appellations septentrionales de la vallée du Rhône et donne des vins puissants, d'acidité moyenne, qui s'expriment par des arômes de fleurs et de noisette, lesquels se développent particulièrement au vieillissement. La marsanne est le plus souvent employée en assemblage avec la roussanne, que l'on rencontre dans les mêmes appellations.

LA ROUSSANNE

C'est en quelque sorte le pendant de la marsanne mais leurs caractéristiques ne sont pas tout à fait les mêmes. La roussanne s'avère moins vigoureuse : délicate et d'une grande finesse, elle donne des vins d'une grande élégance, fins et complexes. Elle développe des notes plutôt florales (chèvrefeuille, iris...), très complémentaires des expressions aromatiques de la marsanne.

NOS BONNES ADRESSES

CHAMBRES D'HÔTES

LE CARRÉ D'ALETHIUS

4, rue Paul-Bertois,
07800 Charmes-sur-Rhône
Tél : 04 75 78 30 52
www.lecarredalethius.com

LES GÎTES CHAPOUTIER

18, avenue du Docteur-Paul-Durand,
26600 Tain-l'Hermitage
Tél. : 04 75 08 92 61
www.chapoutier-gites.com

RESTAURANTS

LE CHAUDRON

7, rue Saint-Antoine,
07300 Tournon-sur-Rhône
Tél. : 04 75 08 17 90

ANNE-SOPHIE PIC

285, avenue Victor-Hugo,
26000 Valence
Tél. : 04 75 44 15 32
www.anne-sophie-pic.com

CAVISTE

CARAFES EN FOLIE

56, avenue du Maréchal-Foch,
07300 Tournon-sur-Rhône
Tél : 04 75 08 19 52
www.carafes-en-folie.com

BAR À VINS

LE MANGEVINS

7, rue des Herbes,
26600 Tain-l'Hermitage
Tél. : 04 75 08 00 76

ŒNOTOURISME

CAVE DE TAIN TERRES DE SYRAH

22, route de Larnage,
26600 Tain-l'Hermitage
Tél. : 04 75 08 91 86
Tél. : 06 33 31 51 98
www.terresdesyrah.com

DE L'OR

98, boulevard des Allées,
69420 Ampuis
Tél. : 04 74 56 72 29
www.delorencoterotie.com

★★★

CHAPOUTIER - SÉLECTIONS PARCELLAIRES

Depuis 2007, nous isolons dans cette adresse les vins provenant des sélections parcellaires (en propriété) des vignes de la maison dirigée par Michel Chapoutier. Malgré ses multiples obligations et diversifications, le cœur de sa maison bat toujours en Hermitage. Elle dispose du plus grand patrimoine foncier sur le cru (30,63 hectares) et fait également des achats en raisins et en vins sur l'appellation. En Hermitage, De l'Orée est uniquement blanc : cette marsanne du secteur des Murets, berceau des blancs sur l'Hermitage, affiche un chic et une pureté superbes. Le Greffieux (lieu-dit) n'existe qu'en rouge. Il est issu d'un terroir sédimentaire des alluvions du Rhône, un terroir plus argileux qui marque les syrahs par leur générosité et leur donne un côté gourmand et friand. Le Méal (rouge et blanc) provient d'un illustre coteau orienté plein sud, limons éoliens sur le haut du coteau, galets roulés et sédiments dans le bas. Les syrahs y sont opulentes, suaves ; les marsannes puissantes en alcool et miellées. L'Ermite (rouge et blanc) est le terroir le plus bourguignon de l'Hermitage, plus Conti que la Tâche. La Tâche serait plutôt Le Pavillon (rouge), plus riche, qui n'est pas un lieu-dit cadastré mais la sélection du grand secteur des Bessards : les syrahs sont plantées sur des micro-terrasses exposées sud et sud-est, offrant au soleil le moindre cep. Sol granitique, cristallin, il confie au plus patient dégustateur ses notes de graphite, d'encre de Chine, typique des Bessards. Nous touchons ici à ce que la vallée du Rhône produit de plus grand. Les blancs sont encore supérieurs aux rouges dans leur pureté et leur définition précise du travail parcellaire. Hélas, les quantités produites sont infimes et les prix excessivement élevés.

Les vins : ils sont d'un bon niveau en 2018, même si quelques cuvées pâtissent de boisés pas forcément adaptés. En blanc, Les Granits est épuré et minéral. Parmi les hermitages, nous préférons L'Orée (quartier des Murets). En rouge, la trilogie d'ermitages est d'un bon niveau : un Greffieux noble et fin, un Méal ayant gardé une belle fraîcheur et maîtrisé la richesse du millésime ; ce qui n'est pas le cas du Pavillon, plus solaire. La Mordorée est très typé Côte Blonde par sa texture délicate, quand Neve est plus carré. Joli nez, bouche veloutée et subtile pour Le Croix des Bois, belle définition de grenache de Châteauneuf.

Ermitage De l'Orée 2018	de 270 à 290 € (c)	94
Saint-Joseph Les Granits 2018	de 70 à 80 € (c)	92
Châteauneuf-du-Pape Croix de Bois 2018	de 80 à 100 € (c)	94
Côte-Rôtie La Mordorée 2018	de 160 à 180 € (c)	93
Côte-Rôtie Neve 2018	de 140 à 160 € (c)	92
Ermitage Le Méal 2018	de 330 à 350 € (c)	94
Ermitage Le Pavillon 2018	de 520 à 540 € (c)	92
Ermitage Les Greffieux 2018	de 190 à 210 € (c)	95

Rouge : 32 hectares. Syrah 100 %
Blanc : 11 hectares. Marsanne 91 %, Viognier 9 %
Production moyenne : 10 000 000 bt/an

CHAPOUTIER - SÉLECTIONS PARCELLAIRES ☾
18, avenue du Docteur-Paul-Durand, 26600 Tain-l'Hermitage
04 75 08 28 65 • www.chapoutier.com •
Vente et visites : au domaine sur rendez-vous.
Propriétaire : Michel Chapoutier
Maître de chai : Clément Bartschi

★★★

DOMAINE JEAN-LOUIS CHAVE

Jean-Louis Chave représente la seizième génération de vignerons de ce domaine créé en 1841. Le rencontrer, lui et son père Gérard, reste un moment qui marque à jamais. Les blancs proviennent de différentes parcelles ; puissants et fermes à la fois, ils sont vinifiés sous bois avec précision (jamais plus de 20 % de fût neuf). En rouge, l'assemblage est fait d'abord autour des Bessards, puis avec les terroirs de Beaume, Ermite, Meal, Diognères, Péléat. Le vin brille par sa finesse et sa sapidité. La fameuse cuvée Cathelin (hommage au peintre Bernard Cathelin) n'est produite que dans les millésimes exceptionnels. Et que dire du fabuleux vin de paille, si rare mais si bon ! Jean-Louis Chave a entrepris des travaux importants depuis une vingtaine d'années, avec la replantation de deux coteaux pentus (125 et 280 mètres d'altitude) au lieu-dit Bachasson, sur le village de Lent, non loin du berceau de la famille.

Les vins : rares sont les millésimes qui nous permettent de savourer un hermitage dès sa prime jeunesse. Blanc comme rouge, les vins sont aimable, plus en largeur qu'en tension. Le blanc 2017 possède déjà des arômes d'amande et de miel. La bouche se montre large, ronde mais sans mollesse ; l'acidité est basse, et l'on ressent une belle énergie apportée par les amers fins. En rouge, l'hermitage restitue le millésime avec une bouche ample et pulpeuse, aux tanins bien intégrés. Un vin assez gracieux, offrant la finesse qui signe cette appellation. C'est un saint-joseph fédérateur que nous avons dégusté : le fruit est juste, la bouche ronde et caressante. On le dégustera avant le Clos Florentin, qui présente plus de chair et d'épaule. Ce dernier restitue la pleine maturité des raisins plantés dans les parties basses du Clos, et les notes de graphite tirés des sols de la partie haute : un saint-joseph de garde, de toute évidence.

Hermitage 2017 (blanc)	Épuisé - 190 €	95
Hermitage 2017 (rouge)	Épuisé - 190 €	96
Saint-Joseph 2017 (rouge)	N.C.	92

Le coup de ♥

Saint-Joseph Clos Florentin 2017 (rouge)	N.C.	94

Rouge : 21 hectares. Syrah 100 %
Blanc : 5 hectares. Marsanne 80 %, Roussanne 20 %
Production moyenne : 56 000 bt/an

DOMAINE JEAN-LOUIS CHAVE ♣
37, avenue du Saint-Joseph, 07300 Mauves
04 75 08 24 63 • domaine@domainejlchave.fr • Pas de visites.
Propriétaire : Gérard et Jean-Louis Chave
Directeur : Jean-Louis Chave

★★★

DOMAINE GONON

La régularité de cette propriété de Mauves atteint un niveau d'excellence auquel peu de domaines peuvent prétendre en appellation Saint-Joseph, en blanc comme en rouge. Il faut dire que les deux frères, Pierre et Jean Gonon, sont de fins viticulteurs et vinificateurs. Une viticulture exemplaire en coteaux (en bio) engendre des vins puissants, aux saveurs extrêmes et sans maquillage, dans la plus grande pureté des syrahs septentrionales et des roussannes et marsannes issues de sélections massales de vieilles vignes, donnant des blancs (Les Oliviers) incroyablement parfumés. Ces derniers possèdent de surcroît un étonnant potentiel de garde. Dix ans de vieillissement en bouteille ne leur font pas peur. Les rouges, jamais dans l'esbroufe, expriment un caractère charnel et long avec toutes les nuances que peut restituer la syrah sur les plus belles pentes de Saint-Joseph.

Les vins : leur qualité ne fait aucun doute en 2018, dans les deux couleurs. Le rouge propose une définition septentrionale de la syrah, avec un fruit juteux, des notes de poivre et de violette, et vieillira très bien. Dans un registre différent, son prédécesseur possède son charme, avec ses nuances lardées, ses goûts plus solaires (fruits noirs, tapenade). La bouche, opulente, est comme recentrée par la vendange entière. Le blanc est dans la même veine que le rouge, avec un superbe rapport entre richesse et tonicité, une belle allonge de bouche assurée par des amers présents.

Saint-Joseph Les Oliviers 2018 (blanc)	42 €	93
Saint-Joseph 2017 (rouge)	Épuisé - 40 €	94
Saint-Joseph 2018 (rouge)	40 €	96

Rouge : 8 hectares. Syrah 100 %
Blanc : 2 hectares. Marsanne 80 %, Roussanne 20 %
Production moyenne : 38 000 bt/an

DOMAINE GONON ♣
34, avenue Ozier, 07300 Mauves
04 75 08 45 27 • gonon.pierre@wanadoo.fr • Pas de visites.
Propriétaire : Famille Gonon
Directeur : Pierre et Jean Gonon

★★★

CHÂTEAU-GRILLET

Quel travail effectué depuis l'achat en 2011 de ce domaine emblématique par François Pinault ! Tous les moyens ont été mis en œuvre pour redonner à ce vignoble la place qu'il doit occuper. Nous saluons le dynamisme de Frédéric Engerer et la qualité du travail effectué par Alessandro Noli, parti au Clos de Tart après la vendange 2018. Après dix ans au domaine d'Eugénie, autre propriété bourguignonne de François Pinault, Jaeok Chu Cramette va désormais veiller à la continuité du domaine. Château-Grillet propose un second vin, le côtes-du-rhône Pontcin, depuis 2011 ; il a produit en 2017 son premier condrieu, issu d'une parcelle de 0,25 ares au lieu-dit Carterie. L'ensemble du domaine est certifié en biodynamie depuis décembre 2016. Dans l'amphithéâtre exposé au sud de cette appellation-monopole, les raisins bénéficient d'un microclimat exceptionnel, chaud et ensoleillé, protégé des vents du nord. Les vignes, d'un âge moyen de 45 ans, sont plantées sur des pentes parfois vertigineuses, situées entre 150 et 250 mètres d'altitude, sur 76 terrasses appelées "chaillées" ; elles sont travaillées au treuil et à la pioche.

Les vins : superbe côtes-du-rhône 100 % viognier, totalement maîtrisé, tant au niveau de la puissance que de l'équilibre, en passant par la subtilité des arômes. Le condrieu affiche pour sa part une maturité un peu plus débordante. Ample et riche, avec de beaux amers en finale, ce vin est issu de jeunes vignes, et va gagner en profondeur et en tension avec le temps. Le château-grillet est un peu moins longiligne en 2017 qu'en 2016, mais nous saluons sa maturité et son équilibre : ce terroir impose décidément une rectitude et une noble fermeté inégalables dans cette région.

Château Grillet 2017	360 €	97
Condrieu 2018	120 €	93

Le coup de ♥

Côtes du Rhône 2018	70 €	92

Blanc : 3,5 hectares. Viognier 100 %

CHÂTEAU-GRILLET ♣

42410 Verin
04 74 59 51 56 • www.chateau-grillet.com •
Visites : sur rendez-vous uniquement aux professionnels.
Propriétaire : Artémis Domaines
Directeur : Frédéric Engerer
Maître de chai : Jaeok Chu Cramette

★★★

DOMAINE JAMET

Le domaine Jamet est une icône de la vallée du Rhône. Jean-Paul Jamet a toujours défendu un modèle de vin où le style, l'équilibre et la pureté du fruit sont primordiaux. L'art de l'assemblage des terroirs est ici sublimé. Loïc, le fils aîné, a rejoint en août 2015 Corinne et Jean-Paul au domaine. En Côte Rôtie, la cuvée Côte Brune provient uniquement du lieu-dit éponyme. La proportion de vendange entière varie en fonction des millésimes (en dehors de la Côte Brune, soit 6 % de la production du domaine, qui n'est jamais éraflée) et la présence de bois neuf est homéopathique. Cela n'empêche pas le domaine de signer des cuvées exceptionnelles qui offrent des touchers de bouche gracieux et de grandes capacités de vieillissement. En 2015, les Jamet ont acquis 50 ares en Condrieu.

Les vins : des blancs vraiment réussis, avec un côtes-du-rhône équilibré et un Vernillon particulièrement abouti (finement aromatique, sans exubérance de style, doté d'un fond épuré et cristallin). En rouge, la syrah est gouleyante à souhait. Le côtes-du-rhône est plus étoffé, possède une texture assez veloutée. Équivoque, en raison du millésime, présente des arômes plus solaires et une bouche un peu plus ferme, une finale définie par la vendange entière. La côte-rôtie est fidèle au style auquel le vigneron nous a habitués : un fruit bien mûr, mais aucunement cuit, des nuances florales et de graphite mêlées à des notes lardées, une matière dense. En toute logique, Côte Brune est moins ouvert, mais tout à fait cohérent dès sa prime jeunesse : il nous apportera beaucoup de plaisir après quelques années.

Côtes du Rhône 2018	23 €	91
Côte-Rôtie 2017	105 €	94
Côte-Rôtie Côte Brune 2017	190 €	97
Côtes du Rhône 2018	23 €	90
Côtes du Rhône Équivoque 2017	45 €	91
IGP Collines Rhodaniennes Syrah 2018	18 €	88

Le coup de ♥

Condrieu Vernillon 2018	70 €	94

Rouge : 14 hectares. Syrah 100 %
Blanc : 3 hectares. Viognier 45 %, Marsanne 45 %, Roussanne 5 %, Grenache blanc 5 %
Production moyenne : 70 000 bt/an

DOMAINE JAMET

4600, route Recru, Le Vallin, 69420 Ampuis
04 74 56 12 57 • www.domainejamet.fr •
Vente et visites : au domaine sur rendez-vous.
Propriétaire : Corinne, Jean-Paul et Loïc Jamet

★★★

DOMAINE GEORGES VERNAY

En prenant les rênes de ce domaine historique, en 1996, Christine Vernay n'a pas fait que son succéder à son père, l'extraordinaire et charismatique Georges Vernay. Elle a insufflé énormément au domaine, tant au niveau de la viticulture que des vinifications, en partant de son héritage comme de ses propres réflexions. Les vins de Condrieu atteignent aujourd'hui, avec une richesse et une puissance intactes, une énergie et une sapidité qu'ils ne possédaient pas encore il y a une dizaine de millésimes. Les rouges arborent des élevages beaucoup plus fins et poudrés ; leurs textures sont délicates et infusées. Toujours très digestes, ils ont gagné en profondeur. La cohérence des vins et leur niveau très élevé nous ont conduit à attribuer la troisième étoile au domaine l'an dernier.

Les vins : parmi les rouges 2018, Sainte-Agathe, issu de vieilles vignes plantées en surplomb du vignoble, attendra en cave. À Saint-Joseph, Terre Brune est le vin le plus immédiat, beau reflet de ses sols de granite, à l'envergure renforcée par le profil du millésime. La Dame Brune est le plus étoffé (et l'élevage le sucre davantage), muni de tanins de grande qualité. En Côte Rôtie, La Blonde du Seigneur témoigne de la patte de Christine Vernay, de sa recherche de finesse. Maison Rouge vieillira bien en gardant une trame veloutée à souhait et séduisante. Parmi les blancs, Les Terrasses de l'Empire est le vin le plus immédiat grâce à un fruit sans retenue, juteux et équilibré. Les Chaillées de l'Enfer se montre toujours plus solaire dans ses arômes ; cette générosité est balancée par de superbes amers en finale. Mais nous serons encore plus expansifs pour chanter la grandeur du Coteau de Vernon : un grand condrieu, dans lequel rien ne déborde, en bouche le cépage s'efface au profit de cette salinité essentielle qui définit les grands terroirs de l'appellation.

Condrieu Coteau de Vernon 2018	105 €	96
Condrieu Les Chaillées de l'Enfer 2018	75 €	94
Condrieu Les Terrasses de l'Empire 2018	51 €	91
Côte-Rôtie La Blonde du Seigneur 2017	55 €	92
Côte-Rôtie Maison Rouge 2017	110 €	95
IGP Collines Rhodaniennes Sainte-Agathe 2018	23 €	90
Saint-Joseph La Dame Brune 2017	35 €	91
Saint-Joseph Les Terres d'Encre 2018	35 €	91

Rouge : 12 hectares. Syrah 100 %
Blanc : 12 hectares. Viognier 100 %
Production moyenne : 120 000 bt/an

DOMAINE GEORGES VERNAY ♣
1, RN 86, 69420 Condrieu
04 74 56 81 81 • www.georges-vernay.fr •
Vente et visites : au domaine sur rendez-vous.
Propriétaire : Christine Vernay

★★

DOMAINE FRANCK BALTHAZAR

Casimir Balthazar fonde le domaine au début des années 1920, et achète la parcelle des Chaillots en 1931. Le domaine, dirigé depuis 2002 par Franck Balthazar, est en culture biologique depuis 2010. Tous les sols sont travaillés à la pioche et au treuil. En 2013, il acquiert une petite parcelle de Saint-Péray, située sur des argiles sur socle granitique. Les vinifications sont classiques : uniquement de la vendange entière, une fermentation courte en cuve béton. Les élevages ne connaissent pas le bois neuf. Nous aimons le style des vins du domaine, qui exprime avant tout le terroir, sans aucun artifice.

Les vins : les 2018 nous séduisent, même si nous regrettons l'absence du très confidentiel saint-péray. Le style et la régularité de la maison sont sans faille, ce dont témoigne ces deux cornas concentrés mais absolument sapides. On boira Casimir en premier, sans se précipiter toutefois ; issu de vieilles vignes dont certaines plantées à la fin du XIXe siècle, Les Chaillots, plus charnu, plus étoffé, part naturellement à la cave.

Cornas Casimir Balthazar 2018	Épuisé - 40 €	93
Cornas Chaillot 2018	50 €	95

Rouge : 4 hectares. Syrah 100 %
Blanc : Roussanne 100 %
Production moyenne : 15 000 bt/an

DOMAINE FRANCK BALTHAZAR ♣
8, rue des Violettes, 07130 Cornas
06 20 05 41 79 •
balthazar.franck@akeonet.com • Vente et visites : au domaine sur rendez-vous.

Propriétaire : Franck Balthazar

★★

DOMAINE AUGUSTE CLAPE

Les vins de ce domaine représentent, avec force et conviction, une vision traditionnelle, au bon sens du terme, de l'appellation Cornas. Grâce à un fabuleux patrimoine de vignes et à une approche simple et intelligente de la vinification, Pierre, accompagné de son fils Olivier, poursuit, dans la lignée de son père Auguste Clape, l'élaboration de vins droits et racés qui s'imposent comme des références, dans l'appellation et dans tout le nord de la vallée du Rhône. Ici, on privilégie les vinifications en grappes entières et l'élevage en foudre ancien. De quoi donner des vins sobres, qui défient les années et expriment le terroir de Cornas avec force et brio. Un modèle pour l'appellation.

Les vins : il est intéressant de déguster à nouveau le 2017, au nez ouvert et avenant, fidèle au style du domaine (une pointe d'acidité volatile). En bouche, il est plus posé que l'an dernier, ses tanins se sont assagis, l'ensemble est plus harmonieux. Le blanc, large et bien mûr, loin de toute technicité et riche en arômes juteux, n'est pas un saint-péray classique. Guettez la minéralité qui s'impose en finale !

Saint-Péray 2018	Épuisé - 45 €	92
Cornas 2017	Épuisé - 75 €	94

Rouge : 7,8 hectares. Syrah 100 %
Blanc : 1 hectare. Marsanne 60 %, Roussanne 40 %
Production moyenne : 35 000 bt/an

DOMAINE AUGUSTE CLAPE
146, avenue du Colonel-Rousset,
07130 Cornas
04 75 40 33 64 • pierre.clape@wanadoo.fr •
Vente et visites : au domaine sur rendez-vous.
Propriétaire : Olivier Clape

★★

MAISON CLUSEL-ROCH

Ce beau domaine situé dans la partie nord de l'appellation Côte Rôtie est labellisé bio depuis 2002. Les vignes plantées sont issues de sélections massales. Le demi-hectare de Condrieu provient des coteaux de Chery et les côtes-rôties de lieux-dits comme Plomb, Chapon et Viallières. Les vins rejoignent un style très peu extrait avec une partie non éraflée. Le domaine s'est enrichi depuis quelques années d'une troisième appellation, Coteaux du Lyonnais.

Les vins : le millésime 2018 a inspiré le domaine ! Les côtes-rôties sont très singulières, et chaque cuvée parcellaire offre une interprétation particulière et infusée de son terroir. Nous sommes admiratifs ! Schistes est le plus solaire ; Champon offre un fruit juteux, une matière large, quand Viallière est une force tranquille. Les Grandes Places est logiquement le plus carré à ce stade ; un grand potentiel à enfouir en cave. Le condrieu est parfaitement maîtrisé en 2019 avec sa trame sapide. Les blancs des Coteaux-du-Lyonnais nous réjouissent par leur facilité gustative.

Condrieu Verchery 2019	45 €	92
Coteaux du Lyonnais L'Hecto 2019	13,50 €	89
Coteaux du Lyonnais Traboules 2019	9 €	86
Côte-Rôtie Champon 2018	60 €	93
Côte-Rôtie Les Grandes Places 2018	77 €	96
Côte-Rôtie Les Schistes 2018	42 €	91
Côtes du Rhône Les Vergers 2019	30 €	90

Le coup de ♥

Côte-Rôtie Viallière 2018	60 €	95

Rouge : 17 hectares. Syrah 50 %, Gamay noir à jus blanc 50 %
Achat de raisins.
Blanc : 2 hectares. Aligoté 34 %, Chardonnay 33 %, Viognier 33 %
Achat de raisins.
Production moyenne : 120 000 bt/an

MAISON CLUSEL-ROCH ♣
15, route du Lacat, Verenay, 69420 Ampuis
04 74 56 15 95 • www.domaine-clusel-roch.fr
• Vente et visites : au domaine sur rendez-vous.
Propriétaire : Guillaume Clusel

★★

DOMAINE COMBIER

Laurent Combier, homme du ciel (fin aviateur) et de la terre, réalise sur le domaine familial qu'il a fait prospérer des syrahs d'une grande finesse, avec une tout aussi grande régularité. Le niveau qualitatif n'a cessé de progresser en parallèle d'une compréhension ajustée de son vignoble (en bio depuis 1970) sur le plateau argilo-calcaire avec galets roulés de Pont-d'Isère. Sans posséder des terroirs de premier ordre, il a su révéler – comme son voisin Alain Graillot – le potentiel des crozes-hermitage. Son Clos des Grives figure parmi les plus séduisantes et profondes syrahs du Rhône. Son aptitude au vieillissement s'avère remarquable dans les grands millésimes. Tous les vins sont désormais de haute volée, même les entrées de gamme du négoce baptisées Laurent Combier.

Les vins : d'un beau niveau en 2018. Nous sommes toujours plus impressionnés par les rouges que par les blancs. Le blanc du domaine 2018 est un vin sincère, un vin pédagogique, qui permet de voir comment une marsanne se livre. Clos des Grives met en valeur une roussanne bien mûre aux saveurs d'abricot : ample, mais pas mou. En rouge, L 2018 définit le vin de fruit gourmand, quand la cuvée du domaine monte en puissance en y ajoutant une texture veloutée. Cap Nord affiche une matière et une consistance plus fermes, sans ôter sa séduction au fruit. Clos des Grives doit coûte que coûte partir au fond de la cave. Cap Nord 2018 rendra jaloux quelques vignerons de Saint-Joseph...

Crozes-Hermitage 2018	23 €	89
Crozes-Hermitage Clos des Grives 2018	40 €	91
Crozes-Hermitage Laurent Combier 2018	15,50 €	87
Crozes-Hermitage 2018	23 €	90
Crozes-Hermitage Cap Nord 2018	30 €	92
Crozes-Hermitage Clos des Grives 2018	40 €	94
Saint-Joseph 2018	23 €	91

Le coup de ♥

Saint-Joseph Cap Nord 2018	30 €	93

Rouge : 55 hectares. Syrah 100 %
Achat de raisins.
Blanc : 5 hectares. Marsanne 80 %, Roussanne 20 %
Achat de raisins.
Production moyenne : 300 000 bt/an

DOMAINE COMBIER ♣

1440, route de Lyon, 26600 Pont-de-l'Isère
04 75 84 61 56 • www.domaine-combier.com
• Vente et visites : au domaine sur rendez-vous.

Propriétaire : Famille Combier
Directeur : Laurent, Julien, David Combier

★★

DOMAINE DU COULET

Mathieu Barret est à la tête de ce domaine depuis 1998. Son vignoble, cultivé en biodynamie, est réparti sur différents terroirs de coteaux, assez frais et venteux, de Cornas. Le vigneron est également à la tête d'un négoce qui porte son nom. Peu interventionniste, Mathieu Barret produit des vins bien maîtrisés, peu extraits, aux fruits très séduisants. Des cuvées au style bien marqué, où puissance ne veut pas forcément dire dureté. Nous avons accordé au domaine une deuxième étoile l'an dernier.

Les vins : nous sommes séduits par ceux que nous avons pu déguster cette année. Les 2018 sont juteux, avec un caractère floral bien affirmé. Celui qui nous a le plus bluffés ? L'excellent saint-joseph issu du village de Sarrat, où l'on retrouve le caractère poivré et les notes de graphite des sols de granite, à la fraîcheur exacerbée par l'élevage en béton. Le mourvèdre du visan amène des notes d'herbes sèches et de maquis. À Cornas, Géniale Patronne est un vin bien fait, qui ne bascule pas, comme tant de 2017, sur le confit ; le fruit s'y exprime au contraire comme un véritable coulis, complété de belles notes d'épices. Sympathique potentiel de garde pour Billes Noires, vin de style bourguignon à la puissance mesurée, infusé plutôt qu'extrait, pour notre plus grande joie.

Côtes du Rhône Brise Cailloux 2018	35 €	88
Cornas Géniale Patronne 2017	50 €	92
Côtes du Rhône Petit Ours Brun 2018	12,50 €	88
Côtes du Rhône-Villages Visan Zinzin 2018	14,50 €	89
Saint-Joseph 2018	22,50 €	91

Le coup de ♥

Cornas Billes Noires 2016	70 €	94

Rouge : 16,3 hectares. Syrah 81 %, Mourvèdre 16 %, Grenache noir 3 %
Achat de raisins.
Blanc : 3,7 hectares. Marsanne 40 %, Viognier 30 %, Roussanne 30 %
Achat de raisins.
Production moyenne : 200 000 bt/an

DOMAINE DU COULET ☾

3, impasse de la Mûre, 07130 Cornas
04 75 77 20 48 • domaineducoulet.com •
Vente et visites : au domaine sur rendez-vous.
Propriétaire : Matthieu Barret
Œnologue : Gérald Laffont

★★

DOMAINE PIERRE ET JÉRÔME COURSODON

La famille Coursodon est vigneronne depuis la fin du XIXe siècle. Le domaine possède des vignes dans les secteurs réputés de Mauves, Tournon, Saint-Jean-de-Muzol et Glun. Les blancs affichent une belle personnalité, sans excès de bois. En rouge, L'Olivaie provient du cœur de la Sainte-Épine, dans le village de Saint-Jean-de-Muzols.

Les vins : une légère déception avec les rouges 2018, car si leur fond est plutôt abouti, l'élevage marque trop nettement certaines cuvées ; la gestion des bois neufs est une vraie préoccupation dans ces millésimes solaires, riches en alcool. Le temps fera peut-être son œuvre pour La Sensonne, mais on perd pour l'instant en fraîcheur et en notes de graphite des sols. Le Paradis Saint-Pierre est marqué dans une moindre mesure, avec une finale amère. L'Olivaie accuse le même souci, et témoigne d'une dimension plus sudiste. En blanc, notre préférence va à Silice, plus sapide en bouche grâce à une marsanne épurée. Le Paradis Saint-Pierre possède une bonne envergure, avec le fruit et le gras de la roussanne, une bouche recentrée par la marsanne ; mais un boisé lacté et caramélisé souligne l'ensemble.

Saint-Joseph Le Paradis Saint-Pierre 2018 (blanc)	31 €	90
Saint-Joseph Silice 2019 (blanc)	23 €	91
VDF Etincelle 2019 (blanc)	15 €	87
Saint-Joseph La Sensonne 2018 (rouge)	40 €	91
Saint-Joseph Le Paradis Saint-Pierre 2018 (rouge)	45 €	92
Saint-Joseph L'Olivaie 2018 (rouge)	31 €	90
Saint-Joseph Silice 2018 (rouge)	23 €	88

Rouge : 14 hectares. Syrah 100 %
Blanc : 3 hectares. Marsanne 45 %, Viognier 35 %, Roussanne 20 %
Production moyenne : 60 000 bt/an

DOMAINE PIERRE ET JÉRÔME COURSODON

3, place du Marché, 07300 Mauves
04 75 08 18 29 •
www.domaine-coursodon.com • Vente et visites : au domaine sur rendez-vous.
Propriétaire : Pierre et Jérôme Coursodon
Directeur : Jérôme Coursodon

★★

DOMAINE DUCLAUX

Le domaine Duclaux a été créé en 1928. David et Benjamin continuent à le faire grandir. Ils ont produit leur premier condrieu en 2014, dénommé Les Caillets, en hommage à leur arrière-grand-père Frédéric Caillet, fondateur du domaine. La Chana se dévoile sur un style fruité et peu extrait. Nous aimons les vins du domaine qui reflètent bien l'élégance et la finesse des sols de gneiss de la partie sud de l'appellation Côte Rôtie. Il faut noter également la parfaite maîtrise des élevages : les boisés sont toujours bien fondus.

Les vins : d'un haut niveau en 2018 ! Il faut vraiment saluer le style de Benjamin et David Duclaux : la recherche de la finesse, passant par des extractions très modérées, nous procurent beaucoup de plaisir. La Chana s'apprécie dès sa prime jeunesse grâce à 7 % de viognier. Plus cossu, La Germine tire néanmoins une certaine amabilité des sols de gneiss dont il est issu. Maison Rouge est étoffé : un vin concentré, à l'allonge délicate, au boisé subtil. Coteaux du Tupin est le dernier-né de la gamme : il se situe dans un esprit plus bourguignon, avec sa floralité amenée par la vendange entière, et séduit par son allonge distinguée.

Condrieu Les Caillets 2018 (blanc)	41 €	91
Côte-Rôtie La Chana 2018 (rouge)	40 €	90
Côte-Rôtie La Germine 2018 (rouge)	45 €	92
Côte-Rôtie Maison Rouge 2018 (rouge)	65 €	94
Le coup de ♥		
Côte-Rôtie Coteaux du Tupin 2018 (rouge)	110 €	95

Rouge : 5,8 hectares. Syrah 100 %
Achat de raisins.
Blanc : Viognier 100 %
Achat de raisins.
Production moyenne : 35 000 bt/an

DOMAINE DUCLAUX
34, route de Lyon, 69420 Tupin-et-Semons
04 74 59 56 30 • www.coterotie-duclaux.com • Vente et visites : au domaine sur rendez-vous.
Propriétaire : Benjamin et David Duclaux

★★

DOMAINE ALAIN GRAILLOT

Antoine et Maxime Graillot, les fils d'Alain, supervisent désormais l'ensemble des vinifications de cette propriété, qui compte plus d'une vingtaine d'hectares et illustre depuis de nombreuses années le potentiel de l'appellation Crozes-Hermitage, longtemps réduite à la production de vins simplement fruités. Installé au cœur de la plaine alluviale de purs galets et de graves de La Roche-de-Glun, le domaine produit des syrahs plus fines et plus structurées que la plupart de celles du secteur. La force des vins réside dans le plaisir immédiat qu'ils procurent, même s'ils sont capables de vieillir avec complexité sur dix ans.

Les vins : le crozes-hermitage épouse le millésime, avec une mâche et une envergure qui le situent bien loin des crozes de soif du sud de l'appellation – la première cuvée du domaine n'est pas forcément la plus légère ! Un beau vin de semi-garde. La Guiraude est bien compact. Porté par une bouche de caractère, le vin est séveux, mais sans austérité. La vendange entière se justifie tout à fait sur ce profil de millésime en amenant une noble retenue. Nous sommes surpris par le saint-joseph, qui manque un peu de précision ; une pointe d'acétate nous titille : nous reverrons cette bouteille car ce n'est pas l'habitude de la maison.

Crozes-Hermitage 2018	Épuisé - 25 €	91
Crozes-Hermitage La Guiraude 2017	Épuisé - 35 €	93
Saint-Joseph 2018	Épuisé - 26 €	89

Rouge : 19 hectares. Syrah 100 %
Achat de raisins.
Blanc : 3 hectares. Marsanne 80 %, Roussanne 20 %
Achat de raisins.
Production moyenne : 100 000 bt/an

DOMAINE ALAIN GRAILLOT
105, chemin des Chênes-Verts, 26600 Pont-de-l'Isère
04 75 84 67 52 • www.domainegraillot.com • Vente et visites : au domaine sur rendez-vous.
Propriétaire : Antoine et Maxime Graillot

★★

DOMAINE BERNARD GRIPA

Fabrice Gripa poursuit l'œuvre de son père dans le seul domaine de Mauves qui produit autant de blancs que de rouges. Les blancs s'illustrent dans quatre cuvées : deux saint-péray et deux saint-joseph. En Saint-Péray, Les Figuiers est une marque principalement issue des vignes du secteur des Putiers. Son acidité originale provient de son sol calcaire, et de l'assemblage à 70 % de roussanne, vinifié et élevé en fût (15 % de neuf). Les Pins (80 % marsanne), vinifié en cuve, est plus fruité, direct, à boire jeune. En Saint-Joseph, à côté de la cuvée classique, Le Berceau est une marsanne pure, plantée en 1920 sur la colline de Tournon, qui a conservé 50 % de pieds d'origine. Les saint-joseph rouges sont compacts, serrés et expressifs, associant sans mollesse ni lourdeur un corps plein à une palette aromatique savoureuse.

Les vins : Fabrice Gripa nous livre un millésime 2018 abouti dans les deux couleurs. Parmi les blancs, certains préféreront les marsannes majoritaires pour la façon dont leurs amers minéraux gèrent la puissance du vin ; d'autres, partisans de la largeur et de la volupté, aimeront plutôt les roussannes dominantes. Nous avons une préférence pour Les Pins, saint-péray à la cristallinité époustouflante. Plus bonhomme, Les Figuiers conserve une jolie dimension. Le Berceau est exceptionnel. En rouge, le saint-joseph séduit par son style classique, sans frou-frou. Le Berceau est un vrai vin de garde, en témoigne sa matière dense et serrée, sans rusticité. Parady (parcelle sur granite à Mauves) nous séduit. Ce 2017 est plus solaire dans son expression, mais le fond est de qualité ; nous saluons aussi le remarquable élevage de 24 mois qui peaufine les parfums et les goûts sans étouffer le vin : la maîtrise des élevages et de leurs contenants est une vraie force de ce domaine.

Saint-Joseph 2018	21 €	92
Saint-Joseph Le Berceau 2018	33 €	94
Saint-Péray Les Figuiers 2018	24 €	92
Saint-Péray Les Pins 2018	21 €	93
Saint-Joseph 2018	21 €	92

- Saint-Joseph Le Berceau 2018 — 38 € — 95

Le coup de ♥

- Saint-Joseph Cuvée Parady 2017 — 30 € — 94

Rouge : 8 hectares. Syrah 100 %
Blanc : 8 hectares. Marsanne 70 %, Roussanne 30 %
Production moyenne : 80 000 bt/an

DOMAINE BERNARD GRIPA
5, avenue Ozier, 07300 Mauves
04 75 08 14 96 • gripa@wanadoo.fr •
Visites : sans rendez-vous.
Propriétaire : Fabrice Gripa

★★

DOMAINE GUIGAL

Cette très belle propriété, acquise et rénovée par Marcel Guigal, réunit les vins les plus fameux de l'appellation Côte Rôtie : La Mouline, La Turque et La Landonne ; les deux premières sont des marques, la dernière un terroir cadastré. Il faut aussi citer Fongeant, un terroir de la Côte Brune sur lequel Marcel et Philippe Guigal effectuent un travail pharaonique de terrassement. S'y ajoutent la cuvée Château d'Ampuis, ainsi que le condrieu La Doriane. Outre ces crus stars, on trouve la cuvée Vignes de l'Hospice, saint-joseph situé sur un magnifique terroir, ainsi que quelques grandes parcelles en Hermitage dont est issue la cuvée Ex-Voto. Marcel Guigal est solidement épaulé par son fils Philippe.

Les vins : l'hermitage blanc est un vin délicieux et extraordinairement précis. Il associe puissance et tension minérale. Nous sommes un peu plus critiques sur le boisé du condrieu Doriane, dont le fond est néanmoins bon. À Saint-Joseph, préférence pour la syrah fraîche de Vignes des Hospices, dont la bouche de bonne constitution possède une trame tannique qui donne du répondant à la générosité du vin, à ses nuances épicées juteuses. L'hermitage rouge est fidèle à son terroir, au niveau de la matière comme de la profondeur ; laissez-le digérer son élevage. Les côtes-rôties 2016 tiennent leurs promesses, avec un Château d'Ampuis qui offre la finesse et la texture d'une Côte Blonde (c'est le plus immédiat), La Turque qui se joue avec brio de son élevage (il possède le fruit le plus scintillant), La Landonne, qui se livre sur des notes d'épices et de fruits noirs, soulignées avec grâce par le bois, à la matière dense et concentrée. La Mouline possède la texture délicate et peu extraite d'une Côte Blonde, avec des notes lardées-fumées, mais aussi quelques nuances toastées et de moka.

- Condrieu La Doriane 2018 — 62 € — 92
- Hermitage Ex-Voto 2016 — 139 € — 96
- Côte Rôtie Château d'Ampuis 2016 — 75 € — 92
- Côte Rôtie La Landonne 2016 — Épuisé - 255 € — 95
- Côte Rôtie La Mouline 2016 — Épuisé - 255 € — 94
- Côte Rôtie La Turque 2016 — Épuisé - 255 € — 96
- Hermitage Ex-Voto 2015 — de 238 à 300 € (c) — 93
- Saint-Joseph Vignes de l'Hospice 2017 — 53 € — 92

Rouge : 50 hectares. Syrah 100 %
Achat de raisins.
Blanc : 25 hectares. Marsanne 60 %, Viognier 33 %, Roussanne 7 %
Achat de raisins.
Production moyenne : 8 000 000 bt/an

DOMAINE GUIGAL
Château d'Ampuis, 69420 Ampuis
04 74 56 10 22 • www.guigal.com •
Visites : sur rendez-vous uniquement aux professionnels.
Propriétaire : Famille Guigal
Œnologue : Philippe Guigal

★★

STÉPHANE OGIER

Depuis 2014, Stéphane Ogier vinifie dans un chai ultracontemporain à Ampuis et donne libre cours à son talent créatif. Sur les 18 hectares qu'exploite ce domaine, 3,5 hectares sont situés sur de très belles parcelles de Côte Rôtie. Stéphane a rejoint son père Michel, en 1997, après ses études d'œnologie à Beaune, dont il a conservé un goût pour l'élégance et la finesse. Les vins sont issus de raisins partiellement éraflés (50 % de vendange entière dans la cuvée Lancement). La précision des derniers millésimes, l'exigence dans la sélection des cuvées parcellaires et le style qu'affichent désormais les vins placent le domaine parmi l'élite.

Les vins : Mon Village possède une texture fine et élégante ; il plaît. Les 2016 tiennent leurs promesses. Nous sommes séduits par les équilibres, la qualité des tanins et la belle sapidité d'ensemble des sélections parcellaires, où chaque cuvée reflète bien son sol principal. Les terroirs de Côte Brune en sont un parfait exemple, à l'instar de Montmain et de Côte Bodin (la vendange entière transmet à ce dernier une fraîcheur supplémentaire.) L'iconique Belle Hélène est superbe, étoffée, charnue, et Côte Blonde séduit par son charme et sa volupté. Lancement 2016 possède une sève et une allonge de qualité mais doit encore digérer son élevage, soyez patient. Complexe, doté d'un fond et d'une trame de bouche cohérente, Champon 2010 témoigne des progrès de Stéphane Ogier quant aux choix et à la qualité des élevages. Enfin, le condrieu arbore une belle définition aromatique, avec une bouche large, sauvée par la salinité et les amers de la finale ; de la maîtrise, sans exubérance !

Condrieu La Combe de Malleval 2018	45 €	92
Côte Rôtie Lancement 2016	300 €	94
Côte-Rôtie Côte Bodin 2016	120 €	93
Côte-Rôtie La Belle Hélène 2016	300 €	96
Côte-Rôtie La Côte Blonde 2016	300 €	95
Côte-Rôtie Le Champon 2010	150 €	93
Côte-Rôtie Mon Village 2017	45 €	92

Le coup de ♥

Côte-Rôtie Montmain 2016	120 €	95

Rouge : 21 hectares. Syrah 100 %
Blanc : 6 hectares. Viognier 90 %, Marsanne 10 %
Production moyenne : 150 000 bt/an

STÉPHANE OGIER
97, route de la Taquière, 69420 Ampuis
04 74 56 10 75 • www.stephaneogier.fr •
Vente et visites : au domaine sur rendez-vous.
Propriétaire : Stéphane Ogier

★★

DOMAINE ANDRÉ PERRET

André Perret exploite un beau domaine situé à la fois en Condrieu et dans le nord de Saint-Joseph, sur les rudes coteaux de Chavanay. Cette propriété, spécialiste des vins blancs, a nettement progressé ces dernières années, grâce à un effort important dans le travail des sols. Ne manquez pas ses deux cuvées vedettes en Condrieu, qui proviennent de deux des plus beaux lieux-dits du cru, le Coteau de Chéry et le Clos Chanson. Les rouges sont recommandables, particulièrement Les Grisières.

Les vins : très convaincants, les blancs 2018 montrent qu'André Perret suit sa ligne de conduite classique. Regardez simplement la cohérence des trois cuvées en Condrieu : si les vins sont différents dans leur façon de donner à goûter l'intensité du terroir, chacun démontre maîtrise et rectitude en bouche. Chanson est plus avenant, avec une grande salinité en finale. 2018 est, avec 2016 et 2014, l'un des plus beaux millésimes pour Chery. En rouge, la cuvée du domaine est un peu engoncée par la réduction, mais la bouche se montre de qualité. Les Grisières embaume les délicieuses notes lardées-fumées de la syrah, avec une bouche construite pour bien évoluer.

Condrieu 2018	29 €	91
Condrieu Clos Chanson 2018	47 €	92
Saint-Joseph 2018	17,50 €	91
Saint-Joseph 2018	17 €	90
Saint-Joseph Les Grisières 2017	26 €	93

Le coup de ♥

Condrieu Coteau de Chéry 2018	47 €	94

Rouge : 5,8 hectares. Syrah 90 %, Merlot 10 %
Blanc : 6,8 hectares. Viognier 86 %, Roussanne 7 %, Marsanne 7 %
Production moyenne : 60 000 bt/an

DOMAINE ANDRÉ PERRET
17, RN 86, Verlieu, 42410 Chavanay
04 74 87 24 74 • www.andreperret.com •
Vente et visites : au domaine sur rendez-vous.
Propriétaire : André Perret

★★

DOMAINE MARC SORREL

La devanture vitrée au centre de Tain, entre deux feux rouges de la Nationale 7, surprendra les habitués des tapis rouges des châteaux viticoles. L'antre de Marc Sorrel est comme le vigneron, sans artifice, discret, un brin austère. Le domaine a été créé en 1928, par son grand-père Félix, notaire à Tain-l'Hermitage. Marc reprend le domaine en 1984. Il hérite de 2 hectares plantés par son grand-père, situés dans la partie centrale de la colline. Quatre cuvées d'hermitage sont produites, deux classiques en blanc et rouge, et deux cuvées de prestige issues des plus vieilles vignes. Moins typés par le granite que chez Chave, moins stricts, les généreux vins de Sorrel demandent aussi souvent dix ans pour s'épanouir. Les hermitages rouges (parfois agrémentés de 10 % de marsanne) sont vinifiés en vendange entière depuis 2012. Comme les syrahs sont ici d'une extrême maturité (Le Méal surtout), avec une pointe de sucrosité confite, la vendange entière apporte de l'éclat et une précision dans les arômes qui font défaut au domaine dans les millésimes très chauds.

Les vins : Marc Sorrel a transmis son domaine à Guillaume, mais ils restent tels que nous les aimons. Les blancs affichent une race et une profondeur incroyables. Issu d'une parcelle de Larnage, le crozes joue sur des nuances d'oxydation ménagée. Un vin ample et savoureux, aux délicieux amers en finale. 100 % marsanne, l'hermitage blanc est plus longiligne. Les Rocoules est un grand vin à laisser vieillir, aussi puissant que ferme, avec une superbe persistance. La série des rouges est tout aussi réussie : le crozes-hermitage est construit pour la garde, l'hermitage associe puissance et finesse, dans un esprit bourguignon, avec une extraction modérée et une belle longueur. Le Gréal est d'esprit plus rhodanien : fruits noirs et violette, arômes fumées de suie froide s'imposent dans ce grand vin de garde.

Crozes-Hermitage 2018	de 24 à 50 € (c)	93
Hermitage 2018	Épuisé - de 70 à 150 € (c)	95
Crozes-Hermitage 2018	de 22 à 45 € (c)	92
Hermitage 2018	de 70 à 150 € (c)	94
Hermitage Le Gréal 2018	de 130 à 300 € (c)	96

Le coup de ♥

Hermitage Les Rocoules 2018	de 130 à 300 € (c)	97

Rouge : 3 hectares. Syrah 100 %
Blanc : 1 hectare. Marsanne 90 %, Roussanne 10 %
Production moyenne : 12 500 bt/an

DOMAINE MARC SORREL
128 bis, avenue Jean-Jaurès,
26600 Tain-l'Hermitage
04 75 07 10 07 • www.domainemarcsorrel.fr
• Vente et visites : au domaine sur rendez-vous.
Propriétaire : Guillaume Sorrel

★★

DOMAINE DU TUNNEL

Stéphane Robert conduit son domaine avec brio et élabore des vins modernes, précis, qui s'imposent comme des références au sein des appellations Saint-Péray et Cornas. Ces cuvées renouvellent le style, parfois rustique et solaire, de ces deux petites appellations. Stéphane apporte à ses syrahs opaques des touches de raffinement gagnées dans la précision de maturité du raisin, dans l'extraction et dans l'élevage. Les vins vieillissent par ailleurs très bien.

Les vins : les deux cornas Pur Noir et Vin Noir sont sérieux. Nous avons une préférence pour le second, qui associe la concentration et la finesse tactile ; le premier, doté d'une trame compacte, est moins lisible, et s'il est bâti pour le vieillissement, il n'a pas à être anguleux pour autant. Ouvrez en premier le cornas du domaine, bien pulpeux. Le saint-joseph séduit par sa texture aimable, la précision de son fruit. En blanc, rares sont les pures roussannes du Rhône aussi équilibrées : le choix de différents contenants (cuve tronconique, barrique) est une suberbe idée pour préserver la fraîcheur.

Saint-Péray Roussanne 2018	22 €	93
Cornas 2018	31 €	91
Cornas Pur Noir 2018	90 €	93
Cornas Vin Noir 2018	40 €	94
Saint-Joseph 2018	24 €	91

Rouge : 8 hectares. Syrah 100 %
Blanc : 3 hectares. Marsanne 60 %, Roussanne 40 %
Production moyenne : 50 000 bt/an

DOMAINE DU TUNNEL
20, rue de la République, 07130 Saint-Péray
04 75 80 04 66 • www.domaine-du-tunnel.fr
• Visites : sans rendez-vous.
Propriétaire : Stéphane Robert

★★

DOMAINE PIERRE-JEAN VILLA

Créé en 2008, ce domaine s'affirme d'année en année. Il s'est progressivement agrandi sans perdre sa philosophie : produire des vins identitaires. En rouge, la proportion de vendange entière varie en fonction des cuvées. Les élevages de grande qualité soulignent et patinent les vins sans les pommader. Les blancs gardent de la finesse. La qualité et l'homogénéité de l'ensemble de la production sont remarquables.

Les vins : en blanc, Saut de l'Ange confirme la capacité unique de la roussanne à associer fraîcheur et maturité. Ce saint-joseph ample et enrobé ne bascule pas dans la mollesse, offre une belle minéralité en finale. Bien mûr, le viognier de Primavera épouse un peu trop la largeur du millésime en bouche. La richesse du condrieu est domptée par sa salinité et ses amers. En rouge, mention pour la jovialité et le fruit sans retenue de La Gamine. Préface est un saint-joseph que l'on peut déboucher jeune quand la trame droite de Tildé offre une grande version de ce terroir, en format vin de garde. Carmina est puissant sans être dur, séduit par son fruit, par ses tanins caressants. Fongeant (schistes bruns) est plus ferme ; la part importante de vendange entière délivre un vin ciselé, sans dureté ni angulosité.

Condrieu Jardin Suspendu 2018	47 €	93
IGP Collines Rhodaniennes Primavera 2018	17 €	87
Côte-Rôtie Carmina 2017	50 €	92
Côte-Rôtie Fongeant 2017	95 €	95
IGP Collines Rhodaniennes Gamine 2018	16 €	88
Saint-Joseph Préface 2018	27 €	91
Saint-Joseph Tildé 2017	37 €	93

Le coup de ♥

Saint-Joseph Saut de l'Ange 2018	37 €	92

Rouge : 12 hectares. Syrah 100 %

Blanc : 5 hectares. Viognier 70 %, Roussanne 30 %

Production moyenne : 60 000 bt/an

DOMAINE PIERRE-JEAN VILLA

5, route de Pélussin, 42410 Chavanay

04 74 54 41 10 • www.pierre-jean-villa.com • Vente et visites : au domaine sur rendez-vous.

Propriétaire : Pierre-Jean Villa

★★

DOMAINE FRANÇOIS VILLARD

Ce n'est pas parce que le trublion François Villard ne se prend pas au sérieux qu'il ne faut pas considérer son travail avec l'attention que méritent les plus grands. Cet autodidacte aime les vendanges concentrées et tardives, pour aller chercher, non pas la surmaturité, mais la parfaite maturité. En rouge, La Brocarde en Côte-Rôtie et Reflet en Saint-Joseph s'affirment souvent parmi les plus grandes réussites du secteur. Les blancs sont généreux.

Les vins : la fraîcheur des rouges du domaine est encourageante, surtout en 2017, millésime chaud et de faible rendement, où beaucoup de cuvées pâtissent de nuances confites et évoluent rapidement. La vendange entière, dans ce type de millésime, peut permettre de recentrer arômes et saveurs en bouche. Certitude peut déjà être dégusté, tandis que les autres traverseront une décennie. En blanc, Mairlant est plus aimable et plus facile que l'impressionnant Reflets. La bouche justement tendue du cornas parle avec un accent sudiste.

Condrieu Deponcins 2018	42 €	94
Condrieu Le Grand Vallon 2018	38 €	93
Cornas Jouvet 2017	34 €	92
Crozes-Hermitage Certitude 2017	17 €	88
Crozes-Hermitage Malfondière 2017	31 €	92
Côte Rôtie Le Gallet Blanc 2017	42 €	95
Saint-Joseph Mairlant 2017	22 €	91

Le coup de ♥

Saint-Joseph Reflet 2017	32 €	94

Rouge : 24 hectares. Syrah 88 %, Merlot 9 %, Cabernet-Sauvignon 3 %
Achat de raisins.
Blanc : 16 hectares. Viognier 70 %, Marsanne 22 %, Roussanne 8 %
Achat de raisins.
Production moyenne : 400 000 bt/an

DOMAINE FRANÇOIS VILLARD

330, route du Réseau-Ange,
42410 Saint-Michel-sur-Rhône
04 74 56 83 60 • www.domainevillard.com • Vente et visites : au domaine sur rendez-vous.
Propriétaire : François Villard

★

DOMAINE BONNEFOND

Les deux frères Bonnefond ont repris au début des années 1990 le domaine familial, qui dispose d'un vignoble de qualité, avec des terroirs majeurs en Côte Rôtie et Condrieu. Les côtes-rôties parcellaires sont très typées Côte Brune, avec de la matière et du potentiel de vieillissement. Le condrieu s'affine d'année en année, laissant plus de place au fruit et à l'équilibre de bouche. Les élevages un peu luxueux qui fardaient les vins il y a quelques années ont bien disparu.

Les vins : nous saluons le fruit sans exubérance et la belle allonge du condrieu. Ludique, flatteur, le viognier est une version plus variétale du cépage. En rouge, les 2018 affirment le style propre au domaine, avec de la maturité, des matières sérieuses et des capacités d'évolutions certaines. Les meilleurs terroirs intègrent mieux leurs élevages dès la jeunesse, comme le prouve le réussi Côte Rozier, qu'il faudra attendre. Le plus pulpeux cette année est Les Ronchains.

- Condrieu Côte-Chatillon 2019 — de 32 à 36 € (c) — 92
- IGP Collines Rhodaniennes Viognier 2019 — de 14 à 16 € (c) — 88
- Côte-Rôtie Colline de Couzou 2018 — de 34 à 38 € (c) — 90
- Côte-Rôtie Côte-Rozier 2018 — de 45 à 50 € (c) — 92
- Côte-Rôtie Les Ronchains 2018 — de 50 à 56 € (c) — 93
- IGP Collines Rhodaniennes Syrah 2018 — de 12 à 14 € (c) — 88

Rouge : 8,5 hectares. Syrah 100 %
Blanc : 1,5 hectare. Viognier 100 %
Production moyenne : 45 000 bt/an

DOMAINE BONNEFOND
250, chemin de Mornas, 69420 Ampuis
04 74 56 12 30 • www.domaine-pcbonnefond.fr • Vente et visites : au domaine sur rendez-vous.
Propriétaire : Patrick et Christophe Bonnefond

★

DOMAINE LES BRUYÈRES – DAVID REYNAUD

L'aventure a commencé lorsque David Reynaud a sorti son vignoble de la cave coopérative de Tain. En signant son premier millésime, il découvre la biodynamie et entame la certification du domaine dès 2005. Sa cave est conçue autour du déplacement du raisin et du vin par gravité. Sa production de rouges vivants, issus de terres assez profondes, se fait remarquer avec brio dans les dégustations. La gamme s'étoffe de quelques achats de raisins de bonne source en Cornas et en Saint-Joseph. Les vins affichent un style mûr et charnu qui, après quelques excès de jeunesse et de surextraction, gagne en finesse.

Les vins : David Reynaud démontre qu'il est capable de gérer tous les styles avec une grande intelligence, de la cuvée de soif au fruit sincère (Beaumont 2019), à Georges, désormais séduisant, et apte à traverser une décennie, en passant par Les Croix, plus élevé, mais toujours dans le respect du millésime et du terroir. Le vigneron recherche la fraîcheur dans des vins qui conservent une belle capacité d'évolution : cela nous enchante.

- Crozes-Hermitage Georges 2018 — 18 € — 90
- Crozes-Hermitage Les Croix 2017 — 25 € — 91

Le coup de ♥

- Crozes-Hermitage Beaumont 2019 — 13,50 € — 90

Rouge : 18,5 hectares. Syrah 100 %
Achat de raisins.
Blanc : 4,5 hectares. Marsanne 60 %, Roussanne 40 %
Achat de raisins.
Production moyenne : 200 000 bt/an

DOMAINE LES BRUYÈRES – DAVID REYNAUD ☾
12, chemin du Stade,
26600 Beaumont-Monteux
04 75 84 74 14 • www.domainelesbruyeres.fr • Visites : sans rendez-vous.
Propriétaire : David Reynaud

★

DOMAINE CHAMBEYRON

Le domaine Chambeyron est né en 1895. Mathieu Chambeyron en a pris les rênes en 2010. Ce jeune vigneron appliqué produit des vins sans esbroufe. Les matières sont digestes et les boisés ne fardent pas. Ce petit domaine comprend de beaux terroirs : Chavaroche, Les Moutonnes, Lancement, ainsi que le terroir de Vernon, en Condrieu. Nous sommes séduits par ces vins qui associent puissance et finesse.

Les vins : Mathieu Chambeyron appartient à cette jeune génération qui fait évoluer l'appellation Côte Rôtie, avec son style qui associe maturité et fraîcheur. Les vins, pleins et juteux, gardent la tension amenée par les sols, à l'instar du côtes-du-rhône Vieilles Vignes, qui possède l'étoffe d'une côte-rôtie. Lancement est un peu sucré par une pointe de bois. L'Angeline est étoffé, avec une matière veloutée et des tanins caressants, quand Chavarine possède ce qu'il faut pour grandir en cave : il restitue les notes de graphite du sol avec brio ! Le blanc est bien maîtrisé au nez comme en bouche.

- Condrieu Vernon 2019 — 30 € — 92
- Côte-Rôtie L'Angeline 2018 — 40 € — 93
- Côte-Rôtie Lancement 2018 — 59 € — 91
- Côtes du Rhône Vieilles Vignes 2019 — 12 € — 89

Le coup de ♥

- Côte-Rôtie La Chavarine 2018 — 30 € — 94

Rouge : 4 hectares. Syrah 100 %
Blanc : 1 hectare. Viognier 100 %
Production moyenne : 20 000 bt/an

DOMAINE CHAMBEYRON
197, impasse de la Mine, 69420 Ampuis
04 74 56 15 05 •
www.cote-rotie-chambeyron.com • Vente et visites : au domaine sur rendez-vous.
Propriétaire : Mathieu Chambeyron

★

MAISON M. CHAPOUTIER

Michel Chapoutier est un des plus brillants négociants-vignerons de France. Implantée à Tain, depuis plus de 200 ans, son entreprise familiale M. Chapoutier rayonne dans le Rhône (Ferraton Père et fils), dans le Beaujolais (Maison Trénel), en Provence (château de Ferrages), dans le Roussillon (domaine Bila-Haut), en Australie (cinq domaines), en Alsace (domaine C5 Altenberg) et même en Champagne (Sténopé, cuvée cosignée avec Devaux) sans oublier le domaine Pinta Vera au Portugal. Sous l'adresse Maison M. Chapoutier, nous regroupons les vins issus de la gamme provenant de l'activité de négoce qui ne possèdent pas la magie des grands crus parcellaires (voir Chapoutier Sélections Parcellaires). La régularité de la production est exemplaire.

Les vins : la sélection dégustée est représentative de la production. En rouge, Les Granilites possède une certaine envergure. L'élevage marque un peu trop l'hermitage rouge, vin concentré et fin auquel nous préférons, pour ses épices et sa trame plus diffuse en bouche, Quatuor. Le cornas présente des arômes et des saveurs sudistes en 2017. Le châteauneuf-du-pape est très typé ; on apprécie sa matière, sa cohérence, la manière dont il met la dominante de grenache en avant. Côté blancs, on ressent la justesse du saint-péray, pourtant dégusté en cours d'élevage ; le condrieu est élégant (fleurs blanches) et convenablement tendu. Chante-Alouette est vraiment une jolie bouteille : de la maturité, des épaules, une bonne fraîcheur d'ensemble, sans trop de bois.

- Condrieu Invitare 2019 — de 40 à 45 € (c) — 91
- Hermitage Chante-Alouette 2019 — de 55 à 60 € (c) — 92
- Saint-Péray Les Tanneurs 2019 — de 15 à 20 € (c) — 89
- Châteauneuf-du-Pape Pie VI 2017 — de 38 à 43 € (c) — 92
- Cornas Temenos 2017 — de 38 à 43 € (c) — 91
- Côte-Rôtie Quatuor 2017 — de 65 à 70 € (c) — 90
- Hermitage Monier de La Sizeranne 2018 — de 60 à 65 € (c) — 90
- Saint-Joseph Les Granilites 2019 — de 25 à 30 € (c) — 89

Rouge : 221 hectares. Syrah 70 %, Grenache noir 30 %
Achat de raisins.
Blanc : 64 hectares. Marsanne 90 %, Viognier 10 %
Achat de raisins.
Production moyenne : 10 000 000 bt/an

MAISON M. CHAPOUTIER ☾
18, avenue du Docteur-Paul-Durand, 26600 Tain-l'Hermitage

04 75 08 28 65 • www.chapoutier.com • Vente et visites : au domaine sur rendez-vous.
Propriétaire : Michel Chapoutier
Maître de chai : Clément Bartschi

★

CAVE YVES CUILLERON

Yves Cuilleron possède un dynamisme rare. Il n'a eu de cesse de compléter et d'étendre son domaine qui représente aujourd'hui 90 hectares en Saint-Péray, Condrieu, Saint-Joseph, Côte Rôtie et Cornas. Cette expansion se complète d'une activité de négoce. Les meilleurs vins de la gamme, notamment les blancs, savent exprimer une réelle finesse.

Les vins : certains blancs gèrent mieux que d'autres la richesse. Ainsi nous préférons Lombards ou le saint-péray, dans lequel on retrouve en bouche l'allonge du terroir, au crozes blanc, un peu avachi et enrobé. À Condrieu, Les Chaillets maîtrise le cépage et gère la puissance en bouche par une salinité salutaire, tandis que Vernon, bien mûr, provoque des interrogations sur le boisé très marqué. En rouge, nous penchons pour Les Serines, joli vin de garde, le cornas, à la bouche concentrée, mais pulpeuse, fruit de la belle dimension du terroir des Vallières. Si Bonnivières est d'un bon niveau, avec une texture assez digeste, son élevage se ressent dans des notes de moka un peu trop accentuées.

Condrieu Les Chaillets 2018	34,90 €	92
Condrieu Vernon 2018	57,50 €	91
Saint-Joseph Le Lombard 2018	21,30 €	90
Saint-Péray Biousse 2018	20,10 €	91
Cornas Les Côtes 2018	47,30 €	92
Crozes-Hermitage Les Chassis 2018	27 €	91
Côte-Rôtie Bonnivières 2018	55,90 €	92
Saint-Joseph Les Serines 2018	31,90 €	93

Rouge : 50 hectares. Syrah 100 %
Blanc : 40 hectares. Viognier 56 %, Roussanne 24 %, Marsanne 20 %
Production moyenne : 5 400 000 bt/an

CAVE YVES CUILLERON
58 RD, 1086 Verlieu, 42410 Chavanay
04 74 87 02 37 • www.cuilleron.com • Vente et visites : au domaine sur rendez-vous.
Propriétaire : Yves Cuilleron

★

CHRISTOPHE CURTAT

Christophe Curtat s'est installé en 2004 à Tournon. Son vignoble morcelé de 7 hectares est situé dans le centre et le sud de l'appellation Saint-Joseph et met à l'honneur des sols granitiques. Nous avons été séduits par le fond et la finesse des vins.

Les vins : ils sont d'un bon niveau de maturité en 2018, et évoquent davantage le Rhône Sud que le Rhône Nord. Les syrahs exhibent des arômes solaires et des notes de tapenade, plutôt que le graphite des terroirs de granite. Le crozes-hermitage, issu de vignes à Mercurol, dévoile une belle ossature, qui lui permettra d'évoluer positivement. Même destin pour Nomade, qui a perdu son côté graphite pour glisser vers des notes lardées et d'olive noir, tout en gardant allonge et rectitude en bouche.

VDF Viognier 2018	17 €	88
Crozes-Hermitage Fées des Champs 2018	17 €	90
IGP Ardèche Syrah 2018	13 €	88
Saint-Joseph Nomade 2017	20 €	92
VDF Les Gros 2018	9,50 €	87

Le coup de ♥

Saint-Joseph Sous l'Amandier 2018	22 €	93

Rouge : 6,6 hectares. Syrah 100 %
Blanc : 1,9 hectare. Roussanne 60 %, Viognier 35 %, Marsanne 5 %
Production moyenne : 50 000 bt/an

CHRISTOPHE CURTAT
228, route de Lamastre,
07300 Tournon-sur-Rhône
04 75 07 85 67 • christophecurtat@orange.fr • Vente et visites : au domaine sur rendez-vous.
Propriétaire : Christophe Curtat
Maître de chai : Alexandre Riou

★

MAISON DELAS FRÈRES

Delas, maison qui a fêté son 180e anniversaire en 2015, est dans le giron du champagne Deutz depuis 1977, lui-même dans le groupe Louis Roederer. La priorité a été donnée aux vignobles avec beaucoup de plantation en sélection massale. Delas exploite en propre 30 hectares, dont

10 très bien placés en Hermitage : 8 sur Les Bessards et 2 sur L'Ermite. La maison complète sa gamme avec des achats de moûts ou de raisins. Elle défend un style de syrah ferme, marqué par le caillou, le granite, et constitue aujourd'hui un bel outsider.

Les vins : les rouges 2017 semblent encore un peu engoncés, et les cuvées d'entrée de gamme, pourtant supposées fruitées et gourmandes, peinent à se libérer. Parmi les cuvées les plus épanouies, retenons le crozes-hermitage du domaine des Grands Chemins, ensemble velouté et classique (lard, épices) où le boisé reste à sa place. En revanche, celui-ci surjoue dans l'hermitage du domaine de la Tourette, lequel offre un fond et une texture plutôt élégantes, dignes du terroir. Syrah plus solaire, le cornas semble plus juste dans sa maîtrise du bois. Le châteauneuf ne démérite pas, quand le condrieu se montre équilibré et finement aromatique.

Condrieu La Galopine 2018	53 €	90
Châteauneuf-du-Pape Haute Pierre 2017	40 €	91
Cornas Chante-Perdrix 2017	36 €	92
Crozes-Hermitage Domaine des Grands Chemins 2017	24 €	89
Côtes du Rhône Saint-Esprit 2018	9 €	85
Hermitage Domaine des Tourettes 2017	54 €	91
Saint-Joseph François de Tournon 2017	27 €	90
Saint-Joseph Les Challeys 2018	19 €	88

Rouge : 30 hectares. Syrah 100 %
Achat de raisins.
Blanc : 2 hectares. Viognier 80 %, Marsanne 18 %, Roussanne 2 %
Achat de raisins.
Production moyenne : 2 000 000 bt/an

MAISON DELAS FRÈRES

40, rue Jules-Nadi, 26600 Tain-l'Hermitage
04 75 08 92 97 • www.delas.com • Vente et visites : au domaine sur rendez-vous.
Propriétaire : Famille Rouzaud
Directeur : Fabrice Rosset
Maître de chai : Jacques Grange

★

FERRATON PÈRE ET FILS

Refait "du sol au plafond" : l'expression tombe à pic pour introduire la renaissance de Ferraton et de sa nouvelle cave, sise à l'adresse historique du négociant, acquis par la Maison M. Chapoutier en 2004, dans une petite rue du centre de Tain-l'Hermitage. En Hermitage, la maison possède des vignes dans la partie basse des Dionnières, juste en-dessous des Murets. Une partie des vieilles vignes est destinée à la cuvée Les Dionnières, le reste part dans la cuvée Les Miaux, assemblé avec du Méal. La maison possède deux parcelles sur Le Méal, dont les jus sont aussi isolés ou assemblés. Côté Hermitage blanc, cap à l'est, vers Les Beaumes, avec des blancs issus de marsanne et de roussanne, souvent plantés en foules, qui entrent dans la cuvée Le Reverdy. Vendangées toujours en maturité poussée, les syrahs sont égrappées, élevées en barrique et en demi-muid : Les Dionnières avec 20 % de bois neuf, et 40 % pour Le Méal. Les élevages durent de 16 à 18 mois. Le style des vins, amples et expressifs, avantage jusqu'à présent les rouges.

Les vins : en blanc, nous préférons sans aucune hésitation Les Oliviers, pour son équilibre, sa trame épurée, la parfaite gestion du boisé. Une justesse d'élevage dont ne témoigne pas l'ermitage, un peu empâté, sensation amplifiée par les 50 % de roussanne. Il apparaît un peu large. En rouge, Bonneveau est facile à boire dès maintenant. Paradis (vignes situées à Mauves) est plus étoffé ; nous sommes séduits par son harmonie. Côte-rôtie qui respire les schistes, Montmain est la grande cuvée de rouge du domaine. L'ermitage Dionnières possède la finesse de l'appellation et de son terroir, mais accuse un boisé un peu trop prégnant. Bouche cohérente pour Patou, expression solaire et plus confite de syrah. Quoique souligné par un boisé sucrant, Les Eygats possède une belle étoffe en bouche.

Ermitage Le Reverdy 2017	84,70 €	92
Saint-Joseph Les Oliviers 2017	50,60 €	93
Cornas Les Eygats 2017	43,60 €	92
Cornas Patou 2017	39,10 €	90
Crozes-Hermitage Le Grand Courtil 2017	35,65 €	88
Côte-Rôtie Lieu-dit Montmain 2017	62,40 €	92
Ermitage Le Méal 2017	113 €	93

- Ermitage Les Dionnières 2017 80 € 91

Rouge : 14 hectares. Syrah 100 %
Achat de raisins.
Blanc : 2,5 hectares. Roussanne 50 %, Marsanne 50 %
Achat de raisins.
Production moyenne : 450 000 bt/an

FERRATON PÈRE ET FILS ☾
13, rue de la Sizeranne,
26600 Tain-l'Hermitage
04 75 08 59 51 • www.ferraton.fr •
Visites : sans rendez-vous.
Propriétaire : Michel Chapoutier
Directeur : Damien Brisset

★

DOMAINE GARON

Les fils Garon mettent bien en valeur la diversité des terroirs de l'appellation Côte Rôtie. Nous sommes séduits par le style des vins du domaine, qui se distinguent par leur finesse de texture. Les fruits sont précis, les élevages montent en puissance en fonction des terroirs et de leur capacité à gérer le bois. Parmi les différentes cuvées, La Sybarine évoque l'expression des sols granitiques. Les Triotes, situé sur la Côte Blonde, à côté de Lancement, est issu des schistes. Les Rochins naît sur le schiste brun de la Côte Brune.

Les vins : le millésime, bien géré, confère aux vins fraîcheur et gourmandise. Même si le grenache n'y pèse que 20 %, le côtes-du-rhône possède une dimension méridionale. Le seyssuel est rond et velouté, bien défini. Versant côte-rôtie, vous pourrez déboucher en premier Sybarine, qui exprime la finesse du granite et des gneiss. Par son charme et sa volupté, Triotes est davantage typé Côte Blonde, tandis que Lancement doit trouver son équilibre après l'élevage (pointe de moka) ; c'est un vin noble au cœur de bouche plein et aux tanins soyeux, qu'il faut simplement attendre. Nous aimons le fruit et les notes d'épices de Ronchins, vin plus tendu et plus ferme.

- Côte-Rôtie La Sybarine 2018 Épuisé - 34 € 91
- Côte-Rôtie Lancement 2018 120 € 94
- Côte-Rôtie Les Rochins 2018 75 € 93
- Côte-Rôtie Les Triotes 2018 42 € 92
- Côtes du Rhône La Part des Vivants 2018 8 € 86
- IGP Collines Rhodaniennes Jardins de Rome 2019 26 € 88

Rouge : 9 hectares. Syrah 100 %
Achat de raisins.
Blanc : 1,5 hectare. Viognier 80 %, Marsanne 10 %, Roussanne 10 %
Achat de raisins.
Production moyenne : 80 000 bt/an

DOMAINE GARON
58, route de la Taquière, RD
386 69420 Ampuis
04 74 56 14 11 • www.domainegaron.fr •
Vente et visites : au domaine sur rendez-vous.
Propriétaire : Jean-François, Kévin, Carmen et Fabien Garon

★

MAISON E. GUIGAL

Nous regroupons sous cette adresse les vins de négoce de la célèbre maison d'Ampuis. La rigueur des sélections dans les approvisionnements de Marcel Guigal et de son fils Philippe n'a d'égal que leur souci d'amener chaque vin au bout d'un cycle complet d'élevage. Pour comprendre cette démarche, qui ne s'est pas construite en un millésime, il suffit de déboucher une bouteille du simple côtes-du-rhône rouge Guigal, assemblage d'achats en Côtes-du-Rhône, Côtes-du-Rhône-Villages et même de crus dans les petits millésimes. La qualité de cette appellation fourre-tout est vraiment rehaussée. Dans les crus rouges, l'élevage en fût et en foudre dure généralement 24 mois et au-delà, avec peu de fûts neufs (20 % dans les grands millésimes).

Les vins : chaque terroir est bien en place dans ces blancs sincères, et la différence entre eux se fait sur les harmonies et la gestion des élevages. Le crozes-hermitage pâtit ainsi d'une persistance moyenne. Le saint-joseph est d'une toute autre envergure ; l'élevage parfait permet à la marsanne d'exposer un profil minéral. L'hermitage est digne de son appellation ; hélas, le boisé le sucre un peu. Le condrieu est emporté par sa richesse, quand le châteauneuf s'avère d'un joli niveau. En rouge, déception avec le crozes, qui manque de fruit et de gourmandise, quand le saint-joseph est mieux en place. Jolie matière pour la côte-rôtie, une réussite vu les volumes produits. L'hermitage possède fond et finesse ; il est à notre sens lui aussi trop enrobé par l'élevage.

Châteauneuf-du-Pape 2018	29 €	92
Condrieu 2018	33 €	90
Crozes-Hermitage 2018	14 €	87
Hermitage 2017	35 €	91
Saint-Joseph 2018	17 €	90
Crozes-Hermitage 2017	15 €	87
Côte-Rôtie Brune et Blonde 2017	40 €	92
Hermitage 2016	40 €	91

Rouge : 50 hectares. Syrah 100 %
Achat de raisins.
Blanc : 25 hectares. Viognier 60 %, Marsanne 33 %, Roussanne 7 %
Achat de raisins.
Production moyenne : 8 000 000 bt/an

MAISON E. GUIGAL
Château d'Ampuis, 69420 Ampuis
04 74 56 10 22 • www.guigal.com •
Visites : sur rendez-vous uniquement aux professionnels.
Propriétaire : Famille Guigal
Œnologue : Philippe Guigal

★

VIGNOBLES LEVET

Ce domaine créé en 1929 à Ampuis dispose d'un vignoble en Côte Rôtie, composé de différentes parcelles situées sur des lieux-dits à fort potentiel. Agnès Levet perpétue le travail réalisé par son père Bernard. Les vins sont destinés à la garde, grâce à une partie des vinifications en vendange entière, suivie de macération longue, avec des élevages d'une durée de deux ans. Le faible pourcentage de bois neuf permet à ces vins d'exprimer le fruit et la touche de graphite des sols. Leur qualité ne date pas d'aujourd'hui.

Les vins : l'année d'évolution supplémentaire d'Améthyste 2017 lui apporte une définition bien plus expressive, le côté solaire ressort davantage. Le fruit est plus juteux en 2018, et la définition davantage marquée par les sols. La bouche confirme cette tendance, avec une trame plus serrée. Il est assez ludique de déguster à la suite ces deux millésimes afin d'évaluer leurs différences. Dépourvu de tout boisé caricatural, Péroline est un joli vin de garde, au jus plein et étoffé, qui demandera du temps pour s'épanouir.

Côte-Rôtie Améthyste 2017	38 €	92
Côte-Rôtie Améthyste 2018	40 €	94

Le coup de ♥

Côte-Rôtie La Péroline 2018	55 €	96

Rouge : 4,3 hectares. Syrah 100 %
Production moyenne : 12 000 bt/an

VIGNOBLES LEVET
26, boulevard des Allées, 69420 Ampuis
04 74 56 15 39 • www.coterotielevet.fr •
Vente et visites : au domaine sur rendez-vous.
Propriétaire : Agnès Levet

★

DOMAINE LIONNET

Le domaine Lionnet est petit en taille, mais la qualité des vins et la diversité des terroirs qu'il exploite nous séduisent beaucoup. Corinne Lionnet et son compagnon Ludovic Izerable pratiquent une viticulture de qualité. Les vins rouges, issus de vendange entière, relèvent d'un style très classique. Les élevages se font en demi-muid de 600 l avec très peu de bois neuf.

Les vins : toujours dans un style assez libre, mais sans déviance majeure, ils sont très beaux en 2018, même s'il faut les attendre ! Pure roussanne des calcaires de Châteaubourg, le saint-joseph est bien mûr, avec une bouche large mais sans déséquilibre, à l'allonge minérale. Tramé par la vendange entière, le rouge est issu du même village, et libère des notes de poivre et de violette. À Cornas, la vendange entière serre un peu Pur Granit, vin au superbe potentiel ; nous ne sommes pas inquiets. Terre Brûlée est tout aussi charnu et dense, mais jouit d'un surcroît de volupté et de rondeur.

Pierre Blanche 2018	22 €	92
Cornas Pur Granit 2018	30 €	92
Saint-Joseph Terre Neuve 2018	22 €	91

Le coup de ♥

Cornas Terre Brulée 2018	30 €	94

Rouge : 3,5 hectares. Syrah 100 %
Blanc : 0,3 hectare. Roussanne 100 %
Production moyenne : 15 000 bt/an

DOMAINE LIONNET ♣

160-162, avenue Colonel-Rousset, 07130 Cornas

06 24 39 02 84 • www.domainelionnet.fr • Vente et visites : au domaine sur rendez-vous.

Propriétaire : Corinne Lionnet et Ludovic Izerable

Maître de chai : Ludovic Izerable

★

DOMAINE DU MONTEILLET - STÉPHANE MONTEZ

Stéphane Montez cultive depuis 1997, un vignoble planté sur de très beaux coteaux situés à moins de 2 kilomètres de sa cave. Une rare unité qui produit 40 % de blancs. En rouge, le domaine possède une superbe parcelle de vieilles syrahs en Saint-Joseph, qui produit une généreuse et gourmande Cuvée du Papy. En Côte Rôtie, les élevages sont souvent exubérants mais donnent de la chair aux vins.

Les vins : parmi les blancs 2018, nous saluons la gestion des condrieux. Nous reconnaissons une préférence pour le long et harmonieux Chanson, dont la belle fluidité tempère la richesse. Les Grandes Chaillées se montre plus large, sur des notes d'abricot et d'épices. La bouche est davantage enrobée. Parmi les rouges, Bons Arrêts se distingue par sa délicatesse, son côté infusé. La Grande Place propose une mâche plus ferme ; Fortis se montre moins harmonieux, encore sous le joug de son élevage. Il faudra attendre la Cuvée du Papy, qui garde une bouche cossue, assez ferme.

- Condrieu Chanson 2018 — de 36 à 38 € (c) — 94
- Condrieu Les Grandes Chaillées 2018 — de 30 à 32 € (c) — 92
- IGP Collines Rhodaniennes Le Petit Viognier 2018 — de 17 à 19 € (c) — 87
- Saint-Joseph Grand Duc du Monteillet 2018 — de 21 à 23 € (c) — 89
- Côte Rôtie Fortis 2018 — de 47 à 49 € (c) — 92
- Côte Rôtie Les Grandes Places 2016 — de 110 à 140 € (c) — 94
- Saint-Joseph Cuvée du Papy 2018 — de 24 à 26 € (c) — 91

Le coup de ♥

- Côte-Rôtie Bons Arrêts 2018 — de 70 à 72 € (c) — 93

Rouge : 20 hectares. Syrah 100 %
Blanc : 16 hectares. Viognier 70 %, Roussanne 18 %, Marsanne 12 %
Production moyenne : 190 000 bt/an

DOMAINE DU MONTEILLET - STÉPHANE MONTEZ

7, Le Montelier, 42410 Chavanay
04 74 87 24 57 • www.montez.fr • Vente et visites : au domaine sur rendez-vous.
Propriétaire : Stéphane Montez

★

JULIEN PILON

Cette petite structure est spécialisée dans les blancs secs du nord de la vallée du Rhône, élaborés à partir d'achat de vins et surtout de raisins, vinifiés et élevés sous bois avec maestria. Une production destinée aujourd'hui aux cavistes et à la restauration. Julien Pilon possède également une parcelle en Côte Rôtie et en Condrieu.

Les vins : nous sommes soulagés à la dégustation des rouges 2018, qui présentent des textures dignes de leurs appellations respectives. Le cornas est une syrah sudiste, aux arômes solaires et confits, la côte-rôtie possède les notes classiques d'épices, d'âtre de cheminée et de suie froide. En blanc, le saint-péray, bien mûr, reste minéral en finale mais manque un peu d'énergie, comme le crozes blanc. Le saint-joseph garde pour sa part une bonne tension. Attendez que l'hermitage digère son bois, qui le sucre un peu pour le moment, en débouchant le condrieu Lône, franc et limpide en bouche.

- Condrieu Lône 2018 — 37 € — 91
- Crozes-Hermitage On The Rhône Again 2018 — 20 € — 89
- Hermitage Prisme 2018 — 55 € — 92
- Saint-Joseph Dimanche à Lima 2018 — 22 € — 91
- Saint-Péray Les Maisons de Victor 2018 — 21 € — 90
- Cornas L'Elégance du Caillou 2018 — 38 € — 91
- Côte-Rôtie La Porchette 2018 — 42 € — 92

Saint-Joseph Rue des Poissonniers Paris XVIII 2018 — 23 € — 89

Rouge : 2,5 hectares. Syrah 100 %
Achat de raisins.
Blanc : 10 hectares. Viognier 50 %, Marsanne 35 %, Roussanne 15 %
Achat de raisins.
Production moyenne : 60 000 bt/an

JULIEN PILON

Jassoux, 42410 Chavanay
04 74 48 65 38 • www.julienpilon.fr • Vente et visites : au domaine sur rendez-vous.
Propriétaire : Julien Pilon
Œnologue : Egor Paladin

★

LES VINS DE VIENNE

Le trio Villard, Cuilleron et Gaillard a commencé l'aventure des Vins de Vienne à la fin des années 1990. La gamme comporte quatre niveaux. Les amphores d'argent correspondent à des vins de fruit à consommer rapidement. Les amphores d'or distinguent des vins plus denses et plus charnus. Les Archevêques se positionnent comme des vins issus de sélection parcellaires et enfin les IGP Collines Rhodaniennes proviennent du terroir de Seyssuel. Sur les 16 hectares de vignes, 11 y ont été plantés entre 1996 et 2001.

Les vins : les blancs respectent leur terroir. Le saint-joseph Le Biez propose certes des arômes un peu confits qui peuvent évoquer une roussanne de Savoie mais le choix du foudre a permis de ne pas avachir davantage cette cuvée. L'énergique saint-péray se déguste bien, comme Taburnum, rappelant que le viognier doit être vendangé mûr pour ne pas se caricaturer avec des arômes variétaux. En rouge, les 2018 sont frais et dotés d'une belle tension.

- Condrieu La Chambée 2018 — 35 € — 89
- Crozes-Hermitage Bédad 2018 — 23 € — 88
- IGP Collines Rhodaniennes Taburnum 2018 — 35,50 € — 90
- Saint-Joseph Le Biez 2018 — 25 € — 90
- Saint-Péray Les Faures 2017 — 22,50 € — 91
- Côte-Rôtie Le Plomb 2018 — 45,50 € — 93
- IGP Collines Rhodaniennes Héluicum 2018 — 22,50 € — 92

Le coup de ♥

- IGP Collines Rhodaniennes Sotanum 2017 — 35,50 € — 93

Rouge : 15 hectares. Syrah 100 %
Achat de raisins.
Blanc : 5 hectares. Viognier 60 %, Marsanne 40 %
Achat de raisins.
Production moyenne : 600 000 bt/an

LES VINS DE VIENNE

1, ZA de Jassoux, 42410 Chavanay
04 74 85 04 52 • www.lesvinsdevienne.fr • Vente et visites : au domaine sur rendez-vous.
Propriétaire : Yves Cuilleron, Pierre Gaillard et François Villard
Directeur : Marie-Mélodie Condette
Maître de chai : Christophe Angenieux
Œnologue : Pascal Lombard

★

DOMAINE ALAIN VOGE

La totalité du vignoble est certifiée en biodynamie depuis 2013. Le domaine possède des vignes de coteaux exceptionnelles, entièrement travaillées à la main. La présence de vieilles vignes contribue aussi à produire des vins à la forte personnalité. La cuvée Fleur de Crussol, située sur le lieu-dit La Côte, provient d'une vigne de plus de 70 ans. Depuis le millésime 2015, la cuvée Terres Boisées porte le nom de la parcelle dont elle provient : Ongrie, situé sur des alluvions granitiques. Changement aussi pour Les Vinsonnes, qui devient Les Côtes, du nom de ce terroir situé sur le village de Mauves. En rouge, Les Vieilles Fontaines provient de vignes de 80 ans plantées sur des granites décomposés.

Les vins : le domaine confirme son vrai savoir-faire sur la méthode traditionnelle, avec un 2015 abouti, crémeux, fin et doté d'une jolie complexité aromatique. Le cornas est sérieux et dense : il demandera du temps pour se fondre.

- Saint-Péray Les Bulles d'Alain 2015 — 20 € — 90
- Saint-Péray Ongrie 2018 — 27 € — 92
- Cornas Les Vieilles Vignes 2017 — 47 € — 91

Rouge : 8 hectares. Syrah 100 %
Blanc : 5 hectares. Marsanne 100 %
Production moyenne : 70 000 bt/an

DOMAINE ALAIN VOGE ♣
4, impasse de l'Équerre, 07130 Cornas
04 75 40 32 04 • www.alain-voge.com •
Visites : sans rendez-vous.
Propriétaire : Famille Voge
Directeur : Lionel Fraisse
Maître de chai : Laurent Martin

DOMAINE BELLE

Derrière la colline de l'Hermitage, la cave de la famille Belle domine les hauteurs du village de Larnage. Louis, le grand-père de Philippe Belle, a été l'un des fondateurs de la coopérative de Tain. Philippe et son père Albert l'ont quitté en 1990. Depuis, le domaine ne cesse de s'agrandir. Les vignes en Crozes-Hermitage sont très bien situées sur les coteaux de Larnage, d'où est issue la cuvée Louis Belle, et dans la plaine alluviale pour la cuvée Les Pierrelles. En Hermitage, une parcelle modeste est située dans le quartier des Murets pour le rouge, et dans le secteur sablo-calcaire de Péléas pour le blanc.

Les vins : ils sont réussis dans les deux couleurs en 2018. Le crozes-hermitage n'a rien à envier à certains hermitages blancs, et rares sont les vins de cette appellation à posséder ce fond et cette typicité. L'hermitage blanc est bien constitué, mais nous ne comprenons pas le boisé sucrant qui le souligne. En rouge, le domaine orchestre un crescendo de cuvées notables : Les Pierrelles, juteux et gouleyant, se boit en premier ; place ensuite à Louis Belle, plus intense, qui tire ses tanins veloutés des sols calcaires ; enfin, après une bonne garde, Roche Pierre, pour l'heure encore dense et serré. Mettez en cave l'hermitage, qui exprime la concentration et la finesse que l'on attend d'un tel cru.

Hermitage 2018 (blanc)	55 €	92
Crozes-Hermitage Les Pierrelles 2018 (rouge)	21 €	89
Crozes-Hermitage Louis Belle 2018 (rouge)	31 €	90
Crozes-Hermitage Roche Pierre 2017 (rouge)	41 €	91
Hermitage 2017 (rouge)	75 €	94

Le coup de ♥

Crozes-Hermitage Roche Blanche 2018 (blanc)	34 €	91

Rouge : 21,5 hectares. Syrah 100 %
Blanc : 3,5 hectares. Marsanne 80 %, Roussanne 20 %
Production moyenne : 120 000 bt/an

DOMAINE BELLE ♣
510, rue de la Croix, 26600 Larnage
04 75 08 24 58 • www.domainebelle.com •
Vente et visites : au domaine sur rendez-vous.
Propriétaire : Philippe Belle

DOMAINE DE BONSERINE

Ce domaine possède de très beaux terroirs en Côte Rôtie et deux parcelles en Condrieu : Les Eyguet, à Chavanay et La Garde, sur la commune de Saint-Michel-sur-Rhône. L'ensemble des vignobles est travaillé et labouré, les levures indigènes sont de rigueur. Ludovic Richard gère ce domaine acheté en 2006 par la maison Guigal, mais le domaine de Bonserine possède sa propre personnalité : ses vins sont bien différents tant dans les styles que dans les textures.

Les vins : s'ils possèdent dans l'ensemble des matières plutôt cohérentes, nous sommes plus critiques sur les choix d'élevages, car nous pensons sincèrement que les vins peuvent témoigner d'une vraie complexité sans être dominés par le bois dans la prime jeunesse. Privilégier le fruit et la fraîcheur n'est pas contradictoire avec le potentiel de vieillissement. S'il reste flatteur, La Viallière est certainement celui qui gère le mieux son bois : le fruit reste présent. Après trois ans d'élevage, le fruit de La Garde peine à se dessiner. Le bois sèche un peu la finale.

Côte-Rôtie La Garde 2016 (rouge)	de 69 à 72 € (c)	90
Côte-Rôtie La Sarrasine 2017 (rouge)	de 36 à 40 € (c)	88
Côte-Rôtie La Viallière 2017 (rouge)	de 58 à 60 € (c)	91

Rouge : 11 hectares. Syrah 100 %
Blanc : 1 hectare. Viognier 100 %
Production moyenne : 50 000 bt/an

DOMAINE DE BONSERINE
2, chemin de la Viallière, 69420 Ampuis
04 74 56 14 27 •
www.domainedebonserine.fr • Visites : sans rendez-vous.
Propriétaire : Famille Guigal
Directeur : Ludovic Richard
Maître de chai : Étienne Beguin

NOUVEAU DOMAINE

DOMAINE GRAEME ET JULIE BOTT

Nous sommes heureux d'accueillir ici le couple formé par Julie et Graeme Bott, dont l'histoire vigneronne commence en 2015 avec l'achat d'une parcelle en Condrieu située sur le village de Verin. Le domaine a grandi pour atteindre aujourd'hui 6,5 hectares. Au-delà du labeur abattu et de la ténacité manifestée par ces jeunes producteurs, nous sommes attentifs aux sensations très intéressantes que procurent ces vins, même s'il reste fort logiquement quelques nuances à préciser.

Les vins : En blanc, le condrieu est maîtrisé, bien mûr et peu exubérant. Le saint-joseph nous semble un peu plus enrobé : la roussanne est certes plus difficile à maîtriser, mais l'élevage en bois sucre aussi un peu les contours. Le crozes-hermitage est doté d'une bonne manière, offre une lisibilité classique. Le saint-joseph est davantage typé du terroir, avec l'empreinte du granite qui se lit dans des notes de graphite. Dégustée en cours d'élevage, la côte-rôtie est d'un très bon niveau.

Condrieu 2018	45 €	92
Saint-Joseph 2018	27 €	90
Crozes-Hermitage 2018	20 €	90
Côte-Rôtie 2018	55 €	92
Saint-Joseph 2018	27 €	91

Rouge : 4 hectares. Syrah 100 %
Achat de raisins.
Blanc : 2,5 hectares. Viognier 70 %, Marsanne 15 %, Roussanne 15 %
Achat de raisins.
Production moyenne : 20 000 bt/an

DOMAINE GRAEME ET JULIE BOTT
19, rue du Pont-Royal, 69420 Ampuis
06 12 73 27 51 • www.domainebott.fr • Vente et visites : au domaine sur rendez-vous.
Propriétaire : Graeme et Julie Bott

DOMAINE YANN CHAVE

Pour faire plaisir à ses parents qui ne voulaient surtout pas qu'il devienne paysan, Yann Chave a fait de longues études d'économie et de gestion. Passé par Paris et les cabinets d'audit, l'inspection bancaire lui a ouvert les yeux : « J'ai compris loin de chez moi que mes deux passions ont toujours été le rugby et les vins, et c'est ici que ça se passait. » Les vins ont gagné en personnalité, en intensité, privilégiant l'expression naturelle du fruit et du terroir, tant en rouge qu'en blanc. Les progrès sont nets ces dernières années. Et pour les élevages, le vigneron cite Marcel Guigal : « Un vin, c'est comme un enfant : ça doit être bien élevé. »

Les vins : dans la lignée de nos commentaires de l'an passé. Le crozes blanc est l'un des meilleurs de l'appellation grâce à sa persistance. En rouges, Rouvre est un vin très classique, qui offre le velouté et la patine des vins d'éboulis caillouteux du plateau de Chassis. Le crozes du domaine est frais, marqué de notes de graphite, possède des tanins plus en relief. Un bon vin de matière. L'Hermitage (vendangé sur les terroirs des Baumes et des Péléats) est plus fin que robuste. L'élevage, qu'il doit digérer, lui confère des notes un peu mentholées et résineuses : nulle inquiétude cependant pour son avenir...

Crozes-Hermitage 2018	19 €	89
Crozes-Hermitage Le Rouvre 2018	28 €	91
Hermitage 2018	Épuisé - 95 €	92

Le coup de ♥

Crozes-Hermitage 2018	Épuisé - 22 €	91

Rouge : 17,5 hectares. Syrah 100 %
Blanc : 1,5 hectare. Marsanne 65 %, Roussanne 35 %
Production moyenne : 120 000 bt/an

DOMAINE YANN CHAVE ♣
1170, chemin de la Burge,
26600 Mercurol-Veaunes
04 75 07 42 11 • www.yannchave.com • Pas de visites.
Propriétaire : Yann Chave

DOMAINE EMMANUEL DARNAUD

L'énergique Emmanuel Darnaud s'est taillé une solide réputation avec une production de vins de Crozes-Hermitage mûrs, à boire sur le fruit. Ses syrahs se répartissent sur des alluvions à galets sur Mercurol, Pont-de-l'Isère et La Roche-de-Glun. Depuis 2011, il poursuit l'œuvre de son beau-père et mentor Bernard Faurie, auquel il a racheté les vieilles vignes de Saint-Joseph, sur le lieu-dit escarpé La Dardouille ("où le soleil tape"), des coteaux abrupts qui prolongent Les Oliviers.

Les vins : si les cuvées reflètent bien le millésime en maturité comme en dimension en bouche, nous trouvons qu'elles manquent dans l'ensemble de sapidité, se montrant un peu trop extraites et boisées. Mise en Bouche en est un parfait exemple, malgré son nom qui invitait à un vin digeste, gourmand, sur le fruit. Les Trois Chênes possède un fruit plus juteux, un ensemble de bouche d'une délicatesse supérieure. Plus étoffé qu'en 2017, Au fil du temps accuse une prise de bois encore forte, qui farde et sucre les contours du vin. Les Dardouilles offre davantage de précision, mais souligné d'un boisé qui n'est pas des plus judicieux. Le cœur de bouche est plein, rond, velouté ; les tanins sont bien rangés.

Crozes-Hermitage Au Fil du Temps 2018	32 €	88
Crozes-Hermitage Les Trois Chênes 2018	20 €	90
Crozes-Hermitage Mise en bouche 2018	17 €	87
Saint-Joseph La Dardouille 2018	32 €	91

Rouge : 16,25 hectares. Syrah 100 %
Blanc : 0,45 hectare.
Production moyenne : 75 000 bt/an

DOMAINE EMMANUEL DARNAUD
21, rue du Stade, 26600 La Roche-de-Glun
04 75 84 81 64 • www.domainedarnaud.com
• Vente et visites : au domaine sur rendez-vous.
Propriétaire : Emmanuel Darnaud

DOMAINE ÉRIC ET JOËL DURAND

Ce domaine, situé au sud de l'appellation Saint-Joseph, est tenu par les frères Durand. Éric et Joël produisent des vins en Cornas et Saint-Joseph. Ils sont connus pour leurs rouges ciselés et tracés par le granite. Depuis peu, ils vinifient des blancs en Saint-Joseph et Saint-Péray, au style précis.

Les vins : nous trouvions l'an passé que les frères Durand livraient, depuis quelques millésimes, des rouges plus lisibles dès leur prime jeunesse, ce qui se confirme avec Les Coteaux, vin gourmand au fruit sincère et scintillant, comme avec le cornas Prémices, en demi-puissance mais déjà harmonieux. Lautaret offre une version sudiste de Saint-Joseph. Empreinte porte bien son nom : c'est le plus proche de son sol avec ses notes de graphite. Confidence 2017 commence seulement à s'ouvrir... Les blancs conservent une belle harmonie entre maturité et fraîcheur. Marsanne et roussanne jouent leur rôle avec précision dans le saint-joseph.

Saint-Joseph 2019	20 €	90
Saint-Péray 2019	19 €	89
Cornas Confidences 2017	55 €	92
Cornas Empreintes 2017	34 €	91
Cornas Prémices 2018	27 €	90
Saint-Joseph Lautaret 2018	25 €	91
Saint-Joseph Les Coteaux 2018	20 €	90

Rouge : 17 hectares. Syrah 100 %
Blanc : 2,5 hectares. Roussanne 50 %, Marsanne 50 %
Production moyenne : 90 000 bt/an

DOMAINE ÉRIC ET JOËL DURAND
2, impasse de la Fontaine,
07130 Châteaubourg
04 75 40 46 78 • ej.durand@wanadoo.fr •
Vente et visites : au domaine sur rendez-vous.
Propriétaire : Éric et Joël Durand

LIONEL FAURY

Le domaine est situé à Chavanay, dans le hameau de La Ribaudy, berceau de la famille Faury. Lionel Faury cultive 18 hectares en appellations Condrieu, Saint-Joseph, Côte-Rôtie et en IGP Collines rhodaniennes. Nous avons particulièrement apprécié les saint-joseph dans les derniers millésimes, qui prouvent que le nord de l'appellation possède un vrai potentiel.

Les vins : ce domaine produit des vins rouges dans un style plus fin qu'extrait, ce qui n'est pas pour nous déplaire. Les cuvées les plus réussies séduisent par leur toucher délicat, tout en conservant une certaine puissance. La Gloriette et Emporium sont convaincants. Hedonism accuse un fruit engoncé et une touche plus solaire. Cohérence en Condrieu : la cuvée du domaine offre un profil immédiat, sans caricature variétale ; La Berne nous semble plus mûr et mieux dimensionné en bouche.

Condrieu 2018	35 €	88
Condrieu La Berne 2018	41 €	90
Côte-Rôtie 2017	43 €	90
Côte-Rôtie Emporium 2016	55 €	92
Saint-Joseph Hedonism 2018	20 €	88

Saint-Joseph La Gloriette 2018 | 28,50 € | 92

Rouge : 11,8 hectares. Syrah 100 %
Achat de raisins.
Blanc : 6,2 hectares. Viognier 65 %, Marsanne 20 %, Roussanne 15 %
Achat de raisins.
Production moyenne : 80 000 bt/an

LIONEL FAURY
19 bis, La Ribaudy, 42410 Chavanay
04 74 87 26 00 • www.domaine-faury.fr •
Vente et visites : au domaine sur rendez-vous.
Propriétaire : Lionel Faury

DOMAINE FRANÇOIS ET FILS

Ce petit vignoble est implanté sur les communes de Saint-Cyr-sur-Rhône et d'Ampuis. Plantées par le père de Yoann François, au début des années 1980, les vignes étaient destinées jusqu'au millésime 1990 au négoce. Depuis peu, le domaine exploite une petite parcelle de Condrieu située sur le village de Malleval. Les vins affichent de jolies matières civilisées et les élevages sont très bien gérés.

Les vins : réussis en 2018, les rouges nous séduisent par leur fruit et leur texture. Le domaine ne tombe ni dans les excès d'extraction, ni dans les boisés caricaturaux. La côte-rôtie est pulpeuse et séduisante ; Rozier affirme une mâche et une dimension supérieures, tout en restant dans un style caressant en bouche. Le fruit reste présent tout au long de la dégustation de Rochins, auxquels des tanins fermes garantissent une belle longévité.

Côte-Rôtie 2018 | 32 € | 91
Côte-Rôtie Rochins 2018 | 59 € | 94
Côte-Rôtie Rozier 2018 | 39 € | 92

Rouge : 4,25 hectares. Syrah 100 %
Blanc : 0,25 hectare. Viognier 100 %
Production moyenne : 20 000 bt/an

DOMAINE FRANÇOIS ET FILS
451, Mornas 69420 Ampuis
04 74 56 15 51 • gaec.francois@gmail.com •
Vente et visites : au domaine sur rendez-vous.
Propriétaire : Yoann et Erwan François
Directeur : Yoann François

DOMAINE JOLIVET

Ce petit domaine de Saint-Jean de Muzols produit du vin depuis bien longtemps, mais a pris une nouvelle route lorsque Bastien Jolivet a succédé à son père en 2014, et décidé d'arrêter de fournir ses raisins à la coopérative. Son vignoble est établi sur de beaux coteaux ; les vins qui en sont issus sont vinifiés en levure indigène, fermentés en barrique usagée. Les rouges comportent une part de vendange entière et sont élevés en demi-muid.

Les vins : deux seulement ont été dégustés cette année. Clef de sol se dévoile avec beaucoup de charme, de rondeur, une finale cohérente et aucune mollesse. Le rouge, qui n'a pas été éraflé, exprime le terroir à travers ses notes de fusain et d'âtre de cheminée.

Saint-Joseph Clef de Sol 2018 | Épuisé - de 22 à 25 € (c) | 91
Saint-Joseph L'instinct 2018 | de 21 à 23 € (c) | 92

Rouge : 8 hectares. Syrah 100 %
Blanc : 3 hectares. Marsanne 70 %, Roussanne 30 %
Production moyenne : 40 000 bt/an

DOMAINE JOLIVET
8, route de Lyon,
07300 Saint-Jean-de-Muzols
06 78 39 30 33 • bastien@domainejolivet.fr
• Vente et visites : au domaine sur rendez-vous.
Propriétaire : Bastien Jolivet

DOMAINE NIERO

Le domaine Niero est dirigé par Rémi, revenu en 2004 et ingénieur de formation, qui fabrique parallèlement des cuves destinées à la fermentation des vins. Le cœur de la production se situe en Condrieu avec 4 hectares divisés en six parcelles. Le domaine produit deux côtes-rôties provenant du terroir des Viallières et du terroir de Bassenon, ainsi qu'une cuvée de saint-joseph, Bois Prieur.

Les vins : cette maison possède les terroirs et le savoir-faire pour briller à Condrieu. Nous sommes convaincus de la cohérence des blancs 2018, parmi lesquels seul Les Ravines, issu d'un assemblage de cinq parcelles, subit un peu plus la richesse du millésime – mais la cuvée est élaborée pour être immédiate. Dès Cœur de Roncharde, c'est une autre musique qui sonne à nos oreilles : ce terroir, au-dessus de Côte de Chatillon, s'offre avec beaucoup de fraîcheur. Chéry reste le grand condrieu du domaine : le 2018 fait partie des meilleurs produits sur ce lieu-dit. Nous le préférons à Héritage, dans la même veine, mais qui accuse une touche de bois moins bien intégrée. En rouge, notre préférence va à Éminence, au fruit et au jus plus séduisants. Vires de Serine est plus structuré, mais pâtit d'un boisé qui surjoue un peu.

Condrieu Cœur de Roncharde 2018	de 35 à 39 € (c)	92
Condrieu Héritage 2018	de 45 à 49 € (c)	93
Condrieu Les Ravines 2018	de 30 à 33 € (c)	89
Côte-Rôtie Vires de Serine 2017	de 65 à 69 € (c)	90
Côte-Rôtie Éminence 2018	de 37 à 40 € (c)	91

Le coup de ♥

Condrieu Chéry 2018	de 39 à 43 € (c)	94

Rouge : 3 hectares. Syrah 100 %
Blanc : 5 hectares. Viognier 100 %
Production moyenne : 35 000 bt/an

DOMAINE NIERO
3, impasse du Pressoir, rue de la Mairie, 69420 Condrieu
04 74 56 86 99 • www.domaine-niero.com •
Vente et visites : au domaine sur rendez-vous.
Propriétaire : Rémi Niero
Directeur : Jean-François Young
Maître de chai : Jérôme Andriot
Œnologue : Olivier Roustang

DOMAINE CHRISTOPHE PICHON

Le domaine de Christophe Pichon dispose de certains terroirs prestigieux comme Roche Coulante en blanc, ou Côte Blonde en rouge. Les vins, que nous trouvions marqués par des excès de surmaturité et de boisé, ont gagné en équilibre et en harmonie, même si nous regrettons toujours des élevages un peu trop appuyés.

Les vins : les 2018 sont supérieurs aux 2017, à l'instar de l'équilibré Caresse, qui associe maturité et fraîcheur. Le condrieu du domaine est un peu plus large, et la marsanne bien mûre du saint-joseph se goûte bien dès maintenant. En rouge, le vin de Seyssuel présente un beau fruit, une matière pulpeuse, des tanins enrobés. Si la côte-rôtie du domaine est charnue, elle manque aussi d'un soupçon de finesse, quand Roziers dévoile une matière plus intense, mais aussi une harmonie plus noble. L'identitaire cornas doit digérer son élevage.

Condrieu 2018	34 €	90
Condrieu Caresse 2018	55 €	92
Saint-Joseph 2018	25 €	89
Cornas Allégorie 2018	35 €	92
Côte-Rotie Promesse 2018	40 €	90
Côte-Rôtie Rozier 2018	54 €	93
IGP Collines Rhodaniennes Syrah Mosaïque 2018	26 €	91
Saint-Joseph 2018	20 €	89

Rouge : 10 hectares. Syrah 100 %
Achat de raisins.
Blanc : 10 hectares. Viognier 100 %
Achat de raisins.
Production moyenne : 100 000 bt/an

DOMAINE CHRISTOPHE PICHON
36, Le Grand Val, 42410 Chavanay
04 74 87 06 78 • www.domaine-pichon.fr •
Vente et visites : au domaine sur rendez-vous.
Propriétaire : Famille Pichon

NOUVEAU DOMAINE

DOMAINE DES PIERRES SÈCHES

Ce fils de vigneron mosellan perpétue le métier familial dans la vallée du Rhône septentrionale, où il s'est installé après ses études, travaillant chez Chapoutier, puis chez Stéphane Robert. En 2009, Sylvain Gauthier s'installe à Cheminas, sur un petit vignoble, qu'il fait grandir au fil du temps. Il a eu la chance de commencer avec une parcelle de vieilles vignes de syrah et de marsanne sur le terroir de la Sainte-Épine, à Saint-Jean de Muzol. Ses autres vignes sont plantées à Arras-sur-Rhône, Vion, Ozon et jusqu'à Sarrat. La constance des vins ces dernières années et notamment la maîtrise des élevages lui permettent d'intégrer notre guide.

Les vins : les rouges du domaine gardent la fraîcheur d'arômes et de saveurs que l'on attend du Rhône Nord. Plus facile d'approche, Pur Ju reste loin d'un vin de soif avec sa bouche cossue. Le saint-joseph possède l'empreinte et le fond de son terroir de granite. Il soutiendra une garde de dix ans, quand Aubert restera plus longtemps en cave : dense et compact pour le moment, le vin témoigne d'une allonge de grande qualité.

Saint-Joseph 2018	22 €	90
Saint-Joseph Aubert 2018	35 €	92
VDF Pur Ju 2018	15 €	88
Saint-Joseph 2018	22 €	91
Saint-Joseph Aubert 2018	35 €	93
VDF Pur Ju 2018	15 €	89

Rouge : 4 hectares. Syrah 100 %
Blanc : 2 hectares.
Production moyenne : 20 000 bt/an

DOMAINE DES PIERRES SÈCHES

15, route de Secheras, 07300 Cheminas
06 89 42 37 09 •
domainedespierresseches@orange.fr •
Vente et visites : au domaine sur rendez-vous.
Propriétaire : Sylvin Gauthier

ÉRIC TEXIER

Installé à Charnay, dans le sud du Beaujolais, Éric Texier a jeté son dévolu et sa passion sur le vignoble de Brezème. Ce terroir de belle qualité possède la particularité de pouvoir revendiquer son nom derrière l'appellation Côtes-du-Rhône, sans être un côtes-du-rhône-villages. Les sols argilo-calcaires nous révèlent des expressions bien différentes de celles des granites qui dominent les sols du Rhône septentrional. Éric Texier possède un style bien à lui. Les vins sont proches du fruit tout en étant libres. Si tous les vins sans soufre pouvaient avoir le même rendu que ceux du domaine...

Les vins : si le blanc, issu d'une vieille vigne de roussanne, s'intitule sur l'étiquette roussette, il ne faut pas y voir une erreur mais l'une des nombreuses synonymies de ce cépage ; pour autant, ce vin singulier n'a rien à voir avec une roussette de Savoie. Il possède une belle complexité, une bouche ample, mais bien équilibrée : il est rare d'atteindre cette maturité de raisin sans lourdeur de bouche. Brézème est plus scintillant en 2018 qu'en 2017 : il a gardé un côté juteux et épicé.

Côtes du Rhône Brézème 2018	18 €	91

Le coup de ♥

Côtes du Rhône Roussette Vieilles Vignes Domaine de Pergaud 2016	de 30 à 33 € (c)	92

Rouge : 8,5 hectares. Syrah 100 %
Achat de raisins.
Blanc : 1,5 hectare.
Production moyenne : 70 000 bt/an

ÉRIC TEXIER ♣

205, impasse Bel-Air, 69380 Charnay
04 72 54 45 93 • www.eric-texier.com •
Vente et visites : au domaine sur rendez-vous.
Propriétaire : Éric Texier

Le Rhône sud et ses vins

Par Olivier Poussier,
en charge des vins du Rhône méridional
du comité de dégustation de La Revue du vin de France

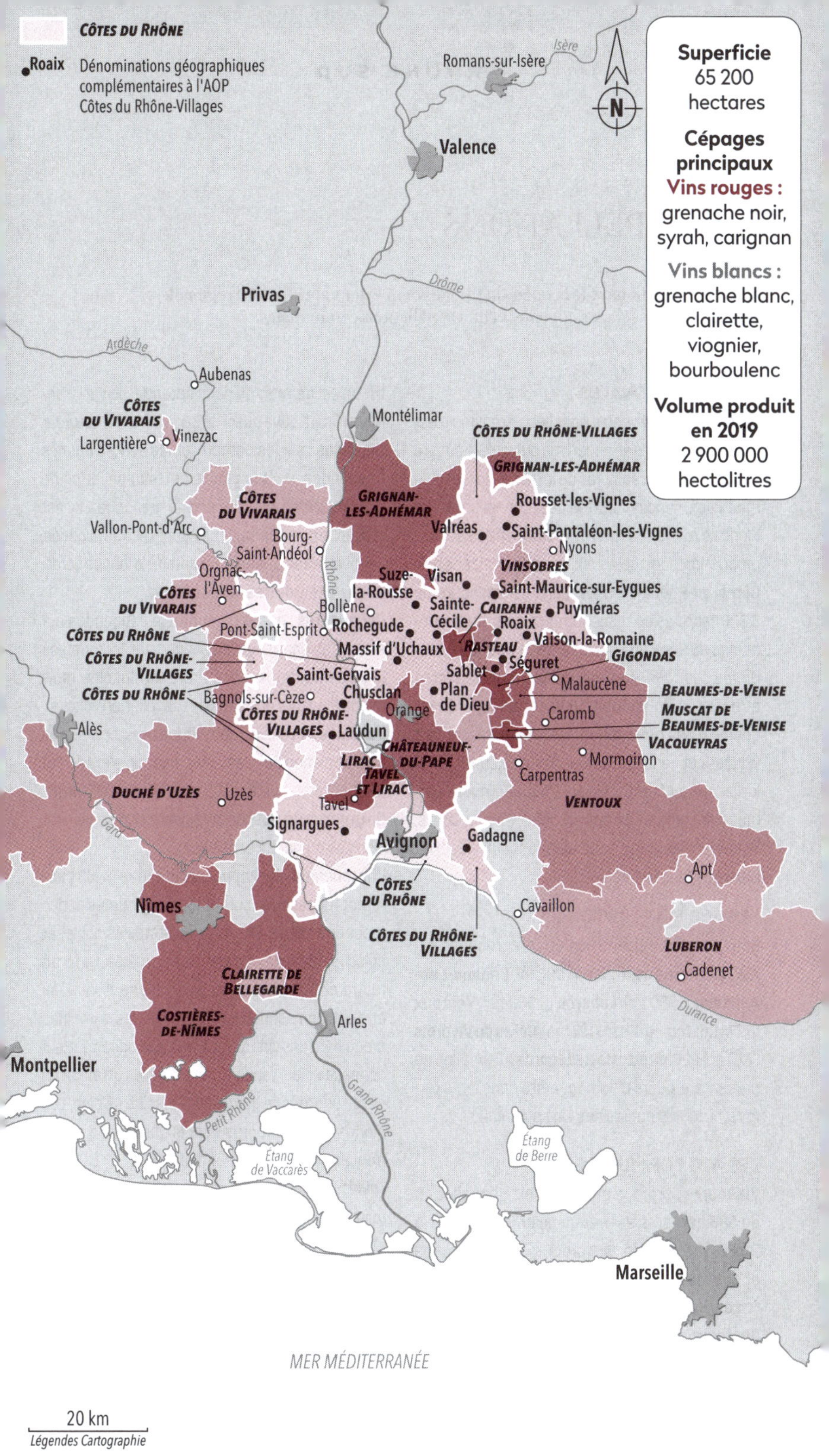

CÔTES DU RHÔNE
Roaix Dénominations géographiques complémentaires à l'AOP Côtes du Rhône-Villages
Superficie
65 200 hectares
Cépages principaux
Vins rouges :
grenache noir, syrah, carignan
Vins blancs :
grenache blanc, clairette, viognier, bourboulenc
Volume produit en 2019
2 900 000 hectolitres
N
Isère
Romans-sur-Isère
Valence
Drôme
Privas
Ardèche
Aubenas
Montélimar
CÔTES DU VIVARAIS
Largentière
Vinezac
CÔTES DU RHÔNE-VILLAGES
GRIGNAN-LES-ADHÉMAR
GRIGNAN-LES-ADHÉMAR
Rousset-les-Vignes
CÔTES DU VIVARAIS
Valréas
Saint-Pantaléon-les-Vignes
Vallon-Pont-d'Arc
Bourg-Saint-Andéol
Nyons
VINSOBRES
Orgnac-l'Aven
Suze-la-Rousse
Visan
Saint-Maurice-sur-Eygues
Rhône
CÔTES DU VIVARAIS
Bollène
Sainte-Cécile
CAIRANNE
Puyméras
Rochegude
Roaix
CÔTES DU RHÔNE
Pont-Saint-Esprit
RASTEAU
Vaison-la-Romaine
Massif d'Uchaux
GIGONDAS
CÔTES DU RHÔNE-VILLAGES
Séguret
Sablet
Saint-Gervais
Malaucène
Plan de Dieu
BEAUMES-DE-VENISE
Chusclan
CÔTES DU RHÔNE
Bagnols-sur-Cèze
Orange
Caromb
MUSCAT DE BEAUMES-DE-VENISE
CÔTES DU RHÔNE-VILLAGES
VACQUEYRAS
Alès
Laudun
CHÂTEAUNEUF-DU-PAPE
LIRAC
Mormoiron
Carpentras
DUCHÉ D'UZÈS
Uzès
TAVEL ET LIRAC
VENTOUX
Tavel
Gard
Signargues
Gadagne
Avignon
Apt
CÔTES DU RHÔNE
Nîmes
Cavaillon
CÔTES DU RHÔNE-VILLAGES
LUBERON
CLAIRETTE DE BELLEGARDE
Cadenet
Durance
COSTIÈRES-DE-NÎMES
Arles
Montpellier
Grand Rhône
Petit Rhône
Étang de Vaccarès
Étang de Berre
Marseille
MER MÉDITERRANÉE
20 km
Légendes Cartographie

LES APPELLATIONS

La partie méridionale de la vallée du Rhône compte deux appellations régionales, sept appellations sous-régionales et huit appellations communales.

LES AOC RÉGIONALES

Côtes-du-Rhône : cette appellation régionale est la plus importante en superficie puisqu'elle couvre 32 036 hectares, soit près de la moitié du vignoble rhodanien méridional. Si elle peut donner un peu de blanc, le rouge et le rosé représentent 95 % de la production, principalement issue de grenache noir.

Côtes-du-Rhône-Villages : cette dénomination de 8 600 hectares correspond aux terroirs de 95 communes du Gard, du Vaucluse, de l'Ardèche et de la Drôme, avec des règles de production plus strictes qu'en Côtes-du-Rhône. La qualité peut être remarquable à des prix souvent intéressants. Dix-huit villages peuvent accoler leur nom à celui de l'appellation : ce sont les Côtes-du- Rhône-Villages communaux comme Cairanne, Sablet, Sainte-Cécile, Vaison-la-Romaine (Vaucluse), Laudun (Gard) et, Suze-La-Rousse (Drôme).

LES AOC SOUS-RÉGIONALES

Sous cette dénomination sont regroupées les **AOC Costières de Nîmes** (4 091 ha), **Grignan-Les-Adhémar** (1 730 ha), **Luberon** (3 362 ha), **Ventoux** (5 774 ha), **Duché d'Uzès** (271 ha), **Côtes du Vivarais** (220 ha) et **Clairette de Bellegarde** (8 ha). Elles ne présentent guère d'homogénéité dans leurs terroirs, ni dans la qualité des vins produits.

LES AOC COMMUNALES

Vinsobres : promue en 2005, cette appellation de 583 hectares est située au nord-ouest de la Drôme provençale. Elle produit des vins riches et amples mais manque encore de locomotives fortes.

Rasteau : en AOC depuis 2010, cette appellation (949 hectares) produit des vins rouges de constitution solide, mais au beau potentiel de vieillissement. On y trouve aussi de jolis vins doux naturels.

Gigondas : sur les coteaux et les pentes douces descendant vers la plaine, cette appellation de 1 208 hectares est faite pour le grenache. Elle est reconnue pour ses rouges élégants et très nuancés. Les plus belles cuvées sont aptes à la longue garde. Ce cru recèle de très belles affaires.

Vacqueyras : assez comparable à Gigondas par son exposition et son encépagement, Vacqueyras (1 412 hectares) livre des vins plus musclés, mais moins élégants que ceux de l'appellation voisine.

Beaumes de Venise : l'appellation, réputée pour ses vins doux naturels issus de muscat, s'étend sur 635 hectares, sur trois types de terroirs différents. On y produit des rouges corpulents, principalement issus de grenache et de syrah.

Châteauneuf-du-Pape : très étendue (3 133 hectares), l'appellation couvre cinq communes et des types de sols très différents (galets roulés, sables et calcaire). La qualité est loin d'être la même d'un cru à l'autre, d'autant que plusieurs styles de vinification et d'élevage cohabitent. Les meilleurs domaines produisent des vins rouges extraordinaires par leur richesse et leur tenue. Il faut savoir les attendre en cave : une longue garde leur réussit très bien. Les blancs, en net progrès depuis quelques années, n'ont pas toujours le génie des rouges.

Tavel : ce vignoble de la rive droite (911 hectares) est uniquement consacré au rosé. Le style est vineux, charnu, aromatique, agréable, et la qualité variable.

Lirac : voisin gardois de Tavel, il représente 771 hectares. Les rouges sont assez fins, les rosés presque comparables aux tavels, les blancs parfois remarquables et les prix souvent compétitifs.

LES CÉPAGES

Contrairement au vignoble septentrional de la vallée du Rhône, où seulement quatre cépages sont autorisés, ils sont bien plus nombreux dans les vignobles méridionaux, à l'image du plus célèbre d'entre eux, Châteauneuf-du-Pape, où l'on en utilise traditionnellement treize.

LES CÉPAGES ROUGES

Le plus courant de tous est incontestablement **le grenache noir**. Cépage très vigoureux et fertile, il est présent dans la majeure partie des appellations de la région. On retrouve aussi **la syrah**, cépage emblématique de la vallée du Rhône. **Le carignan**, plus minoritaire encore, représente seulement 8 % de l'encépagement rouge. Enfin, le vignoble sud-rhodanien compte également 5 % de **cinsault** et 3 % de **mourvèdre**. On trouve aussi un peu de **counoise noire**, de **muscardin noir**, les **camarèse** et **vaccarèse noirs** ou **le picpoul noir**.

LES CÉPAGES BLANCS

La conception de vins blancs est extrêmement marginale dans le vignoble rhodanien, et ne représente que 6 % du total produit. Pour autant, certains cépages employés ne sont pas destinés à une production secondaire. Les blancs de Châteauneuf-du-Pape sont ainsi remarquables. Le cépage blanc le plus répandu est **le grenache blanc**. Il est à l'origine de vins assez corsés et ronds. Il partage toutefois sa suprématie avec **la clairette**. On retrouve ces deux cépages dans les principales appellations produisant du blanc. De manière plus marginale, on compte ensuite **le viognier**. Riche en alcool, il peut donner aux vins à la fois de la rondeur et des parfums floraux, et leur conférer une certaine opulence en bouche. On retrouve ensuite **le bourboulenc** qui, à l'inverse du viognier, donne des vins frais et peu alcoolisés. Enfin, il existe des cépages secondaires comme **l'ugni blanc** ou **la marsanne** et **la roussanne**, tous les deux emblématiques de la vallée du Rhône, mais moins utilisées dans le sud, et enfin **le muscat**, employé dans l'élaboration des vins doux naturels de Beaumes de Venise.

NOS BONNES ADRESSES

CHAMBRES D'HÔTES

LA GRANGE DU KAOLIN

650, chemin du Kaolin,
26130 Saint-Restitut
Tél. : 06 70 70 61 15
www.la-grange-du-kaolin.com

LE CLAIR DE LA PLUME

2, place du Mail, 26230 Grignan
Tél. : 04 75 91 81 30
www.clairplume.com

CAVISTE

WINE BAR LE CHEVAL BLANC

1, place des Arênes, 30000 Nîmes
Tél. : 04 66 76 19 59
www.winebar-lechevalblanc.com

L'ENCLAVE VINOTHÈQUE

Quartier Saint-Urbain,
84600 Valréas
Tél. : 04 90 35 17 96

RESTAURANTS

LA MÈRE GERMAINE

3, rue Commandant-Lemaitre,
84230 Châteauneuf-du-Pape
Tél. : 04 90 22 78 34
www.lameregermaine.fr

LA TABLE DE SORGUES

Avenue du 19-Mars-1962,
84700 Sorgues
Tél. : 04 90 39 11 02
www.latabledesorgues.fr

ALEXANDRE

2, rue Xavier-Tronc, 30128 Garons
Tél. : 04 66 70 08 99
www.michelkayser.com

COURS DE DÉGUSTATION

UNIVERSITÉ DU VIN DE SUZE-LA-ROUSSE

Château de Suze,
26790 Suze-la-Rousse
Tél. : 04 75 97 21 30
www.universite-du-vin.com

★★★ ↗

CLOS DES PAPES

Ce très beau domaine de Châteauneuf-du-Pape n'a pas quitté la famille Avril depuis le XVIe siècle. Fort d'un vignoble parsemé sur divers sols de l'appellation, le domaine compte 24 parcelles (citons La Crau, Bois Dauphins, Les Gallimandes, etc.) sur 35 hectares de vignes. Quel chemin parcouru par Paul-Vincent Avril qui, après un exil en Bourgogne, chez Mouton Rothschild et dans la Yarra Valley, en Australie, est revenu au domaine en 1987. Le style et la cohérence des cuvées n'ont pas changé. Et l'élevage s'est encore peaufiné. Le blanc traverse les années en gardant une très belle fraîcheur. Le rouge, issu de vendange éraflée, séduit par sa texture concentrée en finesse, l'équilibre primant sur l'extraction. Les vins ne surjouent jamais. C'est pour toutes ces raisons que ce domaine accède à la troisième étoile cette année.

Les vins : avec un rendement moyen de 9 hl/ha en 2018, la vendange est toute petite mais le rouge affiche une très jolie fraîcheur de fruit et une trame de bouche subtile. Le mourvèdre (à 40 %) apporte son très beau soyeux et permet de composer un vin pulpeux et gracieux. Le blanc affiche ses jolies notes de fenouil et de fleurs blanches. Vinifié à 100 % en cuve, il conserve une très belle fraîcheur, aidé en cela, selon Paul-Vincent, par la belle proportion de bourboulenc et de picardan qui lui donne son énergie et cette fine salinité.

Châteauneuf-du-Pape 2019 (blanc)	55 €	95

Le coup de ♥

Châteauneuf-du-Pape 2018 (rouge)	65 €	97

Rouge : 29 hectares. Grenache noir 50 %, Mourvèdre 35 %, Syrah 10 %, Divers noir 5 %
Blanc : 3 hectares. Roussanne 20 %, Bourboulenc 16 %, Clairette 16 %, Grenache blanc 16 %, Picardan 16 %, Picpoul blanc 16 %
Production moyenne : 80 000 bt/an

CLOS DES PAPES ♣

13, avenue Pierre-de-Luxembourg, BP 8,
84231 Châteauneuf-du-Pape
04 90 83 70 13 • www.clos-des-papes.fr • Pas de visites.
Propriétaire : Paul-Vincent Avril

★★★

CLOS DU MONT-OLIVET

Malgré son nom, ce domaine est très morcelé et rassemble à peu près tous les types de sols de l'appellation. Élaborés traditionnellement, les châteauneuf-du-pape rouges se montrent souvent réservés dans leur jeunesse. Ils sont construits pour se révéler dans le temps. Thierry Sabon a, depuis plusieurs millésimes, apporté finesse et raffinement à l'ensemble de la gamme, du simple côtes-du-rhône jusqu'à la grande cuvée de châteauneuf-du-pape. Nous suivons les progrès de ce domaine depuis de longues années. Les vins, à dix ans, s'expriment avec grâce. À vingt ans, ils franchissent un nouveau cap, et livrent leur véritable potentiel : on apprécie alors pleinement leurs arômes de truffe, de sous-bois, mais aussi de fruit comme infusé par le temps. Le châteauneuf-du-pape blanc est fougueux et distingué. Dans les bons millésimes, la propriété propose la Cuvée du Papet, dense et profonde, taillée pour la garde et qui atteint souvent un niveau exceptionnel. Tous les vins affichent un grand potentiel de garde.

Les vins : nous sommes séduits par les deux blancs présentés. Chacun dans son style, ils s'affirment comme des blancs méditerranéens sans esbroufe et loin de la technicité fermentaire. Le côtes-du-rhône est plus floral et moins sur la puissance. Le châteauneuf libère une belle générosité mais sans aucune lourdeur de style. En rouge, le côtes-du-rhône est gracieux. Il regorge d'un fruit typé par le grenache, qui ne bascule pas. La bouche est juste en termes d'extraction. Entre les deux liracs, nous avons une préférence pour celui du domaine, nous apprécions son fruit et la gestion de sa richesse. Marie Jausset est certes concentré, mais n'est pas très digeste. Le châteauneuf du domaine nous semble un peu moins réussi que l'an passé, une pointe de chaleur lui enlève de l'harmonie. La Cuvée du Papet est toujours aussi riche, mais le jus possède plus de sève et plus de mâche pour équilibrer sa puissance.

Châteauneuf-du-Pape 2019 (blanc)	28 €	93
Côtes du Rhône 2019 (blanc)	11 €	90
Châteauneuf-du-Pape 2018 (rouge)	27 €	92
Châteauneuf-du-Pape La Cuvée du Papet 2018 (rouge)	50 €	95
Côtes du Rhône Vieilles Vignes 2018 (rouge)	11 €	91
IGP Gard Confluence 2018 (rouge)	13 €	90

- Lirac 2018 | 15 € | 91
- Lirac Marie Jausset 2018 | 23 € | 90

Rouge : 46,4 hectares. Grenache noir 63 %, Syrah 13 %, Mourvèdre 12 %, Divers noir 6 %, Cinsault 5 %, Merlot 1 %
Blanc : 3,6 hectares. Grenache blanc 39 %, Clairette 33 %, Roussanne 15 %, Bourboulenc 6 %, Grenache gris 3 %, Picardan 2 %, Clairette rose 1 %, Divers blanc 1 %
Production moyenne : 180 000 bt/an

CLOS DU MONT-OLIVET

3, chemin du Bois-de-la-Ville,
84230 Châteauneuf-du-Pape
04 90 83 72 46 • www.clos-montolivet.com
• Visites : sans rendez-vous.
Propriétaire : Thierry, David et Céline Sabon
Maître de chai : Thierry Sabon
Œnologue : Philippe Cambie

★★★

CHÂTEAU RAYAS

Plus qu'un mythe, Château Rayas est une réalité, celle d'un terroir unique sur l'appellation Châteauneuf-du-Pape, où le sable joue un rôle déterminant dans le profil du vin. Emmanuel Reynaud a repris en main le domaine au décès de son oncle, Jacques. Il a remis sur pied un vignoble qui en avait besoin, sans pour autant dévier de l'esprit qui y régnait : des grenaches très mûrs, vinifiés simplement en grappes entières puis élevés dans de vieux foudres. Difficile à comprendre jeune, Rayas prend toute son ampleur avec l'âge. Loin de produire des vins surconcentrés aux boisés démonstratifs, Emmanuel Reynaud perpétue la singularité du domaine en étant encore plus précis dans la définition du cru. Dans la continuité de cet effort, Château de Fonsalette est davantage qu'un simple côtes-du-rhône ; il prolonge cet état d'esprit, à l'image d'un "petit Rayas", mais que l'on boira plus rapidement. Quant à Pignan, châteauneuf-du-pape plus classique dans sa forme, il correspond davantage à l'idée que l'on se fait des vins de cette appellation. Ici, on produit des crus comme il en existe peu en France. Et si certains amateurs sont tentés de cultiver la nostalgie des vins de Jacques Reynaud, Emmanuel produit sans l'ombre d'un doute des cuvées de toute beauté.

Les vins : le domaine ne nous ayant pas fait parvenir ses vins cette année, nous sommes amenés à reconduire les notes de notre édition précédente.

- Châteauneuf-du-Pape 2007 | de 750 à 1 100 € (c) | 100
- Châteauneuf-du-Pape Pignan 2007 | de 300 à 350 € (c) | 98
- Côtes du Rhône Château Fonsalette 2007 | 60 € | 92

Rouge : 11 hectares. Grenache noir 100 %
Blanc : 1 hectare. Clairette 50 %, Grenache blanc 50 %
Production moyenne : 100 000 bt/an

CHÂTEAU RAYAS

Route de Courthézon,
84230 Châteauneuf-du-Pape
04 90 83 73 09 • www.chateaurayas.fr •
Vente et visites : au domaine sur rendez-vous.
Propriétaire : Emmanuel Reynaud

★★★

DOMAINE DU VIEUX DONJON

Les vins du domaine du Vieux Donjon comptent parmi les plus fins, les plus élégants et les plus réguliers de l'appellation Châteauneuf-du-Pape. Cette production devrait servir de modèle aux jeunes vignerons qui souhaitent produire des châteauneuf-du-pape raffinés et pas uniquement imposants. Vigneron méticuleux et talentueux, Lucien Michel a cédé peu à peu la place à ses deux enfants, Claire, arrivée en 2007, et François, en 2012. Cette nouvelle génération poursuit avec harmonie le style qui a fait la réputation du domaine, avec deux cuvées de très haute volée. Les vins sont vinifiés en cuve béton, les élevages effectués en gros foudre. Le blanc est composé à parts égales entre clairette et roussanne. Les rouges ne sont que partiellement éraflés, ce qui ne les empêche pas d'être délicats. Le domaine possède des vignes dans de très beaux terroirs de l'appellation (8 hectares à Pied Long, de belles parcelles à Cabrières, Rayas, Cristia, achetées en 2013, Pied de Baud, Bois de Boursan, Le Mourre de Gaud...).

Les vins : ils nous confortent dans l'idée que 2018 n'est pas un millésime puissant, mais quel raffinement ici en rouge ! Gracieux, sa puissance monte tout en finesse, les tanins sont posés, le fruit est bien juteux et diffuse des saveurs de garrigue. Et que dire du blanc 2019... Il se dévoile en nuances de fleur blanche et de fenouil. La bouche est juste, avec une trame épurée sans excès d'alcool et une remarquable fraîcheur.

- Châteauneuf-du-Pape 2019 — de 38 à 40 € (c) — 94
- Châteauneuf-du-Pape 2018 — de 35 à 38 € (c) — 96

Rouge : 16 hectares. Grenache noir 70 %, Mourvèdre 15 %, Syrah 15 %
Blanc : 1 hectare. Roussanne 50 %, Clairette 50 %
Production moyenne : 50 000 bt/an

DOMAINE DU VIEUX DONJON
Route de Courthézon, BP 66,
84232 Châteauneuf-du-Pape
04 90 83 70 03 • www.levieuxdonjon.fr •
Pas de visites.
Propriétaire : Claire et François Michel

★★

CHÂTEAU DE BEAUCASTEL

Avec son terroir si particulier de galets roulés, le château de Beaucastel est l'un des emblèmes de Châteauneuf-du-Pape. Ce domaine peut s'enorgueillir d'être l'un des seuls à faire appel aux treize cépages autorisés pour élaborer son rouge. Un vin régulièrement de très bon niveau, mais qui subit la concurrence de cuvées venues bouleverser la hiérarchie de l'appellation. Certes, la rarissime et remarquable cuvée Hommage à Jacques Perrin, issue à grande majorité de mourvèdre et produite uniquement dans les grandes années, demeure une référence, tout comme le somptueux blanc de roussanne Vieilles Vignes, qui se révèle avec le temps. Le château de Beaucastel demeure, sous la conduite efficace de la famille Perrin, une référence pour les vins du sud de la France, statut qu'il doit désormais partager avec d'autres domaines qui ont atteint, voire dépassé son niveau.

Les vins : les rouges 2018 se montrent assez juteux, dans un registre différent de ce dont nous avons l'habitude avec ce domaine. Les rendements faibles du millésime, 9 hl/ha, dû à la pression de mildiou n'ont fait qu'accentuer la proportion des syrah, mourvèdre et counoise. Le châteauneuf du domaine est sérieux dans son profil aromatique très provençal. Hommage 2017 est plus chaud dans les arômes et plus complexe, la trame de tanin est salutaire pour ce vin plus généreux qu'en 2016. Le Coudoulet est un joli vin, juteux, avec une matière sérieuse pour un côtes-du-rhône. Les deux blancs affichent un boisé toasté, plus marqué sur la cuvée du domaine que sur les Vieilles Vignes. Le faible rendement, conjugué à un pourcentage de fût neuf plus important, a modifié la donne. Sur les Vieilles Vignes, la roussanne possède davantage de largeur, l'élevage est mieux intégré en bouche mais apporte des nuances fumées.

- Châteauneuf-du-Pape 2018 — 80 € — 92
- Châteauneuf-du-Pape Roussanne Vieilles Vignes 2018 — 150 € — 93
- Châteauneuf-du-Pape 2018 — 76 € — 94
- Châteauneuf-du-Pape Hommage à Jacques Perrin 2017 — 450 € — 96
- Côtes du Rhône Coudoulet 2018 — de 21 à 25 € (c) — 92

Production moyenne : 300 000 bt/an

CHÂTEAU DE BEAUCASTEL ♣
Chemin de Beaucastel 84350 Courthézon
04 90 70 41 15 • www.beaucastel.com •
Vente et visites : au domaine sur rendez-vous.
Propriétaire : Famille Perrin
Directeur : François Perrin et César Perrin
Maître de chai : Claude Gouan

★★

DOMAINE DES BERNARDINS

Cette propriété assume une vision traditionnelle du vin, sans technologie ni modernisme excessifs. Pas étonnant que les muscats à petits grains donnent un nectar à la texture inégalée et à la richesse en liqueur équivalente à celle des plus grands sauternes. Le domaine des Bernardins, reconnu pour la qualité de ses magnifiques muscats de beaumes-de-venise, produit aussi un très joli rouge, à forte personnalité, qui nous enchante. Romain Hall vinifie avec son père depuis 2007. Si le rouge représente 30 % de la production, il a toujours été présent, le plus vieux millésime répertorié datant de 1847. Le domaine vinifie à partir de raisins noirs, en grappes entières, auxquels sont ajoutés 10 % de blanc lors de l'assemblage. Ce dernier joue un rôle important en apportant du gras, selon Romain. Les vins sont très aromatiques, et s'ils ont longtemps été un rien fougueux dans leur jeune âge, les derniers millésimes sont bien plus sages, précis, et d'une grâce magistrale, toujours aptes à une belle évolution dans le temps. Surtout, ce domaine produit des muscats renversants, dont on se régalera dès la jeunesse. Mais avec l'âge, dix ans, vingt ans et plus, il acquièrent une complexité incroyable.

Les vins : les blancs du domaine restent vraiment délicieux, le Doré des Bernardins est un muscat sec très bien maîtrisé, sans exubérance, qu'on imagine parfaitement escorter un taboulé libanais, avec sa pointe de menthe fraîche qui souligne le côté anisé et mentholé du muscat. Le muscat beaumes-de-venise 2019 se dévoile sur la pêche blanche et la mandarine, avec un côté rose épicé. La bouche, même sur un millésime jeune, montre une parfaite maîtrise du mutage. Hommage reste la version de l'appellation la plus aboutie. Quelle belle complexité aromatique sur les oranges confites, le kumquat, l'abricot sec, et cette fameuse touche de menthol en finale ! La bouche est gérée par des amers qui soutiennent la fraîcheur, et quand la douceur n'est pas débordante, c'est gagné. Nous sommes par contre moins convaincus par les rouges, ils manquent de grâce et de finesse. La vendange entière n'est pas aboutie.

- IGP Vaucluse Doré des Bernardins 2019 — 7,90 € — 90
- Muscat de Beaumes de Venise 2019 — 14,20 € — 92
- Beaumes de Venise 2018 — 11,50 € — 87
- Côtes du Rhône Les Balmes 2018 — 9,20 € — 85

Le coup de ♥

- Muscat de Beaumes de Venise Hommage — 17,50 € — 95

Rouge : 8,2 hectares. Grenache noir 68 %, Syrah 25 %, Mourvèdre 5 %, Cinsault 2 %
Blanc : 17 hectares. Muscat à petits grains blancs 70 %, Muscat à petits grains noirs 20 %, Grenache blanc 5 %, Marsanne 5 %
Production moyenne : 100 000 bt/an

DOMAINE DES BERNARDINS
138, avenue Gambetta,
84190 Beaumes-de-Venise
04 90 62 94 13 •
www.domaine-des-bernardins.com •
Visites : sans rendez-vous.
Propriétaire : Andrew et Elisabeth Hall, Renée Castaud-Maurin
Directeur : Romain Hall

★★

DOMAINE BOSQUET DES PAPES

Le vignoble du domaine est très morcelé. Composé d'une quarantaine de parcelles réparties dans différents secteurs de l'appellation, il s'appuie essentiellement sur le grenache et donne naissance à des vins au style classique, qui vieillissent fort bien. Avec la complicité de l'œnologue Philippe Cambie, ce domaine a amorcé un changement de style en produisant des vins plus élégants, sans perdre de leur personnalité. Ce travail a porté ses fruits : les vins s'imposent comme des références, grâce à leur magnifique pureté de fruit et la finesse de leur grain.

Les vins : nous aimons le côtes-du-rhône pour son fruit immédiat et sa sapidité. Côté châteauneuf-du-pape rouge, la dimension des vins du domaine nous séduit, mention spéciale à la gestion de la puissance, quels que soient les assemblages. La cuvée Tradition se montre ample, cossue et sapide. Chante le Merle est indispensable à tout amateur de grenache. Le 2018 montre toute son élégance et sa dimension florale. Le 2014 est tout aussi séducteur, démontrant que la fraîcheur de ce millésime a permis de générer des vins de demi-puissance d'une grande finesse de style. À La Gloire de Mon Grand-Père 2018 est pourvu d'une mâche et d'un fond plus charnus, mais reste fidèle à la signature du domaine dans le toucher de bouche.

- Châteauneuf-du-Pape Tradition 2019 — de 16,90 à 29,50 € (c) — 92
- Châteauneuf-du-Pape Chante Le Merle Vieilles Vignes 2014 — de 26,90 à 50 € (c) — 93
- Châteauneuf-du-Pape Tradition 2018 — de 16,90 à 29 € (c) — 92
- Châteauneuf-du-Pape À la Gloire de mon Grand-Père 2018 — de 23,30 à 40 € (c) — 94
- Côtes du Rhône Domaine Nicolas Boiron 2018 — de 5,20 à 10 € (c) — 90

Le coup de ♥

- Châteauneuf-du-Pape Chante Le Merle Vieilles Vignes 2018 — de 26,60 à 45 € (c) — 95

Rouge : 30,5 hectares. Grenache noir 75 %, Mourvèdre 11 %, Syrah 11 %, Vaccarèse 1 %, Cinsault 1 %, Counoise 1 %
Blanc : 1,5 hectare. Grenache blanc 25 %, Clairette 25 %, Clairette rose 20 %, Bourboulenc 20 %, Grenache gris 10 %
Production moyenne : 80 000 bt/an

DOMAINE BOSQUET DES PAPES
18, route d'Orange, BP 50,
84232 Châteauneuf-du-Pape
04 90 83 72 33 •
www.bosquetdespapes.com • Visites : sur rendez-vous uniquement aux professionnels.
Propriétaire : Nicolas Boiron
Œnologue : Philippe Cambie

★★

VIGNOBLES ANDRÉ BRUNEL

Peu connu en France, André Brunel fait pourtant partie de l'élite de l'appellation Châteauneuf-du-Pape. Il produit des vins racés, qui ont pour atouts majeurs la minéralité et le raffinement. Toute la gamme est d'une grande régularité. Le châteauneuf-du-pape classique est une force tranquille, tout en finesse et en nuance. Les grandes années, le domaine produit en petite quantité une magnifique cuvée issue de vignes plantées en 1889 sur le plateau de Farguerol, baptisée Cuvée Centenaire, qui a vu le jour en 1989. Elle a connu un succès mondial rapide, amplement mérité. André Brunel possède encore quelques rares et magnifiques flacons anciens, des 1947 et 1967 ou, plus récents, des 1978, qui montrent un indéniable savoir-faire, que l'on retrouve dans la qualité des vins actuels.

Les vins : le domaine tient vraiment son rang dans les deux couleurs. Le blanc est certainement l'un des trois meilleurs vins blancs de l'appellation en 2019. Il est complexe, ample et riche, tout en conservant une harmonie et une persistance de qualité. Il appelle un joli poulet au citron. Le rouge 2017 est certes doté d'un volume et d'une richesse importante, l'effet du millésime, mais ils sont canalisés par un fruit juteux et une bouche très digeste. La dégustation s'en trouve facilitée et le plaisir augmenté. Il constituera quand même un excellent vin de garde.

- Châteauneuf-du-Pape Domaine Les Cailloux 2019 — 32 € — 94
- Côtes du Rhône Sommelongue 2018 — 10 € — 85

Le coup de ♥

- Châteauneuf-du-Pape Domaine Les Cailloux 2017 — 32 € — 95

Rouge : 85,3 hectares. Grenache noir 65 %, Mourvèdre 20 %, Syrah 10 %, Divers noir 5 %
Blanc : 4,7 hectares. Roussanne 50 %, Grenache blanc 30 %, Clairette 20 %
Production moyenne : 200 000 bt/an

VIGNOBLES ANDRÉ BRUNEL
2648, chemin de l'Oiselay, 84700 Sorgues
04 90 83 72 62 •
www.domaine-les-cailloux.fr • Vente et visites : au domaine sur rendez-vous.
Propriétaire : André Brunel
Directeur : Fabrice Brunel
Maître de chai : Romain Pitaud
Œnologue : Philippe Cambie

★★

DOMAINE CHARVIN

Situé dans les quartiers frais de Châteauneuf-du-Pape, le domaine produit des vins de facture très classique, sans éraflage, élevés en cuve béton. Sans perdre une certaine puissance, les vins ont depuis quelques millésimes gagné en finesse. La production s'appuie sur de vieux grenaches. Le simple côtes-du-rhône, une vraie gourmandise, nécessite quelques années de cave pour être à son meilleur, tout comme le châteauneuf-du-pape, dont le potentiel ne s'exprime qu'après une garde d'au moins cinq ans. Depuis quelques millésimes, le blanc se montre plus juste en maturité et en énergie.

Les vins : l'impact et la fraîcheur de la clairette se font ressentir sur le châteauneuf blanc, limpide et ciselé. Le côtes-du-rhône blanc possède une bouche plus facile, mais sa fraîcheur est détonante sur les nuances de fenouil sauvage du bourboulenc. En rouge, nous avons toujours un peu de mal avec la petite cuvée À Côté : le merlot est-il vraiment fait pour ce terroir et ce climat ? En comparaison, le côtes-du-rhône affiche une bouche plus étoffée et sapide, et un toucher plus gracieux avec son fruit bien pulpeux. Le châteauneuf rouge se livre avec finesse et délicatesse ; sans la puissance du 2017, cela reste un joli vin pour un millésime pas facile. Le niveau de ce domaine en 2018 est bluffant, et nous considérons que ce châteauneuf fait partie des trois plus belles réussites de l'appellation.

- Châteauneuf-du-Pape 2019 33 € 92
- Côtes du Rhône 2019 13 € 90
- Côtes du Rhône 2019 10,50 € 89
- Châteauneuf-du-Pape 2018 32 € 95
- IGP Principauté d'Orange À Côté 2018 8 € 86

Le coup de ♥

- Côtes du Rhône 2018 11,50 € 92

Rouge : 31,4 hectares. Grenache noir 85 %, Mourvèdre 5 %, Syrah 5 %, Vaccarèse 5 %
Blanc : 0,6 hectare. Bourboulenc 45 %, Roussanne 20 %, Clairette 20 %, Grenache blanc 15 %
Production moyenne : 100 000 bt/an

DOMAINE CHARVIN ♣
Chemin de Maucoil, 84100 Orange
04 90 34 41 10 • domaine.charvin@free.fr • Vente et visites : au domaine sur rendez-vous.
Propriétaire : Laurent Charvin

★★

DOMAINE JÉRÔME GRADASSI

Ancien chef étoilé, Jérôme Gradassi s'est reconverti dans le vin en 2004. Un retour aux sources pour ce descendant d'une famille installée dans le vignoble châteauneuvois depuis des décennies, Jérôme étant petit-fils de négociant par son père et de vigneron par sa mère. Il exploite un tout petit domaine qu'il cultive seul avec le plus grand soin. Sa philosophie : faire du mieux qu'il peut avec les moyens dont il dispose. Il choisit une approche traditionnelle, des raisins peu ou pas éraflés et des fûts usagés – pas de bois neuf ! Jérôme Gradassi aime les raisins sains, riches et bien mûrs qu'il vinifie sans artifices. Ses blancs comme ses rouges se révèlent des valeurs sûres.

Les vins : nous sommes heureux d'avoir pu déguster le rouge 2019, en phase avec le style des vins du domaine, un joli côté floral, un fruit bien scintillant et une bouche structurée, mais sans dureté. Ce n'est vraiment pas le cas du 2018 qui manque de franchise aromatique, présente des tanins un peu secs, et dans lequel nous ne retrouvons pas ce style. Le blanc est très singulier, avec ces deux variétés de clairette (blanc et rose) qui apportent un nez et une bouche si originaux.

- Châteauneuf-du-Pape 2019 29 € 92
- Châteauneuf-du-Pape 2018 25 € 90
- Châteauneuf-du-Pape 2019 25 € 93

Rouge : 4,8 hectares. Grenache noir 80 %, Mourvèdre 20 %
Blanc : 0,2 hectare. Clairette 95 %, Grenache blanc 5 %
Production moyenne : 10 000 bt/an

DOMAINE JÉRÔME GRADASSI
23, rue Alphonse Daudet
84230 Châteauneuf-du-Pape
06 74 91 79 46 •
dom.jerome.gradassi@wanadoo.fr • Vente et visites : au domaine sur rendez-vous.
Propriétaire : Jérôme Gradassi

★★

DOMAINE DE LA JANASSE

Cette grande propriété, qui appartient depuis des générations à la famille Sabon, fait partie de l'élite châteauneuvoise. Les vignes de Châteauneuf-du-Pape sont majoritairement réparties sur la commune de Courthézon, avec un morcellement de parcelles et de sols que l'on retrouve à travers les diverses cuvées. Le domaine produit également de splendides, et importantes en volume, cuvées de côtes-du-rhône, provenant de vignes jouxtant l'appellation Châteauneuf-du-Pape. Avec des maturités souvent très élevées, les vins sont d'un style opulent, parfois un peu trop chaleureux lors des millésimes solaires. En contrepartie, les tanins et les textures sont toujours d'une grande finesse. Depuis quelques millésimes, les vins sont moins portés sur la richesse et se montrent légèrement plus digestes.

Les vins : chacun fera son choix parmi les rosés, l'IGP est plus pâle mais reste dans un registre assez simple, et si le côtes-du-rhône sort du code couleur, il est aussi plus juteux. En blanc, le côtes-du-rhône exhale le sud avec ses nuances florales et de fruit jaune, mais la bouche se montre moins harmonieuse, une pointe de chaleur lui ôte de la fraîcheur. Le châteauneuf 2018, bien que plus étoffé et plus gras, possède une harmonie, une richesse et une sapidité bien supérieures. Terre d'Argile se montre plus proche du fruit ; sa matière reste cohérente. En châteauneuf rouge, intéressante comparaison entre Chaupin et Vieilles Vignes : en 2018, le second est au-dessus, grâce à la qualité des mourvèdres qui lui confèrent une densité et une mâche supérieures. Chaupin conserve toutefois son cœur sphérique, typé par le grenache, et sa bouche veloutée.

Châteauneuf-du-Pape 2018	33 €	92
Côtes du Rhône 2019	10 €	89
Côtes du Rhône 2019	7 €	89
IGP Principauté d'Orange 2019	6 €	88
Châteauneuf-du-Pape Chaupin 2018	56 €	94
Châteauneuf-du-Pape Tradition 2018	33 €	92
Châteauneuf-du-Pape Vieilles Vignes 2018	76 €	95
Côtes du Rhône-Villages Terre d'Argile 2017	15 €	90

Rouge : 78 hectares. Grenache noir 70 %, Carignan 10 %, Mourvèdre 10 %, Syrah 5 %, Divers noir 5 %
Blanc : 12 hectares. Grenache blanc 60 %, Roussanne 20 %, Clairette 20 %
Production moyenne : 300 000 bt/an

DOMAINE DE LA JANASSE
27, chemin du Moulin, 84350 Courthézon
04 90 70 86 29 • www.lajanasse.com •
Vente et visites : au domaine sur rendez-vous.
Propriétaire : Aimé, Christophe et Isabelle Sabon

★★

DOMAINE DE MARCOUX

Dirigé par Catherine et Sophie Armenier, le domaine de Marcoux s'impose au sommet des vins de l'appellation Châteauneuf-du-Pape. Il s'est orienté très tôt vers la culture biodynamique (non certifiée). Les vins possèdent un naturel et une profondeur rares, une énergie et une puissance de bouche qui ne s'appuient sur aucun artifice d'élevage. Ces grands vins classiques, marqués par l'empreinte des grenaches mûrs, vieillissent à merveille. Malgré de fortes maturités, toutes les cuvées ont trouvé leur équilibre et paraissent moins chaudes que par le passé. Les blancs s'imposent régulièrement parmi les plus beaux de l'appellation ; le travail des sols y est pour beaucoup. Les vins ont gagné en minéralité et en salinité. Année après année, le lirac devient une valeur incontournable.

Les vins : nous saluons la finesse des châteauneuf 2017. Ce n'est pas facile d'afficher de hauts degrés et de rester homogène et cohérent en bouche. La cuvée du domaine est vraiment bien gérée avec ses notes de petits fruits et d'épices, la bouche se montre assez délicate, avec une puissance en alcool diffuse. Vieilles Vignes est encore plus raffiné, le vin se livre avec un joli velouté de bouche et une grande persistance. Le lirac 2018 est bien en-dessous du 2017, emporté par l'alcool, manquant de finesse.

Châteauneuf-du-Pape 2017	44 €	94
Châteauneuf-du-Pape Vieilles Vignes 2017	105 €	95
Lirac La Lorentine 2018	de 16 à 20 € (c)	89

Rouge : 17 hectares. Grenache noir 80 %, Mourvèdre 10 %, Syrah 10 %
Blanc : 1 hectare. Roussanne 65 %, Divers blanc 25 %, Bourboulenc 10 %
Production moyenne : 20 000 bt/an

DOMAINE DE MARCOUX ♣
198, chemin de la Gironde, 84100 Orange
04 90 34 67 43 •
www.domainedemarcoux.com • Vente et visites : au domaine sur rendez-vous.
Propriétaire : Sophie Armenier et Vincent Estevenin

★★

DOMAINE DE L'ORATOIRE SAINT-MARTIN

Frédéric et François Alary ont fait de ce domaine, bien situé sur le magistral terroir de Cairanne, l'un des crus majeurs de l'appellation, grâce à un travail méticuleux et respectueux de la vigne (rendements très limités, culture biologique, récolte à maturité optimale). Après avoir essayé et fait le tour de tous les types de contenants, les deux frères élèvent désormais leurs vins en foudre et en cuve béton, des modes d'élevages parfaitement adaptés aux vins du secteur. Ils produisent des vins cohérents, élégants et raffinés, qui livrent une interprétation civilisée du terroir. Il y a de l'amabilité, de la fougue et une énergie incroyable dans toute la gamme, pour un prix fort raisonnable.

Les vins : les blancs sont vraiment des valeurs sûres de cette région. La Réserve des Seigneurs affiche de séduisantes notes de fleurs blanches et la bouche se montre équilibrée. Nous gagnons en complexité avec Haut-Coustias 2017. Le vrai potentiel de vieillissement se révèle avec ces saveurs miellées et ces beaux amers en fin de bouche. En rouge, le côtes-du-rhône se veut une cuvée de soif, en a l'esprit dans sa définition du fruit, mais la bouche demeure trop cossue. Du côté des cairannes, chaque cuvée arbore un style différent. Réserve des Seigneurs dévoile une expression de syrah fraîche et presque septentrionale. Douyes est plus sudiste dans l'âme avec cette part de mourvèdre qui lui confère des notes de maquis et d'olive noir. Haut-Coustias 2017 est un vin encore plein et charnu. Un profil sérieux, bâti pour la garde.

Cairanne Haut-Coustias 2017	19,50 €	93
Cairanne Réserve des Seigneurs 2019	13,50 €	90
Cairanne Haut-Coustias 2017	21 €	93
Cairanne Les Douyes 2017	21 €	92
Cairanne Réserve des Seigneurs 2018	15 €	90
Côtes du Rhône Les P'tits Gars 2019	10 €	88

Rouge : 20 hectares. Grenache noir 55 %, Mourvèdre 30 %, Syrah 10 %, Counoise 3 %, Cinsault 2 %
Blanc : 5 hectares. Clairette 40 %, Grenache blanc 20 %, Marsanne 20 %, Roussanne 20 %
Production moyenne : 100 000 bt/an

DOMAINE DE L'ORATOIRE SAINT-MARTIN ☾
570, route de Saint-Roman, 84290 Cairanne
04 90 30 82 07 •
www.oratoiresaintmartin.com •
Visites : sans rendez-vous.
Propriétaire : Frédéric et François Alary

★★

DOMAINE MARCEL RICHAUD

Il existe bien peu de vignerons aussi exigeants et complets en France, de la vigne au chai, que Marcel Richaud. Il est arrivé au sommet de son art depuis qu'il dispose d'un chai de vinification et d'élevage à la hauteur de ses ambitions. Pour l'amateur, le travail de ce producteur est une bénédiction. Toute sa gamme atteint un niveau remarquable et séduit immédiatement. Les vins gagnent année après année en finesse et en précision, tout en respectant l'équilibre et la maturité méridionales.

Les vins : affichant des degrés élevés, les quelques 2019 dégustés gardent toutefois un fruit bien pulpeux. À la Source, doté d'un fruit gourmand, n'est pas un vin "glou-glou" contrairement aux apparences. Le côtes-du-rhône montre lui aussi une certaine générosité, mais sensiblement mieux gérée. Issu d'un millésime plus frais, Les Galets arbore une jolie concentration en finesse. L'Esbrecade est un joli vin qui profite des charmes de 2017 sans en avoir les inconvénients. Il évolue bien, la bouche séduit par sa texture veloutée et caressante, et prouve qu'un vin solaire au degré imposant peut garder de la finesse.

VDF 2019	8 €	89
Cairanne 2018	16 €	92
Côtes du Rhône 2019	8,50 €	90
Côtes du Rhône Terre de Galets 2018	de 13 à 15 € (c)	91
VDF À la Source 2019	7 €	89

Le coup de ♥

Cairanne L'Ebrescade 2017	22 €	93

Rouge : 63,1 hectares. Grenache noir 50 %, Mourvèdre 25 %, Syrah 10 %, Counoise 5 %, Cinsault 5 %, Carignan 5 %
Achat de raisins.
Blanc : 4,3 hectares. Clairette 30 %, Bourboulenc 30 %, Grenache blanc 10 %, Marsanne 10 %, Roussanne 10 %, Viognier 10 %
Achat de raisins.
Production moyenne : 200 000 bt/an

DOMAINE MARCEL RICHAUD ♣
470, route de Vaison-la-Romaine,
84290 Cairanne
04 90 30 85 25 • info@domaine-richaud.fr •
Visites : sans rendez-vous.
Propriétaire : Marcel Richaud
Maître de chai : Claire Richaud

★★

MAISON TARDIEU-LAURENT

Cette petite maison de négoce haut de gamme a été créée au début des années 1990 par Michel Tardieu et Dominique Laurent, dans la vallée du Rhône. Grâce à de très beaux approvisionnements et un sens aigu de la vinification et de l'élevage, Michel Tardieu produit une gamme de vins réguliers, dans un esprit moderne. Un négoce de pointe, aux approvisionnements léchés dans le Sud comme dans le Nord de la vallée du Rhône.

Les vins : le millésime 2018 est superbement bien géré dans la partie nord de la vallée du Rhône. Les vins sont identitaires et les matières, quelles que soient les appellations, bâties pour bien évoluer. Même le crozes se montre étoffé, ne vous méprenez pas, ce n'est pas un vin de soif. L'hermitage est racé et longiligne, et la côte-rôtie vraiment réussie, dans un registre Côte Brune. Le cornas est d'un bon niveau mais attention à la vendange entière qui n'est pas tout à fait aboutie. Une pointe mentholée et végétale en atteste. La partie sud s'en sort très bien : le vacqueyras est sur l'infusion, c'est un vin plaisant. Le gigondas affiche un cœur de bouche plein. Le châteauneuf 2018 est bien en place, le fruit est pulpeux avec une matière pas très puissante mais équilibrée. La Spéciale est plus subtile avec ce grenache qui se livre sans retenue sur des notes de fleurs, de fruits macérés. La bouche affirme pleinement sa volupté et sa puissance aérienne.

Châteauneuf-du-Pape 2018	30 €	92
Châteauneuf-du-Pape Spéciale 2018	49 €	94
Cornas Coteaux 2018	35 €	92
Crozes-Hermitage Vieilles Vignes 2018	26 €	91
Côte-Rôtie Vieilles Vignes 2018	65 €	95
Hermitage 2018	65 €	95
Vacqueyras Vieilles Vignes 2018	24 €	91

Le coup de ♥

Gigondas Vieilles Vignes 2018	28 €	92

Production moyenne : 200 000 bt/an

MAISON TARDIEU-LAURENT

Les Grandes Bastides, Route de Cucuron, 84160 Lourmarin
04 90 68 80 25 • www.tardieu-laurent.com • Vente et visites : au domaine sur rendez-vous.
Propriétaire : Famille Tardieu
Directeur : Michel Tardieu
Œnologue : Bastien Tardieu

★★

CHÂTEAU DES TOURS

Cette propriété située en bas de l'appellation Vacqueyras, dans le secteur de Sarrians, appartient à Emmanuel Reynaud, qui dirige aussi, depuis 1997, Rayas et Fonsalette. Elle est principalement dédiée à l'exaltation du cépage grenache en rouge comme en blanc. Le soin apporté à la viticulture et les risques pris lors des vendanges – les raisins sont les plus mûrs possibles – offrent une qualité de production très régulière. Les vins proposent une expression singulière du grenache, reconnaissable à l'aveugle au milieu de tous, jamais très fort en couleur mais toujours profond, élancé et épicé, avec un fruit exceptionnel. Ils nous servent de référent en matière d'équilibre et surtout de complexité, et montrent le potentiel de garde des vins du secteur. D'ailleurs, du simple vin de pays jusqu'au vacqueyras, ils sont toujours vendus après quelques années de vieillissement au domaine : c'est ainsi qu'ils s'affirment le mieux.

Les vins : le domaine ne nous ayant pas fait parvenir ses vins cette année, nous sommes amenés à reconduire les notes de notre édition précédente.

IGP Vaucluse Domaine des Tours 2015	14,50 €	91
Côtes du Rhône 2015	14,50 €	92
IGP Vaucluse Domaine des Tours 2015	14,50 €	88

Rouge : 36 hectares. Grenache noir 45 %, Cinsault 35 %, Counoise 10 %, Merlot 5 %, Syrah 5 %
Blanc : 3 hectares.
Production moyenne : 120 000 bt/an

CHÂTEAU DES TOURS

Quartier des Sablons, 84260 Sarrians
04 90 65 41 75 •
chateaurayas.fr/vinsdestours.php •
Visites : sans rendez-vous.
Propriétaire : Emmanuel Reynaud

★★

VIEUX TÉLÉGRAPHE

Sous le nom de Vieux Télégraphe, nous avons regroupé les domaines du Vieux Télégraphe, Pielong ainsi que Les Pallières, en Gigondas, le tout appartenant aux frères Brunier. Les splendides galets de la Crau, terroir chaud, sont à l'origine de la typicité des vins du Vieux Télégraphe. Le domaine y produit une cuvée unique d'une grande régularité. Des raisins peu ou pas éraflés, élevés dans de vieux foudres, donnent un vin riche, ayant besoin d'une longue garde pour dissiper son énergie. Dès lors, ils retrouvent toute la minéralité de ce superbe terroir. Situé au centre du village de Châteauneuf-du-Pape, le vignoble est majoritairement planté sur le plateau de Pied Long et dans le quartier, plus sableux, de Pignan. Les vins sont toujours droits et purs, plus élégants qu'imposants. Le reste de la production est déclassé dans la cuvée Télégramme. Enfin, le domaine Les Pallières, magnifique vignoble de Gigondas, est situé en terrasses sous les Dentelles de Montmirail. Le vin s'exprime dans un style profond, structuré et sans lourdeur.

Les vins : vigilance sur le devenir des Pallières blanc : la première était abîmée par un goût de lumière, ce qui montre la fragilité de ce vin aux ultraviolets, mais la seconde bouteille exprimait une belle franchise sur des notes de fleurs blanches. Les deux gigondas sont diamétralement opposés. Racine est souligné par un fruit bien plus scintillant, détail important vu la texture du vin en bouche : un fruit juteux suffit parfois à faire accepter une matière concentrée. Terrasses du Diable possède une définition plus solaire et plus cuite. La trame est impactée et le vin dissocié. Le Télégramme est un joli vin, tactilement élégant comme le parcellaire Pied Long, plus puissant bien que possédant une générosité diffuse, une petite déviation dans les arômes et les saveurs l'empêche toutefois d'atteindre une meilleure note. Le grand vin du Vieux Télégraphe est plus solaire dans sa lecture que le 2016 mais cependant l'ensemble reste d'un beau niveau.

- VDF Au Petit Bonheur Les Pallières 2019 — 14 € — 89
- Châteauneuf-du-Pape 2017 — de 65 à 69 € (c) — 94
- Châteauneuf-du-Pape Piedlong 2017 — 48 € — 92
- Châteauneuf-du-Pape Télégramme 2018 — 29 € — 92
- Gigondas Les Pallières Les Racines 2017 — 34 € — 91
- Gigondas Les Pallières Terrasse du Diable 2017 — 26 € — 88
- IGP Vaucluse Le Pigeoulet des Brunier 2018 — 11 € — 90

Rouge : 137 hectares. Grenache noir 65 %, Mourvèdre 15 %, Syrah 15 %, Divers noir 5 %
Blanc : 10 hectares. Clairette 40 %, Grenache blanc 30 %, Bourboulenc 15 %, Roussanne 15 %
Production moyenne : 540 000 bt/an

VIEUX TÉLÉGRAPHE
3, route de Châteauneuf-du-Pape, 84370 Bedarrides
04 90 33 00 31 • www.vieux-telegraphe.fr •
Vente et visites : au domaine sur rendez-vous.
Propriétaire : Frédéric et Daniel Brunier
Directeur : Famille Brunier
Maître de chai : Famille Brunier

★

LA BARROCHE

Julien et Laetitia Barrot possèdent un joli vignoble comportant une part importante de vieilles vignes installées principalement dans la partie nord de l'appellation, sur les terroirs de Bois des Dauphins, Pied Long et Cabrières. La cuvée Pure est issue de grenaches, dont certains plus que centenaires, plantés dans les secteurs de Grand Pierre, Le Pointu et Rayas. La quête de la fraîcheur est affirmée : cuvier en ciment, élevages dans une majorité de gros contenant en bois, le domaine va dans le bons sens.

Les vins : avec un travail de forcené à la vigne dès le début de l'attaque de mildiou de 2018, Julien Barrot fait partie de ces vignerons qui ont réussi à sauver leur millésime, et leurs volumes. L'identité fraîche de l'année ressort dans les vins. La cuvée du domaine s'avère pleine et charnue, toute en gardant cette sapidité du millésime. Pure 2018 possède une pointe évoquant le graphite et le fusain, se montre plein et gracieux en bouche. Nous avons pu déguster la confidentielle cuvée Le ?, pur mourvèdre vendu exclusivement au caveau. C'est une belle réussite dans ce millésime humide et chaud ; nous sommes séduits par son côté pulpeux et son soyeux en bouche.

- Châteauneuf-du-Pape 2018 — N.C. — 92
- Châteauneuf-du-Pape Pure 2018 — 95 € — 93

Le coup de ♥

- Châteauneuf-du-Pape Le ? 2018 — N.C. — 94

Rouge : 15 hectares. Grenache noir 62 %, Mourvèdre 17 %, Syrah 13 %, Cinsault 5 %, Divers noir 3 %
Blanc : 0,3 hectare. Clairette 100 %
Production moyenne : 35 000 bt/an

LA BARROCHE
16, chemin du Clos,
84230 Châteauneuf-du-Pape
06 62 84 95 79 • www.domainelabarroche.com • Vente et visites : au domaine sur rendez-vous.
Propriétaire : Julien et Laetitia Barrot

★

DOMAINE DE BEAURENARD

Il faut avoir goûté les vieux châteauneuf-du-pape des années 1950 et 1960 du domaine Beaurenard pour comprendre à la fois le potentiel et l'évolution de la production de ce domaine emblématique. Sans renier leur héritage, les frères Coulon ont évolué vers plus de modernité. Les rouges sont devenus sombres, denses, avec une certaine recherche de puissance, voire une pointe d'austérité. Dans les deux couleurs, les élevages sont marqués par un boisé prégnant, notamment Boisrenard. Depuis quelques millésimes, leurs vins semblent trouver de meilleurs équilibres : ils sont plus dynamiques et vivants. Absorbant mieux leur élevage, ils restituent avec plus de justesse un fruit prometteur dès le jeune âge et une belle énergie puisée dans le sol, qui les accompagnera dans le temps.

Les vins : le domaine nous a fait parvenir très peu de vins cette année. Nous aimons les deux blancs qui, chacun à leur niveau, sont sincères et parfaitement gérés. Le blanc du domaine affiche un nez séduisant sur le fenouil sauvage et les fleurs blanches, la bouche se montre sapide et dotée d'une belle énergie. Boisrenard est plus large en bouche, construit sur une ossature puissante, mais reste harmonieux. Il est finement souligné par un boisé qui le graisse un peu plus, mais la dimension et la persistance sont au rendez-vous. Le rouge 2018 est un adolescent qui déborde de fruit et d'épices, la bouche se montre sérieuse mais d'une matière sans dureté.

- Châteauneuf-du-Pape 2019 — 37 € — 92
- Châteauneuf-du-Pape Boisrenard 2019 — 59 € — 93
- Châteauneuf-du-Pape 2018 — 37 € — 92

Rouge : 63 hectares. Grenache noir 70 %, Syrah 10 %, Mourvèdre 10 %, Cinsault 6 %, Terret noir 1 %, Counoise 1 %, Muscardin 1 %, Vaccarèse 1 %
Blanc : 3 hectares. Clairette 30 %, Bourboulenc 25 %, Roussanne 22 %, Grenache blanc 20 %, Picpoul blanc 3 %
Production moyenne : 250 000 bt/an

DOMAINE DE BEAURENARD
10, avenue Pierre-de-Luxembourg,
84230 Châteauneuf-du-Pape
04 90 83 71 79 • www.beaurenard.fr • Vente et visites : au domaine sur rendez-vous.
Propriétaire : Famille Coulon

★

DOMAINE BOIS DE BOURSAN

Le domaine Bois de Boursan a été créé au milieu des années 1950 par le père de Jean-Paul Versino. Ce dernier l'a rejoint en 1983, après avoir quitté l'université. Sa seule formation, il l'a puisée dans les livres et en suivant l'expérience de son père qui travaille depuis toujours en viticulture biologique. Ici, on produit de très beaux châteauneuf-du-pape dans un style classique, à dominante de grenache non éraflé, élevé en foudre. En 1995, le domaine s'agrandit de quelques parcelles de très vieilles vignes et, parallèlement, le marché est en demande de vins plus puissants. Ainsi naît la cuvée Félix, élevée dans des barriques usagées avec 25 % de mourvèdre, vers laquelle se dirigeront les amateurs de vins plus structurés.

Les vins : entre deux bons 2017, notre préférence va à la cuvée domaine qui se distingue par une meilleure maîtrise de l'équilibre et de la puissance, et délivre un vin mûr et élégant. La différence se fait sur le toucher de bouche, plus délicat, et la gestion de l'élevage. Certain préféreront la trame plus charnue et serrée que le mourvèdre confère à Félix. Richesse d'une appellation où chacun peut trouver son compte !

- Châteauneuf-du-Pape Félix 2017 — de 39 à 43 € (c) — 93

Le coup de ♥

- Châteauneuf-du-Pape 2017 — de 23 à 27 € (c) — 94

Rouge : 15 hectares. Grenache noir 65 %, Mourvèdre 17 %, Divers noir 10 %, Syrah 8 %
Blanc : 1 hectare.
Production moyenne : 40 000 bt/an

DOMAINE BOIS DE BOURSAN ♣
44, chemin du Clos, Quartier Saint-Pierre,
84230 Châteauneuf-du-Pape
04 90 83 73 60 • boisdeboursan.fr • Visites : sans rendez-vous.

Propriétaire : Famille Versino
Directeur : Jean et Jean-Paul Versino

★

DOMAINE LA BOUÏSSIÈRE

Le domaine La Bouïssière fait partie des références de l'appellation Gigondas. Son vignoble, bien situé sur les hauteurs des Dentelles de Montmirail, à 400 mètres d'altitude, donne des vins minéraux et intenses. Vendange égrappée dans sa quasi-totalité et élevage de douze mois en fût neuf pour partie et cuvaison longue, donnent naissance à des vins fins et précis. Ces vins profonds et racés développent avec les années une belle complexité.

Les vins : à ceux qui pensent que 2018 est moins puissant que 2017, ce domaine apporte un bémol. Oui, les 2018 arborent des fruits plus juteux et moins impactés par le soleil que sur les 2017, mais les bouches conservent une puissance et une mâche assez importantes. Le beaumes-de-venise et le gigondas Tradition en sont de parfaits exemples. Les Amis de la Bouïssière reste juteux avec une définition tendant davantage vers le graphite, mais nous semble moins gourmand que le 2018. Le vacqueyras Tradition tient son rang de vin ample et puissant mais sans lourdeur grâce à cette trame de tanin qui étire la bouche. Avec une année de recul, Font de Tonin a accepté son bois mais sans encore effacer sa pointe sucrée. Le bouquet a gagné en complexité et la bouche se montre posée, voluptueuse et ronde en son cœur.

Beaumes de Venise 2018	14 €	88
Gigondas Tradition 2018	18 €	92
VDF Les Amis de la Bouïssière 2019	7 €	87
Vacqueyras Tradition 2018	16 €	90

Le coup de ♥

Gigondas Font de Tonin 2017	26 €	93

Rouge : 18 hectares. Grenache noir 56 %, Syrah 23 %, Merlot 9 %, Mourvèdre 7 %, Caladoc 5 %
Production moyenne : 60 000 bt/an

DOMAINE LA BOUÏSSIÈRE
15, rue du Portail, 84190 Gigondas
04 90 65 87 91 • www.labouissiere.com •
Pas de visites.
Propriétaire : Gilles et Thierry Faravel
Œnologue : Laboratoire Philis

★

DOMAINE DE LA CHARBONNIÈRE

Acheté en 1912 par Eugène Maret, ce domaine est aujourd'hui aux mains de ses descendants, Michel Maret et ses deux filles, Caroline et Véronique. L'approche du travail des sols est clairement bio. Le domaine possède de nombreuses parcelles. Les différents châteauneuf mettent en évidence des assemblages ou des dominantes de cépages différentes. Les 6 hectares de Vacqueyras produisent des vins de bon niveau. Le style est assez classique : ces vins bien constitués ne basculent jamais dans le déséquilibre.

Les vins : une série de châteauneuf rouge 2017 fidèle à l'esprit de ce domaine, avec des vins opulents et denses mais au fruit toujours juteux porteur de fraîcheur. Les cuvées Vieilles Vignes et Hautes Brusquières symbolisent bien cette sensation de concentration et de mâche. Mourre des Perdrix offre une puissance plus délitée, le vin joue sur la finesse et le grenache impacte vraiment le goût et les saveurs. Le vacqueyras 2017 se montre invariablement puissant mais élégant. Le côtes-du-rhône est plein de fruit avec une texture déjà agréable. En blanc, le châteauneuf est classique, aux notes florales et épicées, avec une bouche de bonne envergure.

Châteauneuf-du-Pape 2018 (blanc)	26,50 €	91
Châteauneuf-du-Pape 2017	26,50 €	91
Châteauneuf-du-Pape Hautes Brusquières 2017	46 €	92
Châteauneuf-du-Pape Mourre des Perdrix 2017	38,50 €	94
Châteauneuf-du-Pape Vieilles Vignes 2017	46 €	92
Côtes du Rhône 2019	8,45 €	89
Vacqueyras 2017	17,50 €	91

Rouge : 24,3 hectares. Grenache noir 66 %, Syrah 21 %, Mourvèdre 9 %, Cinsault 3 %, Counoise 1 %
Blanc : 1,44 hectare. Roussanne 40 %, Grenache blanc 40 %, Clairette 20 %
Production moyenne : 90 000 bt/an

DOMAINE DE LA CHARBONNIÈRE
26, route de Courthézon,
84230 Châteauneuf-du-Pape

04 90 83 74 59 •
www.domainedelacharbonniere.com •
Visites : sans rendez-vous.
Propriétaire : Michel Maret et Filles
Œnologue : Philippe Cambie

★

DOMAINE CHAUME-ARNAUD

Ce vaste domaine se situe à cheval sur les vignobles de Saint-Maurice et de Vinsobres. Dès 1997, date des dernières cultures maraîchères, le domaine a abandonné la polyculture pour se consacrer uniquement au vin. Les vins produits sont intenses et pleins de vie, sans effet de style, et expriment à merveille les terroirs de Saint-Maurice et de Vinsobres. Ces beaux vins du Rhône méridional lorgnent vers le nord.

Les vins : les blancs du domaine brillent par leur fraîcheur. Le côtes-du-rhône 2019 issu de jeunes vignes se montre avenant, avec un fruit séduisant et une trame digeste. Le villages offre un volume et amplitude de bouche supérieur. Une belle réduction dompte sa richesse avec brio. Parmi les rouges, nous aimons Le Petit Coquet, simple mais juteux, une vraie cuvée de soif. Tout comme le côtes-du-rhône, qui offre une mâche supérieure tout en gardant un fruit précieux. Le vinsobres La Cadène est plus enivrant, mais son côté solaire lui fait perdre un peu de sapidité. Le saint-maurice se montre assez gourmand, empreint d'une matière assez juste, et pour un millésime compliqué c'est une belle prouesse. Le vinsobres 2017 est le vin de garde du domaine, c'est une belle démonstration d'harmonie et d'équilibre pour un millésime plus chaud.

Côtes du Rhône 2019	9,50 €	88
Côtes du Rhône-Villages La Cadène 2018	12 €	91
Côtes du Rhône 2019	9,50 €	91
Côtes du Rhône Le Petit Coquet 2019	8,50 €	89
Côtes du Rhône-Villages Saint-Maurice 2018	11 €	91
Vinsobres La Cadène 2015	18 €	90

Le coup de ♥

Vinsobres 2017	12,50 €	93

Rouge : 31 hectares. Grenache noir 50 %, Syrah 30 %, Mourvèdre 10 %, Cinsault 10 %
Blanc : 4 hectares. Marsanne 45 %, Viognier 45 %, Roussanne 10 %
Production moyenne : 150 000 bt/an

DOMAINE CHAUME-ARNAUD ☾
Les Paluds, 26110 Vinsobres
04 75 27 66 85 •
chaume-arnaud@wanadoo.fr • Visites : sans rendez-vous.
Propriétaire : Philippe Chaume et Valérie Chaume-Arnaud

★

LE CLOS DES GRILLONS

Nicolas Renaud était professeur d'histoire avant de devenir vigneron en 2007, en reprenant des vignes à Rochefort-du-Gard. À l'origine de cette passion, des visites dans ses jeunes années dans le vignoble et la mémoire d'un vin en particulier, et pas n'importe lequel : celui d'Henri Bonneau, célèbre producteur de Châteauneuf-du-Pape. Il fait son apprentissage au domaine de la Vieille Julienne. Proche de l'esprit des vins sans soufre, il propose dès ses premiers millésimes des bouteilles magnifiques dans les trois couleurs. Nicolas Renaud est une valeur montante du sud de la vallée du Rhône.

Les vins : le domaine ne nous ayant pas fait parvenir ses vins cette année, nous sommes amenés à reconduire les notes de notre édition précédente.

VDF Les Grillons 2018	de 12 à 14 € (c)	92
VDF Prime Senso 2018	de 12 à 14 € (c)	90
Tavel 2018	de 18 à 20 € (c)	92
VDF Primo Senso 2018	de 12 à 14 € (c)	91
VDF Calcaires 2018	de 18 à 20 € (c)	91
VDF Esprit Libre 2018	de 16 à 18 € (c)	91
VDF Les Terres Blanches Vieilles Vignes 2018	de 18 à 20 € (c)	92
VDF Oeillet Rouge 2018	de 20 à 22 € (c)	90

Rouge : 9,3 hectares.
Blanc : 4,6 hectares.
Production moyenne : 40 000 bt/an

LE CLOS DES GRILLONS ♣
25, rue du Grand-Pont,
30650 Rochefort-du-Gard
06 09 36 97 73 • closdesgrillons@yahoo.fr •
Vente et visites : au domaine sur rendez-vous.
Propriétaire : Nicolas Renaud

NOUVEAU DOMAINE

★

DOMAINE DE LA FERME SAINT-MARTIN

Situé dans le secteur de Suzette, juste au pied des Dentelles de Montmirail, le domaine pratique une agriculture biologique. Les vins sont vinifiés par terroir et par origine des sols. Le soufre n'est utilisé qu'à la mise en bouteille. Brillant et discret vigneron de l'appellation Beaumes de Venise, Guy Jullien cède peu à peu les rênes du domaine à son fils, qui vinifie les vins depuis 2010 dans le même esprit, avec un rien de délicatesse en plus. Les vins produits sont fins, précis, intenses avec, pour fil conducteur, une minéralité qui n'est pas sans évoquer les Dentelles au pied desquelles les vins prennent naissance. Toutes les cuvées s'imposent comme des valeurs sûres, du ventoux aux beaumes-de-venise. Après s'être absenté du guide une année, le domaine fait son retour avec son étoile bien accrochée.

Les vins : leurs arômes et leurs saveurs affirment bien un profil sudiste. Les ventoux sont identitaires et rendent bien la fraîcheur particulière de ce terroir. Les jus ne sont jamais extraits et les vins gardent de la sapidité, Sur le fil en est un parfait exemple. Nous aimons aussi Les Estaillades pour son caractère solaire et sauvage. Les beaumes-de-venise montent en puissance : Costancia est bâti pour la garde, associant puissance et bonne fermeté. Si nous sommes un peu déçus par Carlina en blanc, nous trouvons que le vin de macération L'Austral possède un réel potentiel de complexité. Il faut encore améliorer sa précision (non noté).

Côtes du Rhône Carlina 2018	11,50 €	88
Beaumes de Venise Costancia 2017	16,80 €	91
Beaumes de Venise Les Terres Jaunes 2018	11,10 €	89
Beaumes de Venise Saint-Martin 2017	15,30 €	91
Ventoux La Gérine 2018	8,30 €	87
Ventoux Les Estaillades 2018	9 €	88
Ventoux Les Vins de Thomas Sur le Caillou 2018	9,30 €	89
Ventoux Les Vins de Thomas Sur le Fil 2018	7,80 €	89

Rouge : 17 hectares. Grenache noir 52 %, Syrah 25 %, Cinsault 10 %, Mourvèdre 8 %, Counoise 5 %
Blanc : 2 hectares. Clairette 45 %, Roussanne 45 %, Grenache blanc 10 %
Production moyenne : 90 000 bt/an

DOMAINE DE LA FERME SAINT-MARTIN ♣
Quartier Saint-Martin, 84190 Suzette
04 90 62 96 40 •
www.fermesaintmartin.com • Vente et visites : au domaine sur rendez-vous.
Propriétaire : Guy et Thomas Jullien

★

CHÂTEAU DE LA FONT DU LOUP

Le domaine, situé sur un terroir froid exposé plein nord, est aussi appelé dans la région "la glacière". Naissant sur un point culminant de l'appellation, les vins ne souffrent jamais de surmaturité mais les vignes peuvent subir le gel. Le blanc, assemblage de quatre cépages, est élevé entre béton, inox et bois (30 %). Les textures de bouche des différents rouges sont bien représentatives de ce terroir frais. Nous avouons un faible pour Puy Rolland, qui séduit par son velouté et sa finesse de style.

Les vins : le châteauneuf rouge exprime bien la facilité gustative du millésime, mais nous sommes malgré tout déçus par le cœur de bouche qui manque un peu d'étoffe. Avec les autres cuvées, nous n'avons pas ce ressenti. Le Puy Rolland séduit par sa bouche ample et veloutée, la trame est plus charnue et l'allonge bien meilleure. Legend, issu du terroir de la Crau, exprime à plein le mourvèdre ; c'est le vin le plus sudiste, marqué par l'olive noir, les épices et les herbes du maquis ; en toute logique, sa bouche est la plus tannique et sa densité est intéressante, sans aucune dureté de style. Le blanc est frais dans un style assez digeste. Il sera facile à boire dès sa prime jeunesse.

Châteauneuf-du-Pape 2019	de 35 à 50 € (c)	90
Châteauneuf-du-Pape 2018	de 30 à 45 € (c)	91
Châteauneuf-du-Pape Le Puy Rolland 2018	de 45 à 55 € (c)	94

Châteauneuf-du-Pape Legend 2018 — de 55 à 70 € (c) — 93

Rouge : 18,5 hectares. Grenache noir 60 %, Mourvèdre 20 %, Syrah 15 %, Cinsault 5 %

Blanc : 1,5 hectare. Roussanne 35 %, Grenache blanc 35 %, Clairette 15 %, Bourboulenc 15 %

Production moyenne : 50 000 bt/an

CHÂTEAU DE LA FONT DU LOUP

Route de Châteauneuf-du-Pape,
84350 Courthézon

04 90 33 06 34 • www.lafontduloup.com • Vente et visites : au domaine sur rendez-vous.

Propriétaire : Anne-Charlotte Mélia-Bachas

Directeur : Laurent Bachas

Maître de chai : Stéphane Dupuy d'Angeac

★

DOMAINE FÉRAUD ET FILS

Ce domaine possède un petit et très beau vignoble implanté sur des safres et des grès sablonneux. Il n'est séparé des fameux sables de Rayas que par quelques rangées d'arbres. Le jeune et très prometteur Yannick Féraud a rejoint en 2012 son père Eddie dans ce domaine familial, où l'on travaille avec des raisins non égrappés et sans levures exogènes. Les vins sont élevés dans de vieux foudres. Si l'approche reste traditionnelle, Yannick a fait évoluer les vins vers davantage de finesse.

Les vins : les deux blancs 2019 sont vraiment de bon niveau. Finement aromatique avec cette belle pointe de raisin croquant, on s'imagine Le P'tit Plaisir sur une tombée d'asperge verte du Pertuis. Le châteauneuf blanc est séduisant et s'installe en fraîcheur avec une bouche très élégante. Les rouges 2017, avec une année de recul, ne manquent pas de richesse. La cuvée du domaine impose sa puissance, mais nous préférons, en termes d'équilibre, Raisins Bleus, volumineux mais possédant une trame de tanins qui tend davantage la finale.

Châteauneuf-du-Pape 2019 — 35 € — 93

VDF Le P'tit Plaisir 2019 — 12 € — 89

Châteauneuf-du-Pape 2017 — 37 € — 92

Le coup de ♥

Châteauneuf-du-Pape Raisins Bleus 2017 — 65 € — 94

Rouge : 5,1 hectares. Grenache noir 86 %, Mourvèdre 10 %, Cinsault 2 %, Clairette rose 2 %

Blanc : 0,25 hectare. Clairette 50 %, Grenache blanc 40 %, Muscat à petits grains blancs 10 %

Production moyenne : 13 000 bt/an

DOMAINE FÉRAUD ET FILS

9, avenue du Général-de-Gaulle,
84230 Châteauneuf-du-Pape
06 03 61 26 84 •
www.domaineferaudetfils.fr • Visites : sans rendez-vous.

Propriétaire : Eddie et Yannick Féraud

Directeur : Yannick Feraud

★ ↗

DOMAINE DU GOUR DE CHAULÉ

Loin des vins riches et très ouverts qu'on rencontre avec plaisir dans le Rhône méridional, les cuvées de ce domaine sont au contraire légèrement introverties. Mais dès qu'elles prennent de l'âge, ou que vous les aérez, elles font ressortir tout leur raffinement. Stéphanie Fumoso produit des vins depuis 2007 dans le cœur historique de Gigondas. Les dosages en soufre sont modérés, l'agriculture respectueuse de l'environnement. En cave, les foudres affinent les vins vinifiés en grappe entière. Nous attribuons cette année au domaine la première étoile.

Les vins : ils séduisent par leur justesse en 2018. La Numéro 8 est certainement cette année la plus belle cuvée de Gigondas. Infusée, elle tapisse sans excès notre palais avec une bouche étirée, la puissance se montre progressive et le vin s'illustre dans un esprit bourguignon. Une jolie définition. La cuvée Tradition est plus cossue mais reste dans un style aimable.

Gigondas Cuvée Tradition 2018 — 18 € — 91

Le coup de ♥

Gigondas La Numéro Huit 2018 — 35 € — 94

Rouge : 10,5 hectares. Grenache noir 76 %, Mourvèdre 10 %, Syrah 10 %, Cinsault 4 %

Production moyenne : 35 000 bt/an

DOMAINE DU GOUR DE CHAULÉ
6, route Neuve, 84190 Gigondas
06 60 43 77 61 • www.gourdechaule.com • Vente et visites : au domaine sur rendez-vous.
Propriétaire : Stéphanie Fumoso
Œnologue : Laurent Philis

★

DOMAINE GUILLAUME GROS

Installé dans le Luberon en 2001, Guillaume Gros est un ancien sommelier qui a franchi la barrière pour aller jusqu'au bout de sa passion du vin. Il a fait ses classes en Alsace chez André Ostertag, où il a appris à observer la vigne et à déguster les raisins. Puis il s'est dirigé dans le Rhône chez Yves Gras, au Domaine Santa Duc, à Gigondas, pour finir au Domaine de la Janasse à Châteauneuf-du-Pape. Vigneron perfectionniste, Guillaume Gros ne revendique aucune appartenance. Ses vins sont nets, précis, équilibrés, généreux mais sans maturités excessives. Blancs comme rouges s'avèrent des références.

Les vins : nous sommes toujours épatés par la fraîcheur du blanc. Le 2016 est marquée par une pointé anisée au nez ; à l'aération, il révèle son terroir minéral. Il possède une belle retenue, sans apparaître janséniste. Parmi les rouges, Les Biguières arbore un nez coincé entre la truffe, le sous-bois et les herbes du maquis. La bouche commence à manger son gras et les tanins ressortent. La grande cuvée Coteaux de l'Ara possède elle aussi cette patine d'évolution et ces notes de garrigue, mais son cœur est davantage plein, et les tanins mieux enrobés.

- VDF À Contre-Courant 2016 — de 25 à 30 € (c) — 92
- Luberon Côteau de l'Ara 2014 — de 23 à 25 € (c) — 91
- Luberon Les Biguières 2014 — de 22 à 28 € (c) — 89

Rouge : 6,8 hectares. Grenache noir 50 %, Syrah 25 %, Carignan 20 %, Mourvèdre 5 %
Blanc : 1,2 hectare. Grenache gris 65 %, Sauvignon blanc 35 %
Production moyenne : 16 000 bt/an

DOMAINE GUILLAUME GROS
325, chemin du Carraire, 84660 Maubec
04 90 76 63 30 • www.domaineguillaumegros.com • Vente et visites : au domaine sur rendez-vous.
Propriétaire : Guillaume Gros

★

VIGNOBLES MAYARD

Les vignobles Mayard possèdent un grand domaine en appellation Châteauneuf-du-Pape. Les principales cuvées sont le Clos du Calvaire, beau vin classique, plein et riche, d'une belle complexité ; la cuvée Domaine du Père Pape, plus solide et plus ambitieuse, destinée à la garde. Enfin, issue du terroir de la Crau, une très belle cuvée qui mérite le détour : La Crau de ma Mère. Un vin solaire, comme son terroir, à la fois puissant et racé.

Les vins : à l'évidence, chacun aura sa préférence selon le style des cuvées. Le domaine génère des vins puissants, voire rustiques. Le degré d'alcool imposé par le millésime 2017 est un peu fort. Le 2018 est tout aussi généreux mais le fruit, plus juteux, rafraîchit la texture. Sur le terroir de La Crau, le rouge est plus typé par le grenache, la vinosité moins débordante. Le blanc du même terroir reste une valeur sûre de l'appellation avec une bonne adéquation entre la richesse et les beaux amers de bouche. La grande cuvée du domaine reste le Clos du Calvaire avec un 2018 dominé par le grenache, pulpeux et fin, à la trame de bouche d'une belle délicatesse. Nous aimons la maîtrise de la puissance que cette cuvée révèle.

- Châteauneuf-du-Pape La Crau de ma Mère 2019 — 34 € — 92
- Châteauneuf-du-Pape Clos du Calvaire 2018 — 29 € — 95
- Châteauneuf-du-Pape Domaine du Père Pape 2017 — 35 € — 89
- Châteauneuf-du-Pape Domaine du Père Pape 2018 — 33 € — 90
- Châteauneuf-du-Pape La Crau de ma Mère 2017 — 46 € — 93
- Châteauneuf-du-Pape La Crau de ma Mère 2018 — 45 € — 92

Rouge : 41 hectares. Grenache noir 70 %, Syrah 13 %, Mourvèdre 10 %, Cinsault 5 %, Counoise 2 %
Blanc : 2 hectares. Clairette 40 %, Grenache blanc 30 %, Bourboulenc 20 %, Roussanne 10 %
Production moyenne : 100 000 bt/an

VIGNOBLES MAYARD
24, avenue Baron-le-Roy, 84231 Châteauneuf-du-Pape

04 90 83 70 16 • www.vignobles-mayard.fr • Visites : sans rendez-vous.

Propriétaire : Famille Mayard

Directeur : Françoise Roumieux

Maître de chai : Arthur Mayard

Œnologue : Philippe Cambie

★

MOULIN DE LA GARDETTE

Ce domaine de Gigondas est depuis longtemps une valeur sûre de l'appellation. Il est exploité par Jean-Baptiste Meunier depuis 1990, et compte 10 hectares répartis en 25 parcelles, situées entre 100 et 330 mètres d'altitude, où les vignes atteignent en moyenne l'âge respectable de 50 ans.

Les vins : les gigondas ne manquent pas de fraîcheur en 2017. Il est vraiment intéressant de voir comment le domaine a appréhendé les équilibres sur un millésime chaud. Nous recommandons la cuvée Tradition, parfait exemple d'une association réussie entre maturité et fraîcheur. Le vin affiche une belle mâche tout en restant sapide. Ventabren est plus juteux et plus pulpeux en milieu de bouche ; il faudra cependant l'attendre davantage. La vendange entière marque trop de son empreinte les arômes de La Petite Gardette 2018, dans lequel une pointe végétale ressort.

Gigondas La Petite Gardette 2018 16 € 89

Gigondas Tradition 2017 24 € 92

Le coup de ♥

Gigondas Ventabren 2017 36 € 94

Rouge : 10 hectares. Grenache noir 70 %, Syrah 17 %, Cinsault 7 %, Mourvèdre 6 %

Production moyenne : 25 000 bt/an

MOULIN DE LA GARDETTE ♣

11, place Gabrielle-Andéol, 84190 Gigondas

04 90 65 81 51 • www.moulindelagardette.com • Visites : sans rendez-vous.

Propriétaire : Jean-Baptiste Meunier

★

DOMAINE L'OR DE LINE

Ingénieur agronome de formation, Gérard Jacumin a travaillé dans la finance à Paris avant de revenir au domaine familial en 1989. Sa formation d'ingénieur l'a poussé vers le bio. Mais cet homme dynamique aime les défis et explore la biodynamie. Ses vins sont charnus, gracieux et soyeux. Ici, on éraflе peu ou pas les raisins.

Les vins : nous sommes un peu déçus par les vins présentés, le blanc est un peu mat et manque d'éclat, comme fané. Nous n'aimons pas non plus les vins exubérants et variétaux, mais ce châteauneuf est un peu trop janséniste. Les amers de bouche compriment dès le milieu et produisent une certaine dureté. Le rouge 2019 n'est pas en place, épicé, poivré avec une pointe végétale. Nous espérons revoir ce vin dans des meilleurs jours, la bouche reste charnue et dense, mais le jus est aujourd'hui dissocié.

Châteauneuf-du-Pape 2019 26,50 € 89

Châteauneuf-du-Pape 2019 26,50 € 91

Rouge : 6 hectares. Grenache noir 55 %, Mourvèdre 15 %, Syrah 15 %, Divers noir 10 %, Clairette rose 5 %
Blanc : 3 hectares. Grenache blanc 27 %, Picardan 24 %, Roussanne 20 %, Picpoul blanc 14 %, Clairette 10 %, Bourboulenc 5 %
Production moyenne : 20 000 bt/an

DOMAINE L'OR DE LINE ♣

28, rue Porte-Rouge, 84230 Châteauneuf-du-Pape
04 90 83 74 03 • www.chateauneufbio.com • Vente et visites : au domaine sur rendez-vous.
Propriétaire : Laureline Jacumin

★

DOMAINE PIQUE-BASSE

Originaire de Franche-Comté, Olivier Tropet est œnologue de formation. En 1998, il récupère l'exploitation et les vignes de son grand-père dans la vallée du Rhône, à Roaix, au pied du massif de Ventabren et à l'est du terroir de Rasteau, vignoble orienté est/sud-est, face au mont Ventoux. À ses débuts, il livre ses raisins à la cave coopérative. En 2007, il décide de produire son premier millésime au domaine. Le vin est issu de parcelles vendangées manuellement, cultivées de façon naturelle, sans désherbant ni engrais chimiques. Nous suivons Olivier Tropet depuis plusieurs millésimes et à chaque fois ses vins nous séduisent par leur justesse de ton, que ce soit sur le trop méconnu terroir de Roaix qu'il valorise à merveille, ou avec son somptueux rasteau.

Les vins : le début de la gamme est un peu timide. Sans être technologique, le rosé est un peu mat. En blanc, Atypique nous laisse sur notre faim, et sceptiques quant à cet assemblage de cépages improbables. L'Atout du Pique se montre bien plus précis. En rouge, les jus sont friands : Brusquembille en est une parfaite démonstration. Montons en chair et en structure avec Chasse-Cœur, belle expression de grenache pulpeux. Le Cœur de Ventabren reste notre cuvée préférée, en raison de la dimension de son fruit et de sa bouche. Le rasteau 2016 possède une bonne dimension, mais il évolue rapidement sur des nuances chaudes et cacaotées.

- Côtes du Rhône-Villages Roaix L'Atout du Pique 2018 — 17 € — 92
- IGP Vaucluse L'Atypique 2019 — 7,50 € — 86
- Côtes du Rhône-Villages Roaix L'Ambigu 2019 — 8,50 € — 87
- Côtes du Rhône La Brusquembille 2018 — 8 € — 88
- Côtes du Rhône-Villages Le Chasse-Coeur 2018 — 8,50 € — 90
- Côtes du Rhône-Villages Roaix Au Cœur du Ventabren 2017 — 17 € — 92
- Côtes du Rhône-Villages Roaix L'As du Pique 2017 — 12 € — 90
- Rasteau 2016 — 13 € — 89

Rouge : 33 hectares. Grenache noir 70 %, Syrah 20 %, Mourvèdre 5 %, Carignan 5 %

Blanc : 3,7 hectares.

Production moyenne : 75 000 bt/an

DOMAINE PIQUE-BASSE ♣

445, route de Buisson, 84110 Roaix

04 90 46 19 82 • www.pique-basse.com • Vente et visites : au domaine sur rendez-vous.

Propriétaire : Olivier Tropet

★

DOMAINE DU PÈRE BENOÎT

C'est en juin 2005 qu'Anne-Sophie Palayer-Bodson et Benoît Bodson ont acquis un petit mazet à l'abandon, entouré d'une dizaine d'hectares de vignes et terres, à Saint-Hilaire d'Ozilhan, près du pont du Gard. Ils plantent en complément des cépages blancs en 2006 et des arbres au milieu des parcelles. Ces parcelles sont cultivées en bio depuis 2009. Bien que le terroir argilo-calcaire ne soit pas en altitude, la fraîcheur est au rendez-vous. Les fermentations malolactiques ne sont pas pratiquées en blanc, sauf exceptions ; en rouge, le carignan est vinifié pour la plupart du temps en vendange entière. On peut se restaurer sur place (sur réservation) et déguster, avec les vins, des coquillages et des crustacés.

Les vins : associant richesse, sapidité et fraîcheur en bouche, les blancs sont au-dessus des rouge en 2018. Nous saluons l'allonge de bouche et la définition minérale de Gavroche. Psaume est tout aussi gracieux, avec un cœur de bouche plus gras en raison de sa composition. Il tapisse sans excès le palais. Les rouges sont moins scintillants qu'en 2017, les aléas climatiques sont passés par là. Bien équilibrés, ils offrent moins de fruit, et présentent moins d'intensité en bouche. La cuvée de pur grenache Gnome en pâtit. La syrah Ondine s'en sort mieux en 2017 et offre une trame de bouche plus complexe.

- VDF Infusion 2016 — 35 € — 91
- VDF Muscat 2018 — 30 € — 89
- VDF Psaume 2018 — 25 € — 91
- VDF Gnome 2018 — 35 € — 88
- VDF Ondine 2017 — 35 € — 91
- VDF Ondine 2018 — 33 € — 89

Le coup de ♥

- VDF Gavroche 2018 — 25 € — 92

Rouge : 6 hectares. Carignan 41 %, Grenache noir 25 %, Syrah 20 %, Merlot 14 %
Blanc : 3 hectares. Chardonnay 33 %, Viognier 33 %, Vermentino 17 %, Muscat à petits grains blancs 9 %, Chenin 8 %
Production moyenne : 18 000 bt/an

DOMAINE DU PÈRE BENOÎT ♣

1, route de Saint-Hilaire, RD 792 Lieu-dit Peyre Plantade 30210 Saint-Hilaire-d'Ozilhan

06 08 05 63 57 • www.domaineduperebenoit.com • Vente et visites : au domaine sur rendez-vous.
Propriétaire : Anne-Sophie Palayer-Bodson et Benoît Bodson
Directeur : Anne-Sophie Palayer-Bodson

★

DOMAINE ROGER SABON

Les Sabon font partie des plus anciennes familles de Châteauneuf-du-Pape. Mais les générations se suivent et ne se ressemblent pas : autrefois, les vins de ce domaine étaient issus de vendanges non égrappées ; aujourd'hui elles le sont partiellement. Entre classicisme et modernité, les vins font la part belle au grenache. Toute la gamme montre une cohérence surprenante, axée sur la recherche de grandes maturités. Ici, plus le vin est grand, plus il se doit d'être fin, et ce avec beaucoup de naturel.

Les vins : si le côtes-du-rhône 2019 nous réjouit par la qualité de son fruit et la justesse de sa matière en bouche, la série de châteauneuf-du-pape 2018 est plus hétérogène. Fidèle au millésime, La Réserve se montre gracieux, avec un toucher de bouche délicat et fin, un vin séduisant et frais. Les Olivets accuse un manque de précision et n'a pas été noté. Prestige possède une certaine mâche, mais nous trouvons que la matière sèche un peu sur la fin de bouche. La cuvée Secret des Sabon se montre la plus étoffée : elle affirme matière et opulence, tout en restant maîtrisée, bien homogène.

- Châteauneuf-du-Pape Le Secret des Sabon 2018 — 90 € — 93
- Châteauneuf-du-Pape Prestige 2018 — 36 € — 91
- Châteauneuf-du-Pape Réserve 2018 — 24 € — 92
- Côtes du Rhône Rhône by Roger Sabon 2019 — 7,90 € — 90

Rouge : 16 hectares. Grenache noir 70 %, Mourvèdre 10 %, Syrah 10 %, Cinsault 5 %, Muscardin 2 %, Terret rouge 2 %, Counoise 1 %
Blanc : 1 hectare. Roussanne 30 %, Clairette 25 %, Grenache blanc 25 %, Bourboulenc 20 %
Production moyenne : 70 000 bt/an

DOMAINE ROGER SABON
4 bis, avenue Impériale
84230 Châteauneuf-du-Pape
04 90 83 71 72 • www.roger-sabon.com • Vente et visites : au domaine sur rendez-vous.
Propriétaire : Famille Sabon
Directeur : Didier Negron

★

DOMAINE SAINT-PRÉFERT

Isabelle Ferrando déploie une énergie incroyable sur son domaine depuis 2002. Situé dans la partie sud du village de Châteauneuf-du-Pape, Saint-Préfert possède à peu près toutes les géologies que l'appellation affiche. Ce puzzle de terroirs lui permet d'élaborer des cuvées fort différentes en termes de style. On ne peut pas évoquer le domaine sans parler des vins blancs, dont l'infime cuvée clairette spéciale épurée à souhait capable de traverser les années avec brio.

Les vins : le style évolue à Saint-Préfert, et nous trouvons que les vins rouges des deux dernières années ont gagné en précision tant dans les élevages, moins toastés, qu'en textures de bouche, qui gagnent en profondeur. Les 2018 sont bien en place. Auguste Favier se montre velouté, sa puissance diffuse fait son élégance. Charles Giraud affirme son accent provençal avec une aromatique bien singulière. Colombis possède une jolie puissance maîtrisée, et se montre infusé. En blanc, la quête de la fraîcheur ne peut que nous réjouir ; la clairette (en magnum) possède un élevage plus en phase avec la pureté de ce cépage ; le blanc du domaine est finement beurré, une belle rondeur et de la volupté animent ce vin, sans aucune mollesse.

- Châteauneuf-du-Pape 2019 — 57 € — 93
- Châteauneuf-du-Pape Cuvée Spéciale Vieilles Vignes 2019 — 326 € — 95
- Châteauneuf-du-Pape Domaine Isabel Ferrando Colombis 2018 — de 90 à 105 € (c) — 95
- Châteauneuf-du-Pape Réserve Auguste Favier 2018 — 57 € — 93
- Côtes du Rhône Clos Beatus Ille 2019 — 16 € — 91

Le coup de ♥

- Châteauneuf-du-Pape Collection Charles Giraud 2018 — 98 € — 94

Rouge : 30 hectares. Grenache noir 70 %, Cinsault 10 %, Mourvèdre 10 %, Syrah 5 %, Counoise 5 %
Blanc : 2 hectares. Clairette 60 %,

Roussanne 40 %
Production moyenne : 60 000 bt/an

DOMAINE SAINT-PRÉFERT ♣
425, chemin Saint-Préfert,
84230 Châteauneuf-du-Pape
04 90 83 75 03 • www.st-prefert.com •
Vente et visites : au domaine sur rendez-vous.
Propriétaire : Isabel Ferrando

★

DOMAINE LE SANG DES CAILLOUX

Ce beau domaine de Vacqueyras dispose d'un magnifique terroir sur un plateau de galets roulés. Certifiée biologique dès 2010, en biodynamie depuis 2012, avec des rendements strictement contrôlés, la propriété produit des vacqueyras imposants qui demandent du temps pour se révéler pleinement : ce sont des vins souvent très structurés et d'une grande richesse, aux maturités élevées, même si, sur les derniers millésimes, ils ont tendance à s'affiner. La cuvée Lopy est le vin le plus riche et dense du domaine mais, sur certains millésimes, nous préférons l'équilibre des entrées de gamme. Le blanc s'impose comme un joli référent dans le secteur.

Les vins : le domaine suit sa ligne, les vins rouges sont sans compromis, et il faut aimer ce caractère sauvage. Les fruits pourraient être plus scintillants, mais force est de constater que les vins portent haut et bien leur côté sudiste tout en nuances de laurier, de thym, d'herbes sèches et animales comme dans la cuvée Doucinelle, dont les tanins sont un peu secs. Lopy est plus pulpeux, alliant complexité et générosité.

Vacqueyras Un Sang Blanc 2018	Épuisé - 26 €	93
Vacqueyras Doucinello 2017	17 €	91
Vacqueyras Lopy 2017	26 €	93

Rouge : 16,2 hectares. Grenache noir 70 %, Syrah 20 %, Mourvèdre 7 %, Cinsault 3 %
Blanc : 1,2 hectare. Grenache blanc 25 %, Clairette 20 %, Marsanne 15 %, Roussanne 15 %, Bourboulenc 15 %, Viognier 10 %
Production moyenne : 60 000 bt/an

DOMAINE LE SANG DES CAILLOUX ☾
4853, route de Vacqueyras, 84260 Sarrians
04 90 65 88 64 • www.sangdescailloux.com
• Visites : sans rendez-vous.
Propriétaire : Serge et Frédéric Férigoule

★

CHÂTEAU DES TOURETTES

Le château des Tourettes possède un joli vignoble sur le plateau d'Apt. Maine et Jean-Marie Guffens ont restructuré en quasi-totalité le vignoble en affirmant leur volonté de créer un joli terroir, grâce à des replantations de sélections massales. Les vins sont fidèles au style de Jean-Marie Guffens, offrant toujours l'adéquation entre une maturité aboutie du raisin et une tension minérale en finale. Jean-Marie et Maine recentrent la production sur les blancs, et mettent un terme au négoce Guffens du Sud.

Les vins : le domaine nous gratifie de jolis blancs. Nous sommes habitués à expliquer que ce terroir du plateau d'Apt est propice à générer des blancs bien pourvus en maturité et fraîcheur. Le chardonnay se montre juste avec ce beau grillé dans l'aromatique, une bouche finement beurrée. La cuvée Dix-Sept de Moyenne, issue d'un assemblage de millésimes, démontre cette belle adéquation entre la fraîcheur et la patine du temps, support de complexité. Tinus est un vrai rosé de gastronomie, sec et sapide. Le Rouge d'une Nuit est infusé dans un esprit bourguignon, sans prétention, il sera apprécié pour sa gourmandise quand Dix-Sept de Moyenne rouge se dévoile dans un style plus étoffé ; la syrah y domine les débats.

VDF Dix-Sept de Moyenne	N.C.	92
VDF Pure Nature 2019	N.C.	90
VDF Tinus Grand Rosé 2019	N.C.	89
VDF Dix-Sept de Moyenne	N.C.	90
VDF Rouge d'une Nuit 2019	N.C.	91

Le coup de ♥

VDF Tinus Chardonnay Plateau de l'Aigle 2019	18 €	93

Rouge : Grenache noir 41 %, Syrah 30 %, Cabernet franc 29 %
Blanc : Chardonnay 37 %, Marsanne 30 %, Viognier 19 %, Roussanne 14 %
Production moyenne : 100 000 bt/an

CHÂTEAU DES TOURETTES
Les Tourettes, 84400 Apt
03 85 51 66 00 • www.verget-sa.fr • Pas de visites.
Propriétaire : Jean-Marie Guffens

NOUVEAU DOMAINE

DOMAINE DU BANNERET

Ce petit domaine de 5 hectares ne produit que deux vins. Le blanc provient du terroir des Terres Blanches, situé à la sortie nord du village, les calcaires y traçant l'identité du vin. Le rouge est issu principalement des terroirs de Grand Pierre, Bois de Boursan, Les Marines. Levures indigènes, vinification en grappes entières et cofermentation sont les principes de vinification utilisés ici. Le rouge est élevé 24 mois en fût ancien et en foudre.

Les vins : le blanc du domaine se livre dans un grand classicisme, avec une maturité juste, dans un style assez frais, floral et anisé. S'il séduit par sa fraîcheur immédiate, la bouche nous semble plus limitée et n'atteint pas le niveau des meilleurs de l'appellation, le vin restant toutefois très sapide. Le rouge possède une vraie personnalité, avec ce grenache alerte qui se dévoile sur des fruits rouges surmûris, des nuances d'épices douces et de baies sauvages. La bouche est posée, avec une puissance diffuse et une jolie persistance. Un châteauneuf tout en finesse, les amoureux des vins extraits doivent passer leur chemin.

Châteauneuf-du-Pape Secret 2018	39 €	91
Châteauneuf-du-Pape 2017	39 €	93

Rouge : 4,42 hectares.
Blanc : 0,41 hectare.
Production moyenne : 12 000 bt/an

DOMAINE DU BANNERET
35, rue Porte-Rouge,
84230 Châteauneuf-du-Pape
04 90 83 72 04 • www.domaine-banneret.fr
• Vente et visites : au domaine sur rendez-vous.
Propriétaire : Audrey et Jean-Claude Vidal
Œnologue : Serge Mouriesse

BASTIDE DU CLAUX

Sylvain Morey est natif de Chassagne-Montrachet. Pour ce fils de Bourguignon, les vins blancs ont peu de secrets. Après des études d'œnologie, il part dans le Luberon en 1995 et y loue de vieilles vignes. Il a dû s'adapter à une culture multicépage et à des terroirs diversifiés qu'il assemble en cave, unique condition pour des vins de bonne facture. Ce domaine produit des cuvées digestes et complexes, bien équilibrées. Les blancs sont remarquables ; les rouges parlent haut et fort de leur terre d'origine.

Les vins : nous saluons le savoir-faire de Sylvain sur les blancs. Le chardonnay se révèle finement beurré avec du gras ; une ossature qui garde de la tension, une parfaite gestion du boisé. Odalisque exprime un bouquet séduisant et plus flatteur, la bouche impose une belle opulence mais est un peu marquée par l'alcool. Nous lui préférons Barraban, moins exubérant, tout en noble tension, fraîcheur et belle allonge. En rouge, Malacare 2018 est un vin de plaisir immédiat sans fioriture. Les Claux est un vin plein dont le volume plaide pour une garde de quelques années. Avec L'Orientale, la syrah domine, sur un côté plus méditerranéen, avec des notes de cuirs, d'herbes sèches. La bouche est sérieuse et joliment étoffée.

IGP Vaucluse Chardonnay 2017	13 €	89
Luberon L'Odalisque 2018	15 €	88
Luberon L'Orientale 2016	22 €	91
Luberon Le Claux 2017	15 €	89
Luberon Malacare 2018	12,50 €	88

Le coup de ♥

Luberon Barraban 2018	12,50 €	91

Rouge : 10 hectares. Syrah 50 %, Grenache noir 30 %, Carignan 15 %, Mourvèdre 5 %
Blanc : 6 hectares. Grenache blanc 30 %, Vermentino 20 %, Chardonnay 15 %, Ugni blanc (trebbiano) 10 %, Viognier 10 %, Clairette 7 %, Marsanne 4 %, Roussanne 4 %
Production moyenne : 70 000 bt/an

BASTIDE DU CLAUX
401, RD 37, Le Claux 84240 La Motte-d'Aigues
04 90 77 70 26 • www.bastideduclaux.fr • Visites : sur rendez-vous uniquement aux professionnels.
Propriétaire : SCEA SCB
Directeur : Sylvain Morey

DOMAINE DU BIENHEUREUX

Le petit domaine de la jeune Eugénie Avias, installé à la pointe sud de l'appellation Châteauneuf-du-Pape, produit des vins très fins à partir de raisins récoltés en vendange entière, dans un style parfaitement maîtrisé. Les terroirs oscillent entre sable et galets roulés. Les jus sont pulpeux et présentent des textures délicates.

Les vins : amateurs d'extraction, passez votre chemin, ce domaine évolue dans un style gracieux ! Le VDF, dans un style fruité et sincère, augure une belle cuvée de soif. Le châteauneuf offre un jus plein de fraîcheur, posé, jouant sur des nuances de suie froides de cheminée, d'épices orientales et de pot-pourri. La bouche est délicate et veloutée, marquée par la saveur du cinsault qui lui confère son côté sapide.

- VDF Le Bienheureux — 7 € — 88

Le coup de ♥

- Châteauneuf-du-Pape 2018 — 23 € — 94

Rouge : 7 hectares. Grenache noir 70 %, Carignan 20 %, Cinsault 8 %, Syrah 2 %
Blanc : 0,5 hectare. Clairette 50 %, Roussanne 30 %, Marsanne 20 %
Production moyenne : 7 000 bt/an

DOMAINE DU BIENHEUREUX
1904, route de Sorgues, Quartier Condorcet, 84230 Châteauneuf-du-Pape
06 23 63 55 60 •
domainedubienheureux@gmail.com • Vente et visites : au domaine sur rendez-vous.
Propriétaire : Eugénie Avias

DOMAINE CALENDAL

Cette petite exploitation comporte une proportion importante de vieux mourvèdres et grenaches. Elle réunit deux amis, Gilles Ferran, propriétaire du domaine des Escaravailles, et Philippe Cambie, œnologue et conseiller des plus beaux domaines de la vallée du Rhône méridionale.

Les vins : en toute logique, 2018 se montre moins puissant que 2017. Les amateurs attachant de l'importance au degré affiché peuvent être déstabilisés mais il n'en est rien : la dégustation nous montre un vin charnu, certes, mais qui reste harmonieux. Sans aller jusqu'à parler d'une trame digeste, le vin se montre étonnamment assez sapide.

- Côtes du Rhône-Villages Plan de Dieu 2018 — 19 € — 90

Rouge : 4 hectares. Grenache noir 70 %, Mourvèdre 30 %
Production moyenne : 11 500 bt/an

DOMAINE CALENDAL
111, combe de l'Eoune Les Escaravailles, 84110 Rasteau
04 90 46 14 20 •
domaine.escaravailles@rasteau.fr • Vente et visites : au domaine sur rendez-vous.

Propriétaire : Philippe Cambie et Gilles Ferran

CHÂTEAU LA CANORGUE

Le Château La Canorgue est l'un des grands domaines historiques du paysage viticole du Luberon, Jean-Pierre Margan y a réalisé sa première vendange en 1974. C'est l'un des tout premiers domaines à s'être orienté vers une pratique culturale bio, tout en évoluant par petites touches vers la biodynamie, sans la revendiquer. À La Canorgue, on aime la vendange entière, la syrah et les élevages dans de grands contenants. Les vins sont hédonistes mais raffinés, gorgés de soleil et portant toujours dans leur trame ce relief sauvage et majestueux du Luberon.

Les vins : la série d'IGP Méditerranée nous emmène vers des variations de style et d'encépagement qui nous laissent perplexes. Coin Perdu bascule sur des arômes un peu cuits dans le solaire millésime 2017. En 2018, année compliquée, une note de végétal ressort sur Route d'Orage. Concentrons-nous sur les luberons : le blanc 2019 arbore un nez plus gourmand sur les fruit jaunes, avec une touche anisée. Parmi les rouges, Nathalie tient sa vocation de vin à boire sur son fruit. Notre préférence va au luberon 2017, dont la maturité est plus aboutie tant dans les arômes que dans les saveurs ; ses tanins sont bien enrobés. Le 2018 exprime une syrah (dominante) plus septentrionale et accuse des tanins finaux un peu décalés.

- IGP Méditerranée Viognier 2019 — 11 € — 86
- Luberon 2019 — 11 € — 87
- IGP Méditerranée Rouge d'Orage 2018 — 12 € — 86
- IGP Méditerranée Coin Perdu 2017 — 20 € — 87
- Luberon 2017 — 11,50 € — 90
- Luberon 2018 — 11 € — 88

Luberon Vendange de Nathalie 2019 — 9,90 € — 88

Rouge : 30 hectares. Syrah 60 %, Grenache noir 20 %, Carignan 5 %, Mourvèdre 5 %, Cabernet franc 5 %, Merlot 4 %, Gamay noir à jus blanc 1 %
Blanc : 10 hectares. Clairette 20 %, Roussanne 20 %, Viognier 20 %, Marsanne 20 %, Bourboulenc 15 %, Vermentino 5 %
Production moyenne : 220 000 bt/an

CHÂTEAU LA CANORGUE ♣
Route du Pont-Julien, 84480 Bonnieux
04 90 75 81 01 • www.chateaulacanorgue.com • Pas de visites.
Propriétaire : Famille Margan
Directeur : Nathalie Margan

CAVE DES VIGNERONS D'ESTÉZARGUES

Cette cave coopérative gardoise dispose de très bons terroirs dans la zone de Tavel et démontre une réelle volonté de les laisser s'exprimer en toute honnêteté. On trouvera ici, à des prix défiant toute concurrence, une belle collection de cuvées intéressantes, aux caractères et aux expressions variés, qui devraient faire le bonheur du plus grand nombre.

Les vins : ils sont pleins et charnus, aux textures dignes de ces régions, avec toutefois des différences notables en bouche. Ils n'évoluent pas tous dans le raffinement le plus total, surtout au niveau de la gestion des tanins. Le côtes-du-rhône est un vin de fruits simple et facile à boire. Parmi nos préférences à Signargues, Granacha est le plus complet associant chair, volume et tanins bien intégrés. Nous aimons aussi la cuvée du Domaine du Grès Saint Vincent. Ce vin demande de l'oxygénation mais la bouche se montre cohérente entre richesse et support tannique.

- Côtes du Rhône Domaine des Bacchantes 2019 — 7,95 € — 87
- Côtes du Rhône-Villages Signargues Domaine Grès Saint Vincent 2019 — 7,95 € — 89
- Côtes du Rhône-Villages Signargues Domaine Les Genestas 2019 — 7,95 € — 88
- Côtes du Rhône-Villages Signargues Domaine la Montagnette 2018 — 7,10 € — 88
- Côtes du Rhône-Villages Signargues La Granacha 2019 — 8,95 € — 90

Rouge : 535 hectares. Grenache noir 48 %, Syrah 24 %, Cinsault 10 %, Carignan 8 %, Mourvèdre 6 %, Counoise 2 %, Divers noir 2 %
Blanc : 20 hectares. Grenache blanc 47 %, Bourboulenc 21 %, Viognier 16 %, Clairette 8 %, Picpoul blanc 5 %, Divers blanc 3 %
Production moyenne : 1 800 000 bt/an

CAVE DES VIGNERONS D'ESTÉZARGUES ♣
478, route des Grès 30390 Estézargues
04 66 57 03 64 • www.vins-estezargues.com • Pas de visites.
Propriétaire : Frédéric Vincent
Directeur : Denis Deschamps

DOMAINE DU CAYRON

Avec des vignes âgées de 40 ans en moyenne et un vignoble bien exposé sur les coteaux de Gigondas, le domaine du Cayron bénéficie de tous les atouts pour produire un très bon vin. On retrouve ici l'archétype du gigondas vigoureux mais élégant, élevé en foudre et en cuve, issu de raisins non éraflés.

Les vins : un 2018 assez gracieux, construit sur un fruit juste. Avec sa bouche ronde et veloutée, c'est un gigondas aimable dont la puissance monte crescendo, tout en gardant de l'équilibre.

- Gigondas 2018 — 18,50 € — 90

Rouge : 17 hectares. Grenache noir 78 %, Syrah 14 %, Cinsault 6 %, Mourvèdre 2 %
Production moyenne : 25 000 bt/an

DOMAINE DU CAYRON
84190 Gigondas
04 90 65 87 46 • www.domaineducayron.com • Visites : sur rendez-vous uniquement aux professionnels.
Propriétaire : Michel Faraud
Directeur : Roseline Faraud
Œnologue : Laurent Philis

NOUVEAU DOMAINE

DOMAINE FONT DE COURTEDUNE

Situé dans le nord de l'appellation Châteauneuf, sur le village de Courthezon, ce domaine riche en vieilles vignes appartient à la famille Charrier depuis trois générations. Les lieux-dits Cristia, Pointu, La Guigasse donnent le châteauneuf-du-pape rouge, composé à 99 % de grenache vendangé entier et élevé en cuve béton. Caroline est en charge des vinifications, son frère Frédéric des vignes. Du l'IGP Vaucluse au châteauneuf, le style des vins nous a convaincus que ce domaine méritait de faire son entrée dans le guide cette année.

Les vins : leur toucher en bouche et leur manière de maîtriser la richesse du fruit nous semblent vraiment intéressants. Le vaucluse est un vrai vin sapide, identitaire. En Côtes-du-Rhône, préférence pour le villages Vieilles Vignes. Les châteauneuf-du-pape présentés sont assez gracieux, alors même les degrés affichés sur les bouteilles reflètent bien l'augmentation du volume d'alcool dans cette appellation. Nous saluons la fraîcheur et la justesse de bouche du 2017, rares dans ce type de millésime solaire. Le 2016 est plus fermé, dans une phase un peu engoncée, mais le bouche se dévoile avec allonge et sapidité.

- Châteauneuf-du-Pape 2016 — 25 € — 93
- Côtes du Rhône Vieilles Vignes 2017 — 9 € — 88
- Côtes du Rhône-Villages Vieilles Vignes 2017 — 11 € — 91
- IGP Vaucluse 2017 — 6,50 € — 89

Le coup de ♥

- Châteauneuf-du-Pape 2017 — 25 € — 94

Rouge : 38 hectares.
Blanc : 1 hectare.
Production moyenne : 50 000 bt/an

DOMAINE FONT DE COURTEDUNE

1198, chemin des Sourcières,
84350 Courthézon
04 90 70 20 69 •
domaine.font.de.courtedune@orange.fr •
Vente et visites : au domaine sur rendez-vous.
Propriétaire : Famille Charrier
Directeur : Frédéric Charrier
Maître de chai : Caroline Charrier

DOMAINE GEORGES-LOMBRIÈRE

Voici une adresse confidentielle (10 000 bouteilles produites chaque année), dont le premier millésime a été le 2014, en rouge, et le 2016, en blanc. Le style des rouges met en évidence le grenache ; 15 à 20 % de mourvèdre dans l'assemblage amènent de la sève au vin. Les élevages, qui se font en foudre de chêne et cuve béton (et demi-muid pour le blanc) sont très bien digérés. Les vinifications sont suivies par Pierre-Jean Villa.

Les vins : les deux millésimes de la cuvée Marie sont séduisants. Le domaine privilégie la finesse et le 2017, bien qu'identitaire, n'est pas emporté par la richesse, le mourvèdre lui offre une trame tannique salutaire, et le vin sait rester sapide. Comme indiqué l'an passé, le millésime 2016 est un joli vin construit pour la garde, cossu et étoffé, il conserve en bouche une très belle harmonie due à une acidité supérieure. Le blanc 2018 se révèle plus riche que le 2017, la roussanne impose sa signature, et le vin s'en trouve plus enrobé et plus pâteux. Il manque incontestablement de peps et de fraîcheur.

- Châteauneuf-du-Pape Cuvée Thaïs 2018 — 42 € — 89
- Châteauneuf-du-Pape Cuvée Marie 2016 — Épuisé - 38 € — 92
- Châteauneuf-du-Pape Cuvée Marie 2017 — 38 € — 91

Rouge : 5 hectares. Grenache noir 70 %, Syrah 15 %, Mourvèdre 15 %
Blanc : 0,3 hectare. Roussanne 60 %, Grenache blanc 40 %
Production moyenne : 10 000 bt/an

DOMAINE GEORGES-LOMBRIÈRE ♣

620, route de Bedarrides,
84230 Châteauneuf-du-Pape
06 84 55 48 41 •
www.georges-lombriere.com • Pas de visites.
Propriétaire : Marie et Benoit Lombrière, Alaric de Portal
Directeur : Benoit Lombrière
Maître de chai : Franck Ferraton
Œnologue : Guenhaël Kessler

MARTINELLE

Originaire d'Allemagne, Corinna Faravel découvre le vin en famille, puis à l'école hôtelière. Si elle débute avec le riesling allemand, elle est vite attirée par le vignoble français. Un stage en 1997 à Suze-la-Rousse, suivi d'un séjour chez le célèbre Marcel Richaud, précéderont son implantation dans le Ventoux en 2001. Elle partage la même passion pour le raisin que son époux, Thierry Faravel, vigneron à Gigondas, et élabore des vins distincts mais avec le même panache. Cette viticultrice talentueuse a fait du chemin. Ses ventoux et beaumes-de-venise sont devenus des valeurs sûres.

Les vins : 2018 nous semble bien géré par rapport aux conditions du millésime. Le blanc est moins harmonieux qu'en 2017 sans être pour autant pâteux. En rouge, le jus du ventoux est vraiment gourmand, le fruit est ouvert ; sans posséder la puissance du millésime précédent, il sonne juste en bouche. Le beaumes-de-venise dévoile un registre aromatique assez frais et cela lui va plutôt bien, tout comme sa part de vendange entière et la trame cossue de ses beaux tanins.

IGP Vaucluse 2018	14 €	89
Beaumes de Venise 2018	17 €	91
Ventoux 2018	12 €	90

Rouge : 11,5 hectares. Grenache noir 60 %, Syrah 30 %, Mourvèdre 10 %
Blanc : 0,5 hectare. Clairette 100 %
Production moyenne : 45 000 bt/an

MARTINELLE ♣
120, chemin Font-Valet, 84190 Lafare
04 90 65 05 56 • www.martinelle.com •
Vente et visites : au domaine sur rendez-vous.
Propriétaire : Corinna Faravel

DOMAINE DE LA MONARDIÈRE

Christian Vache a passé le relais à son fils Damien à la tête de ce domaine important de Vacqueyras. La maîtrise des rendements et un travail plus attentif à la vigne caractérisent la production du domaine. Désormais très complète, la gamme se décline du simple vin de pays jusqu'aux vacqueyras colorés et structurés.

Les vins : ce domaine emblématique de l'appellation poursuit dans son style peu extrait et seule la cuvée Vieilles Vignes impose plus de mâche et plus de richesse, affirmant sa stature de vin de garde. Les Deux Monardes propose davantage de finesse. Le côtes-du-rhône tient son rang dans un style pulpeux et sapide. Le rosé, vineux, est bien typé de sa région, et accompagnera à merveille les repas. Le blanc nous semble un peu déséquilibré, la chaleur en milieu de bouche le dissocie et le raccourcit.

Vacqueyras Galéjade 2018	19 €	88
Vacqueyras Le Rosé 2019	10 €	88
Côtes du Rhône 2019	10 €	90
IG Vaucluse Grenache 2019	7 €	88
Vacqueyras Les 2 Monardes 2018	13,50 €	92
Vacqueyras Vieilles Vignes 2017	19 €	93

Rouge : 19 hectares. Grenache noir 60 %, Syrah 20 %, Mourvèdre 10 %, Cinsault 4 %, Carignan 3 %, Counoise 3 %
Blanc : 2 hectares. Roussanne 40 %, Grenache blanc 30 %, Clairette 30 %
Production moyenne : 80 000 bt/an

DOMAINE DE LA MONARDIÈRE ♣
930, chemin des Abreuvoirs,
84190 Vacqueyras
04 90 65 87 20 • www.monardiere.fr •
Visites : sans rendez-vous.
Propriétaire : Damien Vache
Maître de chai : Damien Vache

DOMAINE DE MONTVAC

Transmis de mère en fille depuis sa création, le domaine est une histoire de femmes. Nous avons été convaincus par le style des vins rouges et blancs de Cécile Dusserre, qui nous montre que les beaux crus de la vallée du Rhône méridionale, comme Gigondas et Vacqueyras, peuvent exprimer puissance et densité tout en restant sapides et fins. En rouge, les raisins sont éraflés et élevés en cuve béton, sauf Vincila et Adage qui subissent un élevage en demi-muid. Nous vous recommandons les blancs, notamment Complicité, qui nous conforte dans notre attachement à la fabuleuse clairette. Mélodine est plus méridional, mais une dégustation récente d'un 2014 nous indique qu'elle peut évoluer avec pureté et finesse.

Les vins : les blancs nous séduisent. Melodine, issu d'un assemblage de quatre cépages, se rapproche de l'idée que l'on se fait d'un blanc du sud, tout en se révélant harmonieux. La clairette de Complicité possède une finesse et une classe impressionnante en 2018 ; en 2017, plus solaire, elle garde ce côté salin qui la caractérise. En rouge, le gigondas est joufflu, avec une définition encore fruitée, il demande à se fondre un peu. Vinsilia 2016 nous semble un peu engoncé, sa finale est dure. En 2017, Variation se montre sudiste et identitaire, avec de belles nuances de maquis et d'herbes sèches. L'ensemble se montre cossu et équilibré.

Vacqueyras Complicité 2018	30 €	94
Vacqueyras Mélodine 2018	15 €	91
Gigondas Adage 2018	17 €	89
Vacqueyras Arabesque 2017	13,50 €	90
Vacqueyras Variation 2017	20 €	92
Vacqueyras Vincila 2016	16 €	91

Le coup de ♥

Vacqueyras Complicité 2017	30 €	93

Rouge : 21 hectares. Grenache noir 70 %, Syrah 25 %, Mourvèdre 5 %
Blanc : 2 hectares. Clairette 45 %, Roussanne 40 %, Bourboulenc 10 %, Viognier 5 %
Production moyenne : 70 000 bt/an

DOMAINE DE MONTVAC ♣
900, route de Vaison, 84190 Vacqueyras
04 90 65 85 51 • www.domainedemontvac.fr
• Visites : sans rendez-vous.
Propriétaire : Cécile Dusserre

DOMAINE MOULIN-TACUSSEL

Propriété de Robert Moulin, aujourd'hui à la retraite, le domaine Moulin-Tacussel est dirigé par Didier Latour. Sans se revendiquer en agriculture biologique, ses sols sont travaillés sans produits chimiques depuis plus de dix ans. Bénéficiant d'un terroir unique (un sol argilo-calcaire, protégé par des galets roulés et favorisé par un climat ensoleillé) les presque 7,5 hectares du domaine Moulin-Tacussel sont répartis sur dix parcelles situées dans les lieux-dits Palestor, Colombis, Le Lac, Coste Froide, Mont-Pertuis, Grand Pierre et Le Mourre du Gaud.

Les vins : nous sommes agréablement surpris par Annette 2019. Pas toujours convaincus par des proportions aussi élevées de roussanne dans un châteauneuf, il nous faut reconnaître que le 2019 est doté d'une belle expression et témoigne d'une parfaite maîtrise de ce cépage. L'autre blanc du domaine est très sudiste de profil mais son alcool est plus marqué. Le rouge est sérieux, dans un millésime compliqué, et méritera d'être savouré dans cinq ans.

Châteauneuf-du-Pape 2019	26 €	90
Châteauneuf-du-Pape 2018	24 €	92

Le coup de ♥

Châteauneuf-du-Pape Annette 2019	31 €	92

Rouge : 6,71 hectares. Grenache noir 60 %, Mourvèdre 10 %, Syrah 10 %, Vaccarèse 5 %, Muscardin 5 %, Cinsault 5 %, Counoise 5 %
Blanc : 0,56 hectare. Roussanne 40 %, Grenache blanc 30 %, Bourboulenc 10 %, Clairette 10 %, Picpoul blanc 5 %, Picardan 5 %
Production moyenne : 13 000 bt/an

DOMAINE MOULIN-TACUSSEL
10, avenue des Bosquets,
84230 Châteauneuf-du-Pape
04 90 83 70 09 •
www.domainemoulintacussel.fr • Vente et visites : au domaine sur rendez-vous.
Propriétaire : Famille Moulin
Directeur : Didier Latour
Œnologue : Serge Mouriesse

CHÂTEAU PESQUIÉ

L'histoire de ce domaine commence dans les années 1970, quand les grands-parents Chaudière restaurent le château et une partie du vignoble. Paul et Edith donnent ensuite l'élan en quittant la coopération et en favorisant la sélection des terroirs. Depuis 2000, ce sont leurs enfants, Frédéric et Alexandre, qui veillent à la destinée de ce vaste vignoble. Nous sommes séduits par le virage stylistique des vins : ils ont vraiment gagné en finesse et en sapidité, et représentent dignement la fraîcheur du terroir.

Les vins : nous sommes séduits par les grandes cuvées de blanc du domaine en 2018. Avec une année d'évolution, elles gardent la fraîcheur légitime d'un vin du Ventoux. Quintessence est plus étoffé, avec un cœur de bouche plus sphérique mais on finit sur des notes ramenant aux sols calcaires. Juliette est un des plus beaux blancs de la région dans ce millésime. Le duo clairette et grenache blanc vinifié en œuf ciment et demi-muid tient toutes ses promesses. Le rosé 2019 gagne en sincérité, il est davantage sur le fruit. Parmi les rouges, Terrasses 2019 est bien plus qu'une entrée de gamme : un vin certes juteux, mais sérieux. On monte en texture tout en conservant fraîcheur et harmonie avec Artémia. Silica rendra heureux tous les amoureux du grenache ; on ne peut qu'aimer ce dernier quand il est infusé comme cela. Ascensio reste un vin plus charpenté et bâti pour la garde. Il y a quelques années, cette cuvée était bien moins digeste, ce qui témoigne de l'évolution du domaine.

Ventoux Les Terrasses 2019	10,50 €	88
Ventoux Quintessence 2018	18,50 €	90
Ventoux Artemia 2018	30 €	91
Ventoux Ascencio 2018	60 €	92
Ventoux Les Terrasses 2019	N.C.	89
Ventoux Quintessence 2018	18,50 €	90
Ventoux Silica 2018	30 €	92

Le coup de ♥

Ventoux Juliette 2018	28 €	93

Rouge : 90 hectares. Grenache noir 47 %, Syrah 40 %, Cinsault 5 %, Carignan 4 %, Marselan 3 %, Mourvèdre 1 %
Blanc : 10 hectares. Viognier 40 %, Roussanne 25 %, Clairette 25 %, Chardonnay 10 %
Production moyenne : 600 000 bt/an

CHÂTEAU PESQUIÉ ♣
1365 bis, route de Flassan, 84570 Mormoiron
04 90 61 94 08 • www.chateaupesquie.com
• Vente et visites : au domaine sur rendez-vous.
Propriétaire : Alexandre et Frédéric Chaudière
Directeur : Frédéric Chaudière
Maître de chai : Alexandre Chaudière
Œnologue : Emmanuel Gagnepain

DOMAINE RABASSE-CHARAVIN

Propriété historique du Rhône sud, à cheval entre Cairanne et Rasteau, Rabasse-Charavin est dirigé par Laure Couturier depuis 2014. Le domaine laboure ses sols et n'utilise ni pesticide ni désherbant. Ici, les raisins sont ramassés à haute maturité et toujours vinifiés de façon à en retirer le plus de finesse possible. Résultat : les vins sont parfumés, élégants et généreux, avec des tanins d'une grande souplesse. Chaque année, en dehors du millésime en cours, le domaine propose à sa clientèle, en décembre, des vins plus âgés en magnum. Une belle occasion de boire des vins à maturité.

Les vins : ce domaine reste fidèle à son style classique, ce qui nous ravit. Les Laures est un peu large et plantureux, la roussanne domine et monopolise les débats. La même cuvée en rouge séduit par son bouquet de fraises au sucre et sa texture sapide. Nous sommes surpris par la fraîcheur et la tenue du plan-de-dieu. Sa matière est concentrée mais reste digeste, le millésime 2016 a gardé cette fraîcheur qui le caractérise. Le cairanne s'offre sur une beau nez sudiste avec ses notes de tabac et d'herbes sèches. La Cuvée d'Estevenas est plus charnue avec une trame pulpeuse et plus sphérique. C'est un vin de garde. Le rasteau impose davantage de puissance mais l'ensemble est cohérent.

Côtes du Rhône Laure 2019	10 €	87
Cairanne 2016	15 €	91
Cairanne Cuvée d'Estevenas 2016	20 €	92
Cairanne N° 1 by Couturier 2016	11,50 €	87
Côtes du Rhône Laure 2018	9 €	89
Côtes du Rhône-Villages Plan de Dieu Les Cailloux 2016	13,50 €	90
Rasteau 2016	15 €	92

Rouge : 35 hectares. Grenache noir 60 %, Syrah 15 %, Mourvèdre 15 %, Cinsault 5 %, Carignan 5 %
Blanc : 5 hectares. Clairette 50 %, Roussanne 45 %, Bourboulenc 5 %
Production moyenne : 100 000 bt/an

DOMAINE RABASSE-CHARAVIN
1030, chemin des Girard, 84290 Cairanne
04 90 30 70 05 • www.rabasse-charavin.com
• Vente et visites : au domaine sur rendez-vous.
Propriétaire : Famille Couturier
Directeur : Laure Couturier
Œnologue : Olivier Roustang

DOMAINE RASPAIL-AY

Le vin de la propriété représente l'archétype du bon gigondas, plein, vigoureux, sans esbroufe. De constitution ferme et serrée, les meilleurs millésimes demandent quatre à cinq ans de garde pour s'ouvrir pleinement. Dès lors, ils prennent une belle complexité dans le temps et se bonifient sur dix à vingt ans.

Les vins : ce domaine reste vraiment dans la lignée de ce qu'il sait faire. Le 2017 ne soulève aucune critique : nous sommes bien conscients qu'arriver à maintenir un fruit précis et une bouche équilibrée n'est pas aussi évident que cela puisse paraître. Ici, le vin respire le sud sans en avoir les stigmates, le fruit est bien scintillant, la trame riche et dense, sans aucune dureté ni déséquilibre.

Gigondas 2017 de 18 à 20 € (c) 93

Rouge : 19 hectares. Grenache noir 70 %, Syrah 20 %, Mourvèdre 10 %
Production moyenne : 60 000 bt/an

DOMAINE RASPAIL-AY
737, route des Princes-d'Orange, 84190 Gigondas
04 90 65 83 01 • www.gigondas-vin.com • Vente et visites : au domaine sur rendez-vous.
Propriétaire : Dominique Ay
Directeur : Anne-Sophie Ay
Maître de chai : Christophe Ay

DOMAINE LA ROUBINE

Ce domaine produit des vins charmeurs et charnus. Éric Ughetto, qui le dirige, a signé son premier millésime en 2000. Il cultive ses vignes en bio ; une pratique en adéquation avec ses vins profonds et généreux, issus de raisins vendangés bien mûrs. Ce domaine a deux axes majeurs : la simplicité, le bon sens, comme les grands-parents lorsqu'ils travaillaient la vigne, et la rigueur en cave. Voici une valeur sûre pour les amateurs de vins hédonistes.

Les vins : de jolis 2018, bien de leur millésime avec des fruits scintillants et des bouches assez aimables. Seule le sablet possède un nez plus évolué, et bascule un peu vers le fruit cuit, terminant un peu sec. A contrario, le vacqueyras séduit par son fruit élégant et sa bouche gracieuse. Le gigondas a également conservé un fruit rafraîchissant, tout en gardant le caractère vineux et charnu de cette appellation. Les tanins sont bien enrobés.

Côtes du Rhône-Villages Sablet La Grange des Briguières 2018 10,50 € 87
Gigondas 2018 15,50 € 92
Vacqueyras 2018 13,50 € 91

Rouge : 15 hectares. Grenache noir 80 %, Syrah 10 %, Cinsault 5 %, Mourvèdre 5 %
Blanc : 0,8 hectare.
Production moyenne : 40 000 bt/an

DOMAINE LA ROUBINE ♣
613, chemin du Goujar, 84190 Gigondas
04 90 28 15 67 •
www.domainelaroubine.com • Visites : sans rendez-vous.
Propriétaire : Éric et Sophie Ughetto
Œnologue : Philis Laurent

DOMAINE SALADIN

À mi-chemin entre Montélimar et Avignon, sur la rive droite du Rhône, Élisabeth et Marie-Laurence Saladin sont à la tête de la propriété familiale transmise de père en fils et de père en fille depuis 1422. Elles y cultivent onze cépages en bio et proposent une gamme personnelle, d'une finesse rare pour des côtes-du-rhône, qui peuvent se mesurer à bien des crus.

Les vins : le domaine ne nous ayant pas fait parvenir ses vins cette année, nous sommes amenés à reconduire les notes de notre édition précédente.

Côtes-du-Rhône Per Èl 2017 20 € 88
Côtes du Rhône Tralala ! 2018 15 € 87
Côtes du Rhône Loï 2017 15 € 88
Côtes du Rhône Paul 2017 18 € 89
Côtes du Rhône-Villages Fan dé Lune 2016 20 € 89
VDF Haut Brissan 2017 25 € 90

Rouge : 14 hectares.
Blanc : 3 hectares.
Production moyenne : 50 000 bt/an

DOMAINE SALADIN ♣
235, chemin de Coulet
07700 Saint-Marcel-d'Ardèche
04 75 04 63 20 • www.domaine-saladin.com • Vente et visites : au domaine sur rendez-vous.
Propriétaire : Elisabeth et Marie-Laurence Saladin
Œnologue : Véronique David

Le Roussillon et ses vins

Par Caroline Furstoss,
en charge des vins du Roussillon au sein
du comité de dégustation de La Revue du vin de France

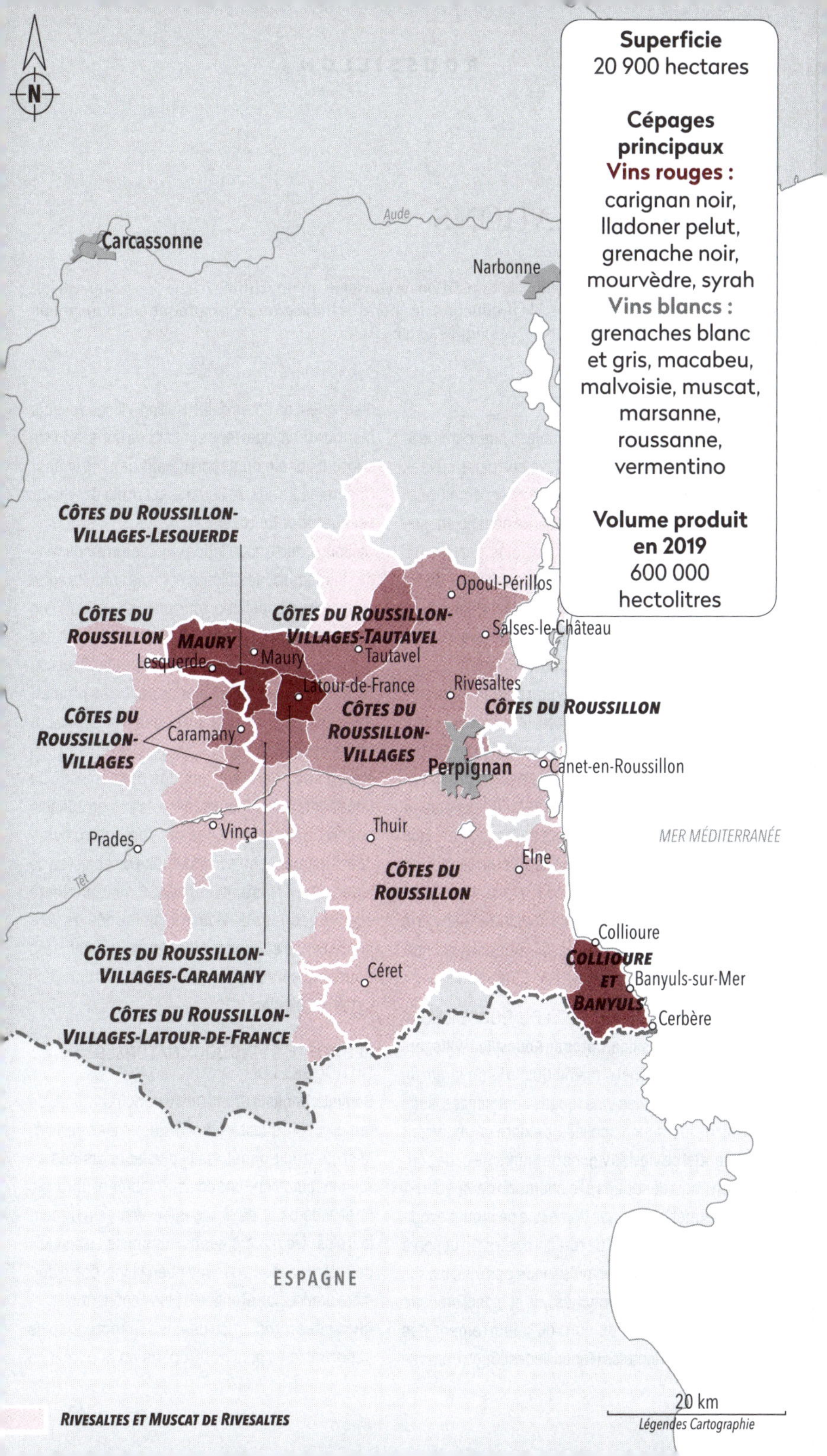
Superficie
20 900 hectares
Cépages principaux
Vins rouges :
carignan noir, lladoner pelut, grenache noir, mourvèdre, syrah
Vins blancs :
grenaches blanc et gris, macabeu, malvoisie, muscat, marsanne, roussanne, vermentino
Volume produit en 2019
600 000 hectolitres
N
Aude
Carcassonne
Narbonne
CÔTES DU ROUSSILLON-VILLAGES-LESQUERDE
CÔTES DU ROUSSILLON
MAURY
CÔTES DU ROUSSILLON-VILLAGES-TAUTAVEL
Opoul-Périllos
Salses-le-Château
Lesquerde
Maury
Tautavel
Latour-de-France
Rivesaltes
CÔTES DU ROUSSILLON-VILLAGES
Caramany
CÔTES DU ROUSSILLON-VILLAGES
CÔTES DU ROUSSILLON
Perpignan
Canet-en-Roussillon
Vinça
Prades
Thuir
Têt
MER MÉDITERRANÉE
Elne
CÔTES DU ROUSSILLON
CÔTES DU ROUSSILLON-VILLAGES-CARAMANY
Collioure
COLLIOURE ET BANYULS
Céret
Banyuls-sur-Mer
Cerbère
CÔTES DU ROUSSILLON-VILLAGES-LATOUR-DE-FRANCE
ESPAGNE
20 km
Légendes Cartographie
RIVESALTES ET MUSCAT DE RIVESALTES

LES APPELLATIONS

Contrairement au Languedoc, le Roussillon ne conserve qu'une infime partie de ses superficies viticoles (1,6 %) consacrées à la production de vins sans indication géographique (anciennement vin de table). Par ailleurs, 85 % des vignes sont en AOC.

LES IGP DU ROUSSILLON

Cette catégorie, qui rassemble le pire, comme le meilleur puisque l'on y retrouve certaines cuvées de Gérard Gauby et d'autres grands vignerons roussillonnais, regroupe les vins qui ne bénéficient pas d'une appellation d'origine contrôlée, parce qu'ils ne sont pas produits sur une aire d'AOC, ou parce que leurs pratiques culturales ne correspondent pas à la réglementation fixée pour l'appellation. Cette production est majoritairement tenue par les caves coopératives roussillonnaises. Contrairement au Languedoc, le vignoble classé en IGP est minoritaire en Roussillon (34 %) par rapport aux AOC (66 %). Trois IGP sont produites dans la région. On retrouve l'IGP d'Oc qui couvre l'ensemble des départements de l'ancienne région Languedoc-Roussillon (qui comprenaient cinq départements : l'Aude, le Gard, l'Hérault, la Lozère et les Pyrénées-Orientales). La principale IGP dans le seul Roussillon est celle des Côtes catalanes. Enfin, on trouve l'IGP (marginale) de la Côte vermeille.

LES AOC DES VINS SECS DU ROUSSILLON

Côtes du Roussillon, Côtes du Roussillon-Villages : une production hétérogène. Quand ils s'avèrent de bonne facture, les vins rouges sont solides, sans trop de lourdeur alcoolisée. Il existe un important potentiel de vieilles vignes de grenache et de carignan (jadis destinées à l'élaboration de vins doux), qui permet aux jeunes domaines de produire rapidement des cuvées de fort caractère. On observe aussi une montée en puissance des vins blancs (à dominante de grenaches gris et blanc) produits sur les calcaires du nord du département des Pyrénées-Orientales (Fenouillèdes). Quatre crus se distinguent en Côtes du Roussillon-Villages avec la mention du village. Tous sont situés dans la partie septentrionale du département des Pyrénées-Orientales. Il s'agit de Caramany, Latour de France, Lesquerde et Tautavel.

Collioure : cette appellation regroupe la production de vins secs rouges, blancs et rosés produits sur la même aire d'appellation que celle de Banyuls (vin doux naturel). D'un style équilibré et assez fin, les rouges sont en progrès, même s'ils ne justifient pas toujours leurs prix. Les blancs sont très prometteurs, les grenaches blanc et gris leur apportant un caractère affirmé.

Maury sec : dernière-née des appellations du Roussillon, l'AOC Maury sec a vu le jour en 2011. Elle concerne des vins rouges secs produits à dominante de grenache sur les terroirs de schistes de Maury. Pour l'instant, cette AOC ne représente que 185 hectares de vignes. Mais les débuts sont prometteurs et les vignerons locaux jouent le jeu pour que leurs meilleures cuvées sortent dans cette appellation.

LES AOC DES VINS DOUX NATURELS DU ROUSSILLON

Banyuls, Banyuls Grand Cru : vins doux naturels de remarquable qualité. Il existe deux types de vins : le style traditionnel, vieilli plusieurs années en foudres, qui affiche une couleur ambrée et un rancio fin et superbe, et les vintages (ou rimatges), de couleur plus vive, aux arômes de fruits noirs. Le banyuls peut être produit en rouge et en blanc, cette dernière production étant bien plus confidentielle.

Rivesaltes : production de vins doux naturels plus importante et plus hétérogène en qualité qu'à

Banyuls. Les meilleurs producteurs proposent cependant d'excellents rivesaltes traditionnels, très loin de certaines caricatures.

Muscat de Rivesaltes : quand il réussit à garder une certaine fraîcheur en bouche, le muscat de Rivesaltes est un vin aromatique et plein, idéal pour les desserts aux fruits. Il est produit à partir de deux cépages, le muscat à petits grains et le muscat d'Alexandrie. Cette très vaste AOC (4 400 ha) couvre les aires d'appellation de Rivesaltes, Banyuls et Maury. Elle représente à elle seule 59 % de la production de vins doux naturels du Roussillon.

Maury : vin doux naturel des contreforts pyrénéens, au style plus fougueux que les rivesaltes. Longtemps en retrait qualitativement par rapport à Banyuls, les meilleurs producteurs proposent des vins de très bon niveau dans cette appellation où le grenache est façonné par les sols de schistes.

LES CÉPAGES

Comme en Languedoc, les cépages rouges sont dominants en Roussillon. Toutefois, contrairement à son voisin, la syrah ne s'y impose pas face au grenache noir et au carignan noir. De même, le merlot et le cabernet-sauvignon sont marginaux et ne représentent que quelques centaines d'hectares. Voici les principaux cépages rouges par ordre d'importance.

À la différence du Languedoc, la proportion de cépages blancs est plus importante dans le vignoble (environ 40 % de l'encépagement total). Cela s'explique par le fait qu'une grande partie des surfaces viticoles consacrées aux muscats, au macabeu et aux grenaches sert à l'élaboration des vins doux naturels. Voici les principaux cépages blancs par ordre d'importance.

LES CÉPAGES ROUGES :

Grenache noir (5 971 ha)
Syrah (4 429 ha)
Carignan noir (3 324 ha)
Mourvèdre (926 ha)
Merlot (533 ha)
Cabernet-sauvignon (444 ha)
Lledoner Pelut (171 ha)
Marselan (138 ha)
Cabernet franc (78 ha)
Cinsault (73 ha)
Chenanson (27 ha)

LES CÉPAGES BLANCS :

Muscat à petits grains (2 680 ha)
Muscat d'Alexandrie (2 200 ha)
Macabeu blanc (1 627 ha)
Grenache blanc (1 277 ha)
Grenache gris (932 ha)
Chardonnay (477 ha)
Viognier (120 ha)
Vermentino (120 ha)
Roussanne (77 ha)
Sauvignon (72 ha)
Marsanne (32 ha)
Tourbat (31 ha)

ENTRE CIEL ET MER, DIX HALTES SOLAIRES

CHAMBRES D'HÔTES

LA COOPÉRATIVE

Au domaine Riberach, l'*ecolodge* conçu par Luc Richard et Karin Pühringer, architectes passionnés et propriétaires des lieux, propose des chambres "dans" et "au-dessus" des cuves de vinification de l'ancienne cave coopérative de 1925. Également spa, restaurant gastronomique étoilé, cave, piscine naturelle. Menus de 45 à 109 €. Chambres de 160 à 265 €.

2, route de Caladroy,
66720 Bélesta
Tél. : 04 68 50 30 10
www.relaisdestroismas.com

CHÂTEAU VALMY

Au pied du massif des Albères et surplombant la mer, le domaine de Valmy de 24 hectares reçoit à sa table et dans ses chambres d'hôtes. Parc, piscine de 25 mètres et jacuzzi. Comptez de 220 à 390 € la nuit.

Chemin de Valmy,
66700 Argelès-sur-Mer
Tél. : 04 68 81 25 70
www.chateau-valmy.com

CAVISTE

VINS D'AUTEURS

Plus de 200 références de vins à découvrir, avec un petit rayon épicerie fine, qui peut sauver pour l'organisation d'un apéritif improvisé. Une adresse sûre, dotée de conseils avisés.

6, place Général-Leclerc,
66190 Collioure
Tél. : 04 68 55 45 22

RESTAURANTS

LE ZAZA CLUB

La meilleure paillote de toute la côte catalane ! On y mange face à la mer du poisson frais (selon les arrivages). À ne pas rater : les spaghettis et riz de la mer cuits minute, un plat pour deux personnes tout simplement divin, et, pour les chanceux, la paëlla de Claude, le patron ! La carte des vins est attrayante. Comptez de 36 à 50 €.

Village des Sables,
66440 Torreilles.
Tél. : 04 68 59 21 45
www.restaurant-lezazaclub.com

AUBERGE DU VIEUX PUITS

La cuisine de Gilles Goujon, chef trois étoiles, est un modèle du genre. Parmi ses plats signature, l'œuf de poule "pourri" sur une purée de champignons et truffes, briochine tiède et cappuccino. Après le dîner, on peut rejoindre l'une des huit chambres de l'hôtel autour de la piscine. Menus : 125 - 215 €. Chambres de 165 à 325 €.

5, avenue Saint-Victor,
11360 Fontjoncouse
Tél. : 04 68 44 07 37
www.aubergeduvieuxpuits.fr

LE COQ À L'ÂNE

Au cœur du village viticole de Latour, Morgan van der Horst est à la barre de ce restaurant et cave à vin. Les bouteilles bio et "nature" sont vendues aux prix du domaine. Le bio et le local sont en aussi en bonne place dans l'assiette.

1, place du Marché,
66720 Latour-de-France
Tél. : 06 31 47 98 56

YUM YUM

Cette adresse cachée au cœur d'une zone commerciale semble une étape facile pour les voyageurs de passage, mais elle est bien davantage que ça. Voici en fait une table bien connue des vignerons et des locaux. L'accueil y est chaleureux, l'assiette franche : poissons selon les arrivages, viandes de producteurs locaux. Les vins de la région sont bien sûr mis en avant, mais la sélection est ouverte au reste de la France. Comptez entre 15 et 21 €.

Centre Commercial Canigou,
66240 Saint-Estève
Tél. : 04 68 29 01 36

NOTRE COUP DE ♥

CÔTÉ SAISONS

L'âme de cette ancienne maison de maître vigneronne revit grâce à Ingrid et son mari Nicolas, tous deux formés dans des palaces parisiens. Un nid douillet, restauré avec goût, au pied des Albères. La sélection de vins vous fera découvrir les pépites de la région. Comptez entre 75 et 120 € la nuit.

10, avenue de la Côte-Vermeille,
66740 Laroque-des-Albères
Tél. : 04 34 12 36 51

BAR À VINS

EL XADIC DEL MAR

Des étagères à bouteilles, une quinzaine de couverts… À deux pas de la plage et des superbes vignobles de Collioure et Banyuls, Manu Desclaux patronne avec une bonne humeur communicative cette jolie adresse de poche. La sélection de vins naturels est très pertinente.

11, avenue du Puig-del-Mas,
66650 Banyuls
Tél. : 04 68 88 89 20

★★★

DOMAINE GAUBY

Depuis ses débuts au milieu des années 1980, Gérard Gauby, vigneron d'une haute exigence, poursuit avec l'aide de son fils, Lionel, et de son épouse, Ghislaine, sa quête du grand vin à l'équilibre parfait. Il a connu plusieurs périodes de remise en question qui, progressivement, l'ont porté vers un style de vins rouges et blancs tendus et digestes, lesquels lui ont valu de nombreux admirateurs. Jamais exempte de prise de risques, cette recherche permanente, qui dans les derniers millésimes, sous l'impulsion de Lionel, redonne la primauté à l'expressivité et à la générosité du fruit, révèle la complexité du terroir, si varié géologiquement, de Calce. Par un travail sans relâche des sols et de la vigne, mais aussi par la replantation de nombreuses essences arborées en bordure des parcelles, les maturités phénoliques arrivent plus rapidement, permettant de modérer les degrés alcooliques. Nous rendons hommage au parcours exemplaire d'une famille qui a su ouvrir de nouvelles voies et continue de réinventer la viticulture du Sud.

Les vins : les blancs sont marqués par un élevage sur lies qui prédomine dans la jeunesse. Les Vieilles Vignes dégage des notes toastées avec un bel appui de fruits blancs. La bouche est vibrante et cristalline. Coume Gineste est plus en dentelle, avec un support salivant attractif, des notes finement florales en bouche. Les rouges se démarquent. Expressif au nez, les Vieilles Vignes mêle poivre, rose et mûre. Des tanins fins, un vin délicat, friand et texturé. La Muntada est poudré, il recèle un grain fin et unique, alliant fraîcheur et rondeur, une finale salivante. Définitivement un très grand vin !

- IGP Côtes Catalanes Coume Gineste 2017 — Épuisé - 77 € — 94
- IGP Côtes Catalanes Vieilles Vignes 2018 — 33 € — 92
- IGP Côtes Catalanes Vieilles Vignes 2018 — 33 € — 94

Le coup de ♥

- IGP Côtes Catalanes Muntada 2018 — 77 € — 97

Rouge : 29 hectares. Grenache noir 46 %, Syrah 28 %, Mourvèdre 11 %, Carignan 10 %, Cinsault 3 %, Cabernet franc 2 %, Aramon 1 %
Blanc : 15 hectares. Grenache blanc 29 %, Macabeu 28 %, Muscat à petits grains blancs 18 %, Chardonnay 9 %, Grenache gris 9 %, Vermentino 3 %, Tourbat 2 %, Muscat d'alexandrie 1 %
Production moyenne : 80 000 bt/an

DOMAINE GAUBY ♣
La Muntada, 66600 Calce
04 68 64 35 19 • www.domainegauby.fr •
Vente et visites : au domaine sur rendez-vous.
Propriétaire : Gérard et Lionel Gauby

★★

CLOS DU ROUGE GORGE

Ce petit domaine situé sur des terrasses de schistes et de gneiss de Latour-de-France repose entièrement sur Cyril Fhal. Ayant débuté en 2002, ce vigneron passionné avance dans une démarche rigoureuse et cohérente, extrêmement exigeante à la vigne (tenue en biodynamie avec un soin méticuleux, au prix de milliers d'heures de travail) comme en cave (levures indigènes, élevage en demi-muid et foudre). Les vignes de grenache qui avaient été replantées en 2014, sur un sol laborieusement revitalisé, donnent aujourd'hui naissance à une nouvelle et passionnante cuvée, Col du Loup. L'engagement moral et esthétique de Cyril Fhal constitue un modèle pour une nouvelle génération de vignerons. Distingués, d'un grand raffinement naturel, loin de tout artifice, ces vins d'artiste, hélas difficiles à trouver, sont vénérés par une clientèle de fidèles. Les derniers millésimes, interprétés avec autant de brio que de discernement, pointent résolument vers la troisième étoile.

Les vins : notes de noisette grillée et de tilleul pour le blanc, une bouche avec du gras et un bel équilibre. L'épatement vient des rouges, les jeunes vignes de grenache donnent le La. Le nez est incroyablement parfumé, il rappelle un bouquet de pivoine avec une touche fruitée. La bouche ne déçoit pas avec ses tanins fins et son côté gouleyant ! Plus sages, Vieilles Vignes se dévoile doucement, avec caractère et profondeur, dans un contexte de fruits noirs et d'épices. Ubac manifeste une intensité rare, un nez magnifiquement poudré, rehaussé par le poivre sauvage, sa bouche offrant relief et texture onctueuse jusqu'à une finale énergique. Le Col du Loup est un vin singulier, où se mêlent des notes de tabac blond, de mûre et toujours ce côté floral en toile de fond. La bouche offre une trame sapide et une matière noble, mais le vin semble plus fermé à ce stade, il faudra savoir être un peu plus patient !

IGP Côtes Catalanes 2019	28 €	92
IGP Côtes Catalanes 2018	28 €	95
IGP Côtes Catalanes Col du Loup 2018	50 €	96
IGP Côtes Catalanes Jeunes Vignes 2018	20 €	94

Le coup de ♥

IGP Côtes Catalanes L'Ubac 2018	50 €	96

Rouge : 6 hectares. Carignan 42 %, Grenache noir 42 %, Cinsault 16 %
Blanc : 1,5 hectare. Grenache gris 50 %, Macabeu 36 %, Carignan 14 %
Production moyenne : 15 000 bt/an

CLOS DU ROUGE GORGE ♣
6, place Marcel-Vié, 66720 Latour-de-France
06 31 65 25 89 • cyrilfhal@gmail.com •
Vente et visites : au domaine sur rendez-vous.
Propriétaire : Cyril Fhal

★★

DOMAINE DANJOU-BANESSY

Vigneron passionné, Benoît Danjou a repris ce vieux vignoble hérité de son grand-père, jadis consacré à la production de rivesaltes. Avec son frère Sébastien, désormais à ses côtés, il a progressivement converti le domaine aux vins blancs et rouges secs, tout en conservant sagement de magnifiques vieux rivesaltes, commercialisés au compte-gouttes. Reflets de différents terroirs et parcelles, souvent issus de vignes âgées, les vins offrent caractère et originalité. Avec un travail respectueux du vivant à la vigne, non-interventionniste en cave, le domaine a rapidement progressé, outrepassant les espoirs des observateurs. Entre références patrimoniales (vieux VDN et rancios) et audace des formules expérimentées dans les vins secs (qui peuvent flirter avec la sous-maturité, ou parfois marqués par leurs élevages longs en petits contenants), le domaine est d'ores et déjà devenu un point focal indispensable du paysage viticole catalan.

Les vins : parmi les rouges, Roboul, assemblage de mourvèdre et grenache, offre un nez d'infusion de plantes et de rose, un vin alerte, friand et léger. La Truffière épate avec sa robe claire, presque translucide. Le nez est délicatement poivré avec des fruits rouges et la bouche est très délicate, un rouge sapide qui "pinote". Tout aussi infusé, Les Myrs est une expression fluide du carignan, à ouvrir dans cinq ans. En blanc, Coste est un reflet réussi du macabeu catalan, vif et résineux, avec un support de bois bien intégré. Le Clos des Escounils offre davantage d'enveloppe, avec des parfums de poivre blanc et de fleurs de printemps. La Truffière est un pur carignan gris à la forte puissance salivante, encore marquée par son élevage long, c'est un blanc de patience ! La macération de muscat Supernova rappelle le thé Earl Grey au nez, avec cette année une petite pointe de fraise des bois et de menthe. La bouche est fluide et fraîche, avec une fine sensation tannique en finale.

IGP Côtes Catalanes Coste 2018	22 €	90
IGP Côtes Catalanes La Truffière 2018	40 €	92
IGP Côtes Catalanes Le Clos des Escounils 2018	32 €	91
VDF Supernova 2019	16 €	91
IGP Côtes Catalanes Les Myrs 2018	40 €	91
IGP Côtes Catalanes Roboul 2018	19 €	90

Le coup de ♥

IGP Côtes Catalanes La Truffière 2018	26 €	93

Rouge : 10 hectares. Grenache noir 40 %, Mourvèdre 30 %, Carignan 20 %, Syrah 5 %, Cinsault 5 %

Blanc : 8 hectares. Macabeu 25 %, Muscat à petits grains blancs 25 %, Grenache blanc 20 %, Grenache gris 15 %, Carignan gris 10 %, Carignan 5 %

Production moyenne : 45 000 bt/an

DOMAINE DANJOU-BANESSY ♣

1 bis, rue Thiers, 66600 Espira-de-l'Agly

04 68 64 18 04 • bendanjou@hotmail.fr •
Vente et visites : au domaine sur rendez-vous.

Propriétaire : Sébastien et Benoît Danjou

★★

DOMAINE GARDIÉS

Jean Gardiés travaille désormais à quatre mains avec son fils Victor. Tenant d'un style classique, unanimement respecté par ses pairs, Jean a repris le domaine familial en 1990. Il privilégie la production de vins rouges en appellation Côtes du Roussillon, diminuant ainsi fortement celle des vins doux, qui ne représentent plus que 4 hectares du parcellaire. Répartis sur différents types de sols, les rouges font partie des meilleurs de la région, avec un beau volume en bouche et des saveurs d'une grande précision. Notons les progrès réalisés sur les blancs, avec des élevages désormais effectués en demi-muid de 600 l, préservant l'empreinte minérale. La régularité exemplaire, les soins constants apportés au vignoble comme au chai, et la finesse dont font désormais preuve tous les vins, garantissent au domaine une place de choix au sein de la petite élite de la région.

Les vins : les blancs sont purs, tel Je cherche le ciel qui signe une approche simple et efficace de grenache gris, avec des notes de fruits blancs et une chair pulpeuse. Dans un autre registre, Les Vignes de Mon Père évolue dans un registre plus charnu, avec son carignan blanc sur schistes au caractère plus solaire. Belle réussite pour le Clos des Vignes, délicatement floral, avec une touche céréalière et une certaine finesse en bouche. En rouge, Les Millères libère fruits noirs, olives et senteurs de garrigue en une bouche tendre et soyeuse. Le Clos des Vignes tire davantage sur des notes de cuir et une saveur fumée, avec une bouche plus stricte et des touches de café en finale. Enfin, deux grandes cuvées : Les Falaises, un carignan encore fermé, et La Torre, qui offre déjà un très beau jus ; plutôt musclé, ce vin construit sur le mourvèdre est taillé pour la garde !

- Côtes du Roussillon Clos des Vignes 2018 — 28 € — 91
- IGP Côtes Catalanes Je Cherche le Ciel 2019 — 19 € — 89
- IGP Côtes Catalanes Les Vignes de Mon Père 2019 — 30 € — 89
- Côtes du Roussillon-Villages La Torre 2018 — 38 € — 94
- Côtes du Roussillon-Villages Tautavel Clos des Vignes 2018 — Épuisé - 24 € — 91
- Côtes du Roussillon-Villages Tautavel Les Falaises 2018 — 49 € — 94

Le coup de ♥

- Côtes du Roussillon-Villages Les Millères 2018 — 15 € — 92

Rouge : 20 hectares. Grenache noir 40 %, Mourvèdre 20 %, Syrah 20 %, Carignan 15 %, Cinsault 5 %
Blanc : 15 hectares. Muscat à petits grains blancs 30 %, Grenache blanc 30 %, Malvoisie 10 %, Roussanne 10 %, Grenache gris 10 %, Macabeu 10 %
Production moyenne : 120 000 bt/an

DOMAINE GARDIÉS ♣
Chemin de Montpins, 66600 Espira-de-l'Agly
04 68 64 61 16 • www.domaine-gardies.fr •
Vente et visites : au domaine sur rendez-vous.
De 9h à 17h.
Propriétaire : Jean et Victor Gardiés

★★

MAS AMIEL

Première pierre de l'édifice viticole d'Olivier Decelle (également présent à Saint-Émilion avec le château Jean Faure, en Haut-Médoc, en Bourgogne avec la maison Decelle-Villa et récemment dans la vallée du Rhône avec le rachat du domaine de Boisseyt-Chol), ce vaste domaine, qui a longtemps été le fer de lance des grands vins doux naturels, évolue brillamment depuis son rachat il y a plus de quinze ans. Sans négliger, bien au contraire, les vins doux, Olivier Decelle a immédiatement perçu la grande aptitude des terroirs de Maury à produire des vins rouges secs de haute expression, et s'est donné les moyens de les réussir. Sous la houlette du talentueux directeur Nicolas Raffy, la gamme s'agrandit et se réinvente par petites touches, avec des vins aimables jeunes, mais capables de vieillir, telle la cuvée Initial, et des cuvées parcellaires plus ambitieuses, qui atteignent un niveau spectaculaire dans les derniers millésimes.

Les vins : en blanc sec, Altaïr est enveloppant, des notes d'amande et d'abricot accompagnent un bel élan final. En maury sec, Initial est un panier de fruits rouges, gourmand et rond ; on monte d'un cran avec l'assemblage de grenache et de lledoner pelut, qui ne manque pas d'intérêt dans Alt. 433 M : il offre des notes intenses de

ROUSSILLON

fruits noirs et une bouche sapide. Un vin fin et digeste. Belle réussite pour Vers le Nord, empli de la fraîcheur d'une syrah florale, complétée par le juteux du grenache, un vin parfumé et fin aux tanins soyeux. Dans les VDN, le maury blanc a un caractère finement exotique avec des arômes de pêche de vigne et une bouche liquoreuse qui garde un côté juteux et épicé. En rouge, le maury Vintage 2018 est musqué et déploie une intensité de fruits noirs, la bouche est dense et encore compacte avec une finale racée. Charles Dupuy est plus fin au nez (figue et violette). La bouche est dense et savoureuse mais encore massive ; il pourra patienter pour prendre de la patine. Après un temps d'ouverture, le 1969 livre des notes de tabac blond, de figue séchée, sa complexité s'impose en bouche avec des notes de mandarine confite et une certaine salinité.

Côtes du Roussillon Altaïr 2018	19 €	90
Maury Vintage 2019	18 €	91
Côtes du Roussillon-Villages Initial 2018	14,90 €	89
Maury 1969	120 €	98
Maury Sec Alt. 433 M 2019	26,50 €	91
Maury Vintage 2018	18 €	91
Maury Vintage Charles Dupuy 2016	37,50 €	93

Le coup de ♥

Maury Sec Vers le Nord 2019	24 €	92

Rouge : 143 hectares. Grenache noir 75 %, Carignan 13 %, Syrah 10 %, Mourvèdre 2 %
Blanc : 12 hectares. Grenache gris 47 %, Macabeu 33 %, Muscat d'alexandrie 10 %, Muscat à petits grains blancs 10 %
Production moyenne : 400 000 bt/an

MAS AMIEL ♣
66460 Maury
04 68 29 01 02 • www.masamiel.fr • Vente et visites : au domaine sur rendez-vous.
De 8h30 à 12h30 et de 13h30 à 18h.
Propriétaire : Olivier Decelle
Directeur : Nicolas Raffy

★★

DOMAINE OLIVIER PITHON

En moins de dix ans, ce vigneron originaire d'Anjou, frère du fameux Jo Pithon des Coteaux du Layon, s'est imposé parmi les domaines de référence du Roussillon. Olivier Pithon pratique une viticulture engagée, très respectueuse des terroirs et des cépages autochtones. Il affirme désormais un style bien personnel, donnant naissance à des vins authentiques et droits qui progressent d'année en année, et s'avère plus précis et réguliers aujourd'hui dans les vins d'entrée de gamme. La D18, issue de grenache blanc et gris, s'est affirmée comme un des plus grands blancs du sud ; le macabeu est tout aussi exceptionnel. Les rouges sont plus captivants depuis qu'ils sont vinifiés en grappes entières. La régularité, la franchise d'expression et l'intensité de saveurs des vins qui sortent de la nouvelle cave, sur les hauteurs de Calce, ont valu au domaine l'obtention rapide d'une deuxième étoile, encore brillamment confirmée cette année. Attention toutefois à l'acidité volatile sur certains rouges...

Les vins : décliné dans les trois couleurs, Mon P'Tit Pithon est tout autant accessible en bouche que pour le porte-monnaie, on adhère ! En blanc, Laïs est marqué par des notes fumées et une bouche aérienne. La D18 offre plus de relief, des notes anisées et du mordant. Enfin, le maccabeu est très complet, notes de fruits à noyau et une belle patine en bouche. Laïs rouge est un beau concentré de fruits, avec une légère touche épicée, un vin gourmand aux tanins souples. Le Colt est d'une finesse absolue, joyeuse interprétation de grenache sur schiste qui ne manque pas de matière. Dans un autre registre, Le Pilou est un pur carignan sur plateau calcaire, poudré avec des notes musquées, il est d'un soyeux incroyable en bouche et garde une trame fraîche.

IGP Côtes Catalanes La D18 2018	35 €	92
IGP Côtes Catalanes Laïs 2018	18 €	90
IGP Côtes Catalanes Macabeu 2018	35 €	94
IGP Côtes Catalanes Mon P'tit Pithon 2019	10 €	88
IGP Côtes Catalanes Le Colt d'en Olby 2018	35 €	94
IGP Côtes Catalanes Le Pilou 2016	35 €	94
IGP Côtes Catalanes Mon P'tit Pithon 2019	10 €	88

Le coup de ♥

Côtes du Roussillon Laïs 2018	18 €	92

Rouge : 11 hectares. Grenache noir 50 %, Carignan 40 %, Mourvèdre 10 %
Achat de raisins.
Blanc : 11 hectares. Macabeu 40 %, Grenache

gris 40 %, Grenache blanc 20 %
Achat de raisins.
Production moyenne : 120 000 bt/an

DOMAINE OLIVIER PITHON
Chemin de Montner, 66600 Calce
04 30 44 85 71 • www.olivierpithon.com •
Vente et visites : au domaine sur rendez-vous.
De 9h à 12h et de 14h à 18h.
Propriétaire : Olivier Pithon et Sébastien Calmettes
Directeur : Olivier Pithon

★ ↗

COUME DEL MAS

Amoureux de ses terroirs, Philippe Gard s'est installé dans le hameau de Cosprons, entre Banyuls-sur-Mer et Port-Vendres. Il exploite avec détermination un patrimoine de vieilles vignes remarquablement situées. Son savoir-faire en matière de vinification et d'élevage a rapidement placé sa production parmi les plus ambitieuses du secteur. Les banyuls en particulier bénéficient d'une intensité de matière et de saveur rares. Les élevages aux boisés insistants qui alourdissaient et banalisaient certaines cuvées semblent aujourd'hui mieux réglés. L'ensemble de la production mérite l'attention des aficionados des vins de la côte Vermeille. Il rejoint sans peine les domaines étoilés cette année.

Les vins : Folio blanc est un vin délicatement floral, avec un équilibre parfait en bouche, de la matière alliée à une finale sapide ! En rouge, Schistes est une expression juteuse et finement épicée de grenache majoritaire, alors que Quadratur est plus dense et compact ; sa bouche est voluptueuse, et sa finale légèrement lardée. Il devrait être parfait avec cinq à dix ans de bouteille. Parmi les banyuls, Galateo offre de subtiles notes de balsamique et de mûre, la bouche enveloppante retranscrit bien l'éclat du fruit avec une touche fumée et un rapport sucres-alcool maîtrisé. Le Hors d'Âge développe des notes de sous-bois, de cade et de figue séchée, qu'il faut aller chercher au-delà du caractère volatile. La bouche est tout à fait entraînante, vouée aux agrumes confits en son milieu, pour finir sur un goût empyreumatique et des notes de tabac blond.

- Banyuls Galateo 2018 — 16,50 € — 93
- Banyuls Hors d'Âge — de 52 à 69 € (c) — 92
- Collioure Quadratur 2018 — 25 € — 91
- Collioure Schistes 2018 — de 19 à 21 € (c) — 90

Le coup de ♥
- Collioure Folio 2019 — de 19,50 à 21 € (c) — 92

Rouge : 8 hectares. Grenache noir 60 %, Mourvèdre 15 %, Carignan 15 %, Syrah 10 %
Blanc : 5 hectares. Grenache gris 85 %, Grenache blanc 5 %, Roussanne 5 %, Vermentino 5 %
Production moyenne : 35 000 bt/an

COUME DEL MAS
3, rue Alphonse-Daudet, 66650 Banyuls-sur-Mer
06 86 81 71 32 • www.coumedelmas.com •
Vente et visites : au domaine sur rendez-vous.
Propriétaire : Philippe Gard

★

DOMAINE BRUNO DUCHÊNE

Originaire du Loir-et-Cher, Bruno Duchêne a fait l'acquisition en 2002 de petites parcelles de vignes sur les coteaux escarpés surplombant Banyuls, à 300 mètres d'altitude. Dans cet environnement rude, où la pénibilité du travail est tout sauf une notion abstraite, l'homme accomplit un labeur acharné pour entretenir en agriculture biologique la plus grande partie de son vignoble, dont certaines parcelles sont bichonnées comme de petits jardins. À la cave, des vinifications douces (avec des doses minimes de soufre), donnent naissance à des vins qui dépassent le qualificatif trop réducteur de "naturel" : issus de vieux grenaches et carignans, ce sont avant tout des vins digestes, aux matières suaves mais innervées d'une fraîcheur gagnée à la vigne. Des vins ensoleillés, gourmands, qui semblent irradier la bonne humeur et la spontanéité de leur géniteur.

Les vins : le blanc offre un nez singulier de poivre blanc et de verveine, une bouche vive marquée par le citron confit en finale. Le rosé est vif et rappelle la violette en finale. Très proche du fruit, le rouge vinifié sans soufre rappelle la framboise sauvage, les tanins sont souples, la structure légère et friande. Plus épicé, avec une trame florale et des petits fruits rouges acidulés, Odin montre plus de profondeur. Charmeur avec ses notes de rose et fruits des bois, Corpo Maltesse est un pinot noir suave et aromatique, avec de l'énergie ! Une version fraîche et pleine de garrigue pour le banyuls, rimage pur et fin, vinifié et élevé en amphore.

IGP Côte Vermeille La Luna 2019	16 €	88
Banyuls Rimage Le Banyuls de Môman en Amphore 2018	40 €	92
IGP Côte Vermeille La Luna 2019	19 €	90
VDF Corpo Maltesse 2019	24 €	91
VDF Odin 2019	N.C.	91

Le coup de ♥

IGP Côte Vermeille La Luna 2019	N.C.	90

Rouge : 3,5 hectares. Grenache noir 90 %, Carignan 10 %
Blanc : 0,5 hectare. Grenache blanc 100 %
Production moyenne : 12 000 bt/an

DOMAINE BRUNO DUCHÊNE ♣
56, avenue Général-de-Gaulle, 66650 Banyuls-sur-Mer
06 09 74 28 39 • lapascole@orange.fr • Pas de visites.
Propriétaire : Bruno Duchêne

★

DOMAINE LES ENFANTS SAUVAGES

Carolin Bantlin, architecte de formation, et son mari Nikolaus venaient en vacances en famille dans la région depuis plusieurs années. Ils décidèrent en 1999 d'acquérir une bergerie en ruine entourée de vignes dans un secteur très isolé, aux confins de Fitou et d'Opoul. Définitivement installés à Fitou, en 2001, ils se forment chez Olivier Pithon, puis reprennent 12 hectares perdus au cœur de la garrigue. Ils font alors le choix de la biodynamie. Construits sur des matières franches et désaltérantes, leurs vins, Cool Moon en blanc (grenache gris, blanc, macabeu et vermentino), Enfant Sauvage, Noces de Lumière (mourvèdre) et Roi des Lézards en rouge (vieux carignan élevé en foudre) retranscrivent les saveurs de cet environnement exceptionnel. Une petite plantation de chenin en terrasses viendra bientôt élargir la palette.

Les vins : Cool Moon est un blanc qui évolue dans un registre pâtissier, la bouche est vive, appuyée par des arômes d'agrumes en finale et un bel éclat. En rouge, Enfant Sauvage est une expression franche de fruits des bois, soulignée par des parfums de garrigue. Un vin svelte et tonique. Roi des Lézards est plus dense, mais toujours dans la fraîcheur. Un carignan aux arômes de musc, de romarin et de bois de rose. Enfin, Noces de Lumière est un mourvèdre épatant par sa précision et sa finesse. Avec ses notes de cade et de rose, sa bouche sapide, il demande un complément généreux à table.

IGP Côtes Catalanes Cool Moon 2018	22 €	91
IGP Côtes Catalanes Enfant Sauvage 2018	15 €	89
IGP Côtes Catalanes Roi des Lézards 2017	20 €	90
IGP Côtes Catalanes Noces de Lumière 2017	30 €	93

Rouge : 5,4 hectares. Carignan 35 %, Grenache noir 25 %, Cinsault 15 %, Mourvèdre 15 %, Syrah 10 %
Blanc : 2,6 hectares. Muscat à petits grains blancs 30 %, Grenache blanc 20 %, Grenache gris 20 %, Vermentino 15 %, Macabeu 10 %, Roussanne 5 %
Production moyenne : 25 000 bt/an

DOMAINE LES ENFANTS SAUVAGES ♣
10, rue Gilbert-Salamo, 11510 Fitou
04 68 45 69 75 •
www.les-enfants-sauvages.com • Vente et visites : au domaine sur rendez-vous.
Propriétaire : Nikolaus et Carolin Bantlin

★

DOMAINE JEAN-PHILIPPE PADIÉ

Jean-Philippe Padié s'est installé en 2003 à Calce, village au nom minéral, qui fut fief et épicentre de la nouvelle vague de la "Catalogne Nord" fédérée autour de Gérard Gauby, chez qui il s'est formé après un passage au Mas Amiel. Trente parcelles sur 10 hectares, des rendements très faibles, un fruit croquant, un style ciselé et sobre, particulièrement limpide (et des cuvées désormais toutes déclarées en VDF). Les blancs étonnent par leur fraîcheur élancée ; les rouges, de plus en plus vinifiés en grappes entières, se montrent très proches du raisin, peu extraits et acidulés. Les derniers millésimes recèlent de véritables pépites, la précision s'est améliorée dans les deux couleurs, avec notamment des acidités volatiles mieux contenues.

Les vins : en blanc, Le Tourbillon de la Vie ouvre le bal dans un style franc et précis, floral et fruité, joli mordant en prime. Fleur de Caillou apporte plus de mâche, des notes d'amande fraîche et de sureau, toujours dans un équilibre salivant. Milouise sort des sentiers battus, et entraîne vers un univers de céréales, de fleurs blanches et d'anis. On garde tout au long de la dégustation cette sensation de réduction sur lies qui apporte de la complexité. De l'énergie et une belle allonge le distinguent. En rouge, Gibraltar est une sélection parcellaire de vieux grenaches sur marnes bleues. Le nez exprime avec élégance et profondeur des notes de fleurs séchées, avec un relief fruité que l'on retrouve dans une bouche infusée, à la fine acidité, parfaite pour accompagner un repas léger. Le Pacha offre un nez complexe de fruits, d'épices et de pivoine, la bouche est élancée et les tanins suggérés.

VDF Fleur de Cailloux 2019	17 €	91
VDF Tourbillon de la Vie 2019	12 €	89
VDF Gibraltar 2016	20 €	92
VDF Le Pacha 2015	20 €	91

Le coup de ♥

VDF Milouise 2019	30 €	93

Rouge : 9 hectares. Carignan 35 %, Grenache noir 32 %, Syrah 21 %, Mourvèdre 12 %
Blanc : 9 hectares. Grenache blanc 35 %, Grenache gris 34 %, Macabeu 31 %
Production moyenne : 40 000 bt/an

DOMAINE JEAN-PHILIPPE PADIÉ ♣
11, rue des Pyrénées, 66600 Calce
04 68 64 29 85 • www.domainepadie.com •
Vente et visites : au domaine sur rendez-vous.
Propriétaire : Jean-Philippe Padié

★

DOMAINE DE RANCY

Cet historique domaine de la vallée de l'Agly est aujourd'hui entre les mains de Jean-Hubert Verdaguer et de son épouse Brigitte, épaulés depuis 2006 par leur fille aînée Delphine. La famille Verdaguer a ajouté, dès 2001, une gamme de vins secs à celle des vieux rivesaltes, fleuron de la production du domaine. À la vigne comme en cave, le travail est très attentif. Si les vins rouges sont d'un assez bon niveau, ce sont surtout les admirables vins doux naturels (dont une collection de vieux millésimes remontant jusqu'en 1919) qui assurent la renommée de cette adresse. Un domaine de référence qui mérite toute l'attention des amateurs, indispensable par la valeur mémorielle de ses vins, de ceux qui affirment avec le plus de panache la singularité de l'histoire viticole catalane.

Les vins : les vins rouges se déclinent par cépage : grenache mûr et opulent, carignan épais et pimenté, mourvèdre explosif ou encore tannat aux notes musquées et aux tanins encore anguleux. Le latour-de-france dévoile d'emblée plus d'élégance, et sa bouche avantageusement équilibrée montre un beau support de fruits rouges et d'épices. Dans les VDN, 1989 et 1970 sont mis en bouteille en 2020, après un long élevage oxydatif en fût de chêne centenaire. Le 1989 montre une robe soutenue, d'un brun orangé et le nez s'ouvre sur des notes cendrées. Suivent fruits confits, écorce d'orange amère et un côté cacao. On découvre des tonalités plus cuivrées dans le 1970, un nez qui rappelle l'infusion de plantes et d'épices, puis une bouche fine et cendrée à la sucrosité bien intégrée et à la finale salivante.

Rivesaltes Ambré 1970	95 €	95
Rivesaltes Ambré 1989	38 €	94
Côtes du Roussillon-Villages Latour de France 2016	13 €	90
IGP Côtes Catalanes Tan 2018	13 €	88

Rouge : 5 hectares. Grenache noir 47 %, Mourvèdre 32 %, Carignan 21 %
Blanc : 12 hectares. Macabeu 100 %
Production moyenne : 25 000 bt/an

DOMAINE DE RANCY ♣
8, place du 8-Mai-1945,
66720 Latour-de-France
04 68 29 03 47 • www.domaine-rancy.com •
Vente et visites : au domaine sur rendez-vous.
De 10h à 13h et de 15h à 19h et le dimanche matin.
Propriétaire : Brigitte et Jean-Hubert Verdaguer

★

DOMAINE DE LA RECTORIE

De retour sur les terres familiales depuis 1984, les frères Parcé se sont d'abord illustrés dans l'élaboration de banyuls mutés sur grains de type vintage (millésimés, prêts à boire jeunes), auxquels ils ont apporté une précision de saveur et une intensité aromatique jusqu'alors inconnues. Depuis, Marc, épicurien, prosélyte du terroir catalan, et Thierry, vinificateur sensible, interprètent avec le même brio une partition en vins secs (appellation Collioure), digestes et salins, avec pour base les grenaches blanc, gris et rouge dont ils sont d'ardents défenseurs. Le vignoble, très morcelé, bénéficie d'expositions solaires et d'altitudes variées. Deux cuvées de haute expression rendent justice au potentiel de Collioure : Côté Mer est le reflet du terroir maritime, Montagne, celui du terroir de l'intérieur des terres, en altitude. L'Argile est un vin fondateur, de ceux qui ont insufflé aux vignerons de la région l'envie d'élaborer de grands blancs secs à partir de cépages locaux. Nous saluons la cohérence exceptionnelle de la gamme, dans les trois couleurs comme en VDN, même s'il manque parfois le grain de folie, l'extravagance ou la sensualité pour se sentir pleinement en adéquation avec les paysages.

Les vins : L'Argile est un blanc qui rappelle le sarrasin, les fleurs blanches, sa bouche montrant du relief avec un beau "combo" amer-acide. Le tout jeune Barlande aura besoin de quelques mois en bouteille pour se stabiliser, mais ses notes de fruits jaunes et son allure saline sont déjà remarquables ! En rouge, on débute avec Côté Mer, savoureux, avec une chair fruitée et un grain onctueux. Montagne offre des arômes de fruits rouges, de violette, une touche balsamique. La bouche est équilibrée et les tanins enrobants. Grande fraîcheur pour Barlande, aux notes de framboise et au profil gracile. Parmi les banyuls, on est charmés par le fruit spontané de la Cuvée Thérèse Reig et la profondeur de figue et d'épices de Léon Parcé. Voile d'Argile est le résultat des dernières presses de la cuvée Argile, élevées sous voile en barriques. C'est une très belle réussite, doté au nez d'un léger côté cire d'abeille, camomille et lilas. On aime sa bouche enveloppante aux notes de beurre noisette, et l'acidité mesurée en finale.

Collioure Barlande 2019	30 €	92
Collioure L'Argile 2018	24 €	90
VDF Voile d'Argile	24 €	92
Banyuls Léon Parcé 2018	24 €	92
Banyuls Thérèse Reig 2018	18,50 €	92
Collioure Côté Mer 2018	14 €	89
Collioure Montagne 2018	24 €	89

Le coup de ♥

Collioure Barlande 2018	30 €	92

Rouge : 30 hectares. Grenache noir 75 %, Carignan 10 %, Syrah 10 %, Counoise 3 %, Mourvèdre 2 %
Blanc : 5 hectares. Grenache gris 90 %, Grenache blanc 10 %
Production moyenne : 120 000 bt/an

DOMAINE DE LA RECTORIE
65, avenue du Puig-del-Mas
66650 Banyuls-sur-Mer
04 68 88 13 45 • www.rectorie.com •
Visites : sans rendez-vous.
Du lundi au samedi de 10h à 13h et de 14h à 19h.
Propriétaire : Thierry et Jean-Emmanuel Parcé

★

RIBERACH

Voici l'un des projets les plus ambitieux que la région ait connu ces dernières années : enfant du pays, l'architecte Luc Richard, aidé de ses associés (un viticulteur, un maître de chai et un sommelier), a d'abord constitué, en 2006, un domaine sur le secteur d'altitude de Bélesta. Ils ont racheté les bâtiments de la coopérative locale, transformés en cave, mais aussi en un spectaculaire hôtel-restaurant. Déclinés pour mettre en avant les différents cépages de la région, les vins sont aboutis et soignés, avec quelques morceaux de bravoure, comme Hypothèse blanc, rare cuvée de pur carignan gris, ou son pendant Hypothèse rouge, basé sur un carignan noir de grand caractère. Le domaine a trouvé sa vitesse de croisière avec des vins intenses mais toujours sveltes, très nets et très frais, de faibles degrés, construits sur la tension mais sans verdeur.

Les vins : les bulles de Parenthèse sont vives, tout comme la colonne vertébrale de cet effervescent brut nature. Faible degré d'alcool et mordant, il est idéal pour ouvrir l'appétit. Beaucoup d'entrain dans les blancs, à l'instar de Synthèse avec ses notes d'acacia au nez et de cédrat en bouche. Un vin fluide et salivant. Hypothèse est plus fermé au premier abord, il s'ouvre sur un registre d'infusion de plantes ; en bouche, une fine amertume souligne sa grande fraîcheur. La macération Parenthèse est légère, sur des notes de fleurs d'oranger. Le vin offre un côté citronné en bouche avec une acidité longiligne. En rouge, Thèse est un vin pulpeux, aux notes de fraise, de violette et de cardamome, doté de tanins fins et d'une belle énergie. Antithèse prend de belles notes lardées avec une touche de violette, la bouche est gracieuse. Les vieilles vignes de carignan dans Hypothèse se livrent doucement, avec des notes de girofle et de bois de rose, la bouche est filiforme.

- IGP Côtes Catalanes Hypothèse 2018 — 28 € — 91
- IGP Côtes Catalanes Parenthèse Macération 2019 — 19 € — 90
- IGP Côtes Catalanes Synthèse 2018 — 16 € — 90
- VDF Brut Nature Parenthèse Bulle — 19 € — 89
- IGP Côtes Catalanes Antithèse 2014 — 19 € — 91
- IGP Côtes Catalanes Hypothèse 2012 — 28 € — 91
- IGP Côtes Catalanes Thèse 2016 — 19 € — 90

Rouge : 7 hectares. Carignan 50 %, Grenache noir 25 %, Syrah 25 %
Blanc : 4 hectares. Carignan gris 29 %, Grenache gris 29 %, Macabeu 29 %, Grenache blanc 13 %
Production moyenne : 40 000 bt/an

RIBERACH ♣
2, route de Caladroy, 66720 Bélesta
06 21 42 08 13 • www.riberach.com • Vente et visites : au domaine sur rendez-vous.
Propriétaire : SARL Riberach

★

LE SOULA

Sur les belles terrasses granitiques d'altitude de la région des Fenouillèdes, au nord-ouest de Maury, Gérard Gauby et quelques associés ont acquis ce domaine certifié en agriculture biologique. En 2016, Wendy Paillé a remplacé Gerald Stanley, qui dirigeait l'exploitation depuis 2008. Les vins rouges et blancs sont vinifiés en barrique sur la base de principes très naturels : levures indigènes, aucune acidification, aucune chaptalisation. Jamais pris en défaut de fraîcheur ou d'élégance, les rouges ont su récemment gagner en structure et en chair. Mais dès le premier millésime, en 2001, Le Soula s'est distingué essentiellement par ses blancs, qui nous ont impressionnés par leur pureté et leur intensité : l'association du macabeu, du sauvignon blanc et de plusieurs autres cépages y fait merveille. Les vins méritent souvent d'être attendus pour profiter de leur meilleure expression.

Les vins : le blanc se montre complexe, soutenu par des notes d'acacia et de camomille. La bouche cristalline termine sur une allonge saline. La macération assemble cinq millésimes, le résultat est fin, notes de poivre blanc et de romarin, une bouche digeste et élancée. En rouge, le nez est tout à fait remarquable, mélange de poivre, fleurs séchées et une pointe balsamique. Ce millésime marque cependant un côté délié en bouche, mais la maîtrise est là !

- VDF La Macération du Soula — 26 € — 92
- IGP Côtes Catalanes 2014 — 26 € — 92

Le coup de ♥
- IGP Côtes Catalanes 2016 — 26 € — 92

Rouge : 11 hectares. Syrah 40 %, Carignan 40 %, Grenache noir 20 %
Blanc : 11 hectares. Macabeu 36 %, Vermentino 25 %, Sauvignon blanc 23 %, Grenache blanc 4 %, Malvoisie 4 %, Marsanne 3 %, Roussanne 3 %, Chardonnay 2 %
Production moyenne : 40 000 bt/an

LE SOULA ☾
Pla d'en Dallen,
66220 Saint-Martin-de-Fenouillet
04 68 35 69 31 • www.le-soula.com • Vente et visites : au domaine sur rendez-vous. De 9h à 16h.
Propriétaire : Mark Walford
Directeur : Wendy Paillé
Maître de chai : Wendy Paillé

★

DOMAINE DES SOULANES

Installés à Tautavel, Cathy et Daniel Laffite ont repris, à la fin des années 1990, un vignoble situé au pied des pics rocheux que surmonte le château de Quéribus. Quinze années d'apprentissage aux côtés du précédent propriétaire leur ont permis d'acquérir l'expérience nécessaire. Rebaptisé en l'honneur des "soulanes", coteaux exposés sud/sud-est, le domaine propose une gamme de vins d'une précision et d'une netteté de saveurs rares, valorisant le caractère entier de matières premières pleines d'éclat. Le blanc

Kaya (cépages traditionnels, en exposition nord cette fois) surprendra plus d'un dégustateur. Les maurys sont remarquables. Un domaine en grande forme, que les amateurs doivent absolument découvrir, d'autant que les tarifs demeurent très sages.

Les vins : Kaya est un blanc vif et salivant aux allures de fleur d'oranger. Plus cristallin, notes de fleurs blanches, la cuvée Vieilles Vignes est élancée. Le nez est encore discret, on devine un élevage en bois bien intégré. Jean Pull est un vin rouge friand et digeste, l'éclat du fruit est souligné par des notes légères de cannelle. Pur carignan noir, Kaya rouge est dense, doté d'une fraîcheur minérale, un très beau vin de table qui pourra patienter quelques années en cave. Sarrat del Mas donne des saveurs de fruits secs. Plus musclé, l'alcool semble prendre le dessus, il faudra suivre son évolution en bouteille. Précis, le maury blanc est un délice qui rappelle la pêche blanche et l'abricot, avec une sucrosité bien intégrée. En version rouge grenat, le maury est une réelle explosion de fruits rouges ; sous son aspect satiné, le sucre ne fatigue pas le palais.

- IGP Côtes Catalanes Kaya 2019 — 14 € — 91
- IGP Côtes Catalanes Vieilles Vignes 2019 — 19 € — 92
- Côtes du Roussillon-Villages Jean Pull 2019 — 9,50 € — 90
- Côtes du Roussillon-Villages Sarrat del Mas 2018 — 14 € — 89
- IGP Côtes Catalanes Kaya 2019 — 12,50 € — 91
- Maury 2019 — 14 € — 92

Le coup de ♥

- Maury 2019 — 15 € — 92

Rouge : 16 hectares. Grenache noir 50 %, Carignan 30 %, Grenache blanc 20 %, Syrah 15 %, Mourvèdre 5 %
Blanc : 1,8 hectare. Grenache gris 30 %, Carignan 25 %, Carignan gris 25 %
Production moyenne : 30 000 bt/an

DOMAINE DES SOULANES ♣

Mas de las Frédas, 66720 Tautavel
04 68 29 12 84 • www.domaine-soulanes.com • Vente et visites : au domaine sur rendez-vous.
Propriétaire : Cathy et Daniel Laffite
Directeur : Daniel Laffite

★

DOMAINE VIAL MAGNÈRES

Depuis le décès en 2013 de Bernard Sapéras, figure marquante du vignoble catalan, son fils Olivier et son épouse Chrystel dirigent ce domaine familial, qui abrite une large gamme de banyuls. La prédominance des grenaches blancs et gris, sur un domaine soumis à une forte influence maritime, explique l'importance de la production de banyuls blancs, mais aussi son antériorité (dès 1986), ainsi que celle des blancs secs, en VDP puis en AOC Collioure. Si les rimages s'avèrent tendres et savoureux, les matières se complexifient avec l'âge, allant vers des rancios remarquables de profondeur. La maison possède ses spécialités, dont le Ranfio Cino, cousin des blancs secs élevés sous voile de Jerez, ou le banyuls Al Tragou, rancio doux très subtil, toujours commercialisé en millésime ancien. La qualité des vins secs progresse, ce dont nous nous réjouissons.

Les vins : Le Petit Couscouril se décline dans les trois couleurs et s'avère proposer un très bon rapport prix-plaisir ! Des vins fins et équilibrés, sans complication ! On monte d'un cran avec Armenn en blanc et les Espérades en rouge. Le premier, dans un registre d'iode et d'agrumes, propose élan et matière ; le second, une approche sanguine et épicée, aux tanins très bien fondus. Les vins mutés démontrent également une très belle maîtrise. À commencer par Rivage avec son nez très proche du marc de raisin, mais son sucre et ses amers demanderont un peu de temps pour s'intégrer. Le Rimage s'exprime dans un registre de fruits noirs intenses, de violette et de girofle. La bouche est pulpeuse et le sucre très digeste. Complexe et racé, le banyuls Grand Cru dégage (après respiration) des arômes de fruits secs, de tea tree, avec une note grillée. La bouche est élancée avec des notes salines et un registre umami. Al Tragou se démarque, terrien et racé mais tout en finesse, affiche un beau rancio et une touche d'agrumes confits. Il impressionne avec sa bouche intense, pleine et persistante, qui rappelle le café, termine sur une finale subtilement fumée.

- Banyuls Rivage 2018 — 21 € — 89
- Collioure Armenn 2018 — 20 € — 91
- Collioure Le Petit Couscouril 2019 — 9,50 € — 89
- Banyuls Grand Cru André Magnères 2007 — 34 € — 94
- Banyuls Rimage 2018 — 17 € — 92

Collioure Les Espérades 2018 20 € 91

Le coup de ♥

Banyuls Al Tragou 1993 59 € 96

Rouge : 7 hectares. Grenache noir 80 %, Carignan 10 %, Mourvèdre 5 %, Syrah 5 %
Blanc : 3 hectares. Grenache gris 60 %, Grenache blanc 40 %
Production moyenne : 25 000 bt/an

DOMAINE VIAL MAGNÈRES
Clos Saint-André, 14, rue Édouard-Herriot, 66650 Banyuls-sur-Mer
04 68 88 31 04 • www.vialmagneres.com • Vente et visites : au domaine sur rendez-vous.
De 9h à 12h et de 14h à 18h.
Propriétaire : Chrystel et Olivier Sapéras
Directeur : Laurent Dal Zovo

DOMAINE DES CHÊNES

Situé au pied des magnifiques falaises de Vingrau, ce domaine, propriété de l'œnologue Alain Razungles, se distingue historiquement par la qualité de ses blancs secs et doux, vinifiés à belle maturité. Le domaine s'enorgueillit également de vins rouges joliment dessinés, au relief solaire, qui font une large place aux traditionnels carignans et grenaches. Bien maîtrisés techniquement, ces vins retrouvent aujourd'hui un fruit généreux et expressif. Les VDN, irréprochables, sont des exemples parfaits (et abordables) de la spécificité des vins du Roussillon.

Les vins : vieilles vignes de carignan et grenache, Les Grands-Mères est un rouge légèrement épicé, les tanins sont fins, une belle réussite ! En blanc, des notes de mandarine et de fleurs d'oranger pour l'aromatique Olivettes, où le muscat s'exprime finement. La bouche est longiligne et fraîche. Dans une optique de long terme, Les Sorbiers est marqué par un élevage en bois, la bouche reste sapide et entraînante, avec un aspect résineux. Parmi les vins mutés, le muscat s'exprime dans un registre pâtissier et épicé avec une bouche riche et enveloppante tandis que le rivesaltes Tuilé est cendré, un peu limité dans un univers empyreumatique mais jouissant d'une finale élancée et d'un sucre bien intégré.

Côtes du Roussillon Les Magdaléniens 2017 14 € 90

Côtes du Roussillon Les Sorbiers Vieilles Vignes 2017 11 € 90

IGP Côtes Catalanes Les Olivettes 2018 8 € 89

Muscat de Rivesaltes 2018 12 € 89

Rivesaltes Tuilé 2009 19 € 88

Le coup de ♥

Côtes du Roussillon-Villages Les Grands-Mères 2017 8,90 € 90

Rouge : 20 hectares. Syrah 35 %, Carignan 30 %, Grenache noir 30 %, Mourvèdre 5 %
Blanc : 15 hectares. Grenache blanc 25 %, Muscat à petits grains blancs 25 %, Macabeu 24 %, Roussanne 12 %, Grenache gris 7 %, Muscat d'alexandrie 7 %
Production moyenne : 40 000 bt/an

DOMAINE DES CHÊNES ♣
7, rue du Maréchal-Joffre, 66600 Vingrau
04 68 29 40 21 • www.domainedeschenes.fr • Visites : sans rendez-vous.
Du lundi au vendredi de 9h à 12h et de 14h à 18h. Sur rendez-vous le samedi et le dimanche.
Propriétaire : Alain Razungles
Œnologue : Isabelle Cutzach Billard

DOMAINE DU CLOT DE L'OUM

Installés sur les hauteurs de Bélesta, Éric et Lèia Monné sont à la tête d'un patrimoine important de vieilles vignes, réparti entre terroirs de granite, de schistes et de gneiss. Le domaine est certifié en agriculture biologique depuis 2003. À l'évidence, l'altitude contribue au caractère original et empreint de fraîcheur de ces vins, dont nous avons souvent apprécié le charme et l'élégance, soulignés par des tanins vifs. Il y a quelques écueils : les réductions en bouteille sont parfois insistantes et les textures austères, mais le fond est là.

Les vins : en blanc, Cine-Panettone offre un registre pâtissier au nez, rattrapé par une acidité mordante en bouche. Dolce & Gavatx est vibrant, sur des notes de noix fraîche, de camomille. Il est plus harmonieux à ce stade. Une belle série de rouges en 2017 : Gavatx est un vin friand, souple, s'exprimant sur de purs petits fruits rouges acidulés et une trame tannique discrète. Saint-Bart offre plus d'onctuosité, dans un registre de quetsche et de romarin, la bouche reste fluide. Le Clot est une syrah expansive, notes de fruits noirs, de fleurs et de poivre. Elle a du relief, un côté frais, mais de la patine, c'est certainement celle qui tiendra le plus dans le temps.

- Côtes du Roussillon Dolce & Gavatx 2018 — 15 € — 90
- Côtes du Roussillon-Villages Caramany Gavatx 2017 — N.C. — 89
- Côtes du Roussillon-Villages Caramany Saint-Bart Vieilles Vignes 2017 — 19 € — 90
- Côtes du Roussillon-Villages Le Clot 2017 — 18 € — 91

Rouge : 9 hectares. Syrah 40 %, Carignan 35 %, Grenache noir 15 %, Mourvèdre 10 %
Blanc : 2 hectares.
Production moyenne : 20 000 bt/an

DOMAINE DU CLOT DE L'OUM ♣
Clot de l'Oum, 66720 Bélesta
06 60 57 69 62 • www.clotdeloum.com • Vente et visites : au domaine sur rendez-vous.
Propriétaire : Lèia Obara Monné

DOMAINE DEPEYRE

Cette propriété, qui fait désormais partie des valeurs reconnues du Roussillon, oriente sa production vers des rouges d'une définition généreuse. Les vins de Serge Depeyre, également régisseur du Clos des Fées d'Hervé Bizeul, continuent de progresser et se rapprochent du niveau de leurs meilleurs voisins. On trouvera ici des vins enrobés, généreux, flatteurs et gourmands. Certaines cuvées sont malheureusement trop marquées par l'élevage sous bois, qui obère le fruit et sèche les structures.

Les vins : le blanc évoque la camomille, sa bouche briochée dispose d'un bon équilibre et d'une finale marquée par les agrumes. En rouge, le Tradition 2018 est ouvert et parfumé, une expression de violette, de fruit et beaucoup de gourmandise. Un nez de fleurs séchées et de mûre pour Sainte-Colombe, plus dense mais onctueux, dont les tanins devront encore se fondre.

- IGP Côtes Catalanes Symphonie 2018 — 15,50 € — 89
- Côtes du Roussillon-Villages Sainte-Colombe 2019 — 15,50 € — 90
- Côtes du Roussillon-Villages Tradition 2018 — 11 € — 90

Rouge : 11 hectares. Syrah 54 %, Grenache noir 25 %, Carignan 18 %, Mourvèdre 3 %
Blanc : 3 hectares. Grenache gris 50 %, Grenache blanc 50 %
Production moyenne : 17 000 bt/an

DOMAINE DEPEYRE
2, rue des Oliviers, 66600 Cases-de-Pène
04 08 28 32 19 •
www.domaine-depeyre-66.com • Vente et visites : au domaine sur rendez-vous.
Propriétaire : Brigitte Bile et Serge Depeyre

DOMAINE JOREL

Manuel Jorel, vigneron plus que discret, travaille depuis 2000, avec beaucoup d'abnégation et de sensibilité, un petit patrimoine de vignes en agriculture biologique dispersées dans les Fenouillèdes, principalement entre Maury et Saint-Paul. Nous aimons sa philosophie, son esprit d'indépendance, que l'on retrouve dans une gamme d'une réelle profondeur. Sans effets de manche ses vins transmettent le message de raisins sains, intenses, issus de tout petits rendements, reflet d'une mosaïque de terroirs très divers. L'élevage s'effectue dans l'un des souterrains qui parcourent le centre-ville de Saint-Paul-de-Fenouillet, dans des conditions de fraîcheur et d'hygrométrie qui évoquent les plus belles caves troglodytes ligériennes !

Les vins : Bande de Gypse met un certain temps à distiller ses arômes de fruits jaunes, de fleurs et de romarin. Un style sec, longiligne et cristallin en bouche. Pour amorcer les rouges, la Cuvée Seconde est une expression de mûre avec un côté un peu sauvage apporté par des épices. Les tanins raidissent le milieu de bouche et laissent une sensation de sécheresse. Male Care est un carignan vinifié en grappes entières, il dégage un côté artisanal qui le rend attachant, avec des notes de rose séchées qui évoluent vers la menthe poivrée et une bouche très caressante, au toucher de velours.

- VDF Bande de Gypse 2018 — 10 € — 90
- VDF Cuvée Seconde 2018 — 8 € — 89
- VDF Male Care 2015 — 15 € — 90

Rouge : 4,3 hectares. Grenache noir 21 %, Mourvèdre 19 %, Carignan 15 %, Morrastel 15 %, Sangiovese 10 %, Cinsault 9 %, Syrah 7 %, Counoise 4 %
Blanc : 0,7 hectare. Malvoisie 35 %, Grenache blanc 25 %, Bourboulenc 10 %, Grenache gris 10 %, Picpoul blanc 10 %, Gros Manseng 10 %
Production moyenne : 8 000 bt/an

DOMAINE JOREL ♣
28, rue Arago,
66220 Saint-Paul-de-Fenouillet
04 68 59 19 31 • www.domainejorel.fr •
Vente et visites : au domaine sur rendez-vous.
Propriétaire : Manuel Jorel

DOMAINE LAGUERRE

Éric Laguerre a fait ses armes chez Gérard Gauby, au domaine Le Soula. Depuis 2001, il vole de ses propres ailes à la tête du vignoble familial sis sur les hauteurs des Fenouillèdes. Formé à bonne école, il a repris à son compte avec brio les méthodes ayant mené au renouveau stylistique du Roussillon. Ses deux cuvées, déclinées en blanc et en rouge, cherchent à conjuguer fraîcheur et territorialité : Eos et Le Ciste. Les vins du domaine sont désormais certifiés en agriculture biologique. Après quelques fluctuations et approximations, le travail à la vigne et à la cave a gagné en maîtrise et les vins ont progressé en régularité ces dernières années.

Les vins : frais, doté de notes de buis, Eos blanc est convaincant, tandis que Le Ciste est très marqué par son élevage, révélant des amers présents en finale. En rouge, Eos est porté par son attrait fruité, avec une touche de cannelle, il offre une certaine souplesse en bouche. Plus concentré, avec des fruits noirs et des épices, Le Ciste est charmeur au nez. Dommage que la bouche soit encore stricte.

Côtes du Roussillon EOS 2019 (blanc)	de 10,80 à 11 € (c)	90
Côtes du Roussillon Le Ciste 2018 (blanc)	17,50 €	87
Côtes du Roussillon EOS 2019 (rouge)	de 10,80 à 11 € (c)	88
Côtes du Roussillon Le Ciste 2018 (rouge)	17,50 €	87

Rouge : 19 hectares. Grenache noir 50 %, Syrah 30 %, Carignan 10 %, Mourvèdre 5 %, Cabernet-Sauvignon 5 %
Blanc : 20 hectares. Grenache blanc 25 %, Grenache gris 25 %, Marsanne 20 %, Macabeu 10 %, Roussanne 10 %, Rolle 10 %
Production moyenne : 65 000 bt/an

DOMAINE LAGUERRE ♣
12, rue de la Mairie,
66220 Saint-Martin-de-Fenouillet
04 68 59 26 92 •
www.domainelaguerre.com • Vente et visites : au domaine sur rendez-vous.
Propriétaire : Éric Laguerre

NOUVEAU DOMAINE

DOMAINE LES TINES

La famille Cardoner travaille une dizaine d'hectares de vignes depuis cinq générations dans le hameau de Cosprons, où ils ont accueillis comme voisin Coume del Mas il y a 20 ans. Thomas travaille (avec son père) des vignes en culture raisonnée, dont beaucoup ont été plantées par son grand-père, qui participe toujours à la vie du domaine du haut de ses quatre-vingts printemps ! Une gamme complète, composée de Collioure dans les trois couleurs, banyuls blanc et rimage.

Les vins : en rouge, le collioure est équilibré, onctueux et sans trop de force, avec des notes de figue et de bouquet garni. Le blanc est frais et sapide, sans manquer d'enveloppe ; on aime sa finale qui rappelle le chèvrefeuille et les agrumes confits. Un équilibre réussi distingue le banyuls blanc, doté d'une touche d'exotisme et de mandarine confite : il pourra être dégusté à l'apéritif.

Banyuls (blanc)	N.C.	90
Collioure 2019 (blanc)	17 €	90
Collioure 2017 (rouge)	20 €	91

Rouge : 4 hectares. Syrah 50 %, Mourvèdre 30 %, Grenache noir 20 %
Blanc : 6 hectares. Grenache blanc 30 %, Grenache gris 30 %, Vermentino 30 %, Roussanne 10 %
Production moyenne : 20 000 bt/an

DOMAINE LES TINES
1, rue Madeloc, Hameau de Cosprons,
66600 Port-Vendres
06 27 61 25 59 • jmcardoner@gmail.com •
Vente et visites : au domaine sur rendez-vous.
Propriétaire : Yves, Jean et Thomas Cardoner
Directeur : Thomas Cardoner

MAS MUDIGLIZA

Girondin de naissance et de formation, Dimitri Glipa s'est installé très jeune au cœur du vignoble du Roussillon. Comme beaucoup de vignerons talentueux du secteur très qualitatif des Fenouillèdes, il produit, sur les meilleurs terroirs d'altitude, des vins issus de vieilles vignes qui séduisent par leur caractère concentré et gourmand. Cette adresse s'installe parmi les valeurs sûres de la région, avec un blanc toujours régulier et de grande allure, et de très beaux maurys. Les rouges nous semblent en revanche manquer de nuance et de souplesse par rapport à ce que leur fruit pourrait exprimer.

Les vins : Caudalouis est un blanc complet et équilibré, matière fruitée et bouche énergique, il ne manque pas de corps. En rouge, Coume des Loups est une pure expression de fruit, offrant beaucoup de gourmandise et des tanins friands. Une belle affaire ! Les cuvées plus structurées Carminé et Symbiosis (non noté) ne manquent pas de fraîcheur, avec un caractère presque camphré pour le premier et un boisé encore trop prégnant pour le second, ce qui le rétracte en finale. Notes d'ananas pour le maury blanc, qui a pour vertu de ne pas alourdir la bouche. En version grenat, on trouve des notes fumées, de tabac, au-delà d'un fruit dense, les sucres sont bien intégrés et la finale épicée est juteuse.

- Maury 2018 — 13 € — 88
- Côtes du Roussillon-Villages Carminé 2017 — 14 € — 89
- Côtes du Roussillon-Villages Coume des Loups 2019 — 8,50 € — 89
- Maury 2017 — 16 € — 91

Le coup de ♥

- IGP Côtes Catalanes Caudalouis 2018 — 16 € — 91

Rouge : 9 hectares. Grenache noir 55 %, Carignan 20 %, Syrah 20 %, Mourvèdre 5 %
Blanc : 3 hectares. Grenache gris 50 %, Macabeu 50 %
Production moyenne : 40 000 bt/an

MAS MUDIGLIZA
46, route de Cucugnan, 66460 Maury
06 79 82 03 46 • www.masmudigliza.fr •
Vente et visites : au domaine sur rendez-vous.
Propriétaire : Muriel et Dimitri Glipa

DOMAINE PAUL MEUNIER CENTERNACH

Le bourguignon Paul Meunier et sa compagne Lucile Morin se sont installés en 2014 dans l'ancienne coopérative de Saint-Arnac. Ils travaillent 10 hectares de vignes répartis sur plusieurs communes des Fenouillèdes. Affichant une vision très artisanale du métier de vigneron et une volonté forte de retranscrire le goût des lieux, ils font partie d'une jeune génération qui entend rebattre à nouveau les cartes du Roussillon viticole, et continuer de le tirer vers le haut. On sent en effet à la fois beaucoup de franchise et d'ambition dans leurs premiers millésimes (qui n'étaient pas les plus faciles à gérer du point de vue du climat), on sent aussi quelques inévitables tâtonnements. Il faudra suivre de près à l'avenir l'évolution de ce jeune domaine dans lequel nous plaçons beaucoup d'espoir.

Les vins : le blanc affiche des notes pâtissières, une bouche dense rappelant l'eau-de-vie de mirabelle, l'ensemble dégage une énergie positive. Fragment est un muscat sec, aromatique (raisin frais, verveine citronnée), à la finale salivante. En rouge, Quartier Libre est épicé et corsé, un vin sans artifices à la finale nette. En 2016, le côtes-du-roussillon a digéré son élevage, un vin structuré pour la table. Fin et longiligne, La Coutibe est le fruit d'une parcelle complantée, elle nous livre des notes de fleurs séchées et de cerise. Notes de tabac blond pour le maury, doublées d'une très belle persistance de fruits en bouche, avec un mutage très bien intégré.

- Côtes du Roussillon 2016 — 17 € — 91
- IGP Côtes Catalanes Fragment 2018 — 14 € — 90
- Côtes du Roussillon Quartier Libre 2018 — 14 € — 88
- Côtes du Roussillon-Villages 2016 — 19 € — 89
- IGP Côtes Catalanes La Coutibe 2016 — 45 € — 91

Le coup de ♥

- Maury Falguayra Nord 2016 — 27 € — 90

Rouge : 7 hectares. Grenache noir 49 %, Carignan 29 %, Syrah 15 %, Lladoner pelut 7 %
Blanc : 3 hectares. Macabeu 66 %, Muscat à petits grains blancs 20 %, Grenache gris 14 %
Production moyenne : 15 000 bt/an

DOMAINE PAUL MEUNIER CENTERNACH ♣
1, route de Lansac, 66220 Saint-Arnac
04 68 08 40 98 •
www.paulmeunier-centernach.com • Vente et visites : au domaine sur rendez-vous.
Propriétaire : Paul Meunier
Directeur : Paul Meunier et Lucile Morin

OISEAU REBELLE

Formateur en sommellerie en Allemagne, Guido Hube a décidé de changer radicalement de vie en s'installant à Banyuls pour faire du vin à son idée, sans préconceptions ni restrictions. Sur une surface d'un peu plus de 8 hectares, il produit chaque année quelques milliers de bouteilles seulement. Écartant avec superbe les carcans administratifs, la contrainte du mutage, le distinguo Banyuls/Collioure, les vins de Guido et Mélanie Hube obéissent à des protocoles de vinification qui peuvent paraître archaïques bien qu'en réalité complexes et exigeants. Le résultat, emprisonné dans de voyantes bouteilles noires, ne peut laisser indifférent. Cette réinterprétation des vins de la côte Vermeille, si originale qu'elle soit, s'inscrit dans la mouvance d'un renouveau actuel plein de fraîcheur et d'inventivité, porté par des vignerons idéalistes venus d'ailleurs (Japon, Danemark...). Nous fondons de grands espoirs dans ce vignoble au potentiel unique.

Les vins : VVNT (vivant) est une traduction de décoction de plantes, à la texture enveloppante, alliant minéralité, sel et fins amers. Un vin blanc qui se démarque ! On se rapproche ensuite de la "flor" ibérique avec XRS, aux reflets cuivrés, au nez de rose, cumin et à la bouche satinée à l'acidité bien dosée. Dans les rouges, P'Tit Rebelle est de style léger en bouche mais le nez manque de précision. Nous lui préférons MTNR, hybride entre un vin rouge et un muté, avec ses reflets tuilés, ses 16,5° d'alcool et son nez de pruneau et d'épices. La bouche propose une sensation de velours et de beaux amers sont de la partie, sans trop assécher. Enfin, une proposition originale et réussie avec BRMTH, un vin demi-sec (pour faire penser au vermouth) à la fois terrien et océanique.

VDF BRMTH 2016	33 €	91
VDF VVNT 2018	66 €	93
VDF XRS 2015	30 €	90
VDF MTRNR 2017	66 €	90

Rouge : 5,64 hectares. Grenache noir 93 %, Mourvèdre 7 %

Blanc : 2,3 hectares. Grenache gris 63 %, Vermentino 27 %, Grenache blanc 5 %, Muscat d'alexandrie 5 %

Production moyenne : 9 000 bt/an

OISEAU REBELLE ♣
7, rue Jules-Ferry, 66650 Banyuls-sur-Mer
06 43 55 45 27 • www.oiseau-rebelle.vin •
Vente et visites : au domaine sur rendez-vous.
Propriétaire : Guido et Mélanie Hube
Directeur : Guido Hube

DOMAINE PAETZOLD

Michael Paetzold, industriel et œnologue de formation bordelaise, a choisi les Fenouillèdes comme jardin secret. Créé en 2005, le domaine Mastrio devient le domaine Paetzold en 2015. C'est un jardin secret d'une taille respectable ; le vignoble est majoritairement constitué de vignes centenaires de carignan, situées sur les communes de Belesta et Caramany. Les raisins sont vinifiés avec délicatesse et les vins élevés uniquement en cuve. En découlent des interprétations modernes, sensibles et harmonieuses du patrimoine de vieilles vignes de ces hautes terres granitiques, des vins qui forcent le respect et séduiront l'amateur esthète sensible à l'épure.

Les vins : Le Cazotte est un rouge plein de fruits et de gourmandise, appuyé par une touche épicée et des tanins légers. Pur, fin et élancé, Mastrio blanc est une belle réussite ; en rouge, cette cuvée de carignan est élégante et racée, avec des notes discrètes de cuir et une bouche fraîche aux tanins fondus. Plus enrobé et charnu, Louxar séduit par son caractère poudré et son fruité saillant.

IGP Côtes Catalanes Mastrio 2017	24 €	92
IGP Côtes Catalanes Le Cazotte 2017	15 €	88
IGP Côtes Catalanes Louxar 2017	24 €	90

Le coup de ♥

IGP Côtes Catalanes Mastrio 2017	24 €	91

Rouge : 13 hectares. Carignan 41 %, Syrah 30 %, Grenache noir 29 %
Blanc : 2 hectares. Carignan 80 %, Macabeu 20 %
Production moyenne : 33 000 bt/an

DOMAINE PAETZOLD ♣
Lieu-dit Lous Sarradets, Route de Caladroy, 66720 Bélesta

05 57 83 85 90 •
www.domainepaetzold.com • Vente et visites : au domaine sur rendez-vous.
Propriétaire : Michael Paetzold
Directeur : Vincent Chassignol

DOMAINE PUIG-PARAHŸ

Cette grande propriété historique de la région des Aspres est menée par Georges Puig, esthète de la mémoire catalane et sosie du peintre Hyacinthe Rigaud. La singularité du domaine réside dans son trésor inestimable de très vieux rivesaltes, grand-roussillon et rancios (jusqu'en 1875 !) : près de cinquante millésimes reposent sagement en foudre, dont une petite partie est régulièrement prélevée pour être mise en bouteille. Ils procurent à chaque fois des émotions inoubliables !

Les vins : ce 1975 a une robe chocolat profonde avec des reflets topaze. Le nez s'ouvre lentement sur l'abricot sec, la cannelle, mais également sur des notes de cèdre et de pamplemousse séché. Tout aussi complexe, la bouche trouve un équilibre dans les épices et une impression saline recouvre la sensation de richesse. Racé et fumé, ce VDN pourra accompagner des gibiers, des plats indiens ou un cigare.

Le coup de ♥

Grand Roussillon 1975	N.C.	97

Rouge : 45 hectares. Grenache noir 90 %, Carignan 10 %
Blanc : 41 hectares.
Production moyenne : 60 000 bt/an

DOMAINE PUIG-PARAHŸ ♣

1, Carrer Gran, 66300 Passa
04 68 38 88 77 • georgespuig71@gmail.com
• Vente et visites : au domaine sur rendez-vous.
Propriétaire : Georges Puig

DOMAINE DES SCHISTES

Le domaine n'a pas usurpé son nom puisque l'essentiel de son vignoble se situe sur ces fameuses roches multicolores à la structure feuilletée, arrachées à la garrigue à coups de bulldozer. Jacques et Mickaël Sire tirent de ces sols pauvres des vins à la personnalité forte, et qui méritent de vieillir un peu. Les VDN (dont le remarquable et original muscat de Rivesaltes macéré Joïa) et rancios sont excellents, les rouges et blancs secs progressent. De nouvelles cuvées parcellaires, qui mettent en valeur l'encépagement historique du Roussillon, ouvrent de nouvelles et fort intéressantes perspectives.

Les vins : en blanc comme en rouge, Essencial donne le tempo d'une gamme de vins au bon rapport prix-plaisir, dans un style frais et léger ! Gora, blanc, déploie un peu plus de gras et d'enveloppe tout en restant équilibré, il sera parfait à table, alors qu'Algo nous transporte dans un univers de rancio, son nez complexe s'ouvre sur des notes de terpènes, d'orange et de buis. Loin d'être agressive, la bouche offre une certaine rondeur et une finale saline. La solera du rivesaltes ambré a été initiée il y a trente ans. Ce vin onctueux et moelleux recèle une belle fraîcheur, avec des notes de tourbe, de sous-bois et de figue sèche. Joïa est un muscat de Rivesaltes avec du relief, ses notes de fleurs blanches et de fruits confits sont irrésistibles. En bouche, le vin est plein, la légère macération lui donne du relief sans perdre la fraîcheur et les beaux amers en finale. Enfin, le maury porte bien son nom, avec ses arômes de cerise bien mûre, doublés d'une touche de quetsch et de cannelle, sont prépondérants. Sans lourdeur, la bouche affiche un éclat de fruits indéniable. Dans les parcellaires de rouge, l'équilibre est de mise. Caune d'en Joffre retient l'attention, expression fraîche et captivante du carignan, soulignée d'un trait fumé et fruité.

Côtes du Roussillon Gora 2018	15 €	89
IGP Côtes Catalanes Algo	20 €	92
Muscat de Rivesaltes Joïa 2018	14 €	91
Côtes du Roussillon-Villages Essencial 2018	10 €	88
Côtes du Roussillon-Villages Tautavel Caune d'en Joffre 2018	16 €	91
Maury La Cerisaie 2019	15 €	90

Le coup de ♥

Rivesaltes VDN Solera	20 €	92

Rouge : 28 hectares. Carignan 40 %, Lladoner pelut 20 %, Grenache noir 10 %, Marselan 10 %, Syrah 10 %, Merlot 5 %, Mourvèdre 5 %

Blanc : 20 hectares. Grenache blanc 30 %, Grenache gris 30 %, Macabeu 29 %, Muscat à petits grains blancs 5 %, Vermentino 5 %, Tourbat 1 %

Production moyenne : 105 000 bt/an

DOMAINE DES SCHISTES ♣
1, avenue Jean-Lurçat, 66310 Estagel
04 68 29 11 25 •
www.domaine-des-schistes.com • Vente et visites : au domaine sur rendez-vous.
De 9h à 12h et de 14h à 18h.
Propriétaire : Jacques et Mickaël Sire

DOMAINE LA TOUR VIEILLE

Vincent Cantié s'emploie sans réserve à l'exigeante viticulture de la côte Vermeille. Il cherche à traduire, tant en vins secs qu'en vins mutés, l'expression des raisins (au premier rang desquels figurent les grenaches noirs) implantés sur argiles et sur schistes. Les vins secs sont désormais remarquablement fiables et les banyuls toujours très réussis. Depuis quelques millésimes, cette production très maîtrisée semble néanmoins plafonner. Les vins présentés sont irréprochables mais manquent un peu de complexité et de poésie. Nous souhaiterions goûter plus souvent le banyuls Vin de Méditation, solera démarrée en 1952, qui est indéniablement un grand vin, ou le très beau rancio sec. Si ces cuvées exceptionnelles sont du niveau d'un domaine étoilé, ce n'est plus le cas du reste de la production.

Les vins : encore en construction, les 2019 affichent d'ores et déjà une matière massive, qui demandera un peu de patience. Puig Oriol semble tirer son épingle du jeu avec une élégance alliée à un fruité charnu. Le banyuls Rimage promet un bel équilibre avec des notes de cerise. Reserva, moins précis, affiche des notes cendrées mais l'alcool, encore présent, domine. Les Canadells est un blanc aux notes de mandarine et d'orge, la bouche s'offre en simplicité mais avec une certaine puissance.

Collioure Les Canadells 2019	de 15 à 15,80 € (c)	88
Banyuls Reserva	de 18 à 19 € (c)	88
Banyuls Rimage 2019	de 12 à 12,50 € (c)	90
Collioure La Pinède 2019	de 13 à 16 € (c)	88
Collioure Puig Oriol 2019	de 15 à 15,80 € (c)	89

Rouge : 10 hectares. Grenache noir 65 %, Mourvèdre 15 %, Syrah 15 %, Carignan 5 %
Blanc : 2,5 hectares. Grenache gris 50 %, Grenache blanc 20 %, Macabeu 15 %, Roussanne 15 %
Production moyenne : 70 000 bt/an

DOMAINE LA TOUR VIEILLE
12, route de Madeloc, 66190 Collioure
04 68 82 44 82 • www.latourvieille.com •
Visites : sans rendez-vous.
Du lundi au vendredi de 9 à 12h et de 14h à 18h.
Propriétaire : Vincent Cantié

DOMAINE DU TRAGINER

Jean-François Deu mène depuis 1975 ce domaine artisanal de Banyuls, progressivement tourné vers l'agriculture biologique (certification depuis 1997) et biodynamique. La biodynamie est comprise ici comme un retour à l'empirisme ancestral, à l'observation de la nature et au respect du vivant. Le Traginer, c'est le muletier, et de fait le labour des vignes à la mule a ici encore cours. Si la production peut parfois sembler disparate, notamment à cause de la diversité des élevages, elle offre des vins d'une grande sincérité, issus de rendements très faibles, d'une profondeur aujourd'hui rare dans les appellations Banyuls et Collioure.

Les vins : le collioure rouge est précis et élégant, avec des notes de fruits noirs et de réglisse, et un grain de tanins fin. Les banyuls sont d'un beau niveau, le 2018 retient l'attention avec une première impression onctueuse et charnue puis une finale épicée et racée. Même après avoir passé plus de huit ans en foudre, le grand cru est encore fougueux, avec des notes complexes de fruits exotiques, de café et de curry.

Banyuls Grand Cru 2010	36 €	92
Collioure Vieilli Foudre 2018	20 €	91

Le coup de ♥

Banyuls Rimage 2018	23 €	92

Rouge : 10 hectares. Grenache noir 57 %, Carignan 17 %, Mourvèdre 13 %, Syrah 13 %
Blanc : 8 hectares. Grenache blanc 70 %, Grenache gris 30 %
Production moyenne : 30 000 bt/an

DOMAINE DU TRAGINER ☾
56, avenue du Puig Del Mas,
66650 Banyuls-sur-Mer
04 68 88 15 11 • www.traginer.fr • Vente et visites : au domaine sur rendez-vous.
Propriétaire : Jean-François Deu
Œnologue : Daniel Bonin

DOMAINE VAQUER

Domaine historique du Roussillon, fondé en 1912, cette propriété est restée familiale et se retrouve aujourd'hui entre les mains de Frédérique Vaquer, bourguignonne et œnologue de formation, veuve de Bernard Vaquer, décédé en 2001. Sur les sols argilo-siliceux et caillouteux typiques des Aspres, elle mène une viticulture qu'elle définit comme la plus raisonnable possible, mais pour l'instant sans aucune certification. Gérés avec brio, les élevages s'effectuent pour la plupart en cuve émaillée ou en cuve ciment. Ces vins énergiques, originaux, hors des modes, possèdent des équilibres préservant la fraîcheur, même lorsque les degrés alcooliques sont élevés. Parfaitement conservés dans des caves d'altitude, de vieux millésimes (dont de somptueux blancs de macabeu) sont toujours à la vente au domaine, vinifiés par le légendaire Fernand Vaquer, qui fut parmi les premiers producteurs de la région à mettre son vin en bouteille, dès les années 1960.

Les vins : un nez de raisin frais pour le muscat Escapade, jus léger et fluide sans trop d'amertume. Grenaches, gris et blanc, et macabeu sont assemblés pour L'Exception, au caractère oxydatif, aux notes de fruits secs et de tabac blond. Un vin sec à la finale torréfiée. En rouge, Epsilon offre un nez parfumé de poivre et de coriandre, il est charnu et les tanins sont asséchants en finale. L'Exception, à la trame bien construite, gravite autour des épices avec des tanins encore compacts qui devraient se délier dans le temps. Une cuvée à garder !

Côtes du Roussillon L'Exception 2015 — 21 € — 90

IGP Côtes Catalanes Escapade Muscat 2019 — 6,80 € — 88

Côtes du Roussillon-Villages L'Exception 2017 — 15 € — 90

Côtes du Roussillon-Villages Les Aspres Epsilon 2016 — 25 € — 89

Rouge : 12 hectares. Grenache noir 36 %, Carignan 33 %, Syrah 31 %

Blanc : 5 hectares. Macabeu 25 %, Muscat à petits grains blancs 25 %, Roussanne 22 %, Grenache blanc 10 %, Grenache gris 10 %, Muscat d'alexandrie 8 %

Production moyenne : 40 000 bt/an

DOMAINE VAQUER
1, rue des Écoles, 66300 Tresserre
04 68 38 89 53 • www.domaine-vaquer.com
• Vente et visites : au domaine sur rendez-vous.
Tous les jours.
Propriétaire : Famille Vaquer
Directeur : Frédérique Vaquer
Œnologue : Hélène Grau et Frédérique Vaquer

DOMAINE VINCI

Après avoir bourlingué aux quatre coins de la planète vin, Emmanuelle Vinci et Olivier Varichon se sont établis à Estagel, dans la vallée de l'Agly. Ils apportent tous les soins possibles à leur petit domaine (culture biologique, gestion pied par pied des vieilles vignes en gobelet, etc.) pour élaborer en rouge comme en blanc de vrais vins d'artisans, au caractère affirmé. Quelques petits réglages semblent encore nécessaires, en particulier dans la netteté et la stabilité du fruit, pour exprimer pleinement le potentiel que l'on devine dans ces cuvées. Mais les vins auraient-ils le même charme s'ils prenaient moins de risque ? Ils ont indéniablement quelque chose à dire et possèdent, ce qui est encore plus rare, une dimension poétique : ils parleront aux amateurs tolérants et aventureux davantage qu'aux hygiénistes du vin !

Les vins : Maquis est une expression fruitée et sans filtre du lledoner pelut, à la bouche mince (qui paraît âpre hors du contexte de la table), il ne faut pas hésiter à le carafer. Le carignan centenaire de Rafalot est structuré et charmeur, malgré la légère oxydation déjà entamée. Son côté rugueux et sanguin en fait un parfait vin d'hiver.

IGP Côtes Catalanes Maquis 2019 — 18 € — 89

IGP Côtes Catalanes Rafalot 2017 — 24 € — 90

Rouge : 5 hectares. Carignan 50 %, Grenache noir 30 %, Mourvèdre 20 %
Blanc : 2 hectares. Macabeu 100 %
Production moyenne : 12 000 bt/an

DOMAINE VINCI ♣
19, rue du Docteur-Torreilles, 66310 Estagel
06 18 49 44 21 • vinciemmanuelle@aol.com •
Vente et visites : au domaine sur rendez-vous.
Propriétaire : Olivier Varichon

CAVE L'ÉTOILE

Fondée en 1921, la plus ancienne cave coopérative de Banyuls se pose depuis près d'un siècle en incontournable référence de la viticulture catalane. Sa présence dans le Guide Vert est justifiée par l'incontestable qualité des banyuls traditionnels, soumis à des élevages oxydatifs en foudre et en bonbonne de verre, mais aussi par les réels progrès accomplis dans l'élaboration des vins secs, frais et expressifs, ainsi que dans celle des banyuls type rimage, privilégiant le croquant du fruit frais. Au-delà du folklore d'une cave citadine et de l'idiosyncrasie des cuvées emblématiques, la Cave L'Étoile regarde résolument vers l'avenir et aura sans nul doute un rôle à jouer dans la réflexion sur l'évolution de la viticulture de la Côte Vermeille, fragile car pratiquement impossible à mécaniser.

Les vins : des trois couleurs pour la cuvée Les Toiles Fauves, c'est le rouge qui retient notre attention pour son caractère franc et simple. On monte d'un cran avec Côté Montagne, un vin lisse à la texture soyeuse. Dans les vins mutés, le Doux Paillé est gourmand, avec des parfums d'abricot sec et une belle longueur doucement épicée. Le 2010 rappelle la garrigue et l'infusion de plantes avec une jolie finale fraîche d'orange sanguine alors que le 1995 dévoile des notes de safran, la bouche sirupeuse offre une belle finale cendrée et fraîche. Le 1992 est très concentré : cuir, tabac blond et fruits confits se partagent le nez mais le plus spectaculaire reste la puissance de bouche, un univers umami et salin avec de fins amers en finale !

Collioure Les Toiles Fauves 2019	11,60 €	86
Collioure Les Toiles Fauves 2019	9,90 €	86
Banyuls Doux Paillé Hors d'Âge	39,60 €	90
Banyuls Grand Cru 2010	23,80 €	91
Banyuls Grand Cru Cuvée Réservée 1995	41,70 €	93
Collioure Les Toiles Fauves 2018	10,80 €	88
Collioure Montagne 2018	14,60 €	90

Le coup de ♥

Banyuls Grand Cru Select Vieux 1992	48,20 €	95

Rouge : 130 hectares. Grenache noir 81 %, Syrah 8 %, Mourvèdre 6 %, Carignan 5 %
Blanc : 10 hectares. Grenache blanc 90 %, Macabeu 5 %, Vermentino 5 %
Production moyenne : 230 000 bt/an

CAVE L'ÉTOILE
26, avenue du Puig-del-Mas,
66650 Banyuls-sur-Mer
04 68 88 00 10 • www.banyuls-etoile.com •
Vente et visites : au domaine sur rendez-vous.
Propriétaire : SARL L'Étoile
Directeur : Bruno Cazes
Maître de chai : Pascal Traïter
Œnologue : Agnès Piperno

ROUSSILLON

La Savoie et ses vins

Par Pierre Citerne,
en charge des vins de Savoie au sein
du comité de dégustation de La Revue du vin de France

Superficie
2 100 hectares

Cépages principaux
Vins rouges :
gamay, mondeuse, pinot noir
Vins blancs :
altesse, chasselas, jacquère, roussanne, chardonnay

Volume produit en 2019
125 000 hectolitres

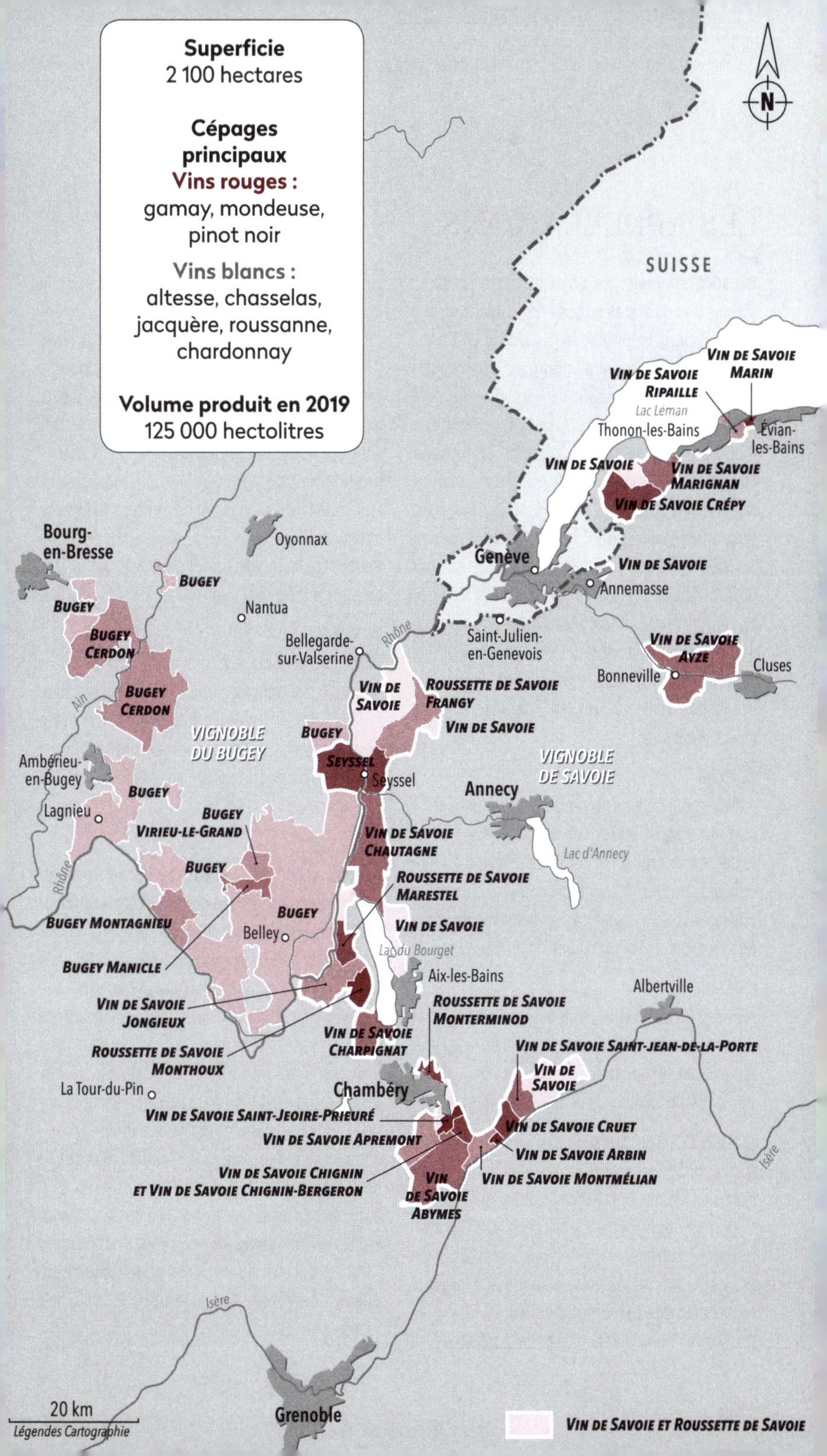

LES APPELLATIONS

L'appellation régionale Savoie est très vaste : elle s'étend des rives du Lac Léman jusqu'au sud de Chambéry, le long de la rive droite de l'Isère. Au total, 52 communes intègrent l'aire d'appellation. L'AOC Savoie peut être suivie d'un nom de cru. Il en existe vingt : Ayse, Crépy, Marignan, Ripaille, Marin, Frangy, Seyssel, Chautagne, Marestel, Jongieux, Monthoux, Monterminod, Saint-Jeoire du Prieuré, Apremont, Les Abymes, Chignin-Bergeron, Montmélian, Arbin, Cruet et Saint-Jean-de-la-Porte. Mais seuls quinze sont répertoriés pour les vins tranquilles et un seul, Ayse, peut être employé pour les vins mousseux. Certains livrent des vins perlants comme Crépy. Chignin et Arbin sont aujourd'hui les crus et villages où travaillent les vignerons les plus intéressants.

SAVOIE

Célèbre pour sa roussanne, Chignin est considéré comme le plus beau cru de Savoie. Il ouvre aussi le défilé des crus de la combe de Savoie. En suivant les courbes de l'Isère qui coule au cœur de la vallée, on trouve les pentes ensoleillées des crus Montmélian et Arbin, où mûrit la mondeuse.

CRÉPY

Au bord du lac Léman, Cette micro-appellation communale de 90 hectares, proche de la Suisse, est exclusivement plantée de chasselas. Elle produit des vins blancs vifs et peu alcoolisés.

ROUSSETTE DE SAVOIE

Cette appellation régionale s'étend sur les bords du Rhône, entre Frangy et Jongieux, et en Bugey. Le cépage altesse est dominant, le chardonnay est aussi utilisé en appoint. Lorsqu'un cru est revendiqué (Frangy, Jongieux, Marestel, Monthoux, Bugey Montagnieu, Bugey Virieu-le-Grand), l'altesse doit être présente à 100 %. Ces vins offrent plus de finesse et d'allonge que ceux issus du chasselas ou de la jacquère. Pour revendiquer cette appellation au sein de l'AOC Savoie, ces vins blancs tranquilles doivent être élaborés exclusivement à partir du cépage altesse, appelé aussi roussette. Le nom de cru peut également être apposé à cette appellation si les vignes proviennent des crus de Frangy, Marestel et Monterminod. Les vins ont davantage de finesse et d'allonge que ceux de chasselas. L'appellation Roussette de Savoie représente aujourd'hui 9 % de la production savoyarde.

SEYSSEL

Cette petite enclave située sur la rive droite du Rhône, à proximité du vignoble de Bugey, plus portée vers la roussette, donne un vin tranquille corsé. L'appellation peut également produire un vin pétillant à partir d'un assemblage de roussette et de chasselas.

BUGEY

Reconnue comme une AOC depuis 2011, l'appellation Bugey est située dans l'Ain et s'étend sur 68 communes. Elle représente un peu plus de 250 hectares en exploitation, répartis en trois îlots (Cerdon, Montagnieu et Belley). Bugey produit des vins blancs tranquilles et pétillants à partir de chardonnay (50 % minimum). Les cépages complémentaires sont l'aligoté, l'altesse, la jacquère, le pinot gris et la mondeuse blanche ; l'appellation produit également des vins rouges et rosés à partir de gamay, de pinot noir, de mondeuse et de poulsard. L'AOC Bugey peut être accolée à l'un des deux microcrus identifiés (AOC Bugey Manicle, AOC Bugey Montagnieu), tout comme l'AOC Roussette du Bugey (AOC Roussette du Bugey Montagnieu et AOC Roussette du Bugey Virieu-le-Grand).

LES CÉPAGES

La Savoie compte 23 cépages différents et produit une infinité de petits crus, essentiellement des blancs faibles en alcool et riches en gaz carbonique naturel, cette dernière caractéristique leur donnant un aspect perlé, et même effervescent. Nerveux, acidulés, ils sont idéalement adaptés à la gastronomie de montagne.

Les blancs les plus fins proviennent du cépage **altesse**, également appelé roussette et qui donne son nom à l'AOC Roussette du Bugey. On compte aussi, parmi les cépages blancs, la **roussanne**, plantée dans le secteur de Chignin et qui prend ici le nom de **bergeron**.

Le principal cépage savoyard s'appelle la **jacquère** (50 % des surfaces plantées). On le retrouve surtout dans les crus des Abymes, d'Apremont, de Chignin, de Cruet et de Saint-Jeoire-du-Prieuré. Le **chasselas** est présent en Haute-Savoie dans les appellations de Crépy, de Marin ou de Ripaille. Assez commun lorsqu'il est vinifié en vin blanc sec, il donne de la saveur aux vins pétillants de la région. Plus confidentiel, le célèbre **chardonnay** est aussi présent dans certains crus, ainsi que le **pinot gris**.

Parmi les autres cépages originaux cultivés en Savoie, on trouve la **malvoisie**, la **molette** et la **mondeuse blanche**.

Du côté des cépages rouges, le **gamay** est le plus employé. Il produit des vins gourmands et fruités. Il excelle notamment dans les crus de Jongieux et Chautagne. Le **pinot noir** s'est également bien adapté aux vallées alpines.

Mais pour beaucoup, la révélation provient des meilleurs rouges élaborés à partir du cépage **mondeuse**, originaire de la région et qui fait le succès des vins des domaines Trosset, Berlioz ou des Ardoisières. Merveilleusement désaltérants, les mondeuses égalent en couleur et en finesse les bonnes cuvées de **syrah**, au moins une année sur trois ou sur quatre, car les petits millésimes sont fréquents.

En Bugey, la diversité est moins importante : sont utilisés comme cépages rouges, le gamay, le pinot noir et la mondeuse ; en blanc, chardonnay, altesse, jacquère, mondeuse blanche et pinot gris sont privilégiés.

NOS BONNES ADRESSES

CHAMBRES D'HÔTES

CHÂTEAU DES ALLUES

335, rue Audibert,
73250 Saint-Pierre-d'Albigny
Tél. : 06 75 38 61 56
www.chateaudesallues.com

CHÂTEAU DE LA MAR

73170 Jongieux
Tél. : 06 26 56 99 33
www.chateau-de-la-mar.com

CAVISTES

LES 400 CRUS

11, place de l'Hôtel-de-Ville,
73000 Chambéry
Tél. : 04 79 85 61 65
www.400crus.com

LA CAVE

Passage des Échoppes,
8, rue du Pâquier, 74000 Annecy
Tél. : 04 50 66 41 90

ENTRE METS & VINS

951, route des Tivillons,
74370 Charvonnex
Tél. : 04 50 24 10 63
www.vins-traiteur-annecy.fr

RESTAURANTS

AUBERGE DU PÈRE BISE

303, route du Crêt,
74410 Saint-Jorioz
Tél. : 04 50 60 72 01
www.perebise.com

ATMOSPHÈRES

618, route des Tournelles,
73370 Le Bourget-du-Lac
Tél. : 04 79 25 01 29
www.atmospheres-hotel.com

ŒNOTOURISME

ALPES FLAVEURS

67, voie des Abymes,
73800 Les Marches
Tél. : 06 72 72 98 42
www.alpes-flaveurs.com

★★

DOMAINE DES ARDOISIÈRES

Le domaine est né de la replantation, entreprise en 1998 par Michel Grisard, du coteau de Cevins, 6 hectares de micaschistes en terrasses entre Albertville et Moutiers. Arrivé en 2003 pour seconder ce dernier, Brice Omont, ingénieur agricole champenois, s'est investi sans compter dans le projet et se retrouve depuis 2008 à la tête d'un domaine qui compte désormais 16 hectares. La viticulture en biodynamie est ici héroïque (la pente peut atteindre 70 %), les rendements sont très faibles, les vins majoritairement issus de cépages complantés et assemblés. Les résultats s'avèrent admirables : les vins sont éclatants, originaux, et creusent encore l'écart au vieillissement. Améthyste complète le persan par de la mondeuse ; Argile (issu du coteau de Saint-Pierre-de-Soucy) associe jacquère, chardonnay et mondeuse blanche ; Schiste se compose de jacquère, mondeuse blanche, roussanne et pinot gris. Seul Quartz est un monocépage, issu de l'altesse. S'il existe un domaine emblématique du renouveau qualitatif savoyard, et de son ambition, c'est bien celui-ci.

Les vins : nous aimons beaucoup la cuvée Argile Blanc dans sa version 2018, un vin gourmand et souriant mais qui préserve admirablement le côté "eau de roche", cette légèreté qui n'appartient qu'aux vins alpins. Très parfumé, sanguin, dru, Argile Rouge (gamay complété de mondeuse et de persan) offre un profil attachant et sincère mais un peu plus rustique, souligné par une pointe d'acidité volatile. Sur le coteau de Cevins, Améthyste est un rouge plus profond, mais surtout plus civilisé, policé par l'élevage en barrique, aux arômes d'une grande finesse, comme le sont les tanins qui structurent cette matière qui s'étend sur des saveurs réglissées. Schiste présente également une matière superbement étirée, tendue et articulée, dont la finesse aromatique émerge progressivement. Quartz peine davantage à s'extraire des notes d'élevage, c'est d'autant plus frustrant que son corps délicat est admirable, déployant toutes les qualités de piquant et de tonicité dont l'altesse peut faire preuve. Faisons-lui confiance, tout en regrettant cette marque aromatique du contenant, un peu trop appuyée à notre goût.

- IGP Vin des Allobroges Quartz 2018 — 75 € — 91
- IGP Vin des Allobroges Schiste 2018 — 35 € — 92
- IGP Vin des Allobroges Améthyste 2018 — 60 € — 93
- IGP Vin des Allobroges Argile 2018 — 25 € — 90

Le coup de ♥

- IGP Vin des Allobroges Argile 2018 — 20 € — 92

Rouge : 4 hectares. Gamay noir à jus blanc 40 %, Persan 40 %, Mondeuse noire 20 %
Blanc : 12 hectares. Jacquère 32 %, Altesse 20 %, Chardonnay 16 %, Mondeuse blanche 13 %, Roussanne 10 %, Pinot gris 9 %
Production moyenne : 60 000 bt/an

DOMAINE DES ARDOISIÈRES ♣
72, impasse de la Pierre-Marquée, Le Villard, 73250 Fréterive
06 76 94 58 78 •
www.domaine-des-ardoisieres.fr • Vente et visites : au domaine sur rendez-vous.
Propriétaire : Brice Omont

★★

DOMAINE BELLUARD

Situé au cœur de la vallée de l'Arve, en Haute-Savoie, le vignoble historique d'Ayse, si clairsemé aujourd'hui, est planté sur des coteaux pentus, nappés d'éboulis calcaires et de sédiments glaciaires. Le domaine Belluard cultive le cépage gringet, un fort caractère qui fait partie de la famille du traminer, comme le savagnin. Le domaine est passé en culture biodynamique (non certifiée) à partir de 2000. Désormais épaulé par Yann Pernuit, Dominique Belluard s'attache à proposer des vins effervescents et tranquilles intenses et originaux, dotés d'une forte personnalité aromatique mais aussi d'une grande finesse. Le domaine brille parmi la petite (mais croissante) élite des meilleurs domaines de la région.

Les vins : attardons-nous sur la qualité des effervescents. Le gringet donne la mesure de ses qualités dans un brut savoureux, avec un caractère suret, un peu sauvage, une générosité aromatique piquante, sui generis, accentué dans le brut zéro. Dans la cuvée tranquille Les Alpes 2018, le même gringet exprime la générosité du millésime au travers de notes de beurre fondu et de sucre candi. Dans le même millésime, les deux altesses sont fougueuses et attachantes : Grandes Jorasses manifeste beaucoup de sève, une intensité rare ponctuée par une finale salée ; 100 % Pur-Jus est une grande et belle réussite, un blanc de macération certes corpulent mais qui reste souverainement aérien, rayonnant de saveur et d'un équilibre parfait. On peut en dire autant de la mondeuse, riche en mâche, intense, mâle, dynamique, déjà très expressive mais capable d'évoluer brillamment.

- Vin de Savoie Altesse Grandes Jorasses 2018 — 18 € — 92
- Vin de Savoie Ayse Brut Les Perles du Mont-Blanc 2016 — 14 € — 89
- Vin de Savoie Ayse Mont-Blanc Brut Zéro 2016 — 20 € — 91
- Vin de Savoie Gringet Les Alpes 2018 — 17 € — 90
- Vin de Savoie Mondeuse 2018 — 25 € — 93

Le coup de ♥

- Vin de Savoie 100 % Pur-Jus Altesse Macération 2018 — 20 € — 93

Rouge : 0,8 hectare. Mondeuse noire 100 %
Blanc : 10 hectares. Gringet 95 %, Altesse 5 %
Production moyenne : 50 000 bt/an

DOMAINE BELLUARD
283, Les Chenevaz, 74130 Ayse
04 50 97 05 63 • www.domainebelluard.fr •
Vente et visites : au domaine sur rendez-vous.
Propriétaire : Dominique Belluard

★★

DOMAINE PARTAGÉ GILLES BERLIOZ

Fils d'ouvrier, Gilles Berlioz est un vigneron autodidacte et heureux. Paysagiste de formation, il démarre en 1990 avec 0,8 hectare sur le secteur de Chignin, aidé de sa compagne Christine. Il dispose aujourd'hui de 4,5 hectares, labourés à l'aide d'un cheval, et convertis en bio en 2005 puis en biodynamie (non certifiée). Du simple chignin jusqu'à la mondeuse, en passant par les exceptionnels chignin-bergeron vinifiés en sélections parcellaires, tous les vins offrent des expressions saines, sereines, d'une grande profondeur de saveur. Les amateurs avisés s'arrachent ces vins d'orfèvre, très limités en volume. L'accueil au domaine est chaleureux et passionné. Une adresse indispensable.

Les vins : nous avons cette année à nouveau goûté les 2018. Très parfumée, à la fois enveloppante et aérienne (9,8° d'alcool seulement !), portée par des senteurs capiteuses de fleurs sombres, la mondeuse a encore gagné en expressivité. La roussette, à la fois tonique et lactique, livre de très belle saveurs musquées, abricotées, elle résume à merveille le caractère paradoxal du cépage. Si le bergeron Les Christine, qui nous avait tant impressionné l'an passé, se montre toujours aussi intense et tapissant, son expression aromatique semble s'être un peu repliée sur elle-même. Ne soyez pas pressés de l'ouvrir !

- Roussette de Savoie El Hem 2018 — 30 € — 92
- Vin de Savoie Chignin-Bergeron Les Christine 2018 — 70 € — 93

Le coup de ♥

- Vin de Savoie Mondeuse La... Deuse 2018 — 34 € — 93

Rouge : 1 hectare. Mondeuse noire 95 %, Persan 5 %
Blanc : 3,5 hectares. Roussanne 80 %, Jacquère 11 %, Altesse 9 %
Production moyenne : 20 000 bt/an

DOMAINE PARTAGÉ GILLES BERLIOZ ♣
25, chemin de la Source, Le Viviers, 73800 Chignin
04 79 71 58 80 •
www.domainepartagegillesberlioz.fr/ •
Vente et visites : au domaine sur rendez-vous.
De 8h à 12h et de 15h à 18h.
Propriétaire : Gilles Berlioz

★★ ↗

DOMAINE DU CELLIER DES CRAY

Adrien Berlioz, jeune cousin (et voisin) de Gilles Berlioz, s'est installé en 2006. Vigneron exigeant et rigoureux, il travaille lui-même en bio toutes ses vignes, y compris celles situées sur les coteaux les plus abrupts. Avec 14 cuvées différentes sur un peu plus de 5 hectares, les quantités sont très limitées et ces vins d'artisan difficiles à dénicher. Nous sommes admiratifs de la diversité, de l'énergie et de la franchise de ces cuvées, contemporaines mais totalement enracinées dans l'identité savoyarde, qui progressent inexorablement chaque année et vieillissent avec grâce. Le domaine a obtenu sans peine sa première étoile il y a quatre ans et la seconde semble aujourd'hui parfaitement justifiée.

Les vins : magnifique réussite des 2018, jouant de la générosité du millésime tout en gardant un pied léger, des vins qui restent aux aguets ! Parmi nos préférés citons La Cuvée des Gueux, jacquère complétée par un peu d'altesse, intense, joyeux, croquant, porté par une vivacité souveraine ; le bergeron Grand Zèph, le plus savoureux et enlevé de la série ; la mondeuse Marie-Clothilde, étiré, tout en délicatesse ; et le persan Octavie, sombre, épicé, vivant, remuant et gracieux à la fois. Petit retour en arrière pour saluer la très belle évolution du bergeron Barzereu 2017, truffé et exotique, qui a digéré sa légère surmaturité avec brio.

- Vin de Savoie Chignin Bergeron Grand Zeph 2018 — 29 € — 94
- Vin de Savoie Chignin-Bergeron Barzereu 2017 — 26 € — 94
- Vin de Savoie Chignin-Bergeron Raipoumpou 2018 — 28 € — 93
- Vin de Savoie Mondeuse Marie Clothilde 2018 — 26 € — 93
- Vin de Savoie Persan Octavie 2018 — 29 € — 93

Le coup de ♥

- Vin de Savoie Chignin La Cuvée des Gueux 2018 — 16 € — 93

Rouge : 1,82 hectare. Mondeuse noire 62 %, Persan 24 %, Douce Noire 14 %

Blanc : 4,49 hectares. Bergeron (roussanne) 56 %, Altesse 21 %, Malvoisie 12 %, Jacquère 11 %

Production moyenne : 20 000 bt/an

DOMAINE DU CELLIER DES CRAY ♣

Le Viviers, 73800 Chignin

04 79 28 00 53 • adrienberlioz@hotmail.com

• Vente et visites : au domaine sur rendez-vous.

Propriétaire : Adrien Berlioz

★★

LES FILS DE CHARLES TROSSET

Installé sur les beaux coteaux du village d'Arbin, terroir de prédilection de la mondeuse, Louis Trosset veille sur un petit vignoble de seulement 2,3 hectares. Les trois sélections de mondeuse, qui font la réputation du domaine et justifient sa position dans la hiérarchie de notre guide sont vinifiées en grappes entières puis élevées en cuve inox, pendant huit à douze mois : Prestige des Arpents (jeunes vignes sur terres brunes très caillouteuses), Harmonie (vignes en gobelet âgées d'une trentaine d'années, sur terres rouges profondes, riches en hématite) et Confidentiel (les plus vieilles vignes, conduites en gobelet et sur échalas). Aristocrates, ces vins se distinguent par la vibration particulière de leur expression aromatique, ainsi que par leur capacité à retranscrire la spécificité de chaque millésime. Ils possèdent en outre une grande capacité de garde. Les très faibles volumes produits, moins de 20 000 bouteilles par an, font de cette référence une adresse trop confidentielle.

Les vins : si le bergeron 2018 est encore difficile à interpréter, le 2012 évolue lentement vers des notes de terpène et de citron confit, dans un style strict, quelque peu rigide. Désormais en bouteille, les mondeuses 2018 confirment la spectaculaire réussite de ce millésime, que nous décelions l'an dernier lors de la dégustation des échantillons primeurs, des vins qui peuvent paraître d'une simplicité biblique mais qui atteignent une vérité profonde, voisine de l'épicentre du bonheur... La vendange entière met en valeur l'extraordinaire aura pulpeuse du fruit, presque sudiste dans ses accents épicés et solaires. Drue, gazeuse, accrocheuse malgré sa suavité, la matière de Confidentiel demande du temps. Accordez-en aussi à la cuvée Harmonie, irrépressible jus de mûre, encore si juvénile. Buvez l'irrésistible Prestige des Arpents d'abord ! Ces vins feront date. Sans la richesse extravagante des 2018, les 2019 annoncent un fort caractère et une grande qualité de fruit.

- Vin de Savoie Chignin-Bergeron Symphonie d'Automne 2012 — de 18 à 25 € (c) — 89
- Vin de Savoie Arbin Mondeuse Confidentiel 2018 — de 16,50 à 26 € (c) — 96
- Vin de Savoie Arbin Mondeuse Harmonie 2018 — de 15 à 24 € (c) — 94

- Vin de Savoie Arbin Mondeuse Harmonie L'Expression d'un Terroir 2019 — de 15 à 24 € (c) — 92
- Vin de Savoie Arbin Mondeuse Prestige des Arpents 2019 — de 14,50 à 24 € (c) — 91

Le coup de ♥

- Vin de Savoie Arbin Mondeuse Prestige des Arpents 2018 — de 15 à 24 € (c) — 95

Rouge : 2 hectares. Mondeuse noire 100 %
Blanc : 0,3 hectare. Roussanne 100 %
Production moyenne : 19 000 bt/an

LES FILS DE CHARLES TROSSET
280, chemin des Moulins, 73800 Arbin
06 82 36 82 62 • lechaidesmoulins@gmail.com • Vente et visites : au domaine sur rendez-vous.
Du lundi au samedi 12h.
Propriétaire : Louis Trosset

★

DOMAINE LA COMBE DES GRAND'VIGNES

Fort d'une tradition viticole transmise de père en fils, ce domaine est géré par deux frères amoureux des beaux terroirs de coteaux. Nous apprécions particulièrement les vins blancs ; leur niveau de pureté et de finesse les place parmi les plus aboutis de la région. Plusieurs cuvées (Argile sur Schiste en Chignin, Les Salins et La Coulée de Proserpine en Chignin-Bergeron) valorisent les expressions parcellaires, et tous les vins sont désormais élevés un an au minimum. Les rouges progressent ; les mondeuses sont vinifiées sans soufre depuis 2016. Le travail de la vigne, en conversion bio, est exigeant et d'une exemplaire probité sur des pentes héroïques. Au vu de toutes ces évolutions positives, de cet immense travail, on peut penser que la progression du domaine n'est pas terminée.

Les vins : très précis, articulés, ils conjuguent haute expression, profondeur et droiture. Nous avons le sentiment qu'il ne leur manque parfois qu'un soupçon de jovialité, voire de désinvolture, de "lâcher prise", pour que le plaisir soit total... Les jacquères sont cristallines, nous aimons beaucoup la pointe camphrée et minérale d'Argile sur Schiste. On retrouve cette tension ciselée dans la roussette, pourtant riche et épicée. Parmi les bergerons, fer de lance du domaine, la cuvée issue de la sublime vigne des Salins a en un an considérablement gagné en tension et en profondeur d'expression. La Coulée de Proserpine, bien que plus immédiat, s'ouvre sans se presser, associant de généreux arômes de fleur d'oranger et d'ananas à un beau sillage calcaire. Saint-Anthelme 2016, très riche, nous semble un peu plus statique. Avenant, sans exubérance mais avec un bel éclat fruité, Et ma Goutte de... est en 2018 un rouge fin et digeste, tout comme Les Granges Tissot 2017, mondeuse ciselée, sur la réserve, pure et élancée, cistercienne, dont on admire la texture élégante.

- Roussette de Savoie Baron Decouz 2018 — 17,40 € — 90
- Vin de Savoie Chignin Argile sur Schiste 2018 — 13,80 € — 91
- Vin de Savoie La Coulée de Proserpine 2018 — 15 € — 90
- Vin de Savoie Mondeuse Et ma goutte de... 2018 — 14,90 € — 90
- Vin de Savoie Mondeuse Les Granges Tissot 2017 — 22 € — 90

Le coup de ♥

- Vin de Savoie Chignin-Bergeron Les Salins 2017 — 22,70 € — 93

Rouge : 3,05 hectares. Mondeuse noire 55 %, Pinot noir 25 %, Gamay noir à jus blanc 20 %
Blanc : 8,45 hectares. Jacquère 50 %, Bergeron (roussanne) 42 %, Chardonnay 4 %, Altesse 4 %
Production moyenne : 65 000 bt/an

DOMAINE LA COMBE DES GRAND'VIGNES
452, route des Enrayons, Le Viviers, 73800 Chignin
04 79 28 11 75 • www.chignin.com • Visites : sans rendez-vous.
Du lundi au samedi, de 9h30 à 12h et de 14h à 19h. Le dimanche de 9h30 à 12h30.
Propriétaire : Denis et Didier Berthollier

★ ↗

DOMAINE DES CÔTES ROUSSES

Après un master en aménagement des territoires ruraux, Nicolas Ferrand se rend compte qu'il préfère les faire vivre plutôt que les observer. Il installe son domaine en 2013 dans les coteaux de la Combe de Savoie, sous le massif des Bauges, avec des parcelles situées jusqu'à 600 mètres d'altitude. Le domaine s'agrandit peu à peu avec quelques plantations ; le vigneron bannit vite les herbicides et vise une certification bio. Les vins sont vinifiés et parfois embouteillés sans soufre, les blancs sur lies totales, les rouges majoritairement vinifiés en grappes entières : la prise de risque est indéniable mais pleinement mesurée. Ce jeune domaine précise son propos millésime après millésime ; l'avenir lui appartient et une première étoile vient cette année récompenser une gamme aussi personnelle qu'enracinée.

Les vins : les 2018 confirment en bouteille tout le bien que nous pensions d'eux lors des dégustations en primeur. Insistons sur les fins de bouche, magnifiques d'évidence, elles appellent le verre suivant avec insistance ! À la fois lactique et aérienne, la jacquère Armenaz, prolongée par un grain salin affriolant, en donne un bel exemple, tout comme La Pente, très savoyard dans son esprit "eau de roche". Troublant, jacquère macérée, trouve ses marques en 2018, avec un grain et une saveur finement accentuée. Suaves et salines, les roussettes doivent encore se poser. Une acidité guillerette confère une agilité surprenante à l'imposante roussanne dans le bergeron Verre-Tige. Regorgeant de vie et de caractère, les rouges sont (au moins) aussi enthousiasmants ; Piste Rouge, jus d'airelle clair, aérien et bien mûr, un délice aimable et gouleyant ; Les Montagnes Rousses avec son jaillissement de pivoine et d'encre, proche de la vérité de la mondeuse ; Coteau de la Mort enfin, dans le millésime 2017 déjà goûté l'an passé, encore strict mais commençant à étirer en grand vin de garde son sillage de poivre, de réglisse et de quinquina.

Roussette de Savoie Ensemble 2018	18 €	90
Vin de Savoie Armenaz 2018	16 €	90
Vin de Savoie Chignin-Bergeron Verre-Tige 2018	30 €	92
Vin de Savoie La Pente 2018	12 €	90
Vin de Savoie Troublant 2018	30 €	92
Vin de Savoie Coteau de la Mort 2017	30 €	94
Vin de Savoie Piste Rouge 2018	14 €	91

Le coup de ♥

Vin de Savoie Montagnes Rousses 2018	18 €	93

Rouge : 1,73 hectare. Mondeuse noire 87 %, Pinot noir 10 %, Cabernet-Sauvignon 3 %
Blanc : 3,77 hectares. Jacquère 52 %, Altesse 37 %, Chardonnay 8 %, Roussanne 3 %
Production moyenne : 28 000 bt/an

DOMAINE DES CÔTES ROUSSES ♣

546, route de Villard-Marin, 73290 La Motte-Servolex
06 62 52 70 64 • www.lescotesrousses.com
• Vente et visites : au domaine sur rendez-vous.
Propriétaire : Nicolas Ferrand

★

DOMAINE GENOUX - CHÂTEAU DE MÉRANDE

Attachés aux petits rendements et aux vendanges manuelles, les frères André et Daniel Genoux ont repris, en 2001, les bâtiments du Château de Mérande. Engagé en biodynamie, ce domaine situé dans le cru Arbin propose une large gamme de vins provenant des sols de coteaux et de moraines glaciaires environnants. La mondeuse domine la production, occupant les deux tiers de la superficie du vignoble. Les vinifications s'effectuent désormais en levures indigènes et sans soufre, souvent en vendange entière. Les cuvées Latitude N45, La Noire, Le Comte Rouge et La Belle Romaine illustrent avec brio le renouveau actuel du vignoble savoyard et l'immense potentiel de son emblématique cépage rouge. Le domaine a obtenu il y a deux ans sa première étoile, grâce à ses rouges de grande tenue, ainsi qu'à ses blancs particulièrement intenses.

Les vins : parmi les cuvées présentées, certaines mondeuses atteignent les sommets de la production savoyarde. La Belle Romaine 2019 réitère le magnifique succès du millésime 2018, avec un fruit sombre et pulpeux, nuancé, déjà très expressif : une mondeuse modèle, dont la qualité force d'autant plus le respect que la production s'élève à 50 000 cols. Le Comte Rouge 2018 est marqué par un boisé fumé prégnant mais qui se résout en notes poivrées et cacaotées sans assécher la bouche. Grand coup de cœur pour la cuvée Latitude N45 2017, pour ses arômes complexes et racés, pour le contraste de son élégance "froide", ligneuse (bien que la cuvée soit égrappée) avec une matière profondément fruitée, dense, persuasive, d'un délié et d'une longueur absolument remarquables. Dans le même millésime La Noire affirme sa stature de grand vin de garde, avec une matrice aromatique empyreumatique d'où émerge lentement un fruit (noir !) captivant, cadré par une armature tannique et une concentration presque intimidantes, uniques en Savoie. Nous sommes beaucoup moins convaincus par L'Inté Graal 2017, veinée en profondeur par la sucrosité du bois on ne reconnaît plus la mondeuse. Les blancs sont marqués par la richesse solaire du millésime 2018. Si le bergeron conjugue grande richesse en extrait sec et équilibre, la roussette avec ses notes de caramel au lait frise l'indolence.

- Roussette de Savoie La Comtesse Blanche 2018 — 25 € 86
- Vin de Savoie Chignin-Bergeron Le Grand Blanc 2018 — 17 € 90
- Vin de Savoie Arbin La Noire 2017 — 32 € 95
- Vin de Savoie Arbin Mondeuse L'Inté Graal 2017 — de 27 à 49 € (c) 88
- Vin de Savoie Arbin Mondeuse La Belle Romaine 2019 — 16 € 93
- Vin de Savoie Arbin Mondeuse Le Comte Rouge 2018 — 18 € 91

Le coup de ♥

- Vin de Savoie Arbin Mondeuse Latitude N45°30.506' 2017 — 27 € 96

Rouge : 9 hectares. Mondeuse noire 97 %, Gamay noir à jus blanc 2 %, Persan 1 %
Blanc : 3 hectares. Roussanne 63 %, Altesse 31 %, Jacquère 6 %
Production moyenne : 60 000 bt/an

DOMAINE GENOUX - CHÂTEAU DE MÉRANDE ☾

Chemin de Mérande, 73800 Arbin
04 79 65 24 32 • www.domaine-genoux.fr •
Vente et visites : au domaine sur rendez-vous.
De 9h à 12h et de 14h à 18h.
Propriétaire : André et Daniel Genoux
Directeur : André Genoux
Maître de chai : Daniel Genoux

★

DOMAINE GIACHINO

Installés en 1988, David et Frédéric Giachino dirigent cette exploitation située à Chapareillan, non loin du mont Granier, face au massif des Bauges et surplombant la vallée de l'Isère. Certifié bio depuis 2008, le domaine suit les préceptes biodynamiques, vendange à la main, vinifie avec les levures indigènes et sans autre ajout de soufre qu'à la mise en bouteille. Le résultat ? D'excellentes matières premières vinifiées en douceur, qui donnent des vins sobres, sains et digestes, tant en blanc qu'en rouge. Le rare cépage persan offre à cette adresse l'un de ses plus beaux résultats ; d'autres cépages endémiques (la douce noire, la verdesse, la mondeuse blanche) sont également valorisés. La gamme est remarquablement homogène et monte en puissance avec les nouvelles cuvées issues des vignes de Michel Grisard (Prieuré Saint-Christophe), figure tutélaire de la viticulture savoyarde.

Les vins : 2019 dévoile des cuvées toniques et savoureuses, véritables concentrés d'esprit savoyard. Le blanc Monfarina associe l'inimitable côté "eau de roche" de la jacquère à de stimulantes suggestions de fleurs des champs et d'amande fraîche. Très expressive, la roussette régale et intrigue par sa finale typiquement aigre-douce. Svelte mais généreux en saveur comme en fruit, le persan offre déjà de belles nuances épicées ; c'est une interprétation très amène de ce cépage à l'acidité parfois violente. Les 2018 affichent également un naturel remarquable, que ce soit la mondeuse parfumée, savoureusement râpeuse, un peu sauvage, tout au moins agreste, ou la roussette Prieuré Saint-Christophe, intensément miellée mais portée par une superbe acidité longiligne qui tranche sur la richesse de la chair. Pour nous le sommet d'expression est atteint par la mondeuse Prieuré Saint-Christophe 2017, claire d'aspect mais noblement structurée par des tanins fins, savoureusement ligneux, épicés ; un vin complexe, racé, dont l'aération amplifie à la fois le fruit délicat et toutes les nuances chlorophylliennes.

- Roussette de Savoie Altesse 2019 — 16 € 90
- Roussette de Savoie Prieuré Saint-Christophe 2018 — 34 € 92
- Vin de Savoie Monfarina 2019 — 11 € 89
- Vin de Savoie Mondeuse Black Giac 2018 — 16 € 90
- Vin de Savoie Persan 2019 — 20 € 90

Le coup de ♥

- Vin de Savoie Mondeuse Prieuré Saint-Christophe 2017 — 34 € 94

Rouge : 7,8 hectares. Mondeuse noire 59 %, Gamay noir à jus blanc 15 %, Divers noir 13 %, Persan 13 %
Blanc : 7,2 hectares. Jacquère 61 %, Altesse 35 %, Divers blanc 4 %
Production moyenne : 60 000 bt/an

DOMAINE GIACHINO ☾
Le Palud, Chemin du Mimoray,
38530 Chapareillan
04 76 92 37 94 • www.domaine-giachino.fr •
Vente et visites : au domaine sur rendez-vous.
Propriétaire : David et Frédéric Giachino

★

DOMAINE LOUIS MAGNIN

C'est avec un grand plaisir que nous avons vu revenir l'an dernier dans notre guide ce domaine artisanal qui a joué un rôle capital dans l'histoire contemporaine du vignoble savoyard. La surface exploitée a diminué mais le travail méticuleux, à la vigne comme au chai, permet à Louis Magnin d'atteindre des sommets d'expression en rouge comme en blanc. Perfectionniste, il montre à travers ses différents millésimes une constance que peu de producteurs atteignent dans cette région. Moins opulents que naguère, les blancs privilégient désormais l'intensité minérale. Parmi les mondeuses, flamboyantes mais destinées à la garde, nous continuons à préférer les cuvées élevées en grands contenants à celles qui le sont en barrique.

Les vins : très bien dotés, lents à évoluer, les blancs manifestent une tension singulière, même le bergeron, y compris dans un millésime roboratif comme 2015 ! La cuvée Grand Orgue surprend par sa vigueur, par son intensité, son grain serré à la limite de l'austérité, son acidité brillante et la fraîcheur de son fruit qui rejaillit à l'aération. La mondeuse Fille d'Arbin, dans le formidable millésime 2018, aura besoin d'air et de temps pour délier son fruit de myrtille, son corps à la fois solaire et dynamique. Tout un Monde 2015 offre une interprétation très originale de la mondeuse, avec une grande douceur de pulpe, des accents complexes, balsamiques et épicés, éthérés, qui évoqueraient presque un barbaresco piémontais. La Rouge 2014 s'exprime en élégante dentelle acidulée, patinée, mais son fruit, entre cassis et orange sanguine, demeure prédominant. En trois cuvées, trois visages radicalement différents de la mondeuse !

Roussette de Savoie 2017	22 €	91
Vin de Savoie Chignin-Bergeron 2015	20 €	91
Vin de Savoie Arbin Mondeuse Fille d'Arbin 2018	30 €	93
Vin de Savoie Arbin Mondeuse La Rouge 2014	20 €	90
Vin de Savoie Arbin Mondeuse Tout un Monde 2015	45 €	92

Le coup de ♥

Vin de Savoie Chignin-Bergeron Grand Orgue 2015	22 €	93

Rouge : 2 hectares. Mondeuse noire 100 %
Blanc : 1 hectare. Altesse 50 %, Roussanne 50 %
Production moyenne : 14 000 bt/an

DOMAINE LOUIS MAGNIN ♣
90, chemin des Buis, 73800 Arbin
04 79 84 12 12 •
www.domainelouismagnin.fr • Vente et visites : au domaine sur rendez-vous.
Propriétaire : Louis et Béatrice Magnin
Directeur : Béatrice Magnin

★

DOMAINE PASCAL ET ANNICK QUENARD

Ce domaine familial situé dans le village de Chignin s'attache à mettre en valeur un patrimoine de vieilles vignes (parfois plus que centenaires) grâce à des vendanges manuelles et des vinifications peu interventionnistes. Il en résulte une belle gamme de vins francs et expressifs, aux saveurs intègres, tant en blanc qu'en rouge, avec en particulier des mondeuses très abouties. Depuis 2016, les vins sont certifiés en agriculture biologique et le domaine s'essaie également à la biodynamie. Ce travail sérieux et régulier paie et les derniers vins sont de haute volée. La première étoile est venue récompenser, dans notre édition 2019, cette implication, avec des 2016 et 2017 alliant grand charme et profondeur de caractère. Le travail mais aussi le talent !

Les vins : les jacquères 2019 sont très convaincantes, L'Épure leste et tonique, pour les huîtres, VV 1903 plus intense et rémanente mais tout aussi tendue. Capiteux et opulents, les plantureux bergerons possèdent cependant une remarquable définition aromatique ; la viscosité des cuvées Noé et Sève est impressionnante. Les mondeuses 2019 sont encore abruptes. L'Étoile de Gaspard, tout comme Lunatique, offrent la promesse d'une grande finesse aromatique mais font pour l'heure preuve d'une certaine angulosité. La Sauvage semble un peu plus mince. Il faut laisser du temps à ces cuvées présentées, peut-être, trop précocement.

- Vin de Savoie Chignin-Bergeron Sous Les Amandiers 2018 — 15 € — 90
- Vin de Savoie Chignin-Bergeron Sève 2019 — 27 € — 92
- Vin de Savoie Mondeuse L'Etoile de Gaspard 2019 — 22 € — 91
- Vin de Savoie Mondeuse La Sauvage 2019 — 15 € — 88
- Vin de Savoie Mondeuse Lunatique 2019 — 27 € — 91

Le coup de ♥

- Vin de Savoie Chignin-Bergeron Noé 2019 — 22 € — 92

Rouge : 1,5 hectare. Mondeuse noire 80 %, Gamay noir à jus blanc 20 %
Blanc : 5 hectares. Roussanne 63 %, Jacquère 37 %
Production moyenne : 30 000 bt/an

DOMAINE PASCAL ET ANNICK QUENARD ♣
1, place du Lavoir, Le Villard, 73800 Chignin
04 79 28 09 01 •
www.quenard-chignin-bergeron.com •
Vente et visites : au domaine sur rendez-vous.
Propriétaire : Pascal Quenard

★

DOMAINE J.-P. ET J.-F. QUÉNARD

Les Quenard et les Quénard sont nombreux dans le village de Chignin, mais Jean-François se distingue sans peine. Nous saluons la qualité du travail accompli et la cohérence de la vaste gamme, qui s'affine chaque année par petites touches. Les vins rouges ont beaucoup progressé et atteignent aujourd'hui un excellent niveau. Richement dotés, les blancs conservent un juste équilibre en bouche, ils sont désormais vinifiés avec les seules levures indigènes. Regardant vers l'avenir, Jean-François Quénard a restructuré son vignoble en vue du passage vers l'agriculture biologique ; la transmission à sa fille Anne-Sophie étant également programmée.

Les vins : un tour d'horizon des plus convaincants, qui confirme le statut de référence des vins de Jean-François Quénard ; tout est réussi, expressif, défini avec précision, y compris les cuvées sans soufre. Le crémant, digeste et savoureux, bien typé jacquère, et la roussette 2017, exotique et piquante en diable, sont peut-être les deux vins les plus surprenants cette année. Nous espérons retrouver la pétulance des rouges 2019 après la mise. La Déroutante, mondeuse sans soufre, a tiré le meilleur parti du généreux millésime 2018, conservant une vivacité aérienne ; en quelques mois elle s'est assagie, a gagné en plaisir et en cohérence. Pleines et savoureuses, bien loin des cuvées aqueuses et superficielles, les deux jacquères sont avant tout des vins de matière. Les bergerons 2019 canalisent leur richesse de constitution avec autorité, le temps contribuera à les patiner.

- Vin de Savoie Chignin Anne de la Biguerne 2019 — 11 € — 90
- Vin de Savoie Chignin-Bergeron Au Pied des Tours... 2019 — 18 € — 90
- Vin de Savoie Chignin-Bergeron Comme Avant 2017 — 24 € — 89
- Vin de Savoie Chignin-Bergeron Les Éboulis 2019 — 16 € — 89
- Vin de Savoie Mondeuse La Déroutante 2018 — 24 € — 92
- Vin de Savoie Persan Les 2 Jean 2019 — 20 € — 91

Le coup de ♥

- Roussette de Savoie Anne-Sophie 2017 — 16 € — 93

Rouge : 4,9 hectares. Mondeuse noire 56 %, Gamay noir à jus blanc 22 %, Pinot noir 11 %, Persan 11 %
Blanc : 12,5 hectares. Jacquère 55 %, Bergeron (roussanne) 34 %, Altesse 6 %, Chardonnay 5 %
Production moyenne : 120 000 bt/an

DOMAINE J.-P. ET J.-F. QUÉNARD
44, chemin de la Tour de Montagny, Le Villard, 73800 Chignin
04 79 28 08 29 • www.jfquenard.com •
Visites : sur rendez-vous uniquement aux professionnels.
Propriétaire : Jean-François Quénard
Maître de chai : Jean-François Quénard

★

LES VIGNES DE PARADIS

L'aventure de Dominique Lucas à Pommard a pris fin pour cause d'aléas climatiques. Il se consacre désormais entièrement à son vignoble du Chablais, mené en biodynamie. Sorti de l'appellation Crépy, trop restrictive pour les vins auxquels il aspire, il a planté des cépages exogènes et envisage son travail de vigneron autant en artisan qu'en artiste. Il ne néglige pas pour autant le chasselas, loin s'en faut ! Ce dernier s'incarne dans Un P'tit Coin de Paradis, issu des bas de parcelle, mais aussi dans le profond Un Matin Face au Lac. Une cuvée C de Marin a vu le jour, en plus des originaux IGP, issus de cépages parfois inattendus. La qualité des cuvées place ce vigneron parmi les talents de la région à suivre absolument : jamais chaptalisées, vinifiées avec des doses minimes de soufre, elles comptent parmi les plus excitantes du paysage savoyard actuel.

Les vins : 2018 a livré des vins pleins, intenses, riches et cohérents, manifestant peut-être à ce stade un peu moins de piquant, d'allant aromatique que dans les millésimes précédents. Parmi les chasselas subtilement fumés et gras, notre préférence se porte une fois de plus sur la cuvée Un Matin face au Lac, à la magnifique finale ouverte, pleine de saveur et d'agrumes. Très directe, l'altesse conserve une appréciable vivacité, développant des arômes de camphre et de fougère. Capiteux, encore monolithique, glycérolé, le savagnin a besoin de temps pour qu'émerge la vibration propre au grand cépage jurassien.

- IGP Vin des Allobroges C de Marin 2018 — 17,50 € — 91
- IGP Vin des Allobroges Savagnin 2018 — 18 € — 92
- IGP Vin des Allobroges Son Altesse 2018 — 19 € — 91
- IGP Vin des Allobroges Un P'tit Coin de Paradis 2018 — 14,50 € — 89

Le coup de ♥

- IGP Vin des Allobroges Un Matin Face au Lac 2018 — 17,50 € — 92

Rouge : 0,14 hectare. Gamay noir à jus blanc 100 %
Blanc : 6,86 hectares. Chasselas 53 %, Savagnin 9 %, Chardonnay 9 %, Sauvignon blanc 8 %, Pinot gris 8 %, Chenin 7 %, Altesse 6 %
Production moyenne : 35 000 bt/an

LES VIGNES DE PARADIS ☾

167, route du Crépy Marcorens
74140 Ballaison
04 50 94 31 03 •
www.les-vignes-de-paradis.fr • Vente et visites : au domaine sur rendez-vous.
Du lundi au samedi de 9h à 19h30.
Propriétaire : Dominique Lucas

L'AITONNEMENT

Maxime Dancoine, œnologue trentenaire, ne cultive qu'un tout petit vignoble, localisé à Aiton, à l'extrémité occidentale du massif de la Maurienne. La production qui en est issue commence néanmoins à attirer l'attention des amateurs. Très soignée, d'inspiration biodynamique et labellisée bio depuis 2017, elle s'inscrit dans la diversité et l'ambition qui caractérisent le renouveau générationnel de la viticulture savoyarde. Cette démarche prend tout son sens à la lumière des nouvelles plantations qui privilégient des cépages endémiques comme le jaubertin ou le blanc de Maurienne. Il faut aussi suivre de près – de très près – le jeune négoce que Maxime Dancoine a créé avec Guillaume Lavie, vigneron dans le Bugey (Les Vins de Lavie) : Des Vins d'Envie.

Les vins : mariage d'altesse et de jacquère, Big Bang 2018 s'exprime avec beaucoup de verve, de saveur, tout en gardant un profil incisif. Pure altesse, également vinifiée en demi-muid, Solar manifeste le même relief piquant, avec une personnalité vigoureuse, vivante, presque délurée. Issues de trois départements (Isère, Ain et Savoie) et de raisins cultivés en agriculture biologique, les cuvées du détonnant négoce Des Vins d'Envie offrent du caractère, un sens aigu du lieu et surtout beaucoup de plaisir. Nous retiendrons des classiques savoyards comme la Grande Jacquère 2019 ou le Chignin-Bergeron 2018, brillamment (ré)interprétés, et des rouges réjouissants, Le Cirque de l'Amoureuse (mondeuse du Bugey) et Croire au Yeti (gamay, mondeuse et pinot noir, terroir de Fréterive), peu alcoolisés mais très parfumés, proches de l'idéal du vin de soif.

- IGP Vin des Allobroges Solar 2018 — 42 € — 92
- Vin de Savoie Chignin-Bergeron Des Vins d'Envie 2018 — 26 € — 92
- Vin de Savoie Grande Jacquère Des Vins d'Envie 2019 — 15 € — 90
- VDF Croire au Yéti Des Vins d'Envie 2019 — 10 € — 92
- VDF Le Cirque de l'Amoureuse Des Vins d'Envie 2018 — 18 € — 92

Le coup de ♥

- IGP Vin des Allobroges Big Bang 2018 — 24 € — 92

Rouge : 0,5 hectare. Mondeuse noire 60 %, Douce Noire 20 %, Joubertin 20 %

Blanc : 0,5 hectare. Altesse 50 %, Jacquère 50 %
Production moyenne : 4 000 bt/an

L'AITONNEMENT ♣

1145, rue des Mettanies, 38530 Pontcharra
06 60 19 41 49 • www.aitonnement.com/ •
Vente et visites : au domaine sur rendez-vous.
Propriétaire : Maxime Dancoine

NOUVEAU DOMAINE

CELLIER DE LA BARATERIE

Julien Viana a produit son premier millésime à la Baraterie, hameau de Cruet, en 2014. Pratiquant une viticulture attentive, très manuelle, ce solide gaillard nous offre des cuvées tout en finesse, au propos subtil, des vins plus parfumés que structurés, pour la plupart élevés en cuve. Heureuse Savoie, qui possède aujourd'hui tant de jeunes talents, vignerons accomplis aux styles si personnels !

Les vins : les blancs se montrent harmonieux et cohérents, s'offrant avec beaucoup de naturel, que ce soit l'altesse miellée, veloutée mais pointue en finale ou la malvoisie (pinot gris ou velteliner ?) avec sa belle note aromatique de pain frais. Tendre, parfumé et subtil, le gamay est admirable, virevoltant dans ses parfums et alerte dans son toucher. On retrouve cette séduisante subtilité dans la mondeuse du cru Saint-Jean-de-la-Porte, très parfumée, sans astringence, d'une douceur et d'une urbanité étonnantes ! La mondeuse d'Arbin affiche un profil plus sombre et "viril", qui appuie davantage sur le palais mais conserve une très belle finesse au cœur de sa structure.

Roussette de Savoie 2018	15 €	90
Vin de Savoie Malvoisie 2018	15 €	89
Vin de Savoie Arbin Mondeuse 2018	15 €	91
Vin de Savoie Gamay Montassoulaz 2017	13 €	92

Le coup de ♥

Vin de Savoie Saint-Jean de la Porte Mondeuse 2018	15 €	93

Rouge : 5 hectares. Mondeuse noire 50 %, Gamay noir à jus blanc 30 %, Pinot noir 20 %
Blanc : 5 hectares. Altesse 60 %, Jacquère 30 %, Chardonnay 5 %, Divers blanc 5 %
Production moyenne : 20 000 bt/an

CELLIER DE LA BARATERIE ♣

321, route de Bugey, 73250 Fréterive
06 88 21 08 50 •
www.cellierdelabaraterie.com • Pas de visites.
Propriétaire : Julien Viana

DOMAINE DE CHEVILLARD

Encore jeune mais déjà très expérimenté, Matthieu Goury s'est installé en 2013 ; il exploite aujourd'hui des vignes situées sur le coteau de Saint-Jean-de-la-Porte, qui bénéficient de sols d'une grande variété. La viticulture, biologique, attentive et appliquée, se veut respectueuse du végétal et de la vie des sols. La vinification, peu interventionniste, a pour objectif la production de cuvées fortement individualisées par les caractéristiques de leur terroir. Ces louables intentions se retrouvent dans des vins très bien constitués, d'une belle franchise et d'une palpable ambition, tant les mondeuses, qui manifestent une vraie intensité dramatique, que les blancs vigoureux et toniques. Une adresse à suivre, indéniablement.

Les vins : des cuvées 2018 de grand caractère, originales et personnelles, qui ne peuvent laisser le palais indifférent ! Des vins à la fois "libres" et issus d'une ferme volonté vigneronne, avec des choix techniques forts tant dans la vinification que dans l'élevage, des vins qui peuvent paraître plus "Chevillard" que savoyards... Les mondeuses, totalement égrappées, offrent un flamboyant crescendo : juteuse et piquante, mise en relief par une volatile bien présente, la première cuvée s'exprime d'emblée avec beaucoup de panache ; impressionnante profondeur et texture veloutée pour le cru Saint-Jean-de-la-Porte ; le très intense Bérillion manifeste une indéniable race et fait songer à une grande côte-rôtie, il faudra l'attendre. Au tour des blancs : la jacquère pleine et agile, le cru Apremont à la personnalité plus minérale, profonde, frisant l'austérité. Intense et dynamique, la roussette s'exprime, quant à elle, très librement.

Roussette de Savoie 2018	34 €	91
Vin de Savoie Apremont 2018	21 €	90
Vin de Savoie Jacquère 2018	15 €	89
Vin de Savoie Mondeuse 2018	26 €	91

▬ Vin de Savoie Saint-Jean de la Porte Le Bérillion 2018 — 42 € — 94

Le coup de ♥

▬ Vin de Savoie Saint-Jean de la Porte 2018 — 36 € — 93

Rouge : 4,7 hectares. Mondeuse noire 74 %, Gamay noir à jus blanc 13 %, Pinot noir 13 %
Blanc : 4,5 hectares. Jacquère 65 %, Altesse 25 %, Chardonnay 7 %, Mondeuse blanche 3 %
Production moyenne : 30 000 bt/an

DOMAINE DE CHEVILLARD ♣
433, rue des Chevillard,
73250 Saint-Pierre-d'Albigny
06 33 01 12 21 •
www.domainedechevillard.com •
Visites : sans rendez-vous.
De 8h à 12h et de 14h à 18h.
Propriétaire : Matthieu Goury

DOMAINE DUPASQUIER

Installés près de Jongieux dans le pittoresque village d'Aimavigne, au pied du vertigineux coteau de Marestel, les Dupasquier se succèdent depuis cinq générations et cultivent avec sagesse leurs vignes (enherbement, absence de produits de synthèse). Partisans d'élevages longs en foudre, David et Véronique Dupasquier commercialisent les vins après quelques mois ou années de vieillissement en bouteille. Les vins les plus simples ne manquent ni de personnalité ni de saveur, même s'ils relèvent d'un style que certains jugeront daté. La roussette de Marestel est le grand vin du domaine, capable de se bonifier pendant trente ou quarante ans de garde dans les bons millésimes, développant une étonnante diversité de saveurs sans perdre sa fraîcheur.

Les vins : bien doté, patiné tout en restant friand, Le Joli Canon du Père Noël illustre parfaitement les qualités du gamay savoyard, typologie désormais loin des feux de la rampe ! Autre interprétation d'un cépage bourguignon, le chardonnay surprend très agréablement par sa tenue et sa saveur originale généreusement ponctuée de fruits confits. La roussette, dorée, d'une intensité et d'une maturité supérieures, profondément parfumée, situe une nouvelle fois le domaine parmi les grands spécialistes de ce passionnant cépage.

▭ Vin de Savoie Chardonnay 2016 — 9,20 € — 90

▬ IGP Vin des Allobroges Le Joli Canon du Père Noël 2016 — 8,80 € — 89

Le coup de ♥

▭ Roussette de Savoie 2016 — 9,60 € — 92

Rouge : 6,3 hectares. Pinot noir 35 %, Mondeuse noire 35 %, Gamay noir à jus blanc 30 %
Blanc : 8,7 hectares. Altesse 59 %, Jacquère 27 %, Chardonnay 14 %
Production moyenne : 80 000 bt/an

DOMAINE DUPASQUIER
25, impasse du Vieux-Pressoir, Aimavigne,
73170 Jongieux
04 79 44 02 23 •
www.domainedupasquier.over-blog.com •
Visites : sans rendez-vous.
Propriétaire : David et Véronique Dupasquier

DOMAINE NICOLAS GONIN

Représentant de la vitalité de la viticulture iséroise, Nicolas Gonin s'est installé en 2005 à Saint-Chef, non loin de Bourgoin-Jallieu, reprenant les vignes de son oncle. Courageusement, il a d'emblée entrepris d'arracher le vignoble existant pour replanter des cépages patrimoniaux de deuxième époque, éliminant ceux de première époque comme le pinot ou le gamay. Le jeune œnologue au parcours éclectique, féru d'ampélographie, a ainsi anticipé non seulement l'évolution du climat, mais aussi celle des modes de consommation ! Mondeuse, persan, mècle, altesse, viognier, verdesse et jacquère sont d'ores et déjà mis à contribution sur les coteaux du Bas Dauphiné ; servanin, salagnin et bia blanc devraient les rejoindre... Nous parions sur l'avenir de cette production idéaliste (certifiée bio depuis 2012), intelligente, méticuleuse, qui va s'affiner avec l'âge des vignes et la confiance grandissante du vigneron.

Les vins : belle découverte que ce brut nature 2018, issu de l'altesse, digeste et doté d'un caractère légèrement salé très original. On retrouve cette salinité dans l'altesse tranquille, alors que la verdesse exprime tout le potentiel d'ampleur et de vigueur du cépage, avec un excellent support acide. Le persan, juché sur la dynamique de son acidité, montre un profil dru et savoureux, à l'image d'une belle barbera piémontaise, alors que la mondeuse, agreste et vive, demeure plus discrète.

- IGP Isère Balmes Dauphinoises Altesse 2019 — 14 € — 89
- IGP Isère Balmes Dauphinoises Verdesse 2019 — 17 € — 90
- Vin Mousseux Méthode Traditionnelle Brut Nature Altesse 2018 — 14 € — 88
- IGP Isère Balmes Dauphinoises Mondeuse 2019 — 14 € — 88

Le coup de ♥

- IGP Isère Balmes Dauphinoises Persan 2019 — 16 € — 90

Rouge : 2,2 hectares. Persan 41 %, Mondeuse noire 39 %, Mècle 20 %
Blanc : 2,8 hectares. Altesse 54 %, Verdesse 20 %, Viognier 19 %, Jacquère 7 %
Production moyenne : 25 000 bt/an

DOMAINE NICOLAS GONIN ♣

945, route des Vignes, 38890 Saint-Chef
04 74 18 74 81 • www.vins-nicolas-gonin.com
• Vente et visites : au domaine sur rendez-vous.
Propriétaire : Nicolas Gonin

NOUVEAU DOMAINE

CHÂTEAU DE LUCEY

Créé en 1993, le vignoble du château, qui domine le Rhône, est très majoritairement voué au cépage emblématique de ce secteur de l'Avant-Pays savoyard, l'altesse. Le travail de Christophe Martin, arrivé en 2010 au château de Lucey, s'est rapidement porté sur l'agronomie ; la viticulture est certifiée biologique depuis 2016. On constate en parallèle une progression de la qualité des vins, qui méritent toute l'attention des amateurs d'authenticité et d'élégance.

Les vins : en 2018, la mondeuse offre beaucoup d'intensité, en couleur comme en goût. Un relief typé, sapide, dense et dru, mais non sans distinction ; une mondeuse de l'Avant-Pays Savoyard qui rivalise avec celles des crus de la Combe de Savoie, voilà qui est plutôt rare ! C'est cependant l'altesse qui constitue la grande spécialité de la propriété. En 2017 comme en 2016 la cuvée Originel illustre à merveille le caractère à la fois désaltérant et gourmand du cépage. Sensuelle et veloutée, la cuvée Pimpenan, vinifiée et élevée sous bois, perd toutefois un peu le caractère pimpant du fruit. Chapitre 16, vinifiée et élevée en cuve béton ovoïde, synthétise brillamment la richesse, le gras de Pimpenan, avec le tranchant d'Originel.

- Roussette de Savoie Chapitre 16 2016 — 18 € — 92
- Roussette de Savoie L'Originel 2017 — 10 € — 90
- Roussette de Savoie Pimpenan 2016 — 14 € — 90
- Vin de Savoie Mondeuse Sous le Sarrasin 2018 — 18 € — 92

Le coup de ♥

- Roussette de Savoie L'Originel 2016 — 10 € — 91

Rouge : 1,5 hectare. Mondeuse noire 53 %, Pinot noir 47 %
Blanc : 5,5 hectares. Altesse 100 %
Production moyenne : 23 000 bt/an

CHÂTEAU DE LUCEY ♣

292, route des Moulins, 73170 Lucey
06 69 99 82 87 • www.chateaudelucey.com
• Vente et visites : au domaine sur rendez-vous.
De 9h à 12h et de 14 à 19h.
Propriétaire : Nicole Defforey
Directeur : Christophe Martin

DOMAINE JEAN MASSON ET FILS

Jean-Claude Masson est incontestablement le chantre de la jacquère. Fort d'une tradition familiale bien ancrée au Reposoir, merveilleuse banquette faisant face au massif des Bauges, au cœur du vignoble d'Apremont, il récolte mûr et isole les cuvées selon les terroirs et selon son humeur. En résultent des vins d'une ampleur et d'une richesse inhabituelles, vinifiés et élevés en cuve inox, capables d'évoluer en se complexifiant pendant plus d'une décennie, tout en conservant le caractère incisif et fluide de la jacquère. Une vision originale, attachante, indispensable, que nous sommes fiers d'intégrer à notre panorama des meilleures cuvées de Savoie.

Les vins : le millésime 2018 confère un profil plus rebondi aux jacquères de Jean-Claude Masson, avec une richesse de matière et un niveau d'alcool (13,5° pour la cuvée Lisa) rarement atteint par le cépage. Ces vins manifestent cependant de la droiture et une parfaite pureté aromatique, on pourra suivre leur évolution pendant de longues années. Dans cette optique de garde, nos préférées sont Le Cœur, à la fois miellé et chlorophyllien, suggérant la feuille de ronce, et La

Centenaire, fin, intense, minéral et rémanent. La roussette présente également un profil très riche, épicé, tout en conservant une appréciable tension.

- Roussette de Savoie Cuvée Exceptionnelle 2018 — 15 € — 90
- Vin de Savoie Apremont Cuvée Lisa 2018 — 11 € — 88
- Vin de Savoie Apremont La Déchirée 2018 — 14 € — 90
- Vin de Savoie Apremont Le Cœur 2018 — 22 € — 92

Le coup de ♥

- Vin de Savoie Apremont La Centenaire 2018 — 19 € — 92

Blanc : 10 hectares. Jacquère 100 %
Production moyenne : 60 000 bt/an

DOMAINE JEAN MASSON ET FILS
Le Villard, 73190 Apremont
06 12 58 32 26 • www.domainemasson.com • Vente et visites : au domaine sur rendez-vous.
Propriétaire : Jean-Claude Masson
Œnologue : Olivier Turlais

DOMAINE ANDRÉ ET MICHEL QUENARD

Les Quenard n'ont pas choisi la facilité : ils cultivent, en terrasses plantées à une densité élevée de 9 000 pieds à l'hectare, les fortes pentes du coteau de Torméry, qui constituent le cœur de leur vignoble. Exposées plein sud à 300 mètres d'altitude, les vignes reçoivent un maximum de soleil. Avec Guillaume Quenard, la nouvelle génération est à l'œuvre au domaine depuis 2009. Si nous pensons que la plupart des vins de la gamme, vaste, probe, pourraient aller encore plus loin en termes de limpidité et d'éclat, certaines cuvées au caractère bien trempé (persan, Grand Rebossan en Bergeron) se sont d'ores et déjà affirmées comme des modèles pour toute la région.

Les vins : les rouges progressent, manifestant davantage de gourmandise que naguère. C'est le cas en 2019 du gamay, vif et expressif, comme du jovial pinot noir. Les mondeuses 2018, encore réservées, offrent néanmoins de belles expressions, profondes et structurées. Le persan, de grand caractère, enveloppant et piquant à la fois, est arrondi par la richesse du millésime 2018. Les bergerons, spécialité du domaine, offrent un panorama intense et maîtrisé, Le Grand Rebossan demeurant au sommet en termes d'expressivité et de plénitude, une cuvée dont il faudra suivre l'évolution sur au moins une décennie.

- Vin de Savoie Chignin-Bergeron Les Roches Blanches 2019 — 9,90 € — 90
- Vin de Savoie Chignin-Bergeron Les Terrasses 2018 — 12,90 € — 88
- Vin de Savoie Arbin Mondeuse Terres Brunes 2018 — 11,50 € — 90
- Vin de Savoie Chignin Gamay 2019 — 6,90 € — 88
- Vin de Savoie Chignin Persan 2018 — 18 € — 92

Le coup de ♥

- Vin de Savoie Chignin-Bergeron Le Grand Rebossan 2018 — 15 € — 92

Rouge : 8 hectares. Mondeuse noire 50 %, Persan 25 %, Pinot noir 25 %
Blanc : 19 hectares. Jacquère 67 %, Roussanne 33 %
Production moyenne : 200 000 bt/an

DOMAINE ANDRÉ ET MICHEL QUENARD
1327, route du Coteau de Torméry, Torméry, 73800 Chignin
04 79 28 12 75 • www.am-quenard.fr • Vente et visites : au domaine sur rendez-vous.
Propriétaire : Michel Quenard

DOMAINE SAINT-GERMAIN

Créé en 1999, le domaine est situé dans le parc naturel régional du massif des Bauges, sur un terroir en coteaux exposés au sud, appartenant au village de Saint-Pierre-d'Albigny. Après quelques années d'absence, nous sommes heureux de réintégrer le domaine de la famille Saint-Germain dans notre sélection. L'interprétation engagée des grands classiques savoyards voisine avec une curiosité dynamique du patrimoine alpin dans le temps (les cépages anciens réhabilités) et dans l'espace (cuvées Par-delà les Versants qui intègrent des cépages valaisans comme la petite arvine ou le gamaret). Voici une adresse à suivre, une de celles où s'écrit le futur retrouvé du vignoble savoyard.

Les vins : la gamme apparaît de plus en plus homogène dans la qualité, alors même que les cuvées développent chacune une personnalité très affirmée. Le domaine Saint-Germain est en train de devenir indispensable à qui veut découvrir l'originalité et le dynamisme des vins de Savoie. En blanc comme en rouge les cuvées de soif (et d'assemblage) Crac Boum' Bu 2019 se montrent franches et typées. Dans le même esprit, mais avec un caractère plus affirmé, Par-delà les Versants explore dans les deux couleurs le potentiel d'assemblages inédits. Des rouges se détache la magnifique mondeuse Le Pied de la Barme 2018, aussi agile que parfumée. En blanc nous découvrons avec beaucoup d'intérêt la cuvée de mondeuse blanche, originale dans son expression d'herbes et de racines, structurée et possédant en outre une acidité merveilleusement tranchante. Également très parfumés, le bergeron 2018 et l'altesse 2019 offrent des versions éminemment savoureuses et dynamiques de leurs cépages respectifs.

- Roussette de Savoie 2019 — 14,50 € — 91
- Vin de Savoie Chignin-Bergeron 2018 — 21,50 € — 93
- Vin de Savoie Crac Boum Bu 2019 — 13,50 € — 88
- IGP Vin des Allobroges Par-delà les Versants 2018 — 21,50 € — 90
- Vin de Savoie Mondeuse Le Pied de la Barme 2018 — 15,50 € — 92
- Vin de Savoie Persan 2019 — 16,50 € — 90

Le coup de ♥

- Vin de Savoie Mondeuse Blanche 2019 — 16,50 € — 93

Rouge : 8,19 hectares. Mondeuse noire 42 %, Gamay noir à jus blanc 26 %, Pinot noir 17 %, Persan 15 %
Blanc : 5,24 hectares. Altesse 46 %, Jacquère 18 %, Chardonnay 17 %, Roussanne 7 %, Divers blanc 6 %, Arvine 3 %, Mondeuse blanche 3 %
Production moyenne : 70 000 bt/an

DOMAINE SAINT-GERMAIN ♣
65, route de Miolans,
73250 Saint-Pierre-d'Albigny
04 79 28 61 68 •
www.domainesaintgermain.com • Vente et visites : au domaine sur rendez-vous.
Propriétaire : Raphaël Saint-Germain

DOMAINE FABIEN TROSSET

Fabien Trosset et sa compagne Chloé ont repris en 2011 le domaine de Jean-Louis Trosset, cousin germain de Louis et Joseph Trosset. En 2013, ils ont agrandi l'exploitation avec une partie des vignes du domaine Joseph Trosset. La plus grande partie du vignoble est plantée sur le terroir d'Arbin, mettant à l'honneur la mondeuse, avec en particulier la très complète cuvée Avalanche. Ce jeune domaine progresse chaque année ; encore un peu formatés, les vins gagnent en franchise et en pureté d'expression.

Les vins : ils sont généreux et expressifs, tout en restant sages. Les blancs 2019 confirment l'impression positive laissée par les 2018, avec un avantage au bergeron, gras, très fleur d'oranger. Parmi les mondeuses, notre préférence va aux cuvées Éboulis et Avalanche, accessibles et gourmandes, avec un surcroît de tension et de relief pour Avalanche. Hors-Piste 2018 s'est refermé et présente un profil plus austère, légèrement animal. Manifestement plus élevée, la cuvée 1952 du millésime 2017 offre une expression originale, avec des notes de noyau, de réglisse, de tabac, qui gagne en complexité et en élégance ce qu'elle perd en spontanéité fruitée.

- Vin de Savoie Chignin-Bergeron Les Cerisiers 2019 — 12 € — 90
- Vin de Savoie Arbin Mondeuse 1952 2017 — 17 € — 90
- Vin de Savoie Arbin Mondeuse Hors Piste 2018 — 14,50 € — 88
- Vin de Savoie Arbin Mondeuse Les Éboulis 2018 — 11,50 € — 88

Le coup de ♥

- Vin de Savoie Arbin Mondeuse Avalanche 2018 — 13 € — 90

Rouge : 14 hectares. Mondeuse noire 100 %
Blanc : 5 hectares. Roussanne 60 %, Altesse 40 %
Production moyenne : 100 000 bt/an

DOMAINE FABIEN TROSSET
Avenue Gambetta, ZA d'Arbin, 73800 Arbin
04 79 79 98 50 • www.domainetrosset.com
• Visites : sans rendez-vous.
Du lundi au vendredi de 8h à 12h et de 14h à 17h. Samedi sur rendez-vous.
Propriétaire : Fabien Trosset
Œnologue : Olivier Turlais

Le Sud-Ouest et ses vins

Par Karine Valentin,
en charge des vins du Sud-Ouest au sein
du comité de dégustation de La Revue du vin de France

Superficie
53 000 hectares

Cépages principaux
Vins rouges :
cabernet-sauvignon, cabernet franc, duras, fer servadou, gamay, malbec, merlot, négrette, syrah, tannat

Vins blancs :
courbu, gros et petit manseng, loin de l'œil, mauzac, sauvignon, sémillon

Volume produit en 2019
2 500 000 hectolitres

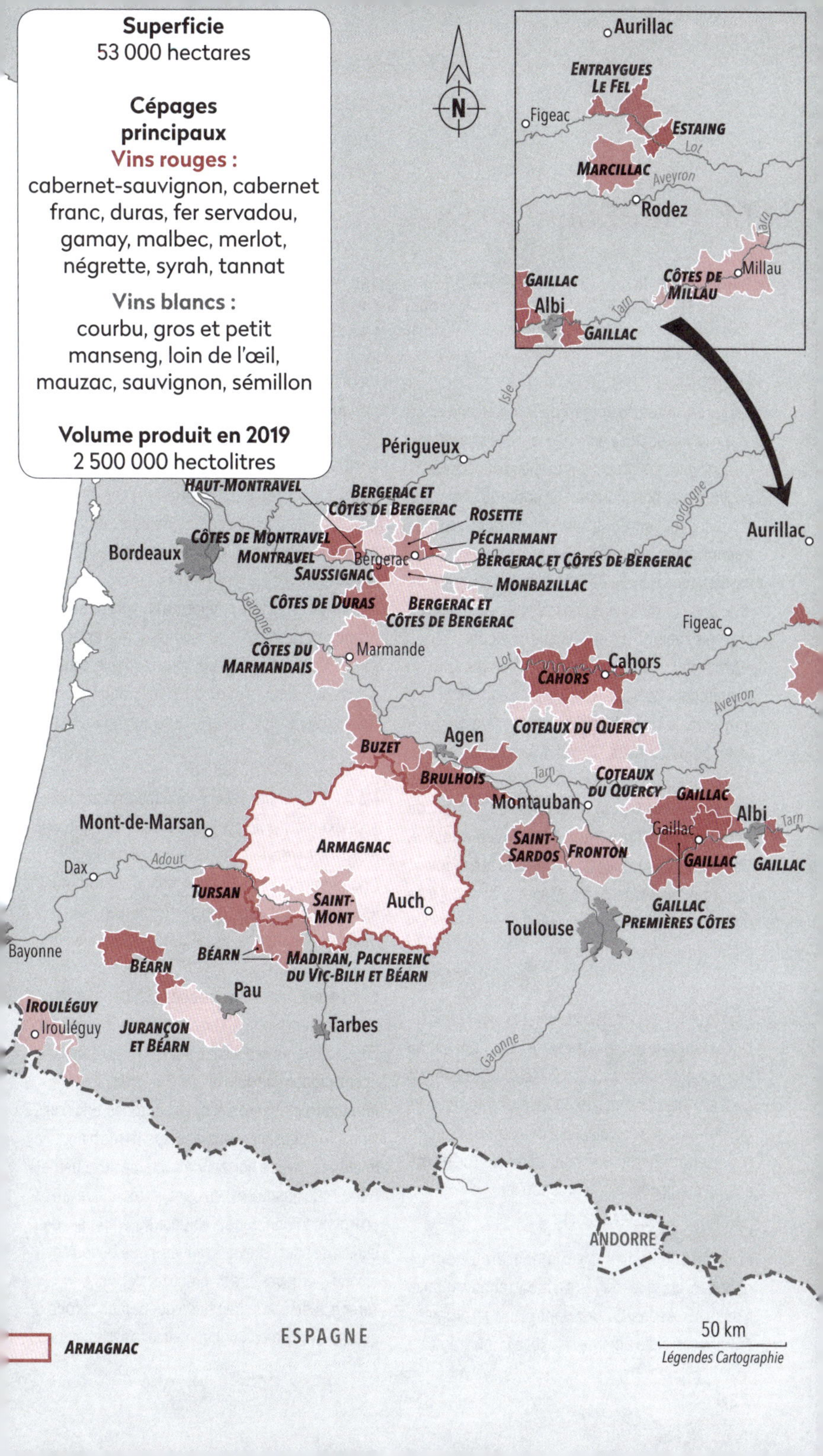

LES APPELLATIONS

Réparties sur le plus vaste territoire de France, allant de Bergerac au nord, à Irouléguy au sud et à Marcillac, à l'est, en Aveyron, les appellations du Sud-Ouest sont les représentantes d'identités très fortes, marquées par des cépages autochtones.

LE BERGERACOIS

Bergerac, Côtes de Bergerac : Bergerac constitue l'appellation de base en rouge, en rosé et en blanc. Ce sont majoritairement des vins simples, équilibrés, souvent très bon marché. Les côtes-de-bergerac proposent davantage d'ambition et d'intensité.

Pécharmant : petite appellation de rouges située au-dessus de la ville de Bergerac, sur la rive droite de la Dordogne. Les vins possèdent une expression originale, mais ce terroir manque de leader.

Montravel : appellation de vins blancs du Bergeracois. Quelques producteurs ambitieux font fermenter le vin en barrique à la manière des nouveaux bordeaux blancs. L'élaboration des rouges est également envisageable.

Côtes de Montravel, Monbazillac, Côtes de Bergerac moelleux, Haut-Montravel, Rosette, Saussignac : appellations de vins moelleux et liquoreux du Bergeracois. Même si la qualité se révèle beaucoup trop hétérogène, on trouve ici des perles à des prix encore sages.

LA VALLÉE DE LA GARONNE

Côtes de Duras, Brulhois, Buzet, Côtes du Marmandais : voisins du Bordelais, l'encépagement y est similaire. Ce sont des vins d'un très bon rapport qualité-prix, mis en valeur par des caves coopératives performantes. Quelques domaines de pointe ont ouvert de nouvelles perspectives.

LE HAUT-PAYS

Fronton : misant sur l'originalité du cépage négrette, les vins rouges s'y montrent parfumés, francs et très fruités. Une appellation en progrès.

Cahors : stimulé par une nouvelle génération, ce vignoble rouge réaffirme son identité autour du cépage malbec. La qualité s'améliore, avec des vins à la fois plus profonds et plus proches du fruit.

Gaillac : une élite vigneronne montre tout le potentiel de cette appellation présentant tous les types de vins autorisés en blanc, et surtout en rouge, ce qui ne facilite pas la perception d'une typicité de cru pour le consommateur.

Marcillac : petite appellation aveyronnaise en pleine renaissance. Les rouges, agrestes et parfumés, sont élaborés à partir du mansois, alias fer servadou ou braucol. On trouve aussi deux appellations en devenir : Estaing (ou Entraygues) et Le Fel.

LE PIÉMONT PYRÉNÉEN

Madiran : vins rouges colorés, charpentés, tanniques et capiteux. Une nouvelle génération de vignerons leur a fait perdre leur rusticité traditionnelle.

Pacherenc du Vic-Bilh : vins blancs secs et moelleux. Sans posséder la profondeur ni la race des meilleurs jurançons, ils bénéficient des qualités des mêmes cépages.

Saint-Mont : vins rouges, rosés et blancs simples, francs et bon marché, surtout représentés par une coopérative remarquable. De plus en plus d'ambition et une production qui s'affine.

Jurançon : blancs secs et moelleux racés, originaux, vifs et frais. Les moelleux vieillissent très bien.

Irouléguy : lieu de naissance supposé du cabernet franc, l'AOC basque est aujourd'hui reconnue grâce au travail de vignerons ambitieux qui élaborent des blancs de haut vol et des rouges massifs. Irouléguy affiche une envergure de grand terroir.

Tursan : cette AOC se révèle doucement grâce à quelques vignerons. Son cépage blanc est le baroque.

LES CÉPAGES

LES CÉPAGES ROUGES

La proximité de Bordeaux influence l'emploi des cépages comme le **merlot**, le **cabernet-sauvignon** et le **cabernet franc**, dans les vignobles de Bergerac, Duras, Marmande ou Buzet. Au-delà, les autres appellations favorisent la résurgence de cépages autochtones.

Cahors est le berceau du **malbec**, appelé aussi côt. Il produit un vin dense et anguleux, appelé autrefois le "vin noir". Plus au sud, à Madiran, c'est le **tannat** qui signe le style des vins rouges de l'appellation. Des crus charpentés qui peuvent s'avérer rustiques s'ils ne sont pas vinifiés avec précision.

À Fronton, la **négrette** est le cépage majoritaire, à l'origine d'un vin fruité et aromatique, alors qu'à Marcillac le **fer servadou**, que l'on retrouve aussi en cépage secondaire dans d'autres appellations, entre à 90 % dans l'assemblage des vins de l'appellation. Dans ces AOC du Haut-Pays, le **gamay** et la **syrah** sont également bien implantés. On retrouve aussi de manière plus anecdotique des cépages comme le **pinot noir**, le **jurançon noir**, le **mouyssaguès** (Entraygues et Le Fel), le **braucol**, le **prunelard** et le **duras**.

Enfin, il est un cépage planté dans tout le Sud-Ouest, mais aussi en Bordelais, qui viendrait du Pays basque (de l'appellation Irouléguy) et a trouvé ses lettres de noblesse sur les rives de la Garonne et de la Loire : le **cabernet franc**.

LES CÉPAGES BLANCS

On retrouve la même influence bordelaise dans l'implantation des cépages blancs. Le **sauvignon** et le **sémillon** sont plutôt présents dans le Bergeracois, à Duras et à Marmande, pour l'élaboration de vins blancs secs, mais surtout de beaux liquoreux (Monbazillac). Puis ces deux cépages cèdent le pas en direction de Toulouse et de Pau à des spécimens plus originaux.

Le cépage le plus intéressant de tous, pour l'élaboration de vins liquoreux, n'est autre que le **petit manseng**, accompagné de son frère, le **gros manseng**. Ils sont les artisans de la réussite des liquoreux de Pacherenc et de Jurançon. En compagnie de ces derniers, on retrouve généralement le **courbu**, dans des proportions moindres.

Dans le Gers, au pays des blancs secs, sont aussi plantés le **chardonnay**, le **colombard**, la **muscadelle**, la **folle blanche** et le **mauzac**. Ce dernier est lui aussi employé dans le Gaillacois à hauteur de 50 % minimum. N'oublions pas un cépage ligérien qui s'acclimate parfaitement en cette terre de cocagne : c'est le **chenin**, présent dans de nombreuses appellations.

Enfin, Gaillac emploie un cépage planté uniquement sur ses terroirs et qui porte le doux nom de **loin de l'œil**. Un nom donné par les anciens : le raisin possède un pédoncule très long qui le retient loin de la tige de la grappe et, donc, loin de l'œil.

PAPILLES EN GOGUETTE DU PAYS BASQUE À LA DORDOGNE

CHAMBRES D'HÔTES

DOMAINE LATAPY

Irène Guilhendou, vigneronne à Gan, productrice de vins et de tisanes bio, a ouvert deux charmants gîtes sur son domaine, qui jouissent d'une vue imprenable sur les Pyrénées. Pouvant accueillir deux à six personnes, ils sont disponibles à partir de 310 € par semaine. Un bon point de départ pour sillonner la région.

Chemin Berdoulou, 64290 Gan
Tél. : 06 23 22 07 29
www.domaine-latapy.com

MAS AZÉMAR

La demeure ancienne abrite plusieurs chambres décorées avec soin dans le respect de l'histoire des lieux, une piscine chauffée et une table d'hôtes. Chambres à partir de 127 € (petits-déjeuners inclus) et menu dîner à partir de 39 €.

Rue du Mas-de-Vinssou,
46090 Mercues
Tél. : 05 65 30 96 85
www.masazemar.com

BARS À VINS

WINE BAR

350 étiquettes françaises au générique de ce bar à vins de Pau qui prend place dans une boutique très branchée (barbier, coiffeur, tatoueur et coworking). Tous les soirs, 20 vins au verre, des planches de fromage et de charcuterie.

2 bis, rue Jean-Réveil,
64000 Pau
Tél. : 07 67 92 52 99

BAR DU MARCHÉ

Son adresse ne s'invente pas. Ce bar est une cave à vins et à manger ouverte du jeudi au samedi. Les vins présents sur la carte sont issus d'une agriculture raisonnée, avec une large place à la biodynamie. Le soir, tapas, soirées spéciales, concerts…

2, boulevard du général-Ballon,
32800 Eauze
Tél. : 06 75 24 57 65
www.bar-du-marche.fr

CHÉRI BIBI

Bouteilles saines des vignerons du coin et conserves de produits locaux habillent les étagères du lieu, à la déco rétro. Côté table, l'assiette est ancrée dans son époque, avec des assiettes ensoleillées à base d'excellents produits. Fanny et François Lemarié proposent des planches pour l'apéro et un menu entrée-plat-dessert à 19 € le midi.

50, rue d'Espagne,
64200 Biarritz
Tél. : 05 59 41 24 75

RESTAURANTS

LA TOUR DES VENTS

Du côté de Monbazillac, voici une institution haut perchée, tant par sa position géographique dominante que par sa cuisine sensible dûment étoilée, récitée par l'excellent Damien Fagette. Pour l'accompagner, une carte des vins profonde, et pas seulement sur les appellations locales. Menus à 41 € (le midi du mercredi au vendredi), 51 et 72 €. La maison propose également des cours d'œnologie de septembre à juin.

24240 Monbazillac
Tél : 05 53 58 30 10
www.tourdesvents.com

AUBERGE DE LAYOTTE

Dans cette ferme-auberge, perdue au milieu de la forêt, Régis Gagnadre donne le ton depuis plus de vingt ans. Le menu gargantuesque (la bouteille de 2 litres de vin sur la table dit tout des portions) met la Dordogne à l'honneur via un apéritif, une soupe, trois hors-d'œuvres, deux viandes, légume, fromage, dessert. Bon appétit ! Ouvert sur réservation.

24620 Tursac
Tél. : 05 53 06 95 91
www.aubergelayotte.com

LA TABLE DE SÉBASTIEN GRAVÉ

Le long des rives de la Nive, sur les quais de la ville de Bayonne, les convives se régalent à cette table d'hôtes. Dans les assiettes, du pur Pays basque concocté par un chef du cru, Sébastien Gravé — qui a ouvert juste à côté Séquence(s), avec un menu unique en huit étapes et des fourneaux ouverts derrière le bar. Carte des vins sympathique. Bonne affaire à ne pas louper, le menu midi en semaine, entre 21 et 26 €.

21, quai Amiral-Dubourdieu,
64100 Bayonne
01 45 51 88 38
www.latable-sebastiengrave.fr

NOTRE COUP DE ♥

LA MAISON DES VINS DE JURANÇON

Dans le petit village de Lacommande, au cœur de l'appellation Jurançon et sur la route des vins, cet espace de dégustation-vente affiche 130 références de jurançons secs et moelleux. Portes ouvertes le deuxième dimanche de décembre.

64360 Lacommande
Tél. : 05 59 82 70 30
www.vins-jurancon.fr

★★★

CAMIN LARREDYA

Sois celui qu'il faut : c'est ainsi qu'on éduque dans le Béarn, et c'est ce que Jean-Marc Grussaute s'est attaché à faire, lorsqu'à la mort de son père il reprend la ferme et son vignoble embryonnaire, qu'il a depuis mené au sommet. Pendant dix ans, il a construit le socle de son apprentissage, abandonné le rugby, sa passion première, et s'en est forgé une autre pour la vigne, s'essayant à toutes les techniques jusqu'à passer en bio, changeant de camp, de réseau et d'interlocuteurs. Aujourd'hui en biodynamie, il plante des massales, affine ses maturités, ses assemblages et ses élevages. Dans cette même logique il se passionne pour les grands terroirs qu'il repère sur les cartes géographiques : Clos Joliette d'abord, exploité un temps avec la bande de A Bisto de Nas ; puis Côte Blanche, sa révélation. Pour elle, il dompte la pente, sécurise la côte, plante et, en six ans à peine, apporte la preuve de l'exceptionnelle qualité de ce terroir.

Les vins : les deux dernières années prouvent qu'il est toujours possible de faire encore mieux que l'excellence. Jean-Marc Grussaute a la chance d'avoir des pH qui restent bas malgré les températures en hausse, grâce à une viticulture irréprochable. Marquant les vins à la culotte, ces amers si particuliers, francs, digestes, sapides sont la signature Grussaute, surtout à partir de 2018. La Part Davant cingle et laisse longtemps le souvenir d'une énergie remarquable et d'une profondeur rare. L'intensité aromatique est à son maximum dans La Virada, le croquant est délicieux et malgré sa puissance, le vin passe comme du velours sur les amers qui sont le grain de beauté de toute la gamme. La liqueur subtile de Costat Darrer 2018, à la pointe juteuse et au croquant délicieux, est dominée malgré les sucres par le minéral, révélation des calcaires. C'est la marmelade d'orange qui donne le top départ de Capcéu : du sucre que l'on sent à peine tant le vin est gainé. L'Iranja pose de la profondeur dans la délicatesse d'une bouche salée gansée d'un zeste de mandarine, offrant une vision incroyable du vin macéré, tout en tension lumineuse dans le déroulé d'une matière condensée. Enfin, Costa Blanca, exceptionnel : ce grand terroir résonne dans un milieu de bouche à la précision millimétrée, la dynamique du grain sur un corps en lévitation est admirable.

Jurançon Costat Darrèr 2018	14 €	94
Jurançon Sec Costa Blanca 2018	Épuisé - 60 €	97
Jurançon Sec La Part Davant 2018	16,50 €	94
Jurançon Sec La Virada 2018	25 €	95
VDF L'Iranja 2018	42 €	94

Le coup de ♥

Jurançon Au Capcèu 2018	30 €	96

Blanc : 11,5 hectares. Petit Manseng 70 %, Gros Manseng 20 %, Courbu 5 %, Camaralet 3 %, Lauzet 2 %
Achat de raisins.
Production moyenne : 45 000 bt/an

CAMIN LARREDYA
1901, chemin Larredya, La Chapelle-de-Rousse, 64110 Jurançon
05 59 21 74 42 • www.caminlarredya.fr • Vente et visites : au domaine sur rendez-vous.
Propriétaire : Jean-Marc Grussaute

★★

DOMAINE DOMINIQUE ANDIRAN

L'originalité et la démarche novatrice de Dominique Andiran sont un bonheur pour l'amateur. Les cuvées de cette propriété se démarquent clairement de tout ce que l'on peut trouver en Côtes de Gascogne, tant dans les pratiques culturales que dans la taille réduite du domaine. Cet ancien moniteur de ski s'affranchit de tout et ne s'interdit rien. Il utilise ainsi au mieux les cépages autochtones de son vignoble de Montréal-sur-Gers, conduit en agriculture biologique. C'est également dans les approches d'élevage que la créativité de cet autodidacte s'exprime : exposition à la lumière, sous voile... Ses vins proposent une expression originale, parfois déroutante, mais toujours aboutie. On notera une réelle affection pour les vins de type oxydatif, qu'il maîtrise parfaitement. Sa gamme séduit les amateurs comme les novices par sa pureté et sa profondeur.

Les vins : c'est au tournant des oxydatifs que l'on attend ce vigneron de Gascogne hors norme et sans pareil. Alors que les rendements affichent parfois 120 hl/ha, le gars de Montréal-du-Gers n'en produit guère plus de 30, et encore. Du coup, et comme à l'ordinaire, les vins de Dominique Andiran n'ont rien de consensuel, cet acharné de la vigne met toute son énergie dehors et quasiment rien dedans (il faudra cependant faire attention au point de non-retour). En rouge aussi il sait faire : son merlot Magnus est, en 2019, radieux, avec une pointe acérée qui laisse longtemps en bouche le souvenir de la terre à travers l'éclat granuleux d'un tanin tout fin, presque sablé. Son colombard Vain de Rû, désaltérant avec ses savoureuses notes salées, s'incline face à la texture inouïe du sauvignon rose qui dans Chut ! 2018 croque sur des amers zestés. Le Ruminant des Vignes, gros manseng à l'Andalouse témoigne d'une oxydation éclatante après ses cinq années non ouillées, et s'avère croquant, sapide, digeste et savoureux. Essai réussi pour le vin orange 2014, plein de l'énergie du petit manseng moelleux élevé en cuve : il finit sur le citron confit à l'orientale, le pain d'épices et le miel. Enfin on se lève pour une beauté voilée pendant dix ans, l'incroyable Pissenlit 2009, profondément original.

VDF Chut ! 2018	18 €	90
VDF Montis Régalis 2017	14 €	95
VDF Pissenlit 2009	50 €	96
VDF Ruminant des Vignes 2015	28 €	94
VDF Soyeux d'Hiver 2014	18 €	92
VDF Vain de Rû 2018	8,50 €	88
VDF Magnus 2019	12 €	90

Rouge : 3 hectares. Merlot 100 %
Blanc : 4 hectares. Gros Manseng 40 %, Sauvignon rose 20 %, Chardonnay 20 %, Colombard 20 %
Production moyenne : 30 000 bt/an

DOMAINE DOMINIQUE ANDIRAN ♣
2, place de l'Hôtel-de-Ville, 32250 Montréal-du-Gers
05 62 29 11 56 • hautcampagnau@aliceadsl.fr • Vente et visites : au domaine sur rendez-vous.
Propriétaire : Dominique Andiran

★★

DOMAINE ARRETXEA

Les Riouspeyrous du domaine Arretxea sont maintenant quatre. Il y a toujours Thérèse et Michel, mais ils passent le relais à Iban et Téo, leurs fils. La vigne et la cave sont désormais leur domaine et la transmission se passe sous les meilleurs hospices du 2019 qui, enfin, remplit dolias, demi-muids, tonneaux et cuves inox d'une cave asséchée par un 2018 peu généreux. La nouvelle génération, qui a vinifié chez les meilleurs, a du répondant. L'expressivité des rouges marque une nouvelle étape dans l'évolution du domaine, grâce à des raisins en provenance d'un nouveau socle d'ophite, terre volcanique. Hegoxuri, la cuvée phare du domaine s'illumine toujours de l'assemblage des grès et schistes du domaine alors que les parcellaires sont de vraies curiosités montagnardes.

Les vins : il faut souligner le charme ravageur du rosé de tannat au tanin aérien, il ouvre la gamme que les blancs couvrent de leur éclat. Hegoxuri croque comme la mer, plus rond dans le milieu et glisse en finale sur la fraîcheur d'altitude. Grès, aux savoureuses essences de fruits, claque en finale ; Schistes, rondement installée sur sa masse saline, se fait plus pointue en fin de bouche. La chair profonde d'Haitza, doublée d'une tension énergique, le place au centre de la cave, quand la cuvée du domaine s'embellit avec l'âge.

Irouléguy Grès 2018	28,50 €	93
Irouléguy Hegoxuri 2019	22 €	92
Irouléguy Schistes 2018	28,50 €	93
Irouléguy 2019	12 €	88
Irouléguy 2017	14,50 €	92

Le coup de ♥

Irouléguy Haitza 2017	21,50 €	93

Rouge : 7,8 hectares. Tannat 65 %, Cabernet franc 25 %, Cabernet-Sauvignon 10 %
Achat de raisins.
Blanc : 3,45 hectares. Gros Manseng 55 %, Petit Manseng 35 %, Petit Courbu 10 %
Achat de raisins.
Production moyenne : 36 000 bt/an

DOMAINE ARRETXEA ♣
72, chemin de Pikatoreko, 64220 Irouléguy
05 59 37 33 67 • arretxea@free.fr • Vente et visites : au domaine sur rendez-vous.
Propriétaire : Famille Riouspeyrous

★★

DOMAINE COSSE MAISONNEUVE

En 1999, Catherine Maisonneuve et Matthieu Cosse reprennent des vignes sur les éboulis-calcaires de Lacapelle-Cabanac. qu'ils développent au fur et à mesure jusqu'à atteindre 28 hectares aujourd'hui. La gamme, toutes cuvées confondues, se définit par un équilibre irréprochable, révélateur de fruits à la plus juste maturité. La nature, préservée par une agriculture en biodynamie depuis 18 ans, favorise une maturation lente et sereine des raisins, renforcée par la vision des vignerons, leur bon sens et la confiance qu'ils ont dans leurs terroirs. Ils ont un don pour dénicher la parcelle d'exception comme celle de la Marguerite et plus récemment de la cuvée Sidérolithe. Depuis 2017, toutes les cuvées sont produites à 100 % à partir des raisins du domaine. Le profil excessif du 2018 ne transparaît pas dans les vins, qui s'expriment en liberté, sans excès, rappelant l'extrême justesse de la viticulture. Des entrées de gamme jusqu'aux cuvées d'exception qui vieillissent avec brio, tout est parfaitement en place.

Les vins : Le Combal, pur produit des troisièmes terrasses du Lot, étalonne la gamme, gorgé de sève, avec un tanin profond, dense et épicé. Il n'est pas encore prêt. Issu des calcaires des bords de parcelle du vallon de Lacapelle-Cabanac, La Fage illustre tout autant la superbe fraîcheur du millésime, aux notes presque salines, que la grandeur d'un malbec tout à la gloire d'un tanin profondément racé. Le cabernet franc, nouveau dada du duo, s'intensifie et se décale sur l'élégance dans un Carmenet au tanin lustré et rassemblé comme un étalon de dressage au petit galop. Retour aux cahors : les sols d'argiles rouges et minerais de fer apportent au Sid la profondeur sanguine indispensable à une longue garde et à son tempérament individualiste et notable. La dynamique des Laquets repose sur sa dimension minérale et sa floralité intense. Cabernet franc de haute volée pour Sidérolithe, au jus franc et lardé, au fruit gaillard et facile entre violette et myrtille, il délivre une structure digne d'un pomerol. Fluidité, luminosité, profondeur, Marguerite réunit toutes ses qualités plus une, il vieillit à la perfection. En 2018, sa sensualité est à son paroxysme, avec une bouche presque saline, un punctum graphite et un tanin granuleux, presque sablé, frais et mentholé.

Cahors La Fage 2018	16 €	94
Cahors La Marguerite 2017	60 €	97
Cahors Le Combal 2018	13 €	93
Cahors Le Sid 2018	25 €	95
Cahors Les Laquets 2018	32 €	95
VDF Carmenet 2018	30 €	96
VDF Sidérolithe 2018	60 €	94

Le coup de ♥

Cahors La Marguerite 2018	60 €	98

Rouge : 28 hectares. Malbec (cot) 80 %, Cabernet franc 20 %
Production moyenne : 100 000 bt/an

DOMAINE COSSE MAISONNEUVE

Les Beraudies, 46700 Lacapelle-Cabanac
06 78 79 57 10 •
cossemaisonneuve@orange.fr • Vente et visites : au domaine sur rendez-vous.
Propriétaire : Matthieu Cosse et Catherine Maisonneuve

★★

CHÂTEAU DU CÈDRE

Depuis plus de quinze ans, les frères Verhaeghe, Pascal à la vinification et Jean-Marc au vignoble, font du Cèdre la référence de l'appellation. Il faut dire qu'ils bénéficient d'un terroir exceptionnel : d'une part, un cône d'éboulis calcaires particulièrement pierreux et constamment en mouvement, le fameux "tran", qui donne des vins fins et élégants ; d'autre part, un sol de galets sur sables ferrugineux, conférant davantage de puissance aux vins. Issues de vendanges idéalement mûres et sélectionnées, les cuvées, toujours très colorées, atteignent un rare niveau de qualité et de régularité grâce à des tanins raffinés et des matières veloutées. Les cuvées Extra-Libre, sans soufre, sont des modèles de réussite et de netteté.

Les vins : les tanins racés des malbecs du cône d'éboulis du Lot approfondissent les cuvées du Cèdre. La vigueur du cahors se mâtine d'une ambiance plus sereine dans le déroulé sapide du tanin. La profondeur du vin engage le dialogue autour des vinifications du domaine toujours à la recherche, et à la pointe, de nouvelles méthodes. Ainsi, la sève du malbec transcende la structure éclatante d'Extra-Libre 2019, sans soufre ajouté à la mise, la gourmande densité du vin tend la finale d'une touche de menthe délicate sur du poivre vert et du noyau. Extra-Libre 2018 vieillit bien, preuve qu'il demeure finement alerte. Celui qui gagne en noblesse de robe et d'esprit, c'est surtout GC : vinifié et élevé en bois, construit sur une arête de fruit noir, cassis, griotte et violette, et enrobé d'un tanin sculpté dans le socle du malbec.

Cahors Extra-Libre Le Cèdre 2018	34 €	92
Cahors GC 2016	de 65 à 75 € (c)	94
Cahors Le Cèdre 2016	35 €	92

Le coup de ♥

Cahors Extra-Libre 2019	15 €	93

Rouge : Malbec (cot) 95 %, Merlot 3 %, Tannat 2 %
Blanc : Viognier 100 %
Production moyenne : 110 000 bt/an

CHÂTEAU DU CÈDRE ♣
Bru, 46700 Vire-sur-Lot
05 65 36 53 87 • www.chateauducedre.com
• Visites : sans rendez-vous.
Propriétaire : Pascal et Jean-Marc Verhaeghe

★★

LES JARDINS DE BABYLONE

Ce vignoble de 3,2 hectares est installé dans un cirque en terrasses sur les coteaux du village d'Aubertin, réputé pour la vivacité particulière des vins qu'on y produit. Avec l'aide précieuse d'une équipe en place sur le domaine, Louis-Benjamin Dagueneau s'investit sans relâche pour porter au plus haut niveau la production confidentielle de ce domaine, auquel il prodigue les mêmes soins qu'à ceux de Pouilly et de Sancerre. Après des vendanges manuelles par tries successives, les fermentations s'effectuent sous bois neuf dans différents contenants chers à Didier Dagueneau, demi-muid et cigare entre autres. Peu alcoolisés, d'une grande finesse et d'une précision aromatique exceptionnelle, ces vins possèdent un esprit singulier, peut-être plus germanique que béarnais...

Les vins : alignés en règes suivant les courbes du relief comme un jardin suspendu, les camaralets et lauzets plantés par Didier Dagueneau accompagnent les petits et gros manseng et dictent l'étoffe presque tannique des secs et des doux. Cet encépagement historique, conservé et adroitement maîtrisé par Louis-Benjamin Dagueneau, confère aux secs une singularité et une tension remarquables. 2015 est certainement le plus fermé, comme s'il était engoncé dans son millésime de chaleur ; on sent la puissance sourdre derrière l'éclat, mais elle a encore du mal à affronter le monde. Le fumé croquant du 2016 est pour le moins surprenant et touchant. Le 2017, dans un style "fine lame" est une tête d'affiche grandiose qui évoluera dans le même sens que le 2009, premier millésime du domaine. En moelleux, 2015 est pulpeux en milieu de bouche, mais carré en finale. Une dynamique exquise le caractérise, complétée d'amers tendres et ronds dignes du millésime et de ce petit manseng si extraordinaire. Le 2016, aux parfums de poudre à canon et d'agrumes, termine sur des amers énergiques différents de ceux qui se reposent dans le 2017, lequel attend sa mise en vente. Les demi-secs n'en sont encore qu'au berceau de leur évolution.

VDF Demi-Sec 2016	N.C.	92
VDF Demi-Sec 2017	N.C.	92
VDF Moelleux 2015	110 €	95
VDF Sec 2015	67 €	92
VDF Sec 2017	N.C.	92

Le coup de ♥

VDF Demi-Sec 2013	N.C.	94

Blanc : 3,2 hectares. Petit Manseng 65 %, Camaralet 16 %, Gros Manseng 10 %, Petit Courbu 5 %, Lauzet 4 %
Production moyenne : 6 600 bt/an

LES JARDINS DE BABYLONE
Chemin de Cassioula, 64290 Aubertin
05 59 04 28 15 • silex@wanadoo.fr • Vente et visites : au domaine sur rendez-vous.
Propriétaire : Louis-Benjamin Dagueneau et Guy Pautrat

★★

DOMAINE PLAGEOLES

La famille Plageoles a marqué de son empreinte l'histoire récente du vin à Gaillac. Robert, puis Bernard, qui a pris brillamment sa suite, ont été les pionniers de la défense des cépages locaux et des techniques de vinification ancestrales. La relève est assurée progressivement par les fils de Bernard (officiellement à la retraite depuis janvier), Florent et Romain, qui défendent corps et âme les douze variétés de leur vignoble dont le délicieux prunelart, le rarissime verdanel ou le quatuor de mauzac (vert, roux, rose et noir). Hors des modes et des sentiers battus, le domaine continue de produire avec exigence des vins, exclusivement en monocépage, dotés de fortes personnalités. Ce travail de la tête, du cœur et des mains est pleinement traduit dans une gamme de cuvées irréprochables, visant la pureté et la droiture.

Les vins : la troisième génération de Plageoles maintient le cap du mauzac Nature, original et rustique et surtout d'une précision irréprochable. Il possède un grain finot, fruit du raisin (mauzac rose et blanc) et une bulle tonique sur une amertume zestée. Le mauzac noir n'en a que le nom, sa robe est d'un léger rouge rubis et la fluidité des parfums de fraises mûres précède un ballet de tanins ultra-juteux bordant une chair fine parfumée à la cerise. Le fruit du duras 2017 scintille sur un tanin fuselé, sa vigueur et son tempérament tellement local en font notre coup de cœur du moment. La convivialité faite vin. Le braucol a du mal à trouver sa place, sincère, digeste et salivant, appétent et tendre, il reste en surface. C'est en blanc que le vert est mis sur le mauzac qui, sous l'appellation des Premières Côtes de Gaillac, rappelle l'histoire du vignoble (c'est sur ce terroir que les premiers gaillacs ont vu le jour). Pressé directement, le mauzac vert se débrouille avec ses levures indigènes jusqu'à prendre cette couleur dorée, et un nez de houblon qui s'affine ensuite sur le miel et la brioche. Plus salin, le palais évoque avec sincérité la finesse du raisin tendu de poivre blanc en finale. Itou avec l'ondenc : les Plageoles, partisans du laisser-faire, accompagnent simplement le vin parfumé de ronce et de fleurs séchées, à la pointe saline presque tourbée sur une touche florale encore complexe en bouche. Enfin, nul ne quitte le domaine de Tres Cantous sans être ébloui par la lumière du vin de voile. Le 2008 fraîchement mis en bouteille a vécu sept années sous son voile avant d'afficher cette personnalité anticonformiste. Ses amers maîtrisés n'ont pas d'équivalent, il sent l'Orient et la noix, et désaltère malgré sa radieuse puissance.

Gaillac Mousseux Mauzac Nature 2019	15,70 €	90
Gaillac Premières Côtes Mauzac Vert 2018	13,50 €	92
Gaillac Premières Côtes Vin de Voile 2008	31 €	92
IGP Côtes du Tarn Sec Ondenc 2018	13,50 €	94
Gaillac Braucol 2019	13,20 €	90
VDF Mauzac Noir 2019	11,50 €	91

Le coup de ♥

Gaillac Duras 2017	15,70 €	94

Rouge : 10 hectares. Duras 33 %, Braucol (fer servadou) 28 %, Prunelart 22 %, Syrah 17 %
Achat de raisins.
Blanc : 20 hectares. Mauzac vert 59 %, Len de l'ehl 12 %, Muscadelle 12 %, Ondenc 12 %, Divers blanc 5 %
Achat de raisins.
Production moyenne : 100 000 bt/an

DOMAINE PLAGEOLES ♣
Chemin de Durantou, Très Cantous,
81140 Cahuzac-sur-Vère
05 63 33 90 40 • www.vins-plageoles.com •
Visites : sans rendez-vous.
Propriétaire : Bernard, Myriam, Florent et Romain Plageoles

★★

CHÂTEAU TIRECUL LA GRAVIÈRE

Le botrytis est une religion pour Claudie et Bruno Bilancini, et leur domaine a placé très haut ses étiquettes liquoreuses au panthéon des vins sucrés de France. La concentration extrême d'une vendange pointue permet de servir un grain noblement pourri et concentré sur son acidité, botte secrète des grands monbazillacs. L'offre du domaine, passé en totalité en agriculture biologique, est très complémentaire, une bulle a fait son apparition en 2016 et les blancs secs se révèlent. Aucun rouge n'a été goûté cette année.

Les vins : la gamme s'ouvre avec un brut nature (sémillon, chenin et muscadelle, issus de parcelles plein nord). Après un an sur lattes, la bulle vibrante tient sur l'amande amère et sur le plaisir d'une dégustation saine et fraîche. Premier blanc sec, Ulma reste frais mais un ton en-dessous d'André, plus sophistiqué par sa vinification en barrique et beaucoup plus ambitieux dans un millésime qui le favorise. Seules les jeunes vignes qui "botrytisent" rentrent dans Les Pins, au rôti délicat sur une structure tendre. Le monbazillac 2016 possède le profil du domaine, la vivacité domine mais la finale, un peu courte, déçoit. La cuvée Madame est vendangée presque grain par grain en tries successives (2 à 6 hectares par an). Malgré une volatile élevée, le nez de tarte au citron meringuée donne au liquoreux un équilibre subtil, profond et crémeux.

IGP Périgord Andréa 2019	18 €	92
IGP Périgord Ulma 2019	9 €	89

Monbazillac Les Pins 2018	11 €	90
Monbazillac Madame SGN 2015	85 €	92
Monbazillac SGN 2016	26 €	91
Vin Mousseux Brut Nature Jo	13 €	89

Rouge : 6 hectares. Merlot 69 %, Cabernet franc 20 %, Cabernet-Sauvignon 11 %
Blanc : 9 hectares. Sémillon 50 %, Muscadelle 41 %, Chenin 6 %, Sauvignon blanc 3 %
Production moyenne : 45 000 bt/an

CHÂTEAU TIRECUL LA GRAVIÈRE ♣
Lieu-dit Tirecul, 24240 Monbazillac
05 47 77 07 60 • www.tirecul-la-graviere.fr • Vente et visites : au domaine sur rendez-vous.
Propriétaire : Claudie et Bruno Bilancini

★★

CHÂTEAU TOUR DES GENDRES

Voilà maintenant plus de vingt-cinq ans que Luc de Conti nous régale avec ses vins de Bergerac. Par touches successives, il a pris connaissance de son terroir, a maîtrisé de mieux en mieux la maturité des raisins et les élevages en barriques, toujours à la recherche des meilleurs équilibres. Le vignoble entièrement conduit en agriculture biologique produit des blancs sur la puissance au détriment de la fraîcheur, et des rouges de bonne facture conforme aux canons classiques du bergeracois. La Vigne d'Albert et le pétillant naturel défrisent avantageusement la gamme, insufflant de la frivolité dans la production classique de ce cacique de l'appellation.

Les vins : petite déception pour des blancs qui n'ont pas évolué dans le sens de la fraîcheur, les matières s'alourdissent. Anthologia 2018, sauvignon en foudre goûté l'an dernier, a conservé sa profondeur en bouche, sur un boisé amer, aux notes de miel et de vanille, perdant son énergie première. La matière charnue du Moulin des Dames 2018 donne du volume à une bouche presque moelleuse, c'est son atout. Dans Conti-ne Périgourdine la muscadelle claque sous la langue en un délié fin, juste et bien énergique. La Vigne d'Albert ouvre, avec son harmonieuse texture et sa finesse aromatique, la gamme des rouges. Un fruit racé rend La Gloire de Mon Père assez lumineux. Le bergerac classique croque sur un tanin franc et très frais, à peine pointé d'une touche de boisé fin. On gagne le pompon avec Les Anciens Francs 2017 : les notes anguleuses des calcaires sous le franc de pied installent une belle finesse de fruits rouges, un croquant lumineux et un tanin sérieux et frais sur une matière qui se tend dans sa finale.

Bergerac Sec Anthologia 2018	39 €	88
Bergerac Sec Conti-ne Périgourdine 2018	16 €	92
Bergerac Sec Moulin des Dames 2018	20 €	88
VDF Pét' Nat' 2018	10 €	87
Bergerac La Vigne d'Albert 2018	10 €	89
Bergerac Le Classique 2018	8 €	90
Côtes de Bergerac La Gloire de Mon Père 2017	14 €	91
Côtes de Bergerac Les Anciens Francs 2017	25 €	92

Rouge : 32 hectares. Merlot 43 %, Cabernet franc 36 %, Malbec (cot) 16 %, Divers noir 5 %
Blanc : 27 hectares. Sauvignon blanc 48 %, Sémillon 34 %, Chenin 15 %, Savagnin 3 %
Production moyenne : 260 000 bt/an

CHÂTEAU TOUR DES GENDRES ♣
Les Gendres, 24240 Ribagnac
05 53 57 12 43 • www.chateautourdesgendres.com • Vente et visites : au domaine sur rendez-vous.
Propriétaire : Famille de Conti

★

DOMAINE L'ANCIENNE CURE

Un presbytère au faîte de la colline donne son nom au vignoble dont les rangs dévalent les coteaux jusqu'à la route où Christian Roche a installé son caveau de vente. Le vignoble, en bio depuis 2012, compte plusieurs appellations dont 3 hectares à Pécharmant et se divise en trois gammes : Jour de fruit, L'Extase et L'Abbaye, plus un vin sans soufre : Ça sulfit ! L'extraction un peu vieillotte, tant en rouge qu'en blanc laisse un peu sur sa soif et les vins sont moins convaincants qu'auparavant. Attention, l'étoile vacille.

Les vins : compte tenu du soin très classique de son élevage, L'Extase blanc reste dominé par le gras et l'enrobage du bois, le nez, plein d'écorce d'amande, est puissant, concret et soyeux, mais une petite note d'évolution minérale remonte du sol et lui rend de la noblesse. L'Abbaye possède un éclat sapide digeste mais manque de franchise. Jour de Fruit porte bien son nom, et met en valeur la mûre et la fraise ; L'Abbaye est un jus frais oscillant entre frivolité et profondeur et L'Extase pose les bases du bergerac classique sur une structure tannique conséquente. Dans la famille des sucres, classique est le costume des monbazillacs : L'Extase et L'Abbaye sont construites sur une liqueur consistante, profonde mais un peu alourdie par un sucre qui, heureusement, se laisse dominer en finale par une pointe de vivacité.

Bergerac Sec L'Abbaye 2018	14 €	90
Bergerac Sec L'Extase 2015	24 €	90
Monbazillac L'Abbaye 2015	24 €	89
Monbazillac L'Extase 2015	39 €	89
Bergerac Jour de Fruit 2018	8,50 €	88
Bergerac L'Abbaye 2017	15 €	89
Côtes de Bergerac L'Extase 2018	24 €	90
Pécharmant L'Abbaye 2018	20 €	89

Rouge : 17 hectares. Merlot 46 %, Cabernet franc 26 %, Cabernet-Sauvignon 19 %, Malbec (cot) 9 %
Blanc : 33 hectares. Sémillon 58 %, Sauvignon blanc 19 %, Muscadelle 8 %, Chenin 6 %, Sauvignon gris 5 %, Ondenc 4 %
Production moyenne : 180 000 bt/an

DOMAINE L'ANCIENNE CURE ♣
24560 Colombier
05 53 58 27 90 •
www.domaine-anciennecure.fr •
Visites : sans rendez-vous.
Propriétaire : Christian Roche
Maître de chai : Clément Torralba
Œnologue : Stéphane Seurin

★

DOMAINE BELMONT

Si le Lot est en passe d'être reconnu pour la grande qualité de ses blancs, ce domaine y est pour beaucoup. Dès 1993, année de la fondation, Christan Belmon a planté du chardonnay. Depuis son décès, c'est à Françoise Belmon, sa veuve, que revient la mission de pérenniser l'excellence de ces terroirs à blancs, épaulée par le couple Lydia et Claude Bourguignon. Pour les rouges, c'est Stéphane Derenoncourt et son équipe qui mettent la main à la pâte. Leur charme et leur précision s'améliorent à chaque millésime.

Les vins : les blancs du domaine sont la voie royale pour découvrir la couleur à la mode dans le Lot. Montaigne est un chardonnay au profil rare dans le sud, la complexité du bouquet se dispute les touches iodées et le fruit frais, le tout enrobé d'une pointe de miel sur une nuances d'herbes du potager. Dolmen invoque une fraîcheur louable pour 2018, un grain fin à peine épicé, un boisé tendance sur une finale ciselée. On reste un peu sur sa faim... et sur sa soif avec La Syrah 2019 : est-elle appropriée ici ? Heureusement, Belmont rouge, sélection de jolies parcelles avec son croquant salin lié à sa touche calcaire, combine fruit, fraîcheur et profondeur : un trio idéal.

IGP Côtes du Lot Dolmen 2018	27 €	93
IGP Côtes du Lot Montaigne 2018	27 €	90
IGP Côtes du Lot 2018	N.C.	92
IGP Côtes du Lot La Syrah 2019	N.C.	89

Rouge : 4,6 hectares. Cabernet franc 50 %, Syrah 50 %
Blanc : 1,4 hectare. Chardonnay 100 %
Production moyenne : 25 000 bt/an

DOMAINE BELMONT
Le Gagnoulat, 46250 Goujounac
05 65 36 68 51 •
www.domaine-belmont.com • Vente et visites : au domaine sur rendez-vous.
Propriétaire : Françoise Belmon
Maître de chai : Tiphaine Lefort
Œnologue : Simon Blanchard

★ ↗

BORDAXURIA

Sortis de la coopérative en 2014, Elorri Reca et Brice Robelet dirigent avec passion ce petit domaine situé dans une ancienne carrière. Le vignoble, certifié bio en 2018, s'étire sur plus de 350 mètres de dénivelé, dont 80 % en terrasses. Ces jeunes vignerons effectuent de nombreux travaux manuels afin de tirer le meilleur de ces terroirs très drainants de grès rouges. Avec des vignes âgées de 30 ans en moyenne, le domaine présente des cuvées d'une belle précision. Elles possèdent cette année un souffle encore supérieur, et nous octroyons la première étoile.

Les vins : Errotik blanc s'élève sur lies dans des foudres de 400 l pendant presque une année, le temps imparti au petit manseng pour filtrer les terroirs de grès rouge de Lapitza et donner au vin son épine dorsale et sa dynamique finale tirée à la verticale. Sur les mêmes sols exposés au sud, le tannat de Kixka, élevé 20 mois dans des foudres de 400 l, impose son corps puissant et musclé de vin montagnard. La floralité du domaine rend l'approche de l'irouléguy plus séduisante, dans un duo cabernet franc et tannat. Le boisé construit, fûté et insidieux de L'Affranchi séduit, mettant en valeur le fruit séveux d'une syrah (achetée dans le nord des Côtes du Rhône, pour palier au gel), et une finale tendue d'une belle accroche épicée.

Irouléguy Errotik 2018	22 €	94
Irouléguy 2017	14 €	90
Irouléguy Kixka 2016	19 €	91
VDF L'Affranchi Syrah 2018	23 €	92

Rouge : 5,5 hectares. Tannat 70 %, Cabernet franc 25 %, Cabernet-Sauvignon 5 %
Blanc : 4,5 hectares. Gros Manseng 45 %, Petit Manseng 45 %, Petit Courbu 10 %
Production moyenne : 25 000 bt/an

BORDAXURIA ♣
Bordaxuria, 64220 Ispoure
06 86 56 66 94 • www.ferme-larraldea.com
• Vente et visites : au domaine sur rendez-vous.
Propriétaire : Elorri Reca et Brice Robelet

★

DOMAINE DE BRIN

Damien Bonnet intervient le moins possible en cave pour laisser les jus s'exprimer pleinement. Mais pour cela, encore faut-il rentrer les meilleurs raisins possible. À ce niveau, on peut faire confiance au vigneron, qui confirme son appartenance à la nouvelle génération qui fait du bien à l'appellation Gaillac. En onze ans de reprise de travail des sols, de culture bio et de vendanges manuelles, ce moteur de ladite appellation a réussi à conjuguer plaisir de dégustation et caractère du terroir. Les rouges apportent la preuve que Gaillac possède un terroir et de grands vignerons. Damien Bonnet frôle la seconde étoile : il manque encore un peu de spontanéité dans les vins.

Les vins : le mauzac de macération, tenu par un élevage en grès, affiche un profil salin et croquant, ferme dans sa finale. Le gaillac blanc, sapide et digeste, est aussi précis qu'Anthocyanes, jus rouge et sanguin au fruit libéré. La nature des cépages gaillacois est admirablement préservée par Damien Bonnet, comme en témoigne la pureté irréprochable, digeste et profonde à la fois, du braucol ou de la cuvée Amphore ; le duo braucol/duras tend ce dernier sur une chair gaillarde au croquant minéral, et le contenant lui donne du souffle. Les mousquetaires de Gaillac (duras, braucol, prunelart et syrah) composent un socle de parfums insistants de fleur et de fruit sur une finale lumineuse et tonique, délicieusement rustique dans Vendemia. La qualité des élevages du vigneron donne aussi toute sa mesure dans Brin de Temps enfermé dans des demi-muids de 500 l et qui sort en resplendissant de charme et de fraîcheur.

Gaillac Sec Mauzac 2018	16 €	92
Gaillac Sec Pierres Blanches 2019	12 €	91
VDF Mauzac Macération 2018	14 €	88
Gaillac Amphore 2018	16 €	93
Gaillac Anthocyanes 2018	11 €	90
Gaillac Braucol 2018	18 €	92
Gaillac Brin de Temps 2018	14 €	93
Gaillac Vendemia 2018	8 €	90

Rouge : 8 hectares. Braucol (fer servadou) 32 %, Duras 29 %, Merlot 12 %, Cabernet-Sauvignon 10 %, Prunelart 9 %, Syrah 8 %
Blanc : 4 hectares. Mauzac Blanc 47 %, Len de l'ehl 23 %, Mauzac Rose 19 %, Ondenc 11 %
Production moyenne : 60 000 bt/an

DOMAINE DE BRIN ♣
Lieu-dit Brin, 81150 Castanet
05 63 56 90 60 • www.domainedebrin.com
• Visites : sans rendez-vous.
Propriétaire : Damien Bonnet

★ ↗

DOMAINE LA CALMETTE

Le domaine est entré l'an dernier dans le guide et les cuvées issues du gel de 2017 confirment l'excellence du terroir et la justesse dans l'équilibre des vinifications. Très respectueux du malbec, le couple formé par Maya Sallé et Nicolas Fernandez parvient à lui donner des tonalités variant au gré des bouts de terroirs qui composent leur domaine au nord de Trespoux. Les jus restent pénétrants et conservent le caractère pulpeux des malbecs modernes. On voyage à travers les différents sols de Cahors tout en conservant la fraîcheur, l'équilibre et le fruit. Le grand respect de l'appellation, bien qu'une partie des cuvées soit en vin de France, mérite une première étoile.

Les vins : on commence par une originalité, Nyctalope, malbec pétillant : sucres naturels, méthode ancestrale, élevé onze mois sur lattes, le grenat est mis et le croquant digeste de la bulle enferme des parfums de cassis justes et bons. Deux millésimes ont été assemblés dans Le Serpent à Plumes qui désaltère plus qu'à son heure avec son jus fringant et son fruit vibrant. Quatre parcelles composent Trespotz ; complexe, entre violette et cerise, il déroule des tanins plus que francs. L'Espace Bleu entre les Nuages est en équilibre parfait entre les calcaires kimmeridgiens et la chair sensuelle d'un malbec de grande envergure. Les vignes ayant gelé, une seule parcelle compose Bois Grand à la structure serrée, servie par une énergie fruitée et radieuse. Idem pour Butte Rouge, issu d'une seule parcelle de 45 ans, dont le coffre élargi est bordé de tanins aussi mûrs que frais.

Cahors Bois Grand 2017	28 €	94
Cahors Butte Rouge 2017	39 €	94
Cahors Trespotz 2018	14 €	95
VDF Nyctalope 2019	14 €	90
VDF Serpent à Plumes	12 €	92

Le coup de ♥

Cahors L'Espace Bleu entre les Nuages 2017	22 €	95

Rouge : 6,5 hectares. Malbec (cot) 85 %, Merlot 15 %

Blanc : 0,5 hectare. Divers blanc 100 %

Production moyenne : 30 000 bt/an

DOMAINE LA CALMETTE ♣

390, chemin du Colombier,
46090 Trespoux-Rassiels

06 02 09 00 17 • www.domainelacalmette.fr
• Vente et visites : au domaine sur rendez-vous.

Propriétaire : Maya Sallée et Nicolas Fernandez

★ ↗

DOMAINE CASTÉRA

La ferme familiale de Franck Lihour a le profil classique de Jurançon : 55 hectares de prairies, bois et céréales. À l'exception du cheptel d'ânesses produisant du lait pour la cosmétique, la polyculture a cédé le pas au vignoble de 12 hectares. Dans l'intervalle entre un BTS viti-œno et sa reprise du domaine, Franck Lihour a vinifié en Corse, en Bourgogne, en Champagne, dans la Napa Valley, et en Afrique du Sud. Son père faisait classiquement un sec et deux moelleux, Lihour suit la tendance, isole les parcelles pour produire un sec, un moelleux et trois parcellaires : Memoria, Tauzy et Caubeigt. La qualité de ses pressurages à la champenoise apprise chez Sélèque ou Larmandier donne un début d'explication à la lumineuse tension de ses jurançons. Levure indigène, peu de soufre, arrivée des petit courbu et camaralet, labellisation bio en 2020 ; des cigares de bois pour l'allonge, des demi-muids plus réducteurs et bientôt des œufs en grés... Il faut suivre Lihour, auquel nous accordons cette année la première étoile, de près !

Les vins : amateurs de thiols, passez votre chemin, vous n'en trouverez pas ici ! Dans la gamme des secs, le jurançon est juste, gainé d'amers tendus sur l'iode ; Tauzy, encore dominé par le bois, est d'une rare intensité : rondeur et amplitude, matière profonde gansée d'une verve d'agrumes frais et citronnés. La sapidité de Memoria (petit et gros mansengs complantés) pure expression d'un vin blanc de montagne, demi-sec, s'envisage sur une amertume particulière au cœur d'un fruit pulpeux. Sur le front des moelleux, la cuvée du domaine a du mordant et se dresse à la verticale de ses sucres. Caubeigt (petit manseng) clôt la gamme ; il a connu un élevage pointu : le vin est serré par un sucre d'apparence limitée et rayonne sous le velours du miel, de notes orientales et d'orange sanguine.

Jurançon Caubeigt 2017	19,60 €	92
Jurançon Moelleux 2017	11,60 €	90
Jurançon Sec 2018	9,60 €	88
Jurançon Sec Tauzy 2018	16,40 €	93
VDF Memòria 2018	14,60 €	94

Blanc : 12 hectares. Petit Manseng 50 %, Gros Manseng 40 %, Petit Courbu 7 %, Camaralet 3 %

Production moyenne : 40 000 bt/an

DOMAINE CASTÉRA
Quartier Ucha, 64360 Monein
05 59 21 34 98 • www.domainecastera.fr •
Vente et visites : au domaine sur rendez-vous.
Propriétaire : Franck Lihour

★

CHÂTEAU DE CHAMBERT

Après un passé dans la nouvelle économie et l'électronique, Philippe Lejeune a repris il y a douze ans ce domaine historique de Cahors et l'a converti en biodynamie. Aujourd'hui, c'est le plus grand domaine de l'appellation certifié Biodyvin et Demeter, pour la totalité des 65 hectares répartis sur les trois terroirs du plateau : les calcaires sidérolithiques, les argiles brunes et les calcaires blancs du kimméridgien. La parcelle de chardonnay plantée de fraîche date n'a pas encore donné de résultat probant. En attendant le blanc 2019, les amoureux de la région pourront découvrir un vaisseau de verre, à main droite du classique château et en surplomb des vignes : une construction récente, dédiée à l'œnotourisme et à la recherche.

Les vins : l'association des argilo-calcaires brunes, des argiles rouges du sidérolithique et des calcaires kimméridgiens du Causse, épaulée par un élevage de quinze mois en foudre, signe le volume "extra" d'un 2015 encore dans les canons du cahors classique, aux tanins mûrs, affinés, et bien gérés. Le grand changement c'est l'éclat tonique du 2016. Joufflu et carré, doté d'un fruit franc et frais, il signe la progression du vignoble en biodynamie, dont chaque millésime marque une étape vers la profondeur du malbec. Le nez est serré et la violette domine. Le menthol marque une énergie moderne, nouvelle signature des grands malbecs de Cahors.

Cahors 2015	18,50 €	91
Cahors 2016	19 €	93

Rouge : 60 hectares. Malbec (cot) 85 %, Merlot 15 %
Blanc : 2 hectares. Chardonnay 100 %
Production moyenne : 180 000 bt/an

CHÂTEAU DE CHAMBERT ☾
Les Hauts-Coteaux, 46700 Floressas
05 65 31 95 75 • www.chambert.com •
Visites : sans rendez-vous.
Propriétaire : Philippe Lejeune
Directeur : Nicolas Carron

★

CLOS JOLIETTE

Joliette, plus vieux vignoble de Jurançon, ne couvre qu'un hectare et demi, planté de sélections massales de petits mansengs, dans la pente, en haut, et en terrasses, sur le bas. Une personnalité extrême, un vin flamboyant, émouvant, qui s'explique par la nature du sol : argile sur le dessus, galets par dessous, sur une veine ferrugineuse. Après la famille Migné, puis Michel Renaud, Joliette a été vinifié en 2016 et 2017 dans la cave de Jean-Marc Grussaute par l'équipe de A Bisto de Nas. Aujourd'hui, Lionel Osmin a repris la parcelle, épaulé par Franck Lihour, du domaine Castéra, à Monein, pour produire le 2018.

Les vins : le vignoble au rendement minimal produit un vin aux équilibres hors normes, marqués par des acidités fortes. Les vieux millésimes ont vieilli en tonneaux dans les caves du domaine et proposent des vins aux évolutions différentes. Les mises en bouteilles se font individuellement et portent le numéro du tonneau ou du casier. Une partie des vins ont été rachetés par le négociant Lionel Osmin, qui met en vente chaque année une caisse panachée de plusieurs casiers. N'ayant pas reçu les vins pour dégustation, nous ne pouvons les commenter. En revanche nous avons pu déguster les millésimes 2010, vin de méditation aux amers radieux ; 2012, fondé sur son acidité terrienne, n'est pas encore en vente ; 2013 offre un souffle de terroir pointé de tension ; 2016, grandissime millésime ajusté sur des amers flamboyant du petit manseng, livre toute la vigueur dont il est capable ; 2017, encore dans ses débuts, montre une incroyable complexité doublée de la légendaire acidité du Clos.

VDF 2010	N.C.	96
VDF 2012	N.C.	94
VDF 2013	N.C.	95
VDF 2016	de 135 à 165 € (c)	97
VDF J de Joliette 2016	N.C.	92

Blanc : 1,5 hectare. Petit Manseng 100 %
Production moyenne : 2 000 bt/an

CLOS JOLIETTE
Chemin Joliette, 64110 Jurançon
05 59 05 14 66 • www.osmin.fr • Pas de visites.
Propriétaire : Famille Renaud
Directeur : Lionel Osmin

Maître de chai : Franck Lihour
Œnologue : Damiens Sartori

★

CLOS LAPEYRE

Jean-Bernard Larrieu produit avec une régularité exemplaire des jurançons, secs et moelleux, de grande tenue. Les secs sont proposés avec une touche d'évolution louable et constituent une expression fidèle des terroirs de cette région. Les moelleux, toujours d'une belle stature, témoignent d'une réelle maîtrise des équilibres. Un domaine de référence qui propose des vins classiques, profonds et puissants.

Les vins : les petits mansengs soignés dans la règle du grand art laissent vivre le terroir, qui transpire après une garde conséquente. La puissance lumineuse du Mantoulan témoigne de cette dominance du sol (amers salins et racinaires) quand Vitatge Vielh explose avec une énergie tendue de lumière. Les moelleux sont enrobés par un boisé qui leur donne souvent une pointe lactique. Les vendanges par tries successives des petits mansengs apportent une générosité hors du commun à un jurançon vibrant dont la finale scintille comme un sabre. La Magendia affiche ses agrumes avec une dimension acide campée sur les arrières du terroir et la classe du petit manseng. La construction tonique du moelleux Balaguera, insolent du haut de ses quatre ans, rayonne.

Jurançon Moelleux 2019	15,30 €	90
Jurançon Moelleux La Balaguera 2014	35 €	91
Jurançon Moelleux La Magendia de Lapeyre 2016	19,55 €	92
Jurançon Sec 2018	10,70 €	89
Jurançon Sec Mantoulan 2013	19,55 €	92

Le coup de ♥

Jurançon Sec Vitatge Vielh de Lapeyre 2016	16,05 €	92

Blanc : 18 hectares. Petit Manseng 60 %, Gros Manseng 40 %
Production moyenne : 80 000 bt/an

CLOS LAPEYRE ♣
257, chemin du Couday, La Chapelle-de-Rousse, 64110 Jurançon
05 59 21 50 80 • www.jurancon-lapeyre.fr •
Vente et visites : au domaine sur rendez-vous.

Propriétaire : Jean-Bernard Larrieu

★

CLOS TRIGUEDINA

Jean-Luc Baldès fut un porte-étendard du malbec cadurcien, en s'efforçant d'exprimer le potentiel de son vignoble situé sur les deuxièmes, troisièmes et quatrièmes terrasses du Lot. Gardien de l'histoire du vignoble, il produit une cuvée de malbec issue de raisins chauffés, rendant hommage au "black wine" qui avait, au Moyen Âge, la faveur des Anglais. Issu d'une parcelle plantée de malbecs centenaires, Probus a contribué à fonder la renommée de Cahors. La parcelle exceptionnelle a produit un 2018 ciselé, à la chair intense, le reste de la gamme évolue toujours dans le registre classique qui a ses atouts, à l'issu d'une longue garde. Les boisés sont très dominants et les sélections parcellaires ne nous ont pas convaincus dans le millésime 2018 qui reste anguleux, basé sur de fortes extractions. Nous retirons en conséquence une étoile au domaine.

Les vins : la structure vigoureuse du cahors classique n'est pas pour déplaire avec son tanin vigoureux, rafraîchi par le millésime. Dans la gamme des parcellaires, Les Petites Cailles, aux parfums de figue et de pain d'épices, se construit sur une nature aux tanins saillants, manquant de rondeur malgré un fruit réjouissant. Les Galets et Au coin du Bois, respectivement parcelle des troisièmes et secondes terrasses du Lot, sortent d'un élevage de douze mois et sont encore sous l'emprise du bois. The New Black Wine issu de la tradition moyenâgeuse qui consistait à chauffer les raisins, présente une charpente confite d'un fruit profond sur un tanin flamboyant. Du côté des vieux "prêts à boire", le Black Vintage 2015, aux notes tourbées, est flatteur avec sa rondeur presque moelleuse. Enfin, en blanc, l'IGP Comté tolosan Vin de lune, mi-viognier, mi-chardonnay, séduit par son lit de miel d'acacia doublé d'une petite touche florale.

IGP Comté Tolosan Chenin 2017	28 €	90
Cahors 2018	22 €	88
Cahors Au Coin du Bois 2018	29 €	87
Cahors Black Vintage 2015	de 25 à 28 € (c)	88
Cahors Les Galets 2018	29 €	87
Cahors Les Petites Cailles 2018	29 €	88
Cahors Probus 2018	38 €	90

Cahors The New Black Wine 2018 — 90 € — 88

Rouge : 61 hectares. Malbec (cot) 89 %, Merlot 10 %, Tannat 1 %
Blanc : 4,4 hectares. Viognier 40 %, Chardonnay 40 %, Chenin 20 %
Production moyenne : 400 000 bt/an

CLOS TRIGUEDINA
Les Poujols, 46700 Vire-sur-Lot
05 65 21 30 81 • www.jlbaldes.com • Vente et visites : au domaine sur rendez-vous.
Propriétaire : Jean-Luc Baldès
Directeur : Sabine Baldès
Maître de chai : Fabrice Bearn

★

CLOS DE GAMOT

Situé à Preyssac, le Clos de Gamot mené depuis des siècles par la famille Jouffreau cultive les deuxième et troisième terrasses de Cahors avec une grande singularité. Ce sont aujourd'hui les époux Hermann-Jouffreau, Martine et Yves, qui définissent la philosophie du domaine. Ils offrent une approche différente des vins de Cahors, et font de leur domaine une valeur sûre de la région. Les élevages se font en cuve béton, voire en foudre, avec une réelle quête de profondeur et, surtout, le respect d'une intense expression fruitée. D'une régularité sans faille, leurs vins se dégustent avec plaisir.

Les vins : ce n'est pas la pointe de merlot (10 %) qui adoucit Gamotin face à son aîné, mais bien le travail en cuve, avec des extractions en douceur qui ne laissent passer que le fruit juteux d'un malbec aux tanins sereins mais construits, typiques de Cahors, avec en sus l'énergie du terroir cadurcien. Dans le grand vin, conséquence du gel de 2017, seuls les vieux malbecs ont droit de cité, ils impriment une douceur et un parfum floral assuré au joli tempérament des tanins. L'extraction fine et douce rend au vin sa sève juteuse et ses parfums floraux, doublés de réglisse dans les terminaisons.

Cahors 2017 — 14 € — 92
Cahors Le Gamotin 2018 — 9 € — 89

Rouge : 25 hectares. Malbec (cot) 95 %, Merlot 5 %
Blanc : 0,2 hectare. Sauvignon blanc 50 %, Chardonnay 40 %, Sauvignon gris 10 %
Production moyenne : 80 000 bt/an

CLOS DE GAMOT
46220 Prayssac
05 65 22 40 26 • www.famille-jouffreau.com • Vente et visites : au domaine sur rendez-vous.
Propriétaire : Martine et Yves Hermann-Jouffreau

★

LA COLOMBIÈRE

Ce domaine emblématique du terroir de Villaudric produit des vins particulièrement sincères et digestes. Formant un couple de jeunes vignerons déterminés et enthousiastes, Diane et Philippe Cauvin ont fait le choix depuis 2006 de conduire leur vignoble en biodynamie (certification en 2012). Toujours en ébullition, ils se sont affirmés avec une offre œnotouristique de premier plan. Décliné en plusieurs cuvées, parfois de pure négrette, le style des vins de La Colombière est équilibré, fin et subtil, sans artifice ni maquillage. Exemplaire, cette vision personnelle constitue un repère précieux dans la progression actuelle de l'appellation Fronton.

Les vins : la vinification pointue des sauvignons et des chenins complantés, et du bouysselet esseulé, donne à Jacquaires sa complexité, dans un échafaudage de parfums de fruits exotiques qui rend bien l'expressivité de chaque raisin. En vin de France jusqu'à cette année, Le Grand B, pur bouysselet, est issu ici d'un regreffage sur une parcelle d'argiles rouges du quaternaires aux galets de quartz. La macération lui donne des parfums et des saveurs de thé blanc, dans une ambiance d'épices douces aux touches d'agrumes. En rouge, le domaine ne nous a échantillonné que Frontons Flingueurs, vin de base aux beaux arômes floraux, pure essence de négrette.

VDF Les Jacquaires 2019 — 11 € — 93
Fronton Les Frontons Flingueurs 2019 — 11 € — 92

Le coup de ♥
VDF Le Grand B 2018 — de 20 à 23 € (c) — 94

Rouge : 13 hectares. Négrette 57 %, Syrah 15 %, Cabernet franc 8 %, Gamay noir à jus blanc 8 %, Malbec (cot) 8 %, Cabernet-Sauvignon 4 %
Blanc : 2 hectares. Bouysselet 80 %, Chenin 10 %, Sauvignon blanc 10 %
Production moyenne : 60 000 bt/an

LA COLOMBIÈRE ☾
190, route de Vacquiers, 31620 Villaudric
05 61 82 44 05 • www.chateaulacolombiere.com • Vente et visites : au domaine sur rendez-vous.
Propriétaire : Diane et Philippe Cauvin

★

COMBEL-LA-SERRE

Julien Illbert et son épouse Sophie portent la nouvelle destinée de ce vignoble dont l'existence est attestée depuis 1900. Rompant avec le modèle de son père, Julien a pris le virage de la mise en bouteille ; il est parti à la recherche d'une nouvelle identité pour ce domaine, posant sur ses différentes cuvées des étiquettes éloquentes et modernes. Ses cuvées, un temps immédiates et fruitées, prennent de plus en plus d'envergure. Il tire le meilleur des 23 hectares plantés en auxerrois, nom local du malbec, et de l'unique hectare de vermentino, raisin méridional qui trouve ici un socle à sa mesure. Il a isolé trois terroirs : le Lac aux Cochons, au sol calcaire riche en fer ; Au Cerisier, sur des argiles rouges ; et, surtout, Les Peyres Levades, terroir calcaire qui se démarque année après année.

Les vins : dans De la Terre à la Lune, le vermentino, raisin méditerranéen, apporte son lot de fleurs et d'agrumes sur une finesse mentholée aux notes d'anis. Malbec en macération carbonique La Vigne juste derrière chez Carbo est un rouge profondément fruité mais un peu court. Dans un registre rouge estival, Le Pur Fruit du Causse, sincère et dynamique, signe la précision des extractions. Avec le cahors du domaine, on grimpe une marche dans la tonicité d'un tanin profond doté d'une touche de graphite. Les argiles rouges de la cuvée Au Cerisier rendent au vin son expansion sur une finale d'encre plus minérale. Dans Le Lac aux Cochons, les argiles plus ferrugineuses donnent un côté sanguin au vin, proche du jus de fruit frais. Une légère déviance aromatique constatée sur les deux échantillons dégustés nous fait hésiter quant à la note de Peyres Levades. Si la floralité du malbec s'exprime sur la violette et une touche de cassis, il n'est pas encore prêt. L'ensemble de la gamme nous enchante.

IGP Côtes du Lot De la Terre à la Lune 2019	15 €	88
Ratafia La Machine à Fruit	17,60 €	90
Cahors 2018	13,50 €	92
Cahors Au Cerisier 2018	17,60 €	92
Cahors Le Lac aux Cochons 2017	31 €	94
Cahors Le Pur Fruit du Causse 2019	9,30 €	90
Cahors Les Peyres Levades 2017	31 €	92
IGP Côtes du Lot La Vigne juste derrière chez Carbo 2019	10,50 €	89

Rouge : 22 hectares. Malbec (cot) 100 %
Achat de raisins.
Blanc : 1 hectare. Vermentino 100 %
Achat de raisins.
Production moyenne : 110 000 bt/an

COMBEL-LA-SERRE ♣
Lieu-dit Cournou, La Serre,
46140 Saint-Vincent-Rive-d'Olt
05 65 21 04 09 • www.combel-la-serre.com • Vente et visites : au domaine sur rendez-vous.
Propriétaire : Julien et Sophie Ilbert

★

DOMAINE ELIAN DA ROS

Adepte de la biodynamie, Elian Da Ros, qui a fait ses classes au domaine Zind-Humbrecht en Alsace, s'est installé dans les Côtes du Marmandais en 1998. La qualité des vins et la forte personnalité de leur géniteur ont permis au domaine de se hisser rapidement au plus haut niveau de l'appellation. Blancs, rouges ou même rosés, du vin de soif gourmand aux bouteilles ambitieuses travaillées et élevées sous bois, chacune des cuvées expose un fruit radieux et raconte un terroir clairement défini. La qualité de ces vins à forte personnalité a permis au domaine de se hisser au panthéon des vins du Sud-Ouest, manifestant une identité moderne loin des standards.

Les vins : on est tout d'abord séduit par l'éclat du nez de Coucou Blanc (infusion, thé vert, miel en approche), puis par les notes exotiques de sa bouche enrobée, mais pointue, encore dans la tension épicée du bois. La gamme des rouges commence par l'abouriou, vieux cépage en massale, à la mine enjouée et au fruit profond, tendu d'une note boisée délicate. En 2014, sous la réduction du Clos Bacquey, on sent poindre un fruit mûr noir, encore un peu enfermé dans ses tanins. Le Vin est une Fête ponctue la gamme d'une exclamation de fruit radieux !

- Côtes du Marmandais Coucou Blanc 2017 — 19 € — 89
- Côtes du Marmandais Clos Baquey 2014 — 30 € — 92
- Côtes du Marmandais Le Vin est une Fête 2018 — 9 € — 92

Le coup de ♥

- Côtes du Marmandais Abouriou 2017 — 13 € — 91

Rouge : 17 hectares.
Blanc : 2 hectares.
Production moyenne : 100 000 bt/an

DOMAINE ELIAN DA ROS ♣
La Clotte, 47250 Cocumont
05 53 20 75 22 • www.eliandaros.fr • Vente et visites : au domaine sur rendez-vous.
Propriétaire : Elian Da Ros

★ ↗

CHÂTEAU HAUT-MONPLAISIR

Le château est conduit par Cathy et Daniel Fournié depuis 1998, et les vignes sont cultivées en bio depuis 2009. Les rouges ont le panache des troisièmes terrasses du Lot. Le respect des sols pointe sous chacune des étiquettes, la gamme devient de plus en plus précise et même les cuvées classiques offrent à goûter un malbec délié, plein de panache. La première étoile est méritée pour ce cahors "new wave".

Les vins : le blanc marie chardonnay et viognier et a le petit air fringant des blancs qui vont bien en toutes circonstances. L'étonnement est à son comble avec le nez de L'Envie, cuvée sans soufre élevée en fût de 500 l : olives, fleurs de sureau, menthe, thym, se mêlent et créent une carrure épatante de fraîcheur. Tradition a l'épice enlevé et le sureau qui monte au nez, le boisé donne de la profondeur à un jus plus sanguin et un fruit rafraîchissant. Pur Plaisir 2016, au cœur de bouche moelleux et aux tanins gainants, est très frais ; Prestige se révèle superbe d'équilibre sur les bases d'un malbec frais et mûr.

- IGP Côtes du Lot Sec Monplaisir 2019 — 8 € — 89
- Cahors Prestige 2016 — 13 € — 93
- Cahors Pur Plaisir 2016 — 28 € — 92
- Cahors Tradition 2018 — 8 € — 92

Le coup de ♥

- Cahors L'Envie (Sans soufre ajouté) 2018 — 14,50 € — 92

Rouge : 27 hectares. Malbec (cot) 100 %
Blanc : 3 hectares. Chardonnay 60 %, Viognier 40 %
Production moyenne : 150 000 bt/an

CHÂTEAU HAUT-MONPLAISIR ♣
Lieu-dit Monplaisir,
46700 Lacapelle-Cabanac
05 65 24 64 78 •
chateauhautmonplaisir.com • Vente et visites : au domaine sur rendez-vous.
Propriétaire : Cathy et Daniel Fournié

★

DOMAINE ILARRIA

Situé au cœur du village d'Irouléguy, ce domaine appartient à la famille de Peio Espil depuis plusieurs siècles. Singularité et identité ne sont pas de vains mots au Pays basque. La conduite en agriculture biologique des vignes renforce l'expression des terroirs et des cépages locaux. Cet enracinement se révèle pourtant tout sauf statique pour Peio Espil, ce pèlerin de l'idéal vineux, véritable tête chercheuse de l'appellation. Charnus, profonds, libres dans leur expression, les vins ont désormais atteint un niveau de qualité qui en font des modèles stylistiques propres à interroger les vignerons bien au-delà d'Irouléguy.

Les vins : l'énergie sapide, construite autour d'un fruit à la finesse harmonieuse, court tout au long de la gamme. Le blanc possède la délicate franchise des fruits à chair blanche, avec une pointe plus mentholée dans la finale. Belle référence de pureté avec sa dose réduite de soufre, le rouge s'affiche sans bois dominant, justement parfumé d'un fruit gorgé de sève, sur une trame rafraîchie par l'air de la montagne. Le rouge sans soufre est croquant dans son costume de fruit ; éclairés d'une fraîche densité, ses tanins sapides et digestes évoluent jusqu'au bout dans une veine fruitée mais sculptée.

- Irouléguy 2017 — 19 € — 90
- Irouléguy 2017 — 16 € — 90
- Irouléguy Sans Soufre 2017 — 23 € — 92

Rouge : 7 hectares. Cabernet franc 48 %,

Tannat 34 %, Cabernet-Sauvignon 18 %
Blanc : 3 hectares. Petit Manseng 68 %, Petit Courbu 32 %
Production moyenne : 30 000 bt/an

DOMAINE ILARRIA ♣
Bourg, 64220 Irouléguy
05 59 37 23 38 • www.domaine-ilarria.fr • Vente et visites : au domaine sur rendez-vous.
Propriétaire : Peio Espil

★

LE JONC-BLANC

Situé sur un terroir argilo-calcaire dominant la rive droite de la Dordogne, ce domaine s'impose comme l'une des locomotives du renouveau de Bergerac. Isabelle Carles et Franck Pascal vinifient des vins vivants et purs, aux expressions intenses et d'une grande fraîcheur, qu'ils proposent à des prix très abordables. Les rouges sont sans soufre et sans intrant, même à la mise en bouteille. Cette approche est maîtrisée : les vins, après aération, restent nets et de belle tenue, avec des acidités parfaites et naturelles.

Les vins : le fruit très disponible de la méthode ancestrale rosé est une belle entrée en matière. Le pure M, gros manseng en sélection parcellaire, possède un fruit déterminé et une bouche explosive et saline, construite sur une chair pimpante. Fleur est un peu trop marquée par la chaleur du millésime et réclame plus d'air que d'ordinaire pour se libérer et livrer la tension palpable à laquelle nous a habitués le domaine. Fruit a le tanin ludique, carré en finale, il reste sur la séduction. Racine est un concentré de fruit complété d'une touche de tapenade, ragaillardi par une chair concentrée aux tanins langoureux. Tous les rouges du domaine ont des tanins dynamiques, appuyés sur une maturité de fruit bien étayée.

VDF Fleur 2018	10 €	90
VDF Pure M 2018	24 €	91
VDF Bulle Rose 2019	12 €	90
VDF Fruit 2018	10 €	89
VDF Racine 2017	14 €	90

Rouge : 12 hectares. Cabernet-Sauvignon 44 %, Merille 44 %, Malbec (cot) 12 %
Blanc : 5 hectares. Sémillon 43 %, Sauvignon blanc 25 %, Sauvignon gris 19 %, Gros Manseng 13 %
Production moyenne : 80 000 bt/an

LE JONC-BLANC ☾
Le Jonc-Blanc, 24230 Vélines
05 53 74 18 97 • www.joncblanc.fr • Vente et visites : au domaine sur rendez-vous.
Propriétaire : Isabelle Carles et Franck Pascal

★

DOMAINE LABRANCHE-LAFFONT

Situé dans le secteur de Maumusson, Christine Dupuy exploite le domaine familial depuis 1993, mené en bio. Riche de vignes âgées, dont une préphylloxérique vinifiée à part, elle présente des vins de tannat toujours identitaires, droits et purs, qui mettent en avant ses beaux terroirs d'argiles et de galets. Les cuvées s'affinent de plus en plus, l'utilisation du bois est mesurée. La recherche constante de justesse et d'équilibre est évidente.

Les vins : Christine Dupuy produit des vins avec franchise et sincérité, réussissant à composer avec les tanins rudoyants du tannat. La dégustation des derniers millésimes confirme cette recherche déquilibre et de justesse tant dans la maturité que dans les élevages. La touche de boisé qui conduit la gamme est précise et fûtée. Le pacherenc sans soufre parvient à conserver la pureté d'un fruit épicé sous un boisé séduisant. Le fruit du tannat s'exprime avec éclat dans le vin de France, généreux et brillant, relooké pour la circonstance et dont l'étiquette se décale sur différentes nuances de couleurs. La concentration du fruit, sous une ossature madiranaise mais étoffée de douceur, donne au rouge 2017 son harmonie savoureuse. Le Vieilles Vignes réclame plus de temps et le pacherenc moelleux livre l'intensité du souffle des Pyrénées dans une finale tonique.

Pacherenc du Vic-Bilh Moelleux 2018	15 €	92
Madiran 2017	9 €	93
Madiran Vieilles Vignes 2016	14,50 €	90
VDF Tannat 2019	9 €	91

Le coup de ♥

Pacherenc du Vic-Bilh Sec 2018	12 €	94

Rouge : 17 hectares. Tannat 80 %, Cabernet franc 10 %, Cabernet-Sauvignon 10 %
Blanc : 4 hectares. Petit Manseng 60 %, Gros Manseng 40 %
Production moyenne : 100 000 bt/an

DOMAINE LABRANCHE-LAFFONT ♣
32400 Maumusson-Laguian
05 62 69 74 90 •
christine.dupuy@labranchelaffont.fr •
Visites : sans rendez-vous.
Propriétaire : Christine Dupuy

★ ↗

CHÂTEAU LAMARTINE

La destinée de la propriété de la famille Gayraud est désormais entre les mains de Benjamin et Lise, les enfants d'Alain. Ce domaine classique livre des vins justes, équilibrés et fidèles à l'image de Cahors. La nouvelle génération apporte davantage de tonus et de modernité aux cuvées, ce qui permet aujourd'hui l'attribution d'une première étoile.

Les vins : la gamme s'ouvre, comme c'est désormais souvent le cas pour les vignerons cadurciens, avec un blanc : chardonnay, chenin et viognier pour Tandem, assemblés sur un fruit à tendance agrume qui fuse sur une bouche flatteuse. La même cuvée Tandem se décline en rouge, pur malbec sans soufre élevé en œuf béton, jus séduisant au bouquet sensuel, et petite structure, qui laisse au fruit rouge tout le loisir de s'exprimer. Il se retend dans une finale moulée dans un fourreau de tanins savoureux. Le cahors du domaine aura la faveur des amateurs de malbecs tendus et ceinturés d'un tanin franc, itou pour la Cuvée Particulière construite sur sa structure tannique, au fruit profond. Expression, encore sous le joug aromatique d'un boisé vigoureux, laisse plus de place au malbec pour livrer en bouche sa structure florale épicée.

IGP Côtes du Lot Tandem 2019	10 €	89
Cahors 2016	9,50 €	90
Cahors Cuvée Particulière 2016	13,50 €	91
Cahors Expression 2016	25 €	90

Le coup de ♥

Cahors Tandem 2019	10 €	92

Rouge : 35 hectares. Malbec (cot) 93 %, Tannat 4 %, Merlot 3 %
Blanc : 2,5 hectares. Chardonnay 55 %, Chenin 30 %, Viognier 15 %
Production moyenne : 220 000 bt/an

CHÂTEAU LAMARTINE
Lamartine, 46700 Soturac
05 65 36 54 14 • www.cahorslamartine.com
• Vente et visites : au domaine sur rendez-vous.
Propriétaire : Famille Gayraud
Directeur : Benjamin Gayraud

★ ↗

LESTIGNAC

C'est en 2008 que Mathias et Camille reprennent la ferme familiale de Sigoulès alors que celle-ci était en passe d'être vendue. Ils ont, durant dix ans, dirigé ce domaine vers la biodynamie, dans un esprit non interventionniste en cave, et ainsi largement participé au regain d'intérêt pour les vins de Bergerac. Curieux, ils analysent méticuleusement leurs terroirs, tentent différents contenants et approches de vinification. 2018 constitue une année charnière. La remise en question imposée par le gel de 2017 a conduit notre duo à repenser leur organisation. Ils ne s'occuperont désormais plus que de 9 hectares, contre 17 auparavant. Un domaine rétréci qu'ils souhaitent travailler comme un jardin, avec traction animale, emploi accru de tisanes ou encore replantation d'une partie des surfaces en échalas. Ils déclineront désormais deux gammes : Lestignac, en production propre, et Hors les Murs, en achetant les raisins de leurs anciennes parcelles. Souhaitant accroître la garde des vins avant commercialisation, ils entreprennent la construction d'un chai de stockage. L'activité d'agroforesterie récemment mise en place renforce la biodiversité du vignoble. Les vins blancs s'affinent, les rouges sont de plus en plus aboutis : nous attribuons la première étoile au domaine.

Les vins : le dessin très particulier du blanc prouve combien les vinifications sont pointues et soucieuses de pureté, le sauvignon ramassé à très haute maturité prend dès son origine une grande dose d'oxygène pendant les vinifications afin d'habituer le vin. Le bouquet déroute, il faut l'aérer pour profiter de sa grande profondeur de fruit et d'une densité complexe. Racigas affiche la profondeur d'un fruit mûr, rafraîchi par la situation de son coteau exposé nord ; son délié droit et pur se double d'une précision affûtée par la douceur d'un lent mûrissement de dix mois en terre cuite. Tempête, le second rouge goûté cette année, est un merlot en grappes entières élevé en foudre, affichant le fruit du raisin dans une trame bourguignonne, le délié racé de son tanin est souple et alerte.

VDF Comète 2018	40 €	92
VDF Racigas 2018	30 €	91

VDF Tempête 2018 Épuisé - 23 € 91

Rouge : 3,5 hectares. Merlot 50 %, Cabernet franc 40 %, Cabernet-Sauvignon 10 %
Achat de raisins.
Blanc : 4,5 hectares. Sémillon 50 %, Sauvignon blanc 40 %, Muscadelle 7 %, Ugni blanc (trebbiano) 3 %
Achat de raisins.
Production moyenne : 35 000 bt/an

LESTIGNAC ♣
4, route de Sigoulès, 24240 Sigoulès
05 24 10 20 29 • www.lestignac.com • Vente et visites : au domaine sur rendez-vous.
Propriétaire : Camille et Mathias Marquet

★

MAS DEL PÉRIÉ

Installé en bio sur les coteaux de Trespoux, secteur le plus élevé de l'appellation, Fabien Jouves propose une gamme de vins épurés, qui respectent l'identité des terroirs jusqu'à revendiquer l'origine géologique sur l'étiquette de ses bouteilles bourguignonnes. Inspiré par diverses techniques, il élève parfois les mêmes vins en foudre, barrique, jarre, œuf, sans jamais perdre de vue l'expression unique du malbec. Offrant une approche actuelle, les cuvées possèdent le double atout de la précision et de la fraîcheur ; toutefois selon le type d'élevage, on peut rencontrer une certaine froideur dans la définition des matières. La nouveauté de l'année ? Son association avec Vincent Maysounave, vigneron de Monein, pour l'élaboration d'un vin de France à base de petit et gros manseng, Haut-Berba.

Les vins : les deux cuvées de chenin blanc en vin de France ont été différemment pensées. Les Pièces Longues, expressif et affûté, avec une finale qui s'étire en longueur, se révèle très différent de l'oxydatif racinaire d'Orange Voilée, qui enveloppe pour sa part une structure fine et dépouillée. Les malbecs sont plus frais que les blancs en 2019. Sur les marnes brunes du miocène, La Roque, repose sur la simplicité d'un fruit vinifié et élevé en cuve ; provoquant mais sans maquillage, il ne laisse pas indifférent. Sur les calcaires du kimméridgien, le millésime 2019 adoucit les lignes des Escures qui goûte comme un caillou et dont la froideur apaise la chaleur de l'année. Les sidérolithes d'Acacias donnent ce jus sanguin, terrien, presque salin, savoureux, en équilibre mais un peu sage. Séducteur et finot, Amphore, pointé de végétal mûr, s'impose comme un vin disponible et sapide mêlant finesse et tension. La violette persiste dans une matière savoureuse, alerte et disponible, séquencée entre le fruit et les tanins de B763. Ce dernier s'ajuste sur un volume rendu délectable par l'élevage en œuf béton et barrique ; on attend qu'il prenne la dimension de son terroir. Le nouveau blanc assemble petit et gros mansengs de Monein (Jurançon) : ce Haut-Berba met la lumière sur l'orange sanguine, offre une pointe oxydative et des effluves iodées. Un blanc sec, un peu chaud, mais vibrant.

VDF Haut-Berba 2019	18 €	90
VDF Les Pièces Longues 2019	21 €	90
VDF Orange Voilée 2019	31 €	89
Cahors Amphore 2019	30 €	90
Cahors B763 2019	55 €	92
Cahors La Roque 2019	19 €	89
Cahors Les Acacias 2019	30 €	90
Cahors Les Escures 2019	14 €	90

Rouge : 24,3 hectares. Malbec (cot) 100 %
Blanc : 2,7 hectares. Chenin 100 %
Production moyenne : 100 000 bt/an

MAS DEL PÉRIÉ ☾
Le Bourg, 46090 Trespoux-Rassiels
05 65 30 18 07 • www.masdelperie.com •
Vente et visites : au domaine sur rendez-vous.
Propriétaire : Fabien Jouves

★

DOMAINE MOUTHES LE BIHAN

Jean-Mary et Catherine Le Bihan, en reprenant la ferme familiale, ont misé sur les coteaux de Duras. Bien leur en a pris, car ils ont hissé le domaine parmi les meilleurs du Sud-Ouest. Dans cette appellation qui peine à émerger, ce domaine, à partir d'un encépagement commun, élabore des cuvées originales, agréables à boire jeune ou taillées pour la garde comme le superbe Perrette et les Noisetiers 2014, goûté en magnum. Clémence, l'une de leurs filles, les a rejoints.

Les vins : le domaine ne nous a pas fait parvenir des millésimes récents, dommage. La Pie Colette blanc 2017, fidèle à sa réputation, fait sourire de plaisir grâce au croquant délié d'un fruit exotique tendu de salinité. Preuve que les vins ici durent, Vieillefont blanc 2016, aux notes de fleurs séchées, possède encore un gras langoureux et une chair fondue dans la masse d'un boisé racé. Pérette et les Noisetiers 2014, sémillon élevé 24 mois en barrique puis 12 en cuve, présente l'amplitude des grands blancs du sud et une énergie virevoltante liée à une fraîcheur ardente. En rouge, L'Aimé Chai, carré d'as du Sud-Ouest (merlot, malbec, cabernets sauvignon et franc) possède en 2015 un fruit un peu mat ; fait pour la soif, il manque d'intérêt dans ce millésime. Vieillefont 2016, plus serré que d'autres, s'étoffe et possède de beaux atouts, tout comme Les Apprentis 2015, en perte de fraîcheur : c'est le moment de les ouvrir.

- Côtes de Duras La Pie Colette 2017 — de 9 à 9,90 € (c) — 90
- Côtes de Duras Sec Vieillefont 2016 — 14 € — 91
- Côtes de Duras L'Aimé Chai 2015 — de 7 à 7,80 € (c) — 87
- Côtes de Duras La Pie Colette 2017 — de 9 à 9,90 € (c) — 88
- Côtes de Duras Les Apprentis 2015 — 20 € — 90
- Côtes de Duras Vieillefont 2016 — 14 € — 90

Le coup de ♥

- Côtes de Duras Sec Pérette et Les Noisetiers 2014 — 28 € — 92

Rouge : 10 hectares. Merlot 50 %, Cabernet-Sauvignon 20 %, Cabernet franc 15 %, Malbec (cot) 15 %
Blanc : 10 hectares. Sémillon 50 %, Sauvignon blanc 34 %, Chenin 8 %, Muscadelle 8 %
Production moyenne : 80 000 bt/an

DOMAINE MOUTHES LE BIHAN

Mouthes, 47120 Saint-Jean-de-Duras
05 53 83 06 98 •
www.mouthes-le-bihan.com • Vente et visites : au domaine sur rendez-vous.
Propriétaire : Catherine et Jean-Mary Le Bihan

★ ↗

DOMAINE PLAISANCE PENAVAYRE

Moteur du renouveau du Frontonnais depuis plus de vingt ans, Marc Penavayre donne une lecture et une interprétation identitaire du cépage local, la négrette. Certifié en bio depuis 2011 et maintenant rejoint par son fils Thibaut, Marc passe chaque année une étape dans la précision du raisin. Le profil des vins reste juteux et avenant, les cuvées aux noms parfois imprononçables sans l'aide d'un dico occitan définissent maintenant l'identité de Fronton. En évolution permanente et travaillée sans intrants, la gamme permettra à chacun de trouver le vin qui correspond à son style de dégustation. Nous accordons cette année une première étoile au domaine.

Les vins : issu d'un coteau argilo-calcaire planté il y a quatre ans, le bouysselet est une première et belle réussite, délicate et digeste. Trois contenants, le bois, la cuve en fibre et l'amphore, donnent à Cruchinet son amplitude de chenin solaire au parfum de melon, une amertume relevant la finale. Negret Pounjut, qui entrera cette année en AOC Fronton, est juteux, doté d'une jolie pointe de végétal. Il laisse percevoir des traces de violette dans une bouche digeste. Il rejoindra dans cette appellation Serr Da Beg, pure négrette vinifiée sans soufre, juteuse et gainée d'un tanin croquant. Le Pitchou sent le réglisse et pose les bases d'une négrette construite sur un jus aux tanins carrés. Alabets, encore plus concentré que ses partenaires, pose un nez ardent sur une vigueur tonique gansée d'un petit tanin. Tout ce qu'il faut est réuni dans Tot Ço que Cal, la plus belle négrette du domaine. Vieillie en foudre et barrique, elle magnifie dans le détail un fruit presque sanguin ourlé d'épices douces et de menthe.

- VDF Bouysselet 2019 — 18 € — 90
- VDF Cruchinet 2019 — 13 € — 88
- Fronton Alabets 2018 — 12,50 € — 90
- Fronton Le Pitchou 2018 — 11,40 € — 90
- Fronton Serr Da Bag 2019 — 15 € — 88
- Fronton Tot Co Que Cal 2018 — 18,50 € — 91
- VDF Negret Pounjut 2019 — 11 € — 88

Rouge : 22 hectares. Négrette 57 %, Syrah 19 %, Gamay noir à jus blanc 8 %, Cabernet franc 5 %, Divers noir 3 %, Jurançon noir 3 %, Cabernet-Sauvignon 3 %, Negret Pounjut 2 %
Blanc : 4 hectares. Chenin 25 %, Muscat à petits grains blancs 25 %, Sauvignon blanc 25 %, Sémillon 15 %, Bouysselet 10 %
Production moyenne : 100 000 bt/an

DOMAINE PLAISANCE PENAVAYRE ♣

102, place de la Mairie, 31340 Vacquiers
05 61 84 97 41 • www.chateau-plaisance.fr •
Visites : sans rendez-vous.
Propriétaire : Marc et Thibaut Penavayre

★

DOMAINE LE ROC

À la faveur de l'installation des jeunes, Grégoire et Anne Ribes, la famille Ribes a décidé de reprendre les vignes du château Flotis, propriété voisine, dont elle était déjà exploitante. Ses 21 hectares de syrah et négrette sur un coteau de cailloux viennent ainsi grossir les rangs du Roc. Les négrettes sont toujours mises sur leur trente-et-un grâce à des vinifications soignées et de plus en plus modernes, offrant aux vins un profil radieux.

Les vins : le bouysselet du Roc a été, comme tous ses copains, surgreffé. Vinifié en barrique et élevé sur ses lies, ce raisin éclatant domine une matière sapide et dynamique, avec une amertume fine en finale. Le Roc Blanc reste dominé par le bois. Château Flotis, intégré au Roc, constitue toujours une étiquette à part ; il emprunte à ses cailloux une certaine minéralité. La Folle noire d'Ambat offre le nez le plus abouti des frontons du millésime 2019 : les fleurs, les fruits noirs, les épices et le réglisse composent ce bouquet, délicat dans sa prime jeunesse. Les vieilles vignes de négrette donnent à Haut du Bois une profondeur racée et élégante, une finale athlétique mais agile. Quant à Don Quichotte, plus courtois, il profite d'un souffle énergique.

VDF Bouysselet 2019	15 €	90
VDF Le Roc Blanc 2019	9 €	87
Fronton Château Flotis 2019	7 €	92
Fronton Don Quichotte 2019	14 €	90
Fronton La Folle Noire d'Ambat 2019	9 €	93
Fronton Négrette Haut du Bois 2019	14 €	92

Rouge : 37 hectares. Négrette 60 %, Syrah 30 %, Cabernet-Sauvignon 10 %
Blanc : 3 hectares. Chardonnay 40 %, Sémillon 40 %, Muscadelle 10 %, Viognier 10 %
Production moyenne : 160 000 bt/an

DOMAINE LE ROC
1605 C, route de Toulouse, 31620 Fronton
05 61 82 93 90 • www.leroc-fronton.com •
Vente et visites : au domaine sur rendez-vous.
Propriétaire : Famille Ribes

NOUVEAU DOMAINE

DOMAINE JULIEN AUROUX

Bergerac, extrême sud-est de l'appellation : depuis ses parcelles sur le plateau calcaire et les coteaux aux argiles profondes, travaillés en bio, Julien Auroux aborde l'avenir avec sérénité. Ses vins ont tourné le dos au passé bergeracois qui voulait singer les rouges du Bordelais en oubliant le sol. Lui, au contraire, s'engage sur les chemins de la salinité, de l'expression aromatique franche et précise, en levure indigène, sans presque aucun ajout de soufre. Un plantier de chenin est en préparation et le vigneron songe à réhabiliter l'abouriou, raisin dont une souche mère a été découverte non loin, ou la mérille, cépage peu alcooleux mais bourré d'acidité… Des raisins du passé pour un retour vers le futur compléteront une gamme qui tire de l'acidité des sols une présence digeste.

Les vins : la phytothérapie utilisée pour limiter les doses de cuivre et les merlots de 40 ans permettent de goûter des rouges différents dont les noms sonnent comme des romans ; ses sauvignons tintent différemment, avec un simple et juste goût de raisin, une tension aux amers délicats et sapides. Blablabla, rouge de merlot rafraîchit par sa fluidité harmonieuse. Le bergerac rouge est généreux dans le déroulé tannique et complexe de l'assemblage de ses quatre raisins (merlot, cabernet-sauvignon, cabernet franc et malbec). Cimes dans la Brume, pur jus de cabernet-sauvignon, développe un cassis très mûr et une note de pivoine, avec un tanin vertical pour donner du tonus à l'ensemble. Sans bois ni Loi est un merlot esseulé, élancé par un tanin vigoureux, tendance cacao, qui raffermit les contours du vin.

Bergerac 2019	9 €	91
Bergerac Sans Bois ni Loi 2019	13 €	94
Bergerac 2018	9 €	91
Bergerac Blablabla 2019	8,50 €	89
Bergerac Sans Bois ni Loi 2018	13 €	92

Le coup de ♥

Bergerac Cimes dans la Brume 2018	18 €	92

Rouge : 7,8 hectares.
Blanc : 3,4 hectares.
Production moyenne : 40 000 bt/an

DOMAINE JULIEN AUROUX ♣
Lieu-dit Mique, 24560 Boisse
06 49 87 45 16 • julien.auroux@orange.fr •
Vente et visites : au domaine sur rendez-vous.
Propriétaire : Julien Auroux

CHÂTEAU BAROUILLET

De retour en 2010 à Pomport, Vincent Alexis écrit une nouvelle page de l'histoire du domaine familial. Il inscrit ses cuvées dans un style tendance avec des blanc macérés et des contenants divers, amphore et œuf. Certifié en bio, il met en valeur aussi bien les terroirs que les styles de vinification en construisant une approche plus moderne des pécharmants. 2019 est à la fête sur les appellations de Bergerac et Monbazillac, qui taillent des croupières à bien d'autres. On garde en mémoire l'excellent rapport qualité-prix de l'ensemble.

Les vins : de belles intentions en blanc qui débouchent sur des cuvées lumineuses et d'autres moins "pêchues". Le bergerac blanc, le plus simple, est salin et fait la part belle aux brillants cépages blancs du bergeracois ; les autres cuvées élevées en amphore et macérées sont un peu plus brouillonnes. Un voile pas très net dessert la cuvée Gaïa, nous l'avons éliminée. Les rouges scintillent : élevés en cuve tout simplement, comme le bergerac au jus croquant de myrtille, ou Larcin, attirant par sa minéralité, résultat d'un élevage en œuf et amphore. Enfin, le pécharmant fait honneur au vignoble de Bergerac et illustre bien ces rouges aptes à tenir dans le temps. Les argiles rouges à silex donnent une tonalité sanguine à ce rouge enrobé d'un fruit savoureux et libéré.

Bergerac Bergecrac 2019	8 €	90
Bergerac Truculence 2019	18,50 €	88
VDF O'ranch 2019	16,50 €	86
Bergerac Bergecrac 2019	8,50 €	90
Bergerac Larcin 2019	14,50 €	90
Pécharmant 2018	12,50 €	92

Rouge : 16 hectares.
Blanc : 27 hectares.
Production moyenne : 130 000 bt/an

CHÂTEAU BAROUILLET ♣
Le Barouillet, 24240 Pomport
05 53 58 42 20 • www.barouillet.com •
Visites : sans rendez-vous.
Propriétaire : Vincent Alexis

DOMAINE BRU-BACHÉ

Le domaine se situe dans la bonne moyenne des jurançons de Monein, terroir au climat plus solaire. Claude Loustalot étire ses vins en y mettant l'exigence du terroir. Affinés en bois pour la plupart, ils respectent les tonalités classiques de blancs au profils élancés, directs et pointés d'agrumes.

Les vins : sous l'étiquette Les Castérasses, le sec profite d'un croquant salin dans une bouche déliée à la trame finale scintillante. Le jurançon moelleux bascule du côté du petit manseng avec le délié d'un palais sur la finesse, la matière est tendre mais digeste. La simplicité des étiquettes traditionnelles est sans surprise.

Jurançon 2018	10 €	89
Jurançon Les Castérasses 2017	14 €	90
Jurançon Moelleux La Quintessence 2017	21 €	90
Jurançon Sec 2018	8 €	87
Jurançon Sec Les Castérasses 2018	12 €	90

Blanc : 11 hectares. Petit Manseng 75 %, Gros Manseng 25 %
Production moyenne : 40 000 bt/an

DOMAINE BRU-BACHÉ ♣
39, rue Barada, 64360 Monein
05 59 21 36 34 • www.jurancon-bio.com •
Vente et visites : au domaine sur rendez-vous.
Propriétaire : Claude Loustalot

CAUSSE MARINES

Patrice Lescarret a une vision très personnelle des cépages et des terroirs de Gaillac que l'on perçoit dans une gamme de vin au style particulier. Il met en valeur, sur l'étiquette et en bouteilles, les différents raisins cultivés sur ses 12 hectares de vignes greffées sur place ou en massales. Émancipé des règles de l'appellation, la majorité des vins n'ont pas le label Gaillac mais sont vendus en vin de France. La plupart des vins sont à dose réduite de soufre, voir exemptes.

Les vins : Patrice Lescarret fait beaucoup d'effort pour produire des vins originaux, et ses blancs le sont. Pourtant le style nous déroute, les vins manquent de profondeur, ne parviennent pas à s'extraire d'un certain savoir-faire ; ils manquent d'une vraie âme. Zacm'orange, mauzac rose en macération tient la route dans un déroulé sapide de saveurs de fruits secs qui claquent, tendus par une légère amertume qui remonte vers l'orange. Les rouges se révèlent plus intéressants, gonflés de parfums de fruits mûrs et pourvus de tanins profonds et veloutés. On adhère plus à la couleur et à la fraîcheur de Peyrouzelles, dont le fruit se libère sur un tanin juteux ; de Rasdu, au concentré généreux de fruit ; ou de Causse Toujours, aux tanins toujours libérés. Le sucre de Grain de Folie, bien géré, laisse la bouche lisse.

Gaillac Les Greilles 2018	14 €	87
VDF Et Caetera 2015	34 €	88
VDF Grain de Folie 2018	17 €	90
VDF Zacm'Orange 2019	18,50 €	91
VDF Zacmau 2016	18 €	87
Gaillac Peyrouzelles 2018	13 €	90
VDF Causse Toujours 2017	18 €	91
VDF Rasdu 2018	19 €	92

Rouge : 5 hectares.
Blanc : 5 hectares.
Production moyenne : 60 000 bt/an

CAUSSE MARINES ☾
Le Causse, 81140 Vieux
05 63 33 98 30 • www.causse-marines.com
• Vente et visites : au domaine sur rendez-vous.
Propriétaire : Patrice Lescarret

NOUVEAU DOMAINE

CLOS LARROUYAT

Qui aime l'acidité et la tension en trouvera dans les vins de Maxime (œnologue diplômé de Bordeaux) et Lucie Salharang (ingénieure en conception mécanique), mais aussi de quoi discourir sur les précisions affutées des petits et gros mansengs du Béarn en altitude... Au-delà la consistance première, il faut aller chercher loin la profondeur, sans oublier qu'au-delà de la chair, il y a d'abord l'esprit. L'esprit Larrouyat, c'est celui d'un lieu, un vignoble d'à peine 3 hectares, ceux du grand-père, plantés à partir de 2011 de petits mansengs, à Gan, sur un sol de marnes sur trias, exposé au levant, privé du soleil couchant qui fait le degré. Le Clos Larrouyat a ainsi le privilège unique d'être seul maître d'un terroir où le raisin peine à frôler les 13°, et de produire les vins les plus digestes de l'appellation.

Les vins : tous les vins sont vinifiés en levures indigènes et élevés en barrique, suivant l'enseignement délivré par Denis Dubourdieu à la fac de Bordeaux, où Maxime a fait son DNO. Les jurançons secs de la gamme ont tous des profils acérés, à l'abri du sucre pour conserver l'éclat des agrumes dans l'ensemble des cuvées. La série Météore, la plus amène, a l'agrume arrogant dans un ensemble énergique : 2017 est un peu réduit, mais c'est ce qui fait son charme ; 2018 prend en milieu de bouche des notes de poudre à canon et une tension palpable ; la précision des vinifications toutes orientées vers des vins toniques permet au fruit de l'emporter sur l'ampleur du 2019. Les cuvées Comète, plus lumineuses, sont aussi plus profondes et réclament un peu plus de temps pour récupérer les remontées du terroir : 2019, tout en puissance retenue, a l'avenir devant lui ; 2018 met beaucoup d'esprit dans la définition saline de sa verticalité. Le doux Phœnix à moins de 70 g de sucre, offre de l'exotisme et des fleurs, un déroulé concentré mais sapide, juteux et jubilatoire.

Jurançon Phœnix 2018	21 €	92
Jurançon Sec Comète 2018	25 €	91
Jurançon Sec Météore 2017	16 €	92
Jurançon Sec Météore 2018	16 €	90
Jurançon Sec Météore 2019	16 €	92

Le coup de ♥

Jurançon Sec Comète 2019	25 €	92

Blanc : 3 hectares. Petit Manseng 70 %, Gros Manseng 20 %, Camaralet 10 %
Production moyenne : 10 000 bt/an

CLOS LARROUYAT ♣
129, chemin de Lannegrand, 64290 Gan
06 89 27 26 51 •
maxime.salharang@hotmail.fr • Vente et visites : au domaine sur rendez-vous.
Propriétaire : Maxime et Lucie Salharang

CLOS THOU

Ce domaine est situé sur l'un des terroirs les plus expressifs de l'appellation, du côté de la Chapelle-de-Rousse. Certifié en agriculture biologique depuis 2010, il s'évertue, en plus des traditionnel petits et gros mansengs, à faire vivre de vieux cépages : le lauzet, le camaralet et le petit courbu. Ce secteur produit des jurançons toujours plus vifs et plus tendus que ceux du reste de l'appellation, qui vieillissent avec une grâce et une intensité rares. Il est souvent dommage de les boire jeunes car l'on manque toute la complexité aromatique qu'ils gagnent au vieillissement.

Les vins : richesse des bouquets infusés, floraux, droiture des bouches, tel est le style d'Henri Lapouble-Laplace. Les secs possèdent une bonne part de petit manseng dans les Délices de Thou, ou font référence à de vieux raisins locaux comme le camaralet et le courbu dans Guilhouret. Les sucres ont un équilibre proche de la perfection et un naturel fruité, ce qui fait du bien au concept de vin moelleux. Suprême de Thou, Julie, plus racé et droit sur son acidité, ainsi que Terroir de la Cerisaie, VT richement dotée en sucre, complètent la gamme.

Jurançon Cuvée Julie 2017	13 €	90
Jurançon Moelleux Suprême de Thou 2017	19 €	90
Jurançon Sec Délice de Thou 2018	10 €	89
Jurançon Sec Guilhouret 2019	13 €	90
Jurançon VT Terroir de La Cerisaie 2017	25 €	92

Rouge : 0,11 hectare.
Blanc : 9 hectares. Petit Manseng 60 %, Gros Manseng 25 %, Petit Courbu 8 %, Camaralet 5 %, Lauzet 2 %
Achat de raisins.
Production moyenne : 32 000 bt/an

CLOS THOU ♣
245, chemin Larredya, 64110 Jurançon
05 59 06 08 60 • www.clos-thou.fr • Vente et visites : au domaine sur rendez-vous.
Propriétaire : Henri Lapouble-Laplace

DOMAINE DU CROS

Philippe Teulier est un peu le "patron" de Marcillac. Moteur de l'appellation, il traîne dans son sillage les producteurs aveyronnais fiers de ce raisin particulier, le mansois (ou fer servadou). Julien, son fils, tient avec lui la barre du domaine. La fluidité de leurs assemblages naît d'une parfaite maîtrise des qualités particulières de leur vignoble, installé en terrasse dans le vallon de Marcillac, terroir assimilé à la montagne à cause des journées chaudes et des nuits fraîches de l'automne. Leurs trois cuvées principales font honneur à l'ensemble des vins du Sud-Ouest.

Les vins : le mansois de Lo Sang del Païs est parti se perdre dans les retranchements d'un fruit clair, aéré par la fraîcheur du millésime. Le vin offre un souffle fruité et une belle construction, celle d'un raisin simplement expressif et délicatement tendu, en parfait équilibre. Beau retour de fruit en finale. Plus sanguin, Vieilles Vignes, aux notes de poivre blanc, déroule dans une belle dynamique le socle frais du vignoble. Rougiers n'a pas été goûté cette année.

Marcillac Lo Sang Del Païs 2019	de 7,80 à 8,50 € (c)	91
Marcillac Vieilles Vignes 2018	de 11 à 12 € (c)	90

Rouge : 31 hectares. Braucol (fer servadou) 100 %
Blanc : 2 hectares.
Production moyenne : 165 000 bt/an

DOMAINE DU CROS
Le Cros, 12390 Goutrens
05 65 72 71 77 • www.domaine-du-cros.com • Visites : sans rendez-vous.
Propriétaire : Philippe et Julien Teulier

DOMAINE L'ENCLOS DES BRAVES

« La folie qui m'accompagne / Et jamais ne m'a trahi / Champagne » : la chanson de Jacques Higelin, c'est la madeleine de Nicolas Lebrun ; il avait onze ans quand le titre est sorti. Cela donne aujourd'hui Tombé du Ciel et Tête en L'Air, deux cuvées aussi émouvantes que les titres du chanteur. Les deux étiquettes signent la relation entre l'homme, la terre et le cosmos, soit les principes de la biodynamie appliquées par le vigneron natif d'Eauze, où ses grands-parents produisaient de l'armagnac. Installé à Gaillac avec son épouse ils rachètent ensemble le domaine en 2005, passent en bio en 2008 puis en biodynamie en 2011.

Les vins : sélectionné pour la première fois l'an dernier comme jeune premier du guide, Nicolas Lebrun prouve cette année qu'il y a tout à fait sa place. Sa gamme, construite sur la sensibilité, prend ce que lui donnent le sol et le climat, fidèle à la philosophie de la biodynamie qui lie le cosmos à la terre. On prend l'apéritif avec Sors de ta Bulle, à la simplicité réjouissante d'une méthode ancestrale, sans levure ni sucre, élevée 24 mois sur latte. Pour Tombé du ciel, la recette est complexe : prenez un sauvignon macéré sept jours sous la peau et un mauzac pressé en grain rond, assemblez le tout et laissez fermenter en cuve ovoïde et en inox pour finir avec un élevage sur lie... Nous on préfère le goûter ! Le gras du blanc scintille entre les tranches d'ananas, de mangue et de melon, le fruit est complexe, la tension palpable dans le déroulé d'une finale qui signe la maturité d'un millésime dompté par le terroir. Dans la même cuvée en rouge, le fer servadou (ou braucol) mène la danse, le duras ne vient que pointer la tension sur une matière poudrée. Le rosé est souple et agile, sensible, dans la droite ligne des cuvées Lebrun, et capable de passer l'hiver. On s'évade avec Tête en l'Air, ultime cuvée qui fait le pont entre l'Andalousie et le Lot, au bouquet inouï : l'amertume colle au corps du vin pour le dresser à la verticale d'un fruit sur le pain d'épice, les herbes macérées et la noix en finale.

- VDF Tombé du ciel 2019 — de 9,50 à 10,50 € (c) — 92
- VDF Tête en l'Air 2012 — de 21 à 23 € (c) — 93
- Vin Mousseux Sors de ta Bulle 2017 — de 13 à 14 € (c) — 89
- Gaillac Tombé du Ciel 2019 — de 9,50 à 10,50 € (c) — 90
- Gaillac 2017 — de 14,50 à 15 € (c) — 92
- Gaillac Tombé du Ciel 2018 — de 9,50 à 10,50 € (c) — 91

Rouge : 4,8 hectares. Braucol (fer servadou) 50 %, Duras 37 %, Prunelart 13 %
Blanc : 2,6 hectares. Len de l'ehl 42 %, Sauvignon blanc 38 %, Mauzac Rose 20 %
Production moyenne : 35 000 bt/an

DOMAINE L'ENCLOS DES BRAVES

4371, route de Saurs, Vertus,
81800 Rabastens
06 08 30 27 81 • www.lenclosdesbraves.com
• Visites : sans rendez-vous.
Propriétaire : Nicolas Lebrun

CHÂTEAU LES HAUTS DE CAILLEVEL

Il y a de belles énergies à Bergerac, tant dans les sols que dans le tempérament de néo-vignerons, souvent des jeunes, qui découvrent et interprètent le terroir sans regarder dans le rétroviseur. Jean-Étienne et Charlotte Serey, qui viennent de reprendre Les Hauts de Caillevel, appartiennent à cette nouvelle génération. Arrivé avant les vendanges 2018, le couple maintient le niveau de qualité atteint par les ancien propriétaires, Sylvie Chevallier et Marc Ducrocq, allant parfois au-delà. Les parcelles agencées en un panorama superbe entourent le domaine à 180 degrés sur un sol d'argile noir et de calcaire parfois affleurants. Le rapport qualité-prix est toujours aussi excellent.

Les vins : planté sur la roche de Pomport, l'assemblage de sauvignons gris et blanc et de chenin Atypique expose la tension et le gras sapide d'un bergerac blanc construit sur la minéralité et sur un fruit enrobé de notes de menthe fraîche. Le croquant délicat de l'ensemble est une invite, y compris la finale plus enrobée de miel. En rouge, L'Été est resplendissant, exhalant un nez de tarte à la mûre et offrant en bouche un tanin sablé, une finale un peu courte mais savoureuse. Enfin, l'éclat du monbazillac Les Brumes passe par un bouquet au registre de fruits secs à dominante de figue séchée, complété de miel rôti et de banane flambée.

- Bergerac Sec Atypique 2018 — 11,50 € — 91
- Monbazillac Les Brumes 2018 — 11 € — 90
- Bergerac Eté 2018 — 9 € — 90

Rouge : 9,4 hectares. Merlot 50 %, Cabernet-Sauvignon 25 %, Cabernet franc 20 %, Malbec (cot) 5 %
Blanc : 8,05 hectares. Sémillon 54 %, Sauvignon blanc 20 %, Muscadelle 10 %, Sauvignon gris 10 %, Chenin 5 %, Ugni blanc (trebbiano) 1 %
Production moyenne : 50 000 bt/an

CHÂTEAU LES HAUTS DE CAILLEVEL ♣

Caillevel Est 24240 Pomport
06 67 47 75 56 •
www.chateauleshautsdecaillevel.com •
Visites : sans rendez-vous.
Propriétaire : Pierre-Étienne Serey
Œnologue : Thierry Heydon

MICHEL ISSALY

Michel Issaly est un homme de convictions et d'idées, qui articule sa philosophie personnelle autour du respect des sols et de l'expression des terroirs. Son domaine, situé à Sainte-Cécile d'Avès et conduit en biodynamie depuis 2010, s'inscrit dans une démarche environnementale globale : au-delà de la vigne, on s'y évertue à préserver la biodiversité : un rang sur deux sera consacré au maraîchage et au viti-pastoralisme avec oies et moutons dans les vignes. Issaly vise ainsi à produire plus d'énergie qu'il n'en utilise. La gamme est inégale, certains vins manquent un peu de droiture. Des projets sont en cours, pour des plantations de verdanel et peut-être un repreneur ou une repreneuse pour le domaine qui est à la vente, Michel Issaly n'ayant pas de successeur ; il restera néanmoins pour accompagner la transition.

Les vins : le laisser-faire "maîtrisé" du 2019 favorise la sapidité d'un fruit bien loti par la nature. La cuvée 38e, parce que Michel Issaly a vinifié 37 millésime auparavant, est assemblée avec une syrah très mûre à la matière intègre, donnant un jus aux tanins veloutés. Le braucol du Sang 2019 marque de son fruit noir un vin tonique et concentré. Il faut bien aérer le prunelard 2018 pour profiter de son fruit qui, malgré quelques imprécisions, reste intéressant. Il semble que Combe d'Avès 2016 a besoin d'air pour évacuer un bouquet compliqué mais une fois aéré, la dynamique du vin fait le job. Le 2017 est plus croquant, sur le caillou et la framboise, et possède l'énergie d'un tanin digeste.

VDF Sec Cavaillès Bas 2018	13 €	87
Gaillac 38e 2019	15 €	89
Gaillac Combe d'Avès 2016	19 €	90
Gaillac Combe d'Avès 2017	19 €	89
Gaillac Le Prunelard 2018	21 €	88
Gaillac Le Sang 2019	55 €	90

Rouge : 3,3 hectares. Braucol (fer servadou) 40 %, Duras 30 %, Prunelart 30 %
Blanc : 3,2 hectares. Mauzac Blanc 50 %, Len de l'ehl 40 %, Ondenc 10 %
Production moyenne : 15 000 bt/an

MICHEL ISSALY

817, route de la Ramaye,
Sainte-Cécile-d'Avès 81600 Gaillac
05 63 57 06 64 • www.michelissaly.com •
Visites : sans rendez-vous.
Propriétaire : Michel Issaly

DOMAINE MATHA

Jean-Luc Matha n'est plus un perdreau de l'année et pourtant ses vins respirent la jeunesse des pentes de Marcillac retrouvées. Son vignoble est planté de fer servadou âgés en moyenne de 45 ans. Alban, son père, lui a donné la passion, « l'envie d'avoir envie ». S'il a choisi le bio c'est pour respecter les vins qui roulent les "r". Comme il n'aime pas les notes de poivron, il éraflé toutes les cuvées. Ses vins toujours profonds ont fait leur entrée dans notre guide l'an passé, et si le bonhomme continue dans cette voie, il pourra vite gagner des galons.

Les vins : la matière serrée de Peirafi commence à se délier et les parfums de cuir et d'épices occupent une bouche pleine, complexe et tendue. La touche un peu rustique donne son élan au vin, on aime surtout sa fraîcheur qui, en dépit du millésime, demeure tapie dans les recoins du fruit. Le jus de Laïris 2016 assoit le vin sur une tension formidable et expose ses courbes joliment dessinées de tanins croquants. Du jamais vu pour Jamais Vist, seule et unique cuvée rescapée du gel ; la fluidité n'est pas l'habitude du domaine, mais le mansois se laisse boire sans y penser, digeste et tout simplement bon ! Enfin, Bien Nez déploie une matière tranquille, construite sur la finesse du terroir, un peu de violette, du fruit en pagaille et des épices douces et tendres ; le tanin s'est assagi.

VDF Alban 2018	9,80 €	89
Marcillac Jamais Vist 2017	15 €	89
Marcillac Le Bien Nez 2014	6,90 €	91
Marcillac Peïrafi 2013	14,50 €	90

Le coup de ♥

Marcillac Laïris 2016	8,70 €	92

Rouge : 12,17 hectares. Braucol (fer servadou) 100 %
Blanc : 0,65 hectare.
Production moyenne : 70 000 bt/an

DOMAINE MATHA ♣

Rue de la Pantarelle, Bruejouls,
12330 Clairvaux-d'Aveyron
05 65 72 63 29 • www.matha-vigneron.fr •
Vente et visites : au domaine sur rendez-vous.
Propriétaire : Jean-Luc et Françoise Matha
Maître de chai : Jean-Luc Matha

NOUVEAU DOMAINE

CHÂTEAU MONESTIER LA TOUR

En janvier 2012, le Suisse Karl-Friedrich Scheufele, propriétaire des montres Chopard, reprend la propriété sur un coup de cœur et lance la conversion en biodynamie. La production a connu des hauts et des bas, mais les deux derniers millésimes nous ont séduits. Comptant 30 hectares, dont une parcelle de Saussignac qui a fait sa réputation, ce prestigieux domaine est conseillé par l'équipe de Stéphane Derenoncourt.

Les vins : le saussignac a toujours donné une belle pêche au domaine, au propre comme au figuré puisque le fruit pointe au nez. Le blanc est sans surprise. Les rouges commencent à évoluer dans le bon sens du fruit, en commençant par un côtes-de-bergerac 2017 croquant, aux tanins brodés autour d'une bouche à la pointe fumée ; il laisse toutefois un peu sur sa soif. Le bergerac 2018 exprime le fruit avant que le bois ne donne une sucrosité étonnante, avec des tanins encore puissants. Moins extrait que son prédécesseur, le 2019 est encourageant, et signe peut-être la montée en qualité de cette propriété, comme en témoigne une matière toujours plus fine.

Bergerac 2017	17,50 €	88
Saussignac 2019	18 €	94
Bergerac 2018	10,30 €	90
Bergerac 2019	10,30 €	90
Côtes de Bergerac 2017	17,50 €	88

Rouge : 17,2 hectares. Merlot 63 %, Cabernet franc 30 %, Cabernet-Sauvignon 5 %, Malbec (cot) 2 %
Blanc : 12,6 hectares. Sémillon 61 %, Sauvignon blanc 30 %, Muscadelle 9 %
Production moyenne : 90 000 bt/an

CHÂTEAU MONESTIER LA TOUR ♣
Lieu-dit La Tour, 24240 Monestier
05 53 24 18 43 •
www.chateaumonestierlatour.com • Vente et visites : au domaine sur rendez-vous.
Propriétaire : Famille Scheufele
Directeur : Karl-Friedrich Scheufele
Maître de chai : Mathieu Eymard
Œnologue : Derenoncourt Consultants

LIONEL OSMIN & CIE

S'il sait construire des vins avec des raisins venus d'ailleurs, c'est dans le local que Lionel Osmin est le plus performant, avec des cuvées de terroir précises et affûtées. Le négociant-viticulteur palois propose également un éventail de cuvées monocépages : des variétés autochtones, débarrassées de l'appellation, comme le prunelard, l'abouriou, le mauzac... Enfin, Lionel Osmin réalise quelques curiosités, à commencer par un vin doux naturel de tannat et malbec.

Les vins : Lionel Osmin met en valeur les raisins locaux en acollant à chacun un profil aromatique différent. Les extractions, bien construites, permettent de préserver les structures aromatiques. Les vinifications donnent du tonus aux rouges sans débordement, aussi peut-on véritablement apprécier le tannat ou le prunelard au fruit maîtrisé, au volume charpenté par des tanins francs. La mansois de Marcilllac est tel qu'il doit être, sanguin mais virevoltant de fraîcheur en une construction étagée. Le fronton est l'évidence même, il tend la négrette sur une dimension poétique.

IGP Comté Tolosan La Cité Orientale 2019	9 €	88
Jurançon Sec Le Lavoir 2019	25 €	88
Fronton Le Pouvoir des Fleurs 2016	11 €	88
IGP Côtes de Gascogne Le Conservatoire Tannat 2019	de 8 à 12 € (c)	90
Marcillac Fer de Soif 2019	11 €	90
VDF Prunelard 2018	12 €	89
VDF Tannat Sans Soufre 2018	12,50 €	88
VDL Estela Vintage 2012	19,50 €	92

Rouge : 37,5 hectares.
Blanc : 112,5 hectares.
Production moyenne : 1 400 000 bt/an

LIONEL OSMIN & CIE
9, rue Ada-Byron, 64000 Pau
05 59 05 14 66 • www.osmin.fr • Pas de visites.
Propriétaire : Lionel Osmin
Maître de chai : Damiens Sartori

PRODUCTEURS PLAIMONT

Issu du regroupement de plusieurs structures coopératives dans les années 1970, Plaimont est aujourd'hui l'un des acteurs incontournables du Sud-Ouest. Cette mégastructure s'affirme depuis quelques années au travers de vins de niche, reflets des terroirs, et de cuvées haut de gamme, beaucoup plus subtiles et plaisantes que naguère. La cave dispose d'un conservatoire pour réhabiliter de vieux cépages oubliés, comme le manseng noir, qui sera suivi prochainement par le tardif.

Les vins : Le Faîte, paré de sa collerette en bois est la star de la cave qui vinifie 2500 hectares ; bien proportionné par son élevage sur lie, le vin tire sa savoureuse personnalité du bâtonnage venu chercher les parfums de fruit frais et d'épices douces ; l'exotisme et l'orange sanguine lui donnent un charme qu'une année de plus affinera. La liqueur du pacherenc-du-vic-bilh moelleux éclate de vigueur sous la tension du pamplemousse. Grâce à sa pépinière de cépages, Vieilles Vignes se pique d'une touche de pinenc (fer servadou), dont il épice la vigueur sanguine de sa personnalité fumée. Toujours en Saint-Mont, le château Saint-Go, autre star du système, profite d'une dynamique encore austère. On lui préfère La Madeleine qui, certes massive en 2018, tire sa révérence sur une profondeur athlétique. L'argilo-calcaire, les sables et les argiles à galets font souffler sur l'Absolu des Trois Terroirs un vent vigoureusement teinté de notes mentholées ; la floralité légèrement lardée de Préphylloxérique attendra sagement que l'on débouche le madiran Auricau-Bordes, au beau potentiel de garde et au fruit expansif.

- Pacherenc du Vic-Bilh Moelleux Saint-Albert 2018 — 14 € — 91
- Saint-Mont Le Faîte 2017 — 18,40 € — 90
- Madiran Château Arricau-Bordes 2017 — 14,50 € — 89
- Saint-Mont Château Saint-Go 2017 — 10,50 € — 89
- Saint-Mont L'Absolu des Trois Terroirs 2017 — 15 € — 90
- Saint-Mont La Madeleine 2018 — 35 € — 90
- Saint-Mont Vieilles Vignes 2016 — 8,80 € — 89
- Saint-Mont Vignes Préphylloxériques 2017 — 55 € — 89

Rouge : 1 hectare. Tannat 65 %, Pinenc 15 %, Cabernet franc 10 %, Cabernet-Sauvignon 10 %
Blanc : 1 hectare. Gros Manseng 70 %, Arrufiac 15 %, Courbu 15 %
Production moyenne : 40 000 000 bt/an

PRODUCTEURS PLAIMONT
199, route de Corneillan, 32400 Saint-Mont
05 62 69 62 87 • www.plaimont.com •
Visites : sans rendez-vous.
Propriétaire : Joël Boueilh
Directeur : Olivier Bourdet-Pees
Œnologue : Christine Cabri

CHÂTEAU PONZAC

Matthieu Molinié et sa femme Virginie portent toujours plus haut le message de leurs vignes plantées sur des sols argilo-calcaire. Depuis 2000, ils ne cessent de faire avancer les vins du domaine vers davantage d'identité. Le couple se tourne ainsi vers des cuvées parcellaires : Les Peyrières, issu des terrasses de la vallée, et la Temperadou, originaire des terroirs sidérolithiques du Causse. Une démarche qui inscrit le domaine dans la dynamique actuelle, et lui permet de trouver sa réelle identité dans l'alliance d'un terroir et d'un élevage particulier en jarre, comme avec la cuvée Côt en Dolia.

Les vins : Maintenant ou Jamais, au fruit digeste et fluide, reprend les codes de l'apéro. Le malbec de Côt en Dolia a nécessité un élevage en terre cuite afin de conserver l'énergie du raisin. La douceur calculée d'un tanin franc et délié répond à un volume touchant au fruit profond et sanguin. Les Peyrières constitue un cahors pointu, à la chair fine ; Le Tempéradou est plus sérieux, et le cahors du domaine carrément janséniste : on attendra ce dernier sagement.

- Cahors Côt en Dolia 2019 — 18 € — 90
- Cahors La Temperadou 2019 — 17 € — 92
- Cahors Les Peyrières 2019 — 17 € — 91
- Cahors Maintenant ou Jamais 2019 — 7 € — 89

Le coup de ♥
- Cahors 2019 — 10 € — 91

Rouge : 24 hectares. Malbec (cot) 90 %, Merlot 10 %
Blanc : 0,8 hectare. Chenin 50 %, Viognier 50 %
Production moyenne : 60 000 bt/an

CHÂTEAU PONZAC
Le Causse, 46140 Carnac-Rouffiac
05 65 31 99 48 • www.chateau-ponzac.fr •
Visites : sans rendez-vous.
Propriétaire : Virginie et Matthieu Molinié

DOMAINE DE SOUCH

Jean-René Hegoburu dirige sous la tutelle bienveillante de sa mère, Yvonne Hegoburu, cette propriété historique, sise dans le village de Laroin, à quelques kilomètres de Pau. Un site exceptionnel à 300 mètres d'altitude qu'Yvonne a fait rayonner après le décès de son époux. Épaulé par Emmanuel Jecker, maître de chai,

Jean-René Hegoburu maintient la tradition de la culture bio, empruntant aux pratiques biodynamiques dont Yvonne fut l'une des pionnières dans la région. Le moelleux du domaine et la Cuvée de Marie Kattalin, ont toujours fait honneur à Jurançon. Le reste de la gamme n'est pas au niveau d'une étoile, et nous retirons celle-ci au domaine.

Les vins : les blancs secs semblent dépouillés, uniquement sur la salinité, ils manquent de chair. Les cuvées Monplaisir, a priori plus faciles d'accès, sont hermétiques aussi bien en sec, le vin y manque de chair, qu'en moelleux, dilué. Heureusement, les sucres du domaine réhaussent la signature du jurançon, qui se concentrent en vieillissant sur l'éclat et l'énergie du sol ; la cuvée Marie Kattalin, au petit manseng en point d'orgue, possède la belle dimension d'un jurançon bien né, bien élevé et bien vieilli.

Jurançon Moelleux 2017	24 €	91
Jurançon Moelleux Monplaisir 2019	15 €	87
Jurançon Sec 2017	19 €	89
Jurançon Sec Antoine 2015	24 €	88
Jurançon Sec Monplaisir 2019	14 €	86

Le coup de ♥

Jurançon Moelleux Cuvée de Marie Kattalin 2017	35 €	92

Blanc : 6,78 hectares. Petit Manseng 70 %, Gros Manseng 20 %, Petit Courbu 10 %
Production moyenne : 17 000 bt/an

DOMAINE DE SOUCH ♣
805, chemin de Souch, 64110 Laroin
05 59 06 27 22 • www.domainedesouch.com
• Pas de visites.
Propriétaire : Yvonne et Jean-René Hegoburu
Directeur : Jean-René Hegoburu
Maître de chai : Emmanuel Jecker

CHÂTEAU VIELLA

Château Viella fait partie des domaines de pointe de l'appellation, pour le vin comme pour l'œnotourisme, dont le propriétaire, Alain Bortolussi, est un partisan convaincu. Ses 25 hectares d'un seul tenant, situés sur des pentes et des coteaux exposés au sud, donnent des vins concentrés et d'un velouté rare, presque exotiques. Toujours d'un excellent rapport qualité-prix, les vins de Viella affichent une grande régularité. Charmeurs sans être racoleurs, ils sont approchables dès leur prime jeunesse grâce à la richesse d'un fruit très mûr, mais bien équilibré.

Les vins : l'ensemble de la gamme n'est pas figé, le tannat explose de fruit et le velours de la bouche se construit sur une dimension granuleuse assez éblouissante tant pour Tradition, un peu plus léger, que pour Prestige, puissamment griffé par les épices du raisin. Le blanc sec est lumineux et grisant. Le sucre a un potentiel acide qui fait saliver et un volume délicat et bien tendu.

Pacherenc du Vic-Bilh Louise d'Aure 2019	9 €	91
Pacherenc du Vic-Bilh Séraphin 2019	9 €	90
Madiran Prestige 2017	14 €	92
Madiran Tradition 2018	7 €	91

Rouge : 20 hectares. Tannat 65 %, Cabernet franc 25 %, Cabernet-Sauvignon 10 %
Blanc : 5 hectares. Petit Manseng 50 %, Gros Manseng 35 %, Arrufiac 15 %
Production moyenne : 150 000 bt/an

CHÂTEAU VIELLA
54, chemin Delalariou, 32400 Viella
05 62 69 75 81 • www.chateauviella.com •
Visites : sans rendez-vous.
Propriétaire : Famille Bortolussi

INDEX DES APPELLATIONS

Retrouvez les vins sélectionnés grâce à leurs appellations.

Chapelle-Chambertin Grand Cru

Charmes-Chambertin Grand Cru

Chassagne-Montrachet

Chassagne-Montrachet Premier Cru

Château-Chalon

Château-Grillet

Châteauneuf-du-Pape

Chénas

Chevalier-Montrachet Grand Cru

Cheverny

Chinon

Chiroubles

Chorey-lès-Beaune

Clos de la Roche Grand Cru

Saint-Joseph

Saint-Julien

Saint-Mont

Saint-Nicolas-de-Bourgueil

Saint-Péray

Saint-Pourçain

Saint-Romain

Saint-Véran

Sancerre

Santenay

Santenay Premier Cru

Saumur

Saumur-Champigny

INDEX DES DOMAINES, MAISONS ET CAVES

Ce premier index répertorie tous les producteurs cités par ordre alphabétique du nom du château, de la cave ou de la maison de négoce. Comme pour le guide, c'est le nom de la marque ou de la propriété qui détermine l'ordre alphabétique, et non les mots "Château" ou "Domaine".

A

B

C

D

E

F

M

S

T

U

V

W

Y

Z

INDEX DES PROPRIÉTAIRES

Certains domaines ou maisons sont plus connus sous le patronyme de celui qui les anime que sous leur nom officiel. On retient également sans effort le nom d'un propriétaire tout en recherchant vainement celui de sa propriété. L'objet de cet index est donc de vous permettre de retrouver le vin de vos rêves grâce au nom de celui qui l'a créé ou inspiré.

A

B

C

G

H

I

J

K

L

M

T

U

V

W

Z

INDEX DES DOMAINES BIO OU BIODYNAMIQUES

D

E

F

G

NOTATION SUR 100 : UN BARÈME DEVENU UNIVERSEL

Depuis le lancement du guide en 1996, les vins ont successivement été notés de zéro à cinq verres (1996-2001) puis de 12/20 à 20/20 (2002-2020).
L'édition 2021 que vous tenez entre les mains adopte un nouveau barème, avec des vins notés sur 100 (entre 84/100, note minimale et 100/100, note maximale). Le barème de notation sur 100 est en effet devenu la référence au niveau mondial. Les notes sur 100 attribuées par nos experts deviennent plus aisément compréhensibles et comparables au-delà de nos frontières. Pour le lecteur, la conversion s'effectue très simplement, selon l'échelle ci-dessous.
Rappelons que cette notation établit une hiérarchie au sein d'une appellation et d'un même millésime. Il faut en effet comprendre qu'il n'est pas cohérent de comparer un sylvaner sec d'Alsace 2015 et un liquoreux de Bordeaux 2008. Seuls les vins ayant obtenu une note supérieure ou égale à 84/100 figurent dans ce guide.

GRILLE DE CONVERSION

NOTE SUR 20	NOTE SUR 100
12	84
12,5	85
13	86
13,5	87
14	88
14,5	89
15	90
15,5	91
16	92
16,5	93
17	94
17,5	95
18	96
18,5	97
19	98
19,5	99
100	100

Imprimé en Italie
Par N.I.I.A.G.
Dépôt légal : novembre 2020
ISBN 979-10-323-0526-3